D1727968

HERBERT KREMP

MORGEN GRAUEN

HERBERT KREMP

MORGEN GRAUEN

Von den Anfängen des Zweiten Weltkriegs

Bibliografische Information
der Deutschen Nationalbibliothek
Die Deutsche Nationalbibliothek verzeichnet diese
Publikation in der Deutschen Nationalbibliografie;
detaillierte bibliografische Daten sind
im Internet über http://dnb.d-nb.de abrufbar.

ISBN 978-3-95768-232-1
© 2022 Lau-Verlag & Handel KG, Reinbek
Internet: www.lau-verlag.de

Umschlagentwurf: pl, Lau-Verlag, Reinbek
Umschlagabbildung: © iStock.com/ jacek_sacha (Jacek Sasin)
Satz und Layout: pl, Lau-Verlag, Reinbek
Druck und Bindung: GK Druck Gerth und Klaas GmbH & Co. KG, Hamburg

INHALT

ERSTER TEIL
DER SPRUNG INS DUNKLE

ZWEITER TEIL
KRIEG

»Es zeigt sich, daß hinter dem sogenannten Vorhange, welcher das Innere verdecken soll, nichts zu sehen ist, wenn wir nicht selbst dahintergehen.«
Georg Wilhelm Friedrich Hegel, *Phänomenologie des Geistes*

* * *

»Nur wo Geschichte um ihrer eigenen Erkenntnis willen erforscht werden kann und darf, wo auch die historische Polemik um die Feststellung der immer konkreten historischen Wahrheit geht, nicht um deren nützliche oder schädliche Folgen für eine Tradition oder Überzeugung, sondern eben um das Wegräumen des Schuttes ideologischer Geschichte und ideologischen Geschichtsbewusstseins, nur da wird Geschichtswissenschaft getrieben.«
Herbert Lüthy, *Wozu Geschichte?*

* * *

»Ein großer Krieg aber, wenn er einmal da ist, folgt seinem eigenen Gesetz, wird vom Mittel alsbald zum Zweck, zum alles beherrschenden, auf alle seine Teilhaber verändernd zurückwirkenden Wesen.«
Golo Mann, *Deutsche Geschichte des 19. und 20. Jahrhunderts*

* * *

»s' ist ein Gesetz der Teufel und Gespenster:
Wo sie hereingeschlüpft, da müssen sie hinaus.
Das erste steht uns frei, beim zweiten sind wir Knechte.«
Johann Wolfgang von Goethe, *Faust I, Mephistopheles*

* * *

»It is no part of a historian's duty to say what ought to have been done. His sole duty is to find out what was done and why.«
A. J. P. Taylor, *The Origins of the Second World War*

APROPOS HERBERT KREMP

Von Thomas Kielinger

»Lebt man nur lange genug, so erlebt man alles und auch das Gegenteil.«
Ernst Jünger, *Siebzig Verweht III*

Wie entscheidend der Geburtsjahrgang auf das spätere Leben des Menschen einwirkt, kann man sehr gut an dem Autor ablesen, dessen nachgelassenes Magnum opus, MORGEN GRAUEN, wir hier an die Öffentlichkeit geben. Herbert Kremp, geboren in München am 12. August 1928, hat in seinem letzten Lebensjahrzehnt Beginn und Vorlauf des Zweiten Weltkriegs mit wachsender Leidenschaft recherchiert und studiert. Noch bis kurz vor seinem Tod am 21. März 2020, im Alter von 91 Jahren, korrigierte er den Text, prüfte Zitate, sicherte das Gerüst seiner Erzählung mit letzter, schwindender Kraft. Es war, als laufe sein Leben auf diese Vollendung zu, diese Summe seiner Erkenntnisse über das Wirken von Geschichte und die historische Epoche, in die er sich gestellt sah. Nicht aufhören, weiter forschen, das Lernen hört nie auf. Es war ein ewiges skeptisches Gewichten und Befragen der Geschichte, ganz im Sinne des »Que sais-je?« – was weiß ich? des Michel de Montaigne.

Zu jung, um als eingezogener Soldat in die vorderste Front des Krieges geschleudert zu werden, zu alt, um eine mit Blindheit geschützte Jugend zu erleben, ließ der Heranwachsende mit offenen Augen und Ohren den Tumult der Zeitgeschichte in sich eindringen. Es hätte reichen können, ihn anfällig zu machen für die Schalmeien des *Führer*-Kults, dem viele seiner Generation noch bis kurz vor Toresschluss in fehlgeleiteter Begeisterung anheimfielen. Seine Familie bot keinen Nährboden für solche Verführungen. Er war verschwägert über den Vater mit der Familie von Anton Betz, des im März 1933 von Reinhard Heydrich auf Befehl Himmlers verhafteten und beruflich aus dem Weg geräumten Hauptgeschäftsführers der »Münchner Neuesten Nachrichten«, damals die größte Tageszeitung Süddeutschlands. Nach dem Krieg gründete Betz die Düsseldorfer »Rheinische Post«, in der Kremp dereinst mit 34 Jahren Chefredakteur werden sollte. Auch besaß der junge Kremp ein Naturell, nennen wir es einen Immunreflex, der ihn in Distanz hielt zu den zeitüblichen Optionen: Widerstand oder Anpassung. In einem späteren Buch, »Wir brauchen unsere Geschichte« (1988) beschrieb er es so: »Ich leistete keinen Widerstand …, sondern folgte einer Art Instinkt, dem Gesetz einer Prägung, die der daraufgesetzten ideologischen Prägung standhielt.«

Das Gesetz einer Prägung, die allem »Daraufgesetzten« standhielt: Diese innere Unabhängigkeit und Skepsis gegenüber allem postuliertem Dafürhalten – manchmal selbst seinen eigenen Analysen gegenüber – hat Herbert Kremp sein Leben lang begleitet.

> So musst du sein, dir kannst du nicht entfliehen …
> Und keine Zeit und keine Macht zerstückelt
> Geprägte Form, die lebend sich entwickelt.
> Johann Wolfgang von Goethe, *Urworte.Orphisch*

Es setzte Kremp öffentlicher Verunglimpfung aus, wenn er als Chefredakteur der Tageszeitung DIE WELT und enger Begleiter Axel Springers in den 70er-Jahren den Glauben an ein freies, wiedervereinigtes Deutschland vertrat gegen ein Meer von Widersachern, die dieses Credo mit Nationalismus verwechselten, was es nie war. Und es ließ ihn, weil er dank exzellenter Kontakte zum Deutschland hinter dem Eisernen Vorhang die Brüchigkeit behaupteter sowjetischer Stabilität wahrnahm, noch lange vor dem Fall der Mauer an der Fiktion solcher »Stabilität« zweifeln.

Die Informationen für diese Überzeugung hielt er selbst vor seinen engsten Freunden verborgen – eine Diskretion zum Schutze der eigenen exklusiven Quellen. Es handelte sich um Geheimkontakte zu Mitarbeitern im SED-Zentralkomitee. Tatsächlich hatte er im Frühjahr 1961 Einblick in einen Briefwechsel Nikita Chruschtschows mit Walter Ulbricht erhalten, auch in das Transkript eines zweistündigen Telefonats zwischen beiden, Dokumente einer bröckelnden Fassade kommunistischen »brüderlichen« Zusammenhalts. Gespräche mit Alexej Adschubej, dem Schwiegersohn Chruschtschows und Chefredakteur der »Iswestija« bei dessen Besuch in der Bundesrepublik 1964 bestätigten Kremp in seiner Einschätzung des sowjetischen Niedergangs.

Aber erst im August 2018, bei einem Empfang im Springer-Haus in Berlin zu Ehren seines 90. Geburtstages, ließ er den Schleier fallen und berichtete detailliert über dieses Kapitel der Geschichte seines Lernens und die Berichte, die ihn leiteten. Dann diese Konfession: »Ich machte aus meinen Kenntnissen, die ich immer wieder methodisch in Zweifel stellte – nichts. Keine Veröffentlichung im sensationellen Sinne, sondern weitere Studien und die Erhärtung der These, dass der Staatskommunismus scheitern werde, sofern die politisch-militärischen Gegenkräfte unermüdlich aufrechterhalten würden.«

Über die Jahrzehnte hinweg grüßte sich da ein deutscher politischer Adept mit dem wohl berühmtesten Kenner Sowjetrusslands der unmittelbarsten Nachkriegszeit – George F. Kennan. Dieser hatte in seiner Zeit als zweiter Mann an der amerikanischen Botschaft in Moskau 1944 bis 1946 mit dem Auge des geschulten Historikers sowjetische Phobien und Unsicherheiten studiert und in einem berühmt gewordenen Aufsatz vom Juli 1947 in der amerikanischen Zeitschrift »Foreign Affairs« bekannt gemacht. Kennans Essay, unter dem Pseudonym »Mr. X« veröffentlicht, formulierte die Grundlagen der amerikanischen Politik des Containments, der Eindämmung, fußend auf der Erkenntnis, die 40 Jahre später auch Herbert Kremp inspirierte. Kennans Resümee: »Die Möglichkeit bleibt (und nach Meinung dieses Autors ist es eine starke), dass die sowjetische Macht ... in sich die Saat ihres Verfalls birgt und dass die Keimung dieser Saat weit vorangeschritten ist.«

Wie weit, davon konnte Kremp sich seinerseits in den 60er-Jahren mithilfe eigener Quellen überzeugen. Zwar verriet er diese zu keiner Zeit, bis eben zu jenem Zeitpunkt, als er es aus Anlass seines 90. Geburtstages enthüllte. Aber in den Kommentaren und Leitartikeln jener Jahre ließ er seinem Zweifel am Überleben der Sowjetunion freien Lauf, was konträr zum Zeitgeist lag und Kremps Ruf als politischer Provokateur nur weiter festigte.

»Keine Veröffentlichung, sondern weitere Studien« – wie sehr dies dem taktischen Spürsinn eines in Strategien denkenden Autors entsprach! Man war diesem Prinzip bei Kremp schon 1980 begegnet in seinem bedeutsamen Buch »Die Bambusbrücke – Mein asiatisches Tagebuch«, worin er seine Erfahrungen als WELT-Korrespondent in China seit 1977 niedergelegt hatte. »Begegnet« ist dabei das falsche Wort: Nur Freunde des Autors wussten, was er dem Lesepublikum verheimlichte – darunter seine einzigartigen Kontakte zur Führungsspitze Chinas der Nach-Mao-Zeit, zum engen Kreis um den neuen Machthaber und Reformer Deng Xiaoping selber. Kremp verriet nicht, dass er zu den Bridge-Runden Dengs eingeladen war und überdies vom Staatsführer die Erlaubnis erhielt, auf seinen Reisen im Land mit einzelnen Menschen zu sprechen, bei einigen sogar zu übernachten, was damals ein westlicher Journalist kaum durfte. Auch kam er mit dem nordkoreanischen Diktator Kim Il Sung in Pjöngjang zusammen, ohne preiszugeben, dass das wahrscheinlich nur dank seiner Verbindung zu Deng zustande kam.

Deng nahm zu seinem Flug in die USA, zum Staatsbesuch in der Ära Carter im Juli 1979, Herbert Kremp als einzigen ausländischen Berichterstatter mit an Bord. In diesem triumphierte der Historiker über den Journalisten, die Leidenschaft, zu studieren über den Kitzel, Vertrauliches zur Unzeit auszuplaudern. Das wussten seine Gesprächspartner, ob in Bonn, Berlin, Peking oder später in Brüssel, wo er eine Zeit lang bei der Nato und der EWG akkreditiert war. Es sicherte ihm Bewegungsfreiheit und machte ihn vertrauenswürdig, verhalf ihm zu Einsichten, die er in sich abspeicherte wie den Fundus von Geschichte in der Nussschale.

Wir haben dem Werdegang dieses Zeitgenossen weit vorausgegriffen. Zu den Bildungserlebnissen des Jugendlichen gehörte der 9. November 1938, Reichskristallnacht, der Judenpogrom in Deutschland. Der Vater – er war Direktor eines Tochterunternehmens der Reichspost – hatte den Zehnjährigen mit Genehmigung des Direktors von Kremps Frankfurter Humanistischem Gymnasium am Morgen des 10. November von der Schule abgeholt, als »die Reste der Synagoge noch qualmten« und der Terror noch vielfach »in vollem Gange war«, wie er später mitteilte. »Schluchzende Juden mit langen Bärten und Schläfenlocken, den Rücken von Schlägen gekrümmt, wurden an uns vorbeigetrieben. Aus dem Haus schräg gegenüber flog die beinamputierte Lyra eines Konzertflügels aus einem breiten Fenster und zerschellte mit einem unmusikalischen Klirren. ›Warum?‹, fragte ich meinen Vater. Der antwortete lakonisch: ›Du sollst das sehen, um es nie mehr zu vergessen.‹«

Der Jahrgang 1928 erhielt Anschauung genug, um sich ein Bild zu machen von den Abgründen der deutschen Geschichte, auch wenn er sich noch keinen Vers auf deren Genese machen konnte. Vorerst galt »ein Instinkt, eine Prägung«, die Kremp zum »Nachdenken über Deutschland« – so der Untertitel seines Buches von 1988 – geradezu prädestinieren würde. Um nicht überwältigt zu werden, half die Distanz des Beobachtens, der Aufschub des Urteilens; dazu fehlte ohnehin die Reife. Die Frage nach dem »Warum« würde wie ein ewig anbrandender Urton das ganze spätere Leben schon noch genügend zur Rede stellen. Wobei Kremp über das Zertreten der Menschenrechte im Deutschland jener Jahre und die Hybris der Macht keiner Belehrung bedurfte: »Der Trotz zur Größe, das Lob der Gewalt, der Gleichschritt des Volkes, das Heil des Führers, der Hass gegen Juden, das Blut des Ariers, der deutsche Lebensraum, die Weite des Ostens. Das waren Begriffsstürme«, resümierte er in dem genannten Buch die Geschichte, die Deutschland entschieden nicht brauchte und die es sich dennoch antat.

Für den Jugendlichen allerdings rangierte damals noch nicht die Analyse, sondern das eigene Überleben an vorderer Stelle. Zunächst als Flakhelfer in Kriftel nahe Frankfurt, wohin seine Schulklasse im Oktober 1944 verlegt worden war, zur Bedienung der Flugabwehrkanonen gegen feindli-

che Anflüge auf den Raum Frankfurt. Unter den Abschüssen von »einund-
zwanzig Viermotorigen« wurden dem 16-Jährigen fünf »zugerechnet«, was
er im Nachhinein kühl niederschreibt, sine ira et studio, getrieben von dem
Impuls, diese Episode festzuhalten wie den Ausschnitt eines Stahlgewitters
en miniature. Kremps hoch entwickeltes Sensorium für militärische Details
und Zusammenhänge erhielt hier erste Anstöße, auch sein ausgeprägter Stil
anschauungsgesättigter Erzählung, neben dem Kommentieren seine große
Leidenschaft, die ihn nie im nur Abstrakten Zuflucht nehmen ließ.

Dem Teenager eröffneten sich auch andere Augen-Blicke, jenseits des
rein Militärischen: »Gelegentlich machen wir uns bei Lösch- und Rettungs-
ausflügen im Westen Frankfurts, häufiger von unserem zweiten Standort
Hanau aus nützlich«, notiert er in einem privaten Rückblick. »Dort sam-
meln wir in Asphalt eingebrannte, fast proportional geschmolzene Tote in
Leiterwagen (sie mussten herausgestemmt werden). Mich wundert der Stoi-
zismus, der Todesmut der Bevölkerung, Männer, Frauen, Jugendliche. Die
Leute dringen in blindgängerverseuchte Häuser ein, holen alte Menschen,
Kinder, Verwundete und Verwirrte heraus … Gefürchteter ist das Napalm-
Feuer. Grüne, giftig wirkende Materie zieht sich wie eine Schleimspur über
Straßen und Trümmer. Wer damit in Berührung kommt, also Sauerstoff zu-
führt, brennt unweigerlich an. Das Zeug ist so gut wie unlöschbar.«

Das steigert sich zu dem Inferno von Wesel, wo Kremp mit seiner
Jugendtruppe in den Februartagen 1945 den Untergang der Stadt erlebt,
nachdem er im Januar den Marschbefehl zur 9. SS-Panzer-Division »Hohen-
staufen« erhalten hatte. Sie stoßen in dem Chaos zufällig auf einen jungen
Major namens Hubert Hanisch, der sie kurzerhand bei sich aufnimmt und
so von der Überstellung zur Waffen-SS befreit: »Ihr seid jetzt Fallschirmjäger, gegen alle Regeln, aber nach dem Gebot der Not.« Wesel wie auch
das linksrheinisch gegenüberliegende Xanten sind Vernichtungsziele der
Alliierten auf dem Weg zum Vorstoß ins Ruhrgebiet. »Stöhnen und Jam-
mern hört man Frauen, Kinder, Alte um uns nicht. Man sieht nur in geöffnete, verzerrte Münder der Angst … Ich werde verwundet. Ein Mörserein-
schlag schleudert mich auf ein glühendes Sturmgeschütz. Mein linker Arm,
vor allem die Hand, brennen lichterloh. Verbandsplatz. ›Nein, ins Lazarett
will ich nicht, ich möchte bei der Truppe bleiben.‹ Der Stabsarzt schnauzt
mich an: ›Du spielst den Helden.‹ Ich kann ihm nicht erklären, dass ich nur
zu Raimund und Hanisch zurück möchte. Es gibt Situationen, da sind ein
paar Kameraden der letzte Anker, der alles hält. Als ich eintreffe, erfahre
ich, dass Hanisch gefallen ist. Später, im Durcheinander des Rückzugs, verlieren wir Raimund. Auf einmal ist er weg. Ich habe ihn nicht wiedergese-
hen. Nichts mehr von ihm.« Raimund de Winter, sein bester Freund, mit
dem er das Pult im Gymnasium und die Pfarrstunde geteilt hatte.

Sage mir, wann du geboren bist, und ich sage dir, wer du bist. Der Geburtsjahrgang 1928 kann wahrscheinlich nicht anders als zum Geschichtsstudium tendieren, hat er doch in jungen Jahren einen welthistorischem Anschauungskursus absolviert, der nach Antworten ruft zur Entschlüsselung seines geheimen Designs. Kremp jedoch macht zunächst einen Umweg. Überzeugt, das Zeug zu einer Solistenlaufbahn zu haben, sucht er in München Josef Pembaur auf, den Pianisten, Komponisten, Professor und Leiter der Meisterklasse für Klavier an der Akademie für Tonkunst in München. Im Haus seiner Eltern hatte er sich früh ein Notenarchiv angelegt und gelernt, Stücke nach zweimaligen Spielen auswendig zu beherrschen. Aber »Pembaur, der leider schon 1950 starb, lächelte den Traum weg, mein Gedächtnis sei besser als meine linke Hand«, schrieb Kremp dem Verfasser 2003. »So behielt ich das Archiv, las Partituren wie die Zeitung und führte meine ›inneren Konzerte‹ auf. Das tue ich heute noch.«

Nach Pembaur lernte er den zwei Jahre jüngeren, aufsteigenden Klavierstar Friedrich Gulda kennen (»er hatte das absolute Gehör und das photografische Gedächtnis«) und nahm bei ihm Unterricht, als wollte er Pembaurs Urteil über sich revidieren. Gulda aber war »ein zu ungeduldiger Pädagoge, konnte jedoch Musik beschreiben wie ein Gemälde.« Auch Kremp neigte immer zum Panoramablick auf das Ganze, zu historischer Betrachtung als einer Form von Malkunst. »Das Ganzheitliche lag mir«, erklärte er später privat, »vielleicht von der Mathematik her, und übertrug sich auf den Aufbau von Strategien, Feldzügen und kumulativen Schlachten, auf philosophische Aufbauten ... Mich beleben Gestaltvorstellungen. Ich war immer anfällig für großräumige Architektur und sah stets ein klassizistisches Ergebnis, bis in die nationale Politik. Irgendwann habe ich in Rom gelebt und ich habe Rom nie verlassen. Der Hang zum Imperium und die Distanz zu Verfassungen, die keinen Katalog der Pflichten enthalten.«

Großräumige Architektur – kurz: Geschichte – wird schließlich das ihm auf den Leib geschriebene Fach. Bald findet Kremp ein Dreigestirn von Namen, an denen er »Gestaltvorstellungen« studieren kann: Oswald Spengler, Arnold Toynbee, Max Weber, die Schwergewichte seines Dissertationsthemas: »*Die Überwindung der Kulturzyklentheorie Spenglers durch die Weltalterlehre der Heidelberger Schule und die Toynbee'sche Lehre von der Filiation der Kulturen.*« In der bei Alois Dempf, dem im Nationalsozialismus mit Lehrverbot belegten Kulturphilosophen, eingereichten, schon damals sprachlich und stilistisch auf höchstem Niveau verfassten 350-Seiten-Arbeit hielt der junge Herbert Kremp der »Versuchung, rein pragmatisch, im Stil des Chronisten und Journalisten zu verfahren«, entgegen, »dass es eine wertungsfreie Geschichtsbetrachtung gar nicht geben kann, weil es immer menschen-, welt- und geschichtsanschaulich vorgeformte Menschen sind, die an die Historie herantreten und dass es überdies ja nicht die Wertung als solche zu bekämpfen gilt, sondern die einseitige, die Fehlbewertung.« Dies schließe die Anerkennung der Prinzipien Freiheit, Rationalität und Vieleinheit der Geschichte ebenso ein wie die Relativierung aller einseitigen Geschichtsanschauungen.

Erst eine kritische, realistische Menschen-, Welt- und Geschichtsschau sei in der Lage, das Wesentliche in der Totalität des Geschichtsablaufs zu erfassen. Worauf es ankomme, sei »Vorurteilslosigkeit«, formuliert mit bemerkenswertem Selbstbewusstsein schon der 26-jährige Doktorand: »Wir sind der Meinung, dass eine vorurteilsfreie Bewertung im Bereich des Möglichen liegt.« Der Weg zu ihr setze einen kritischen Realismus voraus, eine kritische Methode, zu der auch die »Selbsteinschätzung« zähle. Selbstkritik sei notwendig und gewinnbringend, »da, wie wir glauben, die Tugend der Wahrhaftigkeit verbunden mit einem starken Willen in der Lage ist, im Grunde unabänderbare Charaktereinseitigkeiten durch bewusste, täglich neue Prüfungen und Korrekturen nahezu zu beseitigen.«

Ein Zweitstudium der Nationalökonomie und des Völkerrechts schließt sich in Frankfurt an, unterfüttert die historische Perspektive und immer wiederkehrend die Frage: »Was ist eigentlich Geschichte?« Sie stellt der junge Student in seiner Dissertation wie auch der alternde Universalist in MORGEN GRAUEN mit gleicher Leidenschaft, womit sich für ihn der Lebenskreis schließt.

»Wer Oswald Spengler liest, hört die Eichen rauschen, bei Arnold Toynbee sirren die Segel«, formuliert Kremp später in einem Essay mit seiner bildhaften Sprache über die beiden »Giganten der Geschichtsschreibung«. Spenglers Kulturzyklentheorie findet vor ihm keine Gnade, dessen aphoristisch zugespitzter Stil dafür umso mehr. Toynbee dagegen, mit seiner vielbändigen »A Study of History« ist so etwas wie ein Ariadnefaden, hatte Toynbee doch nach Lektüre von »Untergang des Abendlandes« entdeckt, »dass Spengler dem Leitfaden des Fatums gefolgt war, während für ihn, Toynbee, das Entstehen einer Kultur kein Schicksalsgeschehen war, sondern ein kühner und kämpferischer, vor allem aber freier Entschluss Einzelner, einer Minderheit, die der Natur und Umwelt unter widrigen Umständen ein organisiertes Gemeinwesen abtrotzt. Challenge and Response: Je höher der Anreiz, desto größer der Ertrag.« Dem konnte der Student nur zustimmen.

Und doch, welche Ernüchterung: Auch ein enzyklopädischer, aufgeklärter Geist wie Arnold Toynbee war in Adolf Hitlers Falle getappt und dessen Lügengespinst von friedlichen Absichten in einer Unterredung mit dem Diktator in Berlin 1936 erlegen! Der hohe kulturelle Blick versagte in den Niederungen der Appeasement-Politik, der das britische Establishment

in den 30er-Jahren frönte. Ja, Toynbee ließ sich sogar auf Einladung Hit-
lers nach Dachau fliegen, um die gesitteten Zustände in einem deutschen
Konzentrationslager kennenzulernen – man hatte ihm die herausgeputzten
Unterkünfte des Wachpersonals gezeigt, wie sich später herausstellte.

Geschichte, ein Potemkin'sches Dorf für Gutgläubige? Noch während
der Arbeit an seiner Promotion suchte der 25-Jährige 1953 für ein Privatissimum über diese Periode der Vorkriegszeit Toynbee im Royal Institute for International Affairs in London auf, im Chatham House, dessen
erster Director of Studies Arnold Toynbee 1922 geworden war. Das hatte
ursächlich nur wenig mit der Dissertation zu tun, dafür alles mit der Auf-
hellung einer Epoche, die sich wie ein unabgebauter Berg der Fragen vor
Kremp auftürmte und ihn nicht mehr loslassen sollte: die europäischen Verstrickungen, die dem Ausbruch des Zweiten Weltkriegs vorausliefen. Das
Toynbee-Kapitel, das Gespräch über Verführung und Verführbarkeit der
Eliten im Vorfeld des Krieges, bildet daher auch in MORGEN GRAUEN
ein wichtiges Element der Erzählung, einen wertvollen Mosaikstein im Gesamtbild der europäischen Katastrophe und ihrer Erklärung. Challenge
and Response – dem entsprach ein anthropologisches Pendant: Risiko und
Scheitern, Teil des humanen Erbes, Defizit der *condition humaine*.

Solche Weisheit entspringt freilich noch nicht der Studierstube eines Afi-
cionados der Geschichte. Sie schält sich erst heraus in dem Widerspiel von
actio und *contemplatio*, von Ideen, die sich in der Not von Entscheidungen bewähren müssen – oder verdorren. Und hier rücken die 60er- und
70er-Jahre der westdeutschen Nachkriegsgeschichte ins Visier. Kremp, nach
sechs Jahren als Chefredakteur der »Rheinischen Post«, war zum 1. Januar
1969 an die Spitze der Tageszeitung DIE WELT berufen worden, als die
Bundesrepublik in ihre Pubertätskrise gekommen war und das Bürgertum sich in ganz und gar unbürgertümliche Polarisierung treiben ließ. »In
manchen Kreisen«, so hatte der Publizist mit inzwischen weit tragendem
Ruf schon 1967 geschrieben, »die glauben, das Gewissen der Nation zu
repräsentieren, spukt der uneingestandene Trieb nach einem Buhmann ...
Springers festes, aber keinesfalls überforciertes Eintreten für die Wiedervereinigung, seine feste, aber keineswegs übersteigerte Ablehnung des kommunistischen Systems ... genügen heute offenbar schon, um Hass, Boykott und
Enteignungsparolen gegen ihn zu formulieren.«

Mit diesem Text, ohne es zu wissen, hatte der Verfasser treffend das
Milieu beschrieben, das er als 40-jähriger neu bestallter Chefredakteur der
WELT vorfinden würde. Kremp, »der empfindsame Draufgänger« (Torsten
Krauel), reagierte mit Verve, Fechtlust und der Schärfe seines Intellekts. Er
beherrschte einen Stil, der so treffend wie aufreizend war, so bildgesättigt
wie angriffsfreudig, so nachdenklich wie kampfbereit, belebt von großer

historischer Bildung, aber vielfach ohne Wertschätzung. Die bescherte ihm
erst die Geschichte selber: Als 1989 die Mauer fiel, Deutschland sich neu
vereinigte und die Freiheit die Teilungsgräben des Kalten Krieges übersprang, erfüllten sich viele der Ziele, für die Axel Springer und Herbert
Kremp als sein loyaler Mitstreiter lange gekämpft hatten. Auf dem Empfang zu seinem 90. Geburtstag in Berlin erinnerte der Jubilar an eine Fern-
sehdiskussion 1990, nach deren Ende Theo Sommer, Chefredakteur der
ZEIT, auf ihn zugekommen war mit der Bemerkung: »Ihr habt recht behalten.« Mit leicht ironischem Anflug fügte Kremp in seinem Vortrag hinzu:
»Als vornehmer Mann sagte Sommer das freiweg, keineswegs ärgerlich.«
    Doch die Jahre der Kämpfe waren auch ein Albtraum. Anschläge auf Ge-
bäude und Vertriebswege des Verlages, Bomben im Hamburger Springer-
Haus, der Boykott durch die Autoren des Suhrkamp-Verlages, was 1972
zur Einstellung der 1964 gegründeten »Welt der Literatur« führte, dazu die
Auseinandersetzung um Willy Brandts Ostpolitik: Unter dem Zuviel dieser
Sollbruchstellen erlebte die WELT einen regelrechten Redaktionsinfarkt,
der innere Zusammenhalt der Mannschaft zerriss, wie Kremp 2003 in einer
Festschrift für Günter Zehm bildhaft rekapitulierte: »Die Redaktion besaß
gute Köpfe, die in zwei Gruppen geteilt waren, dazwischen Minenfelder. Es
herrschte Sitzkrieg, die Etagen schienen zu Lauerstellungen ausgebaut.« An
Auflagesteigerung war nicht zu denken, das Schiff wollte durch schwere See
gesteuert werden mit einer Entschiedenheit, von der viele sich abwandten.
»Das hat uns die Takelage zerfetzt«, resümierte Kremp später.
    Die Last der deutschen Geschichte erwies sich zeitweilig als zu schwer –
nicht nur für das politische Gleichgewicht der noch jungen Republik, sondern auch für die Stabilität einer Zeitung im Funkenflug der Kontroversen.
Die Zukunft blieb umkämpft, da über die Vergangenheit keine Einigkeit
bestand. Das latente Alleinsein in diesen wie unter Strom stehenden Jahren
war für den Chefredakteur oft nur mit einem gewissen Maß an Alkohol zu
überstehen, aber sein Blick für die Herausforderung der Stunde, auch für
die Syntax seiner Kommentare, blieb luzide. Mit Churchill hätte er sagen
können: »Ich habe mehr aus dem Alkohol herausgeholt als dieser aus mir.«
    Aufbruch der »68er«? Das war die Hoffnung. Die verklärende Vokabel
vertuschte freilich, was oft nichts anderes war als ein Einbrechen des zivilisatorischen Komments in einer tief verstörten Gesellschaft. Kein Geringerer
als Theodor W. Adorno, selber ein Opfer der Verwerfungen jener Jahre,
gab darüber in einem posthum am 15. August 1969 in der ZEIT erschienenen Aufsatz sein erschütterndes Resümee ab: »Der Einzelne soll sich ans
Kollektiv preisgeben. Zum Lohn dafür, dass er in den melting pot springt,
wird ihm die Gnadenwahl der Zugehörigkeit verheißen. Schwache, Ver-
ängstigte fühlen sich stark, wenn sie rennend sich an den Händen halten.

Das ist der reale Umschlagpunkt in Irrationalismus. Anstatt auf Argumente stößt man auf standardisierte Parolen ...«

Es fehlte dem jungen Land an einer Prägung, die der neuen Ideologisierung hätte standhalten können, es fehlte der gesicherte Instinkt eines intakten Milieus, wie es einst den jungen Kremp beschützt hatte. Woher sollte es auch kommen in einer Gesellschaft, die das Trauma des Nationalsozialismus im Grunde nicht verarbeitet hatte? Auch die Demokratie ist anfällig für Mehrheiten, die nach Herrschaft trachten, unter der die Vielfalt der Standpunkte, das Elixier der offenen Diskussion, verkümmert zu einem angepassten Dafürhalten, das kein Abweichen duldet. Hans-Peter Schwarz erinnerte in seiner Biografie Axel Springers an das Wort vom »komischen Heiligen«, für den viele damals den Verleger ob seiner Überzeugung von einem zu vereinigenden freien Deutschland hielten. »Macht das Tor auf!« galt in intellektuellen Kreisen als eine zwischen Irrationalismus und Träumerei schwankende Parole, die nur Unruhe stiften könnte im Gleichgewicht Europas in der Ära der Entspannung und daher verpönt zu werden verdiente. Selbst noch 1987 schürte Ronald Reagan mit seinem Appell »Mr. Gorbatschow, tear down this wall!« unfreiwillig solche Sorgen.

Wie wird die Geschichtswissenschaft einmal diese Periode verbreiteten Kleinmuts der westdeutschen Psychologie aufarbeiten? Als lädierten Umgang mit der eigenen Geschichte, als Ängstlichkeit, die das Wort von der Freiheit manchmal wie ein gefährliches Anspruchsdenken ausklammerte, bis es sich auf den Straßen der DDR im Herbst 1989 nicht mehr unterdrücken ließ? Henry Kissinger hatte bei Gelegenheit eines Besuches in Berlin lange vor dem Fall der Mauer ein Treffen mit Axel Springer, in dessen Verlauf er ihn fragte: »Wenn Sie die Wahl hätten, Herr Springer, was wäre Ihnen wichtiger – die Wiedervereinigung oder die Freiheit der Menschen?« Worauf der Verleger antwortete: »Natürlich die Freiheit!« Sein Gesprächspartner war beeindruckt: »Und ich dachte, Sie wären ein Nationalist, Herr Springer!« Dies berichtete Kissinger später Professor Bernhard Servatius, Aufsichtsratsvorsitzender, Berater und Testamentsvollstrecker Axel Springers, wobei er hinzufügte: »Wahrscheinlich waren wir uns im Stillen einig, dass die Menschen in Freiheit ihrerseits sich für die Wiedervereinigung entscheiden würden.«

Wen bewegte im Westen Deutschlands die Unfreiheit jenseits des Eisernen Vorhangs, ob in Warschau, Budapest oder Prag? Margaret Thatcher hatte in ihrer bahnbrechenden Rede vor dem Europa-College in Brügge im September 1988 auf diese Wunde hingewiesen: »Wir dürfen nie vergessen, dass jenseits des Eisernen Vorhangs Menschen leben, die einst in vollem Ausmaß an europäischer Kultur, Freiheit und Identität Teil hatten und jetzt von diesen Wurzeln abgeschnitten sind. Wir werden immer auf Warschau, Prag und Budapest als große europäische Städte schauen.«

Ja, Margaret Thatcher. Die Visionen der Eisernen Lady. Doch wenn man Ähnliches bei diesem »Brandenburger Toren« Axel Springer las, etwa in seinem Buch »Aus Sorge um Deutschland« (1980), provozierte es Abwehr: »Wenn wir nur wollen …, dann ist die Freiheit kein Märchen. In Deutschland nicht. In Polen nicht. In Ungarn, Rumänien, der Tschechoslowakei und in den baltischen Staaten nicht. Und nicht in Russland.« Ein Historiker wie Hans-Peter Schwarz hielt die Spur Axel Springers »in einem Land für erinnerungswürdig«, so schrieb er am Schluss seiner Biografie über den Verleger, »wo die angepassten Leisetreter viel angesehener sind als die politisch unkorrekten Unruhestifter.« Das faszinierte auch Herbert Kremp, dessen Studien längst um die Deutsche Frage kreisten, um das Thema, das »die Deutschen so oft und verhängnisvoll belastet hatte«, darunter »der betrübte Blick für die Tatsachen der Außenwelt und der betrübte Blick auf sich selbst«, wie er in »Wir brauchen unsere Geschichte« resümierte.

Doch für eine ruhige Klärung solcher Fragen waren die 60er- und 70er-Jahre nicht gerade günstig, vielleicht noch nicht reif, und so blieb nicht aus, dass die kommerziellen Interessen des Hauses Springer im Räderwerk der Polemik, mit ihren schrillen Tönen auf beiden Seiten, schwer litten. Ganz offensichtlich zahlte sich Widerstand gegen den Zeitgeist nicht aus.

In der Folge befiel eine gewisse Zerfahrenheit das Management des Verlages, ein publizistisches Schwanken über den einzuschlagenden Weg. Man konnte es auch ablesen an den häufigen Rochaden in der Leitung der WELT, einem wahren Tollhaus des Wechsels. »Gereiztheit und Nervosität« prägten die Zeitung, so eine interne Analyse. Das Impressum glich an der Spitze einer Drehtür, mit Kremp ebenso oft drinnen wie draußen. Er trug seine Titel – ob Chefredakteur, Redaktionsdirektor oder Herausgeber – mit dem Stoizismus eines preußischen Offiziers des 18. Jahrhunderts, dem die feindlichen Kugeln den Dreispitz durchlöchert hatten. Dem Getümmel entkam er erst nach Peking, dann, 1987, als Chefkorrespondent Ausland nach Brüssel. Keiner dieser Wechsel jedoch kam der Erschütterung gleich, die ihn mit dem Krebstod seiner Tochter Sibylle traf. Ihr und ihrer älteren Schwester Adrienne widmete er das Buch von 1988, sein Nachdenken über das schwierige Vaterland.

»Que sais-je?« – was weiß ich? fragte Montaigne in seinen 1580 veröffentlichten »Essais.« »Dies hier ist ein aufrichtiges Buch, Leser. Es warnt dich schon beim Eintritt«, fährt der Autor fort – er wolle sich strikt an den Vorsatz halten, sein Ich faltenfrei sprechen zu lassen, »ohne Achtung auf meinen Ruhm«. 400 Jahre später, 1980, veröffentlicht Kremp sein asiatisches Tagebuch, »Die Bambusbrücke«, und eröffnet es gegenüber dem Leser seinerseits mit einer bemerkenswerten Warnung: »Ich habe keine Lehrmeinung über das Land. Ich biete Bilder, Eindrücke, Mosaikstücke.« Und:

»Im Unterschied zu vielen versierten und schnell schreibenden Reisenden vermag ich Chinas Bewegung nicht erschöpfend zu deuten.« Bruchstücke einer großen Anschauung. Wie selbstverständlich kehrt Kremp dabei auch den Fotografen in sich hervor und kommt mit einer bestechenden Schwarz-Weiß-Ausbeute zurück. Und mit atmosphärisch dichten Texten, von denen ihm die Reportage »Ein Regentag in Peking« 1978 den Theodor-Wolff-Preis einbringen sollte. Rudolf Augstein, der auf einer ganz anderen politischen Linie lag, hatte als Mitglied der Jury Kremp vorgeschlagen. So war das damals ...

Das Buch markiert eine Verschnaufpause von den deutschen Kontroversen, auch eine Erholung von den erlittenen Hautabschürfungen im Springer-Haus. Der Blick öffnet sich zum Weitwinkel, es ist ein Toynbee'scher Ausflug in den ganz anderen Kulturraum, keine »Study of History« wird von jetzt an mehr möglich sein ohne den außereuropäischen Aspekt. In China trifft der Autor auf ein Land wie eine weiße Tafel, auf dem Sprung, dabei rätselhaft, mit neuer Macht, aber unergründlich. Hier wird Geschichte geschrieben wie im Halbdunkel, festgelegte Urteile gelten nicht, Wissen ist bestenfalls eine Stütze zum Einüben neuen Sehens. Es gilt jetzt nur eines: lernen und abermals lernen. Die Worte aus dem Vorwort sind daher keine Koketterie, sondern ehrliches Bekenntnis eines vorurteilsfreien Aufbruchs in Neuland. Kremp nimmt den Leser an die Hand wie einen Begleiter seines Lernens – die Fülle der menschlichen Begegnungen macht aus der Lektüre das Erlebnis einer Erstaufführung des Lebens selber. Das gibt dem Buch trotz allem, was seitdem passiert ist, eine unverwelkte Faszination.

Im Einzelnen das Ganze suchen, auch in China, bleibt die Technik seiner Aneignung neuer Erfahrungen. »Großräumige Architektur« wird jetzt eine Spur großräumiger, das Design von Geschichte eine Spur spannender, aber auch fragwürdiger, die Skepsis gegenüber vermeintlichen Gewissheiten ein Gran begründeter. Dabei waren seine Berichte immer sehr präzise, ohne jede Verschwommenheit. Eine Bochumer Dissertation von 1989, »Berichte über Chinas Reformperiode«, hatte »die Peking Reporte des WELT-Korrespondenten Herbert Kremp 1977–1981« zum Thema.

Großräumiger wurde auch Kremps Denken über Europa und die Kriege des 20. Jahrhunderts, angereichert um das, was er seit 1987 als nach Brüssel zur Nato und zur EWG entsandter Korrespondent erfahren kann. Das Lernen beschleunigt sich, alle Polemik zurückdrängend, die Sowjetunion unter Gorbatschow betritt die letzte Phase ihrer Auflösung, Europa wird erneut zu einem Raum unauslotbarer Zukunft, es naht eine zweite »Stunde null«. Kremps lese- und anschauungsdurstiger Verstand holt Studien nach, den Ersten Weltkrieg zum Beispiel, er fährt die flandrischen Kampflinien ab, bis er die Wendungen des Krieges gespeichert hat wie der Theaterdirektor die Details einer bevorstehenden Uraufführung. Was der Pianist Pembaur ihm in den späten 40er-Jahren prophezeit hatte, sein superbes Gedächtnis, wird jetzt gleichsam das Hauptquartier einer zweiten Bildungsoffensive: Er speichert alles, Besuche, Gespräche und Bücher, immer mehr Bücher, seine Bibliothek hält Schritt mit Neuerscheinungen auf dem deutschen und internationalen Buchmarkt, sie umfasst am Ende, nur auf sein Thema bezogen, fast 3000 Bände, ausgedruckte Artikel und Dokumente. Je älter er wird, desto verjüngter kommt er Freunden vor, die er mit lauter Funden unterhält wie ein Magister ludi der jüngeren Geschichte, dabei selber erpicht auf kreative Mitspieler. Sein Arbeitstag ist bis ans Lebensende wohlorganisiert, die Arbeitsweise hoch professionell, er arbeitet an drei Schreibtischen mit ebenso vielen Computern, sichert alles mehrmals in iClouds.

So wächst das große Forschungsprojekt seiner späten Jahre heran, es ist, als suche er eine bündige Erklärung für das Antrittsmilieu seines eigenen Lebens, von der Nachkriegszeit ab 1918 bis zum Scheitern der deutschen Selbstüberhebung Anfang der 40er-Jahre. Es ist die Studie einer historischen Entgleisung, mit vielen Weichenstellern in Berlin, Paris, London, Rom oder Moskau. Alles wird durchleuchtet, alle Dokumente, Memoranden und Geheimabsprachen, Vorder- und Hintergrund einer Welt in Entscheidungsnot, auch Amerika und die Genese seiner doppelten Kriegsverpflichtung spielen ihren Part. Kremp will es wissen.

Aber was?

Er geht davon aus, dass die erste Hälfte des 20. Jahrhunderts zu stark vom Endpunkt des Zweiten Weltkriegs her untersucht oder vielmehr darauf hin geschrieben wurde, wie eine Kapitelfolge mit bekannter Logik, mit dem Untergang Deutschlands als der notwendigen Entelechie. Der Student mit dem Röntgenblick auf die Konditionen historischer Wendepunkte aber reibt sich an solcher Schematik. Er schaut nicht so sehr auf das Ende als auf die Akteure an den Scharnierstellen auf dem Weg und sieht das Gesetz der Unberechenbarkeit von Geschichte triumphieren. Dazu holt er weit aus, stupend informiert, um sich ein Bild über die Vorbedingungen der sowjetischen, britischen, französischen und deutschen Politik in den 30er-Jahren und davor zu verschaffen, wie sie sich von Situation zu Situation quälend und widersprüchlich voranschlängelt, ehe der Krieg die Herrschaft des Geschehens übernimmt, das Gutdünken der Teilnehmenden aus den Angeln hebt und seine eigene Logik etabliert.

Vor allem Hitler ist für ihn das Exempel dieses unsteten Perspektiven-
wechsels, den die Geschichte den Protagonisten gleichsam aufoktroyiert,
zum Hohn aller Gradlinigkeit. Er widerlegt die Interpretation, Hitler habe
seit den 20er-Jahren ein »festliegendes Programm«, einen »Stufenplan« für
die Expansion des Reiches verfolgt, und zieht aus seiner detaillierten Untersuchung des Geschehens das Fazit: Die Entscheidungen, die Hitler traf und
die ihm jeweils blieben, ergaben sich aus der wechselnden strategischen
Situation. Sie überschatteten alle »Stufenpläne« mitsamt ihren politischen
und rassepolitischen Implikationen. Mit anderen Worten: Geschichte ist
ein rohes Ding, und was wir uns oft über sie einander erzählen, ist nicht
wirklich so geschehen, wie wir es bisher lasen, als übersichtlicher Leitfaden
mit einem zwingenden Ende, sondern eher wie eine Sturzgeburt der Unberechenbarkeit, des Nicht-zu-Wissenden.

MORGEN GRAUEN liest sich mithin als Geschichtsbuch von ganz
neuer Intention. Kremp, in dessen Augen manche »Melancholie und
auch Trauer« abzulesen meinten, wie Thomas Schmid in seinem Nachruf
schrieb, will die Tragödien der modernen Geschichte nicht als Verhängung
eines Schicksals verstehen, zu dem jeder der verantwortlichen Personen des
Dramas seine Beiträge lieferte, ein Ensemble von Sklaven der Determina-
tion. Mag er das Handeln der Akteure immer wieder bestimmt sehen von
einem »konsekutiven Zwang«, dem Stalin, Churchill, Mussolini, Roosevelt, vor allem aber Hitler unterworfen waren – in der Freiheit der Entscheidung waren sie Herren des Geschehens, in der Folge dann dessen Knecht.
MORGEN GRAUEN handelt von lauter solchen Entscheidungen, deren
Freiheit schon im jeweils zweiten Schritt verloren geht.

Das ist der überraschende Eindruck, der sich bei der Lektüre des Buches
einstellt: Es handelt von der Logik überragender Zwänge, aber da diese den
jeweils geplanten Tatverlauf immer wieder umstürzen, stehen die Akteure
mitsamt ihren gegeneinander wirkenden Zielen und Motiven in großer Le-
bendigkeit und Frische vor uns. Kremp ist ein eigenwilliger Historiker: Er
stellt sich von Mal zu Mal auf die Stufe einer originären Situation, in der
noch kein Tag danach gewusst werden kann, er lässt das Wissen des Nachgeborenen beiseite, um sich ein Bild von der historia in nuce zu verschaffen,
die noch gar keine Geschichte ist, sondern die Not einer Entscheidungslage.
So entwickelt sich seine Narratio, als hätten wir diese Geschichte noch nie
gekannt, ein Drama, das uns immer wieder den Atem verschlägt.

Wie liest sich das im Einzelfall? Ein wichtiges Sprungbrett der Analyse
ist für Kremp Hitlers Entscheidung, Polen anzugreifen. Frei, das heißt un-
bedrängt von äußerem Druck, war der deutsche Diktator jedoch nur für
drei Tage – bis zum 3. September 1939, als England und Frankreich in den
Krieg eintraten, womit er nicht gerechnet hatte.

In der Deutung der nun einsetzenden Ausweitung des europäischen Krieges sieht Kremp vor allem Hitlers erste, den weiteren Ablauf entscheidend beeinflussende Niederlage in Dünkirchen im Mai/Juni 1940. Dies, obwohl der Feldzug gegen Frankreich, Belgien, die Niederlande und Luxemburg als glänzende Operation der Deutschen Wehrmacht betrachtet wird. Er ist mit dieser Einschätzung nicht allein, aber er hebt ihre Bedeutung so scharf hervor wie kein anderer. In jener vorteilhaften Lage wird Hitler von einem, wie Kremp es formuliert, »Strategieinfarkt« getroffen, der erste in seiner Kriegskarriere, »der nicht nur den Sieg über Frankreich, das Bollwerk vor Großbritannien, entwertete, sondern ihn der Souveränität über das weitere Kriegsgeschehen beraubte. Man kann dieses Ereignis, das keineswegs nur in der unberechenbaren Natur des Krieges, dieses seit jeher übelsten Tag- und Nachttraumes der Staatenlenker und Feldherren, begründet war, sondern im Kunstfehler einer versäumten Schlacht gegen das britische Expeditionskorps, gar nicht überschätzen. Der Fehler mündete in eine Verlängerung und unendliche Erschwerung des Krieges, auf die das Reich nicht vorbereitet war.«

Schon Winston Churchill hatte diese Fehlentscheidung Hitlers als kriegsentscheidend begriffen. Am 20. Juni 1940 sagte der Premier vor dem Unterhaus, das sich in geheimer Sitzung traf: »Wenn es Hitler nicht gelingt, Britannien zu besetzen oder es zu zerstören, hat er den Krieg verloren.« Wozu Churchills Weigerung, mit ihm zu verhandeln, einen wichtigen Grundstein legte – ein Wendepunkt in der Geschichte des europäischen Krieges, noch ehe dieser im Weltkrieg kulminierte. Denn der Überfall Hitler-Deutschlands auf die Sowjetunion im Juni 1941 erfolgte, ohne dass die Überwältigung Großbritanniens gelungen war. Somit konnte die Insel zum westlichen Brückenkopf der USA für deren späteren Eintritt in den Krieg werden. Hitler fand sich in der aussichtslosen Zweifronten-Falle wieder und offenbarte damit sein Unvermögen, entgegen der eigenen Maxime, die Konstellation von 1914 zu vermeiden. Seine Triumphe 1940/41 waren Pyrrhussiege: Den entscheidenden Durchbruch hatte Churchill verhindert.

Für Kremp folgt aber aus dieser Sachlage, dass wir mit neuer Blickrichtung auf Hitlers Motive zum Überfall auf die Sowjetunion schauen und dabei einen verbreiteten Irrtum korrigieren müssen. Da er 1940 nicht vermochte, die Briten zum Einlenken zu bewegen und den europäischen Krieg zu beenden, und der Plan eines Kontinentalpakts mit Stalin als abschreckender Schachzug gegen die angloamerikanische Welt ins Leere lief, galt die Unterwerfung der territorial hungrigen und militärisch erstarkenden Sowjetunion schließlich als alternativlos. Das ist für Kremp eine »Umweg-Strategie«, weniger »freier Wille« als ein Zeugnis der Hegemonie strategischer Logik und Gegenlogik im Krieg: »Aktuell, für die Entscheidung zum Feldzug, den Ernstfall, spielten die Axiome Antikommunismus, Antisemitismus, Weltrassenentscheidung, spielte nicht einmal der Lebensraum eine ausschlaggebende Rolle, auch nicht der oft zitierte Größenwahn. Stattdessen dominierte die Logik des Krieges, der geostrategische konsekutive Zwang, auf dem Umweg über das Ostland noch rechtzeitig erreichen zu können, was die Invasion der britischen Inseln nicht versprach, der Westfeldzug nicht erbracht hatte, der Widerstand Großbritanniens und der absehbare Eintritt der USA in den Krieg verwehrten: die Unangreifbarkeit der kontinentalen Machtformation.«

»Wer sich in den Krieg begibt, bleibt nicht sein Eigentümer«, ist ein weiterer Kernsatz des Militärhistorikers, als den Kremp sich hier vorstellt. Auch das ist nicht neu. Schon Thukydides, der Vater der abendländischen Geschichtsschreibung, mahnt in seiner »Geschichte des Peloponnesischen Krieges«: »Bedenkt auch, wie unberechenbar der Verlauf eines Krieges ist, bevor ihr euch in denselben einlasst.« Ein Gedanke, den wir auch bei Clausewitz wiederholt vorfinden. Kremp nutzt ihn als Warnung vor allzu glatt gebügelten Konklusionen über einen gleichsam verpackungsfertigen Verlauf von Geschichte. Sein Interesse für Militärhistorie war jedenfalls ungebrochen, seit ihn nach der Promotion in München General Walter Warlimont, der von Hitler nach dem Attentat am 20. Juli 1944 ausgebootete stellvertretende Chef des Wehrmachtsführungsstabs, in einem neunmonatigen Privatkurs über Strategie in das Thema eingeführt hatte. MORGEN GRAUEN ist dezidierter Dissens, die Entdeckung einer neuen Sehweise auf vertrautes und vielfach beschriebenes Material. Man könnte Herbert Kremps Technik beherzt nennen – er versetzt sich zurück in die Entstehungsmomente von Geschichte, vermeidet den bequemen Hochsitz des Historikers, der alles schon weiß und kommen sieht.

In seiner lückenlos katalogisierten Bibliothek in Schenkenschanz nahe dem niederrheinischen Kleve verfügte der Autor über den gedruckten Quellenreichtum wie ein versierter Deichgraf, der sich auskennt und seinen Widerspruch zu belegen weiß. Ihm missfallen Darstellungen, in denen Anfang und Entwicklung des Krieges – seine Dialektik – primär aus der Perspektive der Schlussphase betrachtet werden: »Die Autoren, mit dem Wissen des Rathauses ausgestattet, stellen fest, warum Erfolg respektive Scheitern der Akteure gewissermaßen ordnungsgemäß oder gesetzmäßig gesicherten Ursachen folgte. Das Mäandern der Ereignisse, ihr Lauf und Gegenlauf werden mit begradigenden Strichen überzeichnet, wie man eine ungültige Rechnung korrigiert. Unsicherheit und Unvorhersehbarkeit von Kriegshandlungen, also die prekäre historische Aktualität, verlieren ihre spielentscheidende Bedeutung. Den Nachgeborenen wird eine Übereinanderkopie von meist volkspädagogischen, pseudomoralischen, ja, moritatenähnlichen Bilderreihen präsentiert.«

Was fesselt diesen Autor im letzten Jahrzehnt seines Lebens an dieser Vergangenheit? Die Selbstverstümmelung des deutschen Namens durch die Verbrechen der Hitler-Jahre? MORGEN GRAUEN ist ein evokativer Titel: Es schwingt das Frösteln mit, wenn wir an das Gesamt der Vernichtung denken, das über der ersten Hälfte des 20. Jahrhundert lastet wie ein Menetekel und dessen Ausläufer auch in Kremps Analysen hineinspielen. Aber der erhobene Zeigefinger ist nicht seine Art. Eher das Skalpell, mit dem er das Corpus Geschichte angeht wie den tragischen Leichnam des Fortschritts. Er will lernen und uns die Resultate seines Lernens mitteilen. In MORGEN GRAUEN kann er sich auf wenig geläufige, aber harte Fakten stützen, etwa zu der kontrovers behandelten Frage, wie sich die beiden Kontrahenten Hitler und Stalin auf den Krieg vorbereiteten oder wie sie sich in den Kalkulationen über den Gegner verrechneten. Die teilweise Veröffentlichung von Geheimdokumenten nach dem Ende der Sowjetunion, in der Jelzin-Zeit, hat neue Aspekte zutage befördert, die einen parallelen Offensivaufmarsch der Russen seit Mai 1941 nahelegen, dem Hitler zuvorgekommen sei. Einige Historiker sprechen in diesem Zusammenhang von einem Präventivschlag – eine These, mit der sich Kremp eingehend auseinandersetzt und die er als unhaltbar ablehnt. Was ihn fasziniert, wie überall, ist die Logik des Krieges, dessen Zwang die Akteure zu Handlungen mitreißt, die sie nicht auf ihrer Agenda hatten.

MORGEN GRAUEN ist die Krönung von Kremps lebenslangem Ringen um den Sinn von Geschichte. Im Schlusskapitel »Blickwendung und Summe: Die Energie purer Kriegsdialektik« gibt er sein Credo preis: »Die Interpretation der Vergangenheit unterliegt stets neuen Erkenntnissen und vermittelt zeitbedingt veränderte Perspektiven. Es gibt keine unwandelbare, ewige Wahrheit über zurückliegende Ereignisse und ihre Bedeutung. Unaufhörliches Fragen hält Geschichte am Leben. Das gilt für alle bedeutenden Vorgänge. Insofern ist auch Russland ein Land mit unvorhersehbarer Vergangenheit.«

* * *

Im Jahr 2003 legte Herbert Kremp unter dem Titel »Memoiren der Zukunft. Deutschland 2050 – ein Rückblick« einen dystopischen Roman vor, der einen deutschen Niedergang im Herzen einer zur Fiktion verkommenen EU schildert und mit der Perspektive endet, dass drei Millionen Turkmenen in den verlassenen Gebieten von Sachsen-Anhalt einen Reformstaat aufbauen könnten. Der latente Sarkasmus, von dem Kremp nicht selten befallen wurde, meldete sich da mit grimmiger Ironie zu Wort. Dabei war er ein gläubiger Katholik, der an der Verantwortung des Menschen für eine lebenswerte Welt und den Erhalt der Schöpfung festhielt. Seiner Fantasie mochte er solchen Ausflug in das Absterben von Geschichte erlauben – seiner Pflicht dagegen keinen Tag Pause von der Arbeit. Auch nicht in den diversen Krankenhäusern, in denen er sich zum Teil wochenlang wegen schwerer Osteoporose und Arteriosklerose in den Beinen behandeln lassen musste. Dann verlagerte er die Arbeit an MORGEN GRAUEN, in der er sich nicht unterbrechen lassen wollte, ins Krankenzimmer. Die Ärzte hatten vor vier Jahren Bedenken gegen eine Drei-Stunden-Operation, bei der dem 88-Jährigen ein komplizierter Stent über die Beckenschlagader eingeführt werden musste. »Aber ich bestand darauf«, teilte er brieflich mit, »ich sei doch in Gottes Hand und wolle gesund sterben.« Was dann am Ende doch nicht gelang.

Die »Memoiren der Zukunft« waren gewissermaßen gegen seine positive Ader geschrieben, als wieder einmal Trauer über die Vergeblichkeit von Geschichte ihn in den Griff nahm. Doch das Buch widmete er »Den Enkeln«, mit einem Vermächtnis ungebeugter Eigenart, jenseits aller Schwankungen des Gemüts:

> »Seid freien Geistes
> Lasst niemanden für euch denken
> Wendet euch eurer ganzen Geschichte zu
> Ringt um Gott und liebt euer Land
> Sonst haltet auf Abstand
> Die Musik wird nicht enden.«

Thomas Kielinger hat lange Jahre für die Tageszeitung DIE WELT aus Großbritannien berichtet. Von 1971 bis 1977 war er Ressortleiter Literaturkritik im Feuilleton der WELT, danach bis 1984 Korrespondent in Washington/D.C., von 1985 bis 1994 Chefredakteur der Wochenzeitung »Rheinischer Merkur«. Kielinger, Ehrenoffizier des Order of the British Empire (OBE), ist zuletzt mit Biografien über Winston Churchill und die beiden Königinnen Elizabeth II. und I. hervorgetreten.

PROLOG

Hitlers Kriegsniederlage zeichnete sich zu einem sehr frühen Zeitpunkt ab, im Jahr 1940, auf den Tag genau am 24. Mai, als die deutsche Panzer-Avalanche 18 Kilometer vor der Hafenstadt Dünkirchen im französischen Flandern das Stoppsignal erhielt und die bis dahin größte Cannae-Schlacht der Weltgeschichte nach einem unerhörten Siegeslauf der Wehrmacht wenige Stunden vor der Vollendung abgebrochen wurde. Gewiss, für zwei Tage nur. Die aber reichten im Bewegungskrieg aus, das gesamte britische Expeditionskorps, zehn Divisionen und eine Panzerbrigade sowie Teile der in Belgien und Nordfrankreich eingekesselten französischen Armee durch die Lücke im eisernen Ring entkommen zu lassen und in den Bäuchen einer Fantasieflotte aus Segelbooten, Seelenverkäufern, Vergnügungsdampfern und Zerstörern der Navy nach England zu retten. Die Somme war Hitlers Marne.

Während der erste Teil die Kräfte und Zurüstungen des kommenden Konflikts und der zweite und dritte Teil diesen schließlich selbst vorstellt, richtet sich im Folgenden das Augenmerk auf zwei frühe Abschnitte des europäischen Kriegs, die der *Unruhe in Wartesälen* gleichen: auf den *drôle de guerre* zwischen der deutsch-sowjetischen Eroberung Polens und den Westfeldzügen der Wehrmacht und auf den *drôle de paix,* wie man die Periode von der Kapitulation Frankreichs im Juni 1940 bis zum vulkanischen Ende der deutsch-sowjetischen Vertragskoalition ein Jahr später nennen kann. Beide Zeitabschnitte bieten Überraschungen. Sie spiegeln die Dialektik des Kriegs, den konsekutiven Zwang seiner Ausweitung.

Die Regierungen in Paris und London, zutiefst empört über Stalins *Verratshandlungen* infolge des deutsch-sowjetischen Pakts vom August 1939 – die Rückendeckung Hitlers, Aufteilung Ostmitteleuropas und Sabotage der Wirtschaftsblockade des Reichs – nahmen Deutschland und Russland ins Visier und ließen ihre Generalstäbe monatelang einen peripheren Krieg gegen »Teutoslavia« (Robert Vansittart) planen.[1] Nach Beschlüssen im März 1940 setzten sie im April zur Okkupation Norwegens an und kamen 24 Stunden zu spät. Als kurz danach die deutschen Panzer Schneisen durch die Ardennen zogen, waren die alliierten Bomber in Syrien startbereit zum

Angriff auf die sowjetischen Öl-Anlagen im Kaukasus. Ziel: Baku, Maikop und Batumi, Umschlagplatz für Erdöl am Schwarzen Meer. Insgesamt sah das Peripher-Dispositiv acht Aktionen und Störmanöver an verschiedenen Plätzen vor, um die Konzentration der deutschen Streitkräfte auf Westeuropa zu verhindern und zur gleichen Zeit der Sowjetunion »das Genick zu brechen«,[2] wie der französische General Maxime Weygand erklärte. Die Geschichtsschreibung nimmt davon nur am Rande Notiz, wenn überhaupt. Womöglich erscheint der Zeitabschnitt nicht hitlerzentrisch genug und wegen des Scheiterns des peripheren Kriegs zu peinlich für die Alliierten.

Was war demgegenüber der anschließende *drôle de paix*? Hitlers und Stalins Interessen wurden infolge überraschender Entwicklungen und Widerstände in unerwünschte Richtungen gedrängt. Stalin hatte vom Krieg im Westen schwere Abnutzungen der Kombattanten erwartet, ein gigantisches Verdun mit neuen Waffen, das der UdSSR strategische Optionen in Europa eröffnen würde. Auf die im Gegenteil kurzen, wenig verlustreichen, eher manöverhaften Bilderbuchfeldzüge der Wehrmacht reagierte er mit der entschlossenen Okkupation und Annexion des ihm vertraglich zugesicherten ostmitteleuropäischen Staatenvorfeldes.

Sein Zugriff vermittelte den Eindruck, als wollte er das überraschend vergrößerte Reich von den Flanken her nach Westen abdrängen. Währenddessen begegnen wir einem zunehmend ratlosen Hitler. Die Engländer lenkten nach der Kapitulation Frankreichs nicht ein, obwohl er fest damit gerechnet hatte.[3] Ihn wehte das Gefühl an, er könnte vor Dünkirchen den Krieg verloren haben. Hielten die Briten durch, wie es Churchill beschwor, wäre in wenigen Jahren, etwa 1942, mit einem Großangriff der angloamerikanischen Armada auf das deutsche Europa zu rechnen.

Daraus ergab sich eine strategische Alternative: Hitler konnte versuchen, durch eine Aufteilung des eurasischen Kontinents vom Atlantik bis zum Pazifik Stalin in den am 27. September 1940 vereinbarten Dreimächtepakt – Deutschland, Italien, Japan – einzubinden: War der Vorstoß zum Indischen Ozean nicht ein alter Traum der Zaren, an dem sich Stalin zu orientieren schien? Gelang dies nicht, wäre die Sowjetunion in einem massiven, blitzartigen Kriegszug niederzuwerfen. Beide Vorstellungen konkurrierten monatelang miteinander, bis es sich als chancenlos erwies, die Russen im vertraglichen Einvernehmen aus Europa hinauszukomplimentieren und auf Kriegsreise nach Süden gegen die mittelöstlichen und indischen Besitzungen des britischen Empire zu entsenden.

Mit dem deutschen Angriff am 22. Juni 1941, der nach verblüffenden Anfangserfolgen eine napoleonische Wendung nahm, kamen die Flügelmächte Russland und USA zur konzentrischen Aktion. Es gilt hervorzuheben, dass die Sowjetunion in der Tiefe des Landes und mit dem früh be-

ginnenden Winter kraftvoller, vor allem aber patriotischer kämpfte, als alle
Generalstäbe der Welt angenommen hatten. Der Terror von 1936 bis 1938
hatte sie zwar entsetzlich strapaziert, in paradoxer Konsequenz jedoch die
psychischen und materiellen Zurüstungen für den Krieg beschleunigt. Roosevelt wiederum überwand den Isolationismus und die daraus gegossenen
Neutralitätsgesetze in seinem Land durch eine Blockadepolitik gegen das
rohstoffarme Japan. Am 25. November 1941 erklärte er im engsten Bera-
terkreis: »Es ist eine Frage, wie wir sie (die Japaner, H. K.) in die Position
manövrieren können, den ersten Schuss abzugeben, ohne dass wir selbst zu
sehr in Gefahr geraten.«[4] Im Pazifik gewann Roosevelt endlich den Zugang
zum Krieg.

Im Dezember 1941 waren die europäischen Mächte, die Sowjetunion,
Nordamerika und Japan im Krieg und die deutsche Wehrmacht stand im
ersten Abwehrkampf gegen die vornehmlich aus dem Osten Russlands an
die Winterfront geführten Truppen Stalins. Der Krieg, seit dem *drôle de
guerre* sich seiner selbst bewusst geworden, schritt dialektisch fort, forderte
neue strategische Entscheidungen gemäß der veränderten Lage, ohne auf
den eigentlichen Willen der Beteiligten zu achten, beanspruchte von nun
an in Stolz und Elend den Titel des Weltkriegs. Die Anfänge waren danach
nicht wiederzuerkennen, sie gerieten fast in Vergessenheit. Umso sinnvoller
erscheint es, einige ihre Sonderheiten und Sonderbarkeiten nachzuzeichnen.

ERSTER TEIL
DER SPRUNG INS DUNKLE*

---

* Die Redewendung geht auf Reichskanzler Theobald von Bethmann-Hollweg zurück, der im Juli 1914 angesichts des drohenden Kriegs von einem »Sprung ins Dunkle« sprach: Kurt Riezler, *Tagebücher, Aufsätze, Dokumente*, Göttingen 2008, S. 185 (Eintrag des engen Vertrauten Bethmann-Hollwegs vom 14. Juli 1914).

I. KAPITEL

WELTREICH ODER
WELTHERRSCHAFT

Obwohl sein Bekenntnis zum »ewigen Kampf« als Weltprinzip gedanklich jede räumliche Beschränkung aufhob, neigte *Hitler* mehr zum Typus regional begrenzter Weltmacht als zu globaler Herrschaft. In »*Mein Kampf*« schreibt er, Deutschland ist heute keine Weltmacht, müsste es aber sein, um gegenüber den riesigen Flächenstaaten USA, China und Russland bestehen zu können.[1] Er war darin nicht der Einzige, auch nicht der Bedeutendste. *Weltreichvorstellungen* waren nach der unbefriedigenden Versailler Friedensordnung von 1919 allgemein im Schwange, daneben und darüber hinaus auch *Weltbeherrschungsideen* mit der unausweichlichen Perspektive des globalen Konflikts. Die Neuordnung der Erdkarte hatten viele im Blick, manche beflügelte sogar der Wille zu einem radikal neuen Weltsystem, einschließlich der Kreation eines *neuen Menschen*.

Der konservative *Winston S. Churchill* erwog eine Konföderation der englischsprachigen Völker; *Lenin* plante und handelte internationalistisch, versessen auf die Durchsetzung einer endzeitlichen sozialistischen Globalherrschaft. *Stalin* wurde für einen Nationalzaristen und Entwicklungstyrannen gehalten, aber das war zu wenig und ist bis heute apologetisch gemeint.

Eitel fantasierte *Mussolini* über ein Risorgimento des Römischen Reiches, während die *Japaner* die »Neuordnung« Asiens in den Blick nahmen, eine von ihnen beherrschte »Groß-Ostasiatische Wohlstandszone« als Antwort auf den weißen Kolonialismus. Franklin Delano Roosevelt wiederum war kein Hemisphäre-Politiker. Er betrachtete den in Leiden und Unzulänglichkeiten verstrickten Erdkreis als dringliches Reformprojekt, dachte unverhohlen an Gegenküstenstrategie und amerikanische Weltwirtschaft, an eine mondiale Pax Americana.

Wie die Zielvorstellungen gegeneinanderstanden, waren sie ein *Abschied von der bisherigen Geschichte*, bedeuteten unterschiedslos das Überschreiten der territorial- und nationalstaatlich gefügten Grenzen in Richtung ideell, ideologisch, wirtschaftsmächtig formierter Großräume respektive des

Globus schlechthin. Wie man sieht, war die Legitimation nicht durchgehend »modern«, oft restaurativ und rettend, besonders was die krisenhafte Kolonialpolitik betraf.

Die Briten, infolge der Auflösungserscheinungen im Empire auf die amerikanische oder – horribile dictu – die deutsche Juniorpartnerschaft verwiesen, suchten in der reformerischen Umgestaltung des Bestehenden die Rettung. Japan stülpte über seinen zu Rohstoffgründen drängenden traditionalen Staat die »Mission der farbigen Völker«[2] – angefacht durch den Sieg über die europäische Großmacht Russland und die Vernichtung seiner Flotte vor *Tsushima* in der koreanischen Meerenge im Mai 1905.

Eine andere Ligatur, das Großprojekt »Menschheit«, verkörperten Amerikaner und Russen nach ihren Binnenkolonisationen und den unterschiedlichen Erfahrungen im Ersten Weltkrieg. Die USA erstrebten die »neue Welt« aus den Impulsen der biblischen Geschichte vom Gelobten Land, eingehüllt in den Wilson'schen und Roosevelt'schen Paletot demokratischer Mission. Die Sowjets projizierten sozialistische Utopie, unterfüttert mit zaristisch-imperialen Vorstellungen von konkurrenzloser Größe.

Am anderen Ende rangierten seit 1923 die Italiener mit dem Gestus der römisch-nostalgischen, mediterran-afrikanischen, futuristisch-faschistischen Arrondierung und seit 1933 die revolutionären Nationalsozialisten mit einem *Führer*, der das »aristokratische Prinzip der Natur« – das ewige Vorrecht von Kraft und Stärke gegen die Masse der Zahl und ihr »totes Gewicht«, also der Herrschaft der Mehrheit und der Demokratie – setzte.[3] Das feindliche Prinzip ist im Marxismus verkörpert. Er sei jüdisch – wider die Natur, wider den Wert der Person, wider Volkstum und Rasse; er entziehe der Menschheit die Voraussetzung ihres Bestehens und ihrer Kultur.[4]

Dass Deutschland mithalten wollte, war keineswegs ungewöhnlich oder gar irrational, in gewissem Sinne eher zwanghaft. Während sich weltweit die Machtstrukturen veränderten, befand sich das Reich in einer Art Quarantäne, die der Versailler Friede mit *Reizstoffen* und *Sperrvorrichtungen* vollgepackt hatte, obwohl die Schwächen des Vertrags von 1919 schon in der Weimarer Zeit zutage traten.

Das Besondere aber, das bei keiner anderen Weltmacht- oder Weltbeherrschungsidee zu finden war, bestand in *Hitlers Doppelmotiv*. Die Voraussage in »Mein Kampf«, Deutschland werde entweder Weltmacht oder überhaupt nicht sein,[5] mag man in der alternativen Zuspitzung dem erregten Zeitgefühl des Autors zuschreiben. Anders verhielt es sich mit der Armageddon-Vision vom Endkampf zwischen Ariern und Juden – mit den fixen Ideen von *Weltrettung, Rassenpolitik, aggressiver Abwehr konspirativer und blutsaugerischer bolschewistischer und plutokratischer Mächte*, die als *jüdisch* inspiriert und gesteuert dargestellt wurden.

In diesem Sinne kann man Hitler von heute aus als *Rasseökologen* unter den Weltreichpolitikern bezeichnen. Dem »Jüdischen« unterstellte Hitler eine ungewöhnliche Macht, vergleichbar nur mit dem Feindbildaufwand der Kommunisten.[6] Vor allem die großporigen liberalen Demokratien wähnte er von seinem Einfluss vergiftet, zeitweise auch das sowjetische Führungssystem – so erklärten sich ihre Schwächen. Deutschland müsse zu einer uneinnehmbaren Höhe aufsteigen, von wo aus dem *Bösen* mit Macht begegnet werden könne, am besten im Bunde mit dem britischen Empire, das rassisch und kolonialpolitisch der farbigen Welt *gesunde Instinkte* entgegenhalte. Das klang nach Geschichts-Metaphysik und war auch so gemeint.[7] Nur eines sei hier schon gesagt: Sobald der Krieg begonnen hatte, traten die Gesetze der Strategie als mächtige Konkurrenten aller Idolatrien auf den Plan.[8]

1. Was für einen Krieg wollte Hitler?

Hitler wollte Krieg, daran bestand kein Zweifel – aber welchen? Die zentrale Frage, was für einer es sein sollte, ist keineswegs vollständig geklärt. Der große, zum Weltkrieg aufwachsende Konflikt, in den er sich verstricken würde und aus dem ihn seine Gegner nicht entkommen ließen – sie sahen dafür nicht den geringsten Grund –, gibt darauf keine Antwort. Tatsächlich war der kommende Kriegsablauf das Ergebnis dialektischer strategischer Bewegungen. Die selten gewordenen Behauptungen, das Ringen sei ihm *aufgezwungen* worden, und die ausweichende Version, es sei aus den Gegensätzen der europäischen Mächte entstanden,[9] liegen weit auseinander, unterschätzen gleichermaßen die geschichtsrevolutionäre Energie, mit der Hitler auf die globale Veränderungsdynamik einging, ja, sie begrüßte und zu nutzen trachtete, wie auch die erbitterte, schließlich unerbittliche Reaktion, mit der die Träger anderer weltmissionarischer Vorstellungen ihm entgegentraten.

Für Unruhe war gesorgt

Der Vorsatz des *Führers* und Reichskanzlers, Staat in Bewegung zu verwandeln, das Versailler Mächtekonstrukt umzustürzen, die Regeln des internationalen Wirtschafts- und Handelssystems zu brechen, den bolschewistischen, vor allem den jüdischen Einfluss zu eliminieren,[10] der germanischen Rasse Dominanz und Lebensraum zu verschaffen – dieses Ideenkonvolut ist nicht zu bestreiten. Genauso wenig die Überzeugung *Churchills*, dass

Hitler nur durch einen *Weltkrieg* mit Hilfe der USA und der UdSSR nie-
derzuzwingen wäre. Wie auch nicht die Entschlossenheit *Roosevelts*, die
Appeasement-Ära im europäischen Westen zu beenden, gegen die Achsenmächte zu intervenieren, durch einen erneuten Eintritt in den europäischen
Krieg und den ersten großen in Asien eine Weltführungsrolle zu übernehmen, die Sendungsidee, Amerika, das Land »mit der Seele einer Kirche«,[11]
in ein Flammenschwert zu verwandeln, nicht zum ersten – und nicht zum
letzten Mal in der amerikanischen Geschichte. Genauso wenig schließlich
wie die Entschlossenheit Stalins, den Krieg der »anderen« zu begünstigen,
abwartend an relativer Stärke zu gewinnen und am Ende maximale Ziele
zu erreichen.

Soweit Voraussagen möglich sind, hätten die 1919 in Vertragsform gegossenen Konflikte mit dem tollwütigen, alte Lebenszusammenhänge aus-
einanderreißenden nationalen Selbstbestimmungsrecht[12] und den globalen
Missionsregimen in Washington und Moskau auch unter anderen Chargen
zu einem Fortsetzungskrieg geführt. Bei aller prinzipiellen Unterschiedlich-
keit der Lebensformen und Zukunftsentwürfe herrschte in den USA wie
in der Sowjetunion die Ansicht vor, das Versailler Europa sei an den fixen
Ideen der *alten National- und Kolonialpolitik* hängen geblieben und gehe
damit dem selbstbeschworenen Ende seiner angemaßten Glanzepoche entgegen. Dies mag der Historiker *Klaus Hildebrand* im Auge gehabt haben,
wenn er schwungvoll formuliert: »Eine bereits aus den Fugen geratene Zeit
trug dazu bei, dass die Akteure der Weltpolitik sich nicht bevorzugt als
Partner ansahen, sondern vice versa als Händler und Helden, als Phäaken
und Krieger, als müde Verwalter eines abgelebten Erbes und als elanvolle
Täter einer kraftvollen Zukunft missverstanden.«[13]

Erklärungen aus der Höhe Klios

Mit solch elegischer Eleganz kann man das Europa der Sieger und Verlierer
von 1919, Großbritannien, Frankreich, Italien, Deutschland und Polen in
der Tat beschreiben – als einen Verein von zänkisch-aggressiven Weltdar-
stellern mit ihren unerfüllten, unvergessenen, unversöhnlichen Träumen.
Für ständige Unruhe war gesorgt, während draußen die Erben warteten,
teils angewidert, wie die Amerikaner, teils gierig, wie die Sowjetrussen. Beiden hatte *Alexis de Tocqueville* schon 1835 die Weltherrschaft vorausgesagt und sie sollten sie bald für einen Lidschlag der Geschichte erringen.[14]
Die entscheidende Stelle über die Weltpolarisation Amerika/Russland findet sich am Ende von Teil I seines Werkes an wahrlich unscheinbarer Stelle.
Wörtlich heißt es:

»Es gibt heute auf Erden zwei große Völker, die, von verschiedenen Punkten ausgehend, dem gleichen Ziel zuzustreben scheinen: Russen und Angloamerikaner. Beide sind im Verborgenen groß geworden, und während die Blicke der Menschen sich anderswohin richteten, sind sie plötzlich in die vorderste Reihe der Nationen getreten und die Welt hat fast zur gleichen Zeit von ihrer Geburt wie von ihrer Größe erfahren.

Alle anderen Völker scheinen die Grenzen ungefähr erreicht zu haben, die ihnen die Natur gezogen hat, und nur noch zum Bewahren da zu sein; sie aber wachsen: Alle anderen stehen still und schreiten nur mit großer Mühe weiter; sie allein gehen leichten und raschen Schrittes auf einer Bahn, deren Ende das Auge noch nicht zu erkennen vermag.

Der Amerikaner kämpft gegen die Hindernisse, die ihm die Natur entgegenstellt; der Russe ringt mit den Menschen. Der eine bekämpft die Wildnis und die Barbarei, der andere die mit all ihren Waffen gerüstete Zivilisation: So erfolgen denn die Eroberungen des Amerikaners mit der Pflugschar des Bauern, die der Russen mit dem Schwert des Soldaten. Um sein Ziel zu erreichen, stützt sich der eine auf den persönlichen Vorteil und lässt die Kraft und die Vernunft der einzelnen Menschen handeln, ohne sie zu lenken. Der zweite fasst gewissermaßen in einem Mann die ganze Macht der Gesellschaft zusammen. Dem einen ist Hauptmittel des Wirkens die Freiheit; dem anderen die Knechtschaft.

Ihr Ausgangspunkt ist verschieden, ihre Wege sind ungleich; dennoch scheint jeder von ihnen nach einem geheimen Plan der Vorsehung berufen, eines Tages die Geschicke der halben Welt in seiner Hand zu halten.«

Dem Werk geschähe Unrecht, wenn sich die Zitation auf diese Absätze beschränkte. Die großartigste der frühen Studien über die Vereinigten Staaten und die Amerikaner verdient uneingeschränkte Aufmerksamkeit. Lange bleibt die soziologische Akkuratesse unerreicht. Tocqueville beschränkte sich nicht auf die Feststellung, Amerika verkörpere die bessere Seite, Russland die schlechtere in der Welt, Europa den untergehenden Part. Während ihm die Probleme und Entwicklungsmöglichkeiten Russlands aus vergleichbar intensiven Beobachtungen nicht vertraut waren – das vorherrschend kritische Urteil über den Zarismus genügte ihm –, erkannte er die Schwächen der amerikanischen Demokratie mit durchdringender Schärfe, nicht zuletzt aus den ernüchternden Erfahrungen mit der französischen Revolution und den Ereignissen seither. Gleichheit, Unterdrückung des Vielfältigen und der »neue Despotismus« der Mehrheit erschienen ihm als die gefährliche Kehrseite der Demokratie neben ihren Vorzügen wie Selbsttätigkeit und Selbstverwaltung, Aufbau der Gemeinden vor dem Staat und dessen Aufbau vor dem Bund: Mores und Dezentralisation. Die *condition humaine* betrachtete er mit Skepsis, denn die Vorsehung, so schreibt er, habe den Menschen »weder ganz unabhängig noch völlig sklavisch geschaffen«.

Doch »der Europäer«, schrieb *Paul Válery* im kritischen Formierungsjahr 1919 mit einem ungläubigen Blick auf Tocqueville, sei »eine Art Ungeheuer. Er besitzt ein überladenes, allzu gepflegtes Gedächtnis, einen maßlosen Ehrgeiz, eine Gier nach Wissen und nach unbegrenztem Reichtum. Da er meistens einer Nation angehört, die zu ihrer Stunde mehr oder minder die Welt beherrscht hat und noch heute von ihrem Cäsar, Karl V. oder Napoleon träumt, so schlummert in ihm ein Stolz, eine Hoffnung und eine Sehnsucht, die immer von Neuem erwachen können ... Er lebt in großartigen Erinnerungen und maßlosen Hoffnungen befangen und wenn es ihn einmal ankommt, in Pessimismus zu verfallen, so denkt er sich zum Trotz, dass ja der Pessimismus einige erstklassige Werke geschaffen hat. Anstatt ins geistige Nichts zu versinken, schafft er aus seiner Verzweiflung noch ein Lied. Ja, mitunter schöpft er einen furchtbaren und harten Willen aus ihr, ein paradoxes, auf Menschen- und Lebensverachtung aufgebautes Motiv zum Handeln.«[15] Es gibt vermutlich keine treffendere Voraussage für das Erscheinen Hitlers in der Konstellation seiner Jahre, keine bessere atmosphärische Schilderung für die Bedingungen seiner und seiner Gegner Existenz.

Doch haben alle diese Erklärungen aus der Höhe Klios, der »rühmenden« Muse der Geschichte, einen erheblichen Nachteil: Sie stolzieren erhaben daher und tönen abstrakt in der ständigen Gefahr, sich in der »Leere des Tiefsinns« zu verlieren. Die Kunst der Sprache, die wir zitierten, hält die Protagonisten und die Umstände ihres Aufwuchses gewissermaßen fern von uns; dem Geistigen fehlt das Körperliche, als wäre es unzumutbar, als gäbe es uns einen hochvoltigen elektrischen Schlag. Wir dürfen diese schmerzliche Berührung aber nicht scheuen, wenn wir herausfinden wollen, was geschah. Der Erdkreis erfuhr im 20. Jahrhundert, von dem wir nicht wissen, ob es vorüber ist,[16] eine erschütternde Krümmung. Sie entstand historisch und brachte historische Wirkungen hervor; sie manifestierte sich in Tätern und Opfern. Erst wenn dieser Strom uns durchfahren hat, erhalten wir die Chance, zu erkennen, welche Art von Krieg Hitler und die ihn umgebende Staatenwelt wirklich führten.

2. Adolf Hitler – von wem ist die Rede?

Bevor wir diese komplexe Frage zu beantworten wagen, zitieren wir aus einem Buch, das 1936 in Zürich erschien und unter dem lapidaren Titel »Adolf Hitler« eine der frühesten Biografien des *Führers* darbot. Was war bis dahin in der neuen deutschen Ära an Verzeichnenswertem, ja an Prophetischem geschehen? Der Autor *Konrad Heiden* (1901–1966), deutscher Journalist (*Frankfurter Zeitung, Vossische Zeitung*), Jude, Sozialist, Emigrant seit 1933, beobachtete Adolf Hitler seit 1921 aus unmittelbarer Nähe und sah in ihm, wie es im Vorwort seines Buches heißt, weder einen Übermenschen noch einen Popanz, sondern einen »sehr interessanten Zeitgenossen und, zahlenmäßig betrachtet, den größten Massenerschütterer der Weltgeschichte«.[17]

Was das heißt? »Der junge Adolf Hitler«, erklärt Heiden, »ist ganz einfach der häufige Fall des jungen Mannes, der sich mit der bürgerlichen Welt nicht abfindet und seine Tage in einem tiefen Pessimismus nutzlos verstreichen lässt. Vor 1914 wurde so jemand Vagabund oder Bohemien oder harmloser Anarchist; danach haben Menschen dieser Art in Mitteleuropa aus den Überbleibseln der Kriegsheere eigenartige politische Organisationen geschaffen, die seitdem in verschiedenen Ländern zur Herrschaft gelangt sind. In einem anderen Zeitalter wäre Hitler vielleicht Bettelmönch geworden, in wieder einem anderen Seeräuber. Für einen ungebärdigen österreichischen Gymnasiasten des Jahres 1905 hieß der Ausweg ›Künstler‹ in einer Dachstube mit dem Ausblick auf Paläste, des geistigen Ideals der Epoche verhungerter und verachteter Repräsentant, dessen Privileg seine ›Unnützheit‹ und dessen Lohn ein besseres Almosen ist. Erst im Blutbad des Jahres 1919 erglänzt eine neue Chance: politischer Bandenführer.«[18]

Nachtwandler und Pläneschmied

»Die Welt von 1914«, findet Heiden, »war eine Welt der Ordnung und des Friedens und konnte Abenteurer oder Künstler nicht gebrauchen. Was sie verlangte, waren Arbeiter. Für die bürgerliche Intelligenz, der man Hitler zurechnen muss, bestand eine automatenhafte Sicherheit. Gegen Ablieferung von Arbeit gab es Existenz, für Kämpfer und Abenteurer dagegen gab es das Gefängnis. Wenn man den Unterschied zwischen Talent und Genie darin sieht, dass das Talent sich brauchbar in die Welt einfügt, das Genie sie aber nach seinen Bedürfnissen ändert, dann wird man Hitler im Jahr 1936 für ein Genie halten müssen; 1913 hingegen war er höchstens ein nichtsnutziges Talent.

Diese einem Hitler so feindliche Welt war gerade im Begriff, an ihrem inneren Widerspruch zugrunde zu gehen, der darin bestand, dass sie wie jede Gesellschaftsordnung zu beharren strebte und gleichzeitig durch einen noch nie dagewesenen technischen Fortschritt ihre materiellen Grundlagen dauernd änderte. Diese Gesellschaftsordnung hat aus dem Lebensplan ihrer heranwachsenden Jugend den Begriff des Abenteuers fast völlig ausgeschaltet und ersetzt: Sie verbannte und verdammte das Unerwartete, das Außergewöhnliche und ersetzte es durch das Durchschnittliche und Berechenbare. So entstand der kulturelle Stumpfsinn der Vorkriegszeit (des Ersten Weltkriegs, H.K.), über den die europäische Intelligenz zu klagen nicht müde wird – wenig bekümmert freilich um das viel grausigere und hoffnungsärmere Los des Proletariers. Wir sehen, wie Adolf Hitler jahrelang im proletarischen Element gelebt hatte, ohne dass auch nur ein Tropfen an ihm hängen blieb; selbst unter den ärmsten Umständen fühlte er sich nicht als Prolet, sondern als Bohemien. Es ist ein *bürgerliches* Schicksal, mit dem er ringt.

Hitler hat persönlich mit der bürgerlichen Karriere nichts anzufangen gewusst; sie ist für ihn nicht der Weg nach oben gewesen. Genügsam in kleinen, ausschweifend in großen Verhältnissen, träg im Beginnen, zäh im Verfolgen, Nachtwandler und Pläneschmied – so war er zu abenteuerlich gemischt für den Stumpfsinn, zu hochfahrend für das gesicherte Dasein und zu unzuverlässig für die Pflichten des Alltags. Er bleibt auf der untersten Stufe kleben – auf der Stufe einer im Nichts endenden Treppe. Ein Jahrzehnt später finden Hunderttausende, die an ihm und seinesgleichen behaglich vorbeigeklettert waren, plötzlich den Ausweg nach oben verstopft. Die Gesellschaft bricht langsam zusammen, die Ziele versinken, die Laufbahnen werden verschüttet. Bald heißt es Krise, bald Inflation, bald Deflation; in jedem Fall Arbeitslosigkeit, Abbau und Konkurs.

Ein junger Chemiker, der Glück hat, findet nach siebenjährigem Studium eine Stelle mit 90 Mark Monatsgehalt und ehemalige Offiziere werden Chauffeure. Es ist ein weltgeschichtlicher Vorgang, dass der jungen bürgerlichen Intelligenz mit einem Mal die bürgerliche Welt fragwürdig, feindlich und zuletzt hoffnungslos wird. Nicht mehr eine Minderzahl unruhiger Geister ist dieser überreichen Welt übersatt, sondern das große Heer der Durchschnittlichen hat Angst vor dem Hunger und dem gesellschaftlichen Abstieg. Diese ganze Klasse, die bisher nach den Gesetzen der Erbfolge und des Aufstiegs zur Herrschaft bestimmt schien, sieht sich jetzt plötzlich zu einem Klassenkampf um ihre Existenz genötigt. Der Begriff der persönlichen Karriere stirbt und die Frage nach einer Reform der ganzen Gesellschaft taucht vor dieser bis jetzt tief konservativen Jugend auf. Der Typ Hitler, der kein für die frühere Gesellschaft brauchbares Talent war, hat jetzt die Chance, das Genie einer bürgerlichen Revolution zu werden.«[19]

Es ist, wie man Heidens Argumentation entnimmt, sozialistisches Denken, das ihn dieses politische Gesellschaftsdrama formulieren ließ. Aber der Sozialismus in seiner doppelten Form – *international* und *national* – war der Geist der Zeit, in der sich Adolf Hitler als Heranwachsender bewegte.

Was war in dem »Unnützen« vor sich gegangen, dass die sechs Millionen Arbeitslosen, die der 43-jährige Hitler am 30. Januar 1933 als Reichskanzler vorfand, 1936 in den Arbeitsprozess eingegliedert waren? Dass aus Not und Massenelend nach drei Jahren ein bescheiden-behaglicher Wohlstand geworden war, wie Sebastian *Haffner* in seinen *»Anmerkungen zu Hitler«* schreibt?[20] »Fast ebenso wichtig: An die Stelle von Ratlosigkeit und Hoffnungslosigkeit waren Zuversicht und Selbstvertrauen getreten. Und noch wunderbarer: Der Übergang von Depression zu Wirtschaftsblüte war ohne Inflation erreicht worden, bei völlig stabilen Löhnen und Preisen.«[21]

In einer Rede vom 28. April 1939 beweihräucherte sich Hitler in »ekelhafter« Weise, wie Haffner findet, für diese Leistung selbst. »Aber zum Teufel«, entfährt es dem Autor, »es stimmte ja alles oder fast alles. Wer sich an die paar Dinge klammerte, die vielleicht doch nicht stimmten (das Chaos überwunden – ohne Verfassung? Die Ordnung wiederhergestellt – mit Konzentrationslagern?) kam sich selbst manchmal wie ein kleinlich mängelsuchender Rechthaber vor. Der Rest – was konnte man im April 1939 dagegen vorbringen? Die Wirtschaft blühte ja wirklich wieder, die Arbeitslosen hatten wirklich wieder Arbeit …, die Aufrüstung war Wirklichkeit, der Versailler Vertrag war wirklich totes Papier geworden (und wer hätte das 1933 für möglich gehalten?), das Saarland und das Memelgebiet gehörten wirklich zum Reich, ebenso die Österreicher und Sudetendeutschen, und sie freuten sich wirklich darüber – ihren Jubelschrei hatte man noch im Ohr. Krieg hatte es wunderbarerweise deswegen wirklich nicht gegeben, und auch dass Hitler vor 20 Jahren wirklich ein Unbekannter war, konnte niemand bestreiten … Hatte er alles aus eigener Kraft geschaffen? Natürlich hatte er Helfer und Mitwirkende, aber konnte man im Ernst behaupten, es wäre alles auch ohne ihn gegangen? Konnte man also Hitler noch ablehnen, ohne alles, was er geleistet hatte, abzulehnen, und waren gegen diese Leistungen seine unangenehmen Züge und seine Übeltaten nicht nur Schönheitsfehler?«[22]

Ja, könnte man die Eloge Haffners fortsetzen, es existierte zwar die Diktatur, aber die Weimarer Republik war nicht durch Hitler zerstört worden, sondern durch die Gegner der Demokratie von links und rechts bzw. die fehlende Mitte. Hitler »entmachtete nur die, die sie zerstört hatten«.[23] Ähnliches gilt für die 1919 in Paris geschaffene europäische Ordnung. »Was man ihm zugestehen muss«, fährt Haffner fort, »ist ein Instinkt dafür, was schon im Fallen, was schon im Sterben war … Aber dieser Instinkt, zweifellos für einen Politiker eine nützliche Gabe, gleicht weniger dem Blick des Adlers als der Witterung des Geiers.«[24]

Diese scharfe Beobachtung gilt dem Austritt des Reiches aus Völkerbund und Genfer Abrüstungskonferenz, der Annäherung an Mussolini während des Abessinien-Kriegs, als in der Frage der Sanktionen gegen Italien die Wege Englands und Frankreichs als Garantiemächte des Locarnovertrags auseinandergingen und Hitler das entmilitarisierte Rheinland, die »stärkste militärische Realität des französischen Bündnissystems«[25], am 7. März 1936 besetzte – *wirklich* ohne Gegenwehr, ohne Krieg.

Von der Raumausdehnung Deutschlands sprach Hitler ausschweifend in seinen Schriften. Das Vorhaben begleitete ihn ins Reichskanzleramt und es beruhte auf einer Doktrin, die in der Niederschrift seines Wehrmachtsadjutanten *Friedrich Hoßbach* einen zusammenhängenden und begründeten Ausdruck mit überraschenden Prioritäten fand.[26] Das Hauptthema dieser Botschaft, die er am 5. November 1937 vor Außenminister *von Neurath*, Kriegsminister *von Blomberg* und den Oberbefehlshabern der Teilstreitkräfte, *von Fritsch* (Heer), *Raeder* (Marine) und *Göring* (Luftwaffe) vortrug, galt der Zukunftsfähigkeit der »deutschen Volksmasse« von »85 Millionen Menschen« unter dem Gesichtspunkt einer Wirtschaftstheorie, die von der westlichen Welthandelspraxis weiter entfernt schien als vom sowjetischen schwerindustriellen Entwicklungsprojekt der nämlichen Zeit.

Das privilegierte »Anrecht« auf größeren Lebensraum begründete er nicht rasse-ideologisch – wiewohl einleitend von einem »fest geschlossenen Rassekern« im *deutschen Siedlungsraum* die Rede ist –, auch nicht NS-imperialistisch im Sinne germanischer Großreichsgründung, sondern mit der Notwendigkeit eines autarken Ernährungsgebietes, das gewisse Erinnerungen an die Kriegszielpolitik der letzten Kaiserjahre weckt und bei Globalisierungsgegnern von heute womöglich auf Verständnis stoßen könnte.

Die Theorie, die jedem Protektionismus zugrunde liegt, beruht auf dem »Gesetz der fallenden Exportrate«, das der Nationalökonom *Werner Sombart* aufstellte[27] und *John Maynard Keynes* bei seiner Prognose über die Entwicklung der »terms of trades« der Industrieländer übernahm. Danach würden mit wachsender Industrialisierung in der Welt die Absatzmärkte für Produkte immer enger und die Rohstoffe immer knapper. Die Märkte verwandelten sich progressiv in Domänen großer Wirtschaftsimperien wie der USA und des, wenn auch geschwächten, britischen Empire, deren Kapitalexporte und Investitionen den Prozess dramatisierten. Hitler hatte die Überlegungen *Sombarts* in seinem »*Zweiten Buch*« aufgegriffen (ohne den Autor zu nennen) und seit 1927 in zahlreichen Reden wiederholt.

Die Verengung der Märkte benachteilige, wie er meinte, alle europäischen Staaten, vor allem aber Deutschland, wo sich das Verhältnis zwischen wachsender Volkszahl und Boden ständig verschlechtere. Da Deutschland nicht zu den großen Kapitalimperien zähle, dürfe es nicht auf die Strategie der Wirtschaftsexpansion setzen; seine wirtschaftlichen Schwierigkeiten würden dadurch nur vergrößert. Irgendwann erreiche der Prozess ohnehin den toten Punkt. Zunehmender Wettbewerb, das gegenseitige »Niederkonkurrieren«, erzwinge die Anwendung immer schärferer Waffen, bis »die Schärfe dieses zunächst wirtschaftlichen Kampfes durch die Schärfe des Schwertes abgelöst« werde. Seine Schlussfolgerung lautete, Deutschland müsse stattdessen der Autarkie eines politisch erweiterten Wirtschaftsgebietes den Vorzug geben – zum Zwecke des Selbsterhalts.[28]

Bei dem Geheimtreffen am 5. November 1937 nahm diese These breiten Raum ein. Dem deutschen, japanischen und italienischen Ausdehnungsdrang lägen wirtschaftliche Motive, »wirtschaftliche Not« zugrunde, erklärte Hitler. Kolonien könnten die prekäre Ernährungsfrage nicht lösen. Der Beteiligung Deutschlands an der Exportwirtschaft seien nicht zuletzt machtpolitische Grenzen gesetzt. Zwar seien die 45 Millionen Engländer »trotz aller idealer Festigkeit« nicht in der Lage, das Empire auf die Dauer zu erhalten – das englische Mutterland könne nur im Bunde mit anderen Staaten, nicht aus eigener Kraft, seinen Kolonialbesitz sichern. Doch beherrschten die Briten das Seegebiet, über das der deutsche Außenhandel führe; daraus erhelle die große Schwäche der deutschen Ernährungssituation im Kriege.

Die einzige, »uns vielleicht traumhaft erscheinende« *Abhilfe* läge daher im Zugewinn eines größeren Lebensraumes und dieser Raum könne nur in Europa gesucht werden. Nicht um Menschen gehe es, sondern um landwirtschaftlich nutzbaren Boden. Auch die Rohstoffgebiete, fuhr Hitler fort, seien zweckmäßigerweise im unmittelbaren geografischen Anschluss an das Reich, in Europa und nicht in Übersee zu finden, wobei die Lösung für ein bis zwei Generationen ausreichen müsse. Was in späteren Zeiten notwendig werden sollte, sei – wie er nicht nur bei dieser Gelegenheit anmerkte – »nachfolgenden Geschlechtern« überlassen.

Bei der Lösung dieser Frage könne, folgerte Hitler, »nur der Weg der Gewalt beschritten werden«, da niemand freiwillig weiche; dieser Weg sei niemals risikolos. Als äußersten Zeitpunkt für die kriegerische Expansion nannte er 1943–1945. Über diesen Zeitpunkt hinaus würde die bis dahin vorangetriebene deutsche Aufrüstung gegenüber anderen Staaten an relativer Stärke abnehmen. Kosten und Modernität der Wehrmacht, das Älterwerden der Bewegung und ihrer Führer, die Gefahren der Senkung des Lebensstandards und der Geburtenzahlen erlaubten keinen späteren Termin. Wenn man bis 1943/45 nicht handle, könne infolge des Fehlens von Reserven jedes Jahr die Ernährungskrise ausbrechen, zu deren Abwendung ausreichende Devisen nicht zur Verfügung stünden. Dies sei »ein Schwächemoment des Regimes« – seines Regimes.

Sollte er noch am Leben sein, betonte Hitler, sei er »unabänderlich« entschlossen, spätestens zu diesem Zeitpunkt die »deutsche Frage« zu lösen.

Als Expansionsziele nannte er die *Tschechei* und *Österreich*. Ein Handeln könne jedoch schon früher notwendig werden, wenn soziale Spannungen in Frankreich sich zu einer Krise auswüchsen oder die Konfliktlage im Mittelmeer zu einem Krieg zwischen Frankreich/England und Italien führe. In diesem Fall – Hitler hielt das Jahr 1938 nicht für ausgeschlossen – könne das Reich Österreich und »die Tschechei« niederwerfen und einverleiben, ohne dass sich eine andere Macht dieser Aktion entgegenstellen werde. »Im Stillen« hätten England und Frankreich die Tschechei schon abgeschrieben. Die Polen – Russland im Rücken – würden nach der »blitzschnellen« deutschen Aktion stillhalten, Russlands Eingreifen sei angesichts des bedrohlichen Schattens Japans im fernöstlichen Hintergrund mehr als fraglich.

Hitler bezeichnete diese Ausführungen vor den Zeugen als »testamentarische Hinterlassenschaft« für den Fall seines Ablebens. An diesem Aufwand gemessen, nehmen sich die *erwähnten* Expansionsziele ausgesprochen bescheiden aus. Die meisten Zeithistoriker vertreten zwar die Ansicht, Hitler habe durch die mitteleuropäische Ausdehnung auf Österreich und das tschechische Staatsgebiet lediglich die strategische Voraussetzung für den entscheidenden *Lebensraum-Krieg* gegen den russischen Osten im Auge gehabt. Davon steht aber in dem Hoßbach-Dokument, das allerdings auf Notizen, nicht auf einem Stenogramm beruht und die Einwände von Teilnehmern gegen Hitlers Ausführungen nur bruchstückhaft berücksichtigt, kein Wort.

Russland taucht im Zusammenhang mit der Vergrößerung des deutschen Wirtschaftsraums in der Hoßbach-Niederschrift nicht auf. Der Satz aus »Mein Kampf«: »Wenn wir in Europa von neuem Grund und Boden reden, können wir in erster Linie nur an Russland und die ihm untertanen Randstaaten reden«, kehrt nicht einmal andeutungsweise wieder. Dieses Ziel muss man in den überlieferten Text hineininterpretieren.

Hitler hat vorher und nachher begehrliche Blicke auf den »Osten« geworfen, zuletzt in einer Äußerung gegenüber dem Völkerbundkommissar in Danzig, *Carl Jacob Burckhardt*, im August 1939 dezidiert auf die Ukraine. Wenn aber eine *letztwillige Verfügung*, zwar nur mündlich abgegeben, auch nicht ausdrücklich diktiert, doch im Tone höchster Wichtigkeit vorgetragen, auf eine ausgreifende Ostexpansion überhaupt keinen Bezug nimmt, kann sie nicht als Beleg dafür herangezogen werden, die Trias von Antisemitismus, Antikommunismus und Lebensraum-Eroberung hätten ihn zum »Kriegszug gegen Russland« gedrängt«, wie *Klaus Hildebrand* schreibt.[29] Hitler wollte bewirtschaftbares Gebiet okkupieren, die politische und militärische Größenordnung des Unternehmens blieb indes begrenzt.

Krieg gegen England, Frankreich und die Sowjetunion gedachte er, der Hoßbach-Niederschrift zufolge, nicht zu führen, mit den Briten suchte er im Gegenteil weiter das Bündnis – nicht allein Gewährsfreiheit für die bekannte Revisionspolitik –, mit der Sowjetunion noch nicht. Er kündigte lediglich an, spätestens bis 1943/45 zu »handeln«, und sprach in diesem Kontext von Arrondierung in Mitteleuropa. Andere, weiter gesteckte Ziele enthält die »Verfügung« namentlich nicht, von dem vagen Hinweis auf spätere Zeiten und »nachfolgende Generationen« dunkel umrankt. Wäre er danach unverrichteter Dinge gestorben, hätten sich ziemlich ratlose Hinterbliebene um sein Grab geschart und die Vorsehung um Erleuchtung ersucht.

Wer sich in den Krieg begibt, bleibt nicht sein »Eigentümer«

Mitte 1939 sehen wir einen *Führer*, dem die territoriale Revision des Versailler Vertrags nahezu vollständig gelungen ist. Großbritannien hat der deutschen Entschlossenheit unter wachsenden Bedenken nachgegeben, Frankreich war ihm widerwillig und verlegen gefolgt. Der Anschluss Österreichs und der Sudetengebiete erschien als Friedensrettung, die Verletzung fremder Souveränität wog demgegenüber nicht allzu schwer. Die Westmächte zeigten sich nicht bereit, für die Friedensordnung von 1919 das Leben einzusetzen.

Das Münchner Abkommen hatte die Tschechoslowakei destabilisiert. Angesichts des anhaltenden deutschen Drucks, der Separation Preßburgs, der Gier Warschaus und der Prager Verzweiflung glaubte niemand im Ernst an das Überleben des Rumpfstaats. Als Hitler im März 1939 einmarschierte, verletzte er keine Garantie – die gab es nicht –, doch ließ er das britisch-deutsche Konsultationsversprechen unbeachtet, das sich Chamberlain als innenpolitische Girlande am Ende des Münchener Gipfeltreffens von ihm ausbedungen hatte. Dies wurde als grobe Rücksichtslosigkeit empfunden und als Bestätigung dafür, dass Hitler sich an Absprachen nicht halten würde. Die unmittelbar nach *München* angemeldete deutsche Forderung nach der Rückkehr Danzigs zum Reich und einer Auto- und Schienenbahn durch den »Korridor« nach Ostpreußen förderte diesen Eindruck. Hitler und Außenminister v. Ribbentrop sprachen den Polen gegenüber von einer »Bereinigung der Reibungspunkte«, dachten aber wiederum nicht an eine Beratung mit der britischen Seite.

Im Vorgriff auf die kommenden Ereignisse, die Verschärfung der deutsch-polnischen Beziehungen und den Beginn des Kriegs gilt es festzuhalten, dass die Sorgen der Westmächte nicht eigentlich den polnischen Grenzen galten, die weder in London noch in Paris zweifelsfreien Ruf genossen, sondern der Integrität, der polnischen Entität, genau genommen einer weiteren

europäischen Machtverschiebung durch die Gefährdung Polens – auch der
inneren, nicht nur der äußeren. Auf beide, weniger auf territoriale Regelungen im Verhandlungsgang, bezog sich die britisch-französische Garantie
der »Unabhängigkeit« Polens am 31. März 1939. Letztlich ging es um das
erreichte deutsche Größenmaß, das Hitler nicht überschreiten sollte.

Hitler wünschte sich keinen großen Krieg, wie wir sahen, und scheute
einen Zweifrontenkrieg in der Konstellation von 1914 um alles in der Welt.
Nach einem Protokoll seines Wehrmachtsadjutanten Rudolf Schmundt
sprach er am 23. Mai 1939 vor den Spitzen der Wehrmacht, was Polen betraf, in den Wendungen der Hoßbach-Niederschrift von der »Erweiterung
des Lebensraumes im Osten und der Sicherstellung der Ernährung«, zugleich aber auch von der »Isolierung« Warschaus, um auszuschließen, dass
das Reich »durch Polen in einen Krieg mit England hineinschlittert«.[30] Für
eine Serie von »Blitzkriegen« oder gar einen »Weltblitzkrieg« in Stufenform
unter Einschluss der Sowjetunion finden sich, wie schon bei Hoßbach, keine
Anhaltspunkte. Das Reich besaß zu diesem Zeitpunkt, selbst nach dem Ende
des Polen-Feldzugs, weder Pläne für eine Stufenfolge von Kriegen noch die
dafür ausreichenden militärischen Mittel. So hoch das Rüstungstempo in
den Vorjahren auch war – Dispositionsmängel und Ressourcenengpässe
rückten den Höhepunkt der Kriegsbereitschaft in weite Ferne. So war der
objektive Befund. In Hitlers Monologen blieb er verdeckt – der *Führer*
sprach rhapsodisch. Offizielle Protokolle seiner Sitzungen ließ er ebenso
wenig wie Stalin anfertigen und die »Protokolle«, auch das von Schmundt,
glichen Labyrinthen ohne Ariadnefaden. Im Mittelpunkt stand die politische und wirtschaftliche *Einschnürung* Deutschlands, Fixpunkt war England als Gegenmacht (»Feind«) und geheimer Wunschpartner zugleich. Der
Krieg gegen Polen, den Hitler bei »erster passender Gelegenheit«[31] zu führen gedachte, erschien ihm nicht als Initiation eines Großkonflikts.

Im Kern seiner Kalkulation standen die Neutralität Großbritanniens und
Frankreichs Scheu, ohne das englische Engagement den Krieg mit Deutschland zu riskieren. Darüber äußerte er sich mit großer Sicherheit, obwohl
den beiden Westmächten als »Hassgegnern« der deutsche Koloss inmitten
Europas ein »Dorn im Auge« sei. Aber die englische Energie werde durch
die Schwierigkeiten im Empire zur Zurückhaltung veranlasst, ein neues
Kriegsengagement auf dem Kontinent zu suchen. Dies schien nach Hitlers
Auffassung sogar für den Fall eines deutsch-französischen Konfliktes zu gelten. Um England nicht herauszufordern, müsse ein deutscher Durchmarsch
durch Belgien und Holland außer Betracht bleiben. Hitler hatte in seiner
Analyse in vielem recht. Hinsichtlich Englands unterlief ihm jedoch eine
Fehlkalkulation, die das ganze folgende Kriegsgeschehen fundamental be-
einflussen sollte.

Nachdem Österreich und die »Tschechei« infolge der westlichen Appeasement-Politik in den folgenden zwei Jahren ohne europäischen Krieg in deutsche Hand gelangten und Hitler noch lebte, stellte sich die Frage nach der Dimension des Kriegs 1939 im Falle Polens neu. Der Pakt mit Stalin diente, wie wir noch sehen werden, dem Doppelzweck, die Gefahr eines Zweifrontenkriegs zu minimieren, Briten und Franzosen vom Krieg gegen das Reich abzuschrecken und im Falle eines unerwarteten Kriegseintritts der Westmächte den Rücken im Osten frei zu haben. Man kann die Friedensangebote Hitlers vor und nach dem Polen-Feldzug als *Betrugsmanöver* abtun – er selbst hoffte aus Gründen des Vorteils auf Gehör. Den Krieg, zu dem sich der Wunschpartner Großbritannien wider seine Kalkulation entschloss, hätte er auch dann noch gern beendet, als er 1940 an der Kanalküste stand.

Bei der Sicht auf diese Zeit bestätigt sich, dass zielbegrenzte Kriegsplanung theoretisch möglich ist, von der Kriegspraxis, dem voll entfalteten Getümmel der gegeneinander strebenden Kräfte, aber regelmäßig infrage gestellt und oft in ganz andere Richtungen weggetrieben wird. Wallenstein, Friedrich der Große, Napoleon sind Beispiele; die Kriegspolitik Bismarcks erscheint als eine fast bewundernswerte Ausnahme. Die drei Kriege, die der Kanzler mit Ratio und Fortüne führte, fanden allerdings im Schatten peripherer Hochbeschäftigung der anderen europäischen Mächte statt, blieben aus diesem Grunde begrenzt, bei kalter Abwägung der Risiken in ihrem Ausgang voraussehbar. Da der Sieg über Österreich 1866 und danach über Frankreich 1871 die europäische Machtstruktur mit einem gestärkten Deutschen Reich in der Mitte veränderte, entstand als Ergebnis jedoch eine neue außenpolitische Konfliktszene, der Bismarck und erst recht seine Nachfolger nicht Herr werden konnten. Als regelhaft gilt: Wer sich in den Krieg begibt, bleibt nicht sein »Eigentümer«. Er gleicht einem Stichwortgeber, dessen Stimme sich im Chor der Nornen verliert.

Dies muss man im Auge haben, wenn man Hitlers Krieg in Polen unter der *Voraussetzung* des deutsch-sowjetischen Paktes von 1939 betrachtet, der dem Reich und der Sowjetunion zeitweilige strategische Entlastung bescherte. Die unmittelbare Konsequenz war der Kriegseintritt Frankreichs und Großbritanniens, den Hitler hatte vermeiden wollen, die skandinavische und balkanische Derivation, die er keineswegs als »Stufen« eingeplant hatte. Nimmt man die strikte Weigerung des Empires, deutschen Friedensangeboten zu folgen, die Arretierung der Wehrmacht an der Küste, das Entweichen der einzigen aktiven britischen Armee aus Dünkirchen und benachbarten Hafenstädten, die Niederlage der Luftwaffe während der Schlacht um England in *einen Blick*, so verblasst die Gloriole des Sieges über Frankreich.

Wie wir sehen werden, erlitt das Reich entgegen manchen Darstellungen im Jahr 1940 den ersten *Strategie-Infarkt*, was dem Krieg insgesamt eine völlig neue Wendung gab. Großbritannien hielt stand. Spanien und die Französische Republik Pétains – das zunächst unbesetzte Südfrankreich mit Vichy als Regierungssitz – verweigerten sich Hitler unter dem Druck der immer stärker intervenierenden Diplomatie Amerikas, während angesichts forcierter sowjetischer Ostsee- und Balkan-Interessen die deutsch-russischen Spannungen wuchsen. Stalin erkannte Hitlers prekäre Lage. Als der *Führer* sich beim Blick auf die unerreichbaren Kreidefelsen von Dover dazu entschloss, Russland anzugreifen, disponierte er *situativ*, keineswegs nach vorgefasstem »Kriegsplan«.

Beherrschend war die aktuelle strategische Überlegung, wie er gegen die sich allmählich auftürmende britisch-amerikanische Macht-, Militär- und Ressourcenallianz eine möglichst unangreifbare kontinentale Position gewinnen könnte, bevor es zu spät sein würde. Mit ihr verband er die Hoffnung, nach einem schnellen Sieg im Osten doch noch die Entscheidung im Westen, das Ausscheiden Großbritanniens aus dem Krieg zu erzwingen. Hitler handelte unter *cauchemar*, erneut beobachten wir die Wirkkräfte strategischer Logik und Gegenlogik im Kriege. Wie auch immer Stalins eigene Kriegspläne zu bewerten sind und auf den Ablauf einwirkten – wiederum errang Hitler zu Anfang des neuen Feldzugs Schlachtensiege und wiederum stellte sich am Ende des Anfangs der Umschlag der Strategie in *Aushilfen* ein. Mit den Gründen des Umschlags, die mit den Ursprüngen der Kriege eng verbunden sind, werden wir uns in einzelnen Kapiteln beschäftigen, in denen wir *Churchill*, *Stalin* und *Roosevelt* als die großen Gegenfiguren Hitlers auf den Plan treten sehen.

II. KAPITEL

HITLERS NIEDERLAGE IM WESTEN

Das frühe Jahr 1940 sah Adolf Hitler und das Großdeutsche Reich auf dem Höhepunkt der Machtentfaltung. Die Optik trog. Nach den Feldzügen in Polen und dem äußerst riskanten amphibischen in Norwegen und Dänemark folgte am 10. Mai 1940 der französische mit einem Zusammenbruch kataklystischen Ausmaßes. Am 17. Juni bat Staatschef Marschall Pétain um einen Waffenstillstand.

In 39 Tagen lag das große Frankreich, das seit den Tagen des Ersten Weltkriegs als stärkste Landmacht zuerst faktisch, seit Mitte der 20er-Jahre bestenfalls noch defensiv die Hegemonie auf dem Kontinent zu behaupten trachtete, buchstäblich am Boden. Dieses Bild überdeckte die Wirklichkeit, die ausgerechnet in der Stunde des deutschen Sieges über das ganze festländische Westeuropa schon eine ganz andere war.

Genau betrachtet war der Feldzug ein Pyrrhussieg, wenn auch in einem anderen Sinne, als er sich von dem antiken König der Molosser im dritten vorchristlichen Jahrhundert herleitet. Nicht weil die Wehrmacht ruinöse Verluste erlitten hätte, wie Pyrrhos I. in Herakleia und Asculum gegen die Römer[1] – sie waren im Gegenteil, verglichen mit dem Ersten Weltkrieg, sensationell niedrig[2] –, sondern weil Hitler das Ziel verfehlte, *Großbritannien aus dem Spiel zu treiben*. Das Fallissement war strategischer Natur – vergleichbar einem Herzinfarkt des Feldherrn –, es mündete in eine Verlängerung und unendliche Erschwerung des Kriegs, auf die das Reich nicht vorbereitet war. Die *Energie purer Kriegsdialektik* setzte den *Führer* unter den Zwang, die Sowjetunion entweder in einem erweiterten Kontinentalbündnis mit bedeutenden Konzessionen als festen Kriegspartner zu gewinnen, oder sie zu unterwerfen, bevor die vereinte angloamerikanische Macht ins europäische Treffen kommen würde. Das große Kriegsformat war nicht Hitlers Wunsch und Befähigung; es war die Konsequenz aus einer militärischen Fehlkalkulation am Ende der entscheidenden Schlacht um Frankreich vor Dünkirchen.

Der initiale Abschnitt des europäischen Kriegs 1939/40 endete mit Hitlers erster, den weiteren Ablauf entscheidend beeinflussenden Niederlage.

Und dies, obwohl der Feldzug gegen Frankreich, Belgien, die Niederlande und Luxemburg als glänzende Operation der deutschen Wehrmacht betrachtet wird. Welch ein Widerspruch: Frankreich, Hauptgegner und Sieger im Ersten Weltkrieg, verlor innerhalb von 39 Tagen die Partie. Die Welt erstarrte. Der deutsche *Führer* wurde bewundert, beglückwünscht, bejubelt; im eigenen Land dürfte er nie so viele Anhänger gezählt haben wie im Juni 1940. Den Gegnern erschien solche Fortune monströs, entsetzenerregend. Der kühne »Sichelschnitt«[3] durch Nordfrankreich zur Atlantikküste, die riskanteste Form des Vorstoßes durch das Queren der angeblich unbegehbaren Ardennen, das Spalten der alliierten Streitkräfte in zwei riesige Cannae-Formate, einen französisch-belgisch-niederländischen im Norden und einen französisch-südlichen, brachte ihm den Ruf des Feldherrngenies ein, das nach Polen und Skandinavien den dritten Blitzkrieg in Folge für Deutschland entschied.

1. Trügerische Optik

Hitler ging es eigentlich nie um Frankreich, dessen innere Schwächen und rapide sinkende äußere Bedeutung klar zu erkennen gab, dass die zweite, die leninistische Revolution in Russland 1917 den Einkreisungsring um das Deutsche Reich gesprengt und mithin auch den »Mobilisierungskrieg« beendet hatte, zu dem sich das republikanische Paris und das zaristische Petersburg in Verträgen von 1892–1894 gegen den »Dreibund« – seinerzeit Deutschland, Österreich-Ungarn und Italien – zusammengeschlossen hatten.[4] Der dünne »Cordon« von Staaten, die »kleine Entente« im sogenannten Zwischeneuropa mit der überschätzten reiterlichen Diktatur Piłsudski-Polens,[5] von der französischen Diplomatie seit 1921 gehegt, konnte das klassische Russland nicht ersetzen. Ohne die russische und die amerikanische Unterschrift unter die Pariser Vorortverträge bot die Versailler Friedensordnung einen entscheidenden geopolitischen Vorteil für Deutschland. Stresemann hatte ihn – Demütigungen Clemenceaus beiseite – im Locarno-Vertrag von 1925 im westlichen alteuropäischen Staatenkreis ohne das Pendent eines Ost-Locarno genutzt, Hitler praktizierte mit dem Anschluss Österreichs und des Sudetenlandes die Vor- und Nachteile des Selbstbestimmungsrechts, des explosivsten aller Rechtsbeschlüsse der Siegerseite, verwandelte die Rest-Tschechei in ein »Protektorat« und die abgespaltene Slowakei in ein »Schutzgebilde«, das sich vom 14. März 1939 an unter Präsident Jozef Tiso zu einem katholischen Ständestaat entwickelte und sich an den Kriegen gegen Polen und die Sowjetunion beteiligte.

Was Hitler wirklich beschäftigte, schon in »Mein Kampf« und im nicht veröffentlichten, aber gedanklich fundierteren »Zweiten Buch« von 1928, war das Bündnis oder der Ausgleich mit Großbritannien neben Italien – wieder ein Dreibund. Wie jeden Kerngedanken seiner Karriere verfolgte Hitler den Wunsch nach einem englischen Bündnis mit einer geradezu besessenen Fehlperzeption. Er war bereit, dafür die Revisionspolitik des Reiches – Kolonien, Flotte und Überseehandel – zu opfern, wie er für die Bündnisbeziehungen zu Italien das zeitweise leidenschaftlich umkämpfte Südtirol aufgab. Die Briten, so führte er besonders eingehend in seinem »Zweiten Buch« aus, würden eine nach Osten ausgedehnte deutsche Hegemonialmacht dulden, solange diese die Weltmachtrolle Großbritanniens und die Meere nicht tangiere und der Dritte im Bunde, Italien, sich auf das Mittelmeer und Afrika beschränke. Das deutsch-britische Flottenabkommen mit London und die bescheidene Rolle des deutschen Anteils in der Größenordnung eines Drittels der Flotte schien 1935 die Probe auf den Gedanken zu bestätigen. Hitler übersah jedoch die Funktion der Waage als essenzielles Instrument britischer Politik. *Gleichgewicht* sicherte das Empire, dann das Commonwealth, übermäßige Größe störte die Balance. Man kann diese Welt aus der Selbstsicht arrogant und anmaßend nennen – sie spiegelte eine Tatsache.

Im Zielblick Hitlers stand unausgesetzt England als gleichrassig-nordischer Bundesgenosse, dessen Tugenden zu loben Hitler nicht müde wurde. Es überstieg sein Verständnis, dass aus der Tugend die Tat nicht hervorgehen wollte. Dabei lag, wie die Appeasement-Politik der Premiers *Stanley Baldwin* und *Neville Chamberlain* von 1936 an zeigte, der konservative Gedanke, Hitler als *Rocher de bronze* wider die Gefahren des Bolschewismus zu nutzen, nie in unerreichbarer Ferne. Dafür gibt es zwei Belege, die in das Zentrum der britischen Überlegungen führen, unabhängig zu bleiben, enge, verpflichtende Bündnisse zu vermeiden und niemandes Juniorpartner zu werden und dennoch das morsch gewordene Konstrukt des Empire in die Zukunft zu retten.

Der amerikanische Präsident *Franklin Delano Roosevelt*, seit 1933 im Amt, betrachtete mit wachsender Unruhe die zunehmende politisch-aggressive Aufladung in Asien seit der japanischen Okkupation der chinesischen Mandschurei 1931 und zwischen den Staaten der europäischen Weltkriegsparteien. Ihm waren durch die Neutralitätsbestimmungen des Kongresses und die isolationistische Stringenz unter den Amerikanern die Hände gebunden. Der ausgeklügelte Versuch, mit einer *Zehnmächtekonferenz* wenigstens diplomatischen Einfluss zu gewinnen, scheiterte 1937 aber nicht an der Innenpolitik, sondern am britischen Premier Neville Chamberlain. Der Briefwechsel zwischen beiden Regierungschefs zeigt so etwas wie gegenseitige Abneigung und Eifersucht über alle sachlichen Differenzen hinaus. Chamberlain beschied Roosevelt mit der barschen Feststellung, er solle sich gefälligst politischer Interventionen in Europa enthalten, da London gerade auf gutem Wege sei, zu einer friedenssichernden Übereinkunft mit Adolf Hitler zu gelangen. Punktum.[6]

Das zweite, auf dem gleichen Felde liegende Ereignis betraf die Krise der Appeasement-Politik, die nach Ansicht der meisten seriösen Historiker nach dem deutschen Einmarsch in das restliche Staatsgebiet der Tschechei mitsamt Prag am 15./16. März 1939 offenkundig ruiniert und beendet war. Dies entspricht jedoch nicht den Tatsachen. Obwohl Chamberlain am 31. März im Unterhaus Polens Integrität garantierte – auch gleich im Namen Frankreichs – und sich in der Folge die beiderseitigen Beziehungen zu einem regelrechten Bündnis verdichteten, trat auf britische Anregung hin an die Stelle des politischen Appeasements der Vorschlag eines *Economic Appeasements* zum Preis des politischen Wohlverhaltens der deutschen Regierung. In Gesprächen zwischen dem Staatssekretär im britischen Schatzamt und Vertrauten Chamberlains, Sir Horace Wilson, und Ministerialdirektor Helmuth Wohlthat aus Görings Stab des Vierjahresplans bot die britische Seite nicht nur Finanzhilfen beim wirtschaftlichen Aufbau Deutschlands und Beteiligung an einem kolonialen Kondominium in Afrika, sondern die Anerkennung ganz Ost- und Südosteuropas als besondere wirtschaftliche Interessensphäre des Großdeutschen Reiches an, sollte Hitler eine neue Bereitschaft zur Abrüstung erkennen lassen, die Wirtschaft von Kriegs- auf Friedenspolitik umstellen und in einer gemeinsamen Deklaration auf Gewalt und Aggression als politische Mittel verzichten. Dies geschah just im Juni 1939, als England, Frankreich und die Sowjetunion in Bündnisverhandlungen standen, um die seit 1917 unterbrochene und seitdem vermisste geostrategische Situation des Jahres 1914 gegenüber Deutschland wiederherzustellen.[7]

Das politische Bündnis der Westmächte mit der Sowjetunion war freilich ohne das Stahlgerüst einer Militärkonvention nicht das Papier wert, auf dem es geschrieben wurde. Chamberlain atmete auf, denn er hatte als konservativer Antikommunist während der Verhandlungen mit Moskau ernsthaft den Gedanken des Rücktritts erwogen. Stalin traute den Alliierten nicht über den Weg, weil die interrogativen Gespräche das Ergebnis zutage förderten, dass die Sowjetunion im Falle eines Konflikts mit dem Deutschen Reich in eine höchst unvorteilhafte, ja blutige Kampfsituation geraten würde, während die Westmächte infolge ihrer räumlichen Distanz zum Brennpunkt mehr oder weniger als Zuschauer auf den »Höhen« der fernen Maginotlinie Platz nehmen würden. Hinzu kam, dass Polen und Rumänen vor den Russen mehr Angst empfanden als vor den Deutschen und sich weigerten, der Roten Armee den Marsch durch ihre Territorien zur »Front« zu erlauben. Ein Aufmarsch zur »tiefen Operation« gegen die Deutschen war also nicht möglich. Briten und Franzosen entsandten zu den Militärverhandlungen zweitklassige Vertreter nach Moskau, sodass es Stalin nicht schwerfiel, seinem Vertrauten *Kliment J. Woroschilow* im August die Verabschiedung der Westvertreter zu überlassen und sich selber – den Deutschen zuzuwenden.[8]

Was nun kam, verlief blitzschnell und zur allseitigen Zufriedenheit des diktatorischen Lagers. Stalin knüpfte an Parallelverhandlungen an, die etwa zum gleichen Zeitpunkt einsetzten wie die diplomatischen Kontakte mit den Westalliierten. Er war also permanent Herr des Verfahrens und der Informationen und konnte beim Vergleich der Blaupausen erkennen, dass die Deutschen ihm in der Form eines geheimen Zusatzabkommens zum Nichtangriffspakt alle Wünsche erfüllen würden, die zum inneren und äußeren Entwicklungsstand seines Landes passten. Polen würde geteilt, die Deutschen würden den Hauptkampf führen, die Rote Armee mit Zeitverzögerung zur Demarkationslinie aufrücken. Die baltischen Staaten (zunächst ohne Litauen), Finnland und im Süden die rumänische Bukowina wären in Reichweite.

Hitler war sich angesichts der Widersprüche der britischen Politik und der pazifistischen Welle, die durch Frankreich schwappte, ziemlich sicher, dass der Westen eine militärische Intervention vermeiden würde, wenn er die Wehrmacht gegen Polen marschieren ließe. Mehr als sicher, eigentlich schon triumphierend, hatte er zur Kenntnis genommen, wie London, mehr noch Frankreich, sich während der Verhandlungen mit Moskau ohne Erfolg bemühten, das strategisch entscheidende Polen umzustimmen. Gleichzeitig drangen vor allem die Briten in die Warschauer Diplomatie um wenigstens in der Danzig-Frage – die Stadt stand unter Völkerbund-Mandat – mit Berlin zu einem Kompromiss zu kommen.

Nichts gelang, es erscholl ein allseitiges »Nein« und »Vielleicht« – Warschau verweigerte sich letzten Verhandlungsvorschlägen Berlins, in denen immerhin von der deutschen Anerkennung des territorialen Bestandes Polens die Rede war, eine Regelung, der die Politik der Weimarer Republik nie zustimmen wollte. Polen fühlt sich gegenüber den Briten sehr stark, der Feldherr und Dichter, Marschall Rydz-Śmigły, glaubte in einer Fehlperzeption typisch polnischen Gewichts an einen Sieg seiner Waffen über die Wehrmacht und vertraute auf die Zusage des französischen Generalstabschefs Maurice Gamelin, am fünfzehnten Tag der Mobilmachung einen Großangriff gegen den deutschen Feind zu lancieren.

In diesem Augenblick platzte die Bombe: Hitler und Stalin schlossen einen Nichtangriffsvertrag. Stalin wechselte die Seite. In einem geheimen Zusatzvertrag teilten die Partner Ostmitteleuropa, der russischen Seite wurden die Hälfte Polens, die baltischen Staaten, Finnland und die rumänische Bukowina als Einflussbereich zugeschlagen, der restliche Teil mit der Westhälfte Polens den Deutschen. Am 23. August 1939 unterzeichnete Reichsaußenminister v. Ribbentrop in Moskau in Anwesenheit Stalins die Verträge. Am 25. August schlossen Polen und England/Frankreich einen Beistandspakt. Am 1. September griffen die deutschen Armeen von den drei Seiten Ostpreußen, Schlesien und der Slowakei Polen in einer »tiefen Operation« der Panzerkräfte und Luftwaffe an. Polen fiel nach 36 Tagen, am 17. September rückte von Osten der Heerbann der Roten Armee ein, im Westen nichts Neues, bis auf einen kleinen Vorstoß der französischen Armee nach Manöverart nahe Saarbrücken mit ein paar örtlichen Verwüstungen und einem kompletten Rückzug ohne Wiederkehr am 19. Oktober 1939.

Polen

Am Anfang stand Polen. Der bedrängten Nation haben die westlichen Kriegserklärungen am 3. September 1939 nichts geholfen. Sie entsprangen vornehmlich dem mühsam gefassten Entschluss, der europäischen Vormachtstellung des Reiches entgegenzutreten, in zweiter Linie dem Prinzip der Vertragstreue, das jedoch auf die an der polnischen Beute beteiligte Sowjetunion keine Anwendung fand. Der britisch-polnische Bündnisvertrag zur »gegenseitigen Beistandsleistung« von 25. August 1939 enthielt den geheimen Zusatz, dass der Pakt *nur gegen Deutschland* gerichtet sei.[9] Weitergehendes Handeln unterlag nach völkerrechtlichen Regeln der politischen *Opportunität*. Die Sowjetunion verstieß mit ihrem Einmarsch in Polen zwar gegen den *Briand-Kellogg-Pakt*, der Krieg als Mittel zur Lösung internationaler Streitfälle verurteilte (Recht der Selbstverteidigung ausgenommen), doch enthielt dieser 1928 in Paris abgeschlossene Vertrag keinen Sanktionsmechanismus. Hinzu kam, dass die Alliierten eine Bündnisvereinbarung mit der Sowjetunion für spätere Zeit vernünftigerweise weder ausschließen konnten noch wollten.

Was wollte Hitler mit den Polen? Krieg gedachte er bis 1939 nicht zu führen, im Gegenteil. Er glaubte vielmehr – erneut einer Fehlkonzeption verfallend –, Józef Klemens Piłsudski, den radikal-revolutionären polnischen Staatschef und »Missionar« einer Restauration Groß-Polens aus dem 14. bis 16. Jahrhundert, »intermar« zwischen Ostsee und Schwarzem Meer gelegen, als Partner eines antibolschewistischen Glacis gegen die Sowjetunion zu gewinnen, was der Ausdehnung nach Osten zumindest auf die Ukraine während oder »nach seiner Zeit«, wie er sagte, dienlich werden könnte.

Die Rückgliederung von Danzig ans Großdeutsche Reich und eine exterritoriale Bahn und Straßentrasse über das polnisch gewordene West-preußen nach Ostpreußen würde ihm der übergeordneten strategischen Projektion wegen genügen. Die Parallele zum »italienischen« Südtirol und zu Elsaß-Lothringen als selbst bezahlten Preis für den Einmarsch in das entmilitarisierte Rheinland 1936 tauchten in Hitlers Kopf und dann in der Realität seiner Friedensvorschläge an Polen und Frankreich auf.

In dem Konflikt um Polen, mit dem Hitler zum Erstaunen der Welt, auch der eigenen, 1934 einen Nichtangriffsvertrag geschlossen hatte, ergriff Eng-land im März 1939 mit Blick auf das Schicksal der Rest-Tschechoslowakei die Initiative und sprach mit Frankreich eine Garantie der Integrität des Staates, nicht allerdings seiner Grenzen aus. Die wechselseitige Beziehung der Mächte – Deutschlands, Englands, Frankreichs und Polens – hatte einen abstrusen Charakter. Hitler und Piłsudski hatten sich einander an-genähert, obwohl oder weil Ersterem die Bemühungen Warschaus nicht verborgen geblieben waren, 1933 einen Präventivkrieg gegen das »erneu-erte«, aber militärisch noch schwache Deutschland vom Zaun zu brechen, wenn Frankreich Einverständnis und Beteiligung signalisierte. Da Frank-reich nicht mitzog, wechselte Piłsudski, ohne das Bündnis mit Paris formell zu beenden, faktisch auf die andere Seite, um zumindest eine Äquidistanz zwischen Deutschland und Russland herzustellen, mit denen Polen jetzt Nichtangriffsverträge von 1932 und 1934 verbanden. Mit beiden Staaten hatte Warschau Gebietskonflikte, die einen aus Versailles 1919, die anderen aus dem Frieden von Riga 1921 resultierend, der dem kriegerischen Polen weißrussische und ukrainische territoriale Gewinne bis 250 km östlich der Curzon-Linie eingebracht hatte.

Die Westalliierten waren an Polen selbst nicht vorrangig interessiert, ma-ßen dem Land aber in willentlicher Überschätzung die militärische Stärke zu, den deutschen Angreifer monatelang im Kampf zu binden. Der Ent-lastungsangriff, den der französische Generalstab unter *Maurice Gamelin* der Warschauer Führung für den 15. Tag nach der Mobilmachung zuge-sagt hatte, mündete in einem entschlusslosen Geplänkel im Saargebiet. Di-rekte Hilfe war den westlichen Mächten logistisch verwehrt – die östliche Front lag zu weit entfernt. Während die Franzosen im eigenen Bereich die Maginotlinie mit 500 000 Verteidigern bemannten und ihre motorisierte Elite für den Einmarsch in einem angegriffenen Belgien bereitstellten, be-zogen die Divisionen der British Expeditionary Forces unter Lord Gort vom 9. September 1939 an mit 160 000 Mann mit dem gleichen Ziel in Nordfrankreich Position.[10] Im Großangriff aus dem Stand den halbferti-gen »Westwall« und den dünnen Schleier zweitrangiger Deckungskräfte zu durchstoßen und den industriereichen, militärisch nachgerade entblößten

deutschen Westen ernsthaft zu bedrohen wagten die Alliierten nicht, obwohl allein die Franzosen zu diesem Zeitpunkt der Wehrmacht qualitativ und quantitativ mit 91 zu 35 Divisionen haushoch überlegen waren.
Das alliierte Lager bevorzugte den *drôle de guerre* – in der *drôle d'idée*, so
könnte am wenigsten passieren –, bis es zu spät und Hitler im Juni 1940
nach drei Feldzügen Herr Westeuropas war.

Die skandinavische Begegnung

Das heißt nicht, dass die Westalliierten auf die Suche nach Initiativen verzichtet hätten. Während der umfangreichen, intensiven und kontroversen
englisch-französischen Planungsgespräche wurde viel Fantasie in das Interesse investiert, das Reich von den *peripheren,* außerhalb seines unmittelbaren Zugriffs liegenden, unverzichtbaren Ressourcequellen abzuschneiden.
Monatelang geisterten Luftangriffe auf die russischen Ölfelder, Umschlag-
häfen und Raffinerien im Transkaukasus (Batumi, Baku, Maikop), U-Boot-
Vorstöße ins Schwarze Meer, Minenblockaden der Donau und anderer zentraler Flüsse, einschließlich des Rheins, auch ein Kriegsschauplatz auf dem
Balkan durch die Köpfe der Politiker und Militärs.

Besonders die Franzosen, die in Syrien mit 150 000 Mann unter General
Maxime Weygand, im Ersten Weltkrieg enger Mitarbeiter *General Fochs*
und seit 1939 Befehlshaber der französischen Levantetruppen, Gewehr
bei Fuß standen, zeigten wenig Bedenken, mit Russland in Konflikt zu geraten – Hauptsache, dem Patrimonium würde die direkte Konfrontation
mit den dynamischen Deutschen erspart bleiben.[11] Nicht ohne Aussicht erschien ihnen die Unterbrechung der deutschen Erzzufuhren aus Schweden,
an denen auch die Briten partizipierten. Bereits im September 1939 hatte
Winston S. Churchill als Erster Lord der Admiralität die Verminung der
norwegischen Hoheitsgewässer oder wenigstens des Verladehafens *Narvik*
gefordert.

Im November schien der allgemein verurteilte sowjetische Angriff auf
Finnland eine gute Gelegenheit zu bieten, beim Durchmarsch eines britisch-
französisch-polnischen Hilfskorps durch Norwegen und Schweden mit der
Begründung, an der finnischen Front die Erzgruben von Kiruna/Gällivare
in die Hand zu bekommen, mithin einen Peripheriekrieg zu beginnen, dessen Druck die deutschen militärischen Kräfte aufsplittern würde. Oslo und
Stockholm schwante Böses. Sie winkten ab.

Aus all diesen Plänen wurde kein großer Wurf, wie man bald sehen
sollte. Doch blieb die Sammlung starker britischer Flotten- und Truppenverbände in Schottland, die in Richtung Skandinavien wies, der deutschen

Aufklärung nicht verborgen. Insofern spielte bei der Eroberung Dänemarks und Norwegens das »Prävenire«, die Sicherung der strategisch und kriegswirtschaftlich wichtigen Nordposition, vor dem logisch und faktisch naheliegenden Zugriff der Westalliierten eine wichtige Rolle. Das Unternehmen »Weserübung« schützte die Flanke des zentralen Angriffs im Westen, verlegte den Alliierten den Weg zur Bildung einer Nordfront gegen das Reich – wegen der erweiterten Operationsbasis für die U-Boot-Waffe im Atlantikkrieg allein hätte Hitler das kostspielige Unternehmen nicht riskiert. Am 5. April 1940 gab das War Cabinet Chamberlains grünes Licht für die Verminung der norwegischen Hoheitsgewässer vor Narvik. Vier Tage später machte sich die Wehrmacht auf den gefährlichen Seeweg, während fast zur gleichen Zeit alliierte Streitkräfte Kurs auf die Perlenkette der norwegischen Häfen nahmen.

Zu den härtesten und verlustreichsten Kämpfen kam es auf See und in Narvik, wo sich die punktuell überlegenen Briten, Franzosen und Polen zwei Monate lang behaupten konnten.[12] Die anderen Brückenköpfe entlang der Nordseepassage wurden nach der Besetzung schon bald wieder geräumt,[13] ein Unglück für den Lord der Admiralität, Churchill, der als Landungsstratege vorher und später nicht vom Glück und von höherer Begabung begünstigt war – weder auf der türkischen Halbinsel Gallipoli 1915, 1939/40 in Frankreich, in Griechenland und auf Kreta 1941 noch in der Normandie 1944, wo die Amerikaner das Kommando beanspruchten. Doch bildete die nordische Niederlage Chamberlains das Signal, Churchill das britische Empire politisch anzuvertrauen (was in Friedenszeiten niemals geschehen wäre). Am 10. Mai, dem Beginn der deutschen Invasion Frankreichs, löste Churchill Chamberlain als Premier ab und übernahm zugleich das Amt des Kriegsministers.

Neunundzwanzigmal den Angriff verschoben

Den Angriff auf Frankreich hat Hitler zwischen November 1939 und Mai 1940 29 Mal verschoben. Maßgeblich waren drei Gründe: Die Deutschen besaßen – im Unterschied zum Ersten Weltkrieg – keinen schlüssigen Feldzugsplan; Teile der Wehrmacht mussten von Polen nach Westen verlagert und dort zur Täuschung des Gegners hin- und hergeschoben werden; Hitler war nervös und lauerte auf das »Wunder« des britischen Einlenkens. Die deutschen militärischen Führer, auch Generalstabschef Halder, als jüngere Offiziere der Stellungskriegshölle des Ersten Weltkriegs entronnen, äußerten Bedenken gegen den gefährlichen Vorstoß durch die Ardennen und legten nolens volens Aufmarschpläne vor, die irgendeine Verbindung zum

Schlieffenplan von 1905 aufwiesen, aber keine zwingende operative Idee enthielten.

Die westlichen Generalstäbe erwarteten den deutschen Angriff über die Schweiz oder/und nach Art des Schlieffenplanes von 1914 über Belgien, diesmal auch die Niederlande einbeziehend, mit dem Déià vu der Entfaltung in der flandrisch-nordfranzösischen Ebene. In dieser Region suchte der Oberbefehlshaber der alliierten Streitkräfte, *Maurice Gamelin*, mit massierten französisch-britischen Verbänden die Begegnungsschlacht. Der Süden zwischen der luxemburgischen Grenze und Basel schien durch die 400 Kilometer lange Maginotlinie, das als unüberwindbar geltende tiefste und mächtigste Befestigungswerk Europas, der nördlich anschließende schwach befestigte Frontabschnitt durch das für mechanisierte Armeen angeblich unpassierbare Naturhindernis der waldverfilzten Ardennen und der »nassen« Maas-Region gesichert.

2. Der Strategie-Infarkt

Doch genau dort, am »unmöglichen« Ort, setzte die deutsche Panzerarmada zum Durchbruch an und gelangte in sensationell kurzer Zeit, von der überlegenen Luftwaffe unterstützt, durch die Ebene von Sedan und das Mündungsgebiet der Somme bis zur Kanalküste. Maginot, den »Irrtum in Beton«, Symbol der Defensivstrategie des schwer beweglichen französischen Heeres, ließ man buchstäblich links liegen, um es später an der »Kehle«, wie man die Hinterseite von Festungswerken nennt, zu packen. Die Dynamik des Stoßes ging nicht nach Südwesten Richtung Marne und Paris, sondern nach Nordosten, trennte die dort konzentrierten Teile der französischen Armee und das britische Expeditionskorps von den Truppenmassen im Süden und umfasste den gegen den Hauptangriff aus Belgien aufgestellten Gegner im Rücken. Der deutsche Angriff gehört in den Weltkalender strategischer Glanzleistungen, aber um diesen Ruhm ging es Hitler nicht, als er sich für den höchst umstrittenen »Sichelschnittplan« des seinerzeit nicht zur militärischen Prominenz zählenden Generalleutnants *Erich von Lewinski, genannt von Manstein*, entschied.[14]

Was Hitler daran vor allem gefiel und ihm selbst schon durch den Kopf gegangen war, betraf die blitzschnelle Bewegung der schweren Zangenbacken konzentrierter Panzerkräfte an der nordwestlichen Küstenfront, ihr schneller Sieg an der Engstelle des Ärmelkanals. In der Demonstration der Überlegenheit sozusagen in Sichtweite Londons, kam erneut seine *idée fixe* zum Vorschein, Britannien zum Einlenken zu veranlassen – jetzt und vorläufig nicht mehr in der Form eines Bündnisses, sondern durch eine Zwangsbelehrung, die ja auch zuverlässige Resultate erzielen kann. Der Schnitt nach Nordost brachte die einzige aktive Armee, die das Empire in Europa besaß, in deutsche Griffnähe. *Lord Gorts* Divisionen waren Britanniens exklusive Truppe. Würde sie vernichtet oder – wie es im Frankreichfeldzug vorkam – respektvoll in die Gefangenschaft abgeführt, gliche der neue Kriegspremier *Winston Churchill* einem Ritter ohne Rüstung. Zwar besäße er dann noch die Air Force und die Royal Navy, durchaus beachtliche Waffen gegen die Invasion eines Feindes, aufgrund ihrer elementaren Begrenztheit jedoch keine sichere Gewähr für die Hoheit und Integrität des Territoriums.

In dieser vorteilhaften Lage traf Hitler ein *Strategie-Infarkt* – die gefährliche Herzerkrankung führender Militärs –, der erste in seiner Kriegskarriere, der nicht nur den Sieg über Frankreich, das Bollwerk vor Großbritannien, entwertete, sondern ihn der Souveränität über das weitere Kriegsgeschehen beraubte. Man kann dieses Ereignis, das keineswegs nur in der unberechenbaren Natur des Kriegs, dieses seit jeher übelsten Tag- und Nachttraumes der Staatenlenker und Feldherren, begründet war, sondern im Kunstfehler einer versäumten Schlacht gegen das britische Expeditionskorps, gar nicht überschätzen. Der Triumph des Waffenstillstands im Wald von Compiègne am 22. Juni 1940 löste sich in eine Täuschung auf. Was am sozusagen stumpfen Ende des deutschen Siegeszuges zur Kanalküste geschah, sprengte die Begrenzung und zugleich die Kontrolle über den Kriegskonflikt, setzte die rasselnde Kette martialischer Dialektik frei und erzwang schließlich den Krieg gegen Russland.

Für Hitler begann damit ein *Jahr des Ungenügens*, der Misserfolge und der sich immer tiefer eingrabenden Unsicherheit. Während er mit erwartungsvollem Blick die Kreideküste von Dover fixierte, sei es vor Ort oder in einem unruhigen »Urlaub« im Schwarzwald oder im emphatischen Berlin – das erlösende Signal des britischen Einlenkens blieb aus, weil London es sich trotz anhaltender Bedrängnis ersparen konnte. Noch am 24. Juni, zwei Tage nach Compiègne, hatte er vor seinen Mitarbeitern erklärt, er glaube an die Verständigung mit den Briten: »Dann bleibt nur noch die Auseinandersetzung mit dem Osten. Das ist aber eine Aufgabe, die weltweite Probleme wie das Verhältnis zu Japan und die Machtverteilung im Stillen Ozean aufwirft, die kann man vielleicht in zehn Jahren in Angriff nehmen, vielleicht muss ich sie auch meinem Nachfolger überlassen. Jetzt haben wir auf Jahre hinaus alle Hände voll zu tun, das in Europa Erreichte zu verdauen und zu konsolidieren.«[15]

Hat Hitler zunächst nicht bemerkt, was ihm zustieß, warum er an der Kanalküste schon im Anlauf die strategische Initiative verlor? Vieles blieb im Augenblick des Geschehens undurchsichtig, reihte sich jedoch aneinander, das eine griff ins andere über, beginnend mit dem fast mysteriösen Entweichen der Briten aus dem französischen Desaster und dem Versagen der deutschen Luftwaffe, ihrer Überschätzung, die in der anschließenden »Schlacht um England« offenkundig werden sollte. Die politische Version, gelegentlich noch heute wiederholt, lautet, der *Führer* habe den schutzlos aus Belgien Richtung Dünkirchen marschierenden, trefflichen *Lord Gort* durch einen Haltebefehl an die Panzerverbände am 24. Mai absichtlich aus dem größten Cannae der Weltgeschichte entweichen lassen, also ostentativ auf die sichere Vernichtungsschlacht verzichtet, um den anderen Kriegsherrn, *Winston Churchill*, einsichtig zu stimmen. Äußerungen Hitlers unmittelbar nach Dünkirchen schienen diese Darstellung zu bestätigen. Noch im Februar 1945, in der Stimmung des Rückblicks, sprach er in seinem »Testament« von seiner »Großzügigkeit und Ritterlichkeit«, die Churchill nicht zu honorieren gewusst habe.[16] In Traum und Wirklichkeit des Baus einer *goldenen Brücke* mischte sich veritables Versagen, zu dem er als Feldherr das entscheidende Wort eingelegt hatte, wohl in einem jener Anflüge von Nervosität, die ihn seit Britanniens Kriegseintritt heimsuchte.

Die gelungene Evakuierung des britischen Expeditionskorps hauptsächlich aus Dünkirchen zwischen dem 24. Mai und dem 7. Juni war daher alles andere als eine beliebige militärische Episode, sondern erwies sich als das *zentrale Ereignis*, wonach Hitler nach dem Urteil des amerikanischen Historikers *John Lukacs* »einem Sieg niemals näher war«,[17] als frühe Wende, »die man rückblickend als strategisch entscheidend für den Ausgang des Zweiten Weltkriegs bewertet hat.«[18] Das Urteil klingt wuchtig, geradezu vierschrötig, auch sehr selbstbezogen – ganz nach Art angloamerikanischer Kriegsbetrachtungen. Selbst die Flucht aus der französischen Kampfzone, die faktische Loslösung Englands vom Schicksal des zutiefst enttäuschten Verbündeten, seines Festlanddegens, rückt ins Licht einer heroischen Unternehmung. Churchill sah es jedenfalls so.[19] Die ohne ihre wertvollen Waffen und ohne gewonnenes Gefecht zurückkehrenden, durchnässten Soldaten wurden wie Sieger begrüßt. Mit Blick auf die erhaltene Verteidigungsfähigkeit der Insel waren sie das auch. Sie waren allesamt *Berufssoldaten*. Von einem erfolgreichen *strategischen Rückzug* zu sprechen ist durchaus nicht verkehrt.

Wäre es dem selbstlosen Einsatz der Navy in engem Zusammenwirken mit der Royal Air Force versagt geblieben, das Gros des britischen Heeres in Stärke von 215 000 Mann (neben 123 000 Franzosen) vor den Waffen der Wehrmacht zu retten, hätte Großbritannien den Krieg nicht fortzusetzen können. Es wäre entwaffnet gewesen, schwer angeschlagen im Ring taumelnd, die Nation enerviert. *Hitler* hätte freie Hand gehabt, einen ungeheuren psychologischen Druck auf die Briten auszuüben, auch auf die

Commonwealth-Länder, die den Krieg nicht gewollt hatten, selbst auf die in der Ferne bangenden Amerikaner, unter denen nach der Kapitulation Frankreichs der Glaube an die Widerstandskraft Britanniens zu schwanken begann.

Ob *Churchill* wirklich aufgegeben hätte, ist eine Frage für sich. Aber *Hitler* wäre zumindest die Chance zugefallen, den isolierten Krieger durch ein großzügiges Angebot in Bedrängnis zu bringen oder eben wieder »Vabanque« zu spielen, wie er kurz vor dem Kriegsausbruch Hermann Göring angekündigt hatte, das heißt, einen unkonventionellen militärischen Sprung über den Kanal zu wagen – geeignete Generäle, wie den »Geisterfahrer« hinter der französischen Front, *Erwin Rommel, Kurt Student*, der das furchterregende belgische Sperrfort *Eben Emael* zwischen Lüttich und Maastricht von 82 auf dem »Dach« gelandeten Fallschirmpionieren in kürzester Zeit aufbrechen ließ, und *Heinz Guderian*, der den Durchbruch von Sedan inszenierte – um nur einige zu nennen –, standen ihm ja zur Verfügung. Churchill rechnete mit einem solchen Handstreich.

Hitler, das will Lukacs sagen, konnte den Krieg gewinnen. Ein Gutachten des britischen Generalstabs kam just in den entscheidenden Tagen, am 27. Mai, zu dem Ergebnis, Großbritannien sei in der Lage, »allein standzuhalten« – allerdings nur mithilfe der Amerikaner, »ohne welche wir den Krieg nicht mit Aussicht auf Erfolg glauben führen zu können«.[20] Aber die Amerikaner waren nicht zur Stelle.

Dünkirchen

Man muss einen Nachblick auf Dünkirchen werfen, um zu verstehen, was in dieser Kriegsszene auf dem Spiel stand und wie sich in ihr zum ersten Mal zeigte, dass die Stunden, die *Alfred Jodl*, Chef des Wehrmachtführungsstabes, in die Unterweisung seines »Generalstabs-Schülers« Adolf Hitler investiert hatte, nicht ausreichten, um dessen intuitive strategische Begabung zur Feldherrnreife zu bringen. Hitler hielt sich im Hauptquartier des Oberbefehlshabers der »abschnitt-führenden« *Heeresgruppe A, Gerd von Rundstedts*, 160 km östlich der Kanalküste auf, als erkennbar wurde, dass *Lord Gort* sich in schneller Bewegung aus dem belgischen Frontdickicht löste und den Weg nach Dünkirchen einschlug.

Er folgte damit, was die Deutschen nicht wissen konnten, dem Beschluss des britischen Kabinetts vom 20. Mai, zumindest einen Teil der englischen Truppen zu evakuieren, vielleicht 30 000 Mann – mit mehr rechnete man nicht – oder notfalls zu kapitulieren. *Heinz Guderian*, Kommandeur des XIX. Panzerkorps, erkannte die Chance, dem ohne schwere Waffen dahineilenden *Gort* die Passage in das schützende Häusermeer der Hafenstadt zu verwehren und das Gros des Expeditionskorps auf der freien Fläche des belgisch-französischen Flanderns zu stellen. Auch das Oberkommando der Wehrmacht unter *Walther von Brauchitsch* war der Meinung, man müsse den Durchbruch bis zu den Kanalstädten Boulogne, Calais und Dünkirchen vollenden.

Von Rundstedt zögerte jedoch und Hitler bestärkte ihn, Guderian Halt zu gebieten. Unbegründet schien der Befehl nicht. Es schien wichtiger, die weit vor der Infanterie riskant operierende Panzersäule für den kommenden Vorstoß nach Süden, für die »Schlacht um Frankreich« zu schonen, auf jeden Fall aber ein gefährliches Durchbrechen der schmalen »Sichelklinge« zu verhindern, wie es der französische Oberbefehlshaber Gamelin und sein Nachfolger Maxime Weygand vernünftigerweise im Auge hatten und de Gaulle mit der französischen 4. Panzerdivision und ein britischer Verband von zwei Divisionen und zwei Panzerbataillonen nahe Arras vergeblich versuchten. Bemerkenswert erscheint schließlich, dass Hitler offenbar in sein Flandern-Trauma aus dem Ersten Krieg zurückfiel, anstatt alles dem *strategischen Ziel* unterzuordnen, das Empire auf dem Kontinent zu schlagen, um es danach zu erobern.

Das aufgeweichte Küstengelände sei nicht panzergängig, räsonierte er, man könnte im fruchtbaren, schweren Boden »hängen« bleiben, wie die Infanterie und die bespannte Artillerie der kaiserlichen Armee im Ersten Weltkrieg und die britischen Panzer in der Schlacht von Passchendaele 1917. Im Bann dieser Erinnerung hatte er sich kurz zuvor von *Hermann Göring* zusichern lassen, die Luftwaffe werde eine Flucht der Briten über das Meer vereiteln, jeder Entsatzversuch werde scheitern. Die Panzer machten also Pause und Lord Gort, der das alles nicht glauben wollte, kam mit seiner Armee nach einigen Flankengefechten nahezu unbeschadet in Dünkirchen an, richtete sich zur Verteidigung ein und bereitete die Einschiffung auf allem, was schwimmen konnte, vor. Am 27. Mai lief die *Operation Dynamo* an.

Die Luftwaffe flog Angriffe gegen Land- und Seeziele an der Küstenlinie, vom französischen Dünkirchen bis über das belgische De Panne hinaus, wo eine kuriose Armada aus Truppentransportern, Fähr- und Frachtschiffen, Fischkuttern und Lebensrettungsbooten unter dem Schutz von Zerstörern aufkreuzte. Sie versenkte nahezu 200 der über 900 Schiffe, musste aber tagelang wegen schlechten Wetters am Boden bleiben und sich bei jedem Einsatz gegen *Spitfire-* und *Hurricane-Schwärme* der RAF zur Wehr setzen. Während in der Luft eine Ablenkungsschlacht tobte, steigerten die Briten an der Küste die Transportleistung von Tag zu Tag. Hitlers Gegenbefehl am 26. Mai, den Panzermarsch wieder freizugeben, kam zu spät. Vor allem aber musste der *Führer* erfahren, dass die Luftwaffe zwar als Schneisenbre-

cher für das angreifende Heer einen hohen Wert besaß, wie sich im Polen-
feldzug und beim Durchbruch von Sedan erwiesen hatte, als solistisches
Angriffsinstrument im taktischen Orchester jedoch keine durchschlagende
Wirkung zu erzielen vermochte. Durch diese Schule gingen später auch die
Angloamerikaner – und sitzen dort noch heute nach, könnte man sagen –,
doch Hitler erlitt unter der nun folgenden großen Luftschlacht um England
und dem daraus hervorgehenden allgemeinen Luftkrieg einen *zweiten Strategie-Infarkt*, der die Folgen der verfehlten Entscheidung vor Dünkirchen
vertiefte.

In jenen Tagen beobachteten der neue britische Premier Winston S.
Churchill und sein Kriegskabinett mit flatternden Nerven die kataklystische
Katastrophe ihres Festlanddegens Frankreich und die seemännische Tat des
Truppenentsatzes. Mit Verve diskutierten sie die Frage, ob man mit dem
Beistand Mussolinis und Roosevelts Hitlers Bedingungen für einen Frieden
in Erfahrung bringen sollte. Alle Themen der Stunde hingen miteinander
zusammen. Die *Expeditionary Force*, auf vollbepackten Schiffen und Stränden von Görings Luftwaffe bombardiert, war die einzige aktive Truppe der
Briten unter dem trefflichen *Lord Gort*, die sich seit September 1939 nach
und nach zum Schutz der *low countries* Belgien und Niederlande in Nordfrankreich gesammelt hatte, um den erwarteten Hauptstoß der Wehrmacht
aus dem Norden (nach alter Schlieffen-Manier von 1914) aufzufangen.

Das war aber ein gigantischer Irrtum vornehmlich des französischen
Generalstabschefs *Maurice Gamelin*, dessen soldatische Bildungs- und
Charakterzüge im Ersten Weltkrieg geformt wurden und ihm verhaftet
blieben.[21] Darüber lässt sich kaum streiten, wenn man seine Abneigung
gegen die moderne Panzerwaffe und Kommunikation bedenkt, auch die
klösterliche Zurückgezogenheit im Schloss Vincennes bei Paris, wo die letzten Schreie der als Spionin hingerichteten *Mata Hari* noch in den Mauern hingen.[22] Modern war lediglich sein Republikanismus, der ihn für die
Dritte Republik nie so gefährlich erscheinen ließ wie das Denken seiner
Vorgänger und Nachfolger an der Spitze des Generalstabs, *Maxime Weygand*, und des viel jüngeren *Charles de Gaulle*, einem Befürworter der ge-
fürchteten und verpönten Berufsarmee *(Armée metier)*, oder gar *Philippe
Pétains*, der in Spanien in einer Art amtlicher Verbannung lebte und erst im
Katastrophenmonat Mai als legendärer Held von Verdun nach Frankreich
zurückbeordert wurde.

Drei strategische Fehler gehen auf das Konto Gamelins und der offiziellen französischen Verteidigungspolitik, die dem Krieg mit strategischer
Passivität entgegensah. Obwohl Generalstabschef *Joseph Joffre*, ein Vertreter der Angriffsstrategie *(Offensive à outrance)*, den strebsamen Offizier
Gamelin noch vor Kriegsausbruch 1914 an seine Seite berief, hat dieser als

Generalstabschef des Heeres im Zweiten Weltkrieg mit strikter Defensive der gegenteiligen Methode gehuldigt.

Wie gut hätte ihm Joffres Lehre nützen können, als vom 1. September 1939 an praktisch die ganze Wehrmacht in Polen engagiert war und mit meist leichten Panzern und Stuka-Geschwadern in einer »tiefen Operation« von drei Seiten, Ostpreußen, Schlesien und der Slowakei die Kavallerie und die Infanteriemassen des Marschalls *Edward Rydz-Śmigły* auseinandersprengte. Im Westen war nur ein dünner Schleier deutscher Truppen an Grenze und (unfertigem) Westwall postiert, während Gamelin zu diesem Zeitpunkt schon rund 100 mobilisierte Divisionen und Teile der seit September 1939 eintreffenden britischen *Expeditionary Force* zur Verfügung standen. Mit seinen überlegenen Kräften hätte er eine gute Chance besessen, tief in Deutschland einzubrechen, das Industrierevier an der Ruhr zu attackieren und die Front in Belgien umzukehren.

Genau dies, eine Großoffensive, hatte er am 19. Mai 1939 seinem Verhandlungspartner, dem polnischen Kriegsminister General *Tadeusz Kasprzycki*, für den 15. Tag der französischen Mobilmachung zugesagt.[23] Stattdessen rückte er in geringer Stärke am 7. September ins Saargebiet vor und zog sich, ohne ein erkennbares Ziel erreicht zu haben, nach mehr oder weniger flüchtigen Feindberührungen am 16. September 1939 wieder zurück. Bei der folgenden Konferenz der Alliierten in Abbeville stimmte er dem Beschluss zu, man werde sich fürs Erste in *Defensive à outrance* üben.

Den zweiten Fehler schuldete Gamelin seiner Fantasielosigkeit. Er wollte es nicht glauben, stellte die Behauptung sogar unter die Strafe der Degradierung, dass der deutsche Feind mit der Masse leichter und schwerer Panzer über die wenigen überhaupt befahrbaren Wege der Ardennen in Frankreich einfallen werde. Dies geschah genau dort, wo die seit 1930 erbaute, schwer bestückte *Ligne Maginot* im Norden endete und nur noch eine unvollkommene Bunkerkette und zweitrangige Armeeverbände Sedan und die Maasübergänge verteidigten. Ein entschlossener Oberbefehlshaber wie de Gaulle hätte die Wälder und Dickichte der Ardennen in ein Massengrab der sieben deutschen Panzerdivisionen verwandeln können. Stattdessen griff bei strahlendem Wetter nicht einmal die durchaus ansehnliche französische Luftwaffe ein, die allerdings einem eigenen Oberkommandierenden unterstand. Die französische Armee war kein unter einem Kommando stehender Waffenverbund, sondern die Domäne eigenständiger Befehlshaber, ihre Befehlsstränge gehemmt von einer allen gemeinsamen miserablen technischen Kommunikation. So konnte es geschehen, dass die sieben deutschen Panzerdivisionen mitsamt der motorisierten Infanterie nach der Überwindung der Verkehrsstaus und einigen heftigen Kämpfen an den Flussübergängen plötzlich vor *Sedan*, dem Schicksalsort von 1870, standen und in einer höchstens 50 Kilometer breiten Panzerschneise in eiserner Kavallerietaktik sich unverzüglich und zum Teil gegen ausdrücklichen Befehl in Richtung Kanalküste bewegten.[24]

Der dritte, wohl entscheidende Fehler ergab sich aus den beiden ersten. Als die Deutschen schon in Sedan angelangt waren, glaubte Gamelin immer noch, die Haupt- und Begegnungsschlacht werde sich in Belgien und den Niederlanden zwischen dem Fluss Dijle, dem Albertkanal und der Stadt Breda entwickeln. Belgien hatte lange an seiner Neutralität festgehalten und die Grenze zu Frankreich sogar militärisch gesperrt, bis die Deutschen ins Land eindrangen und 82 Fallschirmjäger des Generals Kurt Student auf dem Dach der Festung Eben-Emael landeten, um den monströsen Stolz der Belgier durch Einwurf von Explosivkörpern in die Luftschächte von innen her aufzubrechen. Erst in diesem Augenblick rief die belgische Regierung um Hilfe und erlebte nun – zu spät –, wie 35 der besten französischen teil-mechanisierten Divisionen den deutschen Invasoren der Heeresgruppe A unter von Rundstedt entgegeneilten.

Ohne Verzug ergab sich folgendes strategisches Bild: Der nordwesteuropäische Raum füllte sich mit Franzosen, Engländern, Belgiern, Niederländern und Deutschen. Die Operationen versprachen ein riesiges Getümmel. Währenddessen schlossen südlich davon, parallel zur belgisch-französischen Grenze, die in besessener Eile zur Kanalküste vorpreschenden deutschen Panzerverbände mehr als eine Million alliierter Kämpfer zu ihrer Rechten ein, trennten sie von Logistik, insbesondere dem Nachschub von Waffen und Munition. Ihre Vernichtung oder Kapitulation war absehbar, es sei denn, der alliierte Oberbefehlshaber Gamelin würde den Eingeschlossenen im Norden und den französischen Armeen in der südlichen Tiefe Frankreichs den Befehl geben, die relativ schmale »Sichel« (Churchill), von der man sich durchschnitten sah, zu durchbrechen und dem Panzerspuk ein Ende zu bereiten. An militärischem Potenzial, die deutschen Invasoren nun ihrerseits in Bedrängnis zu bringen, fehlte es nicht, wohl aber an napoleonischer Energie, operativer Kunstfertigkeit, Disziplin und Stabilität. Das schnelle Tempo des deutschen Angriffs, die überraschende Zangenbewegung mit der Folge der Einkreisung in einem Kessel und der Trennung von den rückwärtigen Verbindungen hatte die Nerven der Alliierten, zuförderst der Franzosen, zerrüttet. Maxime Weygand, der inzwischen Gamelin abgelöst hatte, erwog die Durchbruchsschlacht aus Nord und Süd, aber nichts gelang. Frankreich war verloren und der Gambetta Charles de Gaulle setzte sich nach England ab.

Der Sichelschnitt, das entscheidende Bewegungsmoment zur Kreation der Cannae-Figur im Felde, zermürbte Herzen und Seelen. Dies galt durchaus auch für die Oberkommandos der Wehrmacht und des Heeres, für Hitler sogar in hohem Maße und für die Frontkommandeure, die älteren mit der gesättigten Weltkriegserfahrung, denen das Abenteuer des *Hitler-Manstein-Plans* unheimlich vorkam. Die jüngeren, technisch versierten vom Typ *Heinz Guderian* und *Erwin Rommel*, die von der Pike auf das Handwerk der Sturmbataillone in den letzten großen Angriffsunternehmungen 1918 bei Ludendorff gelernt hatten und mit 50 Befehlspanzern den Durchbruch lenkten, waren nicht besonders gehorsam – die Auftragstaktik Moltkes (d. Ä.) war nicht selten mit schneidiger Arroganz verbunden. Sie fuhren mit hohem Tempo der Infanterie davon, sagten den im Weg stehenden Franzosen, sie sollten sich »nach hinten« in Gefangenschaft begeben, holten den Sprit vom nächstgelegenen gegnerischen Depot, verfuhren also ungemein forsch und gefährlich. Je weiter sich Frankreich und die Sichel dehnten, desto größer konnte die Befürchtung werden, die Alliierten würden, ja, müssten sogar dem Marathon der Panzer Einhalt gebieten, was ganz unverständlicherweise nicht geschah.

Es gab Stopps der wilden Fahrt, aber sie waren bedeutungslos bis auf jene letzten 18 Kilometer vor Dünkirchen. Da platzte den Kommandostäben der Kragen, was Hitler, dessen Konstitution keineswegs eisern war, dazu genutzt haben soll, den zerstrittenen Generälen die Glorie zu nehmen. Der vorsichtige Gerd von Rundstedt, Oberbefehlshaber der Heeresgruppe A, dem die eiserne Armada unterstand, und sein Stabschef von Sodenstern wandten sich gegen den Marschbefehl des Oberkommandierenden des Heeres, von Brauchitsch, nicht gerade ein Liebling des *Führers*. Dieser ergriff bei einem Besuch des vorderen Hauptquartiers sofort Rundstedts Partei und bestätigte den Haltebefehl. Nun stand die Kavalkade still und erlebte, wie *Lord Gort* mit seinen Briten unbehindert an ihr vorbei nach Dünkirchen marschierte und die Stadt für die Verteidigung präparierte.

Hitler hatte nach Ansicht der Militärhistoriker drei Argumente: Er benötigte eine intakte Panzertruppe, um die im Süden und in der Maginotlinie bereitstehenden französischen Armeen unverzüglich schlagen zu können. Zudem rekapitulierte sein Gedächtnis die Erfahrung mit englischen Panzern in Weltkriegsschlachten, besonders in der von Passchendaele 1917: Sie blieben in der schweren Schlammerde Flanderns stecken. Im Übrigen hörte er auf das Versprechen des Oberbefehlshabers der Luftwaffe, *Herrmann Göring*, die Luftwaffe werde die britische Entsatzflotte vor Dünkirchen in den Grund bohren – was schließlich angesichts der Aktivität der Air Force und des schlechten Flugwetters nur zu etwa 20 Prozent gelang.

An dem Argument, Hitler habe den Briten mit Absicht einen Fluchtweg geöffnet, lassen die meisten Betrachter kein gutes Haar. Die Begründung der sachkundigen Autoren fällt in der Regel jedoch dürr aus. Hitler, so lautet

eines der Argumente habe »gar nicht so weit gedacht«. Der Dilettantismus des Oberbefehlshabers spielte ihm den Streich des Irrtums. Er habe gemeint, im Grunde sei die Schlacht geschlagen, die Engländer auf der Flucht
und die Franzosen am Abgrund. Wer will das bezweifeln? Aber das Leck
im eisernen Ring verdarb das Cannae-Format, den Sinn des kühnen Kon-
zepts – sollte es vielleicht auch. Hitler gab sich mit der zurückgebliebenen
knappen Ausrüstung der einzigen britischen Berufsarmee nach außen hin
zufrieden. Das war ein Verlust, aber kein adäquater. Die Männer kehrten
durchgerüttelt und nass zurück auf die Insel, darunter das Offizierskorps
der Montgomerys und Brooks, die in den kommenden Schlachten eine hervorragende Rolle spielen sollten. Wollte das Hitler so haben?

Keineswegs. Dass er die Briten bewunderte – wie er später, mitten im
Krieg, auch Stalin bewundert hat –, rangiert doch irgendwie unter »Privat-
sache«. Hitler war kein Militär, war auch kein Völkerkundler und kein
Globetrotter mit plötzlich erwachender Liebe zu irgendwelchen Menschen-
stämmen – er war Politiker mit weltanschaulich-historisierendem Ein-
schlag. Als solcher wusste er, dass ihm mit Neville Chamberlain just am
10. Mai 1940, dem ersten Tag der Frankreich-Kampagne, in London ein
zeitweilig verständnisvoller Partner abhandengekommen war. Den Nachfolger, Winston S. Churchill, kannte er vom Hörensagen, er hat die Dossiers kundiger Beamter und Haus-Ideologen über ihn gelesen, wusste also,
dass er jetzt einem Krieger gegenüberstand, einem Warlord von Format und
zumeist wilder Hartnäckigkeit.

Was wollte Hitler also? An die Möglichkeit, die Insel zu erobern, hat
er nie oder nie so recht geglaubt. Was er zu diesem Zweck in der Stunde
nach dem Waffenstillstand mit den Franzosen am 22. Juni in Compiègne
an der Küste auffahren ließ, war eigentlich eine politisch-propagandisti-
sche Investition und keine militärische im ernsten Sinne. Das bloße Studium
der Sache traf auf kurzfristig unaufholbare Defizite der Kriegsmarine. Die
Überwasserflotte hatte bei dem amphibischen Unternehmen gegen Norwegen und Dänemark vom April bis zum Verschwinden der Alliierten auch
aus Narvik im Juni 1940 schwere Verluste an Versenkungen und Beschä-
digungen erlitten. Fast die Hälfte der deutschen Schiffe war untergegangen
oder auf Dock, die Zerstörerflotte – für ein Landungsunternehmen unverzichtbar – fast vollständig vernichtet. Das waren nicht Scharten, sondern
tiefe Wunden.

Die Navy und die Nachrichtendienste hatten zwar versagt, Chamberlain
hatte in Birmingham bei einer Rede vor der Conservative National Union
am 3. April 1940 den Mund zu weit aufgerissen, als er sagte, Hitler habe
»den Bus verpasst«.[25] Verpasst hatten ihn tatsächlich die Briten, die mit
den Vorbereitungen für die Landung in Norwegen zeitlich vor dem Reich

begonnen hatten und doch zu spät kamen, auf die Perlenkette der norwegischen Häfen als Erste den Stiefel setzten und sich mit Mühe wieder ins Meer retten mussten. Die glorreiche Navy schlug ihre höchsten Bugwellen dort, wo die deutschen Frachter mit den wertvollen Truppen und Materialladungen nicht waren. Sie hätten die amphibisch unerfahrenen Deutschen ausmachen und versenken müssen. *Churchill*, der neue, alte Lord der Admiralität, der in der Stunde der britischen Kriegserklärung an das Reich aus der »wilderness« seiner abgesunkenen Biografie in das Amt des Lords der Admiralität zurückgeholt worden war und nun wie der »Goldfish« auf dem später in der Royal Academiy of Arts ausgestellten Ölgemälde aus seiner Hand »The Goldfish Pool at Chatwell« wirkte, fing am selben Platz wie im früheren Leben von vorne an.

Das Versäumnis der großen Seeschlacht westlich Norwegens war sein neues Gallipoli (1915), diesmal allerdings ohne disziplinarische Folgen. Stattdessen setzte man ihn und nicht den Außenminister und früheren Vizekönig von Indien, *Lord Halifax*, auf den Premiersessel. Letzterer war in England und am Königshof beliebt. Aber die Engländer und der König brauchten jetzt keinen frommen, halb bekehrten Appeaser *(»The Holy Fox«)*, sondern einen *Francis Drake* – den Seeräuber der Elisabeth I. gegen Philipp II. von Spanien – und das konnte nach Lage des Angebots nur der Opponent der Chamberlain- und Baldwin-Jahre sein: Winston Churchill.

So gut kannte Hitler den Neuen wahrscheinlich nicht. Aber er dachte sich, dass die »Ritterlichkeit«, das britische Expeditionskorps nicht zu vernichten, sondern ins »faire«, ruinierte England entkommen zu lassen, das neben den Berufssoldaten Lord Gorts zwar noch die große Flotte und eine ansehnliche Luftwaffe besaß, auf dem Landelement, dem puren Boden, aber nichts als eine Cinderella-Truppe neuerdings ausgehobener Mannschaften, untrainiert und ohne die an den Stränden von Dünkirchen verbliebenen Waffen, reif zur Kapitulation sei. Churchill rechnete mit einer Invasion, dem eigenen typischen Vorstellungsvermögen folgend sogar mit einer »blitzartigen« Großkommandoaktion, die man fürchten müsse und zugleich mit Vorfreude erwarten konnte, weil Navy und Air Force den ersten Schub durchlassen, jeden Nachschub jedoch aus den Schlünden der Schiffsartillerie und dem Selbstopfer der Piloten zum Erliegen bringen würde. Hitler dachte nicht daran, aber Churchill, der »Landungsspezialist« aus Leidenschaft, konnte nicht anders, als daran zu denken.

Unter den vielen Reden, die Churchill in den Wochen nach Frankreichs Zusammenbruch hielt, um den Heldenmut der *british race* anzustacheln, findet sich eine hochinteressante psychologische, die jenes Produkt aus Angst und Mutius Scaevola auf das Perfekteste spiegelte. Am 4. Juni 1940 sagte Churchill im Unterhaus (und per Radiobotschaft): »Wir werden kämpfen bis zum Ende. Wir werden in Frankreich kämpfen, wir werden auf den Meeren und Ozeanen kämpfen. Wir werden mit wachsender Zuversicht und wachsender Stärke am Himmel kämpfen. Wir werden unsere Insel verteidigen, wie hoch auch immer der Preis sein mag. Wir werden an den Stränden kämpfen, wir werden an den Landungsabschnitten kämpfen, wir werden auf den Feldern und auf den Straßen kämpfen, wir werden in den Hügeln kämpfen. Wir werden uns nie ergeben.«[26]

Eine Rede von solchem Klang, gehüllt in Guerillaromantik, peinigende Angst kunstvoll verbergend und jede Verzweiflung exkommunizierend, hat Hitler nie gehalten. Der totale Krieg à la Churchill sollte die Friedensbotschaft des deutschen *Führers* abschrecken, den Adressor und die Adressaten: Nein, bei aller Angst und Verzweiflung, wir werden mit Hitler nie verhandeln, lieber den schrecklichsten Albtraum durchleben.

Wie entert man eine Seemacht?

Zunächst schien es, als wollte Hitler mit der »Operation Seelöwe« dennoch aufs Ganze gehen und das »Mutterland des Empire« okkupieren. Laut Weisung Nr. 16 sollte bis Mitte August in den Kanalhäfen Transportkapazität für 260 000 Mann, 61 983 Pferde, 34 200 Fahrzeuge, Panzerartillerie, Flakbatterien etc. bereitstehen, um in »drei Wellen« an die britische Südküste überzusetzen. Es ist nicht bekannt, ob der *Führer* die beiden Invasionen Gaius Iulius Caesars 55 und 54 v. Chr. studiert hat. Sie währten kurz, waren verlustreich und wurden erst nach fast 100 Jahren durch Kaiser Claudius mit großem Aufwand zum Erfolg. Natürlich konnte der antike Eroberungszug kein Lehrbeispiel sein, aber es war auch keine ermutigende Erinnerung, wie Caesar mit Kriegsschiffen, 80 Truppentransportern und 18 Lastschiffen für die Kavallerie zunächst einmal einen Landeplatz suchen musste, während die Britannier mit Reitern und Streitwagen der Flotte folgten, um die Bildung eines Brückenkopfes zu verhindern.

Hitler war eine Landratte, ein Fremdling auf See. In der Weisung sprach er zwar von der »militärisch hoffnungslosen Lage« Englands, räumte aber wenige Tage später, am 21. Juli 1940, gegenüber seinen Beratern ein, dass ein »außerordentlich gewagtes Unternehmen« bevorstehe: »Mit dem Überraschungsmoment können wir … nicht rechnen; ein zur Verteidigung vorbereiteter und äußerst entschlossener Feind steht uns gegenüber und beherrscht das infrage kommende Seegebiet. Vom Heer würden 40 Divisionen beansprucht werden; das Schwierigste wird der Nachschub sein. Wir können nicht damit rechnen, uns in England irgendwie zu versorgen.«[27] Das klang so, als argumentiere er gegen das eigene Vorhaben.

Die Frage war: Wie »entert« man eine Seemacht? Unabdingbare Voraussetzungen waren die vollkommene Beherrschung des Luftraums, mächtige Artillerie an der Kanalenge von Dover, weiträumige Balustraden von Minenfeldern, um die Navy zu behindern, und eine Flotten-Eskortierung der Expedition auf der gesamten Landungsbreite. Letztere erklärte die Marineführung für »unmöglich«. Damit wanderte der Schwerpunkt wieder zur unprobaten, wetterempfindlichen Luftwaffe. Am 1. August befahl Hitler ohne viel Enthusiasmus den »Luft- und Seekrieg gegen das englische Mutterland in verschärfter Form«. Viel zu spät – die Paladine verstanden ihren *Führer* nicht mehr, wie Goebbels bezeugte.[28] Am 19. Juli 1940 hatte Hitler nach umständlicher, fast qualvoller Vorbereitung am Ende seiner (auf Frankreich bezogenen) »Siegesrede« vor dem Reichstag einen »Appell an die Vernunft auch in England« gerichtet: »Ich glaube dies tun zu können, weil ich ja nicht als Besiegter um etwas bitte, sondern als Sieger nur für die Vernunft spreche. Ich sehe keinen Grund, der zur Fortführung des Kampfes zwingen könnte.«[29]

Vernachlässigt man den polemischen Diskant der Rede, konnte man ein Bittgesuch heraushören. Als Ursache glaubte *Churchill* die für Hitler unerträgliche Unterbrechung der Siegdynamik zu erkennen, ließ da und dort Spuren einer möglichen Gesprächsbereitschaft legen, aber das war Indianertaktik mit dem einzigen Ziel, den Feind zu verwirren und Zeit zu gewinnen. Außenminister Halifax wies das generelle *Vernunftangebot* postwendend am 22. Juli als Aufforderung zur Unterwerfung zurück.[30] Einmal mehr enttäuscht, befahl Hitler in der Weisung Nr. 17: »Die deutsche Fliegertruppe hat mit allen zur Verfügung stehenden Kräften die englische Luftwaffe möglichst bald niederzukämpfen.«[31] Als Garant betrat erneut Göring die Szene. Dreizehn Tage, so erklärte er, würden ausreichen, um die Luftherrschaft zu erringen, dann lägen Schiffskonvois, militärische und industrielle Anlagen, Häfen, Verkehrsknotenpunkte und Versorgungsbetriebe schutzlos unter den Bombenschächten. Die Flughäfen der britischen Jagdwaffe waren das erste Ziel. Schwere Schäden entstanden und hohe beiderseitige Verluste. Zeitweilig glimmte in Hitler die Hoffnung auf, der Luftkrieg könnte die Landung überflüssig machen.

Dies sollte sich als Illusion erweisen. Die Luftschlacht über England weitete sich über das Maß der deutschen Kapazitäten aus. Die deutsche Luftwaffe war nicht auf die Lähmung einer Inselfestung von der Größe Englands mit schier unzähligen produktionsintensiven Einrichtungen ausgelegt. An den Bau einer Fernbomberflotte hatte man zwar gedacht, war aber, im Unterschied zu den Briten und den nachrüstenden Amerikanern, konstruktionsmäßig gescheitert. Es gab Asymmetrien und Fehlentscheidungen mit strategischen Folgen. Der relativ kurzen Flugstrecke aus dem eroberten Frankreich zu südenglischen Zielen standen verlustreiche Passagen nach Schottland gegenüber, während die westlichen Atlantikhäfen nahezu unbehelligt blieben. Der zu Anfang zahlenmäßig überlegene Jagdschutz blieb hinter der Einsatzreichweite der Bomber zurück. Die deutschen Jagdpiloten mussten aus Betriebsstoffgründen früh abdrehen oder wurden durch Luftkämpfe von ihren Schützlingen getrennt.

Die wirksame Taktik, durch nachhaltige Zerstörung der südenglischen Flughäfen der britischen Jagdabwehr längere Flugzeiten aufzunötigen und damit ihre Einsatzzeit zu verkürzen, wurde nicht konsequent verfolgt. Rasch verbesserte Jäger-Versionen (»Spitfire«, »Hurricane«) und beschleunigte Produktion addierten sich zur tödlichen Gefahr für die allein fliegenden, schwerfälligen, nicht ausreichend abwehrfähigen Bomberformationen. Sturzkampfflugzeuge (Stukas) erwiesen sich als untauglich, die übrigen Bombertypen als zu verletzlich. Gemessen an der Zieldichte war auch die Traglast zu gering. Während abgeschossene deutsche Piloten verloren waren, konnten niedergegangene Briten, sofern sie Glück im Unglück hatten, sofort wieder eingesetzt werden. Die Abwehr verfügte über ein weitreichendes Radarsystem und war infolge der Entschlüsselung des deutschen Enigma-Codes über die Einsatzpläne des Angreifers informiert.[32]

Dies wiederum begünstigte den Schwerpunkteinsatz der Jagdabwehr. Die umgekehrte Asymmetrie, die weite Flugstrecke von England zum deutschen Herzland, sollte erst später bei der Landung der Alliierten in der Normandie ins Gewicht fallen, allerdings zu einem Zeitpunkt, als die nunmehr raumzeitlich begünstigte deutsche Jagdabwehr geschwächt war und an der starken Armierung der Bombenflugzeuge scheiterte.

Die offene Schlacht um die Lufthoheit über England endete – nach britischer Berechnung – am 31. Oktober 1940 mit der deutschen Niederlage. Entscheidend waren weniger die schweren Verluste als die Unbezwingbarkeit der »Few«, wie die Briten ihre Piloten bezeichneten. Nie hätten so viele so wenigen so viel zu verdanken gehabt, formulierte Churchill.[33] Schon Mitte September gingen Zahl und Intensität der deutschen Einsätze zurück. Das Verfehlen der Luftüberlegenheit machte die »Operation Seelöwe« zur Okkupation der Insel zunichte. Am 17. September wurden die Invasionspläne auf »unbestimmte Zeit« verschoben. Am 12. Oktober hieß es, man werde die *Vorbereitungen* bis Frühjahr 1941 fortsetzen, um »England politisch und militärisch unter Druck zu setzen«.[34]

Daraus folgte nichts mehr, was strategisch gezählt hätte. Das war das Ende, der *zweite Infarkt* nach Dünkirchen. Beide Ereignisse bedeuteten, rundheraus gesagt, den *Zusammenbruch der deutschen West-Strategie* und eine nicht absehbare Verlängerung des Kriegs. Hitler wandte sich dem Osten zu. Dort hatte er zwei Optionen: Vertiefung des Bündnisses mit Sta-

lin in Form eines vom Atlantik bis zum Pazifik reichenden »Kontinentalblocks« oder Expansion durch Krieg bis zum Ural.

Sozusagen unter dem Mantel der Schlacht um die Luftherrschaft entwickelte
sich eine *neue Kriegsform*, die den deutschen Infarkt vertiefte, für die Briten und die später hinzustoßenden Amerikaner hingegen ein technologi-
sches Schlachtfeld präzedenzlosen Ausmaßes eröffnete: der *systematische
Städtekrieg*. Dahinter standen alte strategische Kalkulationen, der aktuelle Auslöser war indessen ein Zufall, eine Unberechenbarkeit, nämlich
der Irrflug einer deutschen Bombergruppe über London. Hitler hatte in
der Weisung Nr. 17 zur Eröffnung der Luftschlacht um England die Bombardierung von Wohngebieten – »systematische Angriffe auf Städte und
Terrorbombardements« – untersagt und sich gegenteilige Entscheidungen
persönlich vorbehalten. Das Problem bestand allerdings darin, dass selbst
Tagesangriffe auf kriegswichtige Ziele wie Industrieanlagen, Versorgungs-
zentren und Häfen im zivilen Umfeld der verwobenen Stadtstrukturen
mehr oder weniger schwere Schäden anrichteten, des Nachts infolge der
Navigations und Zielunsicherheit erst recht. So fielen in der Nacht zum
25. August irrtümlich Bomben auf den »Sperrraum« London. Daraufhin
ordnete Churchill vier Vergeltungsangriffe auf Berlin an. Sie begannen in
der Nacht zum 26. August mit 50 Maschinen und leiteten eine folgen-
schwere Eskalation ein.

Ebenfalls unter Hinweis auf das Repressionsrecht hob Hitler am 7. September die Zielbeschränkung auf. Die Luftwaffe »antwortete« mit einem
für die damaligen Verhältnisse besonders heftigen »Blitz«, wie die Briten
sagten. Hunderte von Bombern luden vom 9. September an 57 Nächte hindurch ihre Sprenglast über der britischen Hauptstadt und einer Reihe anderer Städte ab. Besonders schwer wurde am 14. und 15. November 1940
die Stadt *Coventry* getroffen, wobei neben Arealen der dort konzentrierten
Flugzeugindustrie auch Wohnviertel mit einem Regen von Brand-, Spreng-
bomben und besonders zerstörerischen Luftminen übergossen wurden.
Coventry wurde zum Symbol für den »Repressalienexzess«, obwohl kurz
darauffolgende britische Angriffe die Städte Mannheim und Hamburg trafen. Die Schäden waren bei Weitem nicht so groß wie in Coventry und London, doch hatte der Befehl an die 130 respektive 136 abgesandten Bomber
gelautet, die Innenstädte »niederzulegen«.[35]

Hitler spürte den Kampf- und Revanchegeist der Engländer, drohte in
einer Sportpalast-Rede am 5. September, die »Nachtpiraten« zu übertreffen, plädierte aber zugleich dafür, den »Unsinn« einzustellen. Der Städtekrieg zur Terrorisierung der Bevölkerung stieß an die Grenzen der deutschen
Abwehr, widersprach aber auch den politisch bestimmten Vorstellungen

der Kriegführung gegen England. Er war, was Ziel und Systematik betrifft, nicht Hitlers Einfall.

Air-Marschall *Hugh Trenchard*, der Schöpfer der Air Force, hatte 1928 den Grundsatz aufgestellt, Ziele der feindlichen Produktion anzugreifen sei wirkungsvoller als die Feldschlacht, die sich aus dieser Produktion nähre. 1940 wurde das Konzept erweitert: Während die deutschen Luftschläge gegen Warschau (September 1939) und Rotterdam (Mai 1940) noch im Rahmen von Kriegshandlungen standen, wurden jetzt in großem Stil Luftkriegsmittel entwickelt, um die *zivile Moral* zu treffen. Der Feind sollte hinter der Front zur Kapitulation gezwungen werden.

Das Verfahren, wie es aus den Ideen und Erprobungen hervorging, erwies sich jedoch als teure Fehlkalkulation: Der technologische Vernichtungsapparat erreichte im Laufe des Kriegs fantastisch anmutende Dimensionen. 2,7 Millionen Tonnen Bomben luden die Westalliierten über dem europäischen Kriegsschauplatz ab, davon 1,3 Millionen über Deutschland. Die amerikanischen und britischen Bomberflotten starteten 1,5 Millionen Einsätze, der begleitende Jagdschutz 2,6 Millionen. Jeder hatte seine Spezialität. Während die Briten nachts die Städte in Brand setzten, belegten die Amerikaner tagsüber die weithin sichtbaren Ziele mit »Teppichen« von Sprengmaterial. Präzisionsbombardement kriegswichtiger Anlagen war das eine, »Moral Bombing« nach dem Prinzip der Crescendo-Walze einer riesigen Orgel das andere Resultat: Die Städte wurden vernichtet, um die Menschen zu »brechen«, was allerdings nicht gelingen sollte: Die deutsche Kriegsproduktion erreichte 1944/45 den Höchststand und kapituliert wurde nicht an der Heimat –, sondern an der Kriegsfront.[36]

Wie versenkt man eine Seemacht?

Trotz dieser offenkundigen Fehlschläge – Hitler besaß noch ein Offensiv-Instrument, das dem Krieg gegen England die gewünschte Wende geben konnte: die Kriegsmarine, vor allem die U-Boot-Waffe in Kombination mit Teilen der Luftwaffe. Die »Schlacht im Atlantik«, wie Churchill das Gemetzel unter den Dickschiffen der christlichen Seefahrt nannte, der gigantische Kampf um die *logistischen Nabelschnüre*, die Überlebensfähigkeit Großbritanniens seit 1940 und die globale Bewegungsfähigkeit der USA in den drei großen Meeren, Atlantik, pazifischer und indischer Ozean seit Anfang 1942, trugen entscheidend zum Kriegsausgang bei. Zeitweise hatte es den Anschein, als würden die westlichen Seemächte buchstäblich in den Grund gebohrt. Die Seeblockade traf ihre Erfinder. »Statistiken, Diagramme und Kurven« überschatteten Churchills Tage und Nächte, wie der Premier gestand. »Es ist sehr betrüblich«, kommentierte *John Colville*, Churchills Sekretär, die Nachricht der Admiralität vom 26. Februar 1941 über eine neue Geleitzug-Katastrophe. »Betrüblich?«, wiederholte der Premier, »Es ist schrecklich! Wenn das so weitergeht, bedeutet es unser Ende.«[37] *Franklin D. Roosevelt* dachte in diesen Tagen ähnlich, wählte nur eine andere Perspektive. Für ihn entschied die Kontrolle der Meere den Krieg. Wenn die Achsenmächte dort verlieren, erklärte er am 27. Mai des Jahres in einem seiner Kamingespräche, sind sie erledigt.[38]

Als Churchill einige Monate später, im August, Roosevelt bei einem Kriegsschiff-Treffen vor Neufundland persönlich kennenlernte, wo er mit ihm die Atlantik-Charta vereinbarte, hatten deutsche U-Boote, Überwasserstreitkräfte, Luftwaffe und Minen der Achsenmächte 8,5 Millionen BRT alliierte und neutrale Tonnage versenkt – der Löwenanteil ging auf deutsche U-Boote im Atlantik zurück.[39] Mit der Eroberung Norwegens und der französischen Küste 1940 besaß die Kriegsmarine eine breite Flankenposition gegen England und die atlantischen Nachschubrouten. Der erweiterte Operationsfächer drückte den britischen Import an lebensnotwendigen Nahrungs-, Rohstoff- und Rüstungsgütern auf ein Drittel der letzten Friedensquote. Die Kurve der Verluste stieg von 745 686 BRT in den vier ersten Kriegsmonaten 1939 auf 3 991 641 im folgenden Jahr, betrug 1941 schon 4 328 558 und schoss 1942 auf die Rekordsumme von 7 790 697 BRT. 1943 fiel sie nach sensationellen Anfangserfolgen mit 3 222 138 wieder knapp unter das Maß von 1941, sank 1944 mit 1 045 629 unter die Wirksamkeitsgrenze und verebbte in den ersten Monaten 1945 mit 437 015 BRT (zahlreiche Minentreffer bis Juli).[40]

Lakonisch kommentiert der britische Historiker *John Keegan* den dramatischen Anstieg der Kurve: »Die Japaner konnten zur Not von ungeschältem Reis leben, hart an der Grenze des Verhungerns. Hätte die britische Bevölkerung aber auf die Einfuhr nordamerikanischen Weizens verzichten müssen, wäre sie ein paar Monate später nach dem Verzehr der strategischen Reserven an Mehl und Milchpulver mit malthusianischer Gesetzmäßigkeit auf die Hälfte geschrumpft.«[41]

Die Gefahr bestand. Seit Juli 1940 übertrafen die Schiffsverluste die Zahl der Neubauten und das Missverhältnis nahm über den Kriegseintritt der USA hinaus zu.[42] Während des Jahres 1941 gewann die Kombination aus U-Booten und Luftwaffe die Oberhand im Atlantik. Es sah so aus, als könnten die Seewege nicht offen gehalten werden. 1942 und Anfang 1943 erwogen die Alliierten die Aufgabe des Konvoisystems. In den 16 Monaten vom Dezember 1941 bis März 1943 betrugen die monatlichen Verluste im Durchschnitt 606 263 BRT bei neun zum Teil dramatischen Ausschlägen nach oben. Vom 13. Januar bis 19. Juli 1942 fielen in einer ausgedehnten

Aktion vor der US-Atlantikküste, im Golf von Mexiko und in der Karibik 397 alliierte, vorwiegend amerikanische Kriegs- und Handelsschiffe sowie wertvolle Tanker mit einem Volumen von zwei Millionen BRT der Jagd zum Opfer. Die deutsche U-Boot-Flotte war die einzige global operierende Waffenart mit Zielfahrten in alle Weltmeere. Schwerpunkt blieb der Atlantik.

Der strategische Nutzen bestand nicht allein im Tonnagekrieg, in der Strangulierung Großbritanniens und der Irritierung des zwischenamerikanischen Handels seit Ausweitung des Kriegs auf die USA, sondern in der Bindung alliierter See- und Luftstreitkräfte in den weiträumigen Meeren und der daraus folgenden *Schwächung der Invasionsfähigkeit*. Dem operativen Primat »Germany First« legten sich Barrieren in den Weg. Der Krieg gegen die amphibischen Streitkräfte Japans im Pazifik und im Indischen Ozean zwang den westlichen Seemächten weit über den Wendepunkt der siegreichen Schlachten von Midway und Guadalcanal im Sommer 1942 hinaus einen *Zweifrontenkrieg* auf. Die alliierten Landungen in Afrika und an der Westküste Europas verzögerten sich. Der Seetransport von anderthalb US-Divisionen für die Landung in Nordafrika im Oktober/November 1942 fiel in die Zeit der schwersten Schiffsverluste im Atlantik. Er glich daher einem umständlichen Hochsicherheitstransfer. Die Truppenmenge wurde reduziert. Tunesien konnte nicht im ersten Anlauf besetzt werden – mit der Folge, dass sich die Deutschen bis Mai 1943 in Afrika hielten. Für Churchill und Roosevelt stand bei der *Casablanca-Konferenz* im Januar 1943 die verschärfte U-Boot-Abwehr an der Spitze der Agenda. Die ausstehende Landung in Europa hatte Stalins Misstrauen in die Kriegspolitik der Westmächte geweckt. Der Beschluss über die *Bedingungslose Kapitulation Deutschlands* sollte den sowjetischen Partner beruhigen und vertrösten, trug allerdings, was nur schwer zu übersehen war, zur Verlängerung des Kriegs bei.

Der Seekrieg entwickelte sich zu einem Ringen, das auf beiden Seiten die Hochintelligenz der Nachrichten- und Dechiffrierdienste, der Technologen und Techniker, Strategen und Taktiker aktivierte. Die Kriegsmarine hatte 1939 den Kampf mit 20 atlantiktüchtigen U-Booten aufgenommen und stand bei der Materialzuweisung lange in der »Schlange« hinter Luftwaffe und Heer, bis Hitler zu spät bemerkte, dass diese Waffe, die Großbritannien schon im Ersten Weltkrieg an den Rand des Ruins gebracht hatte, seinem Kriegsglück dienen konnte. Nach den deutschen Erfolgen gegen Einzelfahrer schickten Briten und Kanadier Konvois mit zunächst unzureichendem Geleitschutz auf den Weg. Sie boten opulente Ziele für die vom Befehlshaber der U-Boote, *Karl Dönitz*, entwickelte Rudel-Taktik. Für diese Angriffsform benötigte man optimal rund 300 Boote für Einsatz und Ausbildung unter Berücksichtigung der Erprobung neuer Technologien und nicht zuletzt steigender Verluste. Dönitz erreichte diese Größenordnung zu spät, um den Wettlauf mit der sprunghaft wachsenden Werftkapazität, Luftwaffe, Geleitschutz-Armierung und verbesserten Ortungselektronik der Amerikaner und Briten gewinnen zu können. Im Mai 1943 errangen die Alliierten die Oberhand, schlossen die letzten Lücken in der Luftbeobachtung und -bekämpfung, verdrängten die Boote von den Konvoi-Routen und fügten der zuletzt auch technisch unterlegenen Flotte enorme Verluste zu.

Die Einsätze wurden rigoros reduziert, modernisierte Boots-Versionen mit Elektroantrieb kamen nicht mehr in ausreichender Zahl an die Front. Während der alliierten Landung in der Normandie konnte die U-Boot-Waffe die erste Verteidigungslinie nicht halten. Von 43 eingesetzten Booten wurden 14 versenkt. In welche Meeresgegend man auch blickte, die *grauen Wölfe* wurden vertrieben oder ausgerottet. Der Umstand, dass die Alliierten und Neutrale in ihrem Dienst 2919 Schiffe aller Art mit 14 593 987 Millionen BRT verloren, konnte die strategischen Fehler und Niederlagen Hitlers andernorts nicht aufwiegen. 756 von 1081 eingesetzten deutschen Booten, ein geringer Anteil davon in den Atlantik entsandte italienische, gingen unter, mit ihnen die relativ höchste Zahl an Männern in einer Teilstreitmacht.

3. Kriegsgegner – Churchill und der Kontinent

Die Machtfigur Winston S. Churchill repräsentiert als markanteste Verbindung *führender Personen* mit *Ehre und Ansehen* die nach der Niederlage Frankreichs im Mai/Juni 1940 zu Friedensgesprächen herausgeforderte britische Regierung. England hatte seinen ersten und für die Dauer des deutsch-sowjetischen Paktes entscheidenden Festlanddegen verloren und befand sich nach dem Wechsel von der Regierung Chamberlain zur Regierung Winston Churchill in der Phase einer grundlegenden Neudefinition seiner Innen- und Außenpolitik im Krieg. Über die Vorteile und Nachteile der womöglich von Mussolini zu vermittelnden Friedensgespräche gab es im britischen Kriegskabinett ein heftiges Zerwürfnis. Der neu ernannte Premier Churchill stand allein gegen eine Riege qualifizierter Vertreter der Appeasement-Politik, die sich durch die Katastrophe auf dem Festland eher bestärkt als entmutigt fühlten. Der Ringkampf währte fünf Tage, bevor die Kräfte von *Lord Edward Wood Halifax*, des stärksten Gegners Churchills, und von Neville Chamberlain, des trotz seiner führenden Rolle in der Appeasement-Politik am fairsten im Streit sich schlagenden Politikers, erlahmten.[43]

Natürlich sind die dramatischen Tage von London in den Beiträgen der Historiker und Schriftsteller immer eindrucksvoll nachgestaltet worden und es unterliegt ja auch keinem Zweifel, dass es hier für lange Zeit um den Sieg oder die Niederlage Hitlers und des Großdeutschen Reichs im europäischen Hegemonialkampf ging. Churchill dominierte nicht von vornherein in den Entscheidungsräumen, die Kreißsälen mittlerer Modernität glichen. Der Premier begab sich von Sitzung zu Sitzung immer mehr in die Rolle des Hauptgegners Hitlers, mit dem laut Argument und anschwellender Beredsamkeit kein Vertrag des Vertrauens abgeschlossen werden könne.

Winston Churchill war der Held der Szene, die man nicht high noon nennen kann, da die Beteiligten vielleicht an der Seele, nicht aber am Körper verletzt aus der Kontrahage gingen. Das narrative Schwergewicht der Geschichte neigt zur Bedeutungsabnahme. Vielleicht war es für Churchill gar nicht so schwierig, die anderen herumzukriegen. Der Premier war ein großer Historiker, ununterscheidbar vom Krieger. Kontrafaktische Geschichte – »wäre«, »hätte«, »würde«, »könnte« – war ihm nach Misserfolgen bei »seaborn«- oder »airborn«-Landungen sicher nicht fremd. Und in dieser Rolle war er ein Badewannenkapitän – hinter jeder seiner militärischen Initiativen bewegten sich Traumschiffe. Daher wissen wir nicht so genau, was in diesen fünf Tagen wirklich geschah, da eine Siegernation ja nicht dazu neigt, ihre Legenden zu vernichten. Bei allen Zweifeln, die man haben darf – Churchill war der berühmte *Lord Byron* unter den Machtfiguren führender Personen, eine exzellente schaumgeborene Figur aus Ehre und Ansehen. Beide Elemente passten gut zu ihm, in der Rasse (»race«) zäh, kämpferisch, küsten- und meerbeherrschend, ritterlich und romantisch – die Züge treten scharf hervor in dem nach außen knappen, nach innen sich ausdehnenden meisterlichen Buch-Porträt von Thomas Kielinger.[44]

Während Churchill 1940 um das Überleben Britanniens fürchtete, begann Hitler den Infarkt seiner West-Strategie zu erkennen: die strategischen Folgen der taktischen und psychologischen Fehlentscheidungen von Dünkirchen, die Defizite in der Luft- und Seerüstung, den zu flachen Atem und die Schwäche des Arms, England mit einem Ruck niederzuwerfen oder zum Beidrehen zu zwingen. Eingestreute, fast schon automatisch wiederholte Friedensappelle und untergründige Kontakte zu geheimdienstlich gesteuerten Mittelsmännern Londons sollten den »unvernünftigen« Waffenkonflikt mit dem Empire beenden, der nach seiner Meinung *unglücklicherweise* ausgebrochen war.

Nun aber eskalierte er und Hitler fand sich *in der elementaren Logik des Kriegs gefangen, wonach das nicht erreichte Ziel alle vorangegangenen Siege entwertet.* Der König im Spiel war nicht gefallen, deshalb würde das Spiel weitergehen. Das Bild gewann Tiefenschärfe. Tauchte hinter der löwenhaften Insel nicht schon der riesige Schatten der Vereinigten Staaten auf? Hinter dem Empire-Politiker *Winston Churchill* der Internationalist *Franklin Delano Roosevelt*?

Zwar lag der amerikanische Präsident noch wie ein gefesselter Gulliver in den Schnüren der kriegsunwilligen isolationistischen Kongress- und Volksmehrheit, hielt aber nach allen möglichen Wegen Ausschau, wie er den Regional-Imperialisten und Markt-Autarkisten Deutschland und Japan mit aller Macht Paroli bieten könnte, trachteten diese doch danach, das Konzept der einen, offenen, handelsfreien Welt, der Welt Amerikas, zu verderben. Selbst das Empire mit seiner wettbewerbsverzerrenden Kolonialwirtschaft gehörte zu den Gegenspielern, doch wäre es katastrophal und unverzeihlich, wenn England in die Hände des Reiches fiele.

Ob Hitler den Geist Roosevelts verstand, ist eine Frage für sich. Bewusst war ihm jedoch, dass der ferne Präsident sein Land an der Seite Großbritanniens in den Krieg führen, dass er auf dem europäischen Kriegsschauplatz auftauchen *wollte* – fraglich schien nur der Zeitpunkt. Umso mehr hoffte Hitler auch jetzt noch, dass England den Premier Churchill abschütteln und ein Arrangement suchen würde.

Er lag nicht ganz falsch. Was sich auf dem Höhepunkt der Krise Frankreichs und der Ungewissheit über das Schicksal des britischen Expeditionskorps zwischen dem 24. und 28. Mai im Londoner Kriegskabinett zugetragen hatte, erfuhr er allerdings erst später, für ihn zu spät, aus einer schwedischen Quelle. Außenminister Halifax, den Churchill nach seiner Ernennung zum Premier am 10. Mai von seinem Amtsvorgänger Chamberlain übernommen hatte, bedrängte den noch unsicher navigierenden Premier, Hitlers mehrfach geäußerte, inhaltlich weitgehend unbestimmte Friedensangebote »auszuloten« – ein *Spruchfahrzeug*, das seinerzeit und für weitere Jahrzehnte die Konterbande oft abgründiger Kompromisse transportierte. Ein Teil des Kabinetts stimmte ihm zu, zumal sich in diesen Tagen auch aus den USA Töne der Resignation vernehmen ließen. Großbritannien, so argumentierte Halifax, könne den Krieg nicht allein weiterführen. Es gehe jetzt nicht mehr um die Abwehr der deutschen Kontinentalpläne, sondern um die Fortexistenz des Empire. Man sollte deshalb bereit sein, alle Vorschläge Berlins zu prüfen, die diesem Ziel dienen könnten, »solange dabei unsere Freiheit und Unabhängigkeit gesichert bleibt«. In der Runde war nicht bekannt, dass Roosevelt bereits Sondierungen in Kanada aufgenommen hatte, die britische Flotte über den Atlantik zu bringen, damit sie Hitler nicht in die Hände fiele.[45]

Halifax hatte sich schon früher als Neville Chamberlain, der in diesen dramatischen Tagen wie eine Figur vergangener Zeiten im Kriegskabinett saß, vom Appeasement abgewandt, gehörte aber zur gemäßigten Fraktion, deren gesellschaftliche Rolle in England immer noch bedeutender einzuschätzen war als diejenige Winston Churchills, den die *Konjunktur des Kriegs* als Kämpfer und langjähriger Kritiker aller Ausgleichsversuche mit Hitler in das höchste exekutive Amt befördert hatte. Dessen Ansehen sollte in der schwersten Krise Englands seit der Bedrohung durch die spanische Armada im 16. Jahrhundert (Ian Kershaw) zwar in unangreifbare Höhen wachsen, doch stand er gerade erst am Anfang, während 30 Kilometer östlich von Dover der französische Verbündete wegbrach. Der Anflug einer Revolte – um mehr handelte es sich nicht – gegen den unerbittlichen Krieger hatte also nicht zuletzt persönliche Gründe. Churchill galt als Prototyp des verfallenden aristokratischen Milieus, als Spross der in Verruf geratenen Marlborough-Familie. Er gab sich als »schamloser Schnorrer und Nassauer« in ewigen Geldnöten, in der Erinnerung schwankend als soldatesker Abenteurer seit dem Burenkrieg, der Flucht aus dortigem Gewahrsam 1899, den er politisch – und literarisch – vermarktete, seit dem Dardanellen-Desaster 1915, das ihn nicht Kopf, aber Kragen kostete, seit der Agitation auf der Versailler Konferenz 1919, die russischen Bolschewisten zu vernichten – ein Mann mit höchst zweifelhaften strategischen Gaben und einem politisch-publizistischen Lebenslauf, der ihn durch den »Regenbogen« der Positionen von rechts nach links und wieder zurück geführt hatte, wie die britischen Historiker *David Cannadine, John Keegan, John Charmley* aus gegensätzlichen Perspektiven schildern.[46]

Ob er sich als Hagiograf seines angeschlagenen Clans dem Mythos der Oberklasse widmete, plötzlich Zuneigung zur »fleißigen, angepassten, dankbaren Arbeiterklasse« fasste, ohne je eine Arbeiterbehausung von innen gesehen zu haben, radikale Kritik am parlamentarischen Parteiensystem der »Ignoranten« und »unbedeutenden Pygmäen« übte, eine Art gelenkter Demokratie empfahl, ob er die Legitimität aller regierenden und gefallenen Monarchen verteidigte, so auch Wilhelm II., »ein im Großen und Ganzen wohlmeinender Mann mit guten Absichten«, der in Niederlage und Exil große Würde bewiesen habe und dem er »unleugbare Gewandtheit und Vielseitigkeit, persönliche Anmut und Lebhaftigkeit« attestierte,[47] oder ob er von »Empire« sprach, weil ihm das Wort »Commonwealth« mit einem *jakobinischen Hautgout* behaftet schien – Winston Churchill äußerte seine exzentrischen Standpunkte als Journalist und Buchautor, im Club und in der Parlamentsrede stets provokativ, überaus pathetisch und zu Seitenwechseln bereit und musste sich daher bei seinem überraschenden Amtsantritt am 10. Mai 1940 als proteisch, unberechenbar und sprunghaft, als »bösartiger Einzelgänger« und »Halbblut« (wegen seiner amerikanischen Mutter) bezeichnen lassen, als Mann mit dem »Zeug zum Tyrannen«, wie sein Minister für Luftrüstung, der Pressezar *Lord William Maxwell Aitken Beaverbrook*, urteilte.[48]

Dies war die eine Seite. Aber in dem Krieg, der zum zweiten Mal innerhalb eines Vierteljahrhunderts die deutsche Vorherrschaft auf dem Kontinent thematisierte, war die andere Seite derselben Natur gefordert – eben ein *Francis Drake*, ein Freibeuter, der seine ganze Ruchlosigkeit und ungefüge Kraft in die *eine Richtung* des Kampfes und Sieges zu lenken verstand. Alles, was an Appeasement erinnern konnte und ihn selbst betraf, wie wir sahen, hatte *Churchill* länger hinter sich gelassen als jene adelige und bürgerliche Klasse der Friedenspolitiker, die er seit der Sudetenkrise und München 1938 mit Vehemenz und einem kaum verborgenen Willen zum Umsturz bekämpfte. Die Tiefe seines Machtinstinkts, sein Sinn für die Dramen der Weltgeschichte und der innere Ruf, das brüchige Empire notfalls bis zum Tode zu verteidigen – diese einzige Konstante in seinem Leben stattete ihn mit der Gabe aus, Gefahren wahrzunehmen, die seiner eigenen Natur nicht fremd waren. Zu diesen Talenten, die im Dunkeln schimmern, gehörte Churchills Fähigkeit, die englische Sprache für den Krieg zu mobilisieren.[49] Neuerdings knüpft mancher daran die Frage, ob Churchills »romantischer Heroismus« ein guter Wegweiser für Großbritannien war. Dass im letzten Kampf ein großes Motiv liegt, leuchtet heute nicht mehr allen ein.[50]

1926 hatte Churchill Mussolini besucht und ihn noch 1933 als »den größten Gesetzgeber unter den Menschen«, als »römisches Genie« und potenziellen Bundesgenossen der westlichen Demokratien bezeichnet,[51] weil er selber nach einem Radikalmittel wider die Zerklüftungen und Schwächen der Zeit suchte. Während ihn – wie fast jeden Sohn des Empire – selbst die banale Kopie des »Römischen« in den Bann zu ziehen vermochte, zwang ihn derselbe *klassische Instinkt*, den deutschen Repräsentanten der *vertikalen Demokratie* zu meiden. In einer Kolumne für den Londoner »Evening Standard« schrieb Churchill am 17. September 1937 unter der Überschrift *Freundschaft mit Deutschland* – die er ausschloss: »Man mag Hitlers System nicht mögen und dennoch seine patriotische Leistung bewundern. Wenn unser Land einmal geschlagen wäre, hoffe ich doch, wir würden einen ähnlich unbezwingbaren Champion finden, der unseren Mut wieder aufrichten und uns zurück auf den uns zustehenden Platz unter den Nationen führen würde.«[52] Ein Zitat, das heute niemand aus Churchills Feder glauben mag. Damals – ein Jahr vor München! – hoffte er noch gegen alle Hoffnung, es könnte sich in Hitler noch etwas anderes als die vorausehbare Katastrophe ankündigen. Wiederaufrüstung, der Einmarsch ins Rheinland, der Anschluss Österreichs, das Münchner Abkommen, die Einnahme Prags und des tschechischen Restes bestätigten ihn indes in seinen düsteren Ahnungen. Wäre er im Frühjahr und Sommer 1939 Premier gewesen – er hätte den Dreierpakt mit Stalin durchgesetzt, egal, was aus den Polen, Balten und Rumänen geworden wäre, so sehr ihn auch seit 1917 das »stinkend äffische Gehabe« des Bolschewismus anwiderte.

Einmal hatte er in einem Münchener Lokal vergebens auf Hitler gewartet, doch an den Wallfahrten nach Berlin und auf den Obersalzberg beteiligte er sich nicht. Er stand in jenen Jahren in grundsätzlicher Opposition zur Politik und zu den Repräsentanten der Konservativen unter *Baldwin* und *Chamberlain*, abgeschlagen und isoliert. Hatte er von Hitler überhaupt einen Begriff oder stand er ihm so verständnislos gegenüber wie umgekehrt der *Führer* dem schwer zu fassenden Briten?

Beide waren sich schon einmal begegnet, allerdings in einer anderen Welt, auf einem anderen Schlachtfeld, ohne voneinander zu wissen – es war ein »blindes« prophetisches Treffen. Wer will, kann den Ort auf dem Autoweg vom belgischen *Ypern* zum französischen *Armentières* nahe der Stadt *Meesen (Messines)* und dem *Ploegsteerter Wald* aufsuchen. War es Zufall, Bestimmung, ein düsterer Scherz der Geschichte? Kaum jemand weiß, dass sich hier in Flandern vom Dezember 1915 bis Mai 1916 die beiden Protagonisten des Zweiten Weltkriegs, *Winston Churchill* und *Adolf Hitler*, kaum drei Kilometer voneinander entfernt gegenüberlagen – der eine als *Lieutenant-Colonel und Kommandeur des Bataillons 6 Royal Scots Fusiliers*, der andere als »Melder« im 16. bayerischen Infanterieregiment, benannt nach seinem Obersten List.

Die Wege zum Treffpunkt waren verschlungen. Hitler hatte sich nach einer Art Flucht aus Österreich als Kriegsfreiwilliger bei »List« in München gemeldet und gehörte zu den hastig zum Kampf gerüsteten Reservisten der 6. und 4. Armee, die der Generalstabschef des Feldheeres, Erich von Falkenhayn,[53] in die Flandernschlacht warf. Churchill hatte sich ebenfalls zur Front gemeldet, allerdings nicht aus freien Stücken, eher zur Rehabilitation, denn er war als Lord der Admiralität in die Katastrophe im türkischen *Gallipoli* (heute *Gelibolu*) verwickelt. Der britische Versuch, mit einem Landungsunternehmen die türkischen Dardanellen zu öffnen, scheiterte endgültig im Dezember 1915 an der Führungskunst *Mustafa Kemal Paschas* (des späteren türkischen Präsidenten *Kemal Atatürk*) mit hohem Butzoll der Australier und Neuseeländer. Empfindliche Schiffsverluste zu Beginn des Unternehmens im Frühjahr hatten Churchill bereits im Juni das Amt gekostet.

Britische Historiker, die sich mit Hitler und dem Ersten Weltkrieg beschäftigen, stehen nicht an, die Todesverachtung des »Gefreiten« hervorzuheben, das Passieren der Feuerzone zwischen Kampflinie und rückwärtigen Stäben, wenn andere *Kommunikationsmittel* ausfielen.[54] *Nigel Cave*, Spezialist für die großen Kriegsschauplätze, erwähnt die »prophetische Annäherung« Hitlers und Churchills in den Grabensystemen Flanderns ungeniert. Der Tod, den die Flandern-Schlachten bis auf die letzten Knochen ermüdeten, hat beide verschont. Doch die Front bestimmte ihr weiteres Leben, formierte ihre Zeitbilder, trieb sie bei nächster Gelegenheit erneut aufeinander zu. So gegensätzlich ihre Welten waren – die schicksalhafte Konfrontation begann im Zeichen des roten Mohns: »In Flanders fields the poppies blow …«[55]

Das also war der Mann Churchill, den sein Außenminister Lord *Halifax* am 24. Mai 1940 vor die Alternative des unvorhersehbaren, eigentlich völlig unvernünftigen Durchhaltens und eines allerdings ebenso unvorhersehbaren, keineswegs vertrauenerweckenden Arrangements mit Hitler stellte. *Benito Mussolini*, der schon die *Münchner Konferenz* vom 29. September 1938 eingefädelt hatte, sollte erneut als Vermittler fungieren – allein dies für den in *biblischen Kampfkategorien* denkenden Churchill eine mehr als sonderbare Vorstellung. Italien befand sich zu diesem Zeitpunkt noch nicht auf der Walstatt, während die französische Regierung an einer Beendigung des schon ungleichen Ringens mit den Deutschen brennendes Interesse signalisierte. Der italienische Botschafter in London, *Guiseppe Bastiniani*, stand in Bereitschaft. Der *Duce*, so dachte man, würde als Gegner des Kriegs eine europäische Konferenz präsidieren und für den Fall des Friedensschlusses mit dem Reich eine territoriale Dividende im Format seiner Besitzgier erhalten. *Lord Halifax*, von Spöttern wegen seiner Frömmigkeit *Holy Fox* genannt, wollte auch Roosevelt einschalten, als ehrlichen Makler sozusagen, der zur Ermunterung Mussolinis schon jetzt dessen »mediterrane Belohnung« garantieren sollte. Die Bitte fand nicht den Weg nach Washington, weil sich im Kriegskabinett die Waage unter dem Gewicht des Vermittlungsvorschlages zwar bewegte, am Ende aber doch nicht senkte.

Churchill war vorsichtig, sprach zum Schein vom Vorteil eines Friedens, sofern er nicht mehr kosten würde als Malta, Gibraltar und ein paar Kolonien. So fern stand er den Appeasern also gar nicht.[56] Er kannte den Einfluss seines Außenministers. Als ehemaliger Vizekönig von Indien war Lord Halifax dem Königshaus eng verbunden, besaß, very british, sogar einen eigenen Schlüssel zum Park des Buckingham-Palastes. Sein Vorschlag zur »Fühlungnahme mit Mussolini« fand keine Mehrheit im Kriegskabinett, weil selbst *Chamberlain*, die Mumie im War Cabinet, anmerkte, die Verhandlungsgewichte seien doch zu ungleich verteilt. Was würde Hitler fordern? Auf ihn kam es doch an – konnte der *Duce* überhaupt mäßigenden Einfluss auf den Bezwinger Frankreichs ausüben? Die Diskussion zog sich hin, bis mit der sich abzeichnenden Chance, wenigstens einen Teil von Gorts Expeditionskorps aus dem festländischen Chaos zu retten, Churchills nun offen vorgetragene Ablehnung das Übergewicht gewann. Verhandeln ins Blaue hinein wäre für Großbritannien eine tödliche Gefahr, erklärte der

Premier. Es wäre doch müßig, zu glauben, man würde, wenn man jetzt Frieden schlösse, von Deutschland bessere Bedingungen erhalten, als wenn man die Sache auskämpfte. »Wir würden zu einem Vasallenstaat werden.« Dieser Ansicht schloss sich das Kriegskabinett am 28. Mai 1940 an.

Freilich nicht mit reinen Gefühlen. Wäre es, fragt der britische Historiker *John Charmley* mit dem Mut zur Kontroverse, wie man ihn unter korrekt-fantasiebeschränkten Deutschen kaum findet, nicht besser gewesen, Hitler zur Offenlegung seiner Friedensbedingungen zu zwingen und ihn damit sofort auf Russland zu verweisen, natürlich in der Erwartung, er werde die Politik des freien Rückens im Westen mit seiner alten Idee der Wertschätzung für das britische Empire honorieren. Was würde er fordern? Bei seiner Beanspruchung territorial nicht viel, mit Sicherheit jedoch konsequente Resistenz gegen die antikolonialistischen und interventionistischen Zumutungen der Amerikaner.

Das waren Halifax' Gedanken und sie glichen in gewissem Maße der Politik Stalins, der seit dem Arrangement mit Hitler zusehen wollte, wie die Deutschen und die Westalliierten einander zerfleischen. Großbritannien stand vor der Alternative: Sollte es sich mit einem der Balance entglittenen *deutschen Kontinent* einlassen, wenn es nicht allzu viel kostete und man den Bruch mit der politischen Tradition und der Sympathie Roosevelts strategisch verrechnen konnte? Oder sollte Großbritannien alle Kräfte zum Kampf sammeln, den All-out-War mit Hitler riskieren, das Empire ruinieren, bestenfalls noch mit der *translatio imperii* an die USA, und dem Sieg der Amerikaner und der Sowjets bezahlen, wie Neville Chamberlain prophezeit hatte?[57] Was wäre geworden, hätten die Briten den machiavellistischen Bund mit der Geschichte geschlossen und nach den Worten Mao Zedongs *auf dem Berge liegend dem Kampf der Tiger im Tal* zugeschaut, Hitlers Waffengang gegen die Russen, einem Napoleon-Zug, wie Halifax im Sinne seiner Logik annahm? Die Antwort darauf hat uns Churchill vorenthalten.

Die Versuchung zum Einlenken beschränkte sich jedoch nicht auf die Gentlemen in London, die vor Churchill einknickten, sie hatte ganz Europa, die besiegten und neutralen, die autoritär und die noch demokratisch regierten Staaten erfasst. Verhandlungsfäden zogen sich überall durch die Frühsommerluft und am eifrigsten haschten die Intellektuellen danach: *Henry de Montherlant, Louis-Ferdinand Céline, Pierre Drieu la Rochelle, André Gide, der Philosoph Mircea Eliade, Ortega y Gasset* – nicht alle mit der inneren *ruralen Überzeugtheit* des Norwegers *Knut Hamsun. Teilhard de Chardin* schrieb seine Entwicklungsphilosophie fort: Nein, wir erlebten keinen Untergang, sondern die Geburt einer Welt. »Die Welt muss denen gehören, die darin die aktivsten Elemente sind ... Im Augenblick verdienen die Deutschen den Sieg, denn – wie verworren und böse ihre geistige

Triebkraft auch sein mag – sie haben mehr davon als der Rest der Welt.«[58] Der belgische Sozialist *Hendrik de Man* verkündete in seinem Manifest vom 28. Juni 1940, der Krieg habe zum Zusammenbruch des politischen Systems und der kapitalistischen Plutokratie der sogenannten Demokraten geführt. Für die Arbeiterklasse sei dieser Zusammenbruch einer maroden Ordnung nicht etwa ein Unglück, er bedeute Befreiung.[59]

Lobpreisung der schon zitierten *vertikalen Demokratie* – aus jeder Äußerung klang das Signal der Zeittendenz. Schon 1933 hatte der amerikanische Publizist *Walter Lippmann* nur noch fünf Territorien in der Welt gezählt, die, wie man zu sagen pflegt, *westliche Werte* hochhielten: Die USA, Britannien, Skandinavien, Frankreich und die Schweiz.

Hitler kümmerte sich nicht darum, 1945 bedauerte er es. Die schnelle Niederlage Frankreichs und der moralische Infarkt des demokratischen Europas waren in der Sicht der halben Welt Hitlers *finest hour*, doch er ließ sie verstreichen. Dabei war sie gar nicht so kurz. Noch 1941, nach der Eroberung des Balkans, hätte der nun unumstrittene *Führer* eine Friedenspolitik zur »Neukonstruktion Europas« einleiten können. Dafür würde er eine große Koalition der Willigen gefunden haben,[60] aus allen Nationen und Klassen, vor allem aus der Arbeiterschaft, die der Wehrmacht beim Einzug in Paris in ihren Quartieren einen erstaunlich freundlichen Empfang bereitet hatte.

Das Hakenkreuz im Sternenkranz Mariens, wie er heute das Akronym EU umstrahlt, war keine verirrte Fantasie. »Neuordnung« lautete die verheißungsvolle Parole. Die parlamentarische und kapitalistische Demokratie, die Parteienstaatlichkeit, weithin Synonym für Uneinigkeit, Korruption und Versagen, waren dem Verdikt verfallen und das Deutsche Reich nicht die einzige *vertikale Demokratie auf der geneigten Ebene der politischen Weltzivilisation*, sondern Avantgarde einer globalen Bewegung. Ob Chancen für eine Europäische Wirtschaftsgemeinschaft bestanden hätten – Pläne gab es genug, vor allem Pläne für wahrlich unfreundliche Übernahmen –, ist aus den damaligen Daten schwer zu errechnen. Mit Frankreich wäre ein Anfang möglich gewesen, dort dachte man an Kooperation, und zwar in der Kategorie der Kollaboration – alles andere, so wissen wir nach de Gaulle, war weitgehend Legende.

In die Vorstellung eines »NS-Europa« mischen sich jedoch zu viele Gedanken von heute ein. Zwar wurde Hitler bewundert, es gab Kniefälle, viele schätzten die bolschewistische Gefahr höher ein als die Plagen des deutschen Regiments. Fraternisation *und* Distanz bestimmten die Atmosphäre im neuen französischen Regierungsort Vichy, wie man zum Beispiel den Erinnerungen des deutschen Diplomaten *Günter Diehl*[61] entnehmen kann. Für eine Konföderation wäre die Zwangsfantasie von Reichsstatthaltern und Gauleitern indes denkbar untauglich gewesen. Die kooperationswilligen Staaten waren bei aller Demokratie- und »System«-Kritik nicht *nationalsozialistisch* und wären es auch nicht geworden, mochten Nationalismus und Sozialismus einander noch so freundlich zuwinken. So merkwürdig es klingt – Hitler hätte auf alteuropäische föderale Reichsideen zurückgreifen müssen. Davon aber war er historisch und persönlich interstellar entfernt; er hätte Zügel geben müssen, was ihm nicht einmal in Angstträumen einfiel.

Den Wehrmachtsverbänden, die Polen erobert hatten, waren Einsatzgruppen zu ersten Massenmordaktionen nachgestiefelt – sie begannen ihr Werk nicht erst in Russland. Nein, Hitler war unter keinen Umständen gewillt und überdies unfähig, einen *Europäischen Staatenverbund* zu schaffen, der nur als Rechtsgestalt eine Zukunft gehabt hätte, und die wenigen, die mit der Idee hantierten und auf die Zustimmung vieler Europäer hinwiesen, blieben am Rande. Von den Franzosen, auf die es erstrangig angekommen wäre, hielt Hitler nichts, er bewunderte nur die Stadt Paris, die er nach dem Sieg insgeheim für einen Tag besichtigte – als gedächtnisstarker Alleskenner in Sachen Architektur, begleitet von *Albert Speer* und dem Reichsbildhauer *Arno Breker*.

Hitler wollte, wie zitiert, den europäischen Kriegsgewinn »konsolidieren«. Aber bei allem, was ihm dazu einfallen mochte – stets standen die unbesiegten Briten im Wege, die ihn mit ihrem Kriegseintritt »in einem zentralen Axiom« seiner Politik getroffen hatten[62] und unter Churchill alle Anstalten trafen, den Kampf fortzusetzen. Um doch noch ihr Einlenken zu erreichen, zog er 1940 und 1941 alle Register, vom Dreimächtepakt mit Italien und Japan im September 1940, dem sich Ungarn, Rumänien, die Slowakei, Bulgarien, Jugoslawien und Kroatien anschlossen – während die strategisch wichtigen Regierungen in Vichy und in Madrid sich verweigerten –, bis zu der Alternative, die Sowjetunion ebenfalls in den »Kontinentalblock« einzubeziehen oder sie in einem Blitzkrieg von nicht länger als vier oder fünf Monaten Dauer niederzuwerfen, um dann als unbezwinglicher Sieger erneut an der Atlantikküste zu erscheinen.

Daneben und darunter bis hinab in die Untergründe geheimer und geheimdienstlicher Diplomatie rankt sich ein Geflecht Hitler'scher Friedensangebote, tatsächliche oder fantasiegeborene,[63] schließlich die Saga von der Entsendung oder Selbstopferung des zu jedem Dienst für seinen *Führer* bereiten Partei-Stellvertreters *Rudolf Heß*. Prüft man alle diese Züge auf Motiv und Ziel, so begegnet man der unter wachsende Zeitnot geratenen Bemühung des *Führers*, eine unangreifbare kontinentale Position zu gewinnen und Großbritannien doch noch aus dem Spiel zu stoßen, bevor die Vereinigten Staaten in voller Rüstung an den europäischen und afrikanischen Gestaden erscheinen würden.

Hitlers Unsicherheit – Churchills Stehvermögen

Churchill war auf dem Feld psychologischer Kriegführung Hitler weit überlegen. Seitdem er im Mai 1940, kurz nach seiner Ernennung zum Premier,
die Forderung seines Außenministers Lord Halifax im Kriegskabinett, angesichts der sicheren Niederlage Frankreichs Erkundigungen über Hitlers
Friedensbedingungen einzuziehen – es könne nicht länger das Ziel sein,
Deutschland in die Knie zu zwingen, sondern nur noch, die britische Integrität und Unabhängigkeit zu behaupten –, vom Tisch gewischt hatte,
nutzte er das »Dossier« dieser Krise als taktisches Instrument. Dass Hitler
von der Atlantikküste aus den Sprung auf die Insel nicht gewagt hatte,
mochte militärischem Kalkül entsprungen sein – die Deutschen verfügten
nicht über die Flottenkapazität, um die gewaltige *Angriffslogistik* meistern
zu können –, doch kam in dem Verzicht, das sah Churchill ganz klar, vor allem Hitlers *Unsicherheit* zum Ausdruck, die sich ständig vertiefte und ihm
schon wenige Wochen später die *erlösende Entdeckung* eingab, die Briten
via Russland zu schlagen.

Während Hitlers *idée fixe* also die brüchige Vorstellung bediente, eine
aus Zwang und Pädagogik gemischte *strategische Überredung* könnte das
Empire entwaffnen, verfolgte Churchill selbst in der dunkelsten Stunde seines Landes nichts anderes als das Ziel, das Deutsche Reich, wie es sich in
Hitler verkörperte, zu besiegen und zu vernichten. Das Bild, das er dabei
abgab, glich durchaus dem römischen Alt-Senator *Appius Claudius Cae-
cus*, der sich 279 v. Chr. im Senat der schon angebahnten Friedensverein-
barung mit dem feldüberlegenen *Pyrrhos I.*, dem König der Molosser und
Herrscher in Epirus, widersetzte und die Römer mit dem Hinweis auf ihre
Ehre veranlasste, den Krieg gegen den schon zweimal siegreichen Eindringling fortzusetzen, bis dieser, aufgerieben, Italien verließ.[64]

Der britische Premier liebte es, in Bildern antiken Heldentums zu schwel-
gen, wobei sich seine Kriegsvorstellung kaum weniger in blutigen Schlach-
tenmythen erging als die nationalsozialistische Propaganda. Allerdings
konnte er, im Unterschied zu den todesmutigen Römern, im Fortgang des
Jahres 1940 und erst recht 1941 mit der Heraufkunft der mächtigen Amerikaner und des überaus kriegswilligen *Franklin D. Roosevelt* rechnen,
malte die Zwischenzeit bis zu deren Eintreffen aber in ebenso düsteren wie
packenden Farben aus. Die Erkenntnis, man könne keinen europäischen
Krieg mehr gewinnen, nur noch einen Weltkrieg, war eine zutreffende,
wenn auch banale Zustandsbeschreibung. Die USA würden kommen, ja
sicher, aber alle Anstrengungen mussten zugleich darauf zielen, auch die
Sowjetunion möglichst bald in das Ringen einzubeziehen, und dazu be-

durfte es vor allem der *Beunruhigung Stalins*, der Aktivierung seines eingefleischten Verdachts, dass der Hass der Kapitalisten, vor allem des »alten
Kommunistenfressers« Churchill, gegen das Sowjetreich trotz aller zwi-
schenzeitlichen Avancen die Feindschaft gegenüber dem Deutschen Reich
übertreffe, das man sich in London insgeheim als *Rocher de bronze*, als
kontinentale Wehr- und Sturmtruppe wider den Bolschewismus und seine
Weltpläne vorstelle. Dass die Deutschen und die Sowjets sich im Kampf
aufreiben sollten, diesen Wunsch unterstellte Stalin den Westmächten mit
der gleichen Selbstverständlichkeit, mit der er 1939 auf das Ausbluten der
»Kapitalisten und Faschisten« auf den Schlachtfeldern Westeuropas gesetzt
hatte. Wie nahe kam sein Verdacht der Wirklichkeit?

Churchills Kerngedanke, dass der Sieg über das Deutsche Reich die Dimension des Weltkriegs voraussetze, entsprach 1940 dem Verlauf des Kriegs
und folgte, von den entstandenen Tatsachen ausgehend, seiner Logik. Er
verdient nicht, verurteilt zu werden. Winston Churchill hatte am 16. Juni
1940, in der Zeit höchster Not und Invasionsgefahr, als er sogar den Plan
erwog, die ufernahen Weiden der grünen Insel mit Senfgas überziehen zu lassen – vielleicht eine Reminiszenz an den Giftgas-Einsatz in Flandern 1915 –,
ein Kommando für besondere Einsätze (SOE – Special Operation Executive)
ins Leben gerufen,[65] das aus einer Propagandaabteilung (SO1) und einer
Abteilung für politische Kriegführung (SO2) bestand. Es sollte, wie John
Lukacs schrieb, ein völlig neues Kriegsinstrument darstellen und europa-
weit Sabotageakte und verdeckte Aktivitäten gegen die Deutschen koordi-
nieren.[66] Zum Chef wurde der Labour-Politiker *Hugh Dalton* ernannt, dem
Churchill persönlich auftrug: »Setzen Sie Europa in Flammen.« Dies gelang
da und dort in den deutsch besetzten Gebieten in respektablem Maße: Zur
Résistance wurden 400 Agenten geschleust (durchschnittliche Lebensdauer:
wenige Tage), Informationszentren in zahlreichen Ländern installiert, Fabriken gesprengt, wie die Hydro-Werke in Rjukan, Norwegen, die Schweres
Wasser für die Atomforschung fabrizierten. Das war zum Teil gute Agenten-
arbeit, covert warfare, sehr britisch; Guerilla-Methode mit schiefem Blick
auf Mao Zedong – der Schwächere besiegt den Stärkeren –, von einem
diskreten Geruch aus Oxford und Adel, Tee und Cookies umweht.

Die weiträumig agierende technische Guerilla gehörte aber nicht zur
Abteilung britische Romantik, sondern zur hochpolitischen Kriegführung.
Offenkundig betrieb der Secret Service insbesondere über die Agentendreh-
scheibe Lissabon schon seit 1940 eine systematische Desinformationskam-
pagne, um bei Rudolf Heß, dem »Stellvertreter des Führers«, den Eindruck
zu erwecken, eine Appeasement-Partei in Britannien sei auf dem Wege,
den unerbittlichen Winston Churchill vom Regierungssessel zu stoßen und
mit den Deutschen einen ehrenhaften, das Empire rettenden Frieden abzu-

schließen. Die Story um die sogenannte »*Messrs HHHH Operation*« erscheint allerdings reichlich krude und entbehrt vor allem seriöser Quellen, um dem »Geheimnis« des Heß-Flugs glaubwürdig auf die Spur zu kommen.[67] »*Messrs HHHH Operation*« meinte ebenso stimmig wie hergeholt nichts weniger als die deutsch-britische Personengruppe – Adolf Hitler, Rudolf Heß, Albrecht Haushofer und Douglas Douglas-Hamilton, der spätere 14. Duke of Hamilton – in deren Cocon angeblich das vom SOE präparierte Gerücht lanciert wurde. Die Aktion, deren Umstände wie gesagt im Dunkeln liegen, sollte nicht nur Stalin beunruhigen, sondern Hitler in der Sicherheit wiegen, seinen Angriff auf die Sowjetunion starten zu können, ohne noch mit der Feindmacht Großbritannien im Westen rechnen zu müssen.

Das Täuschungsmanöver war nicht schlecht erdacht. Als es dann aber am 10. Mai 1941 zu dem offensichtlich im Cocon vereinbarten Flug eines hohen deutschen Repräsentanten nach England kam – gedacht war offenbar an den Leiter der NS-Auslandsorganisation Ernst Bohle –, hatte der Clou des britischen Plans, dem »Weltkrieg« auf die Sprünge zu helfen, seine Zündkraft längst eingebüßt. Rudolph Heß, der sich aus *heroischer Loyalität* zu seinem *Führer* selbst an den Steuerknüppel einer Me 110 setzte, konnte am verdunkelten Zielflughafen nahe dem schottischen Sitz des Herzogs von Hamilton nicht landen und sprang aus der Maschine. Mit ihm wurde nicht verhandelt, auch nicht zum Schein, denn die deutschen und sowjetischen Kriegsmaschinerien hatten sich inzwischen von sich aus gegeneinander in Bewegung gesetzt und Hitler war längst davon überzeugt, nach dem schnellen Sieg über die Sowjetunion mit den Briten ganz anders umspringen zu können. Am Ende des skurrilen Intermezzos vor der entscheidenden Ausweitung des Kriegs standen nichts als die Mühen Hitlers, seinen »Stellvertreter« für unzurechnungsfähig zu erklären, und die Mühen Churchills, sein List-Unternehmen zu vertuschen, alle Akten der SOE-Aktion vernichten oder im tiefen Bunker von Whitehall verschwinden zu lassen, wo sie, bis 2017 gesperrt, irgendwann in Form eines guten britischen Kriminalromans unter die Leute kommen würden. Für die Nostalgiker gilt Heß als »Märtyrer« – spätestens seit der frühere US-Kommandant des Spandauer Gefängnisses, *Eugen K. Bird*, in der n-tv-Sendung am 20. Dezember 2003 bezeugte, der letzte Gefangene sei am 17. August 1987 während der turnusmäßigen britischen Kontrollaufsicht ermordet worden (offizielle Lesart: Selbstmord).

Der *Führer* arretiert

Nach dem Sieg über Frankreich, Belgien und die Niederlande begegnen wir einem zunehmend ratlosen, innerlich wohl entsetzten Hitler. Der Westteil des Kontinents ist sein, aber die Engländer rühren sich nicht, womit er fest gerechnet hatte. Nur Mussolini sprang in den Krieg wie auf einen Streitwagen, die am Boden liegenden Franzosen malträtierend, um Riesenbeute einzustreichen und später militärischen Unsinn anzustellen, wie das Zündeln des Balkankriegs durch den Okkupationsversuch Griechenlands. Was sollte Hitler mit dem »Verlorenen Sieg«, anfangen, wie der Erfinder des genial-tollkühnen *Sichelschnitts* von den östlichen Wäldern Belgien-Frankreichs in die Befestigungslücke knapp nördlich der nutzlos dräuenden Maginotlinie, General Erich von Manstein, später schreibt,[68] wenn er an der Wasserbarriere des Kanals stand und nicht weiterkam? Im Angesicht der Kreidefelsen von Dover wehte ihn das Gefühl an, das eigentliche Ziel des okzidentalen Sieges verfehlt zu haben. Hielten die Briten durch, Churchill beschwor es, wäre in wenigen Jahren, etwa 1942, mit einem Großangriff der angloamerikanischen Armada auf das deutsche Europa zu rechnen. Und was würden die Russen tun?

Wir kennen die Wahrheit – Hitler kannte sie nicht. Sein entwickelter Instinkt sagte ihm jedoch, dass er der bewegungshemmenden Falle des Restjahres 1940 entkommen müsse. Die Monate waren eine Zeit des strategischen Herumexperimentierens, in der sich Enttäuschungen und Fehlschläge ablösten. Auf die Eroberung Englands war Hitler nicht vorbereitet – die *idée fixe* des »Einlenkens« arretierte den *Führer* in nachgerade bedenklichem, die Realität verfehlenden Maße. Kriegsmarine, Heer und Luftwaffe sammelten Kräfte für das Unternehmen »Seelöwe« – ein Terminus mit eigenartiger Doppelbedeutung einer harmlosen Kreatur aus der Meereswelt und bedrohlicher Namensgeste. Es wurde geplant und terminiert, verschoben, geplant und abgesagt. Die Mittel reichten nicht. Selbst am Kanal war die See zu groß und zu gefährlich für die im Skandinavienfeldzug schwer angeschlagene Marine; das Heer wünschte sich zu den grünen Stränden Englands eine Furt, die es nicht gab, schließlich verlor *Hermann Göring* die »Schlacht um England«. England wurde schwer bombardiert, aber nicht zerschlagen, »Hurricane« und »Spitfire« wüteten unter den starr fliegenden deutschen Geschwadern. Am 10. Mai, dem Tag des deutschen Angriffs auf Frankreich, war Winston Churchill als Premier auf der westlichen Weltbühne erschienen. Und tat, was Hitler fürchtete: Er zwang den *Führer* zur Fortsetzung des Kriegs.[69]

III. KAPITEL

STALIN - QUELLE DER BITTERNIS

Um die Sonderprägung des *drôle de guerre* – »phony war«, »seltsamer« oder »Sitzkrieg« – und der alliierten Pläne gegen *Teutoslavia*[1] zu verstehen, ist es erforderlich, auf das britisch-französische Experiment einer *Dreimächteallianz* mit der Sowjetunion einzugehen, das am 24. August 1939 endgültig an der Weigerung vor allem Polens und Rumäniens scheiterte, die »Beschützerrolle« der Roten Armee zu akzeptieren und ihr den Durchmarsch zur Begegnungsschlacht zu erlauben. Damit verlangte Stalin nichts Ungewöhnliches, denn wenn er den Deutschen schon entgegentreten sollte, wie es der Beistandsvertrag mit Großbritannien und Frankreich vom 24. Juli 1939 insinuierte,[2] konnte er ja nicht an der russischen Grenze verharren, während die Wehrmacht den alten cordon sanitaire durchpflügte. Der Modus der »Vorwärtsverteidigung« barg natürlich einen revisionistischen Kern: Wie es seinem Streben nach Arrondierung und Sicherheit entsprach, suchte Stalin die empfindlichen territorialen Verluste zu löschen, die dem jungen Sowjetrussland in der Revolutionszeit seit 1917 und nach dem verlorenen Polen-Krieg im *Frieden von Dorpat* (1920 mit Estland und Finnland) und im *Friedensvertrag von Riga* (1921 mit Polen) zugefügt worden waren. Seitdem hatten er und die bolschewistische Entourage über Konstellationen nachgesonnen, wie sie *Zwischeneuropa* unter ihre Kontrolle bringen könnten – mithilfe der Westmächte oder der Deutschen.

Der *Woschd* (Führer), wie man Stalin 1939 in Parteikreisen schon nannte, strebte also zur Grenze von 1914 mit aller Rangierfreiheit auf dem mittelosteuropäischen Glacis, allerdings in der verborgenen Absicht, den heraufziehenden Krieg der kapitalistischen Staaten wie aus einer Proszeniumsloge zu verfolgen, gespannt darauf, wie gründlich die Kämpfer einander zermürben würden. Seine unumstößliche und keineswegs unbegründete Annahme, von aggressiven, missgünstigen Mächten umgeben zu sein, empfahl ihm Selbstschutz, Stärkung, ein *gesäubertes Hinterland* und einen möglichst weit vorgestreckten europäischen Balkon.

Kein Staatssystem kann annähernd zehn Jahre inneren Terrors jener Dimension, von der noch die Rede sein wird, ohne schwere Schädigung überstehen. Für Stalin hieß dies aber, dass er sich 1939 zwar in einer geostrategisch und diplomatisch vorteilhaften, militärisch jedoch in einer angespannten Situation befand. Trotz der Verluste an militärischer Führungskapazität, die ja auf ein Defizit von Sicherheit hinauslief, und trotz des Entsetzens, das der Große Terror und die Schauprozesse in der Welt ausgelöst hatten, begannen die westlichen Mächte im April 1939 Bündnisverhandlungen mit der Sowjetunion zu führen, um nach dem Ende der Tschechoslowakei eine weitere Expansion des Deutschen Reiches zu verhindern.

1. Das Scheitern der Dreimächteallianz

Die Initiative ging von Großbritannien aus, das den Glauben an die heilsame Wirkung des Appeasements verloren hatte und nun erstmals entschlossen schien, durch förmliche Garantien den Bestand der osteuropäischen Staaten vor deutschen Übergriffen zu sichern. Aktuell beunruhigt durch – unzutreffende – Gerüchte über eine Bedrohung Rumäniens forderte die britische Regierung Frankreich, die Sowjetunion, Polen, Jugoslawien, Griechenland und die Türkei in förmlichen Noten zu Stellungnahmen auf, welche Maßnahmen sie gegebenenfalls zu treffen beabsichtigten. Dabei stellte sich heraus, dass in den ostmitteleuropäischen Staaten die Furcht vor der Sowjetunion mindestens so groß war wie die Furcht vor Deutschland. Polen und Rumänien lehnten eine sowjetische Beteiligung an dem geplanten System kollektiver Sicherheit entschieden ab und verweigerten sich auch dem zweiten Vorschlag Chamberlains, Großbritannien, Frankreich, die Sowjetunion und Polen sollten sich bereit erklären, im Falle einer Bedrohung über ein gemeinsames Vorgehen zu beraten.

Die Briten wiederum und mit ihnen die Franzosen schienen nach der Besetzung der Tschechoslowakei wie geblendet von dem innigen Wunsch, Hitlers Revisionssturm zu stoppen. Das tonangebende London kümmerte sich zum ersten Mal in der Zwischenkriegszeit ernsthaft um Osteuropa. Nach monatelangen vergeblichen Versuchen, die Staatenkette zwischen Ostsee und Schwarzem Meer einschließlich der Sowjetunion in das Funktionsgefüge *kollektiver Sicherheit* zu bringen, einigten sich Großbritannien, Frankreich und die Sowjetunion mit größter Mühe auf den Entwurf einer *Dreimächteallianz* gegen das Reich. Ohne die Planung des Vorfeldes war jedoch das Stahlgebäude einer Militärallianz nicht zu errichten.

In entnervenden Verhandlungen kamen die Alliierten, vornehmlich die Franzosen, Stalin fast bis zur Entäußerung – was Polen betraf – entgegen. So sehr bei den Briten das alte Misstrauen gegenüber Moskau fortlebte und selbst das geneigtere Paris seit dem Abschluss des Beistandspakts mit Moskau 1935 das erforderliche Militärabkommen immer wieder verschleppt hatte, war der Anreiz jetzt zwar mächtig, aber noch nicht entschieden genug, die Integrität der kleinen Verbündeten in Ostmitteleuropa aufs Spiel zu setzen, um der Roten Armee freie Bahn für die strategische Bewegung zu bieten. Lediglich in der *Hoffnung* also lebte auch im Westen die territoriale Konstellation von 1914 wieder auf mit dem kommoden Unterschied, dass der erste deutsche Hammerschlag diesmal im Osten fallen und den Westen verschonen würde.

Aus dieser für Stalin unattraktiven Verteilung der Risiken und des Blutes ergab sich mit einer gewissen Zwangsläufigkeit der deutsch-sowjetische Nichtangriffsvertrag mit dem ausschlaggebenden geheimen »Zusatz« der Teilung Ostmitteleuropas. Piłsudskis Welt versank, denn Hitler gewährte Stalin für die Zusicherung temporärer Rückenfreiheit alles, was sich dieser erträumt hatte. Stalin konnte sich des Vorfelds ohne Krieg bemächtigen, legte seine Hand wie auf ein Geschenk. Hitler wiederum sah sich von der Garotte der alliierten Blockade befreit, bezog aus der Sowjetunion Öl, Holz, Getreide und vieles mehr für seine Feldzüge und das deutsche Leben und honorierte Lieferung, internationale Vermittlung und Schleusung knapper Güter mit Technologie. Während er zudem darauf hoffen durfte, die Alliierten, in erster Linie die Briten, durch den deutsch-russischen Akkord vom Kriege abzuhalten, wurde Stalin wiederum seinen »schlimmsten Albtraum« los, Deutschland und die Westalliierten könnten sich trotz allen Zwists zu einem antisowjetischen Kreuzzug verbünden.[3] Stattdessen durfte er mit einem europäischen Waffengang der anderen rechnen und richtete sich darauf ein.

Einladung zum Krieg

Der Dreiervertrag zwischen Paris, London und Moskau war am 24. Juli 1939 paraphiert worden, scheiterte jedoch schon einen Monat später an unüberwindbaren politisch-strategischen Widersprüchen. Während Großbritannien versuchte, die Garantien für Polen, Rumänien, Griechenland und die Türkei von Ende März mithilfe der Großmacht Sowjetunion abzusichern, forderte Stalin die Umwandlung des Staatengürtels westlich seiner Grenzen in ein sowjetisches Sicherheits- und Aufmarschglacis. Der sowjetische Botschafter in London, *Iwan Maiski*, erklärte dem britischen

Außenminister Lord Halifax, auch Russland habe seine Monroe-Doktrin.[4]

Die politischen und militärischen Verhandlungen bieten einen guten Einblick in den schier verzweifelten Versuch, den Status quo in Europa mithilfe einer Sowjetunion zu stabilisieren, die über dessen profitable Veränderung 1939 mindestens ebenso intensiv nachsann wie Hitler. Die westlichen Staaten, das war klar, benötigten eine verbündete Militärmacht, die geografisch und kräftemäßig in der Lage war, die für Polen und Rumänien abgegebenen Garantien tatsächlich zu erfüllen. Darüber hinaus erschien es vorteilhaft, die Konstellation von 1914 wiederherzustellen, um Deutschland zu zügeln. So jedenfalls kalkulierten die Franzosen und in Großbritannien beispielsweise *Winston Churchill*, damals ohne Amt. Ihnen ging es nicht um das begrenzte Ziel der gesicherten Selbstbestimmung *Zwischeneuropas*, der Finnen, Balten, Polen und Rumänen, sondern um die »Große Allianz«, die Wiederbelebung der Entente. Unter denen, die sich über die wahren Absichten des Bündnisaspiranten Sowjetunion Sorgen machten, war ausgerechnet der als Appeaser verschriene Premier *Neville Chamberlain*. Die kleineren Staaten, die es zu schützen galte, mutmaßte er zu Recht, hassten Russland und verfolgten jeden seiner Schritte mit größtem Misstrauen.

Aber Chamberlain hatte die Strafe für München, Prag und seine an der Zukunft des Empire orientierte Beschwichtigungs- und Nichtkriegspolitik gegenüber dem Reich zu bezahlen. Sie war außer Kurs und die Strafe bestand ironischerweise in einem mehr oder weniger erzwungenen Übergang zum Appeasement gegenüber der Sowjetunion. Stalin wiederum dachte nicht im Traum daran, sich in einen Krieg mit Deutschland zu verwickeln, sondern sah in den Bündnisverhandlungen mit den beiden westlichen Mächten zunächst das probateste Mittel gegen ein deutsch-britisches Arrangement, das er mit der gleichen fixierten Vorstellung fürchtete, wie Hitler es anstrebte. Er wollte dem *Führer* nicht allein gegenüberstehen, es sei denn in einem temporären Paktgebilde, das für die Sowjetunion und das Reich lukrativ wäre, vor allem aber Moskau einige Jahre Ruhe und Sicherheit für Aufbau und Aufrüstung bescheren würde.

An die Entente von 1914 hatte er weniger gute Erinnerungen als die Franzosen und der Haudegen *Churchill* – er sah sie vielmehr vom Anfang und vom Ende her, von der Niederlage von Tannenberg und dem Frieden von Brest-Litowsk, aus der Perspektive des Verlusts Finnlands, der baltischen Gebiete, Polens, Weißrusslands, der Ukraine, Georgiens, der Intervention der Westmächte zwischen 1918–1922 im arktischen Norden, kaukasischen Süden, pazifischen Osten und der deutschen Invasion der Ukraine. Stalin hatte etwas aufzuzählen und nichts aus der Erinnerung verloren. Und was noch nicht in den Schoß der Sowjetunion zurückgekehrt war, wollte er jetzt wiederhaben, gleichgültig von wem und mit wem. Auch er betrieb Revisionspolitik – und ein Doppelspiel. Am 17. April 1939, dem ersten Tag der Dreiergespräche mit Frankreich und England, ließ er seinen Berliner Botschafter *Alexej Merekalow* im Auswärtigen Amt ausrichten, ideologische Differenzen müssten normale Beziehungen zwischen der Sowjetunion und Deutschland nicht notwendig behindern. Diese »könnten auch wachsend bessere werden«.[5]

Am Anfang der Dreiergespräche in Moskau erklärten die Briten, ihnen gehe es um den Schutz Polens und Rumäniens vor deutschen Übergriffen, mittelbar auch um die Integrität Russlands. Die baltischen Staaten seien dabei strategisch nicht bedeutsam, durch diesen geografischen »Schlauch« könnten die Deutschen nicht gegen die Sowjetunion vorgehen. Moskau solle überhaupt nicht als Garantiemacht der osteuropäischen Staaten auftreten, die das nicht wollten, sondern lediglich versichern, dass es im Falle eines militärischen Konflikts der westlichen Mächte mit dem Deutschen Reich wegen Polen und Rumänien zu einem noch auszuhandelnden Beistand bereit wäre.

Man kann sich vorstellen, dass Stalin über die ihm zugedachte Hilfswilligenrolle nicht gerade entzückt war. Seine Antwort enthielt die Forderung nach einem *regelrechten* Beistandspakt, der das gesamte Westvorfeld der Sowjetunion einschließe. Um weiterzukommen, erklärten sich die Briten Ende Mai zu einem solchen Vertrag bereit; er sollte im Falle eines deutschen Angriffs greifen. Anderen Staaten würde Hilfe gewährt werden, wenn sie es *wünschten* und dabei ihre Rechte gewahrt sähen. Letzteres lehnte Molotow entschieden ab, weil es dem Kern der sowjetischen Interessen zuwiderlief: Die Länder der Garantiezone müssten ihre Selbstständigkeit an die Sowjetunion verlieren, wenn das Dreierbündnis mit den Westmächten sich lohnen sollte.

Dieser Logik wollten sich die Franzosen nicht entziehen. Paris ermächtigte seine Delegation, einen Vertrag zu unterzeichnen, der den Sowjets das Recht zum Einmarsch in Polen und Rumänien zugestand. Aber auch damit war Stalin noch nicht zufrieden. Er verlangte das ausdrückliche Einverständnis der betroffenen Staaten, das Frankreich nicht beschaffen konnte. Die Briten wiederum räumten daraufhin ein weiteres Stück ihrer Position und konzedierten der Sowjetunion Handlungsfreiheit schon für den Fall, dass sie den *Eindruck* gewänne, sie müsste einem ihrer Nachbarn wegen Aggressionsgefahr im Verzuge »zu Hilfe eilen«. Die zusätzliche Forderung, der Eingriff in ein Nachbarland sei Moskau bereits für den Fall zuzugestehen, dass sich dort nach sowjetischer Ansicht unliebsame innenpolitische Veränderungen vollzögen, denen mögliche direkte oder indirekte deutsche Einflussnahmen zugrunde lägen – diese *carte blanche* lehnten *Chamber-*

lain und *Halifax* am Ende dann doch ab, gegen den ausdrücklichen Willen Frankreichs. Sie weigerten sich, Stalin vertraglich zu gewähren, was sie Hitler unter Kriegsandrohung verwehrten. Als letzten Rettungsversuch für den Beistandspakt beschloss man Verhandlungen einer gemischten Militärmission, zu der sich London und Paris am 25. Juli bereit erklärten.

Bombastisches Scheitern

Ohne Militärkonvention war der Pakt ohnehin nur ein Stück Papier. Die westlichen Mächte ließen sich aber Zeit und ihre Militärdelegierten begaben sich ohne jede schriftliche Ermächtigung auf dem besinnlichen Schiffswege nach Russland. In der entscheidenden Sitzung der »Militärmission der UdSSR, Großbritannien und Frankreich« am 14. August 1939 in Moskau stellte der sowjetische Generalstabschef *Boris M. Schaposchnikow* laut Protokoll für den Fall einer »Aggression« – gemeint war Deutschland respektive der deutsche »Bündnis-Block« – einen gewaltigen militärischen Beitrag in Aussicht. Das Volumen werde, führte der General aus, 120 Infanteriedivisionen (à 19 000 Mann), 5000 schwere Geschütze (einschließlich Kanonen und Haubitzen), 9000 bis 10 000 Panzer, 5000 bis 6000 Kampfflugzeuge betragen, zusätzlich Flugabwehr-, Küstenschutz- und Reserveverbände, Depotpersonal und rückwärtige Dienste. Die Streitkräfte würden innerhalb von acht bis 20 Tagen entlang der Westgrenze aufmarschiert sein.

Für ein gemeinsames Vorgehen unterbreitete er drei Varianten: Bei einem Angriff des Deutschen Reichs gegen Frankreich und Großbritannien biete die UdSSR 70 Prozent aller Streitkräfte auf, die von den beiden anderen Mächten eingesetzt würden. Im Fall des Angriffs gegen Polen und Rumänien betrage das Verhältnis 100:100. Ziele die deutsche Invasion über Finnland, Estland und Lettland auf die Sowjetunion, müssten Frankreich und Großbritannien »unverzüglich« in den Krieg eintreten.[6]

Alles Bluff? Die sowjetischen Vertreter spielten am Tisch ein »großes Blatt« und keiner der beiden westlichen Vertreter, weder der Brite, *Sir Reginald Aylmer Ranfurly Plunkett-Ernle-Erle-Drax*, noch sein französischer Kollege, *Joseph Édouard Aimé Doumenc*, meldeten Zweifel an den Angaben über die in Aussicht gestellten sowjetischen Kapazitäten und Einsatzvarianten an. Vor allem Duomenc lief straff an der Longe seines Vorgesetzten, Generalstabschef Maurice Gamelin. Allen Generalstäben der Welt war die Dezimierung des sowjetischen militärischen Führungskorps in der Terrorphase 1937/38 bekannt, den Konferenzdelegierten natürlich auch. Obwohl

Moskau in Wirklichkeit also Streitkräfte im Status des – wie wir im Folgenden sehen werden – schnellen Neuaufbaus und der Reorganisation anzubieten hatte, führte *Kliment Woroschilow*, Marschall der Sowjetunion und Mitverantwortlicher für die Säuberungskampagne gegen die eigene Armee, als Vorsitzender der Militärmission die Verhandlung selbstbewusst, inquisitorisch, ultimativ. Immer wieder mussten die westlichen Vertreter unter dem Druck seiner Fragen um Unterbrechung der Sitzung bitten und »telephonieren«.

Wie zu erwarten, liefen sich die Verhandlungen an der sowjetischen Forderung nach Durchmarschrechten gegenüber Polen und Rumänien fest. Woroschilow bezeichnete den geografischen »Standort« der sowjetischen Streitkräfte im Falle eines deutschen Angriffs mit gutem Grund als »kardinale Frage«. Die »Vorbedingung« der Verfügung über das polnische und rumänische Territorium müsse geklärt sein, anders könne die Sowjetunion den Feind nicht erreichen und niemandem wirksame Hilfe leisten. Den Einwurf der westlichen Seite, die Regierungen in Warschau und Bukarest würden die Sowjetunion um Hilfe ersuchen, ließ Woroschilow nicht gelten.

»*Marschall K. J. Woroschilow*: Aber wenn sie keine Hilfe verlangen?

General Duomenc: Uns ist bekannt, dass sie Hilfe brauchen.

Marschall K. J. Woroschilow: ... und wenn sie nicht rechtzeitig diese Hilfe erbitten, so wird das bedeuten, dass sie die Arme hochheben, dass sie sich ergeben.

General Duomenc: Das wäre äußerst unangenehm.

Marschall K. J. Woroschilow: Was wird dann die französische Armee unternehmen?

General Duomenc: Frankreich wird dann an seiner Front Streitkräfte halten, die es für notwendig erachtet.«[7]

Als *Woroschilow* »außerordentlich« bedauerte, dass die Vertreter Großbritanniens und Frankreichs der Frage des sowjetischen Durchmarschs auswichen, ohne unzweideutige Antwort aber »unsere weiteren Gespräche keine aktuelle Bedeutung besitzen werden«, erklärten *Sir Reginald Drax* und *Doumenc*, Polen und Rumänien seien selbstständige Staaten und müssten im gegebenen Fall die Erlaubnis zum Durchmarsch sowjetischer Truppen erteilen. Dies sei eine politische Anforderung. Sie würde am besten von der Sowjetunion an die betroffenen Regierungen gerichtet.

Wenn nicht, »können wir uns mit London und Paris in Verbindung setzen, damit diese den Regierungen Polens und Rumäniens sinngemäß folgende Frage stellen mögen: Könnten Sie in dem Falle, dass die Sowjetunion unser Verbündeter wird, den sowjetischen Truppen gestatten, durch das Territorium Polens im Raum des Korridors von Wilna und in Galizien zu marschieren und ebenso durch das Territorium Rumäniens zu dem Zweck, bei den Operationen gegen Deutschland im Falle einer Aggression von dessen Seite zusammenzuarbeiten?«[8]

Die »politische Frage« wurde nie positiv beantwortet und die Sowjetunion 1939 konsequenterweise kein Verbündeter der westlichen Mächte. »Die sowjetische Militärmission«, ließ Woroschilow am Ende der Sitzung am 14. August erklären, »ist der Auffassung, dass ohne positive Lösung dieser Frage das ganze begonnene Unternehmen über den Abschluss einer Militärkonvention zwischen England, Frankreich und der UdSSR nach ihrer Meinung von vornherein zum Misslingen verurteilt ist. Deshalb kann die Militärmission der Sowjetunion ihrer Regierung nicht guten Gewissens empfehlen, an einem Unternehmen teilzunehmen, das klar zum Scheitern verurteilt ist.«

Der Beistandspakt im Entente-Format war damit gegenstandslos, und das kalte Abwürgen der Verhandlungen lässt den Schluss zu, dass Stalin die Verhandlungen darüber doch in erster Linie als Druckmittel benutzt hatte, um die deutsche Seite handelswillig zu machen. Für ihn ging es um Sicherheit, um die Gewinnung eines ausgedehnten Glacis westlich der Sowjetunion, um Puffer und Sprungbrett – und zwar sofort.[9]

Selbst wenn Briten und Franzosen alle völkerrechtlichen Bedenken und Garantien beiseite geschoben und der Sowjetunion in einem geheimen Zusatzabkommen den Einmarsch in Finnland, den baltischen Staaten, Polen und Rumänien freigestellt hätten, wäre Stalin doch erst nach einer gewissen Zeit und unter komplizierten Vorwänden in den Besitz (zumindest eines Teils) des Vorfelds gelangt und unter diesen wenig glücklichen Umständen womöglich in einen Krieg geraten, dem lauter Ungewissheiten anhafteten.

Zu stark und berechtigt war zudem sein Verdacht, dass die Hauptstreitmacht der Franzosen, verstärkt durch ein britisches Expeditionskorps, im Ernstfall an »ihrer Front« Standposition beziehen würde – wie es im *drôle de guerre* bis Mai 1940 ja tatsächlich geschehen ist –, während er dem Angriff der Deutschen allein standzuhalten hätte. Was er den »kapitalistisch-faschistischen« Mächten zudachte, wäre dann *ihm* widerfahren. Zudem hegte Stalin damals wie später die Befürchtung, dass die Westmächte mit dem Reich trotz allem einen »Sonderfrieden« suchen würden.

2. Der Vertrag mit den Deutschen: Gradus ad bellum

Der Beistandspakt war erledigt, die neue Gefahr à la 1914 auch. Die Mutmaßung, Hitler hätte sich angesichts des »mächtigen« Flankenbündnisses und der eigenen Rohstoffknappheit entweder in defensive Kauerstellung begeben oder einen Modus Vivendi mit den Westmächten gesucht, bewegt die kontrafaktische Fantasie der Nachwelt bis heute. Dem Realisten Stalin erschien ein solcher Ausgang der Spannungen zwar möglich, als Lösung aber, wie die Westverhandlungen von 1939 zeigten, in höchstem Maße unerwünscht. Seine *Lieblingsoption* war der Krieg – allerdings der Abnutzungskrieg der anderen, Krieg zu seinen Bedingungen und das heißt Krieg zu seinem Vorteil.

Immerhin hatte ihm das Dreierpakt-Intermezzo den Nutzen beschert, bei der deutschen Führung erhebliche Unruhe zu erzeugen. Hitler wollte in Polen einen kleinen, begrenzten Krieg führen, keinen großen beginnen. Die Wehrmacht, bestehend aus wenig mehr als 100 Divisionen – 60 im Osten, 44, noch nicht aufgefüllt und nur bedingt kriegsbereit, als »Schleier« an der Westgrenze –, hätte einem von zwei Seiten vorgetragenen, entschlossenen Angriff nicht standzuhalten vermocht. Die Situation im Frühjahr war unüberschaubar, nebeltriefend, ein politischer Umschwung lag in der Luft – aber zu wessen Gunsten?

Der Weg zur Annäherung war holprig. Wenn Stalin 1933 Knall auf Fall die militärische Zusammenarbeit mit der Reichswehr einstellte, die beiden Seiten zehn Jahre lang Vorteile gebracht hatte, so lag dies weniger an Hitler, sondern an dem Misstrauen, das der *Woschd* schon lange gegenüber der Generalstabsausbildung für Offiziere seiner Armee in Deutschland hegte.

Für Eintrübung der Beziehungen sorgte erst recht der überraschende Abschluss des deutsch-polnischen Nichtangriffsvertrags 1934, mit dem Hitler alle Welt, vor allem seine konservativen Partner und das Auswärtige Amt überraschte, und das deutsche Flottenabkommen mit Großbritannien ein Jahr später, während in Berlin wiederum die sowjetischen Beistandsverträge mit Frankreich und der Tschechoslowakei 1935 helle Beunruhigung auslösten.

Der Schulterschluss von Rapallo, die gemeinsame Front gegen die Versailler Verträge und den polnischen Staat, schien aufgelöst. Nach außen hin begründete Stalin die neue Volksfrontpolitik im Westen mit der Blockierung des »Faschismus«. Ihm war nicht entgangen, dass sich Hitler um ein Bündnis mit Großbritannien bemühte, das dem Reich in Zukunft, nach Konsolidierung und Erreichen der Kriegsfähigkeit, Rückendeckung für kontinentale Operationen verschaffen sollte. Die enge Verbindung zu Italien, die im Zusammenhang mit dem Engagement beider Länder im Spanischen Bürgerkrieg 1936 zustande kam und von Mussolini als »Achse Berlin-Rom« bezeichnet wurde, konnte in Moskau das Befremden nur steigern. Für Hitler allerdings war das transmontane Bündnis, bei aller persönlichen Vorliebe für den *Duce*, stets nur die »zweitbeste« Lösung gegenüber einem erstrangigen Pakt mit dem Empire.

Die gleichzeitige Annäherung an Japan, von dem in London erfolglos gebliebenen außenpolitischen Berater und Botschafter Joachim v. Ribbentrop betrieben, mündete am 25. November 1936 in den von Tokio angeregten Antikomintern-Pakt zur Bekämpfung der schon 1919 gegründeten Kommunistischen Internationale, der »Weltpartei« mit nationalen Sektionen, seit 1928 ein Instrument zur Globalsteuerung der kommunistischen Parteien in der Hand der sowjetischen Zentrale. In einem geheimen Zusatzprotokoll verpflichteten sich Japan und das Reich zu *wohlwollender Neutralität* im Falle »nicht provozierter« Angriffe oder Angriffsdrohungen seitens der Sowjetunion.

Die Stoßrichtung war Stalin klar, auch wenn ihm der Wortlaut verborgen geblieben sein sollte, zugleich aber auch der Phantomcharakter des Paktes, der in seiner Zusammensetzung eine kuriose Mischung europäischer und asiatischer Staaten (u. a. Nationalchina, das von Japan abhängige Mandschukuo, Italien, Spanien, Ungarn, Rumänien, Kroatien, Finnland, der deutsche »Schutzstaat« Slowakei, schließlich auch das deutschbesetzte Dänemark) darstellte und nie strategische Kohärenz entwickelte. Für Hitler war er eine politische Aushilfe, denn sein Wunschpartner blieb, man kann es nicht genug betonen, das *unerreichbare* Großbritannien, eine enge Verbindung zwischen Reich und Empire – für Stalin ein Albtraum, die denkbar größte Gefahr. Wie sich bald herausstellen sollte, hatten die alternativen Wirbelbewegungen beider *Führer* die Distanz zwischen Reich und Russland jedoch nur scheinbar vergrößert.

Stalin gab die deutsche Karte nicht aus der Hand, betrieb bei aller prinzipiellen Gegensätzlichkeit zwischen den Regimes und in voller Kenntnis deutscher Allianzbemühungen in andere Richtungen, einschließlich der europäisch-japanischen Ersatzkoalition, *rationale Interessenpolitik*, wie das, unter jeweils anderen Umständen, alle seine Vorgänger und Nachfolger getan haben und wie es zum Standard des Mächteverhaltens insgesamt gehört. Anzeichen dafür war die bemerkenswerte Vereinbarung zwischen den beiden ideokratischen Mächten vom Jahr 1938, publizistisch-propagandistische Angriffe gegeneinander zu unterlassen. Sie fungierte als demonstrativer medialer Vorbote der neuen Annäherung, die im Nichtangriffspakt und den geheimen Protokollen über die Teilung »Zwischeneuropas« im August 1939 ihr maximales Resultat erzielen sollte. Stalin kam der hartnäckig verfolgten Priorität der Übereinkunft mit Deutschland Schritt für Schritt näher.

Das Weichbild der großen Krise

Die letzte Wegstrecke dorthin führte über die polnische Krise und das Scheitern des westlichen Appeasements. Bereits am 24. Oktober 1938, wenige Wochen nach der Münchener Konferenz, hatte Hitler seinen Außenminister v. Ribbentrop vorgeschickt, dem polnischen Botschafter in Berlin, *Józef Lipski*, eine Verlängerung des Nichtangriffspaktes von 1934 auf 25 Jahre und die lange erwünschte Anerkennung der Grenzen für den Fall zuzusichern, dass Warschau der Rückkehr der Freien Stadt Danzig zu Deutschland und einer exterritorialen Verkehrsverbindung nach Ostpreußen zustimmen würde.

Dass Hitler mit den Vorschlägen für eine »Generalbereinigung« bewusst auf ein Zerwürfnis und einen offenen Konflikt mit Polen zugesteuert wäre, ist nicht erwiesen – eher das Gegenteil. Das halbfaschistische Regime in Warschau hatte sich nach dem Anschluss Österreichs durch eine ultimative Politik gegenüber Litauen und in der Sudetenkrise durch den Einmarsch in das wirtschaftlich wertvolle Teschener Land (Olsa-Gebiet, Böhmen) offen als Nutznießer in den Schatten Hitlers begeben und wäre gern dort geblieben, hätte das Reich in der Danzig- und Transit-Frage auf die Revision des Versailler Vertrags verzichtet und Polen einen starken Rückhalt gegenüber der verfeindeten Sowjetunion gewährt. Der polnische Außenminister Beck sah nicht davon ab, die deutsche Seite an die »Verdienste« zu erinnern, die sich Polen bei der politischen und militärischen Isolierung der Tschechoslowakei erworben hatte.

Um Polen zu verstehen, gilt es, seine tragische Figur im Schatten der Nachbarmächte hervorzuheben. Das offene Geheimnis seiner Geschichte ist, dass es sich unter unabänderlichem mehrseitigen Druck vergleichsweise in einer *verschärften deutschen Lage* befand. Zum beschwerenden Gedächtnis des Landes gehörte der Besitz Pommerns, Schlesiens, Teilen Böhmens und Brandenburgs im 12./13. Jahrhundert; der Aufwuchs zum größten europäischen Staat nach den Mongolenstürmen unter Władysław I., Kasimir d. Großen und Władysław II. Jagiello vom 14. bis 17. Jahrhundert mit einer Einflussbreite vom Baltikum bis zum Schwarzen Meer, von den Gestaden der Adria bis in die Tiefe Westrusslands. Unvergessen der Weg in die Teilungen seit 1772 unter die gefräßigen Territorialmonarchien Russland, Preußen, Österreich, in den Satellitenstatus unter Napoleon und in die Ohnmacht Kongresspolens unter dem Zepter des Zaren nach dem Wiener Friedensschluss. Dann endlich die Wiedererstehung nach dem Zusammenbruch der drei Teilungsmächte im Ersten Weltkrieg, der romantische, vom Nationalismus erhitzte Glaube an neue

Größe in historischen Dimensionen, die Zugehörigkeit zum französischen Allianzsystem.

Die politischen Führer des neuen Polen, Marschall Józef Klemens Piłsudski und seine Folgeschatten, Marschall Edward Rydz-Śmigły und Oberst Józef Beck, betrieben Expansionspolitik nach Ost und West, warfen die Russen in einem wechselvollen Krieg seit 1920 weit hinter die von dem britischen Außenminister George Curzon zur Beilegung des polnischen-sowjetischen Konflikts vorgeschlagene Linie (von Grodno bis Lemberg) zurück. Piłsudski suchte die Franzosen noch 1933 dafür zu gewinnen, mit ihm gemeinsam militärisch gegen Deutschland vorzugehen. Die Vorstellung eines »Intermarismus«, der Restauration eines hegemonialen Polen vom Baltikum bis zum Schwarzen Meer, geisterte durch die Köpfe und trieb, als die Franzosen schon damals nicht für Danzig sterben wollten, das revisionistische Land an die Seite des Revisionisten Hitler – parasitär, wie man sagen könnte, und zugleich angsterfüllt. 1932 kam ein Neutralitätsvertrag mit Moskau zustande, 1934 mit Berlin, zweckvolle Arrangements der größeren Mächte mit einem Partner, der sich jeweils gegen den anderen Vertragschließenden zu sichern suchte, damit jedoch den Faden zur Realität verlor.

Während Hitler – um aus dem für zehn Jahre abgeschlossenen Nichtangriffspakt zu zitieren – Polen zustimmte, »unter keinen Umständen ... zur Anwendung von Gewalt« zu schreiten,[10] trug er in Wirklichkeit eine antisowjetische Partnerschaft im Sinn. Die Warschauer Führung hielt dies für einen Vorteil, obwohl ihr nicht entgangen sein konnte, dass der Vertrag Hitler aus der Isolation befreite, ihm einen sensationellen, den Westen, vor allem Frankreich, düpierenden Schachzug gewährte und Polen damit praktisch die Seite wechselte – ohne (zunächst) vom Reich dafür eine Garantie der Nachkriegsgrenzen zu erhalten.

Sacro egoismo blendete die Polen. Der Druck auf Litauen, sich mit dem Verlust des schon 1920 polnisch eroberten und zwei Jahre später zwangsangeschlossenen Wilna-Gebiets abzufinden, sowie die Bereicherung an der zerfallenden Tschechoslowakei wurden seitens der Westmächte und der Sowjetunion als opportunistisches Einverständnis Warschaus mit der Reichspolitik gedeutet und verurteilt. Daher sah sich Polen gewissermaßen umstellt, als Ribbentrop seine Vorschläge unterbreitete. Gelegentlich wurden – und werden – die deutschen Forderungen als »maßvoll« bezeichnet. Ihre Erfüllung hätte jedoch den völlig unausgeglichenen polnischen Staat schwer erschüttert und seinen durch die *Utopie einer mitteleuropäischen Führungsmacht* zusammengehaltenen Bestand infrage gestellt. Hitler plante zunächst keineswegs die Zerstörung des Landes, vertrat allerdings die Ansicht, dass die polnische Führung für den Grenzsicherungsvertrag, um den es sich schon in der Weimarer Zeit teils inständig, teils in aggressiver Manier und bleibender militärischer Selbstüberschätzung bemüht hatte, nun den Preis des strategischen Glacis an das Reich zu entrichten habe.

Die »Volkstumspolitik« benutzte er als Hebel, zumal die gemeinsame Minderheitenerklärung vom November 1937 für den Schutz der etwa 500 000 Deutschen in dem 1919 vom Reich abgetrennten westpreußischen und oberschlesischen Gebieten nichts gebracht hatte. Die sich nun häufenden Übergriffe auf Deutsche und ihre Einrichtungen waren ein gefährlicher Skandal, aber nicht der Kriegsgrund. Umso seltsamer mutet es an, dass die Pléiade von Zeithistorikern die regellosen Mordattacken, bei denen zwischen 5000 und 15 000 Deutsche ihr Leben lassen mussten, verständnisinnig als »Maßnahmen« gegen Diversanten-Aktionen deutscher Agenten interpretiert und ebenso pauschal wie indolent vorgreifend gegen spätere gezielte Massenverbrechen der SS- und SD-Sonderverbände verrechnet werden. Dass in Polen ein chauvinistischer Mob wütete, ist unbestreitbar.[11]

Erst am 26. März 1939 lehnte die polnische Regierung die seit Oktober des Vorjahres mehrfach wiederholten deutschen Vorschläge definitiv ab. Seit dem deutschen Einmarsch in Prag zur Monatsmitte hatte sich der Wind gedreht. Briten und Franzosen erörterten die Garantie der polnischen Unabhängigkeit, die am 31. März öffentlich gemacht wurde. Einen Monat später kündigte Hitler am 28. April 1939 den Nichtangriffspakt mit Polen und das Flottenabkommen mit Großbritannien. Warschau schwankte zwischen Siegeszuversicht und Endzeitstimmung. Staatschef Piłsudski, unter dessen Regiment fünf Jahre zuvor der deutsch-polnische Nichtangriffspakt abgeschlossen worden war, lebte nicht mehr. An seiner Stelle dominierten der Oberbefehlshaber der polnischen Armee, Marschall *Rydz-Śmigły*, ein Mann mit Hang zu Personenkult und Großmachtgehabe, und Außenminister Józef Beck. Letzterer suchte im April in London die einfache Polen-Garantie in die festere Form einer gegenseitigen Beistandserklärung zu fügen. Zur gleichen Zeit befürworteten die britisch-französischen Generalstäbe in einer gemeinsamen Sitzung die *rein defensive Kriegführung* der Westmächte für den Fall der Fälle.[12]

Stalin konnte es nicht zulassen, dass die deutsche Militärgrenze über ganz Polen, danach womöglich über das Baltikum und den Archipel der balkanischen Staaten nach Osten vorgeschoben würde. Dank der Aufmerksamkeit, die ihm seit Neuestem von allen Seiten entgegengebracht wurde, stand er vor der Wahl, sich durch einen gegenseitigen Beistandspakt mit Frankreich und Großbritannien, der alle osteuropäischen Staaten zwischen der baltischen See und dem Schwarzen Meer einschließen würde, an der Eindämmung Deutschlands zu beteiligen, oder, was im Zuge seines Wunsches nach einer Annäherung an das Reich lag, einen möglichst günstigen vertraglichen Ausgleich mit Hitler zu finden. Den Zuschlag würde derjenige erhalten, der Moskau einen *strategischen Anteil* an der territorialen Umgestaltung Zwischeneuropas bot. In keinem Fall ging es ihm um die Integrität Polens, dieser »Missgeburt des Versailler Vertrags«, wie Molotow am 31. Oktober 1939 vor dem Obersten Sowjet sagen sollte.[13] Das nun beginnende Doppelspiel diente der Sicherheit und dem strategischen Vorteil Moskaus, wobei am Ende, im August 1939, das Interesse an der Okkupationszone in Mittelosteuropa und am Ausbruch des Kriegs im Westen überwog.

Doppelspiel mit fünf Faktoren

Fünf Faktoren gaben dafür den Ausschlag.

Erstens: Im Mittelpunkt stand das Misstrauen Stalins gegenüber den westlichen Demokratien, ihrer Entschlossenheit und kriegerischen Energie. Die Vermutung, dass sie den Dreimächte-Partner Sowjetunion im Ernstfall ins Feuer schicken und ihn dort verglühen lassen würden, saß fest und stützte sich auf Indizien. Stalins Zweifel grenzten an Verachtung, wie der Umgang mit den britischen und französischen Vertretern bei den Moskauer Verhandlungen über eine Militärkonvention Mitte August zeigte. Der diplomatische Schein überwog. An dem seit Frühjahr angebahnten Pakt mit den Deutschen *illuminierte* Stalin die Aussicht, die Verluste und Demütigungen der 20er-Jahre auszulöschen, Polen zu zerstören, die baltischen Staaten und Finnland erneut in den russischen Einflussbereich einzubeziehen, mit viel Glück die Position der UdSSR in Südosteuropa zu stärken und Deutschland über eine direkte Grenze näher zu rücken.

Alle diese Ziele waren von überragender Wichtigkeit, denn sie brachten 20 Jahre nach dem polnischen Präventivkrieg, der Sowjetrussland hinter die Curzon-Linie zurückgeworfen hatte, nicht nur rein geopolitische Vorteile, gewissermaßen den Anschluss an Europa, sondern eine Erneuerung der weltrevolutionären Chance, die 1920/21 und nach dem Scheitern des kommunistischen Umsturzversuchs in Deutschland 1923 – sprich: eines »deutschen Oktobers« – für schier unabsehbare Zeit verloren gegangen war. »Die politischen Folgen«, schreibt *Bogdan Musial*, »... beeinflussten entscheidend die sowjetische Außen- und Innenpolitik sowie die Pläne der Weltrevolution in den nächsten 20 Jahren.«[14] Die sozialistische Weltrevolution musste, entgegen ihrem Begriff und ihrer Intention, in die Defensive übergehen, nachdem der erste Ansturm die sowjetrussischen Kräfte überstiegen hatte. Das Deutsche Reich hatte sich seitdem stark verändert, Hitler und die Nationalsozialisten waren nicht mehr der »natürliche Verbündete« gegenüber Polen und der Versailler »Sklaverei«.[15]

Zweitens wollte Stalin von den Kriegen anderer profitieren, dabei aber auf keinen Fall in einen Waffengang verwickelt werden, dessen Ausgang unkalkulierbar war. Was würde geschehen, wenn das Dreimächte-Containment seinen Eindruck auf Hitler verfehlte? Demgegenüber bot der Pakt mit dem Deutschen Reich ohne Verzug die Chance, das Glacis der sowjetischen Macht unter Schonung der eigenen Kräfte über die bisherigen Grenzen hinaus nach Westen auszudehnen. Das Hindernis der »zwischeneuropäischen« Staaten, vor allem Polens und des Baltikums, wäre sozusagen mit einem Schlag beseitigt.

Hinzu kam *drittens*, dass die Sowjetunion 1939 unter Zweifrontendruck stand. Im Westen hatten das Scheitern des Volksfrontexperiments in Frankreich und der Misserfolg im spanischen Bürgerkrieg den Eindruck kommunistischer Schwäche hinterlassen, während in Fernost die japanische Kwantung-Armee Sibirien und die Mongolische Volksrepublik bedrohte. Mit dem Hitler-Stalin-Pakt und dem Beginn des Kriegs war zudem die Befürchtung gebannt, die Westmächte könnten Deutschland *freie Hand* im Osten gewähren.

Viertens befand sich die UdSSR in einer krisenhaften wirtschaftlichen, administrativen und militärischen Verfassung infolge der Terrorzyklen, die 1930 mit der gewaltsamen Kollektivierung der Landwirtschaft begonnen und 1936 bis 1938 im sogenannten Großen Terror mit der Dezimierung der militärischen Elite ihren Höhepunkt erreicht hatten. Das Land hatte seit 1926/27 akzentuiert den Kurs des schwerindustriellen und rüstungsmäßigen Aufbaus zulasten der Landwirtschaft und Leichtindustrie eingeschlagen. Als Marksteine ragen die Fünfjahrespläne und das von General Tuchatschweski entworfene strategische Konzept des totalen Revolutions- und Vernichtungskriegs in Angriffsform heraus, das in seinen Mobilisierungsformen an Ludendorffs Ideen erinnert. Für die Entwicklung waren jedoch schwere Rückschläge typisch, die regelmäßig mit der Verfolgung und Eliminierung tatsächlich oder angeblich Verantwortlicher geahndet wurden. 1938/39 besaß die UdSSR trotz des Einsatzes von rund 40 Prozent der Haushaltsmittel für militärische Zwecke weder ein ausreichendes Führungskorps noch die Streitkräfteorganisation zur Meisterung eines großen Kriegs. Mit der inneren Konsolidierung und militärischen Modernisierung rechnete Stalin bis etwa 1942. Die deutsch-sowjetischen Neutralitätsverträge vom August und September 1939 sollten diese Zeit überbrücken. Zugleich hoffte er auf eine kriegsbedingte Schwächung des Vertragspartners und der Westmächte.

Fünftens: Weder Stalin noch Hitler waren von der Solidität und Dauerhaftigkeit des Kriegspaktes von 1939 überzeugt. Der *Führer* fasste im Sommer 1940 den Angriff auf die Sowjetunion ins Auge, während ein-

drucksvolle Indizien dafür sprechen, dass Stalin seit dem Winterkrieg mit
Finnland gezielte Zurüstungen für einen Angriffskrieg gegen Deutschland
traf. Wie im Einzelnen zu beschreiben sein wird, brachte er im Frühsommer
die Rote Armee an den Demarkationslinien des Vertrags vom 28. September 1939 in Aufmarschposition gegen das Reich – auf engem Raum und
verfrüht. Es gibt nichts Verletzlicheres als eine Heeressammlung in dieser
Form. Starre Ausrichtung der sowjetischen Streitkräfte und Mängel bei der
Offiziers- und Truppenausbildung führten bei der deutschen Invasion am
22. Juni 1941 zu einem Fiasko.

Das Bündnis Deutschlands und der Sowjetunion vom August 1939 zum
beiderseitigen Nutzen wird durchgehend als konstitutiv für den Europäischen Krieg angesehen und in den höchsten moralischen Tönen verurteilt –
mit großer Wucht von *Sebastian Haffner*.[16] Während man Ersterem zustimmen kann, erscheint der Richterspruch zweifelhaft. Das Mittel des
regionalen Teilungsvertrags zwischen großen Mächten zulasten anderer
war keineswegs singulär und musste seinerzeit mitnichten als eine schwere
Sünde empfunden werden. Pakt und Beute standen in der Folge von drei vo-
rausgegangenen polnischen Teilungen. Diese waren nicht zuletzt im Land-
schaftsschicksal und im patriotisch-heroischen Aufbegehren der um Größe
bemühten polnischen Eliten begründet. In allen Fällen, 1772, 1793, 1797,
hatten Machtpolitik und Rationalität der Monarchien Preußen, Österreich
und Russland ein Rendezvous und zumindest das Motiv des Interessen- und
Kräfteausgleichs war diesmal nicht anders. Gleichgültig, wer in Deutschland regierte – Koalitionen der Weimarer Republik oder Nationalsozialisten –, er musste dem Geist der damaligen Zeit zufolge die Konstruktion
Polens aus den Schnitten des Versailler Vertrags als unhaltbar empfinden.
Die Sowjetunion wiederum orientierte ihr Verhalten an übergeordneten
strategischen Gründen, die in der Machtperspektive des stalinistischen Systems und älteren traditionellen Sicherheitsinteressen Russlands wurzelten.

Der Hitler-Stalin-Pakt war nicht das Prius. Dem Vertrag mit den Deutschen gingen 1939 die Bündnisverhandlungen zwischen der Sowjetunion,
Großbritannien und Frankreich voraus. Sie verfolgten das Ziel, durch Wiederherstellung der geostrategischen Mächtekonstellation von 1914 den
deutschen Bewegungsspielraum einzuengen. Bei den entscheidenden Verhandlungen über eine Militärkonvention im August festigte sich in Moskau jedoch der Eindruck, dass Russland dazu ausersehen wäre, die schwere
Last eines Kriegs zu tragen, während sich der Westen bedeckt halten würde.

Auf die Frage des sowjetischen Verhandlungsführers und Vertrauten Stalins, Marschall Kliment Woroschilow, wie viele Truppen Großbritannien
zur Unterstützung Frankreichs ins Feld schicken werde, nannte einer der

britischen Delegierten, General Heywood, für den Fall des Kriegs 16 Infanteriedivisionen, wobei »zurzeit« jedoch lediglich fünf Infanteriedivisionen und eine motorisierte Division zur Verfügung stünden. Der Ausgleich durch eine vorzeitige Positionierung der Roten Armee in Polen und Rumänien wurde Stalin von allen beteiligten Ländern verweigert. Die Westmächte haben sich das später zugutegehalten. In Wirklichkeit begaben sie sich, recht besehen, in das Profanum eines geheimen Zusatzabkommens mit Moskau: Die Sowjetunion sollte berechtigt sein, ihre Nachbarn aktiv daran zu hindern, unter deutschen Einfluss zu geraten. Den Russen war dies zu wenig, zu umständlich, zu zeitraubend.

Stalins »Kastanienrede«

Am 10. März 1939 – die Krise um die »Rest-Tschechoslowakei« war im vollen Gange – stellte Stalin auf dem Plenum des XVIII. Parteitags zur Überraschung aller Zuhörer England und Frankreich als Hauptkriegstreiber dar, nicht etwa das »faschistische« Deutsche Reich. Sein Land werde sich »nicht in Konflikte durch Kriegsprovokateure hineinziehen ... lassen, die gewohnt sind, sich von anderen die Kastanien aus dem Feuer holen zu lassen«.[17]

Dieses Bild hatte kurz zuvor schon sein Vertrauter, *Andrei Schdanow*, in einer geheimen Rede in Leningrad gebraucht und dabei vor allem den Briten unterstellt, sie unternähmen alles, um Hitler zu einem Krieg gegen die Sowjetunion aufzustacheln. Der deutsche Botschafter in Moskau, *Friedrich Werner Graf von der Schulenburg*, schrieb in seinem Bericht über Stalins Ausführungen vor den Parteitagsdelegierten, »dass sich die Ironie und Kritik Stalins erheblich schärfer gegen England, d. h. die regierende englische Reaktion, wendete als etwa gegen die sogenannten Angreiferstaaten und insbesondere gegen Deutschland.«[18] Stalin suchte angesichts der Münchener Appeasement-Politik der Westmächte, angesichts der Gründung des Protektorats Böhmen und Mähren und der Verwandlung der Slowakei in einen deutschen »Schutzstaat« eine Neuorientierung. Hitler war ihm *um ein Land näher* gerückt. Von hier nahm der Weg zum Pakt mit Deutschland seinen Ausgang. Aber wie sollten die Gegensätze sich finden?

Im Nichtangriffspakt mit der Sowjetunion sah Hitler insofern ein Geschenk, das einem in den Schoß fällt, eigentlich nicht erwünscht, aber durchaus verwendbar. Ein Teilungsvertrag mit Moskau würde die Gefahr eines Kriegs zwischen dem Deutschen Reich und der Sowjetunion zunächst ausschließen, hielt Deutschland im Falle einer Auseinandersetzung mit Frankreich und Großbritannien den Rücken frei und hob durch ein großzügiges deutsch-russisches Wirtschaftsabkommen die zu erwartende Wirkung

der alliierten Blockade auf. Obwohl es Hitler nicht gelang, Großbritannien
in der Neutralität zu halten, konnte er sich die alten Folterwerkzeuge von
1914 vom Leibe halten.

Für das sowjetische Interesse spricht die Tatsache, dass Stalin sich aus
Gründen seiner Entwicklungsstrategie, des »Aufbaus des Sozialismus in
einem Land«, der Sowjetunion, von Kriegen der »kapitalistischen Welt«
zunächst fernhalten wollte, diese aber gleichwohl begrüßte und zu fördern gedachte und dabei das ideologische Ziel des weltkommunistischen
respektive des imperial-zaristischen Triumphs im Blick behielt. Stalin gab
Hitler auch deshalb den Vorzug, weil er das deutsche Angebot an Polen zu
einer »Generalbereinigung der Beziehungen« vom Oktober 1938 in ihren
diversen Aspekten durchaus zu deuten wusste. Nicht nur in Stalins Augen
handelte es sich bei dem deutschen Schachzug, Danzig und eine Verkehrsverbindung nach Ostpreußen gegen die – von der Weimarer Republik nie
gewährte – Anerkennung der Versailler Grenzen und ein 25-Jahre-Bündnis
mit Polen einzuhandeln, keineswegs um ein diplomatisches Täuschungsmanöver, das Provokation und Kriegsabsichten verdecken sollte, sondern ganz
im Gegenteil um die Absicht, den deutsch-polnischen Nichtangriffsvertrag
von 1934 in einen langfristigen Allianzvertrag mit außenpolitischer Zielsetzung umzuwandeln. Stalin wiederum gewann fast mühelos den Vorteil
eines Glacis, einer vorgelagerten Westposition und zudem noch Zeit für
dringend erforderliche Reorganisationen und forcierte Zurüstungen seiner Streitkräfte, die sowohl unter langfristigen Mängeln der Industrie- und
Arbeitsstrukturen wie unter der tsunamiartigen Säuberungswelle von 1937
und 1938 gelitten hatten.[19]

War es wirklich denkbar, dass der nationalsozialistische Staatschef das
Mittel eines militärischen Bündnisses wählen würde, um zusammen mit
dem halbfaschistischen, nicht gerade judenfreundlichen Regime in Polen
Hand an die Ukraine zu legen, die er sich als »unser Indien« vorstellte?
Hatte Warschau unter dem sperrigen Nationalhelden Józef Piłsudski die
Nichtangriffsverträge mit der Sowjetunion *und* dem Reich nicht knapp hin-
tereinander, 1932 und 1934, abgeschlossen, um zum einen Äquidistanz zu
den großen Nachbarmächten herzustellen, zum anderen aber, um rücken-
frei gegen Deutschland militärisch vorgehen zu können, wenn die Situation
günstig und die Vormacht Frankreich geneigt wäre? Hatte Józef Beck, 1920
Stabschef Piłsudskis im Krieg gegen Russland und sein cardinal in politicis
nach dem Tod Piłsudskis 1935 als Außenminister verantwortlich für die
Politik Polens, während der Sudeten-Krise nicht den Schulterschluss mit
Hitler gesucht und am 2. Oktober 1938, einen Tag nach dem deutschen
Einmarsch ins Sudetenland, das industriell wertvolle tschechoslowakische
Olsa-Gebiet mitsamt den Kohlegruben von Teschen an sich gerissen?

Vielleicht hatte Hitler ein Gespür für das Catilinarische, das sich in Becks chopinhafte Nationalromantik mischte. Zur Überraschung aller hatte er schon 1934 vertiefte Beziehungen zu Polen angebahnt – im Widerspruch zur konservativen Hochbürokratie im Auswärtigen Amt, im Gegensatz zu dem ihm entfremdeten Schöpfer der Reichswehr, Hans v. Seeckt, der nicht müde wurde zu erklären, die Existenz Polens sei für das Deutsche Reich und für die Sowjetunion gleichermaßen »unerträglich«. Als »Geschöpf der französischen Politik«, so Seeckt, habe Polen die Aufgabe übernommen, als eine »unbedingt feindliche Macht« zu wirken: »Daher die Schaffung des polnischen Korridors unter dem Deckmantel der Lebensnotwendigkeit einer territorialen Verbindung Polens mit der See, daher die Abtrennung Ostpreußens vom Reich, daher die sadistische Grenzziehung im Einzelnen, die nicht nur die Staaten, sondern jeden einzelnen Bewohner zum Todfeind seines Grenznachbars machen sollte«.[20] So dachte tout Weimar, auch Stresemann.

Warum handelte Hitler regelrecht entgegengesetzt? Personengläubige Verehrung für den alten Marschall Piłsudski, dessen planetenartiger Durchlauf aller politischen Konstellationen vom revolutionären Sozialismus über die Attentatsverschwörung gegen Zar Alexander III. 1886 in St. Petersburg bis zum polnischen Freiheitskämpfer und Staatsführer Polens 1918 und per Militärputsch im Mai 1926 noch einmal – dieser romantische Exzess allein kann es nicht gewesen sein, der den deutschen *Führer* anzog. Die Annäherung an Polen 1934 hatte einen anderen Grund: Die Figur Piłsudskis schien ihm einen Ansatzpunkt zu bieten, die lange dominierende polnische Feindschaft gegenüber Russland in eine antibolschewistische Frontstaat-Haltung und auxilia umzumünzen.

Kehren wir zu Stalin zurück. Man unterschätzte ihn, wenn man glaubte, er habe byzantinisch erstarrt im Kreml über seinem *Sozialismus in einem Land* gebrütet. Der *Woschd* kalkulierte, dass er sich Hitler verpflichtete, wenn er ihm den Krieg gegen das uneinsichtige, jede Kooperation verweigernde Polen ermöglichte und Rückendeckung für die militärische Abrechnung mit den Westalliierten bot, die ihm den Krieg erklärt hatten. Zugleich war er sich aber im Klaren, dass dies kein Bund fürs Leben sein würde. Der Konflikt mit dem Deutschen Reich erschien ihm unausweichlich, Hitlers Gegenleistungen würden bald konsumiert sein, erlaubten fürs erste jedoch eherne Schrittsetzungen in die Tiefe Mitteleuropas und garantierten ein paar *ruhige Jahre* der Machtkonsolidierung.

Seit dem Frühjahr arbeitete Stalin persönlich an den Entwürfen eines Nichtangriffspaktes mit Deutschland. Am 21. Mai hatte er alle Dokumente über den Berliner Freundschafts- und Nichtangriffspakt von 1926 (»Berliner Vertrag«) mit der darin zugesicherten Verbindlichkeit des früheren

Rapallo-Vertrags zum Studium auf seinen Tisch packen lassen,[21] mit Sicherheit auch den sowjetisch-polnischen Nichtangriffspakt von 1932, der Moskau und Warschau verpflichtete, »keinerlei Anteil an irgendwelchen Übereinkommen zu nehmen, die ... offensichtlich feindselig gegen die andere Partei gerichtet sind«.[22] Im selben Monat ersetzte er den langjährigen Volkskommissar für Äußeres, *Maxim Litwinow*,[23] einen Anhänger der kollektiven Sicherheit in Europa und Befürworter der Eindämmung Deutschlands, durch *Wjatscheslaw Molotow*, den langjährigen Ministerpräsidenten und konsequenten Verfechter sowjetischer Interessen.[24] Berlin verstand das Signal. Stalin stieg, wenn man so will, in Hitlers Geschäft ein. Der Wert der *verdeckten Kriegsallianz* bestand in den geheimen Zusatzprotokollen, den Teilungsbeschlüssen hinsichtlich Ostmitteleuropas, die auf sowjetischer Initiative und den eingehenden Studien des sowjetischen Führers beruhten.[25]

Die Züge bewegten sich aufeinander zu. Am 16. Juli 1939 empfing Hitler beim »Tag der Deutschen Kunst« in München als fürwahr seltenen Gast den sowjetischen Geschäftsträger in Berlin, Botschaftsrat *Georgi Astachow*, der nach der Abberufung des Botschafters *Alexei Merekalow* im April die diplomatischen Geschäfte führte. Kontakte auf verschiedenen Ebenen bestanden seit Längerem, nun aber gewannen sie Verbindlichkeit. Immer mehr Diplomaten und ausgesuchte Zwischenträger traten ins Spiel. Die gemeinsamen Interessen nahmen Gestalt an, Preis und Leistung wurden sichtbar, auch alle Details zu »Regelungen«, über die man immer offener sprach, jene Staaten betreffend, die das Reich und die Sowjetunion geografisch trennten – bis schließlich die Form der Aufteilung gefunden war.

Die später umstrittene Frage, von wem die Initiative für den »Wendepunkt in der Geschichte Europas und nicht nur Europas« – so Molotow am 31. August 1939 vor dem Obersten Sowjet – ausgegangen ist, spielte in den entscheidenden Wochen vor dem Abschluss des deutsch-sowjetischen Nichtangriffsvertrags kaum eine Rolle. Beide Seiten strebten mit Macht zueinander. Die deutsche Seite hatte den »bolschewistischen Vorbehalt« aufgegeben und die sowjetische setzte in den ersten Augustwochen das Spiel mit den westlichen Mächten nur noch deshalb fort, um darauf zu warten, was Außenminister Ribbentrop dem Kollegen Molotow am 16. des Monats schließlich mitteilen ließ: Der Weg für die »neue Zukunft« der beiden Staaten sei frei, zwischen Baltikum und dem Schwarzen Meer gebe es kein Problem, das nicht gelöst werden könne.

Der *Gradus ad Bellum* zeichnete sich in marmorner Klarheit ab, erwies sich jedoch, nicht untypisch für geschichtliches Geschehen, für die Protagonisten als tückisches Gebilde. Hitler wollte vermeiden, dass der Krieg die falsche, die westliche Richtung einschlagen würde, Stalin indes wollte gerade dies. Konnte die große Veränderung der Landkarte Europas ohne westliche Reaktion bleiben wie die kleineren Schritte bis zur Auslöschung der Tschechoslowakei?

Laut Zusatzprotokoll des Nichtangriffsvertrags vom 23. August 1939 verlor Polen bei der neuen, vierten Teilung seine Staatlichkeit an Deutschland und an die Sowjetunion; Finnland, die drei baltischen Staaten und der bessarabische Teil Rumäniens wurden der sowjetischen Interessensphäre zugeschlagen. In der Eile ließ sich der mit Generalvollmacht ausgestattete Ribbentrop in der Moskauer Nacht vom 23. auf den 24. August auf einige unscharfe Formulierungen ein, die sich später als sehr nachteilig für die deutsche Seite erweisen sollten: Moskau erhielt völlig freie Hand, die baltischen Staaten nicht nur auf seine Seite zu ziehen, sondern in die Sowjetunion zu inkorporieren, auch Finnland bekam vier Monate später die militärische Knute des Kreml zu spüren, während die Versicherung im Zusammenhang mit Rumänisch-Bessarabien, dass Deutschland »in diesem Raum keine politischen Interessen« habe, zur Freude Stalins auf den gesamten Balkan bezogen werden konnte.[26]

Die Barriere der kleinen Staaten, die von den Westmächten nach dem Ersten Weltkrieg als *Cordon sanitaire* und *Kleine Entente* gegen das bolschewistische Russland und das revisionshungrige Reich errichtet worden war, brach endgültig aus den Angeln. An ihre Stelle trat eine deutsch-sowjetische Grenze, die zugleich Militär- und Friedensgrenze verbündeter Mächte war. Ihr doppelter Charakter beruhte auf dem *zweiten* deutsch-sowjetischen Vertrag vom 28. September 1939 mit dem Titel *Grenz- und Freundschaftsvertrag*, der das »Auseinanderfallen des bisherigen polnischen Staates« konstatierte.

Der Vertrag unterschied sich von dem ersten, am 23./24. August mit heißer Nadel genähten durch die »endgültige« Festlegung der Grenzen der »beiderseitigen Reichsinteressen«. Er ließ, dem ausdrücklichen Wunsch Stalins zufolge, kein »Restpolen« bestehen, das nur zur Quelle unnötiger Differenzen werden könnte. Die ostpolnischen Gebiete, am 17. September von der Roten Armee besetzt, hatten bis zum polnisch-sowjetischen Krieg 1920/21 zu Russland gehört. Deshalb handelte es sich nach Ansicht Moskaus nicht um einen Raubzug, sondern um eine *Revision* des ungleichen Vertrags von Riga 1921, also um Rückgliederung eigener Gebiete und um die »Befreiung der blutsverwandten (ukrainischen und weißrussischen, H. K.) Brüder«. Im weiter ausholenden Sinne sogar um eine zweite Annullierung des Diktat-Friedens von Brest-Litowsk, den das kaiserliche Deutschland Lenin am 3. März 1918 auferlegt hatte: Verzicht auf Finnland, die baltischen Staaten, Polen, die Ukraine und ehemals türkische Gebiete ausgerechnet aus der Hand Hitlers – in der Tat eine tiefe Genugtuung. Wieder gab es geheime Zusatzprotokolle. Das eine sah den Übergang des Großteils

von Litauen in die sowjetische Interessensphäre als Ausgleich für den Zuschlag östlich gelegener Teile Polens an die Deutschen vor, das andere galt
der Unterbindung polnischer Agitation in den jeweils zugeschlagenen »Gebieten«. Mit dem zweiten Vertrag war die vierte Teilung Polens besiegelt.[27]

Aus der »Neutralität« des *ersten* Vertrags war nach dem Wortlaut des
zweiten »eine fortschreitende freundschaftliche Beziehung zwischen … beiden Völkern«, faktisch ein Pakt des kriegführenden Deutschlands und der
am Untergang Polens, ja, ganz Ostmitteleuropas aktiv mitwirkenden Sowjetunion geworden. An den politischen, militärischen, verwaltungstechni-
schen und handelspolitischen Aspekten gemessen, verdient er die Bezeichnung *Kriegsbündnis*.

Dies spiegelt sich in dem abschließenden Dokument vom 28. September
1939 mit dem Titel: »*Gemeinsame Erklärung der Reichsregierung und der
Sowjetregierung*«. Danach würde es den »wahren Interessen aller Völker
entsprechen, dem gegenwärtigen zwischen Deutschland einerseits und England und Frankreich andererseits bestehenden Kriegszustand ein Ende zu
machen. Die beiden Regierungen werden deshalb ihre gemeinsamen Bemühungen, gegebenenfalls im Einvernehmen mit anderen befreundeten
Mächten, darauf richten, dieses Ziel so bald wie möglich zu erreichen. Sollten jedoch die Bemühungen der beiden Regierungen erfolglos bleiben, so
würde damit die Tatsache festgestellt sein, dass England und Frankreich
für die Fortsetzung des Kriegs verantwortlich sind, wobei im Falle einer
Fortdauer des Kriegs die Regierungen Deutschlands und der UdSSR sich
gegenseitig über die erforderlichen Maßnahmen konsultieren werden.« Die
Formulierung konnte den Eindruck erwecken, dass Moskau den formalen
Kriegseintritt an der Seite des Reiches nicht ausschloss.[28]

Im Ziel festgefroren

Als Ribbentrop am 24. August 1939 mit dem Nichtangriffsvertrag und den
geheimen Zusatzvereinbarungen aus Stalins Hand nach Berlin zurückgekehrt war, hatte ihn Hitler in einer improvisierten Feierstunde als »neuen
Bismarck« tituliert – ob im Ernst, weiß man nicht so recht. Das war nicht
allein eine Sache des Geschmacks. Welchen Bismarck hatte Hitler bei der
Belobigung im Sinn? Mit Sicherheit, vom Gegenstand des Stalin-Paktes ab-
geleitet, den Bismarck des Rückversicherungsvertrags mit dem zaristischen
Russland, des Neutralitätsvertrags von 1887, dem der erste Reichskanzler
keine sehr große Bedeutung beigemessen hat, immerhin jedoch eine kon-
fliktaufschiebende, das Zangenbündnis der Großmächte präventierende
Wirkung, während der letzte Reichskanzler zunächst damit rechnete, sein

Vertrag mit Stalin würde die westlichen Mächte, speziell Großbritannien, davon zurückhalten, ihre Polen-Garantien einzulösen und ihn mit Krieg zu überziehen. Eine der Denkweisen, die den massenideologischen Hitler von dem mächteehrfürchtigen, auf den Bestand des Staatensystems bedachten Bismarck unterschied – übrigens nicht nur diese beiden, sondern beider Epochen –, war allerdings seine Unterschätzung anderer Staaten und die Überzeugung, dass der Kanon ihrer öffentlichen Existenz nicht mehr haltbar und erhaltenswürdig sei. Vor allem von den »Demokratien« hielt der *Führer* ebenso wenig wie Roosevelt in seinem Zirkel von den englischen Chamberlains und ihrem ehrwürdigen Empire.

Dass seine Gedanken dennoch unausgesetzt um Großbritannien kreisten, belegen die mit Zorn und Drohungen untermalten Bemerkungen gegenüber dem Schweizer Völkerbundkommissar Carl Jacob Burckhardt am 11. August 1939: »Alles, was ich unternehme«, erklärte der *Führer*, »ist gegen Russland gerichtet; wenn der Westen zu dumm und zu blind ist, um dies zu begreifen, werde ich gezwungen sein, mich mit den Russen zu verständigen, den Westen zu schlagen und dann nach seiner Niederlage mich mit meinen versammelten Kräften gegen die Sowjetunion zu wenden. Ich brauche die Ukraine, damit man uns nicht wieder wie im letzten Krieg aushungern kann.«[29] Also nur notfalls (»gezwungen«) eine Erweiterung des Kriegs im Westen, dann aber nur zu dem Zweck, sich Rückenfreiheit für den Feldzug gegen die Sowjetunion zu verschaffen? War das tatsächlich Hitlers *systematischer Plan*, von dem so viele Historiker sprechen?

Anders gefragt: Zitierte Hitler gegenüber Burckhardt aus seinen frühen Schriften die Vision, mit dem Empire-Bündnis im Rücken gen Osten zu marschieren? Oder verrät der ärgerliche Ton der Darlegung schon Zweifel an der Haltbarkeit seiner früheren Annahmen? Konnte Hitler in der Konstellation von 1939 überhaupt ein »System«, einen fertigen »Stufenplan« des Kriegs haben und vermochte er ihn, wenn das so gewesen sein sollte, mit größter Konsequenz zu verfolgen, wie *Andreas Hillgruber* betont?[30] Oder rekapitulierte er in Wirklichkeit fixe Ideen, Ideenblasen, die bei der Berührung mit der Wirklichkeit platzen und in *tropfenförmige Aushilfen* zerspellen mussten? Kann man, wenn der Krieg einmal begonnen hat, überhaupt noch plangerecht verfahren? Folgt im Kriege aus dem einen nicht unvermutet etwas ganz anderes? Werden Pläne nicht zum Schein, der nach Schillers Wort »nie die Wirklichkeit erreichen« soll? Dies gilt es hier zu betrachten – und zwar in der Zeit und unter den wechselnden Umständen, die sie bot.

In *Mein Kampf* und im Zweiten Buch, den beiden *Confessiones*, sowie bei zahlreichen späteren Bekundungen als *Führer und Reichskanzler* hatte Hitler die Bolschewisten als »Abschaum der Menschheit« und »blutbefleckte

Verbrecher« gebrandmarkt. Das nächste große Kampfziel des »jüdischen Bolschewismus«, so prophezeite er in den 20er-Jahren, werde Deutschland sein, nachdem die während der zaristischen Epochen »deutsch geprägte Klasse im revolutionären Russland bereits ausgerottet« worden sei.[31] Mit Letzterem traf er Lenins Politik ziemlich genau. Er seinerseits geizte nicht mit der Ankündigung aggressiven Handelns, wobei konkrete und mysteriöse, *numinose* Weltfeinde und die Not des sozusagen *eingekesselten* Volkes die Beweggründe bildeten.

Zahlreichen Indizien zufolge hatte Hitler die deutsch-sowjetischen Verträge gewiss contre cœur, hauptsächlich aber mit dem Vorsatz und in der Erwartung abgeschlossen, dass die Westmächte sich unter diesem Schock mit der polnischen Sache abfinden und der Empörung nichts als Proteste folgen lassen würden. Wenn dies zutrifft – worauf unter anderem die keineswegs gespielte Enttäuschung über die britische Kriegserklärung am 3. September hindeutet –, musste er nach der Teilung Mittelosteuropas eine längere Phase konfliktberuhigter Außenbeziehungen ins Auge fassen. Die tschechischen und polnischen Erwerbungen schienen ihm im Herbst 1939 zumindest für ein paar deutsche Generationen *Lebensraum genug*. Die Annahme, dass er sich mit dem Erreichten *zu dieser Zeit* begnügen wollte, ist keineswegs nur spekulativ.[32]

Wäre der Krieg auf den polnischen Waffengang begrenzt geblieben, womit er bis zum Eintritt des Gegenteils rechnete, hätte er sich außenpolitische Zurückhaltung auferlegen müssen. Der Bewegungsspielraum nach Osten war durch die Teilungsverträge mit der Sowjetunion ausgeschöpft und der im Westen musste auf das *Locarno-Maß* respektive auf den im Dezember 1938 in einer gemeinsamen Erklärung renovierten *Freundschaftsvertrag* mit Frankreich reduziert bleiben, um die Tür zu einem Einvernehmen mit den Briten offen zu halten. Man kann mit Blick auf den Meinungsumschwung im britischen Establishment, auf die tiefe Ernüchterung nach der Politik »Peace in our Time«, die *Ian Kershaw* in seiner Inside-Story über *Lord Londonderry* und seine Freunde beschreibt,[33] durchaus sagen, dass Hitler damit am Rande einer Illusion wandelte. Darin war er ja Meister. Dass er es nach einer von den Westmächten hingenommenen Eroberung Polens schwer haben würde, Paris und London unter der Kontrolle »seines Friedens« zu halten, liegt auf der Hand. Es ist daher mehr als unwahrscheinlich, dass er sich mit der teilmodernisierten, jedenfalls quantitativ noch begrenzten Wehrmacht[34] unverzüglich gegen die Sowjetunion gewandt hätte – trotz seiner damaligen Zweifel an der militärischen Kapazität Russlands in der Optik der stalinistischen Säuberungen. Denn gerade in diesem Fall hätten die intakten europäischen Westmächte, so unterschiedlich ihre Politik und ihre Rüstungen angelegt waren, nicht tatenlos zugesehen, wie das

Reich seine Kontinental-Hegemonie vollendete. Der über alles gefürchtete Zweifrontenkrieg wäre mit Sicherheit aktuell geworden.

Wenn man sich Hitler nicht vorstellt,[35] hätte sich *aus diesen Vorgaben und Erwägungen*, also unter der Voraussetzung tatsächlicher Neutralität der Westmächte, für Europa und alle Beteiligten folgendes Szenario ergeben: Stalin unternimmt alle Schritte, die ihm deutscherseits zugebilligt wurden. Wie im Vorgespräch zum *zweiten deutsch-sowjetischen Vertrag* vom 29. September zwischen dem deutschen Botschafter Graf von der Schulenburg und dem Kreml-Chef vereinbart, stationieren die Sowjets Truppen in den baltischen Staaten – »bei Erhalt der staatlichen Unabhängigkeit«, wie es in der Unterredung hieß, »spätere Eingliederung« (in die Sowjetunion) nicht ausgeschlossen. Gegenüber Finnland, den baltischen Staaten und dem rumänischen Bessarabien nutzt Moskau seine »freie Hand«. Polen ist verschwunden.

Beide Seiten haben damit die territorialen Verluste revidiert, die dem Deutschen Reich aus dem Versailler Vertrag, der Sowjetunion aus dem Frieden von Riga 1921 entstanden sind, der die Ergebnisse des von Frankreich unterstützten, hin- und herwogenden polnischen Eroberungskriegs seit 1919 gegen die noch ungefestigte Sowjetunion Lenins festgeschrieben hatte. Die alten Rechnungen aus dem alten Krieg sind damit beglichen.

Gleichzeitig ist die Gefahr eines Zweifrontenkriegs für Deutschland jedoch nur aufgeschoben, nicht aufgehoben – die Allianz mit der Sowjetunion nur eine Sicherung auf Zeit, keine immerwährende Garantie, also ein normaler, sich erschöpfender Vertrag. Das um halb Polen vergrößerte Reich und sein *Rückversicherungs- und Teilungsvertrag* mit Moskau veranlassen die Westmächte zu verstärkter Aufrüstung, womöglich von den USA schneller und massiver unterstützt, als es tatsächlich der Fall war.

Auch in diesem Szenario gewinnt Stalin Zeit, die Konsolidierung und Modernisierung seiner durch die Säuberungen verwandelten Streitkräfte voranzutreiben. In Fernost ist er entlastet, seitdem der Grenzkrieg mit den Japanern am 15. September durch einen Waffenstillstand beendet worden ist. Hitler wiederum hält es nicht für sinnvoll, eher für kontraproduktiv, Frankreich anzugreifen. England könnte sich in diesem Fall nicht zurücklehnen, so sehr für *Neville Chamberlain* mit Blick auf das Empire und dessen Selbstständigkeit gegenüber den USA, also *Peace in our Time* wieder in den Vordergrund getreten ist. So schließt sich der Kreis: Hitler befindet sich unter dem Druck der eigenen Prämissen – in einem *drôle de paix*. Er hat das letzte Ziel der Revision von Versailles erreicht und ist in Großdeutschland festgefroren.

Das Szenario, aus einer Logik entworfen, die wir *Hitler unterstellt haben*, wurde nicht Wirklichkeit. Briten und Franzosen warfen ihm den Fehdehandschuh hin – was also heißt, dass der *Führer* sich geirrt hatte und sein initialer Plan, die Kriegsausweitung jedenfalls zu diesem Zeitpunkt zu vermeiden, gescheitert war. Der im Hoßbach-Protokoll von 1937 genannte Zeitpunkt 1943–45 für einen großen Krieg – von der Rüstungskurve der Wehrmacht aus betrachtet – galt schon nicht mehr, da bis dahin die deutschen Streitkräfte, entgegen der ursprünglichen Annahme infolge der auf schnelle Touren geratenen Rüstungen aller »Randmächte«, einschließlich der USA, bereits in die Zone relativer Unterlegenheit geraten wären.

So ist das mit den *Stufenplänen* in Wirklichkeit. Man kann Hitlers »letztes« Wort an den britischen Botschafter Henderson am 25. August 1939, Großbritannien nach der Lösung des polnischen Problems ein großes und umfassendes Angebot zu unterbreiten und für den *Fortbestand des Empire* sogar mit der Wehrmacht einzustehen, wie *Ian Kershaw* und andere bedeutende Biografen für eine »List« halten oder für blanke Illusion – es hilft nichts: Fest steht, dass Hitler, darauf fixiert, Polen ohne europäischen Krieg und ohne es sich mit den Briten zu verderben, seinen Willen aufzuzwingen, schon vor Kriegsausbruch nach einem *Ausweg* suchte.

Deshalb waren die letzten Tage vor dem Angriff am 1. September in Berlin von ungeheurer Nervosität und *Hektik*, von Stimmengewirr unter den Granden des Reichs erfüllt. Hitler verschob den schon datierten Marschbefehl an die Wehrmacht zweimal, akzeptierte Vermittlungsversuche des *Göring*-Freundes *Birger Dahlerus*, eines schwedischen Geschäftsmanns mit Beziehungen in London, von denen sich eigentlich niemand etwas versprechen konnte, führte kurze und lange Streitgespräche mit dem zwischen Berlin und London pendelnden britischen Botschafter *Sir Nevile Henderson*, einem irritierten Anhänger des Appeasement und Gegner des Kommunismus, und korrespondierte mit dem französischen Ministerpräsidenten Daladier.[36]

Der Briefwechsel mit dem Franzosen ist hintergründig. Beide beschworen als Soldaten von 1914–1918 die Schrecken eines neuen Waffengangs, beide verwiesen auf ihre persönlichen Bemühungen um Friedenserhalt. Hitler erwähnte den in der gemeinsamen Erklärung vom Dezember 1938 noch einmal bekräftigten Verzicht auf Elsaß-Lothringen – obwohl er 13 Jahre vorher schon Kern und Bestandsmerkmal von Locarno war – und reklamierte für sich das Verdienst, den Revanchegeist gegen Frankreich beruhigt zu haben: Kein Deutscher empfinde Hass gegen seinen früheren »ritterlichen Gegner«.

Daladier seinerseits hob seine Bemühungen um die Stärkung einer ernsthaften Zusammenarbeit hervor – ohne das Münchner Abkommen vom September 1938 zu erwähnen. Während er die eingegangene Verpflichtung gegenüber Polen in den Stand einer Ehrensache erhob, ließ er ohne nähere

Erläuterungen durchblicken, dass er eine Lösung der *Danzig-Frage* doch noch für möglich halte – er wolle jedenfalls für einen letzten Versuch alle Anstrengungen unternehmen. Was sollte das heißen? Hitler muss die weiche Stelle erkannt haben. In der Antwort stellte er Daladier die suggestive Frage, wie er als Franzose handeln würde, wenn sein Land von einem Korridor durchzogen wäre und zum Beispiel Marseille mit Gewalt daran gehindert würde, sich für französisch zu erklären.

Zwei Beschwörungen, zweimal Abtasten – Hitlers Antwort war doppelt so lang und viel weniger geschmeidig als Daladiers Schreiben. Der französische Botschafter *Robert Coulondre*, der Hitler den »bewegenden Brief« seines Ministerpräsidenten erläuterte und »im Namen der Geschichte und der Humanität« ersuchte, »die letzte Chance nicht auszuschlagen«, musste anschließend nach Paris berichten, der Reichskanzler zweifle zwar die Haltung Daladiers nicht an, glaube aber nicht, dass der Rat des Ministerpräsidenten, wie dringlich er auch vorgetragen würde, in Warschau Gehör finden werde. Seit der britischen Garantie vom 31. März 1939 sei Polen taub. »Es ist nutzlos, beschied mich Hitler«, berichtete *Coulondre*, »Polen wird Danzig nicht aufgeben, und es ist mein Wille, dass Danzig, einer der Häfen des Reichs, zu Deutschland zurückkehrt.«[37]

Hitler erhöhte damit den Druck auf Frankreich, von dem er wusste, dass es innerlich schwankte, während die Entscheidung über die Haltung der Alliierten in London fallen würde. Die Ungewissheit, ob es gelänge, London und Paris neutral zu halten oder gar in letzter Minute zu bewegen, den polnischen Widerstand gegen die deutschen Wünsche zu brechen, versetzte ihn in Unruhe. Der *Führer* redete wie ein Wasserfall, wirkte in der einen Stunde ratlos, in der anderen »zu allem entschlossen«. Die Tinte unter dem deutsch-sowjetischen Neutralitätsvertrag war noch nicht trocken, da versicherte er Henderson, ihm gehe es, bei Garantie der Westgrenzen, nur um die »ungehinderte Wendung nach Osten«. In Wahrheit sei es die unversöhnliche Politik Englands gewesen, die ihn in den Pakt mit Stalin »hineingezwungen« habe. »Nach Polen«, sagte er dann wieder überraschend, werde er sich »zurückziehen«, er sei »ein Künstler von Natur, nicht Politiker«.[38]

Alle Einzelheiten des Durcheinanders, die einander überstürzenden Gespräche, modifizierten Vorschläge, Verhandlungsversuche, Verhandlungsabsagen, Verspätungen (Lipskis, des Warschauer Botschafters), das endliche Scheitern wurden Dutzende Male beschrieben, mit Fleiß und Liebe zum Detail. Am Ende steht immer nur die Feststellung, Hitler habe nichts anderes im Sinn gehabt, als England und Frankreich von Polen zu trennen und die Welt zu betrügen. Drei Kraftlinien überkreuzten sich:

Erstens. Hitler besaß nach dem Pakt mit Stalin den Vorteil, bei einem Krieg gegen Polen keinen Großmächte-Zweifrontenkrieg riskieren zu müssen und selbst bei einem Eingreifen der Westmächte in den Polen-Krieg einer strangulierenden Blockade zu entgehen. Das Wirtschaftsabkommen mit Moskau war unter Dach und Fach und Rumänien mit seinen unverzichtbaren Ölfeldern durch das Arrangement mit der UdSSR an die Seite des Reiches gezwungen.

Zweitens. In Hitlers Versuch, Großbritannien durch ein »umfassendes« Bündnisangebot zu neutralisieren, leuchtet wie ein Magnesiumlicht die *idée fixe* auf, freie Hand für die aktuelle kleine Ostlösung (Danzig und Korridor) und des Weiteren für die große, irgendwann einzulösende Ost-Option gegen die Sowjetunion zu erhalten, in jedem Fall aber den Bruch mit dem geostrategisch respektierten Empire zu vermeiden. London solle als Beweis für seine positive Haltung bei der Lösung der Polenfrage behilflich sein und Warschau in diesem Sinne beeinflussen.

Die britische Regierung reagierte auf die stürmische Avance mit Zurückhaltung, griff das Wort vom Bündnis nicht auf, stellte aber »gute Beziehungen«, »vollständige und dauerhafte Verständigung« und »Freundschaft« in Aussicht, sofern sich das Reich auf eine *vorherige* Verhandlungslösung mit Polen verstehe. Dass es der Regierung Chamberlain mit diesem *quid pro quo* ernst war, ist angesichts des Drucks der Anti-Appeasement-Front zu Hause und Roosevelts an der Gegenküste höchst zweifelhaft. Hitler wäre für den Haupttreffer im *Great European Game* womöglich zu den »moderaten« Forderungen gegenüber Polen vom 26. März 1939 zurückgekehrt, die für eine Eingliederung Danzigs ins Reich und eine Verkehrsverbindung nach Ostpreußen eine Grenzgarantie für den Nachbarn, gegenseitigen Minderheitenschutz und einen 25-jährigen Nichtangriffspakt geboten hatten. Im Hintergrund hätte jedoch die Erwartung gestanden, dass Großbritannien und sein Juniorpartner Frankreich das somit besiegelte Ende des Versailler Vertrags mit einem Verzicht auf Balance- und Bündnispolitik gegen das Deutsche Reich verbinden.

Drittens. Da für eine solche Lösung das Vertrauen fehlte, im Übrigen auch ein zureichender vernünftiger Grund, bestimmte eine ganze Serie von Fehleinschätzungen die letztlich entscheidende Kraftlinie des Konflikts. Hitler rechnete nach dem russischen Vertrag mit der Zurückhaltung der Briten, der sich die Franzosen anschließen würden – wie gewohnt. Grundsätzlich hielt er die Westmächte für schwach, überschätzte aber ausgerechnet in der Krise den Entscheidungsspielraum *Chamberlains* und seines Außenministers *Halifax*. Die Nachricht vom Abschluss des Militärbündnisses zwischen London und Warschau inmitten eines an Nervenkrieg erinnernden Gesprächsprozesses und *Mussolinis* Mitteilung, nicht kriegsbereit zu sein

– an ein und demselben Tag, dem 25. August – waren für den *Führer* ein »schwerer Schlag« (Goebbels).[39]

Ohnehin überwogen in den letzten Tagen vor dem Krieg die so oft zitierten polykratischen Züge des Regimes. Während *Ribbentrop* von der Beachtung britischer Warnungen abriet, bediente *Göring* das Hebelwerk seiner Privatdiplomatie, um in letzter Minute eine Übereinkunft mit den Engländern zu erzielen.

Persönlichkeiten des deutschen Widerstands suchten ihre Londoner Gesprächspartner zu überzeugen, eine harte britische Haltung werde deutsche Generäle veranlassen, gegen Hitler vorzugehen. 1938, vor *München*, hatte es dafür Anzeichen und Vorbereitungen gegeben, 1939 nicht. Der französische Generalstabschef *Maurice Gamelin* glaubte sogar an Unruhen und den Sturz Hitlers, überdies auch an die anhaltende Widerstandskraft der polnischen Armee. Es waren Fehl- und Falschinformationen, die ihn siegesgewiss machten. Die Warschauer Führung zeigte sich gegenüber deutschen Forderungen und westlichen Ermahnungen intransigent, nahm Großbritannien und Frankreich in die Geiselhaft gewährter Garantien, für deren Einhaltung es weder Pläne noch raumüberwindende Mittel gab. Sie wölbte die Brust. Polnische Militärs glaubten allen Ernstes, aber mit wenig Realitätssinn, ein Kavalleriemarsch auf Berlin stehe bevor.

Vieles, was die an der Krise von 1939 beteiligten Staatspersonen sagten, erwarteten und unternahmen, war von *Wahrnehmungsmängeln* gekennzeichnet. Es war nicht der erste Krieg, der auf diese Weise entstanden ist. Im Gesamtbild zeichnet sich jedoch ab, dass ausgerechnet der als Initiator des Konfliktes geltende *Hitler* den *großen europäischen Krieg* nicht wollte, ihn nicht erwartete und »enttäuscht« war, als er dennoch begann und sich nach dem Polenfeldzug nicht beenden ließ. Das Bild zeigt ihn als Spieler, der auf Anhieb den Einsatz verlor und sich in der Dialektik des nicht abbrechbaren Risikos verfing. Wer genau hinsieht, erkennt, dass er schwankte.[40] War er der *große Entschlossene* oder der *große Unsichere*?

Die Fütterung des Kriegs

In manchen Zeitbetrachtungen tritt die Bedeutung der vor und nach den beiden Territorialverträgen abgeschlossenen Wirtschaftsvereinbarungen so weit zurück, als hätten sie nicht zu den *Filetstücken* der gemeinsamen geostrategischen Kalkulationen Stalins und Hitlers gehört. »Ohne die Sowjetunion konnte Hitler seinen Krieg weder politisch noch wirtschaftlich führen«, schreibt *Philipp Walter Fabry*.[41] Der breite Strom kriegswichtiger Güter, der sich seit dem Wirtschaftsabkommen vom 19. August 1939 aus der Sowjetunion nach Deutschland ergoss, belegt die Kriegs- und Kriegszielpolitik Stalins augenfälliger als jede seiner Äußerungen in den bisher entdeckten Dokumenten.

Aus dem Blickwinkel der Rohstoff-Ressourcen war das Deutsche Reich von 1939 keine Großmacht, sondern ein *Notstandsgebiet*. 80 Prozent seines Kautschuk-, 60 Prozent des Mineralöl-Bedarfs, nahezu 100 Prozent der für die Rüstung unabdingbaren Metalle Nickel, Mangan, Wolfram, Chrom, eminente Mengen an Eisen und Stahl, schließlich Getreide und Fette zur Ernährung der Bevölkerung mussten importiert werden. Das Reich war blockadeanfällig. Die Störung des Seeverkehrs – *Britains chief offensive weapon* – hätte ohne Moskaus Hilfe zu empfindlichen Unterbrechungen des Produktionszyklus, ja, zur entscheidenden Einschränkung der Kriegführungsfähigkeit Hitlers geführt. Stalin weitete ihren Aktionsradius aus.

Schon zur Zeit der Weltwirtschaftskrise war die Sowjetunion Deutschlands bedeutendster Handelspartner, wobei Rohstoffe und Getreide mit Lieferungen für den sowjetischen industriellen und militärischen Bedarf beglichen wurden – Devisen fehlten auf beiden Seiten. Der erweiterte Handelsaustausch seit dem 19. August 1939 folgte im Wesentlichen diesem Muster – jeder besaß etwas, das der andere nicht hatte und dringend benötigte. In der Argumentation herrschte große Offenheit.[42]

Im Zusammenhang mit dem Grenz- und Freundschaftsvertrag vom 28. September 1939 forderten die Sowjets ausgefeilte Waffentechnologie für die Marinerüstung, die kühnen Plänen einer weitgreifenden Seekriegspolitik dienten. Die Lieferverträge umfassten den deutschen Kreuzer »Lützow«, Artilleriesysteme und U-Boot-Ausrüstungen. Ribbentrop wiederum richtete im Februar 1940 an Stalin die dringende Bitte um sofortige Erhöhung der Öl-, Metall- und Erzlieferungen »für die Fortsetzung des Kriegs mit England und Frankreich«.

Stalin beeilte sich, die Wünsche zu erfüllen. Großzügig und zumeist pünktlich versorgte er Hitler während des *Honeymoons* mit allem Erforderlichen für den europäischen Krieg, der auch aus diesem Grunde der »seine« war, legte dann jedoch »Kunstpausen« ein wie bei einem Drogenkonsumenten, der immer wieder an seine Abhängigkeit erinnert werden soll. Ohne diese *Fütterung* wären die beiden Westfeldzüge in Skandinavien und Westeuropa im Frühjahr 1940 ein unkalkulierbares Risiko gewesen. Der Wirtschaftsvertrag vom 11. Februar 1940 wirkte wie eine sowjetische *Kriegsermächtigung*. Auch der Transitverkehr aus Nah- und Fernost war gesichert. Stalin bediente Hitlers Feldzüge mit einem Bonus – er lieferte vorzeitig ein »Übersoll« an Nickel, Kupfer und Zinn mit dem Hinweis, diese Metalle würden wegen »der erhöhten militärischen Tätigkeit im Westen verstärkt gebraucht«. Mit dem Abkommen vom 10. Januar 1941 gewann der Handel schließlich seine größte Entfaltung. Während Hitlers Balkan-Feldzug erreichte die Versorgung mit Mineralölprodukten und Getreide den quantitativen Höhepunkt und die Kapazitätsgrenze des sowjetischen Bahnsystems. Die Vermutung mag richtig sein, dass Stalin in dem Gefühl, die Beziehungen zum Reich verschlechterten sich mit der Balkan-Kampagne beider Mächte zu schnell, im Frühjahr 1941 temporär *vom Antreiber zum Beschwichtiger* umschwenkte. Zu diesem Zeitpunkt bemaß sich der verfügbare deutsche Wirtschaftsraum auf vier Millionen Quadratkilometer und 333 Millionen Menschen.

Die Ressourcenlage des Reiches hatte sich durch werthaltige Lieferungen aus Norwegen, Rumänien, Spanien und Portugal so sehr verbessert, dass Hitler am 22. Juni 1941 in dieser Hinsicht gut gewappnet die Grenzen jenes Landes überschreiten konnte, dem er in den ersten 22 Kriegsmonaten die Blockadefreiheit verdankte.

Schock und Kalkül im Westen

In der westlichen Staatenwelt riefen die deutsch-sowjetischen Verträge Bestürzung und Verwirrung hervor. Obwohl sie mit einer Differenz von nur elf Tagen nach dem Scheitern der Dreierpakt-Gespräche zwischen England, Frankreich und der UdSSR über eine Militärkonvention am 12. August quasi über Nacht die Szene beherrschten, kann von einem Blitz aus heiterem Himmel keine Rede sein. Bereits Anfang Mai 1939 hatte der französische Botschafter in Berlin, *Robert Coulondre*, in einem sensationell klingenden Telegramm[43] den Quai d'Orsay über die Möglichkeit einer deutsch-sowjetischen Verständigung unterrichtet und dabei eine Teilung Polens erwähnt – zu einer Zeit also, da die Westmächte im Zusammenhang mit der Polen-Garantie vom 31. März gerade selbst Gedanken darüber anstellten, ob sie durch einen Pakt mit dem interessierten Stalin nicht die Situation von 1914 wiederherstellen und Hitlers Kontinentalpolitik Fesseln anlegen könnten.

Coulondre hatte Frankreich seit November 1936 in Moskau vertreten, bevor er zwei Jahre später *André François-Poncet* in Berlin ablöste. Mit Verve und Wortgewalt war er bemüht, dem seit 1932 vorbereiteten und im Mai 1935 unter der rechten Regierung *Laval* vereinbarten Beistandspakt mit der UdSSR die Stahlträger einer Militärkonvention einzuziehen, um eine solide zweite Front gegen Deutschland zu errichten, wie sie im Weltkrieg bis zur russischen Revolution bestanden hatte. Er musste jedoch erleben, dass ausgerechnet die von *Léon Blum* 1936 gebildete Volksfront-Regierung aus Sozialisten, Radikalsozialen und Kommunisten die Komplettierung des Paktes unter dem Druck Londons ablehnte.

Als weitere Gründe kamen eine negative Einschätzung der Roten Armee durch den mächtigen Generalstab, dauernde Einmischungen der Komintern in die französische Innenpolitik und die im Juni 1937 beginnenden Militärsäuberungen in Russland hinzu. Mehrfach prognostizierte *Coulondre* für den Fall weiterer Finassierens und Verschleppens das Umschwenken Stalins in Richtung Deutschland – aus Gründen der Machtvernunft, der Ausweitung des russischen Sicherheitsglacis in Mitteleuropa und der Erwartung, im Falle eines Kriegs temporär den strategischen Vorteil förmlicher Neutralität und intensiver Zurüstungen gewinnen zu können.

In der konspirativ klingenden Depesche aus Berlin zitierte *Coulondre* einen deutschen Informanten, der über die Intentionen Hitlers wohlunterrichtet zu sein schien. Die Wiedergabe des Gesprächs mit dieser Person X schien dies in der Tat zu bestätigen, doch hatte der Report auffallende Ähnlichkeiten mit den Voraussagen, mit denen der Diplomat schon von seinem Moskauer Posten aus dem damaligen Chef des Quai d'Orsay, *Yvon Delbos*, in beschwörendem Ton zum Abschluss des Militärvertrags geraten hatte.

Am 3. Mai, wenige Tage vor dem Treffen *Coulondres* mit dem geheimnisvollen Deutschen, war der langjährige sowjetische Außenkommissar *Maxim Litwinow*, ein Anhänger der kollektiven Sicherheit und des Völkerbundes, durch *Wjatscheslaw Molotow*, eine Figur der Kremlspitze, abgelöst worden, was der Mitteilung, »im Osten braue sich etwas zusammen«, indizielle Bedeutung gab. Unter den gegenwärtigen Umständen, sagte der Informant, wolle Hitler keinen großen Krieg. Er habe alle seine bisherigen Erfolge ohne Waffeneinsatz erreicht. Was seine Verständigung mit Russland angehe, zögere er noch, es gebe ideologische Gegengründe. Sie wögen allerdings nichts, wenn offenkundige Interessen dafürsprächen. Sei etwa der allerkatholischste *König Franz I.* von Frankreich im 16. Jahrhundert davor zurückgeschreckt, mit dem Belagerer Wiens, dem osmanischen *Sultan Süleyman I.*, zu kooperieren, als es darum ging, die Hegemonie des Hauses Österreich in Italien zu verhindern?

Hitler, so fuhr der Gesprächspartner fort, habe nicht vor, auf Danzig und die Wiedervereinigung mit Ostpreußen zu verzichten. Er nehme sich allerdings Zeit. So wenig er die österreichische und tschechische Frage ohne Italien gelöst habe, denke er daran, die Differenzen mit Polen ohne Russland beizulegen. Es habe ja schon drei polnische Teilungen geben. »Sie werden Zeuge einer vierten sein.« Diese Vorhersage übernahm *Coulondre*, indem er in dem Telegramm an seinen Außenminister *Georges Bonnet* die Schlussfolgerung zog, Russland werde den Deutschen eine »benevolente Neutralität« zusagen und sich an der Teilung Polens beteiligen.

Die Briten bereuten die Liederlichkeit, die sie bei der Behandlung der ausschlaggebenden militärischen Komponente des im Sommer unterzeichneten

Dreierpaktes mit Moskau an den Tag gelegt hatten. Die Chance, so glaubte man jetzt, den formelhaften Beistandsverträgen mit Polen, Griechenland, Rumänien und der Türkei eine Rüstung überzuziehen, sei leichtfertig vertan worden. Aber wie stand es mit Stalin? War er wirklich bereit gewesen, das Risiko der Entente von 1914 gegen Deutschland zu wiederholen? Dass er in seinem Finassieren mit den europäischen Mächten dem Meistbietenden den Zuschlag gab und dabei natürlich auch auf den Gewinn spekulierte, den ihm ein Krieg zwischen den Konkurrenten bringen würde, stieß nachträglich bitter auf. Churchill, der aus der Opposition die mangelhafte Professionalität seiner Regierung kritisierte, entwickelte später für die russische Seite eine Art sportliches Verständnis. In seinen Kriegsmemoiren resümierte er, Stalin und Molotow hätten damals eine »beachtenswert geschickte Doppelspurigkeit« bewiesen.[44]

Auf die unpolitische Öffentlichkeit wirkte vor allem schockierend, wie es zwischen zwei Großmächten, deren Programme nach allgemeiner Darstellung auf eine unauslöschliche, bis zur gegenseitigen Vernichtungsabsicht gesteigerte Feindschaft fixiert schienen, im Handumdrehen zu einem so weit reichenden, den Krieg nährenden Bündnis hatte kommen können. Die Sphinx war die Sowjetunion, mit der Frankreich der Beistandspakt aus dem Mai 1935 verband, während Großbritannien in ihr ein bolschewistisches Übel sah, das es aus Europa fernzuhalten galt. Wiederum war es Churchill, mit Beginn des Kriegs Erster Lord der Admiralität wie schon 1914, der seine Landsleute auf die Spur der Erkenntnis setzte: »I cannot forecast to you the action of Russia. It is a riddle wrapped in a mystery inside an enigma; but perhaps there is a key. That key is Russian national interest.«[45]

Während der Verhandlungen über den Beistandsvertrag mit Moskau hatte Churchill zu den Kritikern der britischen Rücksichtnahme auf die Souveränität Polens und Rumänien gehört und Warschau publizistisch bedrängt, Russland als Verbündeten zu akzeptieren.[46] Stalin entgalt ihm das bei seinem Besuch im Kreml im Herbst 1942. Offen schilderte er dem neuen Kriegspartner die Gründe für seine damalige Ablehnung des Paktes, durch die er Frankreich und England in die Lage gebracht hatte, in der sie sich jetzt befanden: »Wir gewannen den Eindruck«, erklärt er nach dem Bericht des Gastes, »dass die britische und die französische Regierung nicht zum Krieg entschlossen waren, wenn Polen überfallen würde, dass sie aber hofften, die diplomatische Demonstration Englands, Frankreichs und Russlands werde Hitler einschüchtern. Wir waren vom Gegenteil überzeugt.«[47] Obgleich dies nur einen Teil der Wahrheit darstellte, wie die sowjetischen antiwestlichen Stellungnahmen in der Zwischenzeit überdeutlich gezeigt hatten, verkniff sich Churchill die Replik. Er sprach zu diesem Zeitpunkt nicht mehr mit dem Helfershelfer Hitlers, sondern mit einem Verbündeten.

Als Erster unter den westlichen Staatsmännern besaß übrigens *Franklin D. Roosevelt* genaue Kenntnis über die Details des deutsch-sowjetischen Vertrags und ging ziemlich machiavellistisch damit um. Nicht einmal 24 Stunden nach der Unterzeichnung durch Ribbentrop und Molotow am 23. August 1939, noch ehe Hitler seine Partner Italien und Japan unterrichtet hatte, übermittelte der amerikanische Botschafter in Moskau, *Laurence Steinhardt*, die »Intimseite« der Vereinbarung, das geheime Zusatzprotokoll über die Aufteilung Ostmitteleuropas in Interessensphären. Die Informationen stammten von dem Zweiten Sekretär der Deutschen Botschaft in Moskau, *Hans von Herwarth*, der seinen amerikanischen Kollegen *Charles Bohlen* am Vormittag des 24. August mit den Einzelheiten vertraut gemacht hatte.[48] Anstatt nun aber *Hitler* und *Stalin* vor der Weltöffentlichkeit anzuklagen, zumindest aber London und Paris über die sensationelle politische Wende zu unterrichten, behielt der Präsident die Enthüllung für sich. Nicht einmal die polnische Staatsführung wurde auf die Drehung des Damoklesschwertes über ihrem Haupte aufmerksam gemacht. Eine Aufforderung, die er am selben Tag an *Hitler* und den polnischen Staatspräsidenten *Mościcki* richtete, den Konflikt durch Verhandlung, Vermittlung oder ein unparteiisches Schiedsgericht beizulegen, enthielt nicht die geringste Andeutung über das gegen Polen gezückte Teilungs-Schwert, genauso wenig wie das zweite Schreiben an *Hitler* am folgenden Tag mit der Mitteilung, *Mościcki* habe sein Einverständnis mit dem amerikanischen Vorschlag erklärt.

Aber auch dieses *mystery inside an enigma*, wie man sagen könnte, hatte einen Schlüssel: Roosevelt fürchtete ganz einfach, die unverzügliche Weitergabe der Information könnte der mühsam zustande gekommenen Einheitsfront gegen *Hitler* ein Ende bereiten. Die Bestimmung des Artikels IV im deutsch-sowjetischen Nichtangriffspakt, wonach sich keiner der Vertragspartner an einer Mächtegruppierung beteiligen werde, die sich mittel- oder unmittelbar gegen den anderen Teil richte, sowie die Festlegung der Interessensphären im Geheimen Protokoll raubten nicht nur dem ohnehin zum Kerzenstummel heruntergebrannten britisch-französisch-sowjetischen Beistandsvertrag vom Juni 1939 den letzten Lebensfunken, sondern drohten alle Ansätze der *Quarantäne gegen Deutschland* zu zerstören, um die sich Roosevelt trotz des vom Kongress auferlegten Neutralitätsgebots in präsidialer Geheimpolitik und offener Noten-Diplomatie bemüht hatte.

Vor allem der britische Premier *Chamberlain* galt im Weißen Haus als unzuverlässiger Kunde, obwohl er nach dem Einmarsch *Hitlers* in Prag im März 1939 die Appeasement-Politik gegen eine Politik des Containments eingetauscht hatte. Dahinter stand die bittere Erkenntnis vom Scheitern seiner Bemühungen, das Deutsche Reich zum Preis einer einvernehmlich geregelten, friedlichen Revision der Versailler Auflagen in die Grundordnung des europäischen Staatensystems einzubinden. Verweht war damit auch der »Geist von München« 1938, ein äußerster, durchaus kühn, wenn auch schon verzweifelt zu nennender Versuch, dem britischen Empire vielleicht doch noch die Entscheidung zwischen einer deutschen und einer amerikanischen Juniorpartnerschaft zu ersparen. Bei der Garantie-Politik Londons gegenüber Polen, Rumänien, Griechenland und der Türkei hatte nicht nur die Enttäuschung über *Hitler* die Hand geführt. Sie war auch das weithin sichtbare Anzeichen dafür, dass sich der britische Premier für die Anlehnung an die USA entschieden hatte – nolens volens.

Als Chamberlain kurz vor Toresschluss die dringende Mahnung an Hitler richtete, Großbritanniens Verpflichtungen gegenüber Polen ernst zu nehmen, war ihm der Abschluss eines deutsch-sowjetischen Nichtangriffspaktes bekannt, die territoriale Sphärenaufteilung des Geheimabkommens hingegen verborgen. Ob er bei rechtzeitiger voller Kenntnis der *strategischen Entwertung* seiner neuen Politik an der eingenommenen Position festgehalten und am 25. August 1939, wenige Tage vor Kriegsbeginn, den militärischen Beistandspakt mit Polen abgeschlossen hätte oder doch wieder zur früheren Friedenspolitik zurückgeschwenkt wäre, musste Roosevelt bei dem Mann, den er verachtete, fraglich erscheinen.

Die Frage ist müßig, denn der britische Premier besaß angesichts der aufgeflammten kriegerischen Stimmung in England keinen Zentimeter Bewegungsspielraum mehr. Für den Präsidenten der Neuen Welt jedoch war das Artefakt des Empire eine ständige Quelle politischer Korruption und Unfreiheit. Um jeder *Unsicherheit* vorzubeugen, verschwieg Roosevelt den westlichen Führern, dem übernervösen polnischen Außenminister Beck und dem polnischen Staatsoberhaupt den Ernst der Lage, ließ also dem Krieg seinen Lauf, anstatt für seine Verhinderung ein Risiko einzugehen.

Als Stalin mit seinem Einmarsch am 17. September 1939 den polnischen Preis für die Rückendeckung des Reiches kassierte, raschelte der papierene britische Protest – wenigstens das war man dem nicht mehr existenten Bündnispartner schuldig. In der Folge jedoch entwickelte sich die Frage der Grenzen zum Exempel strittiger Machtdiplomatie. Kaum war Polen aufgeteilt, das Baltikum verschlungen, Frankreich am Boden und, als Ergebnis, das Entsetzen nüchterner Kalkulation gewichen, wandte sich Churchill, nun Premier des Kriegskabinetts, mit der Botschaft an Stalin, für ganz Europa, »unsere beiden Länder inbegriffen«, stelle sich die Frage, wie die Staaten und Völker Europas auf die Aussicht einer deutschen Hegemonie antworten würden. Er erwartete keine Antwort, wollte nur einmal gesagt haben, was der Adressat ja auch gerade überlegen mochte beim Blick über die ihm zugefallene europäische »Sphäre« und darüber hinaus.

Ein paar Monate später wurde der Premier deutlicher. Ausgehend von dem Umstand, dass der sozusagen *landlos* gewordene britisch-polnische Beistandspakt vom 25. August nur auf den Fall eines Angriffs *seitens Deutschlands* zugeschnitten war und die Garantieerklärungen auch für die anderen östlichen Staaten nicht deren Grenzen, sondern deren nationale Integrität betrafen, kam er am 22. September 1940 mit der Courtoisie heraus, die sowjetischen Annexionen im Baltikum, in Bessarabien, in der Westukraine und in Westbelorussland – die beiden letzten geografischen Bezeichnungen meinten das von Stalin okkupierte Ost-Polen – bis zum Zeitpunkt gemeinsamer Nachkriegsverhandlungen über eine Friedensregelung in Europa und Asien anzuerkennen.[49] Aus pacta wurden facta: *Facta sunt servanda.*

Öffentlich wollte *Churchill* diese Ansicht zunächst nicht vertreten, man habe es schließlich mit »Gewaltakten« zu tun. Daran erinnerte ihn *auch die polnische Exilregierung in London unter Ministerpräsident Wladyslaw Sikorski*. Auch als Hitler schon die Sowjetunion angegriffen hatte, erklärten die Briten am 30. Juli 1941 im Zusammenhang mit der Wiederaufnahme der diplomatischen Beziehungen zwischen der Sowjetunion und Exil-Polen in London, sie würden die territorialen Änderungen, denen Polen seit Kriegsbeginn unterworfen worden sei, nicht anerkennen.

Stalin war ganz anderer Ansicht. Für den Augenblick gab er in der prestigereichen polnischen Sache dem Druck zwar nach, erklärte den deutsch-sowjetischen Pakt für »ungültig« und versicherte am 1. November 1941 sogar, weder die Annexion fremder Gebiete und anderer europäischer Völker noch die Einmischung in Angelegenheiten anderer Länder gehörten zu den sowjetischen Kriegszielen. Tatsächlich aber betrachtete er die im Bund mit Hitler erreichten Grenzen als unverzichtbar und unveränderbar, musste diese Priorität zu Beginn des wenig glücklich verlaufenden Kriegs mit den Deutschen allerdings in eine Art Verrechnung mit den aktuellen Forderungen nach westlichen Hilfeleistungen und nach der Eröffnung einer zweiten Front im Westen bringen.

Auf allen Seiten schwelte Misstrauen, das war der Fluch der Vorgeschichte. Briten und Amerikaner schlossen nicht aus, dass die Sowjets eine Art Notfrieden mit Hitler suchen könnten, der gewisse Ähnlichkeiten mit dem von Brest-Litowsk im März 1918 aufweisen würde. Umgekehrt hielt Stalin eine Rückkehr der Briten zur Appeasement-Politik gegenüber den Deutschen zu seinen Lasten für sehr gut möglich. Mithin zeichneten sich im Gewölk des Kriegsjahres 1941 mit der Entstehung neuer Konstellationen, Bündnisse und Interessen schon alle Konflikte ab, die am Ende in den Kalten Krieg münden sollten. Jedenfalls die Spurenelemente wurden erkennbar, weshalb es an dieser Stelle angezeigt erscheint, ihre Wirkungen ins Auge zu fassen.

Kein Zweifel: Der militärische und politische Bündnisvertrag zwischen London und Moskau vom 4. Juli 1942 steht vom Beginn der Verhandlungen bis zum Ergebnis im Zeichen der *Mesalliance*, die West und Ost eingegangen waren. Stalin war enttäuscht, dass seine Zielvorstellungen, vor allem die territorialen, in dem Text keine Berücksichtigung fanden. London und Washington verstrickten sich in einen internen Kampf um Geltung und Zukunft. Die Amerikaner hielten von dem »kontinentalen« britisch-sowjetischen Abkommen überhaupt nichts – es roch nach altem Europa und verlebtem Appeasement, die Briten spürten ihre Schwäche.[50]

Roosevelt lud Molotow, der den Pakt in London mit steifer Feder unterzeichnet hatte, unverzüglich nach Washington ein und entwickelte ihm dort seine Vorstellungen von einer künftigen »rigorosen Machtpolitik der Großmächte«,[51] wobei sich die Sowjetunion unerwartet unter den »bewaffneten Weltpolizisten« wiederfand, die bei der Entwaffnung und Überwachung kleinerer Staaten im Dienst des Friedens mitwirken sollten. Hinter Roosevelts entschiedener Ablehnung einer *verfrühten Festlegung* in den Territorial- und Nachkriegsfragen, mit denen *Stalin* die Briten seit dem ersten Tag des deutschen »Donnerschlags« bedrängte, stand neben taktischem Kalkül massiver Anspruch auf die westliche Vormacht. *Churchill* verhielt sich vorsichtig und entsandte Außenminister *Eden* im Dezember 1941 mit der Weisung nach Moskau, bei den dortigen Vertragsverhandlungen jede bindende Abmachung hinsichtlich künftiger Friedensregelungen zu vermeiden. Wie nicht anders zu erwarten, legte Stalin dem Emissär unverzüglich eine »Landkarte Europas« vor, die nach bewährtem Muster als »Geheimvertrag« in den Mantel des formalen Bündnisabkommens gehüllt werden sollte.

Danach würde Polen im Osten an der Curzon-Linie enden – etwas weiter östlich der Demarkationslinie des deutsch-sowjetischen Paktes – und dafür im Westen mit deutschem Gebiet entschädigt werden. Die Sowjetunion beanspruchte Militärstützpunkte (das heißt beherrschenden Einfluss) in Finnland und Rumänien, die Anerkennung des baltischen Besitzes, forderte zudem den nördlichen Teil Ostpreußens und Garantien für die Ostseeausgänge in die Nordsee. Die Briten ihrerseits sollten sich Militärbasen in Frankreich, Belgien, den Niederlanden, eventuell auch in Norwegen und Dänemark sichern. Eden musste sich vorkommen, als sei er in die Molotow-Hitler-Gespräche vom 12. und 13. November des vergangenen Jahres geraten. Stalin wünschte nichts Geringeres als die Fortsetzung des deutsch-sowjetischen Teilungsediktes mit einem anderen Partner: der Osten rot, der Westen britisch. Eden lehnte das »Geheimabkommen« ab, musste sich aber Stalins bissige Frage gefallen lassen, es sehe ja so aus, als sei die Atlantik-Charta nicht gegen die feindlichen Mächte gerichtet, welche die Weltherrschaft anstrebten, sondern gegen die Sowjetunion.

Eden kam beeindruckt aus Moskau zurück. Mit seiner Meinung, das sowjetische Kriegsengagement fordere einen politischen Preis, hielt er jetzt nicht mehr zurück. Stalin müsse zufriedengestellt werden. Setze er sich nämlich gegen die Deutschen durch, was ja zu wünschen sei, würde die UdSSR als stärkste Macht in Europa aus dem Kriege hervorgehen. Für diesen Fall habe Großbritannien keine andere Wahl als eine *fruchtbare Kooperation.* Zeitige Anerkennung der sowjetischen Annexionen eröffne vielleicht die Möglichkeit, das polnische Grenzproblem zu lösen, das offengehalten werden müsse, und die russische Zustimmung zum britischen Plan einer Konföderation der kleinen mittelosteuropäischen Staaten zu erreichen – die Rückkehr zur Cordon-Politik mithilfe eines konsolidierten *Zwischeneuropas.* Wie viele seiner politischen Klasse, vor allem im Foreign Office, stand Antony Eden in der Tradition britischer *balance of power.* Dass sich mit den territorialen Konzessionen bereits der größte Teil dieses Europas in der Hand Stalins befinden würde, überging er; das russische Übergewicht sei durch kluge Diplomatie auszutarieren. Zu den *Appeasern* vom Schlage Chamberlains und Londonderrys hat Eden nie gehört. Umso bemerkenswerter sein Vorschlag im Kriegskabinett, gegenüber dem sowjetischen Diktator nachzugeben, um dafür etwas zu erhalten. Die Amerikaner sollte man bescheiden, »dass die britische Regierung zur Begründung einer langfristigen guten Zusammenarbeit mit der UdSSR die Zustimmung zu den sowjetischen Grenzen für unumgänglich hielt und erteilen wollte«.[52]

Churchill stellte sich auf Edens Seite. Am 7. März 1942 teilte er Roosevelt mit, er sei dagegen, die Atlantik-Charta (mit ihrer im August 1941 gemeinsam beschlossenen Ablehnung von Annexion und Gewalt) so auszulegen, »dass Russland jene Grenzen vorenthalten werden, die es im Augenblick des deutschen Überfalls de facto besaß«.[53] Gemeint waren in erster Linie die baltischen Staaten, was sich aus der Nachbemerkung ergibt, die feindlichen Elemente dort seien »gründlich liquidiert« worden, sodass kein Widerspruch gegen die Eingliederung in die Sowjetunion zu erwarten sei. Roosevelt sollte einsehen, dass sich Großbritannien in einer Zwangslage befand. Die Rückschläge zu Lande in Nordafrika, zur See in der atlantischen Konvoi-Schlacht und auf dem japanischen Kriegsschauplatz waren bedrückend. Man brauchte Stalin, der während des Winters im Kampf Tritt gefasst hatte, aber unberechenbar blieb. Zu der Zeit, als Churchill dem Präsidenten schrieb, überschlugen sich die Gerüchte über deutsch-sowjetische Friedensfühler in Stockholm mit Admiral Canaris in der Hauptrolle.[54]

Nach einigem Zögern schien Roosevelt angesichts der britischen Hartnäckigkeit, die Chance des Kontinentalabkommens mit den Russen nicht noch einmal wie im Sommer 1939 in den Wind zu schreiben, einzulenken. Er forderte lediglich die Zusicherung, dass die Bevölkerung eines zurückeroberten Baltikums, Ostpolens und eines überrannten Finnlands das Recht erhalten sollte, die Heimat *mit ihrem Besitz* (!) zu verlassen – stattdessen erwarteten sie Hinrichtungen und Deportation. Das war natürlich lächerlich, kennzeichnete aber das Ausmaß der Unzufriedenheit des Präsidenten über den britischen Alleingang.

Für den westlichen Hausfrieden war es ein Glück, dass Stalin den Eklat vermied, als die ängstlich gewordenen Briten alle Territorialbestimmungen aus dem Vertragsentwurf herausnahmen und die sowjetische Novembererklärung über den Verzicht auf Ausdehnung und Einmischung in die inneren Angelegenheiten anderer Staaten einfügten. London und Moskau einigten sich auf den kleinsten Nenner, auf gegenseitigen Beistand im Falle deutscher Angriffe, Zusammenarbeit bei der Sicherung des Friedens und beim Wiederaufbau, im Kern also darauf, wie der britische Premier *Stalin* schon Ende November empfohlen hatte, den Nationalsozialismus zu vernichten und den »preußisch-deutschen Militarismus« zu zerschlagen, damit diese nicht zum dritten Mal über ihre Nachbarn herfallen könnten. Die Territorialinteressen wurden lediglich mit dem dürren Wort von den »Sicherheitsinteressen« bedacht, denen man »Beachtung schenken« wolle. *Stalin* beschied sich aus ähnlich triftigen militärischen Gründen, mit denen *Churchill* seinerseits zum Nachgeben gegenüber Moskau geraten hatte: Die Deutschen waren im Winter zurückgefallen, aber nicht geschlagen und stürmten jetzt, im Frühjahr 1942, gegen sowjetische Kerngebiete im Süden an. Die Militärhilfe rückte in den Vordergrund.

Roosevelt, der europäischen Spiele müde, versprach dem aus London angereisten Molotow die Eröffnung einer zweiten Front im Westen noch für 1942, wobei den militärischen Beratern des Präsidenten, vor allem Stabschef *George Marshall*, klar war, dass es sich dabei um eine »Luftbuchung« handelte. Zustande kam im November des Jahres zunächst nur eine Landung angloamerikanischer Truppen in Nordafrika, die insofern zu einem Erfolg wurde, als das Afrika-Korps Erwin Rommels im September unter alliiertem Druck den Rückzug von el-Alamein, 100 Kilometer westlich des ägyptischen Alexandria, antreten musste und nun in einen Zweifrontenkrieg geriet.

Für Stalin bedeutete die Bewegung auf dem afrikanischen Kontinent überhaupt keine Entlastung. Deshalb nutzte der amerikanische Präsident die Gelegenheit, den sowjetischen Gast mit seiner Zukunftsvision einer kollektiven Globalherrschaft weniger Weltmächte zu beeindrucken. Um wenigstens der lebenden Generation den Frieden zu garantieren, wie Roosevelt formulierte, sollten die USA, die Sowjetunion, Großbritannien, China und vielleicht Frankreich, käme es wieder zu Kräften, anstelle des überlebten Völkerbundes den Rest der Welt entwaffnen und unter Kontrolle halten.

Jede der Großmächte würde in ihrem geografischen Umfeld eine *Vormacht-stellung* einnehmen. Der Plan bedeutete eine radikale Abkehr vom europä-ischen Prinzip der *Gleichgewichtspolitik*. Dies sollten die Russen wissen.

Die sowjetische Führung nahm den Weltordnungsplan zustimmend, fast delektiert zur Kenntnis, obwohl er sich angesichts möglicher Kontroversen darüber, was »Frieden« denn eigentlich sei, auch gegen Russland richten konnte. Schwerer wog zunächst jedoch die Aussicht, zum exklusiven Klub der bestimmenden Weltmächte zu zählen, eine regionale Hegemonialrolle einzunehmen, die Roosevelt mit Blick auf den Gast mit dem Beispiel an-reicherte, dass auch Polen und die Türkei auf die Liste der zu entwaffnen-den Staaten gehörten, und, mehr als alles andere, der Eindruck, im Westen zeichne sich einer der für das sowjetische dialektische Denken so wichtigen »Widersprüche« ab – der *historische Gegensatz* zwischen den politischen Strategien der Hauptmächte Großbritannien und Vereinigte Staaten.

Das war richtig erkannt. Aus dem Roosevelt-Plan der Großmächte-Ermächtigung und Kleinmächte-Beherrschung wurde zwar nichts, doch lässt sich durchaus eine Linie zwischen dem skizzierten Gedankenort des US-Präsidenten und seinen Äußerungen gegenüber dem Erzbischof von New York, *Francis Joseph Spellman*, im September 1943, also noch vor der Gipfelkonferenz in Teheran, ziehen. Russland sei so stark, erklärte er dem Kirchenfürsten, dass sich die Völker Europas, Frankreich vielleicht aus-genommen, auf eine sowjetische Hegemonie über Ost- und Mitteleuropa einstellen müssten. Das Regime werde barbarisch sein, aber die Völker müssten es einfach ertragen, bis es sich vielleicht mildere. Die USA und Großbritannien jedenfalls könnten nicht gegen Russland kämpfen.[55] Das klang resigniert und irgendwie zynisch gemessen an dem Aufwand, mit dem der Präsident Hitler bekämpfte. Roosevelts Politik vollendete sich: Polen und viele andere Kleinmächte Europas wurden sowjetische Satelliten. Der amerikanische Historiker *Stefan T. Possony* charakterisierte das Verhalten des Westens gegenüber Stalin mit einem bissigen Vergleich: »Es war gerade so, als ob Königin Viktoria ihre junge aufblühende Tochter mit Don Juan oder gar mit Jack, dem Bauchaufschlitzer, in eine Kammer gesperrt hätte, um die Kraft ihres Glaubens an die Menschheit zu beweisen.«[56]

Stalin: Expansiv werden

Stalins Beweggrund für die Einigung mit Hitler reichte entgegen manchen Annahmen über die natürlichen Sicherheitsüberlegungen hinaus. »Auf jeden Fall«, schreibt Bernd Bonwetsch in seinen quellenkritischen Be-merkungen über »Stalins Äußerungen zur Politik gegenüber Deutschland

1939–1941«, sei es aus dem heutigen Kenntnisstand »nicht mehr möglich, Stalin im Zusammenhang mit dem Nichtangriffsvertrag lediglich defensive Absichten zu unterstellen«, wie es nicht nur die sowjetische, sondern auch ein Teil der westlichen Geschichtswissenschaft jahrzehntelang getan haben.

Den Krieg zwischen Deutschland und den Westmächten hat Stalin im August 1939 sicher vorausgesetzt, wie durch Äußerungen vom Tage nach dem Vertragsabschluss belegt ist, wie Bernd Bonwetsch schreibt. Die Erläuterungen gegenüber *Georgi Dimitroff* (Generalsekretär der Komintern, H. K.) legen darüber hinaus jedoch den Schluss nahe, dass er den Nichtangriffsvertrag mit Deutschland nicht nur schloss, um die Sowjetunion wenigstens eine Zeit lang aus dem Krieg herauszuhalten, sondern ihn sogar absichtlich förderte, um womöglich weitergehende Pläne zu verfolgen. Damit könnte sich sogar ein Viktor Suworow (Pseudonym für Wladimir Rezun, 1978 nach Großbritannien gelangter Offizier der sowjetischen Abwehr) bestätigt fühlen, nach dessen Überzeugung Stalin Hitler als »Eisbrecher«, als Werkzeug benutzt habe, um die kapitalistischen Staaten sich gegenseitig schwächen zu lassen und sie anschließend mithilfe der Roten Armee dem Kommunismus einzuverleiben.[57]

Hinweise darauf enthalten Äußerungen Stalins gegenüber den Spitzenfunktionären der Komintern, *Georgi Dimitroff* und *Dmitri Manuilski* (im Beisein Molotows und des Politbüro-Mitglieds Andrei Schdanow) über den Nichtangriffspakt mit dem Reich am 7. September 1939, die in einem 1993 aus dem Archiv der Komintern freigegebenen Protokoll enthalten sind.[58] Grund für die Unterredung war das Entsetzen und die Ratlosigkeit der kommunistischen Gliedparteien in aller Welt über das Bündnis mit Hitler, Anlass ein Mahnschreiben Dimitrows und Manuilskis an Stalin, wonach der »Widerstand gegen die Aggression des faschistischen Deutschland ... unveränderte Position der Partei« bleiben müsse.[59] Von diesem Standpunkt hatte sich die Politik des Kreml entfernt. Stalin musste den Komintern-Verantwortlichen den neuen Kurs und die Motive dafür erklären, weil er die Unterstützung der Genossen im Ausland benötigte und Konformität zu den bolschewistischen Operationsprinzipien gehörte.

»Der Krieg«, führte Stalin aus, »wird zwischen zwei Gruppen kapitalistischer Staaten – armen und reichen in Bezug auf Kolonien, Rohstoffe usw. – um die Aufteilung der Welt und um die Weltherrschaft geführt. Wir haben nichts dagegen, wenn sie ordentlich gegeneinander Krieg führen und sich gegenseitig schwächen. Es wäre nicht schlecht, wenn durch die Hand Deutschlands die Positionen der reichsten kapitalistischen Länder – besonders Englands – zerrüttet werden würden. Ohne es zu wissen und zu wollen, untergräbt Hitler das kapitalistische System ... Wir können manövrieren und die eine Seite gegen die andere aufhetzen, damit sie sich umso heftiger

gegenseitig zerfleischen. Der Neutralitätspakt hilft Deutschland in gewisser Weise. Bei nächster Gelegenheit muss man die andere Seite aufhetzen ...«
»Wir hätten«, fuhr Stalin fort, »ein Abkommen mit den sogenannten demokratischen Ländern vorgezogen und haben deshalb Verhandlungen (mit ihnen) geführt. Aber die Engländer und Franzosen wollten uns in Knechtschaft halten und nichts dafür bezahlen. Selbstverständlich wollen wir uns nicht in Knechtschaft begeben ... Man muss der Arbeiterklasse also sagen: Der Krieg wird um die Weltherrschaft geführt; den Krieg führen die Herren der kapitalistischen Länder für ihre imperialen Interessen. Dieser Krieg wird den Arbeitern und Werktätigen außer Leid und Entbehrungen nichts bringen. Man muss entschlossen gegen den Krieg und seine Schuldigen auftreten. Entlarven Sie die Neutralität der neutralen bürgerlichen Staaten. Sie treten für die eigene Neutralität ein, unterstützen aber den Krieg in anderen Ländern, um leichter Gewinne zu machen ...«

In einem Krieg zwischen imperialistischen Mächten, betonte Stalin, sei die Unterscheidung zwischen Faschismus und demokratischer Herrschaftsform irreführend. Die Unterteilung in kapitalistische, faschistische und demokratische Länder habe ihre Berechtigung verloren. Mit Polen verschwinde ein »faschistischer Staat«, der Ukrainer und Weißrussen unterdrückt habe. Seine Auslöschung bedeute, dass es einen faschistischen Staat weniger gebe »und wir dem sozialistischen System dadurch weitere Territorien und Völker angliedern können«. Die kommunistische Internationale habe sich danach auszurichten, diktierte Stalin den Genossen, dass der »Sozialismus im eigenen Lande« von nun an aus sich heraustrete, im Interesse der Sowjetunion expansiv werde.

Der Antifaschismus, der immerhin Zweckbündnisse in demokratischen Ländern erlaubte, zum Beispiel die Volksfrontregierungen 1936–1938 in Frankreich, sei gut und schön gewesen und vorbei. Er habe keinen Vorrang mehr. Stalin erklärte die Volksfronttaktik zur Bekämpfung *Hitler-Deutschlands*, die erst 1935 auf dem Weltkongress der Komintern zur »Generallinie der Sowjetunion« verordnet worden war, für obsolet. Den führenden Genossen der Internationale gab er zwei neue Aufträge mit auf den Weg: die bedingungslose Unterstützung der sowjetischen Außenpolitik »für das eigene Land« und den Kampf gegen Kriegsvorbereitungen und Krieg der demokratischen Staaten, in denen die Komintern die kommunistischen Parteien dirigierte und auf den Willen Moskaus einzuschwören hatte.[60]

Stalin-Havas

Mit seiner Wendebotschaft hatte es Stalin schwerer als Hitler. Mochte das neue Bündnis dem *Führer* persönlich auch widerwärtig vorkommen – was tatsächlich der Fall war –, so konnte er es den mehr auf seine Person als auf eine Ideologie ausgerichteten Unterführern, den Gauleitern und Reichstagsabgeordneten, mit machtpolitischen Argumenten relativ leicht erklären. Dem skeptischen Verbündeten *Mussolini* tischte er die Ansicht auf, das bolschewistische Prinzip wandle sich »in Richtung auf eine nationale russische Lebensform«.[61]

Für *Stalin* hingegen reichte es nicht aus, auf den Vorrang der Staatsraison und die sowjetischen außenpolitischen Interessen zu verweisen, ohne »die internationale Berufung des Kommunismus« infrage zu stellen. Er selbst hatte, wie *François Furet* schreibt, »ein zweifaches Wesen, ein nationales und ein universelles«, was nicht allen erlaubt war. Im engsten Moskauer Kreis wagte ihm seit dem Großen Terror niemand zu widersprechen. Doch gab es im großen kommunistischen Weltlager Überzeugungen, die auf langer, intensiver Schulung beruhten und sich das hautenge Kleid eines *Idealismus* übergeworfen hatten, das nun zu brennen schien. Stalin durfte das nicht ignorieren. Er musste den Operateuren der Weltrevolution die harte Kost des Widerrufs der antifaschistischen Strategie vorsetzen und sie dazu bringen, sie vor seinen Augen zu schlucken. »Die Tiger sind gut dressiert«, bemerkte Leo Trotzki dazu verachtungsvoll im fernen Mexiko. »Sie fürchten die Peitsche und sind gewohnt, zur bestimmten Stunde gefüttert zu werden.«[62]

Wenn er ihnen sagte, der Neutralitätspakt helfe Deutschland *in gewisser Weise*, galt das natürlich erst recht für ihn selbst. Die Sowjetunion gewann durch das Bündnis mit Hitler Erholungszeit, deren sie dringend bedurfte, eine vermutlich zwei Jahre während Periode für den ungestörten militärischen Aufbau, zudem Sicherheit, die ihm keine westliche Macht zu bieten vermochte, und sofortigen Zugriff auf strategische Territorien, deren Eigentümer sich der Verwandlung ihrer Staaten in Interessensphären zweier Großmächte nicht zu erwehren vermochten. Insgesamt, so glaubte er, eine gute Vorbereitung auf die spätere unvermeidbare Auseinandersetzung mit dem Deutschen Reich und die darauffolgende mit der kapitalistischen Welt – so, wie die Lage war und er selbst nun einmal war.

In der Sache noch weitergehender, aggressiver, auch konkreter und *weiträumiger* soll sich Stalin bereits am 19. August 1939, vier Tage vor der Unterzeichnung des deutsch-sowjetischen Nichtangriffsvertrags, vor Mitgliedern des Politbüros und russischen Vertretern der Komintern geäußert haben. Nach dem von der französischen Nachrichtenagentur *Havas* im September 1939 veröffentlichten Text begründete er den Abbruch der Dreimächte-Verhandlungen mit England und Frankreich über eine Militärkonvention sowie die »Annahme« der, wie er sagte, »deutschen Vorschläge« und seine damit verbundenen »revolutionären« Absichten ausführlich vor dem inneren Machtzirkel. Eine Reihe von Experten bezeichnet den Text als gefälscht, andere als authentisch. Sollte es sich um eine Fälschung handeln, ist sie hervorragend gelungen und zeugt von großer interner Kenntnis.

Stalin stellte die sowjetischen Optionen sehr anschaulich nebeneinander. Wie ein paar Wochen später gegenüber Dimitrow und Manuilski, zeigte er sich »absolut überzeugt«, dass der Dreierpakt durchaus ein Mittel sei, den Krieg zu vermeiden. Hitler müsste auf seine Angriffspläne gegenüber Polen verzichten und einen Modus Vivendi mit den Westmächten suchen. Doch könnten in diesem Falle weitere Entwicklungen »für uns einen gefährlichen Charakter« annehmen. Demgegenüber bedeute der deutsch-sowjetische Vertrag Krieg, weil den westlichen Mächten nur die Intervention bleibe. »Unter diesen Umständen haben wir große Chancen, uns aus diesem Konflikt herauszuhalten, und wir können gespannt unseren Zeitpunkt abwarten. Das ist genau das, was in unserem Interesse liegt.« Man müsse deshalb den »deutschen Vorschlag« annehmen und die anglo-französische Mission (Militärmission, H. K.) höflich nach Hause schicken.

Falls die *starken Engländer und Franzosen* Deutschland im Westen eine Niederlage zufügten, erklärte Stalin, werde die Sowjetunion neutral bleiben, selbst wenn sich Deutschland (in der Folge der Niederlage) sowjetisiere und dort eine kommunistische Regierung gebildet werde. Zunächst aber sollte das Reich, unterstützt von sowjetischen Lieferungen, so lange kämpfen, bis seine Gegner zu geschwächt seien, um es allein zu schlagen. »Zur gleichen Zeit müssen wir … eine aktive kommunistische Propaganda betreiben, besonders im anglo-französischen Block und ganz besonders in Frankreich … So können wir zur Sowjetisierung Frankreichs gelangen.« Bleibe Deutschland jedoch Sieger, werde es seinerseits so mitgenommen sein, »dass es während der nächsten zehn Jahren keinen Krieg gegen uns führen kann«.

Zudem werde in einem besiegten Frankreich die Kommunistische Partei zu einer großen Kraft aufwachsen – dort werde sich »unausweichlich die kommunistische Revolution« vollziehen. »Diesen Umstand können wir ausnutzen, indem wir Frankreich zu Hilfe kommen und es zu unserem Verbündeten machen. Später werden wir alle Völker, die unter den ›Schutz‹ des siegreichen Deutschlands gefallen sind, zu unseren Verbündeten machen … Wir werden ein breites Tätigkeitsfeld zur Entwicklung der Weltrevolution gewinnen.«

Resümierend hob Stalin als das Interesse der Sowjetunion hervor, »dass der Krieg zwischen dem Reich und dem kapitalistischen anglo-französischen Block ausbricht. Es ist entscheidend für uns, dass dieser Krieg so lange wie möglich andauert, bis zur Erschöpfung der beiden Seiten. Deshalb nehmen wir den von Deutschland vorgeschlagenen Vertrag an und müssen alles dafür tun, dass dieser Krieg, ist er einmal erklärt, sich so lange wie möglich hinzieht. Unsererseits müssen wir unsere Wirtschaft stärken, sodass wir am Ende des Kriegs gut vorbereitet sind.«

Der Redetext wurde von der Historikerin Tatjana S. Buschujewa im Moskauer »Aufbewahrungszentrum der Historisch-Dokumentarischen Sammlungen« unter den *Deutschen Beute-Akten* entdeckt und 1994 im Moskauer Literaturmagazin *Nowy Mir* veröffentlicht.[63] Zudem fand er Eingang in eine Reihe russischer Geschichtsdokumentationen und wird dort als authentisch hingestellt. Die Ursprungsfassung der französischen Nachrichtenagentur Havas im September 1939 dementierte Stalin in der *Prawda vom 30. November 1939* persönlich, was als ungewöhnlich galt. Auch in einem Interview mit der Komintern-Zeitschrift *Die Welt* vom 7. Dezember 1939 bezeichnete Stalin den *Havas*-Text als Lüge und vertrat in der Antwort bezeichnenderweise die damalige deutsche Begründung für den Ausbruch des Kriegs.

Die Leute, erklärte er, die so etwas fabrizierten, könnten nicht leugnen: »1. Nicht Deutschland hat Frankreich und England überfallen, sondern Frankreich und England überfielen Deutschland und tragen damit die Verantwortung für den jetzigen Krieg. 2. Nach der Eröffnung der Kriegshandlungen wandte sich Deutschland mit Friedensvorschlägen an Frankreich und England, während die Sowjetunion die Friedensvorschläge Deutschlands unterstützte, da sie der Meinung war und weiterhin ist, dass die rascheste Beendigung des Kriegs die Lage aller Länder und Völker von Grund auf erleichtern würde. 3. Die herrschende Klasse Englands und Frankreichs lehnte sowohl die Friedensvorschläge Deutschlands als auch die Versuche der Sowjetunion schroff ab, die rascheste Beendigung des Kriegs zu erzielen. Das sind die Tatsachen. Was können die Tingeltangelpolitiker aus der Havas-Agentur diesen Tatsachen entgegenstellen?«[64]

Die sowjetischen Geschichtskanoniker stimmten Stalin natürlich zu und bezeichneten den Havas-Text pflichtgetreu als Fälschung. Eine Reihe westlicher Historiker folgte ihnen – unter anderen Eberhard Jäckel.[65] Neue Einwände stützen sich darauf, dass an Sitzungen des Politbüros »normalerweise« keine Komintern-Funktionäre teilgenommen hätten und dass bei solchen Gelegenheiten im Übrigen keine schriftlichen Sitzungsprotokolle angefertigt worden seien – was jedoch für die zitierten Hitler-Vorträge ebenfalls galt, deren Mitschriften und Notizen aus dem Gedächtnis von Teilnehmern man sehr ernst nimmt. *Bernd Bonwetsch* merkte zudem an,

dass Stalins Besucherjournal weder am 19. August noch sonst in der fraglichen Zeit eine erweiterte Politbürositzung ausweise (wogegen der Biograf *Simon Sabag Montefiore* den Kreml-Terminkalender als »eindeutig
unvollständig« bezeichnet. Bonwetsch selbst relativiert den Streit um die
Authentizität der Rede mit dem Hinweis, der *unbestreitbare Inhalt* der Aufzeichnungen Dimitroffs vom 7. September 1939 biete Handhabe genug, um
den Machiavellismus und Zynismus Stalins und der sowjetischen Politik
bloßzulegen.[66]

Der Streit um die Stalin-Rede beschäftigt auch russische Historiker, wie
den Stalin-Biograf *Dmitri Wolkogonow* sowie Forscher der sowjetkriti-
schen Nowosibirsker Schule, *Wladimir Doroschenko, I. W. Pawlowa* und
eben *Tatjana Buschujewa*. Das Dokument, urteilt *Doroschenko*, enthülle,
dass Stalin den Krieg provoziert habe mit dem Ziel, daraus zunächst Ge-
bietsgewinne zu ziehen, um später, nach der »Erschöpfung« der anderen,
mit der Roten Armee das europäische Schlachtfeld zu betreten.[67] Obwohl
dies weder in dem Dimitroff-Text noch in der *Havas*-Version direkt zum
Ausdruck kommt, erscheint der Kern der Sache, wonach Stalin einen europäischen Krieg nicht nur wollte, sondern als vertragspolitischer Dienstleis-
ter nach Kräften förderte, zweifelsfrei belegt.

Der sowjetische Führer legte 1939 seine Politik darauf an, Nutznießer
einer kriegerischen Auseinandersetzung zu werden – in Polen und anderen
Teilen seiner erworbenen Einflusszone territorial, was ganz Europa und andere erreichbare Teile der Welt betrifft, zumindest in Form revolutionärer
Propaganda und Tat. Die Elemente der weltrevolutionären und der nationalrussischen Mission fließen somit exemplarisch ineinander. Seine Kalkulation, selbst ungeschoren vom Krieg der anderen zu profitieren, um schließlich die Ernte in die eigene Scheuer fahren zu können, ging zwar nicht auf.
Das ändert jedoch nichts am monumentalen Faktum seiner Täterschaft, das
manche Historiker geschichtspolitisch so schmerzlich zu berühren scheint,
dass sie sich zwanghaft faux-fuyant verhalten – wegzudeuten suchen, was
sinngemäß auch im Interesse Stalins nicht zu leugnen ist, unterstellt man
ihm strategischen Verstand.

Man darf annehmen, dass Hitler den Havas-Text kannte, der von seiner eigenen Auffassung über Bündnisse nicht weit abwich. Er wusste (und
sprach es wiederholt aus), dass die Verträge mit den Sowjets nicht von
Dauer sein würden. Als Aushilfe, wie er sie sah, boten sie ihm jedoch den
Vorteil, dank Stalins temporärer Rückendeckung auf jeden Fall jenseits
der Roten Linie operieren zu können, die ihm die westlichen Mächte nach
der Verwandlung der Tschechei in ein Protektorat im März 1939 in die
politische Landkarte eingezeichnet hatten, wobei er immer noch hoffte, sie
würden auch jetzt »vernünftig« reagieren, wenn er ihnen nur lange und

eindringlich genug einredete, dass er nach wie vor der europäische *Rocher de bronze* wider den Bolschewismus sei. Ob dies wirklich sein Ernst war oder ottonischer Ausdehnungsdrang das erste und letzte Motiv, wie Arnold J. Toynbee post festum meinte, war in der Zeit, von der wir handeln, nicht eindeutig auszumachen. Am 9. September, als Stalins angebliche Ausführungen bei der Nachrichtenagentur Havas und fast zeitgleich in der schweizerischen Zeitschrift *Revue de droit international* erschienen,[68] standen die deutschen Divisionen in den Außenbezirken Warschaus und Hitler hatte die in Stalins *Prawda*- und *Welt*-Dementi erwähnten Friedensvorschläge schon an die Westmächte gerichtet. Sollte nach der sich abzeichnenden raschen Niederlage Polens der Krieg (zunächst) zu Ende sein?

Der Pakt ruft bis zum heutigen Tag Abscheu hervor,[69] wiewohl es angesichts der damaligen Kriegskrise ziemlich müßig erscheint, Mächten Vorhaltungen zu machen, wenn sie sich auf Kosten anderer sicherten. Stalin, der Anbieter der Rückenfreiheit für Hitler, stellte, wie *Henry Kissinger* ausführt, seine Ideologie von Beginn an in den Dienst der Realpolitik: »Richelieu oder Bismarck hätten seine Strategie ohne Weiteres verstanden. Doch die Staatsmänner der Demokratien waren mit ideologischen Scheuklappen geschlagen; da sie die Prinzipien der Machtpolitik verworfen hatten, glaubten sie, ein allgemeingültiges Bekenntnis zu den Prämissen kollektiver Sicherheit sei die Bedingung für gute Beziehungen unter Nationen und ideologische Gegensätze schlössen jede Möglichkeit einer praktischen Zusammenarbeit zwischen Faschisten und Kommunisten aus. In beiden Punkten irrten die Demokratien.«[70] Und weiter: »Wenn es zutrifft, dass politische Systeme notwendigerweise auch die Außenpolitik bestimmen, dann hätten Hitler und Stalin sich ebenso wenig die Hände reichen dürfen wie Richelieu und der türkische Sultan drei Jahrhunderte davor. Gemeinsame geopolitische Interessen können ein sehr mächtiges Band knüpfen und ein solches Band trieb auch die Erzfeinde Hitler und Stalin aufeinander zu.«[71]
Kissinger steht mit seiner Ansicht nicht so allein, wie manche Kritiker meinen. Winston Churchill schloss sich ihm in seinen Kriegsmemoiren mit verblüffend ähnlichen Worten an. Über Molotows Führung der auswärtigen Politik schreibt er beispielsweise, Mazarin, Talleyrand und Metternich würden ihn »als einen der ihrigen willkommen heißen, falls es eine andere Welt gäbe, zu der Bolschewisten sich selbst den Zugang gestatteten.«[72] Heute gelangen so unterschiedliche Autoren wie *Gabriel Gorodetsky* und *François Furet* zum selben Ergebnis.
Es wäre falsch, schreibt der israelische Historiker Gorodetsky, »den Ribbentrop-Molotow-Pakt den Launen eines Tyrannen oder einem ruhelosen, ideologisch geprägten Expansionsdrang zuzuschreiben. Stalins Politik er-

scheint als durchaus vernünftig und durchdacht, eine skrupellose Realpolitik, die einem klar umrissenen Interesse diente.«[73] Furet wiederum maß dem Pakt reine »Umstandsbedingtheit« zu; er kam dem Bedürfnis Hitlers entgegen, sich noch vor Beginn des Kriegs der Neutralität Stalins zu versichern, und verschaffte dafür dem Partner territoriale und temporäre Vorteile. Was aussagekräftigere Motive betreffe, fährt Furet fort, lasse sich die ganze Angelegenheit zwischen Deutschland und der UdSSR im August und September 1939 »auch als Handeln im Sinne der Staatsraison einordnen. Die beiden großen ideokratischen Diktaturen dieses Jahrhunderts haben letztlich Verständigung auf einer Ebene erzielt, die jenseits ihrer Ideologien lag«. Zum Vermächtnis beider habe der Wille gehört, das Europa von Versailles zu zerstören, mit dem der französische Imperialismus die Herrschaft über den Staatengürtel zwischen dem besiegten Deutschland und dem Russland der Oktoberrevolution von 1917 befestigen wollte.[74]

Das Resümee ist eindeutig: Tiefe Einblicke in die Geheimnisse der Machtpolitik, welche ja die Zeit bestimmten, schienen den Alliierten nicht vergönnt gewesen zu sein. Die britischen Garantien für drei mittelost- und südosteuropäische Staaten sowie die Türkei, besonders die Zusicherung für die Integrität (nicht die Grenzen) Polens, hingen ohne die Mitwirkung der unmittelbar flankierenden Sowjetunion in der Luft. Obwohl die Westalliierten keine Chance hatten, ihren Schützlingen vor Ort beizuspringen, redeten sich die Regierungen ein, mit der Polen-Garantie vom 31. März 1939, verkündet von Premierminister Chamberlain im britischen Unterhaus, sowie der zusätzlichen gegenseitigen Bündniszusage vom 6. April und der bestätigenden Militärallianz vom 25. August, kurz nach Abschluss des deutsch-sowjetischen Vertrags, den Deutschen ein abschreckendes Zeichen gesetzt zu haben. Paris versprach für den Fall einer deutschen Invasion einen großen Entlastungsangriff im Westen, den es von vornherein nicht zu unternehmen gedachte.[75] England besaß gerade einmal zwei einsatzfähige Divisionen und wollte noch ohne Wehrpflicht auskommen.[76] Unter diesen Umständen hielt der erfahrene Kriegspremier *Lloyd George* das Engagement für eine »verrückte« Sache.

Nachdem das britische Unterhaus sich im März 1940 für die Integrität – nicht die Grenzen – Polens ausgesprochen hatte, verliefen die Verhandlungen über eine Militärkonvention in Moskau ausgesprochen schleppend. Offiziell scheiterten sie am 23. August an der erkennbaren Absicht der Westmächte, Russland in einem eventuellen Krieg mit Deutschland bluten zu lassen und sich selbst mehr oder weniger vornehm zurückzuhalten. Gegen besseres Wissen setzten die Alliierten ganz auf Polen, hielten den zur Selbstüberschätzung neigenden Partner an der Weichsel sogar für militärisch stärker als die UdSSR. Stalins Hinwendung zur deutschen Seite,

durch die Verlockungen eines opulenten Wirtschaftsvertrags in Gang gekommen, nahm durch das geheime Zusatzabkommen, das sei hier nochmals hervorgehoben, faktisch den *Charakter eines Kriegsbündnisses* an.
Die neue Kräfteverteilung in Europa veränderte offenbar auch den Modus
der alliierten Wahrnehmung. Stalins fliegender Wechsel und die folgende
vierte Teilung Polens erschienen den Alliierten nach den langen, dilatorisch
geführten Verhandlungen über eine Dreierallianz als *blanker Verrat*.

Die Stellungnahmen spiegelten tiefe Bitternis. Der mehrfache französische Premierminister *Édouard Daladier* beklagte im April 1946,[77] die
UdSSR habe zwei Verhandlungen geführt, die eine mit Frankreich, die andere mit Deutschland. Sie habe die Teilung (Polens, H. K.) bevorzugt, nicht
die Verteidigung – dies sei der unmittelbare Grund für den Zweiten Weltkrieg gewesen, auch wenn andere Gründe hinzugekommen seien. Churchill
wiederum bezeichnete den deutsch-sowjetischen Pakt in seinen Erinnerungen als *never-to-be-forgotten-transaction*: »Nur totalitärer Despotismus«,
so schwante ihm jetzt, »konnte das Odium auf sich nehmen für einen so
unnatürlichen Akt.«[78] Dem Fundus aus Verbitterung und strategischer Verwirrung in den politischen Quartieren und Generalstäben mag der Wunsch
entsprungen sein, neben dem Hauptfeind Deutschland auch dessen *Beute-
partner* und *Blockadebrecher* Sowjetunion einer exemplarischen militärischen Bestrafung zu unterziehen.

3. Die periphere Strategie der Westmächte

An dieser Stelle unserer Darstellung begegnen wir dem *Phänomen des peripheren Kriegs*, einem militärchoreografischen Ringtanz um den deutsch-
sowjetischen Interessenverband. Da es sich um konkrete Generalstabspla-
nungen und Beschlüsse der Regierungen in London und Paris handelte,
kann von kontrafaktischer Geschichtsbetrachtung nicht die Rede sein.[79]

Die Vorbereitung konzentrischer Vorstöße in Weichteile des Feindes verfolgte, wie wir schon andeuteten, zwei Ziele:

Erstens. Die konzentriert zielgerichtete deutsche Streitkräftebewegung in
Richtung Westeuropa durch Frontbildungen in Norwegen und Schweden
und auf dem Balkan zu irritieren oder gar aufzulösen.

Zweitens. Die als geschwächt eingeschätzte Sowjetunion mittels Luftangriffen, eventuellen Vorstößen nach Südrussland (vorzugsweise mit türkischer Unterstützung) und per Intervention in den finnisch-sowjetischen
Konflikt zu Fall zu bringen, zumindest aber den kriegswichtigen Güterfluss
nach Deutschland zu unterbinden.

Der periphere Krieg, wie die Alliierten ihn anzulegen gedachten, hätte mit seiner Ausweitung auf die Sowjetunion Stalin zwangsläufig zum regelrechten Kriegsverbündeten Hitlers gemacht. In kürzester Zeit wäre aus dem Nichtangriffspakt eine *Kontinental-Allianz contra West-Entente* entstanden. So gesehen hatten die Verbündeten großes Glück, dass ihnen der multiple Kriegszug versagt blieb. Zum realen Kriegsbild gehörte zudem, dass die Rote Armee nicht so geschwächt war, wie die maßgebenden Politiker Europas (und der USA) mitsamt ihren Generalstäben annahmen. Wir begegnen hier einem der folgenschwersten, über alle Lager verbreiteten Irrtümer der Zeit, den der blamable Auftakt des russischen Feldzugs gegen Finnland anschaulich vertiefte. Dies bedarf einer eingehenden Darstellung, weil der Winterkrieg (November 1939 bis März 1940) die sowjetische Führung veranlasste, ihre Streitkräfte von der Doktrin bis zur Felddienstordnung zu reformieren und eine neue Generation militärischer Führer an die Spitze der Truppen zu stellen.[80]

Man muss sich die Konsequenzen der alliierten Bitternis vor Augen halten: Die Wendung zum Krieg gegen »Teutoslavia«[81] – paradoxerweise durch die Alliierten und nicht durch Hitler provoziert – würde die eingeschriebene Heterogenität der ideokratischen Mächte Deutschland und Sowjetunion, die kein Vertrag zu beseitigen vermochte, zumindest für die Zeit des gemeinsamen Kampfes, womöglich sogar des ganzen Kriegs außer Kraft setzen. In der Propaganda wäre fortan von einem *anglo-französischen Angriffskrieg* die Rede gewesen – im Anklang an die sowjetisch-deutsche Bezichtigung der Westmächte vom 28. September 1939, für die Verlängerung des Kriegs verantwortlich zu sein, und an die glatte Verurteilung der Alliierten als »Aggressoren« durch Molotow am 31. Oktober des Jahres.[82] Hitler hätte der Sowjetunion sofort Panzerdivisionen und Luftflotten zur Verteidigung der *nationalen Integrität und der Grenzen* angeboten und Stalin hätte sich bei Hitler gewiss artig bedankt.

Drei Gründe für die Peripher-Strategie

Erstens: die Schwächung der Sowjetunion. Der stalinistische Terror erweckte in aller Welt den Eindruck einer existenziellen Schwächung der Sowjetunion. Dafür sprachen die Indizien eines unerhörten Chaos, ausgelöst durch eine umfassende, zunächst die Partei, dann Organisationen und Berufsgruppen, schließlich in einer *Massenoperation* alle Bewohner des sowjetischen Machtbereichs durcheinanderwirbelnde Verfolgungskampagne. Die schier unerklärliche Wucht und scheinbare Willkür machten Betroffene und Betrachter fassungslos, die Urteilskraft erstarrte. Der Vorgang, von Stalin und seinen Magnaten initiiert, hatte leninistische Wurzeln, erhält aber jetzt, nach den treibenden Geschichtsmomenten von Revolution, Krieg und Bürgerkrieg, einen täuschend paranoischen Zug. Systeme für verrückt zu erklären, politische Befunde in medizinische Semantik zu zwängen ist ein bekanntes, oft aber lächerlich wirkendes Verfahren. Denn auch noch im Furchtbarsten kann eine Rationalität arbeiten, mit der die Anstifter ausgeklügelte Zwecke verfolgen und wie Festungsarchitekten Leichenberge zu Wällen ihrer Macht oder ihres Machterhalts aufwerfen.

Die französische politische und militärische Elite, die auf das sowjetische Chaos und den daraus (fälschlich) abgeleiteten Machtverfall setzt, projizierte die eigene Verzweiflung und defätistisch gestörte Kriegsbereitschaft auf die Bildfläche der sowjetischen Führung und traf dabei mit einer Art genialischer Zielsicherheit auf einen rotglühenden Stern. Unter allen Deutungen der *Tschistka*, dem erbarmungslosen Nachstellen des eigenen Volkes und seiner Führer untereinander im Dunkel einer fensterlosen Monade ist diejenige *Karl Schlögels* die erhellendste.[83] Schlögel kritisiert, dass den »Opfern des anderen Zivilisationsbruchs (des stalinistischen, H. K.) nie jene Aufmerksamkeit und Anteilnahme zuteil wurde, die man von einer Öffentlichkeit, die sich dem Horror der nationalsozialistischen Verbrechen ausgesetzt hatte, erwarten durfte«.

Mit den mannigfachen Ursachen des Terrors werden wir uns ausführlich beschäftigen. Schlögel fokussiert auf die *Verzweiflungstat* aus Angst vor Machtverlust und Scheitern der Revolution – ein wichtiger, aber nicht ausreichender Aspekt. Die herrschende Minderheit sah sich in eine tatsächliche respektive eingebildete russische Welt der Volksfeinde, Agenten, Spione, des um sich greifenden Schädlingswesens trotzkistisch-deutsch-japanischer Observanz und Initiative verwiesen, umstellt von feindseligen Reaktionären, rachelüsternen Kulaken, verräterischen Funktionären und insgeheim frondierenden Offizieren. Entscheidend war der durchdringende Verdacht, die Diversion sei in die höchsten Ränge der Partei (Bucharin, Rykow, Ordschonikidse) eingedrungen, angestachelt und korrumpiert vom *kapitalistischen, faschistischen* Ausland.[84]

Der Rest der Welt nahm die Tschistka (»Säuberung«) auf ihrem Höhepunkt von 1936–1938 als ein infernalisches Getöse wahr. Niemand besaß ein zuverlässiges Bild. Irritierend, sichtblendend war die geradezu unheimliche Gleichzeitigkeit, das Ineinander von Terror und Traum – ambitionierteste, geradezu prometheische Aktivitäten des Regimes, wie der Bau des Moskwa-Wolga-Kanals (180 Kilometer), Planung futuristischer Stadttürme in Konkurrenz zu New York und das Aufstecken kultureller Glanzlichter einerseits, wachsende Unsicherheit der Führung andererseits. Die ersten allgemeinen, freien und direkten Wahlen zum Obersten Sow-

jet, vorgesehen für den 12. Dezember 1937, wurden parallel und synchron
zur *Massenoperation* der Verhaftung und Vernichtung Hunderttausender
von Menschen inszeniert, um alle Kräfte physisch auszuschalten, die der
Kommunistischen Partei hätten gefährlich werden können. »Es ist kein
Zufall«, schreibt *Schlögel*, »dass die Veröffentlichung der Wahlordnung
in der *Prawda* zeitlich exakt zusammenfällt mit Stalins Entwurf für die In-
gangsetzung der Massentötungen: Beide Dokumente tragen das Datum des
2. Juli 1937.«[85]

Niemand, auch nicht der französische Botschafter *Robert Coulondre* –
1936–1938 in Moskau, anschließend in Berlin –, wusste die Plenarsitzung
des Zentralkomitees der Kommunistischen Partei vom 23. Februar bis zum
5. März 1937, bei der das Unwetter der sowjetischen Krise das Zentrum
der Parteiführung erreichte, anders zu deuten denn als durchgreifendes
Zerfallsindiz. Eine andere Schlussfolgerung schien von normalen Staats-
gesichtspunkten aus nicht möglich. Der Selbstmord des prominenten Polit-
büromitglieds *Grigori Ordschonikidse*, des Volkskommissars für Schwerindustrie, am Tage vor Sitzungsbeginn breitete sich wie ein Schatten über
die Versammlung. Die 100 Mitglieder und Kandidaten des ZK wurden vom
Eindruck der Katastrophe im Land förmlich überwältigt. Pläne zur Rettung
der Macht vor aggressiver Unzufriedenheit und Verrat standen einander
entgegen. Schlimmer waren die gegenseitigen Unterstellungen. Die *Dechif-
frierung der Semantik* in den erst 60 Jahre später veröffentlichten Protokollen des Februar-März-Plenums enthüllt, wie der Herrschaftsdiskurs in
kollektive Tötungsbereitschaft umschlägt, die Debatte zum Tribunal wird,
das unverzüglich Opfer verlangt. *Bucharin* und *Rykow* – beide Vertraute
Lenins, bis vor Jahren auch Stalins, beide bedeutende Altfunktionäre der
Lenin-Ära – sollten zum Geständnis des Verrats gezwungen werden, als
ließe sich damit die Gefahr für die Macht bannen. Denunziation und In-
sinuation, die Dynamik der Verdächtigung kursierten im Kreis der Führer,
die einander nicht mehr trauten. Gegen den Zerfall gab es nur noch das
Remedium des Mordes, die Illusion des Blutes.

Zweitens: Stalin für den »Verrat« bestrafen. Die unterstellte Schwäche, die angebliche »Kampfunfähigkeit« der sowjetischen Armee nach den
Aderlässen des Terrors, die keuchende Existenz des ganzen Landes nahe
dem Zusammenbruch gehörten 1939/1940, augenfällig erwiesen durch die
Rückschläge der Roten Armee im Kampf gegen die Finnen, zur festen Annahme der interessierten Staatenwelt und Öffentlichkeit. Der französische
Generalstab, auch die britischen Kriegsplaner und die neutralen Amerikaner gingen grundsätzlich von diesem Befund aus. Dass dabei vieles übersehen wurde, wunschgetrieben, durch unsichere Informationen oder ideologisch verursacht, wird uns in dieser Betrachtung noch beschäftigen.

Motivierend für die Planungen gegen die Sowjetunion, emotional sozusagen anstiftend wirkten jedoch die Verdammungsurteile über *Stalin*, der vom Frühjahr bis Sommer 1939 Dreierpakt-Verhandlungen mit den Alliierten geführt und dabei dem überaus interessierten Paris und dem wie immer etwas distanzierten London Hoffnungen auf einen Prospekt preiswerter Sicherheit und Eindämmung Hitlers gemacht hatte, um sich im August brüsk abzuwenden, ja, die Gegenrichtung einzuschlagen. Er verbündet sich mit Hitler der schnellen, großen, umstandslosen territorialen Gewinne wegen, des Zeitpolsters für Rüstungen zuliebe, last not least in der Absicht, nach dem erhofften Ruin der Kriegführenden das Geschehen *diktieren* zu können. Dies war es ihm wert, den Deutschen den Rücken freizuhalten und mittels opulenter Handelsabkommen im August 1939 und Februar 1940 die Wirkung der westlichen Seeblockade nahezu aufzuheben.

Dass dies in Frankreich, des Beistandspakts mit der Sowjetunion (vom Mai 1935) eingedenk, nicht nur Schulterzucken auslöste, sondern Enttäuschung, Hass, ja, dem Bestreben nach Bestrafung freie Bahn brach, war so gut wie unvermeidlich. Die Mutmaßung der Konspiration liegt in solchen Fällen nicht fern. Die Information Botschafter *Coulondres*, Stalin habe bereits im Oktober 1938, also kurz nach der Sudetenkrise und dem Münchener Abkommen, als sich der Kreml übergangen und einer panimperialistischen Verschwörung ausgesetzt fühlte, eine Übereinkunft mit Hitler erwogen, die auch eine Verständigung über das Schicksal Polens einschließen sollte, stieß auf Glauben.[86]

Verifizieren ließ sich Coulondres Darstellung nicht, gewiss ist jedoch, dass *München* den sowjetischen Führer zum Abkommen mit Hitler ermunterte, die Politik der zwei Eisen im Feuer jedoch noch viel älter ist, vermutlich ins Jahr 1936 zurückreicht, als Stalin im Spanischen Bürgerkrieg zwar siegen wollte, zugleich aber alles tat, um mit den Deutschen nicht in einen großen Konflikt verwickelt zu werden und als guter Verhandlungspartner zu erscheinen.[87]

Mit *heißen Gefühlen* musste man wenig später zur Kenntnis nehmen, dass sich die Russen, ohne über Gebühr zu zögern, im September 1939 des Ostteils Polen bemächtigten, nur um Tagesdifferenz vom Feldzug der Wehrmacht getrennt, dann aber, am 22. September 1939 in einer Parade in Brest-Litowsk mit ihr vereint, in jener Stadt, in der Lenin 1918 den verlustreichen Vertrag zur Rettung der Sowjets mit dem Deutschen Reich schließen musste. *Stalin* rechtfertigt sich mit der *Errettung* der Weißrussen und Ukrainer auf polnischem Staatsgebiet. Der Auftritt von sieben Armeen (einer halben Million Mann), 4000 Panzern, 2000 Flugzeugen sollte der Welt imponieren, erzeugte im Westen aber nichts als abgrundtiefe Verachtung. Dabei wusste noch niemand, »dass die Männer des NKWD im Osten des Landes im Gefolge der Roten Armee in etwa das Gleiche unternahmen wie die SS-Einheiten im Gefolge der Wehrmacht: Sie liquidieren und deportieren Angehörige der polnischen Elite und »alles, was nur entfernt an den potenziellen Gegner erinnert«, schreibt *François Furet*.[88]

Das Ansehen Stalins in Frankreich war dahin, der Pakt von 1935 eine tote Larve, die geopolitische Revision von 1917 verflossener Traum, das französische *Zwischeneuropa*, der Versailler Cordon gegen Deutschland und die Sowjetunion, zerbrochen und der patriotische Antifaschismus der Volksfront von 1936, die demokratische Vulgata der Französischen Revolution, nichts als ergraute Vergangenheit. Die kommunistische Partei schmolz dahin, die antifaschistische Massenkultur, Bindemittel der gesamten Linken und Tapetentür zur bürgerlich-liberalen Welt, verlor den verführerischen Charme, der so vieles duldete, nur keinen Antikommunismus.

Als die Nachricht des Hitler-Stalin-Pakts die völlig unvorbereitete Kontroll- und Regelagentur der Moskauer Weltdependancen Komintern (Kommunistische Internationale) und die KPF erreichte, wollte man zunächst nicht glauben, dass die *union sacrée* gegen den Faschismus zu Ende sein sollte. Hatte man damit nicht Erfolg gehabt? War man nicht in das Allerheiligste des französischen Staates vorgedrungen? War nicht Moskau das Bollwerk der Hoffnung, die *voyage à Moscou* der Intellektuellen eine Annäherung an den Gral wunderbarer Kräfte, mehr als die voyage à Berchtesgaden und die Rom-Pérégrinations von einst? *Romain Rolland* hat sein Leben lang nicht vergessen, dass *Stalin* ihn mit den Worten begrüßte, er schätze sich glücklich, dem »größten Schriftsteller der Welt« zu begegnen.[89]

Und nun der totale Umbruch. Schärfer denn je traten die Fronten hervor, mehr denn je war Frankreich gespalten. Dies zu erkennen brauchte seine Zeit. Zuerst hatte die KPF den Pakt als Stalins Versuch begrüßt, der Furie des Kriegs zu entgehen – aus »berechtigtem« Misstrauen gegenüber den westlichen Mächten. In der Resolution der Kommunisten vom 25. August 1939 hieß es noch, falls Hitler »trotz allem« Krieg auslösen sollte, werde er es mit allen Franzosen zu tun bekommen, voran den Kommunisten. Das klang nach alter Volksfront. Die Parlamentarier der PCF billigten die Kriegsanleihe, man folgte den Einberufungsbefehlen: Maurice Thorez, seit 1930 Generalsekretär, rückte am 6. September in sein Regiment nach Arras ein – um schon am 4. Oktober über Belgien nach Moskau zu fliehen.[90]

In kürzester Zeit unterwarf die Komintern das Gros der KPF-Kader dem Befehl *Stalins*. Nach ultimativer Gehirnwäsche stand die Partei plötzlich als antinationale Avantgarde da wie vor 1935, vor der offiziellen Moskauer Segnung des Antifaschismus, und machte die Kolonialdemokratien für Hitlers Angriff auf Polen verantwortlich, verurteilte die »imperialistischen Kriegstreiber« für alles, was nun irgendwo geschah. Die Kommunisten in den kapitalistischen Ländern, so verfügte Stalin, hätten auf die Volksfront, auf Machtbeteiligung und Kompromiss zu verzichten und sich stattdessen *entschlossen* gegen ihre eigenen Regierungen und gegen »deren« Krieg zu wenden.[91] Der Kreml verlange Gehorsam: keine Träne für Polen, keine Hand gegen Hitler, kein Sterben für Danzig. Die Ausdehnung und Sicherung der UdSSR habe absoluten Vorrang, ja, sie ist die internationale proletarische Revolution.

Es ist bewundernswert, wie das funktionierte. Die jähe Wende zum Verzicht auf Antifaschismus und auf die Priorität des Kampfes gegen Hitler rief außer Empörung auch Feindschaft hervor – die Parti Communiste wurde am 28. September verboten, *Stalin* vom potenziellen Verbündeten zum Verräter. Fassungslos sahen westliche Regierungen und Genossen, wie Sowjets und Deutsche Polen untereinander aufteilten – jenes Polen, mit dem Frankreich seit dem 19. Februar 1921 einen Bündnisvertrag unterhielt mit einem Militärabkommen als Geheimdossier. Das Bündnis war durch den Garantievertrag vom 19. Oktober 1925 im Vertragspaket von Locarno erneuert worden, doch ließ sich den Deutschen ihrerseits ein *Ost-Locarno*, die Anerkennung der Grenzen im Osten nach dem Vorbild derer im Westen, nicht abzwingen. Umso mehr war Polen auf die Zuverlässigkeit der britischen und französischen Zusagen vom März und August 1939 angewiesen.

Vor allem Paris drang der Stachel des Versagens tief in die Seele. Man begriff nicht, wollte nicht begreifen, dass *Stalin* mit dem Hitler-Pakt über den Rahmen der Sowjetunion in ihrer gegenwärtigen Gestalt hinausdachte, in der Kategorie von Interessen, wie ja auch Frankreich 1935 *seine Interessen* im Auge gehabt hatte und nicht das zur gleichen Zeit aufwachsende Großformat der *Säuberungen*, jener Tschistka, die außer Distanz ja auch Verachtung verdient hätte. Eine solche Rationalität, auch wenn sie in der französischen Diplomatie der früheren Jahrhunderte, ja, selbst im geschichtsfrischen Münchner Abkommen drastisch zum Zuge gekommen war, erschien den Alliierten, vor allem den Franzosen an der europäischen Front, als purer Zynismus.

Hinzu kamen *Beleidigungen*, die man nicht hinnehmen konnte: Die Direktive der Komintern vom 9. September 1939, Maßnahmen gegen den »imperialistischen Krieg« der Alliierten in die Tat umzusetzen, und die Aufforderung der neuen Bündnispartner im Kommunique zum Freundschafts- und Beistandsvertrag vom 28. September an die Westmächte, ihre »Aggression« zu beenden. Das Maß war voll – kein Wunder, dass die tief gekränkte Leidenschaft in Paris die Revanche eines Feldzugs gegen die Sowjetunion forderte.

Drittens: Die Briten wollten die Ersten sein. Der periphere Krieg, mit dem man Deutschland aus der Mitte locken wollte, blieb ein Wahn, ausgenommen Skandinavien, wo 1939/40 zwei Kriege, der finnisch-sowjetische und der norwegisch-dänische unter Beteiligung der Briten, Franzosen und Deutschen ausgefochten wurden. Sie blieben freilich regional und ohne entscheidenden Einfluss auf die Ereignisse, die den *drôle de guerre* beendeten und mit der Kapitulation Frankreichs im Juni 1940 und der Standhaftigkeit Großbritanniens unter *Winston Churchill* den weiteren Verlauf des Ringens bestimmten. Es gab keine skandinavische Front, mit der die militärischen Pläne des Reiches durchkreuzt und die Zufuhr wertvoller Erze gestoppt worden wäre. Wochen und Monate haben der Große Alliierte Kriegsrat, das War Cabinet in London, der Ministerrat in Paris, die Chiefs of Imperial General Staff, das Directorate of Military Operation, der Stab des französischen Hauptquartiers im Château de Vincennes unter seinem Chef Maurice Gamelin – der nach dem Eindruck *de Gaulles* »in seiner mönchischen Vereinsamung in Vincennes [...] den Eindruck eines Gelehrten [machte], der die chemischen Reaktionen seiner Strategie in einem Laboratorium untersuchte«[92] – durcheinander- und gegeneinander geredet, als gälte es, den Argonautenzug des Jason zu wiederholen, dem Drachen das Goldene Vlies zu entreißen, vulgo die Kriegsinitiative zu ergreifen. Von Narvik durch Schweden nach Petsamo am Nordmeer und zum Erzhafen für den Sommer, Luleå am Nordwestende des bottnischen Meerbusens, dies war die Marschroute; die Blockade des Erzstromes aus dem schwedischen Gällivara und des Nickels von Petsamo und (daneben) vielleicht ein wenig Unterstützung für Finnland gegen die Russen war das Ziel. Am Ende blieb kaum ein Bruchteil: Der Beginn der Verminung der norwegischen Küstengewässer vor Narvik, ein hin- und herwogender Kampf um Stadt und Hafen bis Juni 1940, zaghafte, kurze, eigentlich nur *besuchsweise* Landungen der Engländer und Franzosen in Trondheim, Bergen, Namos, Stavanger und Rückzug – einzig die Vernichtung eines Teils der Deutschen Kriegsmarine ragt heraus, allein zehn Zerstörer im Seegebiet von Narvik auf einen Schlag. Der Widerspruch fällt ins Auge: vollmundige Ankündigungen der *Frontbildung* am 5. Februar und 28. März 1940, *Zurüstungen*, Schiffsversammlungen, Einschiffen von Truppen, Ausschiffen von Truppen – und am Ende kein Einsatz. Eine sprudelnde Quelle der Bitternis.

Das alliierte Rundumgefecht

Was Menschen, Material und Bewegung anging, erwiesen sich die Peripher-Aktionen bereits in der Planung als dermaßen aufwendig, dass Kampfhandlungen mit der deutsch-russischen Koalition an vielen Fronten die strukturelle Schwäche der westlichen Streitkräfte deutlicher aufgezeigt hätten als jene der Roten Armee und der Wehrmacht auf der inneren Linie. Die etwa *acht peripheren Unternehmungen*, von denen die Rede sein wird, zeugen in der Einzel- und Gesamtdisposition, in ihrer Widersprüchlichkeit und Unsicherheit der politischen und militärischen Beschlüsse sowie in der völlig sachfremden innenpolitischen Beeinflussung von einem gefährlichen Dilettantismus der Initiatoren. Den negativen Folgen, die im Verlust Norwegens, Dänemarks und Frankreichs an die Deutschen zwischen April bis Juni 1940 zum Ausdruck kamen, entsprachen daher schwerwiegende politische Konsequenzen: Die Regierungschefs der alliierten Hauptmächte, Daladier und Chamberlain, verloren wegen tatsächlicher oder behaupteter Fehlleistungen im *drôle de guerre* Amt und Ansehen – und Daladiers Nachfolger, Paul Reynaud, verlor Frankreich.

Die Alliierten in Europa als aufgeregte clasa discutadora[93] schmiedeten indessen monatelang Pläne für einen Strafvollzug. Sie waren den Russen bitterböse, weil diese sich nicht in Schlachten à la 1914 opfern wollten, stattdessen das deutsche Bündnis bevorzugten. Damit hatte Stalin ihnen das geopolitische Konzept verdorben, die Politik der Umfassung, mit der es vielleicht möglich gewesen wäre, Hitler im »Großdeutschland« von 1939 einzufrieden oder festzuweisen. Gewiss peinigte sie auch das schlechte Gewissen, nach ermunternden, aber uneinlösbaren Avancen der Zertrümmerung Polens tatenlos zugesehen zu haben. Für Verlegenheit sorgte schließlich das Schicksal der baltischen Staaten, das sich im September/Oktober 1939 anbahnte, als die Russen Stützpunktverträge erzwangen, Truppen stationierten und ein Bündnisverbot erließen. Washington interpretierte den ersten Schritt der Machtübernahme Moskaus (dem 1940 die Inkorporation folgte) kühn als einen gegen Deutschland gerichteten Schritt. Das klang hergeholt, wusste doch damals jeder einigermaßen Informierte, dass sich Stalin und Hitler einvernehmlich und zum beiderseitigen Nutzen auf Einfluss-Sphären verständigt hatten. Die Hülle formaler Unabhängigkeit, die den baltischen Ländern zu diesem Zeitpunkt noch blieb, begünstigte die diplomatische Zurückhaltung. Die anschließende militärische Aktion gegen Finnland allerdings erschwerte Selbsteinreden und Ausreden dieser Art.

Der Norden und Nordosten interessierte die Alliierten jedoch in einem anderen, weitergespannten Zusammenhang bereits viele Wochen, bevor die Sowjetunion am 30. November 1939 ihre Armeen gegen Finnland in Marsch setzte. Seit die Militärkonvention zum Beistandsvertrag mit Stalin an einer gewissen Trägheit des Westens, der Verweigerung eines polnischen und rumänischen Glacis und am besseren Geschäft mit den Deutschen im August in Moskau gescheitert war, mussten sich London und Paris Gedanken über eine Ersatzstrategie machen. Nach der schnellen Niederlage Polens und der Ablehnung der Friedensvorschläge Hitlers[94] konnte es dabei nicht mehr um pure Abschreckung, Quarantäne, Kriegsvermeidung, sondern nur noch um militärische Schläge gehen, die dem Deutschen Reich das Heft des Handelns aus der Hand nahmen. Franzosen und Briten, enttäuscht und erbittert über die deutsch-sowjetische Liaison, ließen kein gutes Haar an Stalins Politik. *Gamelin* und der französische Generalstab hatten die operative Qualität der Roten Armee schon seit 1936/37 geringer eingeschätzt als die polnische und daher von einer engeren Bindung an Moskau abgeraten, natürlich auch die britischen Warnungen im Ohr. Die Militärsäuberungen, vor allem die Erschießung des renommierten Marschalls Tuchatschewski, verstärkten im Westen die Vorbehalte.

Es kam also viel zusammen, sodass Stalins finnischer Feldzug in britischen und französischen Augen als ein Indiz tief reichender sowjetischer Schwäche galt, die man als unbestreitbare Größe in die Kalkulationen einschloss. Die Generalstäbe in Paris und London nahmen an, man könne schon mit begrenzten militärischen Aktionen, wie man sie im Norden Europas und aus südlicher Richtung von Syrien gegen den russischen Verbündeten und Hauptlieferanten Hitlers plante, das kommunistische Regime aus dem Stand werfen.

Für Daladier und Chamberlain wurde Finnland zur innenpolitischen Machtfrage: Sie mussten etwas unternehmen, das dem laut verkündeten Ethos ihrer Kriegführung entsprechen würde und den Verdacht von ihnen nähme, kleinere Völker wie die Tschechen, Polen und die Balten bluten zu lassen, damit sie selbst ihre Tage in Sicherheit hinter der Maginot-Linie und den Kreidefelsen von Dover verbringen könnten. Finnland bestätigte die gern verdrängte Erkenntnis, dass die demokratischen Mächte, die Deutschland den Krieg erklärt hatten, es nicht nur mit einem, sondern mit zwei ideokratischen Systemen zu tun hatten, die sich ähnlich verhielten. Das peinigte die Fantasie und verwies auf die Tapetentür der Logik, beide Regime gleich zu behandeln, in zumindest ähnlicher Weise zu bestrafen. Die Generalstäbe arbeiteten daran.

Politische Einigkeit gab es indessen nicht, weil niemand zu sagen vermochte, wie der Zeitbund der Diktatoren sich entwickeln würde und was man damit riskierte, neben Deutschland auch die Sowjetunion in die Kriegsperspektive zu rücken. Im März 1940, als die Finnen unter schweren Angriffen der Sowjets wankten, verteidigten die Alliierten ihre Nordoption mit massiven Warnungen an Helsinki, *auf keinen Fall Frieden zu schließen*. Ohne den Krieg musste der Druck auf Norwegen und Schweden, alliierten Truppen den Ein- und Durchmarsch zu erlauben, jede Legitimation verlieren. Die Methode, andere bluten zu lassen, setzte sich fort. Sorgen bereitete den Sowjets, dass mit der finnischen Kapitulation am 12. März 1940 in den westlichen Führungszirkeln Bitternis und Groll über die eigene *Tatenlosigkeit* einen Grad erreicht hatte, der den Drang zu kriegsverändernden

Schlägen gegen Deutschland und die Sowjetunion in Skandinavien und im Kaukasus geradezu krisenförmig anwachsen ließ. Auch die zögerlichen Briten fassten nach einer scharfen Debatte im Unterhaus am 19. März über die Versäumnisse der Regierung in den ersten acht Monaten des Kriegs den Entschluss, dem Feindkartell (endlich) in die Flanken zu fahren.

Die Peripher-Kriegsplanung erreichte damit die volle Ausprägung ihrer über Strecken bloß rhetorischen Figur. Die Initiative war schon im September 1939 vom stets erfinderischen Ersten Lord der britischen Admiralität, Winston Churchill, ausgegangen, den schwedischen Erztransfer über Narvik nach Deutschland wie schon 1918 durch einen Minengürtel zu sperren (Northern Barrage). Was zunächst aus Rücksicht auf die norwegische Neutralität nur wenig Anklang fand, erhielt mit dem sowjetischen Angriff auf Finnland am 30. November einen guten Vorwand (Churchill: »cover«). Man konnte Narvik und Bergen unter dem kaum ernst gemeinten Rubrum Hilfe für Suomi einnehmen, mit einem Expeditionskorps durch Nordnorwegen vorstoßen und die für Deutschland bestimmten Stahlstoffe am schwedischen Fundort Gällivare sistieren. Militärstrategisch wäre eine neue Kriegsfront entstanden, die neben einer balkanischen an den deutschen Kräften zehren und damit den Aufmarsch gegen Frankreich auf der zentralen Ost-West-Achse ernsthaft behindern würde. Es komme jetzt darauf an, formulierte der französische Generalstabschef *Gamelin*, die Deutschen »in die Falle zu locken«[95] und zur gleichen Zeit die Sowjetunion durch Angriffe auf die kaukasischen Öl-Reviere so schwer zu treffen, dass sie außerstande wäre, den Lieferverträgen mit Deutschland vom August 1939 und dem besonders opulenten vom Januar 1940 nachzukommen.[96]

Wenn man die Fäden zusammenzieht, ergibt sich folgendes operatives Muster: Zweimal, am 5. Februar und am 28. März, fasste der *Supreme War Council*, der vereinigte Kriegsrat der Alliierten, den Beschluss, die Nord- und Südversion des Peripherkriegs in Gang zu setzen. Am 12. März beschloss das britische *War Cabinet* Truppenlandungen in Narvik, Trondheim, Stavanger und Bergen *(Operation Rupert)*: drei bis vier alliierte Divisionen, Aktionsbeginn am 21. des Monats. Oslo sollte nicht gefragt werden – angesichts der anhaltenden Erzpassagen durch die norwegischen Hoheitsgewässer nach Deutschland war man es müde, die »falsche Neutralität« des Landes mitsamt der wiederholten Verweigerung des Durchmarschs nach Schweden zu respektieren. Die Wende kam spornstreichs. Die Kapitulation Finnlands just am Tag der Kabinettsentscheidung zerstörte den »Vorwand« für die Aktion, von dem Churchill gesprochen hatte. Chamberlain blies das Unternehmen (erleichtert) ab und ließ die bereitgestellten Truppenverbände abrücken.[97] Britische Ironie mag es erklären, dass Außenminister *Halifax* den eben noch gebilligten Plan jetzt als »*lunacy*« (Wahnsinn) bezeichnete.

Als sei es der Widersprüche nicht genug, gewann die Invasionsstrategie in der letzten Märzwoche 1940 erneut Momentum, mächtig angeheizt von *Paul Reynaud*. Der neue französische Ministerpräsident, Gesinnungsgenosse des bellezistischen Churchill und »*bull with snail's horns*«,[98] wie Chamberlain den Franzosen nannte, trieb die Briten in einem harschen Memorandum vom 25. März erneut zu umfassenden Operationen gegen die Russen und Deutschen an. Jetzt müssten endlich militärische Initiativen ergriffen, die sowjetische Wirtschaft paralysiert, die Öl- und Eisenerzlieferungen aus Süd und Nord ins feindliche Deutschland blockiert, kurz, Fronten gebildet werden, um dem *drôle de guerre* und seinen besonders für die französische Moral abträglichen Ungewissheiten ein Ende zu setzen. Der appellartig eingeforderte Plan stammte noch von Édouard Daladier, der am 20. März den Chefposten quittieren musste, weil er angeblich »in Finnland nicht interveniert« hatte; er amtierte als Kriegsminister und danach als Außenminister weiter.

Der Auftrag von Ministerpräsident Édouard Daladier vom 19. Januar 1940 an Generalstabschef Gamelin und Admiral Darlan, Pläne für die Zerstörung der russischen Ölfelder auszuarbeiten, korrespondierte mit dem Vorhaben, den Finnen militärisch zu Hilfe zu eilen, angeregt durch die Wundertaten finnischer Waldkämpfer und die Ermahnung des Völkerbundes, Moskau die Tür zu weisen. Die Signale standen auf Bruch und Konflikt. Sowjetische Verteidigungsmaßnahmen, wie sie Molotow vor dem Obersten Sowjet am 29. März ankündigte, fanden in den alliierten Planungsarbeiten keine Beachtung. Gamelin gab positive Voten ab. Erst nach dem Krieg bekannte er sich zu seinen Zweifeln, die er aufgrund der Richtlinien seiner »zivilen Chefs« unterdrückt habe. Die *Chefs* seien von der allgemeinen Stimmung nach *Vergeltung* für den sowjetischen Einmarsch in Polen angesteckt gewesen.[99]

In seinen Memoiren schildert *Gamelin* ausführlich die »schweren Bedenken« gegen einen Krieg mit Russland,[100] doch er gehorchte und tat damit genau das, was man der deutschen Militärelite, selbst dem Skeptiker Generalstabschef Halder, der zudem zu den Frondeuren gehörte, vorwarf. Gamelin trat auch nicht zurück, wie etwa der Vorgänger Franz Halders, Generalstabschef Ludwig Beck, während der Sudetenkrise 1938. Im Gegenteil: Am 22. Februar 1940 legte er den Politikern eine ermutigende Empfehlung des Angriffsplanes vor. Die Angriffe im Kaukasus auf Baku und Batumi und die Tankerjagd im Schwarzen Meer würden Deutschland schweren Schaden zufügen und zu einem »völligen Zusammenbruch« Russlands führen.[101] Noch am 12. März äußerte sich Gamelin in einem Schreiben an Daladier geradezu enthusiastisch über die »komplementären« Aktionen im Kaukasus und in Finnland. Sie lägen im französischen Interesse und wür-

den Deutschland zwingen, »aus sich herauszugehen«, das heißt, die europäischen Randbezirke zu verteidigen. Überdies nährte er den fälschlichen
Glauben, die bislang neutrale Türkei werde sich am russischen Feldzug beteiligen – während Ankara mit gegenteiligen Signalen nicht sparte, Moskau
seines »guten Willens« versicherte und gar nicht daran dachte, die Speerspitze zu bilden.

Paul Reynaud, der Nachfolger Daladiers, als der »Churchill Frankreichs« bezeichnet, klaubte das Dokument von Daladiers Schreibtisch auf,
übernahm es *en détail* und legte es neu garniert vor. In seinen Memoiren
wartet er allerdings mit der Überraschung auf, er habe gegen die Bombardierung der russischen Ölfelder Stellung bezogen, überhaupt Aktionen
gegen die Sowjetunion für eine gefährliche und alberne Ablenkung vom
Hauptziel des Kriegs gegen Hitler gehalten.[102] Die Dokumente der französischen Nationalversammlung, nach dem Krieg veröffentlicht, belegen
jedoch das Gegenteil. Danach unterrichtete er am 25. März 1940 die britische Regierung von der Entschlossenheit Frankreichs, in den Regionen
des Schwarzen und Kaspischen Meeres zur Tat zu schreiten, die gesamte
sowjetische Wirtschaft zu paralysieren, um Deutschland zu schaden – und
zwar so schnell wie möglich. Paris scheue den Krieg mit Russland nicht.
Notfalls müsse man mit einer Provokation nachhelfen. Drei Tage später, am
28. März, gab sich *Reynaud* angesichts wachsenden britischen Widerstands
plötzlich als Gegner des »verrückten Kaukasus-Unternehmens«, mit dem
man sich lediglich einen neuen Gegner schaffen würde. Der Bombardie-
rungsplan sei nicht seine Idee, er habe ihn von Daladier *geerbt.* Eine Woche
später, am 3. April, beschloss das französische Kabinett, die Ölfelder zu attackieren, ohne dass Reynaud Widerspruch einlegte. Im Gegenteil, er stellte
sogar die Vorteile heraus, wenn synchron mit den Feindseligkeiten gegen
Russland auch eine Balkan-Front eröffnet würde.

Noch am 12. April, drei Tage nach der deutschen Invasion in Dänemark
und Norwegen, bekundete die französische Regierung ihre *Entschlossenheit,* den Doppelschlag gegen die deutsche Stahl- und Ölversorgung (Nord
und Süd) zu führen. In seinen Memoiren wiederum betont *Reynaud,* er
habe im Obersten Kriegsrat der Alliierten am 22. und 23. April gegenüber
Chamberlain *erneut* scharfe Kritik am »Abenteuer« eines Kriegs gegen
die Sowjetunion geübt und die Zustimmung des britischen Premiers gefunden.[103] In der Sitzung wurde angesichts der Situation in Norwegen die
Bombardierung im Kaukasus auf unbestimmte Zeit vertagt. Andererseits
traf General *Weygand* in Syrien noch bis 17. Mai Angriffsvorbereitungen,
als er nach der Amtsenthebung von Generalstabschef *Gamelin* zur Rettung
Frankreichs vor den durchbrechenden Deutschen an die Spitze der französischen Streitkräfte beordert wurde.

Obwohl der Plan, die Deutschen von der Peripherie her zu fassen, ihre Rohstoffzufuhr zu blockieren, ihre Kräfte zur Teilung und ihren Verbündeten Sowjetunion in die Knie zu zwingen, eine bestimmte Sorte Ingenium verrät, muss man sich fragen, wie die maßgebliche Kehrseite, der unerhörte Mangel an Realismus, zu erklären ist. Alle Hauptbeteiligten, *Reynaud, Gamelin, Weygand,* haben sich in ihren Memoiren von strategischen Gedanken *getrennt,* die sie in der Zeit der Entscheidungen mit großem Engagement vertreten hatten. Seinerzeit suchten sie den Obersten Alliierten Kriegsrat mit allen Mitteln zum sofortigen Handeln zu bewegen,[104] um später zu behaupten, sie hätten mit Blick auf die gewaltige territoriale Figur des stalinistischen Reiches dem Krieg gegen die Sowjetunion entsagt. Warum wollten dieselben Leute, die es ablehnten, *für Danzig zu sterben,* nun auf einmal für Helsinki sterben?, schrieb der französische Publizist und Politiker *Henri de Kérillis.* Warum plädierten dieselben Leute, die Unbeweglichkeit hinter der Ligne Maginot predigten, für eine Front nahe dem Nordpol? Warum sollte die französische Armee in Syrien, deren Aufgabe es war, die Türkei gegen Deutschland zu schützen, nach Russland marschieren, Tausende Kilometer von ihrer Basis entfernt? Wie konnte man in Paris auf den Irrtum verfallen, Russland stehe auf tönernen Füßen und würde unter einem leichten Hieb zusammenbrechen?[105]

Hintergrund dieser Einschätzungen und Pläne war eine Mixtur aus strategischen Überlegungen und einfach strukturierten, oft genug der sachlichen Kontrolle entgleitenden Gefühlen, die in der misslichen Kriegslage vom Herbst 1939 und Frühjahr 1940 Oberhand gewonnen hatten und eine psychische Pein bereiteten, von der man sich durch eine *Therapie der Tat* glaubte befreien zu müssen. Die ins Auge gefassten Ziele hatten eine subjektive und eine objektive Seite, die in dieser Betrachtung beide zur Geltung kommen müssen. Die subjektive betrifft die Einschätzung der Feindländer Deutschland und Russland, welche der Plan peripherer Kriegführung in eine Perspektive bringt. Man hat eine charakteristische Vorstellung von der Schwäche der Sowjetunion und eine höchst gefühlsbedingte über die Wende Stalins vom potenziellen Verbündeten zum aktuellen Feind. Beide Momente sind Reflexe auf objektive Vorgänge: auf den stalinistischen Terror sowie auf das Teilungs- und Kriegsbündnis Hitlers und Stalins, die als Gegebenheiten dem Handeln der Alliierten gegenüberzustellen sind. Ein weiteres Moment ist die konkrete, aber eigenartig zögerliche Annäherung an eine periphere Front in Skandinavien, mit der sich die Politiker in London und Paris und ihre Stäbe am intensivsten beschäftigten – und der erfolgreiche deutschen Waffengang in Dänemark und Norwegen, ein beachtliches amphibisches Unternehmen im Angesicht der mächtigen britischen Flotte, *ruling the waves.*

Neville Chamberlain sprang unter dem Eindruck des Unterhaus-Desasters vom 19. März 1940 seinem Kollegen *Paul Reynaud* bei, wenn auch mit einigen Vorbehalten. Wollten die Alliierten wirklich etwas erreichen, erklärte er, wäre es jetzt *tatsächlich* an der Zeit, denn die Aktionspläne könnten nicht mehr lange geheim gehalten werden. Kaukasus-Bombardement, U-Boot-Angriffe auf sowjetische Frachter im Schwarzen Meer, Minenketten in norwegischen Gewässern, Narvik-Landung, Gällivare und schließlich der Abwurf von Flussminen in den Rhein und die Kanäle (Operation Royal Marine) waren schon in allzu vieler Munde. Die deutsche Seite hatte längst Wind bekommen. Hitler war nervös, denn ein Skandinavien-Unternehmen unter vollem Einsatz der begrenzten deutschen Seestreitkräfte mochte selbst ihm, dem *Vabanque-Spieler* (Selbstbezeichnung), abenteuerlich erscheinen. Da er mit der Neutralität der skandinavischen Staaten – wie im Ersten Weltkrieg – fest rechnete, schenkte er dem Trachten der Seekriegsleitung nach den geschützten Küsten Norwegens zunächst keine Aufmerksamkeit. Erst am 1. April 1940 ließ er sich darauf ein, mit den Kommandeuren des Generals v. Falkenhorst das Projekt »Weserübung«, die Besetzung von Dänemark und Norwegen, durchzuspielen. Den Angriffsbefehl erteilte er am Tag danach.[106] Hitler kam also sehr spät aus der Deckung, bedauerte den Aufwand von sechs Divisionen, etwa 1000 Flugzeugen und der blitzenden Flotte. Vom Hauptinteresse des Westaufmarschs ließ er sich indes nicht abbringen und durchkreuzte damit den alliierten Diversionsplan. Die Wehrmacht nahm durch Truppenverschiebungen zwischen schweizerischer und niederländischer Grenze unterschiedliche Angriffspositionen ein, um die französischen Verteidigungsdispositive zu verwirren.

Unterdessen zeigte der alliierte *Oberste Kriegsrat* in London höchstes Interesse, den »prolonged trance of the Twilight«, was man frei als *Albtraum kriegerischer Ungewissheit* übersetzen kann, durch Minenoperationen gegen deutsche Flüsse und Kanäle (4. April) und Narvik (5. April, dann auf 8. April verschoben) sowie durch die Blockade der Öllieferungen mit militärischen (im Fall des Kaukasus) respektive diplomatischen Mitteln (im Fall von Rumänien) zu beenden. Im britischen Kriegskabinett lagen die Pläne vom 12. März wieder auf dem Tisch. Eilends wurden Truppen zusammengestellt und in Scapa Flow bereits auf Dickschiffe zur Überfahrt nach Norwegen verladen. Der Transport sollte am 8. April in See stechen. Aber die Alliierten berieten noch, das Pariser Comité de Guerre lehnte die Verminung deutscher Flüsse überraschend ab, weil man Vergeltungsangriffe per Luft befürchtete. Chamberlain zeigte daraufhin gute Lust, die Nordaktion erneut abzublasen, und ließ sich erst von Churchill dazu überreden, am 8. April mit der Narvik-Verminung zu beginnen *(Operation Wilfred)*. Das Programm verlor an strategischem Tempo, sodass die Deutschen ihren

Gegnern mit der gewagtesten Flottenoperation der deutschen Seekriegsge-schichte zuvorkamen. Als die Nachricht über ihren Anmarsch durchsickert, werden die Kampftruppen wieder von Bord komplimentiert, weil die *main fleet* mit ihrer Artillerie unbeschwert von humaner Last den deutschen Schiffsverbänden entgegeneilen wollte.

Als Hitler seinen Gegnern die norwegische Beute in teils heftigen Kämp-fen, besonders um Narvik, und unter schwersten Schiffsverlusten abjagte, begrüßte Molotow die Aktion, und man spürte aus jedem seiner Worte Erleichterung: Der deutsche Partner versperrte den Alliierten nun endgültig den Nordpfad in die Aura Russlands. Große Sorgen bereiteten nach wie vor die durchgesickerten Pläne zur Zerstörung der kaukasischen Öl-Anlagen, deren Produkte besonders für die kollektivierte Landwirtschaft mit ihren Traktorenflotten tatsächlich zu katastrophaler Betriebsstoffverknappung hätte führen können. Amerikanische Experten versicherten den Briten, dass der öldurchtränkte Boden in den ungepflegten Bonanzas bei geschickter Lancierung der Bomben wie Zunder brennen würde.[107]

Der sowjetische Botschafter in London, *Iwan M. Maiski*, hatte feine Ohren, er war, wie man heute sagen würde, glänzend vernetzt. So wusste er, dass die Alliierten zwar langsam »anliefen« und dabei keinem inter-nen Streit aus dem Wege gingen, aber in ihren nahöstlichen Mandatsge-bieten doch schon Bombergeschwader zusammenstellten, Luftaufklärung betrieben und es für nicht erforderlich befinden würden, den Krieg zu er-klären, bevor sie losschlugen. Molotow kam vor dem Obersten Sowjet am 29. März mit der Sprache heraus. Der Westen, erklärte er, unternehme *verdächtige Aktionen*, General Weygand konzentriere Truppen in Syrien und den Nachbarländern. Etwas unheimlich war das schon. Der deutsche Botschafter in Moskau, Schulenburg, attestierte den Sowjets schlichtweg Angst. Schon der Finnland-Frieden ohne Erreichen des Kriegsziels vom 13. März 1940 war ein Eilmanöver, um westlichem Eingreifen das Motiv zu nehmen, das war kein Geheimnis. Und Maiski in London hüllte Stalins Sorgen über die Absichten der Alliierten in die Versicherung, die UdSSR strebe keine militärische Allianz mit Deutschland an.

Was immer das heißen sollte – die westlichen Drohgebärden in ihrer Mischung aus Nervosität, Bitternis und gewollter Aggressivität schufen auf deutscher und russischer Seite eine günstige Atmosphäre für die Emp-fehlung des *Kontinentalblocks*.[108] Die Sowjets erwarteten unberechenbare Attacken, stärkten die Abwehr im Süden und erwogen politische Konse-quenzen, während die Deutschen den alliierten Frontaufbau im Norden und die Sperrung der Eisenerzzufuhr aus Schweden per Okkupation West-skandinaviens durchkreuzten. Die Aktion verbundener Waffen in *Norwe-gen* und *Dänemark* beendete den *drôle de guerre* und beschrieb die *Selbst-*

entwicklung des Kriegs, seine Dialektik, in exemplarischer Weise. Bei etwas mehr Entschlossenheit, Professionalität und Fortune hätten die auf See weit überlegenen Briten mit den Methoden ihrer lang vorbereiteten peripheren Aktion Hitlers Nordfahrt ausbremsen und seinen Westaufmarsch wie die Rohstoffzufuhr ernsthaft gefährden können.

Weygand: Der Sowjetunion das Genick brechen, Deutschland aus der Mitte locken

Der auffallende Unterschied zwischen ursprünglichen sowjetischen Zielen und dem Ergebnis des finnischen Kriegs ist mit der schwachen Leistung der Roten Armee allein nicht zu erklären; denn am Ende des 105 Tage langen Kampfes hatte Goliath doch gesiegt, während der finnische David erschöpft und schutzlos daniederlag. Wenn der *Woschd* dennoch die schon sichere finnische Beute fahren ließ, musste er einen besonders triftigen Grund gehabt haben – der Friedensvertrag war jedenfalls nicht nur ein Papier, um die gebotenen militärischen Blößen zu bedecken. Mit seinem eiligen Abschluss begegnete er vielmehr einer Gefahr, deren Ernst ihm seit Januar 1940 von verschiedenen Seiten mit Dringlichkeit vor Augen geführt wurde: Frankreich und Großbritannien machten Anstalten, die Intervention in Sowjetrussland von 1918 zu wiederholen – diesmal in der Absicht, das nach rabiaten Militärsäuberungen in seiner Sicherheitssubstanz geschwächte Land für das Sakrileg des deutsch-sowjetischen Freundschafts- und Beistandspaktes zu bestrafen und per Exekution des Stalin-Systems den Blockadering um Deutschland wieder zu schließen. Es würde also darum gehen, Deutschland durch Russland zu schlagen.

Während der kommunistische englische *Daily Worker* am 2. Januar 1940 unter der Überschrift »Plans Hatching to Extend War to Near East« mit der Nachricht herausplatzte, die Alliierten mobilisierten für den Vorstoß in den Süden der Sowjetunion etwa eine Million Mann (einschließlich Türken; tatsächlich verfügte die französische Streitmacht in Nahost über nicht mehr als 150 000 Mann und die Türkei lehnte die Mitwirkung ab), wurde von deutscher Seite behauptet, die Westalliierten suchten Norwegen und Schweden in den Krieg zu ziehen und wollten zudem durch einen Vorstoß nach Aserbaidschan einer sowjetischen Invasion des Irak und Iran zuvorkommen. Was auch immer die Sowjets geplant haben mochten – die Gespräche hoher alliierter Offiziere in der Türkei bereits im Dezember 1939 über eine alliierte Flottenexpedition ins Schwarze Meer waren vergleichsweise konkret. Der Berliner Trompetenstoß sollte in Moskau nachhaltige deutsche Bündnistreue signalisieren.[109]

Tatsächlich verhandelte der britische General Stephen Butler im Dezember 1939 im Auftrag des britischen Oberbefehlshabers Naher Osten (*Commanding-in-Chief of Middle East Command*), Archibald Wavell, mit dem früheren Vertrauten Kemal Atatürks, Marschall Fevzi Çakmak. Der Marschall entwickelte die beunruhigende Perspektive eines sowjetischen Einmarsches in Irak und Iran (Ziel: Ölfelder von Mossul) und eines Präventivschlages gegen die Türkei, »um Tiefe zu gewinnen«. Zwar bezweifelte auch der Türke die Qualität der Roten Armee, erwähnte jedoch die Masse der Panzer und Flugzeuge, über die sie verfüge. Die Briten baten um die Bereitstellung türkischer Flughäfen, drangen damit aber nicht durch.[110]

Das Vorhaben kristallisierte sich in überaus kühnen alliierten Plänen, der Sowjetunion durch synchrone militärische Vorstöße im skandinavischen Norden zur angeblichen *Rettung Finnlands* und Luftangriffen auf die Ölindustrie im kaukasischen Süden »das Genick zu brechen«, wie sich der Oberkommandierende der französischen Levantetruppen (Syrien und Libanon), *Maxime Weygand*, im Mai 1940 in einem Brief an Generalstabschef *Maurice-Gustave Gamelin* auslieβ.[111] Man könnte, so behauptete er, mit einigen Verstärkungen am Boden und etwa 100 Kampfflugzeugen »Russland wie Butter durchschneiden«.

Weygand, während des Ersten Weltkriegs im Stab des Generalstabschefs und Oberbefehlshabers der Alliierten Front, Marschall *Ferdinand Foch*, tätig, galt als »Russland-Spezialist«, seit er 1920 Piłsudski im polnisch-sowjetischen Krieg beraten hatte. In der französischen Militärhierarchie herrschte nach Stalins Armee-Tschistka 1937/38 und der Hinrichtung von Marschall *Tuchatschewskis* die Überzeugung vor, das sowjetische Regime habe höchstens »eine Armee erschreckter Bauern« aufzubieten, deren Führer unfähig wären, einen Feldzug zu führen.

Die eiligen Gerüchte über eine Zangenbewegung gegen die Sowjetunion erzeugten im Januar 1940, inmitten des finnischen Kriegs, im Kreml erhebliche Unruhe – nicht ohne Grund. Ihr Kern entsprach der streng geheimen Anweisung des französischen Ministerpräsidenten *Édouard Daladier* vom 19. Januar 1940 an Generalstabschef *Maurice Gamelin* und Admiral *François Darlan* (Generalstabschef der Marine), die Zerstörung der russischen Ölfelder, Depots und Verladeanlagen in *Baku, Grozny-Maikop* und *Batumi*, das Abschneiden der für Deutschland bestimmten Öltransporte im Schwarzen Meer sowie einen Vorstoß der französischen Nahostarmee (General Maxime Weygand) – »direkte Intervention im Kaukasus« – unter Nutzung der Selbstständigkeitsbestrebungen der mohammedanischen Bevölkerungsgruppen auszuloten. Als Ausgangspunkt der französisch-britischen Aktion aus dem Süden waren die Mandatspositionen Syrien und Irak vorgesehen.

Die Antwort Gamelins an den Ministerpräsidenten zum Kaukasus-Thema, schlicht »Aufzeichung« genannt, datiert vom 22. Februar, die parallele Studie über die Nordaktion, die Intervention französischer und britischer Streitkräfte in den sowjetisch-finnischen Krieg, folgte am 10. März. In den zeitnah formulierten Studien nimmt das Bild der *peripheren Kriegführung* zum ersten Mal Gestalt an. Während sich die Südkampagne gegen die Ölversorgung Russlands und Deutschlands richten sollte, zielte die Nordkampagne auf die Erzbergwerke im nordschwedischen Gällivare, von deren Produktion ein erheblicher Teil der deutschen Eisenerzversorgung abhing.[112] Aus den Aufzeichnungen Gamelins vom 10. März 1940 geht hervor, dass das französische Oberkommando bereits seit dem 16. Januar an dem allgemeinen Plan einer bewaffneten Intervention in Finnland arbeite. Der Plan sah insbesondere die Landung alliierter Truppenkontingente in Petsamo vor.[113]

Gleichzeitig sollten »gegebenenfalls vorsichtshalber« die Häfen und Flughäfen der norwegischen Westküste in die Hand der Alliierten gebracht werden. Die Operationen sollten wenn möglich auf Schweden ausgedehnt werden, um die Erzgruben von Gällivare zu besetzen, die für Deutschlands Kriegswirtschaft seinerzeit von ausschlaggebender Bedeutung waren. Im gleichen Zuge sollte eine neue Verbindung über Narvik zum schwedischen Hafen Luleå geschaffen werden.[114] Obwohl die Vorteile der skandinavischen Aktion als »unbestreitbar« bezeichnet werden, plädiert Gamelin zusätzlich für die *Eröffnung einer Balkan-Front*, einem alten Desiderat des Oberbefehlshabers der Levante-Truppen, Weygand, der bereits Anfang September 1939 für die Verschiebung einiger seiner Streitkräfte in das griechische Saloniki plädiert hatte.[115]

Ein Vorgehen auf dem Balkan, kombiniert mit der skandinavischen Operation, würde »die wirtschaftliche Lähmung des Reiches« *(l'asphyxie économique du Reich)* verstärken. »Militärisch betrachtet wäre eine Aktion auf dem Balkan für Frankreich viel vorteilhafter als eine solche in Skandinavien«, schreibt Gamelin weiter. Der (europäische) Kriegsschauplatz würde, worauf es den französischen Strategen besonders ankam, »wesentlich« erweitert: »Jugoslawien, Rumänien, Griechenland und die Türkei würden uns eine Verstärkung von ungefähr 100 Divisionen zuführen, Schweden und Norwegen hingegen nur die schwache Unterstützung von ungefähr 10 Divisionen verschaffen. Die Stärke der Truppen, welche die Deutschen von der Westfront abziehen müssten, um gegen unsere neuen Unternehmungen vorzugehen, würde sich zweifellos in dem gleichen Verhältnis bewegen.« Frankreich selbst, so schränkt Gamelin in der *Aufzeichnung* vom 10. März an die Adresse Daladiers ein, könne jedoch nur begrenzt Landstreitkräfte zur Verfügung stellen, da es die Nordostfront gegenüber Deutschland nicht entblößen dürfe. Abgesehen davon könnten die Transportkräfte des französischen Heeres, Zug- und Tragtiere im hohen Norden nicht akklimatisiert werden, von Mauleseln abgesehen. Schließlich stelle der Nachschub von Lebensmitteln »und insbesondere von Wein für unsere Truppen« ein schwer zu lösendes Problem dar.[116]

Im Zusammenhang mit den Balkan-Erwägungen richtete Gamelin die Aufmerksamkeit erneut auf Rumänien, aus dessen Ölquellen das Reich, wie alliierte Experten feststellen sollten, mehr Kraftstoffe bezog als aus dem russischen Kaukasus. Die neue Front, so heißt es in einer Text-*Anmerkung* der »Aufzeichnungen« vom 10. März, würde den Zugang zu den Erdölquellen Rumäniens ermöglichen, die man »verteidigen«, das heißt für die Deutschen unzugänglich machen oder »zerstören« könnte. Die Vorbereitung von Anschlägen auf die rumänische Erdölindustrie war bereits im Herbst im Einzelnen erörtert worden. Ein von der französischen Regierung beauftragter »Sachverständiger« namens *Léon Wenger* hatte dem Botschafter in Bukarest, *Thierry*, Mitte September 1939 ein Programm von Attentaten auf Bohranlagen und Pumpstationen, Raffinerien, Depots und Transportanlagen vorgeschlagen. Ein »Netz von Schlammflüssen« sollte »Bohrlöcher töten«, bevor man sie in die Luft jagte. Durch die Operation würde die gesamte Erdölindustrie für sechs Monate in einem Umfang bis zu 75 Prozent unbenutzbar gemacht. Die Vorbereitungszeit betrage zehn bis 30 Tage, die Operation lasse sich in 24 Stunden ausführen.[117]

Grand Design: Das alliierte Gesamtkonzept

Das Schreiben Gamelins vom 12. März bringt die periphere Gesamtstrategie schließlich eindrucksvoll und zustimmend zum Ausdruck: »Ich bin persönlich der Auffassung, dass es in unserem Interesse liegt, die Frage des Angriffs auf Baku und Batumi (insbesondere mit der Luftwaffe) weiter zu verfolgen. Die in diesem Zusammenhang durchzuführenden Operationen wären eine glückliche Ergänzung der skandinavischen Operationen. Würden die zuletzt genannten Operationen auf Hindernisse stoßen, so wäre dies ein Grund mehr für die Aktion in Transkaukasien.[118]

Aus den Dokumenten, die wir Revue passieren ließen, geht hervor, wie viel Vorstellungskraft und Leidenschaft Frankreichs Strategen in die Idee peripherer Kriegführung investierten. Emotionen begleiteten den Prozess, scharfe Kritik an der aktuellen Politik des *drôle de guerre* und eine fast zwanghafte geopolitische Choreografie zur Rettung des Landes. Das war kein Spiel, sondern eine aus der Schwäche der europäischen Zentralfront geborene Alternative zur entscheidenden Auseinandersetzung mit Deutschland. »Avec enthusiasm« schmiedete Maurice Gamelin in seinem klösterlichen Hauptquartier Vincennes im Kontakt mit dem britischen Generalstab und unterstützt von den Politikern Daladier, Mandel und Blum seine *plans secrets*.

In wilder, oft verwirrender Erinnerung an Napoleon Bonaparte und Napoleon III. disponierten die Franzosen über ihre Verhältnisse. Ministerpräsident *Édouard Daladier* musste am 14. März 1940, wenige Tage nach der Kapitulation Finnlands im *Winterkrieg* und deutlich darauf bezogen sein Amt an Finanzminister *Paul Reynaud* abgeben, weil er nach Ansicht zahlreicher Senatoren und Deputierter der Abgeordnetenkammer Frankreich *unvorbereitet* in den Krieg geführt und überdies die Gelegenheit (des finnischen Kriegs) versäumt habe, die Sowjetunion für den »Mord« an Polen, den baltischen Staaten und Finnland zu bestrafen. Ihm hätte schließlich die Kraft gefehlt, London zu kriegerischen Aktivitäten zu treiben, zu denen sich die Alliierten im Kreis der Generalstäbe und Kabinette entschlossen hatten. »Es gibt keinen Zweifel«, fiel Senator Henri Lémery am 14. März 1940 im geheimen Senatsausschuss über Daladier her, »Sie hatten in Finnland eine hervorragende Gelegenheit, die Sowjetunion zum Verschwinden zu bringen. Sie haben sie verstreichen lassen. Frankreich weint darüber! Ihm blutet das Herz.«[119]

Die Regierung in London verfuhr in der Tat umsichtiger, weniger *brusque* als der kontinentale Partner, vor allem aber risikobewusst, was die Sowjetunion angeht, verschloss sich andererseits jedoch dem französischen Drängen nicht völlig. Die Verwicklung Deutschlands in periphere Auseinandersetzungen war in England sogar früher als in Frankreich erdacht worden, unmittelbar nach Kriegsbeginn, nistete zunächst jedoch einsam in der Fantasie *Winston Churchills* – knapp vor dem Krieg noch wenig gelittener Oppositionspolitiker im Überwurf der Kassandra, nach den Worten von *Lloyd George* »ein Mann, der den Krieg liebte«,[120] mit Kriegsbeginn als Erster Lord der Admiralität wieder in seinem alten Element.

Ein scharfer Hauch Gallipoli entströmte seiner strategischen Fantasie einer Nordfront, des Vorstoßes der Royal Navy in die Ostsee, Verminung der Erzfrachthafens Narvik (und auch des Rheins zur Störung der deutschen Binnenschifffahrt), einer hermetischen Abriegelung des skandinavischen Güterverkehrs nach Deutschland sowie der Bildung eines *Balkanblocks*. Die Idee des Nordlandzugs lag noch Monate vor dem russischen Angriff auf Finnland, er war noch ganz Antwort auf das deutsch-russische Bündnis und die Aufteilung Polens, also eine multiple Ersatz- und Abnutzungsstrategie *(Andreas Hillgruber)*, um dem Reich das Heft des Handelns aus der Hand zu nehmen.

In diesem Grundmotiv traf er sich mit Gamelin, stieß aber in Chamberlains Kriegskabinett auf Skepsis, wo man sich von den Geistesblitzen des chronisch überreizten Ersten Lords der Admiralität geblendet fühlte. Und doch vollzog sich in London, wenn auch mit Zeitverzögerung, dieselbe Wechseltragödie wie in Paris, nachdem der Premier am 4. April 1940, drei Tage vor der deutschen Landung in Norwegen und Dänemark, öffentlich in einer Rede in Birmingham zum Besten gab, Hitler habe »den Bus versäumt«. Damit war das Fass der Chamberlain-Politik übergelaufen. Obwohl Churchill als *First Lord of the Admiralty* für die Royal Navy politisch zuständig und somit verantwortlich dafür war, dass die Deutschen den Engländern in Skandinavien zuvorkamen und die Navy sich als unfähig erwies, die Angriffsbewegung der Kriegsmarine auf den Seewegen nach Norden zu stoppen, wurde er am 10. Mai 1940 zum Nachfolger Chamberlains berufen.

Während die Westalliierten auf zahllosen Konferenzen sich selbst niemals restlos von der Güte ihrer Gegenstrategie zu überzeugen vermochten und daher nicht einmal Segmente davon rechtzeitig realisierten, vermittelten psychologische und politische Momente dem Plandiskurs eine geradezu neurotische Note. Die Vorstellung einer das Reich umrundenden Kriegführung war weniger ein virtuoses Vorhaben, geschweige denn ein kühl durchdachter Feldzugplan. Die schier unerträglichen Spannungen und Selbstzweifel der Schussfahrt in den Krieg und Hitlers – gegen alle Voraussagen – schneller und vollständiger Sieg in Polen erfüllten die Fantasie der Alliierten mit dunklen Ahnungen und einem tiefen Ressentiment. Der Hass gegen den deutschen Diktator, der Europa verändern wollte, verstand sich von selbst. Doch flossen das Gefühl des eigenen Versagens im Falle der Tschechoslowakei, die Ohnmacht in Polen, die sowjetische Beteiligung an dessen Zerstörung, der folgende sowjetische Übergriff auf die baltischen Staaten, schließlich der sowjetische Angriff auf Finnland in einem Fluchtpunkt zusammen: Im Skandal des deutsch-sowjetischen Nichtangriffs- und Teilungspaktes, der Überraschung, Schrecken, vor allem aber bittere Enttäuschung und ätzende Selbstkritik angesichts des eigenen unentschlossenen Handelns und des Versäumnisses, die Sowjetunion für die Reprise der komfortablen Situation von 1914 zu gewinnen, auslöste. Das gärende Gemisch drang in alle Überlegungen ein, führte zu dem mehr als riskanten Vorhaben, die Sowjetunion für den Pakt mit dem Reich zu bestrafen, ja zu »zertrümmern«, was man sich so einfach und leichtgängig vorstellte wie die Russen ursprünglich die Eroberung Finnlands. Auch die Engländer, Amerikaner und Deutschen unterschätzten nach Stalins jahrelangen Terrorzügen gegen alte Leninisten, die Elite der Partei und der Streitkräfte, die sowjetischen militärischen Kapazitäten, niemand jedoch so bereitwillig und überzeugt wie die Franzosen.

Der Plan, die nach dem Polenfeldzug im Westen sich sammelnde Wehrmacht durch Fronten im Norden, auf dem Balkan und Russland (unter

Einbeziehung der Türkei) aus dem europäischen Zentrum zu ziehen, war mehr als kühn, er war hybrid. Nicht alle Historiker, nur einige der bedeutenden widmen ihm ihre Aufmerksamkeit. Gewiss, der Versuch vor allem der Franzosen, Hitlers Hypnose und strategischem Willen zu entkommen, gelang nicht. Man blieb letzten Endes inaktiv mit der Folge wachsender nervöser Demoralisation an Front und Heimatfront. Phantastische Überaktivität erwies sich einmal mehr als Fluchtsyndrom.

In den meisten Darstellungen der Großhistoriker geht das *alliierte Gesamtkonzept* einer Peripher-Strategie gegen das Reich einschließlich der Intervention in der Sowjetunion aus südlicher und nördlicher Richtung unter, obwohl sie bei genauem Hinsehen Ziele verfolgte, denen man nach Ansicht von *Andreas Hillgruber* durchaus eine »Ratio« zuerkennen musste,[121] vielleicht sogar ein Stück Ingenium, das allerdings infolge der erwähnten emotionellen Beimischungen von Sichttrübungen nicht frei war und die richtige Einschätzung der gegnerischen und eigenen Kräfte verfehlte.

Zum *Grand Design*, zur Zusammenführung der Waffen, wurde die *stratégie périphérique* tatsächlich nicht, wiewohl ihre Papierform auf dem Generalstabstisch eine bedeutende militärstrategische und kriegswirtschaftliche Perspektive eröffnete. Der in jedem Fall ernst zu nehmende Versuch einer diversifizierten Kriegführung, die Charme und Anticharme ausstrahlt, wird in zahlreichen historischen Werken entweder überhaupt nicht beachtet oder nur partiell gewürdigt, so etwa der in Kabinetten und Stäben lebhaft erörterte Vorstoß nach Finnland und die Einnahme der schwedischen Erzbergwerke in Gällivare. Alle anderen Vorhaben, selbst die Vorbereitungen für eine Balkanfront, erscheinen gewissermaßen als Petitessen in der Periode, die man etwas irreführend Twilight War, Phony War, *drôle de guerre*, Sitzkrieg nennt.

Warum den Westmächten für das halbe Jahr zwischen dem deutschen Polen- und Skandinavienfeldzug jede Offensivplanung praktisch abgesprochen wird, mag zum Teil darin begründet sein, dass es in Paris und London ja tatsächlich beim strategischen Wortschwall blieb. Man kann deshalb aber nicht übergehen, dass sich die Alliierten um ein Haar in einen Krieg mit der Sowjetunion verwickelt hätten, obwohl diese im Grunde nicht der Hauptfeind, sondern aufgrund der Wirtschaftsverträge mit dem Deutschen Reich die *Achillesferse* Deutschlands war. Oder glaubte man etwa, die durch Selbstterrorisierung geschwächte UdSSR sei ein leichtes Ziel, an dem man sich *glorreich* auslassen könnte? Zitierte Äußerungen Weygands weisen in diese Richtung.

Peripher-Krieg, ursprünglich eine rationale Methode, um die innere Angriffsroute aufzusprengen, auf der sich die deutsche Kriegsmaschine in den ersten Monaten des Jahres 1940 für den Vorstoß in den europäischen Westen formierte, wäre mit dem Bombardement der russischen Ölindustrie beinahe in das gefährliche Gegenteil, die Bildung einer Kriegskoalition Sowjetunion-Deutschland umgeschlagen. Indem Frankreich, wie wir sahen, eine entschiedene Defensivstrategie verfolgte, *scheute* es den Kampf und neigte dazu, andere für sich kämpfen, ja, bluten zu lassen. Als *kontrafaktisch* lässt sich diese dramatische Kriegswende nicht abtun. Etwa um den 10. Mai 1940, als die deutsche Panzerarmada in Frankreich einfiel, befanden sich die alliierten Bomber auf den nahöstlichen Flughäfen im Startmodus gen Kaukasus. Als Angriffsdatum nannte *Weygand* den Zeitraum vom Ende Juni bis Anfang Juli. Nur die rasch erkannte Schwäche in der Verteidigung Westeuropas verhinderte die Starterlaubnis und den Krieg mit Russland.

Gamelin: Mehr Fronten schaffen – peripher

Ein entscheidender Grund für den strategischen Denkaufwand in Paris und im Chateau de Vincennes, Gamelins Hauptquartier (und Hinrichtungsstätte der deutschen Spionin Mata Hari 1917), war der Versuch, durch Nebenkriegsschauplätze *(guerre ailleurs)* auf der Windrose die nach dem polnischen Desaster in Gang gekommene Konzentration der deutschen Wehrmacht in Richtung Westen aufzulösen. Hitler sollte gezwungen werden, starke Kräfte nach Skandinavien, Rumänien und in den südlichen Balkan zu verschieben, wo vorwiegend französische Pläne vom Herbst 1939 bis Mai 1940 die Landung von zehn bis zwölf französischen und britischen Divisionen in Saloniki zur Errichtung einer gemeinsamen Front mit Griechenland, Jugoslawien, Rumänien und der Türkei (insgesamt 100 Divisionen) gegen Deutschland vorsahen.

Insgesamt wurden acht Kriegsschauplätze und Aktionen ins Auge gefasst: Neben den erwähnten Aktionen sollte die massive Unterstützung Finnlands (jedenfalls bis zum Abschluss des sowjetisch-finnischen Friedensvertrags vom 12. März 1940) die Sowjetunion und Deutschland treffen. Von der Unterbrechung deutscher Handelswege durch Zerstörung respektive Okkupation der Verbindungswege Narvik-Gällivare abgesehen, sollten zwölf alliierte Divisionen die nordschwedischen Erzgruben »sichern« und »schützen«, aus denen sich ja nicht nur die Deutschen, sondern auch die Engländer bedienten. Die Einnahme der norwegischen Atlantikhäfen nördlich und südlich von Trondheim würde der Sicherung der Atlantikrouten gegen deutsche Übergriffe dienen – ein vorwiegend britisches Desiderat. Zu den *Plans secrets du Grand Quartier Général* im Benehmen mit dem britischen Generalstab gehörten schließlich auch die Verminung des Unterlaufs der Donau und, wie schon erwähnt, des Rheins *(mines flu-viales)* sowie die Bombardierung des Ruhrgebiets, Maßnahmen, denen sich Paris aus Furcht vor deutschen Repressalien teil- und zeitweise widersetzte.[122]

Frankreich hatte mehrere (gute) Gründe, Deutschland mit einem diplomatisch-militärischen Mehrfrontenaufbau zu umgeben. Das lehrten Geografie und Geschichte, vor allem die Bündnissituation von 1914, an der sich Gamelins Generalstab hartnäckig orientierte. Aber Russland stand seit der bolschewistischen Revolution nicht mehr für den Massensturm *Brussilow'scher* Manier zur Verfügung, neigte sich mit dem Rapallovertrag vom April 1922 und mit den als besonders skandalös empfundenen deutsch-sowjetischen Neutralitäts-, Grenz-, Freundschafts- und geheimen Zusatzverträgen bei allen Revolutionsvorbehalten und Komintern-Aktivitäten immer wieder Deutschland zu und wurde damit zu einem erstrangigen Störfaktor des *Achillessehnen-Strategems*, mit dem vor allem Frankreich die *deutsche Belagerung* zu neutralisieren suchte.

Das chinesische Strategem, das wir ob seiner Anschaulichkeit anführen, lautet: »Will man die Belagerung beenden (in diesem Falle die Sammlung der Deutschen Wehrmacht an den Westgrenzen, dem Zielpunkt der Ost-West-Dimension, H. K.), dann ist es am besten, wenn man die Fülle, also die Region, in der der Feind massiert ist, meidet und stattdessen in die Leere, also in den Raum, der vom Feind entblößt ist, vorstößt.«[123]

Frankreich stand allein, es besaß keine kontinentalen Verbündeten von Gewicht im Rücken der Deutschen. Während Deutschland sich seit 1917 in einer vorteilhafteren geopolitischen Lage befand als je zu Zeiten Bismarcks und Wilhelms II., endeten Frankreichs Bestrebungen in den 30er-Jahren, wie *Henry Kissinger* schreibt, »in Militärbündnissen mit (mittelosteuropäischen, H. K.) Staaten, die zu schwach waren, um wirklich Hilfe leisten zu können, in einem politischen Bündnis mit der Sowjetunion, mit der es militärisch nicht zusammenzuarbeiten wagte, und in strategischer Abhängigkeit von Großbritannien, das jegliche militärische Verpflichtungen kategorisch ablehnte. Alles in allem war dies eher eine Anleitung zum Zusammenbruch denn eine großartige Strategie.«[124]

London wurde mit dem Rheinlandeinmarsch Hitlers, ungleich heftiger noch seit der Sudetenkrise und der Münchner Konferenz, vom kontinentalen Sog erfasst, stand aber gleichwohl nicht unter unmittelbarem *kontinentalen Druck*. Die britische Politik zielte auf die Integrität der Insel, freie Seewege, die Erhaltung des Empire mit dem Kronjuwel Indien. Erst mit der Zeit verweigerte sie Hitler politisch freie Hand in Osteuropa, wie die Garantie für die Integrität Polens im März 1939 zeigte, suchte aber noch im Juli 1939 mit einem *ökonomischen Appeasement* das Deutsche Reich auf eine »Joint Anglo-German declaration not to use aggression« festzulegen. Man wollte, wie *Klaus Hildebrand* schreibt,[125] den Deutschen in Aussicht stellen, was Großbritannien bislang, im 19. und 20. Jahrhundert, noch nie eingeräumt hat: Politische Hegemonie im Zentrum Europas, Anerkennung Ost- und Südosteuropas als »besondere wirtschaftliche Interessensphäre des Großdeutschen Reiches«; Sanierung der maroden deutschen Volkswirtschaft, kolonialer Ausgleich (aber keine Rückgabe von Kolonien), im Zuge eines friedlichen Wandels noch einmal Verhandlungen über die Danziger Frage.

Angesichts dieser Konzessionsbereitschaft mussten die Freunde in Paris vor Neid erblassen. Zum gleichen Zeitpunkt fungierte Frankreich für die britische Interventionsstrategie als *Festlanddegen*, dem man angesichts der schwachen eigenen Feldarmee nur mit einem unzureichend mechanisierten Expeditionskorps (BEF) aushelfen konnte, wobei das besondere Interesse der Briten den *low countries*, Belgien und Niederlande, galt. Die gegenüber Navy und Air Force vernachlässigten Heeresstreitkräfte trugen den Spitznamen »Cinderella' Service« (Aschenputtel). Ihr Anteil an den Gesamtrüstungsausgaben betrug 1939 gerade einmal 26 Prozent (1934: 19 Prozent) – ein Anteil davon wurde auch noch für die Luftabwehr abgezweigt.[126]

Frankreich spürte den sturmgleichen Atem des Kriegs. Es fühlte sich schwach, fast wie krank in der Erwartung einer *attaque brusquée* des zu Überlegenheit, Waffenmodernität, operativem Großformat aufgewachsenen Reiches. Die Verzögerungen bei der Mobilmachung waren Ende 1939 noch nicht überwunden. Alte Mängel, wie wir sie noch schildern werden,[127] hatten sich sogar verstärkt, soziale Unruhen erschütterten zu Beginn des Kriegs das Land. Fabriken mussten infolge der Generalmobilmachung schließen, in der Landwirtschaft fehlten Arbeitskräfte, Fachkräftemangel behinderte Produktion und Auslieferung technologisch anspruchsvoller mechanisierter Geräte, Geschütze, vor allem aber panzerbrechender Waffen. Sogar Schutzkleidung für die Soldaten fehlte. Munition war derart knapp, dass die Armee während ihres kurzen, matten Vorstoßes an der Saar im September 1939 bei mäßiger Feuertätigkeit ein Drittel ihrer Munitionsreserven angreifen musste. Panzer verfügten über nicht mehr als 30 Granaten, die Kommunikationstechnologie verfehlte die einfachsten Erfordernisse. Divisionsnachschub wurde per Pferd bewegt. Angesichts dieser Zustände und der kargen Rüstung des britischen Verbündeten hielt Generalstabschef Gamelin eine groß angelegte alliierte Offensive vor 1941/42 für ausgeschlossen. Seine Devise lautete: Verteidigung, Schutz der französischen Erde.[128]

Noch schwerer wogen jedoch die diplomatischen, vor allem militärdiplomatischen Defizite. Die Bemühungen um Wiederherstellung einer *russischen Front* gegen das Reich zogen sich von 1932, dem Abschluss des Nichtangriffsvertrags mit der Sowjetunion, bis 1939 hin, ohne dass es gelungen wäre, dem schließlich vereinbarten Beistandspakt von 1935 die militärische Komponente hinzuzufügen. Die Verhandlungen über die Militärkonvention scheiterten am tiefen Misstrauen auf französischer Seite, vor allem am Widerstand der Militärs, die befürchteten, Moskau werde von Frankreich den Übergang zu einer offensiven Strategie fordern – ähnlich der französisch-russischen Militärkonvention von 1894.[129]

Hinzu kamen antikommunistische Strömungen in der Öffentlichkeit. »Ist es nicht unlogisch«, fragte der Abgeordnete *Jean Fernand-Laurent* in der geheimen Sitzung der Nationalversammlung vom 19. März 1940, »Krieg gegen Deutschland zu führen und nicht gegen Russland? Wie kann man in Frankreich die Kommunisten bekämpfen, ohne ihre russischen Meister als Feinde zu betrachten? Warum messen wir Aggressoren, die wir derselben Verbrechen bezichtigen, mit zweierlei Maß, während sie doch die gleiche Behandlung und die gleiche Bestrafung verdienten?« («Très bien! très bien!», tönte es von der rechten Seite und der Mitte.)[130]

Zuletzt, im August 1939, überwog das Misstrauen auf der sowjetischen Seite. Nach der Verweigerung des polnischen und rumänischen Glacis für die Rote Armee argwöhnte Stalin zu Recht, er sollte im Konfliktfall ins Feuer gehen, während die Westalliierten in den Bunkern der Maginot-Linie verweilten. Es war wohl Notreflex und Selbsteinrede, dass Gamelin Polen für ein besseres Bollwerk hielt als die Sowjetunion, die durch die *Säuberungen* an militärischer Stärke verloren habe. Der deutsch-sowjetische Pakt verwies Paris schließlich mit Gewalt auf Polen, obwohl sich die Operateure ausmalen konnten, dass ein polnisch-rumänischer Widerstand gegen das Reich ohne die Sowjetunion aussichtslos sein würde.

Frankreich – Polen – peripher

Als Polen im September 1939 am Boden lag, pochte in Frankreich das schlechte Gewissen. Frankreich war nicht in den Krieg gezogen, um Polen zu retten, schon gar nicht, um die Balten und Finnen zu schützen. Das Gegenteil traf zu – Polen sollte kämpfen, um den Gegner von Frankreich fernzuhalten. Der Kern der peripheren Strategie, andere zur Opferbank zu treiben, schimmerte, wie wir gesehen haben, früh durch – in dieses Konzept passten die Bemühungen der Politik und des Generalstabs *vor* dem Abessinien-Feldzug Mussolinis, zu einem Akkord mit Italien zu kommen, wie auch die Bündnisfühler zu balkanischen Staaten, zur Türkei, last not least zur Tschechoslowakei, die man wenig später Hitler überließ. Aber Polen war der Ernstfall, und die französischen Zusagen an den polnischen Generalstab, im Falle des Kriegs drei Tage nach Mobilmachung mit einer begrenzten Offensive gegen Deutschland zu beginnen und nach 16 Tagen die *Großoffensive* folgen zu lassen, wurden bei den französisch-polnischen Stabsgesprächen am 16./17. Mai 1939 protokolliert. Auch von Luftunterstützung war die Rede. Dass eine *Direkthilfe* für Polen ausgeschlossen sei, hatten die gesonderten englisch-französischen Generalstabsbesprechungen jedoch bereits im April ergeben.

In Wirklichkeit lief die hintergründige Diplomatie darauf hinaus, den polnischen Kampfesmut zu stärken. Das Land sollte die deutschen Kräfte im Osten für vier bis sechs Monate binden, wie Gamelin infolge einer Fehleinschätzung der militärischen Kräfte Polens kalkulierte. Die Vereinbarungen mit der polnischen Delegation unter *General Kasprzycki* vom 19. Mai liefen auf eine glatte Täuschung des Verbündeten hinaus, der aber auch selbst seine militärischen Kräfte überschätzte, im Übrigen zu spät mobilisierte (aufgrund französischer Empfehlung, die Deutschen nicht zu provozieren), und 20 Prozent seiner Streitkräfte zur russischen Ostfront beorderte, wo sie früher wie später nichts bewirken konnten.

Bereits am 31. Mai 1939 hatte Gamelin General Alphonse Georges, den designierten Befehlshaber der französischen Nordostfront – als solcher verantwortlich für den Landkrieg gegen Deutschland –, angewiesen, bei der theatralischen Geste des Saarvorstoßes gut zwei Wochen nach der französischen Mobilmachung alle Kautelen der Vorsicht zu beachten. Als es am 7. September so weit war, wurde das Unternehmen nach kürzester Zeit abgeblasen – aufgrund eines Beschlusses des Obersten Militärrats der Alliierten in Abbeville. Die in der Kasprzycki-Gamelin-Konvention am 19. Mai 1939 zugesagte »kühne Entlastungsoffensive« taugte nicht einmal als Alibi, geschweige denn zur Verlegung deutscher Verbände aus dem Osten zur dünn gedeckten Westfront. Anschließend betraten Franzosen für Jahre nur noch als Kriegsgefangene deutschen Boden.[131]

Zwei Überlegungen bestimmten die Planungen eines peripheren Kriegs *gegen die Sowjetunion*:

Erstens. Bei einer Unterbindung der Öllieferungen aus dem sowjetischen Kaukasus, Attentaten auf rumänische Erdölanlagen und Blockierung der Eisenerztransporte aus dem nordschwedischen Gällivare musste Deutschland katastrophale Rohstoffengpässe gewärtigen und wäre nach alliierter Kalkulation außerstande, den Krieg fortzusetzen. Was Erze betrifft, sicherte tatsächlich erst die Eroberung der Elsaß-Lothringischen Erzgruben dem Reich eine gewisse Autarkie, doch sollte die Peripher-Strategie im optimalen Fall eine deutsche West-Offensive ja gerade verhindern.

Die Luftangriffe auf die Öl-Anlagen im Kaukasus würden und sollten nach den strategischen Erwägungen Gamelins aber nicht nur Deutschland treffen, »sondern auch die UdSSR. Da Moskau für seine motorisierten

Truppen und seine landwirtschaftlichen Betriebe fast seine ganze Erdölpro-
duktion benötigt«, notiert *Gamelin*, »würden die Sowjets in eine schwierige
Situation geraten ... Eine Aktion gegen die russische Erdölindustrie ... ist
... von sehr großem Interesse für die Alliierten. Sie ermöglicht es, einen sehr
schweren, wenn nicht entscheidenden Schlag gegen die militärische und
wirtschaftliche Organisation Sowjetrusslands zu führen. In einigen Monaten könnte die UdSSR sogar in eine derartige Verlegenheit geraten, dass sie
in die Gefahr eines völligen Zusammenbruchs käme.«[132]

Zweitens. Die Unterbrechung der Zufuhren aus dem Süden und Norden würden den »zum Entsetzen« der Westalliierten mit den deutsch-sowjetischen Nichtangriffs-, Freundschafts- und Wirtschaftsverträgen auf-
gebrochenen Blockadering um das Reich erneut schließen. Das im Ersten
Weltkrieg bewährte Kriegsmittel könnte infolge der englisch-französischen
Überlegenheit zur See ein zweites Mal Wirkung entfalten. Der maritime
Vorteil überträfe, wie stets, den kontinentalen – wenn nicht sogar, wie die
kühnsten Träume eingaben, ein erzwungener Regimewechsel in der Sowjet-
union/Russland und damit das Ende Stalins die ersehnte Konstellation von
1914–1917 wiederherstellen würde.

Wie wir gesehen haben, war ein Teil der Pläne, immer wieder auch das
Gesamtkonzept zwischen den Westmächten umstritten. Während Paris eine
stratégie périphérique in den Räumen von Saloniki, Petsamo und im Kaukasus bevorzugte, setzte sich London für eine *stratégie frontale* an der europäischen Nordostfront, für Bombardierungen des Ruhrgebiets und die Verminung des Rheins ein. Die Bestrebungen blockierten einander, schreibt
François Berida.[133]

Für die enthusiastische Annahme französischer Politiker und Strategen
– weniger der britischen –, man könne Hitlers sowjetischen Verbündeten
und Rohstofflieferanten Sowjetunion mit ein paar Geschwadern Bomber
minimaler Traglast und mit Kolonialsoldaten aus Syrien von der Bildfläche stoßen und zugleich die deutsche Strategie der ost-westlichen Stärke-
konzentration durchkreuzen, lassen sich ältere und aktuelle Beweggründe
namhaft machen: Sie beruhen vornehmlich auf der Schwäche Frankreichs,
in der sich die Bitternis über den Hitler-Stalin-Pakt und die Empörung über
das Ausmaß des stalinistischen Terrors unter den Militärs wie Säure verbreitete. Besonders der Nichtangriffs- und Freundschaftsvertrag unter der
Schutzherrschaft Stalins und Hitlers vertiefte in Paris das Gefühl der Vereinsamung auf dem Kontinent, dem man wenigstens durch strategischen
Mobilismus entgegenwirken wollte.

Obwohl es auch in der französischen Führung Bedenken gegen die periphere Kriegführung und die Einbeziehung der Sowjetunion in die Runde
der Feinde gab, ging von den *plans secrets* eine Faszination aus, die selbst

skeptische Strategiegelehrte wie *Maurice Gamelin*, der als Offizier im Generalstab von *Joseph Joffre* das rettende »Wunder an der Marne« im September 1914 vorbereitet hatte, wie auch Ministerpräsident Daladier und
dessen Nachfolger *Reynaud* in den Bann schlug (aus dem sie doch immer
wieder ausbrachen). Man könnte, so lautete die These, durch die Schaffung
neuer Kriegsschauplätze im Norden, im balkanischen Süden und im Kaukasus dem Krieg eine überraschende, für das Deutsche Reich irritierende
Wendung geben und der Sowjetunion die Kehrseite des rasch exekutierten
Teilungsabkommens mit Hitler so unerwartet wie drastisch vor Augen führen. Mit welchem Erfolg, blieb dahingestellt – aber das ist in der Dialektik
des Kriegs nichts Neues.

4. Stalin und Hitler

Über die Einstellung Stalins zu Hitler wird viel orakelt, von Sympathie,
sogar von kaum glaubhaften freundschaftlichen Gefühlen ist die Rede. Begegnet sind die beiden einander nie. Nachgewiesen ist nur ein einziger Briefwechsel, übrigens ohne Anreden, aus dem August 1939, als Hitler wegen
der knapp bemessenen Zeit für den Polen-Feldzug auf den förmlichen Abschluss des Neutralitätsvertrags drängte und Stalin ihm entgegenkam.[134]
Dass Diktatoren einander bewundern können, der eine den anderen vor
seinen Vertrauten als »klugen Kopf«, »tollen Burschen«, als »Prachtkerl«
(Molodez), tituliert; dass sie Toaste aufeinander ausbringen, sich auch mal
einen Gefallen auf Kosten Dritter tun – die Sowjetunion lieferte nach dem
Abschluss des »Freundschafts- und Grenzvertrags« vom September 1939
Hunderte von exilierten Kommunisten an Deutschland aus –, gehört in
diesen Kreisen zum Komment und setzt sich abgemildert bis in die Usancen
rechtsstaatlich-demokratischer Regierungspraxis fort. Leo Trotzki verglich
kurz vor seiner Ermordung im Dezember 1940 Stalin und Hitler mit »Zwil-
lingsgestirnen«, deren Bahnen durch geheime Kraft miteinander verbunden seien. »Gestirne dieser Art sind ›optische‹, das heißt scheinbare, oder
›physische‹, d. h. wirkliche Paare, bei denen sich ein Stern um den anderen
dreht. Und wenn sie ein wirkliches Zwillingsgestirn sind, wer dreht sich
dann um wen?«[135]
    Der österreichische Deutsche war *vertikal* auf dem Karriereweg dem-
agogischer Demokratie und Massenfaszination nach oben gelangt; der
Georgier auf der Bahn krimineller Verschwörung über die Spirale der leninistischen Nomenklatura – ohne Rednergabe, ohne Massenkontakt und fo-
rensische Verführungskraft. Stalin war ein genialer Apparatschik des inter-

nen Machtkampfs, Hitler ein Tribun der Säle und szenischen Aufmärsche.
Die »entgegengesetzten« Ähnlichkeiten, die beide verbanden, betrafen die
radikale Absage an westlich-liberale Ideen, an die Souveränität des Indi-
viduums, an die gesellschaftliche Vielfalt.[136] Hitler, muss man hinzufügen,
agierte auf dem Hintergrund der gescheiterten Weimarer Republik und der
Weltwirtschaftskrise, Stalin auf der Folie des gescheiterten Zarismus und
der leninistischen Revolution. Beide hatten aus ihren jeweiligen Gründen
eine Gesellschafts- und Macht-Utopie formuliert – der eine wollte die Le-
bensordnung vom *Rassenfeind*, der andere vom *Klassenfeind* »erlösen«,
beide waren gewissermaßen Opfer des Versailler Vertrags. Im entscheidenden Moment konvenierten die politischen Interessen.

»Grundsätzlich« betrachtete Stalin alles Faschistische als eine Reaktion
auf den siegreich vordringenden Sozialismus, während Hitler mit Unterbrechungen vom »jüdischen Bolschewismus« sprach, dann vom »scheinbar
antisemitischen Herrn Stalin«, schließlich vom »zaristischen Stalin« und, je
enger die Kriegsbekanntschaft wurde, umso häufiger von einer Persönlichkeit, die sich von den Juden emanzipiert habe und eine nationale und anti-
jüdische Politik betreibe. Mussolini, der Hitler in einem Brief vom 3. Januar
1940 wegen dessen Zuwendung und Begünstigung der Sowjetunion (wohl
im Finnlandkrieg) erstaunlich hart kritisierte, bekam in der Antwort vom
8. März zu hören: »Russland erlebt seit dem endgültigen Sieg Stalins ohne
Zweifel eine Wandlung des bolschewistischen Prinzips in der Richtung auf
eine nationale russische Lebensform ... Wenn aber der Bolschewismus sich
in Russland zu einer russisch-nationalen Staatsideologie entwickelt, dann
stellt er eine Realität dar, gegen die zu kämpfen wir weder Interesse noch
einen Anlass besitzen ...«[137]

Noch im September 1941, in den ersten Monaten des Ostfeldzugs, bezeichnete Hitler seinen Kriegsgegner in einem *Tischgespräch* als »einen
der größten lebenden Menschen«, da es ihm, wenn auch unter härtestem
Zwang, gelungen sei, »aus der slawischen Kaninchenfamilie einen Staat
zu schmieden«. Im Januar 1942 sah er in ihm den Mann, der sich mit der
bolschewistischen Idee tarne, in Wirklichkeit aber Russland personifiziere,
»die Fortsetzung des zaristischen Panslawismus«. »Wenn Stalin noch zehn
bis fünfzehn Jahre an der Arbeit geblieben wäre«, erklärte Hitler im August
1942, nach außen hin noch siegesgewiss, wäre »Sowjetrussland der gewal-
tigste Staat der Erde geworden. Da können 150, 200, 300 Jahre vergehen;
das ist so eine einmalige Erscheinung! ... Die haben Fabriken ... gebaut, ...
die die Größe der Hermann-Göring-Werke haben. Sie haben Eisenbahnen,
die sind gar nicht eingezeichnet auf der Karte. Bei uns streitet man sich um
Tarife, bevor die Bahn gebaut ist. Ich habe ein Buch über Stalin; man muss
sagen: Das ist eine ungeheure Persönlichkeit, ein richtiger Asket, der mit

einer eisernen Faust dieses Riesenreich zusammengefasst hat. Nur wenn
einer sagt, das ist ein sozialer Staat, das ist dann ein ungeheurer Schwindel!
Das ist ein staatskapitalistischer Staat: 200 Millionen Menschen, Eisen,
Mangan, Nickel, Öl, Petroleum und was man will – unbegrenzt. An der
Spitze ein Mensch, der sagte: Finden Sie den Verlust von 13 Millionen Men-
schen zu viel für eine große Idee?«[138]

Was sich wie das Decrescendo eines infernalischen Hasses inmitten der
Vernichtungsschlacht ausnimmt, enthüllte immer deutlicher den Charakter »ferner Nähe« (Gerd Koenen), die beide Systeme und ihre Protagonisten miteinander verband. Nach den Worten von *Charles Maurras* kann
ein Sozialismus, der frei von allen demokratischen und kosmopolitischen
Elementen ist, so gut zum Nationalismus passen »wie ein gut geschnittener
Handschuh zu einer schönen Hand«.[139]

Zu Anfang war alles anders. Mit dem Regimewechsel 1933 hatten sich
die deutsch-sowjetischen Beziehungen verschlechtert. Hitler hielt zur Sowjetunion polemische Distanz, lancierte in den folgenden Jahren, vor allem
auf den Nürnberger Parteitagen von 1936 und 1937, verbale Ausfälle
gegen den »angreifenden Bolschewismus«, den es »zu schlagen und zu vernichten« gelte. Der *Führer* ließ vielleicht seine Seele sprechen, verfolgte aber
in erster Linie die Absicht, sich vor allem den Briten als *Rocher de bronze*
wider die Gefahr aus dem Osten zu empfehlen. Das sowjetische Doppelspiel, sich in der offiziellen Diplomatie der Politik der kollektiven Sicherheit
in Europa zu bedienen, zugleich aber den *Weltgeneralstab* der Komintern
mit Revolutionsarbeiten im Untergrund zu beauftragen, lieferte der Ab-
grenzungspolitik wohlfeile Gründe. Übrigens auch in Frankreich, wo die
interne Wühlarbeit der Komintern eines der schwersten Hindernisse für ein
enges Bündnis mit der Sowjetunion seit 1935 darstellte.[140] Im Januar 1936
verbot Hitler den Verkauf von Kriegsgerät an die Sowjetunion, untersagte
jede engere Beziehung mit den »Trägern dieser Giftbazillen« und mied zu
den *Herren vom anderen Stern* jeden persönlichen Kontakt.

Stalin behielt die Nerven. Die Sowjet-Presse durfte wüten, aber der
Woschd, dem der Jähzorn ins Gesicht geschrieben stand, nahm die Berliner Provokationen ungerührt zur Kenntnis. Nach Angaben seines Biografen *Dmitri Wolkogonow* kannte er Adolf Hitlers *»Mein Kampf«* und
steuerte, beeindruckt oder nicht, eine sichernde Übereinkunft mit dem
Führer des Reichs an, um dessen bedrohlicher Vorliebe für das britische
Empire ein ständiges Gegenangebot vor Augen zu halten. Die Art, wie Hitler die Röhm-Affäre erledigte, hatte ihm imponiert, zumal er zu diesem
Zeitpunkt in seiner Fantasie die alte leninistische Garde zur Liquidierung
aufreihte. Statt eines Verbrechens sah er in der deutschen Hinrichtungsserie
nach *Führerrecht* ein Zeichen der »Konsolidierung« des Regimes und ließ

das Politbüro beschließen, Hitler um jeden Preis zu einem Übereinkommen mit der Sowjetunion zu bewegen, wie der umstrittene *Walter G. Krivitsky*, Leiter des sowjetischen militärischen Aufklärungsnetzes in Westeuropa, behauptete.[141] Auch will Krivitsky erfahren haben, dass Stalin mit Blick auf das nationalsozialistische Deutschland Mitte der 30er-Jahre forderte, man müsse »mit einer überlegenen Macht zu einer Verständigung kommen.«[142]

Stalin bestätigte solche etwas kühn tönenden Zitate durch sein lebhaftes persönliches Interesse an Wirtschaftsverhandlungen mit dem Reich, die seinen Rüstungsvorhaben dienten, aber nicht nur ihnen, wie der russische Historiker *Lew Besymenski* zu berichten weiß. Mit dem weltanschaulichen Todfeind zu paktieren, wenn das Interesse es erforderte, war für ihn, wie letztlich auch für Hitler, nichts Ungewöhnliches: Der eine wie der andere war Meister der Alternativen. »Der Entscheidungsprozess in totalitären Staaten verläuft nicht so eindeutig, wie man das in der Regel annimmt. Auch Hitler (ebenso Stalin) fasste zuweilen Entschlüsse, bei denen er zwischen mehreren Varianten wählte, die aus seiner nächsten Umgebung an ihn herangetragen wurden. Als es nach dem Ende des Frankreichfeldzugs im Sommer 1940 um die nächsten Schritte im Krieg ging, der für Hitler mit der Niederlage Frankreichs bei Weitem nicht beendet war, wurden mehrere Alternativen geprüft.«[143]

Kontinentalblock oder Krieg

Für Stalin waren die Blitzsiege, die sein neuer Bündnispartner in Polen, dann in Dänemark und Norwegen, Luxemburg, Belgien, den Niederlanden, vor allem aber in Frankreich erzielte, natürlich eine unangenehme Überraschung. Die Deutschen blieben nicht in Grabenkämpfen stecken, wie er vermutet hatte, sie verbluteten nicht an der Ligne Maginot, sondern wurden von Feldzug zu Feldzug stärker, zeigten operative Brillanz, brachen mit verbundenen Waffen Schneisen zur Aufspaltung und Zernierung des Gegners, nutzten die Vorzüge der Auftragstaktik, die es dem militärischen Führer an der Front freistellt, wie er das vorgegebene Ziel am besten erreicht – bewährtes Prinzip aus der preußischen Tradition des älteren Moltke von 1870, das so gar nicht passen wollte zum Prinzip der starren Befehlstaktik des Hitler'schen Führerstaates. Das bewunderte er auch, wie er vor den Offiziersabsolventen am 5. Mai 1941 erklärte, und das alarmierte ihn.[144] Stalin sah Probleme nahen mit großer Geschwindigkeit. Er war nicht mehr der begünstigte Gewinner, der nach gemessener Zeit das rauchende Schlachtfeld der Kapitalisten und Faschisten festen Stiefelschrittes betreten würde, um schiedsrichterlich-revolutionäre Weltkommandos zu geben.

Noch heute unterstellen Historiker seinem Pakt mit Hitler Landhunger – in Wirklichkeit bestimmten Sicherheitsbedarf plus Zeitgewinn für die Komplettierung der militärischen Handlungsfähigkeit seine Entscheidung. Zum großen Krieg fühlte er sich 1939 nicht stark genug, der »Augenblick« war noch nicht gekommen. 1942 würde er dazu bereit sein, aber solche Ankündigungen verfolgten zunächst nur den Zweck, der Produktion, der Produktivität, der militärisch-industriellen Elite und der Führungs-Equipe Beine zu machen.

Außerdem ist es keine eiserne Regel, dass Diktatoren den inneren Problemdruck nach außen lenken. Stalin war Entwicklungsdiktator, terroristischer Schnellmodernisierer. Und das sowjetische Interesse gebot in dieser Periode nicht die Weltrevolution, sondern Aufbau und Rüstung des Landes. Zeit und Stärkung zog er im Augenblick kostspieligen Expansionen vor, sofern sie sich nicht als *partnerschaftliche Okkasionen* boten. Raum interessierte ihn als Glacis, das die innere Kräftigung nach den Säuberungen gegen die feindliche Außenwelt abschirmte. Mit und gegenüber Hitler hatte er seinen Machtbereich ausgeweitet und damit, wie er glaubte, Optionen gewonnen. Der Krieg der anderen, dem er zum Ausbruch verholfen hatte, würde ihn stärken, er konnte noch warten. Vom profitierenden Stalin lässt sich viel eher als von Hitler sagen, dass er einen weitgesteckten »Plan« hatte, nämlich das *Programm*, nach der Schwächung aller anderen, zunächst und vor allem der Deutschen, die Frontstellung gegen Großbritannien und die USA bis ins Zentrum des Kontinents zu erweitern. Hitler würde ihm den Weg bahnen, er wollte ihn, wie seine Standardformel lautete, »ohne große Verluste« beschreiten. Sind nach Napoleons verlorenen Schlachten nicht schon einmal Kosaken in Paris eingeritten?

Aber nun war doch alles anders gekommen. Stalin hatte die Deutschen unterschätzt, den va banque spielenden Hitler, die Wehrmacht, die sich in gerade einmal sechs Jahren zur hochtourigen Kriegsmaschine herangebildet hatte, trotz aller Mängel in der Rüstung. Erwuchs da eine deutsche »napoleonische« Gefahr, erwachte im Falle Hitler das Vernichtungsmotiv? Letzteres war ihm natürlich bekannt, erschütterte ihn aber nicht sonderlich. Nur – konnte es jetzt noch genügen, den 1939 zugesprochen Teil der Einflusszone rasch, in gewissem Sinne rückstandsfrei zu kassieren, wie es zum Ende des deutschen Frankreich-Feldzugs im Baltikum musterhaft geschehen war, oder musste man Hitler nicht noch einen weiteren Forderungskatalog präsentieren, um die überraschenden Positionsgewinne des Reiches auszutarieren, seine Expansion in Europa eindeutig zu begrenzen, die das sowjetische *Programm* gefährden könnten, unternähme man jetzt nichts?

Auf der anderen Seite erkannte er auch Hitlers *strategischen Infarkt*, die Schwäche vor Dünkirchen, die abgebrochene Luftschlacht, den im doppelten Sinne *verspielten* Seelöwen, den Verlust der Initiative. Davon ging, das sah er als inniger Kenner der Macht, die größte Gefahr aus: von einem *Führer*, der auf der einen Seite nicht weiterkam, nun aber die knappe Zeit nutzen musste, in der sein Heer dem Atlantik noch relativ risikolos den Rücken zuwenden konnte. Was hatte Stalin zu erwarten? Churchill setzte auf Russland. Jedenfalls schrieb er Botschaften nach Moskau, unterbreitete dem *Woschd* besorgte Gedanken, aber diese fanden, wie er erfahren musste, wenig Resonanz. Stalin ließ Vorsicht walten – er erteilte dem neuen britischen Botschafter in Moskau, Sir *Stafford Cripps*, einem linken fellowtraveller des Establishments, der weisungsgemäß mit Annäherungsfloskeln, später ganz konkret mit dem Vorschlag einer »gemeinsamen« Balkan-Initiative aufwartete, eine kühle Antwort und ließ das Gesprächsprotokoll der deutschen Seite zukommen – allerdings, was seine Äußerungen betraf, die eigenen Erwägungen über Hitler und den Krieg, nicht ganz vollständig.

Dem *Führer* gratulierte er höflich zu jedem Sieg. Den Winterkrieg 1939/40 gegen die Finnen suchte er vergessen zu machen, bevor er Ende 1940 das Land erneut auf die Zielliste der Forderungen setzte. Bei dem peinlichen Fall waren, wie wir sahen, zum einen die Säuberungsfolgen in der Roten Armee ans Licht getreten, zum anderen die Arroganz des fanatischen Leningrader Großfunktionärs *Andrei Schdanow*, der Stalin zu einem »regionalen Feldzug«, beschränkt auf Truppen seines Militärbezirks, überredet hatte. Schnell, zu schnell hatte Stalin versucht, alles zusammenzuraffen, was man ihm ausgeliefert hatte, denn nur dann, glaubte er, würde es ihm sicher sein.

Hitler missfiel dieses Vorgehen, diese, wie er meinte, übermäßige Ausschöpfung des Teilungsvertrags. Zugleich sah er in den erstaunlichen Abwehrerfolgen des finnischen Feldmarschalls *Carl Gustav Freiherr von Mannerheim* im Winter 1939 ein Indiz dafür, wie »schwach« die Sowjetunion in Wirklichkeit sei. In denselben Beratungsrunden, vor denen er seine Theorie vom Sieg im Westen über den Umweg Ost ausbreitete, zeigte er sich dennoch ernsthaft besorgt über die russische Okkupation der baltischen Staaten und der ostrumänischen Gebiete Bessarabien und Nordbukowina, die Zunahme der Roten Armee in Ostpolen, die neu angezeigte Bedrohung Finnlands. Das war nicht hergeholt. Was sich im Norden und im Süden abzeichnete, war ein *Vortasten zu Rohstoffadern* der deutschen Rüstungszirkulation, wahrscheinlich sogar ein *strategischer Schub* zur Einengung des deutschen Spielraums.

Noch gab es keinen Entschluss, Russland anzugreifen; es war eine Idee, die Hitler faszinierte und zugleich irritierte. Unverkennbar war nur, wie schnell sich der Pakt mit der Sowjetunion aufbrauchte, zu einem baren Titel wurde, unter dem Stalin seine Ansprüche erhöhen würde, nachdem das

Reich den Kampf auf dem Westteil des Kontinents für sich entschieden
hatte – um an der Küste jäh zum Stillstand zu kommen. Stalins Gedanken
zu »lesen«, bedurfte es keines siebten Sinnes – einfache strategische Logik
genügte. Doch es waren erst der Molotow-Besuch vom 12. bis 14. November 1940 in Berlin und die darauffolgenden Wochen abmessender Beobachtung, die Stalins Absichten offenbar zu machen schienen und Hitlers Idee
eines Umweg-Kriegs ein zweites, mehr handfestes als spekulatives Motiv
zum Handeln geben sollten.

Während die Alliierten den Gedanken wälzten, über Norwegen und
Schweden oder, wie die Franzosen es vorschlugen, durch eine Landung
im finnischen *Petsamo* im sowjetisch-finnischen Waffengang die Zange an
Russland anzulegen, spielte Hitler als frisch Vertragsangetrauter die russische Karte der Kontinentalblock-Idee. Er musste das tun, weil der große
Westfeldzug mit dem keineswegs sicheren schnellen Sieg über Frankreich
und dem *Einlenken* oder der *Kapitulation* Großbritanniens noch vor ihm
lag. Mehr noch, in seinem Briefwechsel mit Mussolini im März/April 1940
erklärte er Stalin zum Entsetzen des Duce de facto für bündnisfähig: Der
sowjetische Diktator habe nationalzaristische Interessen im Auge, gegen die
schließlich nichts einzuwenden sei.[145]

Wir stoßen hier auf die doppelte Urzeugung des *Kontinentalblocks*, gebildet aus Deutschland, Italien, Japan und der Sowjetunion. Dieser deutsche
Plan einer Verwandlung des Nichtangriffspaktes von 1939 zum Kriegsbündnis und zur »säkularen« *(Ribbentrop)* Aufteilung des eurasischen Kontinents vom Atlantik bis zum Pazifik war mit hoher Wahrscheinlichkeit ein
Reflex auf die Peripher-Aktivitäten gegen die *teutoslawische Koalition*, deren Planungen sich in den britischen Medien augenfällig spiegelten. Vansit-
tarts Prophezeiung über die Stärke der russisch-deutschen Gesellung schien
sich zu erfüllen. Kurz nach dem finnisch-sowjetischen Friedensvertrag im
März 1940 war die Atmosphäre zwischen Moskau und Berlin dem äußeren Anschein nach vorzüglich. Noch spürte man nichts von den geblähten
Emotionen nebeneinanderliegender gleichgeschlechtlicher Wale und der gemeinsame Blick war fest auf die Fanggründe des Teilungsvertrags gerichtet.
In dieser Situation eröffnete Ribbentrop dem sowjetischen Botschafter in
Berlin das Interesse des Reiches, mit der UdSSR zu »endgültig klaren Beziehungen zu kommen«[146] – was jedermann, natürlich auch das alliierte Lager,
als Versuch verstehen konnte, Stalin für einen attraktiven Preis zum Eintritt
in den Krieg zu bewegen.

Die deutsche Kontinentalblock-Idee

Ribbentrop war zuversichtlich. Im Unterschied zu Hitler glaubte er fest daran, Stalin werde bei der Aufteilung des eurasischen Raumes Entgegenkommen zeigen: Angelegentlich verwies Berlin auf die militärischen Planungen der Westmächte gegen Russland, die am 16. Juni 1940 per Zufall als Geheimkonvolut in einem Zug am Bahnhof von *la Cherité an der Loire*, der Grenze zum unbesetzten Frankreich, entdeckt und nach eiliger Auswertung den sowjetischen Freunden zur Kenntnis gegeben worden waren – ein *Angriffscredo*, das zumindest in der französischen Zielsetzung den Umsturz der Regierungs- und Machtverhältnisse in der Sowjetunion, das *Abservieren Stalins* einschloss. Die Hinweise sollten die Moskauer Führung an die »konterrevolutionäre« Intervention von 1918 erinnern, an alle feindseligen Handlungen des Westens seit Beginn der Revolution, über die Stalin in seiner *Kastanienrede* am 10. März 1939 referiert hatte. Im Unterschied zu Deutschland lauerten die *kapitalistischen Demokraten* nur auf eine gute Gelegenheit, über den Hort des Bolschewismus herzufallen. Diese Mutmaßung hatte im Kopf Stalins eine feste Behausung. Dennoch: Auf die Kontinentalpakt-Avancen des deutschen Außenministers antwortete der *Woschd* (noch) nicht, obwohl Ribbentrop als eine Art Maître de plaisir seine »guten Dienste« für die Verbesserung der italienischen und japanischen Beziehungen zur Sowjetunion angeboten und eine Einladung Stalins nach Berlin ins Spiel gebracht hatte. Es ging aber auch keine unfreundliche Reaktion ein, alles blieb in der Schwebe, bis Molotow im November 1940 in die deutsche Hauptstadt kam.

Die Sowjets begrüßten die »Strömungsumkehr« im Denken Hitlers, ohne indes auf die bislang so einträgliche förmliche Neutralität verzichten zu wollen. Sorgen bereitete ihnen, dass mit der finnischen Kapitulation am 12. März 1940 in den westlichen Führungszirkeln Bitternis und Groll über die *eigene Tatenlosigkeit* einen Grad erreicht hatte, der den Drang zu kriegsverändernden Schlägen gegen Deutschland *und* die Sowjetunion in Skandinavien und im Kaukasus geradezu krisenförmig anwachsen ließ. Auch die zögerlichen Briten fassten nach einer scharfen Debatte im Unterhaus am 19. März 1940 über das finnische Drama den Entschluss, dem Feindkartell (endlich) in die Flanken zu fahren.[147]

Acht Monate lang, von März bis November 1940, beschäftigte der Kontinentalblock, die Aufteilung Eurasiens in Einflusszonen für das Reich, Russland, Italien und Japan, die Fantasie der deutschen und mittelbar auch der russischen Führung. Hauptgedanke war der Plan Ribbentrops für Hitler und auch für Stalin nie, allenfalls diplomatische Begleitmusik. Bleibt man bei dem Bild, vernahm man in zunehmender Lautstärke den Generalbass des Kriegs, der sich in die klingenden Töne des Anfangs einmischte, in der *zweiten Phase* jedoch mit einer grundlegend anderen, dissonanten Melodie aufwartete. An den Tischen der deutschen Planer und Generalstäbler herrschte Hochbetrieb, nachdem Stalin die deutschen Eroberungen im Westen zum Anlass genommen hatte, die drei baltischen Staaten, zudem Bessarabien und die Nord-Bukowina in den Verband der Sozialistischen Sowjetrepubliken zu inkorporieren, Finnland ein zweites Mal zu bedrohen und deutsche Interessen in der Ostsee, in der Öl-Bonanza Rumäniens, auf dem Balkan insgesamt zu touchieren. Vom Boden des annektierten Litauens aus blickten die Russen von oben herab auf Ostpreußen.

Die Eintrübung der Beziehungen russischerseits ergab sich aus der erzwungenen Neuorientierung Stalins nach den bestürzend schnellen Erfolgen der Wehrmacht im Westen, die ihn extrem empfindlich machte gegenüber der wachsenden deutschen Einflussnahme in Finnland und Rumänien. Mit dieser Volte des Kriegs hatte der *Woschd*, wie wir betonten, nicht gerechnet. Sein haptisch-aggressives Verhalten bei der Einvernahme der 1939 vertraglich zugesprochenen *Interessengebiete* beunruhigte wiederum einen zunehmend ratlosen Hitler, dessen Sinne immer noch auf die Regungen Londons nach der Kapitulation Frankreichs gerichtet waren. Dort aber rührte sich nichts. England wollte den Krieg nicht beenden, nicht *einlenken* – in einem windungsreichen Diskussionsprozess im britischen Kriegs- und Gesamtkabinett über eine Gesprächsaufnahme mit Berlin behielt Churchills Unbeugsamkeit die Oberhand.[148] Dann und wann schlich sich bei den Deutschen der Gedanke ein, es könnte der Halte-Befehl für die Panzerarmada vor Dünkirchen am 24. Mai gewesen sein, das *Versäumnis*, das britische Expeditionskorps, Kern der aktiven Armee, in die Gefangenschaft zu zwingen, das Churchill ermutigt habe, den Kampf fortzusetzen, auf die USA zu hoffen und an der Verwandlung Russlands in einen *Festlandsdegen* zu arbeiten, wie Hitler wähnte.

Vollzog Hitler in dieser psychischen Enge, wie man sagen könnte, die Wendung zum Krieg gegen die Sowjetunion?

Der militärische Bereitstellungsraum Ost begann sich zu füllen, doch fasste der *Führer* bis Frühjahr 1941, genauer bis April keinen »unabänderlichen Entschluss«.[149] Stattdessen ließ er auf zwei Bühnen spielen. Die Regie auf der einen lag bei den Militärs, die Regie auf der anderen bei Politikern, die ihre Fantasie in Szene setzten. Es ging um Krieg *oder* Frieden in eigentümlicher Ausrichtung: Entweder die Russen verließen Europa, wo sie seit Peter dem Großen an der Ausstattungshistorie der Hauptmächte ihrer Zeit teilgenommen hatten, oder sie mussten den Waffen weichen. Im zweiten

Falle würden sie das Schicksal der *Awaren* erleiden, jenes mongolischen Rei-
tervolks, über dessen bares Verschwinden aus Europa Hitler dem britischen
Universalhistoriker und Appeasement-Freund *Arnold J. Toynbee* bei dessen
Berlin-Besuch im Februar 1936 einen fulminanten Vortrag gehalten hatte.[150]

Ribbentrop, Verfechter der eurasischen Lösung, schrieb Stalin am
12. Oktober 1940 einen Brief – nicht Hitler. Darin erläuterte er die gegenwärtige deutsche Position, die *Offenheit* des am 27. September zwischen
Deutschland, Japan und Italien abgeschlossenen *Dreimächtepaktes* und
wandte sich dann der als Gezeitenwende ausgegebenen eurasischen Koexis-
tenzlösung zu, dem speziellen Bestreben Hitlers, für die Sowjetunion einen
Platz an der Europa abgewandten Seite des Paktgefüges vorzusehen.

Stalin antwortete am 22. Oktober betont nüchtern und summarisch,
schickte dafür aber den Vertrauten Molotow auf Sondierungsreise nach
Berlin (12./13. November), versehen mit genauen Anweisungen, wie die
sowjetischen Interessen in Europa zu wahren seien. Nichts, rein gar nichts
in den vorbereitenden Notizen Molotows aus dem Gespräch mit Stalin
vom 9. November 1940 ließ darauf schließen, dass der *Woschd* gewillt sein
könnte, Europa den Rücken zu kehren – doch kam der Wunsch, Vorteile
der Blockbildung zu erkunden und Gegenforderungen geltend zu machen,
mithin das Interesse an weiteren Verhandlungen deutlich zum Ausdruck.[151]

Geopolitische Präferenzen

Wie ist der deutsche Blockplan einzuordnen? Zu seinen Ausgangspunkten
zählt die Vorstellung sowohl in Berlin wie in Moskau, dass mit der *Exekution* der europäischen Teilung und der Herrschaft des Reiches über das
westeuropäische Festland der alte Pakt *konsumiert* war. An einer labilen
Stillhaltegarantie zeigte sich keine Seite interessiert. Wenn es eine Fortsetzung geben sollte, müssten neue Anreize angepriesen werden. Dabei hätte
das Ergebnis das alte vom August/September 1939 geradezu sprunghaft zu
übertreffen, wie beispielsweise Hitlers Pakt mit Piłsudski 1934 die feind-
selige Erstarrung der Weimarer Polenpolitik coupartig beseitigt hatte. Dass
Stalin seine Einfluss-Sphäre in Mittelosteuropa buchstäblich an sich gerissen hat, wäre in der veränderten Perspektive eines neuen Vertrags als
Zwischenresultat erschienen. Schließlich hatten den gescheiterten Bündnisverhandlungen mit den Alliierten Mitte 1939 die gleichen territorialen
Ambitionen Moskaus zugrunde gelegen. Nun aber erhöhte der Zusammenbruch der ursprünglichen Erwartung, lang anhaltende, verlustreiche
Kämpfe würden der kriegführenden Mächte Rhein und Seine rot färben,
die sowjetische Begehrlichkeit. Entsprach es nicht purer Logik, dass Stalins

Nachforderungen *in Europa* die Vertragsbedingungen von 1939 weit über-stiegen? Die einzige passende Frage war also, was man ihm bieten wollte und konnte, damit er den Flankendruck von baltischem Raum und Balkan nähme und in den asiatischen Südosten *abdrehte.*

Auf deutscher Seite stauten sich die Verdachtsmomente, Stalin wolle das Reich nach Westen zurückdrängen und, um nachzuhelfen, dessen wirt-schaftliche Abhängigkeit von Russland als Hebel nutzen. Lenin hatte spä-testens 1920 bis 1923 unter dem Eindruck schwerer Niederlagen Europa als *Missionsziel* und *Beute* aufgeben müssen; nun mehrten sich die Anzeichen, Stalin wollte alles und mehr zurückgewinnen. Wie konnte man da annehm-men, er ließe sich mit Mittelost und Zentralasien abspeisen? Ein *asiatisches* Russland hätte erheblich an Bewegungsfreiheit eingebüßt, wäre paradoxer-weise vertraglich, also mit eigener Zustimmung, in eine hochriskante Mittel-lage zwischen die Pfeilerstaaten Japan und Deutschland geraten und hätte sich zudem in einem noch ernsteren Sinne als während des *drôle de guerre* in Konflikte mit dem britischen Weltreich verstrickt, das, wie 1940 ja sichtbar wurde, zumindest während des Kriegs auf die Unterstützung der Amerika-ner bauen durfte, mochten diese kolonial-feindlich sein wie immer.

Stalin war Asiate. Sein Machtdenken jedoch, seine geopolitische Prä-ferenz lag auf der Linie der großen Petersburger Zaren – Hitler hatte da etwas Richtiges getroffen, aber nicht beherzigt. Der Blutsturz des Ersten Weltkriegs war für den *Woschd* keine schreckhafte Erinnerung, der ame-rikanischen von 1917/18 vergleichbar. Sein Vorsatz schon im Jahr 1925, zu gegebener Zeit das eigene Gewicht in die Waagschale zu werfen,[152] galt *Europa,* daran hatte sich in den 15 Jahren seither nichts geändert.

Beim Schildvortrieb der politischen und militärstrategischen Front nach Westen kamen Stalin die Südexpansion der japanischen Großmacht im pazifischen Asien und die natürliche Schwäche der kleinen Staaten Ost-europas zugute. Schnelles Zugreifen war die Voraussetzung dafür, dass er zu gegebener Zeit durch neue Forderungen in Nord- und Südeuropa das Großdeutsche Reich auf die Westspitze des Kontinents abdrängen könnte. Die Beherrschung des Ostseeraumes mit den westlichen Meeresausgängen, der Balkan und die Dardanellen waren das Thema im November 1940 in Berlin. Hitler, Ribbentrop und Molotow verhandelten zwei Tage lang mi-serabel, aber Stalin wollte sich auf keinen Fall in einen Viererbund mit dem Reich, Italien und Japan an den persischen Golf und in das verwirrende Indien abdrängen lassen, sondern auf der Spur Peters des Großen in Europa operieren. Stalin und Hitler wurden strategische Gegner.

Weil das von vornherein nicht anders war, trafen die ungewöhnlichen Anfangserfolge der deutschen Wehrmacht im Westen und das Versagen der Roten Armee in Finnland Stalin an der empfindlichsten Stelle – sie kamen unerwartet und zerstörten seine feste Vorstellung, ein verdunartiger Vernichtungskampf im Westen würde die deutschen Kräfte aufzehren. Wie stand die glorreiche Sowjetunion jetzt da, in welch ein fahles Licht sah sie sich international gerückt? Alles, was er unternommen hat, alle Plagen und Strapazen der Agrarrevolution, der Schwerindustrialisierung, der Vernichtung tatsächlicher und mutmaßlicher Feinde, Wirtschaftsschädlinge, Abweichler, Störer, Militärs, schließlich auch die Gewaltanwendung gegen das einfache Volk 1937 in einer Massenverfolgung – alles diente dem Aufstieg des *Sozialismus in einem Land*, mithin der Machtsicherung und Machtmehrung. Kaum Grund anzunehmen, er werde nach dem gewinnbringenden Vertragsgeschäft mit den Deutschen von 1939 jetzt ein erkennbar verlustreiches eingehen. Was bildeten sich diese Hitlerianer eigentlich ein? Er, Stalin, hatte dem *Führer* des Reiches zum Kriegssieg über Polen, West-Skandinavien und Frankreich verholfen, das Reich gedeckt und gefüttert. Und nun sollte er ihm auch noch zur Hegemonie über Eurasien verhelfen – auf eigene Kosten?

Genau darauf zielte Hitler jedoch ab, obwohl er, wie gesagt, den Kontinentalblock nicht erfunden, sondern von Ribbentrop übernommen hatte. Über das Motiv seiner vorsichtigen Akzeptanz sind tonangebende Historiker uneins.[153] Tatsächlich erwog Hitler Vorzüge und Nachteile des Kontinentalpakts. Gelänge der europäische Platzverweis Russlands, würde der Sieg nachhaltiger sein als 1917 und ein Krieg zunächst nicht erforderlich. Die Unsicherheit allerdings dominierte.

Der nüchterne Staatssekretär des Auswärtigen Amtes, *Ernst von Weizsäcker*, sprach im September 1940 davon, »unser Verhältnis« zu Russland beginne zu leiden, es werde noch mehr »Übelnehmereien« geben, da das Reich Finnland begünstige und Nordnorwegen stark besetze.[154] Auch sollte man etwas tun, den russischen Ärger wegen der deutschen Garantie Rumäniens – sie legitimierte die militärische Kontrolle des Landes – zu dämpfen. Richtig: Die Deutschen hatten die Hand auf dem rumänischen Öl und auf dem Schwarzmeerhafen *Constanta*; die Donau war »deutsch«, nachdem russische Vorstöße auf der *Europäischen Donaukonferenz* in Bukarest im Oktober, kurz vor dem Molotow-Besuch in Berlin, abgefangen worden waren; die russische Besetzung einiger Donauinseln ließ den Konflikt schwelen. Würde sich, um ein drastisches Bild zu wählen, die Sowjetunion auf eine Expedition zum *politischen Südpol* einlassen, wenn zur gleichen Zeit deutsche Kriegsschiffe über die Donau ins Schwarze Meer einfahren könnten?

Trotz der Verschlechterung des deutsch-russischen Klimas – den *historischen Kompromiss* mit der UdSSR zu suchen, hatte Hitler in der Lage von 1940 noch immer bessere Gründe, als sie mit Krieg zu überziehen. Diesen bezeichnete er das eine Mal als »Sandkastenspiel«,[155] das andere Mal kamen ihm Bedenken, als ob »ich die Tür zu einem dunklen, nie gesehenen Raum aufstoße, ohne zu wissen, was sich hinter der Tür verbirgt«,[156] und noch später, kurz vor dem Scheitern der Offensive gegen Moskau, bekannte er in einer Rede vor großem Publikum, der Krieg führe durch »ein Tor, hinter dem sich Geheimnisse verbergen«.[157]

Neben diesem Gefühl eingeschränkter Sicht fiel zweitens ins Gewicht, dass er wirklich gewichtige Kriegsverbündete nicht besaß, wie er ausgerechnet nach den Triumphen im Westen erfahren musste. Italien bereitete nur Schwierigkeiten. Bei ehrgeizigen Unternehmungen wie dem Angriff auf Griechenland (kurz vor dem Berlin-Besuch Molotows im November 1940) erlitt der Duce eine noch gefährlichere Schlappe als beim verstolperten Einmarsch in Südfrankreich unmittelbar vor der französischen Kapitulation. Im Juli musste er zudem mühsam vom Angriff auf Jugoslawien abgebracht werden. Später hauten ihn die Deutschen in Griechenland und Libyen heraus, um die Bildung einer britischen Front in Südosteuropa und Nordafrika zu verhindern. Was blieb? Italien band gegnerische Kräfte, lockte sie aber auch an. Der Verbündete war eine Last.[158]

Auch die anderen Mitglieder des *Club Med*, wie man heute sagen würde, erwiesen sich als schwierige Kunden. *Franco* hielt Spanien aus dem Krieg heraus, die Straße von Gibraltar blieb in britischer Hand. *Vichy-Frankreich* brach nach dem Angriff der Briten auf die französische Flotte in den algerischen Häfen *Mers-el-Kébir* und Oran vom 3. bis 6. Juli 1940[159] zwar die diplomatischen Beziehungen zu London ab, rückte aber nicht als Bündnispartner an Deutschlands Seite. Eine operativ verwertbare Konsolidierung des Dreimächtepaktes scheiterte. Für das notdürftige Ausfüttern des schlotternden Vertragsmantels mussten Balkan-Staaten, das besetzte Dänemark und Nanjing-China als Mitglieder herhalten – allesamt Zuschussbetriebe oder Karteileichen, wie man will. Dazu kam eine Sukzession militärischer Schwächezeichen, die man sich nicht gern eingestand – die in Britannien bejubelte Rückkehr des Expeditionskorps aus Dünkirchen, die deutsche Absage an die Invasionspläne (»Seelöwe«) am 17. September 1940, die verlorene Luftschlacht über England und als politische Konsequenz die manifestierte Entschlossenheit Großbritanniens, durchzuhalten. Dass bei solchen *Zwischenbescheiden der Nemesis* ein kluger Historiker wie *Ian Kershaw* das zeitentsprechende Kapitel seiner Hitler-Biografie mit »Scheitelpunkt der Macht« überschrieb,[160] regt zu nichts anderem an als zu Gedanken über britische Fairness.

Der dritte, vielleicht wichtigste Grund für Hitlers Interesse am Kontinentalblock war die Unterstützung, die Roosevelt dem in Europa isolierten Großbritannien seit 1940 zukommen ließ. Als souveräner Spieler im Umgang mit den strengen *Neutralitätsgesetzen* seines Landes sorgte er dafür,

London wie schon im Ersten Weltkrieg vor dem Bankrott zu bewahren und
selbst in einem ungeheuren, ja weltmeisterlichen Maße aufzurüsten, um in
absehbarer Zeit die britische Insel als Kriegshafen, Flugzeugträger, Depot
der Logistik, Sprungbrett für die Rückeroberung Europas nutzen zu können.
Angesichts der heraufziehenden Gefahr eines *realen Zweifrontenkriegs*
lag es für Hitler nahe, die Bündnispartnerschaft mit der Sowjetunion in
eurasischer Dimension zu sichern – oder Stalins Reich aus dem Weg zu räumen. In dieser Alternative sah er offenbar das letzte Mittel, den Traum vom
Einlenken Großbritanniens Wirklichkeit werden zu lassen. »So oder so«
wollte er die Hoffnung der Engländer auf *Amerika und Russland* zerstören.
Japan fiele die Rolle zu, die amerikanische Kriegsmacht, vor allem einen
erheblichen Teil der Flotte und der gerade aufwachsenden Luftwaffe im
Pazifik zu binden. Die UdSSR sollte, wie gesagt, fernab in Indien beschäftigt
werden, käme es doch noch zum erweiterten Pakt.

Das war nicht dumm, strategisch gesehen jedoch von ergreifender
Schlichtheit, wenn nicht gar autistisch. Denn schon unter dem damaligen
Begriff von militärischer Modernität war es nicht angemessen, der Etablierung eines per Krieg oder eurasischem Pakt nach Osten hin gedehnten Reiches – einer puren Landmasse mit ungehobenen Schätzen, wenig Industrie
und technisch kaum qualifizierter Bevölkerung – die Erwartung der *Unbesiegbarkeit* zuzusprechen.[161] Hitler suchte 1940 aus der Logik des Kriegs,
wie man annehmen kann, weniger wirtschaftlich nutzbaren Lebensraum
als ein eurasisches *Festungssystem*, eine strotzende *Maginot-Konstruktion*
zum Zweck militärischer und politischer Sicherheit: das Großdeutsche
Reich solo oder in eurasischer Koalition, geografisch breit genug gelagert,
um den vereinigten angloamerikanischen Seemächten in Zukunft Paroli
bieten zu können, sie fernzuhalten oder gar zu überwinden.[162]

Eurasische Skizzen und ihr Scheitern

Ribbentrop hatte Stalin im Oktober 1940 zu Verhandlungen über einen
Aufteilungspakt eingeladen, der den gesamten eurasischen Kontinent und
Japan in »geschlossene« Gegenposition zur angloamerikanischen Sphäre
bringen sollte. Hitler war skeptisch: Ein großer Kontinentalblock in Bünd-
nisform anstelle eines kontinentalen deutschen Großreichs? Eine zweite
Annäherung an Stalin als Antwort auf dessen *erkennbaren* Versuch, den
eigenen europäischen Anteil auf Kosten Deutschlands zu vergrößern?

Hitler hätte Ribbentrops Zukunftsplan stante pede verwerfen müssen,
wäre er sich des Feldzugs gegen Russland so sicher gewesen, wie ihm vielfach unterstellt wird – er war es aber nicht: Der *Umwegkrieg* war noch

Idee, strategische Liebäugelei, durch das wachsende Misstrauen gegenüber Moskau dunkel grundiert. So ließ er seinen »neuen Bismarck« den Versuch unternehmen, der so wenig zu seinem fixierten Vorsatz passte, das britische Empire als Weltfaktor zu erhalten und es womöglich doch noch zu einer Politik zu bewegen, die ihm den Rücken und die Meere für die Herrschaft zwischen Atlantik und Ural freihalten würde – wenn es einmal so weit wäre.

Dem Abschluss des für die Block-Konstruktion grundlegenden Dreimächtepaktes Berlin-Rom-Tokio hatte er im September zugestimmt, um die Japaner wieder ins Boot zu holen, die das deutsch-sowjetische Vertragswerk als Bruch des Antikominternpakts von 1936/37 betrachtet und sich von Deutschland zurückgezogen hatten. Das Dreierbündnis sah eine Beistandspflicht für den Fall des Angriffs einer *noch nicht* am Krieg beteiligten Macht vor, was gegen die USA zielte und die UdSSR ausdrücklich ausnahm, zudem eine gegenseitige Anerkennung der Interessensphären – für das Reich den euro-afrikanischen Raum, für Italien den Mittelmeerraum (Nord- und Ostafrika) und für Japan die ostasiatische Region mit der Passage nach Südostasien. Dazwischen aber lag die graue Größe Russland und Ribbentrop schwebte vor, sie als *vierte Macht* in das Paktgefüge hineinzukomplimentieren in der unverhüllten Absicht, seine expansiven Energien von Europa weg auf den Süden zu lenken – Richtung Iran, Britisch-Indien und die warmen Meere.

Was sich an den Tagen des *Molotow-Besuchs*, am 12.–14. November in Berlin abspielte, erinnert an das Revierverhalten gleichgeschlechtlicher Großtiere. Der scharfbebrillte Stalin-Abgesandte ließ sich partout nicht aus Europa hinausbugsieren. Der Kontinentalpakt sei zwar »im Prinzip völlig akzeptabel«, sofern der Sowjetunion die Rolle eines *Partners* und nicht die eines *Objekts* zugedacht sei. Vorrangig und »noch nicht endgültig geklärt« seien jedoch die Probleme Finnland, Rumänien, Bulgarien und türkische Meerengen (erweiterte Durchfahrtsrechte).

Deutschland solle die nach Finnland und Rumänien vorgeschobenen Truppen zurückziehen und der sowjetischen Forderung nach der rumänischen südlichen Bukowina nicht länger ausweichen (nachdem Bessarabien und die nördliche Bukowina im Juni schon okkupiert waren). Dem gemeinsamen Vertrag entsprechend gehöre Finnland zum sowjetischen Einflussbereich. Auf der balkanischen Gegenseite wünsche Moskau die »Grenzen Bulgariens« zu garantieren, wie Deutschland und Italien im Falle Rumäniens. Bulgarien sollte zur Interessensphäre der UdSSR gehören und von sowjetischen Truppen besetzt werden. Das Programm lief darauf hinaus, »Großdeutschland auf den Westen Europas zu begrenzen und die Sowjetunion im südlichen Balkan und an der Pforte zu installieren«.[163] Molotow vergaß nicht, seine Wünsche mit der Erinnerung zu verbinden, dass die

Sowjetunion dem Reich seit Herbst 1939 wertvolle Hilfe geleistet habe – deshalb betrachte sie zum Beispiel die deutsche Schutzgarantie für Rumänien als Verstoß gegen den Geist des Nichtangriffspaktes und als eine Schädigung sowjetischer Interessen.

Hitler wand sich. Er wusste ja, was er Stalin verdankte – kriegswichtige Lieferungen, den Marinestützpunkt »Basis Nord« bei Murmansk, der deutschen Schiffen Zuflucht bot und von wo aus sowjetische Eisbrecher deutsche Hilfskreuzer auf dem Wege nach Fernost durch die Unwegsamkeit bugsierten; die für Marine-Operationen wichtigen Wetterberichte sowjetischer Schiffe; die Knebelung der Kommunisten in den besetzten Gebieten; schließlich die Kriegsschuld-Bezichtigungen, mit denen Molotow Engländer und Franzosen überschüttet hatte – alles unbezweifelbare Freundschaftsdienste.

Um dem Gast ein Gefühl der Sicherheit zu vermitteln, bekundete Hitler seine Abneigung gegen die Fortsetzung des Kriegs. Deutschland und die UdSSR hätten gemeinsam große Erfolge erzielt, das Reich seinen Lebensraum erheblich erweitert. Mindestens die Hälfte davon erweise sich als wirtschaftliches Zuschussgebiet – man werde »einhundert Jahre« benötigen, um die errungenen Gebiete nutzbar zu machen, schränkte Hitler den Nutzen seiner kriegerischen Erwerbung ein. Am Balkan sei das Reich nicht interessiert, von der Rohstoffsicherung abgesehen, wiederholte er aus dem Text des geheimen Zusatzabkommens von 1939. Der Aufbau britischer Luft- und Marinestützpunkte in Griechenland müsse allerdings abgewehrt werden – Hitler spielte damit auf den im Oktober begonnenen Feldzug Mussolinis gegen Griechenland und die Hilfsangebote der Briten an Athen an. Die deutsch-italienischen Garantien für Rumänien seien nicht gegen die Sowjetunion gerichtet. Was Finnland betraf, widersprach er Molotow direkt: Deutschland wünsche keinen Konflikt an der Ostsee, die ungehinderte Zufuhr von Nickel und Holz seien für Deutschland unverzichtbar. In der Dardanellenfrage hingegen stimmte er dem sowjetischen Außenminister zu.

Die beiden Unterredungen am 12. und 13. November, an denen Hitler teilnahm, fraßen sich an den baltischen und balkanischen Ansprüchen der Russen fest. Mehrfach suchte Hitler auf das Thema der britischen »Weltkonkursmasse« zurückzulenken, die es jetzt einvernehmlich aufzuteilen gelte. Die USA, erklärte er, wollten sich das britische Weltreich aneignen, deshalb sei ein Zusammenschluss des europäischen Kontinents, eine »Monroe-Doktrin für Europa und Afrika« von überragender aktueller Bedeutung.

Molotow ging geschmeidig darauf ein, bekundete »prinzipielle« Zustimmung, kam aber hartnäckig auf die Frage zurück, wie sich Deutschland die künftige Zusammenarbeit mit der Sowjetunion *in Europa* vorstelle und wie die Einflussgebiete im Dreimächtepakt zwischen Deutschland, Italien und Japan aufgeteilt seien, Moskau wisse darüber zu wenig. Hitler wiederholte seinen Standpunkt, Ribbentrop bemerkte an einer Stelle sogar, dass Deutschland in Finnland keine Truppen unterhalten werde, während Molotow betonte, in Finnland könnten weder deutsche Truppen noch »deutsche Delegationen« geduldet werden. Man drehte sich im Kreis, die Argumente kamen gepresst heraus – Hitler beharrte auf der Kontinentalvision, auf den Nickelgruben im nordfinnischen Petsamo und dem rumänischen Öl, während Molotow betonte, die Sowjetunion können nicht abseits der großen Fragen in Europa und Asien stehen. Der *Führer*, eher Diktate gewohnt als Verhandlungen, fühlte sich unangenehm berührt.

Als bei dem Schlussgespräch zwischen Molotow und Ribbentrop die Sirenen einen britischen Bomberangriff ankündigten und die Delegationen in den Bunker des Auswärtigen Amtes trieben, kommentierte Molotow das mit der sarkastischen Bemerkung: »Sie sagten, England sei geschlagen. Warum sitzen wir dann hier in diesem Luftschutzkeller?«,[164] während Ribbentrop die schummrige Atmosphäre nutzte, dem Gast noch einmal, sozusagen von Mann zu Mann, die Vorzüge einer europa-abgewandten *zentralasiatischen Rolle* nahezubringen. Moskau solle seine Ambitionen auf den Persischen Golf, den Mittleren Osten und Asien lenken.

Da wurde Molotow deutlich. Die Sowjetunion, erklärte er, sei am Balkan und am Ostseeraum interessiert, nicht am Indischen Ozean. Seinem Land gehe es um Sicherheitsgarantien, um die Meerengen der Türkei, um Bulgarien, um Finnland, um die freie Passage von der Ostsee bis zum Kattegat und Skagerrak, die schwedische Neutralität – Ribbentrop sollte richtig verstehen: um ganz Skandinavien. Im Süden liege der Blick auf Rumänien und Ungarn, Jugoslawien und Griechenland, schließlich auch darauf, was Deutschland mit Polen vorhabe. Ribbentrop konnte dazu nicht mehr viel sagen. Molotow steckte den deutschen Entwurf des Kontinentalpakts mit den eurasischen Aufteilungsskizzen in die Tasche und verließ Berlin.

Wenige Tage später, am 25. November, bestätigte Molotow in einer Unterredung mit dem deutschen Botschafter *von der Schulenburg* die Bedingungen für den Beitritt der UdSSR in das kontinentale Blockkonstrukt auf der Grundlinie seiner Berliner Argumentation: Die vorgeschobene sowjetische Einfluss-Sphäre, wie sie sich abzeichnete, würde das Deutsche Reich von Osten her hufeisenförmig umschließen: Im Zentrum Überlassung des westlichen Polens, im Norden Okkupation Finnlands, Überprüfung der schwedischen Neutralität (der Blick lag auf den Eisenerzexporten) und Öffnung der Ostseeausgänge in die Nordsee; im Süden Vorherrschaft über Bulgarien und Kontrolle über den Ausgang der Donau, Anerkennung des sowjetischen Interesses an Rumänien, Ungarn, Jugoslawien und Griechenland – mithin Schleifen der deutschen Position auf dem Balkan. Dazu eine Basis für Land- und Seestreitkräfte »im Rayon des Bosporus und der

Dardanellen«, einschließlich *gemeinsamen (militärischen) Handelns* im Falle der türkischen Weigerung. In Vorderasien und dem Nahen Osten sollten die Ost-Türkei, Nord-Iran und Irak zur sowjetischen Sphäre gehören. In Fernost müsse Japan auf die wirtschaftliche Ausbeutung Südsachalins und der Kurilen verzichten.[165]

Damit lag zutage, dass Ribbentrops Plan, die Sowjetunion nach Asien abzudrängen und die deutschen Positionen in Nord- und Südeuropa zu sichern, mit der massiven Gegenvorstellung beantwortet worden war, das Reich möge sich aus der östlichen Hälfte des Kontinents und bezüglich der Seegebiete auf den Vorkriegsstand zurückziehen. Der Kern des Nichtangriffsvertrags vom 23. August 1939, das für die territoriale Aufteilung maßgebliche geheime Zusatzprotokoll, war damit politisch gekündigt, der Freundschaftsvertrag vom folgenden 28. September obsolet. Berlin beantwortete die Vorschläge nicht.[166]

In Stalins Vorwärtsstrategie spiegelte sich der doppelte Irrtum hinsichtlich des bisherigen Kriegsverlaufs: Hitler sollte im Osten zugunsten der Sowjetunion auf ganzer Front zurückweichen, sozusagen als Kompensation für die Eroberungen in Westeuropa. Russland beanspruchte mit Aplomb den Status einer Europa überschattenden Großmacht, wie es der Tradition und Expansionsrichtung der Revolution und der Zaren entsprach. Zugleich nutzte es die schwierige Lage Hitlers in dem »unvollendeten«, an der Kanalküste zum Stillstand gekommenen Feldzug aus – provokativ, wie es der deutschen Seite vorkommen musste. Der geografische Bogen, den Stalin schlug, hatte bereits Ähnlichkeit mit dem Stand der Eroberungen und Forderungen von 1947, unter deren Spannung die Anti-Hitler-Koalition sich als »Mesalliance« (Gregor Schöllgen) erweisen und der Kalte Krieg seinen Ausgang nehmen sollte. Vor allem das Interesse an den erweiterten Ostseeausgängen nahm in gewissem Sinne die deutsche Kriegsniederlage vorweg und einen künftigen angloamerikanischen Gegner ins Visier. Es war nicht zu übersehen, dass Hitler mit dem Versuch der »Ausweisung« Russlands aus Europa und Stalin mit seiner Antwort, die dem Partner Ostmitteleuropa streitig machte, den Boden gemeinsamer Politik verließen. Nun stand man, wovon Hitler den Gast Molotow am 13. November warnend abgeraten hatte, nicht mehr Rücken an Rücken, sondern Brust an Brust.[167]

Umkehr nur über neue Kriegsrisiken

Die Basis, die der *Woschd* dem *Führer* überlassen wollte, war für die Fortsetzung des Kriegs mit England und den am Horizont auftauchenden mächtigen Amerikanern entschieden zu schmal. Der Viermächtepakt hatte sich als dilettantische Fehleinschätzung erwiesen. Was hätte an diesem Geschäft einander offensichtlich ausschließender Interessen akzeptabel sein sollen? Warum sollte Stalin unter der *Führung des Reiches* in die Front des Groß-kampfes gegen die vereinigten Seemächte des Westens eintreten und sich in Indien verlustreich verirren – nur weil Hitler in »seinem« Europa für die Sowjetunion keinen Platz mehr sah? Und warum sollte sich auf der anderen Seite Hitler zwischen Atlantik und Polen in eine strategische Qua-rantäne von sowjetischen Gnaden manövrieren lassen und abwarten, bis die Anglo-Amerikaner auf dem europäischen Festland, in Westafrika, in der unmittelbaren südlichen Nachbarschaft des schwachen Italiens und des verwirrenden Balkans das Kriegsbild zu ihren Gunsten veränderten? Wäre dies für Stalin nicht eine vortreffliche Gelegenheit gewesen, auf seinen Plan von 1925 zurückzukommen, das Schlachtfeld spät, aber wirkungsvoll zu betreten?

Die Summe der Ereignisse im Jahr 1940 zeigt, wie sich die deutsche Situation objektiv verschlechtert hat und eine *Umkehr nur über neue Kriegsrisiken* zu erzwingen war. Dünkirchen, »Seelöwe« und die verlorene Schlacht über England hatten das Sympathisantenumfeld des Reiches in Europa irritiert. Mussolinis Scheitern bei dem Versuch, von Albanien aus Griechenland und von Libyen aus Ägypten und den Suezkanal zu erobern, eröffnete den Briten im September/Oktober 1940 überraschend zwei Ope-rationsfelder auf der afrikanischen und europäischen Seite des Mittelmeers. Der antideutsche Umsturz in Jugoslawien und der Abschluss eines Freund-schaftspaktes zwischen der Belgrader Revolutionsregierung und Moskau im Frühjahr danach spiegelten die wachsenden Spannungen im Südosten und Nordosten.

Der deutsche Feldzug gegen Jugoslawien und Griechenland, der letzte gelungene Blitzkrieg, durchkreuzte Churchills Plan, die rumänischen Öl-felder unter die Bombenschächte der Royal Airforce zu bringen. Die in Griechenland gelandeten Briten mussten sich Ende April 1941 Hals über Kopf zurückziehen und verloren auch die Insel Kreta. In Nordafrika ge-lang dem Afrikakorps *Erwin Rommels* der Vorstoß von der Großen Syrte bis zur ägyptischen Grenze. Damit war die Lage im Süden zwar stabili-siert, aber die italienischen Abenteuer hatten die Deutschen militärische Kraft gekostet und die Verschiebung des Angriffs auf Russland erzwungen. Von *Konsolidierung*, auf die Hitler nach dem Sieg über Frankreich gehofft hatte, konnte weit und breit keine Rede sein, eher von einer dramatischen *Isolierung* infolge verwehrter Fortune und unzuverlässiger Bündnispartner, vergleichbar denen des Kaiserreiches 1914–1918.

IV. KAPITEL

KRIEGSGEIST UND RÜSTUNGEN DER EUROPÄISCHEN MÄCHTE

Um die Konflikte zwischen den für Krieg und Frieden verantwortlichen Mächte in ihrer Eigenart zu ermessen, empfiehlt es sich, Kriegsgeist und Rüstungen miteinander in Beziehung zu setzen, teils summierend, teils vorausblickend bis in die Zeit des Kriegs. Das vielfach sofort anvisierte Schuldproblem tritt bei diesem Verfahren hinter die sachlich und begrifflich weitergehende Behandlung der Ursachen zurück.

Dabei stößt man auf zwei unterschiedliche Gruppen von Mächten: Auf vier mit progressivem Militäraufwuchs – Deutschland, Japan, Italien, Sowjetunion –, Andreas Hillgruber bezeichnet sie als *have-nots*, respektive *outcasts* (Sowjetunion), weil sie im Ersten Weltkrieg besiegt wurden oder als Sieger zu kurz kamen. Ihnen gegenüber drei *haves*, die bevorteilten Sieger im Großen Krieg: Die wirtschaftlich starken, mit dem Scheitern des amerikanischen Präsidenten Woodrow Wilson (1913–1921) auf sich selbst zurückgeworfenen USA,[1] das stagnierende, um ein nobles Appeasement des Friedens und der Abrüstung bemühte Großbritannien mit schwacher Heeresrüstung, und ein Frankreich, dessen defensive Militärdoktrin und schleppende Zurüstung in eine polarisierte, von politisch-wirtschaftlichen Krisen, zudem von pazifistischen und bellizistischen Anfeuerungen erhitzte Innenpolitik eingebettet war.[2]

1. Frankreich

Die Veränderungen in Deutschland seit 1933 berührten Frankreich naturgemäß am stärksten und ließen die Interessenunterschiede zwischen Paris und London schärfer hervortreten als während der Verhandlungen über die Friedensordnung von Versailles. »Watch on the Tyne« – Fluss in Nordostengland, Begrenzung des 122–123 n. Chr. erbauten Hadrianwalls als feste

Grenze zum Barbaricum – sei für Großbritannien wichtiger als die »Wacht am Rhein« der Franzosen, lautete die englische Devise. Der Gedanke, dass die strategische Grenze Englands am Rhein verlaufe, war im London jener Tage durchaus in Erinnerung, lag jedoch fern. Jedenfalls in den großen Parteien der Insel, in Publizistik und Öffentlichkeit, in der Regierung und den Klassen der Gesellschaft überwog der Impuls, die Wiederholung des Massakers von 1914 bis 1918 unbedingt zu vermeiden. Außenseiter mit einer anderen Optik hatten bis 1939 nur geringe Chancen, wie man am Beispiel Winston Churchills ablesen kann.[3]

Der Hinweis auf eine allgemeine Abrüstung im Versailler Vertrag und in der alliierten Note vom 16. Juli 1919 an Deutschland mutet auf den ersten Blick wie eine idealistische Motion an. Die Demilitarisierung des Reiches auf das Minimum von sieben Divisionen und eine Kriegsmarine im Westentaschenformat wurde als eine *Verpflichtung* dargestellt, »um den Anfang einer allgemeinen Beschränkung der Rüstungen aller Nationen zu ermöglichen«. In der Note hieß es, die Alliierten suchten die »Rüstungsbeschränkung als eines der besten Mittel zur Kriegsverhütung zu verwirklichen«. Sie herbeizuführen, werde zu den ersten Aufgaben des Völkerbundes gehören.

Ein Haus für Chamberlain

Die einzige europäische Siegermacht, die sich aus innenpolitischen Gründen daran hielt und in Genf für eine allgemeine Abrüstung plädierte, war Großbritannien. Frankreich hingegen fasste zu dieser Methode kein Vertrauen. *Armée de Terre* und Strategie waren in der Kriegsfolge so großen Schwankungen und Unsicherheiten ausgesetzt, dass man sich auch deshalb weigerte, der in der letzten Phase des Weimarer Staates vereinbarten formellen »Gleichstellung« Deutschlands in einer konkreten Abrüstungskonvention Rechnung zu tragen. Der Versuch, Hitler auf seine Vorstellung eines 300 000-Mann-Heeres vom Dezember 1933 festzunageln, wurde nicht unternommen. Paris fühlte sich seit dem Locarno-Vertrag von 1925 und den Dawes- und Young-Plänen (1924 respektive 1929) zur Rettung der deutschen wirtschaftlichen Leistungsfähigkeit in der Reparationsfrage, mehr noch, hinsichtlich seiner europäischen Rolle an den Rand gedrängt. Man verschanzte sich, nicht unverständlich, hinter nationaler Sicherheitspolitik und militärischer Diplomatie.

Das Mittel bestand in einer brüchigen Cordon-Bildung um das Reich in West und Ost. Das Saargebiet, zusammengesetzt aus den südlichen Teilen der ehemaligen preußischen Rheinprovinz und den westlichen Teilen der bayerischen Pfalz, war im Versailler Vertrag auf 15 Jahre einer Völkerbundregierung unterstellt worden und kam nach der Volksabstimmung von 1935 an Deutschland zurück. Die vertragsgemäß ebenfalls für 15 Jahre von den Alliierten besetzten linksrheinischen Gebiete wurden zwischen 1926 und 1930 geräumt, die französisch-belgische Ruhrbesetzung von 1923 war bereits nach zwei Jahren unter Prestigeverlust beendet worden. Die Sicherheitsvereinbarungen von Locarno, die zu diesen Ergebnissen geführt hatten, sahen zur Beruhigung Frankreichs eine unbefristete Entmilitarisierung der linksrheinischen Gebiete vor. Als Hitler 1936 unter Bruch des Vertrags ins Rheinland einmarschierte, brach der letzte *Pfeiler* des französischen Cordons im Westen zusammen.

Der östliche Teil, das als Kleine Entente bezeichnete Bündnis zwischen der Tschechoslowakei, Rumänien und Jugoslawien, von Polen gefördert, und die über Rumänien angeschlossene Balkan-Entente mit Griechenland und der Türkei begann bereits beim Anschluss Österreichs an das Reich 1938 zu wanken und wurde durch das Münchener Abkommen im selben Jahr und die deutsche Besetzung Böhmens und Mährens im Jahr darauf buchstäblich aus den Angeln gehoben. Der 1920/21 begonnene Versuch Frankreichs, die Ergebnisse der Versailler Vorortverträge in Mittel- und Südeuropa zu sichern, hatte schon durch den deutsch-polnischen Nichtangriffsvertrag von 1934 einen Riss in der Konstruktion davongetragen. Dasselbe Schicksal widerfuhr dem Anfang der 20er-Jahre errichteten *Cordon sanitaire*, den die Westmächte 1919 zum Schutz der an Russland grenzenden Staaten errichtet hatten. Seine Hauptfunktion, die Sowjetunion politisch und wirtschaftlich einzudämmen, wurde durch das deutsch-sowjetische Rapallo-Abkommen 1922 und endgültig durch den Hitler-Stalin-Pakt von 1939 mit der Teilung Ostmitteleuropas entwertet.[4]

Frankreich konnte und wollte zur Rettung seines Cordons keinen Krieg riskieren, nachdem man schon den Rückzug Deutschlands aus der Genfer Abrüstungskonferenz, seinen Austritt aus dem Völkerbund 1933 und den folgenden Bruch des Versailler Vertrags durch die Aufrüstung des Reiches in großem Stil seit 1935 widerstandslos hingenommen hatte. Der Zusammenbruch der französischen Außen- und Sicherheitspolitik lag damit auf der Hand. Der Historiker *René Rémond* schreibt ihn allgemeiner »Tatenlosigkeit« zu.[5] Auch die gemeinsame Suche Frankreichs, Britanniens und Italiens nach einer Abwehrstrategie gegen den rechtsrheinischen Revisionismus bei der Konferenz von Stresa 1935 blieb erfolglos. Italien scherte nach Protesten gegen die Okkupation Abessiniens (heute Äthiopien) aus der »Front« aus.[6] Gegen den Rheinlandeinmarsch der Wehrmacht ein Jahr später wollte London auf keinen Fall mit bewaffneten Sanktionen vorgehen. Vergeblich forderte der französische Generalstab die Einberufung von drei Reservistenjahrgängen – das war unpopulär, und der Regierung in Paris gingen die anstehenden Kammerwahlen vor. Erst die Volksfrontregierung unter Ministerpräsident Léon Blum setzte ein umfangreiches Aufrüstungs-programm in Gang. Als Paris jedoch Anstalten machte, auf der Seite der Republikaner in den Spanischen Bürgerkrieg einzugreifen, erhob sich in Frankreich und in Großbritannien Widerspruch, der jede Aktion lähmte.[7]

Und so ging es weiter. In der Sudetenkrise 1938 erwies sich der drei Jahre zuvor abgeschlossene französisch-sowjetische Beistandsvertrag als nutzlos – er hatte die Bildung der Volksfrontregierung in Paris erleichtert, die Beziehungen zu Berlin belastet und in London Unmut hervorgerufen. Der Tschechoslowakei wiederum gab der Freundschafts- und Bündnisver-trag mit Frankreich von 1924 in der Krise nicht den geringsten Rückhalt. Es blieb bei der »Rhetorik der Beschlüsse«: Paris traf Kriegsvorbereitun-gen, rief 750 000 Reservisten zu den Fahnen, besetzte mit einer Million Mann die Maginot-Linie, verordnete den Blauanstrich der Fenster zu »Ver-dunkelungszwecken« und wartete aus Anlass des Besuchs des britischen Königspaares mit einer großen Militärparade auf. Das Foreign Office in London dämpfte einmal mehr den *accès de colère* – mit Erfolg, denn wie hätte Frankreich allein handeln sollen? Als Ministerpräsident Édouard Daladier von der Münchener Konferenz zurückkehrte, war aller Grimm verflogen. Trotz der Aufgabe des Sudetenlandes mit seinen ausgebauten Fortifikationen wurde er wie ein Sieger empfangen. Seine Reaktion: »Ces idiots«. Man benannte Straßen nach dem britischen Premier Chamberlain, eine Spendenaktion der Zeitung *Petit Parisien* erbrachte die Summe für ein Haus, das man dem Londoner Regierungschef im schönen Frankreich schenken wollte. Skandiert wurde wechselweise »Friede für zwanzig Jahre« und »Lieber Hitler als die Volksfront und Léon Blum«.[8]

Schließlich verdüsterte sich die Stimmung mit der Errichtung des deut-schen Protektorats Böhmen und Mähren im März 1939 erneut, auch den Briten riss nun der Appeasement-Faden. *La France se redress*, Frankreich richtet sich wieder auf – in Wirklichkeit begab es sich in den Betonschutz der Maginot-Linie, vertraute auf stationäre Feuerkraft statt auf Beweg-lichkeit und verweigerte die Reorganisation des Heeres durch Aufstellung großer Panzerverbände für raumgreifende Kriegführung, wie es ein Oberst namens Charles de Gaulle seit 1935 im Nationalen Verteidigungsrat emp-fohlen hatte.[9] 1940 standen auf 1000 Frontkilometern 108 Divisionen, da-von zehn britische, mit einer der deutschen überlegenen Artillerie von mehr als 10 000 Rohren und über 3300 gut armierten Panzern bereit, von denen 800 auf wenige *divisions légère mécanisée* konzentriert waren, während die Masse als Unterstützungswaffe über die Infanterieverbände verteilt und ohne Funkausrüstung operierte. Die französische Luftwaffe lag qualitativ weit hinter der deutschen, besaß keine Eignung zur Panzerbekämpfung.

1335 einsatzbereite Maschinen, davon 450 britische, standen etwa 2600 deutschen gegenüber. Für den Gedanken der Durchbruchsschlacht mit verbundenen Waffen (Luftwaffe, massiver Panzereinsatz, motorisierte Infanterie), in der Sowjetunion und in Deutschland militärische Praxis, fehlten in Frankreich politischer Wille, strategischer Entschluss und operative Vorkehrungen. Ministerpräsident *Paul Reynaud* nannte den französischen Oberbefehlshaber *Maurice Gamelin* verächtlich einen »lethargischen Philosophen«.[10] Marc Bloch notierte in seiner suggestiven Schrift *Die seltsame Niederlage*, 1940 seien zwei Gegner aufeinandergestoßen, »die jeweils einem anderen Zeitalter angehörten«.[11]

Frankreich litt unter einer Kette von Nachkriegsniederlagen. In Versailles war es nicht gelungen, den Rhein als Grenze durchzusetzen. Die Ersatzhandlung der Ruhrbesetzung 1923 erwies sich als Kardinalfehler, der anschließende Locarno-Vertrag von 1925 als Ende des Traums von der europäischen Hegemonie. Amerika fiel als Garantiemacht aus, Großbritannien konzentrierte sich auf die Rettung des Empire. Die französische Cordon-Politik in *Zwischeneuropa* konnte den russischen Verbündeten von 1914 nicht ersetzen. Weder 1936/37 noch im Sommer 1939 wollte es gelingen, Beistandsverträge mit der UdSSR durch Militärkonventionen anzureichern. Am Ende stand Stalin auf Hitlers Seite. Von diesem Ergebnis aus erwiesen sich der Locarno-Vertrag, die Abrüstungsverhandlungen 1930–1933 mit dem halben Erfolg für Deutschland und die Dominanz des britischen Appeasements zugunsten der deutschen Revisionspolitik als Wegmarken Frankreichs in die Isolation.

1936 war für Frankreich ein Katastrophenjahr: Mit der Hinnahme des deutschen Einmarsches in das entmilitarisierte Rheinland, dem Rücktritt des belgischen Verbündeten in den Status der Neutralität und dem Scheitern der französisch-sowjetischen Militärkonvention erloschen strategische Optionen, während die inneren und äußeren Widerstände gegen ein Eingreifen in Spanien auf republikanischer Seite Paris ein Stück der außenpolitischen Souveränität kosteten. Die Hinwendung zu Deutschland in Form der Deutsch-Französischen Erklärung vom 6. Dezember 1938 schließlich, einen Monat nach den Judenpogromen und zweieinhalb Monate nach dem Münchener Abkommen, gab der Schwäche auch noch den Anschein eines Makels.[12]

Militärpolitik und Strategie sind in die abschüssige politische Bahn gleichsam intarsiert. Frankreich besaß 1919 die größte kampfbereite Armee Europas mit dem Glacis des Rheinlands. In die strategischen Pläne des französischen Generalstabs bis 1926 waren Einfallachsen durch Deutschland bis Berlin und zur Tschechoslowakei eingezeichnet. Das entwaffnete Reich hatte dem nichts entgegenzusetzen. Zu den außenpolitischen Gründen, die den Beherrschungswillen Frankreichs schwanken machten, kam das unverträgliche Beigemisch aus sozialen und innenpolitischen Richtungskämpfen, klingenkreuzenden kommunistischen und faschistischen Sympathien und tief sitzendem Pazifismus. Mit dem Kriegsfolgeleiden geburtenschwacher Jahrgänge im 40-Millionen-Volk ließ zudem die pure Wehrsubstanz nach.

Alle Strategiepläne nach 1926 wiesen anstelle der Angriffsdoktrin das Hauptmerkmal immobiler Verteidigung auf. Frankreich zog sich auf sich selbst zurück.[13] Die Maginot-Linie, ursprünglich als Schutzwehr für Mobilisierung, Aufmarsch und risikolose Konzentration von Kräften für den Vorstoß im Sinne einer umgekehrten Schlieffen-Operation durch Belgien in Richtung Deutschland gedacht, verwandelte sich in den Betonkern einer Defensiv-Strategie vom schweizerischen Juragebirge bis zum Kanal. Alle Kräfte wurden von Bewegungs- in stationäre Energie zurückgeführt.

Die personalintensive, mit riesigen Artilleriewerken ausgestattete Festungsstrecke, die zunächst von Sedan an südwärts verlief, galt als unüberwindlicher Schutzwall des Territoriums, verschlang neben gewaltigen Summen auch die strategische Fantasie, den Sinn für die Überraschung des Gegners, selbst die militärische Binnenmobilität mitsamt dem Gedanken an Reserven und an die Verteidigungsschlacht mit operativ einsetzbaren Panzerverbänden. Es gab nur noch die Option Halten. Würde die »Mauer« an einer dünnen Stelle nachgeben, wäre Frankreich verloren.

Dabei wurde für die langsam modernisierte Rüstung – samt Industrie zunächst ganz in der Hand wirtschaftsfremder Generäle – keineswegs gegeizt. Seit 1936 flossen unter der Volksfont und den folgenden Regierungen zweistellige Milliardenbeträge an Francs in die Verteidigung. Bei Kriegsbeginn wurden der aufgelaufenen, nicht einmal aufgebrauchten Summe noch einmal 62 Milliarden Francs Kredite hinzugefügt, mit denen unter anderem die nördliche Lücke des großen Festungswerkes mehr schlecht als recht geschlossen wurde.

Bei der erstarrten Strategie ohne Zielsetzung, ohne durchgreifende Erneuerung der Streitkräfte, Ausbildung und operative Führung ist es kein Wunder, dass Stalin bei den Dreierbund-Gesprächen mit den Westmächten im Sommer 1939 den Eindruck gewann, er sollte in die blutige Schlacht komplimentiert werden, während Frankreich hinter seinem Schutzwall verharrte und das Unterhaus in London ihm alles Gute wünschte. General Gamelins Versprechen an die Polen, Frankreich werde ihnen zu Hilfe kommen, glich einer Märchenerzählung. Die Einzigen, die aus der Konzentration Frankreichs auf ihr »uneinnehmbares« Territorium hinter dem Festungsglacis eine gewisse Versicherung ableiten konnten, waren die Briten – bis sich mit den 46 Tagen des deutschen Westfeldzugs das Gegenteil herausstellte.

2. England

Angesichts der Unsicherheit Frankreichs wirkte das beständige britische Bestreben, Paris von militärischen Aufwallungen gegen die Verletzung offenkundig obsoleter Verträge durch das Reich zurückzuhalten, vernunftbetont, kühl, unpsychologisch und förderte zutage, wie anfällig die Beziehungen zwischen London und Paris für Missverständnisse und nervöse Kritik tatsächlich waren. Der Frieden, besonders der Versailler und seine Nutzung als Instrument des Strafvollzugs gegen Deutschland, trennte, was der Erste Weltkrieg zusammengehalten hatte. Das Mutterland des Empire suchte in der Weltwirtschaftskrise seit 1931 vorrangig eine innenpolitische Balance, die allseitige Aufrüstung ausschloss und sich, wenn von Militärdoktrin und Strategie überhaupt die Rede sein soll, bewusst auf die Sicherheit der glücklichen Insel und den militärischen Schutz der Kommunikationswege des Empire beschränkte. Man stützte sich auf die Royal Navy und die Royal Air Force, das Doppel-Arsenal moderner Seemacht, solange die Annahme gerechtfertigt schien, dass Großbritannien eine bedrohliche, überlegene deutsche Konkurrenz erspart bleiben würde. Die Field Force des Heeres als den rüstungsintensivsten und im Ersten Weltkrieg verlustreichsten Zweig der Streitkräfte, die typische Zurüstung des Kontinents, verurteilte man demonstrativ zu einem Kümmerdasein. Der stets alerten pazifistischen Labour-Opposition sollte damit bedeutet werden, wie weit die Regierung sich davon entfernt hatte, den Rhein als Sicherheitsgrenze und Osteuropa als bedeutendes Gewicht in der europäischen Balance of Power zu betrachten. Der soziale Konsens tolerierte den Abschreckungswert der wasser- und luftbeweglichen Streitkräfte, solange sich die britische Politik, im Unterschied zur französischen, um Abrüstungsregelungen in Genf bemühte. »Mit dem Beschluss, den Militäretat gleichsam auf ein Niveau zusammenzustreichen, das einer Abrüstung wie im Falle einer erfolgreichen Revolution oder eines verlorenen Kriegs glich, eröffnete sich die britische Politik zumindest die theoretische Chance, einen vorbildlichen, der Integration und Legitimation des politisch-sozialen Systems dienlichen Reformkurs im Inneren zu steuern«.[14]

Wie strategiefern diese Politik im Grunde war, wie sehr sie Frankreich in seiner Frontlage beunruhigen musste und die objektiven Interessen der britischen Global-Balance bedrohte, zeigte sich indes schon in der Phase zwischen 1931 und 1937 mit den massiven Vorboten der japanischen Expansionspolitik in der Mandschurei und China, der italienischen Okkupation Abessiniens und dem Zusammenbruch des französischen westlichen Cordon unter dem Druck der vertraglichen Räumungstermine und der deutschen Revisionspolitik. London geriet in einen Widerspruch zwischen den niedrigen Rüstungsausgaben aus Gründen gesellschaftspolitischer Beschwichtigung in der Innenpolitik und der sich krisenförmig aufladenden internationalen Politik. Ian Kershaw beschreibt in einer spannenden, Zeitgeist und Personenreservoir Britanniens schildernden Einzelstudie über Lord Londonderry und Hitlers Freunde in England die Spaltung des britischen Establishments in der frühen Bedrohungsphase mit den dramatischen Wirkungen des Appeasement nach innen.[15]

Londonderrys Doppelbeschluss

Charles Steward Londonderry, Nachfahre des berühmten Außenministers Castlereagh der napoleonischen Zeit und Cousin Winston Churchills, Luftfahrtminister in der von bürgerlichen Kräften beherrschten Allparteienregierung James Ramsay MacDonald, wird als Verfechter einer Doppelstrategie vorgestellt, die eine Verbindung zwischen forcierter Luftwaffenrüstung und »klärenden« Verhandlungen mit Hitler über die Möglichkeit von Abrüstungsvereinbarungen und weitergehenden grundsätzlichen Regelungen vorsah. Cum grano salis glich das Verfahren dem NATO-Doppelbeschluss vom Dezember 1979, den Warschauer Pakt zur beiderseitigen Begrenzung der Mittelstreckenraketen zu bewegen, verbunden mit der Ankündigung, bei Nichteinigung 572 neue amerikanische Pershing II und Cruise Missiles in Westeuropa zu stationieren. Die entschlossene Realisierung der Nachrüstung sollte neun Jahre später zum IFN-Vertrag über die Abrüstung der Mittelstreckenraketen führen. Erstmals war das Abräumen einer für Europa strategisch überaus gefährlichen Waffenfigur vom Spielbrett gelungen – mit erstaunlichen Folgewirkungen über den militärischen Sektor hinaus.

Der Vergleich hinkt insofern, als der brillanteste Fortschritt der Abrüstungspolitik im Kalten Krieg bereits in die Schwächephase der überlasteten militärischen Weltmacht Sowjetunion fiel, während 1934/35 Großbritannien und Frankreich dem aufsteigenden Dritten Reich keineswegs in der Position innerer Stärke gegenüberstanden wie in unserem Beispiel die transatlantische NATO. Unausweichlich geriet Londonderry zwischen die Fronten pazifistischer Rüstungsgegner, der eigenen Regierung des internen Kompromisses sowie der Feinde des äußeren Appeasements in Whitehall und in der rechten Opposition. Unabhängig von seinem späteren Ikarus-Flug in zu große Nähe einiger Führungsfiguren des Dritten Reiches und ziemlich hysterischen Reaktionen darauf – in der Sache hatte Lord Londonderry völlig recht. Aus dem Blickwinkel seiner Zeit und der widersprüchlichen Informationsbilder über Deutschland und dessen noch unerprobten Regimes vertrat er eine Idee des Vernunftmaßes. Und genau das machte ihn, der nicht als bedeutende, aber als bezeichnende Gestalt einzuschätzen ist, zum tragischen Repräsentanten der damaligen britischen Politik.

Appeasement – nobel, weniger nobel

Appeasement ist ein heruntergekommener Begriff für eine ursprünglich gute, harte und bittere Sache – in dieser Reihenfolge. Der Begriff entstammt der in Großbritannien verbreiteten Kritik am Versailler Vertrag, seinen demütigenden territorialen, finanziellen und, in Form des Kriegsschuldartikels, moralischen Zumutungen für Deutschland. Der Chefredakteur des Manchester Guardian, C. P. Scott, verwendete ihn am 10. Mai 1919 zum ersten Mal im revisionistischen Sinne. Aus dem Empfinden heraus, Deutschland sei zu Unrecht bestraft worden, entwickelte sich »so etwas wie ein britischer Schuldkomplex«, schreibt Thomas Wittek in einer Studie über das Deutschlandbild in den britischen Massenmedien.[16] Die Sehnsucht nach Frieden war beherrschend, zugleich folgten alle Regierungen, einschließlich des ersten Labour-Kabinetts unter Ramsay MacDonald 1925, dem Impuls der Großzügigkeit und Gerechtigkeit, ohne die eine gedeihliche europäische Zukunft nicht für denkbar gehalten wurde.

Der Unterschied zur Auffassung der französischen politischen Elite und Öffentlichkeit fällt ins Auge. Dort war die Détente umstritten, verband sich auf ihrem Höhepunkt in den 30er-Jahren mit peinigenden Isolationsgefühlen. Doch konnte man nun in Paris wie in London hören und lesen, Hitlers fordernde Politik sei auf das Versäumnis von Korrekturen des Versailler Vertrags zurückzuführen, das deutsche Vorgehen besitze insofern eine gewisse Rechtfertigung, die man nicht außer Acht lassen dürfe. Bis zum Münchener Abkommen machte sich bei aller oppositionellen Gegenströmung die Ansicht breit, nur ein neues europäisches Abkommen, das nicht auf dem »rotten Versailles treaty« beruhe, könne den Krieg verhindern.[17] Man begegnete sogar dem Preemptive Cringe, einem vorauseilenden Katzbuckeln im Sinne des Selbstvorwurfs: »Was haben wir nur getan, um sie zu verärgern, und wie können wir es korrigieren?«[18]

Als wesentliches Moment kam das Bestreben Großbritanniens hinzu, nach dem verheerenden Krieg und in der nachwirkenden Weltwirtschaftskrise seine Unabhängigkeit gegenüber der globalen Manifest Destiny des Empire-feindlichen Amerika zu bewahren. Bis weit in die 30er-Jahre schien klar, dass der Kompromiss in der britischen Innenpolitik nur so lange Bestand haben würde, wie es London gelang, eine europäische Sicherheitslösung in eigener Regie zu suchen und zu finden. An Verhandlungen und

Vereinbarungen mit der neuen deutschen Regierung, die man sich allzu praktisch-pragmatisch als einen Mix aus Moderaten und Radikalen vorstellte, kam man nicht vorbei, sofern man an diesem Ziel festhalten wollte. Vor allem aber musste man initiativ werden, solange das Dritte Reich noch nicht aufgerüstet hatte und daher womöglich aus Eigeninteresse für einschränkende Verträge gewonnen werden könnte. Wie das Gespräch mit Arnold J. Toynbee über den Cliveden-Kreis[19] zeigte, war dies nicht nur Londonderrys Meinung.[20]

Als Hitler 1935 beim Besuch des skeptischeren Außenministers John Alsebrook Simon und des Lordsiegelbewahrers Robert Antony Eden in Berlin das Geheimnis der deutschen Luftwaffenrüstung lüftete, schließlich die Wiedereinführung der Wehrpflicht verfügte – weil Frankreich die Militärdienstzeit auf zwei Jahre erhöht habe –, zeigten sich in dem ohnehin etwas luftigen Gedankengebäude Risse. Zwar kam es zu einem für London sehr günstigen Flottenabkommen, das die deutsche Kriegsmarine auf ein Drittel der britischen beschränkte, zweifellos ein Erfolg des guten Appeasements, den die Briten jedoch nicht auf andere Rüstungsgebiete auszuweiten suchten.[21] Hitlers Hoffnung, London werde die Politik der bilateralen Verträge mit dem Reich bis zum großen Bündnisvertrag fortsetzen, erfüllte sich nicht.

Eine zeitgeschichtlich keineswegs einmalige Pèlerinage vermittelte zunächst einen anderen Eindruck: Der *Führer* hielt Hof für einen Besucherstrom vorwiegend englischer Gäste unterschiedlicher Provenienz nach Berlin und auf den Obersalzberg. Je anspruchsvoller, fordernder und militärisch stärker er sich gab, desto mehr nahm das Appeasement jene gelbstichige Begriffstönung an, die es heute in allen Nachbetrachtungen als Zeugnis politischer Nachgiebigkeit trägt. Erst jetzt wurde aus einem um Stabilität bemühten Konzept fahrige Beschwichtigung im Sinne des Chamberlain-Gambit (Bernard Lewis): »Lasst uns verhandeln und sehen, was wir für sie tun können.«[22]

Arnold J. Toynbee – in Hitlers Audienzsaal

Die Engländer wollten unter allen Umständen den Frieden in Europa erhalten, weil sie wussten, dass ein zweiter Krieg sie das Empire kosten würde, die ohnehin schon verminderte viktorianische Höhe. Appeasement, später ein mit Verachtung belegter Begriff, war ja wie gesagt in Wirklichkeit ein hartes, bitteres Geschäft der europäischen Machtkonservierung und der Rettung des Empire vor den antikolonialistischen Instinkten der Amerikaner. Bis knapp vor dem Zweiten Großen Krieg hatte sich Hitler als kontinentaler Festlandsdegen angeboten, wobei neben dem Machtkalkül vage Rasse-Ideen und traditionelle Britenbewunderung mitschwangen, nicht zuletzt das Blut-Epos der Flandernschlachten im Ersten Weltkrieg, an denen er teilgenommen hatte: Euch die Weltmeere, mir der Kontinent, lautete seine zugleich pro-britische wie pro-deutsche Devise.

Darüber nachgedacht haben die Konservativen unter Chamberlain schon, darauf einlassen wollten sie sich auf keinen Fall. Da sie aber den Rangabstieg in die Juniorpartnerschaft der USA fürchteten, entschieden sie, Hitler solle eine begrenzte territoriale Revision des Versailler Vertrags gewährt werden, sofern er sich den Prinzipien der kollektiven Sicherheit fügen und den Frieden bewahren werde.

Der deutsche *Führer* hatte viele Bewunderer, in der Aufstiegsphase zählte selbst Churchill zu ihnen.[23] Nach Berlin und zum Obersalzberg ergoss sich ein Strom englischer Politiker und Männer des Establishments vom Weltkriegspremier Lloyd George über den Zeitungsmagnaten Lord Rothermere, den tragischen Bewunderer und Churchill-Cousin Lord Londonderry, dem Ian Kershaw seine lange, »sehr britische« Studie widmete,[24] bis zu dem Universalhistoriker Arnold J. Toynbee.[25] Sie alle wollten den Mann in der braunen Uniformjacke nicht einfach begutachten und ausfragen, um sich ein Bild von ihm zu machen und seinen Friedenswillen abzurufen, wie es die folgende Politikergeneration mit den diversen Kreml-Herren, mit Mao Zedong und Castro noch eilfertiger betreiben sollte. Nein, die meisten gaben ihm buchstäblich die Ehre, fragten ihn nach seinem politischen Appetit, unterbreiteten ihm zu seiner Sättigung Angebote auf Kosten anderer.

In der Ausgabe des »Völkischen Beobachters« vom 29. Februar 1936 fand der geneigte deutsche Leser einen Bericht über den Besuch Arnold J. Toynbees, vorgestellt als »Völkerrechtslehrer (!) an der Universität London, Gründer und Leiter des Königlichen Instituts für zwischenstaatliche Angelegenheiten, das der Erforschung und Pflege der internationalen Beziehungen gewidmet ist«, bei der 10. Vollsitzung der Akademie für Deutsches Recht in Berlin. Zwölf Minister und Staatssekretäre, Botschafter Joachim v. Ribbentrop, der spätere Reichsaußenminister, drei Gauleiter aus dem Kreis der Parteiprominenz, SS-Gruppenführer Reinhard Heydrich, SA-Gruppenführer Wilhelm, Reichsfrauenführerin Barbara Scholtz-Klink, zahlreiche ausländische Botschafter und eine Menge hohes deutsches Justizpersonal befanden sich im Auditorium, um den Ausführungen des bekannten Professors aus Großbritannien zu lauschen.

Nach dem Bericht der Zeitung hob Prof. Toynbee in seinem »von lebhaftem, herzlichem Beifall« begrüßten Vortrag »die für ihn so bedeutende Frage für die Zukunft Deutschlands und Englands sowie der ganzen Welt hervor. Die Frage lautet: Sollen die internationalen Beziehungen zwischen den Völkern verschiedener Staaten in Zukunft vom Recht oder von Macht und Gewalt beherrscht werden, wie dies in der Vergangenheit fast ausschließlich der Fall gewesen ist?« Toynbee beantwortete, wie es heißt, die Frage mit einem entschiedenen Nein. Die Welt sei geteilt in Staaten, »die begütert und mit ihrer gegenwärtigen Lage zufrieden« seien (England), und in solche, die man als »nicht begütert und unzufrieden« bezeichnen müsse (Deutschland). Um die Gefahr des Kriegs zu meiden, sollten beide Seiten Zugeständnisse machen.

Die deutsche Unzufriedenheit, so erklärte Toynbee nach dem Bericht weiter, sei darin begründet, dass außerhalb des Reiches zahlreiche Volksgruppen lebten, die nicht nur der Sprache, sondern auch der politischen Gesinnung nach deutsch seien. Wenn Deutschland die Forderung »nach der Befreiung dieser Gebiete« erhebe, so sei damit keineswegs gemeint, dass es jedes Gebiet, das von einer deutschsprachigen Bevölkerung bewohnt sei, beanspruche. So habe Adolf Hitler erklärt, dass Deutschland keine Rückgabe des früheren Reichslandes Elsaß-Lothringen erstrebe. Unter Berücksichtigung dieser Erklärung und der Tatsache, dass die deutschsprechenden Schweizer ebenfalls nicht unter diesen Begriff fielen, verbleibe aber »ein beträchtliches deutsches Gebiet, wie zum Beispiel Österreich, das Sudetenland, von kleineren Gebieten wie Südtirol, Memelland und Eupen-Malmedy ganz abgesehen. Eine Art gründlicher Änderung auf diesem augenscheinlich wichtigsten und schwierigsten Gebiet müsse versucht werden.« Was schließlich die Kolonialfrage angehe, habe Toynbee angefügt, fühle sich Deutschland verletzt, weil ihm eine Form des Besitzes vorenthalten werde, über die andere europäische Großmächte wie Großbritannien und Frankreich verfügten. »Unter diesen Umständen kann ich es leicht verstehen, dass Sie es als Ehrenpunkt betrachten, dass wenigstens einige Ihrer Kolonien Ihnen zurückgegeben werden. Wenn Sie mir sagen, dass dies der deutsche Standpunkt ist, so glaube ich, dass ihn die meisten Engländer verstehen und ihm in hohem Grad Sympathien entgegenbringen.« Soweit der ausführliche Bericht des »Völkischen Beobachter«. Hatte Arnold Toynbee etwas übersehen?

Arnold J. Toynbee gegenüber dem Autor

Jahre später, 1953, erklärte Toynbee dem Autor, einem Studenten des Staatsrechts und der Geschichte, in ausführlichen Gesprächen, jene Ermunterung an die Adresse der Deutschen, sich zu nehmen, was ihnen ohnehin gehöre, habe dem Wunsch einer windungsreichen britischen Diplomatie entsprochen, Lösungen ohne Krieg zu finden. »Bedauerlicherweise hat

bei uns in England so gut wie niemand ›Mein Kampf‹[26] gelesen, als das
Buch 1925/26, zur Zeit des Locarno-Vertrags, erschien; ich auch nicht. Wir
unterschätzten Hitler und hielten zäh, wie wir sind, an diesem Irrtum bis
zum 15. März 1939 fest, als die Wehrmacht in Prag einmarschierte. Unsere
Regierungen waren träge, Premierminister Baldwin regierte das Empire sozusagen vom Klub aus. Sein Nachfolger seit 1937, Neville Chamberlain,
hielt nichts von der klassischen Gleichgewichtspolitik, die uns in den ersten
Weltkrieg geführt hatte. Sein typischer britischer Realismus war zudem von
Schwächen begleitet, die ein Marxist als klassenbedingt, ein Franzose als
borniert beschreiben würde. Er konnte sich einfach nicht vorstellen, dass
1000 Kilometer östlich von London ein Mann sein Wesen trieb, der vollständig anders dachte als er. Wie so viele Briten suchte er die viktorianische
Welt zu erhalten, ohne Abstriche, aber auch ohne persönliche Opfer. Das
machte ihn beliebt.«

»Nach dem Großen Krieg (Erster Weltkrieg, H. K.), der so viele unserer
Besten das Leben gekostet hatte, sehnten wir uns in die für unveränderlich
gehaltene Welt zwischen 1871 und 1914 zurück, in der dem unbegabten
Studenten nichts Schlimmeres drohen konnte als der Indian Civil Service.
Gegenüber Deutschland schälten sich zwei Lehrmeinungen heraus: Die
eine – für sie standen Lord Vansittart, Duff Cooper, Winston Churchill,
später Antony Eden – wollte das Reich durch ein System kollektiver Sicher-
heit in Quarantäne halten. Die andere glaubte nicht an den Erfolg dieser
Art repressiver Politik und trat für peaceful change ein. Ich war, wie die
Mitglieder des Cliveden-Kreises um Lady Astor, Lord Lothian, Sir Thomas
Inskip, Thomas Jones und die schon erwähnten Baldwin und Chamberlain
der Meinung, dass die Deutschen zu Recht eine Revision des Versailler Vertrags verlangten. Wir nannten das Realpolitik, hatten gleichzeitig aber von
Hitler eine eigenartige Vorstellung. Ich brachte seine Person in Zusammen-
hang mit Gandhi, weil mir beide, so drückte ich mich aus, wie kaum vonei-
nander unterscheidbare Exemplare der gleichen Ausländergattung, in ihrem
Privatleben wie verrückte Mullahs vorkamen: Sie waren Nichtraucher, Anti-
Alkoholiker, Vegetarier, sie ritten nicht und lehnten den Jagdsport ab.«

»Als ich Anfang März 1936 mit den Freunden des Cliveden-Kreises in
Bickling Hall zusammensaß, um ihnen über meine Deutschland-Reise und
die Begegnung mit Hitler zu berichten, rückten die Deutschen mit wenigen
Truppen im Rheinland ein. Ich ließ es mir nicht nehmen, dass Hitler es mit
dem Frieden in Europa ernst meine und ehrlich nach einer engen Freundschaft mit England strebe. Wir rieten Premierminister Baldwin (1923–1924;
1924–1929; 1935–1937), den Einmarsch zwar zu verurteilen – es handelte
sich schließlich um einen glatten Bruch des Locarno-Vertrags[27] –, ihn aber
nicht als Aggression, sondern als Ausdruck der wiederhergestellten Gleich-

berechtigung Deutschlands zu bewerten. Außenminister Eden müsse nach Paris reisen, um die Franzosen ruhigzustellen. Letzten Endes seien sie es gewesen, die durch ihren im Mai 1935 geschlossenen Beistandspakt mit der Sowjetunion[28] Hitler alarmiert hätten – zudem war ihr Generalstab, wie wir in Erfahrung gebracht hatten, über den Rheinlandeinmarsch 1936 unterrichtet gewesen. Außenminister Edens Vorgänger, John Simon, hatte Paris bereits im April 1935 vor dem russischen Vertrag gewarnt, der eventuell auch England in einen Krieg mit Deutschland hineinziehen könnte, und das unter Bedingungen, die mit Artikel 2 des Locarno-Paktes unvereinbar wären ... Wir baten Baldwin, die parallel zum Einmarsch abgegebene Friedenserklärung des Reichskanzlers, die Frankreich einen Nichtangriffspakt von 25 Jahren Dauer und darüber hinaus Vorschläge gegen ›ein uferloses Wettrüsten‹ sowie die Rückkehr in den Völkerbund anbot, aus vollem Herzen zu begrüßen. Sie sei das eigentlich wichtige Ereignis. Es komme jetzt darauf an, Hitler beim Wort zu nehmen und seinen guten Willen zu erproben. Ich erinnere mich noch an den Wortlaut unserer Mahnung an Baldwin: ›Wenn Sie das nicht tun, setzen Sie sich ins Unrecht‹.«

Die Ermahnung war überflüssig. Baldwin sagte wenig. Bei aller Freundlichkeit gegenüber den Franzosen »he was clear in his mind that there would be no support in Britain for any military action by the French«. Bei einer kurzen Kabinettssitzung am 12. März 1936 meinte er, man sollte die Franzosen wissen lassen, eine militärische Aktion sei unangemessen angesichts dessen, was sich ereignet hätte. Dem französischen Außenminister Pierre-Étienne Flandin (Januar bis Juni 1936 in der Regierung Albert Sarraut) gegenüber wiederholte er mehrmals, dass Großbritannien das Risiko des Kriegs nicht eingehen könnte. (...) er habe nicht das Recht, England in einen Krieg zu verwickeln: »Britain is not in the state to go to war.« Auch Labour lehnte militärische Sanktionen ab, um die Deutschen aus dem Rheinland hinauszuwerfen.[29] Die schon zum Zeitpunkt des Gesprächs, 1953, und danach noch viel dringlicher gestellte Frage, warum die Westalliierten den ersten Vertragsbrüchen Hitlers nicht energisch entgegengetreten seien, wies Toynbee im Ansatz zurück.

»Wer hätte das eigentlich tun sollen – die Franzosen? Frankreich lebte seit 1920 in einer Folge schwerer innenpolitischer Krisen. Der Krieg hatte das Land ermüdet und gespalten. Streiks, Staatsbankrott, Revolutionsgefahr bedrohten die Stabilität. Pazifisten träumten von einer ›skandinavischen‹ Zukunft: Man wollte angenehm, neutral und in Frieden leben. Am Freitag mit dem Tandem zum langen Wochenende aufzubrechen, galt als hohes Ziel. Sozialisten, Radikalsozialisten und Kommunisten bildeten die Volksfront, Ministerpräsident Léon Blum führte die 40-Stunden-Woche ein und erhöhte die Löhne um 15 Prozent – Geschenke, die von der Wirtschaft nicht zu finanzieren waren. Man saß hinter der Maginot-Linie, ließ aber die belgische Flanke offen. Die Luftwaffe war schwach, Oberst de Gaulle scheiterte mit dem weitsichtigen Plan, eine mechanisierte, gepanzerte Berufsarmee (Armée métier) aufzustellen. 1939, als die Franzosen zu den Fahnen gerufen wurden, besaßen die Streitkräfte nicht genug Stiefel. Im jährlichen Survey of International Affairs haben wir Jean Giraudoux zitiert: ›Wir wollen ewige Sicherheit. Wir wünschen uns Jahrhunderte der Sicherheit, um in Sicherheit bis ans Ende der Welt zu gehen und zum letzten Gericht‹.«[30]

Toynbee hielt die Zeitschrift hoch, aus der er immer wieder zitierte.

»Und wir, die Engländer? Wir standen damals, wie ich mit leichter Übertreibung sagen möchte, den Deutschen näher als den Franzosen. Deren Politik misstrauten wir, war sie doch anfangs vom Gedanken der Rache an Deutschland, später von der Furcht vor deutscher Rache bestimmt. Wir betrachteten den Beistandspakt mit Russland als einen französischen Charakterfehler, als Widerspruch zu unserem Ziel, die Bolschewisten von Europa fernzuhalten. Davon abgesehen: Die allgemeine Wehrpflicht führten wir erst 1939 ein. Jeder Schritt in der Rüstung, zum Beispiel die Verstärkung und Modernisierung der Air Force, die Vergrößerung der ironisch als Cinderella (Aschenputtel) bezeichneten Landarmee, aber auch jeder Hinweis auf den Wert kollektiver Sicherheit trug dem Kabinett den Ruf des ›eisenfressenden Kriegstreibers‹ ein. Wir schlitterten auf der Bahn unserer Schwäche in die große Krise, während Hitler den Rat des Prinzen von Savoyen befolgte, den Friedrich der Große so gern zitierte: ›Mon fils, le Milanais est comme un Artichaut; il faut manger feuille par feuille‹.« (Mein Sohn, der Mailänder ist wie eine Artischocke; Sie müssen Blatt für Blatt essen.)

»Als Hitler am 12. März 1938 in Österreich einmarschierte und damit den Grundstein zu seinem neuen ›Ottonischen Imperium‹ legte, rechtfertigten wir unsere Untätigkeit mit Hinweisen auf das Prinzip des Selbstbestimmungsrechts. Das war für uns sehr bequem. Die Franzosen dachten anders, aber sie hatten bei uns kein Glück. Wir lehnten den in Paris positiv aufgenommenen Vorschlag der Sowjetunion ab, ›kollektive Maßnahmen‹ gegen das Reich zu ergreifen. In der Sudetenfrage, der faktischen Teilung der Tschechoslowakei im selben Jahr, verhielten wir uns nicht anders. Die Vorgeschichte geht bis auf den 19. November 1937 zurück, als der Earl of Halifax, mit Chamberlain eng befreundet, bei Hitler in Berlin vorsprach. Der Besuch war in zweifacher Hinsicht wichtig: Er vermittelte Hitler den Eindruck, dass wir uns für Österreich und die Tschechoslowakei nicht engagieren würden, und er trug zur Entfremdung zwischen dem standhaften amtierenden Außenminister Eden und Chamberlain bei, der gleich nach seiner Ernennung zum Premierminister den Earl of Halifax an die Spitze des Foreign Office berufen hatte.«

»Und Halifax, stellen Sie sich vor, versicherte Hitler, England wolle nicht mit aller Macht am Status quo auf dem Kontinent festhalten. In diesem Zusammenhang erwähnte er neben Österreich und der Tschechoslowakei sogar auch Danzig. London, so ist im Protokoll nachzulesen, sei lediglich daran interessiert, dass die Veränderungen, mit denen früher oder später zu rechnen wäre, auf friedliche Weise bewerkstelligt würden. Er sprach sehr generell von ›Anpassung an die neuen Verhältnisse‹ und eröffnete Hitler damit einen breiten Deutungsspielraum. Die Franzosen unter Daladier wiederum wollten zunächst die Tschechoslowakei unterstützen, sie waren seit 1924 Prags Bündnispartner. Wir unterließen nichts, um sie daran zu hindern, und drängten das einzige demokratische Land in Mitteleuropa zur Selbstverstümmelung. Unser einflussreicher Botschafter in Berlin, Sir Nevile Henderson, der mit Chamberlain akkordierte, folgte unbeirrt von allen Fakten dem Traum einer engen Zusammenarbeit mit Deutschland, die der erwähnte Halifax zu allem Überfluss mit der ›Blutsverwandtschaft‹ unserer Völker begründete. Der Wunsch, Lösungen ohne Krieg zu finden, überdauerte selbst den deutschen Einmarsch in Prag, mit dem Hitler das Münchner Abkommen eklatant verletzte.«

»Chamberlain, wir alle, waren darüber tief enttäuscht, aber nicht ›geheilt‹. Selbst als Hitler 1939 Kurs auf Polen nahm, versuchten wir ein neues ›München‹ zustande zu bringen. Wie vorher gegenüber Prag, übten wir jetzt Druck auf Warschau aus, Hitler in Danzig und in der Korridor-Frage entgegenzukommen. Wieder wandten wir uns an Mussolini, von dem wir wussten, dass er den europäischen Krieg nicht wünschte. Auch nach dem Abkommen mit Polen vom 25. August 1939, das uns verpflichtete, die Unverletzlichkeit des Landes zu verteidigen und den Status Danzigs aufrechtzuerhalten, trieben wir und die Franzosen das alte Spiel mit Hitler weiter. Hinter dem Rücken des polnischen Verbündeten baten wir ihn, seine Forderungen bezüglich Danzigs zu formulieren – wir würden dann schon versuchen, sie durchzusetzen. Polen wiederum forderten wir auf, mit Berlin zu verhandeln. Als Hitler schon marschierte, klammerten wir uns an die Vorstellung, ihn zum Rückzug bewegen zu können. Es war ein Weg der Demütigungen und der Entschlusslosigkeit, bis sich Großbritannien am 3. September, 11 Uhr a. m., endlich im Krieg mit Deutschland befand.«

»Ich bin mir sicher«, fuhr Toynbee fort, »dass Hitler unsere Schwächen genau kannte, er roch sie. Vielleicht glauben Sie es mir nicht: Als ich ihm 1936 in der Reichskanzlei gegenübersaß, war er charmant, sehr höflich, auf eine intelligente Weise beredt. Etwas Dämonisches vermochte ich an ihm nicht festzustellen, sofern man darunter unerklärliche Triebkräfte und, davon ausgehend, unvernünftig oder gar unheimlich anmutende Zielsetzungen versteht. Wohl machte er auf mich in den mehr als zwei Stunden, die ich mit ihm im Kreis des späteren Außenministers Ribbentrop, des Reichsjustizministers Frank, des Ministerialdirektors Dieckhoff und des Völkerrechtlers Friedrich Berber verbrachte, den Eindruck eines Mannes, der sozusagen eine monologische Existenz führte. Nach anfänglicher Steifheit und Zurückhaltung sprach er unausgesetzt, atemlos und gestenreich, aber zusammenhängend und klar, als habe er sich vorgenommen, mir eine Vorlesung über seine Politik im weit schwingenden Bogen europäischer Geschichte zu halten.«

»Er begann mit den Merowingern und ihrem Kampf gegen die Awaren, die nach ihren Vorstößen aus der Tiefe Asiens und den Feldzügen Karls des Großen im 9. Jahrhundert buchstäblich aus der Geschichte verschwunden sind. Hitler schien fasziniert davon zu sein, augenscheinlich befriedigt, dass etwas Feindliches in ein Nichts verwandelt werden konnte. Sein Blick war starr nach Osten gerichtet. Seine Darlegungen endeten bei Lenin. Dessen Kommunismus und Antikolonialismus habe sich gegen den Kapitalismus und Imperialismus des Westens verschworen. Die Engländer, fügte er kryptisch hinzu, sollten das im Auge behalten, wenn sie den Kontinent, vor allem Deutschland betrachteten, das zu seiner Mission zurückgefunden habe. Als ich einwarf, ein deutscher Sieg über Russland werde ganz Europa unter den Einfluss des Reiches bringen, wich Hitler aus. Er habe nicht vor, die Ukraine und den Ural zu erobern, antwortete er, für die jungen Deutschen wisse er eine bessere Aufgabe, als minderwertige Völker zu verwalten. Damit war die Botschaft, die er mir mit auf den Weg geben wollte, ausgesprochen: Ich sollte zu Hause die Vorstellung verbreiten, der deutsche *Führer* suche die Verständigung mit Großbritannien, mit den Mächten der Zivilisation, die er an der Grenze zu Asien verteidige. Kein Wort über Expansion, kein Wort über ›Lebensraum‹. Wenn er über Russland sprach, wurde er laut, aber ich glaubte in diesem Augenblick tatsächlich, dass seine Aversion gegen den Bolschewismus vorrangig zum Zweck der inneren Ausrichtung, sozusagen für den Hausgebrauch und für den Westen bestimmt sei. Ich verabschiedete mich von einem deutschen *Führer*, der mir maßvoller und kalkulierbarer vorkam, als manche meiner Landsleute und ich selbst vorher angenommen hatten.«

Ob ein rechtzeitiges Eingehen auf die Friedensavancen Hitlers, auf die Fülle seiner zum Teil mit Komplimenten an das Empire und anderen Artigkeiten ausgeschmückten, jedoch stets vage gehaltenen Reden in erster Linie an die britische Adresse aussichtsreiche Verhandlungen erlaubt hätte, wurde auch noch »nach Tisch« erörtert und immer beiläufiger und skeptischer beantwortet. Die Chance, wenn es je eine gab, war vertan. Dass Hitler mit seinem Werben um Großbritannien, das ja nie enden sollte, versucht hat, die Engländer von den Franzosen zu trennen und freie Hand in Osteuropa zu erlangen, wurde immer lauter aus der Kampfschrift des Festungsinsassen von Landsberg zitiert, war aber keineswegs der Grund, warum London alle Angebote in den Wind schlug. Die Briten hatten sich von ihrer macht-diplomatischen Tradition, den Kontinent von einem Hegemon freizuhalten, eben doch nicht ganz getrennt, trauerten ihr gewissermaßen nach, suchten gleichzeitig aber allen Verbindlichkeiten auszuweichen, die internen Streit über geldfressende, die Industriemacht privilegierende und »Risiken« er-höhende Rüstungsprogramme auslösen konnten. Sie scheuten Verhandlun-gen mit dem Reich, bis sie sich wenig später zu Verhandlungen gezwungen fühlten, bei denen wirklich nichts mehr zu gewinnen war.

Eines darf man indes nicht übersehen: Über die industrielle und techno-logische Kapazität für eine adäquate Aufrüstung verfügte Großbritannien durchaus. Mit Deutschland teilte es den Rang des zweitgrößten Industrie-standortes nach den USA. Eisen und Kohle waren reichlich vorhanden, alle anderen Rohstoffe, landwirtschaftliche Güter und zahlreiche Chemiepro-dukte mussten importiert werden, die Entwicklung wichtiger Werkzeug-maschinen allerdings blieb weit hinter der des Reiches zurück.

Zu Kriegsbeginn lag der Schwerpunkt der Rüstung auf der »intelligen-ten« Seite. Eine kleine, aber effiziente, seit 1937 radargestützte Jagdwaffe verteidigte die Insel weiträumig, Langstreckenbomber mit strategischer Reichweite, wie sie den Deutschen fehlten, standen auf dem Programm, Elektronik und nachrichtendienstliche Techniken weiteten den englischen vor dem deutschen Horizont. Schwere Heereswaffen, mit vorzüglichen Ein-zelkomponenten bestückt, waren allerdings knapp, ihr fast vollständiger Verlust bei der Flucht vom Festland im Sommer 1940 beeinträchtigte die Kriegsführungsfähigkeit für Monate.

Als Achillesferse erwies sich nach der Niederlage Frankreichs der Trans-port lebensnotwendiger Güter über den von U-Booten unsicher gemachten Atlantik. Ohne die Hilfe der USA hätte sich England trotz rasch zentralisier-ter Wirtschaft, scharfer Rationierung, Opferung seines Auslandsvermögens für die Direktbezahlung von Kriegsmaterial und Nahrungsmitteln in ameri-kanischen Häfen (Cash and Carry) und der Abgabe von Stützpunkten nicht halten können. Trotz der romantischen Heldenattitüde Churchills, der stol-zen Navy, der Ritter der Lüfte und der Zähigkeit des adeligen und bürgerli-chen Establishments wäre es spätestens 1942 kapitulationsreif gewesen. Das innenpolitisch bedingte Versäumnis in der Zeit zwischen 1936 und 1940, weder ausreichende Kriegsvorbereitungen getroffen noch die kompensato-rischen Möglichkeiten des Appeasements gegenüber dem Deutschen Reich ausgeschöpft zu haben, wog schwer. Man ließ die Dinge zu lange treiben, wurde von den Russen bei den Verhandlungen über eine Militärkonvention im August 1939 als inkompetent vorgeführt, gab den Polen Garantien, die nicht zu erfüllen waren, und verlor auf denkbar dramatische Weise das französische Glacis. Die Halbheit rettete das Empire nicht.

Man kann also feststellen, dass die Reichsregierung in den Jahren vor dem Krieg geradezu ideale Bedingungen vorfand, um ihren territorialen Revisionsforderungen, denen bis zum Münchener Abkommen Elemente des Selbstbestimmungsrechts innewohnten, per forcierter Aufrüstung Nachdruck zu verleihen. Briten und Franzosen bildeten realistisch betrachtet keine Entente cordial. Frankreich wäre Hitler gern bei frühester Gelegenheit entgegengetreten, investierte in dieses Risiko aber weder Moral noch Militärstrategie über den rhetorischen und defensiven Opportunitätsbedarf hinaus.

England wiederum betrachtete das kontinentale Engagement als Störung seines inneren Gleichgewichts und spielte um »dämpfender Effekte« willen aktuelle Sicherheitsrisiken lieber herunter. Die Rüstungspläne für die Air Force seit 1935 verfolgten defensive Zwecke – dank Londonderrys Vorarbeit standen zu Beginn der Luftschlacht von 1940 immerhin 400 Hurricane- und Spitfire-Jäger bereit –, während die Pläne für die Bomberflotte seit 1936 zumindest der erwähnten strategischen Idee folgten. Tabellenwerke, die für 1939 rechnerisch ein französisch-britisches Übergewicht an Flugzeugen und Panzern ausweisen, besagen nicht viel. 1938, nach München, suchte die alte Entente wenigstens wieder Kordialität im militärischen Bereich. Bis zur Schwelle des Kriegs weigerte sich die britische Regierung jedoch beständig, verbindliche Gespräche der Militärs mit Frankreich und Belgien zu führen. Koordinierte Rüstungs- und Strategieprogramme hätten, so fürchtete man in London, innenpolitische Kontroversen über die Sicherheitspolitik belebt.

Mit einem Wort: Die haves in Europa waren auf die eine oder andere nachteilige Weise mit sich selbst beschäftigt, während das »ferne« Amerika in der Selbstfesselung der Isolation verharrte. Zusammengenommen hätten die Mächte zu einem frühen Zeitpunkt ausreichende strategische Hilfsquellen, Seemacht, Goldreserven und industrielle Kapazitäten zu aktivieren vermocht, um die Situation in Mitteleuropa in ihrem Sinne politisch zu beeinflussen.

Gefangene in Gottes freier Natur

Typisch für die Methode, mit der Hitler Toynbee für sich einzunehmen verstand, ist eine Szene, die der Gesprächsteilnehmer Friedrich Berber in seinen Lebenserinnerungen beschreibt: »Als nach zwei Stunden raschen Monologs (Hitlers, H. K.) eine kurze Atempause eintrat, blickte ich Toynbee mit ermutigendem Kopfnicken an und nach einer Kunstpause wies er darauf hin, dass die Behandlung der Opposition in Deutschland für einen Engländer schwer verständlich sei. Hitler replizierte in unerwarteter Weise: Er habe selbst im Gefängnis gesessen und dabei am eigenen Leibe erfahren, was es heiße, ein Leben ohne Licht, Luft und Sonne zu führen; deshalb habe er sich, als er an die Macht gelangt sei, entschlossen, die Gefangenen aus den Mauern herauszuholen, in Gottes freier Natur Lager für sie einzurichten; Toynbee könne ein solches Lager besichtigen, sofort mit seinem Privatflugzeug nach Dachau fliegen. (Es ging) nicht am selben Nachmittag ..., sondern erst nach zwei Tagen, aber doch, wie versprochen, in der Führermaschine ... Gleich nach seiner Rückkehr suchte ich ihn auf, gespannt auf seine Reaktion. Voller Betroffenheit hörte ich seinen positiven Bericht (er schrieb mir noch 1967: ›After my visit in Dachau I was told ... that the reason why I had been shown Dachau was that conditions there had become so bad as even the Nazis had recognised that they must be mitigated; so a new commandant had been appointed; he had made considerable reforms; so at the moment, Dachau was the most presentable, after having been the least presentable, concentration camp of all‹); er machte mir sogar Vorhaltungen, dass ich in England allzu negativ über die KZs berichtet hätte. Da mir von einer Reform des Lagersystems nichts bekannt war, kam ich schon damals zu dem Schluss, dass man ihm wohl nicht das wirkliche KZ, sondern wohl eher die in 48 Stunden präparierte Abteilung für die SS-Wachen gezeigt hatte.«[31]

Wie gesagt, das Gespräch mit Arnold Toynbee führte der Autor 1953 und es enthielt Neuigkeiten, die damals wirklich welche waren und bemerkenswerte Einblicke in eine Sichtfixierung erlaubten, die das Dritte Reich und seinen *Führer* seinerzeit auf eine ungewöhnliche Weise begünstigte. Es ist nicht falsch, zu sagen, Hitler habe die Engländer hofiert, sich dabei keineswegs verstellt, sondern eine Art verkorkster Liebesgeschichte »ausgelebt«. Dabei spielten, wie das Wort sagt, durchaus subjektive Faktoren eine Rolle: Er gehörte zu den Bewunderern des Empire. Die Briten, auf die es in den 30er-Jahren nach wie vor ankam, erwiderten das mit Empire-Garantien ausgeschmückte Werben viel weniger souverän als die gleichgerichteten, wenn auch wechselhaften Bemühungen des Deutschen Kaiserreichs vor 1914. Damals waren sie bei aller Taktik und allem Testen der klaren Vorstellung gefolgt, deutsche »Weltpolitik« mit allen Mitteln verhindern zu müssen, während sie jetzt die eigene, bereits brüchig gewordene Weltgeltung mit der Erhaltung des Friedens um fast jeden Preis zu bezahlen bereit waren. Zu diesem Preis gehörte nach Toynbees unumwundenem Eingeständnis die »Fehleinschätzung einer umstürzend modernen Erscheinung, wie Hitler sie ideell und willensmäßig 150 Jahre nach der Französischen Revolution verkörperte«. Diese Fehleinschätzung, so resümierte Toynbee, hätten sich Briten und Deutsche, aber auch viele andere in Europa gemeinsam vorzuwerfen. Worin bestand sie, was hatten die Zeitgenossen Hitlers an dem deutschen Politiker übersehen?

Die Risikozone

Joseph Goebbels, eine Zeit-Chimäre, kein einfacher Nationalsozialist, war sozialistischer Renegat, Intellektueller mit diabolischen Zügen. Man trifft durchaus nicht nur auf Hohn, wenn man ein Zitat von Hitlers Propagandaminister bei einer geheimen Besprechung am 8. April 1940, dem Vorabend des deutschen Einmarsches in Norwegen, mit der nötigen Nüchternheit liest: »Bis jetzt ist es uns gelungen, den Gegner über die eigentlichen Ziele Deutschlands im Unklaren zu lassen, genauso wie unsere innenpolitischen Gegner bis 1932 gar nicht bemerkt hatten, wohin wir steuerten, dass der Schwur auf die Legalität nur ein Kunstgriff war. Wir wollten legal an die Macht kommen, aber wir wollten sie doch nicht legal gebrauchen. Man hätte uns ja erdrücken können ... Nein, man hat uns durch die Gefahrenzone hindurchgelassen. Genauso war das in der Außenpolitik ... 1933 hätte ein französischer Ministerpräsident sagen müssen – und wäre ich französischer Ministerpräsident gewesen, ich hätte es gesagt: Der Mann ist Reichskanzler geworden, der das Buch ›Mein Kampf‹ geschrieben hat, in dem das und das steht. Der Mann kann nicht in unserer Nachbarschaft geduldet werden. Entweder er verschwindet oder wir marschieren. Das wäre durchaus logisch gewesen. Man hat darauf verzichtet. Man hat uns gelassen, man hat uns durch die Risikozone ungehindert durchgehen lassen und wir konnten alle gefährlichen Klippen umschiffen. Und als wir fertig waren, gut gerüstet, besser als sie, fingen sie den Krieg an.«[32]

Der Ausdruck Risikozone, den Goebbels auf die Situation von 1933 bezog, war eindrucksvoll, aber nicht neu. Er gehörte seit Langem zum deutschen Situationsbild und Zeitempfinden; man kann ihn als Topos der deutschen Politik schon seit der Reichseinigung Bismarcks bezeichnen. Aktuell betraf er die innere und äußere Lage Deutschlands seit der Restauflösung des Parteien-Konsenses in der Revolution von 1918 und begleitete danach die Bemühungen von Regierung und Reichswehr, das Reich unter den Bedingungen des Versailler Vertrags zu erhalten und zu konsolidieren. Erleichterung brachten lediglich die vier Jahre zwischen Locarno-Pakt 1925 und der Weltwirtschaftskrise. Mit dem Regimewechsel von 1933 und der danach einsetzenden Aufrüstung tauchte Deutschland erneut in die Zone des Risikos ein. Erst im März 1935 fühlte sich Hitler stark genug, den Stand der Bewaffnung offenzulegen, während ihm die Briten im Juni mit dem überraschenden Abschluss eines Flottenabkommens – ohne Rücksicht auf den Versailler Vertrag – entgegenkamen. Das nunmehr erneut verminderte Risiko kehrte jedoch in gesteigerter Form zurück, als Hitler dazu überging, territoriale, die europäischen Gewichte verändernde Revisionen in großem Stil in Angriff zu nehmen.

3. Italien

Will man Benito Mussolini (1883–1945) einem Zeugnis der römischen Architektur zuordnen, kommt das Monumento Vittorio Emanuele II. an der Via del Corso in Rom in Sicht – ein hypertrophes Bauwerk mit Ewiger Flamme, das 1911 zum 50. Jahrestag der Einigung Italiens erbaut wurde. Die Römer nennen es macchina da scrivere, die Schreibmaschine – oder das Gebiss, um ihrer Fantasie Gestalt zu geben. Als Spätrömer, Tribun und Schauspieler besaß Mussolini etwas vom schwülstigen Stein des auffahrenden Konstruktes. In gewissem Sinne verschmolz er damit und die Italiener seiner Zeit nahmen das ernst. Der Anspruch auf ein Weltreich vom Indischen Ozean bis zum Atlantik kam ihnen zupass, die Gewalt der Vorstellung schien die widrige Realität zu überblenden – Rom würde wieder Mittelpunkt des Imperiums sein, eines mediterran-südlichen, balkanischen, afrikanisch-nahöstlichen.

Hitler und Mussolini

Was hatte der Präzeptor dieses Wunsches mit Hitler zu tun? Zuerst sah er auf ihn herab, dann gewährte er ihm Augenhöhe, schließlich blickte er verzweifelt bittend zu ihm auf.

Das Kriegsglück war ihm nicht hold, zu fast keiner Stunde in der Zeit von 1923 bis 1945, von der Machtnahme bis zum Finale in Mailand, als Partisanen ihn erschossen und die Leiche an der Tankstelle auf dem Piazzale Loreto an den Beinen aufhängten wie ein Stück Vieh. Hitler seinerseits bewunderte den Duce am Anfang; denn dieser meisterte den brusterhobenvirilen faschistischen Aufstieg, als jener vor der Münchener Feldherrnhalle ins Feuer geriet und untertauchte. So blieb es, bis es sich umdrehte: Zuerst kam der Faschismus, dann der Nationalsozialismus, dem Mussolini Kultureigenschaften absprach, die er für seine Bewegung und für sich selbst, den »decano dei Dittatori«, in Anspruch nahm[33] – so zum Beispiel den Glauben an revolutionären Fortschritt,[34] schließlich die deutsche Übermacht, die Italien bestenfalls noch alimentierte. Fremd war man sich eigentlich immer, aber doch nicht zu weit voneinander entfernt. »Bei Mussolini«, schreibt Hans-Peter Schwarz, war »viel Verdi im Spiel«,[35] bei Hitler viel Wagner.

Repräsentanten der vertikalen Völkerwanderung

Jacob Burckhardts Beobachtung von der »in einzelnen Individuen konzentrierten Weltbewegung«[36] traf auf beide zu, sie verkörperten Revolution – legale (Karl Dietrich Bracher), prozesshafte (Helmut Krausnick), totalitäre (Hans-Ulrich Wehler). Es gibt sicher noch mehr Adjektive, gleichermaßen zu *Führer* und Duce passend, aber sie sind, wie das von Max Weber fast gewaltsam vom Himmel auf die Erde geholte Charisma,[37] beifügende Bezeichnungen, auf ein Subjekt bezogen, dieses Subjekt von einer bestimmten Seite beleuchtend, ohne es vollständig zu erfassen. Charisma ist reichlich in der Geschichte vertreten, titelhaft, oft Dekor, öfter Dekorit, aber Adolf Hitler und Benito Mussolini waren eben nicht »Begnadete«, sondern etwas ganz anderes, kennzeichnend für ihre Zeit: Wesentlich waren sie Demokraten, und zwar in dem Sinne, der nichts darüber aussagt, wie regiert wird, sondern wer regiert.[38]

Sie kamen, was man von dem Kirchenrechtler Wladimir Iljitsch Uljanow (Lenin) und dem Theologie-Seminaristen Jossip Wissarionowitsch Dschugaschwili (Stalin) ebenfalls sagen kann, auf einer riesigen sozialen Bebenwelle herauf. Walther Rathenau beschrieb diese 1919 in seinem Essay »Der Kaiser« als den Beginn einer »Völkerwanderung von unten nach oben«, einer langen Epoche der »vertikalen Völkerwanderung«,[39] in der die Ebene der Weltzivilisation sich senkt. Nicht als ihre Vertreter traten die Diktatoren auf – das taten früher Renegaten, heute mediale Politiker –, sondern als ihre Inkarnation, in der sich der heraufkommende Wille personal bündelte, jene zeiteigene Mischung aus Nationalismus, der die Nation überstieg, Sozialismus der totalen Mobilmachung,[40] Massenappell zur Verkündigung kollektiver Heilmittel und kollektiver Angriffsrichtungen sowie monumentaler Architektur zur Rangerhebung der Quantität.

Die Herkunft, das Früherlebnis war ein Schock. Das alte Italien war ruiniert wie das Deutsche Kaiserreich und Österreich-Ungarn, die Republik ein hölzerner Ersatz, eine Prothese, gezeichnet von der Psyche der Krise und der Physis der Not. Nichts hielt Italiens Jugend und Kriegsveteranen bei den Relikten. Die Grenzen zwischen und links und rechts verschwammen. Mussolini kam, wie der Vater, vom Sozialismus und dessen Literatur,[41] – bei Hitler ist 1918/19 eine Nähe zur Sozialdemokratie verbürgt.[42] Über die zerklüftete Linke erhob sich ein romantisch inspirierter junger Nationalmythos als Anti-Partei und revolutionärer Impetus: Antikapitalistisch, antirational, antiklerikal, contra Bürgertum, Aufklärung und Kirche, die alte Ordnung – »herrlich«. Hitler faszinierten die Fasci di combattimento (Kampfbünde), die fremdenfeindlichen squadre mit ihrer Rabaukenordnung und Verfolgungsmanie, die Rottungen auf der Mailänder Piazza San Sepolcro und der Marsch auf Rom 1922 – in Wirklichkeit ein Theatercoup.

Mochte Hitler den Meister auch bewundern – die Wege gingen zunächst nicht zusammen. Was sollte sich Mussolini, der mit König Viktor Emanuel III., dem Heer, der Bürgerschaft und Industrie einen machiavellistischen Kompromiss erzielt hatte, um den braunen, piefigen »Ultramontanen« Hitler kümmern? Wie die Kräfteverteilung in Italien war, vergingen wechselhafte Jahre bis zur Festigung der Diktatur 1929. Zwar musste auch Hitler unter dem Druck Hindenburgs und dessen konservativer Entourage mit einer Koalitionsregierung beginnen, doch ebnete der Tod des Ersatz-Monarchen im August 1934 den Weg zum Führerstaat schneller als in Italien.

Die Regime-Unterschiede blieben markant – von der mussolinesken Machtmumie von Sàlo und deutschen Besetzung Italiens 1943 abgesehen. Dem Duce del fascismo sollte es bei aller Rede von »Konsens« nie gelingen, die Gesellschaft von der Fontanelle bis zur großen Zehe zu durchdringen. Es blieb beim Korporatismus im weitesten Sinne: Die alten Mächte hielten sich in Italien, selbst der Faschistische Großrat behielt eine eigene Autorität, dem Vatikan wurde mit den Lateranverträgen die im liberalen Unabhängigkeitskampf von 1870 verlorene Staatlichkeit zurückerstattet. Hitler hingegen schaltete Deutschland vor dem Krieg halbwegs gleich. Das Reich war auf dem Wege, arisch und pagan zu werden.[43]

Der Hang zu den stärkeren Bataillonen

In der Außenpolitik trat die Differenz noch deutlicher hervor. Italien gehörte zu den Siegermächten, sah sich jedoch um den Profit aus dem Versailler Vertrag gebracht und entwickelte daraus unter Mussolini einen eigenen Revisionismus mit der Entschlossenheit zum Krieg. Den Wechsel vom Dreibund mit Deutschland und Österreich-Ungarn zur alliierten Seite 1915 hatte der Geheime Vertrag von London (26. April 1915) üppig honoriert: Trient, Triest und Istrien, Tirol, Nord- und Mittel-Dalmatien, ein langer Küstenstreifen in der Südtürkei, Garantien für Libyen und den Dodekanes, die Vertretung Albaniens nach außen und Anteile an den deutschen Kolonien zierten die Liste des Lohnes. Aber das waren, wie bei völkerrechtlichen Verträgen so oft, Versprechen und wichtige von ihnen (Dalmatien, Türkei, Kolonien) wurden nicht eingelöst.[44] Der Schriftsteller Gabriele D'Annunzio, geistiger Vater des modernen nationalen Sozialismus als Widerpart des Kommunismus-Leninismus, sprach von einem »verstümmelten Sieg«, der im politischen, wirtschaftlichen, sozialen Elend der Nachkriegsperiode einen brennenden Phantomschmerz entfachte.

Dennoch stand Mussolini 13 Jahre, bis zum Angriff auf Abessinien 1935, an der Seite der Westmächte und ihren damals noch stärkeren Bataillonen.[45] Die politische Verwandtschaft der italo-germanischen Ideokratien kam in dieser Periode nicht zur Geltung – nicht einmal De Felices »kleinster gemeinsamer Nenner«. Sein Verstand sagte dem Duce zwar, dass sich die Machtgewichte in Europa zugunsten Hitlers verschieben würden, doch sollten Österreich und der Balkan in jedem Fall als neutrales Glacis des werdenden römischen Imperiums fungieren. Völkerbund, Briand-Kellogpakt von 1928 (Kriegsächtung), der von Rom initialisierte Viermächtepakt zwischen Großbritannien, Frankreich, Italien und Deutschland vom Juli 1933,[46] der martialisch-militärische Gestus beim NS-Putsch in Wien 1934 zum Schutz der Unabhängigkeit Österreichs, Annäherung an Frankreich 1935, ganz im Sinne des französischen Generalstabs,[47] schließlich die präventive Stresa-Front London, Paris, Rom gegen das deutsche Überschreiten der Versailler Rüstungsbeschränkungen (11.–14. April 1935) – Mussolini war an allen diesen Verträgen, Institutionen und Aktionen beteiligt und alle sollten der Sicherheit und den Chancen der italienischen Großmacht dienen. Den Westmächten galt Mussolini trotz diplomatischer Anerkennung der Sowjetunion 1932 und des Freundschaftsvertrags 1933 in diesem Zeitabschnitt als reckenhafter Gegner des Bolschewismus – ein Titel, der Hitler verwehrt blieb.

Der italienischen Eitelkeit schmeichelte insbesondere Roosevelts ausdrückliche Anerkennung des Korporatismus, der nationalen Wirtschaftsautarkie als Kampfmittel gegen die große Depression, das in einigen Zügen dem New Deal der Amerikaner glich.[48]

Während angesichts von Rassengesetzen und Hetzkampagnen die Vorgehensweise Hitlers gegen Juden im Westen entschieden verurteilt wurde, betrachtete man die brutale Feindausrottung der italienischen Truppen beim Eroberungskrieg gegen Abessinien 1935/36 zwar mit Zorn, der aber rasch in Nachsicht verebbte. Die Kritik an der Anwendung von Giftgas und Feuer war auf die Erfahrungen der Kolonialmächte mit dem Niederschlagen von Eingeborenenaufständen abgestellt – Rassendifferenz und zivilisatorische Mission besaßen auch in Großbritannien (weniger in Frankreich) exkulpatorische Wirkung.[49]

Churchill bezeichnete die unbestimmte Reaktion des Völkerbunds und der Westmächte auf die Unterwerfung Abessiniens als »die schlechteste zweier Welten: Sie entfremdete den italienischen Diktator, ohne seine Macht zu brechen«.[50] Mussolini blieb also in der Halbsonne der verehrten Helden

Cavour und Garibaldi.[51] Die Westmächte, auch Roosevelt, versuchten, den Duce, den man als belesenen Syndikalisten und römischen Tribun (ein-) schätzte, noch bis 1940 für eine Mittlerrolle zu gewinnen, weil man wusste, dass er trotz aller Mare-Nostrum-Träume und des Offensivbündnisses namens Stahlpakt mit Berlin (Mai 1939) gegenüber dem europäischen Krieg Verhaltenheit an den Tag legte.

Obwohl er längst Verbündeter Hitlers war, seit Sommer 1936 Schulter an Schulter mit ihm im spanischen Bürgerkrieg stand, am 1. November desselben Jahres auf dem Mailänder Domplatz die Achse Rom-Berlin ausrief und mit Deutschland und Japan dem Antikominternpakt angehörte, begrüßten ihn die Westmächte als nützlichen Fremdenführer des Appeasements beim Abschluss des Münchner Abkommens. Im Übrigen schien er käuflich (bei unterschiedlichen Preisen), durchaus süchtig nach politischen Immobilien. Wie gründlich sich beide Seiten dabei verrechneten und missverstanden, hatte schon die Abessinien-Affäre gezeigt. Mussolini war fest überzeugt, dass Frankreich, wohl aber auch Großbritannien die Annexion akzeptieren würden, genau gesagt, den gemeinsamen Sicherheitsvereinbarungen über deutsche Rüstungsbegrenzung und die Unabhängigkeit Österreichs aus den Jahren 1934 und 1935 im eigenen und im »Versailler« Interesse den Vorzug vor ernsthaften Sanktionen gegen Italien geben würden.

Dieses gemeinsame Interesse verschwamm angesichts der konfusen Diplomatie der Westmächte allerdings in Zweideutigkeit. Während die Völkerbundsanktionen unwirksam blieben, verhängte Roosevelt trotz Kollisionsgefahr mit der Neutralitätsgesetzgebung des Kongresses ein »Moral embargo«, das den Maßnahmen der übrigen Staaten sogar vorauseilte und sowohl den Waffen- wie auch den Ölstrom nach Italien betraf.[52] Mussolini wurde durch diese Reaktionen in Abessinien kaum behindert, wandte sich aber dennoch in einer Geste des Zorns en face Hitler zu, der ihm mit Hilfelieferungen beisprang.

Er verließ, mit einem Wort, das internationale Notariat zur Nachlassverwaltung des Versailler Vertrags und vollzog einen klirrenden Bruch mit der West-Politik Italiens seit 1915. Statt lange zu fackeln, honorierte er Hitlers Courtoisie mit der Aufgabe seiner patrimonialen Beschützerrolle in der Österreich-Frage – ein kolossaler Schwenk, der allerdings auf einer deutschen Vorleistung beruhte: Jahre schon hatte Hitler den Verzicht auf Südtirol angebahnt, die Deutschen dort 1926 in einer Broschüre als Nebensächlichkeit behandelt.[53] Eine Überraschung stellte daher das Abkommen Berlin-Rom vom 21. Oktober 1939 mit der Option der deutschen und ladinischen Südtiroler zwischen Auswanderung oder Italienità nicht dar.

Hitler fand also einen Verbündeten (wenn dies nicht schon England sein konnte), Mussolini wiederum eine germanische Stütze für den »Reprint«

des Römischen Reiches, während die Westmächte die Chance vergaben, Italien an ihrer Seite zu halten. Siebzehn Begegnungen zwischen Mussolini und Hitler, die erste in Venedig 1934, die letzte am Tag des Stauffenberg-Attentats am 20. Juli 1944, schufen den Schein einer wahren politischen Männerfreundschaft. Die Lagunenstadt sah Mussolini im großen Ornat, Hitler noch im Komparsengewand. Beim finalen Treffen in der düsteren Wolfsschanze stand der deklassierte Vasall von Sàlo (Hauptquartier der Repubblica Sociale Italiano am Gardasee) einem durchgerüttelten Reichskanzler gegenüber, der gerade der Explosionswolke entstiegen war. In den Jahren dazwischen, jedenfalls seit dem von Knirschen begleiteten Anschluss Österreichs an das Reich, war die deutsche Dominanz über Krieg und Frieden, Bündnisse und Feldzüge, Räume und Träume immer deutlicher hervorgetreten. Unfriede, gegenseitige Verdrossenheit, meist unausgesprochenes Widerstreben überschatteten die nach außen hin freundschaftliche Beziehung. Mit der Zeit drückte Hitler den Verbündeten wie einen inkompetenten Firmengesellschafter herunter, verpasste ihm ab und zu rhetorische Stärkungskuren, weil er ihn brauchte – »Schattenspiele«, schreibt der aufmerksame Chefdolmetscher des Auswärtigen Amtes, Paul Schmidt, der seine Kunden nicht nur sprachlich beobachtete, durch welche der Außenwelt etwas vorgetäuscht wurde, was in Wirklichkeit nicht vorhanden war.[54]

Solange er dem Hauptkrieg in Europa entgehen konnte, wollte der um seinen Selbststand ringende Mussolini eigentlich nichts anderes, als in ferner Nähe zu den Westalliierten, deren Weltbild er nicht teilte, auf deren Halbsegen für seine mediterran zentrierte Politik er dennoch hoffte, kleine, vor allem ruhmreiche Kriege führen, gegebenenfalls Parallelkriege (Andreas Hillgruber) im Schatten Hitlers in einer, wie er richtig erkannte, sich mit martialischen Mitteln neu ordnenden Welt.

War der Abessinienkrieg 1936 unter dem Aspekt dieser Balancetaktik schwer, zu schwer und zu blutig, glich demgegenüber die Okkupation der albanischen Gegenküste im April 1939 einem österlichen Spaziergang. Dabei kam ihm zugute, dass der neue Verbündete Hitler just zu dieser Zeit mit der Besetzung Prags und der Demonstration auf dem Hradschin alles internationale Interesse und (am Ende gespieltes) Entsetzen auf sich lenkte.[55] Ganz Schlauen entging freilich nicht, dass Mussolini nicht einfach die Macht in Tirana im Visier hatte, sondern das Glacis für den Aufmarsch gegen Jugoslawien und Griechenland, also die Beherrschung des Balkans, aus dem die römischen Soldatenkaiser gekommen waren. Schritt für Schritt sollte die römische Einflusszone ausgeweitet werden – nicht im großen Sturm, für den die italienischen Kräfte nicht ausreichten, nicht in einem neuen, völlig unberechenbaren europäischen Großkrieg.

Schicksalsgemeinschaft à la carte

Bereits in diesem Stadium ließ sich in der Gegensätzlichkeit italienischer und deutscher Strategie eine Art tödlicher gegenseitiger Abhängigkeit vorausahnen; das Gegenteil also zu einer »vollkommenen Verschmelzung unserer Gedanken«, von der Mussolini am 18. November 1940 in Rom sprach.[56] Darum handelte es sich nie und würde es sich nie handeln. Der Zwangsumarmung lagen Widersprüche zugrunde, wie sie die düstere Deutung der seinerzeit gebräuchlichen Wendung Schicksalsgemeinschaft ahnen lässt. Zunächst legte sich Mussolini quer. Den deutsch-sowjetischen Nichtangriffs- und Teilungspakt vom August 1939 lehnte er ab, weil er nicht in die falsche Richtung, nach Westen, marschieren wollte und die kriegsabschreckende Wirkung des Paktes auf London und Paris im Falle des Polen-Konflikts für eine Illusion hielt.

Deshalb sagte er am 25. August 1939, wenige Tage vor der Invasion Polens, die Bündnisgemeinschaft im unmittelbar bevorstehenden Krieg ab und begründete das Ausweichmanöver der bewaffneten Neutralität (vereinfacht Nonbelligeranza) mit den schwachen Zurüstungen Italiens.[57] Außenminister Galeazzo Graf Ciano eröffnete dem britischen Botschafter in Rom Sir Percy Loraine am 31. August, was sein Schwiegervater wirklich dachte: »Ist Ihnen nicht klar, dass wir niemals Krieg gegen Sie und die Franzosen beginnen werden?«[58] Hitler war erbittert über die Verweigerung. Es fielen, berichtet Paul Schmidt »sehr böse Worte über Italien – aber nicht über Mussolini«.[59]

In den ersten Tagen des Polenfeldzugs (bis zum 3. September 1939) versuchten Mussolini und Ciano in regem Kontakt mit Halifax und Chamberlain, Hitler zum Einlenken, vielleicht zur Rückbeorderung der Wehrmacht (wie es die Briten forderten) oder wenigstens zum Halt-Befehl zu bewegen. Ciano war skeptisch, schlug aber dem Prestige zuliebe eine Fünfmächtekonferenz nach Münchner Muster vor.[60] London klammerte sich an die italienische Hoffnung und vermied ein eindeutiges Ultimatum an Berlin, bis das Unterhaus rebellierte. Da auch Reynaud dem Kampf am liebsten ausgewichen wäre und sich mit den Briten in unerquickliche Debatten über die Modalitäten des Ultimatums an Hitler verstrickte, kann man sagen, dass der Kriegsanfang auf allen Seiten gewissermaßen verkorkst war: Deutschland hatte mit dem sowjetischen Vertrag Japan verloren, das den Nichtangriffspakt als Bruch des Antikominternpakts deutete und sich in die Neutralität zurückzog; Italien reagierte brüskiert. Der Dreimächtepakt Berlin-Rom-Tokio kam entgegen allen Eilbezeugungen erst am 27. September 1940 zustande.

Auf der anderen Seite schuf das Zögern der Westalliierten, den Krieg zu erklären und ihn dann auch entschieden zu führen, jene Atmosphäre des *drôle de guerre*, der zum Synonym für mangelnde Kampfentschlossenheit werden sollte. Nach dem Polen-Feldzug stellte sogar der deutsche Generalstabschef Franz Halder die Spekulation an, der Krieg könnte absterben.

Die Differenzen zwischen Mussolini und Hitler glichen einem Schwelbrand. Als sich der Duce in der ersten Kriegsphase 1939/40 mit dem *Führer* anlegte, schien er noch auf dem hohen Kothurn des Alt-Meisters unter den Diktatoren einherzustolzieren (im alten China hätte man gesagt: wie ein »älterer Bruder«). Ausgerechnet der finnisch-sowjetische Krieg (November 1939 bis März 1940), in dem Italien für das kleine, tapfere Nordland eintrat, erneuerte den verbreiteten, ja, populären Zorn über Hitlers Pakt mit Stalin und ließ die Abneigung erahnen, die Mussolini der Einbeziehung der Sowjetunion in das erweiterte eurasische Bündnissystem, den sogenannten Kontinentalblock, dem zeitweiligen Plan Hitlers zur Festlegung Stalins auf Expansionsziele in Mittel- und Südasien, entgegenbringen sollte. Kurz, Mussolini platzte förmlich der Kragen beim Anblick der Hitler'schen Koalitions- und Kriegspolitik, die seinem ideologischen Glauben und der Verhinderung eines kriegerischen Flammenmeers in Westeuropa im Innersten widersprach.

Der Brief, den er am 3. Januar 1940 Hitler buchstäblich vor die Füße warf, ist alle Aufmerksamkeit wert, weil es keinen zweiten Verbündeten gegeben hat, der den *Führer* in vergleichbarer Weise abgekanzelt hätte. Die erste Ermahnung galt der großen Politik. Der Duce legte seinem Partner eine Verständigung mit den Westmächten nahe, wobei er sich als Vermittler anbot – »zwischen den Zeilen«, wie der dolmetschende Beobachter Paul Schmidt herauslas. Zugleich befürwortete er den »Kampf gegen Sowjetrussland«. Für das Arrangement fand er eine ungewöhnliche Begründung: Nein, Europa und Frankreich würden Deutschland sicher nicht zur Kapitulation bringen, aber auch Deutschland würde die Demokratien nicht in die Knie zwingen können. »Wenn man dies glaubt, gibt man sich einer Illusion hin.« Voraussetzung für das Arrangement wäre der Fortbestand eines polnischen Staates[61] in Form eines »bescheidenen, entwaffneten und ausschließlich polnischen Polens (das von Juden befreit ist, für die ich Ihren Plan, sie sämtlich in einem großen Ghetto in Lublin zusammenzufassen, durchaus billige)«. Dem Großdeutschen Reich entstehe daraus keine Gefahr, während die großen Demokratien jede Rechtfertigung verlören, den Krieg fortzusetzen. »Es sei denn«, fügte er spitz hinzu, »dass Sie entschlossen sind, den Krieg bis zum Äußersten zu führen«.[62]

Dann wandte sich der Duce der Sowjetunion zu: »Niemand weiß besser als ich, der ich nunmehr 40 Jahre politische Erfahrung besitze, dass die Politik ihre taktischen Forderungen stellt ... Ich habe die Sowjets im Jahre 1924 anerkannt; 1934 habe ich mit ihnen einen Handels- und Freundschaftsvertrag geschlossen. Daher verstehe ich, dass Sie, nachdem sich die Voraussagen Ribbentrops über das Nichteingreifen Englands und Frankreichs nicht erfüllt haben, die zweite Front vermieden haben. Russland ist, ohne einen Schlag zu tun, in Polen und im Ostseegebiet der große Nutznießer des Kriegs (mit Polen H. K.) gewesen. Aber ich, der ich Revolutionär von Geburt bin und meine Anschauung nicht geändert habe, sage Ihnen, dass Sie nicht ständig die Grundsätze Ihrer Revolution zugunsten taktischer Erfordernisse eines bestimmten politischen Augenblicks ändern können. Ich fühle, dass Sie nicht das antisemitische und antibolschewistische Banner aufgeben dürfen, das Sie 20 Jahre hindurch hochgehalten haben und für das so viele Ihrer Kameraden gefallen sind; Sie können nicht Ihr Evangelium verleugnen, dem das deutsche Volk blindlings Glauben geschenkt hat. Ich habe die unbedingte Pflicht, hinzuzufügen, dass ein weiterer Schritt vorwärts in Ihren Beziehungen mit Moskau katastrophale Rückwirkungen in Italien auslösen würde, wo die allgemeine antibolschewistische Gesinnung, besonders unter den faschistischen Massen, absolut, ehern und unerschütterlich ist.

Lassen Sie mich annehmen, dass dies nicht der Fall sein wird. Die Lösung der Frage Ihres Lebensraumes liegt in Russland und nicht anderswo, in Russland mit seiner ungeheuren Fläche von 21 Millionen Quadratkilometern und 9 Einwohnern auf den Quadratkilometer. Es gehört nicht zu Europa. Trotz seiner Ausdehnung und seiner Bevölkerung hat es keine Kraft, sondern eine Schwäche. Die Masse der Bevölkerung ist slawisch und asiatisch. In früheren Zeiten waren die Balten das verbindende Element, heute sind es die Juden; aber dies erklärt alles. Es ist die Aufgabe Deutschlands, Europa gegen Asien zu verteidigen. Das ist nicht nur Spenglers These. Noch vor vier Monaten war Russland Weltfeind Nummer eins, es kann nicht der Freund Nummer eins geworden sein und ist es auch nicht. Dieses hat die Faschisten in Italien und vielleicht auch viele Nationalsozialisten in Deutschland tief erregt. An dem Tag, an dem wir den Bolschewismus vernichtet haben«, schließt Mussolini, »werden wir unseren beiden Revolutionen die Treue gehalten haben. Dann kommen die großen Demokratien an die Reihe, die den Krebs nicht überleben können, der an ihnen frisst, und der auf dem Gebiet der Bevölkerungsbewegung und der Moral zutage tritt ...«[63]

Hitler, von seinem engsten Bündnispartner aufgefordert, sich von Stalin abzuwenden, von dem einzigen Mann, der ihm derzeit strategische Mobilität verschaffen konnte, ließ sich mit der Antwort zwei Monate Zeit. Unter dem 8. März 1940 legte er schließlich seinen in allen Punkten gegenteiligen Standpunkt ohne innere Bewegung, unpolemisch, doch definitiv dar. In der polnischen Frage ließ er die Möglichkeit offen, dass Deutschland die Verantwortung »abwerfen« würde – allerdings erst nach dem Kriege. Den

»Ballast« der Verwaltung habe man auf sich nehmen müssen, um chaotische Zustände zu vermeiden. Der Angriff diente der Sicherheit der östlichen Reichsgrenze, die durch »britische Machenschaften« in Polen bedroht gewesen sei. Er habe in Notwehr gehandelt.

Der russisch-nationale Stalin

Im krassen Widerspruch zu Mussolini zeichnete er ein überaus günstiges Bild von der Sowjetunion, die nach seiner Auffassung in einem dauerhaften prinzipiellen Wandel begriffen sei. Wörtlich heißt es:

»Russland erlebt seit dem endgültigen Sieg Stalins ohne Zweifel eine Wandlung des bolschewistischen Prinzips in der Richtung auf eine nationale russische Lebensform, die für uns indiskutabel ist, die aber in Russland selbst ohne Zweifel durch nichts anderes zurzeit ersetzt werden könnte. Das, was den Nationalsozialismus zum tödlichen Feind des Kommunismus gemacht hat, war dessen jüdisch-internationale Führung mit dem ausgesprochenen Ziel einer Vernichtung der nicht-jüdischen Völker bzw. ihrer führenden Kräfte. Inwieweit hier nach unserer Überzeugung eine epochale Wendung in Russland eingetreten ist, wird Ihnen, Duce, am besten der Reichsaußenminister aus seinen persönlichen Eindrücken und Erfahrungen schildern können. Von mir aus möchte ich nur konstatieren, dass seit dem Abgang Litwinows in Russland Deutschland gegenüber ein Wandel der Einstellung ohne Zweifel vor sich gegangen ist.«[64]

»Die Möglichkeit der Herstellung eines tragbaren Zustandes zwischen den beiden Ländern« fuhr Hitler fort, »ist heute unzweifelhaft gegeben. Wir haben keinen Anhaltspunkt mehr, dass irgendeine russische Seite versucht, einen Einfluss auf innerdeutsche Verhältnisse zu nehmen … Wenn aber der Bolschewismus sich in Russland zu einer russisch-nationalen Staatsideologie und Wirtschaftsidee entwickelt, dann stellt er eine Realität dar, gegen die zu kämpfen wir weder Interesse noch einen Anlass besitzen. Im Gegenteil. Im Kampf gegen die Blockierung der Welt durch die plutokratischen Demokratien kann uns, Duce, nur jeder Faktor und jede Hilfe willkommen sein. Deutschland und Russland haben oft sehr lange Zeit miteinander friedlich und freundschaftlich gelebt. Wirtschaftlich ergänzen wir uns natürlich in einer außerordentlichen Weise. Es gibt fast keinen Rohstoff, den wir brauchen, den nicht Russland zur Verfügung hat oder in absehbarer Zeit zur Verfügung stellen kann. Und es gibt umgekehrt kein deutsches Industrieprodukt, für das nicht in Russland entweder schon jetzt ein Bedürfnis besteht oder in absehbarer Zeit bestehen wird. Der Handelsvertrag, den wir mit Russland zum Abschluss brachten (11. Februar 1940,

H. K.), bedeutet, Duce, in unserer Lage sehr viel. Im Besonderen aber hat Deutschland Russland gegenüber nun eine klare Begrenzung der Interessenzone vorgenommen; an der wird sich auch niemals mehr etwas ändern. Ich habe hier keinen anderen Schritt vollzogen, als ich dies auch mit Ihnen, Duce, schon vorher tat, als ich den Brenner als die endgültige Lebens- und Schicksalsscheide für unsere beiden Völker akzeptierte. Die Aussiedlung von 200 000 Deutschen aus Italien wird diesen Entschluss für alle Zeiten befestigen und ihn damit endgültig sanktionieren ...«[65]

Obwohl Hitler seine Russland-Diagnose gegenüber Mussolini bald modifizierte und 1941 wieder zur Urform des »jüdischen Bolschewismus« zurückkehrte, der Duce aber zunächst einlenkte und den eurasischen Kontinentalpakt nach außen hin akzeptierte, steckte hinter dem Briefwechsel doch mehr als ein Geplänkel. Es ging um die Psychologie ungleicher Bündnisse, um Einfluss- und Souveränitätsräume, des Weiteren, wie sich immer deutlicher zeigen sollte, um die divergierende Kampfkraft der Armeen und entscheidende Differenzen in der operativen Kunst.[66]

Theophrastus Bombastus des Faschismus

Mussolini fühlte sich hin- und hergerissen. Obwohl er wegen alter Verbindungen zum Westen dem Großmächte-Krieg »eigentlich« entgehen wollte, lockte die Nachahmung des militärisch erfolgreichen Hitler – als Theophrastus Bombastus des Faschismus musste er neben ihm bestehen können. In diesem Maße wuchs aber auch seine Abhängigkeit. Was immer Mussolini anpackte, misslang. Und wo immer die Deutschen aushalfen, um den Aufbau gegnerischer Fronten im Süden zu verhindern, verlor er an Handlungsfreiheit.

Die Dramatik des Geschehens wollte es, dass sich die in die Not Frankreichs geratenen Alliierten noch einmal an ihren früheren Mediator erinnerten und an seine Kunst (gegen Gage) appellierten. Am 16. Mai 1940, als die Wehrmacht bereits tief in Frankreich stand und Italien vor der Alpen-Maginotlinie seine Truppen zum Angriff sammelte, schrieb Churchill als neuer britischer Premier wahrheitsgemäß, aber zu spät an Mussolini: »... ich erkläre, dass ich nie ein Feind von Italiens Größe gewesen bin.«[67] Roosevelt wiederum zeigte sich in dem Bemühen, den heimischen Isolationismus nicht zu reizen, bereit, Italien bei einer eventuellen Friedenskonferenz gleichberechtigte Teilnahme einzuräumen, während Reynaud in den letzten Tagen seiner Ministerpräsidentschaft als Konzessionen für den Frieden eine Statusveränderung Gibraltars und des Suezkanals vorschlug (was Churchill natürlich ablehnte) und selbst, für Frankreich, die Übergabe von Tunis anbieten wollte.[68]

Der Duce antwortete Churchill mit Vorwürfen über die britische Haltung im Abessinien-Konflikt, das war alles. Vom Taumel des deutschen Sichelschnitts ergriffen, man kann aber auch sagen, um nicht leer auszugehen, schwor er der Neutralität ab und betrat am 10. Juni 1940, kurz vor der Kapitulation Frankreichs, das Theatrum des Kriegs.[69] Er sah den benachbarten früheren Verbündeten am Boden und rechnete mit dem »Untergang« Englands, also mit der Beseitigung der weltpolitischen Hindernisse auf der via triumphalis zum römischen Imperium in Afrika, Nahost und auf dem Balkan. Dem dunklen Vorzeichen, dass ihm trotz erdrückender quantitativer Überlegenheit an der Alpengrenze (Maginot-Linie) der Durchbruch versagt blieb und die Deutschen durch das Rhonetal zu Hilfe kamen, verweigerte er die Beachtung.

Wie berauscht sprach er vom »Ausbruch aus dem italienischen Gefängnis« durch die Tore und Wälle von Gibraltar, Suez und den Dardanellen. »Wir wollen die territoriale und militärische Kette sprengen, mit der man uns in unserem Meer ersticken will. Ein Volk von 45 Millionen ist nicht frei, wenn es nicht Zugang zu den Weltmeeren hat.«[70] Wenige Wochen später, in Rom, verstieg er sich gar zum Vergleich mit dem »Dritten Punischen Krieg« (149–146 v. Chr.): Karthagos (des Westens) Stunde, so erklärte er, habe geschlagen.[71] Und der Friedensplan, den Mussolini in Berlin vorlegte, hatte es in sich: Italien forderte Nizza, Tunesien, Malta und Zypern, Teile von Algerien, partiell Sudan für die gewünschte große Landverbindung Libyen-Äthiopien; Britisch-Sudan, Britisch-Französisch-Somaliland, Aden, Kenia; zudem zweiseitige Verträge mit Ägypten (bevorzugt), Palästina, Syrien, um Rohstoffinteressen zu sichern.

Einmal in Fahrt, war Mussolini nicht mehr zu bremsen. Im Sommer 1940 gelang es Hitler gerade noch, ihn von einer Invasion Jugoslawiens abzuhalten. Im Falle Griechenlands blieben alle vorsichtigen Warnungen ungehört, die energischen kamen zu spät. Finster die Entschlossenheit des Duce, »seinen« Balkan gegen Hitler zu verteidigen. Glühend der Zorn über die deutsche Arroganz, die Landkarte Europas ohne Konsultation des Achsenpartners (wie im »Stahlpakt« zugesichert) zu verändern, ihn, den seigneuralen Imperator andauernd zu überraschen: mit der Besetzung Prags 1939, dem skandinavischen Feldzug im April–Juni 1940, mit der Einbeziehung Rumäniens Anfang September. Die Teutonen, so der Tenor einer Notiz Cianos vom 12. Oktober 1940 über die Klagen seines Chefs, suchten ihn zu dominieren und gingen mit Verachtung über ihn hinweg. Wörtlich: »Hitler … heimzahlen: Er wird aus den Zeitungen erfahren, dass ich in Griechenland einmarschiert bin. So wird das Gleichgewicht wiederhergestellt sein.«[72] Am 19. Oktober 1940 erwähnte Mussolini den Plan des Griechenland-Feldzugs in einem Brief an Hitler, machte aber keine Zeitangabe. Hitler, beunruhigt wegen der Stabilität auf dem Balkan und bemüht, das Unglück zu verhindern, bat um Aussprache. Kurz vor dem Eintreffen in Florenz am 28. Oktober erreichte ihn die Nachricht, die Italiener wären am selben Morgen aus Albanien zum Angriff gegen Griechenland angetreten. Peinlich berührt, zu spät zu kommen, ja, demonstrativ ausmanövriert worden zu sein, reagierte Hitler seiner Umgebung gegenüber scharf: Das sei »die Rache für Norwegen und Frankreich«, erklärte er nach dem Zeugnis seines Heeresadjutanten Gerhard Engel. Und wenn er Aktionen geheim gehalten hätte, fuhr er fort, dann deswegen, weil »jeder zweite Italiener ein Spion oder Verräter« sei.[73]

Obwohl diese Äußerungen die Achse als Phantom entlarvten, verlief die Konferenz merkwürdig tonlos. Man vermied den offenen Streit. Seine Bedenken gegen den Krieg des Duce lieferte Hitler zwei Tage später nach. Vor der Begegnung in Florenz, so ließ er Mussolini wissen, habe er sich mit der Hoffnung getragen, er könnte seine Sicht der Dinge darlegen, bevor die »bedrohliche Aktion« gegen Griechenland begonnen hätte. Später sprach er von einer »unheimlichen Lage«, in seinem Testament vom Februar 1945 nannte er das hellenische Unternehmen einfach »idiotisch«.

Hitlers Flankenschutz zerbricht

Was machte den Griechenland-Coup so gefährlich? Ein neuer Kriegsschauplatz tat sich auf, mit dem Hitler nicht gerechnet hatte. Italien drohte der Zusammenbruch. Zunächst in Nordafrika, wo Rodolfo Graziani am 13. September 1940 von Libyen aus mit wehenden Fahnen und unzureichenden Mitteln zur Eroberung des Suezkanals, ja, ganz Ägyptens aufgebrochen war. Am 9. Dezember trieb ihn Archibald P. Wavell, der britische Oberbefehlshaber des Kommandos Naher Osten,[74] unter schwersten Verlusten und Massenkapitulation an den Ausgangspunkt zurück.

Der Feldzug in Griechenland begann stockend. Churchill erkannte die Chance. Einen Tag nach Kriegsbeginn, am 29. Oktober 1940, lässt er das seestrategisch eminent wichtige Kreta und einige Flugplätze auf dem griechischen Festland besetzen. Die Front in Albanien und die rumänischen Ölanlagen in Ploieşti rückten in die Reichweite der Air Force. Am 14. November werfen die tapferen, mit der Terrestrik ihres Landes vertrauten Griechen Mussolinis miserabel ausgerüstete und geführte Divisionen über die albanische Grenze zurück und erobern ein Drittel des Landes.

Zur gleichen Zeit erschüttert eine Katastrophe zur See das italienische Prestige und die Seele Roms: In der Nacht vom 11. auf den 12. November greifen Torpedoflugzeuge (Doppeldecker!) des blitzneuen britischen

Flugzeugträgers Illustrious die im Hafen von Tarent ankernde italienische
Kriegsflotte an. Ein Schlachtschiff sinkt, zwei andere werden schwer be-
schädigt (Operation Judgement).[75] Der Trägerangriff wird zum Muster und
Modell von Pearl Harbor ein Jahr später. Die japanischen Angreifer sind
jedoch viel stärker, moderner und erfolgreicher – die Träger, die Flugzeuge,
die Torpedos zur Verwendung in flachen Gewässern. Ob eine japanische
Delegation, die den Schaden in Tarent besichtigte, eine Inspiration mit nach
Hause trug, ist ungewiss.

Infolge der italienischen Kriegsunfähigkeit, durch die kuriose Demobilisierung von Teilen der Armee für den Ernteeinsatz 1940 dramatisch ver-
schärft, verliert Italien in den ersten Monaten des neuen Jahres nahezu alle
Positionen in Nordafrika, dazu Africa Orientale Italiana, die schwer er-
kämpften, isolierten Kolonialgebiete am Horn von Afrika mit Projektion
in den Indischen Ozean und über Kenia nach Südafrika, schließlich fast
die gesamten da wie dort engagierten Streitkräfte.[76] Die Truppen an der
griechisch-albanischen Front sind dermaßen zerrüttet, dass Kapitulation
nicht ausgeschlossen erscheint. »Mare Nostro« mit den Logistik-Linien
Sizilien-Tripolis, Gibraltar-Malta-Alexandria geht Meile um Meile in die
Vorherrschaft der Briten über. Hitler ist alarmiert. Der Flankenschutz der
Achse zerbricht, die Südfront reißt auf. In das entstehende Vakuum strömen die konkurrierenden britischen, russischen und deutschen Kräfte mit
nachgerade physikalischer Gewalt ein. Zum ersten Mal in diesem Krieg
geraten die Deutschen in Verlegenheit.

Italien darf nicht verloren gehen, sagt sich Hitler, es gilt, Mussolini als
Legitimitätsträger (wenn auch nicht für die im Krieg rasch enttäuschte, im
übrigen keineswegs deutschfreundliche Mehrheit der Italiener[77]) zu erhalten und die Briten daran zu hindern, in Griechenland Fuß zu fassen. Um
sich selbst zu retten, ist das Imperium schon zu schwach. Im Herbst 1940
noch hatte Mussolini deutsche Truppenangebote für Afrika abgelehnt; zur
Jahreswende ruft er um Hilfe. Seit dem Gespräch mit Hitler auf dem Berghof im Januar 1941 überlässt der Duce die Macht- und Kommandobe-
fugnis über seinen Kriegsschauplatz Schritt für Schritt den Deutschen. Zu
allem Unglück fehlen Dispositionen für den militärischen Transfer.

Trotz des »Stahlpakts« kennen die Achsenpartner keine gemeinsamen
Kriegsziele, insofern auch keine gemeinsamen Generalstabsbesprechungen
(wie beispielsweise, wenn auch verspätet, Briten und Franzosen). Mussolini
wollte nicht mit und schon gar nicht für die Deutschen kämpfen. Nun verliert er »seinen« Süden vom Balkan bis zum Peloponnes, von Tripolis bis
Alexandria. Die Konkursmasse wird in die deutsche Front integriert – in
den ohnehin schon gewaltigen Bogen von Narvik bis zur Biskaya, von der
Ostsee bis in die balkanischen Schwarzmeer-Staaten Rumänien und Bul-

garien – mit einem unvorhergesehenen Aufwand an militärischen Kräften, Ausrüstung und Logistik aus begrenzten Ressourcen.

Die kaum kalkulierbare Schulterlast fällt ausgerechnet in die gedanklichen und militärischen Vorbereitungen des Ostfeldzugs. Anfang Dezember 1940 erörtert Hitler mit der Militärführung zum ersten Mal die Operationsplanung des Oberkommandos der Wehrmacht. Der Angriff auf die Sowjetunion ist auf Mai terminiert. Eine Entscheidung bedeutet das noch nicht. Nach den Verhandlungen mit Molotow über die Machtabgrenzung der vier Staaten des Kontinentalpaktes (Deutschland, Sowjetunion, Italien, Japan) Mitte November und der für Hitler unannehmbaren Antwort Stalins am 25. November ist die zweite und letzte Option, die militärische Lösung, nähergerückt.

Das plötzlich entstandene Vakuum im Süden und die erforderlich werdenden deutschen Operationen auf dem Balkan (vom 6. bis 23. April sowie die Eroberung Kretas bis Ende Mai) verbinden sich mit dem Risiko eines verspäteten Ostfeldzugs, haben aber auch Einflüsse auf Streitkräftedisposition und die strenge generalstabsmäßige Konzentration auf die Hauptachse West-Ost.[78]

Hitler hätte den Balkanfeldzug und den Krieg auf der Wüstenrennstrecke Tripolis-Alexandria mit all dem Verschleiß, den Unwägbarkeiten und logistischen Gefahren gern vermieden. Im Dezember 1940, als der italienische Schwächeanfall an den Kriegsschauplätzen des Mittelmeers die deutsche Aushilfe unabwendbar machte, amtiert in Griechenland noch der Diktator Ioannis Metaxas (Januar 1941 gestorben), ein in der preußischen Schule erzogener Offizier, der mit Deutschland sympathisierte, während sich Jugoslawien unter geduldigem Druck Schritt für Schritt auf den Dreimächtepakt, das deutsche Bündnissystem, zubewegt.

Hitler rechnete sich daher Chancen aus, die Lage mit defensivem Mitteleinsatz zu stabilisieren.[79] Im Griechenland-Konflikt hatte das Reich den Status als »nichtkriegführende« Macht erklärt und bot sich nun an, zur Sicherung eines Waffenstillstands und Anbahnung von Friedensgesprächen deutsche Truppen als Puffer zwischen die Frontlinien der Kontrahenten zu schieben, sofern Athen die Briten des griechischen Territoriums (Flughäfen) verweisen würde. In Nordafrika handelt er ähnlich. Um die völlige Zerschlagung der bei Benghasi zusammengedrängten Graziani-Armee zu verhindern, soll ein Panzersperrverband, also eine Feuerwehr entsandt werden – damit nicht ganz Nordafrika in britische Hand geriete.

Die griechische Weigerung, auf die deutschen Vorschläge einzugehen, und die energische Art, mit der vor allem Kriegsminister Anthony Eden (seit Weihnachten 1940 Außenminister anstelle von Lord Halifax) die Bildung einer Balkanfront betrieb, setzten den *konsekutiven Zwang des Kriegs* in

Gang, ein überpersönliches Phänomen, wie es aus der Natur einmal begonnener gewaltsamer Auseinandersetzung zwischen machtkonkurrierenden Staaten hervorgeht. Dabei handelt es sich nicht um einen jener Folgekriege, wie sie häufig revanchebedingt oder revisionsgezielt auftreten: Hitlers Eroberung Jugoslawiens und Griechenlands und Rommels zweimaliger Zug und Rückzug durch die Wüste hatten keine politischen Gründe wie etwa ungleiche Verträge, Überwältigungsverträge (Versailles) oder bare Aggression. Es handelte sich nicht »um Unternehmen, an denen er (Hitler) im Hinblick auf das eigene Kriegsziel interessiert war«, kommentiert Andreas Hillgruber[80], vielmehr um militärische Notwendigkeiten, um Eilprogramme zur Gefahrenminderung.

Nach Ansicht Raymond Cartiers war »Hitler nicht angriffslustig. Widerwillig zog er in die Balkan-Arena, in der er sich wegen des törichten Angriffs Mussolinis auf die Griechen begeben musste, denen die Achse nicht das Geringste vorzuwerfen hatte«.[81] Um im konkreten Fall des Balkans überhaupt ein Kriegsmotiv entstehen zu lassen, bedurfte es dreierlei: Italiens Niedergang, der interventionistischen Aktionen interessierter Mächte und damit einer unerwarteten realen Bedrohung der deutschen Südflanke.[82]

Der blitzschnelle Zugriff der Briten auf Kreta am 29. Oktober 1940 glich der Spitze einer Lanze, die gegen das Festland zielte. Was mithin geschah, sollte sich in das Gedächtnis erwartungsvoller Zeitgenossen wie Roosevelt und in die Annalen der Geschichte einprägen: Die Briten setzten zur Landung auf dem Festland an. Der Präsident in Washington begleitete sie mit aufmunternden Zurufen und versprach dem griechischen König Georg II. – »deeply impressed by the courage and steadfastness of the Greek nation« – Hilfe bei der »tapferen Verteidigung«, obwohl er wusste, dass er weder über Kriegsmaterial verfügen noch es an den Brandherd befördern konnte.[83]

Große Worte also. Wie bei anderen Gelegenheiten, zum Beispiel der Compass-Offensive Archibald Wavells in Nordafrika seit Anfang Dezember 1940, schnurrte Churchill wie sechs Katzen – »I purred like six cats« –, wie er sich in seinen Memoiren vernehmen lässt.[84] Bot sich doch die Hoffnung, am weichen Unterleib der Hunnen, so drückte er sich aus, eine strategische Balkan-Plattform zu errichten.

War Philhellenismus im Spiel? Riskierte Churchill ein Kriegsspiel im romantischen Byron'schen Stil? Gewiss, der Premier war The Comet of a Season. Er trug im Gedächtnis, dass auf den Schulbänken der ehrwürdigen Harrow-School (gegr. 1572), die er gedrückt hatte, schon ebenjener George Gordon Noel Byron saß und sich in Tagträumen als Anführer einer Rebellenarmee gegen die Osmanen die Festung Lepanto am Golf von Korinth stürmen sah. Wie auch immer. Churchills Osmane hieß Hitler. Der Brite wollte Griechenland nicht retten, vielmehr machte er dort einen strategischen Platz aus, um sich für die deutschen Bomben auf seine Städte und die Torpedos auf seine Schiffe schadlos zu halten und den Kontinent zu betreten. Dank der Schwäche der Italiener konnte er Hitler in die Flanke fahren – ironischerweise unmittelbar nach dem deutschen Doppelbeschluss, auf der Atlantik-Seite des Kontinents die Schlacht um England (Aktion »Seelöwe«) wegen fehlender Invasionstechnik und schwerer Verluste der Luftwaffe abzusagen und auf der Ostseite zum Angriff auf Russland zu sammeln – was der Londoner Führung zunächst entging.

Genuin imperiale Fantasiebegabung wies den britischen Premier um die Jahreswende 1940/41 in eine andere Richtung. Legte er sich die Frage vor, was Hitler nach dem Sieg über Frankreich, dem Scheitern vor Dover, der Weigerung Vichy-Frankreichs und Franco-Spaniens, sich am deutschen Krieg zu beteiligen, schließlich nach dem Aufreißen der Südflanke und dem Afrika- und Griechenland-Desaster der Italiener unternehmen würde, fand er eine falsche Antwort, die aber zumindest sehr britisch war: Die Hunnen würden sich über den Balkan hermachen, dort nach Osten eindrehen und über Anatolien, Syrien, Irak, Iran mitten ins Herz des britischen Mittleren Ostens vorstoßen. Hier war das Empire zu packen.[85]

Balkanische Barrieren

Wer sollte sie aufhalten, was hatte man der kampferprobten Wehrmacht entgegenzusetzen? Für den Krieger Churchill bestand nur die Hoffnung, dass die gestaffelten balkanischen »Barrieren« Hitlers Raid verlangsamen und den Briten Zeit erschinden könnten, bis die Mittelost-Front gefestigt wäre oder die Amerikaner kämen. Auch wenn die Londoner Prognose an der Wirklichkeit vorbeizielte – unbegründet war sie zu ihrer Zeit nicht. Seit Oktober 1940 rechnete Churchill mit der Balkan-Kampagne der Deutschen, operativer Ausgangspunkt Bulgarien; im November beauftragte er Eden und den Stellvertretenden Chef des Imperialen Generalstabs, John Greer Dill, die Türkei und Jugoslawien in die Defensivfront einzubringen; andernfalls würde, so glaubte er, die deutsche Panzer-Avantgarde Ende des Jahres die Meerengen erreichen; danach hätte der Kampf um Anatolien zu beginnen – um die letzte Barriere vor der britischen Welt.

Nachdem man bis zum letzten Polen, Franzosen, Griechen gekämpft hatte, würde man jetzt bis zum letzten Türken kämpfen. Common cause war schließlich british cause.[86] Allerdings: Der Balkan-Aufmarsch Hitlers galt nicht Britisch-Mittelost, sondern primär der Sowjetunion. Dies erschloss sich Churchill aber erst im Februar/März 1941, nachdem die Nachricht vom Scheitern des eurasischen Kontinentalpaktes bei den Molotow-

Verhandlungen in Berlin Eingang in die Coloirs der westlichen Hauptstädte gefunden hatte.

Seinem Konzept folgend, trieb Churchill schon im Oktober/November zur Landung in Griechenland,[87] also bevor die Deutschen kommen würden, doch die Militärführer widersprachen. Archibald Wavell und John Dill bestanden auf dem Primat des afrikanischen Schauplatzes, um das Ende des italienischen Heereskontingents und der Herrschaft Roms in Libyen und Äthiopien zu besiegeln. Anthony Eden (zu jener Zeit noch Kriegsminister) warnte am 1. November vor der Fragmentierung der Streitkräfte, die man in Mittelost und Nordafrika aufbaue. Die postwendende Antwort des Premiers: »Safety first is the road to ruin the war.«[88]

Wavell befürchtete die »Verschwendung von Truppen«[89] – während sie in Griechenland kaum etwas gewinnen könnten, stünden in Nordafrika immer weniger Briten immer mehr einströmenden Deutschen gegenüber. Churchill hielt dagegen, vom Verlust Griechenlands gehe ein »tödlicher Effekt auf die Türkei und die Zukunft des Kriegs« aus.[90] Schnelle britische Hilfe für Griechenland hing indessen in der Luft. Dass sich ohne Türken und Jugoslawen eine Balkanfront nicht aufbauen lasse, gestand der Premier in einem melancholischen Brief an Eden am 6. Februar 1941 ein.[91] Dieser Zustand änderte sich zunächst nicht. Im März 1941 kam der Verteidigungsausschuss des britischen Kriegskabinetts zu dem Schluss, das Schicksal der Griechen sei kaum abzuwenden, denn ein Eingreifen Jugoslawiens und der Türkei bleibe »unwahrscheinlich«.[92]

Dieselbe Erfahrung machte Stalin bei all seinem Bemühen, in Konkurrenz mit den Briten und zur Abwehr der Deutschen seine einflussschwere Hand auf Bulgarien, die Türkei und Jugoslawien zu legen. Nichts gelang. Die Sowjetunion fühlte sich von allen Seiten bedroht und von den allermeisten gemieden. Der Nichtangriffsvertrag mit dem Deutschen Reich war gewissermaßen konsumiert und der Balkan ein Kampfplatz, der Zug um Zug in deutsche Hand überzugehen drohte. Im Juni 1940 hatte die Sowjetunion noch den Schneid, ihr »Interesse an Bessarabien« aus dem Geheimen Zusatzabkommen des Vertrags mit den Deutschen einzulösen und zusätzlich die Nordbokuwina an sich zu reißen.[93]

Das amputierte Rumänien suchte daraufhin unter dem neuen Staatschef Antonescu den Schutz des Reiches, wo man die Sicherheit und Ausbeutung der Ölfelder von Ploiești für eine existenzielle Bedingung der Kriegführung hielt.[94] Im November 1940 schloss sich das Land, wie schon vorher Ungarn, dem Dreimächtepakt an, den Berlin mehr und mehr zum europäischen Vertragssystem ausbaute. Im Oktober rückte die Wehrmacht in Rumänien ein und fortan fielen die balkanischen Staaten wie Dominos – erst Bulgarien, dann Jugoslawien, schließlich Griechenland.

Und die Türkei? Zusammen mit Bulgarien, dem alten russischen Satelliten, hatte das Land mit dem Schlüssel zum Schwarzen Meer seit jeher eine besondere Bedeutung für Moskau: im Norden die Donaumündung, im Süden die breite Landbrücke zu den Meerengen.[95] Für die maritime und territoriale Sicherheit der Sowjetunion mussten beide Staaten entweder in Konflikte gestürzt oder zusammen unter die Oberhoheit Moskaus gezwungen werden.

Stalin, der Geschichte zu instrumentieren verstand, wenn der Ernstfall es gebot, mag sich den Brief ins Gedächtnis gerufen haben, den die Zarin Katharina am 10. September 1782 an Joseph II. nach Wien geschickt hatte. Sie wollte den Kaiser dafür gewinnen, die Türkei aufzuteilen. Daraus wurde nichts, aber Stalin fand die Idee blendend. Er dachte an die russische Südküste, Erinnerungen an den Krim-Krieg 1853–1856 und an die Landung der alliierten Expeditionskorps 1918/19 waren unauslöschlich. Nun zogen die Engländer vom Süden über das Meer heran, vom Norden die starke 12. Armee des Feldmarschalls Wilhelm List über Bulgarien – der »Legionärsstaat« (Stalin im Zorn) erlaubte Ende Februar den Durchmarsch der Wehrmacht in Richtung Griechenland.

Seine Fantasie produzierte zwei Szenarien: Siegten die Briten, würden sie den ganzen südlichen Balkan einschließlich Bulgariens und Jugoslawiens dominieren und die Türkei mit sich reißen. Siegten die Deutschen, was ihm wahrscheinlicher vorkam, könnte Hitler in einem Alexanderzug über die Meerengen, Anatolien, Batumi nach Syrien gelangen, die britische Nahostposition zerstören und die Sowjetunion vom Süden her umzingeln. Wie sie sich doch glichen, die Fantasien Stalins und Churchills.

Die Positionskämpfe der Sowjetunion, Britanniens und Deutschlands um die Türkei erwecken den Eindruck, dass dieses Land die Kräfte der Anziehung und Abstoßung stärker auflud als das arme, tapfere Griechenland. Die Art und Weise, wie sich Stalin der Türkei und Bulgariens bemächtigen wollte, entsprach dem Muster der Taktik gegenüber den baltischen Staaten und Finnland: Zuerst Beistandspakte, Freundschaftspakte, Neutralitätspakte, die, einmal gesponnen wie ein Spinnennetz, den Partner unabwendbar in ein Opfer verwandelten. In der Realsprache: »Ruhe an den Meerengen wird nicht zu erreichen sein ohne Übereinkunft mit Bulgarien über den Durchmarsch sowjetischer Truppen zum Schutz der Zugänge zum Schwarzen Meer ... Diese Frage ist jetzt besonderes aktuell und duldet keinerlei Aufschub, weil die Türkei mit England verbündet ist, das mit seiner Flotte Inseln und Häfen in Griechenland besetzt hat, von wo es, gestützt auf seine Vereinbarung mit der Türkei, jederzeit die Küsten der UdSSR bedrohen kann« – so Stalin an Molotow am 13. November 1940.[96] »Wir werden die Türken nach Asien zurücktreiben. Was ist das, die Türkei? Dort leben zwei Millionen Georgier, anderthalb Millionen Armenier, eine Million Kurden usw., nur sechs bis sieben Millionen Türken.«[97]

Der Schatten der Grand Alliance

Anthony Eden unternahm Versuche, die Sowjetunion für den Balkanblock zur Abwehr der Deutschen zu gewinnen, winkte Stalin also gleichsam aus der Ferne zu, stieß aber in London auf Widerstände. Die Situation war verworren, da das Beharren der Türkei auf Neutralität unüberwindbar schien. Das Land galt als Zentralmacht des Balkans, war aber militärisch schwach, in keiner Weise belligerent, als geopolitischer Faktor von Graden aber unverzichtbares Objekt der Interventionspolitik interessierter Großmächte. Die Brüchigkeit des im Oktober 1939 abgeschlossenen anglo-französisch-türkischen Beistandsvertrags von Ankara war offenkundig, wie die Unterstaatssekretäre des Foreign Office bezeugen. In den Tagebüchern von Alexander Cadogan findet sich unter dem 14. Juni 1940 der Eintrag: »Germans entering Paris. Everything as black as black. Even Turks running out ...«[98] Und Omre Sargent, stellvertretender Unterstaatssekretär im Foreign Office, spricht unverhohlen vom »Wrack des türkischen Vertrags« (»The wreck of the turkish treaty«).[99]

Stalin wiederum fürchtete, die Briten beabsichtigten mit ihren (in)ständigen Versuchen um die Verbesserung der türkisch-sowjetischen Beziehungen nichts anderes, als ihn in einen Krieg mit Hitler zu verwickeln, sozusagen als Kampfmaschine, ähnlich wie im Sommer und Herbst 1939 bei den Verhandlungen über den Dreierpakt zur Einkreisung der Deutschen. Ein Zeichen, wie tief das Misstrauen gegenüber der britischen Diplomatie saß – der drôle de guerre mit den alliierten Angriffsvorbereitungen auf die russischen Ölanlagen in Batumi, Baku und Maikop und dem Versuch, die Türkei als Flugzeugträger und als Anstifter kaukasischer Unruhen zu nutzen, war noch nicht verjährt.

Umgekehrt befand sich Stalin immer noch in der anstößigen Expansionsgemeinschaft des Nichtangriffspaktes (Teilungsverträge) mit dem Deutschen Reich, das er trotz (oder gerade wegen) des schweren Dissenses über die Balkan-Position im Februar 1941 durch ein neues großes Wirtschaftsabkommen günstig zu stimmen suchte – jedenfalls bis 1942. Als Beleg für die Ernsthaftigkeit der britischen Annäherungsversuche forderte er die Zustimmung Londons zur Einverleibung der baltischen Staaten. Unterstützung fand er bei dem linksexaltierten britischen Botschafter in Moskau, Stafford Cripps, der sich als leidenschaftlicher Wegbereiter eines sowjetisch-britisch-türkischen Ausgleichs (im Sinne Edens) gerierte.[100] Sein sowjetischer Kol-

lege in London, Botschafter Iwan Michailowitsch Maiski, stieß auf Skepsis, doch immerhin auf Gehör, wenn er herumerzählte, sein Land wünsche
nicht, Deutschland als siegreiche Macht in Europa zu sehen.[101]

Der Balkan reichte in seiner geopolitischen Wertigkeit jedoch nicht aus,
die Grand Alliance zu begründen. Noch gingen Großbritannien und die
Sowjetunion getrennte Wege – womöglich ein Versäumnis, aber Diplomatie
hat nichts von einem Rechnungshof; Rede, Überredung, Intrige dominieren
ihren Charakter. Man kann, was die Rolle der Türkei im Balkan-Konflikt
angeht, die britischen und sowjetischen Schachzüge bewundern oder ver-
achten, geschickt oder ungeschickt finden – den Vogel schoss Hitler ab,
er war der Herr unübertrefflicher interner Informationen, zumindest was
Stalin betrifft.

Man muss noch einmal auf den Besuch Molotows im November 1940
in Berlin zurückblicken, auf die eurasische Dimension der Unterredung, in
dem es tatsächlich um Bündnis oder Krieg ging. Definitiv stellte Stalin in
seiner Antwort auf Hitlers Kontinentalpakt-Vision am 26. November 1940
unter anderem die Bedingung, die Erpressung der Türkei zum Vertragsziel
zu machen. Das Land sollte gezwungen werden, eine »Basis für (Land-) und
Seestreitkräfte der UdSSR am Bosporus und an den Dardanellen auf der
Grundlage einer langfristigen Pacht« zur Verfügung zu stellen. Im Falle der
Weigerung, müssten, wie es weiter heißt, »die erforderlichen militärischen
und diplomatischen Maßnahmen« ausgearbeitet und durchgeführt werden – das heißt, die Sowjetunion strebte mit Gewalt und unter Bruch des
Montreux-Abkommens von 1936 die Herrschaft über die Meerengen an.[102]

Die Verhandlungen waren vertraulich. Deshalb sprach man offen, bevor
man voller Misstrauen auseinanderging. Dass Hitler die dekuvrierenden
Informationen den Türken zuspielte,[103] wirkte auf die noch unverbundenen
statischen Pfeiler der sowjetischen und britischen Politik wie ein Spreng-
satz. Natürlich blieb auch nicht verborgen, dass Stalin bei seinem Werben
um Bulgarien im Herbst 1940 Sofia für den Fall der Paktzusage einen territorialen Bonus auf Kosten der Türkei (europäischer Teil) in Aussicht gestellt
hatte. Ankara sollte aufgrund dieser Belege erkennen, dass es bis jetzt mit
den »falschen Leuten« Umgang hatte. Hitler versicherte dem türkischen
Präsidenten İnönü schriftlich, dass der deutsche Aufmarsch in Bulgarien
ausschließlich gegen den britischen Einfluss auf dem Kontinent gerichtet
sei. Das Reich werde die Neutralität der Türkei achten, militärisch Abstand zur Grenze halten. Mit dem Nichtangriffspakt, den Sofia den Türken
anbot, rundete das besetzte Land die Politik »guter Nachbarschaft« ab.
Am 18. Juni 1941, vier Tage vor Beginn des deutsch-sowjetischen Kriegs,
sollten Deutschland und die Türkei schließlich einen Freundschaftsvertrag
abschließen.

Zwischen Gallipoli und Dünkirchen

Es nimmt sich wie das Ende einer langen, desperaten Erzählung aus, als die Briten am 7. März 1940, drei Tage nach der Donauüberquerung der Wehrmacht, in die Angriffspositionen vor der gut bewehrten griechischen Metaxas-Linie, in Piräus, südlich von Athen, und in Volos, südlich von Thessaloniki, an Land gingen. Die Griechen hatten bei den Verhandlungen mit Archibald P. Wavell in Athen am 13. Januar neun Divisionen angefordert, die Engländer kamen mit drei (einer motorisierten und zwei Infanteriedivisionen). Die Truppenstärke betrug 58 000 Mann, das gesamte Personalaufkommen der amphibischen Operation etwa 100 000.

40 Prozent der britischen Streitkräfte in Nordafrika wurden für die Expedition abgezogen. Die aussichtsreiche Offensive gegen die Italiener stand still und der Raum öffnete sich für Rommels Truppen. Der Ortsaustausch der gegnerischen Verbände seit Februar raubte den Briten im Maghreb die eindeutigen strategischen Vorteile und gab ihnen in Griechenland keine neuen. An beiden Plätzen verlagerte sich das Gewicht auf die deutsche Seite. Die Verteidiger Griechenlands waren trotz terrestrischer Vorteile zu schwach, um den kampfstarken 14 deutschen Divisionen mehr entgegensetzen zu können als den Willen. Churchill betrat die Walstatt der ermüdeten Griechen allein, nur von der Erinnerung an das Gallipoli-Desaster des jungen Lords der Admiralität 1915 und an die Flucht aus Dünkirchen im Jahr zuvor begleitet.

Doch plötzlich tauchte ein Zeichen der Hoffnung auf. Offenbar ermutigt durch die britische Landung und angespornt durch Komintern, den britischen Stab für Spezialoperationen – Special Operation Executive (SOE), geleitet von dem Labour-Politiker Hugh Dalton (offiziell Minister für Kriegswirtschaft)[104] – und dem Roosevelt-Vertrauten, Gründer und Chef des amerikanischen Geheimdienstes OSS, William J. Donovan, genannt »Presidential Secret Agent«,[105] riskierten am 27. März 1941 die achsenfeindlichen jugoslawischen Generäle Simovič und Mirković einen Putsch gegen den Prinzregenten Paul, der zwei Tage vorher nach langem Zögern den Beitritt zum deutschen Dreimächtepakt durchgesetzt hatte.[106] Sie veranlassten den neuen jungen Monarchen (»boy-king«) Peter II., unverzüglich die Bündnispolitik seines Vorgängers zu revidieren und ein Beistandsersuchen an die Sowjetunion zu autorisieren. Goebbels erklärte im Rundfunk, wie sich der Autor erinnert, bei den Demonstrationen in Belgrad seien »rote Fahnen« als Zeichen einer sowjet-kommunistischen Verschwörung aufgetaucht. Mit gewohntem Pathos sicherte Churchill den Putschisten »jede mögliche Unterstützung« des Empires und gleich auch der Vereinigten Staaten zu.

»Wir werden zusammen vorangehen und kämpfen, bis der vollständige Sieg errungen ist.«

Nun hatten die Engländer einen zweiten Verbündeten auf dem Balkan, allerdings einen höchst unberechenbaren – die Putsch-Führer neigten zur sowjetischen Seite. Zudem war ihr Land infolge des Ausfalls der Waffenlieferungen aus den böhmischen Skoda-Werken seit der Tschechoslowakei-Krise unterbewaffnet, es besaß keine organisierte, für den modernen Kampf ausgerüstete Streitmacht,[107] weder Panzer noch Panzerabwehrwaffen. Dafür gab es aber etwas viel Wichtigeres: Zum ersten Mal sollte an einem Schauplatz des Kriegs die Praxis der Grand Alliance ans Licht treten, wenn auch zunächst nur in Form einer clandestinen, immerhin aber prästabilierten Harmonie: Man arbeitete, dachte, kämpfte (vorerst) separat, Briten und Russen blieben Feinde respektive Fremde, aber man hatte nach all den verwirrenden diplomatischen Manövern doch ein gemeinsames punktuelles Ziel: Hitler auszubremsen oder zu schlagen, vielleicht doch eine Balkanfront gegen ihn zu formieren, etwa wie im Jahr 1915, als von Saloniki und der Mazedonienfront aus ernste Gefahr für die Südfront der Mittelmächte erwuchs.

Während die Briten das ihre militärisch taten, die Amerikaner lebhaften Zuspruch spendeten, hantierten die Sowjets wieder mit Verträgen und versprachen den halbherzigen serbischen Offizieren Hilfen aller Art, was nicht eben viel bedeutete. Stalins Beitrag zur großen Harmonie ging nicht so weit, die »Barriere« Jugoslawien zum Ernstfall werden zu lassen. Anstelle des Beistandspaktes mit voller Intervention, wie es Putschisten-Chef Simović forderte, bot Stalin lediglich einen Nichtangriffsvertrag, den er aber ausgerechnet am 6. April 1941, dem Tag des deutschen Angriffs (allerdings um 24 Stunden zurückdatiert), abschloss. Was ihn bewogen hat, zu diesem Zeitpunkt überhaupt noch ein Abkommen zu unterschreiben, bleibt bis heute ein Rätsel.[108] Ging die nationalslawische Solidarität mit ihm durch oder verfiel er in die Illusion, Hitler würde voller Schrecken vor der Sowjet-Garantie der territorialen Unverletzlichkeit Jugoslawiens in Bewegungsstarre stürzen, vielleicht monatelang und nicht nur in Jugoslawien?

Rasch zeigte es sich jedoch, dass Stalin die ganze Sache nicht geheuer war. Noch im Laufe des kurzen deutschen Eroberungszuges entledigte er sich der Serbenoffiziere, indem er sie der Spionage für England bezichtigte, und spielte, was man ernster nehmen muss, am 21. April, wie zur Buße, ausgerechnet nach einer Ballettvorführung im Bolschoi-Theater mit dem Gedanken, mit der Komintern Schluss zu machen – zwei Jahre vor deren tatsächlicher Auflösung. In einem kleinen Konvent seiner Entourage erklärte er nach der Aufführung, als der Sinn seiner Zuhörer noch bei den Pirouetten gewesen sein dürfte, an Komintern-Chef Georgi Dimitroff gerichtet: »Die

Internationale wurde unter Marx' Zeiten in Erwartung der nahenden internationalen Revolution gegründet. [...] Jetzt rücken nationale Aufgaben für jedes Land in den Vordergrund ... Halten Sie nicht an dem fest, was gestern war. Berücksichtigen Sie konsequent die neu entstandenen Bedingungen ... Vom Standpunkt des Behördeninteresses (der KI) mag das unangenehm sein, aber nicht diese Interessen sind ausschlaggebend!«[109]

Stalins Hang zur Harmoniebildung lässt sich an der unvermuteten Erwärmung der Beziehungen zur Türkei ablesen, die in Ankara dankend, aber folgenlos zur Kenntnis genommen wurde. Am 25. März überraschten Moskau und Ankara mit einem gleichlautenden Kommunique, das man als sowjetischen Kurswechsel und zugleich als Erfüllung britischer und amerikanischer Herzenswünsche bezeichnen kann. Um der türkischen Russophobie ein Ende zu setzten, räumte die UdSSR großzügig ein, dass der alte Nichtangriffspakt vom 17. Dezember 1925 – im November 1935 um zehn Jahre verlängert – weiter in Kraft sei. Die UdSSR, so hieß es, hätte Verständnis dafür, wenn sich die Türkei im Angriffsfall verteidigte. Implizit war damit die Dardanellen-Frage vom Tisch, die seit dem Montreux-Abkommen von 1936 die Beziehungen verdüstert hatte. Stalin lenkte ein.

Wofür, warum? Versprach er sich ein Gran mehr Sicherheit an seiner verletzlichen Südflanke, nachdem ihm klar sein musste, dass die deutsche Vorherrschaft im Donauraum und auf dem Balkan (zunächst) etabliert war? Gehörte die Glättung der Beziehungen zur Türkei schon zur Rückendeckung, die er am 13. April im Neutralitätsabkommen mit Japan suchte?

Der veloziferische Krieg

Noch am Tag des jugoslawischen Staatsstreichs, dem 27. März 1941, entschloss sich Hitler, neben Griechenland auch Jugoslawien niederzuwerfen. Es sollte der vierte Feldzug in Folge werden, auf den Goethes geniale Wortkombination »veloziferisch« (velocitas = Geschwindigkeit; Luzifer = Teufel) zutrifft.[110] Polen; Dänemark und Norwegen; die westlichen Nachbarn auf dem Kontinent, nun auch die Balkan-Staaten und parallel dazu Nordafrika wurden von der Taktik der schnellen Bewegung, der verbundenen Waffen, konzentrierter, mit unerhörter Wucht geführter Angriffe und Nervenzerrüttung wie von einem apokalyptischen Unwetter heimgesucht. Überlegenheit an Zahl und Material war dazu nicht erforderlich, vielfach auch nicht gegeben, wohl aber das Moment der Überraschung. Die Stärke lag in der operativen Kombination, die dem Gegner buchstäblich den Atem nahm und den Eindruck verbreitete, der Angreifer sei »vom Teufel geritten«. Die feindlichen Divisionen wurden zu umringenden Gespenstern. Massenpsychose vervielfältigte die Zahl der Panzer. Die Jericho-Trompete der Sturz-kampfflugzeuge verkündete das Jüngste Gericht, verbreitete Angst, Verwir-rung und Lähmung.

Solche Feldzüge »Blitzkriege« zu nennen, ist nicht falsch, doch offen-bart das Wort »veloziferisch« über Durchbruch und Kessel hinaus die dunkle Seele, die mephistophelische Pädagogik. Dieser Krieg war keine Er-findung Hitlers, sondern hatte sich in der Ägide des Reichsheeres und der Reichswehr in der Konsequenz der blutstockenden Stellungskriege des Ers-ten Weltkriegs herausgebildet. Hinzu kam die antreibende Knappheit der Ressourcen, die zur rapiden Entscheidung auf dem Schlachtfeld, ja, zum Kurzkrieg zwang. »Total« war der veloziferische Krieg von der Konzeption her nicht. Dafür schwerpunkthaft mit paukender Gewalt durchstoßend, zu-gleich listig, auf die neuralgischen Zonen zielend.

Den Briten schlug die Stunde. Das Land war, wie Sir Orme Sargent als Resümee des Kriegs festhielt, »der Lepidus im Triumvirat mit Mark Anto-nius und Augustus«.[111] Das Griechenland-Unternehmen endete im über-stürzten Rückzug. Er begann am 16. April und endete mit dem Verlust von Kreta am 20. Mai. Während der deutsche Balkanfeldzug bis zur Kapitula-tion der Jugoslawen und Griechen 18 Tage dauerte, benötigte Erwin Rom-mel an der afrikanischen Gegenküste zehn, um die Cyrenaika zu durch-queren. Rommel war am 24. März losmarschiert, wirbelte Staub auf und perforierte den Feind. Es war ein eigenmächtiger Angriff, der Anfang April Ägypten erreichte. Hitler hatte befohlen, die britischen Kräfte zu binden und erst nach Barbarossa, dem auf vier bis fünf Monate veranschlagten veloziferischen Feldzug gegen Russland, werde man »weitersehen«. Auf diesem Ohr hörte Rommel nicht. Er legte, wie wir es von ihm und anderen Befehlshabern aus Frankreich kennen, die Regeln der Auftragstaktik ex-trem eigenwillig aus, stürmte sozusagen »auf eigene Sicht«, wie es die per Griechenland-Abenteuer ausgedünnten Reihen des Gegners erlaubten.

Fürs Erste, aber nur dafür, war der tiefe strategische Riss in der deut-schen Südfront geschlossen. Der Preis war hoch. Denn die Deutschen be-herrschten die Logistikwege, das Meer und immer längere Wüstenstrecken genauso wenig wie die Italiener vor ihnen. Malta war der Kreuzungspunkt und der blieb britisch. Der Irak entglitt nur für kurze Zeit, dann zerschmet-terten die Engländer den Irak-Aufstand Raschid Ali al-Gailanis und das Vichy-Regime in Syrien. Die Idee also, in die Herzkammer des Imperiums, den Persischen Golf und Indien vorzustoßen, erwies sich als verblasene Idee. Auch Nordafrika war nicht zu halten. Im November brachen die Briten Rommels Lanze, die mit dem schnellen und weiten Ausfall immer dünner geworden war. Alexandria blieb in ihrer Hand und der deutsche Nachschub stockte. Im November 1941 wurde das Afrika-Korps auf die

Westlibysche Ausgangsposition zurückgeworfen, wiederholte aber im Januar und Februar 1942 den Vorstoß bis El Alamein und musste im Oktober ein zweites Mal weichen. Die viermalige Durchquerung der Wüstenkampfbahn endete bei null.

Fünfmal mussten die Deutschen dem italienischen Verbündeten zu Hilfe eilen, um Schaden von sich selbst abzuwenden: in Frankreich, Griechenland, Nordafrika, nach der alliierten Landung in Sizilien am 9./10. Juli 1943 (Operation Husky), schließlich zur Befreiung Mussolinis aus der Haft der Badoglio-Regierung am Gran Sasso in den Abruzzen am 12. September 1943 (Unternehmen Eiche). Der Balkanfeldzug mit der Kapitulation Jugoslawiens und Griechenlands nach 18 Tagen, Rommels Engagement in Nordafrika und die große Truppenverschiebung von der Ostfront (Abbruch der Panzerschlacht von Kursk) nach Italien im Juli 1943 hatten mit genuiner deutscher Eroberungspolitik so wenig zu tun wie die Landung in Dänemark und Norwegen im April 1940: In keinem Falle handelte es sich um Unternehmungen aus Hitlers Kriegszielmotiven, meint Andreas Hillgruber.[112] Die Einsätze verfolgten keinen anderen Zweck, als Italien zu stabilisieren und die Bildung alliierter Fronten an der Südflanke des strategischen deutschen Kerngebiets zu verhindern. Alles war nicht zu retten: Während Churchill die Landung in Griechenland nach wenigen Wochen, Anfang Mai 1941, abbrechen musste und zudem Kreta verlor, endete die Aktion des Afrika-Korps im Mai 1943 mit der Kapitulation in Tunesien, während die Kämpfe in Italien gegen die aus dem Süden vordringenden Briten und Amerikaner bis Ende April 1945 weitergingen.

Der Preis für die deutschen Interventionen war die Aufgabe der eigenständigen italienischen Kriegführung in der imperialen Einflusszone Balkan und Nordafrika bereits im November/Dezember 1940 und die Spaltung des Landes nach dem Ausscheren der Badoglio-Regierung aus dem Dreimächtebund und der Kriegserklärung an Deutschland am 13. Oktober 1943. Mussolini verfügte in seiner Repubblica Sociale Italiana durchaus über Anhänger, besaß aber selbst dort keine Kommandogewalt mehr. Hitler hatte ihn aus der Isolierhaft am Gran Sasso befreien lassen, weil er für die deutsche Besetzung Norditaliens im Mantel einer italienischen Republik eine Legitimationsattrappe benötigte. Mussolinis Rolle war auf ein Element der selbst in Not geratenen deutschen Verteidigungsstrategie geschrumpft. Der Imperialist und Kolonialist einer Schule, die britischen und französischen Vorbildern näherzukommen schien als deutschen, hatte ausgespielt. Mehr als die Erinnerung an ein bemerkenswertes Exemplar des zeitgeschichtlich relevanten Cäsarismus ist von ihm nicht geblieben.

4. Deutsches Reich

Die Aufrüstung des Reiches vollzog sich zwischen 1919 und 1939 in Phasen, die über Brüche hinweg einen Zusammenhang aufweisen. Nach dem Vertrag von Versailles besaß die Reichswehr ausschließlich das Mandat zur »Aufrechterhaltung der Ordnung innerhalb des (deutschen) Gebiets und zum Grenzschutz« (Art. 160). Das Heer war auf 100 000 Mann, die Marine auf 15 000 Mann beschränkt, die Unterhaltung von Luftstreitkräften untersagt. Das Gleiche galt für schwere Waffen (Panzerwagen, schwere Artillerie). Nach Angaben des Chefs der Heeresabteilung im Truppenamt reichte 1924 die Munition der Reichswehr für nicht mehr als eine Stunde Kampf.[113] Der Kern der Marine bestand aus sechs älteren Linienschiffen, zwei kleinen Kreuzern und je zwölf Zerstörern und Torpedobooten mit einer Altersfrist von 15 bis 20 Jahren vor Neubauten mit begrenzter Wasserverdrängung; U-Boote schloss der Vertrag gänzlich aus.[114]

Wehrpflicht war untersagt, Waffen- und Munitionsherstellung »kontrolliert«, Waffenimport und -export verboten, alles Militärische bei Strafandrohung aus dem zivilen Bereich verbannt. Ein Generalstab war den Streitkräften verwehrt. Im Westen (bis 50 km östlich des Rheins) waren alle Festungen zu schleifen und Befestigungen zu beseitigen. Die Reichswehr war mithin kein Instrument zur Landesverteidigung, sondern Exekutive des Ausnahmezustands im unruhigen Deutschland; die Marine bestenfalls Stabilisator im Ostseeraum und Seepolizei. Festzuhalten ist, dass die Streitkräfte zum ersten Mal eine zentrale Institution des Reiches waren, anstatt aus Kontingenten der Länder zu bestehen, und dass der scharfe Schnitt gegenüber der kaiserlichen Armee den Weg zur militärischen Umstrukturierung in Richtung einer revolutionären operativen Kriegführung und qualitativ neuer Rüstungsziele erleichterte.

Die drei Phasen der deutschen Aufrüstung

Erste Phase. Die »vorläufige Reichswehr« von 1919 und ihre endgültige Form seit März 1921 sicherten den inneren Bestand der Republik, suchten aber zugleich, man kann sagen aus Staatsvernunft, möglichst rasch in die Rolle der Reichsverteidigung hineinzuwachsen. Noch fünf Jahre nach dem Krieg war die militärische Lage verzweifelt. Der Chef der Heeresleitung seit dem Scheitern des Kapp-Putsches 1920, Hans v. Seeckt, war kein Freund der in den folgenden Jahren noch dringend benötigten Freikorps, des getarnten Grenzschutzes im Osten und der Zeitfreiwilligen (sog. Schwarze

Reichswehr), zudem weder Befürworter eines Volkskriegs »im Verzweif-
lungskampf« eines »totalen Kriegs« à la Ludendorff noch einer Miliz nach
dem Bild von Scharnhorsts Landwehr. Schon die Freikorps im Befreiungskrieg 1813, so meinte er abschätzig, hätten mehr für die Poesie als für den
Sieg getan, ihr heutiges Eingeschworensein auf bestimmte Führer »begrenzt den Gehorsam«.[115] Nach seiner Vorstellung sollte die Reichswehr
zu einem Qualitätsheer, einer grande armée en miniature, ausgebaut werden, zunächst aus 200.000 Berufssoldaten bestehend, flankiert von einer
Miliz als »Notbehelf«, bevor Schritt für Schritt eine große Streitmacht entstehen würde, zu einem Staat passend, der Weltgeltung beanspruche und
auswärtige Politik betreiben wolle. Der Versailler Vertrag vom Juni 1919
blockierte diesen Weg.

Die Reichswehr geriet in den Strudel der Chaos-Jahre von 1920 bis
1923. Beim blutigen März-Aufstand im Ruhrgebiet nach dem Kapp-Putsch
standen sich in der revolutionären Roten Ruhrarmee und den Reichswehr-
einheiten Zehntausende erfahrener Kämpfer aus dem Weltkrieg gegenüber. Die Situation wiederholte sich 1921 in Mitteldeutschland (Zentrum
Leuna-Werke), 1923 in Sachsen und Thüringen, im kleinen Maßstab beim
Novemberputsch Hitlers in München. Als Reichspräsident Ebert Ende September 1923 den Ausnahmezustand über das Deutsche Reich verhängte,
lag die vollziehende Gewalt beim Reichswehrminister Otto Geßler, praktisch beim Chef der Heeresleitung v. Seeckt. Aus den schweren Krisen und
Zerreißproben, den Disziplinbrüchen der Freikorps, Erschießungen nach
Standgerichten, nicht zuletzt den Kämpfen zwischen Separatisten und nationalen Bürgerwehren im Rheinland zog v. Seeckt nach dem Ende des Ausnahmezustands im Frühjahr 1924 die Schlussfolgerung, das Heer aus der
inneren Front herauszunehmen und ihm die ausschließliche Beschäftigung
mit »militärischen Aufgaben« zu verordnen. Kasernierte Ruhe trat ein, der
Soldat war vom Wahlrecht ausgeschlossen.

Eingriffen von außen, wie der französisch-belgischen Besetzung des Ruhrgebiets, stand das Reich hilflos gegenüber. Die Reichswehr besaß keine ab-
schreckende Kraft, mit dem Marinekontingent nicht mehr Soldaten als die
Niederlande und gerade einmal doppelt so viele wie Litauen. Man fürchtete,
einen Angriff der polnischen Armee im Osten nicht abweisen zu können.

Militärisches Denken geriet auf Seitenpfade. Die Vorstellungen des Leiters der Heeresabteilung im Truppenamt – dem Tarnsitz des geheimen
Generalstabs –, Joachim von Stülpnagel vom Februar 1924, einen ein-
brechenden Feind unter den gegebenen Umständen in einen Kleinkrieg zu
verwickeln, im Zustand der Ermattung mit zurückgehaltenen (bescheidenen) regulären Kräften unerwartet in der »Flanke« zu fassen und ihn so
die Desastres de la Guerra zu lehren, verriet das Studium der erfolgreichen

spanischen Guerilla im Kampf gegen Napoleon 1808–1814 und eine Rückschau auf die Befreiungskriege 1813, zugleich aber auch das volle Ausmaß
der Ratlosigkeit.[116] Stülpnagel nannte das, was er aus der Vergangenheit
herleitete, »Krieg der Zukunft«. Und die Taktik glich in der Tat dem Kampf
des Schwächeren gegen den Stärkeren im umfassenden Volkskrieg, der kein
Mittel scheut, auch nicht das der »unsoldatischen« Sabotage und des Terrorismus unter Nichtachtung der bislang sorgsam gehegten Grenze zwischen
militärischer Front und schützenswertem zivilem Patrimonium. Der »Plan«
blieb aber reines Gedankenspiel, das nur deshalb erwähnenswert ist, weil es
im sowjetischen und jugoslawischen Partisanenkrieg, schließlich als weiter-
breitete, weltpolitisch erfolgreiche Form des irregulären Kriegs in der Zeit
gewaltsamer Dekolonisation und ideologischer Befreiungskriege in China,
Kuba, Kambodscha, Algerien und Vietnam zur Tat wurde – begünstigt freilich durch die Landesbeschaffenheit. Diese Art von Krieg nimmt, wie Sebastian Haffner am Beispiel der maoistischen Kriegstheorie darlegte, die Demokratie in äußerst radikaler Weise in sich auf und unterläuft die entwickelte
kriegsindustrielle Technik.[117] Weder das eine noch das andere war ernsthaft
das Ziel der deutschen Militärelite. Stülpnagel unternahm einen Exkurs der
Verzweiflung, der unter deutschen Bedingungen nicht zu realisieren war.

Realistische Fantasie ist demgegenüber dem »Großen Plan« Seeckts von
1925 beizumessen, aus dem Führerheer der Reichswehr eine der Größe und
Position Deutschlands entsprechende Streitmacht von insgesamt 68 Divisionen mit 2,8 Millionen Mann zu formen. Sie würde über der Mobil-
machungsstärke von 1914 liegen und sah als fernen Plan ziemlich genau die
Größenordnung der beschränkt kriegsfähigen Wehrmacht vom September
1939 vor – die strategischen Mittel der Panzer- und Luftwaffe ausgenommen. Die konkreten Erwartungen lagen mit 21 Divisionen wesentlich niedriger. Seeckt dachte an allgemeine Wehrpflicht zum Aufbau von Reserven,
schwere Bewaffnung, Kooperation anwendungstauglicher Technik und Industrie mit dem Ziel strategischer Überlegenheit, um nach den Erfahrungen
des Stellungskriegs seit 1915 (im Westen) zur beweglichen Kampfführung
zurückkehren zu können. Der Stellungskrieg sei »operative Perversität« gewesen, aus dem Kräftemangel beider kämpfender Parteien resultierend, im
Grunde eine Sinn- und Sittenwidrigkeit. Deshalb sollte der Bewegungskrieg
im Zentrum der Ausbildung stehen. Diese kriegsphilosophisch untermauer-
te Vorstellung vom Krieg erwies sich für die spätere Praxis als entscheidend:
Das in ihr unterwiesene Offizierskorps nahm in der Epoche erfolgreicher
Feldzüge zwischen Herbst 1939 und Frühjahr 1942 die Führungspositio-
nen in der Wehrmacht ein. Der schmale Nachwuchs – jährlich fanden 9500
sorgfältig ausgewählte Bewerber in der Reichswehr Platz – wuchs in der
Vorstellung des Bewegungskriegs auf, die hohe Qualifikation blieb im über-

dimensionierten Unteroffizierskorps versteckt, dessen Stärke im Versailler Vertrag nicht festgelegt worden war.

Zu den wichtigsten Grundsätzen Seeckts zählt die Auffassung des Soldatenberufs als Berufung im Sinne des Wortes von Clemenceau: »Vous avez cru constituer une armée de métier et vous avez constitué une armée de vocation.« In der überparteilichen, politisch »nicht infizierten« Reichswehr sollte sich der Geist der alten kaiserlichen Armee spiegeln, das Leben für die Gesamtheit einzusetzen (»Nur in der Armee galt es noch nicht als eine Dummheit, sich für andere zu opfern«) und Krieg an eine sittliche Begründung zu binden. Oberbefehlshaber ist der Reichspräsident, er bestimmt und entlässt den Chef der Heeresleitung. Letzterer bildet Spitze und Schild der Armee zugleich, untersteht der Befehlsgewalt des Reichswehrministers. Ohne an dessen politischer Verantwortung zu partizipieren, vertritt er ihn in der alleinigen Ausübung der Kommandogewalt und ist dessen Ratgeber auf allen Gebieten seines Geschäftsbereichs. Die Marine besitzt eine vergleichbare Hierarchie, sie ist dem Chef der Heeresleitung nicht unterstellt. Die Streitkräfte der Weimarer Republik waren keine Parlamentsarmee wie die heutige Bundeswehr, sondern Instrument der »Staatspolitik«, die über ihren Gebrauch entschied.[118]

Da in Deutschland nach 1918 das Verhältnis zwischen der Schutzwürdigkeit eines großen Landes und seiner Verteidigungsfähigkeit völlig verzerrt war, konnte es kein Problem darstellen, mit den ideologisch fremden, aber in vergleichbar lichtloser Lage befindlichen Sowjetrussen in eine Politik der gegenseitigen militärischen Förderung einzutreten. Angesichts der einschränkenden Versailler Bestimmungen war man dabei auf russisches Hoheitsgebiet verwiesen. Neben der Auslagerung verbotener Rüstungsproduktion, Training an modernen Waffen und dem Aufbau der Luftwaffe ging es der Reichswehrführung mit Einverständnis der Reichsregierung, wie schon erwähnt, aktuell um ein militärisches Bündnis gegen Polen, während der russischen Seite bei ähnlicher politischer Ausrichtung vor allem an überlegenem technischen Wissen, Rüstungs- und Wirtschaftsgütern, deutschen Investitionen und an der Generalstabsausbildung für Offiziere der Roten Armee in Deutschland gelegen war.[119]

Infolge anfänglicher Misserfolge und »Enthüllungen«, die 1926 sogar zum Rücktritt der Regierung Wilhelm Marx (Zentrum) führten, lag die Hochzeit der Kooperation in den Jahren 1928 bis 1933. Der Flughafen Lipezk, etwa 375 Kilometer südöstlich von Moskau, diente als Trainingsstützpunkt der Luftwaffe. Für Unterricht und Ausbildung standen erfahrene Piloten des Ersten Weltkriegs und seinerzeit modernes niederländisches Fluggerät vom Typ Fokker D XI-II zur Verfügung. In Kazan an der Wolga wurden Panzertechnik und -taktik erprobt, während sich eine Forschungsstätte in Wolsk bei Saratow an der Wolga mit chemischen Kampfstoffen beschäftigte. Kampfflieger erprobten in Jagdmaschinen und Bombern die Feuerleitung der Artillerie aus der Luft; Militärs und Ingenieure deutscher Unternehmen steuerten für die Panzer vor allem Zieloptik und Funktechnik bei. 1927 begann in Berlin der erste Ausbildungslehrgang für sowjetische Offiziere, vorwiegend im Infanteriekampf.

Wichtiger als der bescheidene quantitative Ertrag für die Reichswehr war die Schulung bei der Entwicklung und operativen Anwendung moderner Waffensysteme im Bewegungskrieg. Russland wie das Reich profitierten davon, alles geschah mit Billigung und Finanzierung der Reichsregierung.[120] Der strategische Funke selbstständig operierender Panzerdivisionen und -korps im Verbund mit Luftstreitkräften und motorisierter Infanterie zündete in Russland schneller, wie die Ära des sowjetischen Militärreformers Michail N. Tuchatschewski seit 1933 belegt, so wenig Industrie, Technologie und Technik den hochfliegenden Plänen zunächst zu folgen vermochten.[121] In Deutschland setzte sich das Konzept infolge konservativer Widerstände in der Militärführung etwas später und nicht mit voller Konsequenz bei der Umstrukturierung des Heeres durch, wurde jedoch zur instrumentellen Grundlage der sogenannten Blitzkriegführung.

Zweite Phase. 1933, 15 Jahre nach dem verlorenen Krieg, hatte die Reichswehr die Rüstungsauflagen nur minimal überschritten und wäre immer noch nicht imstande gewesen, einem gemeinsamen Angriff Polens und Frankreichs, wie ihn der Warschauer Ministerpräsident Józef Klement Piłsudski 1933 bei einem Paris-Besuch anregte,[122] oder auch nur den zusammengeführten Kräften Polens und der Tschechoslowakei zu widerstehen. Die beiden Rüstungsprogramme der Weimarer Regierungen von 1928 und 1932, auf 16 respektive 21 Divisionen des Feldheeres ausgelegt, waren Papier-Größen. Ein »Präventivschlag« gegen das Reich schien zwar infolge der geschilderten französischen und britischen Selbsthemmnisse und Unstimmigkeiten wenig wahrscheinlich, ausschließen konnte ihn jedoch niemand. Die Gefahr wurde unterschiedlich beurteilt, allgemeine Nervosität und kontroverse Diskussionen im interessierten Ausland über die politischen Veränderungen in Deutschland bildeten den Hintergrund. Es lag auf der Hand, dass relative Sicherheit erst nach einem beschleunigten Rüstungsschub mit der Aufstockung der Wehrmacht auf ein 300 000 Mann starkes Friedensheer gewährleistet sein würde, wie es Ende 1933 für 1937 geplant wurde. Voraussetzung war die deutsche Wehrhoheit mit dem Kern der Wehrpflicht im Wehrgesetz vom März 1935.

Nach der Ernennung zum Reichskanzler versicherte sich Hitler umgehend der Reichswehr unter der neuen Führung von Reichswehrminister

Werner von Blomberg. Im Februar 1933 stellte er vor der Generalität die Stärkung des Wehrwillens, die Wiedereinführung der Dienstpflicht und allgemein die »Wiedergewinnung der politischen Macht« als vorrangige Ziele seiner Politik für das Reich heraus. Mit der Erwähnung des Lebensraums im Osten und rücksichtsloser Germanisierung gab er, ohne Details zu nennen, einen Grobaufriss künftiger Ausdehnungspolitik.[123] In den ersten Monaten seiner Amtstätigkeit wurde klar, dass die Rüstung trotz zahlreicher anderer Kostenfaktoren absolute Priorität in den Projekt- und Finanzplanungen erhalten würde. Ein Problem, das Hitler zunächst mit Fingerspitzen anfasste, war die Haltung des Reichs gegenüber den Abrüstungsgesprächen im Rahmen des Völkerbunds, die trotz der generellen Anerkennung der deutschen Gleichberechtigung in der Rüstung durch die Genfer Fünfmächte-Erklärung vom 5. Dezember 1932 – ein Erfolg intensiver Bemühungen der Weimarer Kabinette Heinrich Brüning, Franz von Papen und Kurt von Schleicher – keine Fortschritte gebracht hatten. Die knebelnden Bestimmungen des Versailler Vertrags (Teil V) sollten zwar einer grundsätzlich beschlossenen Abrüstungskonvention weichen, doch ließ die Einigung über ihren Inhalt auf sich warten.

Eine Abrüstung aller Staaten – die erste Möglichkeit – erwies sich als illusorisch. Frankreich sah keinen vernünftigen Grund, seine Bewaffnung herabzustufen – soweit dies nicht indirekt und »freibleibend« als Folge finanzieller Engpässe, schwacher Kriegsjahrgänge und des Übergangs zur Verteidigungsdoktrin entsprechend der Strategiepläne nach 1926 eintrat –, während Deutschland es als sein Interesse und gutes Recht betrachtete, das Niveau der Rüstung nach oben zu korrigieren. Die Briten suchten – zweite Möglichkeit – mit dem Vorschlag eines deutschen 200 000-Mann-Heeres einen Mittelweg einzuschlagen, doch verfiel der Kompromiss im Konferenz-Poker. Hitler hätte womöglich einer Begrenzung auf 300 000 Mann zugestimmt, da er die Risiken der sanktionsbewehrten Isolation zu jener Zeit ernster einschätzte als Reichswehrminister v. Blomberg. Wogegen Frankreich und Großbritannien sich jedoch emotional und rational auflehnten, war das Gebot ihrer Gleichstellung mit Deutschland, wie es sich aus der Fädelung der Konferenzlogik ergab. Es war intern, national, nicht durchsetzbar. Was man stattdessen wirklich wollte, war Sicherheit vor Deutschland. Damit war die Idee der allgemeinen Abrüstung, wie sie im Versailler Vertrag vorgesehen war, gescheitert.

Als Großbritannien im Oktober 1933 schließlich auf die französische Linie einschwenkte und den Abschluss einer Konvention von einer vierjährigen »Bewährungsphase« des Reiches unter internationaler Kontrolle des nach wie vor an Versailles orientierten deutschen Rüstungsstandes abhängig machen wollte, starb neben der Idee auch die Konferenz selbst

den undiplomatischen Tod. Hitler verband den Austritt aus Abrüstungskonferenz und Völkerbund mit einem plebiszitartigen Wahlakt am 12. November 1933, dessen suggestive Fragestellung der Risikopolitik eine über-
wältigende Zustimmung eintrug. Im Grunde hatte sich aber schon alles
verändert: Stresemanns Impuls der kollektiven Sicherheit mit dem Kern der
Westorientierung von Locarno war erlahmt. Stattdessen bevorzugte Hitler
ein bilaterales Vertragsgeflecht in Europa. Den Weimarer Nichtangriffspakt
mit Moskau hatte er im April 1933 verlängert, im Januar 1934 fing er mit
einem Pakt desselben Typs den Polen Piłsudski ein, der sich von Frankreich
nichts mehr versprach. Der Versuch der Briten, Franzosen und Italiener im
April 1935, nach der Wiedereinführung der Wehrpflicht in Deutschland
am italienischen Konferenzort Stresa eine gemeinsame Front zum Schutz
des Versailler Vertrags, Österreichs und des entmilitarisierten Rheinlands
zu errichten, blieb wirkungslos. Italiener und Briten scherten aus: Die einen
eroberten Abessinien (heute Äthiopien) unter Anwendung von Yperit (Senfgas, erstmals aus der Luft) und Arsen-Granaten,[124] ohne dass der Völkerbund und die westlichen Kriegs- und Versailles-Alliierten Roms dagegen
eingeschritten wären; die anderen vereinbarten den bereits erwähnten Flottenvertrag mit dem Reich. Hitler richtete den Blick auf Mussolini.

Die Aufrüstung wurde seit 1934 beschleunigt, doch stand ihrem gesicherten Anlauf ein Problem im Wege, das bei revolutionären Veränderungen in Staatswesen regelhaft aufzutauchen pflegt. Was wir aus der französischen Revolution als Periode der Schreckensherrschaft kennen, die der
Konvent am 5. September 1793 gegen die »Feinde der Republik« einleitete,
suchte Hitler zu vermeiden. Unterdrückung und Verfolgung waren zwar
im Deutschland seit 1933 an der Tagesordnung, aber zu öffentlichen Re-
volutionszuständen, zu einem Aufräumen nach Art der »Revolutionären
Armee«, wie sie 1793 in Frankreich unter der Führung des Sansculotten
Charles Philippe Ronsin aufgestellt worden war und als Gendarmerie der
Republik im ganzen Land Tribunale und Massenhinrichtungen veranstaltet
hatte, kam es nicht. Hitler war weder durch Umsturz noch in einem Bürgerkrieg zur Macht gelangt, ihm genügte die Gleichschaltung unter schwerem
Druck.

Das französische Beispiel des exekutiven Massenterrors war 1917 nach
Russland übergesprungen, sollte dort wie im Ursprungsland Frankreich
massenpädagogisch wirken und einen pseudoreligiösen Exorzismus gegen
die Konterrevolution in Gang setzen. In beiden Fällen wurde der Terror
umso schärfer, je weniger die Republiken von innen her tatsächlich bedroht
waren – er verlor jeden Anschein einer Beziehung zur öffentlichen Wohlfahrt. Aber indem sich Lenins Idee mit der jakobinischen Idee verband,
erhielt sie eine mythologische Ausstrahlung und zugleich ihre »bürgerliche«

Glaubwürdigkeit, wie François Furet schreibt.[125] Soviel »Gutes« konnte dem Nationalsozialismus nicht widerfahren.

Eine »revolutionäre Armee« war aber auch in Deutschland vorhanden in Form der Sturmabteilungen (SA), die den nationalsozialistischen Anteil am verbreiteten Aufmarschwesen, an den Straßenkämpfen und Terrorszenen der ausgehenden Weimarer Zeit und danach bestritten hatten. Obwohl Hitler als Reichskanzler Mitte 1933 die »Revolution« förmlich für beendet erklärte, trieb die SA ihr Unwesen, zu dem sie erzogen worden war, weiter – teils, weil das enttäuschende Wahlergebnis vom 5. März (die NSDAP blieb bei 43,9 Prozent hängen) auf die Existenz vieler »Feinde« schließen ließ, teils, weil der Boykott gegen jüdische Geschäfte im Monat danach wegen ausländischer Reaktionen abgebrochen wurde, hauptsächlich jedoch, weil die bis auf 400 000 Mann angeschwollene bewaffnete Parteitruppe mit den untergeschlüpften militanten Freikorps und eingegliederten völkischen Wehrverbänden eine Art braunen Bolschewismus mit dem Ziel des radikalen gesellschaftlichen Umsturzes und einer konsequenten vertikalen Demokratie verfolgte.[126]

Die SA hatte durchaus im Sinne Hitlers agiert, kritisierte nun aber dessen »Legalismus«. Dem Reichskanzler seinerseits war die Funktion des Obersten SA-Führers, die er in der »Kampfzeit« 1930 übernommen hatte, nicht mehr genehm. Die faktische Leitung der Partei-Armee auf dem abschüssigen Weg in Revolution oder Nutzlosigkeit lag in den Händen von »Stabschef« Ernst Röhm. Der frühere Generalstabsoffizier und Verfechter des permanenten Binnenkriegs mit allen Varianten des Terrors besaß allerdings nicht den Opportunismus eines Condottiere. Er ließ sich weder ausbezahlen noch wegschicken. Sein Traumziel blieb die Bildung einer Volksmiliz anstelle der Reichswehr und die Übernahme der militärischen Organisation und Befehlsgewalt durch die Kader der SA im Reich. Trotz äußerer Loyalitätsbekundungen wurde er als möglicher Putschist in der Reichswehr und schließlich auch von Hitler so ernst genommen, dass der Entschluss reifen musste, sich der unberechenbaren SA-Führung durch einen präventiven Schlag zu entledigen.

So fraglich es ist, ob Röhm tatsächlich eine Machtergreifung anstrebte, so sicher war es, dass seine zu Ausschreitungen aller Art neigende Truppe ein gefährliches Chaos-Element im Staate darstellte. Mit den begrenzten Mitteln der Polizei und Justiz war ihr nicht beizukommen. Es war nicht nur Hitlers Rochus auf den »Verräter« Röhm, dem eine Fülle von Konspirationen, auch mit dem »Ausland«, unterstellt wurde, es war tatsächlich Ratlosigkeit und eine Mischung aus Angst und Rache, die den grotesken Ablauf der Säuberung und gleichzeitigen Liquidierung auch anderer unliebsamer Opponenten aus der Weimarer Zeit bestimmte.[127]

Man muss sich vorstellen, was es bedeutet, wenn ein Kanzler des Deutschen Reichs mit gezückter Pistole seinen Legaten Röhm in einer Pension in Bad Wiessee im bayerischen Oberland am frühen Morgen des 30. Juni 1933 höchstpersönlich festnimmt und die Führungskader der SA ohne Verfahren hinrichten lässt, schließlich auch den Häuptling. Hitler begab sich damit nicht nur auf das unterste Niveau der Zweiten Revolution, was er unter allen Umständen hatte vermeiden wollen, sondern sicherte der stets leibstandartenhaften SS Himmlers und Heydrichs als Exekutions-Peloton die Rolle der zweiten Macht in seinem oft als polykratisch beschriebenen System. Von der SA blieb »kaum mehr als ein Wehrsportverein« übrig, schreibt Ian Kershaw.

Dritte Phase. Nach dem Fall von Röhm und der SA fühlte sich die Reichswehr als Gewinner in zweifacher Hinsicht: Die Gefahr der revolutionären Konkurrenz war beseitigt, und die Professionalität zeichnete sich nach Hitlers Versprechen einer »unantastbaren« Armee wie ein leuchtender Pfad ab. Sie war somit, von der sorgsam rekrutierten *Führer*-Exekutive der SS abgesehen, der einzige Waffenträger des Reiches. Die Position im Zentrum des Staates schien erreicht und lud zur Selbstüberschätzung ein. Reichswehr- und Reichsverteidigungsminister Werner von Blomberg fungierte seit Wiedereinführung der Wehrpflicht 1935 als Kriegsminister und Oberbefehlshaber der Wehrmacht. Diese als »zweite Säule« des Reiches neben der NSDAP zu bezeichnen, wie sich Hitler in zweckbestimmter Courtoisie ausdrückte, führt jedoch in die Irre. »Machtgleichheit« gab es nicht, nicht einmal belastbares Vertrauen. Das Heer hatte den Aufstieg Hitlers unter von Schleicher behindert und politisch zu verhindern gesucht – ein frontales Vorgehen gegen die ganze Bewegung mit der Gefahr eines unbeherrschbaren Flächenbrandes wäre weder möglich noch ratsam gewesen. Hitler hatte das nicht vergessen, dachte aber keine Sekunde daran, das unverzichtbare, qualitativ einmalige Kaderinstrument einer Großaufrüstung zu zerstören und durch eine undisziplinierte, militärisch inkompetente SA-Volksarmee zu ersetzen. Er musste es sich vielmehr aneignen.

Armee und Führerprinzip – Hitlers zweite Karriere

Das Begriffsbild vom »Bündnis« oder der »Allianz« zwischen dem neuen Staat und seiner Streitmacht ist verfehlt, galt von der Ouvertüre 1933 bis zum Ende Röhms im Juni 1934 nur zum Schein, war nie Hitlers Intention, konnte im Führerstaat nur als taktische Devise dienen, solange sich der Schatten Hindenburgs im Hintergrund noch bewegte.[128] Eine größere als die erforderliche instrumentelle Rolle sollte die Reichswehr nicht gewinnen. Der Reichspräsident hatte Blomberg vor Hitlers Berufung zum Reichswehrminister ernannt – das war eine Bedingung. Insofern gab es viele, auch falsche gegenseitige Verbeugungen und anhaltende Feindschaftsgefühle in der Partei, die nicht zuletzt von Klassenvorbehalten gespeist waren. Die Reichswehrführung und die gesamte elitäre Wehrkörperschaft Seeck'scher Machart waren ein bewaffneter Fremdkörper.

Während der *Führer* taktierte, fühlte sich die Reichswehr trotz persönlicher, in der Tat vielfach standesbedingter, aber auch werthafter Vorbehalte gegen den Mann Hitler und sein typisches Gefolge in der Sache ermutigt. Die neue Ordnung im Staat nach dem Weimarer Desaster, der nationale Einigungsimpuls und die Zusage, auch die letzten einschränkenden Auflagen der Siegermächte abzuschütteln, ja, historisch zu löschen, gaben den Ausschlag. In der wortführenden Reichswehr-Etage fanden sich bekennende Nationalsozialisten und kalkulierende Sympathisanten – bei den unteren Chargen schon seit spätestens 1930 biedere und fanatische Gefolgsleute. Ihre lauten Worte werden zitiert, während die Skeptiker oder gar Feinde der Demokratie von unten und ihrer ruchlosen Züge, die ihre Stimme aus verschiedenen Gründen zügelten, in den Hintergrund der historischen Bewertungen gerückt schienen.

Wir berühren damit ein Dilemma der Geschichtsschreibung, das jeder kennt.[129] Bringt man die durchaus differenzierte Einstellung der Reichswehr/Wehrmacht in eine Verbindung zur Haltung anderer Berufsgruppen der Zeit, stößt man zunächst auf den fast konsensual zu nennenden erfahrungs- und gefühlsgespeisten Gedanken der nationalen Not. Als Bestandteil des Bewusstseins, als starre Blickrichtung war er ernst zu nehmen, zeitbedingt begründet. In der Weimarer Republik konnte man schon Ende 1924 weit mehr als 100 Notverordnungen aufgrund Art. 48 Abs. 2 der Reichsverfassung zählen. Zu den Voraussetzungen gehörten schwere politische Krisen, vielfach aber auch der in Artikel 48 gar nicht erwähnte wirtschaftliche Notstand. Die Inflation des Notbegriffes trug zur überscharfen Wahrnehmung von Missständen in allen möglichen Lebensbereichen bei, mithin zur allgemeinen Depression.[130]

Erst recht während Wirtschaftskrise und Parlamentsversagen in der Weimarer Spätzeit wurde die Notstandsverfassung, wie man diesen Teil der Konstitution von 1919 nannte, zum Rettungsanker wie auch zur bitteren Gewohnheit. Bei der nach dem Reichstagsbrand am 27. Februar 1933 erlassenen Verordnung »Zum Schutz von Volk und Staat und gegen Verrat am deutschen Volk« überlagerte der Not-Begriff die Betrachtung, obwohl die Verordnung zur inneren Machtumwälzung benutzt wurde. Alle juristischen Berufsverbände bekannten sich zum neuen Staat. Der Deutsche

Richterbund brachte der Regierung »volles Vertrauen entgegen«. Die preußischen Richter und Staatsanwälte wurden konkreter und versicherten ihr »heißes Bestreben ..., auf dem Gebiet der Rechtspflege am Neubau des deutschen Rechts und der deutschen Volksgemeinschaft mitzuarbeiten«.[131] Getönt waren diese Äußerungen national, nicht zwingend nationalsozialistisch – auf jeden Fall von der Hoffnung bestimmt (»heißes Begehren«), die mehrheitlich konservativ zusammengesetzte Regierung unter Hitler könnte die Not beenden, die in den Schlussjahren von Weimar ins Unbegreifliche gewachsen war.

Die Reichswehr und deren spezifisch gewendeten, die Sicherheit und Bedeutung des Reichs betreffenden Notgedanken nutzte Hitler zur Ausweitung seiner persönlichen Machtdomäne. Seine Feldherrn-Karriere begann mit dem Vorsitz im Reichsverteidigungsrat (als Reichskanzler), der im April 1933 eingerichtet wurde, um die militärischen und zivilen Exekutivfunktionen für den Fall der Reichsverteidigung zusammenzubinden. Diese an sich vernünftige Regelung, ein altes Desiderat der Reichswehr, entsprach dem erhöhten außenpolitischen Risiko, kam zugleich jedoch der Führerstaatlichkeit zugute, wie sich spätestens am 2. August, dem Todestag Paul von Hindenburgs, zeigte.

Kaum hatte der Reichspräsident die Augen geschlossen, kürte die Reichsregierung, an der Verfassung von 1919 vorbei, den *Führer* und Reichskanzler zum Obersten Befehlshaber der Reichswehr. Auf den Fuß folgte die Vereidigung der Reichswehr auf die Person Hitlers. Mit den beiden ungewöhnlichen Schritten übernahm Hitler Patronat und Herrschaft über die Streitkräfte, was die Militärführung angesichts der schwebenden Gewitterwolke Röhm-SA begrüßte und durch die Formulierung der Eidesformel ohne Erwähnung von »Volk und Vaterland« und »allzeit treu und redlich« – eine weise Einschränkung des Gehorsamsprinzips – unterstützte.[132]

1935 wurde die Erhöhung Hitlers per Reichsverteidigungsgesetz in die eherne Formel »Oberster Befehlshabers der Deutschen Wehrmacht« gegossen. Bevor Blomberg als nachgeordneter Reichskriegsminister und Oberbefehlshaber der Wehrmacht die vollziehende Gewalt übernehmen konnte, musste der Oberste den Verteidigungszustand erklären. Die gesetzgeberische und organisatorische Verfestigung des Führerprinzips setzte sich somit konsequent fort. Nach der Entlassung Blombergs wegen einer skandalisierten Heirat und des Oberkommandierenden des Heeres, Werner Frhr. von Fritsch, wegen angeblicher homosexueller Neigungen im Januar 1938 übernahm Hitler die Befehls- und Kommandogewalt über die gesamte Wehrmacht. Die Oberbefehlshaber der Wehrmachtsteile Heer, Marine und Luftwaffe waren damit noch stärker an seine Entscheidungsgewalt gebunden. Mittels des neu geschaffenen Oberkommandos der

Wehrmacht unter Keitel, der selbst keine Befehlsgewalt erhielt, besaß der omnipotente *Führer* nun unmittelbaren Zugriff auf operative Entscheidungen. Im Dezember 1941, zum Zeitpunkt des ersten großen russischen Gegenangriffs vor Moskau, übernahm Hitler auch noch die Rolle des Oberbefehlshabers des Heeres, also der gesamten Operationsführung an der entscheidenden Front.

Trotz seiner klingenden Titel sollte es v. Blomberg nicht gelingen, die zentralen Ressourcen der Reichsverteidigung, industrielle Rüstung, zivile Dienste der Ministerien und strategische Planung, in einen Wehrmachtsgeneralstab zu integrieren. Der unerfüllte Traum der Reichswehr verwehte unter den Rivalitäten zwischen OKH (Oberkommando des Heeres) und OKW (Oberkommando der Wehrmacht). Das Heer beharrte traditionell und geostrategisch begründet auf der bestimmenden Rolle des Generalstabs, seiner entscheidende Mitwirkung an allen militärischen Planungen der politischen Führung und auf den eigenen Rüstungsvorhaben, doch besaß die Wehrmacht noch 1939 keine verantwortliche Kommando-Institution für die Land-, Luft- und Seestreitkräfte.[133] Während die Luftwaffe mit der Sonderfigur Hermann Göring ihre eigenen Schneisen durch das Chaos schlug, die Marine nicht anders, durchkreuzte Hitler das Prinzip der einheitlichen Wehrmachtführung mittels Verfügungen ohne Konsultation und durch persönliche Genehmigung von Einzelrüstungsprogrammen der Waffengattungen. Sachliche, die Möglichkeiten militärischen Handelns betreffende Vorschläge und Einwände führender Generäle fand er sehr schnell lästig. Sie erschienen ihm fachidiotisch, unpolitisch, verknöchert, blind für die Schwäche der potenziellen Gegner ringsum, jedenfalls bis 1939, ja sogar als Ausdruck glimmender Fronde und Verschwörung.

Zug um Zug verlor die Wehrmacht ihre Eigenständigkeit im Kerngeschäft strategischer, rüstungsmäßiger, organisatorischer Kriegsvorsorge, ja sogar der operativen Planung. Zudem erlitt sie Prestigeverluste. Befürchtungen vor allem im Heer, die territorialen Revisionen würden in die Falle eines Zweifrontenkriegs führen, traten nicht ein. Für die Auseinandersetzung mit den Westmächten, wie sie entgegen Hitlers Erwartung 1939 heraufzog, gab es keine systematischen generalstabsmäßigen Vorbereitungen, stattdessen nur Beiträge zu Detailfragen.[134] Der *Führer*-Feldherr wollte seine Unternehmungen selber in die Hand nehmen, ohne gesamtstrategischen Abgleich, und auf keinen Fall in die Abhängigkeit des Generalstabs geraten, wie der Kaiser 1914–1918 – weder in die des alten Heeres noch in die der neuen Wehrmacht. Hitler erwies sich als ein Gefangener der Erinnerungen, vor allem des Traumas der Kapitulation, des Zusammensinkens und Auseinanderfallens von Front und Heimat. Damit dies »nie wieder« geschehe, stellte er sich die Armee als Garde im modernen Weltanschauungskrieg vor,[135] flankiert von der Führerexekutive der SS unter Heinrich Himmler, diversen Sicherheitsdiensten und der Frontfeuerwehr der Waffen-SS.

So groß der Einfluss des Führerstaates auch war – von einer Unterwerfung der Wehrmacht kann dennoch nicht die Rede sein. Für die ideologische Durchformung besonders des Heeres von der Fontanelle bis zur großen Zehe war die Zeit vor dem Krieg zu kurz und das Traditionsgefüge bei allen Rissen und Aufschwemmungen im Offizierskorps zu fest. Die angeordnete weltanschauliche Erziehung der Soldaten »filterte« die Wehrmachtführung durch Lehrpersonal aus den eigenen Reihen; NS-Funktionäre kamen nicht auf die Katheder. Andererseits strömte durch die Wehrpflicht nationalsozialistischer Einfluss in die Truppe ein. Unter der Priorität der harten militärischen Ausbildung und Truppenführung blieb er zwar diffus, doch tauchte schon bei der Planung von Staatsstreichen 1938 (»Septemberverschwörung« zur Verhinderung des Kriegs vor dem Münchener Abkommen) und 1939 (wegen der militärischen Risiken des Frankreichfeldzugs) die Frage zuverlässiger Waffengewalt auf. Dieser Gesichtspunkt wird oft übersehen.[136]

Wie groß oder klein, wie stark oder schwach die militärische und zivile Führungsgruppe war, die Hitler beseitigen wollte – ihr Vorsatz, durch konkrete Vorbereitungen vorangetrieben, lief auf die Konfrontation zwischen Großorganisationen hinaus, deren Reaktionen im Ernstfall nicht vorauszuberechnen waren. Die Generalität war gespalten, ein Bürgerkrieg im Falle eines Putsches ziemlich sicher,[137] umso sicherer, je zögerlicher, je juristischer man dabei verfahren würde. Im Polenfeldzug und danach kam es zu schweren Verwerfungen zwischen Wehrmachtführung einerseits, SS und Sicherheitsdiensten andererseits wegen Massentötungen von Zivilisten, vor allem Juden. Widerwillig stellte Hitler die Wehrmacht von der Beteiligung an der Exekutive des »Volkstumskampfes« frei, entlastete aber zugleich die Sicherheitsdienste von Strafverfolgung. Der Konflikt verstärkte sich im Russlandfeldzug, dessen Weltsystemkampf in der Natur der Gegner lag. Am Ende, 1945, klagte Hitler, er hätte zum Aufbau für eine NS-Armee und eines »idealen« Führerkorps »100 Jahre gebraucht«. Kritische Historiker bestätigen dies: »Der Krieg in Europa«, schreibt Jürgen Förster, »war zu Ende, bevor eine wirklich nationalsozialistische Wehrmacht (inklusive Waffen-SS) hatte Gestalt annehmen können.«[138]

Die Militärs besaßen eine Stimme. Hitler hörte ihnen zu, auch wenn er ihren Ratschlägen, Einwänden, Protesten nicht folgte, doch ist nicht zu übersehen, dass der militärfachliche Einfluss mit den dramatischen Ereignissen der Zeit verkümmerte. Der *Führer* überzog die Befehlshaber mit Monologen. Einspruch wurde immer seltener, da er ohne politische Argumente in der Luft hing – es fehlte nicht der persönliche Mut, sondern buchstäblich Sinn und Begabung zum Frondieren. Hinzu kam, dass der *Führer* stupende politische und militärische Erfolge errang, die ihren Eindruck auf Truppe und Öffentlichkeit nicht verfehlten. Dennoch wäre es missverständlich zu sagen: »Nie seit Molke, Ludendorff und Seeckt« sei die militärische Führung derart einflusslos gewesen wie spätestens seit 1939.[139] Es kommt darauf an, was damit gemeint ist: Hitler verschob, wie wir gesehen haben, den Angriff auf Frankreich, Belgien und die Niederlande mehr als zwanzigmal aufgrund kritischer Hinweise auf den Zustand der Truppe sowie taktischer und strategischer Einwände.

Später revidierte er den Wunsch, die Sowjetunion bereits im Herbst 1940 anzugreifen. Andererseits hätte die im Schlieffen-Denken arretierte Militärführung den entscheidenden »Sichelschnitt« von den Ardennen zur Atlantikküste nie gewagt. Hitler besaß Feldherrn-Intuition, was in jüngeren Veröffentlichungen anerkannt wird, entschied sich beim Westfeldzug für die Außenseiterstrategie Mansteins und Guderians, verspielte aber seine Fortune vor Dünkirchen, als er die Engländer ziehen ließ. Dass von 54 Marschällen und Generalobersten im Laufe des Kriegs 39 ihres Amtes enthoben wurden, war ungewöhnlich und beruhte, von militärischen Meinungsdifferenzen abgesehen, auch auf politischen Spannungen zwischen Reichsführung und Militärelite.[140]

Aufwuchs der Wehrmacht

Im Herbst 1934 betrug die Friedensstärke des Heeres 250 000 Mann, gegliedert in 21 Infanteriedivisionen inklusive zwei Panzerbataillone mit sage und schreibe zwölf Panzerwagen. Zwei Jahre später hatte der Aufwuchs schon 40 Divisionen erreicht, der Panzer I (5,5 Tonnen, zwei Maschinengewehre) war in Serienproduktion. Infolge der zunächst einjährigen, dann zweijährigen Dienstzeit kamen pro Jahr acht Reservedivisionen hinzu. Das hohe Ausbildungsniveau der Reichswehr warf für den schnellen Aufbau der Wehrmacht Dividende ab – führungs-personell und intellektuell. v. Seeckt hatte 1919 bis 1921 für die 100 000-Mann-Truppe nicht bewährte Frontoffiziere, sondern Stabsoffiziere zur Intensivschulung ausgewählt, übrigens mit der Besonderheit, dass der Anteil des Adels höher war als in der kaiserlichen Armee. Allein – die materielle Rüstungskomponente konnte mit dem Aufwuchstempo nicht Schritt halten.

Das für 1940 geplante Kriegsheer aus 72 Infanteriedivisionen, drei Panzerdivisionen, drei leichten motorisierten Divisionen, 21 Sicherungsdivisionen, zwei Gebirgsjäger- und einer Kavalleriebrigade – insgesamt 103 Divisionsäquivalente mit 2,7 Millionen Mann – war Anfang 1939 im Wesentlichen mobilisierungsbereit. Zu Kriegsbeginn standen über 4000 Frontflugzeuge zur Verfügung, das Jahresbauvolumen lag bei 8295 Maschinen für Einsatz, Reserve und Schulung, der Endstand mit rund 20 000 sollte 1943/45 erreicht sein. Die Marine konzentrierte sich auf Panzerschiffe und den Bau von U-Booten. In Auftrag gegebene Großkampfschiffe wurden mit Kriegsbeginn wegen Materialpräferenz für die Luftwaffe und aus Gründen der langen Produktionszeiten von den Hellingen genommen.

Die Wehrmacht war somit in sechs Jahren zur stärksten Militärmacht des Kontinentes geworden, von der Roten Armee abgesehen, wobei ihre operative Beweglichkeit fern aller Stellungskriegsbilder des Ersten Weltkriegs keineswegs Hitler, sondern der Ingeniosität der Reichswehr- respektive Wehrmachtführung zuzurechnen ist. Das Konzept motorisierter und mechanisierter Heerestruppen im operativen Verbund mit der Luftwaffe zum Erreichen »weitgesteckter Ziele« beruhte nicht notwendig auf der politischen Vorstellung des Expansionskriegs. Schnelle, bewegliche, intensive und angesichts begrenzter Ressourcen möglichst kurze Kriegführung entsprach der geografischen Mittellage des Reiches zwischen gerüsteten Flankenmächten, die in gleichzeitigen oder rasch aufeinanderfolgenden Allianzoperationen nach wie vor schweren Druck auf Deutschland entfalten konnten.

Da das Reich, unabhängig von den Absichten seiner Führung, unveränderbar in die Lage eingebunden war, von der das Denken v. Moltkes (d. Ä.) in den Einigungskriegen 1866–1871 und v. Schlieffens seit 1905 seinen Ausgang genommen hatte, genoss der Durchbruch unter Bildung eines Schwerpunktes mit der Möglichkeit des frühen Sieges im Cannae-Format eindeutig den Vorzug vor der Verteidigung à la Clausewitz. Nutzung der Technologie für gehärtete Panzerspitzen, Luftwaffeneinsatz zur Schneisenbildung, aufschließende motorisierte Infanterie, Fähigkeit zum schnellen Frontwechsel sowie stete Initiative und Effizienz der Auftragstaktik waren die Bestandteile der offensiven Strategie. Das Wort Blitzkrieg entstand aus dem Erfolg. Offiziere wie Heinz Guderian, Charles de Gaulle und Michail N. Tuchatschewski sind von unterschiedlicher Warte und differenten Doktrinen aus bereits Ende der 20er-Jahre zu vergleichbaren Schlussfolgerungen gelangt.

In Deutschland überblendete das Wort aber immer den Mangel. So trat mit Beginn des Polen-Feldzugs eine prekäre Situation ein, als die Westgrenze nur mit einem »Schleier« unzureichender Verteidigungskräfte gesichert werden konnte und ein Angriff der Franzosen und Briten, wären diese nur gesammelt und zur Tat entschlossen gewesen, zumindest bis ins Rhein- und Ruhrgebiet hätte vorgetragen werden können.

Hitlers Erklärung vom 24. Februar 1937, Deutschland sei wieder europäische Großmacht geworden, »kein Mensch kann mit uns anbinden –

nicht etwa, weil die anderen nicht wollten, sondern weil sie nicht könnten«, traf, beim Wort genommen, militärisch nicht zu. Die »Risikozone«[141]
zwischen der (inhaltslosen) Anerkennung der militärischen Gleichberechtigung des Reiches 1932 und der ersten passablen Rüstungsbilanz von 1935
war zwar durchschritten. Hitler hatte sie für die gefährlichste gehalten
und nicht zuletzt deshalb seit dem Mai 1933 unaufhörlich Friedensreden
gehalten. In dieser Periode stand dem im Grunde wehrlosen Reich eine
potenzielle Bündnisstreitmacht von neun Millionen Mann Mobilisierungs-
stärke (Frankreich 4,5; Polen 3,2; Tschechoslowakei 1,3) gegenüber. Vier
Jahre später hatte sich die äußere Lage insofern entspannt, als Polen per
deutsch-polnische Nichtangriffs-Erklärung aus der alliierten Front heraus-
gebrochen, »Achse« und Antikominternpakt mit Japan, anschließend mit
Italien, beschlossene Sache waren. Doch zeigten sich in Deutschland nun
die Folgen der extremen Überforderung, die das forcierte Rüstungstempo
den Finanzen, Ressourcen und industriellen Strukturen des Reiches auf-
erlegte. Dem Vierjahresplan von 1936 schickte Hitler in einer geheimen
Denkschrift zwei kategorische Forderungen voraus: »I. Die Armee muss in
vier Jahren einsatzfähig sein; II. die deutsche Wirtschaft muss in vier Jahren
kriegsfähig sein«.[142] Diese »Aufgaben« waren nicht ein Programm zur di-
rigistischen Steuerung der Fülle, sondern zur Bewältigung einer erkannten
schweren Mangelkrise.

Die Denkschrift vom August 1936 wird vielfach als »Proklamation des
Kriegs« bezeichnet, obwohl sie keine konkreten Kriegsziele enthält. Die
»endgültige Lösung der Erweiterung des Lebensraums beziehungsweise
der Rohstoff- und Ernährungsbasis des deutschen Volkes« beschrieb Hitler als Zukunftsaufgabe. Die politische Führung habe sie »dereinst« zu
bewerkstelligen. Aktuell lag die Sowjetunion im Visier – ob als Gefahr-,
Angriffs- oder Propagandaobjekt zur Rechtfertigung der Kraftanstrengun-
gen, blieb offen. Nur die Deutschen und die Italiener seien dem Bolschewismus gegenüber »standhaft«, erklärte er mit Blick auf die gemeinsame
Intervention in den spanischen Bürgerkrieg seit dem 26. Juli des Jahres
und auf die Volksfrontregierungen in Madrid und Paris. »Alle anderen«,
womit die übrigen europäischen Staaten gemeint waren, würden früher
oder später an ihren Widersprüchen zugrunde gehen. Ein »aussichtsrei-
cher« Krieg gegen die Sowjetunion sei von ihnen nicht zu erwarten. Aus
diesem Grunde, schloss Hitler, müsse »das Ausmaß und das Tempo der
militärischen Ausweitung der deutschen Kräfte so weit als möglich gesteigert werden«.[143] Ein Jahr später, als Hitler im engsten Führungskreis sein
»Testament« verkündete, war die Sowjetunion zur Nebensache geworden,
fast völlig aus dem Blick geraten. Im Vordergrund standen jetzt Österreich
und die Tschechoslowakei. Den Höhepunkt der deutschen Rüstung und

die Zeit zum Handeln sah Hitler, wie Hoßbach notierte, in den Jahren 1943/45 gekommen, wobei konkrete Kriegszielangaben wiederum fehlten.[144]

Rüstung ohne Tiefe, Krieg ohne Aufmarschplan

Von solchen Schwankungen abgesehen, die im rhapsodisch-intuitiven, keineswegs planvollen Denken Hitlers begründet waren, spiegelt der Aufbau der Wehrmacht unerhörte Schwächen des Regimes. Als totalitär bezeichnet, aber nicht konsequent implementiert, wies es in seiner Finanz-, Wirtschafts- und Planungspolitik eine Fülle nicht zu diesem Herrschaftstypus passende chaotische Züge auf. Gemessen am Schnellaufbau der Streitkräfte war die Rohstoffsituation auf Dauer kritisch, der Devisenbestand infolge der Nachwirkungen der Weltwirtschaftskrise und der riesigen Investitionen in Arbeitsbeschaffungsmaßnahmen, reichs- und parteiprogrammatische Bauten, vor allem in die strategisch wertlosen Autobahnen, verzweifelt knapp. Die Regierung leistete sich zu viel auf einmal. Hjalmar Schacht, Reichsbankpräsident, Wirtschaftsminister und Generalbevollmächtigter für die Wehrwirtschaft, zauberte Kredite aus Wechseln hervor, die nie zurückgezahlt werden konnten. Die propagierte Autarkie war kein Wahn, sondern erzwungene Konsequenz, Schatzausbeutung und Blockadeschutz, zugleich aber auch Animation des Erfindergeistes und industrieller Gründerdynamik.

Eigentlich konnte sich das Reich eine große und rapide Aufrüstung nicht leisten, es sei denn zum Preis des Ruins aller ökonomisch-fiskalischen Kräfte und einer bunt gewürfelten Breitenrüstung. Die Wehrmacht bestand 1939 aus einer modernen Kernstreitmacht mechanisierter Heeresdivisionen plus Luftwaffe und einer napoleonischen Massentierhaltung von 700 000 Pferden. Insgesamt war sie unterbewaffnet, untermotorisiert, belastet mit der Reparaturlogistik unterschiedlicher Fahrzeugtypen – ein Produkt ineffektiver Kriegsvorbereitung und deshalb unfähig zum großen, langwährenden Krieg.[145] Die Panzerarmada, die Frankreich überrollte, bestand zu zehn Prozent aus tschechischen Modellen und zu einer ungeklärt gebliebenen Zahl von Attrappen.

Rohstoffknappheit war die eine Sache; dass weniger Waffen produziert wurden als Arbeit und Herstellung, Technologie und Technik es erlaubt hätten, eine andere. Synthetische Treibstoffe anstelle importierten Mineralöls, Buna anstelle von Kautschukgummi, Zellwolle für die Tuchproduktion, synthetische Fette aus Kohle, Eisenerzförderung in heimischen Gauen ohne Rücksicht auf den Ferrogehalt – diese großen Schlager des Vierjahresplanes waren teure, an gewaltige Anlagebauten gebundene Produktionen und erbrachten Resultate, die frühestens 1943 annähernde Unabhängigkeit von kostspieligen Importen gesichert hätten. Andere strategische Rohstoffe wie Nickel, Chrom, Kupfer, Wolfram, Molybdän, Bauxit, Blei, Aluminium und ausreichende Mengen Qualitätsstahl hatte der Gott, der Eisen und anderes wachsen ließ, in Deutschland nicht bereitgestellt.

Doch ein Kranz von Staaten lieferte, was das Reich benötigte: Das neutrale Schweden, Spanien während und nach dem Bürgerkrieg, das angeschlossene Österreich und Sudetenland, das Protektorat Böhmen und Mähren nach dem Einmarsch im März 1939, das Schutzgebiet Slowakei, die an die Zentralmacht angelehnten Staaten Südosteuropas als Ressourcenquellen des Clearing- oder Barting-Geschäfts – schließlich in großer Dimension der Kriegsfreund Sowjetunion des Hitler-Stalin-Paktes. Die Stoffe flossen nicht gleichmäßig, nicht synchron, nicht in jeder Sparte zuverlässig, im Grunde jedoch ausreichend. Das Reich war begehrlicher Empfänger und begehrter Tauschpartner, nicht wirklich autark, aber doch knapp versorgt. In Wien und Prag gelangte es auch an Devisen, Gold, wertvolle Produktionsanlagen und Rüstungsbestände – bis dann im erweiterten, sich schnell wendenden Krieg die Adern verödeten.

Die in den Krieg hineinragenden Engpässe waren primär nicht in der Knappheit, sondern in der Arbeitsorganisation begründet, in der systembedingt unzulänglichen wirtschaftlichen Mobilisierung. Deutschlands Anteil an der Weltproduktion lag 1939 an zweiter Stelle hinter den Vereinigten Staaten, davon fielen neun Prozent auf die Rüstung. Hitlers wiederholte Befehle, der Kriegsproduktion absolute Priorität einzuräumen, schienen in Wasser geschrieben. Es gab keine zentral disponierende Kriegswirtschaft. Die 1936/37 und 1938 auftretenden Materialmängel mit der Folge partieller Betriebsstilllegungen und Kurzarbeit bei Munitionsherstellern und in der Kraftfahrzeugindustrie beruhten auf Koordinierungsfehlern. Die Bürokratie- und Gremienwirtschaft des Vierjahresplan-Beauftragten Hermann Göring erwies sich als Irrgarten, die Wehrmacht war souveräner Rüstungsdisponent, wobei Heer, Luftwaffe und Marine erbarmungslos gegeneinander konkurrierten.[146] Typenvielfalt der Waffen behinderte die Standardisierung, handwerkliche Herstellungsform die Massenfertigung. 1940/41 stieg die Kurve des Rüstungsausstoßes nur sanft an. Detailwünsche der Wehrmacht überwucherten die einfache Reparaturfähigkeit. Es gab weit über 400 Flugzeugtypen, darunter im Augenblick der Produktion schrottreife wie den Langstreckenbomber He 177 mit politisch geforderter Sturzflugeigenschaft. Bomber mittlerer Reichweite vermochten die Entladehäfen in Westengland nicht zu erreichen. Die Panzer I und II waren schnell, leicht und schwach bewaffnet, die schwereren, stärker armierten Panzer III und IV blieben den sich Ende 1941 und 1942 rasch vermehrenden russischen T-34 und eisenstarrenden KW (benannt nach Marschall Kliment Woroschilow, Volkskommissar für Verteidigung und Chef-Säuberer der Roten Armee) unterlegen: Die Generation der Panther- und Tiger-Modelle wiederum erwies sich als schwer beweglich im Gefecht.

In Amerika zum Beispiel sah alles anders aus, nachdem die Kriegsproduktionsmaschine einmal angelaufen war. Während im Reich die Selbstmobilisierung der Autoindustrie (Volkswagen, Opel) stockte, stampfte Henry Ford nahe Detroit eine 1,5 Kilometer lange Fertigungsstraße für Flugzeuge aus dem Boden, die pro Tag zehn Bomber (B-24-Liberator) auf die Runway entließ. 1944 ging alle 63 Minuten ein Bomber vom Band. Charles Lindbergh sprach vom »Grand Canyon der mechanisierten Welt«. Schon 1942 produzierten die USA je nach Gerät das Zwei- bis Sechsfache der Achsenmächte und 16-mal mehr Schiffe als Japan.[147]

Demgegenüber kamen in Deutschland Produktionsorganisation und Serienherstellung erst nach drei Jahren Krieg mit der Ernennung Albert Speers zum Reichsminister für Bewaffnung und Munition mit unbeschränkter Verfügung über die Kriegswirtschaft richtig in Schwung, mit erstaunlichen, aber zu späten Resultaten – und daher war jedes Auftreten der Wehrmacht, ob 1939, 1940 oder 1941, verfrüht. In dem Land, in dem mancher Goldfasan (braun uniformierter Parteifunktionär) etwas von Lebensraum erzählte, gab es zudem zu wenig Arbeitskräfte. Anders als in Großbritannien wurden Frauen weder zum Militärdienst noch in die Werkhallen einberufen. Heute würde man sagen, sie waren nicht gleichberechtigt – Hitler folgte seinem donaumonarchischen Frauenbild, bis die Kriegsereignisse seit 1942 die »totale Mobilmachung« erzwangen. Die Ernährung war großzügig rationiert, die Konsumindustrie im Vergleich zu anderen kriegführenden Ländern breit ausgelegt anstatt standardisiert wie in England. Man sprach von friedensähnlicher Kriegswirtschaft. Bohnenkaffee war knapp, aber es sollte in der Heimat nicht an Gemütlichkeit fehlen. Einem frühen Preisstopp widersprachen steigende Löhne, es blieb zunächst bei der Ein-Schicht-Arbeit (1940 noch 90 Prozent) und längeren Arbeitszeiten, bevor man zum Tag-und-Nacht-Rhythmus überging.

Dirigisten und Unternehmer arbeiteten trotz langatmiger Beratungskultur unter Wortführung von IG-Farben im systemgemischten Dritten Reich Hand gegen Hand. Göring, zu Zentralverwaltungssprüchen aufgelegt, bedrohte die Industriellen und schuf mit den Fabrikationsanlagen, die seinen Namen trugen, staatliche Modellbetriebe. Hitler ergänzte den Vierjahresplan schon 1938 durch einen »Wehrwirtschaftlichen Neuen Erzeugerplan«, danach durch den »Schnellplan für die Rüstungswirtschaft« – im Grunde lauter Leistungsappelle ohne nachhaltigen Effekt. Sozialisierung, zentral-planwirtschaftliche Herrschafts- und Zwangsstrukturen, wie sie sich unter Stalin jedenfalls in der Kriegskrise bewährten, hielt er für ungeeignet und in Deutschland undurchführbar. Nach seiner Vorstellung sollten kämp-fende Front und heile, sorgende Heimat voneinander geschieden bleiben. Hitler fühlte sich als gebranntes Kind; sein Instinkt gegen die totale innere Mobilisierung Deutschlands entsprang dem Trauma des November 1918, der Furcht vor einem Absacken oder gar Umschlagen der Stimmung im sozial sensiblen, bei allem Getöse irgendwie bequemlichen, nun fast besitz-proletarischen Reich.

Ein Gambetta, den er so bewunderte, war der *Führer* zuallerletzt. Die suggestive Frage »Wollt ihr den totalen Krieg« überließ er in der Schluss-phase dem Adlatus Goebbels. Einen großen, zehrenden, lang anhaltenden Krieg hatte er nicht im Sinn, im Gegenteil – er scheute ihn, denn er wusste, dass er ihn verlieren würde. Hitler wollte begrenzte, schnelle Kriege füh-ren – diese Schlussfolgerung drängt sich wiederholt auf und alle Kriege, einschließlich des Russlandfeldzugs, waren nach diesem Muster angelegt. Also, wuchtige Schläge, dann Frieden. Wenn unvermeidlich, aufeinander-folgende Schläge, dann zumindest mit Punktüberlegenheit und wieder Frie-den. Der Feind sollte möglichst ohne Kampfhandlung aufgeben, einlenken, dem Arrangement den Vorzug geben: Großbritannien und Frankreich nach Polen, Großbritannien nach Frankreich. Hitler wartete förmlich darauf. Die Hoffnung schien eine teure Tiefenrüstung mit langfristig und müh-sam aktivierten, großen personellen und materiellen Reserven, langfristiger Versorgung und nachhaltiger Ressourcenplanung zu ersparen. Feuille par feuille sollten die Gegner fallen, jeder mit sozusagen hingehaltener blasser Wange. Auf einen langen Krieg an mehreren Fronten indessen, wie er sich nach den nicht erwarteten britischen und französischen Kriegserklärungen, seit der Weigerung Churchills, 1940 einzulenken, und seit November 1941 vor Moskau abzeichnete, war die Wehrmacht nicht vorbereitet. Das heißt aber, neben Tiefenrüstung fehlte auch das Gesamtkriegskonzept, das sich Hitler für 1943 (Hoßbach- und Schmundtaufzeichnung) vorbehalten, aber nie vorgelegt hat.

Man sagt, der *Führer* habe seine Gegner politisch, insofern auch mili-tärisch unterschätzt. Das ist nur bedingt richtig und somit bedingt falsch. Erkennbar war eine politisch-rhetorische Übersteigerung bei Lageein-schätzungen und öffentlichen Auftritten. Wichtiger ist jedoch, dass es in Deutschland keine generalstabsmäßig ausgearbeitete, kontinuierlich von Zeitsituation zu Zeitsituation fortgeschriebene Aufmarschplanung gab wie im später zu schildernden russischen Fall, wie selbst in Frankreich, wie in den Rainbow-Plänen Roosevelts.

Von den Fehlern, die der deutschen Führung unterliefen, war dieser, fachlich betrachtet, der gröbste. Alles Denken und Handeln im Zusammenhang mit Krieg hatte sozusagen eine künstlerische, improvisierte Note. Der frühe Hitler'sche Genie- und Bohemienbetrieb kennzeichnet die Karriere. Die nie auszuschließende Konfliktausweitung in der Folge einer sich verselbstständigenden Dialektik des Kriegs blieb ausgeblendet. Seit Hitler in der Blomberg- und Fritsch-Krise von 1938 umsichtige Militärführer entmachtet und persönlich den Oberbefehl der Wehrmacht übernommen hatte – im Grunde aus Allergie gegen Widerspruch –, gab es im Oberkommando keinen professionell und selbstständig arbeitenden Generalstab mehr. Hitler traf Risiko- und Kriegsentscheidungen von Fall zu Fall aus der »Höhe« seiner Intuition. Richard Overy spricht von »Einmannshow«.[148]

Stärken und Schwächen der Wehrmacht

»Die deutsche Wehrmacht«, schreibt Richard Overy, »deren Ausrüstung jahrelang zunehmend mechanisiert und technisch verbessert worden war, galt als die modernste Streitmacht der Welt«.[149] Und der Militärexperte Martin van Creveld lehnt sich weit aus dem Fenster der Jerusalemer Hebrew-Universität, wenn er anmerkt: »Das deutsche Heer war eine vorzügliche Kampforganisation. Im Hinblick auf Moral, Elan, Truppenzusammenhalt, Elastizität war ihm wahrscheinlich unter den Armeen des 20. Jahrhunderts keine ebenbürtig.«[150] Die Urteile galten für den Beginn des Kriegs in Polen, für die Feldzüge in Nord- und Westeuropa 1940, die Eroberung des Balkans, die erste Phase des Russland-Feldzugs 1941, bedingt und abgeschwächt sogar für die Verteidigung gegen die überlegenen alliierten Invasionsstreitkräfte 1944 und, unter Beachtung des besonderen Abwehrmotivs, für die Rückzugsschlachten im Osten bis zu den Seelower Höhen und an der Elbe in der Endphase des Kriegs. Ein vollständiges, wirklich zutreffendes Bild liefert es jedoch nicht. Bei aller operativen Überlegenheit, die Schlachtfelder beherrschte, überwogen doch Defizite die Vorzüge, die vor allem in der angelsächsischen Kommentierung des Gegners gern hervorgehoben werden, um den Endsieg der eigenen Waffen im Ruhm erglänzen zu lassen.

In der Masse überlegen, in der operativen Kunst spätestens Ende 1942 ebenbürtig stand die Rote Armee da, wenn auch entsetzlichen Zwangsdrangsalen unterworfen; danach folgt in der Rangskala zeitversetzt die israelische der Kriege von 1967 und 1973. Mehr als technische Vorzüge oder Mängel wiegt in allen Kriegen die «Dynamisierung des Bewusstseins» (Hans-Ulrich Thamer),[151] was die Japaner »Bushido«, das Durchdrungensein von der Aufgabe bis zur Selbstaufopferung, die Finnen »Siso« nennen.

Das alles würde aber nicht ausreichen, gäben nicht Ausbildung, taktische Führungskunst und treffende strategische Entscheidungen in vorteilhaften, kritischen und verzweifelten Situationen der Truppe Form und Halt. Vergleicht man diese allgemeinen Gütekriterien mit den letztlich ausschlaggebenden Qualitäten der politischen Führung, mit der Fähigkeit, souverän über das Instrument des Kriegs und der Rüstung zu verfügen, erscheint die deutsche Wehrmacht als Produkt in anderem, nun nicht mehr ganz so günstigem Licht.

Die strategischen Niederlagen von Dünkirchen und im Luftkrieg 1940 drangen nicht ins Bewusstsein der deutschen Führung ein. Dass sie durch unkoordinierte Rüstungspolitik, Frühstart des Kriegs, im Doppelsinn blendende Einzelerfolge und pures Glück wie im Skandinavienfeldzug und Durcheinander in den obersten Befehlsstrukturen verursacht waren, ging im Triumph der französischen Kapitulation und im Rausch der Sondermeldungen des bis 1942 erfolgreichen U-Boot-Kriegs unter. Stalins Kritik an der deutschen »Arroganz« am 5. Mai 1941 griff nicht daneben.

Als die Folgen jenes Wahrnehmungsfehlers nach der Vernichtung der sowjetischen Armeen in Westrussland, dem letzten, trügerisch zu nennenden Initialerfolg, brutal zutage traten, war es zu spät. Die Versäumnisse waren nicht mehr aufzuholen. Trotz Talent und Fantasie besaß Hitler nicht die Fähigkeit des wirklich großen Feldherrn, das Gewissen zu erforschen und sich selbst zu erziehen. Von da an lag die Initiative bei der Roten Armee und den Amerikanern.

5. Sowjetunion

Die Sowjetunion wurde im Krieg gezeugt, im revolutionären Bürgerkrieg geboren und wuchs über die Klüfte einer halsbrecherisch forcierten Schwerindustrie und eines schier wahnwitzigen Systemterrors hinweg bis 1941 zur quantitativ stärksten Militärmacht mit offensiver Doktrin auf. Als die zaristische Autokratie im Weltkrieg ihren Atem aushauchte, war klar, dass es mit einem Staffagenwechsel, wie er zur Kriegsniederlage gehört, nicht abgehen würde. Die Anhäufung von Schlägen an den Fronten, widerläufige Revolutionen und der Bürgerkrieg von 1917 bis 1920 bildeten eine der verheerendsten Epochen in der russischen Geschichte, vergleichbar mit dem Mongolensturm im 13. Jahrhundert und den Adelsfehden des 17. Jahrhunderts.[152]

Weltbewegendes ereignete sich. Nicht allein um Anhänger und Gegner des Oktoberumsturzes ging es, um »Weiß« oder »Rot«, sondern um eine diagonale Explosion des riesigen Vielvölkerreiches unter Mitwirkung der Kriegsmächte von 1914: der Kaiserlichen deutschen Armee in Weißrussland und der Ukraine bis zum Kaukasus, der Tschechoslowakischen Legion von Sibirien bis Samara an der Wolga, der Briten und Franzosen, die auf der Krim im November 1918 an die Stelle der im Westen niedergebrochenen Deutschen traten, der Briten und Amerikaner in Murmansk und Wladiwostok, der Japaner in Sibirien. Insgesamt intervenierten in Russland 14 Staaten mit Mannschaft, Waffen, Geld – die einen mit dem Ziel, die russische Front gegen Deutschland wiederaufzurichten, die anderen mit der Absicht, das bolschewistische Regime zu ersticken. 1919 setzte Polen zur Rückeroberung der westlichen Ukraine und Weißrusslands an.

Von allen Seiten wurde das Erbe des Zarenreiches bedrängt und beschnitten, auch Beutegier war ein Motiv. Im März 1918 hatte Lenin den Frieden von Brest-Litowsk mit Deutschland, Österreich-Ungarn, der Türkei und Bulgarien akzeptiert, letztlich um seine Sache zu retten. Dass der Waffenstillstand von Compiègne zwischen Deutschland und der Entente den erzwungenen Vertrag im November 1918 außer Kraft setzte – 1919 wurde er annulliert –, nutzte der Revolution für den Augenblick nichts. Aus den russischen Wunden floss noch viele Monate Blut in Strömen.

Profil der Roten Armee

Doch inmitten des Chaos beginnt die sowjetische Militärgeschichte – dem bedeutenden zaristischen Kapitel ein furioses, ruhmreiches, revolutionäres hinzufügend. Die fremden Detachements konnten den Sieg der Weißen Generäle Koltschak, Denikin und Wrangel nicht befördern, weil zum einen den Westmächten die Entschlossenheit fehlte, nach dem Weltkrieg einen großen antibolschewistischen Krieg zu führen, und zum anderen es den Konterrevolutionären nicht gelang, aus den ressourcelosen Außenpositionen nach Zentralrussland vorzustoßen und Moskau und Petrograd zu nehmen. Hier versagte eine Strategie.

Auf der anderen Frontseite vollzog sich während des Revolutions- und Interventionskriegs eine militär-organisatorische Rückverwandlung der schwachen Roten Garden und Milizen vom Typ der levée en masse der französischen Revolution und der Pariser Kommune von 1871 in eine erneuerte, kampffähige russische Armee unter der eisernen Hand des Kriegskommissars Leo Trotzki. Um zu siegen, benötigte man professionelles Kampfformat. Mit Zustimmung Lenins holte Trotzki von Mitte 1918 an rund 70 000 zaristische Offiziere und 215 000 Unteroffiziere zurück in den Dienst – damit werde die Belastung der Gefängnisse verringert, merkte er an. Sie nahmen Dreiviertel der höheren Ränge in der Roten Armee ein, ideologisch bewacht von bolschewistischen Kriegskommissaren, bedroht mit Sippenhaft, angefeindet von der radikalen »Militäropposition«, zu der neben dem Rotgardisten-Kommandeur Kliment J. Woroschilow auch Stalin zählte. Aber die Offiziere kommandierten das Heer, das unter der Wiedereinführung der verpönten Wehrpflicht Breite gewann und Erfolge verzeichnete. Militärische Leistungsfähigkeit stach die revolutionäre Gleichheit aus. Trotzki nannte die alten Offiziere – nach Jahren meist jung – »Militärspezialisten« und sah keinen Ersatz für sie: Es gebe ja auch keine »proletarische Baustatik«.

Die Rote Arbeiter- und Bauernarmee konnte aber auch auf Militärführer rekurrieren, die sich schon 1917 der Revolution zugewandt hatten. Michail W. Frunse schlug die weißen Truppen Koltschaks und v. Wrangels, der Don-Kosake Semjon M. Budjonny besiegte Denikin, der servile Woroschilow machte an der Seite Stalins die steilste Karriere von allen. Michail N. Tuchatschewski verteidigte 1920 den revolutionären Staat gegen die angreifenden Polen und stieg zum jüngsten Marschall der Sowjetunion auf, bevor der Woschd ihn 1937 als »Verräter« foltern und hinrichten ließ.

Der schnelle Aufwuchs der Massenarmee auf fünf Millionen Soldaten, die Lenin für erforderlich befand, um die Gegenrevolution buchstäblich niederzutrampeln, hatte jedoch einen furchtbaren Preis. Vor allem die gezogenen Bauern desertierten en masse, Millionen 1919, Millionen 1920. Die Zwangsrekrutierung artete in Terror aus, zum Krieg gegen das Dorf, der lange nicht enden sollte. Die Soldaten hatten keine Schuhe, zu wenig Munition, 30 Prozent litten unter Typhus, es gab keine Lazarette. »Sie marschieren wie Sandsäcke«, mokierte sich Lenin. Die einen zogen marodierend durch das »Russland der Ikonen und Kakerlaken«, andere töteten Juden, von denen viele Politkommissare waren, andere lernten Lesen, schreibt der britische Historiker Orlando Figes.[153]

Nach dem Sieg der Revolution war eine solche Armee nicht mehr von Nutzen, nur noch Kosten- und Sicherheitsrisiko. Von 1923 an wurde die Millionenmasse auf 550 000 Mann zurückgeführt – ein Viertel der Gezogenen ging in die feste Konsistenz eines 26 Divisionen starken stehenden Heeres über, um dessen Professionalisierung sich acht Militärakademien und 150 Militärschulen mühten, während der Rest nach kurzer Milizausbildung in sogenannten Territorial-Divisionen zur mobilisierbaren Reserve zählte. Das war der Beginn der Armeereform unter Michail W. Frunse, während das enorm beschleunigte Industriewachstum mit Beginn der Fünfjahrespläne 1928/29 die Ausrüstung der Streitkräfte von Grund auf veränderte und in den folgenden Jahren eine rapide Modernisierung erlaubte. Bei einer jährlichen realen Zunahme von mindestens neun Prozent erreichte die sowjetrussische Wirtschaft trotz aller Produktivitäts-, Qualitäts- und Rationalisierungsmängel bis 1937 einen Anteil von 13,7 Prozent an der Weltproduktion.[154]

Das Gewaltprogramm der Grundstoff- und Schwerindustrie erdrückte die Leicht- und Nahrungsmittelproduktion, führte zum Rückgang der Landwirtschaft unter dem parallelen Gewaltprogramm der Kollektivierung und Kulakenvernichtung, die den ersten großen ideologischen Säuberungsfeldzug der Stalin-Ära darstellte. Rationale Vorhaben wie das »Hinüberpumpen« agrarischer Ressourcen in die Industrie gerieten in den Wirbel der Klassenfeindschaft gegen bäuerliche Individualwirtschaft, die der »Kulak«, der »mittlere« Bauer mit Gesinde, Gerät und Vieh repräsentierte. Von den mehr als sechs Millionen Haushaltspersonen dieser Schicht wurde die Masse deportiert, in Konzentrationslager geworfen oder ermordet. Die Zahl der Todesopfer summiert sich mit den Toten der folgenden Hungersnöte bis 1934 auf fünf bis zehn Millionen: ein Vorgeschmack auf Maos Großen Sprung nach vorn mit der Stahlproduktion im Bauerngarten und dem großen Hunger 1959–1961.

Der exzessartige innere Widerspruch stand zudem in zwanghaftem Zusammenhang mit dem Antagonismus zur Außenwelt. Stalin, wie vor ihm Lenin, sah den ersten sozialistischen Staat, durchaus nicht zu Unrecht, von einer feindseligen imperialistischen Welt umgeben, mit der es auch deshalb keinen Frieden geben konnte, weil gerade sie zum Ziel der Gewaltmission der eigenen axiomatischen Ideologie ausersehen war. Lenin hatte in geschichtspolitischem Überschwang angenommen, der Sozialismus werde angesichts der Ungleichmäßigkeit der ökonomischen und politischen Entwicklung des Kapitalismus vom einen auf das andere Land überspringen, mithilfe des siegreichen Proletariats »den Aufstand gegen die Kapitalisten entfachen und notfalls sogar mit Waffengewalt gegen die Ausbeuterklassen und ihre Staaten vorgehen«.[155] Aber als sich die Chance zum revolutionären Durchbruch in gleich zwei Schüben zu bieten schien, 1918–1923 in Deutschland, im vorteilhaftesten Lichte jedoch schon im Krieg mit Polen 1920,[156] versagte der Weltgeist die Komplizenschaft.

Hochrüstung und Angriffsdoktrin

Das doppelte Scheitern hatte macht- und revolutionspolitischen Wendecharakter. Noch im April 1924, drei Monate nach Lenins Tod, hatte Stalin die Ansicht vertreten, für einen Sieg des Sozialismus genügten die Anstrengungen eines einzelnen Landes, zumal eines Bauernlandes wie Russland, nicht. Da er aber dem Wirken des Weltgeistes weniger vertraute als Trotzki und

viele andere Anhänger Lenins, verkündete er wenig später das Gegenteil:
Die schöne neue Welt erfordere eisernen Boden, den Primat des nationalen
schwerindustriellen Aufbaus und des unbedingten Gehorsams der Kommunistischen Internationale (Komintern) im Dienste der Sowjetunion.[157] Folgerichtig räumte er im ersten Fünfjahresplan von 1928 der Rüstungswirtschaft absoluten Vorrang ein und lokalisierte die Fabrikation zur Vorsicht
gleich doppelt: in Westrussland und von 1938 an gezielt östlich des Urals,
außerhalb des gegnerischen Zugriffs.

Die Ingenieurskunst galt der Produktion von Angriffswaffen auf der Folie offensiver Militärdoktrin und der für ihre Zwecke entworfenen Strategie
der »Tiefen Operation« auf dem Territorium des Feindes. Gleichviel, ob die
Regeln dem russischen Patrimonium dienten oder der Revolution – sie erforderten militärische Übermacht in moderner, bezwingender Form. Für das
sowjetische Russland war der Rückgriff auf das Verfahren des zaristischen
Feldmarschalls Kutusow im napoleonischen Krieg 1812/1813 unakzepta-
bel. Den Feind durch strategische Rückzüge in die Tiefe des eigenen Landes
zu locken und ihn dort, von weiten Nachschubwegen benachteiligt, durch
Verluste und Verschleiß ermattet, aufzureiben, vertrug sich nicht mit der
sozialistischen Entwicklung des Landes. Defensive hieß daher Offensive[158]
und dieses Prinzip setzte den Schwerpunkt der Rüstung auf Panzer, Artillerie und Flugzeuge, operativ auf raumgreifenden Angriff mittels hoher
Mechanisierung, zügiger Bewegung und Luftlandeoperationen, strategisch
auf die Vernichtung des Feindes bei möglichst geringen eigenen Verlusten.

1934 betrug die Stärke der regulären Truppen eine Million Mann mit
5000 Panzern, die nach britischen und amerikanischen Modellen gebaut
waren. 1935 verfügte die Rote Armee über mehr als 7000 Kampfflugzeuge
aus laufender Massenproduktion. Das Rüstungswachstum stieg steil an, die
Jahre darauf brachten eine Vervielfachung der Armee und ihrer Bewaffnung.
Die Steigerung bedeutete Stärkung – obwohl voneinander abweichende
Zahlenangaben irritieren, technische Mängel die operationelle Qualität
minderten, zudem die Fusion der zunächst getrennt gehaltenen kleinen qua-
lifizierten, technisch gut ausgestatteten Hauptstreitkräfte mit der großen
Territorialarmee aus der Masse der Dienstverpflichteten zu einer einzigen
Streitkräfteorganisation zwischen 1935 und 1939 enorme Schwierigkeiten
bereitete. Die Integration der weitgehend illiteraten, infolge der Säuberungen auf dem Lande demotivierten Bauerntruppe mit eingefressenen Spannungen zwischen Mannschaften und Offizieren bildete ein Handicap für
die Modernisierung und den Umgang der Truppe mit modernem Gerät.[159]
Dennoch registrierte der spätere deutsche Panzergeneral Heinz Guderian
nach Inspektionsreisen in die Sowjetunion 1932 und 1933, hinsichtlich der
Motorisierung befinde sich die Rote Armee an der Spitze aller Armeen.[160]

Alle Elemente der kollektiven Führung aus der Revolutionszeit waren
Mitte der 30er-Jahre der straffen Befehlshierarchie gewichen. Die Grundsätze zur Führung einer »Tiefen Operation« wurden Inhalt der nicht hin-
terfragbaren Felddienstordnung und Manövergrundlage. Den noch am
Weltkrieg orientierten westlichen Armeen lag diese Operationsführung
weit voraus. Schon seit 1932 gab es selbstständige Panzerverbände und
mechanisierte Korps im Verbund mit der Luftwaffe. Ein mechanisiertes
Korps bestand aus nahezu 500 Panzern, zwei mechanisierten Brigaden und
einer Schützenbrigade. Die Zwischenbilanz der doppelten Industriebasis,
die großzügige Zuweisung von finanziellen Mitteln, Produktivkräften und
Material und die rücksichtslose Mobilisierung aller Ressourcen ließ darauf
schließen, »dass sich die Sowjetunion spätestens seit 1930 auf die Führung
eines Angriffskriegs vorbereitete«.[161]

Doch dann brach in den Aufschwung jener Terror ein, den die einen
Betrachter für die gesellschaftsgesetzliche Häutung extremer Erneuerungs-
Diktaturen halten, andere für eine Paranoia des um seine Alleinherrschaft
besorgten Stalin. Dezimierende Schläge trafen den 1935 zum Generalstab
aufgewerteten Stab der Roten Armee und die Führungen der Militärakade-
mien, der Woroschilow-Generalstabsakademie zur Fortbildung avancierter
Offiziere in der operativ-strategischen Kunst und der schon 1925 gegrün-
deten Frunse-Akademie, die sich jetzt mit der taktischen und operativen
Ausbildung mittlerer Offiziersränge beschäftigte. Im Februar 1939 wurde
Generalstabschef Alexander I. Jegorow hingerichtet.

Die volle Bedeutung des Gewaltaktes gegen die militärische Spitze er-
schließt sich mit der Erinnerung, dass der 1701 unter Peter d. Großen ein-
geführte Generalstab – unter dem Namen »Hauptstab« – von 1890 an
nach dem preußischen Muster ausgerichtet wurde, was prinzipiell bis heute
gilt. In dieser Institution, die auf der Grundlage intensiver Studien und Erfahrungen das strategisch-operative Planen und Führen von Kriegen mit
Einzelelementen wie Kriegstheorie, militärische Topografie, Kommunikation und Feindaufklärung, Mobilisierung, Waffenauswahl, technische Versorgung und Logistik, schließlich mit dem Training des nachgeordneten
Kommandopersonals zur Gewährleistung maximaler Kampffähigkeit der
Truppe in Abstimmung zu bringen hat, ragt eine entscheidende preußische
Besonderheit heraus: Der Generalstabsoffizier nimmt bei der Zusammenarbeit mit dem Generalstabschef nicht einfach Befehle entgegen, sondern
trägt durch konstruktive Vorschläge und Kritik persönlich zur Förderung
des Ganzen bei. In der Rolle des militärischen Kabinettsmitglieds kann er
sich auf den ausgebliebenen Befehl des Chefs nicht berufen, sondern hat
Eigeninitiative an den Tag zu legen. Sie endet erst, wenn der Vorschlag zu-
rückgewiesen worden ist, und beginnt mit dem nächsten Thema erneut.[162]

Die Natur der Selbstverantwortlichkeit war es wohl, die Stalins knapp
unter der Haut liegendes Misstrauen reizte und nun Ziel seines terroristischen Furors wurde. Die Säuberung zertrümmerte den Nukleus militärischer Kompetenz. Und in den B-Teams der Stäbe, in die Reservisten
gleich nachrückten, war es mit der kreativen Vertrauensbeziehung, wie sie
die Elite des Generalstabs und die Verbindung zwischen Kommandeuren
und ihren Stäben kennzeichnete, vorbei. Niemand wagte es mehr, sozusagen preußisch seine Kompetenz ins Spiel zu bringen, sondern wartete
unpreußisch auf Befehle, sodass der Leistungsgrad der Institution abfiel.
Die Versetzung technisch begabter Militärangehöriger in die ebenfalls »ge-
säuberte« Rüstungsindustrie riss zusätzliche Lücken in die Führungs- und
Schulungskapazität.

Der Umgang mit neuen Kriegstechniken aus den dampfenden Rüstungs-
schmieden, Ausbildungsstand der Rekruten und taktische Eigenständigkeit,
wie sie zum System verbundener Waffen im Gefecht hinab bis zur kleinen
Einheit gehört, blieben hinter den Ansprüchen zurück. Die Erholung von
einem solchen brutalen Schlag auf den Nervenpunkt eines traditionellen,
sensiblen Bildungs- und Findungssystems nimmt lange Zeit in Anspruch. So
merkwürdig es klingt – ganz unwahrscheinlich ist es nicht, dass Stalin 1938
seinen Verteidigungskommissar Kliment Woroschilow gefragt hat: »Klim,
hast du noch Leutnants, die Divisionen befehligen können«?[163]

Verwirrendes geschah. Streitkräfte- und Waffenvermehrung liefen zwar
»automatisch« im Großformat weiter. Doch im November 1939 wurden
die selbstständig operierenden Panzerkorps aufgelöst, jene Speerspitze im
modernen Waffenverbund, und durch motorisierte Divisionen und kleinere
Panzerbrigaden ersetzt. Selbst die Schriften über die Tiefe Operation, auf
Tuchatschewski und andere zu Tode terrorisierte Strategen zurückreichend,
verfielen dem Zensor. 1940 jedoch, nach dem Studium vor allem des deutschen Frankreich-Feldzugs, wurden die mechanisierten Korps wieder eingeführt, zunächst neun mit jeweils 1000 bis 1200 Panzern, nach deutschem
Vorbild in zwei Panzerdivisionen und eine mechanisierte Division gegliedert, während für das folgende Jahr 21 weitere in Aussicht genommen waren. Die Offensiv-Doktrin mit der rückhaltlos nach vorn orientierten Dislozierung der Armee erlebte eine Auferstehung.

Obwohl es der Zähigkeit russischer militärischer Begabung gelang, die
terroristische Verwundung schneller zu überwinden, als viele Experten –
heute noch – annehmen, legte Stalin selbst noch 1940 ein fast komisches
Zeugnis für die Folgen seiner Tat ab. Nach einer Militärparade am 7. November auf dem Roten Platz überfiel er seine Vertrauten mit dem Vorwurf,
sie kümmerten sich nicht um die Lehren des Kriegs mit Finnland, die Lehren des Kriegs in Europa: »Niemand von euch denkt auch nur im Gerings-

ten darüber nach. Ich stehe allein da ... Ich kann doch lernen, lesen, jeden Tag Acht geben; warum könnt ihr das nicht tun? Ihr lernt nicht gern, lebt selbstgefällig dahin, gebt das Erbe Lenins mit beiden Händen aus ... Ihr hört mich an und alles bleibt beim Alten. Aber ich werde es euch zeigen, wenn mir der Kragen platzt – Ihr wisst schon, wie ich das kann. Ich werde auf die Fettwänste eindreschen, dass es nur so kracht.«[164]

V. KAPITEL

BITTERNIS UND STÄRKE –
STALINS TERROR UND
KRIEGSBEREITSCHAFT

Die Frage unseres Themas lautet: Schwächten die bolschewistischen Säuberungen, der terroristische Furor Lenins und Stalins, die Unterwerfung von Millionen Bauern, Schauprozesse gegen die Parteielite, Massenrepression, last not least das Blutgericht über die höheren Ränge der Roten Armee die Kräfte Russlands, wie man im Westen seinerzeit annahm? Hätte also 1940 ein begrenzter Krieg der Westmächte ihren schnellen Zusammenbruch bewirkt und die Zusammenarbeit mit dem Deutschen Reich beendet? Oder hätte ein Angriff mit unzureichenden Kräften, wie ihn die Franzosen und Briten planten, das genaue Gegenteil bewirkt, den deutsch-sowjetischen Pakt gestärkt, die Sowjetunion vollends auf Hitlers Seite gezwungen und dem Krieg eine völlig neue Wendung gegeben?

Dieselbe Frage stellte sich 1941 erneut. War die Sowjetunion immer noch zu geschwächt, um den deutschen Ansturm auf die Breite des russischen Aufmarsches an der Demarkationslinie des Nichtangriffs- und Freundschaftspaktes auffangen zu können? Traf die Attacke mitten in die noch schwärende Wunde der stalinistischen Verfolgungen? Oder – horribile dictu – hat der jahrelange Terror mit dem Zenith im Jahr 1937 das Land wie eine harte Kur gestärkt, fügsam gemacht, von Gegenbewegungen gegen die Diktatur befreit, jeden Ansatz einer Fünften Kolonne zerschmettert?

Es verbietet sich, zu sagen, Stalin habe mit seinem Maßnahmenkrieg gegen tatsächliche und mögliche Opposition richtig gehandelt. Aber dass er russisch gehandelt, mit allen Mitteln das Chaos der Revolution beendet hat, ist wohl nicht zu leugnen. Es ging beim Großen Terror nicht um den Kampf gegen »fremdes Blut« und dessen »vergiftende Wirkung«, sondern im Kern um die Eliminierung der eigenen Vergangenheit, des differenzierten Sozialaufbaus, des individuellen Sozialverhaltens und des unabhängigen Denkens, generell also um die Verwandlung von Vielfalt in Eindeutigkeit.

Nach Darstellung Gerd Koenens verfuhren die Sowjets dabei in den Zeiten Stalins nahezu schrankenlos, ließen keinen Lebenszusammenhang, keine Einzelperson aus. »Schädling« oder »Feind des Volkes« konnte buchstäblich jeder werden. »Jede soziale Schicht, jede Berufsgruppe, jede Nationalität, jede religiöse oder sonstige Gemeinschaft wurde auf irgendeine Weise gespalten, atomisiert, radikal umgestaltet oder ›liquidiert‹.«[1]

Der stalinistische Terror, der mit der Ermordung des Leningrader Parteichefs und »engsten Freundes« Stalins, Sergei Mironowitsch Kirow, begann, war bestbekanntes Ereignis in der damaligen Welt, worüber nur in Tönen der Verachtung und des Entsetzens gesprochen wurde. Die Sowjetunion galt nach allgemeinem Dafürhalten als instabil und von Strömen der Gewalt durchzogen. Das eine muss dem anderen nicht widersprechen. Der Mord, unaufgeklärt wie vieles, glich einem Paukenschlag.

Worum handelte es sich bei diesem außerordentlichen Phänomen, diesem ungeheuren, zehrenden Kraftakt?

1. Fünf Prämissen der Betrachtung

Die Antwort darf nicht in kontrafaktischen Spekulationen hängen bleiben, sondern soll die Geschehnisse der Zeit erklären. Dabei sind fünf Prämissen zu beachten.

Erstens. Die Diktatur galt im politischen Denken der ersten Hälfte des 20. Jahrhunderts als legitime Staatsform. Sie wurde noch nicht, wie in der späteren Totalitarismustheorie, als Gegensatz zur Demokratie wahrgenommen, sondern geradezu als zeitgemäße, die Konsequenz aus der Kriegserfahrung ziehende Variante der Volksherrschaft, als Demokratie von unten.[2]

Zweitens. Die Verklärung der Gewalt war ein allgemeineuropäisches Phänomen und George Sorel (1847–1922) nicht der Einzige, der die Lichteffekte dieser Verklärung in seinem Werk einfing, wohl aber ein wirkmächtiger. Der Essay Über die Gewalt schildert eine Welt, in der es stets um Untergang oder Rettung, um Kampf – sentiment de lutte –, um nützliche Anwendung von Gewalt für den Machterwerb, heroische Tat und Manifestation eines Mythos geht. Sorel verachtete Terror und jakobinische Politik, gab jedoch mit allem, was er sagte und wie er das politische Spektrum seiner Zeit von links nach rechts und umgekehrt durchmaß, einen Begriff von der Brüchigkeit der zivilisierten politischen Verhaltensnormen, ihrem leichten Überschlag in massive, voluntaristische Herrschaft, die auch im Erzengelsgewand der Heilsverheißung daherkommen konnte.[3]

Drittens. Die 30er-Jahre waren die Zeitachse einer Weltkrise, die in Krieg mündete.[4] Während Stalin den Sozialismus im eigenen Lande konsolidierte, schlitterte die antipodische Welt, von den USA ausgehend, in eine beispiellose Wirtschaftskrise. War die Weltrevolution des Kapitalismus gescheitert wie vor ihm die Weltrevolution des Sozialismus? In Italien feierte der Faschismus Erstgeburt. In Ostmittel- und Südosteuropa entstanden Königs-, Präsidial- und Militärdiktaturen. In den Zentralstaaten des Festlandes setzte die Atemnot des demokratischen Parteienstaates ein – in Deutschland zunächst in Form eines auf Notverordnungen gestützten Präsidialregimes, schließlich in Form der Koalitionsregierung Hitler-Hugenberg; in Frankreich in Gestalt der Volksfront unter Duldung der Kommunisten. Paris wich vor der Intervention in den Spanischen Bürgerkrieg zurück, London ließ sich vom Primat seiner imperialen Interessen leiten, Washington verharrte in isolationistischer Befangenheit. Japan nahmen die Mandschurei und setzten zur Eroberung Chinas an, Italien führte Kolonialkrieg in Abessinien, das Deutsche Reich inkorporierte Österreich und das Sudetenland, zerschlug 1939 die Tschechoslowakei. Im Staccato der Gewalt schien zunächst kaum aufzufallen, dass Stalin sein Land in den Kriegskommunismus zurückführte, in die Revolution des Terrors.

Viertens. Viele der Heutigen begegnen der frühen Sowjetunion als terra incognita, wozu der Kalte Krieg von 1947 bis 1990 beigetragen haben mag. Er war eine schlechte Geschichtsstunde, vereinfachte und überformte das Gewesene zugunsten des in überdimensionierter Gestalt hervortretenden Bedrohlichen, wie es in modernen atomaren Spannungsfeldern geschieht. Als Imperium endete die Sowjetunion an früh eingetretener Altersschwäche, einem Lebensüberdruss an Sozialismus und exorbitanter Rüstung. Sie erstickte an Kanonen. Man spricht von Gorbatschow, der einfach aufgab und dessen Sowjetunion im gewachsenen Westen der Zeit auch niemand ernsthaft vor dem Ruin zu retten trachtete.

Fünftens. Vergleiche zwischen Hitler und Stalin sind zulässig, mehr noch, erforderlich, um Übereinstimmungen und Unterschiede festzuhalten. Die quotenregulierte Menschenvernichtung des sowjetischen *Woschd*, der Kommissarbefehl und die konsequente Ermordung der europäischen Juden, die man dem deutschen *Führer* seit 1941[5] anlastet – sociological cleansing und genetic makeup –, müssen auf die Waage.[6] Die Taten sind prominente Merkmale einer Vernichtungspolitik, begründen zugleich »verwandtschaftliche« Beziehungen zwischen den Diktatoren, die sich zu einer hohen Beispielsumme sammelten.[7]

2. Operation an der Seele Russlands

Jede Revolution, das gilt es grundsätzlich festzuhalten, ist ein »Schwarzer Schwan«[8] (Nassim Nicholas Taleb): Sie liegt außerhalb des Bereichs der regulären Erwartungen und findet im Nachhinein Interpretationen, die sie in Zukunft voraussagbar machen sollen. Diese Voraussagen trügen. Revolutionen entwerfen eine wunderbare utopische Welt, sind selbst aber gänzlich unberechenbar. Aus diesem Widerspruch bietet Terror eine Ausflucht: Ihm geht es um Eindeutigkeit[9] – Kunstprodukt wie die Rationalität der Aufklärung.

Der unrevidierbare Kern: Die Sowjetherrschaft ging aus vielfältigen Formen der Gewalt hervor und lebte unter deren Gesetz. Das Russland der Oktoberrevolution von 1917 (erst seit Dezember 1922 UdSSR, Sowjetunion) sah sich als Arena eines menschenfressenden Bürgerkriegs, als Kampfobjekt intervenierender Mächte, zugleich als Avantgarde der Geschichte, Subjekt der weltrevolutionären Mission Lenins, welche die Proletariate aller Länder wie selbstverständlich auf ihrer Seite wähnte. Man glaubte sich von ehernen, »wissenschaftlich« gewährleisteten Verlaufsgesetzen getragen, während in Wirklichkeit alles auf dem zersprungenen Fundament des Zaren-Staates mit zentrifugalen Nationalitäten, botmäßig-korrupter Orthodoxer Kirche und gleichsam interstellarer sozialer Distanz zwischen oben und unten ruhte.

Die Hauptbewegung der russischen Revolution beschrieb eine ballistische Kurve von der globalen Heilserwartung bis zum Aufschlag in der staubigen nationalen Isolation. Die Proletariate erhoben sich nicht, weder in Polen noch in Deutschland, wo man es unbedingt erwartet hatte. Aus tiefster Enttäuschung erwuchs ein Richtungsstreit, der leninistisch-trotzkistisch-stalinistische Konflikt um die Priorität des revolutionären Ortes, Russland oder die Welt, der von vulkanischer Unruhe um den Bestand der bolschewistischen Herrschaft begleitet war.

Die leninistisch-stalinistische Führung hatte für das repressive Vorgehen eine Reihe plausibler Gründe: die verbreitete antibolschewistische Haltung der überwältigend großen bäuerlichen Bevölkerung, blutige Aufstände vorwiegend in der Ukraine, in Westsibirien und den Wolgagebieten, partisanenhafte Umtriebe, produktionslähmende Sabotage, Verrat, eine gefährlich anmutende Opposition aus diversen Sterndeutungen Lenins. Nachfolgegefechte spalteten die Partei, bedrohten das Zentrum, die Führer. Die Erscheinungen lassen sich zum Teil aus kommunistischer Machtergreifung und Bürgerkrieg herleiten, aus dem wirtschaftlich-sozialen Zusammenbruch Russlands 1914 bis 1925, nahmen aber ständig neue, komplexe Gefahrennatur an und erzeugten unter der Nomenklatura Wirbel des gegenseitigen Misstrauens.

Stalin und seine Entourage verstärkten nach der Ermordung Sergej Mironowitsch Kirows, des renommierten Parteisekretärs von Leningrad 1934, die Mutmaßung verräterischer trotzkistischer und faschistischer Zentren in der Partei, die bis in die Ära Lenin und die Folgejahre zurückreichten. Die Partei-Opposition, die es tatsächlich gab und durchaus beunruhigen konnte, für viele ihrer Vertreter jedoch nur noch ein Gegenstand der biografischen Rückschau war, lieferte den Stoff für drei große zentrale Schauprozesse (und ihre regionalen Imitationen) einschließlich der physischen Eliminierung maßgeblicher Teile der Lenin-Elite.[10] Erzwungene, nach außen hin demütige »Geständnisse« zauberten schließlich die idée fixe massenverbreiteter Illoyalität hervor, die Stalin zur terroristischen Großoperation gegen weite Teile der Bevölkerung veranlasste. Man könnte, einen ökonomischen Begriff beanspruchend, von einem sich selbst tragenden Terror sprechen.

Aleksander Wat, der polnische Schriftsteller, der in seinen »Erinnerungen« mehr intimes Wissen über den Osten ausbreitet, als zwei Buchdeckel anscheinend zu fassen vermögen, schreibt nichts über das Entsetzen Stalins, als sich inmitten des manifesten Terrors die Russen bei der Volkszählung von 1937, bei der auch nach der religiösen Zugehörigkeit gefragt wurde, immer noch zwei Drittel der Landbevölkerung und ein Drittel der Stadtbevölkerung zur Orthodoxie bekannten.[11] Aber Wat war sich bewusst, dass es beim Kommunismus im Grunde um die Externalisierung des Menschen ging. »Der Kommunismus ist ein Feind der Internalisierung, ein Feind des innerlichen Menschen. Wenn wir linksgerichtete Sympathien hatten, in den Kommunismus verliebt, davon fasziniert und betört waren, dann lag das ja auch daran, dass wir das Trügerische und Gefährliche der Internalisierung erkannt hatten. Aber heute wissen wir, wozu die Externalisierung führt, die innere Abtötung des Menschen, denn das war ja das Wesen des Stalinismus. Das Wesen des Stalinismus ist die Vergiftung des inneren Menschen im Menschen ...«

»Das ist ein Standpunkt, gewiss, man kann dazu 100 verschiedene Standpunkte haben«, schreibt Wat weiter, »aber eine Sichtweise, nämlich die des Stalinismus als Abtötung des inneren Menschen, erscheint mir ganz zutreffend. Und was die Sophisten auch sagen mögen, was die kommunistischen Intellektuellen auch lügen mögen – auf diesen Punkt lässt sich alles zurückführen. Um die Grundgebote des Kommunismus in der Seele zu verankern, muss man den inneren Menschen abtöten.«[12]

Ein letztes sicheres Merkmal des stalinistischen Terrorismus sei hinzugefügt: »Gefangenschaft, Willkür, Hohn und Hunger wären ungleich leichter zu ertragen gewesen, wenn nicht der Zwang bestanden hätte, sie Freiheit,

Gerechtigkeit und Wohl des Volkes zu nennen«, schreibt Wat. »Die traditionellen oder einfach logischen, natürlichen Verbindungen zwischen den
Namen und den Dingen, den Fakten wurden dem Individuum genommen,
sie wurden global enteignet, ein für alle Male verstaatlicht, damit jedes
Wort nach Gutdünken des Usurpators aller Worte, aller Bedeutungen und
Dinge jedes Ding bezeichnen konnte ... Es hat in düsteren Epochen schon
Ansätze und Versuche dieser Art gegeben, aber dies war das erste Mal in
der Geschichte, dass in so kolossalem Umfang, in solchem Tempo und mit
solcher Logik eine polizeiliche Umschmiedung der Seelen vorgenommen
wurde ... Junge Enthusiasten sangen begeisterungstrunken: ›Ich kenne kein
zweites Land, wo der Mensch in solcher Freiheit atmet‹, während ihre Väter
in den Lagern verrotteten.«[13]

Ein Volk, schreibt Orlando Figes, wurde zum »Flüsterer«.[14]

Die gescheiterte Levée: Die Weltrevolution bricht sich an Polen und Deutschland

Nach dieser Aufzählung einer Fülle von Gründen für den bolschewistischen
Terror fragt sich der Leser zu Recht, worin der eigentliche, der letztendliche
Grund für dieses russische Phänomen des Kampfes gegen das eigene Volk
bestand. Die buchstäbliche Angst Lenins, mehr noch Stalins vor dem Zerfall Sowjetrusslands respektive, seit 1922, der Sowjetunion unter dem ungeheuren Druck des Reformstaus, der sich beschleunigenden Kriegsgefahr,
der Konterbewegungen einer Fünften Kolonne im eigenen Lande und den
konzeptionellen Konflikten in der kommunistischen Partei veranlasste die
Führung, mittels einer Gewaltdisziplinierung der Seele Russlands Botmäßigkeit, Stabilität, Produktionsmaxima, Rüstungsmaxima und Geschlossenheit gegen das Fremde, Bedrohliche abzuzwingen.

Würde der Bolschewismus zerbrechen? Noch lebten seine leninistischen
Initiatoren aus einer Gegenkraft, der idée fixe des orbitalen Revolutions-
brandes, des großen proletarischen Umsturzes aus der Völkergärung des
Weltkriegs. Chiliasmus contra Erdschwere, Sturmflut contra Küste. Ja, etwas tat sich in Europa, mehr aber noch musste sich tun: Zerstörung des
Versailler Vertrags, Umsturz der alten Mächteherrschaft, Aufstand der
Proletariate, militärischer Durchbruch der Roten Armee gar – so eine umstrittene These Richard Pipes' – bis nach England, doch was tatsächlich
geschah, wirkte zum Nachteil Lenins, nicht zu seinen Gunsten: Der erste
kommunistische Feldzug in Polen 1920/21 ging verloren.[15]

Wer den Krieg begonnen hat, ist umstritten: Polen folgte seit seiner Wiedergeburt einem expansiven Nationalismus; Sowjetrussland führte einen

Revolutionskrieg. Beider Politik lag ein träumerisches Konzept zugrunde. Der Traum endete jäh. Zusammen mit dem letzten weltrevolutionären Ausbruchsversuch der Sowjets in jener Zeit, dem gescheiterten Versuch eines bolschewistischen Aufstands in Deutschland 1923 war der zu Unrecht »vergessene« polnisch-sowjetische Krieg ein Wendepunkt im Weltenlauf.[16]

Lenin gestand das Scheitern ein, bekannte sich indessen auch nach der Niederlage mit bemerkenswerter Offenheit zur Angriffsabsicht.[17] Der strategische Bogen war weit gespannt. Man sei im Frühjahr 1920 überzeugt gewesen, dass die Invasion der Entente vorüber, der Bürgerkrieg zu Ende, mithin die Abwehr des Imperialismus gelungen sei »und wir nun verpflichtet wären, selbst zur Offensive überzugehen«. Mit Polen als Auftakt sollte der Versailler Vertrag ausgehebelt werden, den Lenin nicht zu Unrecht auch gegen Sowjetrussland, gegen die Revolution gerichtet sah. Schon unterminiert, würde er mit Polen einstürzen. Ihm ging es weniger um Polen als um das Abräumen einer Barriere. Norman Davies zitiert aus dem pathetischen Tagesbefehl Tuchatschewskis an die Rote Armee vom 2. Juli 1920: »Über die Leiche Polens führt der Weg zum Weltenbrand.«[18]

Zwischen Revolution und Krieg bestand kein Unterschied, es ging nicht um Abwehr oder puren »räuberischen« Angriff, es ging zum einen um Mission, zum anderen um nationale Restauration contra Revolution. Die Enttäuschung und das Entsetzen, als Piłsudski und seine westlichen Helfershelfer, wenige Briten und ein paar Hundert Franzosen mit dem Weltkriegs-Strategen General Weygand an der Spitze, Charles de Gaulle im Glied, die Rote Armee 250 Kilometer hinter die gemäß Sprachmehrheiten gezogene Curzon-Linie jagten, erschütterten die sowjetrussische Führung. Sie trafen Lenins emphatisches Geschichtsvertrauen und schienen Stalins Vorsicht zu rechtfertigen, obwohl dessen Weigerung als Kriegskommissar der Südwestfront-Armeen unter Alexander I. Jegorow (als Marschall der Sowjetunion 1939 erschossen), Tuchatschewskis Vorstoß im Norden zu sichern, zum »Wunder an der Weichsel« beigetragen hatte.

Das Ende war ernüchternd.[19] Die Revolution musste das »Wunder an der Weichsel« mit dem im April 1921 in Minsk ratifizierten Verlustfrieden von Riga bezahlen. Polen konnte sich im Frieden von Riga vom 18. März 1921 territorial vergrößern, die Herrschaft über Galizien war strategisch wertvoll, die »eroberte« weißrussische und ukrainische Bevölkerung dagegen eine Last, die keine Föderationsstrukturen zuließ. Im eigenen Land von den »Weißen« bedrängt, gaben die Bolschewisten an Polen einen Gebietsstreifen von 250 km Tiefe östlich der Curzon-Linie ab, die 1919 als Ostgrenze des neuen Polens zwischen Grodno im Norden und westlich von Lemberg im Süden gezogen worden war. Die Sowjets behielten die Ukraine, mussten indes Lettlands Unabhängigkeit anerkennen und an Polen Entschädigungen entrichten. Die so unterfütterte Feindschaft war dauerhaft. Wozu Lenin in Polen zu schwach war, merkt Richard Pipes sarkastisch an, wurde zwei Jahrzehnte später von Hitler vollendet.[20]

Russland war geschlagen, Polen blieb der Feind und musste aus dem Weg geräumt werden – dieses Motiv stand gleichermaßen hinter der militärischen Zusammenarbeit mit der Reichswehr und dem Teilungsvertrag mit Hitler 1939. Doch Schmerz und Schmach des mehrfach missglückten Revolutionsexports zwischen 1918 und 1923 bohrten tiefer. Lenins Träume vom raschen, aber auch notwendigen Weltvorstoß schienen zerstört und Stalin zog daraus die Konsequenz. Der gescheiterte Ausbruchsversuch mündete in die Absage an die Theorie der permanenten Revolution, jenes Instruments, mit dem Leo Trotzki das Erbe von 1917 mondial zu verbreiten trachtete.[21]

An seine Stelle trat das staatsbürokratische Gegenteil, der »Sozialismus in einem Lande«, unter dessen Flagge sich nun »die Entfesselung des Kleinbürgers im Bolschewik« vollzog, wie Trotzki im Resümee seines Lebens festhält.[22] Lenin hatte das polnische Schlachtfeld auch deshalb aufgesucht, um die Revolution aus der Enge Russlands herauszuführen und im Sieg Weite zu gewinnen. Die Entstehung der Hungersnot mit geschätzt fünf Millionen Toten am Ende hat der Weltstratege zu spät bemerkt, bevor er sie politisch instrumentierte. Revolution, Bürgerkrieg und Kriegskommunismus hatten das Land überstrapaziert – nun stauten sich die Probleme. Viele resignierten, die Massenbasis der Bolschewisten zerfiel und Vorboten der Schlaganfälle warfen Lenin im Juni 1921 nieder.

Wie Lenin wirklich oder in Augenblicken der Klarheit dachte – oder denken konnte –, erfährt man zu seltenen Stunden. Gegenüber Frauen seines Vertrauens sprach er sich offener aus als gegenüber den Kompagnons der männlichen Revolution. Auf dem Kalvarienweg der beginnenden Krankheit, schüttete er Mitte Oktober 1920 Clara Zetkin, Mitbegründerin der USPD und KPD, sein Herz aus. Er mache sich Vorwürfe wegen des Polen-Kriegs, der am imperialistisch verführten Proletariat gescheitert sei. War das zu erwarten? Hätte er nur auf die Warnungen Karl Radeks gehört, klagte er, anstatt sich mit dem Polen-Kenner zu überwerfen. So habe er, Lenin, das Gegenteil dessen erreicht, was er wollte. Durch sein fehlerhaftes Verhalten habe er die politischen Verhältnisse in Europa im Sinne des Versailler Vertrags geradezu zementiert. Eines wenigstens sei ihm doch gelungen: den Eisenköpfen in der Partei die Fortsetzung des polnischen Kriegs im Winter zu verweigern. Natürlich liege ihm weiter daran, eine Brücke nach Deutschland zu errichten. Jetzt allerdings stecke man in einer Situation, in der Millionen hungerten, frören, stürben, verzweifelt verstummten. Clara Zetkin glaubte, einen verwandelten Lenin vor sich zu sehen – traurig, gealtert, gepeinigt. Sie kam auf die für ihresgleichen merkwürdige Idee, seine Erscheinung mit dem gekreuzigten Christus des Isenheimer Altares von Matthias Grünewald zu vergleichen, mit dem Schmerzensmann, der für die Sünden der Welt leidet.[23]

Die Verzweiflung, in die eine von der Geschichtsmacht verheißene, dann aber im Sturm zerblasene Heilslehre mündet, verleitet zur Raserei gegen Schuldige, die greifbar nahe sein müssen, Nachbarn der Zeit und Nachbarn des Ortes. Man kann als Bolschewist nicht Gott verfluchen, man muss sich an Menschen rächen. Bis in das Innerste der Führung reichte jetzt die existenziell empfundene Auseinandersetzung, ob die Bolschewisten sich in eine Festung zurückziehen dürften oder ob sie, selbst wider die Vernunft, die Wälle zur Welt zu sprengen hätten; ob das alte Russland für die sozialistische Revolution überhaupt geeignet sei oder nicht.

Für unsere Betrachtung ist von Belang, dass die militärische Katastrophe und der verlustreiche Friede von Riga 1921 innenpolitisch zulasten des Kriegskommissars Trotzki und des Komintern-Vorsitzenden Sinowjew ausschlugen, Stalin trotz seiner strategischen Fehler begünstigten und in der Folge zu einer tödlichen Entfremdung zwischen Tuchatschewski und Stalin führten.[24]

Voyage à Moscou und das Gekröse des Terrors

Die Folgen für die Prestige- und Personalseite wurden durch das Scheitern des gewaltsamen Kommunisten-Aufstands in Deutschland im Oktober 1923 noch verstärkt. Die weite Welt galt nicht mehr als randvoll gefülltes Gefäß der Revolution, das nur noch sozialistisch zu etikettieren wäre, nein, sie galt als Feind, als Antikörper; sie war mit allen Mitteln zu bekämpfen, an den Grenzfronten wie in der Etappe. Der eiserne, aber durchängstigte Terror zeichnet eindringliche Porträts von Lenin (posthum) und Stalin, die bis in den Kalten Krieg nachwirkten und uns hier weniger in ihrer moralischen als in der innenpolitischen Dimension und ihrer Projektion nach außen interessieren.[25]

Die internationale Gesellschaft leistete sich über die sowjetischen Kämpfe und Vernichtungszüge Mutmaßungen – zutreffende, falsche, heroische, verbrecherische, romantische, zynische, je nachdem, welches Bild durch den Schleier des Blutdunstes sichtbar wurde. Während britische Politiker bei Hitler antichambrierten, verbeugten sich französische Intellektuelle vor dem bolschewistischen Führer, beispielhaft Henri Barbusse, der friedensbewegte Soldat des Weltkriegs (Le Feu, 1916, Prix Goncourt), Romain Rolland, der Bewunderer Gandhis, zeitweilig André Gide und die nach Frankreich emigrierten Lion Feuchtwanger und Klaus Mann; schließlich, sozusagen als ironische Pointe, der irische Dramatiker George Bernard Shaw.[26] Es war in diesen Kreisen nicht möglich, antikommunistisch zu sein, während in der französischen classe politique und beim Militär mit den sowjetischen Säuberungen der Eindruck russischer Schwäche zu kursieren begann.

Für Verzweiflung indes, die bedeutende Forscher für das Hauptmotiv des Terrors halten und mit eindrucksvollen Belegen illustrieren,[27] bietet das Innere des Phänomens, sein Gekröse, keinen Beleg. Schon bei der Obduktion der Französischen Revolution erwies sich Terror als »ein entsetzliches, jedoch notwendiges Instrument der öffentlichen Wohlfahrt« – als obsessive Rationalität. Demgegenüber suchten die in den Vordergrund geschobenen panischen Gründe für die Verfolgungen, ihre Darstellung als bedauerliche Umstandsbedingtheit, als Notmaßnahmen, die Revolution nachträglich von ihrem gnadenlosen Wesenszug zu befreien.[28] Man möge für das Tödliche, die Furie des Verschwindens, wie Hegel sagt, doch Verständnis aufbringen, lautete die Bitte.

3. Und nun kommt Stalin: Die Macht im eigenen Land

Stalin setzte dort an, wo Lenin 1924 aufhören musste, griff auf, was jener unvollendet ließ, und übertraf ihn.[29] Stählern, wie die Bedeutung seines Namens lautet, begriff er den Sozialismus im eigenen Lande als ein Mittel, den jahrzehntelangen Rückstand Russlands zu tilgen und die Sowjetunion in eine wirtschaftliche und militärische Großmacht zu verwandeln.

Eines der wesentlichen Ziele der 1928 einsetzenden Fünfjahresplan-Perioden war die Aufrüstung mit Angriffswaffen (Panzer, Artillerie, Flugzeuge), um bei einem Revolutionskrieg über die Sowjetunion hinaus auf fremde, unzuverlässige Proletariatskräfte wie in Polen und Deutschland 1920–1923 nicht angewiesen zu sein. Die eigene Produktivitätskraft insgesamt lag immer noch unter der Hälfte der Vorkriegszeit 1914. Das war lächerlich. »Entweder wir holen auf oder wir werden zermalmt«, erklärte Stalin in einer Rede am 4. Februar 1931.

Das diktatorische Entwicklungsprogramm war alles andere als eine exklusive Dienstleistung zu Ehren der Ideologie – so hätte vielleicht Lenin gedacht –, es war realistische Machtpolitik angesichts der zunehmenden aggressiven Strömungen in der Weltpolitik, vor allem an den europäischen und fernöstlichen Flanken der Sowjetunion – schlussendlich kein evolutionäres Ereignis (Plaggenborg) beliebiger historischer Art, sondern Gleichzeitigkeit von totaler Destruktion und totalem Neuanfang.

Stalin stand die paradoxe Lage vor Augen, dass Versailles nur unzufriedene Sieger und Verlierer hinterlassen hatte, Europa – entgegen den ursprünglichen revolutionären Erwartungen – seit 1924 jedoch für den Bolschewismus undurchdringlich wurde. Als Antwort auf dieses Paradox galt es, das eigene Haus in Ordnung zu bringen und dafür die Mobilisierungskräfte der Revolution aufzurufen. Der erste Fünfjahresplan 1928 erwies sich als Extremtour. An hinlängliche ausländische Kredite war nicht zu denken. Die Devise »Aus eigener Kraft«, semantisches Signal des Pionier-Heroismus – die Chinesen griffen es 30 Jahre später, nach dem Bruch zwischen Chruschtschow und Mao Zedong auf –, wurde zur Selbstversicherung des allein auf sich angewiesenen Landes. Eine Fülle von industriellen und baulichen Projekten wurde von 1928 an in Angriff genommen: Traktorenwerke in Charkow, Automobilwerke in Moskau, Wasserwerk Dnjepr, Eisenkombinat Ural-Kusbass, danach Kanalbauten und die unterirdische Kathedrale der Moskauer U-Bahn.[30]

Die zeitraffende, makellose Vollendung der pharaonischen Werke stand unter Ultimaten und Drohungen gegenüber allen Beteiligten: Gelingen oder Strafe. Für die Beschaffung der Investitionsmittel gab es nur eine Quelle, deren chronisch zäher Fluss aus der Lenin-Zeit hinlänglich bekannt war: Rohstoff- und Getreideexporte über die schmalen Treidelpfade des internationalen Handels. Der finale Zusammenstoß mit den Bauern, 80 Prozent der Bevölkerung, war unvermeidlich.

Die Kampagne war ohne Terror nicht zu führen und litt unter ihm. Das bäuerliche Russland repräsentierte eine harzige, eigenwillige Kultursubstanz im Kokon der Gesellschaft, ergiebig in Zeiten relativer Ruhe und ausgeglichener Natur, bis 1914 eine Kornkammer – widerständig jedoch, ja, sich aggressiv verweigernd, sobald die Revolution ihre Eigeninteressen und die Orthodoxie bedrohte.

Der Sozialismus von oben, der neue brutale Druck auf die produzierende Landwirtschaft reanimierte den Widerstand, dieser steigerte sich seit 1929 zu neuen verheerenden Aufständen und traumatischen Verfolgungen, bis 1932, 1933, 1934 das Kataklysma eintrat, eine zweite furchtbare Hungersnot kreuz und quer durch die Sowjetunion. Stalin nahm sie billigend in Kauf, er und Molotow organisierten sogar Indizien zufolge das Elend – bis heute wird darüber gestritten –, bemühten sich jedenfalls nicht um fremde Hilfe, wie sie Lenin zehn Jahre zuvor von privater amerikanischer Seite zugelassen hatte, wenn auch nur für kurze Zeit. Um jeden Widerwillen definitiv zu brechen, spaltete das eingeschworene Politbüro die Bauernfront mit den Keilen der Diffamierung, Enteignung, Vertreibung, Deportation und Ermordung der Kulaken, jener Landleute mit Gesinde und Gerät, Haus und Stallung, die ins Licht von Ausbeutern, Wucherern, Klassenfeinden gerückt wurden, überzog danach auch Kolchos-Belegschaften mit Strafgerichten, weil sie der Repression zu entkommen suchten, vom Mundraub lebten, in die Städte flüchteten, nur um ihre Kinder zu retten. In wenigen Jahren vernichtete Stalin den jahrhundertealten Bauernstand vollständig und verwandelte ihn in eine quasi leibeigene Schicht von rechtlosen Kolchosmitgliedern und Staatsangestellten.[31] Zwischen 1929 und 1935 sank der Tierbestand auf die Hälfte. Wenn zu dieser Zeit schreienden und stummen Leidens, brennender Hütten und Kannibalenfeuer von Verzweiflung die Rede ist, dann auf dem sonst fast idyllischen Lande.

Hier offenbarte sich Politik in ihrem Widerspruch: Praktisch gesehen brachte die radikale Kollektivierung keine regelhaft hohen Getreideeinnahmen. Für die Kollektivwirtschaften gab es zunächst überhaupt keine Maschinen und Traktoren. »Woher auch«, fragte Stalin sich selbst angesichts der erst anlaufenden Industrie.[32] Entscheidend war der unüberbrückbare Abstand des Systems zum ländlichen Eigenwillen. Die Kommunikation bestand in der alten Knute und die Hungersnot von 1932 – Mehrfachfolge aus Partei- und GPU-Terror, bäuerlicher Rebellion, organisatorischem Versagen der Kolchosen-Wirtschaft, schlechten Ernten, Cholera- und Typhus-Epidemien, Inhaftierung, Deportation und Tod von zwei Millionen Bauern (vorzugsweise sogenannte Kulaken) – wurde buchstäblich zum Bauernlegen genutzt. Gleichgültig, ob man das Vorgehen als Massenvernichtung, kalte Staatsraison, überdimensionalen Vendée-Terror oder als revolutionäre Gesellschaftstransformation bezeichnet – wir begegnen gewollter Verderbnis und Vernachlässigung eines Bevölkerungsteils, dessen Existenz gleichgültig geworden war und daher im Mechanismus der Hinrichtungsmaschine, des GULag und der Strafkolonien eine Restverwendung erfuhr. »Zwangsarbeit gehört zur Geschichte der Sowjetunion wie die Sklaven zur Geschichte Roms.«[33]

Stalin leistete aktive Beihilfe zum Sterben. Seit die Archive 1991 türspaltweit geöffnet wurden, kann man nachvollziehen, wie der Konflikt sich hochgeschaukelt hat. 1927/28 verbrauchten die Bauern ihre (noch) guten Ernten lieber selbst, verfütterten sie, brannten Wodka, verkauften schwarz, anstatt die Konfiskation zu erdulden. Zwischen November 1930 und Februar 1931 fassten das Politbüro und der Rat der Volkskommissare (Regierung) immer schärfere Beschlüsse zur Enteignung der ländlichen Bevölkerung und ihre Einweisung in Zwangskollektive. Für das Industrialisierungsprogramm war es entscheidend, jeder Unbotmäßigkeit ein Ende zu setzen, dem Fünfjahresplan unbedingten Vorrang einzuräumen – auch den vor dem Leben. Kein Hunger durfte den Abgabenzwang lockern, Schwerindustrie schlug Lebensfristung. Der Krieg, den die Metropole jetzt gegen das Dorf führte, hatte unter Lenin begonnen, stellte aber jede Attacke jener

Zeit in den Schatten.[34] Der Staat schöpfte ab, machte Nahrung zu Geld, das nicht reichte, die Ernteerträge minimierte und dem Schnitter Tod sechs bis acht Millionen Menschen überließ.[35]

Im Visier: Lenins alte Garde – Opposition als »Volksfeind«

Wie immer, wenn unter Geheimhaltung nach außen und Erklärungsnot nach innen gekämpft wird, tauchen Gespenster auf, im Falle der bedrängten Partei der nachgerade körperliche Eindruck, in den eigenen Reihen von Saboteuren und Verrätern bedroht zu sein, die an der Destruktion der Sowjetunion arbeiteten. Dies war nicht völlig aus der Luft gegriffen. Schon wenige Anhaltspunkte ließen die gefühlte Gefahr jedoch ins Riesenhafte wachsen. Fast natürlich gab es überall Feinde. Die bürgerkriegsähnlichen Aufstände und terroristischen Anschläge der wehrhaften Bauern waren nur ein Teilaspekt. Gefährlichere Elemente, Konspirateure, saßen in gehobenen Positionen.

Das Ergebnis dieser Dialektik bestand darin, dass der demokratische Zentralismus, das entscheidende Strukturelement der Machtorganisation, die Diktatur des Proletariats im Sinne der Arbeiterselbstverwaltung prinzipiell ausschloss. Der Einschnitt war epochal. Er bedeutete, wie die teils verführerische, teils bedrohlich-hierarchische Bezeichnung ahnen ließ, die monolithische Ausrichtung der Partei, die Unfehlbarkeit der Führung in Fragen der säkularen Glaubenslehre, Verdammung der Opposition und Verbot der Fraktionsbildung, also die jeder Wahl und Abstimmung entzogene Einheitlichkeit des Führungskurses. Lenin zog die Zügel an: »Wir brauchen jetzt keine Opposition«, mit ihr sei es »ein für allemal aus«, an ihre Stelle trete »maximale Geschlossenheit (...) Wer jetzt die Regeln der Disziplin durchbricht, der öffnet dem Feind die eigenen Reihen.«[36]

Jede Gegen- oder Minderheitsmeinung konnte fortan als Abweichung interpretiert werden, die den Feind begünstige. Partei und Parteimitglied verloren beschlussförmlich (Geheimresolution vom 16. Mai 1921) das Widerspruchsrecht. »Von nun an sollte das Zentralkomitee die Partei in derselben diktatorischen Weise führen, in der die Partei das Land regierte«, beschreibt Orlando Figes das Prinzip.[37] Das Zentralkomitee? Nein – Lenin. Die Festigung der Meinungsdiktatur war seine Morgengabe an Stalin, an die Fortsetzung und Steigerung der Machtkonzentration.

So galt das inquisitorische Hauptaugenmerk Stalins jeder Interpretation der russischen Welt, ihres inneren und äußeren Zusammenhalts, die von seiner Version des Bolschewismus abwich und damit einen Machtanspruch anmeldete. Systematische Verfolgung galt intellektuellen Gruppen und Berufen, regionalen Parteiorganisationen, schließlich den Parteizitadellen, um den Herrschaftstraum des *Woschd* und den ewigen kaukasischen Schwur der Männertreue »mit einer terroristischen Gewaltorgie« zu erzwingen und selbst die enge Gefolgschaft immer neuen Proben und Prüfungen ihrer Standfestigkeit zu unterwerfen, schreibt Jörg Baberowski.[38] Die Begabung zu Zorn und Wut spielte dabei eine erhebliche Rolle. Bei aller Kälte und katechetischen Präzision, die er aus dem Priesterseminar von Tbilissi mitgebracht hatte, reagierte Stalin auf Widerstände ausgesprochen gefühlsbetont. Bezeichnend in den Briefen an Molotow[39] ist die Steigerung der emotionalen Ablehnung von Feinden wie Trotzki, Sinowjew und Kamenew, die einmal comrades in arms waren, bis zur Raserei.

Ein versteckter Feind nach dem anderen verschwindet in der zweiten Hälfte der 20er-Jahre aus den Leitungsgremien, Politbüro und Zentralkomitee, dann aus der Partei, schließlich aus Russland (Trotzki, 1929). Stalin merkt, wie das Gespenst der Parteispaltung Fleisch ansetzt, wittert Fraktionismus, Zerfall, ja, Aufruhr, als Trotzki von der »thermidorischen« Gefahr spricht,[40] Stalins Sowjet-Bonapartismus geißelt, Wiederherstellung der sozialistischen Demokratie fordert und die Bürokratie des Kremls als ein »parasitäres Gewächs« darstellt, das durch eine neue Revolution beseitigt werden müsse. 1932 steht Stalin mit dem Rücken zur Wand, schreibt Günter Reimann.[41] Reimann spricht, sehr weitgreifend, von einem »Prager Frühling 1932« als Reaktion auf unmäßige Kollektivierung und Industrialisierung, von starken sozialen Spannungen, auf die sich die Alt-Leninisten in ihrer Opposition gegen die Herrschaft des stalinistischen Apparats berufen konnten. Innerhalb des Apparats tauchte die Frage des Machterhalts auf – aber wie? Durch Terror oder durch (langwierige, im Ergebnis fragliche) Erziehung? Die Wahl fiel auf den bedingungslosen Kampf gegen die »Volksfeinde«.

Es ist eine Tatsache, dass Stalin schon früh die Augen nach innen gewandt hat, um einen mächtigen Sowjetstaat zu errichten, der auf herkömmliche, sozusagen zaristische Weise die notwendigen Zutaten äußerer Größe gewinnen sollte[42] – per Industrialisierung, wendige Außenpolitik und Hochrüstung für den Krieg –, von Grund auf erkennend, dass die Weltrevolution zum geeigneten Zeitpunkt mit Gewalt und Eroberung voranzutreiben sei. Dies war realistisch und gab der Entwicklungsdiktatur ein vertretbares Motiv. Natürlich hatte er nichts gegen die Verbreitung respektive den Einfluss des Kommunismus einzuwenden, sofern der Sowjetunion in strategisch relevanten Bereichen des Auslands Schutz und Deckung gewährleistet oder ein geopolitischer Vorteil verschafft werden könnte. Der Pragmatismus war situativ gesteuert und ideologisch nonchalant. Außenpolitischen Experimenten mit gefährlichen Rückwirkungen, wozu die Komintern neigte, stellte er sich in den Weg.

Stalins Diktatur war der Erkenntnis zuzurechnen, dass eine Modernisierungsrevolution ohne Zertrümmerung der gewachsenen Gesellschaft nicht möglich ist – was schon Robespierre behauptete. Dies verband ihn mit Lenin, der 1924 ein angefangenes Werk unvollendet zurückließ. Doch er ging darüber hinaus – gezwungenermaßen, nachdem die Sowjetunion aus der Wolke der Weltrevolution gefallen und auf eigenem Terrain hart aufgeschlagen war. Stieß der Terror einer zweiten bolschewistischen Revolution »im eigenen Land« jetzt die Substanz der ersten ab? Handelte es sich um ein gewalttätiges Verfahren zur Herstellung eindeutiger Verhältnisse oder beruhte der Vernichtungsdrang auf purer »cäsaristischer Ambition«, die ständig mit dem »Dämon Trotzki« und Gefolgsleuten kämpfte, mit der Furcht vor Umsturz.

Der Konflikt prägte Stalin verzerrte und sanftmutlose Züge auf, wobei aggressiver Argwohn die Wirklichkeit zum Überschlag bringen kann.[43] Die Opfer von Verfolgungsregimen sind meist nicht in der Lage, den Unterschied zwischen diesen Erklärungsmustern zu ermessen und zu sagen, welchem Umstand sie ihre Leiden verdanken. Sie fühlen nur die Bedrängnis. Offen ist auch, ob es in Teilen der kommunistischen Partei außer Kritik tatsächlich eine finale Entschlossenheit (und Organisation) zur Beseitigung Stalins gab und so die Gegenwart mit dem speziellen Anarchismus des russischen 19. Jahrhunderts verband. Der Eindruck, Feinden gegenüberzustehen, die ihn bedrohten, rumorte in Stalin, wie in seinen Gegnern die peinigende Furcht vor den Künsten polizeilicher Investigation und Machination.

Die Ursprünge führen in die Heimat Stalins, sie tragen die Zeichen des kaukasischen Milieus, des Hades der Männerverschwörungen, Clans und Blutrache, des Hinterhalts, der Bandengewalt und des ritualisierten Abschlachtens. »In einer solchen Umgebung konnte nur bestehen, wer mit Gewalt drohen und sich im Ernstfall auch mit Gewalt gegen Widersacher durchsetzen konnte.«[44] »Wie Himbeeren schmeckt ihm das Töten / Und breit schwillt die Brust des Osseten«, schrieb der Dichter Ossip Mandelstam 1938 in einem Epigramm, das ihn Freiheit und Leben kostete. Er wurde zu fünf Jahren Lagerhaf verurteilt und fand sein Ende in einem Massengrab im Gebiet von Kolyma.

Die rationale Natur des Terrors und die Fünfte Kolonne

Die obskurantisch-romantische Kaukasus-Deutung trifft den Kern in der Natur des *Woschd*, vor allem seinen Argwohn und den festen Glauben an das unveränderlich Verschwörerische im menschlichen Stoff, liefert aber keinen Universalschlüssel für die intensiven Verfolgungen wirklicher und vermuteter Feinde und die Massenoperationen – für den in der Tat singulären Umstand, dass das Feuer der Verfolgung von Altbolschewisten, Parteiopposition, Parteikadern, kommunistischen Feudalherren und ihren Satrapen in Gebieten und Provinzen und den Stäben der Roten Armee 1937 schließlich auf die gemeinen Bürger, übersprang, so als bestehe das ganze Land aus Zunder.[45]

Bei allem Dämonischen im Sinne böser Geister des russischen Volksglaubens und bei aller exterministischer Fantasie – der wirkliche Grund des Terrors ist viel weniger geheimnisvoll, weniger dunkel, weniger psychopathisch, liegt im Faktischen anstatt im selbstsuggerierten Umfeld, im unberechenbaren politischen Leben des eigenen Landes, in Stalins Machtumwelt, nicht allein in Machtpolitik. Es ist nicht zu übersehen, dass neben der immensen Masse der gequälten Bauern auch die Armee und wichtige Generäle, 90 Prozent der Fabrikdirektoren, ja sogar der Parteifunktionäre in den Provinzen und Republiken in der Opposition standen und auf diese Weise als Saboteure, Verräter und Schädlinge in das Visier Stalins und des NKWD gerieten, ob die Vorwürfe zutrafen oder nicht.

Die Prozessanklagen von 1936 bis 1938 waren gewissermaßen Stalins gezielter Gegenschlag, nachdem zu Beginn der 30er-Jahre, in der Atmosphäre der Vernichtung der alten ländlichen Struktur Russlands, der Hungersnot, Streiks und Unruhen, der prometheischen, Ressourcen und Menschen überfordernden Industrialisierung die Veteranen der Revolution vom Schlage Sinowjews, Kamenews, Bucharins in ihren Zirkeln die »Beseitigung« Stalins und seiner Radikalherrschaft gefordert hatten. Die Opposition von 1932 hatte sich seit 1928, dem Beginn des Kriegs zwischen Land und Stadt herausgebildet – »Block«, »Zentrum« –, wobei der Geist Trotzkis, des Internationalisten und Erzfeindes der nationalrussischen Zwangsanstalt Stalins, allgegenwärtig schien. Alle Hauptangeklagten der Schauprozesse seit 1936 räumten ein, dass die sogenannte terroristische trotzkistische Konspiration auf breiter Front im Jahr 1932 ihren organisatorischen Anfang genommen hatte, und das war nicht nur ein erzwungenes Geständnis.[46]

In der Befehlszentrale des Kremls wurden die Spannungen zur Opposition als zunehmend antagonistisch empfunden – es war eine Witterung. In der zweiten Hälfte der 30er-Jahre schien der Geduldsfaden auf beiden Seiten auszudünnen. Für Kliment J. Woroschilow, einen der Kämpen und Einflüsterer Stalins, war es im Rückblick ausgemacht, dass eine siegreiche Fraktion von Trotzki, Sinowjew und Kamenew »uns alle abgeschlachtet« hätte.[47] In einem Interview mit dem russischen Journalisten Felix Tschujew erklärte Molotow, »dank des Jahres 1937« (Beginn des Massenterrors) habe es während des Kriegs keine Fünfte Kolonne gegeben. Womöglich seien Unschuldige ums Leben gekommen, doch habe man das angesichts der inneren und äußeren Gefahren in Kauf nehmen müssen. Die Mehrheit der Opfer sei keineswegs schuldlos gewesen. Im Falle einer »faschistischen Aggression« hätten sich Feinde verschiedenster Strömungen gegen die sowjetische Führung verbünden können. Dieser Möglichkeit galt es vorzubeugen.[48]

Erwähnenswert erscheint es, dass auch Winston Churchill, ähnlich wie die Fellow traveller des Bolschewismus, die Tschistka für unerlässlich hielt. In seinen Kriegsmemoiren spricht er von einer »unbarmherzigen, aber vielleicht nicht unnötigen militärischen und politischen Säuberungsaktion«.[49] Zur Eliminierung der Alten Garde Lenins merkt er an: »Es mag … zweckmäßig gewesen sein, sie alle auf einmal loszuwerden, entsprechend dem in einem totalitären Staat üblichen Brauch.«[50] In unserem Zusammenhang ist es von großer Bedeutung, dass er die Ansicht Chamberlains und des französisch-britischen Generalstabs bezweifelte, die Säuberungen der russischen Armee hätten zu ihrer Schwächung beigetragen. »Das war vielleicht eine übertriebene Auffassung; denn ein auf Terror beruhendes Regierungssystem kann leicht durch eine grausame, aber erfolgreiche Machtkundgebung an Kraft gewinnen.«[51] Das Argument, dass die allseitigen Verfolgungen von 1935 bis 1939 die Sowjetunion vor einer Fünften Kolonne während des Kriegs bewahrt habe, leuchtete Churchill offenkundig ein.

Der Modernisierungsterror Stalins und seiner Magnaten bestand aus den folgenden Elementen: Zu beseitigen waren alle personenbezogenen Hemmnisse für die Rapidmodernisierung der Sowjetunion zur schwerindustrialisierten, militärisch hochgerüsteten Großmacht. Voraussetzung war die Aufzucht eines den modernen Arbeitsbedingungen angepassten Menschen. Da es ihn in Russland als historisch entwickelten Typus nicht gab – wie im Westen und im flexiblen Meiji-Japan –, musste er durch eine Revolutionierung der Evolution, also per Gewaltakt, geschaffen werden.

Das Wurfziel des Sozialismus im eigenen Land erforderte »die lebendige Maschine«, bestehend aus zahlreichen mechanischen und intellektuellen Organen, deren Funktionen der Arbeiter des landwirtschaftlichen und industriellen Produktionsprozesses wahrzunehmen hatte. Die Pression traf die Führungskräfte unmittelbar. Es war das Wohl des Vaterlandes der Robespierre-Revolution, welches das Förderprogramm des Terrors zu legitimieren schien. Der Terror war eine hochrationale Ingenieursleistung am Gesellschaftsobjekt.[52]

Der lebenden Maschine verbot sich Opposition, denn sie wäre der Keim der Fünften Kolonne: Jede Kritik am Dogma der ökonomischen Rapidentwicklung, jede Indifferenz, jedes kapazitätsbedingte Versagen, jeder Schlendrian, jede Stümperei, jeder kleine Diebstahl wurde gleichermaßen politisiert, als böswillige Verweigerung, Sabotage und Verrat bewertet und mit schweren und schwersten Strafen belegt. Auf der Steigerungsstufe gab es, sozusagen als terroristische Propädeutik, Schauprozesse in einer sich vervollkommnenden Reihe. Misserfolge irgendwo, Unglücke vielerorts, Havarien, Liefer-, Qualitätsmängel, Verschleiß von Material und Arbeitskraft, sinkender Lebensstandard mussten bestimmten namentlichen Schuldigen zugeordnet werden, Saboteuren, Volksfeinden – das verlangte die Erziehungsraison, die Unfehlbarkeit der Stalin'schen Entscheidungen, der Selbstschutz des Systems.[53]

Demonstrativ sprang die Justiz von Feld zu Feld. Seit dem antreibenden Moment des Kirow-Mordes konnte niemand vor der Maximal-Einstufung als Volksfeind sicher sein. Die einzige Ausnahme war Stalin selbst – es sei denn, ein Umsturz würde ihn fällen. Davor und währenddessen wurde in hämmerndem Rhythmus die Partei gesäubert – 1921, 1923, 1924, 1925, 1929, 1935, 1936, 1938. Die Motive waren problemgebunden; zunächst, unter Lenin, noch ein Mittel zur Steuerung der Mitgliederzahl, sozialen Struktur und »revolutionären Qualität« (1923: Gewinnung von Arbeitern), dienten die Aktionen unter Stalin hauptsächlich der Bekämpfung von Disziplinverstößen in der unübersichtlich geworden Massenpartei (1924: 300 000; 1933: 2,2 Millionen), der Beseitigung eingeschlichener »Klassenfremder«, Opportunisten und Doppelzüngler, Saboteure, Agenten. Die Inquisition wurde zur Kaderrevolution und mündete in dem Entschluss, die vorrevolutionäre und die Kriegsgeneration zu vernichten.[54] Die Mutmaßung der »allgegenwärtigen Verschwörung« schloss die Pazifizierung des Systems aus. Molotow hielt (gegenüber dem zitierten Journalisten Felix Tschujew) den Terror schon insofern für gerechtfertigt, als man sich selbst auf Bolschewiki »im entscheidenden Moment nicht ... verlassen konnte«.[55]

Mit dieser Logik öffnete sich aber auch der Riesentrichter der Präventivbestrafung beliebiger Bürger in den Massenoperationen 1937/38. »Das Regime liquidierte die Anhänger. Das ist in diesem Ausmaß in der Geschichte einmalig«, schreibt Stefan Plaggenborg,[56] hat aber im russischen Falle einen Grund, der einen besonders wichtigen Baustein des Terrors darstellt: Gewalt ist als andauernde Disposition in die Entwicklung des Regimes, des Staats, seiner Institutionen und eines großen Teils der Bevölkerung eingeschrieben. Insofern ist Gewalt Bedingung des politischen Überlebens des revolutionären Staates. Sonst wäre der Bolschewismus von der historischen Bühne hinweggefegt worden.[57]

Das treulose Gebilde der Macht und die
Generation Dienstbarkeit

Der *Chosjain*, der uneingeschränkte Herr, wie Stalin auch genannt wurde
– farbiger als der Allerweltstitel *Woschd* (Führer) –, witterte in allen Rängen Kabalen. Anders konnte er Hemmnisse und Rückschläge im Moder-
nisierungssturmlauf sich, den Genossen und der Welt nicht erklären. Für
ihn, wie später für Mao Zedong, war die Macht ein sich gefährlich ver-
flüchtigendes, sozusagen treuloses Gebilde, das unaufhörlich mit Schlamm
und Blut verklebt werden musste. Der schärfste Blick lag auf dem Funk-
tionärsadel der Ersten Revolution (auf Lenins Artel), der, wie sich zeigte,
zum Frondieren noch kräftig genug war. Beim XV. Parteitag Ende 1927
wurden alle Oppositionellen ausgeschlossen, aber das genügte nicht. Stalin
stempelte die alten Gardisten zu Monstern, die vor aller Augen beseitigt
werden müssten. Den Liquidierten sollten dienstbare, möglichst gedächt-
nislose Kader folgen. Das Auslöschen derjenigen, die in der Sonne Lenins
gestanden hatten, musste einen Generationswechsel in Gang setzen, der
nicht einfach Verjüngung bedeutete (das war auch nicht der Fall), sondern
den Revolutionsbegriff verwandelte: den Übergang von der Weltrevolution
zur nationalen Konsolidierung und den sicheren Wechsel von der Partei-
zur Personenherrschaft Stalins. Also weg mit der alten Sowjetbourgeoisie,
statt ihrer Atomisierung der Gesellschaft und des herrschenden Apparats
Zerstörung aller Institutionen und Gruppierungen mit eigenem Gewicht.[58]

Die neue Garnitur der Helfer war, von Ausnahmen abgesehen, opportu-
nistischer und zynischer als die alte, weil das Mäandern in Meinung und
Gunst des *Chosjain* jeden Gefolgsmann zwang, die Lebensgefahr durch
Taubennicken zu mindern. Molotow, Ordschonikidse, Mikojan, Woroschi-
low, Mechlis, Chruschtschow, Jagoda, Jeschow, Schdanow, last not least
Sergej M. Kirow, der Freund Stalins und der Partei beliebtestes Politbüro-
mitglied, repräsentierten den Typus des stalinistischen Personenverbandes,
Ritualgemeinschaft und »kultische Entartungen«,[59] das heißt die Erhebung
Stalins zum Genie.[60]

Nutzte Stalin nur die Gelegenheit oder initiierte er gar den tödlichen
Anschlag vom 1. Dezember 1934 auf seinen alten Freund und vermuteten
Feind, Sergej M. Kirow, den Star im sowjetischen Männerbund? Darüber
gibt es keine Dokumente, keine bezeugten Befehle, weder die Enthüllung
eines konspirativen Plans noch Zeugen. Schlüssig ist nur: Für die große Säuberungsaktion benötigte Stalin einen prominenten Toten, einen sensationellen politischen Mordfall als Vorboten dringender, die Macht bedrohender
Gefahr. Das Urteil unter den Zeitgenossen, der *Woschd* selbst habe unter

Mithilfe des gerade, im Sommer 1934, zum Chef des Geheimdienstes ernannten Verfolgungsspezialisten Genrich G. Jagoda und der Investigations-
maschine OGPU, die in das Volkskommissariat des Inneren (NKWD), eines
der Gewaltministerien, überführt worden war, Kirows Liquidierung ange-
zettelt, beunruhigte sogar Hardliner wie Anastas Mikojan im Politbüro.
Ein Straßenunfall oder der berühmte Ziegel auf den Kopf hätte nicht ausgereicht, um den Motor der legalistischen Vernichtungsmaschinerie anzu-
werfen. In seiner »Geheimrede« auf dem XX. Parteitag der KPdSU 1956
griff Chruschtschow die Hinweise auf Stalins Verwicklung auf.[61]

Um den Mord »aufzuklären«, den Chruschtschow schon damals für
eine Auftragstat hielt – ohne es direkt zu sagen –,[62] setzte Stalin den Großen Terror in Gang. Dieser Version zufolge hätte er frei nach Machiavelli
gehandelt: Niemand festige die Macht mit den Genossen, die ihm dabei geholfen haben, diese Macht zu erobern. Nahm sich der *Woschd* gar Hitlers
Vorgehen gegen Ernst Röhm zum Vorbild, wie manche meinen? Gemessen an dem Großen Terror war der deutsche Fall eine »ziemlich mickerige
Vendetta« (Gerd Koenen). Immerhin, Stalin bewunderte Hitler wegen des
»Befreiungsschlags« gegen die SA und der Ermordung anderer Missliebiger
im Juni/Juli 1934, wie vorher schon wegen des Reichstagsbrandes Ende
Februar 1933, unter dem er sich nichts anderes vorstellen konnte als ein
nationalsozialistisches Machtfanal. Verwandtschaftliches Verständnis inspirierte die Mutmaßungen im Kreml.

Entscheidend ist wohl, dass Stalin am Tag der Tat von Leningrad einem
Schicksal begegnete respektive Kirow ein Schicksal bereitet, das er für sich
selber fürchtet und dem er mit einem radikalen Schnitt einer gezielt über-
schießenden Reaktion den Weg zu verlegen trachtet.

Ein Indiz für Stalins und Jagodas Verwicklung ist die Bemühung des
Woschd persönlich, den Mörder Leonid Nikolajew zur passenden Aussage
zu bewegen. Nikolajew war ein windiger Zeitgenosse, er hatte wegen chro-
nischer Unzuverlässigkeit seinen subalternen Parteiposten und das Par-
teibuch verloren, aber Kirow dafür verantwortlich gemacht. Seine Frau
war Sekretärin des lebenslustigen Parteichefs. Vielleicht war Eifersucht
das wahre Tatmotiv, das in der stalinistischen Realitätskonstruktion politisch aufgeladen wurde. Nikolajew stellte dem Parteichef nach, wurde im
Oktober vor dessen Haus mit einer Pistole bewaffnet und verfänglichen
Notizen in einem Tagebuch festgenommen, vom NKWD jedoch entgegen
allen Übungen der Zeit wieder freigelassen – mit Waffe. Als Stalin ihn persönlich vernahm, behauptete er zunächst, er habe im Auftrag der Partei
gehandelt. Unter den Hieben des Begleitkommandos änderte er seine Darstellung. Nein, Sinowjew und Kamenew hätten ihn angestachelt, 13 Kom-
plizen ihre Hand geliehen – sie wurden sofort hingerichtet –, der Mord

sollte das Signal zum Aufstand geben. Damit war er dort angelangt, wo der *Woschd* ihn haben wollte. Der Kronzeuge der Anklage gegen die Alt-Leninisten hatte gesprochen und wurde, bevor er es sich anders überlegen würde, für immer zum Schweigen gebracht.

Folgemorde rafften alle OGPU/NKWD-Chargen hinweg, die an Vernehmungen zur Tataufklärung beteiligt waren. Kirows Leibwächter, der von Moskauer Tschekisten daran gehindert worden sein soll, seinen Herrn zum Bürotrakt im Smolny-Institut, dem Parteihauptquartier, zu begleiten, kam am gleichen Tag auf dem Weg zur Vernehmung bei einem mysteriösen Autounfall ums Leben. Der Leningrader NKWD war schon zu Lebzeiten Kirows mit eingeschleusten Gewaltverbrechern durchsetzt worden. Jagoda »bekannte« vier Jahre später vor Gericht, er habe einem der Importe aus Moskau namens Saporosched befohlen, dem Attentat nichts in den Weg zu legen.[63]

Stalin gab sich den Anschein tiefer Trauer, küsste die leere Stirn des aufgebahrten Kirow – das Gehirn war, wie im Falle Lenins und u. a. des 1935 in Moskau gestorbenen Stalin-Hagiografen Henri Barbusse, entfernt worden, um nach Spuren revolutionärer Brillanz zu forschen.[64] Über die Schuld des *Woschd* wurde geflüstert, sein Anteil am Ertrag des Mordes lag auf der Hand: Manfred Hildermeier bezeichnet das Kirow-Attentat als etwas »qualitativ Neues«: Stalin griff zur totalen Macht im sozialistischen Reich, setzte auf unbegrenzten Ausnahmezustand.[65]

Innerparteiliche Gegner werden von nun an wie Konterrevolutionäre behandelt, selbst höchste Chargen verlieren die ohnehin nur unvollkommene Immunität. Aus diesen Gründen, resümiert Hildermeier, »mag [es] berechtigt sein, den Anschlag zu den wirkungsvollsten ihrer Art im 20. Jahrhundert zu rechnen, vergleichbar mit den Schüssen auf den Erzherzog Franz-Ferdinand, Juli 1914 ...«[66]

4. Der Superlativ: die quotenregulierte Vernichtung

Der letzte Akt der terroristischen Verfolgung vor dem Krieg, die sogenannten Massenoperationen, sollte diese Spekulationen vertiefen. Der Terror erfasste schließlich den breiten Boden der sozialen Pyramide, zunächst lautlos, geheimnisumwoben, dann öffentlich, explosionsartig. Der Angst wachsen Flügel: Am 2. Juli 1937 beschließt das Politbüro den »Operativen Befehl 00447« zur Bekämpfung und Beseitigung »antisowjetischer, räuberischer und faschistischer Elemente«.[67] Die »00« bedeutet höchste Geheimhaltungsstufe. Tatsächlich gemeint ist *la Russie profonde*: das gesamte russische Hinterland durch strafpädagogische Aktionen reinigen, herrschaftsfestigen und somit auf die wachsende Möglichkeit von Kriegen vorbereiten. Die fragile Massenbasis des Regimes, nach Stalins Wahrnehmung durchsetzt von Feinden, Doppelzünglern, Opportunisten, politisch labilen, vielfach schon vorbestraften, uneinsichtigen Kulaken, Kriminellen, schwankenden Minderheiten und Ausländern wird zum Tatort. Jeder der 64 administrativen Einheiten der Sowjetunion werden mit Wissen Stalins und des Politbüros über die NKWD-Verurteilungsquoten – Tod oder Lager – für verdächtige Personen und Gruppen zugeteilt. Sie sind Hauptbestandteil des Befehls. Wie es in der Präambel heißt, setze sich Volkskommissar Nikolai Jeschow »die Lösung des Problems der inneren Feinde der Sowjetunion« zum Ziel.

Ursprünglich sollten in vier Monaten, vom 2. August 1937 bis Dezember des Jahres 75 000 Beschuldigte hingerichtet und 193 000 zu Lagerhaft verurteilt werden. Soweit die Planung. Angesichts der sich stets ausweitenden Fundgrube von Fällen wurde die Kampagne jedoch bis zum 16. November 1938 ausgedehnt. Am Ende kam das Mehrfache heraus: 365 205 Hinrichtungen und 379 210 Lagereinweisungen. Etwa zwei Millionen Bürger, davon die Hälfte Parteimitglieder, wurden verhaftet. Die Maßnahmen waren im wörtlichen Sinne durchgreifend, unter der strengen Kontrolle Moskaus auf unheimliche Weise perfekt. »Der Kommunismus war die einzige Bewegung in der jüngeren Geschichte, die mehr ihrer eigenen Führer, Funktionäre und Mitglieder selbst umgebracht hat, als das ihre Feinde taten.«[68] Es gab in dieser Zeit niemanden, der seiner Freiheit und Rechtssicherheit gewiss sein konnte.[69]

Obwohl die Kampagne, wie ihr Name sagt, diesmal alle Schichten der Gesellschaft, das Volk erfasst – Gábor Támar Rittersporn spricht von »Crusade against simple citizens«[70] –, stehen doch auch jene Feindgruppen im Visier, die schon seit der Lenin-Zeit die Proskriptionslisten der revolutionären Justiz und der Sicherheitsdienste füllten, wie zaristische Beamte, Mitglieder der politischen Polizei (Ochrana), Weißgardisten, Teilnehmer an Bauernaufständen im Bürgerkrieg 1918–1921; politisch missliebig oder verdächtig gewordene Remigranten und Polit-Emigranten, aus Deutschland und Österreich zurückgekehrte Kriegsgefangene des Weltkriegs; frühere Mitglieder antibolschewistischer Parteien, Sozialrevolutionäre (die Koalitionspartner Lenins), die sich einst für die Interessen der Bauern eingesetzt hatten, konterrevolutionär Gesinnte aller Spielarten aus zum Teil weit zurückliegender Zeit sowie »Elemente«, die seit jeher subversiver antisowjetischer Haltung beschuldigt wurden, darunter orthodoxe und islamische Geistliche, Sektenanhänger und Schamanen. In die Unterschicht eintauchend, wurden nun auch Diebe, Räuber, Hooligans, organisierte Schlepper, Spekulanten, zudem »so-

zial schädliche Elemente« wie Arbeitslose, Bettler, Stadtstreicher, gelegentlich sogar Invalide festgenommen und in der Regel verurteilt. Der Zugriff ist
soziologisch umfassend: Arbeiter, Bauern, Hirten, Eisenbahnpersonal (Stel-
lenwärter, Streckenarbeiter), Beschäftigte in Handel und Dienstleistungen,
Techniker und Ingenieure, Militärangehörige, Pädagogen, Wissenschaftler,
schließlich nationale Minderheiten, sogenannte »Nationale Kontingente«.[71]

Der Massenterror kehrte im deutsch-sowjetischen Krieg und über seine
Dauer hinaus wieder, wie Jörg Baberowski und Anselm Doering-Manteuffel
in ihrer Vergleichsstudie der nationalsozialistischen und stalinistischen Ge-
waltverbrechen darlegen.[72] Am 24. Juni 1941, zwei Tage nach Beginn des
deutschen Angriffs, wies Stalins Sicherheitschef Beria die NKWD-Dienst-
stellen in der Ukraine und im Baltikum an, »Konterrevolutionäre« in den
Gefängnissen zu töten. Die abziehenden Sowjets verwüsteten Dörfer, ermor-
deten oder verschleppten Einwohner. In der westukrainischen Stadt Lwow
(Lemberg) wurden bei der Annäherung der Deutschen mehr als 12 000
Menschen erschossen oder zu Tode gefoltert. Auf den Todesmärschen in das
Innere der Sowjetunion kamen Tausende ums Leben. 20 000 bis 30 000 fie-
len allein in der westlichen Ukraine den Massakern der NKWD zum Opfer.
Nach dem Einmarsch der Wehrmacht drehte sich der Wind: Nun nahmen
Ukrainer, Balten, Polen wiederum Rache an den Bolschewisten und den
Juden, die der Zusammenarbeit mit den Sowjets bezichtigt wurden. Zehn-
tausende Ukrainer, Kosaken, Kalmücken, Tataren, Georgier traten in die
Dienste der SS und der NS-Verwaltung, beteiligten sich auf deutscher Seite
am aufflammenden Partisanenkrieg und an Massentötungen. Sowjetsolda-
ten, die sich ergaben, galten als »Verräter« und wurden nach der Rückkehr
in die Sowjetunion oder nach Abschiebung durch die Westalliierten in die
GULags verbannt oder hingerichtet. Krimtataren, Kaukasusvölker, türkische Mescheten, Griechen, Wolga-Deutsche, Balten – insgesamt mehr als
drei Millionen Menschen – wurden nach Mittelasien deportiert. Zahlreiche
wurden »vernachlässigt« – verhungerten, erfroren schon auf den Transporten. Erst mit dem Tod Stalins 1953 verlor das bolschewistische Regime
allmählich seinen terroristischen Charakter – es hing nicht länger an der
Utopie der permanenten Säuberung.[73]

GULag und andere Singularitäten

Lager, Arbeitskolonien, Deportationen haben in Russland eine lange (zaristische) Tradition. Dass die Revolution daran etwas ändern würde, war eine
fulminante Täuschung. Lenin forderte im August 1918 die Internierung
»unzuverlässiger Elemente in Konzentrationslager außerhalb der Städte«.[74]

Die Tscheka – Allrussische, Außerordentliche Kommission zur Bekämpfung der Konterrevolution und Sabotage – nahm sich, wie der Name sagt, eines riesigen Kreises von Betroffenen an. Die Behörde konnte zugreifen, wie sie wollte; an Recht und Gesetz war sie nicht gebunden. Ende 1919 existierten 21 Lager; ein Jahr später 107 und im April 1929 entstand mit Zwangskollektivierung und Anschwellen der Häftlingszahlen das System »Hauptverwaltung Lager« (GULag), künftighin ein Mittelpunkt der sowjetischen Gesellschaft.

Mitte der 30er-Jahre stand ein riesiges Sonderreservoir an billigen Arbeitskräften zur Verfügung, wie es Stalins Wünschen entsprach. Zur Zeit der größten Ausdehnung im Jahr 1950 während des Kalten Kriegs bestanden 476 Lagerkomplexe mit Tausenden Einzellagern unterschiedlicher Qualität. 2,5 Millionen saßen zu diesem Zeitpunkt ein, insgesamt durchquerten 24 Millionen Menschen diese Welt, zunächst, gemäß Kalkül, fernab der Machtzentren – wie ja auch die größten deutschen Vernichtungslager hinter einem Geheimnisschleier in den besetzten Ostgebieten (Treblinka, Belcek, Sobibor, Majdanek) oder in dem dem Reich eingegliederten Auschwitz betrieben wurden – später entzogen sich nur Sonderlager der Tscheka dem öffentlichen Blick. Die Häftlinge lebten in einer »anderen Zivilisation«,[75] eine gewisse Elite wie Wissenschaftler durchaus kommod. In der Zeit des größten Aufwuchses (außerhalb unseres Betrachtungszeitraums) im Januar 1951 spielt die autobiografische Erzählung von Alexander Solschenizyn Ein Tag im Leben des Iwan Denissowitsch. Der Autor bietet die erste Schilderung des Lageralltags, sozusagen die Weltexklusivnachricht in literarischer Form.[76]

Als der Ur-GULag 1923 auf den Solowetzki-Inseln im Weißen Meer, kaum 100 Kilometer südlich des Polarkreises, auf dem Gelände eines berühmten, einst steinreichen russischen Klosters eingerichtet wurde, war der Zweck der Institution unbestimmt. Sollte, wie zunächst experimentiert, die gefangengesetzte alte Elite »umerzogen werden« oder würde der Arbeitszweck überwiegen, wie Stalin für das gesamte Lagersystem entschied? Der GULag entwickelte sich in viel größerem Ausmaß als die deutschen Konzentrationslager zu einem Wirtschaftsunternehmen für die Rohstoff- und Energiegewinnung sowie mannigfache andere Produktionen mit einer geschätzten Kapazität von 18 Millionen Arbeitskräften von 1929 bis 1953. Der Fächer reichte von Gold, Platin, Nickel, Kohle, Holz, Erdöl, Kanalbauten über Hunderte von Kilometern – wie zum Beispiel der Weißmeer-Ostseekanal –, Rüstungsproduktion, Eisenbahnen, Straßen, Flughäfen, Kraftwerken, Abwassersystemen, Wohnungsbau bis zur Massenproduktion von Möbeln, Körben, Schuhen, Knöpfen und Spielzeug. Seit dem Start des ersten Fünfjahresplanes 1928 spielte das Sytem der Zwangsarbeit in Stalins

Forderungen nach billigen Arbeitskräften bei den Massenverhaftungen und der Lenkung der Häftlingsströme eine stimulierende Rolle. Zahlreiche Großprojekte setzten angesichts des Fehlens schweren Geräts den Einsatz ganzer Arbeiterheere voraus. Die Regelung, alle Haftanstalten der Sowjetunion aus dem Justizbereich auszugliedern und der OGPU zu unterstellen, erleichterte die Beschaffung von Muskelkraft, förderte andererseits aber auch Willkür und Verwahrlosung.[77]

Die Arbeitskraft wurde rücksichtslos, oft nach Gutdünken verhängten Strafen, eingesetzt. Doch gingen die Häftlinge meist nicht an der Effizienz ihrer Peiniger, eher an deren Ineffizienz und an Vernachlässigung oder per Hatz der Kriminellen auf die »Politischen« zugrunde. Niall Ferguson erinnert an die »darwinistische Ernährung«: Die Stärkeren bekamen mehr,[78] die Schwächeren durften sterben. Die »langsame« oder »grüne Hinrichtung« erwartete diejenigen, die im Winter zum Holzfällen geschickt wurden.[79] In den Goldbergwerken im nordostsibirischen Kolyma im arktischen Zirkel kamen zwischen 1932 und 1953 drei- bis fünfhunderttausend Menschen um, zuerst Parteifeinde, später aus deutscher Kriegsgefangenschaft zurückgekehrte Soldaten.[80] »The Scale of Stalinist lethality was Orwellian«, formuliert Steven G. Rosefielde.[81] Nach dem deutschen Angriff im Juni 1941 wurden im GULag-System Tausende von Todesurteile gefällt und vollstreckt, um »Verrat« vorzubeugen. Wer überlebte, war gebrochen.[82]

Zu welchen Exzessen sich die Häftlingshaltung verstieg, beschreibt der französische Historiker und Mitautor des Schwarzbuchs des Kommunismus, Nicolas Werth, in seinem Buch »Die Insel der Kannibalen. Stalins vergessener Gulag«.[83] In der atemberaubenden Dokumentation wird das Schicksal von 6000 Kulaken dargestellt, die auf der menschenleeren Insel Nasino im Fluss Ob in Westsibirien buchstäblich »ausgekippt«, ohne Nahrung, Saatgut, Werkzeuge und Unterkünfte zurückgelassen und – vergessen wurden. Westsibirien war zur damaligen Zeit noch Grenzland, Wildnis. Innerhalb von drei Monaten starben auf der Insel 4000 Menschen, der Rest überlebte, indem er Gras, Rinde und endlich auch Menschenfleisch aß. Niemand kam von Nasino weg, niemand fand nach Nasino hin. Und niemand hatte die hoffnungslose kollektive Robinsonade befohlen. Im Gegenteil, sie galt als Verschwendung von Menschenkraft. Die Tragödie ist örtlichen Funktionären zuzuschreiben, die buchstäblich nicht wussten, wo sie mit den vielen angelieferten Gefangenen hinsollten. Ein drastischer Fall von Vernachlässigung in Zeiten der Massenverfolgung – seit September 1933 untersucht, erst 2002 von den Behörden eingestanden.

Die amerikanische Autorin Anne Applebaum weist auf die gleiche geistige und historische Tradition hin, in der GULag und Auschwitz ständen. »Beide Systeme bezogen ihre Legitimation daraus, dass sie sich Katego-

rien von Feinden und Untermenschen schufen, die sie massenweise verfolgten und vernichteten.«[84] Menschen seien nicht dafür verhaftet worden,
was sie getan hätten, sondern dafür, was sie waren. Bei den Nationalsozialisten handelte es sich um Behinderte, Sinti und Roma, Homosexuelle,
Polen, Russen, Juden und immer wieder Juden;[85] bei den Bolschewisten
um Anhänger des alten Regimes, Parteifeinde (in der Partei), Klassenfeinde
(außerhalb der Partei), Bourgeoisie, Kulaken, nationale und ethnische
Gruppen, die man grundsätzlich der Spionage und Kollaboration mit »ausländischen Mächten« verdächtigte oder einfach für fähig hielt, dies zu tun.
Lenin und Stalin sprachen gleichermaßen von »Schädlingen«, »Volksfeinden«, »Saboteuren«, von »Ungeziefer«, »Giftkräutern«, »Abschaum« und
»Schmutz«. Dieselben und ähnliche Bezeichnungen finden sich bei Hitler
und seinen Gefolgsleuten. Mit Sprüchen wie »Mit eiserner Hand führen
wir die Menschheit ins Glück« und »Freiheit durch Arbeit« hat man die
Gefangenen in den Lagern begrüßt. Der entsprechende Eingangsspruch
über dem Tor von Auschwitz lautete »Arbeit macht frei«.

Applebaum zieht die Vergleiche auch der Unterschiede wegen. Anders
als die Nationalsozialisten hätten die Sowjets niemanden wegen Angehö-
rigkeit zu einer rassisch stigmatisierten Gruppe unabwendbar dem Tode
ausgeliefert. Prinzipiell ging es ihnen nicht um »genetic makeup«, sondern
um »sociological cleansing«.[86]

Es gehört zum Resultat dieser Betrachtung, dass die kommunistische In-
quisition schrankenlos war (Gerd Koenen), keinen Lebenszusammenhang,
keine Einzelperson unberührt ließ. »Schädling« oder »Feind des Volkes«
konnte unversehens jeder werden. »Jede soziale Schicht, jede Berufsgruppe,
jede Nationalität, jede religiöse oder sonstige Gemeinschaft wurde auf irgendeine Weise gespalten, atomisiert, radikal umgestaltet oder ›liquidiert‹«,
schreibt Karl Schlögel in dem quellenreichen Werk Terror und Traum. Moskau 1937.[87] Alpinisten wurden verfolgt, vermutlich wegen häufiger Aus-
landsaufenthalte, Schachspieler nicht, obwohl man auch ihnen infizierende
Fremdkontakte unterstellen konnte; Schriftsteller zu Hauf, Komponisten
und Maler so gut wie nicht. Demgegenüber richtete der Nationalsozialismus seinen »exterministischen Radikalismus« vorwiegend gegen »Bluts-
fremde«. Während diese weichen, Verfolgung und Tod fürchten mussten,
konnte der gleichgeschaltete Volksgenosse, sofern es ihm nicht einfiel, offen
zu opponieren, ohne permanente inquisitorische Massenbehandlung sein
Leben fristen.

Der »gesellschaftliche Gestaltungsanspruch« des NS-Staates war redu-
zierter als der des Bolschewismus – der biologische, rassistische und eu-
genische hingegen aggressiver. »Der nationalsozialistische Terrorismus war

selektiv, da er seine vernichtende Wucht fast ausschließlich gegen zu Andersrassigen und Untermenschen erklärte Bürger richtete. Die rassischen und eugenischen Grenzlinien, die er zog, waren so absurd wie schroff.[88]

Demgegenüber gab es in der Sowjetunion unter Lenin und Stalin keine ethnische Gruppe, die wegen ihrer biologischen Herkunft ausgelöscht worden wäre. Die Nationalitätenpolitik in Form der Massenoperationen 1937/38 und die Bestrafung (Deportation) ganzer Nationalitäten im Krieg trugen indessen einen tief sitzenden Zug der Verachtung für andere und Fremde. Die Politik oszellierte zwischen soziologischen und biologischen Kategorien.[89]

Stalin war Antisemit – wie sich vor allem in seinem Alter zeigte –, obwohl dies nicht der tragende Grund für die politische und physische Vernichtung der überwiegend jüdischen alt-leninistischen Garde war. Doch hielt er sich zugute, dass er den Juden mit Birobidschan im (unwirtlichen) Grenzgebiet der Mandschurei 1928 ein »Heimatland« geschenkt hat, das acht Jahre später in den Rang einer Autonomen Republik erhoben wurde. Dennoch hafteten an der sowjetischen Politik Spuren von Rassismus. Molotow, mit einer jüdischen Frau verheiratet, die in die Verfolgungsmaschinerie geriet,[90] urteilte nach Bedarf. Während der Annäherung an Hitler 1939 bemühte er sich, die Diplomatie »von Juden zu befreien« und die »Synagogen zu säubern« – in erster Linie, um dem Bündnispartner Hitler gefällig zu sein. Stalin und Molotow drängten Juden aus der staatlichen und wirtschaftlichen Verwaltung. Alexander Jakowlew erwähnt, Stalin habe Ribbentrop bei den Verhandlungen über den Neutralitäts- und Freundschaftsvertrag versprochen, »mit der jüdischen Übermacht Schluss zu machen, speziell mit jüdischen Vertretern des geistigen Lebens«.[91]

Bestimmten Völkerschaften wurden unabänderliche vererbbare Merkmale zugeschrieben. An der Existenz eines kulturellen Rassismus gibt es nicht den geringsten Zweifel: Tschetschenen sind ein »Banditenvolk«, Armenier ein »Händlervolk«, die Polen ein »Verrätervolk«.[92] Stalins Verbrechen, dies verwundert Anne Applebaum, rufen bis heute nicht dieselben rituellen Reaktionen hervor wie die Hitlers. Die Nazis waren böse, die Sowjets »deformiert«.[93] Tatsächlich aber bestanden »irgendwo in großer Tiefe … Zusammenhänge«.[94]

»Insgesamt repressierte Stalin mehr Kommunisten als die faschistischen Diktatoren Hitler, Mussolini, Franco und Salazar in ihren Ländern zusammengenommen«, notiert der trotzkistische russische Historiker Wadim S. Rogowin.[95] Durch ihn kamen mehr Menschen zu Tode als durch jeden anderen Feind Russlands, schreibt François Furet.[96] Bogdan Musial spricht vom größten Massenverbrechen im Europa des 20. Jahrhunderts.[97] Nur Mao und Pol Pot sollten später die sowjetischen Kommunisten übertreffen.

Unter Mao fanden nach den Forschungen von Jung Chang und Jon Halliday[98] insgesamt 70 Millionen Menschen den politischen Tod; unter der von 1975 bis 1979 andauernden Schreckensherrschaft Pol Pots ein Viertel der Kambodschaner, gemessen an der damaligen Bevölkerungszahl von etwa acht Millionen. In allen Fällen diente die Vernichtung der Aufklärung, der fortschrittlichen Menschenumwandlung – universalistischen Grundmotiven, die allesamt immer noch die Chance haben, besser bewertet zu werden als Hitlers biologistisch-rassistische Massenverbrechen.

Bei aller Ähnlichkeit in der Dimension des Verbrechens wurde aber, wie Karl Schlögel anmerkt, der geschichtlichen Katastrophe und den menschlichen Tragödien in der Sowjetunion nie jene Aufmerksamkeit und Anteilnahme zuteil, die man den nationalsozialistischen widmete – nirgends in der Welt, um es deutlich zu sagen. Diese »auffällige Asymmetrie« währte bis zum Ende der Sowjetunion, wich unter Jelzin einer Freigabe der Archivzugänge mit schockierenden Einblicken in die Topografie des sowjetischen Terrors, kehrte aber in Putin-Russland wie ein Gespenst zurück.

»Eine Welt«, schreibt Schlögel, »die sich die Namen Dachau, Buchenwald und Auschwitz eingeprägt hatte, tat sich schwer mit Namen wie Workuta, Kolyma und Magadan ... So starben die Opfer Stalins ein zweites Mal, diesmal im Gedächtnis. Sie verschwanden im Schatten der Jahrhundertverbrechen der Nazis, sie wurden unsichtbar hinter den unvorstellbar großen Opferzahlen des Vaterländischen Kriegs, sie blieben auf der Strecke in den ideologischen Abrechnungen des Kalten Kriegs ... So bildete sich, wenn es um die Opfer der Diktatur Stalins ging, eine eigentümliche, durch Reflexions- und Rationalisierungsbewegungen kultivierte Teilnahmslosigkeit und Indifferenz heraus.«[99]

Sicher ist: Stalins fester Glaube, das Land wimmele von gefährlichen Feinden, die im Verborgenen ihr Wesen trieben, traf infolge seiner Führerautorität auf eine reaktive, hoch sensibilisierte, angstbebende Reflexionsebene in Partei und Öffentlichkeit, Verwaltung und Industrie. Sein Verdacht war Befehl, die Feindsuche glich einer sich rasend schnell ausbreitenden Influenza.

In einem Interview belehrte Stalin den Schriftsteller H. G. Wells über Herrschaftssicherung inmitten der Feindwelt: »Die Kommunisten idealisieren überhaupt nicht die Methode der Gewalt. Aber sie wollen nicht überrascht werden, sie können nicht damit rechnen, dass die alte Welt von selbst von der Bühne abtritt, sie sehen, dass sich die alte Welt mit Gewalt verteidigt, und deshalb sagen die Kommunisten der Arbeiterklasse: haltet euch bereit, Gewalt mit Gewalt zu vergelten ... Die Kommunisten verherrlichen keineswegs die Anwendung von Gewalt. Aber sie, die Kommunisten, sind nicht willens, sich überrumpeln zu lassen, sie können sich nicht darauf ver-

lassen, dass die alte Welt freiwillig von der Bühne abtritt, sie sehen, dass das
alte System sich gewaltsam verteidigt, und deshalb sagen die Kommunisten
der Arbeiterklasse: Beantwortet Gewalt mit Gewalt ... Was ist ein Führer
wert, der die Wachsamkeit seiner Armee einschläfert, ein Führer, der nicht
begreift, dass der Feind nicht kapitulieren wird, dass er vernichtet werden
muss?«[100] Stalin verwendete das Wort nicht, meinte aber, worauf Molotow
mit seiner Warnung vor der Fünften Kolonne abhob: Die Sowjetunion ist
ständig bedroht, eine unleugbare Erfahrung, die jeder erkennen kann, auf
die sich aber leider nicht alle einstellten, der sogar viele, zu viele entrieten,
nicht absichtslos, sondern planvoll, den Dolch im Gewande.

Die Außengefahren, der Antikominternpakt Japans und Deutschlands
von 1936 mit dem geheimen Zusatzabkommen der »wohlwollenden Neutralität« im Falle eines sowjetischen Angriffs oder einer Angriffsdrohung,
der Beitritt Italiens ein Jahr später, der Bürgerkrieg in Spanien, Berlins Versuch, Polen (Nichtangriffsvertrag seit 1934), Großbritannien, das China
Chiang Kai-sheks in ein antikommunistisches Bündnis einzubeziehen, gehörten zu der Machtsprache, die Stalin ohne Interpretationshilfe verstand.
Sein Regime reagierte mit intensiven Rüstungsprogrammen und mit radikalen Schutzvorkehrungen für die innere Sicherheit. Die Gewalt, die Stalin
gegenüber H. G. Wells relativiert, erwies sich als probate Methode interner
Bestandsgarantie und als Bedingung der äußeren. Die Außenverhältnisse,
zuerst die Zweifronten-Situation gegenüber Deutschland und Japan, dann
das Scheitern der Dreimächte-Verhandlungen mit England und Frankreich
(dem Bündnispartner seit 1935), schließlich der Nichtangriffs- und Freundschaftsvertrag mit Hitler 1939 und, als Reaktion darauf, die Pläne Großbritanniens und Frankreichs von 1940, die UdSSR als Profiteur der Teilung Ostmitteleuropas, als Konfident, Kombattant und Rohstofflieferant
Deutschlands militärisch abzustrafen – erschienen als hinreichende Gründe
für die totale Mobilmachung. Stalin besaß keinen historischen Hintergrund, keine Tradition, keine Bildung, keinen Glauben und kein Volk, die
ihm ein anderes Verfahren nahegelegt hätten.

Aber wie sollte die Gesellschaft, das ja nicht zur Gänze eliminierbare alte
Volk, nun eine Tiefenerziehung erfahren, eine das Bewusstsein neu ausstat-
tende vertikale Demokratisierung, eine Neugeburt? War die massenopera-
tive physische Eliminierung aller verräterischer Spurenelemente aufgrund
hochgespannten, hochnervösen, alles überziehenden Verdachts ein Weg?
Das war die Herrschaftsfrage, die Antwort war aber auch verteidigungs-
politische Prophylaxe. Säubern und Vernichten dienten nach Ansicht des
französischen Politikwissenschaftlers Jacques Sémelin (Centre d'Etudes
et de Recherches Internationales, Paris) dem Gründungsakt eines neuen,
gereinigten Kollektivs und ist – »durchaus zu begreifen – leider nur allzu

gut«.[101] Daher Wachsamkeit, nie ein Gang ins Dunkle oder aus dem Dunkeln. Die Medien liefen über von Schauergeschichten, der NKWD schürte die Hysterie, Fronten zogen sich durch die Familien, Massenmeetings forderten den Tod von Menschen, die niemand kannte. Exemplarisch galt es zu handeln. Die Chargen auf der Bühne bestellten die Claque.

Es wirkt wie eine korrespondierende Botschaft, dass der sowjetische Staatsterror bis heute nicht in einem besonderen Rechtsakt verurteilt worden ist. Bis 2010 war in Russland auch noch keine wissenschaftliche Biografie über Stalin erschienen, die dem millionenfachen Töten und Freiheitsentzug eine objektive Betrachtung gewidmet hätte.[102] In Öffentlichkeit, Unterricht und Medien Russlands findet sich vielmehr die Ansicht verbreitet, der Terror sei der Preis für die Modernisierung des Landes, für den Sieg im Vaterländischen Krieg und den Aufbau in der Nachkriegszeit gewesen. Als bösartige Konspiration wird die Ansicht bewertet, die terroristischen Massaker hätten im politischen Ergebnis die absolutistische Selbsterhöhung Stalins festigen helfen. Aber es war so: Der Staat trug seine Handschrift, das System lag unter seinem Schwert. Der *Woschd*,[103] der Führer, wuchs mit dem Terror, siegte im Krieg und erlangte dort seine mythische Größe. Sein Handeln stützte sich auf Autoritäten, die ihn überragten und ihren Schüler die »Rolle der Gewalt in der Geschichte«[104] lehrten: Marx, Engels und Lenin.

VI. KAPITEL

DIE DEZIMIERUNG DER ARMEE –
ENTHAUPTUNG ODER
ERNEUERUNG?

Die frappierendste Prozessaktion, von der die politische und militärische Führung der nichtkommunistischen Welt annahm, sie habe die Sowjetunion tief geschwächt,[1] betraf die Eliminierung der hohen Armeechargen 1937/38 – ein exzessives Kaderpogrom, das mit der Aufdeckung der »Verschwörergruppe« um den stellvertretenden Volkskommissar für Verteidigung, Marschall Michail N. Tuchatschewski, im Juni 1937 in großem Stil einsetzte. Stalin misstraute dem hohen Offizierskorps der alten Bürgerkriegsarmee mit Recht, ähnlich wie Hitler der Elite der Reichswehr. In beiden Fällen trennte eine Revolution Regime und militärische Exekutive. Dass Tuchatschewski mit der Mord-Ralley seines Herrn nicht einverstanden war, kann angenommen werden. Ob er konkrete Putschpläne hegte, bleibt demgegenüber zweifelhaft. Harte Indizien fehlen.

Aus Furcht vor Gegenwehr aus den Streitkräften oder gar einem bewaffneten Umsturz schob man das Verfahren nach gründlicher vertraulicher Vorbereitung zwischen den Zweiten und Dritten Schauprozess gegen die Politiker. Diesmal blieb die Öffentlichkeit ausgeschlossen, man verhandelte hinter verschlossenen Türen. Fand das Verfahren tatsächlich statt oder ging es nur um die Unterfertigung der Todesurteile?[2] Die Höchststrafen wurden angeblich an einem einzigen Verhandlungstag gegen acht Spitzenmilitärs verhängt, vollzogen und unmittelbar anschließend auch 1000 Zeugen, Mitwisser, »Verbündete« auf dem administrativen Schnellwege beseitigt. Stalin wollte mit dem Rundumschlag nicht nur eine Gefahr, sondern auch das Gedächtnis an erpresste Geständnisse beseitigen. Nichts sollte rekonstruierbar sein. Bis in den deutsch-sowjetischen Krieg hinein wurden die Offiziersränge der Roten Armee gesäubert und mit der Nachfolgegeneration ausgestattet.

Die sowjetische Militär-Tschistka fügte sich in die aufgeheizte Atmosphäre des großen Staatsterrors, die man als Konsequenz aus herannahender Kriegsgefahr und unterschiedlichen oder gar gegensätzlichen Bündniserwägungen beschreiben kann. Eine »gewisse Logik« sei ihr nicht abzusprechen, urteilt Lew Besymenski.[3] Die Vorwürfe des »konterrevolutionären Verbrechens«, des »Hoch- und Landesverrats zugunsten militärfaschistischer Mächte« (gemeint waren Deutschland, Italien, Japan) und des »Rechts-Trotzkismus« waren ein Teil der möglichst schimpflichen Abrechnung mit sperrigen, nicht ungefährlichen Lenin- und Trotzki-Protegés unter den Schwertträgern. Zugleich hielt Stalin die gewaltsame Trennung von der machteingesessenen Militär-Elite auch aus Gründen der Kohortenablösung bei der rapiden Streitkräftemodernisierung für geboten. Sich von der Traditionskompanie zu lösen beruhte auf dem – vagen –, im blamablen Spanischen Bürgerkrieg entstandenen Verdacht, die amtierende Garnitur der Befehlshaber könnte den zu erwartenden Herausforderungen nicht gewachsen sein, eine Meinung, die erfolgreiche Kriegsgeneräle wie Konew und Schukow im Rückblick bestätigten – allerdings nicht ohne offizielle Aufforderung. Richard Overy und andere Historiker sehen die Gewaltrochaden indes weniger in Sacherwägungen als in Schüben des bekannten Misstrauens begründet. Für die Annahme, dass Stalin seine Herrschaft durch Führer der Roten Armee bedroht sehen konnte, finden sich tatsächlich Anhaltspunkte.[4] Die in zahlreichen Betrachtungen gehegte Vorstellung jedenfalls, der *Woschd* habe willkürlich, das heißt ohne plausible Gründe die Armee wie die Partei entmachtet, ist angesichts einer langen und massiven Kette von Konflikten zwischen der politischen und der militärischen Führung widersinnig.

Aber auch hier wiederum ist daran zu erinnern, dass die Massenrepressionen in den Streitkräften keineswegs brandneu waren, sondern bereits 1921 unter Lenin und Trotzki eingesetzt hatten. Auslöser war der von Tuchatschewski niedergeschlagene Aufstand der Kronstädter Matrosen, Fabrik- und Dockarbeiter im März 1921. Kugeln und Granaten galten ihrer Forderung, gewählte Sowjets und nicht Parteibolschewisten an die Spitze des Landes zu stellen, dem Ideal autonomer und egalitärer Kommunen Achtung zu zollen und den Kampf gegen die Bauern unverzüglich zu beenden. Die Kämpfe erregten erhebliches Aufsehen. Die Rote Armee war eine Bauern-, keine Arbeiterarmee, aufgebaut von Militärspezialisten – überwiegend zaristische Offiziere –, nicht von Parteifunktionären, was die Zentralbürokratie als Quelle permanenter politischer Unzuverlässigkeit wertete. 1928 kamen rund 80 Prozent des Mannschaftsbestandes und 50 Prozent der Kommandeure »vom Lande«. Obwohl sich im Zuge der Professionalisierung die Herkunft in Richtung städtischer Rekrutierung verschob, erfassten die Säuberungen Armee und Flotte in ihrer ganzen Breite.

1. Stalins Misstrauen – ad libitum oder begründet?

Stalin misstraute von Anfang an der Linientreue der oft hochfahrenden, gegenüber der Partei arrogant auftretenden Offiziere, die nach den alten Rängen trachteten, traditionelle Kosakenverbände aufstellten und die kontrollierenden Politkommissare zur Seite drängten (unter Michail Frunse, dem Nachfolger Trotzkis als Volkskommissar für Armee und Marine, 1924/25). Von Mitte der 20er-Jahre an überschattete Armee und Rüstungsindustrie schließlich der zeitübliche generelle Verdacht konterrevolutionärer Umtriebe. Wie in den späteren Prozessen gegen die Parteielite griff Stalin zum populistischen Vorwurf der Spionage. Er wies die Investigationsbehörde OGPU (Vereinigte staatliche politische Verwaltung beim Rat der Volkskommissare) an, »die Spione in der Armee unbedingt auszuschalten«, sie könnten großen Schaden anrichten. Massenverhaftungen und ein bis zwei Schauprozesse wären gut, setzte er hinzu. Einfühlsam hatte das Politbüro 1929 die Erschießung hoher, ehemals zaristischer Offiziere vornehmlich adeliger Abkunft[5] beschlossen. In der Folgezeit, besonders nach der Ermordung Kirows, vereinigten der Sonderbeauftragte Stalins für die Aufklärung der Tat und spätere Chef der Geheimpolizei (NKWD) in der zentralen Terror-Ära 1936–1938, Nikolai I. Jeschow, sein Kollege Michail Spiegelglas von der Auslandsaufklärung und der Volkskommissar für Verteidigung, Kliment E. Woroschilow, alle Verdachtsmomente zu einem einzigen und einzigartigen Amalgam der »militärfaschistischen Verschwörung« und Verratstätigkeit im Dienst Deutschlands und des deutschen Generalstabs. Beim Februar/März-Plenum (1937) des ZK erklärte Molotow, je länger man auf die Armee blicke, desto mehr »Volksschädlinge« entdecke man. Woroschilow resümierte, seit 1924 seien insgesamt 47 000 Militärangehörige »weggesäubert« worden.

Für das Horror- und Kampagnenthema hatte Stalin ein offenes Ohr. Zu den schärfsten Einbläsern gehörte der Leiter der Politverwaltung der Roten Armee, Lew S. Mechlis. Als früherer Sekretär Stalins, nun Nachfolger des verdächtigten Generals Jan B. Gamarnik, der den Selbstmord der Verhaftung vorgezogen hatte, arbeitete Mechlis seinem Herrn »mit fast neurotischer Blutrünstigkeit« zu und fiel »gleich einem apokalyptischen Reiter« über die Rote Armee her, wie Simon Sabag Montefiore formuliert.[6]

Den bisher ausgewerteten Quellen zufolge befanden sich unter den Opfern der Militär-Tschistka von 1937 fast alle hohen Ränge, die nach dem deutsch-russischen Vertrag von Rapallo 1922 im Rahmen der militärischen Kooperation mit Deutschland ausgebildet worden waren. Unter ihnen jene Strategen, Taktiker und Konsultanten, die nach Stalins Ansicht die Verantwortung für den Misserfolg der republikanischen Truppen im Spanischen Bürgerkrieg seit 1936 trugen. In den Augen zahlreicher junger, nach Spanien entsandter Militärexperten erwies sich zum Beispiel die von Michail Nikolajewitsch Tuchatschewski in seiner Zeit als Generalstabschef der Roten Armee (1925–1928) entwickelte moderne operative Theorie des konzentrierten Panzereinsatzes im Rahmen mechanisierter Korps in den iberischen Kämpfen als untauglich. Der Umstand, dass Stalin keinen einzigen bedeutenden hohen Offizier nach Spanien entsandt hatte und der ranghohe NKWD-Agent Alexander Orlow, der »Stellvertreter« Jeschows vor Ort, fast ausschließlich die »Trotzkisten« unter den kommunistischen Helfershelfern der Republikaner verfolgte, fand in der Kritik natürlich keine Berücksichtigung. In der Folge der zugespitzten strategischen Diskussion wurden alle sowjetischen mechanisierten Korps, Kernstücke des operativen Waffenverbundes, den Tuchatschewski eingerichtet hatte, oberhalb der Brigade-Ebene aufgelöst, nach dem deutschen Sichelschnitt im Westen 1940 allerdings schleunigst wieder eingeführt.

Die Gefahr, die Stalin erwuchs, bestand in einer kumulativen Kritik an den anstößigen Momenten seiner Politik und im Ehrgeiz einer Reihe von Offizieren in Spitzenpositionen, die in ihren Augen denaturierte »bolschewistische Ordnung wiederherzustellen«.[7] Was war darunter zu verstehen? Auf keinen Fall eine Militärdiktatur, die allerdings im Chaos des Übergangs und möglichen Bürgerkriegs mit Stalin-treuen Kräften unvermeidlich gewesen wäre. Im Kern ging es um die Befreiung der Meinungsbildung und Entscheidungen in allen Staats-, Wirtschafts- und Militärangelegenheiten von der personalen Diktatur im Aufputz einer bürokratisch administrierten Partei, in der die Führungsgremien Politbüro und Zentralkomitee als reine Machtagenturen, alternativ als gespenstische Schädelstätten weggesäuberter Mitglieder fungierten. Die Spinne im Netz musste beseitigt, die Lähmung gelockert, die Diskussion vom Eiseshauch der Konspiration gelöst werden. Gegenüber der Art, wie Stalin und seine Magnaten fuhrwerkten, war die Diktatur des Proletariats eine nachgerade dynamische Führungsmethode, die Diskussion und Diskurs auf der Suche nach sachlogischen Beschlüssen in einer immer gefährlicher werdenden Welt ermöglichte: Im Westen die aufrüstenden Deutschen, seit 1934 quasi-verbündet mit den feindseligen Polen, dazu das todkranke System von Versailles, das sich über den spanischen Bürgerkrieg zerstritten darbot, im Osten die japanische Militärmacht, der britisch-amerikanischen Kontrolle entraten, auf dem Sprung nach China.

Stalin und Tuchatschewski

Wie wurde Stalin von konservativen Bolschewiken gesehen? Als ein im Grunde konterrevolutionärer Alleinherrscher, Lenin und der Weltrevolution abgewandt, vielleicht sogar ein agent provocateur der zaristischen Ochrana[8] – was war von einem solchen Mann in Krieg, Frieden und Diplomatie zu erwarten? Stellten ihn führende Militärs in diese verwerfliche Perspektive? In der Atmosphäre der Verdächtigungen, wie sie 1936/37 allenthalben herrschte, mussten vor allem die Indizien über Stalins Ochrana-Verwicklungen unter den Generälen Unruhe hervorrufen, mochten diese zutreffen oder getürkt gewesen sein. Die Elite der Roten Armee war unter Trotzki aufgewachsen und hatte die Vorbehalte Lenins gegen den »groben« Stalin im Gedächtnis. Das Grauen über die Umstände der Kollektivierung, die Vernichtung des Dorfes, der Heimat der Soldaten – dies alles wirkte wie Unverdauliches. Die Armee war dem Befehl, die Aufstände der Bauern niederzuwerfen und sich am Raub ihrer Arbeit zu beteiligen, widerwillig gefolgt. Solche Botmäßigkeit schmerzt, sie kann Hass erzeugen. Die Gründe für die unausgesetzten Säuberungen aller Institutionen, auch der Rüstungsindustrie, waren als Machinationen zu erkennen, um die Fehler eines überstürzten Aufbaus zu vernebeln. Eine Schlüsselfigur unter den Militärs, die aufgrund ihres Überblicks die wahren Gründe für die Massaker, den Hunger und die Erniedrigungen durchschaute, war Tuchatschewski, seit 1935 Marschall der Sowjetunion, seit 1936 Erster Stellvertretender Volkskommissar für Verteidigung, Heeresreformer gegen den Widerstand konservativer Truppenführer und des formellen Verteidigungskommissars Woroschilow, der bei allem Streit und aller persönlichen Abneigung seinen Stellvertreter für loyal – wem oder was gegenüber? –, für unverzichtbar und gefährlich zugleich hielt. Molotow, der Mann mit Instinkt für Macht und Gefahr, erblickte ihn nach seinen eigenen Worten »immer als unheildrohende Figur«.[9]

Sieht man von dem Ochrana-Komplex einmal ab, der unter den Historikern umstritten ist, weil der Kronzeuge Alexander Orlow, ein mit zahlreichen Auslandsaufträgen im Westen beschäftigter NKWD-Agent, als wenig zuverlässig gilt und gesicherte Nachweise nicht gefunden wurden, ergeben sich drei primäre Konflikte zwischen Stalin und General Tuchatschewski seit 1920/21.

Erstens: Wir haben gesehen, dass die Schlacht vor Warschau, beginnend am 10. August 1920, für den Oberbefehlshaber der Roten Armee angeblich deshalb verloren ging, weil der zur südwestlichen Heeresgruppe detachierte Politische Kommissar Stalin, Mitglied des Militärrats, sich weigerte, die im Süden positionierten Armeen rechtzeitig für den Nordschwenk freizugeben.

Er umging den entsprechenden ZK-Beschluss und die Direktive des Oberkommandierenden. In der Front klaffte somit eine gefährliche Lücke, die Piłsudskis intuitives Feldherrntalent zum Umfassungsangriff nutzte.

Die sowjetrussische Niederlage beim entscheidenden Vorstoß auf Warschau war allerdings die Folge einer schiefen Front. Die drei von Stalin politisch kontrollierten Armeen – zwei Infanterieverbände und die Reiterarmee Budjonnys unter dem militärischen Kommando des späteren Generalstabschefs Alexander I. Jegorow (1939 erschossen) – standen inmitten schwerer Kämpfe um Lemberg (Lwow), als Tuchatschewskis westliche Armeegruppe (vier Armeen) im Juli 1920 der Durchbruch in Richtung Warschau gelang. Wenn also ein ausschlaggebender strategischer Fehler gemacht wurde, bestand er in der unkoordinierten Doppelbewegung in Richtung Lemberg und Warschau, die Tuchatschewskis Südflanke die Deckung entzog. Wer trug die Verantwortung für die Dekomposition des Feldzugs? Spielte der junge, stürmische, an Improvisationen und Guerilla-Manieren des Bürgerkriegs gewohnte General va banque? Er rechnete mit dem revolutionären Beistand des polnischen Proletariats, der Demoralisation der Piłsudski-Armee und der Hilfe der Südwestfront. Als alle drei Erwartungen trogen, erwies sich sein Vorstoß als isolierter Feldzug mit unzureichenden Kräften. Tuchatschewski fühlte sich offenbar an der Spitze einer unbesiegbaren Revolutionsarmee, wie Napoleon im Italienfeldzug 1793, übersah aber die operative Devise des geschulten korsischen Artilleristen, das Feuer auf ein und denselben Punkt zu konzentrieren, denn erst nachdem die Bresche geschlagen und das Gleichgewicht des Feindes gestört sei, meinte Napoleon, ergebe sich alles Übrige wie von selbst. Genau das aber hat der raffinierte Piłsudski mit einer Cannae-Bewegung durchkreuzt, während der Russe eine simple Bauernarmee mit begrenzter Kampfkraft und schlechter Ausrüstung ohne Absicherung nach vorne ins Verderben laufen ließ. In der Folge geriet die Rote Armee dreimal in die Gefahr, von den numerisch unterlegenen, aber hoch motivierten Polen eingekesselt und vernichtet zu werden: östlich von Warschau, östlich von Lemberg und schließlich in der Schlacht an der Memel. Tuchatschewskis Dispositiv wurde zerschmettert und die Erinnerung kehrte zurück, dass er als Befehlshaber an allen Fronten des Bürgerkriegs keineswegs die Fortune und die Entschlossenheit an den Tag gelegt hatte, die den großen Feldherrn kennzeichnen.

In einer resümierenden Vorlesung vor der Kriegsakademie lud er später alle Verantwortung auf Stalin und verglich diesen mit dem zaristischen General Paul von Rennenkampff in Ostpreußen (Tannenberg) 1914, der es aus Gründen persönlichen Ressentiments unterlassen hatte, mit seiner 1. Armee der 2. Armee des Generals Alexander W. Samsonow zu Hilfe zu eilen und die Dioskuren Hindenburg-Ludendorff aus dem Feld zu werfen.

Eine tiefere Beleidigung war nicht denkbar – Stalin hat das nie vergessen. Der gescheiterte Polenfeldzug wurde zum Streitthema, das in der Anklage gegen die Militärführer im Sommer 1937 im Verratsvorwurf gegen Tuchatschewski eine verzerrte Rolle spielte. Dahinter allerdings stand ein Sachkonflikt. Während Tuchatschewski im militärischen Vormarsch über ein besiegtes Polen hinaus ein Fanal für die Weltrevolution erblicken wollte, hielt Stalin, wie wir wissen, schon damals ganz und gar nichts davon, aus der bürgerkriegsgeschwächten Basis Sowjetrussland nach Westeuropa, vor allem nach Deutschland vorzupreschen. Nicht zu Unrecht glaubte er, Russland könnte in dem sofort folgenden Krieg mit den Siegermächten des Weltkriegs nicht bestehen – weder mit noch ohne auf die Straßen gerufene Proletariate, denen er nicht traute.

Zweitens: Tuchatschewski war eine militärische Symbolfigur, an der sich Freunde und Gegner orientierten, in der Öffentlichkeit ungemein beliebt, elegant und ein wenig leichtlebig, kulturell interessiert und zugleich so skrupellos, dass es ihm gleichgültig erschien, ob er mit der Roten Fahne oder dem Andreaskreuz in Petrograd einmarschierte. Der Adel des Vaters war kaum erkennbar. Manche sahen, widerwillig oder hoffnungsvoll, in ihm einen russischen Napoleon (Bucharin), was Stalin veranlasste, die Wege des »kleinen Napoleon«, wie er wegwerfend erwiderte,[10] mit dem größten Misstrauen zu verfolgen. Es ist erstaunlich, dass der zaristische Leutnant aus Milch und Blut ohne prägende Kriegserfahrung unter den Bolschewiki eine so steile Karriere machen konnte, die mit den militärischen Rängen nicht beendet schien. Natürlich galt seine Leidenschaft der Armee und Russland. Stalin, der sich wie alle großen Führer des 20. Jahrhunderts militärische Kompetenz beimaß, tat sich schwer, Tuchatschewskis Strategie der Operation in die Tiefe mit Panzerkonzentrationen und Luftlandetruppen im Waffenverbund zu akzeptieren.

Doch gab es für Stalin Wichtigeres, eine Anstößigkeit ersten Ranges: Die Armee blieb außerhalb des von ihm beherrschten Parteikosmos, er gewann keinen fraglosen Gehorsam. Auch besaß er keinen Durchblick. Tuchatschewski als einflussreicher, kommunikationsfähiger, am Puls der Zeit orientierter Befehlshaber, mit einer attraktiven, wenn auch irrlichternden Persönlichkeit ausgestattet, war Mittelpunkt eines militärischen Netzwerkes, das sich über das riesige Land breitete und dessen Mitglieder in mannigfache Oppositionstätigkeiten verwickelt waren. Im Bürgerkrieg dirigierte er Armeen an allen Fronten, unterhielt enge Verbindungen zu den jeweils zugeordneten Mitgliedern des Revolutionären Kriegsrats (Walerian W. Kuibyschew, Iona E. Jakir, Iwan N. Smirnow, Grigori K. (Sergo) Ordschonikidse) – sämtliche auch später mit hohen Positionen betraut und 1935 bis 1937 eines unnatürlichen, meist politischen Todes gestorben).

Die hohen Offiziere, die Tuchatschewski während der Kämpfe und danach als Untergebene, Freunde, Anhänger seiner Reformen und Strategie begleiteten, waren 1936/37 ebenfalls in führenden Stellungen angelangt, teils in der Militärverwaltung wie Boris M. Feldman und Jan B. Gamarnik, teils in der operativen Truppenführung als Befehlshaber der wichtigsten Militärbezirke von der Speziellen Rotbannerarmee in Fernost (Albert J. Lapin) bis zum Leningrader Militärbezirk (Witali M. Primakow), Weißrussland (Jeromin P. Uborewitsch) und Ukraine (Iona E. Jakir), teils in der Militärpädagogik (August Kork, vor ihm Robert P. Eidemann, Chefs der Frunse-Akademie), teils in der Diplomatie (Vytautas Putna, Militärattaché in London). Tuchatschewski selbst nahm die Schlüsselposition des Ersten Stellvertretenden Kommissars für Verteidigung unter dem unbeweglichen Stalin-Vertrauten Kliment Woroschilow ein. Auf solche Verbindungen, die sich Tüchtigkeit oder Anciennität, Beförderung und Rotation verdanken, stützt sich jede Armee, doch fürchtete Stalin das Komplott so sehr, dass er sich entschloss, das Netzwerk zu zerreißen und die genannten Generäle dem Tode zu überantworten.

Drittens: Ein sehr wichtiges Konfliktfeld wird in der Literatur, von Wadim S. Rogowin abgesehen, nur unzureichend beleuchtet: die Auseinandersetzung um die Beziehungen zu Deutschland. Im Unterschied zu Stalin, der so wenig reiselustig war wie Hitler, kannte Tuchatschewski den europäischen Westen und zahlreiche seiner Akteure. In der Kriegsgefangenschaft in Ingolstadt war er 1915 Charles de Gaulle begegnet, der den Jüngeren zwei Jahre später auf der Flucht mitnahm. Doppelrollen schienen ihm angeboren. 1923, während des Deutschen Oktobers, der Vorbereitungen für die kommunistische Machtübernahme in Deutschland, stand Tuchatschewski als Befehlshaber der Roten Garden in Berlin in Bereitschaft, fand aber nach dem Flop – das Politbüro hatte über zwei Millionen Mann als Hilfstruppe für die Revolution vorgesehen – im Rahmen der ungeniert betriebenen militärischen Zusammenarbeit mit der Weimarer Republik mühelos Verbindung zur deutschen Heeresleitung, vorwiegend zum Chef des Truppenamtes und späteren Reichskriegsminister Werner v. Blomberg, dem politisierenden General und nachmaligen Reichskanzler Kurt v. Schleicher und dem Oberbefehlshaber des Heeres, Werner v. Fritsch.[11]

Noch im September 1932, also kurz vor Toresschluss, nahm er mit einer Offiziersdelegation an den Herbstmanövern der Reichswehr teil und wurde Reichspräsident von Hindenburg vorgestellt. Seine Bewunderung für die preußische Militärtradition wurde jedoch von der Politik des Reiches seit 1933, vor allem vom deutschen Nichtangriffspakt mit Polen 1934 und dem sowjetischen Beistandspakt mit Frankreich ein Jahr später, zunehmend überschattet. Das Hauptaugenmerk seines strategischen Interesses galt fortan der westalliierten Seite. Tuchatschewski war beeindruckt, dass die europäische Politik zu sich selbst zurückzufinden schien, an die Zeit von 1893 bis 1917 erinnernd, als der französisch-russische Zweibund und die Militärkonvention in Kraft waren. Aus Anlass der Beerdigungsfeiern für König George V. führte er 1936 als Mitglied einer Delegation Außenminister Maxim M. Litwinows ausführliche Gespräche in London, begegnete in Paris General Pétain, dem französischen Generalstabschef Maurice Gamelin und seinem alten Freund Charles de Gaulle, parlierte über einen Präventivkrieg gegen Deutschland und besuchte anschließend erneut Berlin. Er war also rundum orientiert, machte sich seine eigenen Gedanken über die Lage Russlands und wechselte aus eigener Einsicht seine Meinungen.

Zwar wurde 1933/34 die militärische Zusammenarbeit einschließlich der Ausbildung russischer Generalstabsoffiziere in Berlin abgebrochen, zum einen wegen der Verstimmung, die der sowjetisch-polnische und danach der sehr überraschende deutsch-polnische Nichtangriffspakt auslöste, zum anderen wegen des abnehmenden militärischen Ertrags, doch dachte Stalin nicht daran, unsicherer Eintrübung halber die deutsche Option gänzlich aufs Spiel zu setzen. Noch bestand der Berliner Vertrag von 1926, im Jahr 1931 um drei Jahre verlängert. Mit ihm hatte Stresemann signalisiert, dass der Locarno-Vertrag mit der Garantie der Westgrenzen die in Rapallo etablierten deutschen Beziehungen zur Sowjetunion nicht grundsätzlich verändere. Die im Vertrag enthaltene Bestimmung, Deutschland werde im Falle eines sowjetisch-polnischen Kriegs französischen Truppen die Passage verweigern, entwertete das französisch-polnische Militärbündnis von 1921 und setzte somit die Isolation Polens fort – ein Ziel, das Stalin entgegengekommen war und das nun mit dem Nichtangriffspakt Berlin-Warschau von 1934 aufgegeben, genau genommen ins Gegenteil verkehrt wurde, indem Hitler seinen Freund-Feind Piłsudski für ein künftiges antibolschewistisches Bündnis zu gewinnen trachtete.[12]

Unentwegt hielt Stalin seine Diplomaten an, Kontakte mit der deutschen Seite zu pflegen. Die Russen trafen auf Kollegen wie den Botschafter in Moskau, Brockdorff-Rantzau, Botschaftsrat Gustav Hilger und Fritz von Twardowski, die ähnlich wie die Reichswehr/Wehrmacht und Teile der Exportwirtschaft traditionell Sympathien für engere deutsch-sowjetische Beziehungen hegten und das Bestreben Stalins kannten, den intensiven Handelsverkehr, vor allem die Lieferung von Industrieausrüstungen, technischem Know-how, sogar Waffentechnik sowie die Bereitstellung von Krediten über die Entfremdungen von 1933 hinwegzuretten. Die glänzenden Wirtschaftsbeziehungen der Weimarer Jahre hatten die Russen verwöhnt, geradezu süchtig gemacht.

Die Sowjetunion war zum größten Abnehmer der Maschinenindustrie avanciert – mit 43 Prozent des deutschen Maschinenexports 1931. Umgekehrt erhielt Berlin Rohstoffimporte aus Russland, die für Rüstungszwecke dringend benötigt wurden. Zumindest eine Grundfigur des Hitler-Stalin-Paktes kam darin zum Vorschein. Darüber hinaus bemühte sich Stalin, von Ministerpräsident Molotow rege unterstützt, um die Verbesserung der politischen Beziehungen zum Reich – in Maßen, aber unausgesetzt. Fachleute wie Lew Besymenski bezeichnen dieses Bestreben aufgrund von Quelleneinsichten seit 1990 als »imperativ«. Der Vertraulichkeit wegen, wohl aber auch, um die Kreise des nach Frankreich und England orientierten Außenministers Litwinow nicht zu stören und zugleich begrenzt zu halten, entsandte er den ihm gut bekannten Georgier Dawit Kandelaki 1934 als Leiter der Handelsvertretung von Stockholm nach Berlin.[13]

Kandelakis vergebliche Versuche, mithilfe wirtschaftlicher Themen und Vereinbarungen in die Sphäre politische Gespräche oder gar Vereinbarungen vorzudringen, beschäftigte uns in dem Kapitel über den deutsch-sowjetischen Nichtangriffs- und Freundschaftsvertrag. Zwar entstand, besonders in den Gesprächen mit Hermann Göring, »Atmosphäre«, doch blieb Hitler zunächst entschieden bei der Ablehnung jeder politischen Annäherung. 1936 verbot er den Export von Kriegsgerät in die UdSSR, im Januar 1937 lehnte er den Kontakt mit dem »bolschewistischen Giftbazillus« ausdrücklich ab; jede vertragliche Verbindung mit der Sowjetunion sei »wertlos«. Seine diplomatische Begründung lautete, Moskau würde den Duftstoff der Gespräche dazu benutzen, Frankreich in ein engeres Militärbündnis und die Engländer zum Schulterschluss gegen Deutschland zu locken – fügte dann aber etwas hinzu, was aufhorchen lässt: Wenn sich die Dinge in Russland in Richtung einer absoluten Despotie, gestützt auf das Militär, weiterentwickeln sollten, würde eine neue Lage entstehen. »In diesem Falle dürften wir allerdings den Zeitpunkt nicht verpassen, um uns in Russland wieder einzuschalten.«[14] Was meinte Hitler? Hatte er die Gerüchte über eine Militärrevolte, über einen von der Armee betriebenen Regimewechsel aufgefangen? Was bedeutete dann »einschalten« – eingreifen oder Annäherung? Man kann nur spekulieren.

Heydrich präpariert Dokumente

Einen Anhaltspunkt liefert der Umstand, dass Hitler zu diesem Zeitpunkt, Februar 1937, die in der Fälscherwerkstatt des Reichssicherheitshauptamts (SS-Obergruppenführer Reinhard Heydrich) präparierten Dokumente über eine Agententätigkeit des Marschalls Tuchatschewski (angebliche Agentennummer S-G-UA-6-22) mit Sicherheit bekannt waren. Zugrunde lag eine paradoxe Hand-in-Hand-Arbeit der beiden Geheimdienste: Der

NKWD hatte im Spätherbst 1936 gefälschte und echte Unterlagen über eine Militärverschwörung gegen das Stalin-Regime dem in Paris ansässigen »weißen« Bürgerkriegsgeneral Nikolai W. Skoblin, einem Doppelagenten, mit dem Auftrag übergeben, sie dem deutschen Sicherheitsdienst (SD) zuzuspielen. Die Deutschen wiederum bearbeiteten das Material, fingierten einen verfänglichen Briefwechsel zwischen dem Marschall und deutschen Armeespitzen, in den man Unterschriften Tuchatschewskis aus der Zeit der deutsch-sowjetischen Militärkooperation (technische Zusammenarbeit mit der Dessauer Flugzeugfirma Junker) einkopierte.

Der Inhalt des Konvoluts betraf Pläne für einen Militärputsch, antikommunistische Restauration, Abtretung der Ukraine – in Zusammenarbeit mit der Reichspolitik, vor allem mit Generalstab und Gestapo – sowie Hinweise auf die Ochrana-Vergangenheit Stalins. Das Belegstück für diesen einmalig klingenden Landesverrat gelangte aus Berlin in die Hände des tschechoslowakischen Staatspräsidenten Beneš, der es angeblich am 26. April 1937 an Stalin weiterreichte – gegen gebührenden Dank.[15] Am 11. Mai berichtete die sowjetische Presse über die Ablösung Tuchatschewskis vom Posten des Ersten Stellvertretenden Volkskommissars für Verteidigung, seine Ernennung zum Befehlshaber des Wolga-Bezirks, ein Gang in die Isolation ohne zuverlässige, ihm verpflichtete Truppen. Am 26. Mai wurde er verhaftet, am 16. Juni zum Tode verurteilt und unmittelbar darauf erschossen.

Hitler und einige wenige Eingeweihte ließen sich also die Gelegenheit, in das sowjetische Machtspiel einzugreifen, nicht entgehen. Das kurzfristige Ergebnis war die Schwächung der Militärführung, die wohl wider Erwarten bedingungslos kapitulierte. Das längerfristige beruhte in der Erkenntnis, dass zwischen dem Kreml-Lager und ausschlaggebenden Kräften des Offizierskorps Differenzen über die Einstellung zu dem neuen deutschen Nationalimperium bestanden. Wir erwähnten Molotow, der den Wunsch nach »guten Beziehungen« mit Deutschland mehrfach wiederholte – so lange, bis Stalin ihn zum Architekten des Freundschafts- und Nichtangriffspaktes, in Wirklichkeit des Kriegspaktes mit dem Deutschen Reich, machte. Demgegenüber fungierte Außenkommissar Maxim M. Litwinow, der Molotow 1939 weichen musste, als Verfechter der kollektiven Sicherheit in Europa, der Bündnisse mit Frankreich und der Tschechoslowakei und den antifaschistischen Volksfronten in Paris und Madrid – Optionen, die sich der *Woschd* ebenfalls erhalten wollte. Das Politbüro quittierte im Januar 1937 einen Tätigkeitsbericht Kandelakis mit der Feststellung, die Sowjetunion habe es an konkreten Vorschlägen für Verhandlungen mit Deutschland nicht fehlen lassen und sei bereit, diese »jetzt« im Interesse des Friedens aufzunehmen. Litwinow wiederum zeigte sich beunruhigt, als im Frühjahr 1937 hartnäckig Gerüchte über derartige deutsch-sowjetische

Fühlungsnahmen kursierten, die von Moskauer Seite streng geheim behandelt würden. Er beeilte sich, in Prag und Paris zu versichern, daran sei kein Wort wahr.

Die Akzentunterschiede in der Diplomatie entwickelten sich beim Anlegen geopolitischer Maßstäbe zu Widersprüchen. Marschall Tuchatschewski zog in seinen militärischen Darstellungen aus der Option für die Westmächte Konsequenzen, die der Diplomat Litwinow vermied. Nach Art der Trotzkisten unterstellte er Stalin eine »germanophile Einstellung«.[16] In einem Prawda-Artikel vom 31. März 1935 fokussierte er unter dem Titel »Kriegspläne des heutigen Deutschlands« die Kriegsvorbereitungen Hitlers unter Verweis auf »Mein Kampf«. Wie Besymenski in der zitierten Studie »Geheimmission in Stalins Auftrag?« ausführt, wurde der Artikel in seiner Unverhohlenheit als Sensation empfunden und in Berlin mit Beunruhigung zur Kenntnis genommen. Dabei handelte es sich bereits um eine abgeschwächte Version. Stalin hatte die Darstellung des Marschalls vor der Publikation gegengelesen und an bezeichnenden Stellen geändert. So wurde der ursprüngliche Titel »Kriegspläne Hitlers« entpersonalisiert und die Darstellung der antisowjetischen Stoßrichtung der deutschen Kriegsvorbereitungen gestrichen. Damit nahm er die geopolitische Schärfe aus dem Text und Tuchatschewski konnte wissen, dass er den Nervenpunkt von Stalins großer Politik berührt hatte. Wie ernst es allerdings dem Marschall mit seiner These war, zeigt der ungewöhnliche Umstand, dass er noch in den Tagen der Haft eine Denkschrift verfasste, die vor einem deutschen Angriff im ersten Halbjahr 1941 warnte. Für Stalin legten derartige Interventionen den Schluss nahe, die Militärs zu zügeln, wofür ihm die Eliminierung als das zuverlässigste Instrument erschien.[17]

Stalin räumt das Tableau

Die Verfahrensvorbereitung verlief nach dem Muster der Parteischauprozesse. Weder der Trotzkismus-Sinowjewismus noch der Terrorismus noch auch die Heydrich-Akte spielten im Prozess und in der Begleitpublizistik eine namhafte Rolle. Das manipulierte Dokument der Geheimdienste war nur als eine Art interner Durchlauferhitzer zur Erzeugung möglichst konsensualer Empörung in den Führungszirkeln nutzbar – als Hauptbeleg der Anklage hätte es den Zwang zu einer unerwünscht umständlichen Beweisaufnahme nach sich gezogen. Nein, diese Arbeit sollten die Angeklagten selber leisten: Das Zeugnis der staatsfeindlichen Beziehungen zu militärischen Kreisen einer ausländischen Macht – dem deutschen Generalstab –, regelmäßiger Preisgabe von Geheiminformationen über die Rote Armee,

Schwächung der eigenen Streitkräfte durch Sabotage, um für den Fall eines Angriffs ihre Niederlage vorzubereiten – also Spionage und Verrat höchsten Grades, die man den Angeklagten, an der Spitze dem Marschall Tuchatschewski, mit ihm den Generälen Jakir, Uborewitsch, Kork, Eideman, Feldman, Primakow und Putna vorwarf, war ihre Sache. Die Anschuldigungen mussten durch Denunziation und Folter erhärtet und schließlich per Geständnis urteilsfest gemacht werden.

Alles hatte innerhalb eines Jahres zu geschehen, möglichst unauffällig. Die Aktion begann lange vorher: Schon am 5. Juli 1936 war der Divisionskommandeur Dmitri Arkadjewitsch Schmidt (eigentlich David Aronowitsch Gutman) festgenommen worden, der neun Jahre zuvor (!) Stalin gedroht hatte, er werde ihm eines Tages mit dem Krummsäbel die Ohren abhacken. Er galt als Aktivist der »Militäropposition«, wurde ausgepresst und am 20. Mai 1937 erschossen. Die folgenden Verhaftungen des Londoner Militärattachés Putna (September 1936) und des stellvertretenden Befehlshabers des Militärbezirks Leningrad, Primakow (November 1936), beide Gewährsmänner Tuchatschewskis, führten zur Konstruktion des Amalgams.

Belastet wurden die höheren Chargen, die man nun, Person für Person, von ihren Posten ablöste, teils versetzte, teils sofort sistierte, um das Netz der Beziehungen und Loyalitäten, das sie auf ihren Posten gebildet hatten, mitsamt der militärischen Infrastruktur und Kommunikation aufzureißen. Stalin ging wie immer mit Bedacht vor. Am 13. Mai 1937 lud er den schon mit Marschbefehl an die Wolga versehenen Marschall Tuchatschewski in den Kreml ein und beruhigte ihn, obwohl das Urteil intern längst gefällt war. Neun Tage später ließ er ihn auf der Fahrt zum Verbannungsort im Salonwagen festsetzen und zurück nach Moskau bringen. Keiner der Offiziere leistete Widerstand; es gab keine Kommandotruppen zum persönlichen Schutz, keinen Feuerwechsel, die NKWD-Häscher hatten leichtes Spiel.

Die Militärelite ließ sich zur Schlachtbank führen, anstatt ihren Waffen einen Sinn zu verleihen. Die Bauern hingegen verteidigten sich Ende der 20er-Jahre mit primitivsten Mitteln. Demgegenüber, so bemerkt Alexander Jakowlew, entpuppten sich »die großen Helden des Bürgerkriegs ... als kleine Feiglinge«.[18] Trotzki, der es wissen musste, vertrat eine andere Ansicht: In Prozessen inquisitorischen Charakters, meinte er lakonisch, sei das Widerstandsvermögen begrenzt.[19] Seit 1937 war die Anwendung physischen Drucks, sprich Folter, zugelassen.

Dennoch ist es bemerkenswert, wie schnell die Angeklagten die ihnen vorgehaltenen Verbrechen eingestanden. Tuchatschewski bekannte am 1. Juni, drei Wochen nach seiner Festnahme, Kontakte zu deutschen Militärs und die Erörterung von Putschplänen gegen Stalin mit Bucharin 1933, während er Spionagetätigkeit abstritt.[20] Zum Kreis der Verschwörer, so räumte er ein, hätten die Generäle Feldman, Alafuso, Primakow und Putna gehört. Putna wiederum hatte schon vorher Tuchatschewski der militär-politischen Verschwörung gegen die Sowjetmacht bezichtigt. Die gegensei-tigen Denunziationen, der Bruch natürlicher Kameradschaft und Solidari-tät fielen wie Schatten auf die Generäle, aber vielleicht sollte das so sein, vielleicht war der ganze »Prozess« eine einzige Machination. Hoffnung auf Milde wird bei den Angeklagten kaum im Spiel gewesen sein, als Soldaten wussten sie, dass fundamentale Waffenungleichheit Kapitulation oder Tod nach sich zieht. Nach den wie auch immer zu bewertenden Berichten über das undokumentierte »Verfahren« war Waffengleichheit keinesfalls zu er-warten. Den Angeklagten gegenüber, auf der Seite des Sondermilitärkol-legiums des Obersten Gerichts, saßen am (unverbürgten) Verhandlungs-tag, dem 16. Juni 1937, ihre dorthin befohlenen Bürgerkriegskameraden Budjonny, Blücher, Schaposchnikow, Below, Alksnis, Dybenko, Kaschirin, Gorjatschow – bis auf Schaposchnikow und Budjonny bald Todeskandida-ten wie sie. Tags darauf wurden die sieben Angeklagten im Innenhof der Lubjanka in Moskau erschossen.

Primär ging es Stalin darum, die Schlüsselstellungen in der Armee und in den Seestreitkräften von Verschwörernestern zu befreien, die Streitkräfte vollständig in die politische Hand zu bekommen, um jedem Kriegsereignis als Angegriffener und Angreifer gewachsen zu sein. Im Grunde handelte es sich also um eine Form des Organwechsels mit riskanten chirurgischen Eingriffen in eine unvollkommene und überdies – nach der Meinung des *Woschd* – »infizierte« Körperschaft. Wie tief waren die Schnitte wirklich? Die absoluten Zahlen der »Verschwundenen« sind eindrucksvoll, doch be-läuft sich, angesichts der Größe der Streitkräfte, der Anteil der Führungs-kräfte nicht auf 20 bis 30 Prozent, wie zunächst angenommen, sondern auf knapp acht Prozent.[21] Von den 34 201 in der Zeit von 1937 bis 1939 aus dem Dienst geworfenen respektive verhafteten Offizieren, meist im Rang vom Oberst aufwärts, wurden schon 1938/39 über 11 000 wieder in die Reihen – auf anderen Positionen – aufgenommen,[22] unter ihnen Männer, die sich im Krieg gegen Deutschland besonders bewähren sollten, wie Kon-stantin Rokossowski, später ein äußerst fähiger Kommandierender der Zentralfront in der Panzerschlacht von Kursk und Eroberer Königsbergs.[23] Von den übrigen rund 23 000 wurde ein Drittel sofort verhaftet, der Rest zunächst entlassen, dann aber wegen Kollaboration mit Parteifeinden, we-gen moralischer Verfehlungen wie Trunkenheit oder Kontakten zu miss-liebigen Nationalitäten (besonders Polen) zur Rechenschaft gezogen und mehrheitlich in den GULag in Marsch gesetzt.[24]

Das Blutgericht betraf größtenteils die höheren und höchsten Militär-führer. In den sechs Rangstufen der Generalität von Heer und Luftwaffe verloren 416, das sind 55 Prozent des Bestandes von 1936, das Leben. Immer wieder genannt werden: Drei von fünf Marschällen (Tuchatschewski, Blücher, Jegorow), 14 von 15 Armeebefehlshabern, 37 von 85 Korpskommandeuren, 110 von 195 Divisionskommandeuren, 220 von 406 Brigadekommandeuren, alle elf stellvertretenden Verteidigungskommissare, die meisten Kommandeure der Luftwaffe und Marine (13 Admiräle, auch der Marinekommissar), alle Kommandeure der Wehrbezirke und ihre Stellvertreter (Stabschefs), acht Kommandeure der Militärakademien, die Leiter der politischen Verwaltung und 110 Politgeneräle,[25] last not least über die Hälfte des Kriegsrats beim Volkskommissar für Verteidigung. Eine Dunkelziffer bilden jene hohen Offiziere, die bei scharfen Verhören und im GULag infolge Folter, Krankheit und Selbstmord ihr Leben aushauchten.[26]

Für Stalin war das Tableau nun geräumt. Er konnte die Führung der Streitkräfte komplett neu besetzen und zu Kontrollzwecken, wie im Bürgerkrieg, den Militärbefehlshabern politische Kommissare an die Seite stellen, die Befehle gegenzeichnen mussten. Offizieren und Soldaten wurde befohlen, jeden Feindverdacht bei ihren Vorgesetzten zu melden. Der Entzug des Vertrauens sicherte der politischen Spitze beliebig tiefe Eingriffe in den Geist der Armee. Für alle diese Operationen bedurfte Stalin selbstredend einer relativ gesicherten Friedensperiode, da ja unter erschwerten Führungsbedingungen Waffensysteme (besonders Panzer und modernere Flugzeuge) einzuführen und zu trainieren waren. Ohne Zweifel: Die Säuberungen verursachten schwere Einbußen bei der anspruchsvollen Offiziersausbildung, Aufklärung, Kommunikation, Logistik und bei der Wirtschaftsplanung, denn zu den Opfern zählten auch hoch qualifizierte Beamte, Konstrukteure, Ingenieure und Techniker im militärisch-industriellen Bereich. Die Suizid-Rate schoss in die Höhe. 36 000 subalterne und höhere Offiziersstellen konnten im Fünfmillionenheer von 1941 nicht besetzt werden. Den oft sehr jungen Vorgesetzten fehlte jede Gefechtserfahrung, nur wenige konnten sich im Spanischen Bürgerkrieg und bei den Kämpfen gegen die japanische Kwantung-Armee in Fernost unter Leitung des erfolgreichen Oberkommandierenden Georgi Schukow[27] bewähren oder von November 1939 in der finnischen Feuertaufe heranwachsen.

Trotz all dieser Einschränkungen der Leistungskraft ist die These von der »gezielten Enthauptung der Streitkräfte« mit Zurückhaltung zu lesen: 1940 waren nach Angaben von Richard Overy nur noch 3,7 Prozent der Offiziere von 1938 aus der Armee verbannt.[28] Ob das exzessive Kaderpogrom die Kriegsführungsfähigkeit der Sowjetunion wirklich ernsthaft beeinträchtigte und wenn ja, in welchem Maße, ist bis heute umstritten.

2. Bolschewistischer Terror –
Vorbereitung auf den Krieg

Vorkriegszeit, Vertragspolitik, interne Vorbereitung auf den Krieg, der Titanenkampf mit Deutschland – damit man diesen dramatischen Prozess und Progress der Sowjetunion verstehen kann, wandten wir den Blick der Epoche des Terrors zu: dessen Rolle und einpeitschende Wirkung auf den russischen Wandel von der Agrar- zur Industriegesellschaft, die Menschenformung und durchgehende Militarisierung des zivilen Lebens. Wir begegneten dem Initiator Lenin und seinem Nachfolger Stalin auf dem halben Weg zu Weltmacht oder Untergang. Entstehung und Leben der Sowjetunion waren seit Anbeginn von den schärfsten Gewaltmitteln begleitet, aus deren Zwängen Stalin schließlich im Augenblick des deutschen Angriffs einen unerhörten, zum Teil verzweifelten, im Effekt aber fanatisierenden Patriotismus hervorrief, mit geradezu tschaikowskihaften Anklängen an die zaristische Heldengeschichte von Alexander Newski (Sieg über den Deutschen Orden, 13. Jhdt.), Alexander W. Suworow (Russisch-Türkische Kriege, 18. Jhdt.) und Michail I. Kutusow (Krieg gegen Napoleon).

Die These mag befremden: Wie sollte aus Terror die Rettung kommen? Das Ergebnis der Betrachtung enthüllt tatsächlich eine Paradoxie, die heutigem Denken bis zur Unverständlichkeit fremd ist und überdies jeden Freund des geregelt-logischen Geschichtsablaufs in Verzweiflung verfallen lässt: Die Massaker des Terrors ließen den sowjetischen Gesellschaftskörper weißbluten, stachelten zugleich aber die gigantische Vorbereitung des Kriegs und den Kampfeswillen an: Gewaltmodernisierung. Viel ist in der blutgerinnenden Literatur von Grausamkeit und Paranoia des *Woschd*, des Führers Stalin die Rede. Ihm sei es überhaupt nicht um den »neuen Menschen« gegangen, letzten Endes auch nicht um Russland, nicht um ideologische Konfrontation, sondern um puren egozentrischen Machterhalt. Jörg Baberowski, ein großer Kenner der sowjetischen Sphäre, dementiert ein eigenes Buch, das er 2003 unter dem Titel »Der Rote Terror. Die Geschichte des Stalinismus« publiziert hat, erklärt die darin vertretene These, der Terror sei die Reaktion auf die verfehlte Revolutionierung der rückständigen Sowjetunion und die Herstellung einer produktiven, systemsichernden Eindeutigkeit gewesen, nachträglich als »Unfug« und wendet sich dem »gewissenlosen Gewaltherrscher« als dem monokausalen Verursacher und Exekutor des Terrors zu. Er habe nichts anderes erreichen wollen, als seine, nur seine Zwangsherrschaft.[29]

Damit entsteht das Kontrastporträt zu Lenin und das Bild eines Brutalzaren, das geeignet erscheint, den Kommunismus/Bolschewismus als

Herrschaftssystem von der Erzeugung von Monstern freizusprechen. Der Gedanke, Kommunismus führe nicht zwangsläufig zum Terror, findet sich als Versuch zur Rettung der reinen Lehre häufig, wie der Blick auf die Deutungsmuster lehrt. Verfolgungen, Deportationen, Massenexekutionen des revolutionären Anfangs werden mit Bürgerkrieg, Amputation und Invasion Sowjetrusslands erklärt, mit Heimsuchung und Notwehrexzess. Immerhin kommen diese Darstellungen den wirklichen Motiven des Terrors etwas näher als die reine Individualthese, klingen aber immer noch sehr nach Exkulpierung. Stalin hatte massive Gründe, die Feindschaft der Bauern, des »Dorfes«, der Nationalitäten, Parteiopposition und trotzkistischen Revolutionäre ernst zu nehmen. Der Bolschewismus, die Säule, auf der Stalin stand, seine Reformen, seine Methode, sich zuerst mit der einen, dann mit der entgegengesetzten Seite zu verbünden, schufen erbitterte Feinde. Die Regierung war schwach, der Himmel hoch, das Land weit, eine fremde, in sich verpuppte, unberührbare bäuerliche Steppe und die Industrie in den Städten vor täglicher Sabotage nicht sicher.

Stalin musste Revolten fürchten und er fürchtete sie auch dann noch, als die Furcht nicht mehr gerechtfertigt war. Er war lange nicht kriegsbereit, setzte aber nicht nur auf Terror, sondern arbeitete wie ein Pferd, das schwere, unwillige Land auf Trab zu bringen. Die entwicklungspolitische Obsession entstammte kommunistischer Herrlichkeit und universalem Geltungsanspruch – einer Geschichtsphilosophie. Menschen waren Maschinen oder Feinde. Der Kaukasier war weit entfernt von der optimistischen Ur-Lehre des Marxismus. Den humanitären Aspekt, der im antipodischen Amerika trotz der Exzesse im Leben und Kämpfen der Pioniere vorherrschte, hielt er für einen (gefährlichen) Spleen intellektueller Schwärmer etwa im Stil Nikolai I. Bucharins, einer der Hauptfiguren der Schauprozesse von 1937. Kraft der Brutalität, Norm und Uniform hinterließ Stalin bei seinem Ende 1953 eine einseitig hochdressierte militärische Weltmacht, die von ihrer Bahn nicht abweichen wollte und dem Tod durch Überforderung anheimfiel. Der Terror war die Innenseite des Sozialismus in einem Lande, der Preis rücksichtslosen Fortschreitens, während das Bündnis mit den Deutschen, mit den Alliierten, der Kalte Krieg mit dem Westen, mit der Atlantischen Allianz seine kombattante Außenseite darstellte. Der Versuch, die Welt des Jahres 2000 zu erreichen, scheiterte an der Massivität und Höhe der eigenen Schutzmauern.[30]

VII. KAPITEL

KEINE BAGATELLE: DER SOWJETISCH-FINNISCHE WINTERKRIEG 1939/40

Der Befehlshaber des Militärbezirks Leningrad, Kirill Merezkow, hatte schon Ende 1938 mit den militärischen Planungen für den Angriff auf Finnland begonnen. Strittig war die Truppenauswahl. Während der amtierende Generalstabschef, Boris M. Schaposchnikow, der aus früherer Dienstverwendung den Militärbezirk Leningrad kannte und die Qualität der dortigen Verbände nicht sehr hoch einschätzte, geeignete Streitkräfte aus der ganzen Sowjetunion zusammenziehen wollte, bestand Stalin, unterstützt vom Kommissar für Verteidigung und formellen Oberkommandierenden der Nordfront, Kliment Woroschilow, und dem Parteichef von Leningrad, Andrei A. Schdanow, auf dem regionalen Leningrader Aufgebot. Man werde mit begrenzten Kräften Finnland »innerhalb von Tagen« erledigen, lautete die Parole.[1]

Die Kampagne beruht auf einem russischen Urmuster. Der Glaube, schreibt Max Jakobson, Finnland bilde eine gefährliche Lücke in der sowjetischen Verteidigung, war keine bolschewistische Erfindung, sondern gehörte zu den ehernen Klischees im strategischen Denken der Russen. Schon Peter der Große, der als Erster die Doktrin der Sicherheit durch Expansion entwickelt hatte, sprach galant davon, »die Damen von St. Petersburg konnten nicht ruhig schlafen, solange die finnische Grenze derart nahe bei unserer Hauptstadt verlief«.[2]

Die Dezimierung der erfahrenen Militärführung per Säuberungen 1937/38 zeigte unbestreitbar Folgewirkungen, war aber nicht der einzige Grund für die bald offen zutage tretenden Kompetenzmängel. Die Eroberung Ost-Polens im September 1939 stand im Zeichen militärischer Desorganisation bei der Bewegung von Infanterie- und Panzermassen. Die gemeinsame deutsch-sowjetische Parade in Brest-Litowsk, Besiegelung der Waffenbrüderschaft anlässlich der Besetzung der Demarkationslinie, sei für die Russen ein fast zu großes Ehrengeschenk gewesen, vertraute der Repräsentant der Wehrmacht, Panzerführer Heinz Guderian, einem seiner engsten Mitarbeiter, Wolfgang Thomale, an.[3]

Guderian bezeichnete in einem ausführlichen Bericht an Hitler über seine Erfahrungen mit der Roten Armee im September/Oktober 1939 die Bewaffnung, besonders die Panzer als »alt und unmodern, die Nachrichtenmittel ebenfalls als sehr rückständig«.[4] Beim Einmarsch in Polen am 17. September 1939 betrieben die Sowjets einen riesigen Aufwand: Zwei Heeresgruppen mit sechs Armeen à 24 bis 36 Schützendivisionen, 15 Kavalleriedivisionen, drei motorisierte Korps mit neun Tankbrigaden. Die meisten Einheiten stammten aus den an Polen grenzenden Militärbezirken in ähnlicher Begrenzung wie im Finnland-Krieg. Das riesige Truppenaufgebot war auf den »Verdacht« Stalins zurückzuführen, die Deutschen würden sich aus bestimmten Positionen jenseits der Demarkationslinie nicht zurückziehen.[5] Die Soldatenmassen imponierten jedoch niemandem, sie wirkten zerlumpt und schlecht ernährt. Vor allem die deutsche Geringschätzung der Roten Armee geht auf dieses Soldateska-Bild zurück. So entstehen Klischees, die sich von der Wirklichkeit entfernen. Von dieser »fixen Idee«, schreibt Fabry, haben sich weder die deutsche Militärführung noch Hitler bis in den Sommer 1941 hinein zu lösen vermocht.

Die Einrichtung von Militärstützpunkten in Lettland, Estland und Litauen mittels erzwungener Beistandsabkommen im September/Oktober 1940 forderte die Kriegskunst nicht heraus, da die betroffenen Staaten weder bei dieser Gelegenheit noch bei ihrer Inkorporation in die Sowjetunion im August 1940 Widerstand leisteten – von da und dort aufflammenden Guerillakämpfen abgesehen. Während der Sieg Georgi K. Schukows über die japanische Kwantung-Armee am Grenzfluss Chalchin Gol zwischen der Mongolei und dem japanischen Mandschukuo (vormals und später chinesische Mandschurei) die Bilanz aufzubessern schien und Stalin ermutigt haben dürfte, blieb das schwierigste Unternehmen, der Feldzug gegen Finnland, unter der formalen Regie des Volkskommissars für Verteidigung und Säuberungsgehilfen Stalins, Kliment Jefromowitsch Woroschilow, weit hinter den Erwartungen zurück.

Wir gehen darauf aus zwei Gründen ausführlicher ein, als es in den jüngeren zeitgeschichtlichen Betrachtungen üblich ist: Der Winter- und Waldkrieg in Finnland verdüsterte das Bild der Roten Armee über das objektive Maß, führte zu Fehlurteilen und bot den Alliierten eine rechtfertigende Begründung für ihre Pläne einer norwegisch-schwedischen Nordfront im peripheren Krieg gegen Deutschland und die Sowjetunion.

1. Fehler oben und unten

Mittelmäßigkeit der Kommandeure, schlechte Ausbildung, mangelhafte Koordination der Waffengattungen und eine merkwürdige Unkenntnis des Nachbarlandes Finnland, seiner Mentalität und seiner terrestrischen Natur, erklären den blamablen Auftakt des Feldzugs. Die Kampfkraft der Roten Armee, die am 30. November 1939 antrat, war infolge der Militärsäuberungen vor allem auf der Führungsebene geschwächt. Es gab nur wenige gut geschulte, erfahrene Offiziere, im Gros der Truppe fehlten Unteroffiziere – eine generelle Schwäche der Roten Armee.

Bei den Nachrückern standen nach dem blutigen Auskämmen der Führungsgarnitur Fragen des Klassenkampfs vor solchen der Taktik. Aufforderung zur Denunziation schwächte den Zusammenhalt. Die Soldaten litten unter Demoralisierung und Infantilismus.[6] Befehlsverweigerung im Kampf war an der Tagesordnung. Aufklärung tendierte gegen null oder produzierte Fehler, was das Übermaß an Verlusten erklärt – geschätzt 200 000 in beiden Phasen des Kriegs. Miserable Zielvorgabe (Artillerie, Luftwaffe), verbunden mit Kommunikationsmängeln, schwacher Logistik und Säumigkeit bei der Ablösung abgekämpfter Truppen nahm den überlegenen Waffen die Wirkung. Mobilisierungs-, Munitions- und Ersatzteilmängel, unzureichende Vorbereitung auf den Winter, beispielsweise die Unfähigkeit, sich auf Skiern zu bewegen, rundeten das Bild ab. Merezkow sprach der Armee rundheraus die Fähigkeit zur Operation mit verbundenen Waffen ab. Auf dem Schlachtfeld herrschte Durcheinander. Oben fehlte der Überblick, unten die Orientierung auf dem Gefechtsfeld.

Merezkow hatte das Kommando, konnte aber nicht frei handeln. »Feldherr« Stalin leitete nach Angaben seines Biografen Dmitri Wolkogonow den Kriegszug vom Kreml-Schreibtisch aus persönlich nach eigenem Gutdünken. Woroschilow »spickte« als operativer Superviser den *Woschd*. Er besaß Stalins Vertrauen, doch fiel diesem zu spät auf, dass dem Verteidigungskommissar die Besonderheiten des finnischen Kriegs fremd waren. Auch Parteisekretär Schdanow, Vorsitzender des Kriegsrats des Leningrader Militärbezirks und Nachfolger des 1934 ermordeten Sergei M. Kirow, wollte mitreden. Da es ihm um Lorbeeren für die weitere Karriere ging, gab er sich immer noch theatralisch ergrimmt, dass Finnland im Revolutionskrieg 1918 den Weg in die Unabhängigkeit eingeschlagen hatte. Nach drei erfolglosen Offensiven im Dezember übergab Stalin das Nordfront-Kommando an Semjon K. Timoschenko und beauftragte Merezkow mit der Führung der 7. Armee in der karelischen Landenge. Am 7. Mai 1940 musste Woroschilow den Posten des Kommissars für Verteidigung an den halbwegs erfolgreichen Timoschenko abgeben und Merezkow wurde Generalstabschef.

Der Operationsplan

Für Stimmengewirr im finnland-geschädigten Militärmilieu war also gesorgt. Dabei muss man einräumen, dass Merezkow, als Stratege ein »Profi«, Stalin im Oktober 1939 einen brauchbaren Operationsplan präsentiert hatte. Er sah drei Angriffsachsen vor: Auf der karelischen Landenge, nordwestlich von Leningrad, den Durchbruch durch die Mannerheim-Linie (7. Armee), zugleich nördlich des Ladogasees eine Umfassungsoperation gegen das gestaffelte Festungswerk (8. Armee). Die zweite Achse (9. Armee) sollte in Mittelfinnland, an der schmalen Taille des Landes von Suomussalmi bis zur Hafenstadt Oulo im Norden des Bottnischen Meerbusens, vorgetrieben werden, um Finnland von jeder Hilfe aus Schweden abzuschneiden. Die Nordachse (14. Armee) zielte auf Hafen und Zinnproduktion von Petsamo, das angesichts der schwachen finnischen Kräfte rasch eingenommen wurde. Im Süden und in der Mitte hingegen lief sich der russische Sturm unter großen Blutverlusten fest. Von den zunächst eingesetzten 19 sowjetischen Divisionen wurden mindestens sechs aufgerieben oder vernichtet. Im Dezember 1939 kamen die Angriffe zum Erliegen.

Mit Bedacht legte die Strategie den Schwerpunkt auf den Isthmus von Karelien. Wer die »Thermopylen« Finnlands besaß, hatte freien Weg nach Helsinki. 320 000 Mann, 2000 Panzer und 1000 Flugzeuge gingen in der erwähnten Zangenbewegung gegen die Befestigungen der Mannerheim-Linie zwischen Finnischem Meerbusen und Ladogasee vor: In Mittelfinnland und im Norden bewegten sich insgesamt 140 000 Mann mit 150 Panzern in einem Gelände, in dem normale Schützendivisionen und mechanisierte Streitkräfte im Winter nicht operieren können. Die sowjetische Standardausrüstung bestand aus schweren, allerdings nicht den modernsten Waffen, die man vielleicht nicht zeigen wollte, logistisch angelehnt an den nahen Militärbezirk und immerhin mit dem Vorteil drahtloser Kommunikation ausgestattet. Die quantitative Überlegenheit war gewaltig, die Operationsform indessen dinosaurisch, schwerfällig, unflexibel. Die Operationen versanken buchstäblich im Schnee.

Der gefährliche, schwache Gegner

Zum glatten, ungedeckten Durchmarsch angesetzt, sahen sich die Sowjets in kompakter Marschordnung mit Menschen und Eisen auf wenige Straßen und Durchlässe verwiesen und dort wie Freiwild präsentiert. Wege waren durch Hindernisse unpassierbar gemacht. Irreführende Markierungen führten in Sprengfallen und Hinterhalte. Ein zahlenmäßig viel schwächerer Gegner nutzte die unwegsame Tiefe des Raumes zu überfallartigen Angriffen oder lockte die Invasoren in gestaffelte Befestigungsanlagen mit hoher Hindernisqualität und Feuerkraft.

Der unglückliche Beginn des Feldzugs offenbarte also einen Generalstabsfehler, der hauptsächlich dem Willen anzulasten ist, das Unternehmen schnell hinter sich zu bringen. Die Rote Armee folgte einem politischen Befehl, der sich bei Angriff und Stillstand, im kleinen und großen Gefecht, vor allem aber beim Zusammenspiel der Waffengattungen, der Infanterie mit der Artillerie und der Luftwaffe, katastrophal auswirkte. Die Truppe musste durch die Hölle, bevor ihr unter Timoschenko nach einem schnellen und brutalen Training in einer Gefechtspause im Januar 1940 am 11. Februar die Überwindung der Mannerheim-Linie gelang. Triumphal war, wie wir sehen werden, dieser Erfolg nicht.

Die Sowjets hatten, wie ihre eigenen Kritiker nach dem Krieg beklagten, keine klare Vorstellung von der finnischen Armee. Dies lag aber nicht nur an der Nachlässigkeit der Nachrichtendienste, sondern ebenso am minimalen Zuschnitt der Streitkräfte, die sich das wirtschaftlich schwache Nachbarland leistete. In den 30er-Jahren, als die Unruhe in Europa wuchs, beschlossen die Politiker in Helsinki Kürzungen des Wehretats. 1938 wurden die Ausgaben zwar merklich erhöht, doch war es für langwierige Zurüstung zu spät.

Moderne Waffen vom internationalen Markt kauften die Finnen wegen der hohen Preise nicht. Die Eigenproduktion war langsam, einfach, infanteristisch. Als der Krieg begann, besaß die Armee beispielsweise keine Panzerabwehrwaffen. Die schwache Artillerie stammte aus dem Ersten Weltkrieg, winzig war die Luftwaffe, unzureichend die Luftabwehr. Insgesamt war die Armee kaum gepanzert und mechanisiert (60 alte englische Panzer). Die Artilleriemunition reichte für einen Monat, die Gewehrmunition für zwei Monate. Die Friedensstärke betrug drei Infanteriedivisionen (je 14 000 Mann). Im Krieg wuchs die Armee auf acht bis zwölf Divisionen (130 000 Mann) plus 100 000 Mann Reserve an. Daneben verfügte die Militärführung über milizartige Territorial- und Grenz-Garden (etwa 100 000 Mann), denen man Partisanenqualität zuschreiben konnte.

Doch man soll sich nicht täuschen. Die Motivation der Finnen, ihr Land zu verteidigen, und die militärische Kampfenergie (Siso genannt) waren ungleich größer als der Impetus der Russen, unter denen viele den Krieg für »ungerecht« hielten. Die Kampfschulung entsprang einem politischen und physischen Lebenstraining, atmete den Geist des »weißen« Sieges im

Bürgerkrieg 1918[7] und trug im Felddienst den extremen Jahreszeiten Rechnung. Die Finnen kämpften im eigenen Land, dessen Wildnis der Angreifer nicht kannte, mit virtuoser Beweglichkeit und der Improvisationskunst des Schwächeren. Eine Art taktisches Naturtalent kam ihnen zugute. Die Führungsqualität übertraf die sowjetische bei Weitem.

Das kleine Offiziers- und Unteroffizierskorps stand in der Tradition der »Jäger«, jenes 27. königlich-preußischen Jägerbataillons, das 1915 aus finnischen Freiwilligen gebildet worden war. Zudem aus Finnen in zaristischen Diensten, die im Weltkrieg auf russischer Seite standen und nach der Oktoberrevolution in ihre Heimat zurückgekehrt waren. Zur zweiten Gruppe gehörte der zaristische Generalleutnant Carl Gustaf Emil Freiherr von Mannerheim, Gründer der finnischen Armee in der Revolutionszeit, Sieger über die Roten Garden, 1919 Reichsverweser (nach der alten schwedischen Verfassung von 1792), 1933 Feldmarschall, 1939 und 1941 Oberkommandierender in den Kriegen gegen die Sowjetunion, 1944–1946 Staatspräsident. Die Finnen nannten ihn »Retter des Vaterlandes«.[8]

Mannerheims Taktik

Mannerheim gehört zu den bedeutenden militärischen Erscheinungen des 20. Jahrhunderts. Aus dem schwedischen Adel in Südfinnland stammend, entschied er sich 1887 für die Offizierskarriere in St. Petersburg. Im japanisch-russischen Krieg 1904/05 und im Ersten Weltkrieg kämpfte er als Kavallerist. Zu den Besonderheiten gehörte der Auftrag zu einem 6000 km weiten Ritt durch den Kontinent zur Inspektion der russisch-chinesischen Grenze und der Grenzvölker – u.a. der unruhigen Uiguren. Als wertvolle Kriegereigenschaft erwarb er sich dabei eine klare Vorstellung von Raum und militärischer Bewegung.

Die Armee in der Verteidigung müsse wie ein Schleier angeordnet sein, sodass kein feindlicher Beobachter feststellen könne, wo sie sich aufhält.[9] Befestigungen seien so anzulegen, dass sie den Angriff verlangsamten, Staus von Menschen und Material entstehen ließen, um dem Abwehrfeuer massenhafte Ziele zu geben. Finnland sei in der Lage, so lange zu kämpfen, wie die Sperrbefestigungen quer durch den Isthmus hielten und den Sowjets dank des Winters in der Landesmitte der Querpass zum Bottnischen Meerbusen verwehrt werden könne. Beides gelang den fähigen Kommandeuren für zwei volle Monate.

In den winterlich engen Bewegungsspielräumen der Landesmitte brachen finnische Kampfgruppen in Lindwurmlänge gestreckte sowjetische Divisionen sozusagen in fassbare Portionen auf und bildeten Motti (wörtl.

»gebündeltes Feuerholz«; in allgemeiner Vorstellung »Einkesselung«). In dieser Gefechtsanordnung verwandelte sich die Unterbewaffnung der Verteidiger in taktische und psychologische Überlegenheit. Das unbewegbare schwere Material des Gegners fror buchstäblich fest und bot »Molotow-Coctails« (ursprünglich aus dem Spanischen Bürgerkrieg) leichte Ziele.[10]

Schwerpunkt der russischen Angriffe und Ort der Kriegsentscheidung war jedoch die karelische Landenge. In die natürlichen Hindernisse von Seen, Sümpfen, Flüssen waren seit 1920 Gräben, Minenfelder, Stacheldrahtverhaue, Panzersperren, Tankfallen, befestigte Artillerie- und Maschinengewehrstellungen, Hunderte von Unterständen und schätzungsweise 63 Betonbunker intarsiert worden. Hier lag von Anfang an auch das Gros der finnischen Truppen, etwa sechs Divisionen. Die Befestigungen wurden im Laufe der Jahre erweitert und verbessert, noch 1939 waren Tausende Freiwillige auf den Baustellen. Mit der Maginot-Linie oder dem deutschen Westwall waren die Anlagen nicht zu vergleichen. Die schwerem Beschuss trotzenden größeren Festungswerke ließen sich an der Hand abzählen.[11] Die Chance der Verteidiger lag in der Tiefe des befestigten Feldes, der »killing zone« von 26 bis 50 Kilometern. Es gab Tage, an denen die Russen bei ihren Stürmen nach der Lineartaktik des Ersten Weltkriegs zwischen 500 und 1000 Gefallene zu beklagen hatten.

2. Lehrmeister Krieg

Bei aller Siegesstimmung, verbreitet durch die gelenkte Presse in Helsinki, war klar, dass die Finnen verlieren mussten. Stalin beunruhigte die Dauer des Kriegs, weil sie alliierte Interventionen anlockte und den Ruf der Roten Armee verdarb. Tatsächlich ist der zweite Abschnitt der Kämpfe von Februar 1940 an als Beginn energischer Reformen auf den Feldern der Taktik und Strategie, der Ausbildung und Disziplinierung zu betrachten. Erneuerung und Kriegsdoktrin waren bis zum Ausbruch des deutsch-sowjetischen Kriegs im Juni 1941 noch nicht vollendet, die Armee noch in der Übungspraxis begriffen. Man muss jedoch die beiden ersten Jahre des vierten Jahrzehnts als eine Zeit kontinuierlicher Verbesserung der sowjetischen Kampfkraft betrachten. Beim alten Urteil des »Kolosses auf tönernen Füßen« stehenzubleiben, erwies sich als ein verderblicher Irrtum.[12]

Der Krieg fungierte als Vater der Reform. Timoschenko hatte sich bei Stalin für die Aufgabe gemeldet, an der finnischen Front die Wende zum Sieg einzuleiten. Man könne Finnland nicht »wie die Steppe« erobern. Erforderlich für den operationellen Erfolg seien durchschlagende Angriffe und das Aufsprengen der Mannerheim-Linie. Stalin gab dem General die Eroberung Helsinkis bis zur zweiten Märzhälfte und die Anwendung der Brussilow-Taktik auf – benannt nach dem Weltkriegs-General Alexei Brussilow, der 1916 einen Durchbruch durch die österreichischen Linien erzielt hatte, indem er anstelle des Infanterie-Massensturms nach wilder Artillerievorbereitung seinen Angriff auf einer Breite von mehreren Hundert Kilometern in verschiedene Richtungen führte und damit die Konzentration der gegnerischen Reserven auf wenige bestimmte Punkte verhinderte. Zudem verkürzten nach vorn getriebene Laufgräben die »killing zone« für die vorgehende Infanterie. Sie konnte den Feind frisch und undezimiert erreichen.

Timoschenko erhielt Qualitätsverstärkung aus der ganzen Sowjetunion, sodass er Anfang Februar mit 45 Divisionen (600 000 Mann und 2000 Panzer, darunter moderne vom Typ T-34 und schwere KWs, benannt nach Kliment Woroschilow), im Isthmus und nördlich des Ladogasees antreten konnte. In der Gefechtspause im Januar hatte er sich mit seinen Kommandeuren bemüht, der Truppe einen neuen taktischen Geist einzuhauchen.

Diesmal wurden die finnischen Befestigungen sorgfältig erkundet, die »killing zones« trassiert. Artillerieverstärkung erlaubte ein Vernichtungsfeuer auf die schweren Befestigungen (»Dots«). Die Angreifer, Panzer, mechanisierte Verbände, Schützendivisionen, gingen hinter einer »Feuerwalze« vor, die den Verteidiger niederhielt. Pflügendes Artilleriefeuer, der Einsatz von Sturmtruppen – schwer bewaffnete Infanterie mit Pionieren zur Schneisenbildung durch die Befestigungen – sowie die Auftragstaktik genannte Selbstständigkeit des Truppenoffiziers zur Erreichung des Ziels stammten aus deutschen Lehrbüchern. »Bolschewistisch« waren nur die NKWD-Truppen hinter den eigenen Linien, die aus dem Feuer fliehende Soldaten und Deserteure abfingen, wieder nach vorne jagten oder erschossen.

Der Durchbruch durch die Mannerheim-Linie gelang zwischen dem 11. Februar 1940 und dem Ende des Monats mit 20 Divisionen. Die wichtige Stadt Viipuri (Wyborg) und Knotenpunkte des finnischen Eisenbahnnetzes erreichte der Sturm jedoch nicht. Die Brussilow-Taktik war für den engen, sich erst hinter der Mannerheim-Linie und Viipuri öffnenden Trichter des Isthmus von Karelien nicht geeignet, es fehlte die Weite, die Angriffe aus verschiedenen Richtungen zur Verwirrung des Verteidigers zugelassen hätte. Die Umzingelung der Mannerheim-Linie gelang ebenso wenig wie die Kopie der finnischen Motti-Taktik. Es gab keine Vernichtungsschlacht und keinen Marsch auf Helsinki. Es war die pure Masse an sowjetischen Soldaten und Material und das Versiegen der eigenen Reserven, die den finnischen Widerstand erlahmen ließen. Timoschenko hat die Reformen der Roten Armee mit vielverheißenden Details begonnen, doch sollte es über 1941 hinaus dauern, bis sie nach verlustreichen Erprobungen zum Standard wurden.

Finnland und die Weltpolitik

Finnland stand im Krieg allein. Das »kleine, tapfere Volk« und seine Kämpfer fanden überall Bewunderung, aber nur wenig tätige Hilfe. Niemand trat dem Angreifer entgegen, als es noch an der Zeit gewesen wäre. Der Völkerbundrat wies der Sowjetunion Mitte Dezember 1939 die Tür, allerdings mit knapper Mehrheit und der defensiven Begründung, sie habe sich durch die Aggression selbst aus der Weltorganisation entfernt. Die Wirkung war gleich null. Der Waffentransfer, um den Helsinki in seiner Verzweiflung bat, blieb strikt illegal, ärmlich, grabesverschwiegen. Lediglich Schweden lieferte Schiffsladungen Kriegsmaterial. Die Amerikaner schickten alte Marineflugzeuge am unwilligen Senat vorbei. Paris machte Maschinengewehre und Kanonen aus den Jahren 1914/15 locker, die Briten wollten 50 Bomber schicken – es kam nicht dazu. Ungarn entsandte Kämpfer, Italien brachte seine Sympathie mit Hilfslieferungen zum Ausdruck, soweit die Deutschen sie passieren ließen. Südamerikanische Staaten bezogen diplomatisch Position. Das internationale Engagement verströmte einen Zwergenhauch Spanischen Bürgerkriegs. Allein in der Klausur ihrer Stäbe und Politiker drehten sie das große militärplanerische Rad. Die Interventionsfantasie galt, wie schon erwähnt, weniger dem angegriffenen Land als der Aussicht, in Norwegen und Schweden eine Front gegen Deutschland zu eröffnen, und einer militärischen Bestrafung Stalins wegen Untreue und Kumpanei mit dem Deutschen Reich. Der Norden war Teil einer Mitteleuropa umspannenden alliierten peripheren Strategie, die im Südosten von Syrien und Irak über den Kaukasus bis zum Balkan reichen sollte. Sie war keine Fiktion, auch wenn man »Elemente der Unwirklichkeit« an ihr feststellen konnte.[13]

Diplomatische Vorstöße

Die Beziehungen zwischen der Sowjetunion und Finnland hatten seit Frühjahr 1938 gewisse Ähnlichkeiten mit den deutsch-polnischen im Herbst desselben Jahres wie auch mit den sowjetisch-polnischen-rumänischen bei der Ausformulierung der Militärdoktrin für den gegen Deutschland gerichteten Dreiervertrag London-Paris-Moskau von Frühjahr bis August 1939.[14]

In allen Fällen ging es um die Verwandlung der Territorien kleiner zwischeneuropäischer Staaten in Glacis der Verteidigung und den Angriff von Großmächten im allgemein erwarteten Kriegsfall: Polen verweigerte dem Deutschen Reich die territoriale Passage nach Ostpreußen und die Rückgliederung der unter Völkerbund-Mandat stehenden Freien Stadt Danzig – trotz großzügig klingender Angebote wie die endgültige Anerkennung der Grenzen des Versailler Vertrags. Polen und Rumänien verweigerten der Sowjetunion als östlicher Großmacht im Dreierpakt mit Großbritannien und Frankreich den Durchmarsch, der nach militärischer Logik unabdingbar schien, um einem deutschen Angreifer rechtzeitig entgegentreten zu können. Die Furcht vor einer kalten Okkupation überwog alle Vorteile des gemeinsamen, aber gewiss unterschiedlich motivierten Schutzangebots der Westalliierten und Russlands. Eine Großmacht galt, herrschender Zeitauffassung gemäß, als potent, wenn sie strategisch wichtigen Nachbarländern ihren sicherheitspolitischen Willen aufzuzwingen vermochte. In Variationen nahmen dies alle in Anspruch, die Diktaturen mit der ungezwungensten Selbstverständlichkeit. Kleine, wehrlose Anrainer, wie beispielsweise die baltischen Staaten, hatten am meisten zu befürchten, während das wehrhaftere Finnland sich in den Gedanken flüchtete, der gewaltsame Wechsel der militärischen Kader in der Sowjetunion 1937/38 sei mit zumindest temporärer Kriegsunfähigkeit gleichzusetzen. Juho Kusti Paasikivi, der spätere finnische Staatspräsident, zitiert mit dem früheren rumänischen Außenminister und Botschafter Rumäniens in Moskau, Grigore Grafencu, einen der hellsichtigsten Beobachter der Szene. Unter seiner Feder entsteht in kurzen, prägnanten Strichen ein Bild von der Großmachtpolitik der Zeit, vor allem der Ähnlichkeit der deutschen und sowjetischen Systeme und Standpunkte: Die gleiche autoritäre, unkontrollierte Regierungsform; die gleiche Hinneigung zu einfachen, kühn gezogenen geografischen Linien; der gleiche Kult von Stärke und Gewalt; die gleiche wirtschaftliche Romantik; der gleiche Wunsch, die Ordnung der Dinge umzustürzen und »die Götter in Erstaunen zu setzen«; die gleiche Geringschätzung kleiner Staaten und die gleiche Gier, sie zu verschlingen; die gleiche Lehre, nach der ein Staat, der nicht genügend materielle Mittel hat, sich gegen eine Großmacht zu verteidigen, verschwinden muss, weil er nur das Spiel der Großen stört.[15]

Im April 1938 hatte die Sowjetunion den ersten Versuch unternommen – vorgetragen auf niedriger diplomatischer Ebene –, Finnland die Akzeptanz militärischer Hilfe in Form eines Beistandspaktes einzureden, also Operationsfreiheit für die Rote Armee auf finnischem Staatsterritorien zu erlangen.[16] Stalin hielt, nicht zu Unrecht, in der von Spannungen und unmittelbarer Kriegsgefahr erfüllten Zeit eine Invasion der Deutschen oder der Alliierten über die Trasse der Baltischen Staaten für möglich, zu denen man in Moskau Finnland zählte. Als Alternative zum Beistandspakt verlangte der Moskauer Unterhändler militärische Stationierungsrechte auf der finnischen Halbinsel Hangö am Nordwest-Ende des finnischen Meerbusens und die Verpachtung von Inseln vor Leningrad. Helsinki lehnte alle Ansinnen ab, wobei unklar blieb, was den Entschluss dazu mehr beeinflusste: die verbreitete Mutmaßung über die militärische Schwäche des großen Nachbarn oder die schlichte, etwas phlegmatische Weigerung, den diplomatischen Fühler überhaupt ernst zu nehmen.

Paasikivi und auch der Oberkommandierende Mannerheim rieten ihrer Regierung schon früh, allerdings vergebens, der Sowjetunion mit selbstgewählten Konzessionen entgegenzukommen. Besonders Mannerheim erkannte die Bedeutung des Finnischen und Bottnischen Meerbusens für die russische Sicherheitsdisposition. Angesichts der politischen Konstellation in Europa drohte einem unter allen Umständen trotzigen Finnland die Gefahr der Isolierung. Das Scheitern der Bemühungen um eine Befestigung der 1921 durch einen Spruch des Völkerbunds an Finnland gefallenen Åland-Inseln war ein Alarmzeichen ersten Ranges.

Auf Anregung des finnischen Generalstabs hatte sich Helsinki zunächst durchaus erfolgreich um eine Mitwirkung Schwedens an der åländischen Verteidigung bemüht. Der damit verbundenen finnischen Bündnishoffnung stand Stockholm allerdings mehr als kühl gegenüber und bestand daher vor der förmlichen Beteiligung an der minimalen »Aufrüstung« der Inseln auf einem zustimmenden Votum der Sowjetunion. Als Helsinki im August 1938 die Åland-Frage in den Entwurf eines finnisch-sowjetischen Vertragsentwurfs über die territoriale Integrität und bewaffnete Neutralität Finnlands packte, wehte ihm aus Moskau ein Eiseshauch entgegen, der das künftige politische Klima bis zum Ausbruch des Kriegs im November 1939 bestimmen sollte.[17]

Eine nordische Allianz kam für die Sowjets nicht infrage. Über ein ganzes diplomatisches Jahr hinweg wiederholten Molotow, Mikojan und erneut Molotow die Forderung, an der Åland-Militarisierung beteiligt zu werden und auf der finnischen Insel Suursaari im Finnischen Meerbusen einen Luftwaffen- und Marinestützpunkt einzurichten. Mit den Schweden wollten die Russen, was Åland betrifft, nichts zu schaffen haben. Als Helsinki die Wünsche ablehnte, brach Moskau die Gespräche über den in Aussicht genommenen Handelsvertrag ab – ein Alarmzeichen mehr. Stockholm zog sich im Juni 1939 von dem gemeinsamen Åland-Projekt zurück – und Finnland war allein zu Haus.

Das sowjetische Ansinnen, in »Schutzangebote« gekleidet, war zunächst von Drohgebärden frei,[18] in seiner Dringlichkeit jedoch nicht zu überhören. Der (verlängerte) Nichtangriffspakt mit Finnland aus dem Jahr 1932 und die Neutralitätsversicherungen der skandinavischen Staaten aus dem Jahr 1935 reichten Moskau in der entstandenen Lage als Sicherheitsgarantien nicht mehr aus. Skandinavien konnte im Falle eines europäischen Kriegs zur Front und zum Aufmarschgebiet anderer Großmächte werden. Die

Sudetenkrise und das Münchner Abkommen, zu dem Moskau nicht gebeten worden war, verschärften das Misstrauen.

Der Diplomat, der den finnischen Außenminister Rudolf Holsti mit der Bitte um strengste Diskretion über die Moskauer Wünsche unterrichtete, drückte sich unmissverständlich aus: Die Rote Armee, so zitiert ihn Jakobson, wünsche nicht an der Grenze zu bleiben und dort auf den Gegner zu treffen, sondern so weit wie möglich vorzurücken.[19]

Die Initiative richtete den Blick auf die unabweisbaren Sorgen der sowjetischen Führung über die Sicherung des 1000 Kilometer gestreckten Nordens. 1938, also über ein Jahr vor dem deutsch-sowjetischen Nichtangriffs- und Teilungspakt, waren diese sicher ernst zu nehmen, doch überdauerten sie bemerkenswerterweise den Vertragsabschluss und seine Vorteile unvermindert. Die »augenblicklich guten Beziehungen zu Deutschland können sich ändern«, raunte Stalin in der ersten Runde der finnisch-sowjetischen Verhandlungen in Moskau vom 12. bis 14. Oktober 1939 dem Verhandlungsführer Juho Kusti Paasikivi zu.[20]

Im Blickpunkt des tiefen Gedächtnisses standen die schlechten russischen Erfahrungen mit der alliierten Invasion 1918 und mit der militärischen Unterstützung, die das deutsche Kaiserreich im selben Jahr im sogenannten Selbstständigkeitskrieg den »Weißen« unter der militärischen Führung des ehemals zaristischen Generals Carl Gustaf Emil von Mannerheim zukommen ließ – Merkzeichen der traditionell engen Beziehungen zu Deutschland, wie sie auch in der Ausbildung vieler finnischer Offiziere sichtbar geworden war, die, wie erwähnt, als Kriegsfreiwillige 1915/16 im deutschen Jägerbataillon 27 Dienst taten. Und waren die deutschen Truppen damals nicht über die Åland-Inseln gekommen? Unabhängig von dieser historischen Gestimmtheit war der sowjetische Entschluss, durch militärische Präsenz in Finnland wie auch in den drei baltischen Staaten das Vorfeld von Leningrad zu sichern, am Ende der 30er-Jahre durchaus folgerichtig. Finnische Grenzbefestigungen, genannt Mannerheim-Linie, lagen etwa 30 Kilometer von Leningrad entfernt, sozusagen im Weichbild der Stadt.

Die russische Ostsee-Politik ist in der wechselvollen Geschichte seit Peter dem Großen und dem Großen Nordischen Krieg (1700–1721) gleich geblieben. Nachdem Schweden als Großmacht Stück für Stück degradiert war, stieg Russland auf, während sich Preußen, vom Druck Stockholms befreit, zur mitteleuropäischen Großmacht entwickeln konnte. Die Sicherheit der Ostsee, flankiert vom baltischen und finnischen Einflussbereich Russlands, blieb abgesehen von der Schwächeperiode am Ende des Ersten Weltkriegs und während des revolutionären Umbruchs das hartnäckig verfolgte Ziel Petersburgs und Moskaus. Selbst Hitler hielt in den Monaten von 1939/40, in denen er vorgab, Stalin zu vertrauen, den Anspruch der

Sowjetunion, »Zugang zum Weltmeer zu haben«, für berechtigt. Die Finnen müssten vernünftig genug sein, das einzusehen, schrieb er am 8. März 1940 an Mussolini.[21]

Sicherheitspolitischer Logik folgend, hatte der Zar bei den ersten Friedensverhandlungen zur Beendigung des Nordischen Kriegs auf den Ålands 1718 von Schweden, zu dem Finnland seinerzeit gehörte, die karelische Landenge und die Hafenstadt Viipuri gefordert. Dafür sollten große Teile von Ostkarelien zu Finnland-Schweden geschlagen werden (Stalin hielt sich an das historische Muster). Bei den entscheidenden Friedensverhandlungen in Nystad (Uusikaupunti) 1721 verlor Schweden neben Südost-Finnland auch Livland, Estland, Ingermanland (die baltische Politik Stalins erinnert daran). Den Löwenanteil von Finnland musste Schweden erst nach einem weiteren Krieg mit Russland 1808–1809 an das mit Napoleon verbündete Russland abtreten, auch die Åland-Inseln (Frieden von Frederikshamn).

1812 entstand unter Zar Alexander I. das Großfürstentum Finnland als Teil und Glacis des russischen Reiches neben den baltischen Staaten. Ihm wurde in weiten Teilen der Innen- und Wirtschaftspolitik Autonomie mit eigenem »Grundgesetz« gewährt – ein russischer Generalgouverneur saß dem finnischen Senat in Helsinki formal vor. Zar Alexander I. (1855–1881) sicherte in seiner Thronrede im finnischen Landtag Verfassung und staatsbürgerliche Rechte zu, die sich allerdings nicht auf Russland bezogen.

Eine Reihe von Ereignissen zeigte die Berechtigung der russischen Sicherheitspolitik in der Ostsee-Region. Im Krim-Krieg Mitte des 19. Jahrhunderts griffen britische Kriegsschiffe Küstenbereiche in Finnland an und stießen bei einer Landung auf nur schwachen russischen Widerstand. 1918 intervenierte das Deutsche Kaiserreich im finnischen Bürgerkrieg auf der Seite der »Weißen«. Im Frieden von Dorpat 1920 verlor das revolutionäre Russland Finnland und Estland. Zu den Höhepunkten der Bedrohung gehörte die deutsch-finnische »Waffenbrüderschaft« später im Krieg gegen die Sowjetunion 1941 bis 1944. Nach dem Zweiten Weltkrieg setzte Moskau die gewohnte, von der Geografie diktierte Politik gegenüber den baltischen und finnischen Ostseeanrainern bis zur Auflösung der Sowjetunion 1991 fort.

Stalin: Sanft und unerbittlich

Bei den entscheidenden finnisch-russischen Verhandlungen über Konzessionen oder Krieg in Moskau vom 11. Oktober bis 13. November 1939 – drei ergebnislose Runden, die der damalige Leiter der finnischen Delegation und spätere Präsident Paasikivi eindrucksvoll schildert,[22] betonte der stets präsente Stalin: »Ich verstehe ja, dass Sie neutral bleiben wollen, aber ich versichere Ihnen, dass dies nicht geht. Die Großmächte werden es schlechtweg nicht erlauben.«[23]

Finnland, wollte Stalin damit sagen, verfüge nun nicht mehr über sich selbst. Der teilnehmende Molotow wollte nicht mehr an seine Versicherung vom 27. September denken, die Sowjetunion werde Finnlands Neutralität respektieren.[24] Eher anekdotisch aufgelegt, erinnerte er an die »Linie Peters d. Großen« zum Schutz Petersburgs – an die Grenzziehung westlich von Wyborg und des Ladogasees im Frieden von Nystad 1721 nach dem Sieg Russlands über Schweden im Großen Nordischen Krieg.

Indessen ließ der Krieg, der von Europa Besitz ergriffen hatte, den Blick doch weit über Leningrad hinausgehen, obwohl die Stadt in der Sowjetunion nie als regionales Thema betrachtet wurde. Stalin dachte in der Kategorie vorgelagerter Sicherungsräume, an eine Position an der Ostsee, die von defensivem wie offensivem Wert wäre, an die Sperrung des finnischen Meerbusens von der estnischen und der finnischen Seite aus, wofür militärische Logik sprach, und an einen Ausblick auf den Atlantik. Mit der Abgabe einiger Inseln konnte Finnland bei diesem Programm nicht davonkommen. Etwas pittoresk spricht Paasikivi vom »privaten Weideland Osteuropa«, um die Politik der Großmächte zu kennzeichnen.[25] Die gerade vollzogene Teilung der Einflusssphären mit Berlin kam den geostrategischen Interessen Stalins entgegen, wobei er gegenüber den baltischen Staaten – den »Zugangswegen zur Sowjetunion« – eine härtere Gangart einschlug, als zunächst gegenüber Finnland. Gründe, die sich auf Vergangenheit und Zukunft bezogen, können dafür maßgebend gewesen sein: Auf die Entlassung Finnlands und Estlands in die Unabhängigkeit in den Friedensverträgen von Dorpat 1920 blickten die Bolschewisten zwar mit tiefer Abneigung. Doch rechnete Stalin in Finnland offenbar mit einer gewissen traditionellen Zarennähe – beim neuen deutschen Vertragspartner hingegen mit jäh abfallender Toleranz, sollte durch einen Übergriff auf das Nachbarland eine Militärgrenze in der ganzen Höhe Skandinaviens entstehen. Stalin wollte vorsichtig vorgehen. Zudem tat Eile not. Konnte man wissen, was aus dem drôle de guerre in Westeuropa würde? Es konnte zu einem Ausgleich mit Großbritannien kommen, wie ihn Hitler herbeisehnte.

Paasikivi rätselte über Stalins ruhige und flexible Argumentation bei den Verhandlungen, denen freilich das Machtgleichgewicht fehlte. Den zentralen Gedanken eines Beistandspaktes, der den Einmarsch der Roten Armee zum »Schutz« des Nachbarn ermöglicht hätte, ließ der Woschd auf finnischen Einspruch hin fallen. Er rang nicht einmal darum. Anstelle des Marinestützpunktes Porkkala (nahe Helsinki) forderte er die finnische Halbinsel Hangö am Eingang des schmalen Meerbusens, zeigte sich kurz sogar an ihrem Kauf anstelle ihrer Verpachtung interessiert, tat auch so, als könnte er sich mit einer Reihe von Inseln weiter östlich auf dem Weg nach Leningrad begnügen. Seine Einwände gegen die Befestigung der Ålands zog er zurück, sofern sich Schweden nicht beteiligen würde. An einem Stützpunkt auf den Inseln zeigte er sich nicht interessiert. Um niemanden aufzuscheuchen, verwies er auf die Harmlosigkeit der Stützpunktabkommen mit den baltischen Staaten.

Zweites zentrales Thema: Die karelische Landenge sollte in einer Tiefe von 70 Kilometern, die zweitgrößte finnische Stadt Viipuri (Wyborg) eingeschlossen, an die Sowjetunion abgetreten werden. Über Details, den einen oder anderen Kilometer, wollte Stalin wiederum mit sich reden lassen. Unbedingt bestand er auf dem eisfreien Hafen Petsamo (heute russ. Pečenga) an der Barentssee, einem Invasionshafen, wie er bedeutete, obwohl er ihn beim Friedensschluss im März 1940 wieder an Finnland zurückgab.

Dem Neutralitätsargument der Unterhändler widersprach er immer wieder: Finnland sei schwach und könne mit eigenen Kräften Angriffe nicht abwehren. Aufgrund der Direktiven Helsinkis musste Paasikivi alle Forderungen ablehnen, den Eindruck vermittelnd, man könne mit den Finnen über gar nichts reden. In seinen Memoiren stellt er die Politik seiner Regierung als Fehler dar. Stalin, so schreibt er, wollte gern zu einem Vertrag ohne Konflikt kommen.[26]

Der erste, gescheiterte Angriff

Ein benevolenter Irrtum. Stalin war nicht konzessionsbereit – er war besorgt, das sagten wir schon, der Polen-Feldzug der Deutschen Wehrmacht hatte ihn fasziniert und erschüttert, die russische Nordflanke war offen und doch sprach er zu keinem Zeitpunkt von Krieg. Förmlich erklärten Krieg wollte er ja auch nicht führen, sondern einen unerklärten, einen durch »Grenzzwischenfall« fast automatisch ausgelösten »preventive war«.[27] Militärisch ausgedrückt, eine Blitzoffensive, um direkten oder indirekten Interventionen der Deutschen oder der Alliierten zuvorzukommen. Maxime war, alles zu tun, um sich aus dem Krieg der anderen herauszuhalten, die Prämie des Grenz- und Freundschaftsvertrags mit den Deutschen nicht zu verspielen.

Woroschilow und Beria redeten dem *Woschd* ein, nennenswerter Widerstand sei nicht zu erwarten – wohl eine Folge der schlechten Aufklärung, die den Russen im ersten Kriegsabschnitt zum Verhängnis werden sollte. Die militärischen Vorbereitungen waren schon Mitte des Jahres angelaufen, allerdings mit Verzögerungen bei der Mobilisierung. Nicht zu verbergen war die Anlage von Schienentrassen und Flughäfen in Ostkarelien.[28] Das diplomatische Handwerkszeug, Kündigung des Nichtangriffspaktes und

Abbruch der diplomatischen Beziehungen, lag in Griffnähe; und auf den Lippen die Behauptung, finnische Regierungspolitik sei von den aggressiven Kreisen Englands und Frankreichs inspiriert. Der Kominternfunktionär Otto Wille Kuusinen, im Bürgerkrieg 1917/18 bei den finnischen Roten Garden, wartete schon darauf, eine Gegenregierung zu bilden, einen Friedensvertrag zu unterzeichnen und per Hilferuf den Sowjets freien Weg in das politische Zentrum Finnlands zu verschaffen. Alles sollte im Handumdrehen geschehen, so wenig Zeit zum Räsonieren bieten wie möglich. Für die Verwandlung des Nachbarn in einen Satellitenstaat im Sinne der sowjetischen Monroe-Doktrin veranschlagte der Generalstab etwa zehn Tage und kaum Blut.[29]

Die militärischen Umstände versprachen ein leichtes Spiel. Stalin glaubte, wie erwähnt, den Feldzug allein mit Truppen des Militärbezirks Leningrad bestreiten zu können, ungefähr ein Viertel der Roten Armee. Der finnische Nachrichtendienst wiederum hielt die gegnerischen Streitkräfte infolge der Militärsäuberungen für »nicht einsatzbereit«. Selbst der vorsichtige Paasikivi verbreitete die Legende vom »Koloss auf tönernen Füßen«. Zum Entsetzen Stalins und zur Verwunderung der ganzen Welt lief sich der Angriff in der ersten Phase vom 30. November bis Ende Dezember 1940 tatsächlich an den Befestigungen der Mannerheim-Linie und in den unwegsamen, verschneiten Wäldern nördlich des Ladogasees fest. Die Luftangriffe auf finnische Städte, von denen sich der Generalstab viel versprach, hatten nicht einmal moralische Wirkung. Nein, es bedurfte eines gründlichen personellen Revirements in den Armeen der Nordwestfront unter dem neu berufenen Semjon K. Timoschenko, Verstärkungen aus der ganzen Sowjetunion und einer veränderten Angriffstaktik im befestigten Gelände, um schließlich am 11. Februar den Durchbruch in Karelien zu erzielen.

Was Stalin veranlasste, genauer gesagt davon abhielt, den nach blamablen Niederlagen und schwersten Verlusten errungenen Sieg voll auszubeuten, stattdessen den Finnen am 12. März 1940 einen unerwartet glimpflichen Frieden zu konzedieren, war bereits Gegenstand der ausführlichen Betrachtung über erstaunliche Facetten des sogenannten Sitzkriegs in den acht Monaten zwischen den deutschen Feldzügen in Polen und Frankreich.[30] Der Instinkt hatte den *Woschd* nicht getrogen: Ganz Skandinavien drohte sich in eine alliierte Front gegen Deutschland zu verwandeln, wobei der Finnland-Krieg den Franzosen und Engländern einerseits als Vorwand diente, sich Norwegens und Schwedens zu bemächtigen, zugleich aber auch als gute Gelegenheit, an Stalin Rache für den Nichtangriffspakt mit Deutschland und an den Wirtschaftsverträgen zu nehmen, mit denen Moskau den Krieg nährte und die Neuauflage der alliierten Blockadepolitik des Ersten Weltkriegs verhinderte.

So paradox das klingen mag: Der sowjetische Versuch, sich Finnland anzueignen, trug eine Rechtfertigung in sich, doch musste Stalin die Affäre so schnell wie möglich beenden, um von den Alliierten nicht nur in den Großmächtekrieg, sondern auch in eine ungewollte Option für Deutschland hineingezwungen zu werden.

3. Trügerischer Frieden

Zunächst sah es so aus, als hätte der Kreml-Herr den Friedensvertrag mit Finnland in einer Anwandlung von Großmut formuliert. Er verzichtete darauf, das Land mit einer Marionettenregierung an sich zu binden, den Ostteil Skandinaviens in eine militärisch bewehrte Abwehrschranke (respektive ein Sprungbrett) zu verwandeln, das Land in gleicher Weise wie die baltischen Staaten unter seine Kontrolle zu bringen und somit dem traditionell starken Einfluss Deutschlands und den Interessen der Alliierten (sowie des späteren »Westens«) gleichermaßen zu entziehen. Bitter für den Verteidiger war gewiss der Verlust der karelischen Landenge zwischen finnischem Meerbusen und Ladoga-See. Potenziell gefährlicher erschienen Transitrechte für die Sowjets in Südfinnland zum Militärstützpunkt Hankö sowie per Eisenbahnlinie zur schwedischen Grenze. Wie ein breiter Trichter ragte der Militärbezirk Leningrad nun in das finnische Territorium hinein, sicherte neben der »Stadt der Revolution« Leningrad auch Murmansk und die Murmansk-Bahn als strategischen Verbindungsweg. Man konnte den Eindruck gewinnen, Stalin habe ein Unternehmen abgebrochen, ohne es aufzugeben.

Über einen konventionellen Nichtangriffsvertrag hinaus verlangte Stalin weder einen haptischen Beistandspakt noch eine rechtliche Handhabe zur Einmischung in die Politik Helsinkis. Praktisch jedoch versuchte die Großmacht durchaus, Finnlands Bewegungsfreiheit gemäß ihren Interessen einzugrenzen. So votierte Moskau gegen ein finnisch-schwedisches Verteidigungsbündnis – so unbestimmt dessen Zustandekommen war –, erhob im November 1940 Einwände gegen vier Präsidentschaftskandidaten, unter anderem gegen Mannerheim, griff aber dann doch nicht hart genug durch, um die Hinwendung Helsinkis zu Berlin und das Einsickern deutscher Truppen in den Norden des Landes – aufgrund des deutsch-finnischen Transitvertrags vom 22. September 1940 zum nordnorwegischen Hafen Kirkenes – zu verhindern.

Finnland blieb ein kritisches Thema, das sich im Laufe des Jahres 1940 aufheizte und bei den Gesprächen Molotows mit Hitler und Ribbentrop in Berlin am 12./13. November als Bruchlinie (neben anderen) in den Beziehungen erkennbar wurde. Stalin war offenbar darüber enttäuscht, dass Hitler nicht bereit war, den eiligen, »milden« Friedensschluss vom 13. März zur Verhinderung einer alliierten Frontbildung in Norwegen und Schweden als eine fürwahr strategische Dienstleistung anzuerkennen. Dem Reich blieb eine Front erspart. Als die Deutschen im April/Mai 1940 in Norwegen und Dänemark der alliierten Invasion zuvorkamen, ließ er Molotow zwar Zustimmung äußern, wollte aber die damit verbundene definitive Befreiung von der Gefahr einer alliierten Intervention im Norden nicht durch eine Zurückhaltung gegenüber Finnland honorieren. Im Gegenteil. Sein Außenminister bezeichnete am 12. November bei seinem Besuch in Berlin vor Hitler die Finnlandfrage als »ungelöst« und nahm unter Hinweis auf die vertraglich festgelegten Interessensphären das Recht der Bereinigung in Anspruch, was nur als Besetzung und Annexion des Nachbarlandes gedeutet werden konnte – als zweiten Krieg im Ostseeraum.[31]

Stalin reformiert die Armee

Die Gefahr, dass Deutschland und die Sowjetunion »Brust an Brust«, anstatt «Rücken an Rücken» stehen könnten – so Hitler gegenüber Molotow bei den Berliner Gesprächen im November 1940 –, wurde durch eine zweite Konsequenz aus dem Finnland-Krieg verstärkt. Während die weltweiten Reaktionen auf den Konflikt und seinen militärischen Verlauf übereinstimmend von der Annahme gekennzeichnet waren, die Sowjetunion sei infolge Selbstterrorisierung tief geschwächt, wirkten die Misserfolge der ersten Kriegsphase auf Stalin wie ein Erweckungserlebnis: Er setzte mit aller Entschlossenheit eine Militärreform in Gang, deren Anfänge in der etwa 20 Tage währenden Stillstandphase in der karelischen Landenge und den anderen Fronten im Januar 1940 lagen.

Nach Kommandowechseln und schneller, brutaler Einübung neuer Taktiken trat Semjon M. Timoschenko im Februar 1940 zu einer zweiten großen Durchbruchschlacht gegen die Mannerheim-Linie an – und konnte einen schwer erkauften, begrenzten Erfolg verbuchen. Das Schwungrad der Erneuerung wurde aber erst von der Fehleranalyse des Feldzugs im April/Mai 1940 in Gang gesetzt. Da die personellen Veränderungen und das Herantasten an eine neue Militärdoktrin mit Plänen für die Demobilisierung überflüssiger Truppenverbände einhergingen, also buchstäblich kein Stein mehr auf dem anderen bleiben sollte,[32] schienen die Fortschritte nach außen hin zunächst zu verschwimmen.

Sie waren jedoch da und beschleunigten sich – obwohl Stalin angesichts der schnellen deutschen Siege in Westeuropa 1940 auf die Verkleinerung der Armee verzichtete und stattdessen die Ausbildung mit einer konsequenten Disziplinierungskampagne nach zaristischem Muster vorantrieb. Bis 1942 konnte er auf diese Weise mit einer Kriegsbereitschaft der Roten Armee rechnen, die modernen Anforderungen genügte, während das Urteil der Großmächte – Alliierte, Deutschland, USA – weiterhin und viel zu lange auf der Diagnose sowjetischer Schwäche beharrte.

Mit der Übernahme des Nordwestfront-Kommandos durch Timoschenko am 7. Januar 1940, der Ablösung Kliment Woroschilows als Kommissar für Verteidigung durch Timoschenko im Mai 1940 und der Ernennung Kirill Merezkows zum Generalstabschef im August 1940 begannen auf der Ebene der Praxis, Offiziersausbildung und des Felddienstes sowie auf den Höhen der Militärdoktrin energische Reformen. Der Einfluss der Politkommissare auf die Befehlsgebung, ein Hindernis in Finnland, wurde abgebaut. Verurteilte, inhaftierte »Militärspezialisten« bekamen neue Kommandos, während der auf dem revolutionären Elan gegründete, im Terror wiederaufgelebte »voluntaristische (Gleichheits-) Mythos der sozialistischen Armee der Bürgerkriegszeit«[33] dem Disziplinarrecht der Kommandeure wich.

Stalin selbst war es, der die Loslösung der Streitkräfte von der Bürgerkriegsromantik betrieb. In seinen Augen stand die Armeereform in unerbittlichem Wettlauf mit dem heranrauschenden Krieg bzw. wirkungsvollen Möglichkeiten seiner Verhinderung. Er ernannte nach Kriegsspielen zur Abwehr einer deutschen Offensive im Dezember 1940 und Januar 1941 den Bezwinger der japanischen Kwantung-Armee, Georgi K. Schukow, zum neuen Generalstabschef, dessen enges Zusammenwirken mit Timoschenko bei der Formulierung von Mobilisierungs- und Aufmarschplänen in die entscheidenden Szenarien des Kriegs mit Deutschland führte.[34] Die schiere Kraft der Sowjet-Streitmacht nahm zu, der T-34 ging in die Massenproduktion – und doch überwog Unsicherheit. Zum einen war die Militär-Tschistka nicht ungeschehen zu machen – ein Bedauern lag Stalin fern. Zum anderen griffen, wie Gorodetsky ausführt, Timoschenko und Schukow angesichts des ruchbar gewordenen deutschen Aufmarsches nach der verfemten Militärdoktrin des im Terrorkampf als Verräter hingerichteten Michail N. Tuchatschewski »wie nach einem Rettungsring«.[35] Die Doktrin hatte, seit sie 1936 unter dem Titel »Probleme der Verteidigung der UdSSR« ausformuliert worden war, zwar nichts von ihrer Genialität, dafür aber fast alles von ihrer innovativ solitären, avantgardistischen Aktualität eingebüßt.[36]

Aus der Konkurrenz der Deutschen, Russen und Franzosen um die offensive Operationstheorie verbundener moderner Waffen im Bewegungskrieg war die Wehrmacht seit dem Angriff auf Polen im September 1939 als Gewinner hervorgegangen. Tuchatschewski, seine Kollegen Triandafillow, Isserson und Oberst de Gaulle konnten ihre bemerkenswert gleichgerichteten Ideen aus den 30er-Jahren infolge politischer Hemmnisse nicht realisieren. Die Deutschen hingegen führten drei erfolgreiche Blitzkriege, der Balkankrieg stand 1941 bevor und sie marschierten auf Russland zu. Die sowjetischen Generalstäbler zerbrachen sich den Kopf, wie sie dem deutschen »Blitz« über 1000 Kilometer Grenze hinweg begegnen sollten. Lagen Säuberungen und finnische Mühen noch nicht weit genug zurück, hatte die Zeit nicht gereicht, die der Pakt mit Deutschland beschaffen sollte?

Tuchatschewskis Doktrin, dem Gegner bereits beim Anlauf die Initiative zu entreißen, seinen Vormarsch zu stören, die Bewegungsrichtung des feindlichen Angriffs umzudrehen, sofort via Gegenangriff mit gepanzerten, verbundenen Waffen seine Front zu durchbrechen, »in die Tiefe des Raumes« vorzustoßen, also den Krieg auf das Gebiet des Feindes zu tragen und ihn dort zu vernichten, eignete sich im Grunde am besten für Präventivaktionen sozusagen in letzter Sekunde, sobald das Weiße im Auge des Gegners in Sicht kam, bedurfte aber vertiefter Einübung der militärischen Kooperation. Ausgestattet mit dieser Kompetenz konnten Panzerarmeen, Luftwaffe und Luftlandekräfte, unterstützt von Kräften der folgenden Staffeln, operative Tiefe gewinnen, buchstabierte die Felddienstvorschrift der Roten Armee von 1936.[37] Mit kleinen einkreisenden Cannae-Manövern würde man sich sinnvollerweise nicht begnügen – wie einige Apologeten der Friedfertigkeit Stalins, unter anderem Gorodetsky, anzunehmen scheinen,[38] – sondern das Momentum nutzen, um den Feind vollends aus der Balance zu werfen und seine Kommunikationen, das zentrale Nervensystem der Information und Orientierung, zu zerstören.

Das wäre der Clou gewesen, aber die Zahnräder der Doktrin mussten tadellos ineinandergreifen, die eigenen Streitkräfte hochtrainiert sein, der Feind durfte sich nicht schon operativ entfaltet haben, die Luftwaffe hätte binnen Kurzem die gegnerische zerstören und die Hoheit der Roten Luftwaffe über dem Schlachtfeld erringen müssen. Der Angriffsbeginn durfte von der Anfangsverteidigung gar nicht zu unterscheiden sein, denn die Alternative der ersten Schlacht lautete: Durchbrechen oder durchbrochen werden.

Selbst Gorodetsky räumt ein, dass 1941 zu große sowjetische Truppen- und Materialmassen in zu engen Räumen zu nahe und ungeordnet an der unbefestigten Grenze in Aufmarschformationen massiert waren. Dass sie am 22. Juni aufgerissen wurden, lag zu diesem Zeitpunkt aber nicht an der »finnischen« Schwäche der Russen, die für alle Entschuldigungen herhalten muss, nur noch partiell am brutalen Umgang Stalins mit der Armee, vorrangig vielmehr an der Unsicherheit Stalins und des sowjetischen Generalstabs, mit welcher operativen Doktrin man der kriegserfahrenen Deutschen Wehrmacht begegnen könnte. Keiner Seite ging es um Prävention. Die Deutschen waren angriffsfähig und griffen an – die Sowjets wollten 1942 so weit sein und bekamen inmitten nervöser Vorbereitung einen furchtbaren Schlag.

Unfähig, nicht kriegsunfähig

Einen schlagenden Beweis für die verbreitete These von der Kriegsunfähigkeit der Sowjetunion, die bis zum deutschen Angriff 1941 fortgeschrieben wird, bietet das untypische asymmetrische finnische Gefechtsbild jedenfalls nicht. Selbstverständlich war Stalin beunruhigt, in erster Linie wegen der weltweiten Prestige-Einbuße, die sich auf westlicher und deutscher Seite zu einem durchgehend negativen Bild über den Zustand der sowjetischen Streitkräfte verdichtete.

Kern des Problems, auf das er stieß, war zum einen übermäßige militärische Quantität, wie sie durch eine etwa dreifache Heeresvermehrung seit 1938[39] und die Massenproduktion von Waffen entstanden war, zum anderen Unklarheiten in der operativen Lehre, zu denen der gewaltsame Kaderwechsel der Militär-Tschistka beigetragen hatte. Der Widerspruch zwischen moderner Waffenproduktion, schnellem Aufwuchs des Material- und Truppenvolumens einerseits, Mängel in der operativen Schulung der militärischen Führung und kümmerliche Ausbildung andererseits wird in zahlreichen Darstellungen nachgerade in Spachtelmanier ausgemalt – wobei die Absicht, Stalin einen politischen Malus anzuheften, gelegentlich aufdringlich aus den Zeilen springt. Militärexperten wie David M. Glantz[40] und Roger R. Reese[41] nennen den Auf- und Umbau der Roten Armee zwar furios, »rasend, wenn nicht dämonisch«, überziehen aber das Ergebnis der Kampf-, vor allem der Angriffsfähigkeit mit Zweifeln.

Defizite gab es in der Tat, zu ihnen zählen der Gewaltmarsch der sowjetrussischen Aufrüstung und die Neigung des Diktators Stalin, sich an Zahlen zu berauschen. Die erwähnte Rede vor den Militär-Absolventen am 5. Mai 1941 legt dafür Zeugnis ab.[42] Die ungeheuren Waffenquanten trügen jedoch. Bei den Zahlen, die für 1941 als Resultat des vollendeten zweiten und des laufenden Fünfjahresplanes ausgewiesen werden, den 24 000 Panzern, die Stalin selbst gelegentlich erwähnte, 148 000 Geschützen und Granatwerfern, 23 000 Flugzeugen handelte es sich um ungleichwertige Waffen respektive Modelle, um eine Mischung aus jeweils 40 bis 50 Prozent veralteten (und rasch veraltenden, sich verschleißenden) Geräten,

deren Indiensthaltung, Reparaturbedarf wie Ersatzteilbeschaffung logistische Engpässe schuf, und relativ wenigen, bald aber massenhaft produzierten Typen technisch fortgeschrittener Bauart in einer Größenordnung
von 20 bis 30 Prozent bei Panzern und Frontflugzeugen bis zum Beginn
des Kriegs. Zum Vorteil der Armee hatte die sowjetische Rüstungsindustrie weniger Grundtypen aufgelegt als etwa die deutsche, die unzähligen
Sonderwünschen der Wehrmacht folgen musste. Zudem waren Waffen und
Gerät robuster, ohne viel Finessen einfach zu bedienen, extremen Wetter-
und Bodenbedingungen besser angepasst.

Die Panzertruppe beispielsweise erreichte erst 1943 den Standard der
deutschen Funkkommunikation – was sie zu Anfang des Kriegs orientierungslos auf dem Gefechtsfeld herumtorkeln ließ. Dafür waren die Ketten
der Fahrzeuge breiter als bei den deutschen, die Schlamm- und Eistänze
aufführten. Die modernen sowjetischen KW-Panzer (Kliment Woroschilow)
und T-34 waren denen der Wehrmacht an Stärke der Panzerung und Bewaffnung überlegen – nach allen Darstellungen besaß die Rote Armee im
Juni 1941 davon etwa 1800 mit rasch wachsender Zahl. Gängige deutsche
Abwehrwaffen konnten ihnen nichts anhaben, die meisten Panzerabschüsse
wurden aus der Luft oder per Artillerie erzielt.

Die Zahlenangaben schwanken je nach Quelle. Bogdan Musial stützt
sich bei der folgenden Darstellung auf russische Angaben: »Im Jahre 1941
lieferte die sowjetische Industrie insgesamt 6662 Panzer aus, die meisten
von ihnen waren bereits die modernen Panzer KW (1038 Stück vom Juli
bis Dezember) und T-34 (1898 Stück von Juli bis Dezember); ein Jahr später waren es bereits insgesamt 24 446 Panzer. Die deutsche Industrie stellte
dagegen im Jahr 1941 3790 Panzer her und ein Jahr später 6180.«[43] Im
September 1941 kamen erstmals 24- bis 48-rohrige Raketenwerfer (»Sta-
linorgeln«) zum Einsatz. Unter den frontfähigen sowjetischen Kampfflugzeugen besaßen etwa 3000 einen beachtlichen Modernisierungsgrad. Vergleicht man die kriegsbereiten sowjetischen und deutschen Potenziale, so
ergibt sich, den Anteil moderner Waffen zugrunde gelegt, für den Juni 1941
ein Gleichstand, hinsichtlich der Gesamtpalette eine eindeutige sowjetische Überlegenheit auf dem Hintergrund eines wachsenden industriellen
Zwangssystems mit Siebentagewoche, Konsumverzicht und einer Arbeiterschaft mit hohem Frauenanteil.[44]

Während die deutsche Breitenrüstung lediglich für kurze, schnelle Feldzüge ausreichte, befähigte die sowjetische Tiefenrüstung zur Führung lang-
währender, verlustreicher Kriege. 1941 betrug die Mannschaftsstärke der
Roten Armee 4,2 Millionen Mann, nach der Einberufung von 800 000
Reservisten im Mai des Jahres rund fünf Millionen mit beliebiger Auf-
wuchskapazität bei allerdings uneinheitlicher Truppenausrüstung, ungenü-

gendem taktischen Training und einer hinter dem puren Aufwuchs herhinkenden Offiziersausbildung. So habe die Mehrheit der Panzerbesatzungen der modernen KW und T-34 zu Kriegsbeginn nur drei bis fünf Stunden Fahrausbildung gehabt, führt Glantz als signifikantes Beispiel an. Den Schützendivisionen fehlten zu diesem Zeitpunkt automatische Waffen, die mechanisierten Korps befanden sich angesichts des wilden Vermehrungstempos nicht auf der Höhe der Gefechtsfähigkeit.[45]

Timoschenko stand also vor einer gewaltigen Aufgabe, die mit Stalins reinem Quantitätendenken und Zwangsmaßnahmen nicht zu bewältigen war. 43 Prozent der Staatsausgaben für Rüstungszwecke, die Militarisierung des Landes durch eine – seit 1939 – riesige Wehrpflichtigenarmee, zu der jetzt nicht mehr nur »Arbeiter und Bauern« gezogen wurden, schufen mit ebenso riesigen zivilmilitärischen Organisationen als sprudelnder Rekrutierungsquelle generell hervorragende Kriegsbedingungen. Stalin hatte 1939 durch das Bündnis mit Hitler die strategische Basis der Sowjetunion nach Westen hin ausgeweitet. Territorien und Ressourcen Polens, des Baltikums, Bessarabiens, der Nordbokuwina standen rücksichtsloser Nutzung zur Verfügung, ohne dass man die Völker und der Wahrung ihres Patriproniums auch nur eines Blickes gewürdigt hätte.

Dennoch darf man sich die totale Mobilisierung eines Machtbereichs unter Ausschluss jeglichen Rechts nicht als einfache, »glatte« Sache vorstellen – es ist vielmehr ein System knirschender, brechender Gelenke. Auch im Deutschen Reich hat es diese Politikpression gegeben, weniger im Alltag des eigenen Landes, dafür umso mehr in eroberten Gebieten, in verschwiegenen Arbeits- und Mord-KZs, nicht zuletzt bei den Exzessen rassischer Ausmordungs-Aktionen des Regimes in der letzten Phase des Kriegs.[46]

Die russischen Vorteile nahmen eine blutige Färbung an, weil Stalin eine maximalistische Vorstellung von der Leistungskraft des Sowjetmenschen hatte, der jetzt, unter dem Herannahen des »unvermeidlichen« Kriegs, in ein überwältigendes Kampfformat gezwungen wurde. Ob er die vorhandenen Mängel selbst wahrnahm oder aus den homöopathisch dosierten Berichten seiner Untergebenen erahnen konnte, die durch schlechte Nachrichten alle etwas zu verlieren hatten, ist umstritten. In seiner Einstellung zur Armee jedenfalls begleitete ihn, über den Höhepunkt der Militärsäuberung hinaus, ein Instinkt der Abneigung oder Furcht vor den Streitkräften – wie Alexander Jakowlew in seinem Werk »Die Abgründe meines Jahrhunderts« detailreich schildert[47] –, sodass er ihre lebende Gestalt nur als Funktionsinstrument seiner imperialstrategischen Vorsätze zu betrachten vermochte. Stalins Interesse galt der Angriffsbereitschaft der sowjetischen Streitkräfte. Da die Generäle diese Willensüberzeugung ihres Herrn zu spüren bekamen, brach nach dem finnischen Fiasko im Hauptmilitärrat der Roten Armee, dem die politische und militärische Führung angehörte, ein Reformsturm ungeheuren Ausmaßes aus.

Ausgerechnet die bei den Säuberungen mustergültige Hauptverwaltung für Politische Propaganda bei der Roten Armee unter Stalins radikalem persönlichen Sekretär Mechlis traktierte die Streitkräfte nun mit dem eigenartigen, zynisch klingenden Vorwurf, sie hätten militärische Erfordernisse gegenüber ideologischen Prinzipien vernachlässigt. Die operative Planung des Generalstabs wurde sozusagen schlagartig aufgewertet, das ministerielle Verteidigungskommissariat, wie erwähnt, neu besetzt.[48] Die Aufträge lauteten: Die Armee vergrößern, neu gliedern, unterbemannte Divisionen auffüllen, das Mobilisierungssystem verbessern, Mängel in Truppenführung, Ausbildung und Bewaffnung beheben, das Defizit an Offizieren beseitigen, drakonische Disziplin, absoluter Gehorsam. Die in militärische Entscheidungen hineinredenden Politkommissare wurden wieder des Platzes verwiesen, die Rüstungsproduktion beschleunigt, 16–18 neue Flugzeug- und Motorenfabriken in kürzester Zeit aus dem Boden gestampft, Straßen und Eisenbahnsysteme erweitert – dies alles zugleich und sofort war für den *Woschd* bare Selbstverständlichkeit. Er verlangte Beeilung, Vollzugsmeldung, die Zeit schwand dahin. Die Sowjetunion strebte großen Entscheidungen entgegen.

Bei einem militärischen Planspiel im Dezember/Januar 1940/41 warf General Schukow, der am Fluss Chalkin-Gol in der Mongolei die 6. japanische Armee geschlagen und danach als Befehlshaber des Militärbezirks Kiew Bessarabien besetzt hatte, den General Dmitri Grigorjewitsch Pawlow, einen Spezialisten der Roten Armee für die mechanisierten Verbände und damaligen Kommandeur des Westlichen Militärbezirks vom Manövertisch.[49] Wie erwähnt, setzte Stalin daraufhin Schukow sogleich an Stelle des amtierenden Generalstabschefs Kirill Merezkow und Verteidigungskommissar Timoschenko hatte mit ihm den richtigen Mann, der strategisches Talent mit spartanischer Haltung und Gleichgültigkeit gegenüber Verlusten verband, wie Montefiore in seinem Stalin-Bericht schreibt.[50]

Der neue Generalstabschef schien Garant dafür zu sein, dass die bei den Säuberungen aufgekommene Unsicherheit im operativen Denken ausgeräumt würde. Die wiedereingeführten mechanisierten Korps mit jeweils 1000 und mehr Panzern waren im Zustand bevorstehender Vollendung ungeheure Schlagwaffen, doch reichte ihr Auftrag über den Frontdurchbruch noch nicht hinaus. Die »Tiefe Operation« im Verbund mit Luftwaffe, konzentrierten Panzerformationen und motorisierter Infanterie hatte die volle strategische Befähigung zur selbstständigen tiefen Raumeroberung, Kesselbildung, Feindvernichtung noch nicht zurückerlangt.

Zum einen lag dies an den Kommandeuren, zum anderen an Stalin. Der »stürmische Prozess der Beförderung« bevorzugte einen Führungsnach-

wuchs, der in Spanien, der Mongolei und in Finnland Fronterfahrung gesammelt hatte. Mit der Ernennung von 982 Generälen des Heeres und der
Luftwaffe sowie 74 Admirälen erhielten die Führungskader der Teilstreitkräfte im Mai 1940 neue Blutzufuhr und Gestalt.[51] Schon unmittelbar nach
dem Höhepunkt der Militärsäuberungen war die Gesamtzahl der mittleren,
höheren und höchsten Offiziersgruppen von 34 556 (1937) auf 198 450
(1939) angewachsen.[52] Von den jüngeren, technisch versierten Chargen besaßen allerdings nur wenige Erfahrungen in der Führung großer Verbände,
geschweige denn in der Übung, den Durchbruch zum operativen Erfolg
auszuweiten. Der geistige Faden zu Tuchatschewski war abgeschnitten.

Stalin hatte zwar nichts anderes im Sinn, als die Offensive in das Territorium des Feindes zu tragen, war aber, seit der ideologische Terrorfeldzug
auch die Wissenschaft vom Krieg erfasst hatte, zwischen den Vorstellungen des Bewegungs- und Positionskriegs hängen geblieben. Spiegelbildlich
repräsentierten die neuen Kader einen weitgehend neuen soziologischen
Typus militärischer Intelligenz, der aber erst im Krieg seinen kostspieligen
Schliff erhalten sollte. Für ihre typischen Vertreter Andrei Jeremenko, Iwan
Konew, Dmitri Pawlow, Konstantin Rokossowski, Georgi Schukow, Wassili
Sokolowski, Wassili Tschuikow, Nikolai Watutin wurde das Schlachtfeld
zur furchtbaren Schule.[53]

Im August 1940 legten Verteidigungskommissar Timoschenko und Ge-
neralstabschef Schaposchnikow Stalin und Molotow den Entwurf eines
Kriegsplans mit dem Titel »Überlegungen betr. Grundlage der strategischen
Dislozierung der Streitkräfte der UdSSR im Westen und im Osten in den
Jahren 1940 und 1941« vor. Die finale Ausarbeitung des Plans war das
Werk von Generalmajor Alexander M. Wassilewski, der im April stellvertretender Chef der Operationsabteilung des Generalstabs geworden war.[54]
Es gab nur eine Kopie des Dokuments. Der Gewohnheit entsprechend[55] gab
dieser Plan der Roten Armee einen offensiven Auftrag. Sie sollte sich in der
nördlichen Hälfte der Front – nördlich Polesiens – sammeln, wo der erste
deutsche Angriff erwartet wurde: »Die Hauptaufgabe unserer Kräfte ist es,
den in Ostpreußen und im Warschauer Gebiet konzentrierten deutschen
Kräften eine Niederlage zuzufügen.«

Der Plan wurde von der politischen Führung nicht gebilligt und Schaposchnikow am 15. August als Chef des Generalstabs durch Armeegene-
ral Merezkow ersetzt. Daraufhin wurde ein überarbeiteter Kriegsplan im
September 1940 von Timoschenko und Merezkow vorgelegt, der den gleichen Titel und die gleiche Struktur wie sein Vorgänger hatte und wieder
von Wassilewski verfasst worden war. Wie die vorangegangenen Pläne von
1938 und August 1940 enthielt er eine nördliche und eine südliche Variante
für Operationen im Westen.

Nach einer Diskussion mit Stalin am 5. Oktober schlugen Timoschenko und Merezkow vor, dass in der südlichen Variante der »Hauptschlag« erfolgen sein sollte. Der Vorschlag wurde am 14. Oktober vom Politbüro angenommen. Die nächste Version des operativen Kriegsplans wurde am 11. März 1941 fertiggestellt. Zu diesem Zeitpunkt war Schukow bereits sechs Wochen im Amt als Chef des Generalstabs. Wieder war der Plan von Wassilewski verfasst worden. Es handelte sich um eine, so wörtlich, »verfeinerte« Version des Aufmarschplans vom September 1940 und der Variante, die im Oktober 1940 genehmigt worden war.[56]

Bis zum 15. Mai 1941 hatten Timoschenko und Schukow schließlich einen ausführlichen Operationsplan ausgearbeitet, der eine Fortschreibung aller vorangegangenen unter Mitarbeit von Schaposchnikow, Merezkow, Wassilewski und Watutin verfassten Vorgänger war. Nach Abschluss des Nichtangriffsvertrags mit Japan am 14. April 1941 konnte die Frage eines Kriegs im Fernen Osten übergangen werden. In der veränderten Mai-Vorlage ging es nun erstmals ausschließlich um den »Fall eines Kriegs mit Deutschland und dessen Verbündeten« in Europa.

Als grundlegende Novität enthielt er, wie im Einzelnen noch geschildert wird,[57] einen Erstschlag gegen die aufmarschierenden deutschen Streitkräfte, denen es zuvorzukommen gelte – wie diese ihrerseits einen Monat später der Roten Armee zuvorgekommen sind. Vollständige Spiegelbildlichkeit besteht indessen nicht. Während der deutsche Vormarsch die Eroberung ganz Westrusslands bis zur Linie Archangelsk-Wolga vorsah, setzten sich die Sowjets in dem neuen Plan Oderlinie und Ostpreußen zum Ziel. Entscheidender strategischer Vorsatz war jedoch der Sichelschnitt im Süden zur Abtrennung der balkanischen Staaten einschließlich der rumänischen Ölfelder von Deutschland sowie die Vernichtung der drei deutschen Heeresgruppen im Aufmarschgebiet Polen/Ostpreußen. Über weitere operative Ziele, etwa ein Vordringen in die Tiefe Westeuropas, gibt der Plan des Generalstabs keine Auskünfte.

Im Frühjahr 1941 wollte nicht nur die sowjetische Propaganda, sondern auch der politische Führungszirkel um Stalin trotz des überzeugenden deutschen Blitzsieges auf dem Balkan Anzeichen einer »Demoralisierung« bei der Wehrmacht und eine Vernachlässigung der militärischen Innovationen erkennen. Im glatten Widerspruch dazu geht der Operationsplan vom Mai wie alle seine Vorläufer von einer intakten, angriffsfähigen deutschen Streitmacht aus. Noch wichtiger ist, dass der Generalstab beabsichtigte, dem erkannten und beschriebenen formierten Aufmarsch des Gegners eine ebenso kriegs- und offensivfähige Rote Armee entgegenzusetzen, die den ersten Schritt zum Krieg tun sollte und bei forcierter Anstrengung auch tun könnte.

So sehr es zutrifft, dass sich die Konzentration von immer mehr sowjetischen Großverbänden in exponierter Nähe des deutschen Aufmarsches mit ihrer Umgliederung, Ausbildung und technischen Erneuerung überkreuzte, so wenig spielte dieser Umstand bei der dringend und plausibel formulierten Vorstellung Timoschenkos und Schukows, dem Feind buchstäblich in die Parade zu fahren, eine einschränkende Rolle. Offensive Dislozierung, geheime Mobilmachung und Tarnung der wie in einem gewaltigen Sog nach Westen gezogenen Streitkräfte-Staffeln aus dem russischen Hinterland vereinigte die »bestgerüsteten Truppen mit höchstem Ausstattungsgrad« in den grenznahen Gebieten, wie Nikolaj M. Romanitschew vom Institut für Militärgeschichte des Verteidigungsministeriums der Russischen Föderation in Moskau feststellt: »Die dort dislozierten Armeen wiesen den höchsten Ausstattungsgrad an Technik, Waffen und Menschen auf. Bei Kriegsbeginn befanden sich 20 der 29 mechanisierten Korps der Roten Armee in den westlichen grenznahen Militärbezirken.«[58]

Demgegenüber übernehmen die Siebengestirne der aktuellen Zeitgeschichtsschreibung die in der Zeit von 1940/41 schon umstrittene Meinung eines Teils der deutschen Führung und vieler Beobachter in Großbritannien und den Vereinigten Staaten, die Sowjetunion sei militärisch unvorbereitet oder gar, wie Hitler sagte, ein »tönerner Koloss« gewesen. Die wiederholte Behauptung hält den Tatsachen nicht stand und findet sachlichen Widerspruch. So sieht es Manfred Hildermeier in seiner groß angelegten Studie über die Sowjetunion für erwiesen an, »dass die Unterlegenheit der unmittelbar einsatzfähigen Verbände geringer war, als vielfach angenommen, und ein nennenswerter Rückstand auch zu Beginn der Kampfhandlungen nicht auszumachen war«. Die sowjetischen Fronttruppen seien besser ausgerüstet und nach kurzer Zeit auch personell stärker gewesen, als das Oberkommando der Wehrmacht erwartete und lange Zeit von der sowjetischen und westlichen Geschichtswissenschaft behauptet wurde. In der ersten katastrophalen Kriegsphase habe weniger die Masse und Qualität der Soldaten den Ausschlag gegeben als die militärstrategischen Operationen auf beiden Seiten. »Was auf sowjetischer Seite versagte, war die Führung, nicht das Material.«[59]

Die Niederlagen zu Anfang, die Stalin im Herbst 1941 sogar an einen verlustreichen Separatfrieden denken ließen,[60] beruhten nach Ansicht von Bernd Bonwetsch nur zu einem geringen Teil auf dem Überraschungsmoment und den militärisch-technischen Vorteilen der Wehrmacht. Die UdSSR sei strategisch auf den Krieg vorbereitet, die Wirtschaft radikaler als die deutsche auf einen »Krieg des Materials« umgestellt gewesen. Sie fiel trotz erheblichen Rückgangs nach Beginn des Kriegs nicht unter die deutsche, sondern übertraf diese dank der Ostverlagerung der Industrie schon bald um ein Vielfaches. »Die Hauptursache für das Fiasko lag im System des Stalinismus und in Stalins persönlichem Einfluss, in der Verweigerung militärischer Optionen wie Defensive und Rückzug, in der Verunsicherung des Offizierskorps durch Misstrauen sowie in Panik- und Verratsvorwürfen als Ursache für die Katastrophen an der Front«, erklärt Bonwetsch. Negativ habe sich auch die Einmischung Stalins in die strategisch-operative Planung ausgewirkt, wodurch die Erfolge der Roten Armee vom Winter 1941/42 im Frühjahr 1942 wieder verspielt worden seien. Erst in dem folgenden Lernprozess sei der Professionalität der Militärs der Vorrang vor politisch-militärischem Voluntarismus eingeräumt worden. Die schon bei Kriegsbeginn bestehende numerische Überlegenheit an Menschen und Material sei angesichts der schwindenden deutschen Ressourcen schließlich mit Macht zur Geltung gebracht worden.[61]

Bei allen vier Plänen des sowjetischen Generalstabs lässt sich die offensive Dislozierung der sowjetischen Armee im Frühjahr und Frühsommer 1941 nicht bestreiten.[62] Die Aufmarschformation war zur Defensive – die in der sowjetischen Militärdoktrin ohnehin nicht »existierte« – ungeeignet und als Abschreckung infolge der Einseitigkeit ihrer operativen Bewegungsrichtung unwirksam.

Die Konzentration von sieben Nato-Armeen in der Bundesrepublik Deutschland während des Höhepunktes des Kalten Kriegs (»Tortenschichtung«) kann damit nicht verglichen werden und hätte ohne die Abschreckung der atomaren Flexible Response nichts anderes dargestellt als einen fatalen strategischen Fehler im System einer grundlegend auf Kriegsverhinderung angelegten Strategie. Nach welchen zeitlichen Maßstäben konnte die Überfüllung der sowjetischen Militärgrenzbezirke mit Truppen und Material gedacht sein? Ein Großaufmarsch dieser Dimension ist nicht statisch, sondern muss nach dem Erreichen des optimalen Sammlungs- und Bereitschaftsgrades irgendwann in Offensivbewegung auslaufen. Er drängt zur Entladung. Die Operationsfigur größter Konzentration im grenznahen Raum ist nur gerechtfertigt und verantwortbar, wenn die Armeen zeitnah zum Angriff übergehen. Umgekehrt erzeugt sie katastrophale Folgen, wenn ein gleichwertiger und gleich dynamischer Angriff sie in der statischen Sammlung trifft. Davor haben Timoschenko und Schukow in ihrem Plädoyer für den Erstschlag Stalin auch ausdrücklich gewarnt.[63]

Stalin musste sich über die deutschen Angriffsabsichten im Klaren sein. Er spielte vabanque. Vielleicht hoffte er auf eine Verspätung der Deutschen, bis er selbst alle Chips in der Hand haben würde. Der sowjetische Aufmarsch hätte sich höchstens dann in diplomatischen Druck umwandeln lassen, wenn Hitlers Feldzug auf dem Balkan im April und Mai 1941 festgefahren wäre, womit Stalin rechnete. Gerade in diesem Fall wäre für ihn

jedoch ein Angriff womöglich die lohnendere Variante gewesen, vor allem
jener in den beiden letzten Generalsstabsplänen vorgesehene westsüdliche
Sichelschnitt, der nicht nur zur Abtrennung des Balkans, sondern mit dem
Zerschneiden der deutschen Front in den Rücken der im Süden und Norden
positionierten Kontingente der Wehrmacht geführt hätte. Für Hitler wäre
unter ungünstigen Bedingungen eine Mehrfronten-Situation entstanden,
wie für die Franzosen mit dem deutschen Sichelschnitt 1940: Die Briten
konsolidiert im griechisch-jugoslawisch-türkischen Raum, die starken Russen auf ihrer Einfallachse und eine unter diesem Druck rasch entstehende
Atlantikflanke vom Polarkreis bis zur spanischen Grenze.

Nach dem Sieg der Wehrmacht über die Briten auf dem Balkan blieb Stalin nur die Chance, der deutschen Offensive unter erhöhtem Risiko zuvorzukommen. Dass es ihm lieber gewesen wäre, den Krieg bis zum Frühjahr
1942 hinauszuschieben, liegt auf der Hand, entzog sich jetzt aber seiner
Bestimmung und blieb dennoch Programm. Im Übrigen erkannte er eigene
Schwächen im militärischen Dispositiv nicht an. Eine Quelle, die den buch-
stäblichen Beweis für den genauen Zeitpunkt des Erstschlages enthält, liegt
nicht vor, wird entweder als Verschlusssache in zentralen Archiven zurückgehalten, wurde vernichtet oder existiert nicht. Die Entscheidungen über
das Schicksal der Sowjetunion waren »Chefsache« sozusagen in separaten sealed rooms, wie es sich von selbst versteht. Sie fielen in »inoffiziel-
len Dreier- und Fünfergruppen« (Besymenski), streng nach dem Willen des
Woschd und von seinem Wunsche bestimmt, nichts Schriftliches zu hinterlassen. Wer einen publizierten Befehl für das einzige Kriterium historischer
Wahrheit hält, bleibt in einer Grauzone arretiert, wie die anhaltende Kontroverse über Stalins Kriegsabsichten zeigt. Er akzeptiert prinzipiell keine
Indizien und steht damit einer Fülle von Geschichtsereignissen ratlos oder
trotzbeladen gegenüber. Im Spiegel der hier dargelegten militärischen Entwicklung war die Sowjetunion 1941 mit einer gewaltigen Militärmaschinerie ausgerüstet, trotz aller Defizite kriegsfähig, nicht »enthauptet«, wie
Jakowlew in seinem bodenlosen Zorn über Stalin behauptet, sondern offensiv aufgestellt und über Hitlers Angriffsabsichten so gut informiert, dass
von einer Überraschung ernsthaft nicht die Rede sein kann. Stalin stand
vor der Alternative, den Erstschlag zu führen oder die Gunst der Situation
demjenigen zu überlassen, der ihm zuvorkam und mit seinem Vorstoß auf
einen praktisch ungedeckten Heereskörper traf.[64]

ZWEITER TEIL
KRIEG

VIII. KAPITEL

KRIEGSERWÄGUNGEN

Kriege folgen der optionalen Logik. Wer sie missachtet, verliert die Herrschaft über das Geschehen, wechselt auf die passive Seite, verliert irreversibel. Diese Gesetzmäßigkeit ist unabhängig von Kriegsursache, politischer und sittlicher Verantwortung. Der Fall, den wir beschreiben, ist die optionale Logik des Kriegs nach Hitlers Sieg über Frankreich. Der deutsche Mitteleinsatz hatte, wie wir sahen, nicht ausgereicht, Großbritannien zu Aufgabe oder Einlenken zu bewegen. Seit Churchill die friedensbewegten Kräfte in seinem Kriegskabinett in die Zucht nehmen und des Beistands Roosevelts so gut wie sicher sein konnte, war die Fortsetzung des Ringens unabwendbar. Weder Großbritannien noch die USA wünschten einen Ausgleich mit dem Deutschen Reich, der ein Handelsgeschäft mit Hitler bedeutet hätte. Das Erscheinen der Nordamerikaner auf dem europäischen Kriegsschauplatz war von Juni 1940 an gerechnet eine Frage von zwei Jahren intensiver amerikanischer Zurüstung, Logistik und Sicherung der Seegebiete. Diese beiden Jahre standen Hitler und Stalin zur Verfügung, relativ frei vom Einwirken Dritter zu disponieren.

Stalin hatte Zeit gewonnen, Stärkungszeit, Hitler rannte die Zeit davon. Nachdem er im Westen, an der Kanalküste stehend, die strategische Initiative verloren hatte, durfte er sich nicht in orientalischen Alexanderzügen verzetteln, wie ihm einige Berater empfahlen.[1] Die Logik sprach dafür, so schnell wie möglich die europäische Basis zu verbreitern, den Kontinent gefahrenfrei zu machen, die Rohstoffversorgung langfristig zu sichern, danach die Briten in einem zweiten Anlauf niederzuringen oder zur Aufgabe zu überreden und damit den USA gerade noch rechtzeitig die Plattform für den Sprung auf den Kontinent und nach Afrika zu entziehen. Das Hantieren mit Aushilfen wäre damit beendet. Um das zu erreichen, boten sich zwei Optionen: Die eine war Hitlers »Entdeckung« vom Sommer 1940, die Sowjetunion in einem Blitzkrieg niederzuwerfen und bis zum Ural zu besetzen. Er wollte keineswegs wie Napoleon im Kreml »auf den Zaren warten«, um ihm das Bündnis gegen England zu dik-

tieren, sondern unumschränkt und dauerhaft über Sicherheitsraum und
Ressourcen gebieten.

Die zweite Option sah, wie wir beschrieben, das genaue Gegenteil vor:
Ein Bündnis mit Russland in neuer Form, der offizielle Beitritt Stalins zum
Dreimächtepakt Deutschland, Italien, Japan vom 27. September 1940,[2] die
Bildung eines europäischen Kontinentalblocks mit vereinbarten Interessensphären und Expansionsrichtungen. Der Vorteil bestand in der Bindung
der sowjetischen Energien in eine Europa überschreitende anti-angloame-
rikanische Allianz mit eurasischer Perspektive und der Verlagerung des
Kriegsschwerpunktes auf den nahenden japanisch-amerikanischen Konflikt
im Pazifik. Zu den Nachteilen zählten die Brüchigkeit dieser Hemisphären-
Bildung, ihre mangelnde Homogenität, die fortwährende ideologische und
politische Gegensätzlichkeit.

Der Kontinentalblock widersprach zwar nicht der Logik des Kriegs, er
war aber nicht Hitlers Welt, nicht sein Reich, nicht sein Instrument. Da
Stalin ebenfalls daran dachte, das kontinentale Konzept zu seinen Gunsten
auszulegen und von den Deutschen einen nachgerade »antagonistischen«
Preis für den zweiten Bündnisschritt einzufordern, waren gegenseitige Lähmung und einseitige Ausbrüche aus dem deutsch-sowjetischen Halbweltvertrag, wie man doppeldeutig sagen kann, vorprogrammiert. Der unver-
meidliche japanische Vorstoß nach Südostasien und der kompensatorische
russische nach Indien würden zudem auf die Zerstörung des britischen
Empire hinauslaufen – auch dagegen sträubte sich Hitlers auf Großbritannien fixiertes Denken.

Für kurze Zeit schien Hitler zu schwanken, welcher Option er den Vorzug
geben sollte. Der Briten-Feind in seiner Umgebung, Außenminister Joachim
von Ribbentrop, verband mit dem Kontinentalblock die Absicht, seinen
Führer von der britischen idée fixe und der antibolschewistischen Weltanschauung abzubringen. Hitler selbst hatte die Weltanschauung spätestens
seit den deutsch-sowjetischen Verträgen von 1939/40 teils bewusst, teils
erzwungen der Kriegsstrategie nachgeordnet. Mit der Einsicht, Britannien
weder okkupieren noch überreden zu können, erfasste ihn Unsicherheit.
Sie durchwehte seine laue Zustimmung zum Versuch einer kontinentalen
Bündnisarithmetik. Zu Recht lässt sich fragen, ob er unter allen Umständen, sozusagen leidenschaftlich den Krieg mit der Sowjetunion anstrebte.
Der israelische Historiker Gabriel Gorodetsky meldet in seiner quellenreichen Studie *Die große Täuschung. Hitler, Stalin und das Unternehmen
»Barbarossa«* Zweifel an.[3] Jedenfalls hält er es nicht für ausgemacht, dass
bei Hitlers finalem Entschluss »ideologische Überlegungen eine Rolle spielten«. Der deutsch-sowjetische Krieg, so Gorodetsky, sei aus Interessen-
gegensätzen hervorgegangen, die sich im Herbst 1940 und Frühjahr 1941

auf dem Balkan und im Ostseeraum zuspitzten. Im Vordergrund standen strategische Erwägungen, wie sie sich aus der Kriegssituation aufdrängten, versetzt mit althergekommenen, untergründigen Motiven.

Auch den Gegenspieler Stalin spricht Gorodetsky in diesem Zusammenhang von Weltanschauung, von weltrevolutionären Ambitionen frei. Er bezeichnet ihn als Politiker, der sich der Schule des zaristischen Imperialismus zugewandt habe, unterstellt ihm alte, nach Westen gerichtete Ambitionen, vernachlässigt aber die universalistische leninistische Komponente und die konsequente Ausnutzung der deutschen Arretierung an der Atlantikküste. In den deutschen Zeitbetrachtungen findet Gorodetskys Auffassung nur wenig Zustimmung, während Kissingers Realismus – Richelieu oder Bismarck hätten Stalins Strategie ohne Weiteres verstanden, doch die Staatsmänner der Demokratien waren mit ideologischen Scheuklappen geschlagen, »da sie die Prinzipien der Machtpolitik verworfen hatten«, wie oben zitiert, – im Linnéschen System politischer Korrektheit längst den Giftblüten des Zynismus zugeordnet wird. Stattdessen ist geradezu konsensual von einem »rassenideologisch motivierten Vernichtungskrieg im Osten« als Hitlers Hauptziel und Lebenserfüllung die Rede. Seinem Entschluss zum Krieg gegen die Sowjetunion einen primär strategischen, aus der gegebenen Situation erklärbaren Beweggrund beizumessen erscheint geschichtspolitisch unzulässig, ja sogar moralisch verwerflich. Nachträglich und ohne nüchternen Blick auf die Gegebenheiten von 1940/41 malt man sich den Hitler, den man sich wünscht, und einen Stalin, den der Blitz des Kriegs aus blauem Himmel traf.

An Äußerungen Hitlers, die im Zusammenhang mit der Kriegsentscheidung von 1940/41 auf die Ausrottung der kommunistischen Kader, Kommissare und der Intelligenz hindeuten, besteht kein Mangel. Dies gilt vor allem für die Ansprachen vor der Wehrmachtführung in verschiedenen Zusammensetzungen im Frühjahr und den fortschreitenden Monaten von 1941, die zur Grundlage für die völkerrechtswidrige Einschränkung der Kriegsgerichtsbarkeit und für den Kommissarbefehl geworden sind. Auch die propagandistische Vorbereitung des Heeres und die öffentliche Rechtfertigung des Kriegs bedienten sich dieser Argumentation. Ja, man gehe in einen Kampf zwischen zwei Weltanschauungen, erklärte der *Führer* beispielsweise vor versammelten Generälen am 30. März 1941. Der Kampf werde sich vom Kampf im Westen sehr unterscheiden. Im Osten sei Härte mild für die Zukunft.[4] Dem verbündeten Duce gestand er einen Tag vor Angriffsbeginn am 21. Juni 1941 in fast reuevollem Ton, das Zusammengehen mit Stalin habe ihn doch »sehr belastet«. Es sei ihm wie ein Bruch mit seiner Herkunft, seinen Auffassungen und früheren Verpflichtungen vorgekommen. Nachdem er sich zum Krieg durchgerungen habe, fühle er sich »innerlich wieder frei«.[5]

1. Strategische Kriegsmotive

Die drei Elemente Antisemitismus, Antikommunismus und Lebensraum-Eroberung tauchten, zusammen und einzeln, brachial laut, dann wieder leise oder gar nicht auf, gelten seitdem als fixe Bestandteile einer »abgeschlossenen« Weltanschauung und werden in der Zeitgeschichtsschreibung schließlich als die gebündelten entscheidenden Motive für den Russlandfeldzug 1941 betrachtet.[6] In diesem Fall weist die kanonische Deutung einen logischen Defekt auf. Der Kampf gegen die »jüdisch-bolschewistische« Weltanschauung, umgekehrt gegen die »faschistischen Horden«, wie es in der gegenläufigen Propaganda jetzt wieder hieß, ändert nichts daran, dass Hitler wie auch Stalin primär strategischen Kriegsmotiven gefolgt sind.

Die kontinentale Hegemonie, in einem neuen Blitzkrieg errungen, würde, wie Hitler glaubte, London in die Resignation treiben. Ein Drittel der Wehrmacht, rund 60 Divisionen, müsste nach dem Sieg zunächst als »Brandmauer« in Russland fungieren, zwei Drittel stünden sofort für Operationen in weitem Radius zur Verfügung, um ein Eingreifen der USA und eine Fortsetzung des Kampfes der britischen Überseegebiete zu verhindern. Unternähme er hingegen nichts, verharrte er in Warteposition, müsste er in kurzer Zeit mit einer angloamerikanischen Kräftekonzentration im europäisch-afrikanischen Raum und einer zum Angriff formierten Sowjetunion rechnen, die gerade ihre Absicht kundgetan hatte, die Deutschen im Osten unter Druck zu setzen.

Soweit man eine Kriegssituation ernst zu nehmen bereit ist, heißt das: Hitler fürchtet nicht ohne Grund, in die Umklammerung von 1914 mit den Mitteln der entwickelten Kriegstechnik, überlegener Rüstungsmasse und des größeren Bewegungsradius der Seemächte von 1941 zu geraten. Nur eine gefestigte Kontinentalposition, diplomatisch oder militärisch errungen, würde das Reich davor bewahren, erdrückt zu werden.

Am 14. Juni 1941, wenige Tage vor der Invasion in Russland, kam er auf seine Art zum Kern der Sache. Den in der Reichskanzlei versammelten Generälen und Admirälen teilte er in einer »umfassenden politischen Rede« mit, der zu erwartende Sieg über die Sowjetunion werde nicht nur die deutsche Ernährungs- und Rohstoffversorgung auf absehbare Zeit sichern, sondern Deutschland auch »Rückenfreiheit« verschaffen und Großbritannien veranlassen, den »hoffnungslosen weiteren Kampf aufzugeben«. Die Einsicht, dass Amerikas Hilfe angesichts einer bald erreichten unanfechtbaren deutschen Machtstellung auf dem Kontinent und dank der Erfolge der Luftwaffe und der U-Boot-Waffe gegen die britischen Zufuhren zu spät kommen werde, werde die Friedensbereitschaft Londons fördern.[7]

Stalin erkannte Hitlers Absicht, in der noch verbleibenden knappen Zeit gesicherter relativer Rückenfreiheit im Westen und Süden den Krieg zu seinen Gunsten zu entscheiden, zumindest die denkbar günstigsten Voraussetzungen dafür zu schaffen. Da die Verträge aus dem Jahr 1939 tatsächlich konsumiert waren, bestand auch für ihn nur die Wahl, sie durch eine bessere Version zu ersetzen – etwa durch die Ribbentrop'sche Kontinentallösung oder den Krieg gegen das Reich. Der deutschen Kontinentalblock-Idee mit der Ausweisung Russlands aus Europa begegnete der Taktiker, wie wir sahen, mit allen Vorbehalten und nicht ohne geheimen Zorn. Dabei mochte er immer noch hoffen, langwierige, von Meinungsverschiedenheiten belastete Erwägungen in der deutschen Führung und komplizierte Verhandlungen zwischen Moskau und Berlin über die schier unendliche Materie eines zweiten Arrangements würden ihm Zeitgewinn verschaffen und Hitler unwiederbringliche Zeit kosten.

Sich der Zumutung zu beugen, zugunsten der Avance einer Süd-Expansion auf die europäische Perspektive zu verzichten: Daran dachte er keine Sekunde. Warum auch? Die Sowjetunion war nicht ein Reich, das sich in Räume einweisen ließ, und Stalin war dazu nicht der Mann. Die beharrliche Forderung nach Vergrößerung des westlichen Glacis gehörte zur imperialen und zur sozialistischen Raison – welche von beiden gerade Vorrang besaß. Stalin ging es um die Verbesserung seiner strategischen Position, vor allem aber um Westrusslands Integrität als Zentrum des sozialistischen Aufbaus und historisches Herz des Nationalitätenstaates. In seinen Augen durfte es weder zur Randprovinz noch zum Kriegsschauplatz werden. Nach dieser Logik musste der Krieg, wie die sowjetische Doktrin es vorsah, in das Territorium des Feindes getragen werden.

Es wurde also schwierig. Hitlers Krise war auch Stalins Krise. Stalin stand für offensichtlich begrenzte, aber kritische Zeit allein einem Reich gegenüber, dem er für seine Westfeldzüge Rückhalt und Ressourcen zur Verfügung gestellt hatte, das aber nun mit der Option hantierte, sich gegen ihn zu wenden. Beschwichtigung konnte für eine Weile vielleicht noch etwas bringen, der erpresserische Preis einer asiatischen Lehensrolle war jedoch entschieden zu hoch. Von der unakzeptablen Schwächung Russlands in Europa abgesehen, wäre es ihm als politische Todsünde erschienen, sich ohne eindeutige Vorteile, die Hitler nicht zu bieten vermochte, auf eine offene Konfrontation mit den USA und Großbritannien einzulassen.

Die Aussicht auf die Beherrschung Indiens war abstrakt, der Krieg mit den See- und Luftstreitmächten des Westens konkret. Da die Vereinigten Staaten vielleicht schon 1942 von dem britischen Sprungbrett aus ihre amphibische militärische Macht in Europa entfalten würden, dünkte ihn die Auseinandersetzung mit ihr vernunftwidrig, der Kriegskonflikt mit Hitler demgegenüber zwar riskant und verlustreich, als rechtzeitiger Einstieg in ein renversement des alliances jedoch rational. Dem Zweifrontenbündnis würde die Wehrmacht nicht standhalten können. Der rechtzeitige Auftritt auf dem europäischen Schlachtfeld, nach kurzer Zeit flankiert von einer angloamerikanischen Front im Westen und Süden des Kontinents, könnte der Sowjetunion nur Vorteile für die dann folgenden Phasen des Ringens verschaffen. Wäre es da nicht lohnend, ja sogar geboten, als Erster offensiv gegen das Reich vorzugehen?

Mit dieser Annahme unterstellen wir Stalin, dass er der Logik des Kriegs folgte, doch gibt es dafür bis jetzt viel weniger dokumentarische Belege, als sie sich bei dem »monologischen« Hitler für fast jeden seiner Gedanken und Entschlüsse im geschwätzigen Reich finden. Dafür stoßen wir jedoch auf sachbezogene Dokumente, dezidiert gegen Deutschland gerichtete Aufmarschpläne des sowjetischen Generalstabs seit 1940 und auf eine Fülle gleichgerichteter militärischer Fakten. Als die deutschen Armeen am 22. Juni 1941 in Russland einfielen, begegneten sie einer Anordnung der sowjetischen Streitkräfte, die alle Merkmale des Angriffsdispositivs aufwiesen.[8]

Militärdoktrin und Strategie – die gespannte Feder

Die in einem solchen Fall naheliegende und immer wieder aufgetischte Behauptung, Hitler habe einen Präventivschlag geführt, trifft nicht zu. Anders steht es mit der Annahme, dass sich zwei Angreifer synchron auf ihre Kriegszüge vorbereitet haben und Hitler seinem Partner Stalin um Wochen oder Monate zuvorgekommen ist, die Deutschen im parallelen Offensivaufmarsch den Russen um historische Stunden voraus waren. Wer dies rundweg bestreitet, wie es unentwegt geschieht, argumentiert wider die Evidenz.

Es kann nicht bezweifelt werden, dass die Rote Armee im Juni 1941 auf der Breite der mehr als 1000 Kilometer gestreckten Front mit der Vollendung der Angriffsbereitschaft beschäftigt war. Offen ist lediglich, in welchem Qualitätszustand und welcher Kampfbereitschaft sich die grenznah versammelten Verbände befanden, nicht jedoch, auf welchen Zweck sie ausgerichtet waren. Dass die Sowjetunion einen Angriffskrieg gegen Deutschland geplant habe, wird in der kanonischen russischen Literatur und in wesentlichen Teilen der deutschen Zeitgeschichtsforschung vehement bestritten.

Das Urteil darüber, wie es sich wirklich verhält, setzt einen Blick auf die sowjetische Militärdoktrin vor Ausbruch der Kampfhandlungen voraus. Es besteht aus vier Komponenten: Das Axiom des weltrevolutionären Lagerkampfes bestimmt Begriff und Rolle des Kriegs, woraus die Militärdoktrin hervorgeht, während die Strategie je nach militärischer Lage (Feindlage und andere Komponenten) das Vorgehen ordnet. »Die Militärdoktrin stellt allgemeine Grundsätze auf, während die Militärstrategie von diesen allgemeinen Grundsätzen ausgeht«, erklärte Wassili D. Sokolowski, Frontkommandeur und Oberbefehlshaber der sowjetischen Besatzungsgruppe in Deutschland.[9] In der Felddienstordnung als Ausbildungsrichtlinie für die Truppe konkretisiert sich die Summe der weltanschaulich-gesellschaftswissenschaftlichen Kriegstheorie zum Zweck ihrer taktischen Anwendung. Dem aus den Erfahrungen des russischen Bürgerkriegs herrührenden Offensivprinzip, das davon ausging, ein zukünftiger Krieg müsse offensiv geführt und der Gegner auf seinem eigenen Territorium vernichtet werden,[10] entsprach die zentrale Direktive in der sowjetischen Felddienstvorschrift von 1939: »Wir werden den Krieg offensiv führen und ihn in das Land des Gegners hineintragen. Die Rote Armee wird bis zur Vernichtung und völligen Zerschlagung des Gegners kämpfen.«[11] Die Einheit von Theorie und Praxis unter dem Primat des Hauptaxioms ist damit hergestellt.

Im institutionellen Verkehr zwischen antagonistischen gesellschaftspolitischen Systemen gilt der Krieg seit Lenin und Trotzki als unvermeidlich. Erst Chruschtschow rückte unter dem Einfluss der Nuklearrüstungen von dieser Grundannahme ab. In dem Bericht des Zentralkomitees vom 18. März 1919 formulierte Lenin: »Hat es denn in der Geschichte nur eine große Revolution gegeben, die nicht mit Krieg verbunden gewesen wäre? Natürlich nicht! Wir leben nicht nur in einem Staat, sondern in einem System von Staaten und die Existenz der Sowjetrepublik neben den imperialistischen Staaten ist auf die Dauer undenkbar. Am Ende wird entweder das eine oder das andere siegen (sic!). Und bis dieses Ende eintritt, ist eine Reihe furchtbarster Zusammenstöße zwischen der Sowjetrepublik und den bürgerlichen Staaten unvermeidbar. Das heißt, dass die herrschende Klasse, das Proletariat, wenn sie wirklich herrschen will und herrschen wird, dies auch durch ihre militärische Organisation beweisen muss.«[12]

Krieg ist somit die Fortsetzung des Klassenkonflikts auf internationaler Ebene. Da es um den Sieg des Kommunismus geht, ist aus dessen Sicht Krieg von Natur aus gerecht. Der sozialistische Staat kennt keine andere Art von Krieg. Insofern ist es gerechtfertigt, den »progressiven und revolutionären« Typus des Kriegs im Dienst des Proletariats »präventiv« zu führen; man müsse dem Feind zuvorkommen, erklärt Boris M. Schaposchnikow, Generalstabschef von 1937–1940 und 1941–1942, danach Chef der Militärakademie des Generalstabs.[13] Angesicht des stets aggressiven Feindes befindet sich der Parteistaat des Proletariats im Stande einer permanenten »Feindlagen-Fixierung«. Diese hebt die in Europa seit dem Westfälischen Frieden

1648 immer wieder geübte rechtliche Einhegung des Kriegs auf. Krieg wird verstanden als verschärfter Klassenkampf im Land des Gegners.[14] Aufgrund dieser Generalrechtfertigung wird Krieg nicht »erklärt«. Als sozialistische Handlungsweise hat er keine diplomatische Sprache.

»Tiefe Operation«

Die sowjetische Militärdoktrin zum Zeitpunkt des Kriegsausbruchs im Juni 1941 kannte als Grundtyp der Kampfhandlung nur die Offensive,[15] nicht Verteidigung, nicht »Abschreckung«. Danach gewährleistet nur ein entschlossener, mit hoher Geschwindigkeit in die Tiefe des gegnerischen Raums geführter Angriff den erstrebten totalen Sieg über den Feind und die Einnahme seiner lebenswichtigen politischen und wirtschaftlichen Zentren. Nur der entschlossene Angriff in der Hauptrichtung (Schwerpunkt), der in unaufhaltsame Verfolgung mündet, führt zur vollständigen Vernichtung der feindlichen Kräfte und Mittel. Krieg ist Vernichtung. Für die Vorstellung, dass es dem Feind gelingen könnte, in das eigene Gebiet vorzudringen, lässt die Doktrin keinen Raum.

Dass der Krieg grundsätzlich auf feindlichem Territorium zu führen ist, leitet sich aus der doktrinären Maxime der »Gerechtigkeit« des sozialistischen Kriegs und der absoluten Schutzwürdigkeit des sozialistischen Patrimoniums ab.[16] Dabei ist jedoch festzuhalten, dass ein »Krieg auf dem Territorium des Feindes ... überhaupt nicht gleichbedeutend ist mit dem Konzept eines Erst- oder Präventivschlags, obwohl man diese Version auch nicht völlig verneinen darf«, erklärt der Institutsdirektor für russische Geschichte an der Akademie der Wissenschaften, Andrey N. Sakharov.[17]

Die Generäle Tuchatschewski, Isserson und vor allem Wladimir Kiriakowitsch Triandafillow entwickelten Ende der 20er-, Anfang der 30er-Jahre das Angriffsformat der »Tiefen Operation«, die, wie auch der spätere deutsche Blitzkrieg, den Wechsel vom Stellungskrieg zur beweglichen Sturm- oder Stoßtrupp-Taktik im Ersten Weltkrieg zum Vorbild hat.[18] Die Doktrin der tiefen Operation wurde 1935 von der Roten Armee übernommen. Der Durchbruch mit verbundenen Waffen, der organisierte, massive Schlag mittels Panzer, motorisierter Infanterie, Artillerie und Luftstreitkräften als erste strategische Phase, wird von hochbeweglichen Mitteln wie Luftlandetruppen und Luftwaffe zum operativen Erfolg ausgeweitet. Die Panzerwaffe erfährt unter den Kampfinstrumenten eine enorme Aufwertung. Große, selbstständig operierende Panzerverbände, aus der Luft unterstützt, gelangen in den Rücken des Feindes, durchschneiden dessen Kampfanordnung und Logistik und ziehen den Einkreisungsring. Die Offensive wird mit größter Schnelligkeit vorgetragen. Auf den Gegner wirkt die Überraschung lähmend. Ziel ist die Zerstörung seiner lebenden Kräfte und materiellen Mittel, die Erschütterung seines seelischen Gleichgewichts und seiner Widerstandsfähigkeit. Einer der erfolgreichsten deutschen Panzerkommandeure des Zweiten Weltkriegs, Heinz Guderian, bewertete den Panzereinsatz der Roten Armee in den 30er-Jahren als beispielhaft.[19]

Das strategische Format der verbundenen Kräfte setzt eine durchgehende Ausbildung auf gleichmäßig hohem Niveau voraus. Es gleicht einem Zahnrad-Getriebe. Die innenpolitischen Zäsuren in der Sowjetunion, vor allem die Säuberungen auf ihrem Höhepunkt 1937–1939, unterbrachen diesen Prozess. Tuchatschewski wurde 1937 erschossen, seine Frau 1941, während die Familie in Lagerhaft kam; Isserson, Lehrstuhlinhaber für Operative Kunst an der Militärakademie des Generalstabs, wurde verhaftet, nachdem er in einer Veröffentlichung den deutschen Polen-Feldzug in positiven Wendungen als »tiefe Operation« dargestellt hatte. In welchem Maße sich in den Militärsäuberungen auch kriegstheoretische Konflikte spiegelten, zeigt die Auflösung der bestehenden Panzerkorps zugunsten motorisierter Divisionen nach berichteten negativen Erfahrungen im Spanischen Bürgerkrieg. Erst nach der erfolgreichen deutschen Präsentation in Frankreich wurden Mitte Juni 1940 erneut neun mechanisierte Korps aufgestellt (pro Korps zwei Panzerdivisionen – 1000 bis 1200 Panzer – und eine motorisierte Division), 1941 gemäß Planung weitere 21 Korps.[20]

Die sowjetische »Tiefe Operation« weist indes ein wesentliches Defizit auf, das die Kanoniker Tuchatschewski anlasten: Das absolute Primat der Offensive führte zu einer Vernachlässigung der defensiven Kampfform,[21] der strategischen und taktischen Verteidigung, der Möglichkeit des Rückzugs und des Kampfes unter den Bedingungen der passiven Einkreisung. Die Maxime der Angriffsdoktrin schrieb die massierte Positionierung der Streitkräfte, natürlich auch der Luftwaffe, der Kommandozentralen und der mobilen Vorräte nahe der Staatsgrenze vor, während die rückwärtigen Nachrichtenverbindungen dünn und unvollkommen blieben. Rückzugsbewegungen zur Verteidigung in der Tiefe waren doktrinär ausgeschlossen. Während des Kriegs verhinderten NKWD-Einheiten mit Waffengewalt das Zurückweichen eigener Truppen, wobei es sich teilweise um Flucht-, teils um taktische Bewegungen handelte. Tuchatschewski hatte in der Tat die irrtümliche Meinung vertreten, das »Proletariat« im Land des Feindes sei als potenzieller Bundesgenosse zu betrachten.[22] Der rückwärtig bereitzuhaltende Bestand eigener strategischer Reserven galt deshalb als unnötig. Verteidigung war nur als Sofortinitiative im Fall eines gegnerischen Angriffs zulässig, sie durfte lediglich als taktische Zündvorrichtung der unverzüglich einsetzenden Offensive gedacht und gehandhabt werden.

Dies führt zur Schlussfolgerung: Da der imperialistische Feind gemäß der ideologischen Weltperzeption unwandelbar »Aggressor« war und die Sowjetunion unwandelbar einen »gerechten« Krieg führte, konnte die klassische völkerrechtliche Unterscheidung zwischen Angriffs- und Verteidigungskrieg nicht zum Zuge kommen. Revolutionäres Ziel und Gebot war die Vernichtung des Imperialismus und der Angriff nichts anderes als eine Frage der politischen und situativen Opportunität. Deshalb lässt sich die Militärdoktrin mit einer permanent gespannten Feder vergleichen. Sie konnte dieser Anforderung mehr oder weniger entsprechen, aber die Offensive war das Gesetz.

Der Umstand, dass die Armee seit der Eroberung Ostpolens 1940 an den vorgeschobenen Grenzen der Sowjetunion Offensivaufstellung einnahm, obwohl sie sich gleichzeitig in Reorganisation und Ausbildung befand, erwies sich im Augenblick des deutschen Angriffs am 22. Juni 1941 als ihr Verhängnis. Die Positionierung war jedoch gewollt, in der Bildung des Schwergewichts vorn lag der Zwang zur Initiative. Stalin hoffte trotz der Warnungen Schukows und Timoschenkos vor den verheerenden Folgen eines Angriffs mit voll entfalteter Kampfkraft auf eine Armee, die sich ohne defensive Flexibilität zur Offensive formierte, bis zuletzt auf eine Verzögerung der deutschen Invasion, die sich spätestens seit Mai vor aller Augen ankündigte. Und in der Stunde des deutschen Feuerschlages wollte er nicht wahrhaben, dass der Krieg ausgebrochen war.

2. Das Angriffscredo

Den am 15. Mai 1941 fertiggestellten, aktualisierten Operationsplan brachten Volkskommissar für Verteidigung, Semjon Timoschenko, und der seit März amtierende Generalstabschef, Georgi Schukow, am Abend des 19. Mai Stalin zur Kenntnis.[23] Das Dokument enthielt detaillierte Angaben über den deutschen Grenzaufmarsch, an dessen strategischer Zielsetzung es in den Augen der Militärs keinen Zweifel geben konnte. Der sowjetische Generalstab nahm ihn so ernst, dass er die schwerwiegende Schlussfolgerung eines präventiven Angriffscredos gegen die aufmarschierte Wehrmacht zog.

Die These, es hätte keine sowjetischen Pläne gegeben, dem Angriff erfolgreich zu begegnen, weist Schukow in seinen Memoiren zurück: »In Wirklichkeit gab es im Generalstab natürlich Operations- und Mobilmachungspläne der Streitkräfte. Sie wurden laufend ausgebaut und ununterbrochen korrigiert, dann unverzüglich der Führung des Landes unterbreitet und nach ihrer Bestätigung sogleich auf die Wehrkreise aufgeteilt.«[24]

Für den überraschenden Haupttenor der Aufmarschexpertise, ihren präventiven Charakter, spielten Auftreten und Reden Stalins vor 2000 Offiziersschülern der Militärakademien am 5. Mai 1941, zehn Tage vor dem
Schlussstrich der Generäle, die Rolle eines Zündfunkens. Die Prunkver-
anstaltung im Kreml nimmt sich wie ein Vorwort zur Arbeit Schukows
und Timoschenkos aus, zeigt zumindest, mit welcher Macht der Gedanke
des Kriegs mit Deutschland entgegen aller bisherigen Leugnung von den
Köpfen der sowjetischen Führung Besitz ergriffen hatte und mit welcher
Hellhörigkeit und fast erlösender Eile die Aufforderung Stalins zur Offensive der Roten Armee in das Format eines minutiösen militärischen Credos
übersetzt wurde.

»Die Idee, dem deutschen Angriff zuvorzukommen«, erklärte Schukow
gegenüber dem Militärhistoriker Viktor Anfilow 1965 in einem Interview,
»kam Timoschenko und mir im Zusammenhang mit Stalins Rede vom
5. Mai 1941 ..., in der er von der Möglichkeit einer offensiven Handlungsweise sprach ... Diese Rede überzeugte uns unter den Umständen der feindlichen Truppenkonzentration an unseren Grenzen von der Notwendigkeit,
ein Direktiv auszuarbeiten, das einen Präventivangriff einschloß.«[25]

Timoschenko und Schukow schienen nach dem beispiellos turbulenten
Abend des 5. Mai vor den jungen Akademikern zu der festen Überzeugung
gekommen zu sein, nur ein Plan für den strategischen Sieg der sowjetischen
Waffen könne die unmittelbare Bedrohung des Landes abwenden. War dem
Woschd endlich, sieben Wochen vor dem Kriegsausbruch, die Existenzge-
fahr bewusst geworden, deren dringliche Signale aus aller Welt von London
bis Tokio er noch in jüngster Zeit mit Hohn beschieden hatte?

Ohne Zweifel, Stalin wirkte wie aus einem Traum erwacht, als er vor
den Absolventen der Militärakademien ein glänzendes Bild vom Zustand
der Roten Armee und dem Stand ihrer Zurüstung entwarf. Was er an diesem 5. Mai, als der Große Kremlpalast in allen Lichtern erstrahlte und
die junge Garde geschniegelt und gebügelt vor ihm saß, wirklich dachte
und empfand, ist immer noch schwer zu ergründen. Am 21. April hatte
Griechenland kapituliert, im Juni sollte Kreta fallen, das britische Expeditionskorps vom Balkan verschwinden, wie im Jahr zuvor aus Dünkirchen.
Churchills Bemühen, auf dem Kontinent wieder Fuß zu fassen, war gescheitert; der Balkan gehörte Hitler und den Generälen der operativen Kunst
und der Kreml war nach dieser neuen bösen Überraschung vorsichtshalber
zu Appeasement und handelspolitischer Erfüllungspolitik zurückgekehrt.
Noch galten die Verträge mit dem Reich, die Stalin 1939 nach dem Zeugnis
Chruschtschows mit den Worten charakterisiert hatte, der Krieg sei zwar
unvermeidlich, er habe Hitler jedoch überlistet und damit Zeit gewonnen.[26]
Stand er nun am Ende dieser Frist?

Nach außen schien der *Woschd* aufgeräumt, sprach mit lockerer Zunge, wie Beobachter der Szene später berichteten, jedenfalls ließ er sich an diesem Abend über die Schwäche der Deutschen aus und über die Pflicht der Sowjetunion, sich auf die per Rüstung und Militärreform gewonnene neue Stärke zu besinnen. Niemand im Saal konnte sich vorstellen, dass zwei Monate später der Feind mitten im Land stehen würde. Im Gegenteil: Russland schien für die volle Entfaltung seiner Militärdoktrin und Angriffsphilosophie gewappnet und hätte wenige Tage nach der deutschen Invasion auf dem Territorium des Feindes operieren müssen.

Von der Rede sind verschiedene voneinander abweichende Versionen in Umlauf. Amtlich wurde eine »frisierte« Fassung verbreitet. Der deutschen Botschaft in Moskau kam mehr zur Kenntnis, als die »Notiz« über die Kreml-Veranstaltung in der sowjetischen Presse verriet. Nach Darstellung des britischen Journalisten Alexander Werth habe Stalin erklärt, dass eine dauernde Vorherrschaft Deutschlands in Europa »nicht normal« sei. Der Krieg werde »fast unvermeidlich im Jahr 1942 stattfinden, und zwar unter viel günstigeren Bedingungen«. Alle Informanten Werths stimmten in den Grundzügen und den wichtigsten Aussagen der Stalinrede überein, auch darin, dass »gegebenenfalls die Sowjets die Initiative ergreifen müssten«.[27]

Zur bekannten Misstrauenshaltung Stalins schienen derartig ungeschützte Äußerungen kaum zu passen. Dies begründet Zweifel am überlieferten Wortlaut. Stalin hielt eine 40-minütige Ansprache und brachte im Laufe des russischen Abends die üblichen »Trinksprüche« aus – alkoholische Illumination wird zwar gelegentlich erwähnt, aber nicht einschränkend gewertet. Die Dokumentierung wurde zum Streitpunkt, auch zum Objekt voranalytischer geschichtspolitischer Auslegung und Auswahl. Da die Berichte brisante, aggressive Passagen enthalten, stempelt die korrekte Abteilung der Historiker-Zunft sie als nichtssagend ab, während die sogenannte revisionistische Schule sie als vielsagend hervorhebt. Wie immer entwertete der Einschuss von Politik und Volkspädagogik in die Sachfrage die Urteile.

Nach der »authentischen Fassung« aus dem Zentralen Parteiarchiv, Moskau,[28] erklärte Stalin in triumphierenden Wendungen, die Sowjetunion besitze »eine moderne, mit der neuesten Technik ausgerüstete Armee«. Die wichtigsten Erkenntnisse für »den Umbau unserer Armee lieferten uns der russisch-finnische Krieg und der gegenwärtige Krieg im Westen«, womit die erfolgreichen deutschen Feldzüge gemeint sein konnten. Die Rote Armee habe einen Bestand von 300 Divisionen, die kleiner und beweglicher seien als die früheren, davon 100 mechanisiert – zwei Drittel Panzer, ein Drittel »motorisiert«. Sie verfüge über neue Panzer, Artillerie, Luftstreitkräfte und »moderne Granatwerfer« – vermutlich ein Hinweis auf die Mehrfachraketenwerfer, wegen des ohrenbetäubenden Jaulens »Stalin-Orgeln« genannt, eine sehr eindrucksvolle, auch psychologisch wirkende Waffe. In der Organisation der Roten Armee gingen Veränderungen vor sich. Man brauche Führungskader, die das moderne Kriegshandwerk vollkommen beherrschten. Der *Woschd* blickte also zufrieden auf seine schimmernde Wehr, machte aber eine bezeichnende Einschränkung. Die militärischen Lehranstalten – sie hatten unter den Säuberungen schwer gelitten – seien hinter Modernität und Wachstum der Armee zurückgeblieben. An die Absolventen gewandt: »Sie werden noch an alter Technik ausgebildet ... Sie werden zur Armee kommen, Sie werden die Neuerungen sehen.«[29]

Zur Kriegssituation meinte Stalin, die deutsche Armee habe Frankreich besiegt, weil die Deutschen aus der Niederlage von 1918 gelernt hätten, während die Franzosen auf dem Stand dieses Jahres stehen geblieben seien und ihrer Armee keine moralische Unterstützung zuteilwerden ließen. »Die Deutschen überprüften die Gründe für ihre vernichtende Niederlage (im Ersten Weltkrieg, H. K.) kritisch und fanden Wege, um ihre Armee besser zu organisieren, auszubilden und auszurüsten. Das militärische Denken der deutschen Armee kam voran. Die Armee wurde mit neuester Technik ausgerüstet. Sie wurde in neuen Kriegsführungsmethoden ausgebildet ... Gerade weil geschlagene Armeen gut lernen, lernte Deutschland aus den Erfahrungen der Vergangenheit. 1870 hatten die Deutschen die Franzosen geschlagen. Warum? Weil sie an einer Front kämpften. Die Deutschen erlitten in den Jahren 1916–1917 eine Niederlage. Warum? Weil sie an zwei Fronten kämpften ... Um sich gut auf den Krieg vorzubereiten, muss man nicht nur eine moderne Armee haben, sondern auch den Krieg politisch vorbereiten ... Krieg politisch vorzubereiten heißt, in ausreichender Zahl zuverlässige Verbündete und neutrale Länder zu haben. Als Deutschland den Krieg begann, bewältigte es diese Aufgabe, England und Frankreich aber bewältigten diese Aufgabe nicht.«[30]

Nach dieser Passage, in der Stalin das deutsche Verhalten nach der Niederlage im Ersten Weltkrieg als beispielgebend darstellte – auch Russland habe den Krieg verloren und sich militärisch modernisiert, also aus der Niederlage gelernt – und in diesem Zusammenhang auch die Vorteile erwähnte, die der deutsch-sowjetische Grenz- und Freundschaftsvertrag von 1939 dem Reich geboten habe und noch weiter bieten könnte, wandte er sich – warnend, drohend? – den »Fehlern« der deutschen Führung zu.

Die Situation seit Beginn des Kriegs habe sich geändert. »Jetzt kämpft die deutsche Armee unter anderen Parolen. Sie ersetzt die Parolen der Befreiung von Versailles durch Eroberungsparolen. Mit den Parolen eines räuberischen Eroberungskriegs wird die deutsche Armee aber keinen Erfolg haben.« Stalin erinnerte an Napoleon. Solange Napoleon Krieg unter der

Devise der Befreiung geführt habe, seien ihm Sympathie, Verbündete, Erfolg sicher gewesen. »Als Napoleon zu Eroberungskriegen überging, machte er sich viele Feinde und erlitt eine Niederlage. Da die deutsche Armee den Krieg unter der Losung der Unterwerfung anderer Länder, der Unterordnung anderer Völker unter Deutschland führt, wird ein solcher Wechsel der Parolen nicht zum Siege führen.« Ein Krieg in Russland, das meinte Stalin mit dieser Parabel, bringe niemandem Glück.

Dazu passte die nächste Frage, ob die deutsche Armee unbesiegbar sei – eine verbreitete Meinung in sowjetischen Militärkreisen. Stalin antwortete: »Nein«. Sie habe den Elan des Kriegsanfangs verloren. Prahlerei, Selbstzufriedenheit und Arroganz träten auf. Zudem habe die Wehrmacht die »Lust an einer weiteren Verbesserung der militärischen Technik« eingebüßt. »Die Deutschen meinen, dass ihre Armee die idealste, die beste, die unbesiegbarste ist. Das stimmt nicht. Eine Armee muss täglich vervollkommnet werden.« Was meinte Stalin damit? Hatte die Wehrmacht nicht gerade auf dem Balkan ein Exempel höchster Effizienz statuiert, Jugoslawien zu aller Erstaunen nach elf Tagen zur Kapitulation gezwungen? Man darf aus der Kritik an der Wehrmacht nicht mehr herauslesen wollen, als der Redetext enthielt – deshalb nur die Frage: Bezog sich Stalin auf das Jahr 1940, Hitlers Jahr des Ungenügens, freilich ohne Dünkirchen und die verlorene Luftschlacht über England ausdrücklich zu erwähnen?

Als nun einer der anwesenden Generäle einen vermutlich bestellten Trinkspruch »auf die friedliche Außenpolitik Stalins« ausbrachte, kam Stalin zur Hauptsache und Schlussfolgerung des Abends, die der Generalstab prompt als aktuelle Handlungsanweisung verstehen wollte.

Stalin: »Gestatten Sie mir eine Korrektur. Die Friedenspolitik sichert für unser Land den Frieden. Die Friedenspolitik ist eine gute Sache. Wir haben die Linie der Verteidigung bis zu einem bestimmten Zeitpunkt vertreten, (und zwar) so lange, bis wir unsere Armee ausgerüstet hatten, bis wir unsere Armee mit modernen Kampfmitteln ausgestattet hatten. Jetzt aber, da wir unsere Armee umgebaut, sie reichlich mit Technik für den modernen Kampf ausgestattet haben, jetzt, da wir stark sind, muss man von der Verteidigung zum Angriff übergehen. Bei der Umsetzung der Verteidigung unseres Landes sind wir verpflichtet, offensiv zu handeln. Wir müssen von der Verteidigung zur Militärpolitik des offensiven Handelns übergehen. Wir müssen unsere Erziehung, unsere Propaganda, Agitation, unsere Presse in einem offensiven Geist umbauen. Die Rote Armee ist eine moderne Armee, eine moderne Armee aber ist eine offensive Armee.«[31]

Dies ist der entscheidende Passus, der zum Streitpunkt wurde. Wer die sowjetische Militärdoktrin in Rechnung zieht, kann die Auffassung vertreten, Stalin habe ihre grundsätzliche Offensiv-Maxime im Auge gehabt und nichts anderes hervorheben wollen als die Übereinstimmung von Theorie und Praxis, die mit der »Modernisierung« der Streitkräfte erreicht worden sei. Man kann aber auch mit Marschall Schukow glauben, dass Stalin ein aktuelles Angriffscredo im Sinn hatte. Das würde bedeuten: Der sowjetische Führer erklärte vor den jungen Offizieren als Zeugen, die Rote Armee sei kriegs- und angriffsbereit und die Offensive nach den Übergriffen Hitlers auf fremde Länder ein Gebot der Stunde. Wäre es wirklich korrekt, ihm zu widersprechen?

Timoschenkos und Schukows »Überlegungen«

Tatsächlich ließ es Stalin ja nicht bei Worten und der Generalstab nicht bei Theorien am Reißbrett bewenden. Am 13. Mai 1941 befahl der Generalstab die Verlegung von vier Armeen – es handelte sich um die 16., die 19., 21. und 22. Armee, über 800 000 Mann, dazu die 21. motorisierte Division – aus dem Landesinneren in die westlichen und Kiewer Wehrbereiche; ihre Stärke betrug insgesamt 28 Infanteriedivisionen.[32] Durch einen Beschluss des Politbüros bereits vom 8. März 1941 sollten zwischen dem 15. Mai und dem 20. Oktober 1941 über 900 000 Reservisten zu verschiedenen Zeitpunkten in Ausbildungslager einberufen werden. Zwischen dem 25. März und dem 5. April 1941 wurden 394 000 Zwanzigjährige ohne großes Aufsehen einberufen. Einige Vorbereitungen waren direkter auf offensive Operationen ausgerichtet. Im April 1941 wurden fünf Fallschirmjägerkorps aufgestellt, 20 000 Fallschirme bestellt.[33]

Nicht weniger bedeutsam war ein Treffen des Hauptmilitärrats am 14. Mai, bei dem Timoschenko, Schukow und andere hochrangige Kommandeure und Kommissare der Roten Armee mit Politbüromitglied Andrei A. Schdanow zusammentrafen, der als Koordinator einer neuen offiziellen Propagandakampagne unter der von Stalin in seiner Rede wieder aufgewärmten »Losung des Angriffskriegs« fungierte. Beteiligt waren der »zivile« Zweig der Abteilung für Propaganda und Agitation der Partei sowie die Hauptverwaltung für politische Propaganda der Roten Arbeiter- und Bauernarmee, die nach Kenntnis des russischen Historikers Vladimir Nevezhin, einem Mitarbeiter des Instituts für Russische Geschichte der Akademie der Wissenschaften (1996), in den Monaten vor dem Krieg die neue Ausrichtung der Sowjetunion verkünden sollten.[34] Die Mitglieder der Roten Armee, so lautete die Devise, müssten auf einen »gerechtfertigten offensiven Krieg vorbereitet sein«. Anstatt vom »Deutschen Reich« oder von »den Deutschen« war nun wieder von den »Faschisten« die Rede. Das deutsch-sowjetische Abkommen, wonach auf gegenseitige Bezichtigungen

und Propaganda-Schlachten zu verzichten sei, war vergessen. Die Hasswelle, Energiespender aller Kriege, breitete sich aus.

Das oben erwähnte Dokument Timoschenkos und Schukows vom
15. Mai 1941 trägt den Titel »Überlegungen des Generalstabs der Roten
Armee zum Plan eines strategischen Aufmarschs der Streitkräfte der UdSSR
für den Fall eines Kriegs gegen Deutschland und seine Verbündeten«. Es
handelt sich um die Fortschreibung der seit dem August 1940 konzipierten
Operationsplanungen. Der Zusammenhang zwischen den Plänen beruhte
auf kontinuierlicher Beobachtung der deutschen Seite, auf ihrer gesamtmi-
litärischen Einschätzung, den erkannten oder gemutmaßten militärischen
Vorbereitungen gegen die Sowjetunion, schließlich auf einer internationalen Lagebeurteilung der Kreml-Führung und strategischen Schlussfolgerungen für die Operationsführung im Kriege. Der Eingangstenor der »Überlegungen« vom 15. Mai unterschied sich von den früheren Ausarbeitungen
jedoch durch eine auffallende Dramatik und eine in keinem der früheren
Operationspläne enthaltene dezisive Konsequenz: Ausgehend von der Annahme, dass ein deutscher Angriff dem eigenen Aufmarsch zuvorkommen
könnte, sah der Generalstab den Zeitpunkt für eine offensive Handlungsweise gekommen. Mit nachdrücklicher Argumentation empfahl er den
Erstschlag.

Im Wortlaut: »Nach Auskunft der Geheimdienstabteilung der Roten
Armee verfügt Deutschland zurzeit über ungefähr 230 Infdiv., 22 Pzdiv.,
20 mot. Div., 10 Flgdiv. und 4 Kavdiv. – insgesamt 284 Divisionen. Davon
sind mit Stand 15.5.1941 86 Infdiv., 13 Pzdiv, 12 mot. Div, und 1 Kavdiv. – insgesamt 120 Divisionen (Rechenfehler oder Auslassung, H.K.) –
an den Grenzen zur Sowjetunion zusammengezogen. Es ist anzunehmen,
dass Deutschland angesichts der gegenwärtigen politischen Situation im
Falle eines Angriffs auf die UdSSR insgesamt 180 Divisionen bereitstellen
kann ... mit seinen Verbündeten (Finnland, Ungarn, Rumänien) ca. 240
Divisionen ... Wenn man in Betracht zieht, dass Deutschland sein gesamtes
Heer einschließlich Rückwärtiger Dienste mobilisiert hat, so besteht die
Möglichkeit, dass es uns beim Aufmarsch zuvorkommt und einen Über-
raschungsschlag führt. Um das zu verhindern [und die deutsche Armee zu
zerschlagen], halte ich es für notwendig, dem deutschen Oberkommando
unter keinen Umständen die Initiative zu überlassen, dem Gegner beim
Aufmarsch zuvorzukommen und das deutsche Heer schon dann anzugreifen, wenn es sich im Aufmarschstadium befindet und noch keine Front aufbauen sowie den Kampf der verbundenen Waffen noch nicht organisieren
kann.«[35]

Schwerpunktmäßig sah der Plan sowjetische Vorstöße aus den Front-
vorsprüngen Bialystok-Brest (»Westfront«) und Lemberg (»Südwestfront«)

vor, wo starke Streitkräfte, insbesondere Panzerverbände, für die bewegliche Kriegführung konzentriert waren. Als erstes strategisches Ziel galt die Vernichtung der deutschen »Hauptkräfte« südlich der Linie Brest-Demblin (Weichsel) in Mittelpolen. Der weiterführende Vorstoß nach Krakau, Kattowitz, Olmütz, Oppeln (Oberschlesien) sollte die deutschen Verbindungen zu den südlichen Verbündeten Ungarn und Rumänien (Ölfelder von Ploeşti), des Weiteren zur gesamten Balkan-Zone abschneiden. Der zweite strategische Vorstoß aus dem Raum Kattowitz und Lemberg Richtung Nordwest und Nord und aus dem nördlicher gelegenen Raum Brest sollte die deutschen Heeresgruppen Mitte und Nord in Zentralpolen und Ostpreußen umfassen und vernichten. Im Süden würden sich sowjetische Streitkräfte im Raum Czernowitz (Ukraine) und Chişinău (rumänisches Moldawien) zur Invasion in Rumänien bereithalten. Nach dem Plan waren die Operationen auf die genannten Ziele beschränkt. Über eine Weiterführung des Angriffs in das Zentrum Deutschlands und den Westen Europas äußerte sich die Militärführung nicht.

Der Plan beinhaltete den Aufmarsch einer formidablen Streitmacht von 258 Divisionen, darunter 58 Panzer- und 30 motorisierte Divisionen, sowie 53 Artillerie-Regimenter als Reserve des Oberkommandos und 165 Fliegergeschwader – etwa 80 Prozent der Roten Armee – an vier Fronten im Westen: Nordfront (Leningrad) und Nordwestfront (Baltikum); Schwerpunkte Westfront mit dem Westlichen Besonderen Militärbezirk Białystok-Minsk; Südwestfront mit dem Besonderen Militärbezirk Kiew-Lemberg, schließlich Südfront mit dem Militärbezirk Odessa. Von den 258 Divisionen gehörten 48 Divisionen an der zentralen West- und Südwestfront zur Reserve des Oberkommandos.[36]

Seit dem Zuschlag der ostmitteleuropäischen Gebiete an die Sowjetunion im August/September 1939 waren bereits mehr als 100 Divisionen der Roten Armee im westrussischen Gebiet stationiert und mit jedem Operationsplan seit Juli 1940 verstärkt worden.[37]

Die aktuelle Westbewegung weiterer Verbände aus der Tiefe des Landes sollte sich verdeckt vollziehen, weil sonst »das Führen eines Überraschungsschlages gegen den Feind in der Luft als auch auf dem Festland unmöglich ist«. Dazu seien, wie es in Schukows »Überlegungen« heißt, folgende Maßnahmen erforderlich: »1. Unter dem Anschein von Reservisten-Übungen ist eine geheime Mobilmachung der Truppe durchzuführen. 2. Unter dem Anschein, in Ausbildungslager auszurücken, sind in der Nähe der Westgrenze geheim Truppen zusammenzuziehen. 3. Aus den entlegenen Militärbezirken sind die Luftstreitkräfte geheim auf Feldflugplätzen zu konzentrieren; mit dem Aufbau der Rückwärtigen Dienste der Luftstreitkräfte ist sofort zu beginnen. 4. Unter dem Anschein von Ausbildungsvorhaben und Übungen für die rückwärtigen Dienste sind diese und die Grundeinrichtungen für die Sanitäter allmählich einzurichten.«[38]

Es wäre reichlich naiv, wollte man die offensive Formierung der sowjetischen Streitkräfte, auf die der deutsche Angriff vom 22. Juni 1941 traf, als Eil-Resultat des Schukow'schen Operationsplans verstehen. Die »Überlegungen« Timoschenkos und Schukows standen in der Folge der drei erwähnten Operationspläne seit August 1940, in denen die strategisch-operativen Konsequenzen aus unterschiedlich eingeschätzten politisch-militärischen Situationen gezogen wurden. Keine der früheren Ausarbeitungen enthielt, wie gesagt, das Element des präventiven Angriffscredos, doch sahen sie ausnahmslos Offensivvarianten gegen den »Hauptgegner Deutschland und seine Verbündeten« vor. Alle befolgten die doktrinäre Norm, den Krieg in jedem Fall auf dem »Territorium des Feindes« zu führen, das heißt bei einem feindlichen »Überfall« einen sofort einsetzenden zielgerichteten Angriff zur Vernichtung des Gegners und seiner Ressourcen einzuleiten.

Die Pläne betonten die Massierung der Streitkräfte in vorderen westlichen Positionen, wie es ja auch schon in dem Streitkräfte-Angebot und in der Forderung nach Durchmarsch-Rechten durch Polen und Rumänien zum Ausdruck gekommen war, welche die sowjetische Militärmission den Vertretern Großbritanniens und Frankreichs bei den Dreimächteverhandlungen im August 1939 vorgelegt hatte.

Niemand wird auf die Idee kommen, militärische Projektionen dieser Art für unangemessen oder unmäßig zu halten, sofern sie keine Erstschlag-Absicht enthalten. Sie entsprachen einer Situation, in der die Moskauer Führung – trotz des deutsch-sowjetischen Vertrags – auf der Hut sein musste und nur Deutschland und das ebenfalls erwähnte Japan als potenzielle Kriegsgegner infrage kommen konnten. Alle Pläne, auch der aktualisierte vom 15. Mai, gehen von einem überzeichneten Bedrohungsbild, einer unrealistisch hohen Stärkeeinschätzung des deutschen Gegners aus.[39]

Der Entwurf vom August 1940 aus der Hand von Generalstabschef Boris M. Schaposchnikow rechnete mit 233 deutschen und verbündeten Divisionen, denen er 193 eigene Großverbände und 172 Geschwader mit 10 320 Flugzeugen entgegensetzte. In Wirklichkeit war zur Zeit der Dispositionen Schaposchnikows die Ostflanke des Reiches militärisch »unterbesetzt«. Zwischen Juli und September 1940 war die erste und zweite Staffel von insgesamt 34 deutschen Divisionen, einschließlich sechs Panzerdivisionen, nach Osten verlegt worden, während sich die Führung zur Zeit des Frankreich-Feldzugs mit ganzen fünf Divisionen in Ostpreußen/Polen und einer Reserve des Wehrmachtsoberkommandos von neun in Ausbildung befindlichen Infanteriedivisionen begnügt hatte. Noch Ende April 1941 betrug die deutsche Truppenstärke Ost lediglich 56 Divisionen. Selbst wenn man davon ausgeht, dass der sowjetische Generalstab die Gesamtstärke der Wehrmacht auf den Osten projizierte, trifft die Berechnung nicht zu.

Hitler hatte nach dem Frankreichfeldzug an eine Reduzierung des Heeres um 35 Divisionen gedacht, mit der keimenden Idee des Ostfeldzuges jedoch eine Aufstockung auf 180 Divisionen angeordnet. Generalstabspläne disponieren über den Tag hinaus, schließen »Aufwuchs« mit ein, das ist unerlässlich. Von der zwischen Juli 1940 und März 1941 im Osten versammelten deutschen Truppenmasse war jedoch eine Bedrohung nicht abzuleiten, bestenfalls eine »Tendenz«. Nota bene lag der Akzent, wie bei allen sowjetischen Planungen, ohnehin nicht auf Verteidigung, sondern auf Angriff.

Nur geringfügig anders verhielt es sich mit der Planrevision für 1940/41, die der neue Generalstabschef Kirill A. Merezkow im September/Oktober 1940 vorlegte. Immer wieder werden »Gerüchte« zitiert, wonach zu diesem Zeitpunkt Informationen über die im Juli angelaufenen deutschen Planungsvorbereitungen für den Angriff auf die Sowjetunion nach Moskau durchgedrungen seien. Jedenfalls fiel seit Merezkows Plan und den folgenden »Überlegungen« vom 11. März und vom 15. Mai 1941 aus der Hand von Generalstabschef Schukow das Volumen der russischen Streitkräfte, vor allem der Anteil der gepanzerten und motorisierten Großverbände, immer höher aus.

Als »strategisches Ziel« formulierte bereits der März-Plan wörtlich, »die Hauptkräfte der Deutschen zu besiegen und schon in der ersten Phase des Kriegs Deutschland von den Balkanländern abzuschneiden, es seiner wichtigsten wirtschaftlichen Grundlagen zu berauben und die Balkanstaaten in der Frage ihrer Beteiligung am Krieg gegen uns entscheidend zu beeinflussen … Das anschließende strategische Ziel für die Hauptkräfte der Roten Armee kann je nach Entwicklung der Lage [wie folgt] festgelegt werden – die Entwicklung der Operation über Posen nach Berlin oder ein Vorgehen nach Südwesten in Richtung Prag und Wien oder ein Schlag nach Norden in Richtung Torun und Danzig mit dem Ziel der Umgehung Ostpreußens.«[40]

Die Operationspläne waren selbstverständlich mehrfach Gegenstand von Konferenzen und Kriegsspielen[41] in ranghoher Besetzung. Zwischen Stalins Rede und der Endfassung des Operationsplans am 15. Mai hielten Timoschenko und Schukow engen Kontakt mit Stalin. Sie waren am Abend des 10. Mai fast zwei Stunden allein mit Stalin und Molotow und trafen Stalin auch am 12. Mai für 90 Minuten und am 14./15. Mai erneut für zwei Stunden. Bemerkenswert ist, dass bei dem mitternächtlichen Treffen am 14./15. Mai auch Lasar Kaganowitsch hinzugezogen wurde, Mitglied des Politbüros und Volkskommissar für das Eisenbahn- und Transportwesen.[42]

Am 24. Mai fand ein weiteres, diesmal großes und offensichtlich wichtiges Treffen hoher militärischer Führer mit Stalin statt, über das bisher keine detaillierten Aufzeichnungen vorliegen. Anwesend waren Timoschenko, Schukow, Watutin, der Chef der Luftwaffe, die Kommandeure und Kommissare des Leningrader Wehrbereichs und der vier Grenz-Wehrbereiche sowie die Kommandeure der Luftwaffen der westlichen und der Kiewer Wehrbereiche. »Ein vergleichbares Treffen«, schreibt Evan Mawdsley, »bei dem die militärischen Führer der Zentrale und des Feldes zusammenkamen, gab es offenbar zu keinem anderen Zeitpunkt in der ersten Hälfte des Jahres 1941. Es ist auffällig, dass dieses Treffen von den ›offiziellen‹ russischen Militärhistorikern nie behandelt wurde, und es bleibt eines der großen Rätsel der Zeit vor Barbarossa. Einige revisionistische Historiker haben, nicht zu Unrecht, viel in das Ausbleiben jeglicher Diskussion hineingelesen: Hätten die Teilnehmer einfach nur die deutsche Bedrohung und Maßnahmen zur Stärkung der sowjetischen Verteidigung erwogen, wäre dieses Treffen später sicherlich als Beweis für die Weitsicht und die fachliche Kompetenz der Führung der Roten Armee herangezogen worden.«[43]

Alle strategischen Pläne stimmten mit den Prinzipien der Militärdoktrin überein und wurden angesichts ihrer politischen Tragweite und dem Erfordernis, die Kriegsbereitschaft der Streitkräfte taktisch, aber auch propagandistisch nach ihnen auszurichten, mit der obersten Führung abgestimmt. Auch das versteht sich von selbst. Alle Generalstäbe der Welt hantieren mit brisantem operativen Material, das unter Umständen gegnerische und internationale Reaktionen auslöst. Angesichts der besonderen Bedingungen des sowjetischen Herrschaftssystems, der Priorität einer angeblich stets bedrohten Sicherheit, vor allem aber des sozialistisch legitimierten Absolutismus Stalins hätte jedes andere Verfahren, wie etwa eine planerische Eigenwilligkeit des Generalstabs, primäre Regeln verletzt und entsprechende Sanktionen nach sich gezogen.

Ob Stalin die handschriftliche Ausarbeitung zunächst bei sich behalten hat oder ob er eine Reinschrift erhielt, ist ungeklärt. Nachweise dafür gibt es nicht oder wurden nicht gefunden. Oder sie liegen, wie noch so vieles, unter Geheimverschluss. Der Operationsplan enthält weder eine Paraphe noch Anmerkungen Stalins. Laut Werner Maser wurde er im Privatsafe von Marschall Wassilewski aufbewahrt,[44] bis er unter dem 29. März 1948 in der Operativen Hauptverwaltung des Generalstabs und am 31. März 1948 in der Operativen Verwaltung des Generalstabs registriert wurde (was Stempel am Kopf des Dokuments ausweisen).

Dokumentarisch belegt ist eine Reaktion Stalins auf die »Überlegungen« bislang nicht. Eine häufig wiederholte Darstellung besagt, Stalin habe den Plan respektive den Vortrag von Marschall Timoschenko und General Schukow mit dem »wütenden« Hinweis quittiert, er denke nicht daran, die Deutschen zu »provozieren«. So berichtete Schukow später Anfilow, Stalin sei förmlich »explodiert«, als er von dem Präventivschlag gegen die deutschen Streitkräfte hörte: »›Seid ihr verrückt geworden? Wollt ihr die Deutschen provozieren?‹, bellte er aufgebracht. Wir verwiesen auf die Situation, die sich an den Grenzen der UdSSR entwickelt hatte, und auf die Ideen, die in seiner Rede vom 5. Mai enthalten waren … ›Ich habe das gesagt, um die Menschen dort zu ermutigen, damit sie an den Sieg denken und nicht an die Unbesiegbarkeit der deutschen Armee, von der die Weltpresse schwärmt‹, knurrte Stalin. Und damit war unsere Idee von einem Präventivschlag begraben.«[45]

Nach der von Timoschenko überlieferten Version habe er Schukow angeblafft und ihn einen »Kriegstreiber« genannt, danach den Raum, in dem die Besprechung stattfand, verlassen, sei aber noch einmal zurückgekehrt, um den beiden Militärführern einzuschärfen, sie trügen die Verantwortung dafür, dass nichts »passiere«. Sonst würden Köpfe rollen. Dann sei er gegangen und habe die Tür hinter sich zugeknallt.[46]

Immerhin, der »Kriegstreiber« Schukow wurde nicht entlassen, er blieb im Amt, führte die Geschäfte weiter, was zu der nächsten Frage führt, welche tatsächlichen Maßnahmen im Anschluss an den Vorstoß Timoschenkos und Schukows ergriffen wurden. Denn sowenig bezweifelt werden kann, dass der *Woschd*, der zu diesem Zeitpunkt auch den Vorsitz des Rats der Volkskommissare (Ministerpräsident) übernommen hatte, die Pläne seines eigenen Generalstabs kannte,[47] so unbestreitbar ist die Tatsache, dass er deren Hauptelemente befürwortet und aus dem vollendeten Opus zumindest jene Teile gebilligt hat, die zu einer zusätzlichen Verschiebung großer Truppenmassen an die Westgrenze bis zum katastrophalen Stau in Grenznähe zum Zeitpunkt des deutschen Angriffs führten.

Strategische Ausrichtung und Aufmarsch der Roten Armee

Die strategische Ausrichtung und der Aufmarsch der Roten Armee, auf die der deutsche Angriff Wochen später traf, wichen von der im Operationsplan für die westlichen Militärbezirke vorgesehenen Streitmacht von 196 Divisionen des Heeres und 144 Fliegergeschwadern nicht sonderlich ab. Vom 14. Mai bis 13. Juni stieg die Zahl der an der Westgrenze stationierten Divisionen von 115 auf 148, die Fliegergeschwader zählten am 13. Juni 1941 dort auf mehr als 130, insgesamt umfasste der Aufmarsch bis dahin etwa drei Millionen Mann.[48] Über 5000, auf Feldflughäfen stationierte Flugzeuge waren in unmittelbarer Reichweite der deutschen Luftwaffe »zusammengepfercht«, wie deutsche Piloten berichteten.

»Tatsächlich«, schreibt Cynthia Roberts, »befanden sich die Flugplätze der Roten Armee so nahe an der Grenze, dass die Luftwaffe am ersten Tag 800 Flugzeuge zerstörte und bis Ende September die sowjetische Luftwaffe in den westlichen Grenzbezirken 8166 Kampfflugzeuge verlor, mehr als 82 % ihrer Vorkriegsanzahl. Zweihundert der 340 Militärdepots in den westlichen Grenzbezirken wurden im gleichen Zeitraum überrannt. Und am Ende der sechsmonatigen Kampfhandlungen (und dem Ende der ersten Kriegsperiode) hatte die Rote Armee insgesamt 20 500 Panzer verloren, 89 % ihres Vorkriegspanzerbestandes. Am tragischsten war, dass vielleicht bis zu fünf Millionen sowjetische Soldaten entweder getötet, verwundet oder gefangen genommen wurden.«[49]

Wie immer man die Angaben zum Aufmarsch der Roten Armee bewerten mag[50] – auf den Frontbalkonen Mitte und Südwest, von wo aus der Vorstoß Richtung Südpolen und Oberschlesien den Trennungsschnitt gegen die deutschen Balkanverbindungen ziehen sollte, war die Zahl der Schützendivisionen, Panzer- und motorisierten Divisionen seit Mai zielstrebig erhöht worden. Man kann also annehmen, dass der Schukow-Plan als »Mobilisierungsschub« durchaus seinen Zweck erfüllt hat.

Insgesamt betrachtet war der sowjetische Aufmarsch eine forcierte Fortschreibung des bereits über zwei Jahre verfolgten Offensivschemas,[51] sodass er keineswegs nur als Reaktion auf deutsche Truppenansammlungen seit dem Frühjahr 1941 verstanden werden kann, wie gelegentlich behauptet wird.

Die schnelle Zufuhr sowjetischer Streitkräfte, der »Druck aus allen Schläuchen« nach Westen, kam seit den von Stalin am 12./13. Mai 1941 in einer Führungskonferenz gebilligten Truppenverschiebungen aus dem Landesinneren und dem Beschluss zur höheren Gefechtsbereitschaft in Gang und überkreuzte sich im Aufmarschgebiet mit der Reorganisation und den Ausbildungsprogrammen für die Truppe. Damit drängte sich die Masse des Heeres und der Logistik in den seit 1939 gewonnenen Gebiete hinter unzureichenden, noch in Bau befindlichen Befestigungen (»Molotow-Linie«) zusammen, ohne Halt zu finden.

Die Rote Armee wurde, wie John Keegan schreibt, »so aufgestellt, als sollte sie jede Krümmung und Wendung der Grenzlinie verteidigen, im krassen Widerspruch zur traditionellen militärischen Weisheit von der ›Verteidigung in der Tiefe‹ und von der Bereitstellung ausreichender Gegenstoßreserven«.[52] Die rückwärts liegenden Verteidigungsanlagen von 1939 waren weitgehend ausgeschlachtet worden, um Waffen und Material für die neuen zur Verfügung zu haben. Die »Panzerverbände, die man hinter dem befestigten Gürtel hätte in Stellung bringen müssen, verteilte man unsystematisch über alle fünf westlichen Militärbezirke, statt sie an irgendeiner Stelle für den Gegenstoß oder als tief gestaffelte Auffanglinie zu konzentrieren.«[53]

Keegan beschreibt das Bild einer versäumten Verteidigung, Gorodetsky schließt sich ihm an: »Eine Schwäche des Planes (von Schukow, H. K.) war die große Konzentration starker Kräfte in unmittelbarer Nähe der Grenze, losgelöst von den Befestigungsanlagen und doch zu weit von den Regionen entfernt, die sie verteidigen sollten.«[54] Das sowjetische Dispositiv gewann damit jene grotesken Züge, die wir schon bei Jakowlew geschildert fanden.[55] Die Russen waren aus Grundsatz ausschließlich offensiv aufgestellt. Nie hatte die sowjetische Führung daran gedacht, einen deutschen Angriff durch Deckungskräfte aufzuhalten, um rückwärts stationierte Staffeln aus räumlicher Distanz mit Gesamtüberblick und Bewegungswahl souverän den Gegenangriff vortragen zu lassen.[56]

Die gewählte Truppenanordnung gewinnt militärische Plausibilität nur dann, wenn man sie als eine sich vollendende Angriffsformierung versteht. Sie gewann tragische Züge, so wenig dies eine Kategorie der Strategie sein mag: Stalin war gerade dabei, im Fortlauf der Planungen seit Juni 1940 eine überwältigend armierte Offensivfront aufzubauen, als in die beschleunigte Bemühung, sie vor der deutschen Invasion zu vollenden, der Sturm hereinbrach. Die Indizien sprechen für die Absicht eines strategischen Angriffs der Russen. Dass im Falle einer militärischen Kollision derjenige im Vorteil ist, der in den Angriffsaufbau des anderen hineinstößt, in der Schlussphase also das Wettrennen zum einen Tor gewinnt, liegt auf der Hand.

Den sowjetischen Verbänden standen am 22. Juni 1941 153 deutsche Divisionen und über 60 Divisionen der verbündeten Staaten, also etwa 3,6 Millionen Mann gegenüber. Die Wehrmacht verfügte über 3600 Panzer, 7000 Geschütze, 2700 Kriegsflugzeuge. Sie lag damit stärkemäßig unter dem Gesichtspunkt der erforderlichen Überlegenheit des Angreifers hinter dem gegnerischen numerischen Aufgebot zurück, wobei die Angaben über die Zahl der deutschen und sowjetischen Divisionen nur ein ungefähres Bild der Größenordnung vermitteln, da Sollstärken und Bewaffnung der Verbände differierten.

Beide Armeen hatten sich nicht aus Zufall und ohne Kenntnis der gegenseitigen Bewegungen und operativen Absichten zwischen Barentssee und Schwarzem Meer versammelt. Stalin in seinem angeblichen Solipsismus fühlte sich vielleicht von den Deutschen übervorteilt, aus dem Rennen geschleudert – buchstäblich überrascht konnten er und seine Generäle nicht gewesen sein, wie Chruschtschow enthüllte.[57] Da die Wehrmacht in eintrainierter Angriffskombination zum Blitzkrieg antrat, war es für den ersten Abschnitt des Kriegs vor allem entscheidend, in welchem Bereitschaftsgrad sich die sowjetischen Streitkräfte befanden. Waren sie wirklich schon in der Lage, einen strategischen Angriffskrieg zu führen, oder benötigten sie noch längere Vorbereitung?

Ihr Aufmarsch nach strategischem Plan spricht für Stalins Entschlossenheit, nach überschaubarer Zeit der Ausbildung, Einweisung und Organisation zum Angriff überzugehen. Eine riesige Armee kann nicht im Sprung verweilen.[58] Ob die Großverbände aber selbst bei bester Führung in der Lage gewesen wären, in radikaler Umkehr zur Offensivaufstellung in ein erfolgreiches Defensivformat zu wechseln, ist höchst zweifelhaft, wahrscheinlich ausgeschlossen.

In seiner Abrechnung mit Stalin während des XX. Parteitags 1956 behauptete Nikita Chruschtschow wahrheitswidrig, die Rote Armee sei beim Ausbruch des Kriegs 1941 »schlecht bewaffnet« gewesen, es hätte an Artillerie und Panzern gefehlt, weil die politische Führung die Massenproduktion technisch erprobter moderner Waffen nicht rechtzeitig angekurbelt habe. Als Hauptverantwortlichen nennt er Stalin. Dieser sei keineswegs »Urheber aller Siege« gewesen, wie die Hagiografen des Wortes und des Films behaupteten – »die Brechreiz hervorrufen«[59] –, sondern Urheber der Katastrophe vom Sommer 1941, in Summe, das sollte die Kritik belegen, ein miserabler Führer und Feldherr. Die Repressionen gegenüber Militärkadern, die er seit 1937 in der Armee verfügte, habe die Kriegführungsfähigkeit der Sowjetunion schwer beeinträchtigt.[60]

Die Kritik erscheint nicht grundlos, aber einseitig, sie trifft für die deutsche Angriffsphase 1941 zu, lässt die ungeheure Organisationsleistung bei der Fortsetzung des Kriegs und der Umkehr seiner Bewegungsrichtung jedoch außer Acht. In der Debatte begegnen wir Argumenten, die bis heute auf vehemente Ablehnung respektive Zustimmung stoßen, je nachdem, welche Fraktion sich zu Wort meldet – »Beschwichtiger«, die den *Woschd* als ahnungsloses Opfer eines Überfalls erscheinen lassen, oder »Angriffstheoretiker«, die ihm das Gegenteil, eine strategische Offensive gegen das Reich unterstellen; vaterländische Russen, die nicht vergessen, dass er die Sowjetunion rettete und Ruhm an die Fahnen heftete, oder »Reformierte«, die ihn für einen Tyrannen und Schlächter halten. Man hat die geschichtspolitische Wahl. Wir werden uns damit noch näher beschäftigen – in der Hoffnung, dass irgendwo im gekrümmten Raum der Geschichte der Punkt der Wahrheit liegt.

Für die Fragen des Kriegs, besonders seines Anfangs im Juni 1941, erscheint es jedoch vordringlich, Zahlen und Daten der sowjetischen Rüstung sprechen zu lassen. Sie sagen nicht alles, aber doch so viel, dass die Sowjetunion auf diesem Gebiet, beim Aufbau der gigantischen industriellen Produktion im westlichen und asiatischen Teil ihres Reiches, in der strategischen Angriffsdoktrin, der Taktik der verbundenen Waffen und der Formierung des Heereskörpers nach diesen Prinzipien, des Weiteren in der schieren Quantität, zum Teil aber auch in der Qualität des Instrumentariums seit den 30er-Jahren allen anderen Mächten den Rang abzulaufen begann. Zumindest dies ist Stalin gutzuschreiben.

Die Deutschen sehen die Gefahr

Die verbreitete Darstellung, die deutsche Seite habe die sowjetischen Streit-kräfteansammlungen nicht als Gefahr wahrgenommen, ist nicht haltbar. In die Zeit zwischen der Verlegung der deutschen Hauptstreitkräfte aus Polen an die Westfront und dem Russlandfeldzug fallen allerdings vier Phasen der Beurteilung, die von mehr oder weniger großer Unsicherheit und durchgehend widersprüchlichen Annahmen des Oberkommandos der Wehrmacht (OKW) und des Oberkommandos des Heeres (OKH) gekennzeichnet sind. Beide Institutionen standen in einer für Kriegszeiten unangemessenen Konkurrenz, seit Hitler als Oberbefehlshaber der Wehrmacht nach dem Polenfeldzug das Heeres-Oberkommando zugunsten des OKW entmachtet hatte.

Als Grund gelten die fortgesetzten Einwände, die der Generalstab des Heeres gegen die Tschechoslowakei-Politik Hitlers (1937/38), danach auch gegen den Polen- und den Frankreichfeldzug erhoben hatte. Der amtierende Generalstabschef des Heeres, Franz Halder, gehörte zu den Gegnern der Kriegspolitik, hatte sich 1938 an den Vorbereitungen für Militär-Fronde gegen den *Führer* beteiligt, war aber, nachdem Hitler am 19. Dezember 1941, während des ersten sowjetischen Großangriffs (Winterkrieg), auch den Oberbefehl über das Heer übernommen hatte, dessen ausführendes Organ. Diese »capitis deminutio« (Erich v. Manstein) beeinträchtigte Urteilsbildung und Einfluss des Heeres.

Als gefahrlos stellte sich der deutschen Seite lediglich die erste Phase bis zum Höhepunkt der Schlacht um Frankreich dar. Stalin rechnete mit einem Abnutzungskrieg der Gegner im Westen, unterstützte zu diesem Zweck das Reich politisch und wirtschaftlich und rüstete für den künftigen Machtauftritt mit großer Geschwindigkeit auf. Hitler setzte auf die geschlossenen Verträge und begnügte sich bis zum Juli 1940 mit einer militärischen Minimaldeckung im Osten. Man kann die dort stationierten 14 Divisionen, davon neun Reservedivisionen in Ausbildung, auch als vertrauensvolle Entblößung bezeichnen.

Der miserable Auftritt im finnischen Winterkrieg seit November 1939, zunächst veranstaltet von Solo-Truppen des Leningrader Militärbezirks, vernebelte das Bild der militärischen Kapazität Russlands. Vermutlich unter diesem Eindruck und der nahen Erinnerung an die radikale Militär-Tschistka 1938 erklärte Hitler im Februar 1940, die Russen würden »in 100 Jahren nicht« angreifen.[61]

Nur kurze Zeit später begann sich jedoch bereits das Konfrontationsmuster auf dem Balkan und im Ostseeraum abzuzeichnen. Im April 1941 forderte Moskau die Rückgabe Bessarabiens, das der Versailler Vertrag 1920 Rumänien zugeschlagen hatte. Das russische Interesse war im Geheimen Zusatzabkommen vom August 1939 notifiziert worden, Hitler und der Unterzeichner Ribbentrop hatten im Überschwang unvorsichtigerweise ihr »Desinteresse an diesen Gebieten« – in unbestimmtem Plural – erklärt. Ende Juni griff die Sowjetunion zu und riss zugleich den Norden der rumänischen Bukowina an sich. Gebietsansprüche Ungarns und Bulgariens an Rumänien, von Moskau provokativ unterstützt, führten an den Rand eines Balkankriegs mit der möglichen Unterbrechung der unverzichtbaren deutschen Ölzufuhren aus der »Bonanza« des rumänischen Ploeşti. Im gleichen Zug forderte Moskau Stützpunkte in Bulgarien und – ganz traditionell – die Verfügung über die türkischen Meerengen. Die Annexion der bereits besetzten drei baltischen Staaten im Juli komplettierte das strategische Bedrohungsbild – die Antwort Stalins auf den für ihn überraschenden und enttäuschenden Verlauf der deutschen Feldzüge in Westeuropa – auch ohne Vernichtungskanonade der britischen Flotte beim amphibischen Übersetzen der Wehrmacht nach Norwegen, ohne Verdun und Arretierung im Stellungskrieg in Westeuropa nach dem Muster von 1914–1918.

In der zweiten Phase der Beurteilung reagierte Hitler unsicher. Nachdem er Schlachten gewonnen, Eroberungen gemacht, gegenüber Großbritannien jedoch die Initiative verloren hatte, musste er nun wahrnehmen, wie nach nicht einmal einem Jahr der russische Rückversicherungsvertrag verfiel. Die Eingebung, Großbritannien über den Umweg Russland zum Offenbarungseid zu zwingen, entsprach der wirksam werdenden Dialektik des Kriegs. Der *Führer* sah jetzt »Anzeichen« dafür, dass Stalin sich auf eine militärische Auseinandersetzung vorbereite, und verwarf den noch kurz zuvor geäußerten Vorsatz, die große Ost-Frage seinem »Nachfolger« zu überlassen.[62] Operationsstudien, die er am 21. Juli in Auftrag gab, galten als »Vorsichtsmaßnahmen«[63] – Entschlüsse setzten eine Bestätigung seines Misstrauens voraus. Unter den engen Mitarbeitern schätzten der Chef des Wehrmachtführungsstabes, Alfred Jodl, und der Oberbefehlshaber der Kriegsmarine, Erich Raeder, Stalins Vorgehen als bedrohlich ein. Letzterer empfahl eine nahöstliche Umgehungsstrategie (Suez, Syrien, Türkei) mit dem Ziel, neue Positionen gegen Großbritannien und die Sowjetunion zu gewinnen.

Womöglich von der Kriegsskepsis in der ersten Phase beeinflusst, nahm der Generalstabschef des Heeres, Franz Halder, keine Anzeichen für russische Aktivitäten gegen das Reich wahr. Seine mit der Operationsplanung Ost beauftragten Strategen Bernhard von Loßberg, 1939–1942 Leiter der Gruppe IH in der Abteilung Landesverteidigung im Wehrmachtführungsstab, und Erich Marcks, Generalstabschef der 18. Armee 1939/1940, schätzten die militärische Befähigung der Sowjetunion äußerst gering ein. Marcks war der Auffassung, dass die Sowjetunion »den Liebesdienst eines Angriffs« nicht bereiten werde.[64] Halder ironisierte Hitlers Schwanken mit dem bissigen Einwurf, offenbar solle das Heer »für alles bereit sein«, ohne »dass eine klare Auftragserteilung« erfolgte.[65]

Kennzeichnend dafür war die dritte Beobachtungsperiode vom August bis zum Dezember 1940. Zwar verstärkten inzwischen die 26 kampferfahrenen Divisionen der 18. Armee die Ostflanke, was für den Fall eines sowjetischen Angriffs allerdings wenig bedeutet hätte. Aber Hitler hatte sich beruhigt. Er sprach davon, dass die Russen Deutschland fürchteten, und näherte sich der Idee Ribbentrops, Moskau in einen großen Kontinentalblock einzubeziehen und dessen Energien nach Asien zu lenken. Die Weisung vom 1. August 1940, den Luft- und Seekrieg gegen England zu verschärfen, mutet wie ein später Versuch an, die Initiative im Westen zurückzugewinnen und damit die strategische Idee des Umwegangriffs auf Russland zu löschen. Ende September notierte Halder mit Zeichen der Erleichterung, er halte es nicht für wahrscheinlich, dass sich Russland »in Gegensatz zu uns« setze. Im Augenblick biete eine große europäische Koalition die beste Lösung. Zwar zitierte Halder Hitlers Bemerkung, England hoffe »immer noch« auf Amerika und die Sowjetunion, hob am 1. November, nur wenige Tage vor dem Besuch Molotows in Berlin, jedoch die Zuversicht des Führers hervor, »Russland in die Front gegen England einbauen zu können.«[66]

Die Arbeiten an den deutschen Operationsplänen für einen Russlandfeldzug gingen währenddessen weiter. Der militärische Nachrichtendienst »Fremde Heere Ost« und die deutsche Botschaft in Moskau berichteten über den Auf- und Umbau, vor allem über eine forcierte Ausbildungstätigkeit der Roten Armee. Doch in der Oberetage hatte sich die Balkan- und Baltikum-Aufregung nach der Entsendung militärischer Sicherungs-Detachements via Rumänien und zu den wertvollen Nickelgruben im finnischen Petsamo gelegt. Der *Führer* überredete sich zu einer Fermate, um zunächst einmal zu prüfen, wie sich der russische »Festlanddegen« in den eigenen Dienst stellen ließe. Über das militärische Ost-Projekt schwieg er. Stark war sein Glaube an ein neues, diesmal weltperspektivisches Bündnis mit Stalin allerdings nicht. Was manche in seiner Entourage schon als Wende gedeutet haben mochten, schwand rückstandslos, nachdem Molotow am 14./15. November in Berlin seine Bedingungen aufgetischt hatte.

Nun sah Hitler alle Befürchtungen der zweiten Beobachtungsphase bestätigt: Stalin wollte sich nicht nach Asien abschieben lassen, sondern beharrte umgekehrt auf der Abschiebung des Reiches in den Westen, ins großdeutsche Kerngebiet mit eingedrückten nördlichen und südlichen Flanken

und unsicheren Eroberungen im Westen – strategisch zu schmal, ressour-
cenmäßig zu unbemittelt, um dem kommenden Ansturm der amphibischen
Angloamerikaner gewachsen zu sein. Um sich die Gefahren auszumalen,
bedurfte es keiner Instinkte: Das Reich geriete entweder in Abhängigkeit
von der Sowjetunion oder es musste damit rechnen, dass Stalin über kurz
oder lang die Front wechselte, zur militärischen Initiative überging und
Deutschland den Zweifrontenkrieg aufzwang, vor dem er es im Herbst
1939 noch bewahrte – allerdings, wie er gehofft hatte, zum Preis des Ver-
blutens im Westen.

So stand die vierte Beobachtungsperiode in der Perspektive des Ostfeldzugs. Hitlers Weisung Nr. 21 (»Barbarossa«) vom 18. Dezember 1940,[67] die
Wehrmacht müsse darauf vorbereitet sein, Sowjetrussland schnell niederzuwerfen, war allerdings immer noch kein Entschluss,[68] sondern der Grobaufriss eines Angriffsplans, dessen Kern darin bestand, den Gegner nicht in die
»Weite des russischen Raums« entweichen zu lassen, sondern im westlichen
Russland zu »vernichten«. Die Weisung umriss die Grundbedingung des
nun schon bekannten Blitzkriegs, verschwieg aber seine beiden entschei-
denden Prioritäten: zum einen das Abschneiden Russlands von den Meeren
durch die vorrangige Einnahme von Leningrad, Murmansk und der Krim;
zweitens den Vorstoß durch die Ukraine zu den wertvollen kaukasischen
Ölfeldern mit der Aussicht auf einen Kriegseintritt der Türkei und Japans.
Die Blockierung der Hilfszufuhren von außen durch die neuen russischen
Alliierten im Westen sollte die »russische Lebenskraft«, deren Produkte den
Deutschen durch die Wirtschaftsabkommen seit 1939 so reichlich zugeflos-
sen waren, zerstören. Moskau stand in Hitlers strategischer Skizze nicht im
Vordergrund, Wolga-Archangelsk nannte er als finale Linie, entsprechend
seiner Meinung, dass man Russland als Ganzes nicht erobern könne. Entscheidend für unsere Betrachtung ist aber weder die Operationsskizze noch
die Fülle der späteren Abweichungen, sondern der Umstand, dass »Barbarossa« keine Hinweise auf die Gefahr eines nahe bevorstehenden russischen
Angriffs enthielt.

Dennoch: Das Angriffsmotiv war von lebhaften Vermutungen über Stalins nächste Schritte durchsetzt. Sicher schien, er beabsichtige die Eindämmung des gewucherten Reiches. Wo aber würde er den Hebel ansetzen – in
Finnland, auf dem Balkan oder an der breiten Militärgrenze in der Mitte?
Die Meinungsverschiedenheiten, wie die sowjetischen Truppenmassierun-
gen in den westlichen Grenzregionen zu beurteilen seien, nahmen in den
folgenden Monaten zu. Während das Oberkommando des Heeres und seine Abteilung »Fremde Heere Ost« bis zum Juni defensives Verhalten – »defensiver Aufmarsch« – unterstellten, deutete das OKW denselben Vorgang
als zunehmend gefährliche Bedrohung. Wiederum spielte der Generalstabs-

chef des Heeres, Franz Halder, eine besondere Rolle. Im Dezember 1940
bewertete er die Rote Armee als waffenmäßig unterlegen (»veraltet«) und
führungslos, die Menschen als »minderwertig«. Hartnäckig bezweifelte
er sowjetische Angriffsabsichten, geriet jedoch gelegentlich in ähnliches
Schwanken, wie er es Hitler vorwarf. Am 7. April 1941 notierte er, die
Russen hätten es angesichts ihrer weiten Räume nicht nötig, ihr Vorfeld
zu erweitern, gab aber dann zu bedenken, dass »die russische Militärglie-
derung sehr wohl einen Übergang zum Angriff ermöglicht«.[69] Auch Erich
von Manstein, damals Kommandierender General des 56. Armeekorps in
Ostpreußen, sah aus seiner begrenzten, frontnahen Warte keine Anzeichen
für eine russische Offensive, räumt allerdings in seinen Memoiren ein, der
»vorerst defensive Aufmarsch« hätte kurzfristig in einen Offensivaufmarsch
übergehen können. Es habe sich um einen »Aufmarsch für alle Fälle« gehandelt.[70]

Während man seit Anfang 1941 eine verstärkte Ansammlung sowjetischer Großverbände im Grenzgebiet von bis zu 119 Divisionen erkannte,[71]
standen an der Ostgrenze im März gerade einmal 47 deutsche Divisionen,
bis Ende April 56 Divisionen. Die schweren Angriffsverbände, zwölf Pan-
zer- und 14 motorisierte Infanteriedivisionen rückten erst im Juni aus dem
Balkan an, was die oft wiederholte Behauptung widerlegt, der Aufwuchs
der sowjetischen Streitkräfte sei eine Reaktion auf die deutsche Bedrohung
gewesen.

Analytiker der OKH-Abteilung »Fremde Heere Ost« registrierten verstärkte sowjetische Truppentransporte, Konzentrationen in Grenznähe,
vor allem in der Ukraine, Einberufungen, Manöver, Kriegsbelehrung der
Truppe, »Kriegspsychose« unter der Bevölkerung, Abtransport von Spezialisten, Arbeitern, Produktionsanlagen und Vorräten in rückwärtige asiatische Gebiete. Die Summe ergab eine militärische Schwerpunktverlagerung
von Kampftruppen nach Westen, wobei Einzelangaben über Aufmarsch
und Industriepotenzial auf Vermutungen, nicht auf Schätzungen beruhten. Diese Unschärfe begründete die stereotype Schlussfolgerung, es bestehe keine Angriffsgefahr. Der Chef des Heeresnachrichtendienstes, Eberhard Kinzel, räumte in dem am 1. Januar 1941 herausgegebenen geheimen
Handbuch über die sowjetischen Streitkräfte ein, man wisse über die sowjetische Kriegsgliederung so gut wie nichts.[72]

Wilhelm Canaris wiederum, Leiter des Amtes Ausland/Abwehr des
Oberkommandos der Wehrmacht, deutete weiterreichende Aufklärungs-
ergebnisse seines international operierenden Dienstes als Offensiv-Auf-
marsch. OKW-Chef Wilhelm Keitel und der Chef des Wehrmachtführungsstabes, Alfred Jodl, schlugen zwischen April und Juni regelrecht Alarm.
Am 11. Juni 1941 stellte Keitel in einer Geheimen Kommandosache des

Oberkommandos der Wehrmacht die Dynamik des sowjetischen Aufmarsches seit Beginn des Kriegs gegen Polen dar: 1. September 1939: 64 Divisionen, 3 motorisierte und Panzerbrigaden (zusammen ca. 65 Divisionen); 28. November: 97 Divisionen und 17 motorisierte und Panzerbrigaden (zusammen ca. 65 Divisionen); 1. Mai 1941: 116 Schützendivisionen, 20 Kavalleriedivisionen, 40 motorisierte und Panzerbrigaden (zusammen ca. 158 Divisionen). Gemessen an der Gesamtstärke der sowjetischen Streitkräfte hielt Keitel den Aufmarsch West für abgeschlossen. Dies zwinge zu dem Schluss, dass »die Sowjetunion sich bereit macht, in jedem ihr geeignet erscheinenden Augenblick zum Angriff gegen das Großdeutsche Reich anzutreten«.[73]

Generalfeldmarschall Albert Kesselring erinnert sich an die Äußerung Hitlers vom 14. Juni, man müsse jetzt angreifen, »wenn man sich einem russischen Angriff zur Unzeit entziehen wolle«.[74] Die Konzentration von Streitkräften – allein 50 Großverbände in der Mitte, im vorspringenden Bogen von Bialystok – lasse sowohl auf Angriffs- wie auf Verteidigungsabsichten schließen. Die vorgeschobenen Luftstreitkräfte hätten jedoch einen eindeutig offensiven Charakter. Mit einer Operation gegen Rumänien rechnete Hitler seit geraumer Zeit. Vier Tage vor Beginn des deutschen Angriffs schrieb er dem rumänischen Staatsführer Ion Antonescu, das Verhalten Russlands, »vor allem seine täglich zunehmenden Angriffsvorbereitungen, zwingen mich, in Kürze die Wehrmacht zur endgültigen Beseitigung dieser Bedrohung Europas einzusetzen«.[75] Am 22. Juni 1941 erklärte Hitler in seinem Tagesbefehl an die »Soldaten der Ostfront«, ein »weiteres Zusehen« wäre nicht nur eine »Unterlassungssünde, sondern ein Verbrechen am deutschen Volk, ja an ganz Europa«.[76]

Keine große Armee im damaligen Europa, zu allerletzt die sowjetische und die deutsche, konnte sich unbemerkt an der Grenze sammeln, die zugleich die Front war.[77] Als sicheres Indiz für Angriffsvorbereitungen galt in den Generalstäben der damaligen Zeit die Ansammlung von Kampfflugzeugen in Grenznähe. Eine Eintragung im Kriegstagebuch des Oberkommandos der Wehrmacht vom 9. Juni verzeichnet dort ca. 4000 sowjetische Flugzeuge, weiter rückwärts noch einmal über 1000 – zudem Truppen- und Materialzufuhr in Endlos-Schlangen nicht zu tarnender Güterzüge.

Bei allen Einschränkungen, denen die gegenseitige Erkundung unterworfen war, erkannte man zumindest, was sich in den vorderen Bereichen ereignete, vor allem ob sich Streitkräftekonzentrationen in defensiver Form, also angelehnt an provisorische oder ausgebaute Verteidigungsstellungen, oder in der Form offensiver Gliederung in weitgehend ungesichertem Grenzgelände vollzogen. Anfang bis Mitte Juni blieb die parallele Offensivformierung in den beiderseitigen Grenzräumen keiner Seite verborgen. Es bedarf somit einer ganz besonderen Argumentationskunst, nur einer Partei, nämlich der deutschen, exklusive »Angriffshaltung« zuzuschreiben. So vieles aber auch dafür spricht, dass die deutsche Invasion der sowjetischen zeitlich zuvorgekommen ist, so sicher handelte es sich, wie gesagt, nicht um eine Präventivaktion, geht man mit diesem Begriff seriös um. An dem Zielmotiv Hitlers, das politische und militärische Russland innerhalb kürzester Zeit zu zertrümmern, um mit freiem Rücken und allen Kräften den Aufbau amerikanischer Brückenköpfe in England, auf dem europäischen Kontinent und in Afrika verhindern zu können, gibt es keinen Zweifel. Unabhängig davon war jedoch in der Sowjetunion eine Situation eingetreten, die bei einer weiteren Verzögerung des deutschen Angriffs zu einer schweren Herausforderung für das Reich hätte werden können. Stalin marschierte auf, und zwar in einer Form, die nach ihrer Komplettierung im Sinne des bekannt gewordenen generalstabsmäßigen Angriffscredos des russischen Generalstabs den Erstschlag gegen die in breiter Front und ohne defensiven Rückhalt anrückende Wehrmacht erlaubt hätte. Die Verletzbarkeit der Streitkräfte in der Situation der Offensivaufstellung galt im Frühsommer 1941 für die deutsche Armee genauso wie für die sowjetische. Wer das Schwert zieht, ist während dieses Vorgangs ebenso bewegungskonzentriert wie reflexbeschränkt, also relativ schutzlos.

Umso bemerkenswerter ist es, wie lax Hitler mit dem Offensivtermin umging. Er drängte nicht. Er hätte der Wehrmacht sogar noch mehr Zeit gelassen, wenn sie das nach der Balkan-Operation vom 6. bis 27. April verlangt hätte. Offenbar hielt er von der Roten Armee so wenig, dass ihn das praevenire quam praeveniri in Wirklichkeit nicht umtrieb. Seine Standardbemerkung, man müsse die bolschewistische Bedrohung Europas »endgültig« beseitigen, entsprang eher Rechtfertigungs- und Überredungsdrang als der Erkenntnis militärischer Eilbedürftigkeit. Erst der deutsche Angriff und sein stupender Anfangserfolg sollten den Nachweis erbringen, dass die Wehrmacht ihrem Kontrahenten tatsächlich in die Parade gefahren war. Ein solches objektives Praevenire ist aber kein Präventivkrieg, wie ihn beispielsweise Israel 1967 bewusst und gezielt gegen die Angriffssammlung der arabischen Staaten geführt hat. Hitler war von einer unmittelbar bevorstehenden Großoffensive, einem Erstschlag Stalins letztlich nicht überzeugt. Zumindest befand er sich nicht in Alarmstimmung. Er verfügte über die entscheidenden Termine, als ob es auf der anderen Seite nichts gäbe – obwohl es dort sehr viel gab –, was er für Quantität, nicht für Qualität hielt.

3. Die Kontroverse

Der Wortlaut des Operationsplans, der nach Stalins Rede seinen offensiven Schliff fand, wurde 1993 von den russischen Militärhistorikern Waleri D. Danilow und Juri A. Gorkow veröffentlicht.[78] Neben den zahlreichen konkreten Warnungen, die Stalin von den verschiedensten Seiten erhalten hatte, spricht das Dokument aus dem Kreis der privilegierten Information gegen die verbreitete Behauptung, eine um Frieden bemühte Sowjetunion sei in Nacht und Nebel von ihrem Nachbarn überfallen worden.

Die Publikation des Textes löste ähnlich wie Stalins Rede vor dem Offiziersnachwuchs kontroverse Erörterungen über Anfänge und Verursacher des deutsch-sowjetischen Kriegs aus. Auf russischer wie auf deutscher Seite sah sich die geschichtspolitische Grundsatzfestigkeit von den neuen Fakten herausgefordert.[79]

Die Kriegsbereitschaft war nach den vorliegenden, allerdings bruchstückhaften Quellen bei der Erörterung des Planes zwischen Stalin und den vortragenden Generälen im Mai 1941 kein Thema. Die Osteuropa-Historikerin Bianka Pietrow-Ennker glaubt zu wissen, er habe den Kriegsplan zwar gekannt, aber »scharf verworfen …, weil er bezweifelte, dass Hitler einen Zweifrontenkrieg beginnen würde«[80] – wobei, nota bene, 1941 keine ausgeprägte europäische Zweifrontensituation bestand, wohl aber eine perspektivische. Immerhin sei »vorgesehen« gewesen, räumt Pietrow-Ennker ein, die »in diesem Entwurf enthaltenen militärischen Vorbereitungsmaßnahmen zur Verteidigung der Staatsgrenzen schrittweise bis Juli 1941 umzusetzen«.[81]

Stalin redete zu diesem Zeitpunkt aber nicht von Verteidigung, sondern von »Angriff«, und wo im Operationsplan von Verteidigung die Rede ist, handelte es sich, wie wir gesehen haben, um die Sicherung des offensiven Aufmarsches – wie auch immer der Zustand der Streitkräfte einzuschätzen war.

Die Veröffentlichung des Kriegsplans und der entdeckten Kernstücke der Rede Stalins vom 5. Mai 1941 vor den Offiziersschülern sind seit den 90er-Jahren Gegenstand einer politischen und historischen Kontroverse, in der die Verteidiger jenes »friedliebenden« Stalin, der von den »wortbrüchigen« Deutschen »überraschend« angegriffen wurde, einen schweren Stand haben. Bevor die Dokumente aufgetaucht waren und der Zusammenhang zwischen ihnen und der Beschleunigung des sowjetischen Aufmarschs an der Westgrenze nicht zutage lag, konnten die kanonische sowjetische Geschichtsschreibung des »Vaterländischen Kriegs« und die im Mainstream dahinschwimmenden internationalen Ereignis-Kommentatoren widerspruchslos die Version vom einseitigen Aggressionsverhalten Hitlers verbreiten. Jetzt ist dies nicht mehr möglich. Angesichts des Nachweises von zwei auf Angriff ausgelegten Aufmarschbewegungen, der deutschen und der sowjetischen, gerät das einfache Täter-Opfer-Schema, das die deutsche Seite singulär belastete, aus den Fugen.

Dabei ändern der Tenor der Dokumente und die Formierung der Roten Armee zur Offensive, wie gesagt, nichts an der Tatsache, dass Hitler einen strategischen Angriffskrieg geplant und geführt hat. Um gezielte Prävention handelte es sich nicht. Die deutsche Seite hatte die Invasion seit dem Sommer 1940 vorbereitet, trotz Zögern und Irritationen. Hitler wollte die Sowjetunion schnell niederwerfen, um mit gesammelter kontinentaler Macht den Angloamerikanern jeden Mut und jede Gelegenheit zur Fortsetzung des Kriegs zu nehmen. Dies gilt es zu betonen, um das Geschichtsbild nicht von der anderen Seite her zu verzerren.

Die neue Quellenlage begründet jedoch die Annahme, dass die deutsche der sowjetischen Seite objektiv zuvorgekommen ist. Stalin folgte mit seiner Absicht des strategischen Angriffs durchaus der Logik des Kriegs, er hat richtig gedacht, kam aber zu spät und stürzte infolge des professionellen Fehlers, die Reorganisation der Armee mit ihrer Offensivformierung rechtzeitig und wirkungsvoll zu verbinden, in die Katastrophe des Kriegsanfangs 1941. Für die russischen Traditionalisten entsteht daraus ein unzumutbar verfremdetes Bild des Kriegs und des sowjetischen Führers, während der deutschen Geschichtspolitik die Singularität des Kriegsmonsters Hitler abhanden zu kommen droht.

An sich zählt der Umstand, dass die sowjetische Führung ihre Streitkräfte in eine solche Lage manövrierte, zu den erklärungsbedürftigen Vorkommnissen der Kriegsgeschichte. Doch fehlt einer glaubensstarken Generation von Historikern für dieses jedem Generalstabsschüler einsichtige Problem offenbar der Sinn. Bernd Bonwetsch' Erklärung, Angriffs- und Verteidigungsvorbereitungen seien in diesem Fall »strukturell« nicht zu unterscheiden, auch ergebe sich aus dem Aufmarsch der Roten Armee, »so unsinnig, ja selbstmörderisch« er gewesen sei, kein ernst zu nehmender Hinweis darauf, dass sie »für den Sommer 1941 oder irgendeinen späteren Zeitpunkt Angriffspläne hegte«,[82] mag apologetisch gut gemeint sein, weicht dem Bild der tatsächlichen Situation jedoch genauso aus wie die Deutung der Äußerungen Stalins im Kreis der Absolventen der Kriegsakademien vom 5. Mai 1941 als Beigabe zu einer Beschwichtigungskampagne.[83] Der russische Autor Lew Besymenski hält die These vom geplanten sowjetischen Angriff für eine »belletristische Übung«[84] und relativiert Stalins Handeln mit dem Hinweis, seine (alkoholisierten) »Trinksprüche« vor dem jungen Offiziersnachwuchs hätten in einer »Mischung aus richtigen und absichtlich falschen, aus realistischen und wichtigtuerischen Behauptungen« bestanden. In Russland namhafte Historiker wie Juri Gorkow vertreten die übermäßig schlichte Meinung, weder Stalin noch die Führung der Roten Armee hätten 1939 bis 1941 einen Angriffskrieg gegen Deutschland vorbereitet.[85] Genau das taten sie jedoch, und zwar gemäß der Logik des Kriegs und aus professioneller Pflicht – allerdings mit Methoden, die ihr Land der größten Gefahr aussetzten.[86]

Selbst renommierte Großhistoriker neigen dazu, den Vorgang zu vernebeln. Ian Kershaw erwähnt in seiner Hitler-Biografie den Operationsplan des sowjetischen Generalstabs nur am Rande,[87] betont jedoch seine angebliche Ablehnung durch Stalin – »fürchtete er doch, dadurch den Angriff zu provozieren, den er zu vermeiden suchte. Es gab keine Pläne, nach Deutschland einzudringen.« Demgegenüber steht fest, dass damit begonnen wurde, den generalstabsmäßigen Aufmarschplan in wesentlichen Teilen zu realisieren, und zwar exakt in der Form, die zur Abwehr einer groß angelegten feindlichen Invasion ungeeignet war. Man kann die Antwort auf die Annahme, der Generalstab habe ohne Stalins Bevollmächtigung einen Präventivschlag ausgearbeitet, dem russischen Militärhistoriker, Oberst a. D. Waleri Danilow überlassen, der die Vorstellung, jemand aus dem Generalstab könnte aus eigenem Entschluss etwas gegen die Absichten Stalins unternommen haben, als »einfach absurd« bezeichnete. Der Betreffende hätte den Kreml nicht lebend verlassen beziehungsweise »seinen Kaffee bei Beria trinken müssen«.[88] Nach den Säuberungen – die nach der Anfangskatastrophe im Sommer 1941 übrigens als Strafgericht gegen angeblich säumige Generäle wieder aufgenommen wurden – habe auf militärischem Gebiet nichts ohne Stalin geschehen können.

Der Generalstabsplan, bemerkt der russische Historiker Vladimir Nevezhin in seiner »Einführung« zu Schukows und Timoschenkos »Überlegungen« vom 15. Mai 1941, sei mitnichten eine »Improvisation« der Führung des Generalstabs der Roten Armee gewesen, die man in den zehn Tagen nach Stalins Rede vor den Frunse-Schülern »in aller Eile« aufs Papier geworfen habe, sondern das Ergebnis einer kontinuierlich weiterentwickelten Arbeit, seit den Operationsplänen von 1940 in »allen Stadien von Stalin kontrolliert«.[89]

Mit anderen russischen Historikern vertritt Danilow die Ansicht, Stalin habe ausdrücklich Anweisung gegeben, den Krieg gegen das Reich vorzubereiten. Als Angriffstermin sei, wie Michail Meljtjuchow, wissenschaftlicher Mitarbeiter am Allrussischen Forschungsinstitut für Dokumentation und Archivwesen und Viktor Suworow behaupten, der Juli 1941 vorgesehen gewesen.[90] Stalin habe nicht damit gerechnet, dass Hitler ihm zuvorkommen würde. Seine Vorstellung vom »sowjetischen Auftritt« sei im Übrigen weit über den Generalstabsplan vom 15. Mai hinausgegangen. Stalin habe nichts weniger im Auge gehabt, als durch einen weiträumigen Vorstoß nach Westeuropa die Position einzunehmen, die Hitler den westlichen Staaten abgerungen hatte. Entsprechende Operationsbefehle seien allen Armeebefehlshabern der westlichen Militärbezirke zugegangen.

Meljitjuchow und seine Kollegin Irina W. Pavlowa lehnen die von Suworow sowie den deutschen Historikern Joachim Hoffmann, Walter Post, Ernst Topitsch, Heinz Magenheimer oder Stefan Scheil[91] vertretene These des »deutschen Präventivkriegs« zwar ab. Doch räumt Frau Pavlowa ein, von einem »objektiven Standpunkt aus« könne dem Überfall Hitlers der Präventivcharakter nicht abgestritten werden, »weil er einem an militärischer Massierung überlegenen Angriff der Roten Armee zuvorkam«.[92] Schließlich ist auch für die korrekte deutsche Historikerin Pietrow-Ennker die Frage erlaubt, ob Stalins Expansionspolitik in Ostmitteleuropa »nicht wesentlich zu Hitlers Entschluss beigetragen habe, die Sowjetunion zu überfallen«.[93] Valentin Falin, der frühere sowjetische Botschafter in Bonn, zuletzt ZK-Sekretär der KPdSU, bemerkte zu den Überlegungen des Generalstabs, von denen Stalin »in Kenntnis gesetzt« wurde, trocken: »Der Grundgedanke lautete, den Angriff nicht abzuwarten, sondern ihm, wenn möglich, zuvorzukommen.«[94]

Dies bezeugte Marschall Schukow schon 1965 in einem Interview mit dem Historiker Viktor Anfilow[95] für seinen Operationsplan, schildert dann aber bei anderer Gelegenheit gegenüber dem Schriftsteller Konstantin Simonow, warum die sowjetischen Streitkräfte nach Beginn der deutschen Invasion den Befehlen, den Angreifer zu stoppen und zur Gegenoffensive überzugehen, nicht zu folgen vermochten: »Man muss klar sagen, dass die deutsche Armee zu Beginn des Kriegs besser als unsere Armee vorbereitet, ausgebildet, bewaffnet und psychologisch auf den Krieg eingestellt war ... Man muss auch bekennen, dass der deutsche Generalstab und überhaupt die deutschen Stäbe insgesamt, dass die deutschen Befehlshaber in jener Periode besser und gründlicher überlegten, als das unsere Kommandeure taten. Wir lernten erst im Verlauf des Kriegs, die Deutschen zu schlagen, und das war ein langwieriger Prozess.«[96]

Eine harsche Bewertung der zwischen Apologetik und Selbstkritik schwankenden Darstellung Schukows liefert Cynthia Roberts: »Schukow und seine Kollegen hatten nicht begriffen, dass der Blitzkrieg eine fundamentale Herausforderung an das Standardparadigma der ersten Kriegsperiode darstellte.«[97] Er, Timoschenko und andere militärische Führer hätten sich verständlicherweise daran gestört, dass Stalin, der befürchtete, dass ungewöhnliche Bewegungen der Roten Armee Hitler zu einem Angriff provozieren könnten, die schnelle Mobilisierung der Roten Armee verbot.

Doch dieses unnachgiebige politische Mobilisierungshindernis habe die militärische Führung nicht veranlasst, die Notwendigkeit einer strategischen Verteidigung zu begreifen und langjährige Annahmen über die Fähigkeit der Roten Armee zu sofortigen Gegenangriffen zu verwerfen. Stattdessen sei Schukows Antwort fest in dem dominanten Paradigma verankert geblieben, das von Tuchatschewski und anderen Erneuerern vertreten wurde, das implizit die Präemption favorisierte und explizit verlangte, dass die Rote Armee den Kampf auf das Territorium des Feindes verlagern sollte.[98]

Patriotische Geschichtsschreibung spielt in Russland verständlicherweise eine bedeutende Rolle: Die Sowjetunion war Siegermacht im Krieg und der Blutzoll war mit 20 bis 27 Millionen Soldaten und Zivilisten gewaltig. Die »Standardversion« des Vaterländischen Kriegs hat, wie die international besuchte Siegesfeier mit einer Requisiten-Parade im Mai 2005 auswies, den Zusammenbruch der Sowjetunion überlebt und wurde unter Wladimir Putin zu einer Art Manifest Destiny des kollektiven Gedächtnisses erhoben. Der deutsche Bundeskanzler Gerhard Schröder erwies dieser Rückwendung seine Reverenz. Andere sehen in dem »historischen Patriotismus« den geschichtspolitischen Versuch der russischen Führung, die Glorie der Sowjetunion für die eigene Politik zu nutzen, was eine Erklärung dafür sein könnte, warum der neue Kreml Stalins eindeutige Führungsfehler bei der Kriegsvorbereitung mitsamt dem Terror des *Woschd* schlicht unterschlägt.

Den Bann, unter den die Historie erneut gesetzt wird, hatte Chruschtschow in seiner »Entstalinisierungs-Rede« auf dem XX. Parteitags 1956 als Erster gebrochen. Der Generalsekretär öffnete die Archive spaltbreit, auf seine Zwecke bemessen, und heraus kam eine vernichtende Kritik an der Politik Stalins seit 1939. Die alte Rechtfertigungsthese, er habe sich – klug und vorausschauend, wie er gewesen sei – zunächst mit Hitler zusammengetan, ihn nach Westen gelenkt und ihm nach dem treulosen Verrat 1941 schließlich den Garaus gemacht: Dieses vom Personenkult verzerrte Porträt fiel schon vor mehr als einem halben Jahrhundert in sich zusammen.

Zum Entsetzen der Kanoniker tauchten im Bildrahmen dieser Revision des notwendig triumphalen marxistisch-leninistischen Verlaufs der Geschichte die Militärsäuberungen des Großen Terrors wie das schwarze Raumschiff im Film »Independence« über den Köpfen der Russen auf. Unter Breschnew verschwanden sie wieder, um in der Ära Gorbatschow und in der postkommunistischen Zeit erneut aufzukreuzen. Man kann wie das Akademiemitglied Sergej Slutsch den Hitler-Stalin-Pakt verurteilen,[99] sollte dabei aber nicht außer Acht lassen, dass Zeitbündnisse zwischen Antagonisten zum historischen Normalverhalten zählen, eine Übung, die in der Mesalliance der Anti-Hitler-Koalition im unmittelbaren Anschluss an den deutsch-sowjetischen Nichtangriffspakt eine zunächst sehr erfolgreiche

Fortsetzung fand. Dieser historische Abschnitt endete erst mit dem Kalten Krieg, an dessen Ende sich alle Seiten wieder ehrlich zu machen versuchten.

Warum mauerte Stalin?

Angesichts des geschilderten Sachverhalts muss man sich fragen, warum Teile der deutschen Fachwelt so vehement gegen den Gedanken zu Felde ziehen, Stalin habe wie Hitler den strategischen Angriff beabsichtigt und sei damit zu spät gekommen, weil er vielleicht noch nicht tief genug Atem geholt hatte. Was wäre angesichts der generellen deutschen Bedrohung und der dem *Woschd* natürlich nicht verborgen gebliebenen Zuspitzung daran zu verurteilen? Zu der durch nichts begründeten Annahme, Stalin sei friedfertig gewesen, fügt sich in manchen Betrachtungen sozusagen passgenau die nicht minder skurrile Behauptung, der deutsche Angriff habe ihn überrascht. Das eine wie das andere ist schier unvorstellbar.

Stalin erhielt während des ja keineswegs gespensterhaften deutschen Kriegsaufmarschs seit dem späten Frühjahr 1941, vor allem seit dem Anrücken der großen Panzerverbände im Juni, eine Vielzahl konkreter, detaillierter Warnungen.[100] Winston Churchill, der stellvertretende amerikanische Außenminister Sumner Welles, der in Tokio operierende deutsche Komintern-Spion Richard Sorge gaben den Russen alarmierende Hinweise. »Lucy«, eine mysteriöse Quelle in der Schweiz,[101] übermittelte Moskau im Juni eine Liste mit den strategischen Zielen der Deutschen Wehrmacht, die Schlachtordnung für »Barbarossa« und sogar das Angriffsdatum, den 22. Juni.[102] Chruschtschow erwähnte in seiner Abrechnung mit Stalin in der Geheimrede auf dem XX. Parteitag eine Fülle von Beispielen.

Seriöse Zeugnisse bekunden, Stalin habe alle Informationen in den Wind geschlagen, sich dazu noch abfällig über die Zwischenträger geäußert: Provokateure seien am Werk. Warum er das tat, lässt sich sehr gut erklären, wenn man die bekannten sowjetischen Schwierigkeiten in Rechnung stellt, den eigenen Angriff zur günstigsten Zeit zu lancieren.[103]

Historiker, die der Offensivthese und ihrer Logik nicht folgen mögen, weichen in die Psychologie aus. John Keegan begründet das Verhalten des *Woschd* mit seinem »ausgeprägten verschlagenen Solipsismus«, jener extremen Art von Ich-Fixierung, die nur eigene Bewusstseinsinhalte als Wirklichkeit gelten lässt und davon abweichende Erkenntnisse in das Zwielicht betrügerischer und feindseliger Absichten rückt. Der Biograf Montefiore bringt andere Wesenszüge ins Spiel. Er sieht Stalin in einen »Panzer aus kaltem Stahl« gehüllt, dabei mit feinsten Antennen und einem »feurigen« georgischen Gemüt ausgestattet, zutiefst entschlossen, seine weltpolitische

Rolle besonders hoch zu bewerten. Bei allem sei er als extremer Hypo-
chonder einzuschätzen. »Er war ein launischer Neurotiker mit dem eruptiv
brodelnden Naturell eines überspannten Schauspielers, der sich am eigenen
Drama ergötzte – was sein späterer Nachfolger Nikita Chruschtschow als
einen Lizedei bezeichnete, als einen Mann mit vielen Gesichtern.«[104] In der
Tat mutet seine rabiate Abwehr eindringlicher Warnungen in einer Sache
auf Leben und Tod exzentrisch an, in gewisser Weise gestört. Aber so zutreffend die blumigen Charakterschilderungen auch sein mögen, sie lenken
wie ein surrealistisch bemalter Paravent den Blick von Stalins Rationalität
und Durchtriebenheit ab, von dem brutalen Realismus, der in seinen politischen Handlungen durchweg »vielgesichtig« zum Ausdruck kommt.

Vertrauen zu Hitler hatte sich in seinen »Solipsismus« gewiss nicht einge-
nistet, dies belegen zu viele Zeugnisse. Nicht zuletzt das TASS-Kommuniqué
vom 13. Juni 1941.[105] Anlass für die offizielle TASS-Erklärung waren offenbar in der britischen Presse seit Wochen erschienene Berichte und Analysen,
wonach ein Krieg zwischen dem Reich und der Sowjetunion bevorstünde.
Das entschiedene Negieren dieser Gefahr, mit dem TASS hervortrat, lässt
sich, wie eine Reihe direkter Beschwichtigungsversuche gegenüber Berlin zu
diesem Zeitpunkt, als folgerichtige Bemühung interpretieren, die erkannte
deutsche Angriffsabsicht und das parallele eigene Vorhaben zu verschleiern
und vorsorglich das Thesengebäude vom »unerwarteten Überfall« auf die
»friedliebende« und »unvorbereitete« Sowjetunion zu errichten.

Stalin war klarsichtig und informiert genug, um zu wissen, dass ihn ein
Zögern aufgrund von Mängeln bei der eigenen Vorbereitung viel kosten
könnte. Im Unterschied zur deutschen Seite gab es beim sowjetischen Generalstab keine Zweifel an der Angriffsabsicht der anderen Seite. Stalins
Hoffnung stützte sich darauf, dass Hitler die Invasion verschieben und
ihm damit den Vortritt verschaffen würde. Ob er bei einem Stocken oder
Scheitern der Balkan-Expedition im April, die eine Art Querschläger in
Hitlers Zeitplan darstellte, in die strategische Offensive gegangen wäre,
verschließt sich der Erkenntnis. Der Nichtangriffspakt mit der deutsch-
feindlichen jugoslawischen Putsch-Regierung und vage Hilfsversprechun-
gen an Belgrad sind keine ausreichenden Indizien. Zu der Zeit, als Stalin
diese Überlegung angestellt haben musste, waren die schweren deutschen
Verbände, Panzer und motorisierte Infanterie noch nicht disloziert. Dies
bot eine Blöße. Doch die Aussichten der Briten, auf dem Balkan eine zweite
Front zu eröffnen, waren vage. Jedenfalls tat er gut daran, den Ausgang
des Balkankriegs abzuwarten und jede Minute zu nutzen, die Angriffsfähigkeit an der Zentralfront zu erhöhen. Stalins ehrliche Bestürzung zu
Beginn des deutschen Angriffs war darin begründet, dass er seine eigenen
Pläne durchkreuzt sah.

Einen besonders düsteren Mix aus gegensätzlichen Versionen steuert Alexander Jakowlew in der bereits zitierten Autobiografie bei. Als eine Figur der privilegierten Information behauptet er, dass die Sowjetarmee infolge des Terrors gegen die militärische Hierarchie 1937/38 »zu Beginn des Kriegs enthauptet und kampfunfähig« gewesen sei. Im Unterschied zu den Apologeten erklärt er aber, Stalin habe diesen Zustand mit Absicht herbeigeführt; er habe die Armee gehasst und gefürchtet; er sei ein Verräter. Wörtlich heißt es bei Jakowlew: »Die politische Blindheit, die man gegenüber Hitler-Deutschland an den Tag legte, der Verlust der Truppenführer und die Tatsache, dass das Land in den Krisenmonaten auf den Krieg völlig unvorbereitet war, hatte zur Folge, dass die gesamte Westgruppierung der sowjetischen Streitkräfte vernichtet wurde. Über zwei Millionen Soldaten und Kommandeure wurden getötet, weitere zwei Millionen gerieten in Gefangenschaft (tatsächlich gingen bis Jahresende 1941 3,3 Millionen in die Lager, H. K.). Dem Gegner fielen riesige Mengen an Militärausrüstung und Techniken in die Hand – Hunderttausende von Magazinen, Tausende von Panzern, Artilleriegranaten und Flugzeugen. Stalin hat die Armee auf mustergültige Weise für die Niederlage präpariert. Er trägt die persönliche Verantwortung für diesen Verrat. Nur ein abgrundtief bösartiger Feind Russlands konnte solch ein Verbrechen verüben. Ich würde mich nicht wundern, sollten einmal Dokumente auftauchen, die belegen, dass Stalin vorsätzlich handelte.«[106]

An den Superlativen Jakowlews lässt sich gut ablesen, was Stalins Menschenbehandlung, in diesem Falle besonders die Dezimierung des Offizierskorps 1937/38, in den Köpfen früherer Anhänger wie Jakowlew – er war im Krieg Offizier der Roten Armee – bewirkt hat. Stalins »vorsätzliche Schwächung« der Armee ist eine Übertreibung – mehr noch: krude Fantasie.

Drei Fragen zum sowjetischen Verhalten

Gedankenkombination und Stil entsprechen der etwas aufgeregten Art, in der Jakowlew über fast 900 Seiten sein sowjetisches Leben ausbreitet. Aber besser als Jakowlew kann man die Dimension des sowjetischen Grenzaufmarschs kaum schildern. Sieht man von seinen extremen Mutmaßungen über Stalin ab, bleiben für das sowjetische Verhalten unmittelbar vor Beginn des Kriegs hauptsächlich drei Fragen:

Erstens. Wie kam es, dass die gewaltige Ansammlung von Truppenmassen, Material und Luftstreitkräften nahe der sowjetischen Westgrenze von der zahlen-, materialmäßig und technisch nicht unbedingt stärkeren Wehrmacht wie Papier zerknüllt wurden? Lag dies nur daran, dass die deutschen Verbände kampferfahren, mit der eingeübten Operationstaktik der verbundenen Waffen und dem Vorteil besserer Kommunikationstechnik das Gefechtsfeld betraten, oder konnten respektive durften sich die sowjetischen Armeen nicht von der Formierung zur Offensive lösen, deren komplizierte, ungedeckte Bewegungsabläufe und logistische Inkonsistenz die defensive Kampffähigkeit zwangsläufig einschränkten, sodass ein strategischer Angriff auf poröse, schutzlose Masse anstatt auf flexible, den eigenen Raum optimal nutzende Verteidigung trifft?

Zweitens. In welchem Zustand befand sich die sowjetische Armee? Was hatte sich in der Aufbauphase, die der Vertrag mit Hitler seit 1939 sicherstellte, abgespielt? War sie wirklich unvorbereitet und geschwächt, was nicht nur Jakowlew behauptet, sondern ein großer Teil der Zeithistoriker, vor allem mit Blick auf den verheerenden Auftritt im finnischen Winterkrieg 1939/40? Welche nachwirkenden Folgen hatte die Säuberung von 1937/38 mit dem Verlust des gut ausgebildeten, zum Teil noch schussfesten Führungskorps? Bestand ein Missverhältnis zwischen der zum Teil hochmodernen Ausrüstung und dem Stand von Ausbildung und Einsatzbereitschaft?

Wenn man davon ausgeht, dass die sowjetischen Streitkräfte insgesamt mit Neugliederung, Auffüllung der Kadereinheiten, Ausbildung an neuem Kriegsgerät und seine taktische Verwendung, also mit Lehrgang und Felddienstübung beschäftigt waren, was taten sie dann – unter diesen Voraussetzungen noch einmal gefragt – massiert und amorph in unmittelbarer Grenznähe, wo das Risiko übermäßig groß war und jede Art des Manövrierens von der anderen Seite übrigens als Annäherung an den »Druckpunkt« gedeutet werden musste? Dass sich die deutsche Seite darüber keine übermäßigen Sorgen machte, mindert das Gewicht des sowjetischen Fehlverhaltens nicht – wenn es wirklich eines war und eben nicht doch ein offensiver Eilaufmarsch, wofür Truppenanordnung und vorgeschobene Depoteinrichtung sprechen.

Dies wiederum könnte zweierlei heißen: Entweder war die Kriegsfähigkeit der Roten Armee doch wesentlich fortgeschrittener, als vielfach behauptet wird, oder die sowjetische Führung spielte mit einer unvorbereiteten Truppenmasse vabanque, wie Jakowlew unterstellt, hätte also nicht nur Fehler begangen, sondern sich unverzeihlicher Leichtfertigkeit schuldig gemacht. Widersprüche bleiben und beleben die Kontroverse. Den Russen musste jedoch klar sein – und war es natürlich auch –, dass der formatierte deutsche Aufmarsch einen irreversiblen Angriffsanlauf mit furioser Kraft darstellte. Worauf also ist das sowjetische Dispositiv zurückzuführen? Hält man Stalin nicht für einen Verräter, was ja auch ziemlich widersinnig wäre, kann man eigentlich nur annehmen, dass er den Ablauf und Zeitbedarf des im April 1941 begonnenen deutschen Balkan-Engagements falsch eingeschätzt hat – wie vorher schon die Frankreich-Kampagne. Glaubte er etwa, in diesem Jahr 1941 »kämen« die Deutschen nicht mehr, und im Frühjahr 1942 könnte er, nach vollendeter eigener Angriffsordnung, die an der Grenze versammelte Wehrmacht zerschlagen, so, wie es ihm selbst bald widerfahren sollte? Denn dass die Deutschen »kommen« würden, sah er mit bloßen Augen, und dass er seinen strategischen Angriff als Erster zu lancieren wünschte, sollte man zu seinen Gunsten annehmen.

Drittens. Stalins »Entsetzen« bei Invasionsbeginn ist mit Sicherheit auch darauf zurückzuführen, dass er erkennen musste, in welchem Maße Hitlers Vorgehen den Maximen der sowjetischen Militärdoktrin entsprach. Der *Führer* marschierte ja nicht zur Verteidigung oder zur Abschreckung auf, er war auch nicht auf Teilerfolge mit nachfolgenden Verhandlungen – etwa über die Ukraine – aus, sondern zum totalen Sieg durch tiefe Operation entschlossen. Der Feldzug war ein Eroberungskrieg zum Zweck des Zerbrechens des letzten möglichen angloamerikanischen Verbündeten und antagonistischen Systems auf dem Kontinent. Der Krieg sollte nie deutschen Boden erreichen; er wurde nicht »erklärt«, sondern rigoros inszeniert. Die deutschen Diplomaten in Moskau, von der Schulenburg und Hilger, teilten der sowjetischen Regierung zur Begründung lakonisch mit, die deutsche Seite habe die sowjetischen Truppenkonzentrationen als übermäßig bedrohlich angesehen – was nicht ganz falsch war, wie wir sahen, aber Kriegsmotiv und Kriegsziel verschleierte. Hitler war wie Stalin der dezidierten Ansicht, dass es sich nicht um einen Krieg wie jeden anderen handle, sondern um einen Vernichtungskrieg – eine Bezeichnung, die der *Führer* in mehreren vorangegangenen Besprechungen mit seinen militärischen Beratern und der *Woschd* in seiner Rundfunkansprache am 3. Juli verwendet haben. Die ideologische Unterfütterung des karthagischen Kriegs war auf beiden Seiten unübersehbar, die strategische Zielsetzung dominant. Umso wichtiger wäre es für Stalin gewesen, der deutschen Aktion zuvorzukommen, was allerdings Hitler gelang, nicht ihm.

Das Drama des Anfangs des entscheidenden Kriegs in dem großen Orlog, der zu Beginn noch ein europäischer Krieg war, wird, wie wir immer wieder lesen, unterschiedlich oder sogar gegensätzlich interpretiert. Die Aktenlage lässt die Waagschale keiner der Darstellungen eindeutig sinken.

Die Evidenz, wenn es eine gibt, liegt in der Logik des Kriegs, die beide Seiten in die Position des Angreifers brachte, doch auch sie bleibt letztlich eine Kategorie des Diskurses, solange der dokumentarische Nachweis nicht lückenlos erbracht ist. Seit der Öffnung der russischen Archive und eindrucksvoller Funde in den 90er-Jahren verstärkten sich die Indizien für Stalins Kriegsvorsatz und Kriegsbereitschaft. Sachlich wie geschichtspolitisch befestigte Urteile der Zeitgeschichtsschreibung geraten ins Wanken. Dabei lässt sich neben einem emotionellen Sich-Sträuben eine »wissenschaftliche« Defensivtätigkeit beobachten, die mit ungleich mehr Behauptungswillen als mit Überzeugungskraft ausgeübt wird.

Die Beschäftigung mit den wichtigen Dokumenten setzt einen generellen Exkurs über die Quellen und den limitierten, erneut erschwerten Zugang zu den russischen Archiven voraus. Interesse verdient hier die Rundfunkbotschaft Stalins am 3. Juli 1941, zwölf Tage nach der deutschen Invasion. Das sowjetische Staats- und Parteioberhaupt verbreitet sich darin über seine Version, warum das Prinzip der Militärdoktrin, den Krieg im Bereich des Feindes zu führen, nicht gewahrt werden konnte, und um was für einen Krieg es sich handelt – nämlich um einen Vernichtungskrieg.

Zweitens befassten wir uns mit Stalins umstrittenen Äußerungen vor den Absolventen der sowjetischen Militärakademien am 5. Mai 1941 im Kreml. Sie enthielten Urteile über die Kriegspolitik des Deutschen Reiches und über die Deutsche Wehrmacht nach dem offenkundigen Verfall der deutsch-sowjetischen Verträge vom 23. August und 28. September 1939 und setzten vor dem Hintergrund eines positiven Befundes über die Modernität und Einsatzfähigkeit der eigenen Streitkräfte den Akzent auf offensive Politik.

Damit zusammenhängend geriet, drittens, der Generalstabsplan Timoschenkos und Schukows und sein als präventiv begründetes Angriffscredo vom 15. Mai 1941 in den Blick. Das Konzept sah eine tiefe Operation zur Vernichtung der deutschen Streitkräfte und einen Sichelschnitt zur Trennung des Reiches von den balkanischen Verbündeten und Ressourcen vor. Die drei Dokumente wurden in zahlreichen Publikationen zum Teil sehr ausführlich dargestellt und gründlich analysiert, je nach Standpunkt. Da sie deutbar bleiben, kam es hier darauf an, sie unter den Blickpunkt der Logik des Kriegs zu stellen.

4. Exkurs über die Quellen

Die meisten Darstellungen über Ursachen, Ausbruch und Verlauf des deutsch-sowjetischen Kriegs beruhen immer noch vorwiegend auf westlichen Quellen, die jahrzehntelang die einzigen zugänglichen Grundlagen waren. An ihrer Unversehrtheit und Vollständigkeit bestanden seit jeher Zweifel. Für die britischen und amerikanischen Materialien gilt prinzipiell dasselbe wie für die bei unserer Fragestellung wichtigeren russischen: Was nicht zurückgehalten wurde und wird, passierte das politische Sieb. Sta-

lin liebte das »Schriftliche« nicht, verfügte gleichwohl über Archive unterschiedlicher Art und Geheimhaltungsstufen. Trotz der erkennbar unsicheren Quellenlage zogen namhafte Historiker aus ihren begrenzten Einsichten
weitgehende, oft sogar »abschließende« Folgerungen. Die Faktenbilder
machten Schule und erhielten mit der geschichtspolitischen Einübung kanonischen Rang. Russische Entdeckungen in jüngerer Zeit, wonach Stalin
einen Erstschlag gegen das Deutsche Reich ins Auge gefasst hatte, änderten
daran nichts. Sie galten als störend, wurden daher wenig oder kaum beachtet – und wenn doch, aus moralischer Höhe verworfen.

Schon in Gorbatschows Glasnost-Periode, umso mehr nach Jelzins Wahl
zum Präsidenten Russlands im Juni 1991 wurden sowjetische Archive für
in- und ausländische Interessenten in erstaunlichem Umfang zugänglich.
Man sprach von einem Dokumenten-Boom, von einer Neubewertung historischer Vorgänge, ohne Beispiel in der sowjetischen und postsowjetischen
Geschichtswissenschaft.[107] Obwohl die Liberalisierung nur wenige Jahre
anhielt, wurde die Archivgeschichte Sowjetrusslands und der Sowjetunion
seit Lenins Archivdekret vom 1. Juni 1918 auch danach kritisch beleuchtet.
Der Leiter der russischen Archivverwaltung, V. P. Koslov, geißelte 1998
die »tiefe Verfälschung der Geschichte der Völker Russlands«, das »Ver-
heimlichen und Vergessen nationaler Heiligtümer« und die »bewusste
Dokumentenvernichtung« durch den NKWD in der Zeit der stalinistischen
Massenrepression. Ideologisch begründete Einschränkungen des Zugangs
zu ganzen Dokumentenkomplexen und die Auswahl von Materialien nach
»künstlich geschlossenen Schemata des welthistorischen Prozesses« hätten einseitige Vorstellungen über die russische Geschichte und die Weltgeschichte entstehen lassen.[108] Wie Sonja Margolina berichtet, sind Private
Bibliotheken, die mehr als 500 Bände umfassten, von Lenins Exekutoren
beschlagnahmt, öffentliche Bibliotheken nach ideologischen Gesichtspunkten gesäubert worden. Der freie Zugang zu Information und Wissen mitsamt der Forschung wurde blockiert, das Denkprogramm der Russen in
Quarantäne genommen.[109]

Mit größter Offenheit schildert die russische Historikerin Tatjana Horhodina die Konsequenzen des Lenin-Dekrets: Politisierung und »Säuberung« der Archive, Repressionen von der Entlassung bis zur Ermordung
von Archivaren, sogenannte Makulaturkampagnen zur Gewinnung von
Papier-Rohstoff mit erheblichen Archivgut-Verlusten, Entwicklung eines
»Kommandosystems« durch die förmliche Unterstellung der Staatsarchive
und ihrer zentralen Leitung unter das Volkskommissariat des Inneren (in
seiner Funktion als Staatssicherheitsdienst und politische Polizei, NKWD).
Wörtlich schreibt Horhordina: »In der Tat wurde in den 40er- bis 50er-
Jahren der ... Prozess einer vollständigen und bedingungslosen Unterwer-

fung des gesamten Archivsystems unter das totalitäre System abgeschlossen. Man kann sogar sagen, dass dies ein zielgerichteter Schritt zurück, gewissermaßen ein Zurückwerfen der Archivorganisation in die Zeiten der Massenrepression und ›Makulaturkampagnen‹ war. Die Besonderheit lag nur in einem: ›Repressiert‹ wurden nun nicht so sehr die Archivare ... als vielmehr die Archive selbst insgesamt und einzelne Archivbestände, was sich in ihrer totalen Schließung und in der gewaltsamen Isolierung riesiger Komplexe historischer Quellen von der Gesellschaft zeigte. In diesen Jahren wird die Bildung eines ›archivischen GULags‹ in gesamtnationalem Rahmen abgeschlossen.«

Der Begriff GULag, betont Horhordina, sei nicht metaphorisch, sondern sehr real gemeint.[110] Dem habe die »missliche Linientreue« einer Mehrheit der Archiv-Mitarbeiter gegenüber fachfremden Instruktionen entsprochen.[111] Und Andrei Artizov, Leiter der russischen Föderalen Archiv Agentur, fragt sich, ob das Archivwesen der Sowjetunion nicht ein »ideologisches Ungeheuer« war, das die Partei- und Staatsführung sowie die Geheimdienste »blind bedient« habe.[112]

Ein regelrechtes Archivgesetz gab es in der sowjetischen Zeit nicht – Lenins Archiv-Dekret wurde 1929, 1941, 1958, 1980 einfach fortgeschrieben. Womöglich erklärt dies die Euphorie, die sich mit der Öffnung eines Teils der Archive in der Jelzin-Zeit ausbreitete: Das Pendel schlug »unkontrolliert« zurück. Anstelle eines geregelten Archivbetriebs rissen Nachlässigkeit und Kommerzialisierung ein. So konnte man, um ein Beispiel aus der Erfahrung des Autors zu erwähnen, 1992 im sogenannten Archiv für Beutedokumente in Moskau den vorhandenen Aktenbestand aus dem deutschen Auswärtigen Amt und anderen Institutionen des Deutschen Reiches ohne Aufsicht einsehen. Frei zugänglich waren in den »wilden Monaten« seit 1991 auch sämtliche vorhandenen Dokumente über die deutsch-sowjetischen Beziehungen aus den Beutebeständen des früheren Reichsaußenministeriums, einschließlich der kritischen Phase zwischen Juli 1939 und Juni 1941. Es war lediglich eine Frage von Zeit und Sitzfleisch, wesentliche Inhalte ins Stenogramm zu nehmen.

Bei seriösen Ansätzen für die Auswertung sowjetischer Quellen fällt die Bruchstückhaftigkeit auf.[113] Unter dem Titel »Die UdSSR und die deutsche Frage 1941–1948 – Dokumente aus dem Außenministerium der russischen Föderation«, Berlin 2004, erschienen drei kommentierte Quellenbände, herausgegeben und bearbeitet vom stellvertretenden Chef der Historisch-Dokumentarischen Verwaltung des Archivs für Außenpolitik, Moskau, Georgij Kynin, und Jochen Laufer vom Zentrum für Zeithistorische Forschung, Potsdam. Sie bieten deklassifizierte Dokumente zur deutschen Frage. Ein anderes Beispiel ist die fortlaufende Edition »100(0) Schlüsseldokumente der russisch-sowjetischen Geschichte (1917–1991)« aus der Werkstatt der Universität Erlangen/Nürnberg und der Russischen Akademie der Wissenschaften, dargeboten in einer kommentierten Online-Dokumentation der Bayerischen Staatsbibliothek München.

Eine »Archivrevolution« dieser Art war Teil der Untergangsgeschichte des sowjetischen Imperiums.[114] Sie konnte keine Dauer haben, sobald sich Mitte der 90er-Jahre Gegenkräfte zu Wort meldeten, die der »Siegesgeschichte« der Sowjetunion erneut den Vorzug gaben und dementsprechend die »besten Traditionen« der vaterländischen, also auch der sowjetischen Archivwissenschaft erhalten wissen wollten.

Im Juli 1993 traten per Verordnung des Obersten Sowjets der Russischen Föderation die »Grundlagen der Gesetzgebung der Russischen Föderation über den Archivfonds der Russischen Föderation (AFO RF) und die Archive« in Kraft, kollidierten aber mit den Gesetzen über Staatsgeheimnis- und Informationsschutz. Als praktische Folge verengte sich der Zugang zu Archivmaterialien erneut. Die Desekretierung von Dokumenten, zum Teil älter als 30 bis 70 Jahre, vollzog sich seit 1994 mit prozessionsartiger Langsamkeit. Nach Auflösung der damit beauftragten Kommission wurde zwischen 1997 und 2001 kein Blatt mehr gewendet. Per Ukas vom 2. Juni 2001 griff dann die Putin-Regie: Nun übernahm ausgerechnet die Kommission zum Schutz der Staatsgeheimnisse die Überprüfung. Von da an mussten die Dokumente aus der sowjetischen Zeit keine Staats- sondern lediglich Parteigeheimnisse enthalten, um gesperrt zu werden. 70 Prozent der im russischen Staatsarchiv gesammelten Papiere – die Sitzungsprotokolle des Politbüros und der ZK-Sekretariate der KpdSU – trugen routinemäßig den Stempel »streng geheim«. Dies wurde nun zum Maßstab. Ohne die Freigabe jedoch würde, wie die Kritiker betonten, die vollständige Erfassung der Geschichte des vorigen Jahrhunderts unmöglich sein.

Eine anschauliche Kritik übte beispielsweise der russische Journalist und Militärhistoriker Georgi R. Ramazaschwili, Mitarbeiter der Akademie der Wissenschaften am Zentralarchiv des Verteidigungsministeriums (CAMO) in Podolsk bei Moskau, das viele Millionen Kriegsdokumente von 1941 an aufbewahrt. Zum Zeitpunkt der Recherchen des Autors, Jahresanfang 2005, gab es in dem Zentralarchiv kein Findbuch und kein Verzeichnis der Bestände. Die Archivare, so Ramazaschwili, erblickten in den Forschern »ideologische Feinde und führen einen nicht erklärten, aber effektiven Krieg gegen die Kriegsgeschichte, indem sie die Forschungsarbeit mit der Waffe der Verbote stilllegen.«[115] Amtliche Archivare überprüften in den Lesesälen sogar Notizen der Benutzer freigegebener Dokumente und radierten oder schnitten (!) unliebsame Stellen aus. Sie glaubten offenbar, »verleumderische Erfindungen« zu bekämpfen, wenn sie den Forschern Informationen verweigerten. Gesperrt waren unter anderem Vernehmungsprotokolle deutscher Kriegsgefangener, sowjetische Flugblätter in deutscher Sprache, erbeutetes Schriftgut der Wehrmacht.

Die Folge sei, schreibt der Autor, dass die Käufer von Büchern anstatt wissenschaftlicher Untersuchungen schlecht recherchierte, pseudowissenschaftliche Geschichten in der Hand hielten, die so glaubwürdig seien wie Science-Fiction-Romane. Wenn aber keine neuen Archivdokumente Eingang in die wissenschaftliche Literatur fänden und die meisten Autoren voneinander abschrieben, stehe zu vermuten, dass das Archivwesen mit dem Virus unbegründeter Geheimhaltung infiziert sei. Dazu gesellte sich offenbar korruptes Verhalten. Der Militärhistoriker erwähnt das russische zweibändige Werk »Die Schlacht bei Moskau«, Moskau 2002 (leider nennt Ramazaschwili weder den Namen des Autors noch des Verlages), das die für historische Darstellungen erstaunliche Auflage von 3000 Exemplaren erzielt habe. In dem Buch seien Geheimdokumente zitiert, die Historikern gemeinhin vorenthalten würden. »Ein Blick in das Impressum liefert die Auflösung des Rätsels: Der Leiter des CAMO (Zentralarchiv des Verteidigungsministeriums), Oberst Tschuwaschin (Čuvašin), fungierte als wissenschaftlicher Berater. Der Zweck der Geheimhaltung ist also, die Erstveröffentlichungsrechte gezielt zu vergeben. Die Dokumente sind plötzlich nicht mehr geheim, wenn ein großer Verlag den Archivleiter zum wissenschaftlichen Berater deklariert.«[116]

Nach langen Diskussionen, verbunden mit formaler Rechtsunsicherheit und dem häufig beobachteten Willkürregime von Archivaren, die sich als Besitzer eines Geheimwissens dünken, trat am 22. Oktober 2004 das heute verbindliche Gesetz »Über das Archivwesen in der Russischen Föderation« in Kraft. Die Regelung wirkte ordnend einschränkend, beendete die relativ liberale Phase des Zugangs zu den Dokumenten, legte mithin die schwere Hand des Staates auf das Gedächtnis der Geschichte. Im Ganzen gesehen wirkt das Archivrecht in den Möglichkeiten seiner Handhabung wie die Exekutivbestimmung der Putin'schen Geschichtspolitik, wonach es sich bei dem Ende der Sowjetunion 1991 um die »größte geopolitische Katastrophe des 20. Jahrhunderts« handelte. Der Revisionismus, der sich in diesem Satz andeutet, beschränkt unerbittlich die Sicht auf die Vergangenheit, verweist die Geschichtswissenschaft auf einen politisch dienenden Platz und setzt sie bürokratischen Spielen des Vorenthalts, holpriger Freigabe und teilweisen Dauerverschlusses aus, Letzteres vor allem die Aktenbestände des KGB, der KPdSU und entscheidende Schriftvorgänge des Führungszirkels um Stalin und seine Nachfolger betreffend.

Während Abschnitte 1 bis 5 des Gesetzes die zentralen Richtlinien für Aufbewahrung, Bestandsergänzung, Registrierung und Nutzung der archivierten Dokumente, den Umfang des Archivfonds als Widerspiegelung des materiellen und geistigen Lebens der Gesellschaft, Qualifizierung und Auswahl der Dokumente, Administration des Archivwesens und Kostendeckung, Registrierung, Aufbewahrung und Aufbewahrungsfristen behandeln, regelt der Abschnitt 6 die für die Forschung und das Geschichtsbild entscheidenden Formen des Zugangs zu den Dokumenten und ihrer Nutzung. Hier wird zunächst generell das Recht garantiert, die Archivdokumente »frei zu ermitteln und zum Studium zu erhalten«. Zugangsbeschränkung kann jedoch auf mehrfache Weise geltend gemacht werden: erstens gemäß internationalem Vertrag der RF (Russische Föderation), gemäß Gesetzgebung der RF und – bei Dokumenten in Privateigentum – gemäß Verfügung des Eigentümers oder Besitzers (§ 25,1); zweitens und hauptsächlich betrifft sie Materialien, »die ein staats- oder ein anderes durch die Gesetze der RF zu schützendes Geheimnis enthalten« sowie Dokumente in einem anerkannt »unbefriedigenden Erhaltungszustand« (§ 25,2); drittens Dokumente mit »Angaben über ein persönliches oder familiäres Geheimnis des Bürgers, sein Privatleben und Angaben, die eine Bedrohung seiner Sicherheit darstellen«. Im letzten Falle wird die Zugangsbeschränkung, wie bereits erwähnt, auf 75 Jahre vom Tag der Entstehung des betreffenden Materials an festgelegt (§ 25,3). Im Übrigen hat auch die Nutzung zugänglicher Archivdokumente eine Fußangel. Die in ihnen enthaltenen Informationen dürfen nur »legalen Zwecken« dienen und nur auf »legale Weise« weitergegeben und verbreitet werden.

Bestimmungen solcher Art eignen sich zur Universalabschreckung. Zwar können Dokumente, die dem staatlichen Geheimnisschutz unterliegen, freigegeben werden, doch setzt dies eine »entsprechende Gesetzgebung der RF« (zu § 25,2), mithin einen umständlichen Prozess der Desekretierung voraus. Er kann sich über Jahre hinziehen und den sachlichen Zusammenhang von Dokumentkomplexen in mehr oder weniger unverständliche Stücke auseinanderreißen. Illegale Nutzung, Weitergabe und Veröffentlichung sind strafbewehrt – die Anklage kommt schnell, der Freispruch im glücklichen Fall raubt Zeit. Bereits publizierte Dokumente wurden wieder »klassifiziert« und gesperrt. Dies geschah, wie Bernd Bonwetsch, Gründungsdirektor des Deutschen Historischen Instituts in Moskau, berichtete, zum Beispiel nach der Überführung des Smolensker Archivs in die Hauptstadt. Ein Sonderfall und dennoch exemplarisch: Der Fonds des Archivs mit wertvollen Informationen über die kommunistische Tätigkeit in den beiden ersten Jahrzehnten des kommunistischen Regimes war nach der Eroberung von Smolensk durch die Deutsche Wehrmacht 1941 auf einer Odyssee zu Teilen nach Vilnius, später nach Ratibor und Bayern transportiert worden, wo er schließlich in die Hände der Amerikaner fiel und in die USA (US-

National Archives, Washington) verfrachtet wurde. Was zahlreiche amerikanische Historiker schon »wie eine Zitrone ausgequetscht« hätten (Bonwetsch), war nach der Rückkehr der 541 Kisten und über 70 000 Blätter nach Smolensk im Jahre 2002 zugänglich, wurde jedoch im Anschluss an die Verlegung des Archivs nach Moskau wieder für »geheim« erklärt.

Für die Aufklärung aller Vorgänge in der sowjetischen Zeit, vor allem der politischen und militärischen zwischen 1939 und 1945 und der Ereignisse des Kalten Kriegs, wäre die Deklassifizierung der vollständigen Aktenbestände aus der Spitze des Parteiapparats (Stalin, Politbüro, Zentralkomitee) erforderlich. Dort fielen die Entscheidungen, die von den nachgeordneten Behörden wie Außen- und Verteidigungskommissariat zum Teil vorbereitet, in jedem Fall ausgeführt wurden. Einige interessante Informationen über die verwirrende Archivlandschaft Russlands, vor allem über die geheimen Bestände Stalins, die heute im Archiv des Präsidenten der Russischen Föderation gehütet werden, gibt der russische Historiker Lew Bezymenski. Nach eigenen Angaben[117] zählt er zu den Privilegierten, denen Zugang zu dem Stalin-Fundus gewährt wurde, der in seinem vollen Umfang noch nicht erschlossen werden konnte, genauer gesagt, durfte. Alle Stalin-Unterlagen, bestätigt Bezymenski, befinden sich heute, in drei unterschiedlichen Archiven geführt, als wohlgehütete Verschlusssachen unter der Obhut des Präsidenten der Russischen Föderation. Man kann auch sagen, Präsidenten wie Putin und Medwedew sitzen als allerhöchstes Wachpersonal verteidigungsbereit auf dem Konvolut der russisch-sowjetischen Geschichte.

Erwähnenswert, weil exemplarisch ist das abenteuerliche Verschwinden und Auffinden der geheimen Zusatzprotokolle des deutsch-sowjetischen Neutralitätsvertrags vom 23. August und 28. September 1939, von denen die sowjetische Seite bis in die Zeit Gorbatschows rundheraus behauptete, es habe sie nie gegeben: bei den »Kopien« im Auswärtigen Amt der Bundesrepublik Deutschland handele es sich um Fälschungen. Wjatschislaw Molotow, neben Reichsaußenminister Joachim v. Ribbentrop Unterzeichner des Vertragswerks,[118] leugnete die Existenz der Protokolle bis ins trübe Alter, eine Version, der auch sein Nachfolger Andrei Gromyko und selbst der nach dem Ende der Sowjetunion allgegenwärtige Valentin M. Falin, Gefolgsmann Gromykos und Gorbatschows, beipflichtete.

Das Spiel ging so lange, bis man im Dezember 1989 in Molotows Archiv die Akte 66/700 fand, in der die Namen von acht Dokumenten aufgeführt waren, darunter der Geheimprotokolle vom 23. August und 28. September 1939. Dieser Hinweis war schlagend – wo aber befanden sich die Originale? Selbst im Kreml wurde nach ihnen gesucht, lange Zeit offenbar nicht intensiv, denn Chruschtschow und Breschnew haben die Schriftstücke, die mehr über Krieg als über Frieden in Europa entschieden, nie gesehen. Sie

befanden sich im geheimsten aller Stalin-Archive, einer Sammlung von über
100 »Sondermappen« unter strenger Verwahrung eingeschworener Hüter,
zu deren Qualifikationen zeitweiliger Gedächtnisverlust gehört. In diesem
Konvolut im Präsidentenarchiv bekam Gorbatschow im Dezember 1991
die »Mappe 34« mit acht Dokumenten und zwei Landkarten – die Originale der Zusatzprotokolle respektive Briefwechsel zum Neutralitätsvertrag
endlich zu Gesicht.[119]

Dies bekräftigt den Schluss, dass sich in den selektiv freigegebenen
Dokumenten des Staats- und Parteiapparats, darunter auch ausgesuchte
Stalin-Akten, von den wichtigsten internen Entscheidungsprozessen, ihren
Motiven und Konflikten so gut wie nichts niederschlägt. Rückschlüsse sind
spekulativ, werden im Übrigen durch die Auswahl der deklassifizierten Materialien erschwert, wenn nicht mit Bedacht behindert. Gelegentliche Einblicke, behördlicherseits mit der gönnerhaften Aufforderung: »Schreiben
Sie das!« verbunden, dienen der Verbreitung genehmer Darstellungen über
den sowjetischen Geschichtsverlauf. Derartige Manipulationen sind nicht
selten, wie interessierte Historiker berichten. Hinweise in vorwiegend russischen Quellen-Publikationen auf politische Vorgänge, Kriegsentscheidungen, Kriegshandlungen und die sowjetischen Streitkräfte im Jahr 1941 sind
begrenzt und zufällig. Sie bieten kein zusammenhängendes Bild.

Man kann, wie der Exkurs über die Quellen zeigt, die uns besonders inte-
ressierenden Antworten auf offene Fragen des deutsch-sowjetischen Kriegs,
seiner Vorgeschichte und seines Ausbruchs, nicht deduktiv ablesen, also
von der obersten Meinungs- und Entscheidungsebene über die Planungs-
und Implementierungsstufen bis zum operativen Geschehen auf dem Gefechtsfeld. Der umgekehrte induktive Weg vom bekannten, ausgebreiteten
Detail zur Entscheidungsursache ist generell von Fehlurteilen bedroht und
bleibt zwangsläufig rudimentär. Welche Gründe führten zur vernichtenden
Niederlage der sowjetischen Westarmee zu Beginn des Kriegs im Juni 1941?
Hat Stalin tatsächlich nicht auf die zahlreichen Warnungen vor einem deutschen Angriff reagiert? Warum stellte er die Streitkräfte in Grenznähe in
Angriffs- statt in Verteidigungsstellung auf? Wie reagierte er tatsächlich auf
den Operationsplan des Generalstabs vom 15. Mai 1941 mit der dringenden Empfehlung zum Präventivschlag? Der russische Geschichtsprofessor
Alexander I. Boroznjak von der pädagogischen Hochschule in Lipezk (am
Woronesch) führt den vehementen Historikerstreit, der in Russland in den
90er-Jahren über die Ereignisse im Jahr 1941 ausbrach, auf das Fehlen von
Quelleneditionen über das Verhalten der politischen Führung der UdSSR
am Vorabend des deutsch-sowjetischen Kriegs zurück. Klare Ergebnisse
seien von der Fortsetzung der freien internationalen Diskussion und von
der Öffnung der russischen Archive abhängig, vor allem des Archivs des

Präsidenten der Russischen Föderation und des Generalstabs der Roten Armee.[120] Dies schrieb Boroznjak 1998. Inzwischen wurde der Zugang zu den russischen Geschichtsquellen wesentlich erschwert. Es ist, als sei ein Vorhang niedergegangen.

5. Die letzte Phase vor dem Krieg gegen Russland

Kehren wir von den Ansichten zu den Fakten zurück. Im März 1941 traten Bulgarien und Jugoslawien Hitlers Dreimächtepakt bei, Rumänien, Ungarn und die Slowakei gehörten ihm schon an – die europäische Südflanke schien gesichert, dem für Mai festgelegten Termin des Angriffs auf die Sowjetunion stand offenbar nichts mehr im Wege. Da tauchten zwei Schatten auf.

Den einen warf der bramarbasierende Mussolini, der im Oktober 1940 ohne Absprache mit Hitler und unzureichend gerüstet in Griechenland einmarschierte, sich zudem von der Kolonie Libyen aus zur Eroberung Ägyptens in Marsch gesetzt hatte und auf beiden Kriegsschauplätzen in schwerste Bedrängnis geriet.[121] Den anderen warf Winston Churchill, der die Chance witterte, die Schwäche der Italiener zu seiner Stärke zu machen und eine Balkanfront gegen die Hunnen, wie er zu sagen pflegte, aufzubauen. Am 7. März 1941 landete ein britisches Expeditionskorps von rund 50 000 Mann in Griechenland, am 27. März putschten in Jugoslawien, von britischen und amerikanischen Agenten angeheizt und durch die Landung in Griechenland ermutigt, die achsenfeindlichen Generäle Mirković und Simović. Sie veranlassten den neuen Monarchen, König Peter II., unverzüglich mit der Bündnispolitik seines Vorgängers, des Prinzregenten Paul, zu brechen und am 5. April einen Nichtangriffspakt mit der Sowjetunion abzuschließen. Am Tag des Umsturzes erklärte Churchill im Unterhaus: »Heute am frühen Morgen fand Jugoslawien seine Seele.«[122]

Von sich aus hatte Hitler alles Mögliche im Sinn, nur keinen Balkanfeldzug. Viele Betrachter glauben sogar, er habe überreagiert, als er unverzüglich den Doppelschlag gegen Griechenland und Jugoslawien in die Wege leitete und darüber fünf Wochen saisonal günstige Angriffszeit für die russische Kampagne verlor. Andere meinen, durch den Truppenabzug von der Nordafrikafront hätte Winston Churchill den sicheren Sieg über die schon in heller Flucht befindlichen Italiener verspielt, sich Rommels Afrika-Korps auf den Hals geladen – und das alles für ein Hasardspiel in Byron'schen Stil, das schon am 11. Mai in einem überstürzten Rückzug endete und Erinnerungen an das Gallipoli-Desaster des jungen Lords der Admiralität 1915 und an die dramatische Flucht der Briten in Dünkirchen von den französisch-fland-

rischen Stränden weckte. Am Ende hatten die Engländer 12 000 Mann und
darüber hinaus die Insel Kreta verloren, deren blutige Eroberung Hitler
einen strategischen Vorteil im Mittelmeer bescherte. »Diese Niederlagen
bedeuteten für Großbritannien einen gefährlichen Rückschlag und einen
Prestigeverlust, während sie den Griechen Elend brachte«, schreibt der britische Militärhistoriker Liddell Hart, der kein Freund Churchills war.[123]

Aus damaliger Sicht betrachtet, konnte Hitler der britischen Landung
in Griechenland, der sich anbahnenden Katastrophe für Mussolini an zwei
nahen Kriegsschauplätzen und dem sowjetischen »Tasten« nach Jugoslawien nicht tatenlos zusehen. Bis zur Stunde hatten Churchill und Hitler
ihren »Zweikampf« (John Lukacs) in der Luft und auf See geführt und
der britische Premier suchte nach den deprimierenden Verlusten, die ihm
die Luftangriffe auf seine Städte und Industrieanlagen und die deutschen
U-Boote auf den Nachschubpassagen zufügten, nach einem strategischen
Ansatz, Hitler »irgendwo« zu packen. Die Schwäche des italienischen Verbündeten bot die Gelegenheit, ihm in die Flanke zu fahren – just in dem Augenblick, da er sich zum Angriff auf Russland sammelte, was der Londoner
Führung nicht entgangen war und Churchill Stalin eifrig zukommen ließ.[124]

Churchill hatte zu dieser Zeit eine Öffentlichkeit, die unter der erzwungenen Passivität der britischen Kriegführung litt, und einen amerikanischen
Patron, Franklin D. Roosevelt, dessen riskante Politik in der Grauzone der
Neutralität einen Preis verlangte, der aus Taten, nicht aus Worten bestand.
Die Chance, sich auf dem Balkan festzusetzen und mit den nicht zu unter-
schätzenden Kräften des Empire die kontinentale Position des Feindes aus
dem Mittelmeerraum heraus zu bedrohen, war durchaus vorhanden. Hitler
sah das und fürchtete es, da er die britischen Potenzen eher über- als unterschätzte. Auch die Erinnerung spielte eine Rolle. 1915 hatten sich die Alliierten in Saloniki festgesetzt und von dort aus 1918 einen entscheidenden
Vorstoß gegen die Donaumonarchie unternommen. Heute vollzog sich alles
im Rücken eines aufmarschierenden deutschen Ostheeres. Es gab keine Alternative: Mussolini war ein ewiger Patient, Hitler musste handeln, ob er
wollte oder nicht.

Wohl noch unerkennbar in der damaligen Zeit, vielleicht geahnt, aber
nirgends ausdrücklich realisiert, tauchte in den balkanischen Frühjahrstagen der embryonale Schatten der großen Anti-Hitler-Koalition auf. Es war
so, als hätten sich Stalin, Churchill und der »marmorne« Roosevelt von den
Küsten und aus der Tiefe der Kontinente zugewinkt. Nicht im, aber »am
Rande« des sowjetisch-jugoslawischen Freundschaftspaktes vom 5. April
ließ Stalin den neuen Herren in Belgrad »militärische und materielle Unterstützung« versprechen, von der man nach Hitlers einschlagendem »Blitz«
natürlich nichts mehr wissen wollte. Zugleich ging an die Türkei die An-

nonce, »wohlwollende Neutralität« für den Fall zu wahren, dass Ankara gezwungen sein sollte »gegen einen dritten Staat« Krieg zu führen (zur Abwehr nicht erwähnter deutscher Zumutungen). Stalin sah in dem Balkan-Tumult einen Zeitgewinn, der gegen Hitlers Vorhaben und für den eigenen ausschlug – bis er wahrnehmen musste, dass die routinierte Wehrmacht nicht mehr als zwölf Tage benötigte, um Jugoslawien zur Kapitulation zu zwingen und 23 weitere, um Griechenland und die Inseln in die Hand zu bekommen. Immerhin, der deutsche Angriff auf die Sowjetunion musste, die Rückführung und Reinstallation der Panzerkräfte eingerechnet, um fünf Wochen verschoben werden. Hitler nahm die Verzögerung anscheinend gelassen hin. Er glaubte, mit den Sowjets bis zum Spätherbst »fertig werden« zu können, nicht bedenkend, dass er in die Napoleon-Falle des frühen Wintereinbruchs und des heroischen russischen Widerstands laufen könnte.

Die schnelle Sicherung des Balkan-Glacis war für die deutsche Kriegführung von großer Bedeutung. Militärisch und besatzungspolitisch betrachtet war der Eroberungszug allerdings zu »durchstechend« und oberflächlich, wie der bald beginnende Partisanenkrieg der nationalistischen Četnici unter General Mihailović und der danach dominierenden, wesentlich effektiveren irregulären Verbände Titos in Jugoslawien zeigen sollte. Für den Augenblick hatte Hitler die Südflanke frei, den Briten sowohl wie den Russen und Amerikanern im Hintergrund ein wichtiges Aktionsfeld entzogen. Im Falle des Aufbaus einer britischen Balkanfront wäre für die Deutschen die Gefahr einer sowjetisch-britischen Militärkooperation in Südosteuropa beträchtlich angewachsen, die Kontinentalpläne der deutschen Führung durchaus fraglich geworden und die militärisch-politische Initiative in Osteuropa früher, als es in Wirklichkeit geschah, verloren gegangen.

Mit dem Scheitern der britischen Landung geriet die Gegenseite in die Verlustzone: Infolge der stets etwas rhapsodischen oder romantischen Strategie Churchills misslang nicht nur die Einnahme der erstrebten Position in Südeuropa, sondern schwand der schon sichere Sieg gegen die Italiener in Nordafrika, das nun für Jahre zu einer Walstatt der befähigsten deutschen und britischen Generäle wurde – eine Art Luxuszone des Kriegs. Stalin schließlich musste angesichts des letzten erfolgreichen Blitzkriegs der Deutschen nun wieder um Zeitgewinn bemüht sein, um den eigenen Aufmarsch zu vollenden und den Angriff Hitlers hinauszuschieben. Die Uhrzeiger des großen Konflikts näherten sich jedoch, das wussten alle Seiten, bedrohlich der entscheidenden Stunde.

Um sich für den Krieg mit dem Reich den Rücken freizuhalten, hatte Stalin den Abschluss eines Neutralitätsvertrags mit Japan betrieben, der am 13. April, also während des deutschen Balkan-Feldzugs, in Moskau förmlich abgeschlossen wurde. Hitler verlor damit definitiv die Zange in der Hand – deutsche Bemühungen, Tokio im Laufe der Russland-Kampagne zu einer Teilung der Beute zu animieren, blieben erfolglos. Doch beeilte sich Stalin, den Vertragsabschluss als Dienstleistung gegenüber dem Reich hinzustellen: Japan sei nun von der Sorge eines sowjetischen Angriffs befreit und könne seine ganze Energie auf den Vorstoß nach Südostasien und auf den nahenden Krieg mit den Amerikanern konzentrieren. Bei der Verabschiedung des japanischen Außenministers Matsuoka in der Öffentlichkeit des Moskauer Bahnhofs überfiel Stalin den deutschen Botschafter von der Schulenburg mit auffallenden Freundschaftsbekundungen.[125] Nicht allein das – er betrieb mehreren Gesten und Signalen zufolge eine »fleißige« Beschwichtigungspolitik.[126]

Die sowjetische Politik zwischen April und Juni 1941 trug Facetten. Während Stalin bei dem Versuch, gewissermaßen die Uhr anzuhalten, große Nervenstärke zeigte, versetzte ihn der Flug von Rudolf Heß am 10. Mai nach England nun doch in Unruhe.[127] Er witterte dunkle Konspiration. Jede britische Warnung vor Hitlers Angriffsabsichten als bösartige Finte zu deuten, erhielt satte Nahrung. Ihm war bewusst, dass Hitler die idée fixe der weltpolitischen Kooperation mit dem Empire nach dem Teilungsschema Weltmeere-Land trotz aller Rückschläge nie aufgegeben hat. Zu offen hatte man in Berlin die Kriegserklärung der Briten wegen Polen als ein Unglück beklagt, das es zu revidieren galte. Zu oft wurde Stalin hinterbracht, dass sein Partner die Verträge zum gegenseitigen Nutzen für widernatürliche Aushilfen hielt.

Hitlers enthusiastische Ausführungen vor dem Besucher Arnold J. Toynbee im Jahre 1936, wie das asiatische Reitervolk der Awaren unter dem Schwert Karls d. Großen »buchstäblich vom Erdboden verschwand«[128] (zwischen 791 und 803 n. Chr.), war von dem gesprächigen britischen Gelehrten wie eine Pointe in der Londoner Gesellschaft verbreitet worden und führte dort ein langes, leutseliges Leben. Spiegelte Hitlers Epochenidee, den »jüdischen Bolschewismus« zu vernichten und das russische Volk zu unterwerfen, nicht ein heuchlerisch dementiertes »kapitalistisches« Desiderat? Stalin glaubte die Motive aller seiner Feinde zu durchschauen. Nie hielt er es für ausgeschlossen, ein deutsch-angelsächsisches Arrangement in letzter Minute könnte zu einer übermächtigen Koalition gegen die Sowjetunion führen. Die Sache Heß bestärkte ihn darin. Ein Anfall von Misstrauen – nicht der erste, nicht der letzte.

In Wirklichkeit gab es für ein renversement nicht die geringste Chance, was sogar Hitler im Mai nach einem wahren Schwulst gescheiterter Annäherungsversuche an London geschwant haben dürfte. Die bis heute nachwabernden Gerüchte über eine von Hitler gebilligte Heß-Mission fanden infolge des britischen Aktenverschlusses weder Bestätigung noch Dementi. Wer sich ernsthaft um eine Einschätzung der damaligen Situation bemüht, hat es nicht leicht, zu glauben, dass der »Stellvertreter des Führers« in der NSDAP, der zwar keine Geltung mehr besaß, aber doch einen Namen, sich als höchstautorisierter geflügelter Sendbote auf den Weg über den Kanal nach Schottland gemacht haben könnte.

Die Heß-Affäre gehört zu den nervösen »Verwölbungen« der Kriegsgeschichte und wirft insofern ein scharfes Licht auf die Gemütsverfassung aller beteiligten Parteien. In solchen Zeiten sammelt sich Stoff für spätere »Enthüllungen«. Tatsache ist jedenfalls, dass in dem Jahr zwischen dem Zusammenbruch Frankreichs und dem deutschen Angriff auf Russland viel Aufregendes in der Luft lag, nicht zuletzt die entscheidende Frage, ob sich der europäische Krieg begrenzen lassen oder ob der Globus in einen präzedenzlosen Weltbrand versetzt würde. Dies war natürlich mehr als eine Nervenfrage, hing aber gleichwohl von wenigen Personen ab, deren Handeln sich, right or wrong, mit jedem Schritt in die unerbittliche Eigenlogik des Kriegs umsetzte.

IX. KAPITEL

HITLERS NIEDERLAGE IM OSTEN

Der Ostfeldzug bietet morphologische Ähnlichkeiten mit der Frankreich-Kampagne. Wieder waren es Wucht, Geschwindigkeit, Feuer und Schrecken der einfallenden Wehrmacht, Durchbruch der verbundenen Waffen und finale Einkesselung, unter denen sich die Rote Armee förmlich auflöste. Ganze Divisionen wollten nicht kämpfen, sondern flüchteten nach vorn in die Gefangenschaft, ein Verhalten, das unter höchste Strafe gestellt war.[1] Die Resignation erreichte das Tempo des Gerüchts. Catherine Merridale hält die Katastrophe für eine Folge von Bürokratismus, Zwangsherrschaft, Lügen, Furcht und Fehlorganisation.[2] Tatsächlich reichte das Phänomen bis in die russische Geschichte zurück, in die chaotische letzte Phase der Zarenzeit im frühen 20. Jahrhundert, genauer, des ersten Weltkriegs 1916 und 1917.

In den ersten Kriegsmonaten strömten 3,2 Millionen Russen in die begrenzten Gefangenenlager mit völlig unzureichender Nahrungslogistik und Hygiene. Innerhalb des zweiten Halbjahres 1941 zählte man eine Million Überläufer, die ihre enggeschnittene sozialistische Konfession abstreiften wie eine Schlangenhaut.[3] Ein Beispiel unter vielen: Zwischen dem 10. und 20. August 1941 wurden in der 289. Schützen-Division 76,9 Prozent des Personalbestands als »vermisst« gemeldet – tatsächlich waren sie übergelaufen.[4] Es gab Tage, da streckten 100 000 Rotarmisten die Waffen.[5] Nach sechs Monaten war die Zahl der gefangenen, fahnenflüchtigen und versprengten Sowjets größer als die Zahl der im Juni 1941 an der Front eingesetzten Rotarmisten.[6]

Stalin erkannte mit Entsetzen, dass die Völker der Sowjetunion nicht bereit waren, den Sozialismus zu verteidigen.[7] Seine Ängste vor der Instabilität des tiefen Russlands, die ihn zu fürchterlichen Terrormaßnahmen verführt hatten, bestätigten sich. Vier Worte beschreiben die Situation im Inneren: Zynismus, Selbstmorde unter Reservisten, Selbstverstümmelung an der Front, Wodka tags und nachts.[8] Soldaten legten Hakenkreuzbinden an,[9] Parteiausweise flogen in hohem Bogen in den Schmutz, Funktionäre wurden getötet. Die sowjetische Führung schloss Balten, Weißrussen, Ukrainer aus dem Kreis der Panzerbesatzungen aus.[10]

Hitler führte bewusst einen Blitzkrieg mit Feuer und Tempo, von dem in Frankreich nur im Nachhinein gesprochen wurde. Im Unterschied zum Westfeldzug richteten sich der Angriff und die Form der Okkupation nicht allein auf die Armee des Gegners, sondern auf die sowjetische Gesellschaft. Angesichts der Begrüßung deutscher Truppen mit Blumen, Brot und Salz wollte Stalin nicht glauben, dass die Besatzungspolitik unter Hitlers Regie – Fortführung der Kolchosen, Gräueltaten gegen Juden, an denen Einheimische oft beteiligt waren, feindseliger wie hilfloser Umgang mit den Kriegsgefangenen – sich bald zu seinen Gunsten auswirken würde. In seinem unendlichen Misstrauen rechnete er eher mit Werbekampagnen zumindest der Wehrmacht um Überläufer, gefangene Rotarmisten und Zivilisten, also mit dem Erscheinen Fünfter Kolonnen, die zwischen abständigem Grenzland und der schnell voranschreitenden Front subversive Aktionen gegen das in Bedrängnis geratene Sowjetregime entfalten würden.

Generalstabschef Boris M. Schaposchnikow – früher zaristischer Oberst, jetzt Vertrauter des *Woschd*, beschrieb im Befehl Nr. 00919 des Hauptquartiers des Obersten Kommandos am 16. Juli 1941 in aller Offenheit die Lage: »An allen Fronten gibt es zahlreiche Elemente, die dem Feind sogar entgegenlaufen und bei der ersten Berührung ihre Waffen wegwerfen und andere mit sich ziehen ..., während die Zahl der standhaften Kommandanten und Kommissare nicht sehr groß ist.« Die von Stalin und dem Chef der Hauptverwaltung der Roten Armee, Armeekommissar 1. Ranges, Lew S. Mechlis, erlassene Direktive vom 15. Juli 1941 fiel nicht weniger offen aus: Unter den Einberufenen der westlichen Ukraine, Weißrusslands, der Moldau, der Bukowina und des Baltikums befinde sich »eine große Anzahl von Verrätern«. Gefangengenommene hohe sowjetische Offiziere sagten bei Verhören aus, die »Zersetzung« mache vor Politarbeitern und Kommunisten in der Truppe nicht halt. Es herrsche »Verwirrung, Panik, Undiszipliniertheit und verbrecherisches Nachlassen von Wachsamkeit«.[11]

1. Eklat im Kreml

In der Kreml-Zentrale herrschte nach dem deutschen Angriff am 22. Juni 1941 Verwirrung. Niemand in den Hallen der Zaren wusste, was zu tun sei. Fast stündlich wechselten die Direktiven an die Truppenführung. Die erste frühmorgens lautete: Das Feuer sei nicht zu erwidern. Die nächste, dies sei kein Großangriff, man solle das Feuer nur eröffnen, wo der Feind die

Grenze überschreite. Die letzte des Tages: Gegenangriffe an allen Fronten.[12]
Die strategischen und taktischen Kunstfehler der Russen, vor allem ihres
autokratischen Befehlshabers Stalin, schürzten sich in den ersten Tagen des
Kriegs zu einem schier unauflösbaren gordischen Knoten. Zuerst glaubte
Stalin, Bombardement und Einmarsch seien nichts anderes als eine Provokation deutscher Befehlshaber. Der von Volkskommissar für Verteidigung,
Timoschenko, überlieferte Ausruf: »Hitler weiß sicher nichts davon«, es
könne sich um eine eigenwillige Aktion deutscher Generäle handeln, fügt
sich in dieses Bild.[13] Bis heute wird Timoschenkos »Zitat« in apologeti-
schen Darstellungen als eine Art Beweisjuwel dafür angeführt, das harm-
lose Sowjetsystem mitsamt des friedensbesorgten Stalins seien urplötzlich
von einem Tiger angefallen worden.

Nikita Chruschtschow zog 1956 in seiner »Geheimrede« auf dem
XX. Parteitag die Behauptung Stalins in Zweifel. Der Krieg, so erklärte er,
sei mitnichten »das Ergebnis eines ›unerwarteten‹ Überfalls der Deutschen
auf die Sowjetunion gewesen (…). Genossen, das entspricht doch überhaupt nicht der Wahrheit«.[14]

Tatsächlich hatte Stalin die sich häufenden Signale von allen Seiten be-
wusst übergangen, ja, er schien sie regelrecht zu verscheuchen wie böse
Geister. Vor dem geistigen Auge sah er Irrlichter britisch-amerikanischer
Illuminateure, der feindlichen Kapitalisten. Der Verdacht beschlich ihn, die
Deutschen beteiligten sich genüsslich an dem scheinbar fernen Feuerwerk
der Informationen, um mit dem Aufmarsch Ost die tatsächliche Absicht des
Angriffs auf Großbritannien großräumig zu verschleiern. Für den *Woschd*
widersprach es im Fall Hitler der Sachlogik, das Weltstück des Kriegs mit
der Sowjetunion vor der Vollendung der britischen Bataille zu riskieren. Das
meinte auch der Chef des diplomatischen Stabes im britischen Außenministerium, Alexander Cadogan, der aus eingefleischt britischer Selbstüberschätzung wähnte, die Deutschen würden nach dem Sieg in den Balkanschlachten
(Mai 1941) den Stoßkeil gegen die Briten in Nordafrika und im Mittleren
Osten vorantreiben. Dennoch malte er dem sowjetischen Botschafter in
London, Iwan M. Maiski, die Lage im Osten als sehr gefährlich aus, was
man sowjetischerseits als Täuschungsmanöver westlicher Kriegstreiber deutete. Seinem grundsätzlichen Misstrauen entsprechend bezichtigte Stalin die
Überbringer der Botschaften der Provokation: Den einen oder anderen hätte
er am liebsten, altem Sultansbrauche folgend, einen Kopf kürzer gemacht.
Das heißt aber nicht, dass er diese hochwichtigen Vorgänge der Außenpolitik und der akuten Kriegsgefahr nicht doch genau registriert hätte.[15]

Am 28. Juni, angesichts des rapiden Vormarschs der Wehrmacht, der
Einnahme von Minsk und des Wegschmelzens von vier sowjetischen Armeen, kam es im Volkskommissariat für Verteidigung zum Eklat: Stalin

schien die Nerven zu verlieren. Stalin, Beria und Generalstabschef Georgi K. Schukow gerieten unter den Augen Molotows, Mikojans und des gerade zum Oberkommandierenden für die strategische Kriegführung ernannten Generals Timoschenko aneinander, als Schukow die laut diskutierenden Politiker aufforderte, ihn nicht weiter bei der Arbeit zu stören.[16] Damit berührte er die Befehlskompetenz, letztlich Stalins Vollmachten. Beide Seiten schrien sich an; Schukow brach in Tränen aus und lief aus dem Raum. Molotow holte ihn zurück. Stalin und die Politbüro-Leute verließen die militärische Befehlszentrale mit fliegenden Rockschößen.

Auf der Autofahrt zur Datscha in Kunzewo am westlichen Stadtrand von Moskau ließ sich Stalin gegenüber Molotow und Malenkow aus: »Alles ist hin. Ich gebe auf. Lenin hat unseren Staat gegründet und wir haben alles versaut.« Er wiederholte sich: »Wir haben alles vermasselt. Ich kann das Führungsamt nicht länger ausüben.« Über den Wortlaut des Stalin'schen Ausbruchs gibt es Variationen und Dementis. Molotow räumt ein, der Woschd habe die Beherrschung verloren. »Er war sehr aufgeregt, fluchte zwar nicht, war aber nicht ganz er selbst.« Molotow bestätigt auch den Aufschrei: »Wir haben alles versaut«(»we blew it«) – er habe dieses Urteil »auf uns alle« bezogen. Entschieden wehrte er sich jedoch gegen Behauptungen, Stalin habe »den Kopf verloren« und aufgeben wollen: »Ich habe diese Worte nie gehört. Ich halte das für unwahrscheinlich.«

Chruschtschow wiederholt in seiner »Geheimrede« 1956 die verzweifelten Worte Stalins: »Alles, was Lenin geschaffen hat, haben wir unwiederbringlich verloren.«[17] In seinen »Erinnerungen« malt er unter dem Zwischentitel »Die dunkelsten Stunden« die Katastrophe des Kriegsbeginns aus und entwirft dann ein widersprüchliches Bild des Woschd aus der Zeit nach der Krise: Im Fortgang des Kriegs, so schreibt er, »sah ich mich einem neuen Menschen gegenüber. Er war nicht mehr der Mann, der er zu Kriegsbeginn gewesen war. Er hatte sich zusammengerissen ..., verhielt sich wie ein richtiger Soldat ... Er legte die ganze willensstarke Entschlossenheit eines heroischen Führers an den Tag. Aber ich wusste, was für ein Held er war. Ich hatte ihn gesehen, als er gelähmt war durch seine Angst vor Hitler – wie ein Kaninchen vor der Riesenschlange. Und meine Meinung über ihn hatte sich in der Zwischenzeit nicht geändert«.[18]

Ein Handel mit dem alten Gospodin?

Nach dem Ausbruch verschwand Stalin für zwei oder drei Tage in seiner von Wäldern umgebenen Datscha in Kunzewo, ließ sich verleugnen, schnitt den Nachrichtenfluss ab, gab selbst kein Lebenszeichen. Der Kreml, die

Avantgarde um Molotow, Beria, Mikojan und die militärische Führung, versanken in stumme Ratlosigkeit, während die Front unter der deutschen Lawine zusammenbrach. Was ging vor sich? War Stalin wirklich »am Ende«, demoralisiert, verzweifelt, vielleicht von Selbstmordgedanken umgetrieben? Was tat er, was dachte er? Suchte er, der Priesterschüler, Rat und Hilfe bei Gott, den er verlassen hatte, der aber vielleicht in ihm noch sein Wesen trieb?

Stalins Untertauchen in den schweren Tagen des beginnenden Kriegs gibt jedenfalls Aufschlüsse über das Wesensprofil des mächtigsten Mannes der Sowjetunion. Hat er tatsächlich Gott und die orthodoxe Kirche in seinen Kampf einbezogen oder erwies er sich als Machiavellist von Gnaden? Es gibt darüber sensationell aufgemachte und nüchtern wissenschaftliche Darstellungen. Zu Ersteren gehört die fantastische Geschichte des bekannten russischen Dramatikers und Historikers Edward Radzinski.[19]

Wie Radzinski schreibt, sollen vertraute Militärs, wie Boris M. Schaposchnikow (1937 bis 1940 und Juli 1941 bis Mai 1942 Generalstabschef) und Alexander Wassilewski (einst zaristischer Stabskapitän, 1941 Chef der Operativen Verwaltung, 1942–1945 Generalstabschef) aus Kreisen des Patriarchen der orthodoxen Kirche erfahren haben, dem Metropoliten Ilyia der Libanesischen Berge sei am dritten Tage einer strengen Klausur die Heilige Maria in einer Feuersäule erschienen, um Gottes Forderungen für die Rettung Russlands zu verkünden: Die in sowjetischer Haft befindlichen Priester seien zu entlassen; Leningrad werde nicht kapitulieren, doch müsse die Ikone Unsere Heilige Frau von Kazan um den inneren Ring der Stadt getragen, anschließend nach Moskau und schließlich ins belagerte Stalingrad (Zarizyn, 1925 zu Ehren Stalins umbenannt) weitergereicht werden. Schaposchnikow war trotz seiner hohen Stellung praktizierender orthodoxer Christ geblieben; Wassilewski war Sohn eines orthodoxen Predigers und Priesters.

Stalin, so spinnt Radzinski die Legende fort, sei in seinem Datscha-Reduit auf den von Gott angebotenen Handel eingegangen: Priester wurden freigelassen, in Leningrad trug man die Ikone der Heiligen Frau von Kazan durch die Straßen und brachte sie dann, wie geheißen, nach Moskau und nach Stalingrad; 20 000 Kirchen und Klöster, wie die der Dreieinigkeit und des Hl. Sergius, wurden geöffnet. Schließlich: Stalin und seine Generäle jagten die Soldaten nun mit dem Ruf »Gott mit euch« (vereinzelte: »In hoc signo vinces«) ins Feuer. Am 17. Oktober (bei Radzinski ohne Jahresangabe) empfing der *Woschd* den Metropoliten Sergej[20] – Interims-Patriarch, locum tenens – im Kreml und führte mit ihm ein durchaus einvernehmliches Gespräch über die lange verweigerte ordentliche Patriarchenwahl, der beide Seiten erfreut entgegensahen. So lauteten wenigstens die offiziellen Berichte mit fantastischer Note. Bilder der Wandlung wurden sichtbar produziert, über sie schön, doch spartanisch informiert. Stalin wollte den Alliierten auf dem Gipfel in Teheran (28. November bis 1. Dezember 1943) die Sowjetunion als Bastion religiöser Freiheit, nachgerade als Verteidiger christlicher Zivilisation vorstellen – salve Christophorus, salve Stalin, Weltenträger.

Demgegenüber legt der Historiker Steven Merrit Miner eine umfassende, weniger blumige als sachliche Deutung für die Rehabilitierung der orthodoxen Kirche vor, die schon Mitte der 30er-Jahre mit Blick auf die wachsende Kriegsgefahr begonnen hatte und von 1941 an beschleunigt wurde. Der Begriff »Heiliger Krieg« tauchte als Parole sowjetischer Massenkultur in Liedern und sogar auf der Titelseite der Prawda auf. Doch schätzt Minor die Bedeutung des Arrangements mit der Kirche zum Zweck der allgemeinen Kriegsmobilisierung für geringer ein als andere Beobachter, womöglich sogar zu gering.[21]

Stalin gab der Kirche die Rolle der Heiligung des Patrimoniums, die »russische« Aufgabe der Zarenzeit zurück, ohne deshalb in eigener »religiöser« Person tiefer berührt zu sein und ohne dem Bolschewismus ein Gran abzuschwören. Es gab also keinen mystischen »Handel mit Gott«. Doch wusste er spätestens seit dem Zensus von 1937, dass die angebliche paganideologische Omnipotenz des Systems nicht ausgereicht hatte, Kirche und Religion zu zerstören: 57 Prozent der Befragten bekannten sich als gläubig.[22] Allen Verfolgungen seit Lenin zum Trotz steckte die Religion »in den Kapillaren des Sowjetsystems«. Der Aufruf des Moskauer Metropoliten Sergei von 1927, den Gehorsam gegenüber der sowjetischen Macht als »gottgewollt« zu betrachten, war zu seiner Zeit keine Lüge, später kein Dementi. Die orthodoxe Kirche blieb im eisernen Rahmen ihres traditionellen Staatsgehorsams, signalisierte die Bereitschaft, in den Dienst des Vaterlandes zu treten und, wie es sich ergeben sollte, auch außenpolitische, in gewissem Sinne sogar imperiale Missionen zu übernehmen.

Es entsprach den Gegebenheiten, dass sich Stalin weniger Gedanken über Gott als über die Kirche machte, deren Lebensphilosophie und Nutzen dem Seminaristen von Tiflis vertraut waren. Ein wichtiger Grund für Stalins institutionelle Wiederbelebung der Orthodoxie war eine kosmetische Operation zu außenpolitischen Zwecken. Das wieder geglättete Antlitz der Kirche sollte die amerikanischen und britischen Bedenken gegen den Vorstoß des militanten Atheismus nach Europa mildern.[23]

Im September 1943, drei Monate vor der Teheraner Konferenz, bei der es um die Westverschiebung Polens, also die Sicherung der Beute aus dem deutsch-sowjetischen Teilungsvertrags von 1939, gehen sollte, zudem um die Eröffnung einer zweiten Front in Westeuropa und weitere Rüstungslieferungen, ohne die der Ausgang des Kriegs zweifelhaft erschien, empfing

Stalin drei Hierarchen unter Führung des bewährten Metropoliten Sergej und genehmigte huldvoll die bis dato verweigerte respektive nur in Aussicht gestellte ordentliche Wahl eines Patriarchats.

Die Umstände sind schildernswert. Franklin D. Roosevelt hatte im November 1933 diplomatische Beziehungen zur Sowjetunion aufgenommen, wobei der sowjetische Außenminister Maxim M. Litwinow eine initiative Rolle spielte. 1941 gab sich der Präsident alle Mühe, den »russischen Diktator« weniger bedrohlich darzustellen als Hitlers Regime. Ihm standen die Antipathien zahlreicher Amerikaner gegen den pagan-terroristischen Stalin vor Augen, als er Papst Pius XII. um die offizielle Erklärung bat, die Hilfe für Russland sei doch etwas anderes als die Unterstützung des Kommunismus. Am 27. Oktober 1941 erklärte Roosevelt in einer Rede, die Nationalsozialisten wollten »die Kirchen unserer Zivilisation« durch eine internationale NS-Kirche, die Bibel durch »Mein Kampfʻ«, das Kreuz durch Hakenkreuz und Schwert ersetzen. Die kommunismusfeindlichen Katholiken suchte er mit der Behauptung umzustimmen, Artikel 124 der UdSSR-Verfassung vom 5. Dezember 1936 über »die Freiheit der Ausübung religiöser Kulthandlungen und die Freiheit antireligiöser Propaganda« spiegle dieselbe Gewissensfreiheit wider wie in den USA – nur: »Wir verfahren nicht in derselben Art.«[24]

Ernste und amüsierte Proteste schlugen ihm entgegen. Darunter der Vorschlag, er möge Stalin ins Weiße Haus einladen und ihn im Swimmingpool vor allen Kongressmitgliedern taufen lassen – Stalin, den Schüler des orthodoxen Priestersemiars in Tiflis. Am 4. Oktober überredete der US-Sondergesandte Averell Harriman die Sowjets zu der Erklärung, der amerikanische Präsident habe den Verfassungsartikel über die »Religionsfreiheit« in der UdSSR »korrekt interpretiert«.[25]

Da die Sowjetunion mit der Religionsfreiheit bestimmte Probleme hatte, wie jedermann wusste, redete Roosevelt bei einem Lunch auf den russischen Botschafter Maxim M. Litwinow ein, klärte ihn in einer Art theologischem Privatissimum über Seelenheil und Höllenqualen auf.[26] Stalin wiederum nahm Litwinows Bericht über die endzeitlichen Belehrungen des Amerikaners stoisch entgegen. Die Sache erschien ihm als Petitesse im Machtdiskurs, vielleicht aber nicht ganz als Petitesse als solche.

Die eiserne Maske

Kehren wir zu Stalins schwersten Stunden im Juni 1941 zurück: War seine Flucht in die Datscha am Ende doch ganz anders motiviert – stellte Stalin Verzweiflung und ungewohnte Demutshaltung in perfekter Verstellungskunst wie eine »eiserne Maske« zur Schau? Sein Biograf Isaac Deutscher beleuchtet Stalins Fehler, die Warnungen vor einem Angriff Hitlers übergangen zu haben, entwirft von ihm aber dennoch ein »stabiles« Heldenbild: »Er trug seine eiserne Maske mit bewundernswerter Seelenstärke, als ein Meister der Selbstbeherrschung. Vielleicht war diese Maske seine stärkste Waffe. Sie gab seinem Siegeswillen einen heroischen, beinahe übermenschlichen Anstrich.«[27] Andere fragen, ob Stalins von Jugend an erprobte Kunst, die Unauffindbarkeit, nicht noch zuverlässiger zu seinem Vorbild Iwan dem Schrecklichen führe.[28] Wer »unauffindbar« ist, kann anwesend sein, sich in Sinnesnähe befinden und somit »parat« sein.

Man muss dem nachgehen, was Stalin am allertiefsten traf, mittschiffs, wenn man so will. Es war eigentlich nicht Hitlers unbändiger Schlag, die Invasion als solche, sondern deren Hauptfolge: Zerstört war der getüftelte strategische Plan des *Woschd*, den Krieg 1941 vorzubereiten, um ihn 1942 zu führen, wenn die sowjetische Rüstung und der Aufmarsch komplettiert sein würden. Die prächtig ausgemalten, ubiquitären Bilder der Allwissenheit, der Stalin'schen Unfehlbarkeit ex kathedra, die eine penetrante Propaganda mit Merkmalen der Göttlichkeit ausgestattet hatte, stürzten von den Wänden. Die politische und militärische Elite der Sowjetunion hatte die Wucht des deutschen Angriffs nicht rechtzeitig erkannt und überdies die Rote Armee für den Fall der Verteidigung nicht richtig aufgestellt. Zu groß war das Vertrauen in die eigene bedingungslose Angriffsdoktrin.

Die strategischen und taktischen Kunstfehler der Russen waren schon in der Endphase des Friedens zu einer katastrophalen Schürzung zusammengewachsen. Die aus der Tiefe aufmarschierenden Armeen standen noch in schiefer Schlachtordnung, auf der Suche nach einer Angriffsfigur, die mit Fortune das gesamte Schlachtfeld zu beherrschen oder das Schicksal erleiden würde, selbst von der Seite aufgerollt zu werden. Der Aufmarsch einer großen, modernen Armee wird sich selbst zum Hindernis, sofern das Durcheinander an Waffen und Waffengattungen auf Schienen (und Straßen, soweit vorhanden), an Massen- und Spezialgütern einer auf Modernität hinarbeitenden Streitmacht, an Vorräten aller Art, aber schlechter Lagerung, an Baumaterialien, Energiestoffen, Sanitätsanlagen, Nachschub und aktueller Fourage die freie Entfaltung in einer unwetterartig heranziehenden Kampfsituation behindert.

Die Rote Armee war, bei aller Innovationskraft der Rüstungsindustrie und deren Fähigkeit zur enormen Steigerung der Waffenproduktion, die letzte zusammengewürfelte Bauernarmee der Zeit. Sie hatte gerade im März 1940 gegen einen schattenhaft, gespenstisch wirkenden finnischen Feind in zwei verlustreichen Anläufen einen höchst mühevollen, ja, blamablen Sieg eingefahren, trug noch Wunden der Militär-Tschistka, hatte die Politkommissare aus dem Dienst entlassen und gleich wieder aktiviert, zudem viel zu junge Offiziere auf Posten mit zu hohen Anforderungen gestellt.

Die anscheinend kleinmütige und selbstanklägerische Haltung Stalins, verbunden mit einem ebenfalls scheinbaren Ausweichen vor der Verantwortung stand in krassem Gegensatz zu jenem selbstbewusst-feldherrlichen Porträt, das der *Woschd* am 5. Mai 1941, sieben Wochen vor dem deutschen Angriff, vor den Absolventen der Militärakademien von sich gezeichnet hatte.[29] Es war eine Doppelaufführung: Just an dem Tag, da Molotow das Exekutivamt des Rats der Volkskommissare (Kabinettschef) an Stalin abgab und zugleich von Litwinow den Posten des »Außenministers« übernahm, hatte sich ja der *Woschd*, wie wir gesehen haben, vor einer Zweitausenderschar junger Offiziere beehrt, die angeblich reformierte, »wohlbewaffnete« Rote Armee einer angeblich schon verbraucht wirkenden Wehrmacht demonstrativ entgegenzustellen.

Es gibt Vermutungen, wenig Wahrscheinliches, viel Schauspielerei. In der oft verwirrenden Diskussion über Stalins Abend mit den Fähnrichen dürfte der unumstrittene Historiker Alexander Werth der sichere Pol sein. Stalin schien klug zu disponieren. Er habe es für notwendig erklärt, den Krieg mit Deutschland bis zum Herbst hinauszuzögern, referiert der Autor, weil es für einen deutschen Angriff dann zu spät sei. Obwohl es einem fast unwahrscheinlich vorkommt, dass sich Stalin vor Jung-Chargen (bei freiem Alkohol) in derartiger Offenheit über eine der wichtigsten Staatsangelegenheiten geäußert haben soll, »dass je nach der internationalen Situation die Rote Armee einen deutschen Angriff abwarten oder selbst die Initiative ergreifen werde, da eine dauernde Vorherrschaft Nazi-Deutschlands in Europa ›nicht normal‹ sei«.[30]

In dem Augenblick jedoch, da die Wehrmacht in Westrussland einbrach und sich wie ein Feuer voranfraß, musste Stalin bewusst geworden sein, dass er jetzt nicht als Opfer eines Feindes, sondern seiner eigenen Fehler dastand. Der gerade noch wie ein Caesar vor seinen Legionären aufgetrumpft hatte, bot in der sich rasend schnell anbahnenden Niederlage das Bild eines Versagers: Er hatte den Aufmarsch einer gigantischen Armee an seinen Grenzen buchstäblich übersehen – das, was er sah, nicht wahrhaben wollen, und besaß jetzt kein Mittel, dem Verhängnis entgegenzutreten.

Drei Kernfehler galt es nicht zu bereuen – Reue war in der Sowjetunion Stalins keine heilende Kategorie –, sondern ungeschehen zu machen, um sich selbst zu retten: Die Selbsteinrede, Hitler werde ihm ein Ultimatum stellen, bevor er die Waffen sprechen lasse, sodass man über die Ukraine oder andere Pfänder möglichst lange und (scheinbar) in Ruhe verhandeln könnte; der Kratzfuß vor Hitler am 14. Juni, eine Woche vor dem deutschen Angriff, als die amtliche Nachrichtenagentur TASS jede Vermutung über eine Konfrontation zwischen beiden Waffenmächten als »erlogen und provokatorisch« zurückwies und dem »Partner« in Berlin Vertragstreue unterstellte; schließlich das Befehls-Chaos zu Beginn der Invasion, die der *Woschd* nicht für real nehmen wollte, was selbst seinen Getreuen wie ein Anfall von Autismus vorkommen musste.

Angesichts der entscheidenden politischen Dimension seiner Fehler keimte in Stalin offenbar der Gedanke, der Not in eigener Sache mit dem äußersten Risiko zu begegnen, um auf die Macht, die ganze Macht, zu setzen, auf Tod oder Sieg. Denn klar war eines: Ohne eine Methode, auslöschende Absolution für alle seine Irrtümer zu finden, die er seit den ersten Warnungen vor Hitlers Angriff begangen hat, ohne also einen rettenden Wisch mit dem Schwamm des Vergessens und ohne neue Investitur, ohne neuen Ruf an die Spitze würde er als Mann ohne Ansehen dastehen, ohne Autorität, ruiniert, von einer Mauer der Verachtung umgeben – schuldig am Untergang des sozialistischen Russlands.

Nichts anderes blieb ihm, als in seinem Reduit zu verschwinden, sich einzumauern und dann als Scheintoter aufstöbern zu lassen, wobei er mit zwei Konsequenzen rechnete: mit seiner Verhaftung oder mit einer neue Diktaturkrönung durch Männer, die sich immer noch von ihm abhängig fühlten. Dafür benötigte er, wie Isaac Deutscher formulierte, jene eiserne Maske. Für den hohen Besuch legte er sie an.

Gezittert haben die anderen

Und wahrhaftig, sie kamen, die verwaisten Magnaten des Systems, die Stalins gereizte Fantasie schon in Scharfrichterschürzen kleidete. Molotow, Beria, Mikojan, Malenkow, Wosnessenski drangen in die Datscha vor, fanden den lauernden *Woschd* zusammengesunken in einem Sessel. Gleich würden sie ihm eröffnen, flüsterte ihm sein Pessimismus ein, dass sie den Deutschen Waffenstillstand und Frieden anbieten wollten – was ihm selbst gerade durch den Kopf ging –, und sie ihn deshalb leider fallen lassen müssten. Für Minuten standen die Männer wie unentschlossen da, nur langsam die Sprache findend. Aber statt ihn zu stürzen, schlugen sie die Errichtung eines Staatskomitees für Verteidigung vor, in dem er, Stalin, die Führung übernehmen sollte. Ohne Parteitag, ohne Zentralkomitee, ohne förmlichen Beschluss des Politbüros – sie trugen ihm die Rolle des obersten Kriegsherrn an, des unumschränkten Diktators, des Meisters über Land und Leute, Leben und Tod, Sieg oder Niederlage.

Der riskante Plan war aufgegangen, der Eiserne am Ziel. Er, der im Tod die Lösung aller Probleme sah und auf Hinrichtungen schwor (Montefiore), hatte durch Schaustellung von Gefühlen der Verzweiflung erreicht, was er wollte. Alles hätte anders kommen können. Ihm mögen Schauer heruntergeronnen sein – gezittert aber haben die anderen; denn für wen konnte es schon gut ausgehen, den *Woschd* in einem wenn auch vorgetäuschten Schwächemoment zu sehen und ihm dann alle Macht rückzuerstatten? Was fiel, so musste Stalin denken, diesen Leuten eigentlich ein? Withdrawl and Return. »Der Rückzug aus dem Machtzentrum«, merkt Montefiore an, »war eine wohlerprobte, von Achilles über Alexander den Großen bis zu Iwan Grosny erfolgreich angewandte Pose, die es Stalin ermöglichte, sich praktisch ... wiederwählen zu lassen, mit dem zusätzlichen Vorteil, einen Schlussstrich unter die bis dahin gemachten Schnitzer zu ziehen. Diese galten jetzt als vergeben: ›Stalin genoss wieder unsere Unterstützung‹, schrieb Mikojan pointiert. Damit war der Vorfall sowohl Zusammenbruch als auch politische Restauration.«[31]

2. Stalins Rede am 3. Juli 1941

Also richtete sich Stalin auf. Am 3. Juli, elf Tage nach Angriffsbeginn, leitete er seine Kriegsrede mit den Worten ein: »Genossen! Bürger! Brüder und Schwestern! Kämpfer unserer Armee und Flotte! An euch wende ich mich, meine Freunde!«[32] Es gehe um den »vaterländischen Krieg zur Verteidigung der nationalen Kultur und der nationalen Existenz«, erklärte der *Woschd*. Patriotismus stand ganz oben – Internationalismus und Weltrevolution schienen in russischer Erde versunken. Die Betonung lag auf dem Russischen Staat, dem »Vaterland« – eine ungewöhnliche Umkehr der ideologischen Denkordnung, fast eine Epochenwende, ironischerweise vom Feind erzeugt.[33]

Die Rundfunkansprache, die Stalin am 3. Juli 1941 an die Völker Russlands richtete, ist deshalb der Betrachtung zeitlich früherer Dokumente vorzuziehen, weil die darin zum Ausdruck kommenden Wahrheiten und Unwahrheiten, Eingeständnisse und Verhüllungen, die Biegsamkeit, Härte, Vorgeschichte und Wirkung über das Denken des Diktators mehr preisgeben als manche deutbaren Quellenfunde – und zugleich ein markierendes Licht auf sie wirft. Sie ist eine Art Summe. Von der oft behaupteten Kriegsuntüchtigkeit der Sowjetunion enthält sie, trotz der katastrophalen Lage, die sie schildert, keine Spur, eher das Gegenteil. Spricht man von Solipsismus, so präsentiert sie höchstens den Solipsismus des Systems. Stalin hielt aber auch keine sozialistische Rede, man könnte sie sogar für eine zaristische halten, hätten sich Zaren je in einer solchen Form und Intensität an das Volk wenden können oder wollen. Stalin hatte so viele Fehler begangen, vermutlich um seine wahren Absichten zu verbergen, dass er nun das Mandat zu verlieren drohte. Der Feind stand im Land, er brauchte eine neue Legitimation und errang sie auch. Aus seiner bisher größten Niederlage, die für andere die Verbannung oder das Ende bedeutet hätte, gelang ihm der Sprung auf den Höhepunkt seiner Macht.

Und nun die Rede. Es war nicht einfach, sie so spät zu halten, sie platzte sozusagen in den augenscheinlich unaufhaltsamen Siegeszug des Feindes. Der stand nicht mehr in Minsk, sondern in Smolensk, dem Tor Moskaus. Unter den Russen hatte sich Resignation oder Freude breitgemacht, Blumen flogen auf die einfallenden Panzer, unter den Truppen kam es zur Massendesertion. Im Westen, vor allem in der geschundenen Ukraine, fragte man sich, ob die Deutschen nicht als Freunde und Befreier kämen. Das war ein Irrtum, aber man sah ihn noch nicht. Stalin hatte zu erklären, wie die Deutschen überhaupt auf russischen Boden gelangen konnten. Er erzählte die Geschichte vom »Überraschungsangriff« – auf den ihn sein Generalstab seit Monaten hingewiesen hatte.

»Kein gewöhnlicher Krieg«

Das klang so hergeholt wie Stalins Prognose, die Deutschen wollten den Zarismus wieder errichten und die Völker Russlands »zu Sklaven der deutschen Fürsten und Barone machen«. Aber, so fuhr er fort, die Sowjetunion habe dank des Paktes anderthalb Jahre Frieden gewonnen, Zeit, um die Abwehrkräfte zu stärken. Die Erfolge des Feindes seien daher nur »Episoden«, seine besten Truppen lägen schon niedergestreckt auf der Walstatt und der politische Gewinn bestünde in Sympathien der ganzen Welt für das überfallene Land. »In diesem Krieg werden wir ... treue Verbündete an den Völkern Europas und Amerikas haben, darunter auch am deutschen Volk.« Der ganze Erdkreis, so konnte man meinen, eile der geschändeten Revolution zu Hilfe. Eine globale Volksfront, »eine Einheitsfront der Völker« werde sich bilden. Wie sehr unterscheide sich die Sowjetunion doch von dem ruchlosen Feind. Es sei selbstverständlich, dass »unser friedliebendes Land ... die Initiative zur Verletzung des Vertrags (mit den Deutschen) nicht ergreifen wollte und den Weg des Wortbruchs nicht beschreiten konnte.« Nun aber sei die Lage klar. Dieser Krieg dürfe nicht als »gewöhnlicher Krieg« betrachtet werden – eine Meinung, die ihn mit Hitler verband –, jetzt gehe es um Leben und Tod, jetzt gebe es kein Erbarmen mit dem Eindringling, nun gelte es bis zum letzten Blutstropfen zu kämpfen, überall – an der Front die Armee, im Rücken des Feindes die Partisanen[34] »zu Fuß und zu Pferd«.

Für Deserteure vorn und Defätisten hinten sei das Kriegsgericht der passende Ort. Das ganze Volk erhebe sich, dem Feind bleibe nur verbrannte Erde, die Sowjetunion führe einen Befreiungskrieg.

Befreiung – das war das Signalwort, das den Blick in die Geschichte auftat. Stalin erinnerte an den Feldzug Napoleons vor genau 129 Jahren, an die letztlich glücklose »deutsche Armee Wilhelms«, an Lenins aufrechte Bolschewisten. Von »Sozialismus« sprach er nicht. Er sprach von Vaterland, von Heimat, von Volkswehr, von der Unabhängigkeit der Völker und von den demokratischen Freiheiten. Die Wortbrücke zum »Vaterländischen Krieg« und zur »Anti-Hitler-Koalition« war geschlagen. Mit der Sprachkraft Churchills, der einschmeichelnden »Kamin-Stimme« Roosevelts, der Suggestivität Hitlers war Stalins Rhetorik nicht zu vergleichen, aber er hatte ja auch zu den Völkern Russlands zu sprechen und vor den Kadern der Partei und der Armee ein einfaches Gebäude der Rechtfertigung zu errichten. Die Entschlossenheit, wie er mit der Wahrheit umging, wie er den Feind charakterisierte und die große Geschichte Russlands instrumentalisierte, die zu vernichten er alles unternommen hatte – dies war in der Tat eindrucksvoll.

An einer Stelle der Rede werden alle Zuhörer die Ohren gespitzt haben. Man wird sich fragen, erklärte der *Woschd*, wie es möglich sein konnte, mit solchen Verbrechern wie Hitler und Ribbentrop einen Nichtangriffspakt abzuschließen. Hat die Sowjetregierung hier einen Fehler begangen? Stalin wies diese Unterstellung zurück. »Nein, wir sicherten unserem Land für anderthalb Jahre den Frieden und erhielten auf diese Weise die Möglichkeit, uns militärisch vorzubereiten.« Zudem hatte, was der Redner verschwieg, die Sowjetunion das strategische Vorfeld ausgeweitet. Der moralische Gewinn, setzte Isaac Deutscher in seiner wertenden Betrachtung hinzu, den Angriff den Deutschen zu überlassen, während die Sowjetunion in ihrer »Friedenspolitik« verharrte, erschien dem Betrachter neben Zeit- und Raumgewinn als der wichtigste. Die russische Geschichte habe gezeigt, dass der russische Soldat sich immer dann am besten schlug, wenn er sein Vaterland zu verteidigen hatte. Darin unterschied er sich wesentlich vom deutschen Soldaten.[35] So sollte es jetzt auch kommen.

Wahrheiten, umrankt von neuen Lügen, neuen Illusionen. Propagandadick trug der restaurierte Stalin Kriegshoffnungen auf: Die deutschen Armeen sah er schon geschlagen, deren Heimat schon halb verhungert. Sabotage müsse dem Feind in den besetzten Gebieten das Leben unerträglich machen. Der Aufruf zu hemmungsloser Gewalt war auf weiten Hall bemessen. Ein sowjetischer General berichtet, Stalin habe Beria in einer Kreml-Konferenz aufgefordert, »Hass, Hass und nochmals Hass gegen alles Deutsche« zu entfachen.[36] Die öffentliche Reaktion auf die erste Kriegsrede des

Woschd war indes gemischt.[37] Im feindbedrohten Moskau erscholl mit dem offiziellen Beifall auch bitteres Gelächter, sah man dort doch mit eigenen Augen, wie die Funktionäre Akten verbrannten und sich im rieselnden Ruß zur Flucht wandten. Stalin und Molotow blieben in der Hauptstadt. Auf dem Roten Platz verabschiedeten sie sich von Lenin: Die Mumie wurde in einem Sonderzug in ein sicheres Quartier in Sibirien verbracht.[38]

»Keinen Schritt zurück!«

Stalins »Auferstehungsrede« am 3. Juli 1941 war die Ouvertüre der neuen Machtära. Am 10. Juli übernahm er förmlich den Oberbefehl über die Streitkräfte (Stawka: Hauptquartier des Kommandos des Obersten Befehlshabers, in Anlehnung an das Große Hauptquartier in der Zarenzeit), am 19. Juli auch das Volkskommissariat für Verteidigung, Premier war er schon.

Strafgerichte folgten auf dem Fuß. Am 22. Juli wurde der Befehlshaber der Westfront, Dmitri Pawlow, wegen Feigheit und nicht autorisiertem Rückzug zum Tode verurteilt und erschossen. Im Oktober folgte ihm eine Reihe weiterer Generäle vor die Pelotons. Im Hintergrund stand bei Pawlow die Beschuldigung einer antisowjetischen Verschwörung wie im Fall des Marschalls Tuchatschewski. Der totale Krieg erforderte die Wiedereinführung der Politkommissare, ohne deren Gegenzeichnung kein militärischer Befehl wirksam wurde. Die Einrichtung unterband taktische Bewegungen der Frontkommandeure, verhinderte jeden Rückzug, jedes Manöver als Antwort auf die operativ überlegenen Deutschen. Im September wurden bestausgerüstete NKWD-Sperreinheiten hinter der Front aufgestellt. Sie trieben Flüchtende mit Waffengewalt zurück ins Feuer, erschossen Deserteure. In allen Kriegsgebieten entstanden Militärtribunale für den fixen Tod.[39]

Sich nach mehr oder weniger geordnetem Widerstand in Gefangenschaft zu begeben, galt als Verrat. Weisung Nr. 270 vom 16. August 1941 befahl, jeden Offizier, der seine Insignien entferne und sich von der Truppe entferne, als heimtückischen Deserteur zu behandeln und auf der Stelle zu erschießen. Wer lieber kapituliere, anstatt bis zum Tode zu kämpfen, sei »mit allen verfügbaren Mitteln zu vernichten«, seine Familie sei zu verhaften, sie erhalte auch keine Unterstützung in Form von Pensionen und anderen Begünstigungen.[40] Anhängige Gerichtsverfahren stellte die Sowjet-Propaganda warnend und genüsslich heraus. Die Regel galt sogar für verschollen gemeldete Soldaten. Jeder, dessen Leiche man auf dem Feld nicht fand, wurde als fahnenflüchtig gemeldet. Selbst in kampfunfähigem Zustand war es dem Rotarmisten aufgrund Art. 58 des Strafgesetzbuches der RSFSR und des Reglements für den inneren Dienst untersagt, sich in Gefangenschaft zu begeben.[41]

Paradebeispiel für den »Verrat«: Am 16. Juli 1941 hob der Artillerieoffizier Jakow Dschugaschwili, ein Sohn Stalins, vor den Deutschen die Hände. Welch eine Schande für die erste Familie des Landes. »War Jakov nicht in der Lage, sich anständig umzubringen?«, stöhnte der Vater. Die Schwiegertochter wurde verhaftet, der zweite Sohn des *Woschd*, Wassili, von Feindflügen ausgeschlossen. Stalin: »Ein Gefangener genügt mir.«[42]

Noch entschiedener fiel der Stalin-Befehl 227 vom 28. Juli 1942 (»Keinen Schritt zurück!«) im Angesicht des deutschen Vormarsches über die Wolga zum Nordkaukasus mit seinen Reichtümern an Öl und Getreide aus. Der Oberbefehlshaber überzog die Rote Armee mit einer Schimpfkanonade. Panikmacher hätten ohne Befehl den Rückzug eingeleitet und »ihre Fahne mit Schmach bedeckt«. Werde der Rückzug nicht sofort gestoppt, »bleiben wir ohne Brot und Heizmaterial, ohne Metalle und Rohstoffe, ohne Werke und Eisenbahnen«. Um Ordnung und Disziplin wiederherzustellen, verordnete er neben der systematischen Positionierung von Auffangtruppen hinter der Front die Errichtung von Strafbataillonen nach (offen gewähltem) deutschem Vorbild. Jedem Armeebereich würden drei »gut bewaffnete Einheiten« im Rücken »unzuverlässiger Divisionen« zugeordnet, um jede Flucht auszuschließen. Zu jedem Armeebereich gehörten künftig fünf bis zehn Strafkompanien für die gefährlichsten Einsätze. Der Befehl sei in allen Kompanien, Schwadronen, Batterien und Stäben zu verlesen.[43]

In den im Krieg eingesetzten Strafbataillonen befanden sich am Ende mindestens 422 700 Männer.[44] Während des Kriegs wurden, wie Alexander Jakowlew aus der Kenntnis der Quellen darlegt, unter den Soldaten und Offizieren der Roten Armee, die aus der Gefangenschaft oder aus einem Kessel ausbrechen konnten, 994 000 militärgerichtlich verurteilt und über 157 000 exekutiert – die Hälfte von ihnen 1941/1942. »Die stalinistischen Machthaber erschossen fünfzehn Divisionen der eigenen Streitkräfte.«[45] Nach dem Krieg zurückkehrende Gefangene wurden unverzüglich in Lager eingewiesen oder hingerichtet – sie galten als »Volksfeinde«, im Westen »verführt«, der Spionage oder sogar der Bildung kriegserfahrener Oppositionsgruppen verdächtig. Die »Kolonnen«-Vorstellung war stets präsent. »Das Volk zerfiel in Atome und zerschmolz.«[46]

3. Die Verwandtschaft der Führer

Der Angriff Hitlers am 22. Juni 1941 mobilisierte zwei Kampfaggregate:
Ein personifiziertes, speziell gegen die Deutschen und deren Verbündete ge-
richtetes und ein eher abstraktes gegen alles Fremde, alle fremden Systeme,
den Kapitalismus, die gefährlichen Versuchungen der nationalistisch-natio-
nalsozialistisch korporierten und der bürgerlich verfassten, politisch-recht-
lich, wenn auch nicht ökonomisch selbstbestimmten Welt im ferneren Westen. Beide gehörten zum systemimmanenten Rüstzeug der UdSSR, das im
förmlichen Frieden mehr sozialistisch, im Kriege mehr patriotisch ausfiel,
wie in jeder Schrift nachzulesen und an jeder Tat zu erkennen war. Die sowjetische wie auch die nationalsozialistische Mentalität, so ließe sich sagen,
war von einem ständigen »bösen Engel« begleitet, der die Befürchtung aus-
strahlte, die schwer und »gerecht« errungenen jungen Imperien könnten
sich als instabil erweisen und untergehen.[47]

Das Parallelogramm der sittlichen Kräfte

Auf diese Weise entsteht ein »Parallelogramm der sittlichen Kräfte«, eine
Formulierung für die apokalyptischen Bilder Auge um Auge, Zahn um
Zahn. Für sie steht Theodor Plievier mit seiner Romantrilogie »Stalingrad«, »Moskau« und »Berlin«. Folgendes Zitat versteht unter dem »Parallelogramm« Verhaltensweisen einer beiderseitig superlativen Verschärfung des Konflikts. Plievier schildert »Kommandeure, die ihre militärische
Einsicht über den Parteibefehl stellten, die nicht in einer befohlenen Weltanschauung, sondern im eigenen Gewissen die höchste Instanz erblickten,
die internationalen Abmachungen respektiert sehen wollten und auch aus
diesem Krieg mit ›weißer Weste‹ herauszukommen trachteten«. Vergebens.
»Glauben, Anständigkeit und Ritterlichkeit blieben auf der Strecke. Das
Parallelogramm der sittlichen Kräfte auf den östlichen Schlachtfeldern war
gespannt, das Gesicht der deutsch-russischen Front endgültig prägend. Es
konnte sich nur noch um Vernichtung handeln«.[48] Stalingrad wurde zum
Symbol für Kämpfe unter dem biblischen Aspekt.

Die Besonderheit des Parallelogramms bestand darin, dass sich jeder an
die maximale Feindseligkeit hielt, um sich und dem anderen die innere Sicherheit ihres Höchstengagements zu garantieren: Auf der Seite Hitlers Verdammung der östlichen Welt als Ort des Untermenschen, die Elimination
des jüdisch-bolschewistischen Todfeindes und Ausbeutung – jene »ideolo-
gisch-mythische Grundüberzeugung«, wie Andreas Hillgruber formuliert.[49]

Auf Stalins Seite die endgültige Beseitigung der verhassten, langjährigen »Umzingelung« durch Kräfte der raffinierten, aggressiven Machtumwelt, von der Russland »fortwährend geschlagen wurde«.[50] Auf beiden Seiten die buchstäbliche Nullifizierung des Klassen-, respektive Rassenfeinds per terroristischer Ermordung, Vertreibung, Deportation bis zur Zerstörung der Lebensgrundlagen ganzer sozialer Schichten und Bevölkerungsgruppen als Voraussetzung für die dauerhafte bolschewistische beziehungsweise nationalsozialistische Herrschaft.[51] Die verwandte Gedankenmischung und Täterkraft aus verderbtester Feindseligkeit und Furcht hatten die paradoxe Folge, dass Hitler dem Genossen Stalin unwillentlich entgegenkam, indem er bestimmte Pläne offen darlegte. Zum Beispiel die Ansicht: »Was für England Indien war, wird für uns der Ostraum sein.«[52]

Mit dem Ziel der Ostpolitik, Kolonisierung und Versklavung der Sowjetunion, erwies sich Hitler für Stalin als der wahre Böse, gegen den sich ganz Russland mobilisieren ließe. Hitler blieb der »sittlichen Regel« der Parallele verhaftet, auch wenn er sich in einer Art antibolschewistischer Selbstkasteiung zunächst gegen die militärische Rekrutierung von russischen Gefangenen und Überläufern wehrte, aus denen er eine Armee zweiten Qualitätsgrades mit dem Ziel sogar einer russischen Gegenregierung hätte anstreben können. Genau dies hatte Stalin befürchtet, weil infolge der Schwächen der Roten Armee in den ersten Kriegsmonaten und des Hasses der Bevölkerung in den Westrepubliken auf das bolschewistische Regime die feindliche Kolonnenbildung im eigenen Land nahelag. Überall dort, wo Hitler vom Kurs des Vernichtungskriegs abwich oder glaubte, abweichen zu müssen, hatte Stalin mit dem Schrecklichsten: mit der Auflösung der inneren Solidarität zu rechnen. Er brauchte das stabil böse Gegenüber, um das Russland, das er noch besaß, zusammenzuhalten und – als nachgerade unvorstellbares Paradoxon – eventuell Frieden mit Hitler schließen zu können.

Die Frage ist zulässig, ob beschwörende Scheu der Grund dafür war, weshalb Stalin aus dem Nationalkomitee Freies Deutschland, dem Bund deutscher Offiziere und anderen deutschen Gefangenen während des Kriegs keine auxilia zu machen suchte, von antifaschistischer Aufklärungsarbeit und Propaganda durch Überläufer abgesehen.[53]

Vernichtung – verwandtschaftlich?

Die Beziehungen zwischen Stalin und Hitler attributlos als »verwandtschaftlich« zu bezeichnen mag ungenau und korrekturbedürftig sein. Der Unterschied bestand darin, dass Stalin das eigene Volk peinigte, also als Inzest-Fresser galt, während Hitlers fanatische Rassenideologie sich gegen

Juden, Sinti und Roma richtete, die er hinmorden ließ, Deutsche aber – mit Ausnahme der deutschen Juden, Sinti und Roma und Menschen mit Behinderungen – weitgehend aussparte. Angst verband die Diktatoren mit dem unheimlichen, tödlichen »Anderen« – ein Ausfluss der »negativen Verwandtschaft«. In wesentlichen Fragen waren Hitler und Stalin einer Meinung. Beide wussten, dass sie einen Krieg führten, der sich von den vorherigen im Westen unterschied – einen hoch ideologisierten Krieg mit der Tendenz zur gegenseitigen Vernichtung, also ungehegt im reinen Sinne des Wortes.[54] Die Parteien malträtierten die (noch) zarten Ausprägungen des Kriegsvölkerrechts. Die Angriffscredos beider Seiten kamen zu nahezu übereinstimmenden Schlüssen. Stalin sprach in seinen Reden von der »Vernichtung der Faschisten«, von dem tief empfundenen Begehren, »alle Deutschen, die in das Gebiet unserer Heimat als Okkupanten eingedrungen sind, bis auf den letzten Mann zu vernichten«.[55]

Hitler am 30. März 1941: »Wir müssen vom Standpunkt des soldatischen Kameradentums abrücken. Der Kommunist ist vorher kein Kamerad und nachher kein Kamerad. Es handelt sich um einen Vernichtungskampf. Wenn wir es nicht so auffassen, werden wir zwar den Feind schlagen, aber in 30 Jahren wird uns wieder der kommunistische Feind gegenüberstehen. Wir führen nicht Krieg, um den Feind zu konservieren ... Kampf gegen Russland, die Vernichtung der bolschewistischen Kommissare und der kommunistischen Intelligenz. Die neuen Staaten (die aus den Trümmern der UdSSR hervorgehen würden, H. K.), müssten sozialistische Staaten sein, aber ohne eigene Intelligenz ... Hier genügt eine primitive sozialistische Intelligenz. Der Kampf muss geführt werden gegen das Gift der Zersetzung ... Der Kampf wird sich sehr unterscheiden vom Kampf im Westen. Im Osten ist Härte mild für die Zukunft.«[56]

Zur Vernichtung der Intelligenz hatte Hitler kurz vorher gegenüber Halder und dem Chef der Organisationsabteilung, Adolf Heusinger, erklärt: »Die von Stalin eingesetzte Intelligenz muss vernichtet werden. Die Führungsmaschinerie des russischen Reiches muss zerschlagen werden. Im großrussischen Reich ist die Anwendung brutalster Gewalt notwendig. Weltanschauliche Bande halten das russische Volk noch nicht genug zusammen. Es wird mit der Beseitigung der Funktionäre zerreißen.«[57]

Anders als im Fall des zunächst nur halb besetzten Frankreichs und der übrigen okkupierten westeuropäischen Staaten wollte Hitler sich nicht damit begnügen, der Sowjetunion seinen politischen Willen aufzuzwingen, sondern ihren und ihrer Führung politischen Willen buchstäblich auslöschen. Vom Denken und Verhalten Stalins unterschied er sich darin nicht, mit beiden senkte sich die Ebene der Weltzivilisation.[58] Die Besatzungspolitik der Bündnispartner in Polen war ein paralleler Vorlauf. Zwischen ihnen steigerte sich der Krieg zum existenziellen Ausscheidungskampf, nachdem ihr Bündnis als Handeln »im Sinne der Staatsraison«[59] den Grund verloren hatte. In der Folge öffnete sich ein superlativistisches Schlachtfeld, eine »Utopie der Säuberung« (Gerd Koenen) in der Dimension des totalen Kriegs.

4. Die veränderte Logik des Kriegs

Die Aneinanderreihung von fünf erfolgreichen Feldzügen: Polen, Skandinavien, Frankreich, Griechenland/Jugoslawien und Rommels Vorstoß in Afrika bis vor Tobruk hatte ein Prestigeniveau gesetzt, das in Russland nicht unterschritten werden durfte. Bei Stalin wiederum, der im Mai des Jahres vor Absolventen der Militärakademien die »Unbesiegbarkeit« der Wehrmacht laut bezweifelte, fragt man sich: War das eine reine Erwartung nach Siegesläufen der Deutschen da und dort? Oder eher der Wunsch, der Partner möge doch lieber vor Erschöpfung in die Knie gehen, als alle Vögel abzuschießen? Dafür, dass sich Hitler das ganze West- und Mitteleuropa aneignete, hatte Stalin ihn nicht mit vorteilhaften Wirtschaftsverträgen gefüttert. Solange die Güterzüge breitspurig nach Westen rollten, brauchte der *Führer* in der Heimat nicht den »Totalen Krieg« auszurufen, der strengste Rationierung und übergroße Arbeitsleistungen einforderte. Jetzt, nachdem er sich des Warenflusses selbst beraubt hatte und die Armut Russlands nicht zu verwalten wusste, näherte er sich den letzten Knappheitsjahren des Ersten Weltkriegs. Es gab keine größere Furcht Hitlers als die vor 1918.

Hitlers dunkle Gedanken

Schon zu Herbstbeginn, als sich die Wehrmacht Moskau näherte, hatten dunkle Gedanken Hitler heimgesucht. Als er sie öffentlich äußerte, waren erste Zweifel laut geworden, ob der Krieg mit der Eroberung Moskaus, des militärischen Siegziels, in diesem Jahr beendet werden könnte. Am 3. Oktober 1941, zwei Tage nach dem Beginn des Angriffs auf Moskau, erklärte Hitler im Berliner Sportpalast routinemäßig, die Sowjetunion werde sich aus der Niederlage nie mehr erheben. Dann zog eine Wolke über sein Gemüt: »Seit dem 22. Juni tobt ein Kampf von wahrhaft weltentscheidender Bedeutung. Umfang und Auswirkungen dieses Ereignisses wird erst eine Nachwelt klar erkennen … Es war, das darf ich heute hier aussprechen, der schwerste Entschluss meines ganzen bisherigen Lebens. Ein jeder solcher

Schritt öffnet ein Tor, hinter dem sich Geheimnisse verbergen, und erst die Nachwelt weiß genau, wie es dazu kam, wie es geschah.«[60] Dem folgten natürlich Passagen der Zuversicht und Siegesgewissheit. Insgesamt wirkt die Rede jedoch seltsam gebrochen. Wollte er, ohne alles auszusprechen, sein Publikum darauf vorbereiten, dass im Osten nichts mehr sicher sei? In Hitlers dunkler Andeutung konnte beschlossen liegen, dass er am strategischen Sinn des Feldzugs in Wahrheit zweifelte.

Die Wende: Stalingrad oder Moskau?

Die deutsche Heeresgruppe Mitte stand im Dezember 1941 im Weichbild Moskaus, sah, bei Tula sich nur noch langsam bewegend, die Türme des Kremls, als zu ihrer fast vollkommenen Überraschung die Rote Armee wuchtige Angriffe im Norden (Konew), an der Südwestfront (Timoschenko), vor allem aber gegen die Heeresgruppe Mitte (Schukow) vortrug. Im Anprall zersplitterten die deutschen Linien, westlich von Moskau drohten Einkesselung und Vernichtung.

Der Wandel der Kriegslage war darauf zurückzuführen, dass die sowjetische Führung zum 1. Dezember des Jahres auf dem Lande 275 Großverbände, darunter 40 Panzerbrigaden und Kavalleriemassen gegen die deutsche Front aufzubieten vermochte. Zur Summe kamen 34 Großverbände an der finnischen Front, 34 in Fernost und 22 im Kaukasus, die rasch zur Verfügung standen.[61]

Trotz des blamablen Verlaufs des finnischen Kriegs vom November 1939 bis März 1940 und fürchterlichen Verlusten seit dem Beginn des deutschen Angriffs hatte sich die Rote Armee neu organisiert. Am 1. Dezember 1941 gebot Stalin über 314 Divisionen und 96 Brigaden mit etwas über 4,2 Millionen Mann, ein halbes Jahr später standen schon 5,5 Millionen und Anfang Juli 1943 6,4 Millionen Mann zur Verfügung.[62]

Das Schnellwachstum bedeutete keineswegs eine Zunahme an strategischer und taktischer Gewandtheit, Ausbildung und materieller Ausrüstung, von modernen Panzern T-34 und schweren Woroschilow-Panzern, wahren Ungetümen, abgesehen; die durchschnittliche Monatsproduktion betrug 1943 mehr als 2000 Panzer.[63] Man kann auch sagen, dass Russland den letzten Krieg mit einer Bauernmehrheit unter den Soldaten führte. Die Kluft zwischen Analphabeten und Lesekundigen hatte dramatische Auswirkungen auf die taktische Gelehrsamkeit des Truppenkörpers, auf Umgang mit den Waffen bis zur Befehlssprache.[64]

Infolge der Information, dass Japan nicht in Sibirien angreifen werde – übermittelt von dem deutschen Spion Richard Sorge aus Tokio –, stand

Stalin zum ersten Mal in diesem Krieg auf festem Boden und führte durch
eine virtuose Tarnung des Aufmarsches die Deutschen überdies in die Irre.
Sie erkannten die sowjetische Bewegung zu spät,[65] verloren den Halt und
mussten im Laufe der Kämpfe um 160 bis 321 km westlich von Moskau
zurückweichen.

Hitlers wiederholt erteilter Durchhaltebefehl verfolgte den Zweck, eine
Auflösung der Front in regellose Flucht zu vermeiden. Zurückweichen
lehnte er nicht grundsätzlich ab, machte die Taktik jedoch von der Erhaltung einer geschlossenen Frontlinie, der Rettung wertvollen Materials,
dem vorherigem Ausbau rückwärtiger Stellungen und dem Heranführen
von Verstärkungen abhängig – angesichts des Mangels an Baukräften und
der Wetterbedingungen kaum zu erfüllende Voraussetzungen. Die Befehlsgebung aus dem Führerhauptquartier wirkte starr konditioniert – Hitler
übernahm am 19. Dezember den Oberbefehl über das Heer –, die bewährte
»Auftragstaktik«, bisher zentraler Führungsgrundsatz, wurde in der Krise
wesentlich eingeschränkt. So gab es »fanatischen Widerstand« (meist töd-
lich und erfolglos) oder Rückzüge wider den Befehl, eine ungewöhnliche
Erscheinung in der deutschen Armee.

Bei nachlassender russischer Stoßkraft konnte Januar/Februar 1942 in
der Mitte wieder eine durchgehende Front hergestellt werden; im Norden
vor Leningrad, im Süden vor dem Donbass allerdings erst später. Immerhin blieb der Heeresgruppe Mitte wie auch den flankierenden Gruppen das
napoleonische Schicksal von 1812 erspart. Dennoch – dies war das Ergebnis der Schlachtenfolge – war der Höhepunkt des an allen Frontabschnit-
ten voll einsatz- und offensivfähigen deutschen Heeres überschritten.[66] Die
Wehrmacht verlor insgesamt 500 000 Mann an Gefechtstoten und eine
weitere halbe Million an Vermissten, Verwundeten, Kranken, »rund eine
Million Mann«.[67] Über die Verluste der Roten Armee liegen für die Winterschlacht weit voneinander entfernte Schätzungen und Behauptungen vor.
Von Millionenhöhe bis weit darunter auf 140 000 Gefechtstote. Sokolov
zitiert einen Befehl des Volkskommissars für Verteidigung vom 12. April
1942, also nach der Winterschlacht, der die Mängel bei der namentlichen
Erfassung personeller Verluste kritisiert. Die Zählung sei »absolut unbefrie-
digend«, sie erreiche »derzeit nicht mehr als ein Drittel der Gefallenen«.[68]
In der Regel überstiegen die Verluste der Sowjets die der deutschen um das
Mehrfache infolge ungelenker Massenanstürme ins Feuer der Gegenseite.[69]

Durch Entlassung oder Rücktritt verlor die Wehrmacht eine Reihe re-
nommierter Generäle, u. a. v. Brauchitsch, Oberkommandierender des Heeres, v. Rundstedt, Guderian, Hoepner, von Bock. Auf russischer Seite stie-
gen Schukow, Rokossowski, Konew als neue Führungsfiguren auf. Zudem
vollzog sich die Reorganisation der Gesamtführung unter Stalin und die

Erneuerung der schwer getroffenen Roten Armee in ungewohntem Ausmaß und Tempo. Zu den Voraussetzungen und außerordentlichen russischen Leistungen zählen die rechtzeitige Verlagerung von 1523 Industriebetrieben aus dem Westen in den Ural, Westsibirien, Mittelasien, Kasachstan. Ihre Produktion übertraf den Friedensausstoß.[70]

Die meisten Militärhistoriker halten Stalingrad für die große Wende des Kriegs gegen die Sowjetunion. Die objektive Datierung liegt jedoch früher. Die Winterschlachten 1941/42 waren es, die für den Ausgang des Ost-Kriegs entscheidende Bedeutung erlangten. Wie im Juni 1940 an der Atlantikküste – die Niederlage Frankreichs hinter sich, die Kreidefelsen von Dover vor sich – stieß Hitler seit Spätherbst und beginnendem Winter 1941 vor Moskau auf aktive Hindernisse, an denen sein Zeitdispositiv und strategisches Dispositiv – die siegreiche Beendigung des Feldzugs bis Jahresende – zerschellten. Im Kampf war die Niederlage nicht offensichtlich; mit Recht konnte die Wehrmacht behaupten, den Durchbruch des Feindes verhindert zu haben. In Wirklichkeit aber konnte die Armee nur unter Aufbieten aller Kräfte, auch der angeworbenen russischen in mühsam arrangierten Truppenformaten von der Front bis ins Hinterland, den Krieg auf russischem Boden bis 1944[71] fortsetzen. Für den Sieg jedoch reichten die menschlichen und materiellen Ressourcen nicht aus, auch nicht die letztlich doch nur begrenzt einsetzbaren westeuropäischen und osteuropäischen Truppen mit der Zusatzstärke von 690 000 Mann.[72] Nicht einmal Hitlers »Vermächtnissatz«, wie Hans-Ulrich Thamer referiert,[73] hatte mehr Bestand: »Eiserner Grundsatz muss sein und bleiben: Nie darf erlaubt werden, dass ein anderer Waffen trägt als der Deutsche ... Immer muss der Soldat das Regime sicherstellen.«[74]

Die Mitte Russlands war und blieb das entscheidende Feld. Der Vorstoß zum Kaukasus 1942 war Extratour, Abenteuer. Sofern Hitler am Plan der Zerstörung, Auflösung und Stückelung der UdSSR einschließlich der Ausrottung der Intelligenz festhalten wollte, musste er das sowjetische Machtdreieck Moskau, Leningrad, Kiew beherrschen.[75] Dort hatten die Bildungspolitik und die Rest-Eliten der Lenin-Stalin-Ära und des bürgerlich-revolutionären Kerenski-Interims trotz aller terroristischen Interventionen ein Theatrum gefunden, das hohen Rang beanspruchen durfte. Die Schwarzerde am Don und der Wald kaukasischer Öltürme boten ökonomischen Ersatz für die Mitte des Imperiums, keineswegs jedoch einen strategischen.

Schon seit dem Beginn des Russlandkriegs breitete sich im Führerhauptquartier, ausgehend von Hitler und bestärkt durch seine Frontgeneräle, eine Art manisch-depressiver Seelenstimmung aus. Sie beruhte auf den unerhör-

ten Spannungen, die den Russlandkrieg von Anfang an begleiteten. Im Juni/
Juli, nach verblüffenden Anfangserfolgen, winkte die Gloriole.[76] Im Okto-
ber, während des – einzigen – Versuchs, Moskau mit einer geschwächten
Armee zu erobern, war die Stimmung umgeschlagen, der Glaube an die
Beendigung des Kriegs noch in diesem Jahr geschwunden.

Bedenken gab es überall. Sie standen im grellen Gegensatz zu den
Überlegungen des Führers in der Weisung vom 14. Juli 1941,[77] zweieinhalb Monate zuvor, den Rüstungsschwerpunkt auf die Luftwaffe und den
U-Boot-Bau zu verlegen, das »niedergeworfene« Russland mit einem wesentlich verringerten Umfang des Heeres zu sichern und die Wehrmacht
für die »Kriegführung gegen England und Amerika« zu rüsten, britische
Nahostpositionen im Visier. Davon war jetzt keine Rede mehr. Stattdessen
fragte er sich, wie es gelingen könnte, den immer zäher verlaufenden Ostkrieg gleichsam aus dem Schlamm zu ziehen und die eigentliche Funktiona-
lität und geopolitische Rolle des Feldzugs wiederzubeleben.

Vielleicht ist an dieser Stelle noch einmal ein verbreiteter Irrtum zu korrigieren. Hitler es ging bei der Entscheidung zum Russlandfeldzug nicht
um »Lebensraum«, »Landnahme« und »Ausbeutung«, sondern um das
Zerbrechen des russischen Festlanddegens, mit dem die Briten und im
Hintergrund die Amerikaner rechnen konnten. Der *Führer* folgte keinem
»Stufenplan« (Hillgruber), er war vielmehr zu einer situativen Kriegsplanung gezwungen. Da er 1940 nicht vermochte, die Briten zum Einlenken
zu bewegen und den europäischen Krieg zu beenden, galt die Unterwerfung der territorial hungrigen und militärisch erstarkenden Sowjetunion als
alternativlos. Russland musste »erledigt« werden, bevor die Amerikaner
kamen. Der Angriff auf Moskau sollte dies in der letzten Minute des Jahres
erreichen und damit, so vage die Hoffnung auch war, den Ostkrieg beeen-
den. Scheiterte die Armee, würde sie sich in den Weiten des Landes und an
seiner unberechenbaren Kraft der militärischen Regeneration verausgaben,
wäre das Gesamtkonzept des Kriegs gescheitert.

Dies war der Stoff der depressiven Stimmung, die den *Führer* periodisch
erfasste. Stalin, der seine Geisterstunde überwunden hatte, wuchs in einer
Art Gleichmütigkeit des Kämpfens, Sterbens, Bestrafens der »Defaitisten«
und des Befehlens. Er hatte sich mit den neuen Generälen arrangiert und
delegierte das Kriegsfachliche. Er verfügte nicht über die Taxis, wie Pétain
im Paris des Ersten Weltkriegs, um die Soldaten nach Verdun zu karren.
Nein, die Rote Armee kam in unsäglichen Transporten und Märschen zur
Aufstellung für die Winteroffensive. Ein Heerhaufen, aber wenigstens einer
mit Filzstiefeln und Winterkleidung, die Hitler seinen Kämpfern vorent-
hielt, um nicht den Eindruck zu erwecken, der Krieg ziehe sich über Winter
und Jahreswechsel hin.

Die Logik des Kriegs hatte sich mit der offenen Bündnismöglichkeit der angloamerikanischen Mächtegruppe verändert – in der Geschichte nichts Besonderes und doch etwas Entscheidendes.[78] Der Zweifrontenkrieg, der jetzt bevorstand, war Hitlers Horror und, wie sich zeigen sollte, sein Ende.

DRITTER TEIL
DIE SCHICHTUNG
DES KONFLIKTS

X. KAPITEL

HITLERS FIEBRIGES AMERIKABILD

Die Besetzung Prags am 15. März 1939 und die beginnende Polenkrise markierten, wie sich aus Roosevelts und Hitlers Stellungnahmen herauslesen ließ, das Ende der europäischen Appeasementpolitik. Mit dem Angriff auf Polen war der Wendekreis des Kriegs erreicht, von dem Franklin Delano Roosevelt in seinem 14. Fireside Chat (per Rundfunk übertragene »Kamin-Gespräche«, persönlich gehaltene Ansprachen an die amerikanische Bevölkerung) am 3. September 1939 vieldeutig sagen sollte, dies »berühre« die USA, auch »Neutrale« (wie Amerika) hätten das Recht, Tatsachen wahrzunehmen, wiewohl er, der Präsident, »hoffe«, dass die USA diesem Krieg fernbleiben und er selber alles tun werde, das Land aus dem Krieg zu halten, »solange es in meiner Macht liegt«.[1] Wusste Hitler, mit wem er es an der Gegenküste zu tun hatte?

Roosevelts Entschlossenheit, an Stelle Großbritanniens die weltpolitische Regie zu übernehmen, war dem Machtgespür Hitlers nicht entgangen, doch spielte er bei seiner Antwort auf die amerikanische Forderung vom 14. April 1939, in einer Art Streuverfahren Nichtangriffserklärungen abzugeben,[2] diesen Hintergedanken in der Öffentlichkeit des Reichstags am 28. April 1939 nicht aus. Er rechtfertigte sich für Österreich, das Sudetenland, Böhmen und Mähren, die Besetzung des Memelgebiets, beschrieb »Hass, Bosheit und Unvernunft« von Versailles, das »tausendjährige Lebensräume und Staaten ... willkürlich zerschlagen und aufgelöst« habe, beschwor seine Friedfertigkeit und einmal mehr die »im Interesse der ganzen Menschheit liegende Wichtigkeit der Existenz des Britischen Weltreiches«. Obwohl er im Ton tiefer Enttäuschung von »internationalen Kriegshetzern« und »Hetze« sprach, hütete er sich davor, den amerikanischen Präsidenten mit solchen Worten zu belegen – dies geschah erst nach Unterzeichnung des Pacht- und Leihvertrags im März 1941 zur Waffen- und Kriegsgüterversorgung von Staaten, deren Verteidigung den USA »lebenswichtig« erschien. Stattdessen bediente er sich bei seiner in barbarische Länge gedehnten Kritik am jüngsten internationalen Vorstoß Roosevelts einer beifallheischenden Rhetorik aus Ernst und Ironie, wohl kalkulierend, dass auf dem Parcour der amerikanischen Außenpolitik die Hindernisse nach wie vor von Roosevelts Widersachern aufgelegt wurden.[3]

Hitler wusste um die gigantischen Kräfte, die in dem kontinentalen Land schlummerten, zweifelte aber wie Neville Chamberlain, zeitweilig sogar Winston Churchill und zahlreiche andere an der Bereitschaft der amerikanischen Mehrheit, die Weltereignisse und ihre Gefahren nach den Maßstäben des Präsidenten zu beurteilen. Blickt man auf Hitlers Karriere, gleicht seine Einstellung gegenüber den USA einer Fieberkurve mit lebhaften Auf- und Abwärtsbewegungen. In der unbestimmten Kategorie des »Verständnisses« stand er Stalin näher als der marmornen, unerreichbaren Figur Franklin D. Roosevelts. Fachleute wie Philipp Gassert sprechen von einer »Fehlperzeption«.[4] Hitler habe die Vereinigten Staaten von Amerika nicht erkannt und nicht verstanden.

Man darf sich Hitler allerdings nicht als Produkt kompletter Selbsteinmauerung vorstellen. Er war strategisch nicht blind. Nach der ungewöhnlichen Erklärung des Staatsnotstandes in den förmlich neutralen USA mit Beginn des Kriegs im September 1939, der Freigabe von Waffenlieferungen an die kämpfenden Westalliierten in Europa durch den Kongress im November, nach dem eigenen kriegsverlängernden Fehler vor Dünkirchen, entscheidende Teile des aktiven englischen Heeres entkommen zu lassen, schließlich der Abgabe von 50 verrosteten amerikanischen Zerstörern gegen stützpunktwerte Territorien in der Karibik und Neufundland an die Briten im September 1940 – nach dieser Reihenfolge der Ereignisse rechnete Hitler für spätestens 1942 mit dem Erscheinen der USA auf dem europäisch-afrikanischen Kriegsschauplatz.[5] Dass Roosevelt im Frühsommer 1940 fest entschlossen war, den Briten als Waffenverbündeter an die Seite zu treten, indem er die militärischen Beziehungen Tiefe gewinnen ließ, konnte Hitler in den Einzelheiten nicht wissen. Die Öffnung der Rüstungsschleusen durch den Pacht- und Leihvertrag, die See-Expansion über zwei Drittel des Nordatlantiks und die Entscheidung des Präsidenten im September 1941, wider das Neutralitätsgebot britische Konvois durch die Navy schützen zu lassen, schließlich, zur gleichen Zeit, das Durchsickern des Victory Program zur dramatischen Expansion der amerikanischen Streitkräfte in der Presse – 215 Divisionen, 32 neue Schlachtschiffe, 24 Flugzeugträger, Tausende von strategischen Bombern zur Zerstörung der deutschen Industrie – sollten diese Mutmaßung bestätigten. Im November 1942 landeten Amerikaner und Briten an der Westküste Afrikas.

1. Blick aus dem deutschen Fenster

Eine andere Frage ist Hitlers Qualität seines Amerikabildes. Während seiner Formierungsphase, zur Zeit der Niederschrift von »Mein Kampf« und des »Zweiten Buches« zwischen 1924 und 1928, hegte Hitler eine fast neiderfüllte Bewunderung für die kontinentale Raumausdehnung der USA, einschließlich der Ausrottung der Indianer, für den »prototypischen Großraum der Erde« mit seinen schier grenzenlosen menschlichen und natürlichen Ressourcen, dem starken Binnenmarkt, der Massenproduktion und Mobilität, hohen Produktivität und innovativen Technik. In Texten, Reden und Monologen zeigte er sich als geradezu leidenschaftlicher Anhänger moderner Industrialisierung, des technologischen und technischen Fortschritts und individueller Aufstiegschancen – ganz im Unterschied zu den pessimistischen konservativen Geistern im eigenen politischen Umfeld. Die mit Details gespickten Schilderungen der rationalisierten Erz- und Kohleerzeugung, automatisierten Auto-Herstellung, Regelung des Massenverkehrs durch mehrspurige Straßen, Umgehung der Stadtkerne und Tunnelführungen gingen noch 1942, als der Krieg mit den Amerikanern schon im Gange war, ins Schwärmerische, vergleichbar mit seiner Bewunderung für die titanischen Produktionsstätten Stalins zur gleichen Zeit und in beiden Fällen stets mit scharfer Kritik an deutscher bürokratischer Rückständigkeit gespickt.[6]

Für eine Bildtrübung, die auf verbreiteter Fehlperzeption Amerikas in Deutschland beruhte, sorgte demgegenüber die altverwurzelte Kultur- und Materialismuskritik an Amerika, für deren Verbreitung neuerdings jeder Blockwart Kompetenz beanspruchte – Quelle jener »Überheblichkeit«, die Roosevelt aus seinen Jugenderfahrungen in Deutschland im Gedächtnis haften geblieben war. In den geistigen Beziehungen überwog eben nicht Verwandtschaft, sondern Fremdheit, beruhend auf dem romantischen Vorurteil, auf der Hegel- und Herderschule, auf der Ansicht so berühmter Geister wie Heinrich Heine, Karl Marx, Sigmund Freud (»Amerika ist ein Fehler«), Jacob Burckhardt, Carl Gustav Jung, Thomas Mann und ihrer professoral hochstilisierten Unterscheidung zwischen Kultur (deutsch) und Zivilisation (französisch und angloamerikanisch). Das Urteil war fest zementiert und autorisiert. Dafür sei an die Harvard-Einladung von Max Weber, Ferdinand Tönnies, Ernst Troeltsch und Werner Sombart im Jahre 1904 erinnert, die das hochgelehrte Quartett in der schon mitgereisten Ansicht bestätigte, Europa und Amerika verhielten sich wie Geist und Körper – eben wie Kultur und Zivilisation.

Das Paradebeispiel liefert Thomas Mann. Als er sich schon längst von seinem Kulturkampfurteil im Ersten Weltkrieg abgewandt hatte, wonach

»das deutsche Volk die politische Demokratie niemals wird lieben können«,[7] kamen ihm die USA 1938 als ein rein »instrumentelles Gegenbild«
zum nationalsozialistischen Deutschland vor, in innen- und sozialpoliti-
scher Hinsicht »archaisch, unzulänglich und voller Fragwürdigkeiten«.[8] Im
Jahr der Emigration aus Europa schrieb er in einem Brief, er sei nicht nach
Amerika gekommen, weil er dachte, »it was a paradise of virtue and the
purest form of democratic ideal (…) I know that this great and vigorous
country is a human society full of differences, inadequacies and human
frailties.«[9] Und am 16. Juni 1940, als die Vereinigten Staaten immer noch
nicht förmlich in den Krieg eingetreten waren, vertraute Thomas Mann seinem Tagebuch an: »Ich glaube nicht an dieses Land, längst nicht mehr. Es
ist unterminiert, gelähmt, fallreif wie die übrige sogenannte Civilisation.«[10]
Es war der alte Ton, der alte Glaube, der fest in deutschen Köpfen saß.

Bei »Bruder Hitler«[11] gehörte die aus dem Modischen geschöpfte, aber
zur Geisteshaltung gewordene, ästhetizistisch getönte Kritik[12] an der amerikanischen Kultur zur Überzeugung, die seine positiven Urteile über Größe
und Modernität der Vereinigten Staaten sozusagen von innen her attackierte.
Überwältigungsängste spielen bei der immer höheren Anhäufung macht-
politisch-ökonomischer Differenzen eine Rolle.[13] Drei Schichten lassen sich
unterscheiden, kalendermäßig voneinander abgehoben, politisch einander
durchwirkend: Eine gesellschaftspolitisch-systemische, eine rassenideolo-
gische, schließlich die entscheidende weltpolitische. Zusammengeschoben
bildeten sie das Massiv des Konflikts zwischen dem nationalsozialistischen
Deutschen Reich und den Vereinigten Staaten von Amerika mit dem Potenzial des kriegerischen Austrags.

Natürlich erkannte Hitler den Bedeutungsverlust, den die Vereinigten
Staaten mit der Wirtschaftskrise erlitten hatten, schlug aber nicht auf die
Trommel, weil er im Unterschied zu vielen seiner Zeitgenossen an eine lang-
fristige Schwächung des kontinentalen Landes nicht glaubte. Seine Bewunderung für Industriesystem, Motorisierung und Automatisierung, auch für
den Konsum als Erziehung zum Unpolitischen, den er mit dem »Umsteigen«
der Deutschen vom Fahrrad auf den Volkswagen zu kopieren trachtete,[14]
fand bei den gesellschaftspolitischen Innovationen des Fordismus und Tay-
lorismus ein Ende. Von dem Verfahren, Sozialstaat und Wohlstandsentwick-
lung auf freie Partnerschaft, auf Abkommen zwischen Kapital und Arbeit
zu gründen, hielt er nichts. Die amerikanischen Konsensformen erschienen
ihm als Überredungsversuche der pluralistischen Demokratie und des mit
ihr untrennbar verbundenen eigensüchtigen »jüdischen« Kapitals. Darin
glaubte er die Ursachen einer fundamentalen Staatsschwäche zu erkennen.
Führerstaat und Volksgemeinschaft würden sich als überlegen erweisen und
das massenproduktive »Vorbild« schließlich in den Schatten stellen.

Der amerikanische New Deal erregte seine Neugierde, weil er zunächst annahm, Roosevelt werde alle demokratischen Vetos überrennen. Das Gegenteil erschien ihm als Versagen. Dass die Reformen nicht so schnell griffen wie die faschistischen und nationalsozialistischen Programme, 1937 sogar in eine neue Krise mit insgesamt zwölf Millionen Arbeitslosen abglitten, während das Reich dem Anschein nach prosperierte, schrieb die Reichspropaganda schlicht und einfach auf das Konto »Liberalismus« und »Judentum«. Dieser Fehlperzeption sollte Hitler erst in seiner Donnerrede zur Kriegserklärung an die Vereinigten Staaten am 11. Dezember 1941 massiven Ausdruck verleihen, als er im krassen Widerspruch zu früheren Deutungen das oft bewunderte Land in das »Erbe jüdischen oder vernegerten Bluteinschlags« gestellt sah.[15] Davon abgesehen hatte er sich mit solchen Invektiven zurückgehalten und seine Propagandisten angewiesen, wilde Polemik gegen die USA zu unterlassen, stattdessen lieber die eigene Fortschrittlichkeit hervorzuheben.[16]

In seinen Büchern schrieb Hitler beim Blick aus dem deutschen Fenster den Aufstieg Amerikas nicht der religiösen Pioniergesellschaft oder den weniger erhabenen Gründen des Kapitals zu, sondern bezeichnenderweise der kontinuierlichen Einwanderung der »besten nordischen Kräfte« aus Europa. Die Kühneren und Entschlossenen der rassischen Auslese, so will er herausgefunden haben, hätten sich auf den weiten Weg gemacht, begünstigt durch eine instinktsichere Selektion der nordamerikanischen Behörden. Das amerikanische Volk sei daher »jünger und gesünder« als das deutsche mit seinen »rassisch ungleichwertigen Grundelementen«, stärker jedenfalls als das ganze »rassisch unterwertige« Europa. Die Amerikanische Union, wie er häufig sagte, fühle sich als nordisch-germanischer Staat. Man könne »die Leistung von 1000 rassisch bedenklichen Europäern nicht gleichsetzen mit der Leistungsfähigkeit von 1000 rassisch hochwertigen Amerikanern«. Dies könne Europa zum Schicksal werden und auch das »deutsche Volk«, so fügte er wie zur Abschreckung hinzu, »wird der Weltbedeutung entsagen müssen, bis es endlich zu degenerierten, animalischen Fresssäcken heruntersinkt, denen selbst die Erinnerung an die vergangene Größe fehlt«[17] – es sei denn, es verbessere den eigenen Rassewert entscheidend.

Vorbild für das großgermanische Reich der Zukunft blieb Amerika für ihn indes nicht lange. Sein Bild musste zerbrechen, weil es zu sehr der Wirklichkeit widersprach. Hitler kannte die Vereinigten Staaten nicht aus eigener Anschauung. Der Einladung Roosevelts im April 1933, mit anderen europäischen Regierungschefs auf einem Washingtoner Gipfel zu vorbereitenden Gesprächen aus Anlass der bevorstehenden Weltwirtschaftskonferenz in London zu erscheinen, war er nicht gefolgt, als Boten hatte er den weltgewandten Reichsbankpräsidenten Hjalmar Schacht entsandt.[18]

Die kurze Reise am Geländer des Protokolls hätte ihm nichts vermittelt, genauso wenig wie späteren politischen Gipfelwanderern. Der *Führer* mit Herrschaftsabsichten scheute ein Leben lang Reisen in Länder, die für ihn politisch weniger kalkulierbar waren als das faschistisch verwandte Italien, hielt dafür lieber Hof in vertrauter Umgebung. Roosevelt seinerseits hatte nie daran gedacht, sich in die Pilgerschar nach Berlin oder zum Obersalzberg einzureihen. Hitler war froh darüber – man wäre sich in steinerner Distanz gegenübergesessen.

Hitlers Wissen beruhte auf ausgesuchter Lektüre, die seine Axiome belieferte. Er las schnell und viel, und was in sein Denken passte, speicherte das erstaunliche Gedächtnis. Kenntnisse über Geschichte und die weite Welt, über das britische Empire, Amerika und Russland streute er bruchstückhaft zum Beleg seiner Thesen ein. Zum Bibliotheksbestand auf dem Obersalzberg zählte der fantasievolle Fernbeobachter Karl May, dem er sich zugetan fühlte. Mit der summenhaften Anschauung konnte er auch Hochgebildete in Erstaunen versetzen, wie wir es bei seinem Besucher Arnold J. Toynbee sahen. Mehr oder weniger intuitiv konstruierte er »Zusammenhänge«, schlug gewaltige Bögen – »ohne sichtliche Fehler«, merkte der höfliche britische Historiker an, der beim Rigorosum mit einem Kandidaten A. H. sicher etwas anders umgegangen wäre. Hitlers Vorstellungsgebäude stand aber nur scheinbar unverrückbar da. Der Druck sich überstürzender Ereignisse veränderte Details, verschob Perspektiven, erzwang Korrekturen. So blieb beispielsweise sein Urteil über Churchill konstant negativ, während sich die Einschätzungen Roosevelts und Stalins zeitweilig in entgegengesetzte Richtung bewegten.

1933 hatte Hitler die USA der »Freundschaft« versichert und Roosevelt in der Publizistik gute Worte zukommen lassen. Nicht Raum und Technik waren damals das erste Thema, sondern der New Deal des neuen Präsidenten, der Kampf gegen den Verursacher der großen Depression, des ruinösen Laissez-faire-Kapitalismus per Staatsintervention, lenkende Mittelzuweisung, Massenkampagnen und Massenerziehung. Jedenfalls in seinem Anti-Liberalismus in eigenen Vorhaben sah sich Hitler bestätigt. Er gab sich respektvoll. 1936 wurde der erste Lehrstuhl für Amerikanistik an der Friedrich-Wilhelm-Universität in Berlin eingerichtet, die Carl-Schurz-Vereinigung und das Berliner Amerika-Haus durften Zulauf haben. Bis 1939 wurden zahlreiche Bücher übersetzt – in der deutschen Öffentlichkeit war die Neue Welt Gegenstand lebhafter Fantasien, die guten politischen Erfahrungen aus der Mitte der 20er-Jahre schwangen dabei mit, schienen sogar für eine gewisse Zeit die Enttäuschung über Wilsons Schauspiel des »größten Betrügers auf Erden«[19] auf der Bühne von Versailles 1919 und die Folgen für Deutschland zu verdrängen.

Roosevelts globaler Interventionismus seit 1937 mit seiner doppelten Stoßrichtung gegen die deutsche Kontinentalautarkie und das britische Empire kam Hitler in gewissem Sinne entgegen. Seine idée fixe, deutsche Kontinentalherrschaft und weltweit orientierte Interessen Großbritanniens ließen sich miteinander vereinbaren, bezog sich auf Denkströmungen im alten Reich und im Empire. Als Voraussetzung galt allerdings die konsequente deutsche Abkehr von der Welthandels-, Kolonial- und Seemachtpolitik. In seinen Schriften, vor allem im »Zweiten Buch« von 1928, unterzog Hitler die in die Empire-Interessen übergreifende Weltpolitik des Kaiserreiches und des vaterländischen Bürgertums einer bissigen Kritik. Die »romantische Spielerei« des Flottenbaus habe sich auf die Beziehungen zu Großbritannien verheerend ausgewirkt.[20] Dieser Ansicht pflichten heute die meisten Zeithistoriker mit Leidenschaft bei. Die generelle Behauptung, die Engländer hätten sich nie gegen die rein kontinentalen Ambitionen einer europäischen Macht gestellt, schoss indes über die Tatsachen hinaus. Die von Hitler angeführte friderizianische Kriegspolitik ist dafür kein Beleg. In der entscheidenden Krise von 1760 blieben die englischen Hilfsgelder aus. London duldete kein geopolitisches Übergewicht auf dem Festland. Erst mit den schweren Verlusten im Ersten Weltkrieg schwand seine Gegenkraft, was Roosevelt und Hitler auf je eigene Weise zu nutzen gedachten.

2. USA und Europa – Weltmachtablösung?

Dass Hitler für seine Zeit nicht ganz unrecht hatte, zeigte das economic appeasement in der Nachhut des politischen im Juli/August 1939, mitten in der sich entfaltenden Polen-Krise, von dem wir gesprochen haben.[21] Die Briten boten ihm zwar keine freie Hand im Osten an, als Ausgleich und zum Preis des Friedens jedoch weltweite wirtschaftliche Zusammenarbeit, Kredite für die Umstellung der deutschen Industrie auf Friedensproduktion und ein koloniales Kondominium in Afrika, ganz konkret sogar die Anerkennung Ost- und Südosteuropas als wirtschaftliche Interessensphäre des Reiches. Und das alles für eine matte Gewaltverzichtserklärung als Gegenleistung. Von einer hegemonialen Position des Reiches in Europa wäre diese Kombination von Konzessionen nicht zu trennen gewesen.[22] Chamberlain meinte es ernst, stellte sogar Verhandlungen über die Danziger Frage in Aussicht – gewiss auch mit Blick auf die schleppenden Dreierbund-Verhandlungen mit den Russen und die zermürbenden Gerüchte über eine Annäherung zwischen Berlin und Moskau. Während er seinen engen Vertrauten, Sir Horace Wilson, als wichtigsten Unterhändler entsandte, nahm ihm gegenüber ein Wirtschaftsdiplomat Hermann Görings, Ministerialdirektor Helmuth Wohlthat, Platz, was nicht gerade Hitlers Interesse am Appeasement mit anderen als territorialen Mitteln signalisierte.

Wie immer man Hitlers Darstellung der Interessen Londons und die tatsächlichen Schwankungen der britischen balance of power in Europa beurteilt – sie fanden in zweierlei Hinsicht Eingang in seine Argumentation. Das Lob für den »hohen politischen Instinkt« der Engländer hatte mit germanischer Heredität, dem Eroberwillen der Kolonialmacht, nicht zuletzt mit dem Respekt zu tun, die der Weltkriegskämpfer den Briten zollte. Darüber hinaus besaß der *Führer* eine Affinität zum Vereinigten Königreich, weil es die europäisch dominierte farbige Welt zusammen- und im Zaume halte, eine Aufgabe, an der er sich beteiligen wollte, schützend sogar, wie er auf dem Höhepunkt der Polen-Krise am 25. August 1939 dem britischen Botschafter Nevile Henderson versicherte, nicht als Konkurrent, sondern als Komplementär der freien Hand, unter Ausschluss des Interessenkonflikts und unter Zusage einer Rüstungsbegrenzung. Der *Führer* neigte auch hier zu auftrumpfender Theatralik, wie das Angebot gegenüber Henderson im letzten Gespräch vor dem Krieg am 25. August belegt, Deutschland werde (wenn London ihm nicht entgegentrete) die »Existenz« des britischen Weltreichs garantieren und dafür, wenn erforderlich, mit konkreter Hilfe zur Stelle sein.[23]

Hitlers utopisch anmutende Äußerungen werden in der Regel als letzter (arg-)listiger Versuch dargestellt, Großbritannien von den Verpflichtungen gegenüber Warschau abzubringen und diplomatisch auf seine Seite zu komplimentieren. Ihr einziger Zweck war dies jedoch bei Weitem nicht. Hitler hatte die Schwächen des Weltreichs und die begründete Furcht Londons im Auge,[24] ein neuer Krieg werde, wie immer er ausgehe, den endgültigen Abstieg und die translatio imperii an die USA mit sich bringen. Mit seinem ausgeprägten Sinn für Merkmale des Machtverfalls und Machtaufstiegs waren ihm die technologisch bewunderten Vereinigten Staaten bereits in der Mitte der 20er-Jahre als der »Zukunftsgegner« des britischen Empire, ja sogar als »Überwältiger der Welt«,[25] mithin als Vollender der 1919 gescheiterten Wilson'schen Revolution erschienen.

Seine frühen Ausführungen zu diesem Thema lesen sich wie ein europäischer Abwehrreflex. Die Auseinandersetzung zwischen Europa und Amerika werde nicht auf die Wirtschaft beschränkt bleiben, heißt es im Zweiten Buch, sondern politische Gestalt annehmen – die Gestalt einer Weltmachtablösung. Dass Roosevelt mit dem New World Deal tatsächlich dieses Ziel verfolgte, gab Hitlers Gedanken der Machtteilung im Bündnis mit dem Empire einen Effekt, der in Großbritannien nicht ohne Wirkung blieb. Im

Untergrund der Appeasementpolitik der britischen Klasse hauste vor der
Heraufkunft Churchills durchaus die Vorstellung, den deutschen *Führer*
auf Ostwege zu verweisen, während Hitler seinerseits nicht müde wurde,
den im September ausgebrochen Krieg mit England als ein Unglück, als den
falschen Krieg zu betrachten.

Hitler war sich indes nie sicher, ob der erwünschte historische Kompromiss mit dem Empire zustande kommen würde.[26] Seine heftige Reaktion
auf Gegensignale verwiesen auf den Rang, den die idée fixe für seine geopolitische Konstante, die Bildung eines regionalen Kontinentalblocks besaß. Das Ziel machtpolitisch arrondierter Autonomie erschien ihm nach
der Summe der Weltkriegserfahrungen und der Krise des kapitalistischen
Finanz-, Währungs- und Marktsystems unausweichlich in der blockade-
gefährdeten Territorialität Deutschlands begründet, wenn auch riskant,
wie er 1937 den Hoßbach-Aufzeichnungen zufolge darlegte. Mit der Schei-
dung von der wilhelminischen Form der Weltpolitik war es ihm ernst. Er
wünschte sich ein Großbritannien, das seine Kontinentalpolitik nicht nur
akzeptieren, sondern deren Risiken von der weltpolitischen Seeseite her ab-
schirmen würde.

London stand also zwischen zwei Juniorpartnerschaften, der deutschen
und der amerikanischen. Wie immer man Chamberlains Appeasement ein-
schätzt – für ein Bündnis mit Hitler gab es in der politischen Klasse keine
Mehrheit, lediglich für die Preisgabe des ohnehin erledigten Versailler Systems (bis zu den Grenzpflöcken der Tschechen und Polen), um damit trotz
deutscher Machtentfaltung den Erhaltungsfrieden für ein souveränes Empire zu sichern.

Für Roosevelt war dieser Versuch der »Britishers«,[27] wie er verachtungsvoll sagte, nur ein zusätzlicher Beleg für seine Überzeugung, dass die
politische Struktur des Kolonialimperiums mit seinen Schwächen und Anmaßungen für den New World Deal ein Hindernis sei. Als er 1940 eine strategische Allianz mit dem in Not geratenen Großbritannien einging, war der
Sieg über Hitler sein erstes Ziel, die Entmachtung des Empires das zweite.
Churchill und Hitler waren geteilter Meinung darüber, wer zuerst untergehen würde: das Großdeutsche Reich oder Großbritannien.

Der aufrechte Hitler-Gegner Carl Goerdeler bescheinigte dem *Führer*
einen »geradezu dämonischen Zug zur Autarkie«. Dies traf wohl zu, wobei es außer Hitler noch andere, wesentlich sachkundigere Vertreter dieser
Schule gab. Deutsche Rohstoffknappheit und eine Hungerblockade, vor
der kein Völkerrecht schützte, die Abhängigkeit von schwer berechenba-
ren auswärtigen Lieferanten, schließlich der Protektionismus und Markt-
infarkt der ausgehenden 20er-Jahre gaben der Idee das Futter weitgespann-
ter Erfahrung. Autarkie und Großraumwirtschaft waren in den Zeiten der

Depression viel diskutierte, populäre Schlagworte. Sie signalisierten, wie Eckart Teichert schreibt, »pessimistische Erwartungen im Staatsapparat und in der Wirtschaftsbürokratie, in der wissenschaftlichen Nationalökonomie, der Publizistik und der breiten Öffentlichkeit über die zukünftige Bedeutung der Außenwirtschaft und der weltwirtschaftlichen Ordnung«.[28]

Beide wirtschaftsräumlichen Vorstellungen und Lösungsversuche, die regional-autarke wie die globale, waren machtpolitisch unvereinbar. Der sich abschließende Teil ist der Feind des Ganzen und umgekehrt, keine Figur beugt sich der anderen. Praktisch heißt das: Autarkie entzieht einem globalisierten Handelssystem Rohstoffe, Investitionsfelder, Marktzugänge, Wachstum – es sieht sich behindert, ja bedroht. Das offene Handelssystem schnürt das geschlossene ein. Um Konkurrenz im üblichen Sinne geht es nicht, sondern um territorialen Konflikt mit doppelseitiger Expansionstendenz: Die globale Seite trachtet danach, die im Weg stehenden Wagenburgen zu beseitigen, während diese nicht Widerstand leisten, sondern sich bis zur gedachten Marktsättigungsgrenze auszuweiten suchen. Da beide Verhaltensweisen von industriell-rohstoffmäßigen, demografischen, ernährungspolitischen und machtsichernden Beweggründen nicht zu trennen sind, eignen sie sich gleichermaßen zur Ideologisierung der Massenbasis. Markt, Macht und »Größe« verbinden sich zu herrschender Weltsicht.

Im ursprünglichen Sinne ist der Raum-Begriff weder ideologiebefrachtet noch biologistisch verengt, sondern eine ökonomische und sicherheitspragmatische Kategorie. Sie beschreibt in der Neuzeit die Dimension der Kontinentalexpansionen des Zarenreiches seit dem 16. und der amerikanischen Siedlerkolonien seit dem 18. Jahrhundert. Die russische erreichte den Pazifik im 17. Jahrhundert, die amerikanische im 19. Jahrhundert. Bis dahin ging es in beiden Fällen um die Okkupation der Binnen-Nachbarschaft, nicht um Überseekolonisationen wie die portugiesische, spanische und britische mit ihren offenkundigen Weltmachtambitionen. Erst nach Erreichen der kalifornischen Küste schlossen die Amerikaner mit der gewaltsamen Öffnung von Handelshäfen in China und Japan zum überseeischen Imperialismus auf. Die Verträge von Wanghia (nahe Kanton) 1844 und die Konvention von Kanagawa (in der heutigen Präfektur Yokohama) 1854 waren ungleich, der mit Spanien 1898 ein Siegfrieden. Russland suchte nach der Eroberung von Sibirien, Mittelasien und Kaukasien seinen Einfluss auf Persien und China auszudehnen. Die 1860 gegründete Hafenstadt am Pazifik erhielt den Namen Wladiwostok, wörtlich: »Beherrsche den Osten.« Konflikte mit den Briten und Japanern waren nach der Südschwenkung der Expansion unausweichlich. Petersburg sicherte sich die Mandschurei und saß an der Mächtetafel bei der Verteilung der chinesischen Melone. Den Staatsmann des Zaren, Finanzminister Sergej Witte (1892–1905), motivierten die russische Bevölkerungsexplosion (von 97,7 auf 170,0 Millionen zwischen 1880 und 1913), der Rohstoffbedarf der russischen Industrie, deren Aufbau 1890 den amerikanischen übertraf, die Öffnung neuer Märkte, das Eisenbahnwesen, die Gegenbewegungen der anderen Mächte.[29]

Der Rückblick diente dem Zweck, Hitlers Raumpolitik einzuordnen. Das Dritte Reich stand gesättigten Kolonialmächten inmitten ihrer Verfallskrise, zwei abgeschlossenen, über die Ursprungsterritorien hinausgewachsenen Binnenexpansionen und der Entschlossenheit Roosevelts gegenüber, die alte europäische Machtordnung mit ihren prekären Balancen und Abstürzen durch eine globale Open-Door-Politik unter dem Titel merkantiler amerikanischer Globalinteressen zu ersetzen. Hitlers Autarkievorstellung beruhte, wie wir sahen, auf dem Blockadeerlebnis des Ersten Weltkriegs, das sich angesichts der Überlegenheit der Seemächte im Konfliktfall wiederholen könnte; mehr aber noch auf den seit Krieg und Wirtschaftskrise brüchig gewordenen internationalen Wirtschaftsbeziehungen. Das industrielle Überangebot verursachte nach seiner Ansicht eine fortschreitende Verengung der Weltmärkte mit immer aggressiver werdendem Jagen nach Absatz und Kapitalanlagen. An Erfolg und Bestand des Welthandelssystems glaubte er nicht, freien Kapitalverkehr beargwöhnte er, die politische Unabhängigkeit Deutschlands sah er durch Rohstoffarmut und eine zu schmale Lebensbasis gefährdet. »Wenn uns ein Staat nicht Wolfram liefern will, dann liefert er uns keines.«[30] Die Lage gerann ihm zum Feindbild, verzerrt durch eine Rassenhalluzination, doch der Gedanke als solcher, mochte er auch in die Irre gehen, war nicht irrational, er hatte Vorbilder und eine Schule, zu deren Vertretern so unterschiedliche Geister wie der Nationalsoziale Friedrich Naumann und Erich Ludendorff zählten.

Anstatt industriefeindlichen, agrarautonomen Binnenwegen folgte Hitler ausdrücklich der Logik der politischen Expansion. An der Wiedergewinnung der Kolonien lag ihm nichts – er benutzte sie als Argument für die Totalrevision des Versailler Vertrags und als Versatzstücke für fantastische Stunden. Die wilhelminische Flottenpolitik erschien ihm, wie gesagt, kritikwürdig, selbst die Grenzen von 1914 zog er in Zweifel, sie stellten »genauso etwas Unfertiges« dar wie die Grenzen der Völker aller Zeiten.[31] Nein, wonach er trachtete, war Nachbarschaftsokkupation nach amerikanischem Vorbild bis zur Größe eines zur Selbsterhaltung fähigen europäischen Lebensraums, ausgedehnt auf die östliche Rohstoff- und Getreidebonanza mit zumindest der Ukraine als »europäischem Indien«.[32] Dem historischen Muster der USA mit seinen Indianerschlachten entsprach dies jedoch keineswegs, auch nicht dem russischen mit allen kaukasischen und mittelasiatischen Kämpfen, sibirischen Nomadenvertreibungen[33] und durchgehender

Russifizierung. Hitlers Expansion griff vielmehr in die gewachsene respektive 1919 friedensvertraglich veränderte europäische Staatenorganisation ein, warf sie buchstäblich über den Haufen – bis 1939 mit Duldung der Appeaser, dann mit Hilfe Stalins und 1941 schließlich im Krieg gegen Stalin.

Spätestens zum Zeitpunkt der Ratlosigkeit am Ärmelkanal im Juni 1940 schlug Hitlers autark wirtschaftskontinentales Denken ins Militärstrategische um. Nun erschien ihm ein bis zur Linie Archangelsk-Schwarzes Meer vorgetriebenes Kontinentaleuropa als uneinnehmbare deutsche Festung, deren Aufbau die Briten bis zum Einlenken entmutigen, die Amerikaner von Europa fernhalten oder, wenn beiden dies nicht einleuchtete, über die angemessene Größe verfügen würde, um jede Invasion abzuwehren. Roosevelt fühlte sich vom Datum des deutschen Angriffs auf Russland an alarmiert, zugleich jedoch beflügelt. Sein in Amerika nicht ohne Weiteres plausiblen Motiv, dem Autarkisten, Revisionisten und Rassisten Hitler in den Weg zu treten, wuchs nun das übermächtige Argument zu, der deutsche Imperialismus habe sich aufgemacht, die Welt zu unterwerfen.

XI. KAPITEL

DIE USA AUF DEM KRIEGSPFAD

Die sich schon 1940 anbahnende Allianz Roosevelts mit Großbritannien bildete eine zwingende Voraussetzung für die militärische Kriegführung, ohne Plattform für Luftkrieg und Invasion in West- und Mitteleuropa schien sie ausgeschlossen.

Die Embargo-Bestimmungen erlaubten zunächst nur die Abgabe ziviler Waren an bar zahlende Kunden mit eigener Transportkapazität (Cash and Carry), nach Beginn des europäischen Kriegs und angesichts der Belieferung Deutschlands mit strategischen Gütern aus Russland auch Waffenverkäufe an die Westalliierten. Erst als sich 1941 die Waage des Kriegsglücks zugunsten der Deutschen zu neigen schien, konnte der Präsident im März die Lieferung von Kriegs- und Versorgungsgütern an all jene Staaten durchsetzen, die für die »Verteidigung der Vereinigten Staaten von vitalem Interesse« waren – kostenlos bei Rückgabe nach dem gewonnenen Krieg, eine bei Waffen und Geräten mit sicherem schnellen Verschleiß in jeder Hinsicht fantasievolle Entwicklungshilfe.

Der »Lend and Lease Act« und die lange Liste der Begünstigten von England und den Gliedern des Empire über Griechenland, Jugoslawien, die Türkei, Ägypten bis China war zweifellos eine Form der Intervention, Geschäft auf politischer Gegenseitigkeit, in Ausmaß und Radius die Vor-Gestalt der Weltkoalition gegen die Achsenmächte und Japan. Der Kalte Krieg ging von da an in die Zielgerade (Short of War), erreichte auf See bereits die Dimension des unerklärten Kriegs. Großbritannien war insolvent, wie Churchill schon im Dezember 1940 in einem Schreiben Roosevelt gegenüber eingestanden hatte,[1] und allein auf dem europäischen Schlachtfeld zurückgeblieben. Nach der Einnahme strategischer Häfen in West- und Nordeuropa durch die Wehrmacht und der Verschärfung des U-Boot-Kriegs kam es für die Amerikaner vor allem darauf an, die britische Insel über Wasser zu halten. Nach anfänglicher Zurückhaltung war auch US-Generalstabschef George C. Marshall bereit, im eigenen Interesse das Überleben Großbritanniens zu sichern.[2]

Als Frankreich die Waffen streckte, änderte sich zwar die Stimmung, wie wir sahen, aber noch lange nicht die grundsätzliche Abneigung gegen die Kriegsbeteiligung. Umfeldsicherung, Seestrategie, Rettung Großbritanniens, Waffenlieferungen im Weltradius – diese Schlüsseldrehungen und Türöffnungen für den Eintritt in den Krieg bereiteten Roosevelt bis zuletzt große häusliche Mühen. Seine seit Mitte der 30er-Jahre gefestigte Meinung, Deutschland und Japan interpretierten die Geschichte radikal anders und strebten Machtkonstellationen an, die auf keinen Fall hingenommen werden dürften, drang zunächst nicht durch. In Erinnerung sind starke Bilder, Streit mit den britischen Appeasern und Wortblitze wider die Feinde. Seit Herbst 1937 reihte der große Psychologe Roosevelt Reden über die »internationale Anarchie«, ihre Verursacher und ihre »Unentrinnbarkeit« mit weich unterfütternden Friedensinitiativen und -appellen zur Besänftigung der Neutralisten aneinander. An Anlässen war von da an kein Mangel. Am 5. Oktober 1937 verglich er in der Isolationisten-Hochburg Chicago expansive Staaten mit Patienten, die im Falle einer Epidemie unter Quarantäne zu stellen seien.[3] Der Satz ging um die Welt, beeindruckte aber weder die eigenen Kriegsgegner noch die Japaner, deren Eroberungszug in China gemeint war, noch den mächtiger werdenden deutschen *Führer*, der sich wegen der Waffenhilfe für Franco in Spanien angesprochen fühlen konnte, noch die Briten auf dem langen Weg nach München.

Roosevelts immer höhere Töne stießen mit Beginn des europäischen Kriegs im September 1939 zwar auf mehr Gehör, nach der Niederlage Frankreichs sogar auf mehr Nachdenklichkeit, keineswegs jedoch auf sichere Zustimmung. Jetzt erst recht witterten die entschiedenen Befürworter der Festung Amerika hinter jedem Wort und jeder seiner Handlungen den interventionistischen Ausbruch, womit sie sich nicht täuschten. Die Argumente wurden gröber, der Umgang intoleranter, die Trümmer auf dem Atlantik signalisierten 1941 die Krise Großbritanniens. Um den unbegrenzten Notstand (»Unlimited National Emergency«), die Wehrpflicht und die Aufstellung einer großen gepanzerten Landarmee zu rechtfertigen, griff Roosevelt zu apokalyptischen Redefiguren. Die moralische Verurteilung des Feindes allein hatte den Geist der Amerikaner nicht zu wenden vermocht. Deshalb ist jetzt von Hitlers Welteroberungsplänen die Rede, von der Rettung der Zivilisation vor der ultimativen Zerstörung all dessen, was den Amerikanern teuer sei, vom drohenden Verlust außenpolitischer Souveränität, ja, der unmittelbaren Bedrohung Amerikas. Das versichernde Wort von Amerika als dem »großen Arsenal der Demokratie« erhielt mit der ersten Ankündigung der »vollständigen Niederwerfung Deutschlands« den Charakter unausweichlicher Konsequenz.[4]

Das waren Deutungen und Drohungen – aber sie setzten die Situation Amerikas doch in Beziehung zum Heiligtum der Verfassung und ihrer emotionalisierenden Gehalte. Roosevelt führte den Geist Amerikas im Schilde: Er sei es, gegen den sich der Angriff des Feindes richte und durch ihn bezögen auch die wirtschaftlichen Interessen des Landes ihre höhere Legitimität, wie Roosevelt ständig insinuierte. Allerdings – für den Alarmruf einer unmittelbaren Bedrohung der Vereinigten Staaten gab es nicht die geringsten Anhaltspunkte. Deutschland und Japan an den Gegenküsten besaßen zu keinem Zeitpunkt des Kriegs die dafür erforderliche strategische Kapazität. Japan unterhielt amphibische Streitkräfte für Operationen im Nahbereich, wie das Vorgehen gegen die Mandschurei, die chinesischen Küstenregionen und Russland (zwischen 1931 und 1939), danach auch gegen britische, niederländische und französische Besitzungen sowie pazifische Inseln und Archipele (1941–1943) zeigten. Hitler erlitt beim kombinierten See- und Landangriff auf Norwegen eine Nervenkrise und blieb an der Atlantikküste im Angesicht der leuchtenden englischen Kreidefelsen liegen. So wenig die Aufklärungsmittel der Zeit ein zutreffendes Bild von den aktuellen Stärkeverhältnissen vermittelten – Roosevelt übertrieb en détail und en gros. Der amerikanische Meinungsstreit spitzte seine Zunge zu. Er erfand Gespenster, trieb am Kongress vorbei konspirative Kriegspolitik und hoffte inständig, dass territoriale Bastionen in Europa und Vorwerke im Pazifik langlebiger wären als die Isolationisten in seiner Umgebung.

1. Querpass. Konturen der globalen Intervention

Drei Monate nach dem deutschen Angriff schien die sowjetische Wirtschaft zusammenzubrechen. Die fruchtbare Schwarzerde, das verwobene Schienen- und Straßennetz, die Elektrizitätsressource der Fünfjahrespläne, die ertragreichen Erz- und Kohlengruben im Westen waren verloren. Wie oben erwähnt, wurden während des Rückzugs zwischen Juni und November 1941, oft schon unter Beschuss, über 1500 kriegswichtige Produktionsstätten demontiert und in anderthalb Millionen Güterwagen hinter den Ural, an die Wolga, nach Zentralasien verbracht – eine Leistung, zu der kein westlicher Staat in der Lage gewesen wäre. Zentral- und Helotenwirtschaft, mehr aber noch entfachter Patriotismus meisterten das schier Unmögliche. Im bittersten Winter auf blanker Erde wurden die Fabriken an den neuen Standorten wiederaufgebaut. Der Waffen- und Munitionsstrom für die an der Front kämpfenden Divisionen oder ihre Reste kam erst auf der Höhe des folgenden Jahres in Fluss, erreichte dann aber, zur Überraschung der Welt, einen Ausstoß, der deutlich über dem deutschen lag.

Zunächst jedoch und für entscheidende Monate befand sich die Sowjetunion in heller Not. London konnte nicht viel beisteuern, Washington war skeptisch, ob Russland überleben würde. Ein kleiner, aber lautstarker Teil der amerikanischen Öffentlichkeit pries den deutschen Angriff als Kreuzzug des Abendlandes; ein anderer, der Regierung näherstehend, als unbarmherzige Etzelschlacht zwischen barbarischen Mächten; die strategic community der Zeit rechnete kühl mit einem schnellen deutschen Sieg. Roosevelt sparte sich, die neue Variante des Kampfes gegen Deutschland erkennend, die Neutralitätserklärung, die er beim Beginn des europäischen Kriegs unter innenpolitischem Zwang noch abgegeben hatte, öffnete jedoch erst im November 1941, als der deutsche Sturmlauf vor Moskau zum Erliegen kam, die Schleusen der Hilfslieferungen auf den riskanten Seewegen.[5] Lastwagen benötigte der antiquierte Fuhrpark der Roten Armee, nicht Panzer und Geschütze; eine zweite Front, nicht die Beteuerungen des amerikanischen Präsidenten. Dass die Vereinigten Staaten Russland gerettet hätten, ist eine hartnäckige Legende. Stalin ging nicht als Schuldner, sondern als Gläubiger aus dem Kriege hervor.

Zu jener Zeit erlebten die Vereinigten Staaten dank der in Schwung gekommenen Großrüstung einen industriellen Boom, der den Arbeitsmarkt leerfegte und die Reservearmee der weißen und farbigen Frauen mit Niedriglöhnen zum Einsatz brachte. Damit schwand endlich die Große Depression, die seit dem Platzen der riesigen Spekulationsblase von 1924 bis 1929, dem Symptom für den Absturz des liberalen Weltsystems, nicht weichen wollte und 1937 ein fast ebenso schweres Nachbeben erzeugt hatte.

Franklin D. Roosevelt hatte den Beginn der Krise als Gouverneur von New York erlebt und übertrug als Präsident seit 1933 seine Ideen des New Deal in unerhörtem Tempo auf das ganze Land. Gemessen an Aufwand und Erwartungen waren die einschneidenden Maßnahmen des quasi kriegswirtschaftlichen Staatsdirigismus jedoch ein Misserfolg. Sie passten weder zur Tradition noch zum Geist der Vereinigten Staaten, stießen auf den Widerstand vornehmlich der Industrie und des Supreme Court. Man muss sich fragen, was aus Amerika geworden wäre, hätten die gewaltsamen Anstöße der politischen Weltunruhe Roosevelt nicht die Chance geboten, das Schwergewicht seiner Strategie vom volatilen Reformprogramm auf die Risiken der äußeren Politik zu verlagern und den selbst verschuldeten Eklat des Kapitalismus als Verengung der Weltmärkte durch überseeische Macht- und Zollblockbildungen darzustellen.

Manche sprechen von Flucht in die Außenpolitik, dem bekannten Staatsverhalten in Binnenkrisen. Für Roosevelt trifft dies nur bedingt zu. Die Ablehnung fremder Blockbildungen brachte er 1933 ähnlich wie den New Deal schon mit ins Amt, wobei er zwischen Japan, Deutschland und den westlichen Kolonialmächten mit ihrem Präferenzhandel keinen prinzipiellen Unterschied machen sollte. Dennoch verdient es Beachtung, dass er bei seiner ersten Kabinettssitzung die Möglichkeit eines Kriegs mit Japan zur Sprache brachte, dessen jeder Regierungskontrolle entglittenes Heer zwei Jahre zuvor in der Mandschurei coup-artig zur Ausweitung des japanischen Einflussbereichs angesetzt hatte. Man mag die These zugespitzt finden, der Präsident habe in der Folge die Diktaturen primär nicht wegen der Natur ihrer Regime, Aggressions- und Repressionspolitik bekämpft, sondern um sie ökonomisch in den Rang von mittleren Mächten mit aufgesprengten Handelspforten zurückzuverwandeln.[6] Tatsächlich sollte es sich zeigen, dass Roosevelt, unterstützt vom freihändlerischen Außenminister Cordell Hull (1933–1944), eine interventionistische Globalstrategie mit dem Ziel offener Märkte (Open Door Policy) und Sicherheit für die Vereinigten Staaten verfolgte, die sich als Neutralitätspolitik erklärte und als unerklärte Kriegspolitik darbot.

Als wahlabhängiger Politiker führte Roosevelt gegen den kriegsscheuen amerikanischen Zeitgeist über Jahre einen verdeckten Kampf. Zugute kam ihm die nachgerade diabolische Genialität der herrisch leichten Hand, der medialen Gewandtheit und der Ratlosigkeit von Millionen Amerikanern in der Existenzkrise. Seine Glaubwürdigkeit in der eigenen und weltweiten Öffentlichkeit mochte das verdunkeln – dennoch gewann er vier Wahlen, mit Bravour sogar die von 1936, als der intellektuelle und emotionale Dissens zwischen Internationalisten und Festungs-Isolationisten das Land mindestens so tief spaltete wie die rigorosen Staatseingriffe des New Deal. Auf den USA lastete der Erste Weltkrieg wie die Geröllmasse einer Endmoräne – Wilsons Scheitern in Versailles, der Abbruch des ersten Versuchs, Europa und die Welt im Dienste von Missionsgeist und Eigeninteresse einer politischen Generalrevision zu unterziehen, die Überproduktion und Marktsättigung des Nachkriegsaufschwungs, schließlich die Verdammung der Unternehmer als betrügerische »merchants of death«, Kaufleute des Todes, im Untersuchungsausschuss des Senats über die Gründe des Kriegseintritts 1917. Die USA hatten 156 000 Menschen verloren, 100 000 davon an Grippe. Das war gegenüber den Millionen auf den europäischen Schlachtfeldern wenig, für Amerika zu viel.

Schwer lastete die Desillusion auf der Zeitseele. Der Präsident betrachtete die aufgehäufte Erbschaft des Kriegs und des wirtschaftlichen Desasters als ebenso tragisch wie eigenverschuldet und balancierte seit dem Entschluss von 1937, die Lösung des Doppelproblems im kühnen Querpass zur globalen Intervention zu suchen, buchstäblich über dem Abgrund. Auf der isolationistischen Seite stand die Mehrheit des Kongresses und des Volkes, auf der anderen das Weiße Haus, die Regierung und eine untergewichtige Anhängerschaft. Beide Krisen, die politische und die ökonomische, waren ineinander verschränkt, das rettende Ufer lag im Zugang zu den Weltmärkten, in der Beseitigung insularer Machtsperren kolonialpolitischer und diktatorischer Art, die seit dem Krisendesaster expandierten. Deren Existenz, Staatsstruktur und autarker Selbstbehauptungswille lieferten – daran sei hier nochmals erinnert – die Argumente für Roosevelts initiale Kampfansage vom 5. Oktober 1937 an die »Herrschaft des Terrors und der internationalen Gesetzlosigkeit«, deren Verursacher man wie Patienten im Falle einer Epidemie isolieren müsse.[7] Vom japanischen Angriff auf China im Juli 1937 ausgehend, markierte die sogenannte »Quarantäne-Rede« den Anfang einer Serie zunächst rhetorischer Interventionen, deren Wucht sich steigern sollte. Darüber hinauszugehen hätte zu jener Zeit den New Deal, die Neuausgabe der Karten, gefährdet, die Unterstützung durch einen grundsätzlich isolationistischen Gesetzgeber infrage gestellt. Umgekehrt konnte und wollte der Präsident nicht weltabstinent bleiben – das passte weder zu seiner Person, zu seinem Begriff von amerikanischer Mission noch zur Natur der amerikanischen Wirtschaftskrise, die sich Bordmitteln gegenüber als resistent erwies. Bei allen Schwankungen: Amerika war »nie wirklich neutral«,[8] Roosevelt stets das Gegenteil.

2. Roosevelt: Der marmorne Krieger

Von Woodrow Wilson, dem einzigen Professor auf dem republikanischen Thron, hatte Roosevelt als aufstrebender Mann den politischen Vielgebrauch der idealistischen Wendungen law, liberty, morality, religion erlernt, die rhetorische Signalgestik des amerikanischen öffentlichen Lebens vor ihm und nach ihm. Sein Geist indes war dem entfernt verwandten Präsidenten Theodore Roosevelt zugewandt, dem 26. Präsidenten der Vereinigten Staaten von 1901 bis 1909, einem der schärfsten Imperialisten der Epoche, »von dem selbst Wilhelm II. etwas lernen konnte«[9] – im Unterschied zu diesem aber ein Mann der Tat und ohne die Legitimationsneurose eines alten Regimes.

Einem Jünger gleich folgt Franklin D. Roosevelt den Pfaden des älteren Vetters fünften Grades, heiratete 1905 dessen Nichte Eleanor Roosevelt, wandte sich wie jener der Freimaurerei zu und übernahm das Misstrauen gegen die Trusts der Großwirtschaft. Beide Männer hatten ihre Wurzeln in der Einwanderer-Aristokratie des 17. Jahrhunderts von New Amsterdam

– Urvater Claes Martinez van Rosenvelt war 1640 aus den Niederlanden
angelandet –, beide wuchsen im Geschäftsreichtum des industriellen amerikanischen Aufstiegs heran. Die Roosevelts gehörten zu den großen Fami-
liendynastien der Carnegies, Rockefellers, Vanderbilts mit ihren ungeheuren Vermögen, der Tafts und Adams, die sich auf berühmte Angehörige in
der ferneren oder näheren Vergangenheit beriefen oder, wie die nachwach-
senden, als »neureich« geltenden Kennedys in der politischen Gegenwart
und Zukunft Geltung suchten. Der Goldfaden zog sich von der privaten zur
öffentlichen Welt, von Campus und Companies zu Stiftungen und Ämtern,
von schlichter Religiosität bis zu den irdischen Privilegien, um die in unerbittlichem Wettstreit gekämpft wurde.

Bei allen individuellen Ausprägungen war in diesen Kreisen eine Konformität des elitären Verhaltens und der Lebensgewohnheiten entstanden,
auch das typische Kontrastgefühl zum Rest der Welt, das sich beim Blick
auf England regelmäßig abmilderte, bei Reisen nach Paris bisweilen in Bewunderung umschlug und sich per Impression und Erwachsenenurteil auf
die Kinder übertrug. Die opulente Familienkarawane nach Europa gehörte
zu den Geltungsausweisen, verband sich mit ungenierter Zurschaustellung
des Vermögens, oft gar mit exzentrischem Auftrumpfen. Die um ein Vierteljahrhundert voneinander entfernten Vettern bereisten in ihrer Jugend
mit den Eltern auch Deutschland, wo sie flüchtig die Sprache aufnahmen.
Franklin ging in der Kurstadt Bad Nauheim 1891 als Neunjähriger sogar
für einige Wochen zur Schule.

Bezeichnenderweise kamen schon damals Ressentiments hoch, die sich
bei Theodore und Franklin während weiterer Ausflüge vor dem Krieg
vertieften. Der Ältere begegnete kurz nach dem Ende seiner Präsidentschaft Wilhelm II. und machte sich danach Gedanken über die »Selbsttäuschung«, der sich der Monarch über seine Rolle hingebe. Franklin will bei
Fahrradtouren in Süddeutschland Anmaßung, Arroganz und Militarismus
festgestellt haben. Bis in die Begriffe stimmte sein Urteil mit dem des späteren Nachfolgers und Bewunderers John F. Kennedy überein, der sich 1937
als Zwanzigjähriger mit einem Freund durch schöne deutsche Landschaf-
ten bewegte, die Bewohner jedoch auf unangenehme Weise überheblich
fand. »Wir fühlen uns furchtbar in Deutschland«, notierte der Freund. Die
Leute seien »unheimlich arrogant, das ganze Volk ist arrogant – alles, was
die Deutschen denken, ist arrogant: dass sie sich uns überlegen glauben
und das zeigen wollten«. – »Wir haben scheußliche Erfahrungen gemacht.
Die Deutschen waren so hochnäsig und selbstsicher.« – »Und dieses ganze
Heil-Hitler-Zeug ...« Der Freund und Jack machten sich darüber lustig,
antworteten auf »Heil Hitler« mit »Hi ya Hitler« und rissen die Arme
hoch.[10]

Weiter führte der Weg der Roosevelts über Studien in Harvard in die Politik von New York. Während es Theodore erst nach mehreren Anläufen 1899 zum Gouverneur brachte, brillierte Franklin knapp 30 Jahre später mit der Eroberung des Postens auf Anhieb. In der Entwicklung ihres Denkens rückte die Weltrolle der Vereinigten Staaten als beherrschende Seemacht mit expansiver Außenpolitik in den Vordergrund, bei Theodore noch untermischt mit einer ungenierten Bevorzugung der weißen Rasse. Franklin vertiefte sich in die zentralen Werke des Seestrategen Alfred Thayer Mahan[11] und Theodors 1882 erschienenes Werk »The Navel War of 1812« über den britisch-amerikanischen Seekrieg. Beim Älteren manifestiert sich die imperialistische Gedankenschulung im Eintritt in Präsident McKinleys Regierung als Stellvertretender Marineminister und in der Teilnahme am Krieg gegen Spanien auf Kuba als schneidiger Kavallerieoberst. Die Annexion von Hawaii und der spanischen Kolonien Kuba, Philippinen, Puerto Rico, Guam fiel in diese Ägide. Franklin wurde 1913 unter Wilson Unterstaatssekretär der Navy und befürwortete wie Theodore – nach erstem Zögern – entschiedener als der amtierende Präsident Woodrow Wilson den Eintritt der USA in den europäischen Krieg.[12]

XII. KAPITEL

WILSONS FOLGENREICHE NIEDERLAGE –
EIN LEHRSTÜCK FÜR ROOSEVELT

Der zuvor erwähnte, schon zu Lebzeiten legendäre, an der Größe Roms orientierte Alfred Thayer Mahan, mit Theodore Roosevelt befreundet, empfahl dem jüngeren Franklin in einem Brief unter dem 3. August 1914, die Weltgefahr aus der Perspektive Deutschlands zu betrachten. Das Reich, äußerte er zur selben in einem Interview, würde nach einem Sieg über Frankreich und Russland immer noch »voll gierigen und expansiven Ehrgeizes« sein und eine Seemacht aufbauen, um diesen Trieb zu befriedigen.[1] Die Vision traf auf offene Sinne. Franklin forderte die Ausschaltung des Deutschen Reiches als globalen Machtfaktor und fand im Gegensatz zu Präsident Wilson (1913–1921) den Versailler Vertrag völlig unzureichend, weil er die geopolitische Position des »Besiegten« unberührt ließ. Der Konflikt mit Hitler brachte ihn darauf zurück.[2]

Im Idealwettbewerb mit Theodore blieb schließlich noch der Ehrgeiz auf das höchste Amt. Seit März 1901 Vizepräsident, war Theodore Roosevelt als Präsident ins Weiße Haus gelangt, nachdem William McKinley im September 1901 den Folgen eines Attentats erlegen war. Franklin, 1920 bei einer Vizepräsidentschafts-Kandidatur gescheitert, setzte sich 1932 gegen Präsident Herbert C. Hoover durch, dem es nicht gegeben war, mit der traumatischen Wirtschaftskrise der USA fertigzuwerden.

Die fugenlose Parallelität der Lebensläufe vermittelt einen gewissen Aufschluss über Franklin D. Roosevelts politischen Charakter, wobei der Urwüchsigkeit und Unverwechselbarkeit Theodores eine bewegliche Kopie gegenüberstand, eine von Widersprüchen nicht freie, chamäleonartige Machtnatur. Der Ältere hatte in seiner Präsidentenzeit die amerikanische Hemisphäre konsolidiert, sie war nun nach der atlantischen und pazifischen Seite hin in Form einer territorial ausgeweiteten Monroe-Doktrin ausgepolstert. Der Panama-Kanal ging unter amerikanischer Regie der Vollendung entgegen (1914). Handel und Flotte besaßen von da an Passage und strategische Beweglichkeit zwischen den Ozeanen.

Als erster Präsident überschritt 1917 Woodrow Wilson mit einer Streitmacht die Hemisphäre in Richtung Europa, um nach der Beseitigung der »Autokratien« den Weltfrieden zu begründen. Die Absicht wurzelte in menschheitsverbessernden Motiven, die das utilitaristische Schwungrad Amerikas bis heute antreiben. Die traditionelle politische Trennung zwischen Alter und Neuer Welt schien aufgehoben, die Verteidigung der amerikanischen Einzigartigkeit, ursprünglich gegen den Interventionismus der Heiligen Allianz in der post-napoleonischen Zeit gerichtet, in ihr Komplement, den Heilsauftrag für die Welt verwandelt.

Nicht territoriale, sondern revolutionäre Ausbreitung dieser Macht und ihrer Tugenden beseelten Wilson, nicht militärische, sondern politische Niederlagen in Paris und Washington beendeten das Bestreben, das sich vor der Welt schließlich wie eine gescheiterte Expedition, in den Augen zahlreicher Amerikaner zudem wie ein Frevel ausnahm. Der erste Anlauf, die Machtbalance, zu der das britische Empire trotz kriegerischen Aufwands und Selbstgefährdung nicht mehr in der Lage war, durch wertestrahlende Hegemonie und Völkerbund-Exekutive zu ersetzen, endete 1919 mit Rückzug. Wie im Erschöpfungsschlaf, durch die Depression doppelt geschlagen, lagen die Vereinigten Staaten danieder, als Franklin D. Roosevelt die idealistische Sprachmelodie Wilsons und den harten Realismus Theodores zur Politik seiner Präsidentschaft vereinte. Was anderen wie ein Kontrastprogramm vorkam, betrachtete er als multiples Instrumentarium zur Aufrichtung der Nation und Wahrung ihrer Interessen, nunmehr im Kampf gegen die Autokratien. Es war der zweite große Anlauf zur Weltbeherrschung, zur *Globalisierung der Monroe-Doktrin* – bis das zur Supermacht aufgegipfelte Amerika im 21. Jahrhundert an neue Grenzen stieß.

1. Bellizismus und Pazifismus

Woodrow Wilson: Die tausendmal analysierten Texte seiner Vierzehn Punkte vom 8. Januar 1918 und der hochgemuten Grundsätze jeder Friedensregelung vom 11. Februar im Kongress, am 4. Juli in Mount Vernon und am 27. September in New York[3], spiegeln Ernst und Strenge des Pilgervaters, der aus Amerika zurückkehrt war, um die kriegszerrüttete Welt seiner Vorfahren zu ordnen. Ausgebreitete Arme wären das verkehrte Bild. Der Regierungschef eines so großen Landes wie der Vereinigten Staaten von Amerika konnte nicht uneigennützig in die internationalen Beziehungen eingreifen.[4] Unter dem wehenden Mantel von Frieden, Recht und Demokratie blitzte der Harnisch einer neuen Führungsmacht.

Das revolutionäre Motiv des missionarischen Eifers trat indes erst allmählich hervor, wie das Bild im Säurebad. Amerika propagierte, dem Historiker Bernd Martin zufolge, im Ersten (wie im Zweiten) Weltkrieg »die
Ideale seines Gesellschaftssystems, das uneingeschränkte freie Spiel kapitalistischer Kräfte im Rahmen einer demokratischen Staatsform; ein System,
das auf weltweite wirtschaftliche Macht, das Erobern neuer Märkte angewiesen war, um inneren Erschütterungen oder sogar tief greifenden sozialen
Umwälzungen zu entgehen«.[5]

Der Präsident (1856–1924), Spross einer presbyterianischen Pastoren-
familie schottisch-irischer Herkunft, vor seiner Wahl 1912 Professor für
Geschichte und Volkswirtschaftslehre an der Universität Princeton, Präsident der Universität und Gouverneur des Bundesstaates New Jersey, wird
in der biografischen Literatur meist als liberal, in der Zuspitzung »progressiv« dargestellt. Die Begriffe entstammen seiner Zeit und haben einen tiefen Wandel erfahren. Wilsons Bewunderer hielten ihn und die Nova seiner
Politik, mit der Nordamerika den Weg von der überragenden Wirtschaftsmacht zur globalen Weltmacht einschlug, für noble Gesandte des Herrn,
während die Gegner ihn als egoman, kompromissunfähig und nachtragend,
so utopistisch wie ruhmsüchtig, naiv und widersprüchlich in Denken und
Handeln, sogar als schlecht informiert und in detaillierten Verhandlungen
oft unvorbereitet einschätzten.

Enge Mitarbeiter, beispielsweise Außenminister Robert Lansing, schildern den Umgang mit ihm am Beispiel der Pariser Friedenskonferenz
(18. Januar 1918 bis 21. Januar 1919) als äußerst schwierig. Wilson teilte
sich der eigenen Delegation nur bruchstückhaft mit, verweigerte den Blick
auf seine road map. Die Mitwirkung von Juristen lehnte er ab – das traf
den eigenen Außenminister, einen klugen Staatsrechtler. An einmal gefasste
Entschlüsse klammerte er sich mit unerhörter Hartnäckigkeit. Unkenntnis
in der Sache pflegte er zu verbergen. Korrekturen, selbst Anregungen begegnete er »kühl« und »ungnädig«. Während er sich maßvoller Kritik einfach
entzog, empfand er offenen Widerspruch als persönliche Beleidigung und
schlug mit »persönlichen Mitteln« zurück. Im Hass, schreibt Lansing, sei er
stärker als in der Freundschaft und verzeihen könne er nicht. »He is a good
hater«, bestätigt Wilsons vertrauter Presseberater, Ray Stannard Baker,[6]
doch antwortete auf Erregungen prompt seine schwache Gesundheit. Der
französische Botschafter in Washington, Jean Jules Jusserand (von 1902
bis 1924 auf Posten), hielt Wilson geradezu für »egoistisch«: Ihm habe die
Einsicht gefehlt, sich jemals irren zu können.[7]

Die Unfähigkeit, den Gegner mit Kompromissen zu locken, umzustimmen und geduldig zu überzeugen, brachte Wilson bei den Verhandlungen
in die Zwangslage, geheiligte Prinzipien am Ende um irgendeiner Lösung

willen zur Disposition zu stellen, seinen Idealismus auf diese Weise der Glaubwürdigkeit zu berauben und im Washingtoner Senat nach erbittertem Kampf am 18. November 1919 die Ablehnung des Versailler Friedens und der Völkerbundakte erleben zu müssen. Bis heute resultiert daraus die tiefe Kluft in der Beurteilung des gern philanthropisch, modern und revolutionär auftretenden Südstaatlers, der das Denken in Rassekategorien zur persönlichen Tradition und Erziehungsaufgabe zählte, was im Amerika seiner Tage nicht unüblich war, aber doch schon als überholt galt. Im elterlichen Haushalt arbeiteten Sklaven, denen man durchaus human begegnete. Die Widersprüche, die Wilsons Person anhafteten, erklären sich aus bewegten Lebenswelten und starr vertretenen Sichtweisen, die auch der gewählte Präsident nicht zu vereinbaren verstand. Nicht nur Kritiker sprachen von einer schwer zu entziffernden Doppeldeutigkeit des Charakters.[8]

Wilson war kein Außenpolitiker, kein Geopolitiker, kein geborener Imperialist im Sinne der republikanischen Präsidenten seit 1897, William McKinley, Theodore Roosevelt und William H. Taft. Zum größeren Teil, wenn auch vielleicht nicht dem wichtigsten, beschäftigte er sich mit Innenpolitik, hohe ethische Zielpunkte der amerikanischen Bestimmung im Auge. Die Geschichte als solche sei gut, verspreche progressiven Verlauf, was aber davon abhänge, dass die politische Führung die Posaune des Fortschritts ertönen lasse: »sounding the trumpet of advance«.[9] Die Regierung müsse als aktives Instrument des sozialen Prozesses handeln, regulative Macht ausüben, den Individualismus der traditionellen Verfassung überwinden.[10]

Der Professor, Gouverneur und Präsident, war weder Pazifist noch Bellizist im schlichten Sinne. Die beiden Begriffe bildeten im Geist der Vereinigten Staaten nur bedingt einen Gegensatz. Amerika lebte überhöht, ein neues gelobtes Land, dessen Ideale einen Segen für die ganze Welt bedeuteten und insofern die Züge grober Realpolitik veredelten.[11] Die Legitimation ergab sich aus den fundamentalen Kämpfen zwischen Gut und Böse, aus dem Widerspruch der manichäisch strukturierten Welt, in der Amerika, der Tendenz nach bis heute, Partei ergreift, letzte Kriege führt, um alle Kriege zu beenden – eine Formel, die sich auf den Titel eines Buches von H. G. Wells aus dem Jahr 1914 bezieht[12] –, die bedingungslose Kapitulation des Gegners anstrebt, der als Feind gilt, sofern und solange er ein anderes politisches Lebenssystem repräsentiert und verficht. Dies sollte der Auseinandersetzung mit dem Autoritarismus des Kaiserlichen Deutschen Reichs, später mit dem Nationalsozialismus, der leninistisch-stalinistischen Sowjetunion und ihren Filiationen (Nordkorea, China der fünfziger Jahre, Kuba, Nordvietnam), schließlich dem Kampf gegen den Terrorismus hauptsächlich islamistischer Observanz jene ungeheure Wucht und Konsequenz vermitteln, die nur durch das Dazwischentreten der Gleichgewichtsdiplomatie und Abschreckungsstrategie als Alternative abgemildert werden konnten.

In eher ungeheuchelter, barscher Sprache hatte die Monroe-Doktrin von 1823 (und spätere Bekräftigungen) als Gegenentwurf zur europäischen Machtpolitik der Revolutionsära an der Wende zum 19. Jahrhundert gefordert, dass sich die Europäer von den Amerikas (im kontinentalen Sinn) fernhielten, während die USA ihrerseits die Hemisphäre nicht überschreiten würden – was der Alten Welt gegenüber tatsächlich erst 1917 geschah, gegenüber der asiatischen Welt Japans und Chinas allerdings schon früher. Warum auch, so lautete die populäre Frage, sollten die Amerikaner Europa vor sich selbst retten?[13]

Die Idee von den zwei Sphären, der amerikanischen und der europäischen, veranlassten Präsident Wilson neben einer Reihe praktischer Gründe, dem 1914 anhebenden europäischen Konflikt zunächst auszuweichen – nicht um sich in den Savannen zu verlieren, sondern um die Erschöpfung der Kontrahenten im industriellen Krieg für die Ziele der Vereinigten Staaten und den Ruhm der eigenen Vermittlungsrolle wirken zu lassen und dann aus aufgeklärter Vernunft Frieden ohne Sieg[14] zu stiften.

Dabei wäre es ein grobes Missverständnis, diese oft zitierte und von so vielen Hoffnungen begleitete Devise als Bekundung des moralischen Pazifismus und irdischen Ausgleichs zu deuten. Das sirenenhafte Wort signalisierte vielmehr die welthistorische Absicht, das in Europa und darüber hinaus verbreitete Westfälische System der »militaristischen« Nationalstaaten mit ihrem aggressiven territorialen und ethnischen Schacher durch den amerikanisch inspirierten offenen Covenant, den Völkerbund,[15] zu ersetzen, der in Franklin D. Roosevelts Vereinten Nationen Fortzeugung erfahren sollte. In den Schacht des Motivs geblickt, bestand das amerikanische Kriegsziel von 1917 also nicht allein in der Niederwerfung der deutschen Autokratie. Wilson führte vielmehr einen ideologischen Feldzug, um der demokratischen Revolution weltweit zum Sieg zu verhelfen.[16] Amerika, »a city upon the hill«, war dazu bestimmt, eine liberale demokratische Globalordnung an die Stelle der europäischen »kolonialistischen Exklusivität« zu setzen, mithin der Welt zu zeigen, wie regiert werden sollte.[17]

Dieses Kriegsziel war höher gesteckt als jedes territoriale oder rachemotivierte der westeuropäischen Alliierten gegenüber den Mittelmächten Deutsches Reich, Österreich-Ungarn und der Türkei, eben weil es universalen Schwung besaß, die Welt im Auge hatte und nicht etwa die Rheinauen und das Posener Gebiet. Die Schiedsautorität, die Wilson beanspruchte, war darauf angelegt, Jahrhunderte der europäischen Politik zu beenden, die der Intention und Tat nach im 15. Jahrhundert, der frühen Neuzeit, mit der Ausweitung der Herrschaft auf fünf Kontinente eingesetzt hatte. Die letzten Aktionsformen jener historischen Fehlentwicklung, Menschheitsübel, in amerikanischen Augen Ausgeburten der zynischen Gleichgewichtspolitik, das preußische Militärsystem und der britische Navalismus mussten verschwinden. Dass alle europäischen Staaten »undemokratisch«, »all the european countries pretty much equally bad« seien, war eine in den Vereinigten Staaten verbreitete Meinung.[18] Pazifismus als moralischer Antrieb und Bellizismus als Frucht aus ideeller Wurzel, man muss es wiederholen, begegneten sich in der Neuen Welt in exzeptioneller Form – von Jesse kam die Art. Beide hatten eine spezifische Heredität und Identität und wollten sie exemplifizieren.

Resümierend lässt sich sagen: Krieg und Frieden waren komplementäre Instrumente der universalistischen Mission, die unter hohepriesterlichem Gestus schlicht amerikanische Machtinteressen verfolgte und auf der hohen Ebene der Weltpolitik zugleich eine Sanierung im politischen Verhalten aller Einsichtigen und Nichteinsichtigen herbeiführen sollte. Auch die große Friedenskonferenz unter Leitung (besser: Führung) der Vereinigten Staaten, die der Präsident den Europäern am 18. Dezember 1916 vorschlug, präsentierte sich in idealistischem Gewand, sosehr sie in vergleichsweise banalem Zusammenhang mit dessen Bewerbung um Wiederwahl im November stand. Der Slogan »He kept us out of War«, mit dem er die auf Neutralität fixierte Mehrheit seiner Landsleute zu gewinnen hoffte, wurde post festum durch eine Sendung zur Besserung der Welt ersetzt, von der wiederum die militärische Intervention grundsätzlich nicht zu trennen war. Der Gedanke, das gewaltige Kriegsgeschehen und die gesegnete eigene Macht zu nutzen, um an Stelle der perniziösen Handlungsstrukturen der Alten Welt den amerikanischen Idealen globale Dominanz zu verschaffen, klang Wunder verheißend und zugleich provozierend. Eine tief liegende Arterie verbindet Universalismus und Bellizismus bis heute.

2. Wilsons Krieg

Die diplomatischen Beziehungen zu Berlin hatte Wilson nach der Wiederaufnahme des unbeschränkten U-Boot-Kriegs im Februar 1917 abgebrochen, doch wollte er, entgegen dem Drängen seiner Berater, den eklatanten Fall eines Angriffs auf amerikanische Schiffe abwarten, bevor er den letzten Schritt zum Krieg tun würde. Die Deutschen taten ihm den Gefallen. Die Nachricht über die Versenkung von drei US-Handelsschiffen und die schwere Störung des Atlantikverkehrs brachte die Kriegsstimmung in der amerikanischen Öffentlichkeit auf Siedehitze.[19] Wilson handelte.

Wer jedoch glaubt, derartige Umstände hätten Wilson zur Begründung des amerikanischen Eingreifens ausgereicht, sieht sich durch seine aufwendigen Kriegsdeklarationen eines Besseren belehrt. Bemerkenswert bei der War Message vom 2. April 1917 gegen das Deutsche Reich wie auch bei der Ankündigung des Kriegs gegen Österreich-Ungarn am 4. Dezember des Jahres war die Verwandlung des Kongresses in eine Kathedrale, ein andächtiges Auditorium zum Memorieren der amerikanischen Tugend-Dogmen, ihrer einwandfreien Sittlichkeit und Edelgesinntheit auf dem düster-kontrastierenden Hintergrund des »gesetzlos« Bösen, der »Herausforderung der ganzen Menschheit« durch die autokratischen Regime der »sinister masters of Germany« und deren österreichische »Vasallen«.[20]

Gegenüber dieser dunklen Welt standen die Vereinigten Staaten auf der Seite des Lichts. Die Szene erinnerte an den Beginn seiner Amtszeit 1913, als der Präsident in nachgerade klassischem Pathos Amerikas Aufgabe beschrieb: »Gott stand am Anfang dieser Nation«, hallt es bis heute nach, »wir sind auserwählt, den anderen Nationen der Welt zu zeigen, wie sie auf den Pfaden der Freiheit wandeln sollen.« Nun hieß es entschiedener: »Das Recht ist wertvoller als der Frieden.«[21] Ob eine solche Nation in der Neutralität oder im Kriege steht, ist stets nur eine Frage der Anpassung der Realität an die Rechtfertigungslehre.

Wilson war ein faszinierender Redner, wahrlich bewegt von den Versprechungen der amerikanischen Revolutionäre des 18. Jahrhunderts, die Thomas Jefferson 1776 in die Declaration of Independence gegossen hatte: vom Recht des Menschen, seine persönlichen Glücksvorstellungen in größtmöglicher Freiheit zu verwirklichen.[22] Die beiden War Messages Wilsons hoben alles Geschehen, alle Entschlüsse auf die moralische Gedankenebene. Zur guten Seite wurden, wie schon in früheren Erklärungen, die »Völker« gezählt, temporär auch das deutsche, auch die habsburgischen, denen gegenüber man keine Feindschaft empfinden könne, weil sie von bösen Regierungsmächten an ihrer freien Entfaltung gehindert und in abenteuerliche Kriegszüge und Komplotte verwickelt worden seien. Die preußische Autokratie habe durch Spione und kriminelle Intrigen den Frieden in den USA gefährdet. »The world must be made safe for democracy«, lautete Wilsons berühmter Aufruf, der das amerikanische Innerste nach außen kehrte. Solange die üblen Mächte walteten, gebe es nirgends verbürgte Sicherheit für den demokratischen Geist auf Erden. Die ganze Kraft der amerikanischen Nation gelte daher dem Ziel, diese »natürlichen Feinde der Freiheit« zu vernichten (nullify).

»Wir sind glücklich« rief Wilson aus, »für den endgültigen Frieden auf der Welt und für die Befreiung der Völker, das deutsche eingeschlossen, zu kämpfen: für die Rechte der großen wie der kleinen Nationen, für das

Privileg der Menschen wo auch immer, die Weise ihres Lebens und ihrer Überzeugungen selbst zu wählen.« Die Vereinigten Staaten wollten dabei selbstlos handeln, weder nach Eroberungen noch nach Herrschaft trachten und keine Kriegsentschädigung und keine Vergütung für die Opfer beanspruchen, die sie aus freiem Willen darbrächten. Menschenrechten wie dem Glauben und der Freiheit Sicherheit verschafft zu haben, sei ihnen Lohn genug. »God helping her, she can do no other« – mit dieser Luther-Version schloss Wilson seine Kriegsansage an Deutschland am 2. April 1917.[23]

Clinch der Mächte – die Friedenskonferenz

Machtfantasien, Angst und Rachegefühle primär auf französischer Seite und Wilsons völlige Verkennung der Interessenlage seiner Assoziierten in Europa kennzeichneten die Ausgangslage der Pariser Friedenskonferenz, die am 18. Januar 1919, dem 48. Jahrestag der deutschen Kaiserproklamation in Versailles, begann und nach einem geschlagenen Jahr, am 21. Januar 1920, endete. In unserer Darstellung geht es nicht um die Wiederholung meist strittiger Einzelheiten des Konferenzdisputs, sondern um die Charakterisierung der Zentralmotive der Beteiligten, in denen sich die Fortdauer der von Wilson zu Tode gewünschten alten »imperialistischen« Politik Europas und ihre wichtigste Konsequenz, das Ausscheiden zuerst Russlands, dann der Vereinigten Staaten als Flankenmächte des weiterbrennenden Krisenherdes spiegelten.

Die Verhandlungen über die Friedensverträge mit den Mittelmächten begannen im Januar 1919 in einer Atmosphäre der Spannung und des Misstrauens. Ziel der alliierten Führer war die Schaffung eines »neuen Corpus des öffentlichen Rechts«, an den sie und ihre ehemaligen Feinde gebunden sein sollten.[24] Die Errichtung des Völkerbundes (League of Nations) war strategische Mission, derenthalben sich die Vereinigten Staaten im Krieg engagiert hatten. Die operativen Vierzehn Punkte verhielten sich antinomisch zur traditionellen Machtpolitik der Alten Welt, die seit der Expansion im 15. Jahrhundert, der Entstehung des souveränen Nationalstaates mit dem Westfälischen Frieden, seit Kolonialismus und Imperialismus im 19. Jahrhundert und den Konfliktformen der Nationalstaaten zur eingefleischten politischen Verhaltensweise geworden war und nun offenbar den Zenit überschritten hatte.

Es gab viele Gründe, vage, ahnungsschwere Befürchtungen und ungewohnte, bedrohlich anmutende Weltbewegungen, die Frankreich in Versailles und an den anderen Konferenzorten mit einer unerhörten Sicherheitsobsession auftreten, den Frieden am Ende verkümmern und die Amerikaner in ihre begrenzte Monroe-Welt zurückweichen ließen. Zunächst von London unterstützt, suchte Paris seine geostrategischen Interessen in eine Vertragsfestung gegen die Zentralmacht Deutschland zu fügen. Man kann sich schon fragen, ob es angesichts der fremdartig anmutenden Weltkonzeptionen Wilsons und Lenins sowie der rasch indifferent werdenden Engländer wirklich einen anderen Weg zum Schutze vor dem menschenreichen Deutschland gegeben hätte, als auf dem hergebrachten europäischen Arsenal von hochgerüsteter Armee und Bündnispolitik, Großmachtanspruch und Vorherrschaftsstreben zu bestehen. Die Situation war paradox, das Personal der Alliierten und Assoziierten Staaten zu unsicher und zerstritten, um auf das militärpolitische Instrumentarium verzichten zu können. Natürlich wusste man in Paris und London noch nicht, dass die von Frankreich gebieterisch eingeforderte amerikanisch-britische Sicherheitsgarantie als Ersatz und Aushilfe für die glatte Vernichtungsstrategie gegenüber dem Deutschen Reich am engagement-unwilligen amerikanischen Senat 1920 scheitern würde.

Im Versailler Vertrag blitzten daher zwei gegensätzliche Programm-Motive auf: Zum einen die französische Absicht, den preußisch-hegemonialen Bismarckstaat mit seinen militärischen und politischen Potenzialen in seiner Existenzkraft schwer zu beeinträchtigen, was ohne die Deklassierung des mächtigen Wirtschaftsstandorts Deutschland nicht möglich erschien. Zum anderen die widerläufige Idee des amerikanischen Präsidenten, an die Stelle der rauchenden Institution des Kriegs einen wogenglättenden, rationalen Weltfrieden der Gleichen zu setzen und ihn durch autoritative Schiedsdiplomatie des Völkerbundes zu sichern. Die Standpunkte erschienen unvereinbar, wenn beide Seiten sie konsequent behaupten wollten. Erzwangen die Erwartungen der im Krieg ruinierten Völker indes Kompromisse, so konnte es nur darum gehen, wer sich weiter von seinen Prinzipien entfernen würde als der andere. Die bellizistischen Charaktere der Promotoren befeuerten den Konflikt.

Kriegspremier Georges Clemenceau und Kriegspräsident Raymond Poincaré, der »Tiger«, wie man den ersten nannte, der zweite ein kalter Jurist, strebten, wiewohl innenpolitisch und persönlich tief verfeindet,[25] der Zerstörung Deutschlands entgegen. Mit dem Versailler Vertrag von 1919 und der Ruhrbesetzung von 1923 erreichten sie Positionen, die Deutschlands Fortexistenz fraglich machten, der Einheit der Alliierten und Assoziierten Siegerstaaten allerdings Schaden zufügten und Frankreich 1925 schließlich auf die Rückzugsstraße des für Deutschland günstigen Locarnopakts zwangen. Im juristischen »Frieden« türmten sich Konfiskationen, Reparationen (unbegrenzte Wiedergutmachung), die Kriegsschuld Deutschlands (und des deutschen Volkes), mithin der Strafcharakter des ultimativ aufgezwungen

Vertrags, der Verlust eines Siebtels des Reichsterritoriums, eines Zehntels der Bevölkerung, der ausländischen Patentrechte und Auslandsguthaben, aller Kolonien, last not least die Entwaffnung bis auf eine innenpolitische Ordnungstruppe zu einem Gebäude babylonischen Ausmaßes.[26]

Und die Briten, die das deutsche Friedensangebot vom 12. Dezember 1916, wie immer es motiviert war, am wildesten zurückgestoßen hatten?[27] Lloyd George, Premier von 1916 bis 1922 und einer der Großen von Versailles, galt wegen seiner schwankenden, doch stets fulminant begründeten Urteile als hervorragender Repräsentant der Epoche. Der »napoleonische Selfmademan aus Wales«, wie Hans-Peter Schwarz den diktatorisch regierenden Kriegspremier nennt,[28] war in der Zeit vor dem Krieg entschiedener Gegner einer Verwicklung Englands in kontinentale Konflikte, bekehrte sich dann aber zu der Ansicht, dass die großen und wohltätigen Positionen, die sich England in Jahrhunderten des Heldentums und der Tatkraft erkämpft habe, nicht dem falschen Frieden geopfert werden dürften. Später sollte er davon sprechen, Männer wie Bismarck und Palmerston, Theodore Roosevelt und Clemenceau hätten das Zeug dazu besessen, den Großen Krieg zu verhindern. Der Blick in den Rückspiegel zum Unfallort liefert indes nicht immer ein zutreffendes Bild. Keiner der Genannten will so recht in die Kategorie des Kriegsverhinderers passen, Henry John Temple, 3. Viscount Palmerston (1784–1865), Gleichgewichtspolitiker im britischen Interesse, dem späteren Bismarck entfernt verwandt, nicht ausgenommen. Metternich und Castlereagh, die Meister der Balance und Legitimität nach den napoleonischen Kriegen, hätten die Galerie besser aussehen lassen, so schwer es auch sie angekommen wäre, inmitten des Zerfalls des Equilibriums vor 1914 und der Rache-Ära nach 1918 stabilisierende Gewichte auf die Waagschalen zu bringen.

Wilson hatte zur Vorbereitung der Pariser Friedenskonferenz den Wiener Kongress und die Kongressakte vom 9. Juni 1815 auf Nutzanwendungen durchsehen lassen, aber keine gefunden. Es konnte jetzt nicht um Legitimität und Restauration gehen wie nach der Beseitigung Napoleons, seines Staatensystems und Kernelementen der französischen Revolution. Mit Metternich verglichen war Wilson revolutionär, während die siegreichen europäischen Alliierten das als Kriegsschuldigen ausgemachte Deutschland ausschließen und schwächen wollten, wie es dem österreichischen Staatskanzler mit Frankreich nie eingefallen wäre: Der Erste Pariser Frieden vom Mai 1814 mit der wiederhergestellten französischen Monarchie (Ludwig XVIII.) wies dies aus.

In den Punkten und Grundsätzen wandte sich Wilson, wie wir gesehen haben, mit heißem Atem gegen die traditionelle europäische Machtpolitik, die immer nur zu Aggression und Kriegen geführt habe, und besonders er-

zürnt gegen Völkerschacher. Dass er selbst dabei wie ein Rasenmäher vor-
ging, zwischen den Kriegsparteien förmlich gar nicht mehr unterscheiden
wollte, stieß auf den Widerstand der Entente-Europäer. Der Kampf um
Ziele des Kriegs und Formeln des Friedens wurde schon seit 1916 geführt,
jetzt aber ging es ums Ganze, um die translatio imperii auf den Völkerbund,
das regelrechte Missionsziel Wilsons. Aber nicht genug – der Präsident
suchte zugleich auch eine Antwort darauf, wie er den weltrevolutionären
Appell Lenins und Trotzkis im neuen Sowjetrussland übertrumpfen könnte.

In Rom und Paris, den Stationen seiner Reise aus den USA zum Konferenzort, wurde Woodrow Wilson von den Massen wie ein Messias begrüßt.
Die politische Elite der Alliierten konnte sich indes nicht dafür begeistern,
dass er ihr in seinen Festlegungen ohne Konsultation die Open-Door-Politik
der Sowjetrussen, die Verachtung traditioneller Staats- und Vertragsgeheim-
nisse als Musterbeispiele des Corpus vorhielt. Vieles hatte sich summiert.
Während die angeschlagenen europäischen Sieger noch unter der Veröffentlichung der Geheimdokumente in Petrograd litten, empfanden sie die
Bewunderung für die anfänglich harte Verhandlungsmethode sowjetischer
Revolutionäre in Brest-Litowsk, mehr aber noch den taktischen Rückzug
Lenins aus Europa zur Rettung der Revolution als grundsätzliche und un-
verhüllte Verstöße gegen die anglo-französischen Kriegsinteressen.[29]
Für die Alliierten gab es keinen Unterschied zwischen »gutem« und
»schlechtem« Verhandlungsstil, zwischen den kaiserlichen Vertretern aus
Berlin, Wien, Konstantinopel und jenen Russen, die keinen Krieg mehr führen wollten. Hatten die Amerikaner – vielleicht bewusst – Augen und Ohren
verschlossen, als die nun auf den geografischen Westen reduzierte Entente
die russische Einladung zu den Friedensverhandlungen von Brest-Litowsk
ausschlug, während die deutsche Seite, personifiziert durch Richard von
Kühlmann, hintergründig lächelnd ihr Einverständnis erklärte?
Das Unverständnis für den Prediger aus Washington schwoll an, die
ganze Richtung weltmissionarischer Friedensdiplomatie der 14 Punkte erschien zu idealistisch, zu nachsichtig mit den Deutschen und den Sowjetrussen, also doppelt verdächtig. Wilson erwies sich als das, was er war:
ein amerikanischer Nationalist im Sinne des Progressismus, schreibt Klaus
Schwabe, auf das Wohlergehen der gesamten Menschheit fixiert. »Politik
war für Wilson, anders als für Roosevelt (den früheren und den späteren,
H. K.), nicht eine Frage der Macht, sondern die Manifestation einer Gesinnung. Nicht als ›Krieger‹ (wie Roosevelt), sondern als selbstloser christlicher Missionar wollte Wilson außenpolitisch tätig sein.«[30] In den kontinentalen Kanzleien sprach man von Heuchelei. Man mutmaßte durchaus zu
Recht, dass der planetarische Völkerbund für den Präsidenten eine ungleich
größere Bedeutung besaß als die Kriegsziele geschundener Nationen.[31]

Hinzu kommt, dass sich das volle Ausmaß der machtpolitischen Absichten, die hinter Wilsons Friedensmoral und Internationalismus standen, der exakten Kenntnis der europäischen Sieger entzog. Kurz vor der Kriegserklärung an Deutschland hatte der Präsident gegenüber Edward M. House, der zusammen mit dem Publizisten Walter Lippmann die 14 Punkte entwarf, den Gedanken geäußert, der sich wie eine Konspiration ausnahm, im Kern aber dem Schnittmusterbogen der amerikanischen Mission entsprach: »Wenn der Krieg vorbei ist, können wir sie (die Europäer, H. K.) zwingen, sich unserer Denkungsart anzuschließen, denn bis dahin werden sie nicht nur in finanzieller Hinsicht von uns abhängig sein.«[32]

Aber alles, was Woodrow Wilson sagte, eindeutig oder mehrdeutig, war in den Sturmwind der Zeit gesprochen. Die assoziierten europäischen Sieger-Kollegen, die er bei den Verhandlungen über den Versailler Vertrag so genau kennenlernen sollte, dass er darüber krank wurde, vertraten fundamental andere Ansichten. Zunächst nahmen sie die Vierzehn Punkte wie eine gut gemeinte, doch allzu engelhafte Handreichung zur Kenntnis. Im Verhandlungssaal jedoch trachteten sie, was die Bestimmungen des Friedens betraf, nach einer harten Exekution des mit so vielen Opfern erkauften Sieges. Sie standen auf den Trümmern des alten Europas, dessen drei Reiche im Osten, das zaristische, osmanische und habsburgische zerborsten waren, während Unruhe die koloniale Welt ergriff und die eigenen Staaten, zumal das halb zerstörte Frankreich, in Klüfte des Ruins blickten. Der Krieg hatte alle Sicherheit beendet. Die Revolution in Petrograd, Lenins umstürzlerische, expansive Weltidee, kündigte früh ein Zeitalter neuer titanischer Kämpfe an.

Und da war nun dieses Deutschland, die preußische Monarchie, zwar enthauptet, Rebellion im Souterrain, Ungewissheit im Herzen, die Sinnfrage auf den Lippen, schuldig, nein, alleinschuldig, aber unzerstört und keineswegs richtig besiegt. Hatte das Deutsche Reich 1917/18 der Welt nicht noch einen riesigen Schrecken eingejagt, als sein Generalstabsdämon in der dramatischen Schlussphase des Kriegs die russische Revolution für die Errichtung eines Kontinentalimperiums und die Reduktion der Fronten für neuen Elan im Westen, genau betrachtet für einen Zweiten Krieg nutzte? Und waren nicht die Amerikaner in den Krieg gezogen, weil sie viererlei fürchteten: den deutschen Sieg über die Westmächte, die geopolitische Übermacht des Deutschen Reiches im Osten, die internationalistische Konkurrenz Lenins, vielleicht sogar eine Allianz der Verlierer, der have-nots (Andreas Hillgruber) Sowjetrussland und Deutschland?

Gemeinsam, aber doch stets ihren primären Interessen folgend, legten es die europäischen Alliierten darauf an, Wilsons 14 Punkte mit ihrem Schein der Gleichheit und Selbstbestimmung auch für Deutschland zu verwässern, suchten zugleich schnellen Waffenstillstand, um die furchtbaren Amerikaner militärisch nicht zu stark werden zu lassen, handelten also nach dem dunklen Satz, den Elias Canetti später in Masse und Macht niederschrieb: »Nichts fürchtet der Mensch mehr als die Berührung durch Unbekanntes.«[33] Am Ende von Versailles blieben die Weltfriedenspunktation in ihrer breiten Schönheit und das Idealgebilde des Völkerbundes in den gebleckten Zähnen hängen. Das amerikanische »Richteramt über die Anmaßungen der anderen«[34] enthielt für europäische Begriffe ein schlechthin umstürzlerisches Moment. Es widersprach dem überkommenen Machtwesen einschließlich des Kolonialimperialismus der Alten Welt, betrieb mehr oder weniger offen die Degradierung des bisher weltdominierenden Erdteils in einen Lebensfristungsraum halbentwaffneter mittlerer Staaten unter der Kuppel einer völkerbündischen Globalorganisation.

Deshalb dauerte es nicht lange, bis in Versailles das Rollback der National-Hegemonisten einsetzte. Wenn der Präsident am 18. Oktober 1918 mit Blick auf die Donaumonarchie erklärte, es sei Sache der Völker, über ihr Schicksal zu entscheiden, beschrieb er zwar eine Bewegung, die sich dort, wie auch in anderen imperialen Gebilden, im Osmanischen Reich, selbst dem britischen Empire (Irland,[35] Indien) schon vor dem Kriege und im Krieg bemerkbar gemacht hatte, fachte aber als Botschafter der Neuen Welt das nationale Verlangen zur Revolution zusätzlich an.[36] Er riss, wenn auch auf andere Weise als Lenin, die Grenze zwischen Staats- und Bürgerkrieg nieder, »aber gegen das politische Ordnungsmodell Europas agierten sie gleichermaßen«, notiert Herfried Münkler.[37] Als Konferenzteilnehmer rang Wilson den anderen den universalen Völkerbund ab, neben dem (und in dem) sich der alte Schlag europäischer Ordnung jedoch behauptete und konterrevoltierte. Kriege und Kriegsziele, Bündnisse und Geheimverträge – alles, was nach der neuen Ordnung verboten sein sollte, ließen sich die siegreichen Europäer nicht nehmen. Es gab für sie keine andere Sicherheit und für die Welt keine anderen Ordnungsprinzipien, wie sich erwies.

Als schärfsten Hieb empfand der amerikanische Präsident das französische Ansinnen, dem Völkerbund die Bürde einer militärischen Allianz gegen Deutschland aufzuladen, ihn in eine Ersatz-Entente zu verwandeln, weil unhandliche kollektive Sicherheit den Verlust Russlands als östlichen Teil des konzentrischen Cordons um das Reich nicht auszugleichen vermöge. Paris dachte an ein gesamtwestliches Generalstabskomitee für militärische Planung, mitnichten also an ein Corpus des öffentlichen Rechts, an den Sieger und Verlierer gebunden sein sollten.[38]

Die Briten, zu dieser Zeit Befürworter einer universal aufgefächerten Aufgabe des Völkerbunds, widersprachen, Wilson jedoch wich zurück. Resigniert und erschöpft verdünnte er die »idealistische« Substanz der 14 Punkte durch Einrühren unpassender militärpolitischer Zusätze der Alten Welt und fiel damit zugleich hinter die bolschewistische Weltpropaganda zurück. Von Selbstbestimmungsrecht, Ende der Geheimdiplomatie, Einbeziehung der Verlierer in die Friedensgemeinschaft war keine Rede mehr. Der Präsident stimmte den Auflagen und Reparationen gegen Deutschland zu und versprach vertraglich gesicherte militärische Unterstützung für Frankreich, falls die Deutschen gegen den Versailler Vertrag verstoßen sollten.[39]

Das Ausscheren Russlands war für die Siegermächte und die Versailler Friedenskonferenz ein unausgleichbarer Verlust. Die arrondierte Kriegsallianz und der geopolitische Rahmen für den nachhaltigen Siegfrieden waren gesprengt. Ohne Russland am Tisch sah die Wirklichkeit jedenfalls anders, für Deutschland besser aus, eigentlich hervorragend. Die Konfliktlinie verlief in Versailles zwischen zwei disparaten westlichen Positionen, der französischen und der angloamerikanischen. Von »Frieden ohne Sieg« redete Wilson nach dem Kräfteverschleiß der Verhandlungen nicht mehr.

Die 14 Punkte verblassten also auch unter den realen Umständen auf dem Papier, sie verlangten den europäischen Siegern zu viel Herrschaftsaskese ab, widersprachen vor allem der Entschlossenheit Frankreichs, nicht nur das preußische Sondermonopol der Macht, sondern Deutschland so weitgehend wie möglich zu zerstören. Rache war der emotionale Grund, endgültige Etablierung der seit 1871 vermissten Sicherheit der rationale. Ihre Dynamik bezogen beide Motive aus der fundamentalen Tatsache, dass das Deutsche Reich den Krieg zwar verloren hatte, infolge der Friedensinitiative der USA jedoch drauf und dran war, seine territoriale Substanz mitsamt den ökonomischen Kapazitäten zu erhalten und infolge des Ausfalls Russlands für die Entente als Verbündeter in Krieg und Frieden seine geopolitische Position sogar unverhältnismäßig zu verbessern. Als der US-Senat ablehnte,[40] war der Ring um das Reich geborsten. Frankreich fehlte der starke kontinentale Sicherheitspartner, während sich die USA, mit ihnen bald auch Großbritannien, seinem alten Wunsch nach europäischer Hegemonie in den Weg stellten.

3. Resümee und Ausblick

Zeitzeugen zogen ein Resümee, das die Späteren als erfüllte Prophetie lasen. Wilsons Konferenzdelegierter Herbert Hoover – von 1929 bis 1933 selbst Präsident der Vereinigten Staaten – bezeichnete den endgültigen Entwurf des Friedensvertrags vom Juni 1919 als einen Text, der »von Hass und

Rachsucht durchsetzt« sei,[41] während John Maynard Keynes einen »kosmischen Kampf zwischen den zynischen Traditionen europäischer Machtpolitik und den Verheißungen einer aufgeklärten internationalen Ordnung« heraufziehen sah.[42]

Henry Kissinger misst den Friedensbedingungen »einen fast nihilistischen Charakter« bei. Mit dem aristokratischen, gleichsam verschwörerischen Stil der Diplomatie des 19. Jahrhunderts war im Zeitalter der Massenmobilisierung »kein Staat mehr zu machen«.[43] Der letzte große Friedenskongress in Wien nach dem napoleonischen Ausbruch hatte dem besiegten Frankreich in der Gestalt des ungerührten Charles Maurice de Talleyrand einen großen Auftritt und die Wahrung der Positionen gewährt. Mit solchem Entgegenkommen aus dem Geist der alten Legitimität konnten die Verlierer des Weltkriegs nicht rechnen. Dieser Geist war tot.

So schlugen die Pariser Vorortverträge im direkten Gegensinn zu den ursprünglichen Ideen Wilsons zu einer Fortsetzung des Kriegs mit zunächst politischen Mitteln aus. Der nihilistische Charakter, von dem Kissinger spricht, führte Demütigung im Schilde. Sie pflegt größere Verwüstungen anzurichten als pure Ungerechtigkeit, die zu den Standardmerkmalen von Friedensdiktaten gehört und die man hinzunehmen bereit ist, wenn das Kriegsglück einem den Rücken gekehrt hat. Die richtige Grundregel wäre, mahnt Niccolò Machiavelli, »die Menschen entweder durch Freundlichkeit zu gewinnen oder aus der Welt zu schaffen. Denn wegen geringfügigerer Kränkungen können sie sich rächen, aber nicht wegen schwerer.«[44]

Für seinen Zweck, den Weltmacht-Nachkömmling Deutschland in die Schranken zu weisen, ihm Ehrgeiz und Eitelkeit auszutreiben, war das Kriegsunternehmen nicht nur zu kostspielig, sondern auf katastrophale Weise verfehlt. Zwischen dem deutschen Verhalten vor 1914, den Anzeichen internationaler Entspannung während der davorliegenden Jahre,[45] der militärischen Kraft und den begrenzten Ressourcen der Mittelmächte einerseits und dem Aufwand eines von der europäischen zur globalen Dimension aufschießenden Kriegs andererseits bestand ein groteskes Missverhältnis.

Bei aller spekulierenden Nervosität[46] sahen nur wenige voraus, dass die Welt in einen Katarakt unbeherrschbarer Geschehnisse abgleiten würde. George Kennan spricht ähnlich wie Lloyd George von verminderter Führungsqualität anstatt von Schuld. Im letzten Jahrzehnt des 19. Jahrhunderts seien mit Bismarck, Lord Palmerston und dem alten Kaiser Wilhelm I. die letzten Figuren von der politischen Bühne abgetreten, deren Verhalten von den Umgangsformen des 18. Jahrhunderts bestimmt gewesen sei – klar, beherrscht, ihrer Sache gewiss, sich selbst genug. Die meisten ihrer Nachfolger unterschieden sich von ihnen in subtiler oder vergröberter Weise. Nicht nur die Engländer unter ihnen waren »in gewisser Weise Viktorianer«, schreibt

Kennan – unsicher, theatralisch, übertrieben wirkend, den ängstlichen Blick stets auf das Publikum gerichtet.[47]

Krieg und Friedensabschlüsse waren ein Schiffbruch. Europa blieb unbalanciert und voller Unruhe als havarierte, dennoch unabgelöste Macht Entscheidungszentrum im aufgewühlten Weltelement. Während Lenin erklärte, er wolle die Revolution auch in die Kolonien tragen, erlebte Britannien die größte koloniale Ausdehnung, ohne dies noch als Triumph zu empfinden. In Europa waren drei Weltreiche und vier Monarchien verschwunden, ihre Völker der Ungewissheit anheimgegeben. Der nie um eine Meinung und ein Wort verlegene Winston Churchill erklärte, es gebe »keine einzige Völkerschaft oder Provinz des Habsburger Reiches, der das Erlangen der Unabhängigkeit nicht die Qualen gebracht hätte, wie sie von den alten Dichtern und Theologen für die Verdammten der Hölle vorgesehen sind«.[48] Mit dem Ende des Osmanischen Reiches, das die europäischen Siegermächte per Lineal und Schere zu Schnittware zerteilten, ging der »Untergang des Morgenlandes«[49] einher, während Mustafa Kemal Pascha den Friedensvertrags von Sèvres missachtend, im Reduit Anatolien eine kulturrevolutionäre Diktatur begründete, die von den Alliierten begünstigten Griechen aus Smyrna (Izmir) vertrieb und die Souveränität der Türkei durchsetzte. Sowjetrussland nahm an den Friedensverhandlungen nicht teil, war nicht eingeladen und hätte sich auch auf nichts festlegen lassen, weil das neue Sammeln der Erde, das auf Revolution und Bürgerkrieg folgte, nicht nach den Maßstäben des Völkerbundes vonstatten gehen konnte.

In China war das Mandat des Himmels bereits vor dem Weltkrieg mit dem Sturz der Qing-Dynastie von 1911 verweht, der Kriegseintritt 1917 auf der Seite der Alliierten sollte das Land vor den expansiven Japanern schützen, die unmittelbar nach Kriegsbeginn das deutsche Pachtgebiet Qingdao (Tsingtau) an der Ostküste besetzt hatten. Der Reformer Sun Yat-sen vermochte das Land nicht zu einigen. Sein Nachfolger Chiang Kai-shek kämpfte im Wechselbund mit Kommunisten und westlichen Mächten zuerst gegen die japanischen Invasoren, bevor es nach 1945 zur entscheidenden Auseinandersetzung mit den roten Bürgerkriegsarmeen kam. Mao Zedong setzte sich mit dem Instrumentarium eines sinisierten Marxismus-Leninismus durch und begründete des hybriden Zieles wegen, einen neuen Menschen zu schaffen, die bislang blutigste Diktatur der Geschichte.[50] Während seine Lehren schwinden, dauert sein präparierter Mythos im 21. Jahrhundert fort und trägt paradoxerweise zu Chinas Aufstieg und Weltrolle bei.

Japan, das von den Amerikanern Mitte des 19. Jahrhunderts »aufgebrochen« worden war und als lernfähige Macht ein halbes Jahrhundert später, am 27./28. Mai 1905, in der Seeschlacht von Tsushima wie zur Revanche den weißen Giganten Russland in den Grund gebohrt hatte, kümmerte sich in Versailles nur um die eigenen Interessen. Die »Gleichheitsklausel der Völker« blieb ihm verwehrt, weil Amerikaner und Briten, Australier und Neuseeländer die Einwanderung aus dem fruchtbaren Inselstaat begrenzen wollten – eine Verletzung des Rassenstolzes, die man heute als Missachtung der Menschenrechte bezeichnen würde. Unter dem Einfluss des Heeres begann Nippon 1931 die Serie seiner Übergriffe auf die Rohstoffgründe der chinesischen und südostasiatischen Nachbarschaft, um sich die Zukunft als autarke Wohlstandszone zu sichern.

Das konsequente Wirtschaftsembargo Franklin D. Roosevelts, die Aufforderung zum Rückzug aus China und Indochina und zum Bruch des Dreimächtepaktes mit Deutschland und Italien 1941 stellten Japan vor die Alternative der diplomatischen Kapitulation oder des Kriegs. Der Angriff auf die amerikanische Flotte in Pearl Harbor am 7. Dezember bombte die USA buchstäblich aus dem Isolationismus und den Inselstaat in einen Krieg, von dem die Militärführung in Tokio bemerkenswerterweise überzeugt war, dass er nicht gewonnen werden könnte. Pyrrhus stand Pate. Die Erschütterung reichte bis Indien, das Königin Viktoria 1876 den Kaisertitel Kaisar-i-hind eingetragen hatte. Der asiatische Konflikt löste verstärkte Unabhängigkeitsbestrebungen aus. Nicht zuletzt von der japanischen Propaganda angefacht, bedrohte der »zivile Ungehorsam« von Mohandas Karamchand Gandhi, Londoner Rechtsanwalt, das britische Kronjuwel, um das sich das Establishment zu Tode sorgte. Im August 1942 schlugen die Engländer die gewaltlose Bewegung mit dem Namen »Quit India« (Verlasst Indien) nieder. Die Kolonialmacht gab 1000 Todesopfer an, die Inder 40000 und öffentliche Auspeitschungen.[51]

Als Fundamentaldatum erwies sich jedoch der Rückzug der Flügelmächte USA und Sowjetrussland aus dem europäischen Zentrum. Beide waren 1917 als weltrevolutionäre Größen in Erscheinung getreten, ohne dass es der einen wie der anderen gelingen sollte, ihre manifest destiny, den Sozialismus respektive die messianische Friedensordnung der Neuen Welt, auf das alte, ruiniert wirkende politische Weltsystem zu übertragen. Nicht zuletzt diese sensationelle doppelte Parallelität, das signalhafte Auftreten und Entschwinden, ließ das im Krieg unterlegene Deutsche Reich in die Position der potenziell stärksten europäischen Macht rücken. Während den Deutschen dieser Vorteil weder zu Selbstvertrauen noch zu Hoffnungen gereichte, verfehlten die Diktatgeber von Versailles ihrerseits die Kunst einer elastischen Diplomatie. Die Gründe sind bekannt, ihre Deutung schwankt, ihr Zusammenhang mit dem Fortsetzungskrieg seit 1931 in Asien und 1939 in Europa ist offenkundig.

Objektiv betrachtet, verdankt Deutschland Wilson viel. Mit der Aussicht auf einen glimpflichen Wilson-Frieden verwandelte sich das Reich vor dem Waffenstillstand am 11. November 1918 ohne lange innenpolitische Diskussion per Verfassungsänderung in eine demokratische Monarchie. Infolge des Widerstands der amerikanischen Delegation in Versailles gegen die französischen Zerstörungspläne blieb ihm der territoriale und wirtschaftliche Bestand zur späteren Nutzung seines geopolitischen Gewinnvorteils erhalten. Die in den westlichen Kanzleien und in der Öffentlichkeit grassierende Angst vor dem Übergreifen der leninistischen Revolution spielte dabei eine konstruktive Rolle.

Russlands Flut und Ebbe

Das Zarenreich hatte sich 1892 Frankreich zugewandt und in der am 23. Dezember 1893 in Kraft getretenen Militärkonvention den »schicksalhaften« Zusammenhang zwischen Mobilmachung und Ausbruch des militärischen Konflikts hergestellt und damit wesentlich zum Ausbruch des Ersten Weltkriegs beigetragen.[52] Zu dieser Alten Welt gehörte Sowjetrussland nicht mehr. Der Versuch Lenins, die bolschewistische Revolution im ersten Anlauf auszuweiten, weil sie sonst auch in Russland scheitern würde, misslang 1919/20 im Krieg mit Polen, 1923 in Deutschland und ging von da an in eine mehr oder weniger opportunistische Phase der Komintern-Politik über. Stalin setzte auf eine frenetische, mit Terror durchsetzte Entwicklungsdiktatur, rüstete mit den Fünfjahresplänen seit 1928 auf, weil ihm der neue Gewaltkonflikt unvermeidlich schien. Die Teilung Ostmitteleuropas im Zuge des Neutralitätsvertrags mit dem Deutschen Reich 1939 diente der Glacis-Sicherung in der mittelfristigen Kriegsvorbereitung und der Anstachelung des Ermattungskonflikts zwischen den nicht kommunistischen Weltfeinden.

Von 1917 bis zum Existenzkampf mit Deutschland ab 1941 war Russland für die europäischen Westmächte nicht verfügbar. Die Beistandsverträge zwischen der UdSSR und Frankreich/Tschechoslowakei vom Mai 1935 erwiesen sich in den Krisen seit 1938 als Luftbuchungen. Die Verhandlungen über einen Dreierpakt Moskau, Paris und London zur Eindämmung Hitlers scheiterten im gleichen Jahr an Differenzen über eine Militärkonvention, mit der Moskau die Kontrolle über Polen und Rumänien anstrebte.

Die Sowjet-Führung verweigerte sich einer neuen Einkreisung Deutschlands unter der Bedingung, die Hauptlast einer Konfrontation schultern zu müssen. Sie operierte auf eigene Rechnung. Für die Westmächte rächte es sich nun, dass es nicht gelungen war, die bolschewistische Herrschaft rechtzeitig zu vernichten, so entschieden der italienische Außenminister Giorgio Sidney Sonnino, der französische Marschall Ferdinand Foch und Winston Churchill in Versailles diese Operation gefordert hatten.[53]

Geopolitische Summe

Die paradoxe Verbesserung der geopolitischen Position Deutschlands infolge des Ausbrechens Russlands aus der Entente 1917 spielte für die weitere Entwicklung eine entscheidende Rolle. In Versailles hatte sie, wie wir sahen, den Infight zwischen den Siegermächten angefacht: Wilson entfremdete sich den europäischen Partnern, weil sein Versuch, Lenins internationalistische Prinzipien auszustechen, die Schärfe der Bestrafung des Deutschen Reiches zwangsläufig abmilderte (14 Punkte). Briten und Franzosen, ursprünglich gemeinsam um eine Minimierung der deutschen Machtbasis und der Veränderung seines Staatssystems bemüht, entwickelten gegensätzliche Strategien. Während der Verlust des russischen Widerlagers Frankreich bewog, als Kompensation möglichst viele deutsche Sicherheitspfänder in die Hand zu bekommen, befürchtete Lloyd George, ein derartiges Vorgehen könnte die Deutschen in die Arme der bolschewistischen Revolution treiben.

Die anhaltende Meinungsverschiedenheit vergrößerte den deutschen Spielraum trotz der französischen Unterstützung Polens im Krieg mit Russland 1920 und der Ersatzkonstruktionen des Cordon sanitaire und der Kleinen Entente. Der Osten wurde zum Operationsfeld der Revisionspolitik Weimars und des Dritten Reiches: von Rapallo 1922 – dem kleinen Friedensvertrag mit der Sowjetrepublik, der Deutschlands Abhängigkeit von den Westmächten geringfügig verringerte – über die geheime Rüstungsallianz mit Russland bis zum Grenzvertrag von Locarno 1925, der auf den Westen beschränkt blieb; vom Anschluss Österreichs, der Sudeten bis zur Umwandlung der »Resttschechei« in ein Protektorat und der Slowakei in einen »Schutzstaat«. Dazu kamen die Wendungen in der Polen-Politik: In der Weimarer Ägide begünstigten die anhaltenden Spannungen mit Warschau das Verhältnis zu Russland. Demgegenüber ging der deutsch-polnische Neutralitätsvertrag von 1934, mit dem Hitler die Welt und die eigene Diplomatie überraschte, zu Lasten der Sowjetunion und Frankreichs. Die Umkehr der Ereignisse schließlich, der Hitler-Stalinpakt vom August 1939, verursachte die nächste polnischen Teilung und die strategische Lähmung der Westmächte.

Deutsche selektive Wahrnehmung

Bismarck hatte unter dem Alb gelitten, seine Schöpfung, das Reich, könnte zur Bildung einer europäischen Koalition herausfordern, die es zerstören würde. »Aber niemals«, zitiert der britische Historiker John W. Wheeler-

Bennett in seinem großen Werk »Nemesis der Macht« voller Ironie den französischen Visionär Jacques Bainville, »hatte er eine Koalition in Betracht gezogen, die stumpfsinnig genug wäre, ihren Sieg zur Vollendung des Werks der deutschen Einheit benutzen zu lassen.«[54] Von dieser objektiven Gegebenheit lenkten bestimmte Inhalte und vor allem die Umstände des Versailler Vertragsabschlusses die Weimarer Deutschen ab.

Dass Amerikaner und Briten bei den Verhandlungen die exzessivsten Wünsche der Zerstückelung Deutschlands zurückdrängten, der Bismarckstaat in neuem Verfassungsgewand überleben und sogar seine geopolitische Position verbessern konnte, wurde in der deutschen Öffentlichkeit weniger beachtet als die drei härtesten Auflagen des Friedensdiktats: die exklusive Belastung mit der Kriegsschuld (Art. 321), die Reparationspolitik als Vorwand für willkürliche Besetzungen und die für einen Zentralstaat unproportionale Entwaffnung. Der Gedanke, dass diese Kautelen zwar karthagisch gemeint, ihrer Natur nach aber wandelbar waren, in gewissem Sinne konjunkturell, während die erhaltene Einheit des Staates und die Bewegungsfreiheit im Osten demgegenüber strukturell und bleibend sein konnten – diese aufhellende Aussicht hatte auf die grunderschütterte deutsche Mentalität keinen Einfluss. Stattdessen herrschte das fortwährende Bewusstsein eines äußeren und inneren Stellungskriegs.

Gründe dafür gab es durchaus und zu den beherrschenden gehörte, dass der Krieg nicht beendet war, sondern einen anderen Charakter angenommen hatte. Frankreich unterließ nichts, um das Reich vielleicht doch noch in den Untergang zu treiben, wobei in den Jahren zwischen 1918 bis 1923 die Kumulation von Besetzungen, Territorialkonflikten mit dem wiedererstandenen Polen, linksradikalen Aufständen, rechtsradikalem Terrorismus und atemberaubender Inflation unter den Deutschen ein nicht erinnerbares Katastrophengefühl verbreiteten. Als Franzosen und Belgier 1923 unter dem Vorwand ausgebliebener Kohle- und Holzlieferungen ins Ruhrgebiet einmarschierten und das Wort vom »Verdun économique« aufkam, erreichte es den ersten Weimarer Scheitelpunkt. Die Reichsregierung unterstützte den »passiven Widerstand«, bei dem es jedoch nicht bleiben konnte. Industrie, Verwaltung, Verkehr im wichtigsten deutschen Wirtschaftsrevier kamen teilweise[55] zum Erliegen. Die riesigen Transfers aus der trockenen Reichskasse in eine durstige Streikkasse waren nicht durchzuhalten. Deutschland schien politisch und wirtschaftlich am Ende, die Erleichterung der horrenden inneren und äußeren Zahlungslasten per Inflation – am 15. November 1923 hatte die Geldentwertung die Kriegsschulden des Reiches von 154 Milliarden Reichsmark auf 15,4 Pfennige reduziert[56] – bot keine Überlebensperspektive. Der Reichsregierung unter Stresemann blieb nichts anderes übrig als der Frontrückzug an der Ruhr. Er wurde als zweite Kapitulation empfunden.

Doch nicht die Chance, die in ihr lag, die Isolation Frankreichs unter den Alliierten, wurde wahrgenommen, sondern die Niederlage, die Schmach. Der Ausweg, den Stresemann fand, war der Locarnovertrag, übrigens mit Unterstützung der Briten.[57] An dieser Stelle interessiert die Ohnmachts- und Hasswelle, die das Reich bis zur Zerrüttung erfasste, der Aufruhr gegen alle und alles – gegen die Alliierten, natürlich in erster Linie die Franzosen, gegen das Weimarer System, die »Erfüllungspolitik«, gegen den bürgerlich-sozialdemokratischen Verfassungsstaat, die mühsam wiederhergestellte Ordnung nach den Revolutionsunruhen seit 1918/19, nicht zu vergessen die Attacken, die der Gedemütigte mit gezückter Feder und unbarmherziger Kunst gegen sich selbst ritt. In der großen Krise von 1923 fielen Nationalismus und Revolution übereinander her. Nationalismus gab es überall, er war nicht nur in Deutschland gewuchert, sondern bestimmte die Ligatur von Versailles. Genauso bewegte Klassenkampf die Industriestaaten seit Jahrzehnten, mit der russischen Oktoberrevolution konzentrierte er sich in Lenins Parole urbi et orbi. Indem Deutschland in das Empfinden verfiel, an sich selbst zugrunde zu gehen, erfuhr es eine Steigerung des Extremismus und der Erregung bis hin zum Fundamentaldatum der deutschen Verstörtheit: 1933.

4. Amerika im Reduit

Die Zerstückelung des Bismarckreiches in eine weitgehend von Frankreich kontrollierte, macht- und waffenlose deutsche Föderal-Allianz per Friedensvertrag passte nicht zu den revolutionären Weltordnungsideen Wilsons, hinter denen, idealpolitisch umrankt, aber für die europäischen Verbündeten seit 1917 durchaus erkennbar, amerikanische Globalinteressen standen. Dass die amerikanische Führung nicht selbstlos handelte und handeln konnte und ihr Idealismus wie ein Kokon dominierende ökonomische Interessen verhüllte, führte zu einer doppelten Schlussfolgerung: Wilsons Russland-Philie war nicht nur der Versuch, das Land unter Kerenski im Kriege zu halten und nach Lenins Machtergreifung unter den Scheffel der eigenen Umwertung aller politischen Werte zu stellen, sondern beruhte, wie der Gedanke eines demokratisch umgewandelten Deutschlands, auf einem ungemein praktischen Grund: Ohne ein angepasstes Mittel- und Osteuropa würden größte Schwierigkeiten entstehen, der Agentur Völkerbund, dem Weltwohlfahrtsausschuss der Wilson'schen Welt-Revolution, Leben einzuhauchen. Und ohne die Schaltanlage der globalen Friedensregulation in Genf wären die USA keine europäische Macht. Und ohne befriedete Welt keine Weltwirtschaftsmacht.

Die Folge war jedoch, dass Berührungsangst vor dem Unbekannten mehr denn je auch das machtpolitisch »junge« Amerika und seinen Kongress erfasste. Volk und Legislative lernten, ihrem hochgesinnten Professor und Präsidenten immer mehr und aus immer ähnlicheren Gründen wie die europäischen Verbündeten und Schuldner zu misstrauen. Wilson ahnte schon in Paris, dass der Kongress nicht bereit sein würde, vertraglichen Verpflichtungen zuzustimmen, welche die Entscheidung für oder gegen einen Krieg fremden Händen überantwortete.

So kam es denn auch. Vergeblich kämpfte der Präsident nach der Heimkehr um die Akzeptanz der hin- und hergewendeten Völkerbund-Vorlage, die als Teil des Versailler Vertrags über die Mitwirkung am Kompromisswerk des Friedens entschied. Er verlor das buchstäblich letzte Gefecht: Amerika zog sich auf sich selbst zurück. Der Traum von der weltbestimmenden Macht, von der Missionierung Europas durch die revolutionäre ehemalige Kolonialgründung, war verflogen, Desillusion das Resultat. Die flüchtige Konsolidierung der Weimarer Republik unter Stresemann erleichterte der Wirtschaftsmacht Amerika eine zeitweilige Rückkehr nach Europa. Die Dawes- und Young-Pläne banden die deutschen Reparationsauflagen an die Zahlungsfähigkeit des Reiches und regelten zugleich die umstrittene Rückzahlung alliierter Kriegsschulden, bis, ja bis die Weltwirtschaftskrise den Atlantik erneut verbreitern und die Kräfte des Weltliberalismus bis in die Körperlichkeit der Politik schwächen sollte – mit dramatischen Konsequenzen für die ungesicherte Ordnung in Europa und Asien.

Verfrühter Welteinsatz

Für den Geist Amerikas war das Großengagement der Mehrfrontendiplomatie sichtlich zu viel. Und es kam zu früh. Wilson überforderte sein Land ideologisch und politisch, die europäischen Kombattanten psychologisch und historisch. Im visionären Drang achtete er kaum darauf. Nach dem Verlust der Zwischenwahlen im Dezember 1918 lockerte sich seine Haftung im amerikanischen Erdreich. Für das kontroverse Geschäft der Friedenskonferenz verließ er für ein geschlagenes halbes Jahr die Hauptstadt Washington, zugleich die Amerikaner, die ihn nur zum Teil verstanden und sein Stöhnen bald überhörten. Im Winter 1918 in Europa mit Ehrerbietung empfangen, kehrte er im Sommer 1919 verbittert und krank mit einem Ergebnis nach Amerika zurück, das ihm der Senat am 19. März 1920 endgültig aus den Händen schlug. So wandelte er nach dem verfrühten Welteinsatz in die Dämmerung des Isolationismus, für die sein Nachfolger, der Republikaner Warren G. Harding, eine wundervoll pragmatische Bezeichnung fand: »Return to normalcy«.[58]

Unter den Nachfolgern Wilsons, den Präsidenten Warren G. Harding und Calvin Coolidge, erlebten die aus Europa erbittert zu sich selbst zurückgekehrten Vereinigten Staaten eine Periode des kapitalistischen Laissez-faire, Laissez-passer, in der das internationalistische Wetteifern mit dem leninistischen Revolutionsprogramm in Vergessenheit geriet. 1929 stürzten die USA aus jener Leichtfertigkeit, die Wilson verurteilt hatte, in die große Wirtschaftsdepression und riefen damit eine Weltkrise der liberalen Politik und Märkte hervor.

Erst von 1940 an, als in Europa nur noch Großbritannien den herausfordernden neuen Mächten Widerstand leistete, gelang es Franklin Delano Roosevelt, seine Cäsarenrolle[59] auf die Außenpolitik auszudehnen und die internationale Handlungs- und Kriegsfähigkeit des Landes Schritt für Schritt unter Umgehung der strengen Neutralitätsgesetzgebung herzustellen. In der vorangegangenen Zeit der europäischen und asiatischen Vorbereitung auf den Fortsetzungskrieg hatte die atlantische und pazifische Flügelmacht keine formative Rolle gespielt. Die Mehrheit der Amerikaner betrachtete die Kriegsbeteiligung von 1917 bis 1919 als schweren Fehler, als ein Abweichen von den Verheißungen und Geboten der Väter, als Sünde der Profitgier. Noch nach dem japanischen Angriff auf Pearl Harbor und der unvermeidlichen Kriegserklärung vom 8. Dezember 1941 schien es nicht sicher, ob der Kongress sich dazu durchringen könnte, den unerklärten Krieg gegen Deutschland zu legalisieren. Hitler nahm ihm diese Arbeit wenige Tage später ab.

XIII. KAPITEL

USA. DER WEG AUS DER KRISE

Als Roosevelt und Hitler 1933 das Steuer ihrer Staaten übernahmen, war das internationale Netz der Geld- und Warenmärkte zerrissen, Amerika vom Sockel des größten Produzenten und Exporteurs gestürzt, Europa mit in die Tiefe gerissen, Deutschland am härtesten auf der Kluftsohle aufgeschlagen. Der Zusammenbruch des kapitalistischen Finanz- und Handelssystems hatte einen Weltschock ausgelöst, vergleichbar mit dem Erdbeben von Lissabon am 1. November 1755, das den Optimismus der Aufklärung erschüttert und Fragen der Theodizee aufgeworfen hatte.[1] Die liberale Theorie war an der Praxis zerschellt, ein blitzendes Instrumentarium der Abhilfe nicht zur Stelle, kein internationaler Rettungsanker, kein Hegemon, keine international konzertierte Aktion, die das politische und ökonomische Auseinanderdriften aufgehalten hätten. Das verstörende Ereignis bildete ein Verbindungsglied zwischen den großen Kriegen, infiziert von dem ersten, den zweiten auslösend. Was war geschehen, wie konnte es geschehen?

Wenn der Vergleich mit dem Lissaboner Erdbeben und den dadurch erregten Glaubenszweifeln zutrifft, so mag die weltweite Ausbreitung der Wirtschaftskrise für sich betrachtet an die Grippe-Pandemie von 1918 erinnern, die in mehreren Wellen 25 bis 50 Millionen Leben forderte, mindestens zweimal so viel wie der Weltkrieg. Wie die inzwischen durch DNA-Analysen als Vogelgrippe entlarvte Erkrankung nahm die Lebenskrise des Kapitalismus ihren Ausgang von den Vereinigten Staaten mit ihrer unerfahrenen, erst 1913 geschaffenen Federal Reserve Bank, traf aber auf eine allgemein geschwächte Disposition der Industrieländer, die infolge des Verfalls der Nachfrage und der Umkehrung der Kapitalströme als Schuldner in finanzielle Engpässe gerieten. Je größer der Anteil der Landwirtschaft in einem Staat, je geringer seine Exportquote und je stärker die lenkende Obrigkeit, desto flacher war der Verlauf.

Russland gehörte nicht zu den währungskonvertiblen und von Märkten abhängigen Ländern, das dirigistische Japan wurde vom ökonomischen Influenzavirus nur kurz und ohne schwere Folgen befallen, Skandinavien reagierte mit öffentlichen Investitionen wie später Roosevelt, Schweden unter Peer Albin Hansson in der Form des Wohlfahrtsstaates, der seinen Ruf als Modell begründete. 1931 sorgten Großbritannien, nach ihm die USA unter Roosevelt 1933 durch Trennung vom Goldstandard für Liquidität; während Länder wie Frankreich, Belgien, die Niederlande und die Schweiz, die am längsten beim Gold blieben, lang und schwer litten. Deutschland, das zwischen 1925 und 1929 mehr als 20 Milliarden Reichsmark meist kurzfristiger Kredite im Ausland aufgenommen hatte – von den Banken zum Teil langfristig weiterverliehen – und im Übrigen unter der Sogwirkung der Reparationszahlungen stand, geriet durch Kapital-Rückrufaktionen seit 1929 in Devisen-Not und Illiquidität mit der Gefahr des vollständigen Stillstands.

1. Ursache und Formen der Krise

Die Vereinigten Staaten stürzten aus Gipfelhöhe, nicht ohne Anzeichen, denen man jedoch in Krisenblindheit und Gewinntaumel keine Beachtung geschenkt hatte. Der Börsenkrach von 1929 war eine Folge, nicht der Anfang der Depression, wie so oft behauptet wird, er war die Krankheit in der Krankheit, das Ende des Mythos der Goldenen Zwanziger, der Leugnung des Geldes als knappe Ware, der Passion des Realen, sich im Hier und Jetzt jeden Wunsch erfüllen zu wollen.[2] Die Ursache war älter; sie lag in der Produktions- und Wertschöpfungsverteilung des Ersten Weltkriegs, als die Vereinigten Staaten, Südamerika und die Kolonien, weitgehend also vom Krieg verschonte, »profitierende« Regionen, die Agrar- und Rohstoffproduktion erhöhten, während die großen europäischen Industrien ihre Kapazitäten auf Kriegsgüter und Waffen konzentrierten. Nach der Rückkehr Europas zur Friedenswirtschaft summierte sich aus dem Widerspruch ein riesiges Überangebot, ein Stau auf den Märkten unter der Bedingung einer gespaltenen Finanzgeografie nach wie vor nachfrageschwacher Kriegsstaaten mit hohem Anleihebedarf einerseits, kriegsprosperierender und kreditbereiter Staaten, prototypisch die USA, andererseits. In dieser Konstellation verband sich die Logik der Krise mit der Krankheit in der Krankheit. Sie erwies sich als psychischer oder moralischer Defekt im ungehegten kapitalistischen Regelwerk.

Der gewaltige Aufschwung in den USA führte auf der Höhe der 20er-Jahre zu einer Marktübersättigung, die nicht ordnungsklinisch behandelt wurde, obwohl Experten der Hoover-Administration vor den Folgen warnten. Seit 1927 sank die Nachfrage, während die industrielle und landwirtschaftliche Überproduktion weiterlief und den Dow Johns Index nach oben ausbrechen ließ. Zwischen 1927 und 1929 verdoppelten sich die Kurse. Kreditfinanzierte Spekulation im Verführungssinne des »get rich quick« – »Massenflucht in eine Scheinwelt«[3] – bildete eine Riesenblase des privaten Investments und des Aktienhandels auf dem Hintergrund zügellosen Reichtums und fehlender Krisenmechanismen: Fünf Prozent der Amerikaner verfügten über ein Drittel des Gesamtvermögens. Industriegewinne wurden nicht in neue Produkte investiert, sondern ins »Pferderennen« der Effektenbörse gejagt. 1928 begannen die Negativfaktoren zu wirken: Kaufzurückhaltung, Zinsanstieg, Arbeitslosigkeit, Börsensturz aus Wolkenkratzerhöhen. Eins kam zum anderen: Panik brach aus, Tausende von Banken schlossen die Schalter, 1930 trat wirtschaftlicher Stillstand ein. Die Regierung des Präsidenten Herbert C. Hoover reagierte immer noch halbherzig, vertraute auf die »Selbstheilungskräfte« der Wirtschaft gemäß der ehrenwerten Altlehre von Adam Smith (1723–1790), wähnte den Aufschwung »around the corner« und griff zur Giftphiole der Zollerhöhungen. Unweigerlich kam der Zusammenbruch. Der Kapitalismus hatte kein Netz, nur Freiheit, aber frei war nur noch der Fall.

Die Krankheit breitete sich über die Welt aus, es gab viele Opfer, das unterkapitalisierte und fiskalisch überbelastete Deutschland war ein leichtes. Die regen, förderlichen Kontakte in den wenigen glücklichen Jahren Weimars, die den Amerikanern eine kurze politische Rückkehr nach Europa beschert hatten, ein Standbein der Anleihen und Anlagen nicht zuletzt dank Stresemanns persönlicher Kenntnis des amerikanischen Wirtschaftslebens, verwehten im Sturm. Bei ohnehin labiler Konjunktur schon seit 1926 gaben die Kurse infolge des Rückgangs privater und staatlicher Investitionen in Deutschland kontinuierlich nach, nicht sturzartig. Demgegenüber nahm die Arbeitslosigkeit in Gegenrichtung schnell zu, allein 1930 von 3,5 auf fünf Millionen, überschritt 1932 (Februar) die Sechs-Millionen-Grenze bei gerade noch zwölf Millionen Beschäftigten. Nach dem Rückzug des Fremdkapitals teils aus Bedarfsgründen, teils aus Panik, teils aus Pression, die mit dem deutsch-österreichischen Zollunionsplan wider die Bestimmungen des Versailler Vertrags zusammenhing – Paris sprach von »L'Anschluss«, London verweigerte sich als Lender of Last Resort –, folgte 1931 der krisenkumulierende Kollaps im industriellen Sektor hoch engangierter Banken in Österreich, Ungarn und Deutschland mit dem Verlust der Devisenreserven, der Währungskonvertibilität und der Kapitulation des Goldstandards. Reichskanzler Brüning (1930–1932), die Stärkung des Exports, zugleich die Befreiung vom Reparationsdruck im Visier, verordnete prozyklische Deflationspolitik, geduldet von der SPD, aufs Schwerste bekämpft von den rechts- und linksextremen Parteien.

Bei leeren Kassen war in Deutschland an eine staatsfinanzierte Nachfragepolitik, wie sie Roosevelt gemäß den Lehren John Stuart Mills (1806–1873) und der Methodik des im Weißen Haus gern konsultierten britischen Ökonomen John Maynard Keynes (1883–1946) einleiten sollte, nicht zu denken. Blockiert zudem von der Erinnerung an die Inflationskatastrophe von 1923, betrieb die Reichsregierung anstatt Deficit spending für Beschäftigungsprogramme eine radikale Sparpolitik mit sozialer Spiralwirkung nach unten. Sie traf einen geschwächten Körper, vor allem die empfindlichen gesellschaftlichen Partien Arbeiterschaft und Mittelstand, und riss infolge der von Verzweiflung gepackten Sozialstaatsmentalität der Deutschen die Republik in den Abgrund, was im härter gebetteten Amerika und bei den westlichen Großmächten gerade nicht geschah. Die Nationalsozialisten sahen sich begünstigt, konnten dennoch bei keiner korrekten Wahl die absolute Mehrheit erringen, was ganze Forschergruppen heute noch irritiert.[4] Kaum in der Reichskanzlei, ging Hitler mit der Pranke des diktatorischen Staates zur Arbeitsbeschaffung über, mit appellativer nationaler Politik und waghalsigen Finanzierungsmethoden, den amerikanischen nicht unähnlich, wenn auch ohne substanzielle Reserven und legislative Legitimation respektive Opposition. 1934 war die Arbeitslosigkeit im Reich schon halbiert.

Beggar thy neighbour

Krankheit und Krankheit in der Krankheit hatten Tod und Neubeginn zur Folge, radikalen Andersbeginn. Die Frage der Theodizee, die das Vergleichsereignis des Lissaboner Erdbebens stellte, wurde beim Sturz des liberalen Weltsystems mit einer globalen politischen Glaubenskrise beantwortet, nur wenige Staaten erwiesen sich gegen den Influenzavirus resistent. Wenn in 16 führenden Industriestaaten während einer Weltzeit von nur wenigen Jahren (1929–1932), also wimpernschlagartig, das Bruttosozialprodukt um 17, die Industrieproduktion um 30 und der Welthandel (wertmäßig) um 66 Prozent sinkt, sich für Abermillionen von Menschen die Zukunft verdunkelt und diese Abermillionen das Vernichtungswerk nicht verstehen, gibt es nur wenige Möglichkeiten, die alle politisch ausschlagen: Entweder eine überzeugende Führung, die reale Lösungen bereithält, oder Ratlosigkeit, ja Panik, an denen sich aggressive Konspirationen und Utopien hochwinden; Restauration des globalen Geld- und Handelssystems – ja, Restauration, ähnlich stabilisierend und langwährend wie die Wiener Schlussakte von 1820 – oder das System »beggar thy neighbour«, ruiniere deinen Konkurrenten, Wirtschaftskampf mit Schlachtfeldausblick; entweder interdependentes Welt- und Verteilungssystem mit Balanceregelung oder Großraumwirtschaften mit der Tendenz zur territorialen Ausdehnung und unbestimmtem Sättigungsgrad.[5]

Das Resultat war, dass die jeweils zweite Möglichkeit sich durchsetzte und die erste 60 Jahre und einen zweiten Weltkrieg erforderte, um erneut wirksam zu werden. Was dann kam, die neue Globalisierung, ist die Zeitheimat, in der wir heute leben und zittern. Aus der Rückschau zu sagen, warum nicht gleich, vernünftigerweise, ist im selben Maße richtig, unhistorisch und ahnungslos, mit keinem Gran Menschenkenntnis versetzt. Es gibt heute bessere Kriseninstrumente – das blitzende Besteck der politökonomischen Operateure, ein größeres Quantum Wissensüberblick, aber weder absolute Prävention noch garantierte Kapazität der politischen Selbstbeherrschung im Katastrophenfall. Der Terrorakt vom 11. September 2001, ein Neu-Lissabon mit Weltwirkung, erzeugte zwar keinen ökonomischen Zusammenbruch, dafür aber politische Überreaktionen und Fehler, eine – uneingestandene – amerikanische Verfassungskrise, unzureichend legitimierte militärische Präemption mit unüberdachten Folgestrategien, unausgereifte Versuche der Demokratie-Transplantation aus Hochmut und Unkenntnis fremder Kulturen und nahe gerückter Feinde mit der Folge sogar tektonischer Machtverschiebungen in der Substanz der Resultate des Kalten Kriegs; auf der anderen Seite aber auch Einsichten, die eine Wiederholung der Alternativentscheidung von 1930 vermeiden könnten.

Die Reaktionen von damals erfordern also Vorsicht bei der Verwendung moralischer Metronome. Betrachten wir den Vorgang aus dem Aspekt des reaktiven Verhaltens, so bietet sich der Sturz aus der ohnehin krisenhaften Nachkriegszeit seit 1918/19 in die Krise des liberalen, wirtschaftsglobalen Systems als dramatisiertes Denken und Fühlen dar. Er erinnert an Ernst Jüngers Bildbegriff des Entsetzens, an den Fall durch übereinandergereihte dünne, großflächige und klangfähige Bleche. Die Schläge folgen, wie Jünger erklärt, in einer Beschleunigung aufeinander, »die einem an Tempo und Heftigkeit anwachsendem Trommelwirbel gleicht« und die Grenzen des Bewusstseins sprengt: »So pflegt das Entsetzen den Menschen zu vergewaltigen – das Entsetzen, das etwas anderes ist als das Grauen, die Angst oder die Furcht. Eher ist es dem Grausen verwandt, das das Gesicht der Gorgo mit gesträubten Haaren und zum Schrei geöffnetem Munde erkennt (...) Ahnst du, was vorgeht in jenem Raum ..., der sich zwischen der Erkenntnis des Unterganges und dem Untergang erstreckt?«[6]

Dieses Bild lässt sich in Anspruch nehmen. Wer nämlich glaubt oder sich einreden lässt, es habe in der Großen Depression noch eine souveräne Entscheidung zwischen quicker rationaler Rettung des Weltwirtschaftssystems und sich verbarrikadierenden Großraumwirtschaften gegeben, leidet an einem Vorstellungsinfarkt. Der Siegeszug des Protektionismus, Zölle bis zu 60 Prozent des Warenwerts, Kontingentierung der Einfuhren und Exportsubventionen, Abwertungswettlauf – Großbritannien 1931, USA 1933, Frankreich 1936 – ruinierten den gebrochenen Welthandel, doch waren das für die Beteiligten schon lauter »schreckliche Bestätigungen«. Verzweifelt wünschte man sich, sofern man die Katastrophe noch zu reflektieren vermochte, wenigstens eine koordinierte Abwertung zur Verringerung der Zahlungsbilanzdefizite, eine Ausweitung der Geldmengen zur Förderung der Währungskooperation. Warum geschah nichts, was die Exportnachfrage vielleicht gesteigert und mittels importierter Preissteigerung die Wirtschaften reflationiert hätte? Warum entstanden Währungsblöcke (Gold, Sterling, Yen, Reichsmark), warum Wirtschaftszonen, Autokratiebestrebungen? Warum schlug man dem Nachbarn die Krücken weg?

»Nationaler Egoismus« brach durch, heißt es bedauernd. Aber mit diesem Egoismus musste man schon seit sehr langer Zeit umgehen, er war die Lebensform, nur dass es jetzt keine zügelnde Autorität gab. Die Briten konnten als Mitverlierer des Kriegs diese Aufgabe nicht mehr erfüllen. Und die Amerikaner waren nicht bereit, an ihrer Stelle stabilisierend einzugreifen, als Herzschrittmacher zu dienen – für den Isolationismus war der Eigensinn das Element. Nichts funktioniert ohne Führungsmacht, ohne im besten Falle gütigen Hegemon, er muss nur rechtzeitig da sein.

Auch Roosevelts New Deal stellte auf zwei Stufen, 1933 und 1935, den Versuch dar, die Krise mit Binnenmitteln und Zollpolitik in den Griff zu bekommen. Als der Präsident 1937 jedoch erkennen musste, dass keine Mühe Erfolg bescherte, die amerikanische Krise sich erneut blähte, der Weltmarkt sich inzwischen jedoch in einen Plural von selbstumrandeten, armierten, halb und ganz autarken Wirtschaftsblöcken aufgelöst hatte, wandte er sich um und griff ins Arsenal der interventionistischen Globalstrategie. Außenhandelspolitik wurde zur Systemdominante,[7] koste es, was es wolle – die Vereinigten Staaten standen auf dem Spiel und die Welt hatte sich zu fügen, damit Amerika das Spiel gewinnen konnte.

Zweimal New Deal

Roosevelts New Deal präsentierte sich zunächst ebenfalls als unilaterale, aufs eigene Haus konzentrierte Reformversion, als appellativer Moral Deal mit handfestem Zwang zum nationalen Konformismus. Zwar wurde der Kapitalismus nicht gerade erdrosselt, doch praktizierte der Präsident zur Rettung seines Landes einen Staatsinterventionismus, dessen Exekution das Laissez-Faire-Leben und die Verfassung des Landes mindestens so hart hernahmen wie die Sicherheitspolitik seines späteren Nachfolgers George W. Bush im

Krieg gegen den Terrorismus nach den Anschlägen vom 11. September 2001. Ein vergleichbares Ausmaß der Handlungsvollmacht, die der Kongress Roosevelt erteilte, hatte es, außer in Zeiten des Kriegs, nie zuvor gegeben.[8] Nur mit der bindenden Kraft der religionsartigen amerikanischen Konstitution und Roosevelts medialer Kunst lässt es sich erklären, dass die USA, deren schiere Größe nun als Last erschien, die Härte des Crashs, die Arbeitslosigkeit von 25 Prozent (13 Millionen), Massenkonkurse, die verbreitete Armut nach dem Sturz der Einkommen um die Hälfte, zugleich die rigorosen Eingriffe in Unternehmen, Banken und Investitionsverhalten ohne umstürzende Radikalisierung überstanden haben. Die Regierung kommandierte Heerscharen zu öffentlichen Arbeiten, verordnete gigantische, unübersichtliche Staatsprojekte wie die 51 Talsperren und Kraftwerke zur Elektrizitätsgewinnung im armen Tennessee (Tennessee Valley Authority) mit protosozialistischen Siedlungsformen. Die Golden Gate Bridge in San Francisco entstand, der La Guardia Flughafen und die Triborough Bridge in New York, um nur einige Starprojekte zu nennen. Die Agrarpolitik drosselte die Überproduktion, stützte aussichtsreiche Betriebe, mühte sich um Kultivierung der Böden. Partnerschaftsabkommen und öffentlicher Druck auf Industrie und Handel stellten Weichen für Wachstum und Arbeit, für Lohn- und Preisregulierung bei verminderter Arbeitszeit, Wettbewerbsregeln, Arbeitsrecht – doch brachte der kombinierte Gesetzes- und Propagandaaufwand weniger, als der Präsident und seine Agitatoren erhofft hatten.

Dies galt trotz Teilerfolgen auch für die zweite Phase des New Deal seit 1935 mit einem neuen Schub nationaler Beschäftigungspolitik, Staatsfinanzierung öffentlicher Projekte, Ausbildungsprogrammen, Tarifvollmachten und Streikrecht für die Gewerkschaften, deren Mitgliedschaft anschwoll und während der Kriegszeit 13 Millionen erreichte. Progressive Steuern, Arbeitslosen- und Rentenversicherung waren für die USA ungewöhnliche Maßnahmen. Roosevelt predigte, versuchte die gegnerische Presse zu manipulieren, beherrschte den Äther und wurde im Spätherbst 1936 mit überwältigender Mehrheit wiedergewählt. Dennoch, als *Weißer Revolutionär*[9] des Kapitalismus scheiterte der Präsident. Die Reformen insgesamt rutschten in der zweiten Legislatur in eine neue Depression ab, in die sogenannte *Roosevelt depression*, für die er in der Radioansprache vom 9. März 1937[10] einen Schuldigen nannte: die Obersten Gerichtshöfe, die Supreme Courts im Bund und in den Einzelstaaten, die zahlreiche seiner Gesetze für verfassungswidrig erklärten. Noch sei ein Drittel der Nation schlecht ernährt, gekleidet und behaust,[11] hatte Roosevelt in seiner zweiten Inaugurationsrede geklagt, und nun handelten die Gerichte nicht als juristische Instanz, sondern als »policy-making body«.[12] Sie sprächen nicht Recht, sondern machten Politik.

Roosevelt gelang es zwar, die Gerichtshöfe einzuschüchtern, wie er sich in allen Kämpfen, selbst wenn Projekte scheiterten, als machtvoller, gewandter Streiter, als »would-be-dictator«,[13] sagten die Kritiker, erwies, ob es sich um die Ausweitung der Bürokratie und ihrer Kontrollvollmachten oder um die Ausschaltung oppositioneller Abgeordneter und Senatoren selbst in der eigenen demokratischen Partei handelte. Die zweite Rezession zehrte jedoch an seinen Kräften. Der Abfall der Industrieproduktion um 33 Prozent, des Nationaleinkommens um zwölf Prozent und das Anwachsen der Arbeitslosigkeit auf nahezu die gleiche Höhe wie 1933 nährte in ihm die Überzeugung, dass die Binnenoperation des New Deal mit ihren unvermeidlichen Fehlerquellen nicht ausreichen würde, die amerikanische Wirtschaft auf stabile Erfolgshöhe zu bringen.

Der Schlüssel lag im Außenhandel, im politisch weitreichenden, man kann sagen epochalen Übergang zur Globalintervention mit dem Ziel, die Öffnung der Weltmärkte einzufordern und gegen die Wagenburgen anderer Mächte Front zu machen. Deshalb unterband er auch mehr als scheinbare Vermittlungen zur Eindämmung des europäischen Konfliktherdes, so sehr Washington von angsterfüllten Neutralen wie Belgien, Finnland, Rumänien um eine Mediation gebeten wurde. »Denn nicht über eine Garantie des europäischen Status quo«, schreibt Bernd Martin, »sondern nur über eine ökonomische Expansion in die Märkte der auf Autarkie bedachten Mächte Japan und Deutschland bzw. den des britischen Commonwealth war es Amerika möglich, die permanente Wirtschaftskrise zu beheben. Ohne dass Roosevelt anfangs an ein militärisches Eingreifen gedacht haben mag, sah er doch in dem europäischen Krieg wie in dem japanisch-chinesischen ›Konflikt‹ günstige Gelegenheiten, die amerikanische Wirtschaft zu beleben.«[14]

Da sich New Deal, italienischer Faschismus und deutscher Nationalsozialismus als Therapieformen gegen das Unheil der Weltwirtschaftskrise betrachteten, war das wechselseitige Interesse aneinander naturgemäß groß. Roosevelts energisches Reformprogramm mit korporatistischen Zügen wurde überall in Europa begrüßt und je nach politischer Einfärbung kommentiert. Bemerkenswert lebhaft, wenn auch nicht nachhaltig, war der Zuspruch in Deutschland, wobei sich das technokratische Amerika-Bild Hitlers, wie wir gesehen haben, mit Roosevelts postliberaler Hinwendung zu Führertum und Staatsintervention verband und als Anzeichen für die Trefflichkeit des gerade eingeschlagenen eigenen nationalsozialistischen Weges betrachtet wurde. Mit mehr Grandezza und dem Selbstbewusstsein des zehn Jahre alten Duce-Regimes kehrte Italien seine Vorbildrolle heraus, geschmeichelt durch emsige Nachfragen des geneigten amerikanischen Botschafters und Roosevelt-Vertrauten in Rom, Breckinridge Long, und dessen sicher nicht geheim gebliebene enthusiastische Berichterstattung nach

Washington.[15] Wichtiger als das Selbstreferenzielle war jedoch der teils suchende, teils bewundernde Blick Amerikas in die Gegenrichtung, vorzugsweise auf das römische Exempel.

Weltweites Aufsehen erregte seit 1930 Mussolinis gigantisches Beschäftigungsprogramm zur Trockenlegung der durch antike Waldrodungen in der Zeit römischen Seerüstens entstandenen Pontinischen Sümpfe südlich von Rom, demgegenüber sich das spätere Tennessee-Projekt und Hitlers Autobahnen[16] wie Kopien ausnahmen. Selbst liberale Geister bekamen »leuchtende Augen«. Der bekannte Berliner Journalist und Mitbegründer der Deutschen Demokratischen Partei, Theodor Wolff, zeigte sich 1933 nach einer Italienreise begeistert über die Art, wie sich Mussolini ihm gegenüber als »democrate somme vous, democrate autoritaire« vorgestellt hatte.[17] Beachtung fand erst recht, dass Faschismus und Nationalsozialismus bei dem Bemühen, Produktionskapazität und gesamtwirtschaftliche Nachfrage einander wieder anzunähern, mehr und schneller Erfolge vorwiesen als die vorangegangenen Regime in ihren Ländern und die Vereinigten Staaten. Während im Deutschen Reich 1937 die Arbeitslosigkeit zu null tendierte, war sie in Amerika, wie wir sahen, wieder nahezu auf den Stand von 1933 hochgeschnellt. Als Roosevelt 1939 den New Deal förmlich für abgeschlossen erklärte, um das Blickfeld für die Außenpolitik freizuräumen, war die Depression keineswegs verschwunden. Deutsche Rüstungsprogramme auf problematische Wechsel erregten im nahen und fernen Westen Kritik, während die Wellenbewegungen der amerikanischen Krise erst mit dem Ende des Isolationismus 1941 auf hohem Wachstumsniveau endeten – wie anders als durch Massenaufträge an die Rüstungsindustrie.

Roosevelt interessierte sich für den Reichsarbeitsdienst und für das umfangreiche Erholungs-, Reise- und Bildungsprogramm »Kraft durch Freude«, eine Organisation der NS-Arbeitsfront nach italienischem Vorbild zur Festigung der Volksgemeinschaft, Steigerung der Produktivität, Volksgesundheit im postproletarischen Reich, eine überaus beliebte Organisation der »Wohlfahrtsdiktatur« (Götz Aly).[18] Die US-Botschaft in Berlin erstellte eine Expertise, für die sich der Präsident mit der Bemerkung bedankte, »Strength through Joy« könnte bei den amerikanischen Planungen für eine »demokratische Variante behilflich sein«.[19] Respekt und Sympathie blieben indes dem rational erhellten Dirigismus Mussolinis vorbehalten, mit dem die korporativen Regeln für die reorganisierten amerikanischen Industrieverbände im National Industrial Recovery Act, in der Tat ein Handschellengesetz, Ähnlichkeiten aufwiesen. Einem Zeitungsmann teilte Roosevelt »im Vertrauen« mit, er halte ziemlich enge Fühlung mit Mussolini, »that admirable Italien gentleman«.[20] Wissenschaftler, Anhänger Roosevelts, selbst liberale Gegner äußerten sich direkter über Parallelität und Konnektion, meist ohne einschränkende Hinweise auf die Terrorphase des italienischen Faschismus nach der Staatsübernahme 1923; denn wer sich über dessen Repression aufhalte, zitiert Schivelbusch den amerikanischen Historiker Charles W. Beard, ignoriere sein »historisches Potenzial«.[21]

Die Parallelität in den 30er-Jahren war zwar real vorhanden, aber nicht subjektiv, erklärt Schivelbusch.[22] Aus amerikanischer Sicht sei »dort in Europa« Totalitarismus und »bei uns hier« Demokratie. Gleichwohl gibt es »subjektive« Zeugnisse für die mit dem New Deal verbundene Veränderung der amerikanischen Staatsqualität. Sie gingen immerhin so weit, dass einzelne Zeitdiagnostiker ein stilles Übergleiten der USA in eine Epoche des Faschismus erwarteten: Natürlich sei die Demokratie eine »unverwüstliche Stammesinstitution«, doch der Faschismus komme verkleidet, »seine Führer werden nicht die gegenwärtigen hemdsärmeligen Imitatoren Hitlers und Mussolinis (in Amerika, H. K.) sein, sondern respektgebietende Honoratioren im Gehrock, die an den besten Universitäten des Landes studierten«.[23]

So weit kam es nicht. Dirigismus als Fehlerkorrektur und als Ideologie entspringt zweierlei Geist. Unleugbar waren die Führungen in den krisengeschüttelten Staaten »außeralltäglich« im Sinne Max Webers, persönlich-diktatorisch, medial-charismatisch, die vorangegangenen bürgerlich-liberalen Ordnungen gleichermaßen missachtend. Doch überwogen bei aller Ähnlichkeit oder gar Verwandtschaft grundlegende Unterschiede. Mussolini »überstrahlte« die Institutionen der katholischen Kirche und Monarchie, des Grundbesitzes, der Armee, ja sogar die eigene faschistische Bewegung, verfuhr insofern nicht eigentlich totalitär, sondern bot eine deutbare Mischung aus belesenem Syndikalisten und römisch animiertem Volkstribun. Die Westmächte, auch Roosevelt, suchten den Duce noch bis 1940, als er längst Verbündeter des Führers war und beim Münchner Abkommen dem alliierten Appeasement sozusagen als Fremdenführer gedient hatte, für Vermittlerdienste zu gewinnen, weil sie wussten, dass er trotz Kolonialexpansion im ostafrikanischen Abessinien und Mare-Nostro-Träumen dem europäischen Krieg gegenüber Verhaltenheit an den Tag legte.

Kam Mussolini in gewissem Sinne aus der Klassik, so entstammte der Blutromantiker Hitler der demokratischen Völkerwanderung von unten und suchte die »atmenden« Traditionsmächte, die der Duce bestehen ließ, unverzüglich gleichzuschalten. Roosevelt wiederum, als Elite-Spross die Machtpyramide ganz oben betretend, zählte von Position, Bildungserlebnis und frühen Entscheidungen her, wie wir gesehen haben, zur Sparte der merkantilistisch-imperial denkenden Amerikaner. Modern waren sie alle drei – sofern man von der Grille absieht, dem Begriff normative Bedeutung beizumessen.

2. Das Doppelgesicht der Mission

Es war wohl der unscharfe Eindruck des ersten, von der Depression umflorten Blicks, der Roosevelt eingab, Hitler werde eine Art Bismarck-Politik betreiben, gehöre indessen nicht zu den Junkern wie die regierende Klasse der Vorkriegs- und Kriegsjahre. Als positives Bild kann man diesen Vergleich nicht lesen. Der öffentliche Zorn über die ersten NS-Aktionen gegen jüdische Geschäfte, Anwaltskanzleien und Arztpraxen im April 1933, über den Austritt Hitlers aus Abrüstungskonferenz und Völkerbund war zwar wenig nachhaltig. Bei der Wiedereinführung der Wehrpflicht 1935, während des Rheinland-Einmarsches 1936, Beteiligung Berlins am Spanienkrieg geisterten und scheiterten Embargo-Pläne. Washington hielt sich zurück – Hitler verletzte den Versailler und Locarno-Vertrag, indes keine Bestimmung des deutsch-amerikanischen Friedensvertrags von 1921.

Doch Roosevelt witterte Krieg, blickte aus Denkgewohnheit voller Skepsis auf das neue Deutschland im unaufgeräumten Europa. Schon als junger Mann in Wilsons Regierung hatte er sich das Reich militärisch geschlagen gewünscht, tiefer entmachtet, radikaler entwaffnet, als die Devise Frieden ohne Sieg, die Wortverheißung der 14 Punkte, schließlich der Versailler Vertrag es vorgaben. Allerdings hatte er zu beachten, dass die Zunahme der Spannungen in der amerikanischen Öffentlichkeit auf geteilte Wahrnehmung und Reaktion stieß. Während Österreich-Anschluss, Münchner Abkommen, das Ende der Tschechoslowakei mitsamt der voraussehbaren deutschen Beherrschung des Donauraums und vor allem Hitlers Marktautarkie Roosevelts alte persönliche Abneigung rasch zu einem bemerkenswerten Format der Feindschaft steigerten, drehte die Mehrheit der Amerikaner aus Furcht vor dem Rückfall in die Sünde eines neuen Kriegs die Augen nach innen. Der Skandal der Judenpogrome von 1938 führte zur Rückberufung des Berliner Botschafters, keineswegs zu einer Lockerung der Einreisebegrenzungen für die Betroffenen.[24]

Im anschwellenden Weltkonflikt zwischen 1937 und 1941 boten die Vereinigten Staaten ein wohl einzigartiges Bild des Widerspruchs. Hier ein Präsident, der den japanischen Imperialismus, Deutschlands Revisions- und Expansionspolitik, die britische Diplomatie des Ausgleichs und der Balance in Europa, kaum anders den Kolonialismus der westlichen Traditionsmächte als Summe neuer und alter Gefahren und Laster wahrnahm. Dort die isolationistische Mehrheit der Amerikaner, die den riesigen Gulliver zwar wiederwählte, weil er sie faszinierte und sie ihn in die Neutralitätsgesetze des Kongresses von 1935, 1936, 1937 und 1939 (erste Jahreshälfte) eingebunden wähnte. Als Roosevelt im Juli 1940, bei der dritten Kandidatur, mit allem Nachdruck das »falsche Wiegenlied«, »the false lullaby of Appeasement«[25] verurteilte, konnte er die Westeuropäer nicht mehr im Sinn haben. Frankreich war gefallen, die Briten seit zehn Monaten im Krieg. Nein, er meinte die Amerikaner, das eigene Volk, wenn er wie aus Brunnentiefen nach internationaler Bewegungsfreiheit rief.

Hier also ein Präsident, der seit 1937 politisch-ökonomisch Blockbildungen rings um einen New World Deal, eine interventionistische Globalpolitik der Offenen Tür entgegensetzen wollte, ausgerüstet mit dem Arsenal amerikanischer Wirtschaftsinteressen und den geballten Inhalten der Zivilisation, mit Demokratie, Freiheit, Fortschritt, Religion, Recht und Anstand, auf die sich schon Wilson bei seinen Kriegsankündigungen im Kongress 1917 berufen hatte. Dort die amerikanische Bürgerschaft, die dem Amalgam der präsidentialen Argumente nicht traute, den Sprachkrieg gegen die »Banditenstaaten«, gegen die »Allianz des Bösen« für genau das hielt, was Roosevelt nicht eingestehen konnte – für ein Einschwenken auf die Magistrale der Konfrontation. Selbst nach der deutsch-sowjetischen Teilung Ostmitteleuropas, Hitlers Vorstoß zu den Atlantikküsten und dem Eroberungszug bis vor die Tore Moskaus war es ein ungeheures Drama der Mühen und Enttäuschungen, des Finassierens und der Geheimoperationen jenseits der Roten Linie des Kongresses, eine Artistik leerer Versprechungen und sorgsam kalkulierter Provokationen, bis Roosevelt die Amerikaner endlich im Kriege hatte. Pearl Harbor und die deutsche Kriegserklärung im Dezember 1941 boten ihm schließlich den Vorteil, seinen aus der Starre des Isolationismus erwachenden Landsleuten und der Welt den Kampf als aufgezwungen, unausweichlich und sittlich gerechtfertigt darstellen zu können.

Aber was war, was ist amerikanischer Isolationismus? Man versteht ihn nicht, wenn man nur George Washingtons testamentarischen Gedanken der Nichteinmischung in die europäischen Revolutionskriege am Ende des 18. Jahrhunderts ins Auge fasst oder James Monroes Distanz- und Respektsdoktrin gegenüber Europa ein Vierteljahrhundert später oder gar die alte Pilgerväter-Philosophie von God's Own Country nach dem Bild des Bundes Gottes mit dem Volke Israel. Was sich mit diesen Ursprüngen im 20. Jahrhundert vermengte, verstärkte die Ambivalenz des Begriffs und schuf einen Exzeptionalismus, der alles enthielt: Kanaan, The Promise of American Life, Anti-Kolonialismus, Fundamental-Opposition gegen die Balance of power der Alten Welt, zugleich die Idee, Festung der Einzigartigkeit und Weltauftrag in einem zu sein.

Die Philosophie der revolutionären Freiheit trägt ein Doppelgesicht. Historisch Separation, Abwendung, ja Abschließung von der alten Herrschaftsmacht, im amerikanischen Fall von der europäischen, ist sie zugleich Heilslehre für die Welt aus dem inneren Antrieb, sich zu verströmen, auszudehnen, »heroisch« einzugreifen, wofür der Journalist Herbert Croly seinem »Heiligen«, Theodore Roosevelt, kurioserweise den »Thor-Hammer« wünschte und dessen Nachfolgern das »Flammenschwert St. Michaels«.[26] Amerika ist Kanaan und ein Versprechen für die Welt, ein Widerspruch zwischen beiden besteht umso weniger, je mehr die Entscheidungen in der Welt das eigene Land berühren. Zeitnah und aufs konkrete Beispiel gebracht hieß das, dass die Außenpolitik eine Form der Durchsetzung von handelsglobalen und zivilisatorischen Interessen darstellte, deren Regeln auf allen Meeren und für alle Kontinente zu gelten hätten. Wenn wir heute von Globalismus und Sicherheit reden, begegnen wir, ob es beliebt oder nicht, dem Wesenskern Nordamerikas.

Die Fixierung nach innen enthielt also Antriebe aus Maximen, die paradoxerweise wie geschaffen waren, weltweite Geltung zu suchen. Der Internationalismus keimte im Lande Kanaan, er wuchs und wucherte, bis letztendlich der Durchbruch gelang. Festung und globale Vorwärtsstrategie schlossen einander nur idealtypisch aus, nicht tatsächlich. In der politischen Praxis erwiesen sie sich als variable, situationsgebundene Positionen eines kombinierten Sitten- und Nützlichkeitsverhaltens, dazu neigend, geopolitische Gegengewichte, Widerstände einer als unvernünftig und moralisch unterentwickelt geltenden Welt auszuschließen, besser noch zu beseitigen. Zeitweilig konnte die innere Einheit des Motivs auseinanderfallen, etwa wenn die translatio mundi durch Unbedachtheit und kriegstreibende Profitgier, vor allem durch Rückschläge wie im Falle Wilsons, ins Licht der Verfehlung geriet, dann allerdings entschieden. Kriegsbeteiligung seit 1917, die erwähnten »Todeshändler« der Industrie und das schnöde Untergraben der amerikanischen Weltrevolution von 1917 durch die europäische Machtpolitik in Versailles erwiesen sich für Roosevelts Globalpolitik als nachwirkendes Handicap.

So schwer es ihm fiel, damit fertigzuwerden: Auch als die doppelte Depression der Politik und der Wirtschaft den Rückzug ins gelobte Land Kanaan wies, blieb das Prinzip, der amerikanische Glaube an die Mission,[27] Grenzen zu überschreiten, um irgendwo wahrgenommenen oder angenommenen Strömungen fremder Gewalt die eigene »verantwortliche« Heils- und Weltrolle entgegenzusetzen, erhalten – jene Ligatur aus globalen, nationalen, humanen und ökonomischen Interessen. Das Auftreten als überragender Ordnungsstifter mit dem Ziel einer rechtskörperlichen »Monroe-Doktrin für die ganze Welt«[28] (Klaus Schwabe) erschien nach wie vor als pflichtgemäßes Handeln – bloße Mächtebalance im alteuropäischen Sinne hingegen als Zynismus und Sünde. Der Weg zur militärischen Intervention steigt in dieser Vorstellung in steilen Serpentinen an, bedarf innerer Überwindung, ist jedoch grundsätzlich offen und gerechtfertigt. Immer vorausgesetzt, andere Mächte schlagen unakzeptable Pfade ein, verschließen sich in diesem Sinne imperialistisch dem demokratischen Fortschritt, sind rundheraus gesagt böse und tappen in die so gestellte manichäische Falle.[29] Wenn es so weit ist, bereitet der Aufbruch in den Krieg nur noch physische Mühen, keine moralischen mehr.

Genau dieses Format hatten jene Mächte in Gestalt des gefährlichen Fremden Adolf Hitler und der japanischen Militärkaste unter dem »erlauchten Tor« (Mikado), dem Tenno, 1938 erreicht. Während Nippon, in seiner Situation und seinen Antrieben den frühen Engländern nicht unähnlich, jedoch zu spät, um mit Toleranz rechnen zu können, und ohne die verfeinernde Kulturmission des Empires, zuerst eine Neue Ordnung Asiens, dann eine ostasiatische Wohlstandszone vulgo Rohstoff-Imperium anstrebte, verband der deutsche *Führer* das in Europa nicht unbekannte Vorhaben der Kontinentalhegemonie mit einer exzessiv rassischen, insondere gegen Juden und Slawen gerichteten germanisierenden Säuberungsidee, an die weder Cäsaren noch Habsburger, noch Napoleon, auch nicht annähernd der grobgeschnitzte Theodore Roosevelt je gedacht hatten. Hitler war die Nova, der sich Franklin Roosevelt aus politischen und ökonomischen Motiven in der Absicht entgegenstellte, sie mit allen Mitteln zu beseitigen. Der Historiker Herbert Sirois bemerkt realistisch, »dass sowohl die USA als auch das nationalsozialistische Deutschland ... eine zwar nicht qualitativ, aber dennoch formal vergleichbare Politik globaler nationalegoistischer Machtinteressen verfolgten. Das Ringen zwischen Demokratie und Diktatur besaß so immer auch eine machtpolitische Dimension, deren Bedeutung ... für das internationale System nicht herabgemindert werden darf.«[30]

Roosevelts Schlachtplan

Im Prinzip kann die Priorität amerikanischer Wirtschaftsinteressen nicht als materialistisch oder ökonomistisch gedeutet werden – sie ist vielmehr missionsgeadelt, von dem Argument durchdrungen, den Weltfrieden zu befördern. Bevor sie gegenüber den Diktatoren in ihr brisantes Stadium umschlug, war ihr Einfluss auf das außenpolitische Verhalten in ganz anderer Weise sichtbar geworden, in einem durchaus konstruktiven Sinn – auch im Hinblick auf Deutschland. Als Franzosen und Belgier 1923 das Ruhrgebiet besetzten, fürchtete Washington Handelsbehinderungen und zog seine Truppen demonstrativ aus dem Rheinland ab. Als sich unter der Ägide Stresemann die Möglichkeit eröffnete, auf dem europäischen Geldmarkt Fuß zu fassen, gewannen die Beziehungen sehr schnell vertrauensvolle Züge. Als Charles G. Dawes und Owen D. Young, Banker, Manager, Politiker, ihre

Pläne zur Regelung des Reparationsproblems nach dem Maßstab deutscher Zahlungsfähigkeit formulierten, drängten die Amerikaner den französischen Einfluss zurück und schufen einen Kreislauf zur Rückzahlung von Kriegsschulden. Die politische Gegenleistung für die deutsche Pfadöffnung, die 1928 zum Briand-Kellogg-Pakt der Kriegsächtung, einem wenn auch zahnlosen Spitzenprodukt der Diplomatie beitrug, erfolgte prompt. Mit der Gründung der privaten Bank für Internationalen Zahlungsausgleich in Genf unter amerikanischer Leitung wurde die Reparationsfrage dem alleinigen Griff der europäischen Siegermächte entzogen. Deutsche Anleihen in den USA erreichten bis 1931 die Höhe von 2,6 Milliarden Mark, vor allem aber brachte Washington den Wünschen Weimars nach einer Revision des Versailler Vertrags Verständnis entgegen, plädierte sogar, wenn auch ohne Erfolg, für die deutsche Gleichberechtigung bei der Rüstung und für eine neue polnische Grenzregelung.[31]

Genau das Gegenteil trat 1937 ein, als offenkundig wurde, dass Hitler keinen Anschluss an den marktkapitalistischen Globalismus in der Form des multilateralen Handelssystems suchte, sondern auf ein kontinentales Bollwerk zustrebte und zu diesem Zweck bilateralen Verträgen und Kompensationsgeschäften den Vorzug vor offenen Märkten und ihren kollektiven Sicherheitsvorkehrungen gab.[32] Nicht Wege gabelten sich – politische Weltvorstellungen prallten aufeinander. Roosevelt erblickte in jeder Regionalmachtbildung, sofern sie ihre Souveränität mit militärischen Zurüstungen befestigte und bis zur Eigensättigung auszuweiten suchte, einen Verstoß gegen das amerikanische Globalinteresse unter der Devise unteilbare Sicherheit, unteilbare Freiheit und offene Märkte, mehr noch, eine Herausforderung, ja, physische Bedrohung der Vereinigten Staaten selbst. Ihr musste, mit welchen Mitteln auch immer, begegnet werden, weil andernfalls Amerika – und das hieß für den Präsidenten die ganze Welt – nicht mehr in die Prosperitätszone gelangen könnte.

Amerikanische Global-Logik stand, um es zu wiederholen, gegen die Regional-Logik der Have-nots und jedes System beharrte auf zugespitzten Ansprüchen. Im formal völkerrechtlichen Sinne lässt sich fragen, welche Seite Legitimität beanspruchen durfte: diejenige, deren Interessen die ganze Welt umfassten, oder jene, die regionale Eigenwege bevorzugte. Wem gehört die Welt? Dass Deutschland und auch Japan angesichts naturgegebener Rohstoffknappheit an bilateralen Verträgen mit den Vereinigten Staaten durchaus interessiert waren, ohne deshalb ihre autarke Zielsetzung aufgeben zu wollen, macht das Problem noch komplizierter. Die Realisierung beider Ausdehnungsformen enthielt das Moment der Gewalt.

Während Hitler aus Blockadefurcht, grundsätzlicher Skepsis gegenüber der Aufnahmefähigkeit der Weltmärkte und Scheu vor den Bewegungs-

fesseln multilateraler Abkommen freibleibenden bilateralen Wirtschafts-
austausch aus einem politisch vergrößerten Wirtschaftsraum bevorzugte,
suchte Roosevelt mithilfe eines weltweiten Handelssystems den Zugang
unliebsamer Staaten zu den für sie entscheidenden Rohstoffmärkten zu re-
gulieren, und wenn dies scheitern sollte, durch Handelsverträge mit möglichst vielen Staaten die Unwilligen auf dem Weltmarkt zu isolieren. Er
plante und unternahm also unter Ausnutzung des chronischen deutschen
Rohstoff- und Devisenengpasses genau das, was Hitler vonseiten des Weltsystems befürchtete. Zu beobachten ist jedenfalls die beiderseitige Instru-
mentalisierung der Außenpolitik durch primäre Wirtschafts-, Handels- und
Herrschaftsinteressen. Als Berlin 1935 die Kündigung des Handels- und
Freundschaftsvertrags von 1923 mit der Beschränkung des Zinsdienstes für
Kapitalschulden aus den Dawes- und Young-Anleihen verband, antwor-
tete Washington mit Zollaufschlägen auf den ohnehin dünnen deutschen
Warenfluss. Der Handel ging um zwei Drittel zurück und amerikanische
Regierungsvertreter sprachen nicht von Handelskrieg, sondern von einer
deutschen »Kriegserklärung«.[33]

Das war so gemeint wie gesagt, aber zu dieser Zeit noch eine Art Gedan-
kenblase. Noch hatte Roosevelt an der inneren Front zu kämpfen und alle
Welt wusste das. Die Auseinandersetzung mit den organisierten Isolationisten und ihrer Entschlossenheit, Amerika von Verwicklungen in die neuen
Konflikte fernzuhalten, bestimmte jetzt und für die kommenden Jahre die
amerikanische Debatte mehr als alles andere. Beide Seiten kämpften mit
harten Bandagen. Während der Präsident den Vorwurf der Kriegstreiberei
einstecken musste, ließ er, um zu punkten, die besonders einflussreichen
Isolationisten um die Symbolfiguren Henry Ford und den Atlantiküberflie-
ger Charles Lindbergh als »Verbündete« des deutschen Diktators stigma-
tisieren und deren angeblich grenz- und sphärenüberschreitende Koalition
als Todfeind darstellen. Diffamierungen überließ er willigen Medien. Würde er sich selbst zu weit aus dem Fenster lehnen, drohte ihm nicht weniger
als die Gefahr, die Zustimmung schwankender Kongressabgeordneter und
eines vielleicht ausschlaggebenden Teils der Öffentlichkeit für seine Reformen und Wahlkampagnen zu verlieren. Nach seinem Geschmack und Bedarf bröckelte die allgemeine Kriegsunwilligkeit viel zu langsam ab. So sehr
selbst die Festungsideologen, wie wir sahen, eine Befriedung der Welt nach
amerikanisch-kanaanitischen Maßstäben herbeisehnten, wandten sie sich
aus dem Ressentiment von 1917 gegen jede Abhängigkeit von der britischen Politik, gegen Waffengeschäfte mit Konfliktparteien, gegen die eigene
Aufrüstung, soweit sie die schwer bestimmbaren Grenzen der Defensive
überschritt, und widersprachen systematisch dem Bedrohungsbild, das der
Präsident von den Diktatoren entwarf. Die Parteien des Kongresses waren

in mehrere Lager gespalten. Auch im Weichbild des Kriegs 1939 konnten die rigorosen Neutralitätsgesetze mit ihrer Behinderung von Waffenlieferungen nicht aufgebrochen werden, Modifizierungen gelangen erst nach Kriegsausbruch im Herbst 1939.

Das Wort Schlachtplan ist nicht übertrieben: Roosevelt musste in der Situation begrenzter Bewegungsfreiheit nach einer Strategie verfahren, die schwere innere Konflikte vermied, bei aller Gratwanderung die Glaubwürdigkeit nach außen sicherte, das Ziel der Globalintervention offenhielt und Erfolge der britischen Appeasement-Politik verhinderte.

Dazu gehörte es einerseits, diplomatisch, rüstungspolitisch und bedrohungsbildlich zunächst in Defensivformen zu operieren, über die sich auch mit der isolationistischen Opposition Verständigung erreichen ließ; andererseits jede Bewegung in der immer unruhiger werdenden internationalen Szenerie zu nutzen, um das herrschende Festungsdenken mit plausiblen Argumenten und massenwirksamer Bildsprache zurückzudrängen. An ein bündnisorganisiertes militärisches Containment der Diktatoren war unter solchen Umständen nicht zu denken. Militärische Geheimabsprachen mit London, wie sie 1938 in der Frage der Aufteilung beider Flotten zwischen Atlantik und den asiatischen Meeren stattfanden, und großräumige strategische Dispositionen nach Art der fünf »Rainbow«-Pläne,[34] die der Präsident nach dem Münchner Abkommen im Joint Planning Committee mit Blick auf einen Zwei-Ozean-Krieg gegen mehrere Großmächte in Auftrag gab, stellten ein innenpolitisches Risiko dar. Roosevelts Aufforderungen an die europäischen Westmächte, Kriegsvorbereitungen zu treffen (Wehrpflicht in Großbritannien), klangen hohl und waren zu diesem Zeitpunkt geeignet, die Argumente der Appeasement-Befürworter zu stärken. Weltdiplomatischen Initiativen Washingtons fehlte neben der innenpolitischen Akklamation die Armierung: Die amerikanischen Streitkräfte waren nicht größer als die belgischen, die Zurüstungen des Heeres, gemessen an Roosevelts Globalzielen, minimal, die Air Force flog alte Modelle. Projektionsfähigkeit versprach lediglich die Navy, deren Ausbau zur Zwei-Ozean-Flotte der Kongress 1938 mit dem Marineaufrüstungsgesetz einleitete.

Militärische Pläne sind situativ, prospektiv, je nach Lage Veränderungen unterworfen – nachträglich angenommene Stufenpläne einer Macht oder Führung demgegenüber Anordnungsspiele mit dem Stoff vergangener Vorhaben, allzu statisch konstruiert. Was immer sich ein politischer Baumeister oder ein Stratege vornimmt, steht im Weichbild unberechenbarer Faktoren. In diesem Sinne war Roosevelts territoriale und seestrategische Sicherung des Umfeldes (Rainbow 1 vom November 1938) in der Perspektive vorsorgender Defensive für den Fall der »Verletzung der Monroe-Doktrin seitens einer oder mehrerer faschistischer Mächte« ein Eröffnungszug, der eine Skala strategischer Optionen nach sich zog. Die Offerte »guter Nachbarschaft« an die unruhigen, von Revolten und Regierungswechseln durchgeschüttelten mittel- und südamerikanischen Staaten seit 1934 verfolgte die Absicht, alte »Gringo«-Ressentiments gegen die Vereinigten Staaten abzubauen, operative Bündnisse vorzubereiten und deutsche Einflüsse einzudämmen, wie sie aus langer Handelstradition entstanden waren. Sympathien, die das Reich beispielsweise in Argentinien genoss, wurden in den USA als außerordentlich gefährlich ausgemalt. Gerüchte und Berichte über deutsche Umtriebe in der Dominikanischen Republik, über das Schüren revolutionärer Bewegungen in Brasilien und Uruguay, Aktivitäten der Lufthansa auf dem Halbkontinent, vor allem in Bolivien 1939, über geheime Subsidien zur Durchdringung lateinamerikanischer Märkte, selbst über Spionage japanischer Fischer auf der pazifischen Seite verbreiteten eine Alarmstimmung, die Roosevelt entgegenkam.

Da sich Tatsachen[35] und Erfindungen die Waage hielten, bedeuteten die Aufhebung des Protektorats-Status mittelamerikanischer Staaten und das Übergehen andauernder mexikanischer Provokationen ein Risiko, das durch Sicherheit zu Lande und auf den Ozeanen, vor allem durch vereinbarte Kooperation und Konsultation in der sensiblen Panama-Kanalzone, aufgewogen werden musste. Es bedurfte einer Serie panamerikanischer Konferenzen, bis es Roosevelt 1940 gelungen war, den gut nachbarlichen Beziehungen den Härtegrad einer erstmals multilateralen Monroe-Doktrin zu verleihen. Das Resultat des Fischzugs konnte sich sehen lassen: Seit der Erklärung der panamerikanischen Union von Havanna am 30. Juli 1940 galt jeder von außen kommende (also deutsche oder italienische) Angriff auf eines der Unterzeichnerländer als »Angriff auf alle« – eine Formel, die 1949 in den Nordatlantischen Vertrag (NATO) einging.[36] Direktes amerikanisches Eingreifen sollte deutsche Versuche vereiteln, sich nach den westeuropäischen Eroberungen französischer und niederländischer Besitzungen in Lateinamerika zu bemächtigen. Die Übereinkunft führte dazu, dass die meisten lateinamerikanischen Staaten nach dem japanischen Angriff auf Pearl Harbor im Dezember 1941 an der Seite der USA in den Krieg eintraten.

Von weitreichender militärischer Bedeutung war bereits die Panama-Erklärung im Oktober 1939, deren formelle Neutralitätsbekundung den lateinamerikanischen Staaten entgegenkam und den nordamerikanischen Isolationisten nicht missfallen konnte. Handfesten aktuellen Zweck verfolgte das Vortreiben einer 300 Meilen breiten Sicherheitszone in beide Ozeane südlich von Kanada, die eine einseitige Abänderung des geltenden Völkerrechts bedeutete und daher eine notenreiche Auseinandersetzung mit allen kriegführenden europäischen Staaten nach sich zog. Mit entschlossenem Blick in die Zukunft erklärte Roosevelt ungerührt, die USA würden die Hoheitsgewässer so weit ausdehnen, wie ihre »nationalen Interessen« dies erforderten.[37]

Die Ankündigung galt nicht nur seegeografisch, sie betraf auch Ausbau und Aktivitäten der Seestreitkräfte. Der Marine-Etat stieg von 1935 an kontinuierlich und verdreifachte sich bis 1940 auf über 900 Millionen Dollar. Nach der Besetzung Grönlands im Mai und der militärischen Übernahme Islands von den Briten im Juli 1941 reichte die Seekontrolle der USA über den gesamten Nordatlantik bis zu den britischen Gewässern und verengte dementsprechend die deutsche Kriegsoperationszone. Berlin nahm das Faktum ohne Gegenmaßnahmen hin, erkannte den Schritt der »neutralen« Amerikaner trotz seines provokativen Charakters sogar an. Hitler wollte vor dem für Ende des Jahres erwarteten Abschluss des Russland-Feldzugs Verstrickungen mit den USA möglichst vermeiden. Eines erreichte Roosevelt auf jeden Fall: 1943 riss die Erfolgssträhne der U-Boot-Waffe in der atlantischen Konvoi-Schlacht.

Wesentlich größere Schwierigkeiten erwarteten den amerikanischen Präsidenten an der europäischen Gegenküste, dem Wirkungs- und Einflussraum der Diktatoren, der Domäne britischer Diplomatie und einer französischen Republik, die sich als Sorgenkind hinter der Maginot-Linie präsentierte. Die an den Vertrag von Versailles geknüpften Hoffnungen auf eine Hegemonie waren für Paris 1924 zerstoben und nach dem Abbröckeln des Sicherheitscordons im Westen drohte unter dem Druck Hitlers der Verfall seines Gegenstücks in Zwischeneuropa. Die Schwächen dieser Konstellation waren überdeutlich, keineswegs nur ein Phantom nationalsozialistischer Demokratieverachtung, und die Überlegung Roosevelts, an die Stelle der weltpolitischen Position des britischen Empire die eigene interventionistische Weltstrategie zu setzen, blieb zunächst ein so gut wie möglich gehütetes präsidiales Geheimnis. Amerika war Ende der 30er-Jahre noch keine Weltmacht, so oft dies auch behauptet wird, dafür fehlten die militärische Komponente und die innenpolitischen Voraussetzungen. Doch es stand an der Schwelle einer gigantischen Aufrüstung und für die Kenner der internationalen Politik gab es keinen Zweifel, dass Washington im Falle einer Existenzgefährdung Englands den Verlust der britischen Empire-Zentrale in einem Krieg nicht tatenlos hinnehmen und trotz aller internen Widerstände angesichts einer derartig gravierenden Machtverschiebung in Europa und Asien seine Politik des Non-Involvements aufgeben würde.

Doch hier stand Roosevelts Eröffnungszug unter einem schlechteren Stern als in Lateinamerika. Anfang 1938 fegte der britische Premier Neville Chamberlain den Plan des Präsidenten vom Tisch, auf einer Zehnmächtekonferenz über internationale Verhaltensformen in Krieg und Frieden, Abrüstung und Rohstoffe zu verhandeln.[38] Das Vorhaben zielte darauf ab, den Zugang der Diktatoren zu den Rohstoffmärkten zu blockieren, falls sich diese einer Friedenskonvention nach den Vorschlägen des Präsidenten verweigern sollten. Er plante damit die größte diplomatische Aktion seit Versailles, eine Ersatzhandlung mit Paukenschlag und bei aller nicht abzusprechender Kühnheit ein aufdringlicher Versuch, die europäischen Westmächte und ihre Diplomatie in den Rahmen amerikanischer Globalpolitik zu pressen, gleichgültig, welcher Ausgang zu erzielen wäre.[39]

Die britische Regierung hielt dies angesichts der amerikanischen inneren Lähmung für Theaterdonner, wenn auch für einen gezielten. Nicht ohne Grund witterte Chamberlain in dem bombastischen Konferenzvorschlag die Absicht der transatlantischen Macht, sich ins Spiel zu bringen und die Alte Welt, vornehmlich die Briten und ihre im Herzen verachtete Politik des Appeasement auf ein paralleles Nebengeleis zu schieben und als inkompetent vorzuführen. Die Initiative widersprach seiner innersten Überzeugung, dass die Verständigung in Europa, nicht anders als die Entscheidung über Krieg und Frieden, in der Hand des Empires zu bleiben habe.

Trotz Gegenwind aus dem Foreign Office und aus der Churchill-Ecke wurde der Präsident kühl beschieden, die Sache aufzuschieben; er sehe doch, dass man hier in Europa gerade dabei sei, mit Hitler ins Gespräch zu kommen. In der Absage am 14. Januar 1938 erklärte er zunächst, Appeasement sei nur zu erreichen, wenn »beide Seiten Beiträge für das erwünschte Ziel« leisteten. So sei Großbritannien bereit, die italienische Eroberung Abessiniens anzuerkennen, wenn Rom sich in Zukunft zu vertrauensvollen und freundlichen Beziehungen verstehe. In diesem Sinne hoffe er trotz aller Schwierigkeiten auch auf einen baldigen Beginn der Gespräche mit Berlin. Der Präsident sollte daher überdenken, ob seine Vorschläge die britischen Bemühungen nicht durchkreuzten. Großbritannien habe in Europa spezielle und konkrete Verhandlungsgegenstände im Auge, bei denen man zu einem Einverständnis gelangen müsse, um einen Ausgleich herzustellen. Angesichts der »weiter gefassten Probleme«, die der amerikanische Vorschlag in parallelen Verhandlungen anvisiere, könnte die Gegenseite auf den Gedanken kommen, die Existenz zweier Vorlagen dazu zu benutzen, um die britischen für Europa hintanzustellen. Er, Chamberlain, würde es sehr bedauern, wenn das Vorgehen des Präsidenten dazu benutzt würde, Fortschritte zu blockieren, die seine Regierung in den letzten Monaten angestrengt anstrebt und für die sich die Lage »in nicht unvorteilhafter Weise« entwickelt habe. Deshalb möge sich der Präsident doch bitte überlegen, ob es nicht klüger wäre, sich für eine kurze Zeit zurückzuhalten, bis man erkennen könne, welche Fortschritte bei den europäischen Verhandlungen erreicht würden.[40]

Eine Frage der Glaubwürdigkeit

Roosevelt fühlte sich getroffen. Einmal in der Sache, mehr aber noch, weil ihm die Absage wie eine Entlarvung seiner Unbeweglichkeit vorkommen musste, ausgebreitet vor der Öffentlichkeit zweier Regierungen, deren klösterliche Verschwiegenheit begrenzt war. Der Zusammenstoß zwischen Old Empire und New Empire, personifiziert von zwei so ausgeprägten Persönlichkeiten wie Chamberlain und Roosevelt, offenbarte den brüchigen Untergrund der amerikanisch-britischen Beziehungen in den Jahren des auslaufenden Friedens. Während der britische Premier sich um Friedenserhalt selbst zu hohen Kosten bemühte, weil die Wiederholung des Kriegs aus seiner Sicht das Empire zugrunde richten würde, sah Roosevelt diese nach seiner Ansicht rückgratlose, korrupte Politik in dem Umstand begründet, dass die Epoche der alten Mächte abgelaufen sei. Während der Sudetenkrise legte er den Briten insgeheim und vage nahe, die deutsche Seite ohne Kriegserklärung durch Blockade und Bombenangriffe zur Raison zu bringen, ja, zu demoralisieren, was dann, wenn es entgegen seiner Prämisse ernst werden würde, zur Entsendung amerikanischer Truppen führen könnte.[41] Das war ein Irrealis, aber er hatte Methode. Nach dem Münchner Abkommen entbot der Präsident Neville Chamberlain ein dürres »Good Man«. In Wirklichkeit schickte er die Engländer, Franzosen, danach die Polen gleichermaßen in die Engschlucht zwischen Abschreckung und Krieg, ohne ihnen tatsächlich Deckung bieten zu können.

Einer britisch-amerikanischen Flottenkooperation auf den Weltmeeren stimmte Chamberlain letztlich zu, weil die Arbeitsteilung zwischen Royal Navy und American Navy britische Schwächen in den asiatischen Meeren ausgleichen konnte. Militärische Rückversicherung schien sinnvoll. In dem bombastischen Konferenzvorschlag hingegen witterte er nicht ohne Grund die Absicht der transatlantischen Macht, sich ins Spiel zu bringen, die Alte Welt, Großbritannien eingeschlossen, auf einem montierten Gipfel vorzuführen, wiewohl ihm doch schon schwante, dass die Sicherheit des Empire im Ernstfall unter die schwere Schutzhand der Amerikaner geraten würde.

Was aber halfen Erinnern und Beherzigen angesichts der Blockade des Kongresses und der Nation? Immer noch lagen Roosevelts Wille und Vorstellung in den Banden der Kriegsunwilligkeit, so sehr sich die Risse in der Überzeugung unter dem Druck der Erfolge Hitlers in Europa auch vertieften. Die amerikanische Unentschiedenheit ließ sich nicht verbergen. Indem jeder wusste, dass der Präsident nicht tun konnte, was er mit Leidenschaft tun wollte, war Appeasement-Politik ein nüchterner Notbehelf. Der Präsident kannte die Hohlheit seiner Aufforderungen, den Diktatoren entgegenzutreten, etwas zu wagen und seine Versicherungen ernst zu nehmen. Er war sich bewusst, dass er kein Mittel besaß, den europäischen Krieg zu verhindern, dass ihm beim Auflodern des Feuers nichts anderes übrig bleiben würde, als die amerikanische Neutralität zu erklären, wie es im September 1939 geschah; dass er nicht »eindeutig Position« beziehen könnte, worum ihn Ministerpräsident Raul Reynaud in der Not Frankreichs 1940 bat,[42] und dass die Begrenztheit seines Handelns die Briten fast zur Verzweiflung treiben würde, deren intakte Existenz vor dem Weichbild des Kontinents bei aller Ambivalenz der amerikanischen Haltung ja die räumliche Grundbedingung für eine aussichtsreiche strategische Kriegführung der Amerikaner war.

Auch die Verwandlung der Tschechoslowakei in ein deutsches Protektorat am 15. März 1939 konnte Roosevelt nur mit scharfen Worten begleiten. Paris und Moskau hielten sich zurück, obzwar untereinander und mit Prag vertraglich verbunden, während London düpiert auf den Trümmern seiner Friedenspolitik saß. Hitler hatte zum ersten Mal, ja sogar unter Bruch des am 29. September 1938 geschlossenen Münchner Abkommens, auf einen zwar zerrütteten, gleichwohl souveränen und mit der britischen und französischen Garantie seiner westlichen Grenze ausgestatteten Staat übergegriffen.[43] Roosevelt gab diesmal keine Bombardement-Empfehlung, ließ dem britischen König George VI. jedoch den Hinweis zukommen, im Falle eines Gewaltausbruchs in Europa nicht Gewehr bei Fuß zu stehen. Er befürwortete auch die britisch-französische Garantieerklärung zur Integrität Polens vom 31. März 1939, die auf Wunsch Warschaus am 6. April zu einem gegenseitigen Beistandsversprechen erweitert wurde. Nachdem die polnische Regierung kurz vorher die seit Oktober 1938 laufenden Verhandlungen mit Deutschland über die Rückgliederung Danzigs zum Reich, einen exterritorialen Zugang zur Provinz Ostpreußen und das deutsche Angebot einer endgültigen Anerkennung der polnischen Gebietserwerbungen in Oberschlesien, Westpreußen und Polen mit einer Kriegsdrohung aus dem Munde des polnischen Botschafters Józef Lipski gegenüber Ribbentrop abgebrochen hatte, fühlte sie sich nun sicherer, »stärker« und in ihren politischen Bewegungen freier. Zudem erhielten Hitler und Mussolini am 14. April 1939 aus Washington die schriftliche Aufforderung, gegenüber 31 potenziell »bedrohten« Ländern Nichtangriffserklärungen abzugeben. Die meisten der namentlich genannten Staaten reagierten allerdings mit Vertrauenserklärungen über die »Friedfertigkeit« Deutschlands.

Hitler antwortete am 28. April 1939 im Reichstag mit einem Rundumschlag.[44] Als Antwort auf die Londoner Polen-Garantie kündigte er den Nichtangriffspakt mit Polen aus dem Jahr 1934 sowie das Flottenabkommen mit Großbritannien von 1935 und widmete sich ausführlich der

Aufforderung Roosevelts, die für sich betrachtet eigentlich mehr für die inneramerikanische Mobilisierung bestimmt war, also eher eine Scheinaktivität darstellte, die den Präsidenten selbst so wenig überzeugt haben dürfte wie die Westalliierten in Europa und den Gegenspieler Hitler. Faktisch war Roosevelt zu diesem Zeitpunkt kaum über die Quarantäne-Rede von 1937[45] hinausgelangt. Er hielt Reden und bemühte seine Diplomatie, um den Isolationisten das Wasser abzugraben. Die unmittelbare Bedrohung der USA durch weltweite Herrschaftsambitionen der Achsenmächte Deutschland und Japan warf er als Menetekel an die Wand.[46] Frische Kriegsstimmung sollte das Aufrüstungsprogramm stützen, das weit über Defensivzwecke hinauszuwachsen begann. Deutlich trat die Absicht hervor, Briten und Franzosen in die Rolle der Vorwärtsverteidigung der USA in Europa zu bugsieren, ohne das Äquivalent verpflichtender Hilfszusagen und somit ohne die Chance eines unabhängigen Sieges.[47]

XIV. KAPITEL

DER KONSEKUTIVE ZWANG
DES KRIEGS

1. Fakten, Nerven, Charaktere

Zieht man die Berechnung der Kräftebalance in Betracht, so gehörten Churchill und Roosevelt zur Weltkriegspartei. Die Ansicht des britischen Premiers, wonach der europäische Krieg nicht zu gewinnen sei, stimmte mit der Realität überein, sofern man von der Prämisse ausging, dass mit Hitler ein haltbarer Friede nicht zu machen sei und der Unruheherd eines nationalsozialistischen Deutschen Reichs ohnehin ein für alle Male beseitigt werden müsse. Aus diesem Blickwinkel war der Krieg gegen Deutschland zwangsläufig ein karthagisches Projekt. Churchill verfolgte es mit glühender Inbrunst und Ungestüm, wie sein Sekretär in den entscheidenden Jahren, John Colville, in dem Zeitbericht seiner »Downingstreet Tagebücher«, unübertroffen geschildert hat.[1] Roosevelt dachte und »fühlte« von seinem Standpunkt und Standort aus umfassender. Auch er betrachtete das Ende der deutschen Reichsgeschichte, von der selbstverständlichen Extinktion des Hitler-Faktors abgesehen, als »historisches« Erfordernis, sah aber mit der Entmachtung Deutschlands und Japans als künftigen Weltmacht-Konkurrenten und unakzeptablen Systemen – dem aktuellen Kriegsprojekt – auch die Gelegenheit gekommen, die Rolle des britischen Empire zu beerben und einen in der amerikanischen Politik bis dahin ungewohnten cäsarischen Blick auf die Welt zu werfen. Es war Thomas Mann, der ihn in einem Brief emphatisch »Rollstuhl-Cäsar« nannte.[2] Mit seiner in Ruhe und Freundlichkeit gehüllten Unerbittlichkeit ermutigte er die Briten zum Durchhalten und rüstete die größte Kriegsmaschine der Welt auf.

Hitler erscheint in dem Kreis, wie mehrfach gesagt, als der Unsicherste, im drôle des paix seit dem Sieg über den Westkontinent hin- und hergerissen von der Qual der Aushilfen, die nicht viel boten. Angesicht der idée fixe eines Einvernehmens mit dem britischen Empire, dessen aufwachsenden Seniorpartner USA er durchaus wahrnahm, konnte er an einem Weltformat des Kriegs nicht interessiert sein. Das nationalsozialistische Reich besaß nur schwache oder ferne Verbündete. Die Erkenntnis, Russland zu besiegen, bevor England eingelenkt hatte, um es mit diesem Faktum zum Kniefall zu zwingen, barg albtraumhafte Risiken. Ursprünglich wollte er die »Auseinandersetzung mit dem Osten«, wie zitiert, seinem »Nachfolger« überlassen[3] – so merkwürdig und unglaubwürdig dies bei seiner autistischen Veranlagung auch klang –, zeitweilig beschäftigte ihn der Kontinentalpakt unter Einschluss der Sowjetunion als abschreckender Schachzug gegen die angloamerikanische Welt. Die Furcht, dass sich das globale Netz um ihn zusammenziehen könnte, bietet die beste Erklärung für seine vibrierende Ratlosigkeit, die viele wahrnahmen und seinen Paladinen Rätsel aufgab. Hitler ließ sich treiben, was den instinktsicheren Churchill bewog, das Spinnennetz der Friedenslist zu weben.[4]

Eines ist jedenfalls sicher: Mit dem Krieg gegen die Sowjetunion vollzieht sich in Hitler ein Wechsel der idée fixe, eine Art Umgruppierung der Vorstellung. Beherrschte ihn bis dahin eine britische Obsession, die immerhin Anhaltspunkte für eine berechenbare Politik enthielt, so überlagert von nun an der Gedanke des Vernichtungskriegs gegen Russland – nicht nur gegen die Sowjetunion – sein Handeln, mit der für alle Welt dramatischen Folge, dass strategische Logik und rassemissionarischer Chiliasmus sich rettungslos ineinander verknäulten.

Wir haben gesehen, dass auch in der Person Stalins Kriegslogik und ideologische Wirklichkeitsverformung nebeneinander existierten und beim Appell zum Handeln ins Gefecht miteinander traten. War er nun mehr der Schüler der leninistischen oder der petrinischen Idee? Im gegenwärtigen Krieg konnten die widerstreitenden Elemente miteinander in Deckung gebracht werden. Der Kampf gegen Napoleon hatte die russische Kavallerie bis nach Paris gebracht, warum sollte der Großangriff aus den Frontbögen Bialystok und Lemberg nach der Vernichtung der deutschen Armeen nicht bis zur Atlantikküste führen? 1945 in Potsdam, als der amerikanische Botschafter Averell Harriman sich an Stalin wandte, es müsse ihn mit Stolz erfüllen, in der Hauptstadt des besiegten Feindes als Sieger zu stehen, schaute ihn Stalin nur an und meinte kalt: »Zar Alexander kam bis Paris.«[5] Für den Weltrevolutionär, der in ihm steckte, war es ohne Belang, ob der Krieg vom Regional- zum Globalbrand würde – gemäß der revolutionären Schulung lag für ihn die zweite Möglichkeit näher. Aber er war auch vorsichtig, wie das Bündnis mit Hitler 1939 zeigte, und vielleicht beschlichen ihn sogar Zweifel an der eigenen Weisheit, nachdem die Kriege im Westen und auf dem Balkan so ganz anders verlaufen waren, als die Abnutzungstheorie es ihm eingegeben hatte. Nun klammerte er sich, wie seine Trinksprüche vor den Frunse-Schülern am 5. Mai 1941 auswiesen, an die Überlegenheit der modern ausgerüsteten Roten Armee, an die »Arroganz«, die Deutschlands Wehrmacht »besiegbar« mache, last not least an die durchschaute Unsicherheit des Führers.

Seit dem Frühjahr 1941 wusste er, dass der Krieg zwischen ihm und Hitler unvermeidlich war, und im Unterschied zu all den vorangegangenen kurzen, veloziferischen seit 1939 den Charakter einer langen Vernichtungsorgie haben würde. Zwei ideologische Aufladungen würden aufeinandertreffen und buchstäblich krepieren. Noch hoffte er, dass der Zeitverlust durch den Balkanfeldzug die Deutschen veranlassen würden, den Angriff aus den bekannten jahreszeitlichen Überlegungen zurückzustellen. Vielleicht verließ ihn schon die gröbste Sorge, Hitler werde doch noch in seinen forcierten Aufmarsch hineinplatzen, vielleicht dachte er zwischen Pfeifenzügen an die Chance, die Deutschen noch in diesem Jahr, besser im kommenden Frühjahr zu packen, wenn Russland noch im Schlamm steckte, während in Polen und Deutschland schon der Krokus blühte. Der *Woschd* besaß, im Unterschied zu den Nervenbündeln Hitler und Churchill, ein an sich gesundes Phlegma, ja sogar eine furchtbare Gemütlichkeit, die ihn bequem dasitzen ließ, wenn er die Namen auf den Exekutionslisten des Großen Terrors ankreuzte. Wenn er sich in den Junitagen, dem Aufmarsch der Roten Armee und den guten roten Sternen vertrauend, zurückgelehnt haben sollte, beging er allerdings seinen bis dahin schwersten Fehler. Hitler, nach der balkanischen Erfahrung mit den Sowjets[6] in einer Rage, die seine Schwächen überwand, griff am 22. Juni 1941 an, nicht mehr als fünf Monate Blitzkrieg und sein Feldherrnglück im Kopf. Und rannte zunächst alles um, was sich auf sowjetischer Seite türmte.

2. Wie die alte idée fixe überwog

Der ungeheure Aufprall der deutschen Armeen in den Stoßrichtungen Leningrad, Moskau und Ukraine durchschnitt den sowjetischen Aufmarsch, drängte mehr als 100 Divisionen in Kesseln zusammen und vernichtete das Gros der schutzlos auf Feldflughäfen herumstehenden Luftgeschwader. Ein Desaster ersten Ranges, das in wenigen Monaten Millionen von Leben kostete und Millionen zu armseligen, verhungernden Gefangenen machte – bis es Stalin, begünstigt durch den frühen Wintereinbruch, in erster Linie aber durch »vaterländische« Mobilmachung und rücksichtslose Disziplinierung der versprengten Verbände gelang, die Front zum Halten zu bringen und damit das Blitzkriegs-Konzept Hitlers zu durchkreuzen. Dass Stalin den NKWD-Sondereinheiten und den aus der Tiefe der Sowjetunion nachrückenden Divisionen befahl, zurückflutende Haufen einfach zu »beseitigen«, spielt in der Geschichtsschreibung des Siegers keine Rolle.

Die patriotische Historiografie »beseitigte« aber auch den blamablen Anfang des Ringens, bis Chruschtschow 1953 zum Ersten Sekretär des ZK der KPdSU aufstieg, bis Gorbatschow 1985 die neostalinistische Geschichtssprache Breschnews außer Kraft setzte und Jelzin 1991 das immer noch leninistische Geschichtsbild Gorbatschows. Putin lässt Stalins schrecklichste Stunden im Juni 1941 unerwähnt, doch ist schon zu viel ans Tageslicht gekommen, um die intelligente Klasse Russlands noch einmal blenden zu können.

Die Verwirrung in Moskau am 22. Tag des Monats vermag niemand mehr zu bestreiten. Stalin war erschüttert wie jeder, der ein zerrissenes Netz in Händen hält. Aber er tauchte nicht gleich ab, wie Michail Voslensky und andere Beobachter berichteten, sondern arbeitete im Kreml, bis es dort am 29./30. Juni zur großen Krise mit den Militärs kam.[7] Stalin begab sich wütend und entgeistert in seine Datscha in Kunzewo und war nicht zu sprechen. Als Tage später die Partei-Delegation mit Molotow an der Spitze zu ihm vordrang, wollten sie den *Woschd* nicht verhaften und mit den Deutschen Frieden schließen, sondern die Besucher suchten Rat und sie erhielten ihn in einer sie entlastenden diktatorischen Form.

Wir nannten das Jahr 1940, auf Hitler bezogen, das Jahr des Ungenügens. Das war eine Untertreibung. Hitler hatte an der Kanalküste den Sieg verfehlt. »Seelöwe« – was an die verspielten Ohrenrobben erinnert, eine ziemlich lächerliche Bezeichnung für ein Invasionsunternehmen – war aufgegeben, die Luftüberlegenheit verloren, der Konvoi-Krieg der U-Boote im Atlantik zwar erfolgreich, aber spätestens mit der Enttarnung der Enigma-Verschlüsselung, beginnend mit Januar 1940, und der Entwicklung sicherer Ortungsgeräte strategisch aussichtslos. Dünkirchen, das Entkommen der britischen Armee des Lords Gort, war der Wendepunkt.

Von nun an drohte der umgekehrte drôle de guerre im ungefestigten Besitzstand, umgeben von unsicheren Verbündeten wie Mussolini, unzuverlässigen Freunden wie Franco, unbeständigen Besiegten wie Pétain in Vichy, dem Hitler Südfrankreich, die Flotte und die Kolonien überlassen hatte, ohne dass daraus eine Bündnispartnerschaft geworden wäre. Was hieß unter solchen Umständen »Konsolidierung« des Errungenen, wovon Hitler noch im Juni 1940 gesprochen hatte, die »Auseinandersetzung mit dem Osten« ausdrücklich in die Zukunft schiebend, vielleicht sogar in den Bürdensack seines Nachfolgers?[8]

3. Das Scheitern der Umweg-Strategie

Hitlers erste Andeutungen über den Angriff auf die Sowjetunion im Juni 1940 kamen für die engste Umgebung überraschend. Was zunächst eine nervöse Idee, eine Suche nach strategischer Aushilfe zu sein schien, gerann sehr schnell zum Zielbild. Am 26. Juli 1940 fragte er den Chef des Wehrmachtführungsstabes, Alfred Jodl, ob ein Angriff auf Russland schon im Herbst des Jahres möglich wäre, er sorge sich angesichts der Mitnahmepolitik Stalins vor allem um die rumänischen Ölquellen. Jodl verneinte; man benötige vier Monate für den Truppenaufbau Ost, nicht das Geringste sei vorbereitet und ja auch noch nichts beschlossen.[9] Unter dem 31. Juli notierte der Generalstabschef des Heeres, Franz Halder, in sein Tagebuch das sozusagen epigrammatische Konzept seines Chefs: »Wenn Hoffnung auf Russland wegfällt, fällt auch Amerika weg, weil mit dem Wegfall Russlands eine Aufwertung Japans in Ostasien in ungeheurem Maße erfolgt ... Ist aber Russland zerschlagen, dann ist Englands letzte Hoffnung getilgt ... Je schneller wir Russland zerschlagen, umso besser ... Ziel: Vernichtung der Lebenskraft Russlands.«[10]

Das hieß: Gelänge es tatsächlich, in vier, höchstens fünf Monaten die Sowjetunion niederzuwerfen, würden nach Hitlers Kalkulation die letzten Hoffnungen Großbritanniens verfliegen. Die USA müssten sich mit allen Kräften dem in Ostasien entlasteten, gleichsam entfesselten Japan zuwenden, während der prospektive Partner Russland, den Churchill entgegen den Bolschewismus-Ängsten der britischen Klasse nie aus dem Sucher verloren hatte, als europäische Macht buchstäblich verschwunden wäre, das zweite Mal seit 1917. Das deutsche Kontinentalreich, nun bis zur Linie Weißes Meer – Schwarzes Meer ausgedehnt und – nach damaligen Begriffen und Kenntnissen über die Waffenentwicklung – unbesiegbar, würde sich an der Atlantikküste in voller Rüstung präsentieren und Britannien auffordern, die weiße Fahne zu hissen.

Das war eine Umweg-Strategie, keineswegs Produkt eines ausgefeilten Stufenplans, weniger »freier Wille« als vielmehr Zeugnis der Hegemonie strategischer Logik und Gegenlogik im Krieg. Ihr fand sich Hitler überantwortet wie Napoleon im Juni 1812, als es um die Komplettierung der Kontinentalsperre gegen England ging. Der Vergleich mag kühn, vielleicht unannehmbar anmuten – aber hatte nicht die Niederlage der französisch-spanischen Flotte bei Trafalgar am 21. Oktober 1805 denselben Effekt wie Hitlers Dünkirchen? Rettete sie seinerzeit nicht die britische Insel, den zentralen Gegner in den Koalitionskriegen, vor dem imperialen Zugriff des Korsen und zwang sie nicht den Imperator zum Umweg über Russland?

Sprechen derartige Ereignisse nicht dafür, dass die souveräne Macht des Kriegs Eroberer unter ihre Regeln zwingt und in den cauchemar treibt? Napoleon wollte Russland nicht okkupieren, Frankreichs Macht nicht bis zum Ural ausweiten, sondern den Zaren in Moskau, in der Hauptstadt, zwangsnotariell zur Beteiligung an der Kontinentalsperre nötigen – spätestens hier endet die Parallele. Danach wurde ihm der Aufwand des Feldzugs zum Schicksal.

Tage- und nächtelang hatte Hitler in seiner Formierungsphase über seine Mission fabuliert, die jüdisch-bolschewistische Macht zu vernichten, den (bösen, H. K.) »Himmelsstürmer wieder zu Luzifer zurück(zu)werfen«.[11] Von Lenins Terrorismus besaß er eine Vorstellung, nannte es einen »Fingerzeig« des Schicksals, dass der Bolschewismus die alte »germanische« Elite des Landes ausgerottet, an ihre Stelle das Judentum, ein »Ferment der Dekomposition«, gesetzt habe[12] und somit zum Zusammenbruch »reif« sei. Das Vernichten der alten Klasse durch das »grausamste Tyrannenregiment aller Zeiten«,[13] die »asiatische Tat«, von der Ernst Nolte spricht, hat Hitler ohne Zweifel beeinflusst.[14]

Mit dem Nichtangriffspakt von 1939 jedoch, dem Teilungsverdikt über Ostmitteleuropa, sogar noch während des Russland-Feldzugs, schien jener »Schauder« seltsamerweise zu schwinden. Hitler glaubte jetzt, in Stalin einen Nationalisten und sozialistischen Prometheus entdeckt zu haben, und selbst die Lebensraum-Thematik schien nicht mehr der Grund, die Weiten Russlands an sich zu reißen. Für den *Führer*, der gemeinhin alles für zutreffend hielt, was er jemals gedacht hatte, ein seltsamer Abschied, wenn auch keine Bekehrung; denn die jüdische Weltverschwörung, in deren Dienste er zeitenweise auch Stalin gefesselt sah, war mehr als rhetorische Transpiration nach innen (Gerd Koenen), wie die infernalische Folge seiner Taten erwies. Aktuell aber, für die Entscheidung zum Krieg gegen die Sowjetunion, den Ernstfall, spielten die »Axiome« Antikommunismus, Antisemitismus, Weltrassenentscheidung, spielte nicht einmal der Lebensraum[15] eine ausschlaggebende Rolle, auch nicht der oft zitierte Größenwahn. Stattdessen dominierte die Logik des Kriegs, der geostrategische konsekutive Zwang, auf dem Umweg über das Ostland noch rechtzeitig erreichen zu können, was die Invasion der britischen Inseln nicht versprach, der Westfeldzug nicht erbracht hatte, der Widerstand Großbritanniens und der absehbare Eintritt der USA in den Krieg verwehrten: die Unangreifbarkeit der kontinentalen Machtformation.

Nicht in den Kalkulationswirren vor und nach der deutschen Invasion, aber spätestens vor Moskau, wo man schon in deutsche Geschützrohre blicken konnte und Panik ausbrach, erwies sich Stalin als der eiserne Führer, der seinen Namen verdient. Man schrieb den November, der Winter hatte

Einzug gehalten, frische sowjetische Divisionen griffen an, drängten die Deutschen zum ersten Mal in dieser Epoche in die Defensive. Und Hitler sprach aus, was er empfand, aber selbst nicht glauben wollte: *Der Krieg ist verloren.*[16]

BLICKWENDUNG UND SUMME:
DIE ENERGIE PURER
KRIEGSDIALEKTIK

Kriege folgen der optionalen Logik. Wer sie missachtet, verliert die Herrschaft über das Geschehen, wechselt auf die passive Seite, verliert irreversibel. Diese Gesetzmäßigkeit ist unabhängig von Kriegsursache, politischer und sittlicher Verantwortung. Der Fall, den wir schilderten, ist die optionale Logik des Kriegs nach Hitlers Sieg über Frankreich. Um die Konflikte zwischen den für Krieg und Frieden verantwortlichen Mächten in ihrer Eigenart zu ermessen, empfahl es sich, Kriegserwägungen und Kriegsgeist, Rüstungen und Kriegsbereitschaft miteinander in Beziehung zu setzen, teils summierend, teils vorausblickend bis in die Zeit des Kriegs. Das vielfach sofort anvisierte Schuldproblem tritt bei diesem Verfahren hinter die sachlich und begrifflich weitergehende Behandlung der Ursachen zurück.

Wer sich zurücklehnt, erkennt unschwer, dass der einzige Krieg, den Hitler wirklich frei wählte, der Krieg gegen Polen war. Sobald er begonnen hatte, traten die Gesetze der Strategie als mächtige Konkurrenten aller Idolatrien auf den Plan. Die beiden Westalliierten hatten dem Reich nicht den Krieg erklärt, um mit der Friedenspalme zu wedeln. Die Annahme traf schon zu, dass sich die Arsenale während der von Paris und London gewählten Strategie des langen Kriegs auffüllen und vom defensiven in den offensiven Modus umspringen würden.

Aus der Perspektive von 1940/41 konnte man die Umrisse des zweiten Großen Kriegs im 20. Jahrhundert, seine Expansion aus dem Nukleus Europa über die Welt erkennen. Noch während der halbglobale Viermächtepakt – Deutschland, Italien, Japan, Russland – im Gespräch blieb, formierten sich die Randmächte UdSSR und Vereinigte Staaten von Amerika, nominell neutral, faktisch schon engagiert, gleichwohl voneinander unabhängig, ja, einander keineswegs wohlgesinnt, mit allen Kräften, die Entscheidung gegen das Reich zu erzwingen, das die Alte Welt herausforderte. Für unsere Betrachtung ist es von Belang, dass in Berlin – weniger in Rom – die militärische und politische Potenz, Kapazität und Dynamik der Flügelmächte unterschätzt wurde. Das hatte gewiss damit zu tun, dass die UdSSR und die USA unter Systemschwierigkeiten litten, die wir real thematisierten. Real heißt, den Leser mit der Zeitheimat der Probleme, ihrer Echtzeit vertraut zu machen – konkret: die behandelte historische Periode nicht mit den Farben des Kriegsendes zu übertönen, sondern in ihrer originären Situation mitsamt dem typischen Denken, den Kategorien und Traditionen darzustellen. Schilderung der Geschichte gewinnt ihren Sinn einzig daraus, die Wirklichkeit einer Zeit zu spiegeln.

In zahlreichen Darstellungen werden demgegenüber Anfang und Entwicklung des Kriegs – seine Dialektik – primär aus der Perspektive der Schlussphase betrachtet: Die Autoren, mit dem Wissen des Rathauses ausgestattet, stellen fest, warum Erfolg respektive Scheitern der Akteure gewissermaßen ordnungsgemäß oder »gesetzmäßig« gesicherten Ursachen folgten. Das Mäandern der Ereignisse, ihr Lauf und Gegenlauf werden mit begradigenden Strichen überzeichnet, wie man eine ungültige Rechnung korrigiert. Unsicherheit und Unvorhersehbarkeit von Kriegshandlungen, also die prekäre historische Aktualität, verlieren ihre spielentscheidende Bedeutung. Den Nachgeborenen wird eine Übereinanderkopie von meist volkspädagogischen, pseudomoralischen, ja, moritatenähnlichen Bilderreihen präsentiert.

Die Situation von 1940/41 unterschied sich vom Bild des Jahres 1917. Als die Amerikaner damals in den Krieg eintraten, verabschiedete sich das russische Zarenreich mit revolutionärem Getöse von Entente und Geschichte. Lenin und die Bolschewiken propagierten ihre – revolutionäre – Vorstellung vom Weltfrieden. Auf der antipodischen Seite lieferte Woodrow Wilson mit den 14 Punkten und den Vier Grundsätzen vom 8. Januar respektive 11. Februar 1918 einen nicht weniger revolutionären Entwurf für eine neue Weltordnung. Beide stimmten darin überein, die reaktionäre Welthegemonie der europäischen Großstaaten zu beseitigen; schließlich seien diese es gewesen, die den Globus mit Krieg, Landschacher und abstoßendem Kolonialismus überzogen hätten. Zugleich aber standen beide in unerbittlichem Wettbewerb, welcher ihrer Universalismen dominieren sollte – der aufklärerisch-liberale von Washington mit seiner Selbstkritik an der kapitalistischen Kumulation oder der unfehlbar daherkommende aufklärerisch-sozialistische von Petrograd mit der dogmatischen Intention, Imperialismus und Kapitalismus zu vernichten.

Was war gut zwei Jahrzehnte später anders? Hitlers Entscheidung zum Russlandkrieg im Frühjahr 1941 führte unweigerlich zur Annäherung der kapitalistischen und sozialistischen Mächte. Um die von außen, durch den deutschen Angriff geschaffene Beziehung zur Sowjetunion nicht gleich wie-

der zu gefährden, verzichteten die West-Staaten nach intensiver und windungsreicher Diskussion auf die ausdrückliche Forderung nach Revision
der ostmitteleuropäischen Zwangserwerbungen Stalins aus dem Teilungsvertrag vom August 1939 mit Hitler. Der Kriegsgrund von 1939 war keiner
mehr. Hauptsache, das Reich befand sich nun in der Zwangslage zweier
Fronten – Wunschtraum Churchills und Ziel seiner offensiven Diplomatie seit der Entsendung des linken Politikers Stafford Cripps nach Moskau 1940. Mit Hitlers Kriegserklärung im Dezember 1941 vergaß auch
Roosevelt die Vorbehalte, die sich seit dem deutsch-sowjetischen Pakt, der
Okkupation Ostpolens und dem Angriff auf Finnland gegenüber Stalin angestaut hatten.

Mit der am 12. März 1947 vor dem Kongress der Vereinigten Staaten
verkündeten Truman-Doktrin schlugen die USA einen grundsätzlich anderen Weg ein als 1919. Die Thesen des Isolationismus waren im Zweiten
Weltkrieg verbrannt und das Feuer hatte den Phönix der globalen Ordnungsmacht geboren. Die Sowjetunion war im Unterschied zur Haltung
Präsident Wilsons von 1917 kein Ideenkonkurrent, sondern ein Machtgegner im offen werdenden Kampf um die Weltbestimmung. Die Kriegsallianz
vom Juni 1941 bis März 1947 entpuppte sich nach dem gemeinsamen Sieg
als Mesalliance – nicht unähnlich der deutsch-sowjetischen Vertragskoalition von 1939. Wie diese fiel sie in der Konsequenz des aufbrechenden
ideologischen und politischen Machtkampfes auseinander, schlug in den
langen Kalten Krieg bis 1989/91 und schließlich in die Selbstzerstörung des
militärisch-sozialistischen Komplexes um.

Die Feststellung, dass der »Westen« den Kalten Krieg nicht eindeutig gewonnen und die von »Universalisten« bejubelte Globalisierung eine Kehrseite besitzt, sprengt den Rahmen unserer Betrachtung. Anzeichen dafür,
die in den hier behandelten früheren Zeitabschnitt fallen, gab es jedoch
in Fülle. Dazu gehört der Zerfall der Kolonialreiche, der bereits im Ersten
Weltkrieg einsetzte und während und nach dem Zweiten Weltkrieg dem
nicht revidierbaren Höhepunkt zustrebte. Was Lösungsmodelle der Zukunft
angeht, spalteten sich 1979 im China Deng Xiaopings und zur gleichen Zeit
im Iran Ajatollah Chomeinis die Eliten in Modernisierer und Verfechter religiös oder hyperreligiös motivierter Vorstellungen mit weltwirksamen Folgen. Über den Zerfall der Sowjetunion und den »Sieg« des Westens hinaus
wurden Kräfte eines anti-okzidentalen Radikalismus freigesetzt, wie das
Aufkommen der Taliban, von al-Qaida und anderen international operierenden Terrororganisationen demonstriert. Asien, Afrika und Lateinamerika erwiesen sich als »zentrale Arenen weltpolitischer Konflikte«, die von
den Supermächten nicht beherrscht werden konnten. Seither untergraben
Demografie, Migration, unberechenbare Netzwerke die paradoxerweise im

Kalten Krieg gewonnene Lebenssicherheit in den Weltzonen der »Sieger«. Weitere wirkmächtige Faktoren sind der Aufstieg Chinas zur Großmacht, die Veränderung des Klimas, die Bündniskrise der NATO sowie die Wirtschafts- und Finanzkrisen in den USA und im Bereich der Europäischen Union. Der Westen entwickelt bis jetzt nicht die Stärke und Energie, diese Prozesse fundamental zu beeinflussen und Lösungen zu finden.

Im 20. Jahrhundert, von dem wir nicht wissen, ob es vorüber ist, erfuhr der Erdkreis eine erschütternde Krümmung. Sie entstand historisch und brachte historische Wirkungen hervor; sie manifestierte sich in Tätern und Opfern. Für uns erschien es vordringlich, frei von historizistischen Reinheitsgeboten sich mit der Energie purer Kriegsdialektik, die alle Beteiligten unter Zwang setzte, näher zu beschäftigen, in der Hoffnung, dass irgendwo im gekrümmten Raum der Geschichte der Punkt der Wahrheit liegt.

Wie die Zielvorstellungen gegeneinanderstanden, waren sie ein Abschied von der bisherigen Geschichte, bedeuteten unterschiedslos das Überschreiten der territorial- und nationalstaatlich gefügten Grenzen in Richtung ideell, ideologisch, wirtschaftsmächtig formierter Großräume respektive des Globus schlechthin. Die Briten, infolge der Auflösungserscheinungen im Empire auf die amerikanische oder – horribile dictu – eine wie immer geartete deutsche Juniorpartnerschaft verwiesen, suchten in der reformerischen Umgestaltung des Bestehenden die Rettung, während die Japaner die »Neuordnung« Asiens in den Blick nahmen, eine von ihnen beherrschte »Groß-Ostasiatische Wohlstandszone« als Antwort auf den weißen Kolonialismus. Eine andere Ligatur, das Großprojekt »Menschheit«, verkörperten Amerikaner und Russen nach ihren Binnenkolonisationen und den unterschiedlichen Erfahrungen im Ersten Weltkrieg. Die USA erstrebten die »neue Welt« aus den Impulsen der biblischen Geschichte vom Gelobten Land, eingehüllt in den Wilson'schen und Roosevelt'schen Paletot demokratischer Mission. Die Sowjets projizierten sozialistische Utopie, unterfüttert mit zaristisch-imperialen Vorstellungen von konkurrenzloser Größe. Am anderen Ende rangierten seit 1923 die Italiener mit dem Gestus der römisch-nostalgischen, mediterran-afrikanischen, futuristisch-faschistischen Arrondierung.

Dass Deutschland mithalten wollte, war keineswegs ungewöhnlich oder gar irrational, in gewissem Sinn eher zwanghaft. Das Besondere aber, das bei keiner anderen Weltmacht- oder Weltbeherrschungs-Idee zu finden war, bestand in Hitlers Doppelmotiv. Die Voraussage in »Mein Kampf«, Deutschland werde entweder Weltmacht oder überhaupt nicht sein, mag man in der alternativen Zuspitzung dem erregten Zeitgefühl des Autors zuschreiben. Anders verhielt es sich mit der Armageddon-Vision vom Endkampf zwischen Ariern und Juden – mit den fixen Ideen von Weltrettung,

Rassenpolitik, aggressiver Abwehr konspirativer und blutsaugerischer bolschewistischer und plutokratischer Mächte, die als jüdisch inspiriert und gesteuert dargestellt wurden.

Nachdem Österreich und die »Tschechei« infolge der westlichen Appeasement-Politik ohne europäischen Krieg in deutsche Hand gelangten, stellte sich die Frage nach der Dimension des Kriegs 1939 im Fall Polens neu. Der *Führer* wünschte sich keinen großen Krieg, wie wir sahen, er scheute einen Zweifrontenkrieg in der Konstellation von 1914 um alles in der Welt. Der Pakt mit Stalin diente dem Doppelzweck, die Gefahr eines Zweifrontenkriegs zu minimieren, Briten und Franzosen vom Krieg gegen das Reich abzuschrecken und im Falle eines unerwarteten Kriegseintritts der Westmächte den Rücken im Osten frei zu haben. Bei der Sicht auf diese Zeit bestätigt sich, dass zielbegrenzte Kriegsplanung theoretisch möglich ist, von der Kriegspraxis, dem voll entfalteten Getümmel der gegeneinander strebenden Kräfte aber regelmäßig infrage gestellt und oft in ganz andere Richtungen weggetrieben wird. Als regelhaft gilt: Wer sich in den Krieg begibt, bleibt nicht sein »Eigentümer«. Er gleicht einem Stichwortgeber, dessen Stimme sich im Chor der Nornen verliert.

Die unmittelbare Konsequenz des Angriffs auf Polen war der Kriegseintritt Großbritanniens und Frankreichs, den Hitler hatte vermeiden wollen. Großbritannien hielt stand, auch Frankreich – zunächst. Mehr noch: Die Regierungen in Paris und London, zutiefst empört über Stalins Verratshandlungen – die Rückendeckung Hitlers, Aufteilung Ostmitteleuropas und Sabotage der Wirtschaftsblockade des Reichs – nahmen Deutschland und Russland ins Visier und ließen ihre Generalstäbe monatelang einen peripheren Krieg gegen »Teutoslavia« (Robert Vansittart) planen. Im April 1940 setzten sie zur Okkupation Norwegens an und kamen 24 Stunden zu spät. Der periphere Krieg, wie ihn die Alliierten anzulegen gedachten – mit dem erklärten Ziel, der Sowjetunion das Genick zu brechen und Deutschland aus der Mitte zu locken –, hätte mit seiner Ausweitung auf die Sowjetunion Stalin zwangsläufig zum regelrechten Kriegsverbündeten Hitlers gemacht. Peripher-Krieg, ursprünglich eine rationale Methode, um die innere Angriffsroute aufzusprengen, auf der sich die deutsche Kriegsmaschine in den ersten Monaten des Jahres 1940 für den Vorstoß in den europäischen Westen formierte, wäre mit dem englisch-französischen Bombardement der sowjetischen Öl-Anlagen im Kaukasus – Baku, Maikop und Batumi, Umschlagplatz für Erdöl am Schwarzen Meer – beinahe in das gefährliche Gegenteil, die Bildung einer Kriegskoalition Sowjetunion-Deutschland umgeschlagen. In kürzester Zeit wäre aus dem Nichtangriffspakt eine Kontinental-Allianz contra West-Entente entstanden. So gesehen hatten die Verbündeten großes Glück, dass ihnen der multiple Kriegszug versagt blieb.

Währenddessen wurde der Angriff auf Frankreich zwischen November 1939 und Mai 1940 neunundzwanzigmal verschoben. Hitler war nervös und lauerte auf das »Wunder« des britischen Einlenkens. Was ihn wirklich beschäftigte, schon in »Mein Kampf« und im nicht veröffentlichten, aber gedanklich fundierteren »Zweiten Buch« von 1928, war das Bündnis oder der Ausgleich mit Großbritannien neben Italien. Wie jeden Kerngedanken seiner Karriere verfolgte Hitler diesen Wunsch nach einem englischen Bündnis mit einer geradezu besessenen Fehlperzeption. Am 10. Mai, dem Tag des deutschen Angriffs auf Frankreich, war Winston Churchill als Premier auf der westlichen Weltbühne erschienen. Und tat, was Hitler fürchtete: Er zwang den *Führer* zur Fortsetzung des Kriegs. Churchill war auf dem Feld psychologischer Kriegführung Hitler weit überlegen. Während Hitlers idée fixe einer Übereinkunft mit London die brüchige Vorstellung bediente, eine aus Zwang und Pädagogik gemischte strategische Überredung könnte das Empire entwaffnen, verfolgte Churchill selbst in der dunkelsten Stunde seines Landes nichts anderes als das Ziel, das Deutsche Reich, wie es sich in Hitler verkörperte, zu besiegen und zu vernichten. Die Erkenntnis, man könne keinen europäischen Krieg mehr gewinnen, nur noch einen Weltkrieg, war eine zutreffende, wenn auch banale Zustandsbeschreibung. Churchills Kerngedanke, dass der Sieg über das Deutsche Reich die Dimension des Weltkriegs voraussetze, entsprach 1940 dem Verlauf des Kriegs und folgte, von den entstandenen Tatsachen ausgehend, seiner Logik. Er verdient am wenigsten, verurteilt zu werden.

Der kühne »Sichelschnitt« durch Nordfrankreich zur Atlantikküste, die riskanteste Form des Vorstoßes durch das Queren der angeblich unbegehbaren Ardennen, das Spalten der alliierten Streitkräfte in zwei riesige Cannae-Formate, einen französisch-belgisch-niederländischen im Norden und einen französisch-südlichen brachte Hitler den Ruf des Feldherrengenies ein, das nach Polen und Skandinavien den dritten Blitzkrieg in Folge für Deutschland entschied. In dieser vorteilhaften Lage traf Hitler ein Strategie-Infarkt – die gefährliche Herzerkrankung führender Militärs –, der erste in seiner Kriegskarriere, der nicht nur den Sieg über Frankreich, das Bollwerk vor Großbritannien, entwertete, sondern ihn der Souveränität über das weitere Kriegsgeschehen beraubte: der Halte-Befehl für die Panzerarmada vor Dünkirchen am 24. Mai 1940, jenes Versäumnis, das britische Expeditionskorps, Elite und Kern der aktiven Truppen des Königreichs, entkommen zu lassen, statt sie in die Gefangenschaft zu zwingen.

Die gelungene Evakuierung aus Dünkirchen zwischen dem 24. Mai und dem 7. Juni 1940 war alles andere als eine beliebige militärische Episode, sondern erwies sich als das zentrale Ereignis. Man kann es, schon weil es dem Krieg insgesamt eine völlig neue Wendung gab und keineswegs nur in der unberechenbaren Natur des Kriegs, dieses seit jeher übelsten Tag- und Nachttraums der Staatenlenker und Feldherren, begründet war, sondern im Kunstfehler einer versäumten Schlacht, gar nicht überschätzen. Trotz der Niederlage Frankreichs lenkten die Briten entgegen der Annahme Hitlers nicht ein. Zwar lag nach 39 Tagen das große Frankreich, seit den Tagen des Ersten Weltkriegs stärkste Landmacht auf dem Kontinent, buchstäblich am Boden. Doch dieses Bild überdeckte die Wirklichkeit, die ausgerechnet in der Stunde des deutschen Sieges über das ganze festländische Westeuropa schon eine ganz andere war. Genau betrachtet war der Feldzug ein Pyrrhussieg. Das Fallissement war strategischer Natur, weil Hitler das Ziel verfehlte, Großbritannien aus dem Spiel zu treiben.

Die Schlacht um die Lufthoheit über England endete Ende Oktober 1940 mit der deutschen Niederlage. »Seelöwe« – was an die verspielten Ohrenrobben erinnert, eine ziemlich lächerliche Bezeichnung für das Invasionsunternehmen gegen England – war aufgegeben, die Luftüberlegenheit verloren, der Konvoi-Krieg der U-Boote im Atlantik zwar erfolgreich, aber spätestens mit der Enttarnung der Enigma-Verschlüsselung, beginnend mit Januar 1940, und der Entwicklung sicherer Ortungsgeräte strategisch aussichtslos. Das war das Ende, der zweite Infarkt nach Dünkirchen. Beide Ereignisse bedeuteten, rundheraus gesagt, den Zusammenbruch der deutschen West-Strategie. Die Arretierung der Wehrmacht an der Küste mündete in eine nicht absehbare Verlängerung und unendliche Erschwerung des Kriegs, auf die das Reich nicht vorbereitet war.

Infolge der Weigerung Englands, sich auf ein Einvernehmen mit Hitler einzulassen, hatte sich die Logik des Kriegs mit der offenen Bündnismöglichkeit der angloamerikanischen Mächtegruppe verändert – in der Geschichte nichts Besonderes und doch etwas Entscheidendes. Beherrschend war von da an die strategische Überlegung, wie das Reich gegen die sich allmählich auftürmende britisch-amerikanische Macht-, Militär- und Ressourcenallianz eine möglichst unangreifbare kontinentale Position gewinnen könnte, bevor es zu spät sein würde.

Ob Chancen für eine Europäische Wirtschaftsgemeinschaft bestanden hätten – Pläne gab es genug, vor allem Pläne für wahrlich unfreundliche Übernahmen –, ist aus den damaligen Daten schwer zu errechnen. Mit Frankreich wäre ein Anfang möglich gewesen, dort dachte man an Kooperation, und zwar in der Kategorie der Kollaboration – alles andere, so wissen wir nach de Gaulle, war weitgehend Legende. Die kooperationswilligen Staaten waren bei aller Demokratie- und »System«-Kritik nicht nationalsozialistisch und wären es auch nicht geworden, mochten Nationalismus und Sozialismus einander noch so freundlich zuwinken. So merkwürdig es klingt – Hitler hätte auf alteuropäische föderale Reichsideen zurückgreifen müssen. Davon aber war er historisch und persönlich interstellar entfernt; er hätte Zügel geben müssen, was ihm nicht einmal in Angstträumen einfiel. Nein, Hitler war unter keinen Umständen gewillt und überdies unfähig, einen Europäischen Staatenverbund zu schaffen, der nur als Rechtsgestalt eine Zukunft gehabt hätte, und die wenigen, die mit der Idee hantierten und auf die Zustimmung vieler Europäer hinwiesen, blieben am Rande.

Die deutschen Engagements auf dem Balkan und in Nordafrika wiederum beruhten auf der Schwäche des italienischen Verbündeten, sie gehörten ebenso wenig wie die Besetzung Norwegens im April 1940 zu Hitlers angeblichem »Stufenplan«. Hitler rechnete mit dem aktiven Eingreifen der USA und angloamerikanischen Versuchen, nach Europa und Afrika vorzustoßen, für 1942 – wie sich zeigen sollte, zu Recht. Für ein Stillhalten der Sowjetunion gab es nach den Erfahrungen im Jahr 1940 keine Garantie.

Nach dem Waffenstillstand von Compiègne hatte Hitler angekündigt, die Wehrmacht um 35 auf 120 Divisionen zu reduzieren, was nicht gerade für neue große Angriffspläne sprach. Die Entlassungen sollten der Rüstungsindustrie zugutekommen, die, wie es hieß, für den Sieg über England Flugzeuge und U-Boote zu produzieren habe. Hitlers Blick schien starr nach Westen gerichtet. England war für ihn keineswegs »zweitrangig« geworden, wie manche Analytiker behaupten, es blieb Mittelpunkt in allerdings veränderter Perspektive. Bestanden Chancen des indirekten, peripherischen Zugriffs auf Gibraltar, Westafrika, die Azoren, die Kanarischen und die Kapverdischen Inseln, Irland oder sogar über das östliche Mittelmeer vom italienischen Libyen aus in Richtung Ägypten?

Wohin das Auge auch schweifte, einen rechten Halt fand es nicht. Es war sinnlos, den Lockungen des Kriegs dahin und dorthin zu folgen. Wenn von Konsolidierung die Rede sein sollte, konnte nach Lage der Dinge jetzt nur eines gemeint sein: Zu verhindern, dass die sich anbahnende angloamerikanische Macht-, Militär- und Ressourcenallianz vor der Atlantikküste Position bezog, während im Osten das Kriegsbündnis mit Stalin sichtlich an Auszehrung zu leiden begann. Die Logik des Kriegs, deren Herr der *Führer* nicht mehr war, forderte von ihm eine Entscheidung.

Er stand vor der Wahl, die Sowjetunion entweder in einem erweiterten Kontinentalbündnis mit bedeutenden Konzessionen als festen Kriegspartner zu gewinnen – oder sie zu unterwerfen, bevor die vereinte angloamerikanische Macht ins europäische Treffen kommen würde. Das große Kriegsformat war nicht Hitlers Wunsch und Befähigung; es war die Konsequenz aus einer militärischen Fehlkalkulation am Ende der entscheidenden Schlacht um Frankreich vor Dünkirchen. Was zunächst eine nervöse Idee, eine Suche nach strategischer Aushilfe zu sein schien, gerann sehr schnell zum Zielbild, sprengte die Begrenzung und zugleich die Kontrolle über den

Kriegskonflikt, setzte die rasselnde Kette martialischer Dialektik frei und erzwang schließlich den Krieg gegen Russland. Auch hier disponierte Hitler situativ, keineswegs nach vorgefasstem »Kriegsplan«.

Acht Monate lang, von März bis November 1940, beschäftigte der Kontinentalblock, die Aufteilung Eurasiens in Einflusszonen für das Reich, Russland, Italien und Japan, die Fantasie der deutschen und mittelbar auch der russischen Führung. Hauptgedanke war die Idee für Hitler und auch für Stalin nie, allenfalls diplomatische Begleitmusik. Hitler hätte allerdings den von Ribbentrop ins Spiel gebrachten Zukunftsplan eines Kontinentalblocks stante pede verwerfen müssen, wäre er sich des Feldzugs gegen Russland so sicher gewesen, wie ihm vielfach unterstellt wird – er war es aber nicht: Der Umwegkrieg war noch Idee, strategische Liebäugelei, durch das wachsende Misstrauen gegenüber Moskau dunkel grundiert.

Trotz der Verschlechterung des deutsch-russischen Klimas – den historischen Kompromiss mit der UdSSR zu suchen hatte Hitler in der Lage von 1940 noch immer bessere Gründe, als sie mit Krieg zu überziehen. Angesichts der heraufziehenden Gefahr eines realen Zweifrontenkriegs lag es für Hitler nahe, die Bündnispartnerschaft mit der Sowjetunion in eurasischer Dimension zu sichern – oder Stalins Reich aus dem Weg zu räumen. In dieser Alternative sah er offenbar das letzte Mittel, den Traum vom Einlenken Großbritanniens Wirklichkeit werden zu lassen. Das war nicht dumm, strategisch gesehen jedoch von ergreifender Schlichtheit, wenn nicht gar autistisch. Denn schon unter dem damaligen Begriff von militärischer Modernität war es nicht angemessen, der Etablierung eines per Krieg oder eurasischem Pakt nach Osten hin gedehnten Reiches – einer puren Landmasse mit ungehobenen Schätzen, wenig Industrie und technisch kaum qualifizierter Bevölkerung – die Erwartung der Unbesiegbarkeit zuzusprechen.

Der Kontinentalblock widersprach zwar nicht der Logik des Kriegs, er war aber nicht Hitlers Welt, nicht sein Reich, nicht sein Instrument. Da Stalin ebenfalls daran dachte, das kontinentale Konzept zu seinen Gunsten auszulegen und von den Deutschen einen nachgerade »antagonistischen« Preis für den zweiten Bündnis-Schritt einzufordern, waren gegenseitige Lähmung und einseitige Ausbrüche aus dem deutsch-sowjetischen Halbweltvertrag, wie man doppeldeutig sagen kann, programmiert.

Es war nicht zu übersehen, dass Hitler mit dem Versuch der »Ausweisung« Russlands aus Europa und Stalin mit seiner Antwort, die dem Partner Ostmitteleuropa streitig machte, den Boden gemeinsamer Politik verließen. Damit trat zutage, dass Ribbentrops Plan, die Sowjetunion nach Asien abzudrängen und die deutschen Positionen in Nord- und Südeuropa zu sichern, mit der massiven Gegenvorstellung beantwortet worden war, das Reich möge sich aus der östlichen Hälfte des Kontinents und bezüg-

lich der Seegebiete auf den Vorkriegsstand zurückziehen. Die Basis, die der
Woschd dem *Führer* überlassen wollte, war für die Fortsetzung des Kriegs
mit England und den am Horizont auftauchenden mächtigen Amerikanern
entschieden zu schmal. Die Summe der Ereignisse im Jahr 1940 zeigt, wie
sich die deutsche Situation objektiv verschlechtert hatte und eine Umkehr
nur über neue Kriegsrisiken zu erzwingen war.

Stalin hatte Zeit gewonnen, Stärkungszeit, Hitler rannte die Zeit davon.
Stalin musste sich über die deutschen Angriffsabsichten, mehr noch: über
die Unausweichlichkeit eines Kriegs mit dem Reich, im Klaren sein. Die
Frage war: Traf die zu erwartende Attacke mitten in die noch schwärende
Wunde der stalinistischen Verfolgungen? Hatten die bolschewistischen Säuberungen, der terroristische Furor Stalins, die Unterwerfung von Millionen
Bauern, Schauprozesse gegen die Parteielite, Massenrepression, last not
least das Blutgericht über die höheren Ränge der Roten Armee die Kräfte
Russlands geschwächt, wie man im Westen seinerzeit annahm? Oder hatte
der jahrelange Modernisierungsterror Stalins und seiner Magnaten mit
dem Zenith im Jahr 1937 das Land wie eine harte Kur gestärkt, fügsam
gemacht, von Gegenbewegungen gegen die Diktatur befreit, jeden Ansatz
einer Fünften Kolonne zerschmettert?

Die These mag befremden: Wie sollte aus Terror die Rettung kommen?
Das Ergebnis unserer Betrachtung enthüllt tatsächlich eine Paradoxie, die
heutigem Denken bis zur Unverständlichkeit fremd ist und überdies jeden
Freund des geregelt-logischen Geschichtsablaufs in Verzweiflung verfallen
lässt: Die Massaker des Terrors ließen den sowjetischen Gesellschaftskörper weißbluten, stachelten zugleich aber die gigantische Vorbereitung des
Kriegs und den Kampfeswillen an: Gewaltmodernisierung.

Die Außenverhältnisse, zuerst die Zweifronten-Situation gegenüber
Deutschland und Japan, dann das Scheitern der Dreimächte-Verhandlungen mit England und Frankreich – dem Bündnispartner seit 1935 –, schließlich der Nichtangriffs- und Freundschaftsvertrag mit Hitler 1939 und, als
Reaktion darauf, die Pläne Großbritanniens und Frankreichs von 1940, die
UdSSR als Profiteur der Teilung Ostmitteleuropas, als Konfident, Kombattant und Rohstofflieferant Deutschlands militärisch abzustrafen, erschienen
als hinreichende Gründe für die totale Mobilmachung. Stalin besaß keinen
historischen Hintergrund, keine Tradition, keine Bildung, keinen Glauben
und kein Volk, die ihm ein anderes Verfahren nahegelegt hätten.

Vielleicht hoffte Stalin auf eine Verspätung der Deutschen, bis er selbst
alle Chips in der Hand haben würde. Er spielte vabanque. Dass es ihm
lieber gewesen wäre, den Krieg bis zum Frühjahr 1942 hinauszuschieben,
liegt auf der Hand, entzog sich jetzt aber seiner Bestimmung und blieb dennoch Programm. Im Spiegel der dargelegten militärischen Entwicklung war

die Sowjetunion 1941 mit einer gewaltigen Militärmaschinerie ausgerüstet, trotz aller Defizite kriegsfähig, nicht »enthauptet«, sondern offensiv aufgestellt und über Hitlers Angriffsabsichten so gut informiert, dass von einer Überraschung ernsthaft nicht die Rede sein kann. Stalin stand vor der Alternative, den Erstschlag zu führen oder die Gunst der Situation demjenigen zu überlassen, der ihm zuvorkam und mit seinem Vorstoß auf einen praktisch ungedeckten Heereskörper traf.

Es wurde also schwierig. Hitlers Krise war auch Stalins Krise. Stalin stand für offensichtlich begrenzte, aber kritische Zeit allein einem Reich gegenüber, dem er für seine Westfeldzüge Rückhalt und Ressourcen zur Verfügung gestellt hatte, das aber nun mit der Option hantierte, sich gegen ihn zu wenden. Wäre es da nicht lohnend, ja sogar geboten, als erster offensiv gegen das Reich vorzugehen?

Die in einem solchen Fall naheliegende und immer wieder aufgetischte Behauptung, Hitler habe einen Präventivschlag geführt, trifft nicht zu. Anders steht es mit der Annahme, dass sich zwei Angreifer synchron auf ihre Kriegszüge vorbereitet haben und Hitler seinem Partner Stalin um Wochen oder Monate zuvorgekommen ist, die Deutschen im parallelen Offensivaufmarsch den Russen um historische Stunden voraus waren. Wer dies rundweg bestreitet, argumentiert wider die Evidenz. Die Interpretation der Vergangenheit unterliegt stets neuen Erkenntnissen und vermittelt zeitbedingt veränderte Perspektiven. Es gibt keine unwandelbare, ewige Wahrheit über zurückliegende Ereignisse und ihre Bedeutung. Unaufhörliches Fragen hält Geschichte am Leben – das gilt für alle bedeutenden Vorgänge, in diesem Fall der teilweisen Veröffentlichung von Geheimdokumenten nach dem Ende der Sowjetunion. Insofern ist auch Russland ein Land mit einer sozusagen unvorhersehbaren Vergangenheit. Jedenfalls kann nicht bezweifelt werden, dass die Rote Armee im Juni 1941 auf der Breite der mehr als 1000 Kilometer gestreckten Front mit der Vollendung der Angriffsbereitschaft beschäftigt war. Offen ist lediglich, in welchem Qualitätszustand und welcher Kampfbereitschaft sich die grenznah versammelten Verbände befanden, nicht jedoch, auf welchen Zweck sie ausgerichtet waren.

Die Maxime der sowjetischen Angriffsdoktrin schrieb seit den 30er-Jahren die massierte Positionierung der Streitkräfte, natürlich auch der Luftwaffe, der Kommando-Zentralen und der mobilen Vorräte nahe der Staatsgrenze vor, während die rückwärtigen Verbindungen dünn und unvollkommen blieben. Mitte Mai 1941 hatten Verteidigungskommissar Timoschenko und Generalstabschef Schukow Stalin einen ausführlichen Operationsplan präsentiert, der eine Fortschreibung aller vorangegangenen Vorgänger war, in dem es aber erstmals ausschließlich um den »Fall eines Kriegs mit Deutschland und dessen Verbündeten« in Europa ging. Als grundlegende Novität enthielt er einen Erstschlag gegen die aufmarschierenden deutschen Streitkräfte, denen es zuvorzukommen gelte – wie diese ihrerseits einen Monat später der Roten Armee zuvorgekommen sind. Bei allen Plänen des sowjetischen Generalstabs lässt sich die offensive Dislozierung der sowjetischen Armee im Frühjahr und Frühsommer 1941 nicht bestreiten.

Der begonnene Aufmarsch nach strategischem Plan spricht für Stalins Entschlossenheit, nach überschaubarer Zeit der Ausbildung, Einweisung und Organisation zum Angriff überzugehen. Niemand wird auf die Idee kommen, militärische Projektionen dieser Art für unangemessen oder unmäßig zu halten, sofern sie keine Erstschlag-Absicht enthalten. Sie entsprachen einer Situation, in der die Moskauer Führung – trotz des deutsch-sowjetischen Vertrags – auf der Hut sein musste und nur Deutschland und das ebenfalls erwähnte Japan als potenzielle Kriegsgegner infrage kommen konnten.

Anfang bis Mitte Juni 1941 blieb die parallele Offensivformierung in den beiderseitigen Grenzräumen keiner Seite verborgen. So vieles aber auch dafür spricht, dass die deutsche Invasion der sowjetischen zeitlich zuvorgekommen ist, so sicher handelte es sich, wie gesagt, nicht um eine Präventivaktion, geht man mit diesem Begriff seriös um. An dem Zielmotiv Hitlers, das politische und militärische Russland innerhalb kürzester Zeit zu zertrümmern, um mit freiem Rücken und allen Kräften den Aufbau amerikanischer Brückenköpfe in England, auf dem europäischen Kontinent und in Afrika verhindern zu können, gibt es keinen Zweifel. Die neue Quellenlage begründet jedoch die Annahme, dass die deutsche der sowjetischen Seite objektiv zuvorgekommen ist. Stalin war klarsichtig und informiert genug, um zu wissen, dass ihn ein Zögern aufgrund von Mängeln bei der eigenen Vorbereitung viel kosten könnte. Im Unterschied zur deutschen Seite gab es beim sowjetischen Generalstab keine Zweifel an der Angriffsabsicht der anderen Seite. Stalins Hoffnung stützte sich darauf, dass Hitler die Invasion verschieben und ihm damit den Vortritt verschaffen würde. Er folgte mit seiner Absicht des strategischen Angriffs durchaus der Logik des Kriegs, er hat richtig gedacht, kam aber zu spät und stürzte infolge des professionellen Fehlers, die Reorganisation der Armee mit ihrer Offensivformierung rechtzeitig und wirkungsvoll zu verbinden, in die Katastrophe des Kriegsanfangs 1941.

Nachdem er seine Geisterstunde überwunden hatte, wuchs Stalin in einer Art Gleichmütigkeit des Kämpfens, Sterbens, Bestrafens der »Defaitisten« und des Befehlens. Zunächst jedoch und für entscheidende Monate befand sich die Sowjetunion in heller Not. London konnte nicht viel beisteuern, Washington war skeptisch, ob Russland überleben würde. Franklin D. Roosevelt öffnete erst im November 1941, als der deutsche Sturmlauf vor Moskau zum Erliegen kam, die Schleusen der Hilfslieferungen auf den riskanten Seewegen. Dass die Vereinigten Staaten Russland gerettet hätten, ist eine hartnäckige Legende. Stalin ging nicht als Schuldner, sondern als Gläubiger aus dem Kriege hervor.

Für Roosevelt entschied die Kontrolle der Meere den Krieg. Wenn die Achsenmächte dort verlieren, erklärte er am 27. Mai 1941 in einem seiner Kamingespräche, sind sie erledigt. Noch nach dem japanischen Angriff auf Pearl Harbor und der unvermeidlichen Kriegserklärung vom 8. Dezember 1941 schien es nicht sicher, ob der Kongress sich dazu durchringen könnte, den unerklärten Krieg gegen Deutschland zu legalisieren. Hitler nahm ihm diese Arbeit wenige Tage später ab. Die Vereinigten Staaten erlebten dank der in Schwung gekommenen Großrüstung einen industriellen Boom, der den Arbeitsmarkt leer fegte und die Reservearmee der weißen und farbigen Frauen mit Niedriglöhnen zum Einsatz brachte. Damit schwand die Große Depression, die seit dem Platzen der riesigen Spekulationsblase von 1924 bis 1929, dem Symptom für den Absturz des liberalen Weltsystems, nicht weichen wollte und 1937 ein fast ebenso schweres Nachbeben erzeugt hatte.

Die meisten Militärhistoriker halten Stalingrad für die große Wende des Russlandkriegs. Doch es waren die Winterschlachten 1941/42, die für den Ausgang des Ringens entscheidende Bedeutung erlangten. Wie im Juni 1940 an der Atlantikküste – die Niederlage Frankreichs hinter sich, die Kreidefelsen von Dover vor sich – stieß Hitler seit Spätherbst und beginnendem Winter 1941 vor Moskau auf aktive Hindernisse, an denen sein Zeitdispositiv und strategisches Dispositiv – die siegreiche Beendigung des Feldzugs bis Jahresende – zerschellten.

Anders als im Fall des zunächst nur halb besetzten Frankreichs und der übrigen okkupierten westeuropäischen Staaten wollte Hitler sich nicht damit begnügen, der Sowjetunion seinen politischen Willen aufzuzwingen, sondern ihren und ihrer Führung politischen Willen buchstäblich auslöschen. Vom Denken und Verhalten Stalins unterschied er sich darin nicht, mit beiden senkte sich die Ebene der Weltzivilisation. Mit dem Ziel seiner Ostpolitik, Kolonisierung und Versklavung der Sowjetunion, erwies sich Hitler für Stalin als der wahre Böse, gegen den sich ganz Russland mobilisieren ließe. Gleichsam programmatisch zielten beide Seiten auf die buchstäbliche Nullifizierung des Klassen- respektive Rassenfeindes per terroristischer Ermordung, Vertreibung, Deportation bis zur Zerstörung der Lebensgrundlagen ganzer sozialer Schichten und Bevölkerungsgruppen als Voraussetzung für die dauerhafte bolschewistische beziehungsweise nationalsozialistische Herrschaft.

Die Entscheidungen, die Hitler traf und die ihm blieben, ergaben sich, wie wir sahen, aus der wechselnden strategischen Situation. Einen großen, zehrenden, lang anhaltenden Krieg hatte er nicht im Sinn, im Gegenteil. Er wollte begrenzte, schnelle Kriege führen und alle Kriege, einschließlich des Russlandfeldzugs, waren nach diesem Muster angelegt. Feuille par feuille sollten die Gegner fallen, jeder mit sozusagen hingehaltener blasser Wange. Auf einen langen Krieg an mehreren Fronten indessen, wie er sich nach den nicht erwarteten britischen und französischen Kriegserklärungen, seit der Weigerung Churchills, 1940 einzulenken und seit November 1941 vor Moskau abzeichnete, waren weder die Wehrmacht noch Hitler vorbereitet. Alles Denken und Handeln im Zusammenhang mit Krieg hatte sozusagen eine künstlerische, improvisierte Note. Der frühe Genie- und Bohemien- betrieb kennzeichnet die Karriere. Die nie auszuschließende Konfliktaus- weitung in der Konsequenz einer sich verselbstständigenden Dialektik des Kriegs blieb schon bei Hitlers Entscheidung, Polen anzugreifen, ausgeblen- det. Was folgte, war der Logik des Kriegs unterworfen, deren Herr er nicht mehr war.

ANHANG

Anmerkungen – Interpretationen
Historische Skizzen in Stichworten
Bibliografie
Personenregister
Editorische Notiz

ANMERKUNGEN –
INTERPRETATIONEN

PROLOG

1 S. Kapitel III. 3.
2 S. Kapitel III. 3 *Weygand: Der Sowjetunion das Genick brechen, Deutschland aus der Mitte locken.*
3 Die Vorstellung Hitlers, Großbritannien werde »einlenken«, sich sogar zu einem Arrangement bereitfinden, das den Amerikanern den Weg nach Europa versperre, beruhte auf der Annahme, das Empire verfolge imperiale, nicht vorrangig kontinentale Interessen. Im sogenannten *Zweiten Buch* aus dem Jahr 1928 (*Hitlers Zweites Buch. Eine Dokumentation aus dem Jahr 1928*. Eingeleitet und kommentiert von Gerhard L. Weinberg, Stuttgart 1961) schreibt Hitler, in Deutschland sei die irrtümliche Auffassung verbreitet, dass England »jede europäische Vormacht sofort bekämpfe«. England habe sich um die europäischen Verhältnisse wenig gekümmert, solange ihm dort kein Weltkonkurrent entstand, der »seine See- und Kolonialpolitik eines Tages durchkreuzen musste«. So hätten die Kämpfe gegen Spanien, Holland und Frankreich nicht auf einer bedrohlichen militärischen Macht dieser Staaten, sondern auf deren überseeischen Ambitionen, ihrer See- und Handelsherrschaft, beruht. Dass England nicht gegen eine europäische Großmacht Front mache, solange deren Ziele ersichtlich kontinentaler Natur seien, beweise sein Verhalten Preußen gegenüber. Hitler kritisierte die Flottenpolitik des deutschen Kaiserreichs nach 1890. »Ihren letzten Ausdruck erhielt diese Politik ... in dem ebenso verkehrten wie unheilvollen Satz ›Unsere Zukunft liegt auf dem Wasser‹. Nein, ganz im Gegenteil, sie lag und liegt für uns in Europa auf dem Lande, genauso wie auch die Ursachen unseres Untergangs immer rein kontinentaler Natur sein werden: Unsere unselige raummäßige und militärgeographisch furchtbare Lage« (S. 167–169).
4 Zit. n. Robert Dallek, *Franklin D. Roosevelt and American Foreign Policy*, New York 1995, S. 292. Zu den engsten Beratern Roosevelts gehörten Kriegsminister Henry L. Stimson, Marineminister Frank Knox, Generalstabschef George C. Marshall und der Chef der Seekriegsleitung, Admiral Harold R. Stark.

ERSTER TEIL
DER SPRUNG INS DUNKLE

I. WELTREICH ODER WELTHERRSCHAFT

1 Adolf Hitler, *Mein Kampf*, München 1942, S. 729.

2 Hans-Joachim Bieber, *SS und Samurai: Deutsch-japanische Kulturbeziehungen 1933–1945*, Monographien aus dem Deutschen Institut für Japanstudien, München 2014, S. 556; Einer der engagiertesten Führer der Afroamerikaner, William Edward Burghardt Du Bois, betrachtete Japan als »logischen Führer aller farbigen Völker«. W. E. B. DU BOIS: »Inter-Racial Implications of the Ethiopian Crisis«, in: *Foreign Affairs*, 14/1 (October 1935), S. 82–92, hier S. 87 f.

3 Hitler, *Mein Kampf*, a. a. O., S. 96

4 Konrad Heiden, *Adolf Hitler. Das Zeitalter der Verantwortungslosigkeit. Ein Mann gegen Europa*, Zürich 1936, 2011, S. 94 f.

5 Hitler, *Mein Kampf*, a. a. O., S. 741 f.

6 Hitler, urteilt Shlomo Aronson, »beobachtete die deutschen innenpolitischen Verhältnisse und beurteilte gleichzeitig die Außenwelt je nachdem, ob sie ›jüdischem Einfluß‹ ausgesetzt war oder nicht. Anders gesagt, Hitler betrachtete innen- und außenpolitische Vorgänge so, als würden sie tatsächlich von den Juden diktiert, oder als seien sie in entscheidendem Maße mit dem ›Judenproblem‹ verknüpft und als forderten sie deshalb von ihm Reaktionen und politische Initiativen, die wiederum für ›die Juden‹ nützlich oder schädlich sein könnten, besonders in bezug auf Großbritannien und die USA.« Shlomo Aronson, »Die Dreifache Falle. Hitlers Judenpolitik, die Alliierten und die Juden«, in: *Vierteljahreshefte für Zeitgeschichte* (VfZ), 32/1 (1984), S. 31.

7 Über das »Wühlen« des Weltjudentums: Barbara Zehnpfennig, *Hitlers Mein Kampf. Eine Interpretation,* München 2000, S. 247 ff., S. 297 ff. Hitler schildert seine Entdeckung der Juden als vermeintliche Urheber der marxistischen Lehre wie ein Erweckungserlebnis. »Indem ich den Juden als Führer der Sozialdemokratie erkannte, begann es mir wie Schuppen von den Augen zu fallen. Ein langer innerer Seelenkampf fand damit seinen Abschluss.« Da der Marxismus als Schöpfer des Chaos dem Menschen die Überlebensmöglichkeit raubt, kann er nach Hitlers Ansicht von der Natur nicht gewollt sein, sondern muss als ihr Widersacher, als das im Judentum fleischgewordene Prinzip des Bösen gelten. Hitler: »Indem ich mich des Juden erwehre, kämpfe ich für das Werk des Herrn«. Zit. aus: ebd., S. 52, 59 mit Hinweisen auf »*Mein Kampf*« und »*Hitlers Zweites Buch*«.

8 *Idolatrie*: »Götzendienst«, das Verehren und Anbeten eines Götzen oder Gottesbildes. Als Krieger überträgt der Götzendiener beispielsweise seine Auffassung von Mut, Stärke und Tapferkeit in den Götzen und bittet diesen um Beistand, damit er ihm gemäß den eigenen Vorstellungen die gewünschten Eigenschaften im Kampf verleihen möge. Je mehr Eigenschaften der Mensch in einen Götzen projiziert, um so mehr seiner Freiheit opfert er dem irrationalen, dämonischen Glauben. Nicht nur traditionelle Gottesbilder wie das »Goldene Kalb« können ver-

göttlich und als Götzen gesehen werden, sondern auch Erscheinungen wie der Staat, die Nation, ein charismatischer Führer, der Fortschritt, der Konsum, die Technik, Reichtum, Schönheit oder sonstige Symbole der Macht, s. Wikipedia-Eintrag zu »Götze«.

9 Hauptthese von Stefan Scheil, *Fünf plus Zwei. Die europäischen Nationalstaaten, die Weltmächte und die vereinte Entfesselung des Zweiten Weltkriegs*, Berlin 2003.

10 Hierzu beispielhaft fundiert und überzeugend, bes. zur Diskussion über Ursprung und sich steigernde Dynamik der »Endlösung«: Aronson, *»Die Dreifache Falle«* a. a. O., S. 29–65.

11 Detlef Junker, *Von der Weltmacht zur Supermacht. Amerikanische Außenpolitik im 20. Jahrhundert*, Mannheim 1995. Junker beschreibt anschaulich die puritanische Sendung der Amerikaner: »Sie haben geschwankt zwischen der passiven Idee, Amerika in ein neues Jerusalem zu verwandeln und durch das eigene Beispiel ein Leuchtturm für die Welt zu sein, und der aktiven Missionspflicht, zurückgebliebene, weniger demokratische, weniger zivilisierte Völker auf amerikanisches Niveau zu heben, eine neue Weltordnung zu schaffen, die Welt zu erlösen, das tausendjährige Reich (vor der Wiederkunft Christi) zu errichten« (S. 13 f.).

12 Arthur S. Link, Wilson: *The new Freedom*, Princeton 1956, S. 324–327; Jörg Fisch, *Das Selbstbestimmungsrecht der Völker. Die Domestizierung einer Illusion*, München 2010, S. 151 ff.; Als Präsident Wilson seinen Appell zur Selbstbestimmung ankündigte, äußerte der US-Außenminister Robert Lansing seine Befürchtungen über das Ausmaß der Selbstbestimmung und die Entscheidungsberechtigten in dieser Angelegenheit. Oberflächlich betrachtet, so Lansing, schien es vernünftig: Lasst die Menschen entscheiden. »Tatsächlich war es lächerlich, weil die Menschen nicht entscheiden können, bis jemand entscheidet, wer das Volk ist«. Zit. n. Ivor Jennings, *The Approach to Self-Governance*, Cambridge 1956, S. 55 f.

13 Klaus Hildebrand, »Die Entfesselung des Zweiten Weltkriegs und das internationale System: Probleme und Perspektiven der Forschung«, in: Klaus Hildebrand, Jürgen Schmädeke, Klaus Zernack (Hg.), *1939. An der Schwelle zum Weltkrieg. Die Entfesselung des Zweiten WeltKriegs und das internationale System*, Berlin, New York 1990, S. 8.

14 Alexis de Tocqueville, *Über die Demokratie in Amerika*, Teil I und Teil II in einem Band, München 1976, hier S. 478 f. Tocquevilles Werk hat einen eigenartigen Hintergrund: Der Jurist sollte den Strafvollzug in den USA untersuchen und begab sich kurz nach der Juli-Revolution 1831 zusammen mit einem Freund nach Nordamerika. Dort fesselte ihn die Siedler-Gesellschaft. Man lasse, schrieb Tocqueville, den Einzelnen selbstbestimmt handeln. Den Siedlern bescheinigte er Abenteuersinn, Ausdauer und Geringschätzung des Lebens. Den Eindruck der »Demokratie« gewann er unter den damals 13 Millionen Amerikanern aus den Städten, den Gesprächen mit Gebildeten und aus einem Treffen mit Präsident Andrew Jackson (1828–1837).

15 Paul Valéry, *Die Krise des Geistes*, Wiesbaden 1956 (1919), S. 34 f.

16 »Die Angst vor einem großen Krieg ist nach Europa zurückgekehrt«, schreibt Herfried Münkler in seiner Betrachtung *Kriegssplitter. Die Evolution der Gewalt im 20. und 21. Jahrhundert*, Berlin 2015, S. 7 ff., mit dem nun schon seit Jahren

andauerndem Bürgerkrieg in Syrien und den zeitweilig überraschenden Erfolgen der Milizen des Islamischen Staates in der Levante, vor allem dem aggressiven Agieren Russlands gegen die Ukraine, nachdem diese sich zu Beginn des Jahres 2014 in einem Umsturz aus dem Gefolgschaftsverhältnis zu Russland gelöst hat, machte sich das bis vor kurzem noch als vergangen angesehene 20. Jahrhundert wieder bemerkbar. In Frage steht, ob es, wie einige Historiker meinten, tatsächlich »das kurze Jahrhundert« gewesen ist, es also als zusammengehörige Epoche von 1914 bis 1989/90 gesehen werden kann. Die von dem Krieg in der Ostukraine ausgehende Sorge gipfelt in der Befürchtung, dass das Ende der Ost-West-Konfrontation doch nicht der Anbruch einer Ära verlässlichen Friedens in Europa war, sondern wir nun in Konstellationen hineingeraten, in denen sich die Gewalt von der europäischen Peripherie her allmählich ins Zentrum hineinfrisst.

17 Heiden, *Adolf Hitler*, a. a. O., S. 20.

18 Ebd., S. 73.

19 Ebd., S. 73 ff.

20 Sebastian Haffner, *Anmerkungen zu Hitler*, München 1978, S. 34 f.

21 Ebd., S. 42.

22 Ebd., S. 41 f.

23 Ebd., S. 72.

24 Ebd., S, 85 f.

25 Heiden, Adolf Hitler, a. a. O., S. 665.

26 Akten zur deutschen auswärtigen Politik (i.F. ADAP), Serie D, Bd. I, S. 25–32; Jonathan Wright and Paul Stafford, »Hitler, Britain and the Hoßbach Memorandum«, in: *Militärgeschichtliche Mitteilungen* (MGM) 42/2 (1987), S. 77–123; Bradley F. Smith, »Die Überlieferung der Hoßbach-Niederschrift im Lichte neuer Quellen«, in: *Vierteljahreshefte für Zeitgeschichte* (VfZ), 38/2 (1990), S. 329–336; Walter Bussmann, »Zur Entstehung und Überlieferung der ›Hoss-bach-Niederschrift‹«, in: *Vierteljahreshefte für Zeitgeschichte* (VfZ), 16/4 (1968), S. 573–584.

27 Werner Sombart, *Die deutsche Volkswirtschaft im Neunzehnten Jahrhundert*, Berlin 1903, S. 428.

28 Rainer Zitelmann, *Hitler. Selbstverständnis eines Revolutionärs*, Stuttgart 1991, S. 308.

29 Klaus Hildebrand, *Das vergangene Reich. Deutsche Außenpolitik von Bismarck bis Hitler 1871–1945*, Stuttgart 1995. Hier das eindrucksvolle Kapitel »Um Raum und Rasse – Barbarossa«, S. 740–760, wo der Historiker die innere Verbindung zwischen Russland-Feldzug und dem Massenmord an Juden darlegt, als handle es sich bei letzterem um eine Kompensation für die sich seit dem Winter 1941/1942 abzeichnende Niederlage. Am synchronen Geschehen gibt es keinen Zweifel, doch fragt es sich, ob im Fortgang der Kämpfe im Osten die strategischen Sorgen und Existenznöte nicht alles andere überwogen.

30 Dokument L-79, in: Internationaler Militärgerichtshof (Hg.), *Der Prozess gegen die Hauptkriegsverbrecher vor dem Internationalen Militärgerichtshof (14. November 1945 bis 1. Oktober 1946)*, Nürnberg 1947, Band 37, S. 546 ff.

31 Ebd.

II. HITLERS NIEDERLAGE IM WESTEN

1 Das geflügelte Wort »Pyrrhussieg« ist antik nicht belegbar. Bei seinem Vormarsch kam Pyrrhus 280 v. Chr. bis 60 km vor Rom. Bei Herakleia schlug er
den römischen Konsul P. Valerius Laevinus mit dem in Italien ungewohnten Einsatz von Elefanten. Auch bei Asculum siegte er 279, in beiden Schlachten mit
schweren Verlusten. Pyrrhus soll erklärt haben: »Noch so ein Sieg und wir sind
geschlagen.« Zit. n. Der Kleine Pauly, *Lexikon der Antike in fünf Bänden*, Bd. 4,
München 1979, S. 1263.

2 Während der Westoffensive starben rund 27 000 deutsche Soldaten, 18 400 galten als vermisst, etwa 111 000 Mann wurden verwundet. Frankreich hatte rund
92 000 Tote und 200 000 Verwundete zu beklagen. 1,9 Millionen alliierte Soldaten gerieten in deutsche Kriegsgefangenschaft.

3 Eine Formulierung Churchills: »sickle cut« und »armes side stroke«.

4 S. Kapitel XII. 2.

5 S. Stichwort: *Józef Piłsudski*, S. 627.

6 S. Kapitel XII. 2. *Roosevelts Schlachtplan*.

7 Helmut Metzmacher, »Deutsch-Englische Ausgleichsbemühungen im Sommer
1939«, in: *Vierteljahreshefte für Zeitgeschichte* (VfZ), 14/4 (1966), S. 369–412.

8 S. Kapitel III. 1. *Bombastisches Scheitern*.

9 Ein Format ähnlich dem geheimen Zusatzabkommen zum deutsch-sowjetischen
Nichtangriffsvertrag vom 23. August 1939. Text in: https://en.wikisource.org/
wiki/Agreement_of_Mutual_Assistance_between_the_United_Kingdom_and_
Poland-London_(1939)

10 British Expeditionary Force (BEF): Landung der zwei ersten 1939 neu aufge-
stellten Divisionen unter Lord Gort nahe Maulde an der belgischen Grenze.
Hauptquartier im Chateau de Kergorlay nahe Denan. Martin S. Alexander,
*The Republic in Danger: General Maurice Gamelin and the Politics of French
Defence, 1933–1940*, New York 1992, S. 328

11 S. Kapitel III. 3.

12 Walther Hubatsch, *Weserübung. Die deutsche Besetzung von Dänemark und
Norwegen*, Göttingen 1960, S. 73, 105 ff., 167, 215. Die Kriegsmarine erlitt in
dem ersten Feldzug aller Waffengattungen die schwersten Verluste: Drei Kreuzer, 10 Zerstörer, ein Torpedoboot, sechs U-Boote, 15 kleinere Fahrzeuge. Der
Bau der Ozeanflotte (sogenannter Z-Plan), unter anderem Flugzeugträger, wurde
trotz der hinzugewonnenen Seebasis Norwegen eingestellt.

13 Ebd., S 179 ff.

14 Am 17. 2. 1940 findet die Unterredung zwischen Hitler und Manstein statt, Hitler fordert danach die Änderung des bisherigen Operationsplanes unter Berücksichtigung der neuen Schwerpunktbildung der motorisierten und Panzerkräfte.
Die am folgenden Tag stattfindende Aussprache Hitlers mit dem OKH brachte
die endgültige Veränderung der bisherigen Operationspläne. Unmittelbar darauf, am 24. 2. 1940 erging die geänderte Aufmarschanweisung im »Fall Gelb«.
Hans-Adolf Jacobsen, *Fall Gelb. Der Kampf um den deutschen Operationsplan
zur Westoffensive*, Wiesbaden 1957, S. 116–118.

15 Die volle Äußerung Hitlers lautet: »Der Krieg im Westen ist beendet. Frankreich

ist besiegt, mit England werde ich in kürzester Frist zu einer Verständigung kommen. Dann bleibt nur noch die Auseinandersetzung mit dem Osten. Das ist aber eine Aufgabe, die weltweite Probleme wie die Machtverteilung im Stillen Ozean aufwirft, sie kann man vielleicht in zehn Jahren in Angriff nehmen, vielleicht muß ich sie auch meinem Nachfolger überlassen. Jedenfalls haben wir auf Jahre hinaus genug zu tun, das in Europa Erreichte zu verdauen und zu konsolidieren.« Zit. n. Bernd Stegemann, »Hitlers Ziele im ersten Kriegsjahr 1939/1940«, in: *Militärgeschichtliche Mitteilungen (MGM)*, 1/1980, S. 98; Hermann Böhme, *Der deutsch-französische Waffenstillstand im Zweiten Weltkrieg: Entstehung und Grundlagen des Waffenstillstandes von 1940.* (Veröffentlichungen des Instituts für Zeitgeschichte. Quellen und Darstellungen zur Zeitgeschichte. Nr. 12.), Stuttgart 1966, S. 79; Rolf-Dieter Müller, *Der Feind steht im Osten: Hitlers geheime Pläne für einen Krieg gegen die Sowjetunion im Jahre 1939*, Berlin 2011, S. 200.

16 *Hitlers politisches Testament. Die Bormann-Diktate vom Februar und April 1945*, Hamburg 1981, XVI, S. 113 ff. Im Wortlaut: »Als ich zu der Überzeugung gelangen musste, dass eine Verständigung mit England unmöglich war, habe ich mich entschlossen, die Entscheidung im Osten mit Waffengewalt zu suchen. Churchill hat die Großzügigkeit und Ritterlichkeit nicht zu schätzen gewusst, die ich durch Vermeidung des Äußersten England gegenüber hundertfach bewiesen habe. Absichtlich habe ich die flüchtenden Briten bei Dünkirchen geschont. Wenn ihnen nur einer hätte begreiflich machen können, dass die Anerkennung unserer Führung auf dem Kontinent, die ich eben schmerzlos vollzogen hatte, der sie sich aber eigensinnig widersetzten, für sie selbst nichts als Vorteile bringen konnte.

Schon gegen Ende Juli, einen Monat nach der Niederwerfung Frankreichs, erkannte ich, dass der Frieden uns einmal mehr enteilte. Wenige Wochen später wusste ich, dass die Invasion der englischen Inseln vor den Herbststürmen nicht mehr gelingen konnte, da wir uns nicht der Luftherrschaft zu sichern vermocht hatten. Ich erkannte, dass uns die Invasion Englands niemals gelingen würde.

Das Verhalten der Sowjets im Sommer 1940, die sich das Baltikum und Bessarabiens einverleibten, während wir alle Hände voll zu tun hatten, ließ nicht den geringsten Zweifel über die wahren Ziele aufkommen. Und wenn solche noch bestanden hätten, der Besuch Molotows im November hätte sie völlig zerstreut. Auch die Vorschläge Stalins nach der Rückkehr seines Außenministers konnten mich nicht täuschen. Stalin, dieser geborene Erpresser, wollte nur Zeit gewinnen und seine Aushangspositionen in Finnland und auf dem Balkan verbessern. Ein regelrechtes Katz- und Mausspiel!

Ein Trauerspiel für mich, dass wir vor dem 15. Mai nicht angreifen konnten – aber um im ersten Ansturm Russland zu überrennen, durften wir auf keinen Fall länger warten. Stalin hingegen konnte jeden Tag den Angriff starten. Während des ganzen Winters und ganz besonders in den ersten Frühjahrstagen 1941 hat der Gedanke mir den Schlaf geraubt, die Sowjets könnten mir zuvorkommen. Hatte doch das italienische Versagen in Albanien und in der Cyrenaika auf dem Balkan eine neue Lage geschaffen und eine Meuterei entfacht. Bei Freund und Feind schien der Ruf der Unbesiegbarkeit unserer Waffen getrübt.«

17 John Lukacs, *Fünf Tage in London. England und Deutschland im Mai 1940*, Berlin 2000, S. 168.

18 John Keegan, *Der Zweite Weltkrieg*, Berlin 2004, S. 121 f.; Keegan schreibt: »Hitlers ›Haltebefehl‹ brachte den Vormarsch der Panzer zwei volle Tage lang zum Stehen, bis zum Nachmittag des 26. Mai – zwei Tage, die man rückblickend als strategisch entscheidend für den Ausgang des Zweiten Weltkriegs bewertet hat. Ohne Wissen der Deutschen hatte die britische Regierung am 20. Mai entschieden, dass möglicherweise ein Teil der BEF über die Kanalhäfen evakuiert werden müsse … Es war zunächst keine vollständige Evakuierung vorgesehen, denn die Regierung hoffte immer noch, dass es den BEF gemeinsam mit der französischen 1. Armee gelingen werde, durch den Panzerkorridor hindurchzustoßen und sich mit dem Hauptkontingent der französischen Armee zu vereinigen, das sich an der Somme und südlich von ihr behauptete – was im Wesentlichen dem Weygand-Plan entsprochen hätte.« Vgl. Ian Kershaw, *Wendepunkte. Schlüsselentscheidungen im Zweiten Weltkrieg 1940/41*, München 2008, S. 75.

19 Winston S. Churchill, *Der Zweite Weltkrieg*, Bern, München, Zürich 1960, S. 310–322.

20 Thomas Kielinger, *Winston Churchill. Der späte Held*, München 2014, S. 20; Lukacs, *Fünf Tage*, a.a.O., S. 132.

21 Zu Gamelin: Alexander, *The Republic in Danger*, a.a.O., passim.

22 Zu Mata Hari: Fred Kupferman, *Mata Hari. Träume und Lügen*, Berlin 1999.

23 S. Kapitel 3.3 *Frankreich-Polen-peripher*.

24 Karl-Heinz Frieser, *Blitzkrieg-Legende – Der Westfeldzug 1940*, München 2005, passim.

25 »had missed the bus«, zit. n. Roy Jenkins, *Churchill*, London 2001, S. 571.

26 Originaltext in: https://winstonchurchill.org/resources/speeches/1940-the-finest-hour/we-shall-fight-on-the-beaches/

27 Zit. n. Alan Bullock, *Hitler. Eine Studie über Tyrannei*, Düsseldorf 1964, S. 579; Franz Halder, *Kriegstagebuch, Tägliche Aufzeichnungen des Chefs des Generalstabs des Heeres, 1939–1942, Bearbeitet von Hans-Adolf Jacobsen*, KTB Bd. 2, Stuttgart 1963, S. 30f. (22. Juli 1940): »Übersetzen erscheint dem Führer ein großes Risiko.«

28 »Aber nach England will der Führer auch nicht recht herüber. Er scheut das Wasser.« *Josef Goebbels, Tagebücher 1924–1945*, Bd. 4 1940–1942, hg. von Ralf Georg Reuth, München, Zürich 2008, S. 1512 (22. Dezember 1940).

29 Max Domarus, *Hitler. Reden und Proklamationen 1932–1945*, Bd. 3, Leonberg 1988, S. 1558.

30 Wörtlich: »Hitler summoned Great Britain to capitulate to his will.« *Radio Address made July 22, 1940, By Lord Halifax, Foreign Secretary of Great Britain*; www.ibiblio.org/pha/policy/1940/1940-07-22a.html, Zit. n. *Vital Speeches of the Day*, Vol. VI, S. 625–626.

31 Walther Hubatsch (Hg.), *Hitlers Weisungen für die Kriegführung 1939–1945*, München 1965, S. 75 f.

32 Rudolf Kippenhahn, *Verschlüsselte Botschaften, Geheimschrift, Enigma und Chipkarte*, Reinbek bei Hamburg 1999, S. 244 und Simon Singh, *Geheime Botschaften*, München 2000, S. 202.

33 Churchill am 20. August 1940: »Never in the field of of human conflict has so much been owed by so many to so few.« Die »Wenigen« waren britische, kanadische, polnische und südafrikanische Piloten. INTERNATIONAL CHUR-

CHILL SOCIETY, *The Few, August 20, 1940, House of Commons,* in: https://winstonchurchill.org/resources/speeches/1940-the-finest-hour/the-few/

34 Walter Anger, *Das Dritte Reich in Dokumenten. Sammlung Res publica.* Band 7, Frankfurt am Main 1957, S. 138.

35 Jörg Friedrich, *Der Brand. Deutschland im Bombenkrieg 1940–1945,* Berlin 2002, S. 78.

36 Ebd., S. 119 f.

37 John Colville, *Downingstreet Tagebücher 1939–1945,* Berlin 1988, S. 255.

38 Wörtlich: »But if the Axis Powers fail to gain control of the seas, then they are certainly defeated.« Franklin D. Roosevelt, Fireside Chat 17, »*On An Unlimited National Emergency*«, May 27, 1941, in: University of Virginia (UVA), Miller Center (Hg.), https://millercenter.org/the-presidency/presidential-speeches/may-27-1941-fireside-chat-17-unlimited-national-emergency

39 Zur Rolle der Luftwaffe in der Atlantikschlacht: Sönke Neitzel, *Der Einsatz der deutschen Luftwaffe über dem Atlantik und der Nordsee 1939–1945,* Bonn 1995.

40 John Castello, Terry Hughes, *Atlantikschlacht. Der Krieg zur See 1939–1945,* Augsburg 2000, passim.

41 Keegan, *Der Zweite Weltkrieg,* a.a.O., S. 154.

42 Die Verluste der Alliierten überwogen auch 1942 den neugebauten Schiffsraum. Lothar Gruchmann, *Nationalsozialistische Großraumordnung. Die Konstruktion einer »deutschen Monroe-Doktrin«,* Stuttgart 1962, S. 184 ff. Vgl. z.F. V. E. Tarrant, *The U-Boat Offensive,* Annapolis 1989; Clay Blair, *Der U-Boot Krieg: Die Jäger 1939–1942,* München 1998; ders., *Die Gejagten 1942–1945,* München 1999, darin Auflistung aller U-Boote, Einsätze und Verluste.

43 Lukacs, *Fünf Tage,* a.a.O., passim.

44 Kielinger, a.a.O., passim.

45 John Lukacs, *Churchill und Hitler. Der Zweikampf,* Stuttgart 1992, S. 133.

46 David Cannadine, *Winston Churchill. Abenteurer, Monarchist, Staatsmann,* Berlin 2005, S. 13–65; John Keegan, *Churchill,* London 2002; John Charmley, *Churchill. The End of Glory: A Political Biography,* London 1993.

47 Zit. n. Winston S. Churchill, *Great Contemporaries. Essays and other Works,* London 1937, Kapitel The Ex-Kaiser; zuerst veröffentlicht als Einzelpublikation in »Collier's Weekly« vom 25.10.1930.

48 Cannadine, *Winston Churchill,* a.a.O., S. 61.

49 Keegan, *Churchill,* a.a.O., S. 167.

50 Charmley, a.a.O., S. 640 ff.

51 Kielinger, a.a.O., S. 203.

52 1935 schrieb er über Hitler: »Die Zukunft wird entscheiden, ob Hitler als Held oder als Monstrum in die Geschichte eingehen wird.« Winston S. Churchill, »The Truth About Hitler«, in: *The Strand Magazine,* Vol. XC/No. 539, (November 1935), S. 10.

53 Holger Afflerbach, *Falkenhayn. Politisches Denken und Handeln im Kaiserreich,* München 1996, schildert den Nachfolger des Generalstabschefs Helmuth v. Moltke (d.J.) als facettenreiche Gestalt. Churchill hielt ihn für den fähigsten unter den deutschen Militärführern des Ersten Weltkriegs, während andere es ihm hoch anrechnen, dass er als türkischer »Pascha« 1917 die Zwangsvertreibung aller Juden aus Palästina durch Cemal Pascha verhinderte (S. 483).

54 https://www.warhistoryonline.com/world-war-ii/hitler-first-world-war-m.html;
   https://historyofyesterday.com/adolf-hitler-during-the-first-world-war-8c1b1
   f19b2dd; https://www.historyplace.com/worldwar2/riseofhitler/warone.htm; Ausführlich: Thomas Weber, *Hitlers erster Krieg. Der Gefreite Hitler im Weltkrieg
   – Mythos und Wirklichkeit*, Berlin 2011.

55 Nigel Cave, *Battleground Europa Series*, Barnsley South Yorkshire 1990,
   S. 42–73.

56 David Reynolds, »Churchill the Appeaser? Between Hitler, Roosevelt and Stalin
   in World War Two«, in: Michael L. Dockrill and Brian J. C. McKercher, *Diplomacy and World Power. Studies in Britain Foreign Policy*, New York 2002,
   S. 197–220; Zum Gegenspieler Lord Halifax: Andrew Roberts, *The Holy Fox.
   The Life of Lord Halifax*, London 1991, S. 221.

57 Charmley, a.a.O., S. 2, 649.

58 Zit. n. Knut Walf, »… daß man alle Willkür, alles Machen meidet«, in: *Orientierung*, Nr. 24, 73. Jg., Zürich, 31. Dezember 2009, S. 267.

59 Wilfried *Wagner, Belgien in der deutschen Politik während des Zweiten Weltkriegs*, Boppard 1974, S. 186; Dick Peerls, *The Intellectual as a Stranger*, bes.
   Kapitel: *From neutrality to collaboration*, London 2000.

60 Haffner, *Anmerkungen*, a.a.O., S. 133 u. 138f.

61 Günter Diehl, *Zwischen Politik und Presse*, Frankfurt am Main 1994, passim

62 Andreas Hillgruber, *Deutschlands Rolle in der Vorgeschichte der beiden Weltkriege*, Göttingen 1986, S. 98.

63 Bernd Martin, *Friedensinititiativen und Machtpolitik im Zweiten Weltkrieg
   1939–1942*, Düsseldorf 1976, S. 318–329, 337–447.

64 Peter Bender, *Weltmacht Amerika und das neue Rom*, Stuttgart 2003, S. 1 ff.

65 M.R.D. Food, *S.O.E. An Outline History oft the Special Operations Executive
   1940–1946*, London 1999, S. 20.

66 Lukacs, *Churchill und Hitler*, a.a.O., S. 245.

67 Ernst Haiger, »Fiction, Facts, and Forgeries: The ›Revelations‹ of Peter and Martin Allen about the History of the Second World War«, in: *Journal of Intelligence
   History*, Vol. 6/1 (2006), S. 105–118; Manfred Görtemaker, »Der Flug des Paladins«, in: *Der Spiegel*, 01.06.2001.

68 Erich von Manstein, *Verlorene Siege*, München 1976.

69 »Churchill und Großbritannien hätten den Zweiten Weltkrieg nicht gewinnen
   können«, schreibt John Lukacs, »das taten am Ende Amerika und Russland. Im
   Mai 1940 war Churchill aber derjenige, der ihn nicht verlor.« Lukacs, *Fünf Tage*,
   a.a.O., S. 168.

III. STALIN – QUELLE DER BITTERNIS

1 S. Kapitel III. 3.

2 Boris Meissner, »Die Grossmächte und die Baltische Frage (I)«, in: *Osteuropa*,
   2/4 (1952), S. 247 ff.

3 Robert Gellately, *Lenin, Stalin und Hitler. Drei Diktatoren, die Europa in den
   Abgrund führten*, Bergisch Gladbach 2009, S. 474.

4 Sławomir Dębski, »Poland, the Soviet Union, and the Crisis of the Versailles Sys-

tem«, in: Adam D. Rotfeld & Anatoly V. Torkunov, *White Spots – Black Spots. Difficult Matters in Polish-Russian Relations 1918–2008*, Pittsburg/Pa. 2015, S. 124.

5   *ADAP*, Serie D, Bd. VI, S. 221 f.

6   Werner Maser, *Der Wortbruch. Hitler, Stalin und der Zweite Weltkrieg*, München 1994, Frankfurt am Main 1964, S. 25–27.

7   Walther Hofer, *Die Entfesselung des Zweiten Weltkrieges*, Berlin 2007, S. 201 f.

8   Ebd., S. 208.

9   Vgl. Maser, *Wortbruch*, a.a.O., S. 60–71.

10   Gemeinsame Erklärung der deutschen Regierung und der polnischen Regierung vom 26. Januar 1934, in: *ADAP*, Serie C, Bd. II/1, S. 411 f.

11   Theodor Bierschenk, *Die deutsche Volksgruppe in Polen 1934–1939*, Kitzingen 1954.

12   Alexander, *The Republic in Danger*, a.a.O., S. 280.

13   Teresa Pusylewitsch, »Die Aufarbeitung der seit dem Zweiten Weltkrieg offenen Fragen in den polnisch-sowjetischen Beziehungen«, in: *Die Friedens-Warte*, Vol. 68, No. 1/2 (1988), S. 115 f.

14   Bogdan Musial, *Kampfplatz Deutschland. Stalins Kriegspläne gegen den Westen*, Berlin 2008, S. 57.

15   Ebd., S. 9–12.

16   Sebastian Haffner, *Der Teufelspakt. Die deutsch-russischen Beziehungen vom Ersten zum Zweiten Weltkrieg*, Zürich 1994; Gemessener: Hildebrand, *Das vergangene Reich*, a.a.O., S. 691–700, hier: S. 692, stellt »die nicht von der Hand zu weisende Notlage außenpolitischer Isolierung« Stalins heraus. Vgl. auch Ian Kershaw, *Hitler. 1936–1945*, Stuttgart 2002, S. 277–280.

17   *ADAP*, Serie D, Bd. VI.1, Schulenburg an AA, 13.3.1939.

18   Ebd.

19   Dazu sehr klar und übersichtlich: Musial, *Kampfplatz*, a.a.O., S. 361–377, 463–467; Dass die Initiative von Moskau ausging, ist kaum noch umstritten, vgl. Hildebrand, *Das vergangene Reich*, a.a.O., S. 686 ff.; Jan Lipinsky, *Das Geheime Zusatzprotokoll zum deutsch-sowjetischen Nichtangriffsvertrag vom 23. August 1939 und seine Entstehungs- und Rezeptionsgeschichte von 1939 bis 1999*, Frankfurt am Main 2004.

20   Hans v. Seeckt, *Deutschland zwischen West und Ost*, Hamburg 1933, S. 31.

21   Lew Besymenski, *Stalin und Hitler. Das Pokerspiel der Diktatoren*, Berlin 2002, S. 215–236.

22   Zit. n. www.worldlii.org/int/other/LNTSer/1933/7.html

23   Der gewandte sowjetische Diplomat, zunächst Mitarbeiter des Volkskommissars für Auswärtige Angelegenheiten, Georgi W. Tschitscherin, dann dessen Nachfolger, suchte im Auftrag Stalins die Isolation der Sowjetunion zu durchbrechen. Am Abschluss des Rapallo-Vertrags mit dem Deutschen Reich war er 1922 beteiligt. Auch der Handelsvertrag mit Großbritannien im März 1921, der Nichtangriffs- und Beistandsvertrag mit Frankreich 1932/1935, die Aufnahme in den Völkerbund 1934 und die diplomatischen Beziehungen mit den USA 1933 fallen in seine Regie. Litwinow wurde im November 1941 zum Botschafter in Washington ernannt und machte auf der Reise in die Hauptstadt am 4. und 5. Dezember Zwischenstopp in Hawaii, wo man zu seinen Ehren in Oahu die Flotte schön aufge-

reiht hatte. Er verfehlte also nur um Tage den japanischen Angriff am 7. Dezember, die Chance zur ersten sensationellen Berichterstattung als Botschafter. Ansonsten hatte er Glück: Als Vertrauter Stalins entging Litwinow allen Verfolgungen.

24 Der Wechsel war verbunden mit umfangreichen Säuberungen des diplomatischen Personals im Apparat des Außenministeriums, gewissermaßen eine Fortsetzung des Stalin-Terrors von 1937, der auch diese Behörde nicht verschont hatte. Alastair Kocho-Williams, »The Soviet Diplomatic Corps and Stalin's Purges«, in: *The Slavonic and East European Review*, 86/1 (2008), S. 107–110.

25 Manfred Hildermeier, *Geschichte der Sowjetunion 1917–1991. Entstehung und Niedergang des ersten sozialistischen Staates*, München 1998, S. 585–598. Vgl. auch Besymenski, *Stalin und Hitler*, a. a. O., S. 217 ff., der Belege anführt, wonach »die Idee, dem neuen Vertrag ein gesondertes Geheimprotokoll beizufügen, eindeutig von Stalin und Molotow stammt«. Vorschläge über den Inhalt gingen auf Äußerungen des Leiters des Osteuropareferats in der Wirtschaftsabteilung des Reichsaußenministeriums, Karl Schnurre, in einem Gespräch mit dem sowjetischen Botschaftsrat in Berlin, Georgi A. Astachow, am 26. Juli 1939 zurück. Schnurre erwähnte im Rahmen von Wirtschaftsverhandlungen als konkrete Themen für eine politische »Normalisierung« Polen, Baltikum, Rumänien. Darüber hinaus könne es darum gehen, dass die UdSSR davon absehe, sich mit England und Polen zu verbünden. Schnurre besaß für das Gespräch exakte Weisungen v. Ribbentrops und seines Staatssekretärs v. Weizsäcker. Er wiederholte Weizsäckers Formulierung, dass Deutschland für die UdSSR ein »volles Angebot« habe. Besymenski, *Stalin und Hitler*, a. a. O., S. 203 f.

26 Albert Seaton, *Der russisch-deutsche Krieg 1941–1945*, Frankfurt am Main 1973, S. 21 f.

27 Helmut König, »Das deutsch-russische Vertragswerk von 1939 und seine Geheimen Zusatzprotokolle. Eine Dokumentation«, in: *Osteuropa*, 39/5 (1989), S. 413–458.

28 Ebd., S. 447.

29 Carl J. Burckhardt, *Meine Danziger Mission*, München 1960, S. 348. Die Authentizität des Zitats wurde u. a. von Golo Mann, später auch von Edgar Bonjour und Theodor Schieder bestritten.

30 Andreas Hillgruber, *Hitlers Strategie, Politik und Kriegsführung 1940–1941*, München 1982, Nachwort zur 2. Auflage, S. 517–534. Hillgruber verteidigt seine zentrale These, Hitler habe ein seit den 20er-Jahren »festliegendes Programm« für die Expansion des Reiches verfolgt, gegen den Einspruch der Historiker, die diese Konstruktion bezweifeln. In der Tat erscheint der Hitler unterstellte »Stufenplan« allzu konstruiert, ja geradezu schreibtischhaft, empirie- und strategiefern. In Hillgrubers Worten stellt sich der »Stufenplan« folgendermaßen dar: »Zunächst ging es um die Aufrichtung eines europäischen Kontinentalimperiums auf dem Wege über eine Niederwerfung Frankreichs und – anschließend – die Eroberung des europäischen Russlands, danach dann in einer weiteren ›Stufe‹ um den Aufbau einer deutschen Weltmachtstellung mit Kolonialbesitz in Afrika, ozeanischen Stützpunkten und starker Seemacht, die in der auf ihn, Hitler, folgenden Generation die Basis für einen Entscheidungskampf zwischen der ›Weltmacht‹ Deutschland und der ›Weltmacht‹ USA abgeben sollte« (S. 717). Dass sich Hitler mit imperialen Plänen dieser Art beschäftigte, tritt hinter den

Fakten zurück. Sein naheliegender »Plan«, auf dem Hintergrund des Paktes mit Stalin den Krieg auf Polen zu begrenzen, scheiterte an dem – nicht erwarteten – Eintritt Großbritanniens und Frankreichs in den Krieg. Die für einen Zweifrontenkrieg nicht einmal dieser Dimension gerüstete Wehrmacht musste nach Polen vollständig von Ost nach West verschoben werden. Die im Westen verbliebenen Deckungsverbände hätten einem entschlossenen Angriff der Franzosen und Briten nicht standgehalten; diese blieben jedoch aus. Die Eroberung Dänemarks und Norwegens war im »Plan« nicht vorgesehen, sondern eine Reaktion auf die anlaufende Peripher-Strategie der Westalliierten. Im Zusammenhang mit der Niederlage Frankreichs lenkten die Briten (nun unter Churchill) entgegen der Annahme Hitlers nicht ein. Dass sie standhielten, war mit Sicherheit eine Folge der Fehlentscheidung vor Dünkirchen im Juni 1940, das britische Expeditionskorps mit dem Kern der aktiven der Truppen des Königreichs entkommen zu lassen. Die Überlegung, Russland bereits im Herbst 1940 anzugreifen und sich damit Sicherheit auf dem Kontinent zu verschaffen, war zu diesem Zeitpunkt militärisch ausgeschlossen. Hitler ließ sie nach dem Einspruch der Militärs fallen. Die strategischen Gründe, den potenziellen Festlanddegen der Briten und zurüstenden Amerikaner zu beseitigen, solange im Westen Rückenfreiheit bestand, verfestigten sich jedoch. Stalin legte das geheime Zusatzabkommen vom August 1939 über die Einflusszonen mit der Inkorporation des Baltikums und dem Angriff auf Finnland im Winter 1939/40 expansiv aus und erhöhte im November 1940 durch Forderungen hinsichtlich der Ostsee und des Balkans den Druck auf Deutschland. Die deutschen Engagements auf dem Balkan und in Nordafrika beruhten auf der Schwäche des italienischen Verbündeten, sie gehörten nicht zu Hitlers angeblichem »Stufenplan«. Hitler rechnete mit dem aktiven Eingreifen der USA und angloamerikanischen Versuchen, nach Europa und Afrika vorzustoßen, für 1942 – wie sich zeigen sollte, zu recht. Für ein Stillhalten der Sowjetunion gab es nach den Erfahrungen im Jahr 1940 keine Garantie. Daraus ergab sich der strategische Zwang, die Sowjetunion in kürzester Zeit aus dem Spiel zu bringen, um danach mit allen Kräften die große Westallianz zu entmutigen. Mit Stalins Kriegserwägungen, auf die Hitler keinen Einfluss hatte, werden wir uns beschäftigen. Fazit: Die Entscheidungen, die Hitler traf und die ihm blieben, ergaben sich aus der wechselnden strategischen Situation. Sie überschatteten alle »Stufenpläne« mitsamt ihren politischen und rassepolitischen Implikationen.

31 Barbara Zehnpfennig, *Hitlers Mein Kampf. Eine Interpretation*, Hamburg 1988, S. 259, 267; *Hitlers Zweites Buch*, a.a.O., S. 156–159.

32 Im Widerspruch dazu steht die oben zitierte Äußerung Hitlers gegenüber Carl Jacob Burckhardt, deren Authentizität allerdings bestritten wird, s. Anm. 29 dieses Kapitels. Deutlich ausgesprochen hat Hitler den Gedanken, sich mit dem Erreichten zu begnügen (»haben wir auf Jahre hinaus genug zu tun, das in Europa Erreichte zu verdauen und zu konsolidieren«) im Juni 1940, zwei Tage nach der Unterzeichnung der französischen Kapitulation in Compiègne, s. Kapitel II. 2. Anm. 15.

33 Ian Kershaw, *Hitlers Freunde in England – Lord Londonderry und der Weg in den Krieg*, München 2005.

34 S. Kapitel IV. 4.

35 Der Autor ist sich im klaren, dass er sich auf das unsichere Feld kontrafaktischer Geschichtsbetrachtung begibt. Zwischen der hervorgehobenen Illusions-

Meisterschaft Hitlers und der Behauptung, er sei nicht bar aller strategischen Vernunft gewesen, besteht eine Spannung. Sie löst sich im realen Ereignis der Sichelschnitt-Operation im Mai 1940 gegen Frankreich jedoch auf. Hitler spielte nicht Hazard (wie er gegenüber Göring von sich selbst behauptet hat, was dem »Illusionären« zugeordnet werden könnte), sondern entschied sich entgegen dem Rat konservativer, in der Dimension des Schlieffenplans denkender Militärs für das überaus kühne Konzept der angeblich »unmöglichen« Ardennen-Durchquerung (Manstein, Guderian), das Frankreichs defensive Maginot-Doktrin sozusagen ins Herz traf.

36 Briefwechsel Daladier-Hitler, in: *Französisches Gelbbuch, The German-Polish crisis (March, 27.–May 9. 1939). Brief von Eduard Daladier an Adolf Hitler, 26. August 1939, No. 253; Antwort Hitlers an Eduard Daladier, 27. August 1939, No. 267.* www.ibiblio.org/pha/fyb/part_6c.html

37 Botschafter Robert Coulondre an Außenminister Georges Bonnet, 27. August 1939, No. 261. www.ibiblio.org/pha/fyb/part_6c.html

38 Hugh Redwald Trevor-Roper, *Hitlers letzte Tage*, Hamburg 1947, S. 60; Joachim C. Fest, *Hitler. Eine Biographie*, Frankfurt am Main, Berlin, Wien 1973, S. 815.

39 Elke Fröhlich (Hg.), *Die Tagebücher von Joseph Goebbels, Teil I, Bd. 7 (Juli 1939–März 1940)*, München 1998, S. 77 f. (Eintrag vom 26. August 1939).

40 Drei Tage vor Kriegsbeginn, am Nachmittag des 27. August 1939, erklärte Hitler bei einer Zusammenkunft im Mosaiksaal der Neuen Reichskanzlei in Anwesenheit von Heinrich Himmler, dem Chef der Sicherheitspolizei Reinhard Heydrich, SS-Obergruppenführer Karl Wolff, Reichsleiter Martin Bormann und Propagandaminister Joseph Goebbels: »Wenn nicht Mindestforderung erfüllt, dann Krieg: Brutal! (...) Krieg sehr schwer, vielleicht aussichtslos.« Generalstabschef Franz Halder, der die kurze Ansprache in seinem Tagebuch in Stichworten festhielt, ergänzte als seinen Eindruck von Hitler: »Übernächtigt, verfallen, Stimme brüchig, zerfahren.« Franz Halder, *Kriegstagebuch, Tägliche Aufzeichnungen des Chefs des Generalstabs des Heeres, 1939–1942, Bearbeitet von Hans-Adolf Jacobsen*, KTB Bd. 1, Stuttgart 1962, S. 38 (28. August 1939).

41 Philipp W. Fabry, *Die Sowjetunion und das Dritte Reich. Eine dokumentierte Geschichte der deutsch-sowjetischen Beziehungen 1933–1941*, Stuttgart 1971, S. 89.

42 Vgl. z. F. Manfred Zeidler, »Deutsch-sowjetische Wirtschaftsbeziehungen im Zeichen des Hitler-Stalin-Paktes«, in: Bernd Wegner (Hg.), *Zwei Wege nach Moskau. Vom Hitler-Stalin-Pakt bis zum ›Unternehmen Barbarossa‹«*, München 1991, S. 93–110.

43 *Coulondre an Außenminister George Bonnet vom 7. Mai 1939*, Nr. 123. www.ibiblio.org/pha/fyb/part_4.html

44 Churchill, *Der Zweite Weltkrieg*, a.a.O., S. 186.

45 *Churchills Radioansprache am 1. Oktober 1939*, in: www.churchill-society-london.org.uk/RusnEnig.html

46 Winston Churchill, »The Russian Counterpoise«, in: *Daily Telegraph*, 4 May 1939, repr. in: Winston S. Churchill, *Step by Step 1936–1939*, London 1947, S. 344.

47 Churchill, *Der Zweite Weltkrieg*, a.a.O., S. 186.

48 Hans von Herwarth, *Zwischen Hitler und Stalin. Erlebte Zeitgeschichte 1931–1945*, Frankfurt am Main 1982.

49 Llevellyn Woodward, *British Foreign Policy in the Second World War*, 5 Bd., London 1970–1976, Bd. I, S. 490 ff.

50 Reynolds, »*Churchill the Appeaser?*«, a. a. O., passim.

51 Albrecht Tyrell, *Großbritannien und die Deutschlandplanung der Alliierten 1941–1945*, Frankfurt am Main 1987, S. 76.

52 Ebd., S. 69.

53 Zit. n. John Hiden, »British PolicyTowards the Baltic States 1939–1945«, in: *Lithuanian Historical Studies*, 9 (2004), S. 85.

54 Ingeborg Fleischhauer, *Die Chance des Sonderfriedens. Deutsch-sowjetische Geheimgespräche 1941–1945*, Berlin 1986, S. 78. Das »Schreckgespenst« einer Erneuerung des deutsch-sowjetischen Paktes, schreibt Ingeborg Fleischhauer, habe wiederholt den Hintergrund für die »beträchtliche Konzessionsbereitschaft« der Westmächte gegenüber dem für sie unberechenbaren osteuropäischen Bündnispartner gebildet. »Es war auch wirksam in der nachgiebigen Verhandlungsführung des Westens auf den Konferenzen der Großen Drei und der Duldung des sowjetischen Truppenvorstoßes bis ins Herz Mitteleuropas hinein« (S. 8 f.). Ob ein deutsch-sowjetischer Separatfrieden möglich gewesen wäre, bleibt eine Vermutung. Sondierungskontakte fanden zwischen 1941 und 1943 vornehmlich über die sowjetische Botschaft in Stockholm statt. Zu den Drahtziehern gehörten widersprüchliche Parteien wie Canaris und Himmler. Höhere Chargen beider Seiten waren an den Kontakten nicht beteiligt. Hitler lehnte jeden Frieden ab, während Stalin in der Zeit zwischen Stalingrad (Entscheidung Anfang Februar 1943) und der Panzerschlacht von Kursk (Entscheidung August 1943) einen Kompromissfrieden nicht auszuschließen schien – ohne jede sowjetische Territorialkonzession (S. 288 f.).

55 Robert I. Gannon S. J., *The Cardinal Spellman Story*, New York 1962, S. 191; zit. n. Hans-Peter Schwarz, *Das Gesicht des Jahrhunderts*, Berlin 1998, S. 452.

56 Stefan T. Possony, *Jahrhundert des Aufruhrs. Die kommunistische Technik der Weltrevolution*, München 1956, S. 291.

57 Bernd Bonwetsch, »Stalins Äußerungen zur Politik gegenüber Deutschland 1939–1941«, in: Gerd R. Ueberschär/Lev A. Bezymenskij (Hg.), *Der deutsche Angriff auf die Sowjetunion 1941. Die Kontroverse um die Präventivkriegsthese*, Darmstadt 1998. S. 146 f.; Vgl. Viktor Suworow, *Der Eisbrecher: Hitler in Stalins Kalkül*, Stuttgart 1989.

58 François Furet, *Das Ende der Illusion – Der Kommunismus im 20. Jahrhundert*, München 1996, S. 408; Hinweis auf das Protokoll: Michael Narinski, »Le Komintern et le Parti communiste français, 1939–1942«, in: *Communisme*, n°32-33-34, 1993, S. 12.

59 Ebd.

60 Ebd., S. 12 f.; Bonwetsch, »*Stalins Äußerungen*«, a. a. O., S. 146 (Auszüge).

61 S. Kapitel IV. 3. *Der russisch-nationale Stalin.*

62 Leo Trotzki, »Das Zwillingsgestirn Hitler-Stalin«, zuerst veröffentlicht in englischer Sprache in: *Liberty*, 27. Januar 1940; Vgl. Leo Trotzki: Schriften 1 *(Sowjetgesellschaft und stalinistische Diktatur)*, Bd. 1.2 (1936–1940), Hamburg 1988; www.marxists.org/deutsch/archiv/trotzki/1939/12/zwilling.html

63 Tatjana Buschujewa, Nowy Mir 1994, Nr. 12, S. 230–237; Bernd Bonwetsch, »Stalins Äußerungen«, a. a. O., S. 148 (Auszug); Sergej Slutsch, »Stalins ›Kriegsszenario 1939‹. Eine Rede, die es nie gab. Die Geschichte einer Fälschung«, in: *Vierteljahreshefte für Zeitgeschichte* (VfZ), 52/4 (2004), S. 597–636; Gesamter Text in: Eberhard Jäckel, Über eine angebliche Rede Stalins vom 19. August 1939, in: *Vierteljahreshefte für Zeitgeschichte* (VfZ), Jg. 6 (1958), Heft 4, S. 380–389; der französische Originaltext der Havas-Meldung S. 381 f.

64 Zit. n. Trotzki, »*Zwillingsgestirn*«, a. a. O., Anm. 23.

65 Jäckel, *Über eine angebliche Rede Stalins*, a. a. O., S. 381 f.

66 Bonwetsch, »*Stalins Äußerungen*«, a. a. O., S. 149.

67 Wladimir Doroschenko (Hg.), *1. September 1939 – 9. Mai 1945. Aus Anlass des 50. Jahrestages der Vernichtung des faschistischen Deutschland im Kontext mit dem Beginn des Zweiten Weltkriegs*, Nowosibirsk 1995 (russ.), Auszüge in: Wolfgang Strauss, *Unternehmen Barbarossa und der russische Historikerstreit*, München 2001, S. 94 f.

68 *Revue de droit international*, Heft 3, 1939.

69 Bogdan Musial, »Erbarmungslose Abrechnung mit Deserteuren. Im Sommer 1941 wurde auch den eigenen Leuten kein Pardon gegeben: Stalin und die Rote Armee«, in: *Frankfurter Allgemeine Zeitung*, 11. August 2003; Catherine Merridale, *Iwans Krieg – Die Rote Armee 1939–1945*, Frankfurt am Main 2006, S. 118–134; Joachim Hoffman, *Stalins Vernichtungskrieg 1941–1945*, München 1995, S. 67–82, hier 76; Stefan Creuzberger, *Stalin. Machtpolitiker und Ideologe*, Stuttgart 2009, S. 232–234.

70 Henry Kissinger, *Die Vernunft der Nationen. Über das Wesen der Außenpolitik*, Berlin 1994, S. 353.

71 Ebd., S. 350. Dabei sei die Frage erlaubt, die wir im Kapitel III. 4. zu beantworten suchen, soweit dies möglich ist: Waren Hitler und Stalin wirklich Erzfeinde? Wenn ja – welche Art »Erzfeindschaft« war das?

72 Churchill, *Der Zweite Weltkrieg*, a. a. O., S. 180.

73 Gabriel Gorodetsky, *Die große Täuschung. Stalin, Hitler und das »Unternehmen Barbarossa«*, Berlin 2001, S. 403.

74 Furet, *Ende der Illusion*, a. a. O., S. 407, S. 405.

75 Zum *Kasprzycki-Gamelin-Abkommen* s. Kapitel III. 3. *Frankreich-Polen – peripher.*

76 Die britischen Streitkräfte, die zu Beginn des deutschen Westfeldzugs zum Einsatz kamen, waren klein, exzellent ausgerüstet, eine Elitetruppe aus Berufssoldaten, für die weitere britische Kriegführung von unschätzbarem Wert. Im Falle einer Gefangennahme in Nordfrankreich hätten die Engländer den wertvollsten Teil des Offizierskorps verloren, unter anderem Montgomery, Alexander, Brook, die später in Afrika respektive bei der Normandie-Landung eine maßgebliche Rolle gespielt haben. Die britische Armee mit ihren 15 Divisionen, 1280 Geschützen, 640 Panzern und 1150 Flugzeugen war vor allem in ihrer Repräsentation, der Expedition Forces (BEF), ein Resultat der Rüstungsanstrengungen seit 1938, die allerdings weit unter den Kapazitäten von 1914 lagen. Sie war mehr als eine »paradeground army«, eine »Cinderella« (Aschenbrödel) – Charakterisierungen, die für 1931/32 zutrafen, als die (teure) motorisierte und mechanisierte Truppe abgeschafft wurde. Ihre Niederlage im Mai/Juni 1940 ist primär der fal-

schen strategischen Aufstellung (Blickrichtung Belgien) und der überlegenen taktisch-operativen Führung des Gegners zuzuschreiben. In der Phase von 1935 bis 1939 verhielten sich Franzosen und Engländer wie »uncomfortable bedfellows« (Alexander, *The Republic in Danger,* a.a.O., S. 236). Während die Briten erst im April, nach Umstoßen der Tschechoslowakei in ein deutsches Protektorat, gemeinsamen Generalstabsbesprechungen zustimmten, baten die Franzosen inständig, aber vergebens um mechanisierte Streitkräfte und Kampfflugzeuge. Erst im Oktober 1939 kamen zwei Divisionen. London berief sich auf die Priorität der eigenen und des Empires Sicherheit und forderte im eigenen Interesse von Paris die »Vollendung« der Maginotlinie zwischen Sedan und der Küste. Nach wie vor lag das Schwergewicht der britischen Rüstung auf Flotte und Luftwaffe als Abschreckungswaffen. Die 700 000 Toten des Ersten Weltkriegs wirkten wie eine Blockade gegen ein entschiedenes Engagement auf dem Kontinent. Der Generalstab wünschte keinen langen Kampf um Frankreich, sondern eine Begegnungsschlacht in Belgien zum Schutz der lower countries Niederlande und Belgien vis à vis der Insel. Die Flucht aus Dünkirchen (wenn auch ohne schweres Material) löste trotz der sich abzeichnenden Niederlage Frankreichs Euphorie aus. Der deutsche Halte-Befehl vor dem französisch-flandrischen Hafen, der die Entsatz-Operation »Dynamo« begünstigte, war nach Ansicht der meisten Militärexperten »eine der folgenschwersten Fehlentscheidungen« (Frieser, *Blitzkrieg-Legende,* a.a.O., S. 381). Zu den Hintergründen der britischen Rüstungspolitik sehr einleuchtend: Gustav Schmidt, *England in der Krise. Grundzüge und Grundlagen der britischen Appeasement-Politik (1930–1937),* Opladen 1981, besonders die Abschnitte: 2. Prioritäten der Rüstungspolitik, Isolationismus und Appeasement; 3. Rüstungsdebatte und Außenpolitik; 4. Innen- und außenpolitische Friedensstrategie, S. 468–520.

77 Édouard Daladier »De Munich au Pacte germano-russe«, in: *Minerve,* Paris, no 31, 19 avril 1946.

78 Winston Churchill, *The Second World War,* Vol. I, The Gathering Storm, London 2005, S. 350 f.

79 Während Andreas Hillgruber die Bedeutung der peripheren Strategie beachtet, (*Hitlers Strategie,* a.a.O., S. 55–58), schreibt Klaus Hildebrand in seinem grundlegenden Werk *Das vergangene Reich,* a.a.O., S. 715–719 zwar zutreffend, der britische Entschluss Ende März 1940, in Norwegen zu landen, habe »nicht zuletzt« das Ziel verfolgt, die deutsche Offensive gegen den Westen in Europa zu unterlaufen. Von diesem Teilaspekt abgesehen, unterbleibt aber in dem ansonsten urteilskräftigen Eintausendseitenwerk die eingehende Erörterung der alliierten Peripherstrategie, die Deutschland zum Rundumgefecht auf der inneren Linie zwingen sollte. Die Weltkriegsautoren Richard Overy (*Die Wurzeln des Sieges,* Stuttgart 2000) und John Keegan (*Der Zweite Weltkrieg,* a.a.O.) erwähnen Skandinavien flüchtig, schweigen sich über die alliierten Balkan- und Kaukasusprojekte jedoch aus. Ian Kershaw erwähnt in seiner Studie (*Wendepunkte,* a.a.O.) im Zusammenhang mit dem Skandinavienkrieg den Wechsel von Chamberlain zu Churchill, obwohl letzterer als Lord der Admiralität es versäumt hatte, die deutsche Landung in Norwegen mit überlegenen Seestreitkräften zu verhindern (S. 39). In seinem Hauptwerk (*Hitler 1936–1945,* a.a.O.) behandelt Kershaw ausführlich den britisch-deutschen »Wettlauf« nach Norwegen

(bes. S. 391), wirft aber weder auf den Kaukasus, den Balkan, Schweden und die Sowjetunion, mithin auf das Peripherie-Konzept ein Auge. Über all das ist auch bei Joachim C. Fest (*Hitler. Eine Biographie*, Berlin, Frankfurt am Main 1995) kein Wort zu lesen. Ebenso enthaltsam, von Anmerkungen über Norwegen abgesehen, bleibt Richard J. Evans in seiner groß angelegten Weltkriegs-Historie (*Das Dritte Reich – Krieg*, München 2008, S. 155–161). Auch Andrew Roberts (*The Storm of War. A New History of the Second World War*, London 2009) und der Historiker-Veteran Gerhard L. Weinberg (*Welt in Waffen: Die globale Geschichte des Zweiten Weltkriegs*, Hamburg 2002) behandeln allein Skandinavien, unterscheiden sich aber drastisch in der Bewertung. Während Roberts auf die Gleichzeitigkeit der alliierten und der deutschen Landungsaktionen abhebt – die Briten hätten in Scapa Flow schon Truppen auf Schiffe verladen, als die deutsche Offensive begann – und Basil Liddell Harts Bild vom »deutsch-alliierten Fotofinish« erwähnt (S. 38–45), gibt Weinberg von dem Nordunternehmen eine ideologisch getönte Falschdarstellung. Er behauptet, die Aktion sei auf alliierter Seite lediglich »diskutiert« worden; Großbritannien habe zwar den Versuch unternommen, die deutschen Erztransporter aus Narvik durch Verminung der norwegischen Hoheitsgewässer auf die offene See zu zwingen und dort abzufangen, eine Invasion Norwegens aber nicht geplant (sic!). Die britisch-französisch-polnische Landung nördlich und südlich von Trondheim, von der er dann aber doch spricht, sei an einer »unglaublichen Unfähigkeit der britischen Offiziere« gescheitert (S. 130–139).

80 S. Kapitel VII. 3. *Stalin reformiert die Armee.*

81 Eines der anschaulichsten Zeugnisse für die alliierte Entschlossenheit, der Kriegsgöttin Bellona (Klaus Hildebrand) das Tor nach Osten aufzustoßen, bietet das wundersame britische Schlachtross *Robert Vansittart,* das an den Peripher-Planungen zwar nicht unmittelbar beteiligt war, aber große Sympathien für sie hegte. Sie hätten seinem Kopf entspringen können, wäre er noch oberster Beamter im britischen Außenministerium (Permanent Under-Secretary of State for Foreign Affairs) wie zwischen 1930 und 1938 gewesen. Als leidenschaftlicher Gegner des Appeasements mit Neville Chamberlain über Kreuz, diente er 1939 nur noch als Berater an der Seitenlinie. Angesichts profunder Bildung und Kenntnis der Außenpolitik, die er wie eine Monstranz vor sich hertrug, hallte seine Stimme aber auch nach der Degradierung durch die britische Diskussion. Sein Memoirenband (Robert Gilbert Vansittart, *Lessons of My Life*, New York 1943) ist in seiner scharfsinnigen Einseitigkeit bei der Beurteilung Deutschlands, der gesamten deutschen Geschichte und der Deutschen schlechthin ein faszinierendes Exemplar der polemischen Literatur. Heute ist das Buch eine bibliophile Rarität. Schon auf dem Umschlag werden die totale historische Militarisierung Deutschlands, seine weitreichenden Ambitionen und sein grausamer Umgang mit den Nachbarn in »Schlagzeilen« auf den Begriff gebracht, der Drucksatz ist illustrativ von Hakenkreuzen eingerahmt. Vansittart ging seinesgleichen auf die Nerven. Sein Nachfolger als Permanent Under-Secretary, *Alexander Cadogan,* bezeichnete ihn schlicht als »ass«, Esel. »Der Mann hat die mentale Balance verloren.« – »Was für ein Kind er ist (...) nichts ist rational an ihm« – »Kassandra als beseelte Pantomime«. David Dilks (Hg.), *The Diaries of Sir Alexander Cadogan 1938–1945*, London 1971, S. 67 (9 April 1938), 151 (24 February 1939);

S. 40 (21 January 1938); S. 333 (31 October 1940), i.F. Cadogan, *Diaries*. Aber in seinem erleuchteten Hass schrieb er großartige, dezisionistische Sätze wie diesen: »Politische Prophetie ist etwas Verrücktes. Man bekommt keinen Zuspruch, wenn man recht behält, und der Irrtum hat den Preis des Hohns. Die Regel kennt allerdings eine Ausnahme – wenn man auf etwas ganz Sicheres setzt, was ich immer tat, wenn ich diese deutschen Kriege vorhersagte. In derselben Art wage ich jetzt eine andere Prophezeiung: Wir können den Frieden auf Dauer sichern – aber nur, wenn wir wissen, was Deutschland ist und dass es aufhören muss zu existieren« (*Lessons of my Life*, letzter Satz der Einleitung, S. XXII). Seine fundamentalistische Deutschland-Kritik brachte ihm trotz der Treffsicherheit vieler seiner Vorhersagen wenig Ansehen ein. Im öffentlichen politischen Urteil Großbritanniens kreuzten sich unterschiedliche Strömungen. Seit 1919 wuchs das schlechte Gewissen über den Versailler Vertrag. Nach der kampflosen Überlassung der Tschechoslowakei in Hitlers Hände überlagerten Schuldgefühle das Selbstbild. Mit dem deutsch-sowjetischen Pakt und der gewaltsamen Teilung Polens überwuchs schließlich ein ganz neuer Zorn die Beklemmung: Er zielte auf Deutsche und Sowjets, Hitler und Stalin, auf ihr Kriegsbündnis. Und es war Vansittart, der den Gefühlen den gesuchten aggressiven Ausdruck verlieh. Die Briten, so wird Vansittart zitiert (Patrick R. Osborn, *Operation Pike. Britain versus the Soviet Union 1939–1941*, Westport, Connecticut, London, 2000, S. 121), hatten viele Male versucht, gute Beziehungen zu Moskau herzustellen, seien aber jedes Mal abgeblitzt. Der Aussöhnung standen divergierende Interessen im Wege. Jetzt aber sei der Clou der Sache, dass »wir« (die Briten, die Alliierten) gegen »*Teutoslavia*« zu Felde ziehen sollten, bevor Deutsche und Russen zu stark werden. Die Sowjets bezeichnet Vansittart als Betrüger, die sich schamlos zum Imperialismus ihrer zaristischen Vorgänger bekennen. Entgegen der offiziellen Lehre, ein langer Krieg begünstige die Alliierten, glaubte Vansittart aus guten Gründen, deutsch-sowjetische Beziehungen würden die westliche Blockadestrategie scheitern lassen. Wenn der Krieg noch zwei Jahre andauere, schließt er, können wir ihn womöglich nicht mehr gewinnen angesichts der Entwicklung und Organisation der russisch-deutschen Verbindung. Deshalb forderten selbst Deutsche (Anti-Nationalsozialisten) die Tat: »Zuschlagen, bevor es zu spät ist.«

82 Klaus Hildebrand (*Das vergangene Reich*, a.a.O., S. 710) zitiert die alarmierte Tagebucheintragung von Harold Nicolson am 17. September, in der es heißt: »Vielleicht werden wir in wenigen Tagen Deutschland, Russland und Japan gegen uns haben«. (Harold Nicolson, *Tagebücher, Briefe*, Bd. 1, hg. von Nigel Nicolson, Stuttgart 1970, S. 349). Nicolson gehörte nach Umwegen über das rechte Parteienspektrum zu den engagierten Gegnern Chamberlains und der offiziellen Appeasement-Politik. Von 1940 an war er als Parlamentarischer Privatsekretär des Informationsministers im Kabinett Churchill tätig.

83 Karl Schlögel, *Terror und Traum. Moskau 1937*, München 2008, hier besonders S. 241–265, 502–506, 627, 640 ff.

84 S. Stichwort: *Stalins Artel*, S. 628.

85 Ebd., S. 28.

86 Robert Coulondre, *Von Moskau nach Berlin 1936–1939. Erinnerungen des französischen Botschafters*, Bonn 1950, S. 245; Potjomkin, der stellvertretende

Außenminister stellte am 8. Oktober 1938 gegenüber Coulondre kühl fest: »Mein armer Freund, was habt Ihr da angestellt? Für uns sehe ich nun keine andere Lösung mehr als die vierte Teilung Polens.« Ebd., S. 240; Coulondre führte die Erfolge Hitlers auf dessen virtuose Kunst des Überredens zurück. In seinen Memoiren räumt er ein, Hitlers Rhetorik habe eine so große Wirkung ausgeübt, dass einer seiner Mitarbeiter in der Botschaft »für einige Minuten zum überzeugten Nationalsozialisten« geworden sei (S. 473).

87 Walter Krivitzky, *In Stalin's Secret Service*, New York 1939; Der Aussagewert des reißerisch geschriebenen Buches ist umstritten: Furet, *Ende der Illusion*, a. a. O., S. 332 u. 671, Anm. 82.

88 Ebd., S. 402; s. auch Claudia Weber, »Die Massenerschießungen von Katyń in der Geschichte des Zweiten Weltkriegs und des Kalten Krieges«, in: Anna Kaminsky (Hg.), *Erinnerungsorte für die Opfer von Katyń*, Leipzig 2013, S. 41–60.

89 Furet, *Ende der Illusion*, a. a. O., S. 354.

90 Nach der Münchner Konferenz hatte Thorez am 21. November 1938 vor dem ZK der KPF noch eine martialische Erklärung im Stile Gambettas abgegeben, (abgedruckt in L'Humanité, 28. November): Nun sei die Stunde für die allgemeine Bewaffnung des Volkes gekommen, für die Verwirklichung grundlegender Reformen, die eine zehnfache Verstärkung der militärischen und technischen Mittel sicherstellten. Volkes Wille sei es, der Armee der Republik Rüstungsstärke zukommen zu lassen: »Aux lendemains de la conférence de Munich, Maurice Thorez proclamait devant le comité central du PCF l'urgence d'un renforce-ment sensible des forces armées : L'heure est venue (…) de réaliser l'armement général du peuple, de réaliser les réformes profondes qui assureront une puis-sance décuplée des moyens militaires et techniques du pays. (…) Une politique générale conforme à la volonté du peuple assurerait à l'armée de la République des moyens matériels et techniques considérables.« Zit. n. Georges Vidal, »Le Parti communiste française et la défense national (septembre 1937 – septembre 1939)«, in: *Revue historique* 2004/2, (n° 630) S. 333–369.

91 Narinski, »Le Komintern«, a. a. O., S. 13.

92 Charles de Gaulle, *Memoiren. Der Ruf, 1940–1942*, Frankfurt am Main 1955, S. 34.

93 In seinem berühmten Essay »Beantwortung der Frage: Was ist Aufklärung« untersagt Kant den Bürgern, sich unmittelbar gegen die Anordnungen der Obrigkeit aufzulehnen, aber er hat keine Einwände, wenn sie ihre Kritik »als Gelehrte« vortragen, also mit sorgfältig formulierten und begründeten Argumenten; listig verschweigt er dabei, dass ein Monarch, der sich aufs Argumentieren einlässt, im Begriff ist, seinen absoluten Herrschaftsanspruch aufzugeben und ihn an eine überpersönliche Instanz, die Vernunft, abzutreten. Eine clasa discutadora nennt schon zwei Generationen später der konservative spanische Philosoph Donoso Cortés (1809–1853) voller Verachtung die liberale Bourgeoisie: eine Gesellschaft, die sich nur noch aufs Schwatzen versteht und über den Austausch von Argumenten handlungsunfähig geworden ist, weil sie zu keiner Entscheidung mehr gelangen kann. Hartmut Scheible, *Giacomo Casanova. Ein Venezianer in Europa*, Würzburg 2009, S. 199.

94 Hitler offerierte am 6. Oktober im Reichstag eine große Friedenskonferenz zur Regelung der europäischen Friedens- und Sicherheitsprobleme. Als nicht verhan-

delbar bezeichnete er die Teilung Polens zwischen Deutschland und der Sowjetunion. Hitler sah zumindest das Ziel der vollständigen Revision des Versailler
Vertrags erreicht und war daran interessiert, den Krieg unter seinen Bedingungen
zu beenden. »Ölzweig in einer geballten Faust«, nennt Ian Kershaw das Verfahren (Kershaw, *Hitler. 1939–1945*, a. a. O., S. 364.)

95 Basil Henry Liddell Hart, *Geschichte des Zweiten Weltkriegs*, Bd. 1, Düsseldorf,
    Wien 1972, S. 82.

96 Eine gute Information über die Breite der Peripher-Planungen und den Druck, der
    besonders von interessierter französischer Seite auf die eher zögerliche Regierung
    Chamberlain ausgeübt wurde, bieten Die Geheimakten des französischen Gene-
    ralstabs, Auswärtiges Amt, (Nr. 6), Berlin 1941 (auch: Archiv Edition 1995):
    *»Der französische Ministerpräsident und Außenminister Daladier an den fran-
    zösischen Botschafter in London, Corbin, 17. Januar 1940, betr. Aktion in Skan-
    dinavien«*, Nr. 18, S. 41 f., (franz. Faksimile S. 201); *»Bitte des französischen
    Ministerpräsidenten Daladier vom 18. Januar 1940 an General Gamelin und Ad-
    miral Darlan: eine Denkschrift über das Abschneiden für Deutschland bestimm-
    ter Öltransporte im Schwarzen Meer, über direkte Intervention im Kaukasus
    und über die Förderung der Selbständigkeitsbestrebungen mohammedanischer
    Bevölkerungsgruppen im Kaukasus auszuarbeiten«*, Nr. 19, S. 43, (franz. Fak-
    simile S. 205); *»Der Französische Ministerpräsident und Außenminister Daladier
    an den französischen Botschafter in London, Corbin, 21. Februar, betr. Beistand
    für Finnland, Intervention in Skandinavien«*, Nr. 21, S. 45–47 (franz. Faksimile
    S. 207); *»Zwei Aufzeichnungen des Oberbefehlshabers des französischen Heeres,
    General Gamelin, vom 22. Februar 1940 über die Kaukasus-Operation«*, Nr. 22,
    S. 48–50 (franz. Faksimile S. 211) und vom 10. März 1940 über die Teilnahme
    französisch-britischer Streitkräfte an den Operationen in Finnland und die skan-
    dinavischen Pläne im allgemeinen: Nr. 23, S. 51–55 (franz. Faksimile S. 216).

97 Osborn, *Operation Pike*, a. a. O., S. 133.

98 Klaus A. Maier, Bernd Stegemann, »Die Sicherung der europäischen Nordflanke«,
    in: Klaus A. Maier et. al., *Das Deutsche Reich und der Zweite Weltkrieg*, Bd. 2,
    Die Errichtung der Hegemonie auf dem europäischen Kontinent, Stuttgart 1979,
    S. 189–225.

99 *Zeugnis Gamelins: Dec. 23*, 1947, France, Assemblée national, Commission
    d'Enquête parlementaire, Les Événéments survenus en France de 1933 à 1945:
    Temoigagnes et documents recueillis par la Commission d'Enquête parlementaire
    (Paris, 1947), II (dépositions) S. 537–38; vgl. Charles O. Richardson, »French
    Plans for Allies Attacks in the Caucasus Oil Fields January-April 1940«, in:
    French Historical Studies, Vol 8, Nr. 1, Durham/NC 1973, S. 130–156.

100 Maurice Gamelin, *Servir*, Bd. III, Paris 1947, S. 199.

101 Zit. n. Günter Kahle, *Das Kaukasusprojekt der Alliierten vom Jahre 1940*, Wies-
    baden 1973, S. 12; *Geheimakten*, a. a. O., Dokument Nr. 22, S. 50–52, (franz.
    S. 213–217).

102 Paul Reynaud, *Au Coeur De La Melee 1930–1945*, Paris 1951, S. 370.

103 Ebd., S. 370 f.

104 Talbot Charles Imlay, »A Reassessment of Anglo-French Strategy during the
    Phony War, 1939–1940«, in: *The English Historical Review*, Vol. 119, No. 481
    (Apr. 2004), S. 333–372.

105 Henri de Kirillis, *Français, voici la vérité*, Paris 1942, S. 101, zit. in: Richardson, a. a. O., S. 156.

106 Bernd Stegemann, »Das Unternehmen ›Weserübung‹«, in: *Das Deutsche Reich und der Zweite Weltkrieg*, Bd. 2, a. a. O, S. 212 ff.

107 Osborn, *Operation Pike*, a. a. O., S. 146; Zur nachfolgenden Darstellung das Kapitel: *Baku is the Achillesheel of both Russia and Germany: The Failure to Aid Finland and the Continuing Debate*, S. 101–138

108 S. Kapitel III. 3.

109 Osborn, *Operation Pike*, a. a. O., S. 52.

110 Ebd.

111 Gamelin, *Servir*, a. a. O., S. 199.

112 *Geheimakten*, a. a. O., »*Notiz des französischen Ministerpräsidenten Daladier vom 19. Januar 1940*«, Nr. 19, S. 45 (franz. Faksimile S. 207) sowie die Antwort Gamelins vom 22. Februar 1940: »*Aufzeichnung des Oberbefehlshabers des französischen Heeres General Gamelin … über eine Aktion, die den Zweck verfolgt, Deutschland und der UdSSR die kaukasischen Erdölquellen zu sperren*«, Nr. 22, S. 50 (franz. Faksimile S. 213) und vom 10. März: »*Aufzeichnung betreffend die Teilnahme französisch-britischer Streitkräfte an den Operationen in Finnland*«, Nr. 23, S. 53 (franz. Faksimile S. 218).

113 Das bis 1944 finnische Petsamo an der Barentssee westlich von Murmansk ging am Ende des finnischen »Fortsetzungskriegs« in sowjetische Hände über (Pečenga). Das Gebiet zeichnet sich durch reiche Nickelvorkommen aus, von denen Deutschland profitierte.

114 Luleå liegt an der Nordwestküste des bottnischen Meerbusens, der in Sommerzeiten als Ausgangspunkt der Eisenerzlieferungen nach Deutschland diente. Im Winter waren die Transporte nur über den eisfreien Hafen von Narvik und die Schifffahrtsroute entlang der norwegischen Küste in den norwegischen Hoheitsgewässern nach Deutschland möglich.

115 Geheimakten, a. a. O., »*Handschreiben des Oberbefehlshabers der französischen Levantetruppen General Weygand an den Oberbefehlshaber des französischen Heeres General Gamelin, 9. September 1939*«, Nr. 5, S. 27 (franz. Faksimile S. 178).

116 *Geheimakten*, a. a. O., Nr. 23, S. 53 (franz. Faksimile S. 218).

117 *Geheimakten*, a. a. O., »*Bericht des von der Französischen Regierung beauftragten Sachverständigen für die Zerstörung der rumänischen Erdölindustrie Léon Wenger vom 1. Oktober 1939*«, Nr. 9, S. 32, (franz. Faksimile S. 187); zu Léon Wenger: William A. Hoisington Jr., *The Assassination of Jacques Lemaigre Dubreuil. A Frenchmen Between France and North Africa*, London, New York 2005, S. 40 f.

118 *Geheimakten*, a. a. O., »*Der Oberbefehlshaber des französischen Heeres General Gamelin an den Französischen Ministerpräsidenten, Landesverteidigungs- und Kriegsminister Daladier, 12. März 1940*«, Nr. 25, S. 59 (franz. Faksimile S. 59).

119 https://www.senat.fr/fileadmin/Fichiers/Images/communication/Autre/14_03_1940senat.pdf. Wie verwirrend die Situation in Frankreich war, zeigt der Umstand, dass Daladier als Ministerpräsident nicht abgewählt wurde, sondern infolge massenhafter Enthaltung in der Assemblée die Mehrheit verlor. Der französische Flieger, Held des Ersten Weltkriegs und polemische Publizist Henri de Kérillis verurteilte diejenigen, die sich geweigert hätten, für Danzig zu sterben

und jetzt für Helsinki sterben wollten. Leute, die glaubten, mit 65 Millionen Deutschen nicht allein fertig zu werden, würden es nun am liebsten mit einer russisch-deutschen Kombination von 245 Millionen aufnehmen (Osborn, *Operation Pike*, a. a. O., S. 115).

120 George T. Eggleston, *Roosevelt, Churchill and the World War II Opposition: A Revisionist Autobiographie*, Old Greenwich/CT 1980, S. 130.

121 S. oben, Anm. 79.

122 Jaques Engeli, *Frankreich 1940. Wege in die Niederlage*, Baden 2005, S. 210 ff., auch Anm. 5: *Plan de guerre*, in: Joseph Edouard Aime Doumenc, *Le Papiers secrets du General Doumenc: 1939–1940*, Paris 1992, S. 486 ff. (Hg. François Delpla). Zum strategischen Programm des PeripherKriegs sehr ausführlich: Jean-Louis Crémieux-Brilhac, *Les Français de l'an 40, Tome I. La Guerre Oui ou Non?*, Bd. II. Ouvriers et Soldats, Paris 1990; David Reynolds, *1940: Fulcrum of the Twentieth Century?*, in: *International Affairs*, Volume 66, Issue 2, April 1990, S. 325–350.

123 Zit. n. Harro von Senger, *Strategeme*, Bern, München, Wien 1988, S. 56–61. Unter der Sammlung der 36 Strategeme findet sich das Zielen auf die Achillessehne in Strategem Nr. 2: «Wei belagern, um Zhao zu retten». Kern ist das indirekte Bezwingen des Feindes durch das Bedrohen seiner ungeschützten Schwachstellen – im behandelten Falle der Erzgruben in Schweden, des Verladehafens Narvik sowie der Ölfelder von Baku im Kaukasus und von Ploeşti in Rumänien und der übrigen insgesamt acht Aktionen respektive Kriegsschauplätze. Das Strategem entstammt der Schrift des chinesischen Strategen und Generals *Sunzi* (Sūn Wǔ, vermutlich 6. Jahrhundert v. Chr.), dessen Werk die Generalstäbe bis heute inspiriert: Sunzi, *Die Kunst des Kriegs*, Frankfurt am Main, Leipzig 2009, Kapitel »*Die Leere und die Fülle*«, S. 27–30. Die bezüglichen Zitate lauten: »Der erfolgversprechende Angriff greift Ziele an, die nicht verteidigt werden; die erfolgversprechende Verteidigung verteidigt Stellungen, die nicht angegriffen werden.«
»Will ich die Schlacht meiden, gelingt es dem Feind, selbst wenn mich nichts als eine Linie auf dem Boden schützt, dennoch nicht, mich zum Kampf zum stellen, da ich ihn in eine andere Richtung lenke.«
»Die Formation der Truppe gleicht dem Wasser: Die Formation des Wassers meidet die Höhe und strebt in die Tiefe, und siegreich bleiben die Truppen, indem sie die Fülle meiden und in die Leere stoßen.«
»Wer in der Lage ist, den Sieg zu erringen, indem er sich im ständigen Wandel auf den Feind einstellt, den kann man wohl als begnadet bezeichnen.«
»Denn von den fünf Elementen behält keines beständig die Oberhand, von den vier Jahreszeiten behauptet sich keine auf Dauer, die Sonne scheint länger und kürzer, und der Mond durchläuft die Phasen von Tod und Wiedergeburt.«

124 Kissinger, *Die Vernunft der Nationen*, a. a. O., S. 323.

125 Hildebrand, *Das vergangene Reich*, a. a. O. S. 687 f.

126 Michael M. Postan, *British War Production*, Chapter II: Early Replacement, 1934–1938. London HMSO 1952, *British Official Histories (History of the Second World War)*, S. 27, 34, n. 31; 26 Prozent entsprachen 68,5 Millionen Pfund

127 S. Kapitel IV. 1.

128 Alexander, *The Republic in Danger*, a. a. O., S. 356 f.

129 S. Kapitel XII. 2.

130 *Annales de l'Assemblèe national*, Débats, 1re législature (XXII), Session de 1940,
     23–41 décembre, Chambre des Députés, comités secrets des 9. février, 19 avril,
     1940 (Paris 1949), S. 51., zit. n. Richardson, a. a. O., S. 147 f. Der aufmerksame,
     sehr politische französische Botschafter in Moskau, Robert Coulondre, schil-
     dert in seinen Erinnerungen seine fast verzweifelten Versuche, militärische Ab-
     machungen zwischen Frankreich und der Sowjetunion zustande zu bringen. Der
     an »kollektiver Sicherheit« interessierte sowjetische Außenminister Litwinow
     bekräftigte ihn darin und appellierte an den »französischen Patriotismus« von
     Poincaré und Clemenceau – was etwas seltsam klang, nachdem Poincarés Bild
     vor wenigen Jahren noch verbrannt worden war und Clemenceau den antibol-
     schewistischen cordon sanitaire so warm empfohlen hatte (Coulondre, a. a. O.,
     S. 58). Beide Repräsentanten Frankreichs, Clemenceau und Poincaré galten als
     Vertreter der Versailler Vertragspolitik, die Lenin schärfster Kritik unterzogen
     hat. Die Hürden für eine Militärkonvention waren jedoch zu hoch, wie Coulon-
     dre traurig vermerkt: »Die geographische Lage und Hitler zwingen Frankreich
     seine Außenpolitik auf, sie machen ein wirksames Bündnis zwischen uns und der
     UdSSR zu einer Lebensnotwendigkeit, aber die Plage der revolutionären Ma-
     chenschaften der Komintern genügt, um die französische öffentliche Meinung
     gegen den Pakt aufzubringen« (S. 55). Wie schnell sich damals der Wind drehte,
     zeigte der Umstand, dass Coulondre nach den wenigen Moskauer Jahren als
     Botschafter in Berlin im August 1939 den Abschluss des deutsch-sowjetischen
     Nichtangriffspaktes erlebte, der die großen militärstrategischen Hoffnungen
     Frankreichs buchstäblich unter sich begrub (S. 400 ff.), die Sowjetunion zum
     Allianzpartner des Reiches gegen Polen machte, und Paris fortan auf Warschau
     verwies – mit allen Missverständnissen und Fehlkalkulationen.

131 Alexander, *The Republic in Dange*, a. a. O., S. 303–313; Nicole Jordan, *The
     Popular Front and Central Europe: The Dilemmas of French Impotence,
     1918–1940*, New York 1992, S. 294. Das Kasprzycki-Gamelin-Abkommen
     wurde am 19. Mai 1939 in Paris unterzeichnet. Es wurde nach dem polnischen
     Kriegsminister General Tadeusz Kasprzycki und dem Kommandeur der franzö-
     sischen Armee Maurice Gamelin benannt. Es handelte sich um eine militärische
     Konvention (von Armee zu Armee, nicht von Staat zu Staat) und war rechtlich
     nicht in Kraft, da sie von der Unterzeichnung und Ratifizierung einer politischen
     Konvention abhing. Sie verpflichtete beide Armeen, sich im Falle eines Kriegs mit
     Nazi-Deutschland gegenseitig Hilfe zu leisten. Im Mai versprach Gamelin eine
     «kühne Entlastungsoffensive« innerhalb von drei Wochen nach dem deutschen
     Angriff. Im September leistete er fast keine aktive Hilfe. Trotz aller Verpflichtun-
     gen leistete Frankreich Polen während des polnischen Verteidigungskriegs 1939
     in Form der »Saaroffensive« nur symbolische Hilfe ohne jeden militärischen
     Wert.

132 *Geheimakten*, a. a. O., Nr. 22, S. 50–52 (franz. Faksimile S. 213 f.)

133 François Berida (Hg.), *La stratégie secrète de la drôle de guerre, Sept. 39–
     avril 40*, Paris 1979, S. 532 ff., zit. n. Engeli, *Frankreich 1940*, a. a. O., S. 110 f.

134 Hinweise auf eine Geheimkorrespondenz gibt der russische Militärwissenschaft-
     ler Lew Besymenski (*Stalin und Hitler*, a. a. O., S. 431). Sie beruhen auf einer
     »Erzählung« Marschall Schukows, Stalin habe ihm im Juni 1941 einen Brief

Hitlers und dessen Antwort gezeigt. Die Korrespondenz sei im April 1945 vernichtet worden. Nach Ansicht des russischen Historikers Sergej Slutsch gehören diese Angaben ins »Reich der Phantasie« – es gebe keine dokumentarische Bestätigung. Sergej Slutsch, »Stalin und Hitler 1933–1945: Kalküle und Fehlkalkulationen des Kreml«, in: Jürgen Zarusky (Hg.), *Stalin und die Deutschen. Neue Beiträge der Forschung,* München 2006 (Schriftenreihe der Vierteljahreshefte für Zeitgeschichte, Sonderband), S. 59–88. Tatsächlich belegt sind nur der erwähnte Brief Hitlers an Stalin vom 20. August 1939 und die Antwort Stalins vom Tag darauf.

135 Trotzki, »*Zwillingsgestirn*«, a. a. O.

136 Richard Overy in seiner vergleichenden Biographie: *Die Diktatoren. Hitlers Deutschland – Stalins Russland,* München 2005, S. 27–93.

137 S. Kapitel IV. 3. *Der russisch-nationale Stalin.*

138 Werner Jochmann (Hg.), *Adolf Hitler, Monologe im Führerhauptquartier. Die Aufzeichnungen von Heinrich Heims,* Hamburg 1980, S. 366 (22.7.1942).

139 Charles Maurras, *Dictionnaire politique et critique,* Bd. V, S. 213, zit. n. Furet, *Ende der Illusion,* a. a. O., S. 218.

140 Coulondre, a. a. O., S. 29, 45, 215.

141 Walter G. Krivitzky, *Ich war Stalins Agent,* Grafenau-Döffingen. 1990, S. 29.

142 Ebd., S. 19.

143 Besymenski, *Stalin und Hitler,* a. a. O., S. 307.

144 Zur Stalin-Rede am 5. Mai 1941 s. Kapitel VIII. 2.

145 Zum Wortlaut des Briefes s. Kapitel IV. 3. *Der russisch-nationale Stalin.*

146 Fabry, a. a. O., S. 143.

147 *PROGRESS OF THE WAR,* in: *House of Commons Hansard,* HC Deb 19 March 1940 Vol. 358 cc1833-952; https://hansard.parliament.uk/Commons/ 1940-03-19/debates/bfd14d49-647a-4fb4-99e5-a29c87cbc531/ProgressOfThe War

148 Schilderung der britischen Szenen in: John Lukacs, *Churchill und Hitler,* a. a. O., S. 81–154; Richard Overy, *Die Wurzeln des Sieges,* a. a. O., S. 340–344 (hier: Churchills Kriegführung als »Produkt der Nachkriegsmythologie«); Hillgruber, *Hitlers Strategie,* a. a. O., S. 79–90 (hier: Churchills Entschlossenheit zur Fortführung des Kriegs); Kershaw, *Wendepunkte,* a. a. O., S. 21, 25–75; Frieser, *Blitzkrieg-Legende,* a. a. O., S. 363–393 (hier ausführlich: Das »Wunder von Dünkirchen« (Halt-Befehl, Evakuierung der Alliierten, Hitlers Motive).

149 Müller, *Der Feind steht im Osten,* a. a. O., S. 260.

150 Arnold J. Toynbee (Hauptwerk: *A Study of History,* Vol. I–XII., London 1934–1961) trug dem Autor bei dessen Studienaufenthalt 1953 in London vor, was 1986 auch der Völkerrechtler Friedrich Berber in seiner Studie *Zwischen Macht und Gewissen,* München 1986, beschrieb; s. Kapitel IV. 2. *Arnold J. Toynbee – in Hitlers Audienzsaal.*

151 Die offenbar mit Stalin besprochene, wenn nicht von diesem vorformulierte Berliner Themenagenda für Molotow in: Lew Besymenski, *Stalin und Hitler,* a. a. O., S. 315–317. Man kann dieses Dokument (Datum 9. November 1940) als eines der wichtigsten im nun schon gefährdeten drôle de paix bezeichnen. Dort heißt es: Da die deutsch-sowjetischen Vereinbarung von 1939 »ausgeschöpft ist«, wünsche die Sowjetunion die Vorbereitung eines «ersten Entwurfs der Interes-

sensphären der UdSSR in Europa (...) ebenso im Nahen und Mittleren Osten« für einen eventuellen neuen Vertrag. Das vorrangige Interesse betreffe die sowjetische Rolle in Europa, hier wiederum Finnland (Abzug deutscher Truppen), Donau-Delta, Rumänien, Bulgarien (die UdSSR wünsche eine Garantie abzugeben), »Beteiligung am Schicksal« der Türkei, Rumäniens und Ungarns. Im Norden freie Durchfahrt sowjetischer Schiffe (»Ostseeanlieger«) »in Friedens- und Kriegszeiten durch Kl. und Gr. Belt, Öresund, Kattegat und Skagerrak«, mithin Zugang zur Nordsee. Die deutsche Seite solle Auskunft geben, ob sie die Neutralität Schwedens wahren, und was die Achse in Griechenland (das die Italiener gerade angreifen) und Jugoslawien (Dreibund-Kandidat) unternehmen werde. Nur vier von insgesamt 14 Punkten in der Liste der Fragen und Wünsche bezüglich einer Vertragserneuerung betreffen den Dreierpakt Deutschland-Italien-Japan, davon wiederum zwei die sowjetisch-japanische Beziehung (ohne spezifische Äußerung) sowie eine gemeinsame Vermittlung für einen »ehrenhaften Frieden für Tschiang Kaischek« im japanisch-chinesischen Krieg. Die UdSSR, so heißt es weiter, habe keine Einwände, dass Mandschukuo bei Japan bleibt und Indonesien der Einflusssphäre Japans zugerechnet wird. Eine Andeutung über eine regelrechte Allianz mit den Dreibund-Mächten kann man lediglich aus dem Vorschlag herauslesen, »eine Friedensaktion in Form einer öffentlichen Erklärungen der vier Mächte zu unternehmen (wenn sich ein günstiger Verlauf der Hauptverhandlungen über Bulg., Türk. u. a. abzeichnet), wobei das britische Empire (ohne Mandatsgebiete) mit allen Besitzungen erhalten bleiben soll, die England zur Zeit gehören, unter Voraussetzung der Nichteinmischung in Europa, des sofortigen Abzugs aus Gibraltar und Ägypten und der Verpflichtung, Deutschland unverzüglich frühere Kolonien zurückzugeben«. Der Gedanke an eine gemeinsame Aktion (anstelle einer förmlichen Quadrupelallianz, von der das Dokument nicht spricht) ist also stark konditioniert – ein Hauptkennzeichen für die Wahrung sowjetischer Europa-Interessen in der Nebelwolke der Hitlerschen Kontinentalpläne. Stalin hat Asien-Interessen, will sich aber nicht expedieren lassen, um das britische Empire zu bekämpfen, das heißt die angloamerikanische Welt noch mehr als bisher gegen sich aufzubringen.

152 Am 19. Juni 1925 erklärt Stalin in der Plenartagung des Zentralkomitees, der kapitalistische Imperialismus werde unvermeidbar bewaffnete Zusammenstöße im Ausmaß des Ersten Weltkriegs heraufbeschwören. Sofern derartige Kriege antisowjetische Allianzen verhinderten, sei gegen sie nichts einzuwenden. Doch werde die Sowjetunion unweigerlich hineingezogen. Wörtlich sagte Stalin: »Sollte (...) der Krieg kommen, so werden wir nicht untätig zusehen können – wir werden auftreten, aber als Letzte. Und wir werden auftreten, um das entscheidende Gewicht in die Waagschale zu werfen, ein Gewicht, das ausschlaggebend sein dürfte.« Also: Zeitgewinn, Verschleiß der kriegführenden Mächte, dann »Auftreten« in schwerer Rüstung als militärische Partei oder als Schiedsrichter – stets aber mit dem Vorsatz der Weltrevolution, wie Stalin vor den Genossen betonte. Auf diese Ereignisfolge zu seinen Gunsten richtete er sich ein, vereinbarte mit Hitler den Neutralitäts- und Teilungsvertrag, bevor die Dialektik des Kriegs in Gestalt des deutschen Angriffs vom 22. Juni 1941 alle Konditionen veränderte (zit. n. Gellately, a. a. O., S. 472).

153 Sergej Slutsch, »Die Motive der Einladung Molotows nach Berlin im November

1940: Fakten, Vermutungen, vorläufige Schlussfolgerungen«, in: *Geschichts-wissenschaft und Zeiterkenntnis von der Aufklärung bis zur Gegenwart. Fest-schrift für Horst Möller,* hg. von Klaus Hildebrand, Udo Wengst und Andreas Wirsching, München 2008, S. 276 ff. Slutsch, russischer Historiker, sieht in der Einladung Molotows den Versuch Hitlers, die sichtbar gewordenen deutsch-so-wjetischen Gegensätze durch den Anschein eines »langen Gesprächsprozesses« (zu dem es nicht kam) zu »mildern«. Dabei wollte er herausfinden, was Stalin mit den Nachbarstaaten plane, um diese leichter auf die deutsche Seite ziehen zu können. Regelrecht zu verhandeln hatte Hitler nicht vor, meint Slutsch, er mimte nur so. Deshalb hätten das Kontinentalblock-Projekt und die deutschen Kriegsvorbereitungen einander nicht ausgeschlossen, um ein Entweder-Oder sei es nicht gegangen. Die Absicht, Moskau aus der Neutralität herauszuholen und gegen England in Position zu bringen, lief aus dieser Sicht auf ein »Betrugs-manöver« hinaus. Soweit Slutsch. Da sich die Quadrupelallianz tatsächlich in der Unvereinbarkeit der Positionen verlor, fällt es der historischen Astrologie von heute leicht, in dem Projekt nichts als üble Kriegslist und Stalin als Opfer hinzustellen. Es gibt aber auch die Gegenthese. Quellenbelegte Objektivität bietet Gabriel Gorodetsky (*Die große Täuschung,* a. a. O., S. 104–110). Der israelische Historiker schildert Hitlers Dilemma, entweder den deutsch-sowjetischen Pakt von 1939 durch weitere Vereinbarungen in der kontinentalen Breite zwischen Südosteuropa (Meerengen: Änderung des ganz auf die türkischen Interessen ab-gestellten Vertrags von Montreux vom 20. Juli 1936 zugunsten der Sowjetunion) und Indien zu aktualisieren oder Krieg zu führen. »Im Sommer 1940 scheint er (Hitler, H. K.) in dieser Frage noch geschwankt zu haben. Ob er zu einer Verein-barung gestanden hätte, die Russland aus Europa und dem Balkan heraushielt und statt dessen auf Kleinasien lenkte, bleibt eine hypothetische Frage. Der erste Schritt zu einer politischen Lösung war die Unterzeichnung des Dreimächtepak-tes am 27. September. Japan sollte die USA im Pazifik binden. Man hoffte, dass Italien und möglichst auch Franco-Spanien die britische Vorherrschaft im Mit-telmeer schwächen, während Russland die imperialen Interessen Großbritan-niens im Nahen Osten herausfordern würde. Rumänien und Finnland wiederum sollten Deutschland mit wichtigen Rohstoffen (Nickel aus Petsamo und Öl aus Ploești, H. K.) versorgen« (Ebd., S. 102).

154 Leonidas E. Hill Hg.), *Die Weizsäcker-Papiere 1933–1950,* Frankfurt am Main, Berlin 1974, S. 216 f. (Aufzeichnung v. 1. 9. 1940), zit. n. Sergej Slutsch, a. a. O., S. 258.

155 Kershaw, *Hitler 1939–1945,* S. 413.

156 Hans Bernd Gisevius, *Adolf Hitler. Versuch einer Deutung,* München 1963, S. 471, zit. n. Fest, *Hitler,* a. a. O., S. 883.

157 Rede Adolf Hitlers zur Eröffnung des 3. Kriegs-Winterhilfswerkes im Berliner Sportpalast am 3. Oktober 1941, Verlag: Berlin, Büttner, 1941; www.archive. org/details/AdolfHitlerRedeSportpalastWinterhilfswerk1941-10-03

158 S. Kapitel IV. 3.

159 Um die französische Kriegsflotte nach dem Waffenstillstandsvertrag mit dem Reich vom 22. Juni 1940 (und dem italienischen Pendant vom 24. Juni) dem Zu-griff der Achsenmächte zu entziehen, ließ Winston Churchill dem Befehlshaber der in Mers-el-Kebir und Oran (Algerien) stationierten Schiffe, Admiral Gensoul,

das Ultimatum überstellen, entweder britische oder westindische Häfen (genannt wurde Martinique) anzusteuern oder die Einheiten selbst zu versenken. Da sich die Franzosen nicht dazu bewegen ließen, zerstörte respektive beschädigte ein schwerer britischer Verband unter Sir James Somerville in der *Operation Catapult* vom 3. bis 6. Juli drei von vier französischen Schlachtschiffen, einen Seeflugzeugträger und mehrere Zerstörer. Schätzungsweise 1300 französische Seeleute kamen ums Leben. Ein Schlachtschiff und vier Zerstörer durchbrachen den Minengürtel und entkamen nach Toulouse. Ein in Alexandria liegendes Schlachtschiff und vier Kreuzer wurden am 7. Juli kampflos demobilisiert und interniert. Der Rest der französischen Flotte versenkte sich in Toulouse selbst, als die Deutschen 1942 die »zone libre« Frankreichs besetzten. Churchill, gerade ernannter Premier in der Nachfolge Chamberlains (10. Mai 1940), kommentierte die Angriffe im britischen Unterhaus als »painful action«. Seit der Kapitulation Frankreichs in Compiègne am 22. Juni betrachtete er die verstreut positionierte Flotte der zerfallenen Republik als loose cannon, als unberechenbare Gefahr für die britische Mittelmeerposition und die Asienverbindungen. Die Mutmaßung, ein eventueller Zusammenschluss der deutschen, italienischen und französischen Kriegsmarinen hätte London die Seeherrschaft kosten können, lag zwar fern. Die Waffenstillstandsverträge der Achsenmächte boten für Übergriff und Seemachtformierung keine Anhaltspunkte, doch war es nicht unverständlich, dass die nach dem Verlust des Kontinents isolierten Briten dem Papier kein Vertrauen schenkten oder es sogar für eine raffinierte Sympathiewerbung um Vichy-Frankreich hielten. Doch ging es dem Premier nicht allein um die Schiffe. Der Angriff sollte ein kräftiges Signal in Richtung Washington senden, dass Großbritannien zur Fortsetzung des Kampfes entschlossen sei. Churchill glaubte zu Recht, der »Seemann« Franklin D. Roosevelt werde diese »Sprache« verstehen und als Argument im innenpolitischen Kampf gegen seine isolationistischen Gegner instrumentieren. Churchills redliche Bemühungen, Frankreich im Krieg zu halten, hätten dafür nicht ausgereicht. Sie waren vergeblich. Ministerpräsident Reynaud versprach zwar, von »Paris bis Bordeaux« weiterzukämpfen, bat aber am 16. Juni angesichts der Demoralisation der Armee und des Drucks der von Philippe Pétain und Maxime Weygand (Generalstabschef) die britische Regierung, sein Land aus der Bündnispflicht zu entlassen. London lehnte das ab und forderte die Auslieferung der Flotte. Der von de Gaulle aus London übermittelte Vorschlag einer britisch-französischen Union (unter anderem mit gemeinsamer Währung!) wurde im Ministerrat verworfen. Damit war die alliierte Allianz zerbrochen. Noch am 16. Juni 1940 trat Reynaud zurück, weil eine Mehrheit im Ministerrat aufgeben wollte. Damit endete neben der Allianz auch die Geschichte der Dritten Republik. Nach dem Waffenstillstand von Compiègne am 22. Juni beauftragte die Nationalversammlung Marschall Pétain mit der Bildung einer neuen Regierung. Kurioserweise nahm Reynaud am 21. Juni den Vorschlag des gewählten Chef de l'Etat an, als Botschafter nach Washington zu gehen – er hegte die Illusion, die USA zum Kriegseintritt überreden zu können. Die Berufung scheiterte im letzten Augenblick. (Stefan Gruner, *Paul Reynaud (1878–1966). Biographische Studien zum Liberalismus in Frankreich*, München 2001, S. 332–345.) Hinter den hin- und hergeschobenen Kulissen wirkten jedoch noch andere, charakterliche Kräfte. Der Schlag von Mers el-Kebir und Dakar war typisch »churchillesk«, knüpfte in gewissem Sinne an die Nelson-Tradition an. Die Royal Navy war für den Ersten Lord der britischen Admiralität eine Art heilige Waffe, von der das Leben des geliebten Empires abhing. Die französische Politik seit 1919 konnte dafür nicht das erwünschte Verständnis aufbringen. Churchill gehörte zu den Kritikern der zögerlichen alliierten Politik im drôle de guerre, für die Paris ein gehöriges Maß Verantwortung trug. Eine milde Betrachtung der französischen Flottenfrage verschloss sich ihm völlig. Der Haudegen brach durch. In diesem Zusammenhang mag der einschlägige Artikel (8) des deutsch-französischen Waffenstillstandsabkommens von Compiègne interessieren. Er hat folgenden Wortlaut: »Die französische Kriegsflotte ist – ausgenommen jener Teil, der für die Wahrung der französischen Interessen in ihrem Kolonialreich der französischen Regierung freigegeben wird in näher zu bestimmenden Häfen zusammenzuziehen und unter deutscher bzw. italienischer Kontrolle demobilzumachen (démobilisée) und abzurüsten. Maßgebend für die Bestimmung der Häfen soll der Friedensstandort der Schiffe sein. Die Deutsche Regierung erklärt der französischen Regierung feierlich, daß sie nicht beabsichtigt, die französische Kriegsflotte, die sich in den unter deutscher Kontrolle stehenden Häfen befindet, im Kriege für ihre Zwecke zu verwenden, außer solchen Einheiten, die für Zwecke der Küstenwacht und des Minenräumens benötigt werden. Sie erklärt weiterhin feierlich und ausdrücklich, daß sie nicht beabsichtigt, eine Forderung auf die französische Kriegsflotte bei Friedensschluß zu erheben. Ausgenommen jenem zu bestimmenden Teil der französischen Kriegsflotte, der die französischen Interessen im Kolonialreich zu vertreten hat, sind alle außerhalb Frankreichs befindlichen Kriegsschiffe nach Frankreich zurückzurufen.« Die deutsche Regierung hielt sich an diesen Vertrag. Die Frage war allerdings, wie lange sie das tun würde.

160 Kershaw, *Hitler*, Bd. 2, a. a. O., S. 385–452.

161 Konsequent verfährt Richard Overy in seinem Buch: *Die Wurzeln des Sieges*, a. a. O., nach der realistischen Methode. Besonders aufschlussreich das Kapitel: *Der nicht vorhersehbare Sieg. Die Logik des Zweiten Weltkriegs*, S. 11–40. Nach Overys Argumentation besteht kein Grund zu der Annahme, dass Hitler den Krieg verlieren musste. In zahlreichen anderen Darstellungen werden demgegenüber Anfang und Entwicklung des Kriegs – seine Dialektik – primär aus der Perspektive der Schlussphase betrachtet: Die Autoren, mit dem Wissen des Rathauses ausgestattet, stellen fest, warum Erfolg respektive Scheitern der Akteure gewissermaßen ordnungsgemäß oder »gesetzmäßig« gesicherten Ursachen folgten. Das Mäandern der Ereignisse, ihr Lauf und Gegenlauf werden mit begradigenden Strichen überzeichnet, wie man eine ungültige Rechnung korrigiert. Unsicherheit und Unvorhersehbarkeit von Kriegshandlungen, also die prekäre historische Aktualität, verlieren ihre spielentscheidende Bedeutung. Den Nachgeborenen wird eine Übereinanderkopie von meist volkspädagogischen, pseudomoralischen, ja, moritatenähnlichen Bilderreihen präsentiert.

162 In seiner Betrachtung: *Wendepunkte*, a. a. O., schreibt Kershaw, Hitler habe sich im Juli 1940 angesichts der »lauernden Möglichkeit« eines amerikanischen Kriegseintritts »genötigt« gesehen, mit den Vorbereitungen für einen Angriff auf die Sowjetunion zu beginnen, doch sei aus diesem »Notfallplan« erst nach sechs Monaten eine »konkrete Kriegsdirektive« geworden. »In der Zwischenzeit gab es keinen zwangsläufigen Weg in den russischen Krieg. Selbst Hitler schien zu schwanken

und unsicher zu sein. Er erwog eine ganze Reihe strategischer Möglichkeiten, verwarf sie aber schließlich alle.« (S. 21, S. 93 f.). Dem Kontinentalpakt, dem erörterten Dreimächtevertrag Deutschlands, Japans, Italiens unter Einbeziehung der UdSSR schenkt Kershaw allerdings nur marginale Beachtung (S. 332), erwähnt allerdings die Beunruhigung Moskaus über die Mitgliedschaft Japans, des »gefährlichsten Feindes der Sowjetunion im Osten« (S. 331), im Dreimächtepakt.

163 Hildermeier, a.a.O., S. 596. Molotow hielt sich in Berlin, wie er Hitler mitteilte, an eine 14-Punkte-Direktive, die ihm Stalin mit auf den Weg gegeben hatte. Die aufschlussreiche, detaillierte Quelle präsentiert Lew Besymenskij unter dem Titel »Der Berlin-Besuch von V. M. Molotov im November 1940 im Lichte neuer Dokumente aus sowjetischen Geheimarchiven«, in: *Militärgeschichtliche Zeitschrift* (MGZ), 57/1 (1998), S. 199–215. Im Anschluss an die Wiedergabe der 14 Punkte berichtet Bezymenskij über einen Telegrammwechsel am 12. November zwischen dem in Berlin befindlichen Molotow und Stalin bezüglich des deutsch-sowjetischen Nichtangriffspaktes von 1939. Molotow hatte Stalin berichtet, er habe im Gespräch mit den Deutschen erklärt, »dass ich die sowjetisch-deutschen Abkommen vom vorigen Jahr im Laufe der Ereignisse mit Ausnahme der Finnland-Frage als erschöpft betrachte«. Postwendend kritisierte Stalin den »ungenauen Ausdruck«: »Man sollte sagen, dass das Protokoll zum Nichtangriffsvertrag, nicht der Vertrag selbst erschöpft ist. Den Ausdruck ›Erschöpfung des Vertrags‹ können die Deutschen als Erschöpfung des Nichtangriffspaktes auslegen, was nicht richtig ist.« Zit. n. Lev A. Bezymenskij unter dem Titel »Ausgewählte sowjetische Dokumente«. in: Ueberschär, Bezymenskij, *Der deutsche Angriff*, a.a.O., S. 176; Molotow berichtigte sich in der folgenden Unterredung mit Hitler. Da der Kern des Nichtangriffsvertrags, *seine substanzielle Kondition*, jedoch in den geheimen Zusatzprotokollen bestand, war genau genommen das gesamte Vertragswerk »konsumiert«.

164 V. N. Pavlov, »Avtobiografičeskie zametki« [»Autobiografische Notizen«], in: *Novaja i novejšaja istorija*, Moskau 2000, S. 105.

165 *ADAP*, Serie D, Bd. XI.2, S. 597 f., *Schulenburg an AA*, 26. November 1940.

166 Unmittelbar nach der Abreise Molotows äußerte Hitler im kleinen Kreis, »Dies würde nicht einmal eine Vernunftehe bleiben« und erteilte den Auftrag, ein »Führerhauptquartier« in Ostpreußen zu bauen (Hillgruber, *Hitlers Strategie*, a.a.O., S. 358). Gleichwohl gibt es auch in den Tagen nach dem Molotow-Besuch Zeugnisse für Hitlers »tagelange Unsicherheit und ... Schwanken«, eine Entscheidung zum Krieg gegen die Sowjetunion zu treffen. Ebd., S. 359; Noch die *Weisung Nr. 21 des Führers und Obersten Befehlshabers der Wehrmacht (Fall Barbarossa)* vom 18. Dezember 1940, der allgemein eine zentrale Bedeutung als erstmals schriftlicher, verbindlicher Angriffsplan gegen die Sowjetunion zugesprochen wird, zeugt von der Unschlüssigkeit Hitlers zu diesem Zeitpunkt, wenn er am Ende einschränkend formuliert: »Alle von den Herren Oberbefehlshabern aufgrund dieser Weisung zu treffenden Anordnungen müssen eindeutig dahin abgestimmt sein, daß es sich um <u>Vorsichtsmaßnahmen</u> (Hervorh. im Original) handelt für den Fall, daß Rußland seine bisherige Haltung gegen uns ändern sollte.« Zit. n. Hubatsch, *Hitlers Weisungen für die Kriegführung*, a.a.O., S. 100.

167 »Die zukünftigen Erfolge würden um so größer sein, je mehr es Deutschland und Russland gelänge, Rücken an Rücken nach außen zu kämpfen, und würden

um so kleiner werden, je mehr die beiden Länder Brust an Brust gegeneinander stünden.« Zit. n. »Aufzeichnung über die Unterredung zwischen dem Führer und dem Vorsitzenden des Rats der Volkskommissare Molotow in Anwesenheit des Reichsaußenministers und des stellvertretenden Volkskommissars für Auswärtige Angelegenheiten Dekanosow in Berlin am 13. November 1940, Berlin, November 15, 1940.« in: *Die Beziehungen zwischen Deutschland und der Sowjetunion 1939–1941. Dokumente des Auswärtigen Amtes*, 185, Tübingen, 1949; https://histdoc.net/history/de/NaSo1940-11-13.html

IV. KRIEGSGEIST UND RÜSTUNGEN DER EUROPÄISCHEN MÄCHTE

1 S. Kapitel XII.
2 Andreas Hillgruber, *Der Zweite Weltkrieg 1939–1945: Kriegsziele und Strategie der großen Mächte*, Stuttgart 1992, S. 9; Alexander, *The Republic in Danger*, a. a. O., S. 237 ff., 271 ff.; Engeli, *Frankreich 1940*, a. a. O., S. 360 ff.
3 Tyrell, a. a. O., S. 1–13.
4 *Cordon sanitaire* (eigentlich ein Begriff aus der Seuchenbekämpfung), Kleine Entente und Balkan-Entente waren Ersatzkonstruktionen der französischen Sicherheitspolitik, nachdem Russland als verbündete Großmacht 1917 ausgefallen und der amerikanische Rückhalt infolge des Scheiterns des Versailler Vertrags im Senat praktisch geschwunden war. Großbritannien hielt sich von politischen Engagements in Ostmitteleuropa grundsätzlich fern, bis die Regierung Chamberlain im März 1939 eine Garantie der Unabhängigkeit Polens beschloss und wenig später auch Rumänien und Griechenland diese Form des Schutzes gewährte. Der *Cordon* umfasste die Staaten zwischen Finnland und dem Baltikum über Polen, Tschechoslowakei, Ungarn, Rumänien bis Jugoslawien. Zum größeren Teil Kreationen der Pariser Friedenskonferenz, diente die Staatenwelt des geografisch geschlossenen Zwischeneuropas der Abwehr sowjetischer und deutscher Revisionsbestrebungen. Die beiden Mächte, die einst Ostmitteleuropa beherrschten, sollten auseinandergehalten werden. Formelle französische Militärbündnisse mit Polen und der Tschechoslowakei (zwischen 1921 und 1925 vereinbart) richteten sich ausdrücklich gegen Deutschland, doch spielte die Erinnerung an den bolschewistischen Durchbruchversuch über Polen nach Westeuropa 1920/1921 mit dem Ergebnis der Zurückdrängung Sowjetrusslands um etwa 300 Kilometer nach Osten im Frieden von Riga ebenfalls eine Rolle. Zwischen der Kleinen Entente (Wirkungszeit 1920–1938) und dem *Cordon* bestand ein enger Zusammenhang und regionale Aufgabenteilung. Die Entente-Mitglieder Tschechoslowakei, Jugoslawien und Rumänien dienten der französischen Osteuropapolitik als Stabilisatoren und »Aufpasser« gegenüber den unruhigen Verlierern Ungarn und Österreich. Ungarn hatte im Friedensvertrag von Trianon 1920 etwa drei Fünftel seines Territoriums an die neu entstandenen Staaten Tschechoslowakei und Jugoslawien sowie an Rumänien verloren und sann selbstverständlich auf Revision. Österreich nannte sich als Rumpfstaat der Donaumonarchie »Deutsch-Österreich« und suchte die Aufnahme ins Reich. Der 1934 auf französische Initiative gegründete Balkanpakt sollte als Militär-

bündnis zwischen Rumänien, Jugoslawien, Griechenland und der Türkei die Revisionsansprüche Bulgariens und Ungarns im Zaum halten, in erster Linie also den Frieden zwischen den Balkan-Ländern und ihren zersiedelten Nationalitäten wahren helfen. Ostmitteleuropa bot also das Spiegelbild der misslungenen Friedensordnung von Versailles und aller Probleme des Wilson'schen Selbstbestimmungsrechts. Zwischen *Cordon*, den Ententen und Militärbündnissen einerseits und dem Großrevisionismus des deutsch-sowjetischen Nichtangriffspaktes vom August/September 1939 und seiner Teilungsverträge andererseits verläuft eine gebrochene Entwicklungslinie. Polnische Ambitionen unter Piłsudski, Zwischeneuropa unter Warschauer Regie zu einigen, wachsender deutscher Revisionsdruck, westalliierte Appeasementpolitik, der Anschluss Österreichs und die Aufgabe der Tschechoslowakei mit dem Münchner Abkommen, schließlich das britische Angebot einer deutscher Hegemonie in Südosteuropa führten in den dreißiger Jahren zum Zerfall der französischen Bündniskonstruktionen in Ostmittel- und Südosteuropa. Der *Cordon* und die Ententen lösten sich auf. Nach dem Balkankrieg im Frühjahr 1941 standen sich in Zwischeneuropa das Deutsche Reich und die UdSSR als benachbarte Konkurrenten gegenüber.

5 René Rémond, *Geschichte Frankreichs – Frankreich im 20. Jahrhundert*, Erster Teil 1918–1958, Stuttgart 1994, S. 276.

6 Mussolinis Abessinienkrieg von Oktober 1935 bis Jahresanfang 1936 zerstörte das französische Konzept, die Verteidigung auf kurzfristig verfügbare starke italienische Streitkräfte und langsam heranwachsende britische Reserven zu stützen. Paris musste zwischen Britannien und Italien wählen und entschloss sich zur Beteiligung an limitierten Sanktionen gegen Mussolini, weil das Bündnis mit den Engländern »unverzichtbar« erschien. »Die britische Unterstützung ist essentiell, die italienische wertvoll« (Gamelin, a.a.O., S. 255 f). Der Bruch mit Italien war »unwillkommen« – der Vorgang offenbarte die diskret behandelte diplomatische und militärische Schwäche Frankreichs. Wie man in der französischen Führung wirklich dachte, verzeichnete Gamelin in seinen Memoiren: Frankreich sei an Abessinien nicht vital interessiert und könne als imperiale Macht nicht antikoloniale Positionen einnehmen, um Mussolinis Streben nach überseeischen Territorien in den Weg zu treten. Dies spiegelt auch die Auffassung Ministerpräsident Lavals und Kriegsministers Jean Fabry, nach der die Franzosen allerdings nicht handeln konnten (Alexander, *The Republic in Danger*, a.a.O., S. 255 f.). 1941 nahmen die britischen Commonwealth-Truppen Abessinien ein, es war das Ende des Traums von *Africa Orientale Italiana*.

7 Wolfgang Schieder, Cristian Dipper (Hg.), *Der spanische Bürgerkrieg in der internationalen Politik 1936–1939*, München 1976, S. 32–39; Geoffrey Warner, »France and Non-Intervention in Spain July-August 1936«, in: *International Affairs*, 38/2, April 1962, S. 203–220; Antony Beevor, *Der spanische Bürgerkrieg*, München 2006, S. 171–183.

8 Rémond, *Geschichte Frankreichs*, a.a.O., S. 265.

9 Alexander, *The Republic in Danger*, a.a.O., S. 36–42, 86, 87f., 90, 100f., 123ff., 141, 145f. 252, 345.

10 Zitat und Zahlen über die französische Armee: Hans Umbreit, »Der Kampf um die Vormachtstellung in Westeuropa«, in: Klaus A. Maier et. al., *Die Errichtung der Hegemonie auf dem europäischen Kontinent*, Stuttgart 1979, S. 272; Detail-

lierte und sorgsam aufbereitete Zahlen zum Kräftevergleich: Engeli, *Frankreich 1940*, a.a.O., 64 Seiten Karten und Tabellen am Schluss des Werkes.

11 Marc Bloch, *Die seltsame Niederlage: Frankreich 1940. Der Historiker als Zeuge*, Frankfurt am Main 1995, S. 82. Bloch, Mediävist und Wirtschaftshistoriker, Offizier und im Feldzug zuständig für die Treibstoffversorgung der 1. Armee, schrieb das Buch im Sommer 1940 unmittelbar nach der Niederlage, wandte sich dann dem Widerstand zu und starb in Gestapohaft im Juni 1944. Er war Jude und leidenschaftlicher Franzose – zwei der großen Geschichten mit dem Herzen nachempfindend, wie Ulrich Raulff im deutschen Vorwort schreibt: Den Akt der Königsweihe in Reims, die Verbindung des französischen Königtums mit seinen Untertanen und mit Gott – den alten Bund – und das revolutionäre Bundesfest auf dem Marsfeld, wo sich am Altar des Vaterlandes das Volk mit dem Volk verband – den neuen Bund. Wer ein Gespür für lebende Geschichte in der Stunde der Niederlage besitzt, den werden die Kapitel dieses Historikers und Kriegers an die Bekenntnisschrift des Carl von Clausewitz von 1812 erinnern (s. Werner Hahlweg (Hg.), Carl von Clausewitz: *Schriften, Aufsätze, Studien, Briefe*, Göttingen 1966, S. 678–751).

12 Franz Knipping, »Die Deutsch-Französische Erklärung vom 6. Dezember 1938«, in: Klaus Hildebrand, Karl Ferdinand Werner (Hg.), *Deutschland und Frankreich 1936–1939: 15. Deutsch-französisches Historikerkolloquium des Deutschen Historischen Instituts Paris*, München 1981, S. 523–551.

13 Der schweizerische Oberstleutnant a.D. Jacques Engeli veröffentlicht in seinem reich dokumentierten Werk über die französische Niederlage (Engeli, *Frankreich 1940*, a.a.O.) die elf strategischen Pläne des französischen Generalstabs, deren erste vier von 1921, 1923, 1924, 1926 jeweils zwei Einfallachsen nach Deutschland in Richtung Ruhrgebiet-Berlin und Richtung Tschechoslowakei vorsehen (Anhang, S. 2–5 des Kartenteils mit Legenden). Der doppelte West-Ost-Schnitt durch das deutsche Territorium hätte jede wirksame Frontbildung der schwachen Reichswehr unmöglich gemacht. Über einen einzigen symbolischen Gegenangriff auf eine der langen Flanken der schnell eindringenden Armeen (Plan des Truppenamtes, Joachim v. Stülpnagel, 1924) wäre die Abwehr nicht hinausgekommen.

Die vier nächsten Pläne 1929–1933 (Anhang S. 6–9) sehen keine Vorstöße nach Deutschland vor. Die Vorzeitige Räumung des Rheinlands, inklusive der rechtsrheinischen Brückenköpfe 1930, der Bau der *Ligne Maginot* sowie die Annahme der künftigen Gefahr einer deutschen attaque brusquée bewogen den Generalstab zum Übergang auf die Verteidigung. Der Plan 1931 (S. 8) sieht lediglich eine Bewegung auf belgisches Territorium zur Verteidigung des territoire national vor. Der Plan von 1933 (S. 9) verzichtet auf diese Bewegung und konzentriert alle Kräfte auf die Verstärkung der securité und der couverture durch Bauten und Truppen entlang der Grenze.

Als Antwort auf die Aufrüstung der deutschen Wehrmacht bringt General Gamelin im Plan des Jahres 1935 (S. 10) erneut die Vorwärtsverteidigung in Belgien (Dyle-Linie Antwerpen südwärts), zudem die Sicherung des Südens im schweizerischen Mittelland und als Clou der missions exclusivement défensives zwei Stöße in Richtung Deutschland – nach Mainz und nach Aachen-Köln – ins Spiel. Der Plan von 1938 schließlich (S. 11) favorisiert die Hypothèse Belgien mit der

Vorverlegung von 36 Divisionen zur Dyle-Linie, sieht indes eine Zurückstufung Hypothèse Schweiz und einen schwächeren Stoß Richtung Mainz unter Verzicht auf Köln vor. Der elfte Plan, für Ende 1939 vorgesehen, tritt nicht in Kraft (S. 12). Nach Ausbruch des Kriegs stößt die französische Armee mit geringen Kräften ins Saargebiet vor (Rudiment Hypothèse Mainz) und entsendet die im Plan 1938 vorgesehenen starken Kräfte an die Nordfront (unvollkommene Bewegung zur Dyle-Linie), die durch den von Churchill so genannten »Sichelschnitt« der Deutschen aus den Ardennen nach kürzester Zeit im belgisch-französischen Grenzraum aufgerieben, respektive über Kanalhäfen nach England transportiert werden.

14 Gustav Schmidt, »Politisches System und Appeasement-Politik 1930–1937. Zur Scharnierfunktion der Rüstungspolitik für die britische Innen- und Außenpolitik«, in: *Militärgeschichtliche Mitteilungen* (MGM), Freiburg, 2/1979., S. 46.

15 Kershaw, *Hitlers Freunde*, a. a. O., passim.

16 Thomas Wittek, *Auf ewig Feind? Das Deutschlandbild in den britischen Massenmedien nach dem Ersten Weltkrieg*, München 2005, S. 406–411.

17 Ebd., S. 410.

18 So der Orientalist Bernard Lewis später im Zusammenhang mit dem Islamismus: Bernard Lewis im Gespräch mit Wolfgang G. Schwanitz in: *Die Welt*, 24. Juli 2008.

19 Zum »Cliveden-Set«: John Taylor, »*A Reevaluation of Cockburn's Cliveden Set*«, San Francisco State University, 1999, Essay; https://history.sfsu.edu/sites/default/files/EPF/1999_John%20Taylor-ilovepdf-compressed.pdf

20 S. Kapitel IV. 2. *Arnold J. Toynbee gegenüber dem Autor.*

21 Norbert Theodor Wiggershaus, *Der deutsch-englische Flottenvertrag vom 18. Juni 1935 und die geheime deutsche Aufrüstung 1933–1935.* (Diss.) Bonn 1972.

22 Bernard Lewis im Gespräch mit Wolfgang G. Schwanitz in: *Die Welt*, 24. Juli 2008.

23 S. Kapitel II. 3.

24 Kershaw, *Hitlers Freunde*, a. a. O.

25 Arnold J. Toynbee, Universalhistoriker, Teilnehmer der Versailler Konferenz 1919 als Mitarbeiter des britischen Außenministeriums, danach Professor für griechische und byzantinische Geschichte am King's College in London sowie für Internationale Geschichte an der London School of Economics and Political Science in London. Seit 1925 Direktor des Royal Institute of International Affairs, schrieb er bis 1956 die monumentale *A Study of History* (Vol I-XII, 1934–1961; dt. Zusammenfassung der bis 1954 erschienenen Werkteile: *Der Gang der Weltgeschichte. Aufstieg und Fall der Kulturen*, übers. von Jürgen von Kempski, Stuttgart 1950 u. 1958); Herbert Kremp, *Die Überwindung der Kulturzyklentheorie Spenglers durch die Weltalterlehre der Heidelberger Schule und die Toynbee'sche Lehre von der Filiation der Kulturen*, (Diss.) München 1954.

26 Heute liegt »Eine kritische Edition« von *Hitler, Mein Kampf* vor, hg. von Thomas Vorermayer, Otmar Pöckinger, Roman Töppel im Auftrag des Instituts für Zeitgeschichte, München-Berlin 2016, mit ausführlicher Kommentierung über 1966 Seiten in zwei Bänden.

27 *Der Locarno-Pact* (Nr. 1344 a–d) in: Herbert Michaelis, Ernst Schraepler (Hg.),

Ursachen und Folgen. Vom deutschen Zusammenbruch 1918 und 1945 bis zur staatlichen Neuordnung Deutschlands in der Gegenwart. Eine Urkunden- und Dokumentensammlung zur Zeitgeschichte. Bd. 6: Die Weimarer Republik. Die Wende der Nachkriegspolitik 1924–1928. Rapallo – Dawesplan – Genf, Berlin 1961, S. 379–387; www.1000dokumente.de/index.html?c=dokument_de&dokument=0003_loc&l=de

28 Am 2. Mai 1935 ersetzen Frankreich und die Sowjetunion den bis dahin gültigen Nichtangriffspakt durch einen weitergehenden Beistandspakt. Ein Zusatzprotokoll sieht gegenseitige Waffenhilfe für den Fall vor, dass einer der Partner von einem Drittland angegriffen wird. Frankreich glaubte, damit den Zustand von 1914 wiederhergestellt zu haben, seine Sicherheit durch die Bedrohung Deutschlands durch eine zweite Front zu stärken. Paris und Moskau suchten auch den Nichtangriffspakt zu konterkarieren, den Hitler 1934 zur allseitigen Überraschung mit Polen (Piłsudski) abgeschlossen hatte. An entscheidender Stelle durchlöcherte der Coup das System der französischen Bündnisse mit Polen und der sog. Kleinen Entente mittelost- und südosteuropäischer Staaten, die sich Paris 1919 als Ersatz für die nicht zustande gekommenen anglo-amerikanischen Sicherheitsverträge geschaffen hatte. www.1000dokumente.de/index.html?c=dokument_ru&dokument=0020_fra

29 Keith Middelmas, John Barnes, *Baldwin: A biography*, London 1970, S. 919, 920, 923.

30 Toynbee gab das Jahrbuch SURVEY OF INTERNATIONAL AFFAIRS seit 1925 im Royal (früher British) Institut of International Affairs im Chatham House, St. James Square, heraus. Die erste Ausgabe befasste sich mit »The History of the Peace Conference in Paris«.

31 Friedrich Berber, *Zwischen Macht und Gewissen*, München 1986, S. 80 ff.

32 »Geheime Erklärung des Reichsministers Dr. Goebbels am 5. April 1940 vor geladenen Vertretern der deutschen Presse«, Auszugsweise abgedruckt in: Hans-Adolf Jacobsen, *Der Zweite Weltkrieg. Grundzüge der Politik und Strategien in Dokumenten*, Frankfurt am Main, Hamburg 1964, S. 180 f.

33 *Graf Galeazzo Ciano, Tagebücher 1939–1943*, Bern 1947, S. 211 f. (19.3.1940).

34 Über die Eigenart des italienischen Faschismus handelt der römische Historiker Renzo De Felice im Gespräch mit Michael A. Leeden: Renzo De Felice, *Der Faschismus. Ein Interview*, Stuttgart 1977. Pointiert äußert sich De Felice zum »revolutionären Fortschritt« als Axiom des Faschismus (S. 34, 77), über die Rolle der Mittelschichten in der italienischen Politik (S. 35–40, 84) und daraus folgend die lang anhaltende Zustimmung zum faschistischen Regime sowie die prowestliche Außenpolitik Italiens bis 1934. Mussolini sei bestrebt gewesen, erklärt De Felice, einen »neuen Menschen«, einen »neuen Typ des Italieners« zu schaffen – ein Projekt mehrerer Generationen. Dies sei »eine typisch demokratische Idee, ein klassischer Gedanke der Aufklärung, ein Programm im Sinne Rousseaus, Babeufs, Blanquis, Proudhons. Bei Sorel tauche die faschistische Idee als »Konzept des Willens« auf, »das dem der Organisation gegenübersteht, ebenso wie sich die Reinheit einer Überzeugung dem lähmenden Rationalismus widersetzt«. Diese Vorstellung sei schon für Mussolinis Jugend bestimmend gewesen, die unter linksradikalem Einfluss gestanden habe, während der Nationalsozialismus rechtsorientiert gewesen sei. Die Verwandtschaft zum Nationalsozialismus finde

sich nur in dem, was beide Ideokratien ablehnten, nicht in dem, was sie bejahten (S. 46–48, S. 58 f., 88, 90)

35 Schwarz, *Das Gesicht des Jahrhunderts*, a. a. O., S. 280.

36 Jacob Burckhardt, *Weltgeschichtliche Betrachtungen*, Stuttgart 1978, S. 209.

37 Max Weber, »Politik als Beruf, Vortrag Oktober 1919«, in: *Gesammelte Politische Schriften*, Tübingen 1958, S. 506 ff.; Zur Ableitung des Charisma-Begriffs: Joachim Radkau, *Max Weber – die Leidenschaft des Denkens*, München 2005; Grundlegende Betrachtung: Hans-Ulrich Wehler, *Deutsche Gesellschaftsgeschichte 1914–1949*, München 2003, S. 542, 580, 676 ff.

38 Anmerkung des Historikers Franz Schnabel in einer Vorlesung über die Geschichte der nationalstaatlichen Bewegungen, München 1951, vom Autor festgehalten.

39 Walther Rathenau, *Der Kaiser*, Berlin 1919, S. 54 f.

40 Der Begriff entstammt Ernst Jüngers Essay »Die totale Mobilmachung«, erschienen in der Aufsatzsammlung »Krieg und Krieger«, Berlin 1930. Während Jünger eine technizistische Gewaltutopie entwirft, bezieht sich die totale Mobilmachung bei Hitler und Goebbels auf Ludendorffs praktische Überlegungen zur Bereitstellung aller wirtschaftlichen Ressourcen und menschlichen Reserven für die künftige Kriegführung. Seine Überlegungen dazu fasste Ludendorff in *Der totale Krieg*, München 1934, zusammen. Erkenntnisse dieser Art waren nicht neu, sondern einfache Schlüsse aus dem industrialisierten Krieg. Bemerkenswert Jüngers Hinweis, dass die Einbeziehung des gesamten nationalen Industriepotenzials besonders gut in den Staaten gelungen sei, in denen die Fortschrittsideologie einen hohen Stellenwert besitze, also in den Demokratien. Deutschland habe den Krieg 1914–1918 verloren, weil es aufgrund seiner traditionalistischen Ordnung nur partiell mobilgemacht habe und anstatt universalistischer Begründungen für den Krieg (»Freiheit der Meere«) nur patriotische aufzubieten hatte. Ernst Jünger, »Die Totale Mobilmachung«, in: Ernst Jünger, *Sämtliche Werke*, Bd. 7, *Essays I. Betrachtungen zur Zeit*, S. 119–141.

41 De Felice meint, Mussolini habe seine Erfahrung als Sozialist niemals vergessen. (De Felice, *Der Faschismus*, a. a. O., S. 58 f.) Die Abneigung gegen seinen »Koalitionspartner« Bürgertum, das er nicht zu besiegen vermochte, steigerte sich mit den Krisen des Kriegs. Er kehrte in radikalen Wendungen in seine linksradikale Zeit zurück: »Wenn ich damals, als ich Sozialist war, vom italienischen Bürgertum nicht nur rein theoretische Kenntnisse gehabt hätte, die ich aus der Lektüre von Karl Marx gewonnen hatte, sondern eine wirkliche Kenntnis, wie ich sie heute habe, dann hätte ich eine derart unerbittliche Revolution gemacht, dass die Revolution des Genossen Lenin als ein unschuldiger Scherz erschienen wäre.« Zit. n. *Ciano*, a. a. O., S. 294 (6. 12. 1940).

42 Nach dem Waffenstillstand 1918 kehrte Adolf Hitler als Veteran des Kgl. Bayerischen Reserve-Infanterie-Regiments Nr. 16 an den Standort München zurück und fand beim 2. Infanterie-Regiment eine Bleibe, wie andere von der Front oder aus Lazaretten kommende Soldaten. Die Karriere, die er hier begann, führte in graue Bereiche, die in den Lebensbeschreibungen der *Führer*-Zeit ausgespart wurden. In der Funktion des Vertrauensmannes des Demobilisierungs-Bataillons, die er im Frühjahr des folgenden Jahres übernahm, diente er den inzwischen in München an die Macht gelangten linksradikalen Regimen, die

er später als heimtückisch, verbrecherisch und jüdisch beschreiben sollte. Aus dem Lazarett in Pasewalk (Pommern) entlassen, wo ihm nach späterer offizieller Darstellung ein politisches Erweckungserlebnis widerfuhr, wurde er zunächst in den Soldatenrat seiner Einheit gewählt, was ohne Zeugnis der Sympathie zumindest für die Mehrheitssozialdemokraten (MSPD) nicht möglich gewesen wäre. Der größere Teil der Soldaten optierte für die gemäßigte Linke, die durch das Abkommen vom 10. November 1918 zwischen Friedrich Ebert (Rat der Volksbeauftragten) und Wilhelm Groener (Chef der Heeresleitung in der Nachfolge Ludendorffs) militärischen Rückhalt im Kampf gegen die Bolschewisierung Deutschlands erhalten hatte. Der Pakt war die Voraussetzung für das Zustandekommen der Weimarer Nationalversammlung und der Republik. Hans-Ulrich Wehler spricht von einem »folgenschweren Herrschaftskompromiss« (*Deutsche Gesellschaftsgeschichte*, a.a.O., S. 216–218); Arthur Rosenberg (*Geschichte der Weimarer Republik*, Frankfurt am Main 1961, S. 36f., 212–214) bietet eine überaus kritische Darstellung. Während der Herrschaft des bayerischen Ministerpräsidenten Kurt Eisner von der linksradikalen USPD (Unabhängige Sozialdemokratische Partei Deutschland, einer Abspaltung von der SPD) hatte Hitler als Vertrauensmann des Demobilisierungsbataillons (2. Infanterieregiment) in propagandistischen Unterweisungen die »demokratischen« Grundsätze des Revolutionsregimes zu vertreten. Am 21. Februar 1919 wurde Eisner von dem Grafen Arco auf Vallai ermordet. Hitler gehörte zur Trauerdelegation des Regiments, wie Filmaufnahmen ausweisen. (Ralf Georg Reuth, *Hitlers Judenhass – Klischee und Wirklichkeit,* München 2009, S. 88) Er trug zwei Armbinden: Eine Trauerbinde und eine rote Binde als Anhänger der sozialistischen Revolution (Thomas Weber, *Wie Adolf Hitler zum Nazi wurde*, Berlin 2016, S. 332). Auffallende antisemitische und/oder nationalistische Anwandlungen waren bei Hitler in jener Zeit nicht festzustellen (Reuth, S. 70–101; Weber, S. 332–337). Als die auf das Eisner-Regime folgende revolutionäre »Bayerische Räterepublik« die Soldatenräte neu wählen ließ, um sich der Loyalität der Truppe zu versichern (Weber, S. 333), kandidierte Hitler erneut und wurde am 16. April 1919 zum »Ersatzbataillonsrat der 2. Kompanie des Demobilisierungsbataillons des in die Rote Armee integrierten 2. Bayerischen Infanterie-Regiments«, also zum »Funktionär im Räderwerk der kommunistischen Weltrevolution« gewählt, wie Reuth deftig formuliert (Reuth, S. 93/94). Diese Position behielt er bis zum Sturz der Räterepublik. Den heftigen Kämpfen mit dem in München einmarschierenden Freikorps Epp entzog er sich, er tauchte unter. »Den meisten Biographen Hitlers«, schreibt Weber, »die zu der Deutung neigen, Hitler habe bei Kriegsende weitgehend gefestigte politische Vorstellungen und Vorurteile gehabt, ist nicht genügend bewusst geworden, dass sich Hitlers Verhalten in den Monaten nach Kriegsende eben durch Widersprüchlichkeit und Unbeständigkeit auszeichnete. Aus den vorhandenen Daten zu Hitlers Leben nach Kriegsende kann weder der weit hergeholte Schluss gezogen werden, er sei Sozialist gewesen, noch können wir daraus ableiten, er sei bereits der alldeutsche Nationalist und Antisemit gewesen, der in den folgenden Jahren aktiv wurde ... Hitler war orientierungslos, und sein Leben hätte durchaus in eine andere Richtung gelenkt werden können« (Weber, S. 334).

43   »NS-Deutschland war ein ernsthaft totaler Staat, das faschistische Italien eine

Fassade«. (Jonathan Steinberg, *Deutsche Italiener und Juden. Der italienische Widerstand gegen den Holocaust*, Göttingen 1992, S. 307, zit. n. Andreas Wirsching, *Vom Weltkrieg zum Bürgerkrieg? – Politischer Extremismus in Deutschland und Frankreich 1918–1933/39 – Berlin und Paris im Vergleich*, München 1999, S. 524; Mussolini sprach hohen Tones vom »italienischen Genius« und identifizierte ihn mit »Rasse« (vergleichbar dem englischen Wort »race«). Die Anwendung des Begriffs wurde bei einem Wutanfall über die Misshandlung italienischer Arbeiter in Deutschland deutlich: man hatte, Berichten zufolge, Hunde auf sie gehetzt. Der Duce: »Ich kann es nicht zulassen, dass die Söhne einer Rasse, die der Menschheit Caesar, einen Michelangelo, einen Dante geschenkt haben, von den Bluthunden der Hunnen zerrissen werden.« (*Ciano*, a. a. O., S. 350, 25. 9. 1941). Das Besondere, Andersartige Italiens kam auch darin zum Ausdruck, dass es nach außen hin eine »faschistische Monarchie« war, tatsächlich aber das Königshaus und der »Hof« zum Faschismus, auch zu Mussolini Distanz hielt und in dieser brüchigen Koalition eine bedeutende Machtrolle verkörperte (nicht nur eine »Fassade«). Während der Hof zeitweise zu ruhen schien oder sich nur kommentierend oder in der Funktion des Königs als Oberkommandierender der Streitkräfte bemerkbar machte, trat er in entscheidenden Situationen doch spielentscheidend hervor. Als der Große Faschistische Rat am 25. Juli 1943 nach der Landung der Alliierten in Sizilien den Duce abhalfterte, war es König Victor Emanuel III., der ihn verhaften ließ. Der »Hof« exekutierte. »Hof« als abwertend getönte Bezeichnung für Monarchie tauchte in einer Ansprache Hitlers an die Oberbefehlshaber am 22. August 1939 auf. Der *Führer* subsummierte unter »Hof« (wahrscheinlich) die gesamte aristokratisch-militärisch-bürgerliche Schicht Italiens, die mit Mussolini seit seinem Machtantritt in »Kohabitation« lebte. Hitler reihte den Duce unter die »für uns günstigen Faktoren« ein, zog aber einen kritisch anmutenden Vergleich zwischen ihm und seiner eigenen »Persönlichkeit« – resultierend aus der Umkehrung der ideokratischen Führungshierarchie bereits in den letzten Friedensjahren, genau gesagt: der Abwertung der zunächst auch von Hitler anerkannten Anciennität des Faschismus. Hitler Wörtlich: »Wesentlich hängt es von mir ab, von meinem Dasein, wegen meiner politischen Fähigkeiten. Dann die Tatsache, dass wohl niemand so wie ich das Vertrauen des ganzen deutschen Volkes hat. In der Zukunft wird es wohl niemals wieder einen Mann geben, der mehr Autorität hat als ich. Mein Dasein ist also ein großer Wert-Faktor. Ich kann aber jederzeit von einem Verbrecher, von einem Idioten beseitigt werden. Der zweite (!) persönliche Faktor ist der Duce. Auch sein Dasein ist entscheidend. Wenn ihm etwas zustößt, wird die Bündnistreue Italiens nicht mehr sicher sein. Die Grundeinstellung des italienischen Hofes ist gegen den Duce (gerichtet). Vor allem der Hof sieht in der Erweiterung des Imperiums eine Belastung. Der Duce ist der nervenstärkste Mann in Italien ...« (zit. n. Hans-Adolf Jacobsen, *Der Weg zur Teilung der Welt. Politik und Strategie 1939–1945*, Koblenz, Bonn 1977, S. 24). Über den Unterschied zwischen Faschismus und Nationalsozialismus sagt diese Passage, die ganz machtpolitisch zu verstehen ist, nichts aus – abgesehen davon, dass Hitler die Sollbruchstelle im faschistischen Italien scharf erkennt und die Abständigkeit eines »Rom ohne Mussolini« voraussagt. Markant ist die Ansicht Renzo De Felices, wonach die Entfernung zwischen Faschismus und Nationalsozialismus sozusagen interstellar und infolgedessen unbestimmbar ist: »Es handelt sich um zwei Welten, zwei Traditionen, zwei Nationalgeschichten, die sich so stark unterscheiden, dass es außerordentlich schwierig ist, sie unter einem gemeinsamen Blickwinkel zu vereinen.« Es gebe wohl, schließt De Felice, einen »kleinsten gemeinsamen Nenner«, aber es sei schwer zu sagen, worin er bestehe (De Felice, *Der Faschismus*, a. a. O., S. 30).

44 Dies spiegelte auch das Auf und Ab in den Beziehungen zur Türkei wider: Dilek Barlas, »Friends or Foes? Diplomatic Relations Between Italy and Turkey, 1923–36«, in: *International Journal of Middle East Studies*, 36 (2004), S. 231–252.

45 Sir Alexander Cadogan, operativer Kopf des Foreign Office von 1938–1946, blickt herablassend auf Italien (und Mussolini). Die italienische Politik, schreibt er in seinen Tagebüchern, habe stets zwei Elemente aufgewiesen: sich höchstbietend zu verkaufen und auf der stärkeren Seite zu stehen. (Cadogan, *Diaries*, a. a. O., S. 162 (20 March 1938); (18 May 1939), S. 181).

46 Hitler begrüßte den Vertrag und hielt an ihm fest, als das Reich im Oktober 1933 aus dem Völkerbund austrat und gleichzeitig die Genfer Abrüstungskonferenz verließ. (Konrad Hugo Jarausch, *The Four Power Pact, 1933*, University of Wisconsin 1965; Anna M. Cienciala, »Reviewed Work: Pakt Czterech (Four Power Pact 1933) by Zbigniew Mazur« in: *The American Historical Review*, Vol 86, No 4 (Oct, 1981), S. 880; Hans Roos, *Polen und Europa. Studien zur polnischen Außenpolitik 1931–1939*, Tübingen 1957, S. 72 ff.

47 Angesichts des niedrigen Rüstungsstandes der Briten und ihrem außerkontinentalen Engagement erschien dem Französischen Ministerpräsidenten Pierre Laval, Generalstabschef Maurice Gamelin und dessen Entourage Italien als attraktive Alternative beim Containment der schnellen deutschen Aufrüstung Mitte der dreißiger Jahre. Gamelin vereinbarte bei einem Besuch im Juni 1935 in Rom mit dem italienischen Oberkommandierenden Pietro Badoglio für den Fall kritischer Zuspitzung einen Austausch von Truppen in Korps-Stärke zwischen Nordost-Italien und Belfort. Ziel war die Bildung eines Cordon Frankreich-Italien-Jugoslawien südlich des Deutschen Reiches, auch zur Erhaltung der Unabhängigkeit Österreichs (Alexander, *The Republic in Danger*, a. a. O., S. 45–74, bes. S. 52).

48 S. Kapitel XIII. 1 *Zweimal New Deal*.

49 1920 fügten die Briten aus der Konkursmasse des Osmanischen Reiches die Provinzen Bagdad, Mossul und Basra zum Irak zusammen. Das Mandat löste Aufstände der Araber aus, denen während des Ersten Weltkriegs die Unabhängigkeit zugesagt worden war. Die militärischen Gegenmaßnahmen (August bis Oktober 1920) lagen in der Verantwortung des damaligen Kriegs- und Luftfahrtministers Winston Churchill. In einem Memorandum an den Oberkommandierenden der britischen Luftstreitkräfte, Hugh Trenchard, empfahl Churchill den Einsatz von Senfgas: »Ich spreche mich ausdrücklich für den Einsatz von Giftgas (gemeint: Senfgas, H. K.) gegen unzivilisierte Volksstämme aus.« Trenchard wurde 1927 zum Marshal of the Royal Air Force befördert, s. Stichwort: *Legitimität der Gewalt*, S. 631.

50 Winston Churchill, *The Second World War, Vol. II, Their Finest Hour*, London 1949, S. 106.

51 François Bondy erinnert an den italienischen Zornesruf »Ha detto mali di Garibaldi«, wenn jemand das Ansehen des Nationalheiligen berührte (François

Bondy, »Das internationale Thema: Was ist Faschismus?«, in: *Die Zeit* vom
5. September 1975.)

52 Basil Rauch, *Roosevelt. From Munich to Pearl Harbor. A Study in Creation of a
Foreign Policy*, New York 1950, S. 28–34.

53 Titel der Hitler-Schrift: *Die Südtiroler Frage und das deutsche Bündnissystem*,
München 1926, bes. S. 41. Vorher schon hatte Hitler in einem Interview mit
dem »Corriere Italiana« (16. Oktober 1923) sein Desinteresse an Südtirol und
ein inniges »Verständnis« für gesicherte Grenzen Italiens bekundet. Ähnlich
entgegenkommend verhielt er sich in der Frage Elsaß-Lothringen (Friedensvor-
schlag 1936, im Zusammenhang mit der militärischen Besetzung des Rheinlands) und gegenüber Polen beim Angebot im Herbst 1938, für die Konzession
einer extraterritorialen Schienen- und Straßenverbindung nach Ostpreußen und
die Zustimmung zur Eingliederung Danzigs ins Reich die (Versailler) Grenzen
Polens anzuerkennen. Für deutsche Minderheiten interessierte sich Hitler nur in
Krisenfällen, beispielsweise im Konflikt um die Sudeten und in der Zuspitzung
der deutsch-polnischen Beziehungen 1939. Die Nationalitätenfrage hatte für ihn
primär instrumentalen Charakter.

54 Paul Schmidt, *Statist auf diplomatischer Bühne 1923–1945*, Bonn 1949, S. 548.

55 Chamberlain hatte in einer Rundfunkansprache am 27. September 1938 seine
Haltung zur Tschechoslowakei zum Ausdruck gebracht, an der sich im Laufe der
Krise nicht viel änderte: »Horrible, fantastic, incredible it is, that we should be
digging trenches and trying on gasmasks here because of a quarrel in a far-away
country between people of whom we know nothing.« (Schrecklich, phantas-
tisch, unglaublich ist die Vorstellung, wir sollten Graben ausheben und Gasmas-
ken anprobieren, nur wegen eines Streits in einem weit entfernten Land unter
Leuten, von denen wir nichts wissen.« Zit. n. Cadogan, *Diaries*, a.a.O., S. 107
(27. September 1938).

56 Mussolini über das wunderbare Funktionieren des Dreimächtepakts mit Berlin
und Tokio, zit. n. Jacobsen, *Der Weg ...*, a.a.O., S. 77.

57 Mussolini musste sich aus dem »Stahlpakt« genannten Freundschafts- und
Bündnisvertrag mit Deutschland vom 22. Mai 1939 mit einer zwingenden Begründung herauswinden, um der Gefahr des Vertragsbruchs zu entgehen. Dies
geschah mit Hilfe riesiger Anforderungen von Rüstungsgütern, Energiestoffen
und Rohmaterialien für die italienische Industrie, die Deutschland beim besten
Willen nicht bereitstellen konnte. Das Verfahren hatten einen gewollt abschre-
ckenden Charakter. Ciano schrieb in sein Tagebuch, die Liste würde »einen Stier
töten, wenn er lesen könnte« (Ciano, a.a.O., S. 131f., Eintrag vom 26. August
1939). Unter dem Eindruck der unerfüllbaren italienischen Forderungen entließ
Hitler seinen »Stahlpartner« Mussolini am 26. August aus der Bündnispflicht,
die nach Art. III des Vertrags »automatisch« fällig wurde, sobald ein Vertrag-
schließender Teil »in kriegerische Verwicklungen mit einer anderen Macht oder
mit anderen Mächten gerät«. Eindeutig galt dies nicht nur im Verteidigungsfall,
sondern auch bei Angriffshandlungen eines der Bündnismitglieder. Das Kern-
stück des Vertrags, Artikel III, war jedoch an Konditionen gebunden, welche die
deutsche Seite nicht erfüllte. Der Bündnisautomatismus setzte intensive Konsultationen der Partner voraus, von denen Artikel I, II, und IV (teilweise), dazu sogar die beiden Punkte des Geheimen Zusatzabkommens handelten. Auf diesem

Wege sollten, wie Mussolini in einer Weisung an Außenminister Ciano festlegte, alle militärischen Maßnahmen der Partner rechtzeitig beraten und vereinbart werden. Durch die Maxime des Duce, einen europäischen Konflikt bis 1943 zu vermeiden, erhielten die Konsultationen einen prohibitiven Sinn. Der weitgehend von der deutschen Seite in die endgültige Form gegossene Vertragstext ging auf die dringenden italienischen Vorstellungen eines mehrjährigen Friedensgebots mit keinem klaren Wort ein, was Außenminister Ciano bei den Schlussverhandlungen unverständlicherweise nicht beanstandete. Der Stahlpakt wurde zur Schwingtür des Kriegs – jedenfalls des Polenkriegs. Als Ciano am 12. August 1939, kurz vor Kriegsausbruch, Hitler an die »vereinbarte Friedenszeit« erinnerte, wurde er mit dem Hinweis abgespeist, der Konflikt sei unumgänglich, würde aber »lokal bleiben«, was zu jener Zeit tatsächlich die Meinung des *Führers* war (Ciano, a.a.O., S. 121–126, Einträge vom 10. bis 18. August 1939). Zu Hitlers Irrtum, der Krieg ließe sich »lokalisieren«, s. Einträge 12./13. August, S. 122f. Vereinbart war aber nichts anderes als der im ordentlichen Verfahren zustande gekommene Vertragstext. Ciano hatte zwar recht mit der kritischen Anmerkung vor der italienischen Kammer im Dezember 1939, der Stahlpakt (mit seiner Konsultationspflicht) habe nicht voraussehen lassen, dass zwischen Deutschland und der Sowjetunion ein Abkommen getroffen würde, von dem er erst erfuhr, als Ribbentrop das Flugzeug nach Moskau bestieg. Er lag jedoch daneben, als er in diesem Zusammenhang das Konsultationsgebot des Stahlpaktes zur Voraussetzung dafür erklärte, dass beide Länder den Frieden in Europa für drei bis fünf Jahre sichern sollten. Darüber sagt der Text nichts aus. (Hierzu: Schmidt, *Statist*, a.a.O., S. 474). Scharf äußerte sich Ciano nach seiner Rückkehr nach Rom: »Ich kehre nach Rom zurück, angeekelt von Deutschland, von seinen Führern, von seiner Handlungsweise. Sie haben uns betrogen und belogen. Und heute sind sie im Begriff, uns in ein Abenteuer hineinzureißen, das wir nicht gewollt haben und das Land gefährdet. Das italienische Volk wird schaudern vor Schreck, wenn es von dem Angriff auf Polen erfährt, und unter Umständen wird es sogar die Waffen gegen Deutschland ergreifen wollen ...« (Ebd., S. 123, Eintrag vom 13. August 1939).

58 Ciano, a.a.O., S. 137 (31.8.1939); Sir Alexander Cadogan zitiert in seinen *Diaries* die Versicherung Cianos: Cadogan, *Diaries*, a.a.O., S. 208.

59 Paul Schmidt, *Statist*, a.a.O., S. 454.

60 Cadogan, *Diaries*, a.a.O., S. 205f. (31 August 1939), 212 (1 September 1939); Ciano, a.a.O., S. 136f. (31.8.1939).

61 Schmidt, *Statist*, a.a.O., S. 474f.

62 ADAP, Serie D, Bd. VIII, S. 476, *Der Duce an den Führer und Reichskanzler*, 3. Januar 1940.

63 Jacobsen, *Der Weg ...*, a.a.O., S. 47.

64 Der jüdische Volkskommissar für Auswärtige Angelegenheiten war im Mai 1939 von den amtierenden Vorsitzenden des Rats der Volkskommissare (Regierungschef) Molotow abgelöst worden und als Botschafter nach Washington beordert. Es war ein Wechsel zum Zweck der leichteren Annäherung an Deutschland.

65 Ebd., S. 47f.; Fabry a.a.O., S. 142f., 114.

66 Der an sich geläufige Begriff »Kampfkraft« wird bei dem israelischen Militärhistoriker *Martin van Creveld* zum Oberbegriff beim Vergleich militärischer

Organisation und Leistung der deutschen und amerikanischen Armee (Martin van Creveld, *Kampfkraft – Militärische Organisation und Leistung 1939–1945*, Graz 2005). Das Buch wurde als Fachstudie für das US-Verteidigungsministerium nach dem Vietnamkrieg geschrieben. In den Augen des Autors beruht »Kampfkraft« auf »geistigen, intellektuellen und organisatorischen Grundlagen und findet ihren Ausdruck in Disziplin und Zusammenhalt, Kampfmoral und Initiative, Mut und Härte, im Willen zum Kampf und der Bereitschaft, notfalls zu sterben.« (S. 17) Unter Berücksichtigung dieser Kriterien kommt van Creveld zu dem Schluss: »Das deutsche Heer war eine vorzügliche Kampforganisation. Im Hinblick auf Moral, Elan, Truppenzusammenhalt und Elastizität war ihm wahrscheinlich unter den Armeen des zwanzigsten Jahrhunderts keine ebenbürtig« – die israelische Armee von 1967 ausgenommen, »aber dieser Krieg dauerte statt sechs Jahren nur sechs Tage« (S. 189, 201, Anm. 1). Eine besondere Rolle spielt die Auftragstaktik als Führungsmethode im preußischen Heer, generell seit dem deutsch-französischen Krieg 1879/71: Der militärisch verantwortliche Führer gibt seinen Unterführern »vorn« Ziel und Mittel für selbstständige Entscheidungen vor.

67 Churchill, *Der Zweite Weltkrieg*, a.a.O., S. 324; Hans Woller, »Churchill und Mussolini. Offene Konfrontation und geheime Kooperation?«, in: *Vierteljahreshefte für Zeitgeschichte* (VfZ), 49/4 (2001), S. 563–594.

68 Churchill, *Der Zweite Weltkrieg*, a.a.O., S. 326.

69 Karl-Heinz Frieser spricht von »Torschlusspanik« (Mussolini fürchtete, in Europa leer auszugehen) und zitiert Hellmuth Günther Dahms mit der Erklärung des Duce gegenüber Marschall Badoglio, er »brauche einige tausend Tote, um sich »an den Verhandlungstisch setzen zu können«. Frieser, *Blitzkrieg-Legende*, a.a.O., S. 398; Hellmuth Günther Dahms, *Geschichte des Zweiten Weltkriegs*, München – Berlin 1983, S. 185.

70 Jacobsen, *Der Weg ...*, a.a.O., S. 73.

71 Ebd., S. 76; klare Begriffe über den Punischen Krieg liefert der britische Generalstabschef (1985) und Historiker Nigel Bagnall, *Rom und Karthago: Der Kampf ums Mittelmeer*, Berlin 1995; vgl. auch Bender, *Weltmacht Amerika*, a.a.O., bes. die brillant formulierte Einleitung und das Eingangskapitel.

72 Zit. n. Jacobsen, *Der Weg ...*, a.a.O., S. 74. Die Zuverlässigkeit Cianos als Tagebuch-Autor und Reporter wird in Frage gestellt, doch am Zornausbruch Mussolinis besteht kein Zweifel; vgl. Hillgruber, *Hitlers Strategie*, a.a.O., S. 282, Anm. 17; Demgegenüber hält der amerikanische Faschismus-Forscher MacGregor Knox die Tagebücher für eine »singulär bedeutende Quelle über das faschistische Italien im Krieg«. Eine gewisse Vorsicht verdiene der Umstand, dass Ciano nach der Entlassung aus dem Amt des Außenministers im Februar 1943 viel Zeit zur Korrektur seiner Einträge aufgewandt habe. Hätte er sie jedoch stark retuschiert, wäre beispielsweise die Eintragung unter dem 12. Oktober 1940 verschwunden, in der er den Angriff auf Griechenland als »nützlich und leicht durchführbar« bezeichnete. MacGregor Knox, *Mussolini Unleashed 1939–1941: Politics and Strategy in Fascist Italy's last War*, New York 1982, S. 291–292.

73 Hillgruber, *Hitlers Strategie*, a.a.O., S. 286, Anm. 35.

74 Ein großer Teil der britischen Truppen stammte aus den wenig kriegsgelaunten Dominions Australien und Neuseeland. Vgl. Gavin M. Long (general editor),

Australia in the War of 1939–1945, Series 1 – Army, vol II: *Greece, Crete and Syria*, 1st ed., Adelaide 1953; hier: *Britain and Greece, Chapter I*, S. 1–28., 14 f.

75 Angelo N. Caravaggio, »The Attack at Taranto. Tactical Success, Operational Failure«, in: *Naval War College Review*, Vol. 59, No. 3 (2006), S. 103–127.

76 Über Nordafrika und Wavells Sieg sehr farbig: Churchill, *Their Finest Hour*, a. a. O., Kapitel XXXI *Desert Victory*, S. 538–556.

77 De Felice, *Der Faschismus*, a. a. O., S. 56 f.

78 Die Entscheidung für den Ostfeldzug fiel tatsächlich erst im März 1941. »Bis dahin gab es keinen unabänderlichen Entschluss«, schreibt der Militärhistoriker Rolf-Dieter Müller (Müller, *Der Feind steht im Osten*, a. a. O., S. 231). Selbst noch am 20. April ließ Hitler gegenüber dem Oberbefehlshaber der Kriegsmarine, Erich Raeder, offen, ob er überhaupt den Befehl zum Angriff auf die Sowjetunion erteilen werde (Hillgruber, *Hitlers Strategie*, a. a. O., S. 430, Anm. 21). Im Dezember hatte Wehrmachtsadjutant Gerhard Engel den Eindruck, der *Führer* wisse nicht, wie es weitergehen soll. Die Verschiebung des Angriffs von Mai auf den 22. Juni, bedingt durch Balkan-Krieg und Reinstallation der dort eingesetzten Panzerdivisionen sollte nach Führerweisung nicht mehr als vier Wochen in Anspruch nehmen. Cum grano salis hielt sich die Wehrmacht an diese Vorgabe. Von einer »Verspätung« mit nachteiligen Folgen für den Kriegsverlauf Ost, wie oft behauptet wird, hätte man nur sprechen können, wenn Hitler in den Bergen von Epirus hängen geblieben wäre, wie zuvor die Italiener. Im übrigen waren infolge des langen Winters 1940/1941 die Wegstrecken in der Sowjetunion noch nicht »trocken« und daher vor Mitte Juni für schnelle Panzerbewegungen nicht geeignet. Dennoch: Das schwere Material, das aus dem Balkan in den Ostfeldzug geworfen wurde, war »ermüdet«.

79 Hitler erklärte später, am 24. April 1941, gegenüber dem deutschen Botschafter in Moskau, von der Schulenburg, ihm sei es »widerwärtig gewesen, dieses kleine, tapfere Volk gegen seine Empfindungen niederkämpfen zu müssen«. Zit. n. Jakobsen, *Der Zweite Weltkrieg ...*, a. a. O., S. 210.

80 Hillgruber, *Hitlers Strategie*, a. a. O., S. 468.

81 Raimond Cartier, *Der Zweite Weltkrieg, Bd. 1 1939–1942*, München 1967, S. 258.

82 Ähnlich verhielt es sich mit den deutschen Feldzügen in Dänemark und Norwegen im April 1940: Sie entsprangen der Kriegslage, nicht »imperialistischen« Motiven. Der *konsekutive Zwang* bestand im Fall der skandinavischen Länder in den erkennbaren britisch-französischen Vorbereitungen für einen peripheren Krieg. (s. Kapitel III. 3.) Die deutsche Landung am 9. April 1940 kam der westlichen genau um einen Tag zuvor; der ursprüngliche, aus allianzinternen Gründen nicht eingehaltene gegnerische Landungstermin lag vier Tage vor dem deutschen. Die Westalliierten verfolgten drei Ziele: 1. Eröffnung eines nordischen Kriegsschauplatzes zwecks Diversion namhafter deutscher militärischer Kräfte, die an der Hauptfront im Westen aufmarschierten; 2. die Verminung des Hafens von Narvik und anschließender Seegebiete zwecks Behinderung deutscher Eisenerztransporte durch norwegische Hoheitsgewässer, 3. eventueller Vorstoß zu den schwedischen Erzminen in Gällivare. Hitler reagierte also auf Bedrohungen – im Plan seiner Kriegsziele (sofern es sie gab) standen weder der skandinavische Norden noch die Balkan-Ära verzeichnet. Wer sich zurücklehnt, erkennt unschwer,

dass *der einzige Krieg, den Hitler wirklich frei wählte*, der polnische war. Alle anderen waren »bedingt«: Unumgänglich, wie gesagt, Norwegen/Dänemark; Griechenland/Jugoslawien. Im Westen galten die numerisch große französische Armee und das britische Expeditionskorps 1939/40 als unberechenbar in ihren Schwächen und Stärken. Die beiden Westalliierten hatten dem Reich nicht den Krieg erklärt, um mit der Friedenspalme zu wedeln. Die Annahme traf schon zu, dass sich die Arsenale während der von Paris und London gewählten Strategie des langen Kriegs auffüllen und vom defensiven in den offensiven Modus umspringen würden (Imlay, »Reassessment«, a. a. O., passim). Damit war, wie auch Hitler annahm, 1942 mit einem amerikanischen Eingreifen zu rechnen. Angesichts dieser sicheren Erwartung galt es möglichst rasch zu klären, ob die Sowjetunion Freund im Sinne des Kontinentalpakts und seiner Mächteordnung sein und eine eurasische Südostorientierung in den britischen Interessenraum akzeptieren würde – oder Feind im Sinne der offensiven Ausrichtung nach Westen mit dem Ziel der Zurückdrängung Deutschlands. Seit Churchill keine Miene machte, den Kampf aufzugeben, hielt Hitler das Sowjetreich für einen potenziellen Festlanddegen Großbritanniens – ob es sich dabei um konsekutiven Zwang oder um eine konsekutive Zwangsvorstellung handelte, kann hier offen bleiben. (Hierzu: Gabriel Gorodetsky, *Stafford Cripps in Moscow 1940-1942. Diaries and Papers*, London and Portland/OR 2007.) Wie auch immer – bei der gewaltsamen Auseinandersetzung mit der Sowjetunion ging es ihm nicht primär um die Beseitigung des »Bolschewismus«, schreibt Rolf-Dieter Müller, auch nicht um Ideologie und um Biotope des Germanismus. Hitler hätte auch gegen den Zaren Krieg geführt. Seine Erwägungen waren machtpolitischer Natur: ein blockadefreier Lebensraum, Raum für Sicherheit und für Ressourcen (Müller, a. a. O., *Der Feind steht im Osten*, S. 260, passim). Die Ansicht, der Ostfeldzug sei strategisch begründet gewesen, eben *konsekutiver Zwang*, zählt zu den begründbaren Deutungen und verliert daher mit einer gewissen historischen Abkühlung ihre Anstößigkeit. Sie wird zur Normalität. Hitler war aggressiv, fürwahr, und nicht nur das; Müller konstatiert, er habe von März 1941 an den Ostkriegsplan mit »rassenideologischer Vernichtungsabsicht« unterlegt (Ebd., S. 261). Unbestreitbar jedoch: er führte Kriege, die er nicht wollte und folgte bei solchen, die er führen musste, einem Zugzwang. S. Kapitel I. 1.

83 *President Roosevelt to King George of Greece, December 5, 1940*, U.S., Department of State, Publication 1983, *Peace and War: United States Foreign Policy, 1931–1941*, Washington/D.C. 1943, S. 595.

84 Churchill, *Their Finest Hour*, a. a. O., S. 480.

85 Bereits im Juli 1940 dachte der Generalstabschef des Heeres (OKH), Franz Halder an eine »periphere« Kriegführung von Gibraltar über Haifa nach Osten und auf der Südparallele durch die Cyrenaika zum Suezkanal. Die Sowjetunion, das war der Clou, sollte auf den Persischen Golf »gehetzt« werden (Dietrich Eichholtz, *Krieg um Öl: Ein Erdölimperium als deutsches Kriegsziel 1938–1943*, Leipzig 2006, S. 43). Der Gedanke einer Zangenoperation in den Leib des Empires rumorte lang, setzte indes zweierlei voraus: Ein intaktes, erfolgreiches Italien und eine verbündete Sowjetunion. Auch in den OKW-Studien von Alfred Jodl, Chef des Wehrmachtführungsstabes, fällt als markanter Punkt die Frontrolle eines verbündeten Russlands auf, das in den Iran/Irak vorstoßen sollte. Diese

Ablenkung des russischen Interesses war der Kern der eurasischen Kontinental-
blockpläne Hitlers und Ribbentrops (Eichholtz, S. 55 ff.). Protagonisten der Mit-
telmeer-Nahost-Strategie waren das OKW und das Auswärtige Amt. Im September 1940 schlug auch der Oberbefehlshaber der Kriegsmarine, Erich Raeder, für
den Fall der Absage des England-Unternehmens »Seelöwe« eine Mittelmeerstra-
tegie gegen das britische Empire vor, die über Kleinasien, Arabien, Nordafrika
den Weg zu unbegrenzten Rohstoffquellen öffnen würde. Von russischer Beteiligung ist in den Raeder-Vorschlägen nicht die Rede. Erwähnenswert erscheint
auch das Irak-Engagement Ribbentrops im April/Mai 1941 im Zusammenhang
mit dem antibritischen Ghailani-Aufstand im Irak. Beweggrund all dieser Emp-
fehlungen war jedoch nicht eine plötzliche Orient-Eingebung oder gar Indien-
Emphase, sondern der listige Versuch, Hitler vom Russlandfeldzug abzubringen,
indem man ihm eine »lohnendere« Alternative vor Augen hielt (Hillgruber, *Hitlers Strategie*, a.a.O., S. 472, Anm 81; Eichholtz, a.a.O., S. 61). Hitler beantwortete die »kreative« Kritik an seiner Kriegspolitik mit der »Weisung Nr. 32«,
die ein Nah- und Mittelostengagement auf »die Zeit nach Barbarossa« ansetzte,
in Wirklichkeit ins Phantastische verschob. Die Weisung legte den Schwerpunkt
auf Russland nach dem Sieg: »1. Der neugewonnene Ostraum muss organisiert,
gesichert und unter voller Mitwirkung der Wehrmacht wirtschaftlich ausgenutzt
werden ... Aller Voraussicht nach werden 60 Divisionen und eine Luftflotte ...
für die weiteren Aufgaben im Osten genügen. 2. Fortsetzung des Kampfes gegen
die britische Position im Mittelmeer und in Vorderasien durch konzentrischen
Angriff, der aus Libyen durch Ägypten, aus Bulgarien durch die Türkei und unter
Umständen auch aus Transkaukasien heraus durch den Iran vorgesehen ist (...)
Zu welchem Zeitpunkt die geplanten Operationen im Mittelmeerraum und im
Vorderen Orient begonnen werden können, lässt sich noch nicht übersehen. Die
stärkste operative Wirkung würde ein möglichst gleichzeitiger Beginn der Angriffe gegen Gibraltar, Ägypten und Palästina ergeben.« (Jacobsen, *Der Weg ...*,
a.a.O., S. 112 ff.) Hitlers orientalische Erzählung ist mit Konditionales über-
sät – ein fast ironisches Stück. Mit dem tatsächlichen Verlauf des Ostfeldzug
änderte sich der Plan, nicht grundsätzlich das Ziel. Nur kurz sei angedeutet, wie
die Weisung Nr. 32 im Sommer 1942 Gestalt annahm. Die Offensive »Blau« im
Süden der Sowjetunion war auf zwei Achsen angelegt: 1. Kursk, Maikop, Tiflis,
Batum am Schwarzen Meer; 2. über Stalingrad nach Baku am Kaspischen Meer.
Ziel war die Sperrung des Ölzuflusses für die sowjetische Wirtschaft und Kriegs-
tätigkeit, primär die Ausbeutung der Quellen für Deutschland. Da zur gleichen
Zeit Erwin Rommel bis El Alamein (Ägypten) vorgestoßen war, schienen auch
die Ölressourcen des Nahen Ostens sowie die elementar wichtigen britischen
Wasserstraßen Suezkanal und Persischer Golf in erreichbare Nähe gerückt. Die
Operation auf beiden Seiten des Mittelmeers begünstigten die Vorstellung einer
»kaukasischen Zange«. Doch das Ziel wurde verfehlt, die Zange arretierte. Im
November war die deutsche Angriffskraft erschöpft. Der Ertrag der deutschen
Sommeroffensive versank in Stalingrad, während Rommel nach Tunis zurückge-
drängt wurde und die Briten und Amerikaner in Marokko und Algerien im Rü-
cken der deutsch-italienischen Afrikaarmee landeten (Operation Torch). Auch
Hitler schwankte – nicht nur an den Fronten, sondern im Denken. Er glich einer
romantischen Karikatur, wenn er sich gelegentlich sogar gegen die Vernichtung

des britischen Empires auflehnte, das er selbst gleichzeitig mit allen Mitteln bekämpfte. So notiert der Diplomat Ulrich v. Hassel über die Reaktion des *Führers* auf Berichte, die Japaner näherten sich über Burma der Grenze Indiens: Man erzähle, Hitler würde den Engländern am liebsten 20 Divisionen schicken, »um die Gelben wieder zurückzuwerfen«. Ulrich v. Hassel, *Vom anderen Deutschland. Aus den nachgelassenen Tagebüchern 1938–1944*, Freiburg 1946, S. 253.

86 Nicholas Tamkin, *Britain, Turkey and the Soviet Union, 1940–45. Strategy, Diplomacy and Intelligence in the Eastern Mediterranean*, London 2009, S. 32–50; »letzte Griechen« S. 46. Dass Hitler nicht unverzüglich, nach der Eroberung des Balkans, nach »Mittelost« – Syrien, Irak, Iran – eingeschwenkt ist, hielt Churchill für einen strategischen Fehler, wie er mehrmals betonte. Am 23. Dezember 1940 schrieb er an den australischen Premierminister Robert Menzies, dessen Land Beiträge für die in Nordafrika und schließlich auch in Griechenland (6. Australische Division) operierenden Commonwealth-Truppen leistete: »Seit die Italiener ihre Schwäche, zur See, zu Land und in der Luft zeigten, zweifeln wir nicht länger an unserer Fähigkeit, das (Nil)Delta und den (Suez)Kanal zu verteidigen, … außer die Deutschen bahnen sich ihren Weg durch die Türkei, Syrien und Palästina. Unsere Position im östlichen Mittelmeer ist enorm gestärkt durch die Besetzung von Kreta, aus dem wir in Suda Bay ein zweites Scapa (gemeint Scapa Flow, Hafen der britischen Kriegsflotte, H. K.) machen werden …« Churchill, *Their Finest Hour*, a. a. O., S. 628.

87 Die Griechen mahnten sofort nach dem Einfall der Italiener am 28. Oktober in London die Garantien an, die Chamberlain am 13. April 1939 abgegeben hatte. Churchill antwortete noch am selben Tag dem Diktator Ioannis Metaxas (seit 1936): »We will give you all the help in our power.«. Zit. n. Elisabeth Barker, *British Policy in South-East Europe in the Second World War*, London 1976, S. 100.

88 Ebd., 477.

89 Ebd., 475.

90 Ebd., 476.

91 Gavin M. Long, *To Benghazi and Greece, Crete and Syria*, Vol. I/II, Canberra 1952–53, S. 16.

92 Zit. n. Gorodetsky, *Die große Täuschung*, a. a. O., S. 153.

93 Die Deutschen hatten beim Abschluss des Nichtangriffsvertrags am 23. August 1939 aus unerklärlichen Gründen »das völlige politische Desinteresse an diesen Gebieten erklärt«, was die sowjetische Seite als Desinteresse am gesamten Balkan auslegen konnte.

94 Eichholtz, a. a. O.; 1940 war die deutsche Kontrolle über die rumänische Ölförderung von 1938 (weniger als ein Prozent) auf 47 Prozent hochgeschnellt. Diesen Zustand, schreibt Eichholtz in seiner Studie, erkannte die rumänische Regierung (unter Antonescu) offiziell durch Gesetz vom 10. Juni 1941 an (S. 35). Rumänisches Öl war und blieb bis Mitte 1944 die bedeutendste ausländische Rohstoffquelle für die deutsche Kriegsführung (S. 39).

95 Das Montreux-Abkommen stellte die am Ende des Ersten Weltkriegs verlorene Souveränität der Türkei über Dardanellen, Marmarameer und Bosporus wieder her. Dazu gehörte die Remilitarisierung der Meerengen ebnso wie die Freiheit der Handelsschifffahrt. Im Krieg liegt (bis heute) die Passage von Kriegsschiffen im

türkischen Ermessen. Während des Zweiten Weltkriegs wurde auf diese Weise das Eindringen von deutschen und italienischen Kriegsschiffen, speziell U-Booten, ins Schwarze Meer verhindert. Primär ging es der Sowjetunion nicht nur um unbehinderte Passage durch die Meerengen, sondern um den Souveränitätstitel: Sie wollte anstelle der Türkei bestimmen können, wer die Meerengen nutzen durfte oder nicht (Fabry, a.a.O., S. 264f.); Harry N. Howard, »*The Straits After the Montreux Convention*«, in: *Foreign Affairs*, Vol. XV (October, 1936); Zu den zähen, komplizierten Verhandlungen und dem Echo, das sie insbesondere in der sowjetischen und türkischen Presse fanden: Fletcher Standever Crowe III, *The Soviet Union and the Turkish Straits, 1933–1945*, (Diss.) Ann Arbor/MI 1974, S. 44–111.

96 Besymenski, *Stalin und Hitler*, a.a.O., S. 334.

97 Stalin im Gespräch mit Georgi Dimitroff, Generalsekretär der Komintern am 25. November 1940. Ebd., S. 324.

98 Cadogan, *Diaries*, S. 299 (14 June 1940).

99 Tamkin, *Britain, Turkey and the Soviet Union*, a.a.O., S. 17.

100 Gorodetsky, Cripps, *Diaries*, a.a.O., S. 90–99, Einträge 5. February 1941 bis 15. März 1941. Gorodetsky hält Stafford Cripps für eine seltene Erscheinung, die als Politiker nichts hinterließ außer »Askese, Geißelung der Konsumgesellschaft und den Ruf eines leichtfertigen Fellowtravellers des Stalinismus«. Sein Sozialismus war nicht marxistisch-revolutionär, auch nicht aufklärerisch, sondern im evangelikalen Christentum verwurzelt, dem er mit tiefer Gläubigkeit anhing. Allein die Einheit der Kirche bot ihm die Gewähr für Sozialreformen und internationalen Frieden. Angehöriger eines alten Adelsgeschlechts und Mitglied der Labour Party (wie der Vater, Lord Parmoor), englischer Patriot und Feind des Imperialismus, Verächter des NS-Systems und wortloser Betrachter der stalinistischen Säuberungen in den dreißiger Jahren (weil der Protest Einmischung in die inneren Angelegenheiten der Sowjetunion bedeuten würde), Anhänger der Gleichheit und des komfortablen englischen Landlebens, Chemiker und Jurist – bei dieser Agenda war er ein leichtes Opfer der Schizophrenieanwürfe seiner Gegner. Dem Ansehen Cripps' schien das nicht zu schaden. Er galt als möglicher Konkurrent Churchills, obwohl Labour sich wegen seiner »Volksfrontpolitik« mit den Kommunisten zeitweise von ihm trennte. Aus durchsichtigen Gründen entsandte ihn Churchill als Sonderbotschafter nach Moskau. Einerseits versprachen sich er und Außenminister Halifax von einem konsequent »linksgestrickten« Fellow ein besseres britisch-sowjetisches Gesprächsklima – völlig übersehend, dass in den Augen Stalins und Molotows »rechtsgestrickte« Konservative die Wirklichkeit der kapitalistisch-imperialistischen Welt wesentlich besser abbildeten als romantische Salonbolschewisten. Zum anderen wollte der Premier Cripps einfach loswerden, von der englischen Bildfläche verschwinden lassen. Er verfuhr mit ihm wie König David in der Bibel mit dem Hethiter Uria, den David auf Todesreise in die Glutofenhitze des Kampfes gegen die Ammoniter befahl. Der beseitigte Konkurrent war weg, im Falle des Königs der Mann der schönen Batseba, der Tochter Elims, die David begehrte (die ganze Geschichte sehr schön in: 2. Samuel 11) – im Falle Churchills der nicht ungefährliche Wahlkämpfer Cripps. Im Unterschied zu Uria kam Cripps jedoch 1942 zurück und bedrängte den Premier in diesem Jahr der Schwäche erneut. Churchill bediente sich nun der gegenteiligen Methode Davids: Er berief Cripps in eines der ältesten Ämter,

die Britannien zu vergeben hat, in das des Lordsiegelbewahrers (Lord Privy Seal) und unterwarf ihn der Disziplin des Kriegskabinetts. Als dieser jedoch fortfuhr, Churchills Politik zu kritisieren, warf der Premier ihn im Oktober 1942 aus dem Entscheidungszirkel und verbannte ihn ins Ministerium für Flugzeugproduktion.

101 Gorodetsky, *Die grosse Täuschung*, a. a. O., S. 131.

102 *ADAP*, Serie D, Bd. XI.2, S. 597f., *Schulenburg an AA*, 26. November 1940; s. Kapitel III. 3. *Eurasische Skizzen und ihr Scheitern.*

103 Bezymenskij, »*Der Berlin-Besuch*«, a. a. O., S. 210.

104 SOE-Agenten verbreiteten nach der britischen Landung am 7. März in Piräus wilde Gerüchte über die massive Stärke der Engländer. Von einem 100000 Mann starken Expeditionskorps war die Rede. Der Chef des britischen Imperialen Generalstabs (C.I.G.S.), Sir John Dill, vertraute bei einem Belgrad-Besuch nach dem Putsch dem neuen jugoslawischen Ministerpräsidenten Dušan Simović an, insgesamt sei mit dem Einsatz von 150000 Mann zu rechnen. Die unsicheren neuen Herrn Jugoslawiens, in politischen Fragen kaum erfahren, glaubten daher, eine mächtige Balkanarmee eile ihnen und den Griechen zu Hilfe, um Hitler zu zerschmettern (M. Deroc, *British Special Operations Explored: Yugoslavia in Turmoil 1941–1943 and the British Response*, New York 1988, S. 17). Erst der Kommandeur des Commonwealth-Expeditionskorps, Henry Maitland Wilson, enthüllte den Jugoslawen die Wahrheit über sein mageres Angebot. Auch der Einfluss der Komintern auf den Putsch bestand im Ausstreuen von Erwartungen, die nicht eingelöst wurden. Die Untergrundarbeiter Stalins brachten am Nachmittag nach dem Putsch die nicht sehr zahlreichen Kommunisten auf die Straße, die »Moskau – Belgrad, Moskau – Belgrad« riefen. Die Behauptung, das Regime des Prinzregenten Paul sei durch »jugoslawische Massen gestürzt worden, bezeichnet Deroc als maßlose Übertreibung (S. 12). Tatsächlich war der Umsturz das Werk einer Militärkonspiration. Die Opposition gegen Deutsche, Italiener und den Dreimächtevertrag bot dabei nur einen Grund. Ein anderer, womöglich wichtigerer war der Zorn der Serben (sie bildeten den Kern der Armee) über die Gewährung der Halbautonomie für Kroatien im August 1939 durch den Regenten und seine Regierung – sie galt als Verstoß gegen die jakobinische Staatsraison eines »Yugoslavie une et indivisible« (S. 9). Paul war unbeliebt und verdächtig. Trotz der bedeutenden Rolle der Innenpolitik hoben die Briten die Verdienste des SOE hervor. Per Beschlusses vom 27. März 1941 zollte das Kriegskabinett dem Chef Hugh Dalton Anerkennung (»expression of appreciation«) für die Rolle seiner Organisation beim Zustandekommen des coup d'etat in Yugoslavia.

105 S. Stichwort: *William J. Donovan – Presidential Secret Agent*, S. 634.

106 Der Beitritt Jugoslawiens zum Dreimächtepakt am 25. März 1941 in Wien brachte die Engländer aus der Fassung. Alexander Cadogan notierte eine ungewöhnliche Anmerkung in sein Tagebuch: »«Jugs are signing – silly, feeble mugs« (blöde, hirnrissige Trottel). Cadogan, *Diaries*, S. 366 (25 March 1941); Dabei hatte Hitler den »Trotteln« einen sehr abgeschwächten Pakt kredenzt, um ihre Zustimmung zu erreichen: Deutsche Truppen würden Jugoslawien nicht passieren, die territoriale Integrität werde garantiert, das Reich werde keine jugoslawischen Truppen anfordern, Belgrad könne im deutsch-griechischen Konflikt neutral bleiben. Um den Bulgaren den Mund wässrig zu machen, hatte ihnen Hitler das griechische Saloniki als Lohn für Wohlverhalten angeboten.

107 Long, *To Benghazi*, a. a. O., S. 24.

108 Hierzu: Gorodetsky, a. a. O., S. 187–205.

109 Zit. n. Bernhard H. Bayerlein (Hg.), *Georgi Dimitroff, Tagebücher 1933–1943*, Bd. I, Berlin 2000, S. 374–375; Bernhard H. Bayerlein, »*Der Verräter, Stalin, bist Du!*« *Vom Ende der linken Solidarität Komintern und kommunistische Parteien im Zweiten Weltkrieg 1939–1941*, Berlin 2008, S. 351. Bei dem Ballettabend im Bolschoi war die gesamte internationale Gesellschaft der Botschafter in Moskau vertreten – eine seltsame, eigentlich komische Bühne zur Auflösung der Komintern, die Lenin und Stalin manchen Dienst einer vielfach gewaltsamen »Nebenaußenpolitik« an der Seite der offiziellen Außenpolitik geleistet hatte. Nach dem Besuch im Bolschoi-Theater und dem anschließenden Umtrunk am 20. 4. 1941 bei dem Stalin den Vorschlag zur Auflösung der Komintern lanciert hatte, spielten sich, wie Bayerlein schreibt, im Sekretariat des Exekutivkomitees der Komintern, gespenstische Szenen ab: Dimitroff, Manuilski und Togliatti führten nach Stalins Anweisungen in völliger Geheimhaltung die Auflösung der Komintern als Planspiel durch, wobei bereits zahlreiche Argumente für die zwei Jahre später erfolgende tatsächliche Auflösung gebraucht wurden. Ebd., S. 77.

110 Vgl. Manfred Osten, »›Alles veloziferisch‹ – Goethes Ottilie und die beschleunigte Zeit«, in: Walter Hinderer (Hg.), *Goethe und das Zeitalter der Romantik*, Würzburg 2002, S. 213–229; Veloziferisch umschreibt die Goethesche Kritik der unbegrenzten Fortschrittsdynamik. Nach Mephisto im »Faust«: »Ein Geist, der unbändig vorwärtsdrängt und dessen übereiltes Streben der Erde Freuden überspringt« – einfach gesagt, der zivilisatorisch bedingte Mangel an Ruhe. Osten erwähnt Goethes Brief an den preußischen Verwaltungsbeamten Nicolovius, in dem der Dichter das Unglück der Übereilung beschreibt: »… und so springt's von Haus zu Haus, von Stadt zu Stadt, von Reich zu Reich und zuletzt von Weltteil zu Weltteil, alles veloziferisch« (S. 214 f.). Die Steigerung zielt in die Sphäre der Politik, ohne diese Absicht zu verraten. Während Hitler aus Nervosität zu schnellen Entscheidungen neigte und, verwöhnt und verleitet von sensationellen Erfolgen, in Russland schließlich an der Tiefe des Raumes und der Länge der Zeit furchtbar scheiterte, entstammt die *Grundidee der veloziferischen Kampfführung* dem deutschen Versuch im Ersten Weltkrieg, sich durch Stoßtrupptaktik vom Massensturm einerseits und stationärem Stellungskrieg andererseits zu befreien (vgl. Ralf Raths, *Vom Massensturm zur Stoßtrupptaktik. Die deutsche Landkriegtaktik im Spiegel von Dienstvorschriften und Publizistik 1906 bis 1918*, Freiburg, Berlin, Wien 2009). Die Einübung der Taktik geht auf die Zeit des Reichsheeres und der Reichswehr zurück, auf das Betreiben General Guderians und die verwandte Kriegsdoktrin Marschall Tuchatschewskis von 1936 sowie, jedenfalls in der Theorie, auf General de Gaulle, dem die Anwendung angesichts des Defensivkonzepts und des Traditionalismus der französischen Armee jedoch versagt blieb. Der Vergleich mit der »shock-and-awe«-Taktik (Schrecken und Furcht mit einem Hauch Ehrfurcht) im Irak-Krieg ist zulässig. Der Begriff »veloziferisch« erfasst das Phänomen dieser Kriegführung besser als der eingeschliffene Ausdruck »Blitzkrieg«. Die Verbindung mit »Luzifer« gibt der unerhörten Wucht des Angriffs den Geist unbedingten Herrschaftswillens. Karl-Heinz Frieser hat recht, wenn er betont, der »Blitzkrieg« sei keine Erfin-

dung Hitlers. Das sagt aber wenig – er führte ihn; er reagierte auf die Peitsche der Eile: Kurz hatten die Kriege zu sein, damit die Decke der Ausrüstung, der Rohstoffe, der Fabrikation reichte; hin- und hergezogen werden musste sie sowieso. Die exemplarische Durchbruchschlacht im veloziferischen Stil trägt den aus dem Krieg von 1870 berühmten Namen Sedan (Maas). Demoralisierende Luftangriffe vor allem der Sturzkampfbomber leiteten die vom 13. bis 15. Mai 1940 während Schlacht ein. Das Tempo der angreifenden Verbände machte aussichtsreiche Gegenangriffe unmöglich. In extremer Auslegung der deutschen Auftragstaktik (oft gegen ausdrücklichen Befehl) erstürmten Panzer-Stoßtrupps in riskanten Aktionen Brückenköpfe, beherrschende Höhen, Straßenknoten usw. als Ausgangspositionen für weitere Operationen. Für zehn Panzer- und sechs motorisierten Divisionen wurde auf diese Weise der Weg zur Atlantikküste frei. Fünf Tage nach Sedan, am 20. Mai, war der »Sichelschnitt« vollendet. Die Elite des französischen Heeres »die Eisenspitze unserer Lanze«, wie General Weygand sagte, (Frieser *Blitzkrieg-Legende*, a. a. O., S. 399 zitiert Jaques Benoist-Méchin, *Der Himmel stürzt ein. Frankreichs Tragödie 1940*, Düsseldorf 1958, S. 239) und das britische Expeditionskorps in Nordfrankreich und Belgien wurden in der »gewaltigsten Umfassungsoperation der Weltgeschichte« (Frieser) oder, wie Willliam Edmund Ironside in sein Tagebuch eintrug, in der »größten Katastrophe« buchstäblich erdrückt (Hierzu Roderick McLeod and Dennis Kelly (ed.), *Time Unguarded: The Ironside Diaries, 1937–1940*, London 1962): 1,7 Millionen Soldaten wurden eingekesselt; 1,2 Millionen gefangen; 370 000 Briten und Franzosen gelang aus Dünkirchen und anderen Atlantikhäfen die Flucht. Ein proportional ähnliches Bild ergab sich jetzt in Jugoslawien und Griechenland. Demgegenüber hoben im größten Kessel des Russland-Feldzugs 650 000 Soldaten die Hände; in Stalingrad 100 000 Deutsche.

111 Marcus Aemilius Lepidus schloss 43 v. Chr. mit Antonius und Octavian das zweite Triumvirat in Rom und wurde 36 v. Chr. von Octavianus entmachtet. Lepidus gilt als Musterfigur des »Letzten« in der Hierarchie der beherrschenden Mächte eines Bündniskreises (im Zweiten Weltkrieg nach dem 22. Juni 1941 die Grand Alliance aus USA, UdSSR, Großbritannien). Zit. n. Mark Frey, *Die Dekolonisation in Südostasien. Die Vereinigten Staaten und die Auflösung des europäischen Kolonialreichs*, München 2006, Kapitel: Die Konstruktion des informellen Imperiums (1958–1950), S. 105.

112 Hillgruber, *Hitlers Strategie*, a. a. O., S. 468.

113 Wilhelm Deist, »Von der Reichswehr zur Wehrmacht. Stufen der Aufrüstung«, in: Jörg Hillmann (Hg.), *»Der Fall Weiß«. Der Weg in das Jahr 1939*, Kleine Schriftreihe zur Militär- und Marinegeschichte, Bd. 1, Bochum 2001, S. 54.

114 Im Gegensatz dazu durfte das Deutsche Reich laut Flottenabkommen mit Großbritannien von 1935 die gleiche Zahl U-Boote unterhalten wie die Royal Navy.

115 Hierzu und z. F. vgl. Friedrich von Rabenau, *Seeckt. Aus seinem Leben 1918–1936*, Leipzig 1941, S. 445–532.

116 Joachim von Stülpnagel, »Gedanken über den Krieg der Zukunft«. Bundesarchiv-Militärarchiv (BA-MA), 5/10, Auszug in: *Das Krisenjahr 1923. Militär und Innenpolitik 1922–1924*. Bearb. von H. Hürten, Düsseldorf 1980 (Quellen zur Geschichte des Parlamentarismus und der politischen Parteien. Zweite Reihe: Militär und Politik. 4.), Nr. 184, S. 266–272. Stülpnagel, Chef der Hee-

resabteilung im Truppenamt, hielt den Vortrag im Februar 1924 vor Offizieren des Ministeriums, der einen Bruch mit der Tradition offenkundig machte. Nicht ein mehr oder weniger theoretisches Kriegsbild stand im Zentrum seiner Überlegungen, sondern die konkrete Frage, wie ein Krieg zwischen Deutschland und seinen westlichen und östlichen Nachbarn, Frankreich und Polen, zu führen sei. Ziel Stülpnagels war der »planmäßig vorbereitete und schließlich bewusst aufgenommene Befreiungskrieg«. Wilhelm Deist, »Die Reichswehr und der Krieg der Zukunft«, in: *Militärgeschichtliche Mitteilungen* (MGM). Bd. 45, 1989, Heft 1, S. 85. An die beobachtende Teilnahme des preußischen Militärreformers Neidhard von Gneisenau an Kämpfen in Spanien gegen Napoleon erinnert auch Friedrich Engels in einem lesenswerten Bericht in der »Pall Mall Gazette« vom 11. November 1870 unter dem Titel »Preußische Franktireurs«, in: *Karl Marx, Friedrich Engels, Werke*, Bd. 17, Berlin 1973, S. 203–207.

117 Mao Tse-tung, *Theorie des Guerillakriegs oder Strategie der Dritten Welt, Einleitender Essay von Sebastian Haffner*, Hamburg 1966, S. 8.

118 Zu Wehrgesetzgebung und Kooperation zwischen Reichswehr und Politik, vor allem der Hinwendung Reichswehrministers Wilhelm Groeners zur Weimarer Republik: Jürgen Förster, *Die Wehrmacht im NS-Staat. Eine strukturgeschichtliche Analyse*, München 2007, S. 3–17.

119 Manfred Zeidler, *Reichswehr und Rote Armee 1920–1933 – Wege und Stationen einer ungewöhnlichen Zusammenarbeit*, München 1993, passim.

120 Michael Geyer, *Aufrüstung oder Sicherheit – die Reichswehr in der Krise der Machtpolitik 1924–1936*, Wiesbaden 1980, S. 36f.

121 Ausführliche, auf Archivausbeute beruhende Darstellung über die gigantischen Pläne und spektakulären Rückschläge bei den sowjetischen Rüstungsanstrengungen in mehreren Etappen: Musial, *Kampfplatz*, a.a.O., S. 229–360; Musial erwähnt die geheime militärische Zusammenarbeit zwischen Deutschland und der Sowjetunion seltsamerweise mit keinem Wort.

122 Hierzu ausführlich: Hans Roos, »Die ›Präventivkriegspläne‹ Piłsudskis von 1933«, in: *Vierteljahreshefte für Zeitgeschichte* (VfZ), 3/4 (1955), S. 344–363.

123 Die Wiedergabe der Ausführungen Hitlers stammt aus Aufzeichnungen des Generals Curt Liebmann: Thilo Vogelsang, »Neue Dokumente zur Geschichte der Reichswehr 1930–1933«, in: *Vierteljahreshefte für Zeitgeschichte* (VfZ), 2/4 (1954), S. 397–436; Admiral Raeder, der ebenfalls an dem Gespräch teilnahm, gibt die Stelle anders wieder. Hitler habe vom »Schutz des Reiches nach außen« gesprochen: Erich Raeder, Mein Leben, Bd. I, Tübingen 1956, S. 280.

124 Der Äthiopisch-italienische Krieg vom 3. Oktober 1935 bis 9. Oktober 1936 wurde vom italienischen Eritrea und Somaliland aus geführt, Mussolinis Pläne waren den Teilnehmern der Stresa-Konferenz bekannt, ohne dort thematisiert zu werden. Die Italiener wandten auch bei der Guerilla-Bekämpfung nach dem offiziellen Ende des Kolonialkriegs Giftgas an.

125 François Furet (Hg.), *Kritisches Wörterbuch der Französischen Revolution*, Frankfurt am Main 1996, S. 207; ders., *Das Ende der Illusion*, a.a.O., S. 100ff., bes. 111.

126 Peter Longerich, *Die braunen Bataillone. Geschichte der SA*, München 2003.

127 In der parallelen Mordaktion Görings und der SS gegen »Unzufriedene« und konservative Gegner Hitlers starben der frühere Reichskanzler Kurt von Schlei-

cher und seine Frau, der ehemalige bayerische Ministerpräsident Gustav Ritter
v. Kahr, die rechte Hand Vizekanzler von Papens, Generalmajor Ferdinand v.
Bredow, die Mitarbeiter Papens, Carl Fedor Eduard Herbert von Bose und Edgar
Julius Jung, der Berliner Vorsitzende der »Katholischen Aktion« und Zentrums-
politiker Erich Klausener, Pater Bernhard Stempfle, Lektor von »*Mein Kampf*«,
Gregor Strasser, der frühere Organisationsleiter der NSDAP, den Reichskanzler v. Schleicher für den Posten des Vizekanzlers in seinem erweiterten Kabinett
vorgesehen hatte. Zur Röhm-Affäre zusammenfassend u. a.: Kershaw, *Hitler
1889–1936*, Stuttgart 1998, S. 636–659.

128 Manfred Messerschmidt spricht von »Teilidentität der Ziele« und »Loyalitäts-
wettlauf«: »Die Wehrmacht im NS-Staat«, in: Karl Dietrich Bracher u. a. (Hg.),
Deutschland 1933–1945. Neue Studien zur nationalsozialistischen Herrschaft,
Bonn 1993, S. 377–402. Einführung von Johannes Adolf Graf von Kielmansegg.

129 So übergeht beispielsweise Jürger Förster in seiner sachkundigen strukturge-
schichtlichen Analyse *Die Wehrmacht im NS-Staat*, a. a. O., S. 50–56, die unter
dem Generalstabschef des Heeres, Ludwig Beck einsetzende und unter seinem
Nachfolger Franz Halder operativ geplante Verschwörung gegen die Kriegspläne
Hitlers gegen die Tschechoslowakei im September 1938. Ob es tatsächlich zu
einem Staatsstreich gegen Hitler gekommen wäre, bleibt offen. Das Münchener
Abkommen machte die Pläne hinfällig. Vgl. hierzu Wolfram Wette, »Ideologien,
Propaganda und Innenpolitik als Voraussetzungen der Kriegspolitik des Dritten
Reiches«, in: Wilhelm Deist et.al., *Ursachen und Voraussetzungen der deutschen
Kriegspolitik*, Stuttgart 1979, S. 159 f.

130 Ulrich Krüger, »In der Rechtsnot schluckt der Teufel Kröten – Spurensuche eines
Enkels: Zu einem Debattenbegriff der Weimarer Republik«, in: *Frankfurter Allgemeine Zeitung*, 4. August 2007; Prof. Krüger, zum Zeitpunkt der Veröffentlichung Professor für Wirtschaftsrecht an der Hochschule Bremen, behandelt
Ursachen und Folgen von »Rechtsnot«, unter anderem den empörenden Miss-
stand, dass der Weimarer Staat die Hyperinflation von 1923 nutzte, um sich als
Schuldner von Kriegsanleihen zu sanieren.

131 Ebd. Krüger erwähnt den Verleger und Herausgeber der renommierten Deutschen Juristen-Zeitung (DJZ) Otto Liebmann, einen assimilierten deutschen
Juden, der noch zu Beginn des Jahres 1933 in seinem Blatt »im Kontext der
Beschwörung der wirschaftlichen und rechtlichen Not« geschrieben hatte: »Der
deutsche Jurist möge vor allem bedenken, dass er ein Deutscher ist.« In der letzten Ausgabe der DJZ des Jahres 1933 musste Liebmann im Zusammenhang
mit dem »arischen« Schriftleitergesetz Abschied von seinen Lesern nehmen. Sein
Vermögen wurde nach und nach von den deutschen Behörden konfisziert. Liebmann starb 1942 persönlich gebrochen und gesellschaftlich isoliert. Seine beiden
Töchter wurden kurze Zeit später deportiert und in einem Vernichtungslager
ermordet.

132 Reichswehreid vom 14. August 1919: »*Ich schwöre Treue der Reichsverfassung
und gelobe, dass ich als tapferer Soldat das Deutsche Reich und seine gesetzmä-
ßigen Einrichtungen jederzeit schützen, dem Reichspräsidenten und meinen Vorgesetzten Gehorsam leisten will.*« Eidesformel der Reichswehr vom 1. Dezember
1933: »Ich schwöre bei Gott diesen heiligen Eid, dass ich meinem Volk und
Vaterland allzeit treu und redlich dienen und als tapferer und gehorsamer Soldat

bereit sein will, jederzeit für diesen Eid mein Leben einzusetzen.« Wehrmachtseid ab 2. August 1934: »*Ich schwöre bei Gott diesen heiligen Eid, dass ich dem Füh-rer des Deutschen Reiches und Volkes, Adolf Hitler, dem Oberbefehlshaber der Wehrmacht, unbedingten Gehorsam leisten und als tapferer Soldat bereit sein will, jederzeit für diesen Eid mein Leben einzusetzen.*« Eidformel der Schutz-staffel (SS): »*Ich schwöre Adolf Hitler unerschütterliche Treue. Ich schwöre ihm und den Führern, die er mir bestimmt, unbedingten Gehorsam. Adolf Hitler: Sieg Heil!*«

133 Geoffrey P. Megargee, *Hitler und die Generäle: Das Ringen um die Führung der Wehrmacht 1933–1945*, Paderborn 2006, S. 29–46.

134 Wilhelm Deist, »Die Aufrüstung der Wehrmacht«, in: Wilhelm Deist et.al., *Das Deutsche Reich und der Zweite Weltkrieg*, Bd. 1, Stuttgart 1979., S. 500–516.

135 Jürgen Förster, *Die Wehrmacht im NS-Staat*, a.a.O., S. 53, 55, 161.

136 S. Stichwort: *Putsch und Krieg*, S. 638.

137 Romedio Galeazzo Graf von Thun-Hohenstein, »Wehrmacht und Widerstand«, in: Hans Poeppel, Wilhelm-Karl Prinz von Preußen, Karl-Günther v. Haase, (Hg.), *Die Soldaten der Wehrmacht*, München 1998, S. 86–90.

138 Förster, *Die Wehrmacht im NS-Staat*, a.a.O., S. 147.

139 Ebd., S. 48

140 Curt Siewert, *Schuldig? Die Generale unter Hitler*, Bad Nauheim 1968, S. 173f.

141 S. Kapitel IV.2. *Die Risikozone.*

142 Wilhelm Treue, »Hitlers Denkschrift zum Vierjahresplan 1936«, in: *Viertel-jahreshefte für Zeitgeschichte* (VfZ), 3/2 (1955), S. 184–210 mit vollständigem Text der Denkschrift.

143 Ebd. Im Winter 1935/36 schlitterte das Reich in eine Ernährungskrise. Lebens-mittel wurden knapp, die Preise zogen an. Im Januar 1936 verzeichnete das Reichsarbeitsministerium eine Arbeitslosigkeit von etwa 2,5 Millionen ohne Aussicht auf eine Verringerung. Infolge schrumpfender Rohstoffvorräte ging die Rüstungsproduktion zurück, die Aufrüstungspläne schienen ernsthaft in Frage gestellt. Ian Kershaw verweist auf die innenpolitischen Aspekte des des deut-schen Einmarschs in das entmilitarisierte Rheinland am 7. März 1936 und auf die am 29. März folgenden Wahlen / Volksabstimmung, die mit 98,9 Prozent für die »Führerliste« ausgingen: Hitler wollte die verdüsterte Stimmung aufhellen (Kershaw, *Hitler 1889–1936*, a.a.O., S. 729ff.).

144 S. Kapitel I.2. *Nachtwandler und Pläneschmied.*

145 Deist, *Aufrüstung*, a.a.O., S. 431–449, hier das Feldheer betreffend mit allen wesentlichen Details.

146 Walter Steitz (Hg.), *Quellen der deutschen Wirtschafts- und Sozialgeschichte in der Zeit des Nationalsozialismus*, Teilband 2: *Kriegswirtschaft*, Darmstadt 2000; Deist, *Aufrüstung*, a.a.O., hier: *Wehrmachtrüstung und die Expansion der Wehrmachtsteile*, S. 497–500.

147 Richard Overy, *Die Wurzeln des Sieges*, a.a.O., S. 247–256.

148 Ebd., S. 37.

149 Ebd., S. 269.

150 Van Creveld, *Kampfkraft*, a.a.O., S. 189.

151 Hans-Ulrich Thamer, *Die Deutschen und ihre Nation – Verführung und Ge-walt – Deutschland 1933–1945*, Berlin 1986, S. 473.

152 Manfred Hildermeier, *Geschichte der Sowjetunion 1917–1991 – Entstehung und Niedergang des ersten sozialistischen Staates*, München, S. 134.

153 Orlando Figes, *Die Tragödie eines Volkes. Die Epoche der russischen Revolution 1891–1924*, Berlin 1998, S. 633 ff.

154 Lothar Rühl, *Russlands Weg zur Weltmacht*, Düsseldorf und Wien 1981, S. 447.

155 W. I. Lenin, »Über die Losung der Vereinigten Staaten von Europa«, in: Lenin, *Werke*, Bd. 21, Berlin 1972, S. 342–346.

156 S. Kapitel V. 1. *Die gescheiterte Levée: Die Weltrevolution bricht sich an Polen und Deutschland.*

157 Leo Trotzki, *Mein Leben, Versuch einer Autobiographie*, Frankfurt am Main 1981. In Kapitel 41: *Der Tod Lenins und die Machtverschiebung* schildert Trotzki den Beginn der Kampagne Stalins gegen ihn am Exempel des »Trotzkismus« und der Absage an die »permanente Revolution«: »Unter dieser Flagge vollzog sich die Entfesselung des Kleinbürgers im Bolschewik. Darin bestand mein Verlust der Macht.« (S. 434) Daran schließt sich eine der eindringlichsten Charakteristiken Stalins als der »hervorragendsten Mittelmäßigkeit unserer Partei«: »Stalin ist das Hauptwerkzeug dieses Umsturzes. Er besitzt praktischen Sinn, Ausdauer und Beharrlichkeit in der Verfolgung seiner Ziele. Sein politischer Horizont ist äußerst beschränkt. Sein theoretisches Niveau vollkommen primitiv, sein zusammengestoppeltes Buch »*Die Grundlagen des Leninismus*«, in dem er versucht, den theoretischen Traditionen der Partei einen Tribut zu zollen, wimmelt von schülerhaften Fehlern … Nach der Art seines Verstandes ist er ein hartnäckiger Empiriker, dem jede schöpferische Einbildungskraft fehlt. Der oberen Parteischicht … schien er immer ein Mensch, der nur für zweite und dritte Rollen geschaffen war. Und dass er jetzt die erste Rolle spielt, charakterisiert nicht so sehr ihn selbst wie die Übergangsperiode des politischen Hinabgleitens. Schon Helvetius sagte: ›Jede Periode hat ihre großen Männer, und wenn sie sie nicht hat – erfindet sie sie.‹ Stalinismus ist vor allem die automatische Arbeit des unpersönlichen Apparates am Abstieg der Revolution« (S. 451). Trotzki (1879–1940) schrieb den »Versuch einer Autobiographie« im türkischen Exil, wo er sich zwischen 1929 und 1933 aufhielt. Das Buch erschien 1929 zuerst in deutscher Sprache.

158 »… the organisational ideology of the Red Army, which emerged in the 1920s, strongly predisposed the Soviet military to favour forward deployment and adopt an offensive strategy … These preferences developed over time into dogma …« Cynthia A. Roberts, »Planning for War: The Red Army and the Catastrophe of 1941«, in: *Europe-Asia Studies*, 47/8 (1995), S. 1294.

159 Roger R. Reese, *Stalin's Reluctand Soldiers – a Social History of the Red Army 1925–1941*, Kansas 1996, Preface S. x, passim.

160 Im Rahmen der deutsch-sowjetischen Zusammenarbeit bei Waffenentwicklung und Ausbildung, die Anfang der 20er-Jahre von dem ersten Chef der Heeresleitung, Hans v. Seeckt, mit Billigung der Reichsregierung eingeleitet worden war, besuchte Guderian untere anderem die Panzerschule in Kasan, eintausend Kilometer östlich von Moskau. Der dort ausgebildete Stamm von Panzerleuten, darunter 30 Offiziere, erleichterte später den raschen Aufbau der deutschen Panzerwaffe. Am 24. Januar 1949 schrieb Guderian in einem Brief an den britischen Militärexperten (und Panzer-Spezialisten) Liddell Hart: »Ich glaube nicht, dass

die Russen ein rückständiges Volk sind, denn ich hatte 1933 Gelegenheit, ihre Traktorenfabrik bei Charkow zu besichtigen. Nebenan befand sich eine Fabrik für Panzerkampfwagen, und ich beobachtete, dass 20–25 Christie-Tanks sie verließen. Die Russen sagten mir, das sei jeden Tag so – 1933!« Zit. n. Karl J. Walde, *Guderian*, Frankfurt am Main, Berlin, Wien 1976, S. 40, s. auch S. 35; Walter K. Nehring, *Die Geschichte der deutschen Panzerwaffe*, Berlin 1969, S. 42–46.

161 Bogdan Musial, »Wir werden den ganzen Kapitalismus am Kragen packen – Sowjetische Vorbereitungen zum Angriffskrieg in den dreißiger und vierziger Jahren«, in: *Zeitschrift für Geschichtswissenschaft* (ZfG), 54. Jg., H. 1 (2006), S. 45 ff.

162 Christopher Donnelly, *Red Banner – The Soviet Military System in Peace and War*, Coulsdon 1988, S. 141.

163 Besymenski, *Stalin und Hitler*, a. a. O., S. 96.

164 Georgi Dimitroff, *Tagebücher*, a. a. O., Bd. 1, S. 289 (21.1.1940), S. 316 f. (7.11.1940.)

V. BITTERNIS UND STÄRKE –
STALINS TERROR UND KRIEGSBEREITSCHAFT

1 Gerd Koenen, »Zweierlei Projekte. Nationalsozialismus und Stalinismus im historischen Vergleich«, in: Freie Universität Berlin (Hg.), *Zeitschrift des Forschungsverbundes SED-Staat* (ZdF), Nr. 8/2000, S. 62.

2 Thomas Mergel, Lehrstuhlnachfolger Heinrich August Winklers in Berlin (Europäische Geschichte des 20. Jahrhunderts) beim Historikertag 2010 in Berlin. Zit. n. Bericht von Patrick Bahners, »Warum wir nicht in der Provinz bleiben«, *Frankfurter Allgemeine Zeitung*, 4. Oktober 2010.

3 George E. Sorel, *Über die Gewalt*, Frankfurt am Main 1969; Klaus Große Kracht, »George Sorel und der Mythos der Gewalt«, in: *Zeithistorische Forschungen/ Studies in Contemporary History*, 5 (2008) H 1; Leonid Luks: »Großer Terror und Stalin-Kult. Anmerkungen zur Durchsetzung der Stalin-Herrschaft«, in: *Jahrbuch für Historische Kommunismusforschung 2006*, Berlin, Anm. 34.

4 1930 hatte es den Anschein, als sei Diktatur die natürliche Antwort auf das Versagen der politischen und kapitalistischen Demokratie. Die Flucht in die strenge Staatsform kam schon in den 20er-Jahren in Gang: Italien, Türkei, Spanien, Jugoslawien, Ungarn, Polen, Albanien, Estland, Litauen, Österreich, Japan, China und Lateinamerika. Der aus Ungarn stammende amerikanische Historiker John Lukacs notiert, selbst Winston Churchill sei der Interpretation von der Schwäche der Demokratie nicht abgeneigt gewesen. Lukacs, *Churchill und Hitler*, a. a. O., S. 24 ff.

5 Zu den Ursachen und Umständen, die zu Hitlers Beschluss im Spätherbst 1941 beitrugen, die europäischen Juden zu töten: Aronson, »*Die Dreifache Falle*«, a. a. O., S. 51 f. Zu Heydrichs gegen die polnischen Juden gerichteten »Ghettobefehlen« vom 21.9.1939 und 30.9.1939 sowie zu Hitlers Geheim-Erlass vom 7.10.1939 für den Einsatzraum Polen: ebd., S. 48 f. und Klaus von Münchhausen, *Geheime Reichssache Auschwitz. Die NS-Maßnahmen zur Tarnung des Völkermordes an den osteuropäischen Juden*, Hamburg 2014 (Diss.), S. 124 ff. und 173 ff.

6 Anne Applebaum, *Der GULag*, München 2003, hierzu und z. F. S. 33–41.

7 S. Kapitel IX. 3.

8 Nassim Nicholas Taleb, *Der Schwarze Schwan. Die Macht höchst unwahr-scheinlicher Ereignisse*, München 2010, S. 2. Einen brillanten Essay über den Mathematiker und Börsenguru bietet Hans-Peter Schwarz in seiner kritischen Darstellung: *Die neue Völkerwanderung nach Europa. Über den Verlust politischer Kontrolle und moralischer Gewissheiten*, Stuttgart 2017, unter dem Titel: *Ouvertüre: Der Schwarze Schwan*, S. 1–19, hier S. 7 f.: »Die Chiffre (Schwarzer Schwan H. K.) meint nicht jene Zufälle, die in den vielfach durch Pfadabhängigkeit gekennzeichneten Geschichtsprozessen ständig am Werk sind. Vielmehr bezeichnet die Chiffre Vorgänge, auf die drei Merkmale zutreffen: *Erstens* sind sie ›Ausreißer‹, Ereignisse, die außerhalb unserer Erfahrung liegen. Nichts, was wir in der jüngsten und ferneren Vergangenheit beobachtet haben, ließ darauf schließen, daß wir zu Lebzeiten mit einer solchen Erfahrung konfrontiert werden könnten. *Zweitens* haben solche Vorgänge ungeheure Auswirkungen. Sie verändern viele, wenn nicht alle bestehenden Parameter, stoßen uns unversehens in eine neue, völlig unvertraute Geschichtslandschaft und zwingen zur Revision unserer Verhaltensweisen. *Drittens* sind sie eine Herausforderung für unser historiografisches Verständnis. Wir sehen uns gezwungen, Kausalitäten, Verknüpfungen und die auslösenden Faktoren zu erkennen, die nun offen zutage liegen und die wir vielleicht lange ignoriert haben. Weigern wir uns jedoch, der neuen Wirklichkeit mit rascher, radikaler Verhaltensänderung zu begegnen, drohen wir zu scheitern.«

9 Zygmunt Bauman, *Moderne und Ambivalenz. Das Ende der Eindeutigkeit*, Hamburg 2005; besonders die Kapitel: *»Die Angst vor dem Unbestimmbaren«; »Der Kampf gegen das Unbestimmte«; »Mit der Unbestimmtheit leben«*, S. 97–123.

10 Instruktives Beispiel: das Politbüro Lenins. In ihm als dem führenden Gremium war seit 1919 die Macht in Partei und Staat konzentriert. Von den Bolschewiki, die zwischen 1919 und 1924, dem Todesjahr Lenins, dem Politbüro als Vollmitglieder angehört hatten, starben nur Lenin und Stalin eines natürlichen Todes. Tomski beging 1936 Selbstmord – alle anderen ließ Stalin umbringen. Trotzkis brutale Ermordung – ein Emissär Stalins erschlug ihn 1940 im Exil in Mexiko mit einem Eispickel – setzte den Schlusspunkt unter die Vernichtung der bolschewistischen Führung von 1917.

11 Hans-Dieter Döpmann, »Stalin und die Russische Orthodoxe Kirche«, in: *Jahrbuch für Historische Kommunismusforschung* (JHK), Berlin 2003, S. 113–130; Weil sie bei der Volkszählung von 1937 Zahlen ermittelten, die Stalins Vorstellungen nicht entsprachen, wurden die für diesen Zensus verantwortlichen führenden Statistiker der Sowjetunion verhaftet und exekutiert. Die Volkszählung wurde annulliert. Schlögel, *Terror und Traum*, a. a. O., S. 153–173. Am meisten dürfte die Partei- und Staatsspitze beunruhigt haben, dass fast die Hälfte (44,4 %) der 20- bis 29-Jährigen, also der unter Sowjetbedingungen sozialisierten Generation, sich als »verujuščij« (gläubig) ausgab. Rolf Binner und Marc Junge, »S etoj publikoj ceremonit'sja ne sleduet. Die Zielgruppen des Befehls Nr. 00447 und der Große Terror aus der Sicht des Befehls Nr. 00447«, in: *Cahiers du monde russe*, Vol. 43/1 (2002), Anm. 66 (»S etoj publikoj ceremonit'sja ne.« – »Mit diesem Publikum braucht man keine Umstände zu machen«: der Aus-

spruch wird NKWD-Chef Jeschow oder einem seiner Untergebenen zugeschrieben).

12 Aleksander Wat, *Jenseits von Wahrheit und Lüge: Mein Jahrhundert. Gesprochene Erinnerungen 1926–1945*, Frankfurt am Main 2000, S. 197.

13 Schlögel, *Terror und Traum*, S. 339 f.

14 Orlando Figes, *Die Flüsterer. Leben in Stalins Russland,* Berlin 2008; Figes schildert in einer schier endlosen oral history und anhand der Ausbreitung von Dokumenten (mit Hilfe der Menschenrechts-Organisation »Memorial«) die Unterwelt aus Angst, Schweigen, Flüstern und Verrat in den Terror-Zeiten. »Für mich«, sagte Figes, dessen Großeltern 1939 aus Deutschland flüchteten, »war es immer wichtig zu zeigen, dass im Gegensatz zum Nazi-Regime, wo (...) die Täter und Opfer klar zu unterscheiden sind, im sowjetischen System jeder zugleich Täter und Opfer gewesen ist (...) Leute machten bei der Repression mit und wurden dann selbst inhaftiert, andere waren einverstanden mit dem Regime und waren aus anderer Perspektive doch sein Opfer. Ihre privaten Lebensläufe folgten gewissermaßen dem Verlauf des sowjetischen Systems.« (Interview in LeseZeichen, Bayerisches Fernsehen, 13.10.2008). Intensiver als die Zusammenstellung von Figes ist immer noch die Autobiografie von Lidija Tschukowskaja, *Ein leeres Haus*, Zürich 1967.

15 Die Beurteilung des *polnisch-sowjetischen Kriegs* weist große, um nicht zu sagen grobe Unterschiede auf. Während Manfred Hildermeier Piłsudski vorhält, er habe aus den Bürgerkriegs-Bedrängnissen Sowjetrusslands »Kapital schlagen« wollen, und Orlando Figes sogar meint, Polen habe nach der Unabhängigkeit begonnen »mit eigenen imperialen Ansprüchen herumzustolzieren«, zitiert Bogdan Musial jüngere polnische Forschungen, wonach es sich bei dem Krieg um einen sowjetrussischen Angriff und einen polnischen »Präventivkrieg« handelte. Dank der Entzifferung des russischen Geheimcodes, so Musial, habe Warschau seit Sommer 1919 Kenntnis über sowjetische Angriffsabsichten besessen. Seit Januar 1920 hätten sich Truppenbewegungen zu einem Großangriff auf Polen formiert, dem Piłsudski am 25. April am ukrainischen Frontabschnitt durch eine Attacke auf die noch mit ihrer Gliederung beschäftigten Verbände zuvorgekommen sei. Die Russen wichen bis zum Dnjepr zurück, überließen Kiew dem Feind, lancierten anschließend jedoch an der weißrussischen und der ukrainischen Front erfolgreiche Gegenangriffe. Westalliierte Versuche, die Parteien auf der Curzon-Linie zur Ruhe zu bringen, scheiterte nach Musial an der unbedingten sowjetischen Entschlossenheit Lenins, Polen zu sowjetisieren und einen direkten Zugang zu Deutschland zu finden. Das Unternehmen schien vom Erfolg gekrönt. Im August standen Tuchatschewskis Truppen vor Warschau. Polen schien verloren – da öffnete sich zwischen der russischen Westfront und der Südfront eine Lücke, die zu schließen sich der in der Ukraine operierende Stalin weigerte. Dies wurde den Sowjets zum Verhängnis. Piłsudski trieb einen Keil in die ungedeckte Stelle und sprengte die Rote Armee buchstäblich auseinander. Im Ergebnis scheiterten die Bolschewisten an falschen operativen Entscheidungen, am antirevolutionären Nationalismus der Polen, der wankelmütigen Moral zwangsrekrutierter, unwilliger Rotarmisten, schließlich an der gleichzeitigen Offensive des Weißen Generals Wrangel in Südrussland und der Südukraine – nicht gerade eine glorreiche Summe bolschewistischer Kriegführung. Lenin wäre besser weg-

gekommen, hätte er die Curzon-Linie akzeptiert. Im Unterschied zu Trotzki und Stalin bestand er jedoch auf der Fortsetzung des Kriegs. Im Juli 1920 in Moskau entwarf er die Perspektive der Revolutionierung Deutschlands, Ungarns und Italiens: »Das bürgerliche Europa ... zittert in allen Fugen« (zit. n. Musial, *Kampfplatz*, a.a.O., S. 46). Am 22. September erklärt er trotz der Belehrung auf dem Schlachtfeld, das Vordringen der Roten Armee habe »gewaltige Rückwirkung auf Westeuropa und die ganze Weltsituation«. Warschau sei »der Angelpunkt des gesamten, auf dem Versailler Vertrag fußenden Weltsystems. Polen, das letzte Bollwerk gegen die Bolschewiki, das voll und ganz von der Entente beherrscht wird, ist ein so gewaltiger Faktor ..., dass das ganze System ins Wanken geriet, als die Rote Armee dieses Bollwerk bedrohte« (W. I. Lenin, »Rede auf der IX. Gesamtrussischen Konferenz der KPR(B). 22. September 1920«, in: Lenin, *Werke*, Bd. 31, S. 264 f.). Eineinhalb Monate später gestand Lenin die Niederlage dann doch mit den Worten ein: »... wir hatten ja unser Werk ausschließlich in der Erwartung der Weltrevolution begonnen ... Aber unser Sieg, Genossen, ist bei weitem nicht vollständig... wir dürfen nicht vergessen, daß der Kampf, der uns bevorsteht, aus lauter Kleinkram besteht.« (W. I., Lenin, »Rede zum 3. Jahrestag der Oktoberrevolution in der Festsitzung des Moskauer Sowjets der Arbeiter-, Bauern- und Rotarmistendeputierten, des Moskauer Komitees der KPR(B) und des Gewerkschaftsrats des Moskauer Gouvernements. 6. November 1920«, in: Lenin, *Werke*, Bd. 31, S. 391–396). Daraus ergaben sich drei Schlussfolgerungen. *Erstens:* Die bleibende Feindschaft der Großmacht gegen den kleineren Nachbarstaat, der den Goliath besiegt hatte. *Zweitens* musste Russland den Sozialismus allein aufbauen. *Drittens* der daraus sich ergebende gefestigte Eindruck, dass Deutschland der natürliche Verbündete der Sowjetunion sei. Hierzu: Hildermeier, *Geschichte der Sowjetunion 1917–1991*, a.a.O., S. 314 f.; Figes, *Tragödie*, a.a.O., S. 719–743; Musial, *Kampfplatz*, a.a.O., S. 40–62.

16 »A turning point for the world« (Lenin): »Political Report of the Central Comittee RKP(b) to the Ninth All-Russian Conference of the Communist Party [20 September 1920]«, in: Richard Pipes (ed.), *The Unknown Lenin: From the Secret Archive*, New Haven 1996, S. 96, Document 59 (Stenogramm der Geheimansprache. In der Lenin-Werkausgabe Bd. 31 ist lediglich der Bericht aus der *Prawda* über Lenins Rede in der – geschlossenen – Sitzung des Zentralkomitees wiedergegeben.) Hans-Peter Schwarz spricht von einem »weltgeschichtlichen Sieg über die nach Europa hineinflutenden Roten Armee« (Schwarz, *Das Gesicht des Jahrhunderts*, a.a.O., S. 154), der die sowjetische Führung am Ende zwang, ihr ganzes Gewicht auf den Sozialismus im eigenen Lande zu legen.

17 Pipes, *Unknown Lenin*, a.a.O., S. 98; Die Formulierung, die sich im Dokument 59 bei Richard Pipes findet, taucht in eigenartiger Ähnlichkeit in Stalins aggressiver Ansprache vor etwa 2000 Absolventen der Militärakademien (»Militärakademiker«) am 5. Mai 1939 im Großen Kremlpalast in Moskau auf, in der er erklärte, die Zeit der Offensive sei gekommen (ohne ein spezifisches Ziel zu nennen). S. Kapitel IX. 1. *Die eiserne Maske.*

18 Zit. n. Norman Davies, *White Eagle, Red Star. The Polish-Soviet War 1919–20 and the »miracle on the Vistula«*, London 2003, S. 145.

19 Alle Hoffnungen auf eine brandbeschleunigte Weltrevolution waren dahin. Und zugleich drohte die Widerlegung der kommunistischen Utopie im eigenen Land.

Der aus Polen zurückströmenden, von Desertionen erschütterte Roten Armee begegneten konterrevolutionäre Bewegungen in vielfältigen Formen, wenn man mehr als einhundert Bauernrebellionen vom August 1920 bis Herbst 1922, den Matrosen- und Petrograder Arbeiteraufstand vom Februar/März 1921 so nennen will. Zum Kronstädter Aufstand: https://www.1000dokumente.de/index. html?c=dokument_ru&dokument=0011_kro&object=context&l=de
In der Althauptstadt und im Nordlicht der eingeeisten Festung Kronstadt erhitzten existentielle ideologische Gegensätze die kriegsmäßigen Schlachten. Im Visier der Rebellen standen Gängelung, Militarisierung der Arbeit, die Diktatur der kommunistischen Funktionäre, die Bürokratie der Gewerkschaften, oder wie *Paul Avrich* formuliert: Bajonette statt Brot, Tscheka-Raids und Feuersalven und natürlich der Hunger. (Paul Avrich, *Kronstadt 1921*, Princeton, New Jersey, 1970, S. 143) Proletarier und Matrosen wollten prinzipielle Veränderungen erzwingen – die »Dritte Revolution« (nach der von 1917 und der kriegskommunistischen), die Macht der Sowjets in Stadt und Land, Wahlen von Werkstatt- und Fabrik-Komitees, Rede-, Presse-, Versammlungsfreiheit wiederherstellen, sogar die konstituierenden Versammlung, die Lenin und Trotzki 1918 aufgelöst hatten. Arbeiter, Soldaten und Bauern forderten den Systemwechsel im Zeichen des linken, *wahren* Kommunismus. Tausende starben auf dem Winterfeld und vor den Pelotons der Exekutionskommandos, Tausende flüchteten nach Finnland, Tausende wurden auf die Solowetzki-Inseln im Weißen Meer verbracht, wo das erste große Konzentrationslager entstand.

20 Pipes, *Unknown Lenin*, a.a.O., S. 98.

21 S. Stichwort: *Trotzki – der Fliegende Holländer der Weltrevolution*, S. 640.

22 Trotzki, *Mein Leben*, a.a.O., S. 434.

23 Robert Payne, *The Life and Death of Lenin*, London 1964, Kapitel: *The long Death*, S. 543–607, hier S. 528.

24 S. Kapitel VI.

25 Alexander Jakowlew, *Die Abgründe meines Jahrhunderts. Eine Autobiographie*, Leipzig 2003., bes. Sechstes Kapitel: *Ihr sät den Faschismus* (S. 144–283) mit einer Sammlung von Fällen terroristischer Verfolgung.

26 S. *Stichwort: Voyage à Moscou*, S. 642.

27 Schlögel, *Terror und Traum*, a.a.O., S. 641 f.

28 Furet, *Kritisches Wörterbuch*, a.a.O., Stichwort Die Schreckensherrschaft, S. 193–215, hier S. 208.

29 S. *Stichwort: Lenin und Stalin*, S. 644.

30 Mark Grosset, Nicolas Werth, *Die Ära Stalin. Leben in einer totalitären Gesellschaft*, Stuttgart 2008, S. 48 ff.; Niall Ferguson, *Krieg der Welt. Was ging im 20. Jahrhundert schief?*, Berlin 2006, erwähnt die »krank machenden Gifte« des Stahlwerks von Magnitogorsk und zitiert (S. 287) den Amerikaner John Scott, der aus jahrelanger Anschauung berichtet, »dass allein Russlands Kampf um Eisen und Stahl größere Verluste verursacht hat als die Marneschlacht im Ersten Weltkrieg« (John Scott, *Jenseits des Ural. Die Kraftquellen der Sowjetunion*, Stockholm 1944, S. 12). Die erzwungene Industrialisierung habe zu Fehlallokationen geführt, schreibt der Wirtschaftshistoriker Ferguson. Für Magnitogorsk (Südural) musste die Kohle aus 1500 km entfernten sibirischen Bergwerken herantransportiert werden. Das BSP-Wachstum zwischen 1929 und 1937 wurde

jährlich mit 9,4 bis 13,5 Prozent angegeben (wie in China seit den frühen neunziger Jahren), lag real aber lediglich bei drei bis 4,9 Prozent. Die Zahl der politischen, industriellen und durch die Kollektivierung bedingten Opfer war sehr hoch. Für jeweils 19 zusätzliche Tonnen Stahl wurde ein Sowjetbürger »ermordet« (Ferguson, *Krieg der Welt*, a.a.O., S. 288). In der Industrie war die Arbeit vollständig militarisiert, eine Art Kasernenkommunismus. Die Arbeitswelt glich dem »Pyramidenbau«. Figes, *Tragödie*, a.a.O., Kapitel: *»Die Niederlage im Sieg über die sowjetische Wirtschaftsorganisation seit 1920«*, S. 762–775.

31 Stefan Plaggenborg, *Experiment Moderne: Der sowjetische Weg*, Frankfurt am Main 2006, S. 42.

32 Lars T. Lih/Oleg Naumow/Oleg Chlewnjuk, *Stalin – Briefe an Molotow 1925–1936*, Berlin 1996, S. 50 ff.

33 David J. Dallin, Boris Nikolaevsky, *Arbeiter oder Ausgebeutete? Das System der Arbeitslager in Sowjet-Russland*, München 1948, zit. n. Wladislaw Hedeler, »Die Szenarien der Moskauer Schauprozesse 1936 bis 1938«, in: *Utopie Kreativ*, H. 81/82 (Juli/August) 1997, S. 75.

34 Markus Wehner, »Stalinistischer Terror. Genese und Praxis der kommunistischen Gewaltherrschaft in der Sowjetunion, 1917–1953«, in: *Aus Politik und Zeitgeschichte* (APuZ), 37/38 (1996), S. 15–28; Jörg Baberowski, »Die Kollektivierung der Landwirtschaft und der Terror gegen die Kulaken«, in: *Themenportal Europäische Geschichte* (2007); www.www.europa.clio-online.de/essay/id/fdae-1311

35 S. Stichwort: *Ukraine*, S. 648.

36 W. I. Lenin, »Über die Neue ökonomische Politik«, in: *Lenin, Werke*, Bd. 33, S. 64.

37 Figes, *Tragödie*, a.a.O., 807 f.

38 Jörg Baberowski, *Verbrannte Erde. Stalins Herrschaft der Gewalt*, München 2012, S. 114–130. Zur Verfolgung der christlichen und muslimischen Religionsgemeinschaften, die im bolschewistischen Russland eine große Regenerationskraft bewiesen: Rolf Binner, Marc Junge, »›S etoj publikoj ceremonit'sia ne sleduet‹ Die Zielgruppen des Befehls Nr. 00447 und der Große Terror aus der Sicht des Befehls Nr. 00447«, in: *Cahiers Du Monde Russe*, Vol. 43/1(2002), S. 181–228.

39 Lih et al., *Briefe an Molotow*, a.a.O., S. 12, Einführung von Robert C. Tucker.

40 Zu Trotzkis Begriff von «Thermidor«: Leo Trotzki, *Schriften. Sowjetgesellschaft und stalinistische Diktatur, 1929–1936*, Frankfurt am Main 1988, S. 47 f.

41 Günter Reimann, *Berlin-Moskau 1932. Das Jahr der Entscheidung*, Hamburg 1993, S. 7 ff.; Gábor Támas Rittersporn, *Stalinist Simplifications and Soviet Complications: Social Tensions and Political Conflicts in the UdSSR 1933–1953*, Harwood Academic Publishers, Chur 1991; Wladislaw Hedeler, »Das Beispiel Rjutin und die Polemik der Revisionisten gegen das Totalitarismusmodell. Anmerkungen zu einer Debatte«, in: *Utopie Kreativ*, H. 81/82 (Juli/August), 1997, S. 63–65.

42 Darauf kam Stalin mehrfach zu sprechen. Der Biograf *Anton Antonow-Owsejenko* berichtet (ohne Quellenangabe), der Schwager Stalins, *Alexander Semjonowitsch »Aljoscha« Swanidse*, Stellvertreter Vorsitzender der Staatsbank, habe einem Freund nach einem Besuch beim *Woschd* eröffnet: »Weißt Du, was

der Hausherr erzählt hat? (...) Das russische Volk ist doch ein zaristisches Volk. Es braucht einen Zaren.« Swanidse zeigte sich erschüttert. »Ich glaube, er hat ohne zu wollen einen geheimen Gedanken ausgesprochen. Du wirst sehen, was er sich da ausgedacht hat.« (Anton Antonow-Owsejenko, *Stalin. Porträt einer Tyrranei*, München 1983, S. 277); Nach Niall Ferguson, *Krieg der Welt*, a. a. O., S. 237 schrieb Stalin »in den dreißiger Jahren« an seine Mutter: »Mama, erinnerst Du Dich an unseren Zaren? Nun, ich bin so etwas wie der Zar.«; Robert W. Tucker, *Stalin in Power. The Revolution from above 1929–1941*, New York 1990, S. 329.

43 Als hätte er Stalins inneren Antrieb zum Terror vor Augen lässt *Fjodor Dostojewski* mit geradezu seherischer Kraft in dem 1873 (!) erschienenen Roman »Die Dämonen« den Anführer einer kleinen Gruppe von Umstürzlern den Mord an dem Studenten Iwan Schatow, einem vermeintlichen Verräter aus den eigenen Reihen, rechtfertigen und zugleich die Prophezeiung aussprechen: »Deshalb haben Sie sich ja übrigens auch zu einer freien Vereinigung von Gesinnungsgenossen zusammengeschlossen, um sich im gegebenen Augenblick zum Besten der gemeinsamen Sache gegenseitig energisch zu helfen und, wenn nötig, einer den andern zu beobachten und zu kontrollieren. Jeder von Ihnen ist zur genauesten Rechenschaft vor den höheren Stellen verpflichtet. Sie sind berufen, eine altgewordene Sache, die vor Stillstand zu stinken begonnen hat, zu erneuern; halten Sie sich das zur Belebung Ihres Mutes stets vor Augen. Ihr ganzes Tun muß vorläufig darauf gerichtet werden, daß alles zusammenstürze, sowohl der Staat als auch seine Moral. Nur wir werden dann übrigbleiben, wir, die wir uns von vornherein zur Übernahme der Gewalt bestimmt haben. Die Klugen und Verständigen können wir zu uns aufnehmen, auf den Dummen aber werden wir herumreiten. Das darf Sie keineswegs genieren. Wir müssen eine ganze Generation durch Erziehung umbilden, um sie der Freiheit würdig zu machen. *Es stehen uns noch viele Tausende solcher Schatows bevor.*« (Hervorh., H. K.) Fjodor M. Dostojewski, *Die Dämonen*, Berlin 1924, Zweiter Teil, Sechstes Kapitel: »Die Nacht voller Mühe«, S. 400 f.

44 Baberowski, *Verbrannte Erde*, a. a. O, S. 364. Zur Schilderung von Stalins Leben in der südkaukasischen Region: Alfred J. Rieber, »Stalin, Man of the Borderlands«, in: *The American Historical Review*, Vol. 106 (2010), No. 5, S. 1651–1691. Aus dem ethnischen Spiegel blickt ein Mann, dem Sozialismus zuerst als Karriere, dann als Herrschaftsmittel diente und der das Schwert des Terrors als »historische Prophylaxe« *(Barry McLoughin)*, führte, um alle, die ihn verraten könnten, so wie er selbst verraten hat, rechtzeitig aus dem Weg zu räumen, *potenzielle* Feinde genauso wie *reale*, die engsten Gefährten mit eingeschlossen, damit sich niemand sicher fühlte, selbst seine modern bewaffneten Prätorianer des NKDW nicht, die nur dann Angst und Schrecken verbreiten würden, wenn sie selbst in Angst und Schrecken lebten. Zu den historischen Gestalten, die ihn anzogen und beschäftigten, gehörten Dschingis Khan, Iwan Grosny und Peter der Große: Robert Service, *Stalin. A Biography*, Harvard University Press 2005, S. 322, 333; Leonid Luks, *Zwei Gesichter des Totalitarismus: Bolschewismus und Nationalsozialismus im Vergleich*, Köln, Weimar, Wien 2007, S. 252 f. u. Anm. 54; Simon Sebag Montefiore, *Stalin. Am Hof des roten Zaren*, Frankfurt am Main 2005, S. 279 f.; Hermann Weber, Die Rolle des Ter-

rors im Kommunismus, in: *Jahrbuch für Historische Kommunismusforschung*, Berlin 1999, S. 56; Hermann Weber, Ulrich Mählert (Hg.), *Terror. Stalinistische Parteisäuberungen 1936–1953*, Paderborn 1998, S. 1–31; Robert Littell, *Das Stalin-Epigramm*, Zürich 2009. Eine romanhafte Hommage auf Ossip Mandelstam (1891–1938).

45 Oleg W. Chlewnjuk, *Das Politbüro. Mechanismus der politischen Macht in der Sowjetunion der dreißiger Jahre*, Hamburg 1998, S. 256. Die Studie von Chlewnjuk gehört zu den aufschlussreichsten Analysen über die Machtstrukturen der Terror-Periode. Im Vordergrund steht die dokumentarisch gestützte Erkenntnis, dass der Terror auf einem Komplex »wohlüberlegter, zielgerichteter und sorgfältig geplanter repressiver Operationen« beruhte. Stalin sei es gewesen, der das Politbüro einmal in die radikale, einmal in die gemäßigte Richtung gesteuert habe, stets souverän und ohne das Ausspielen unterschiedlicher Fraktionen. Er sei der Organisator des Terrors gewesen, schreibt Chlewnjuk, nicht der überschätzte NKWD-Chef Jeschow.

46 Jonathan Haslam, »Political Opposition to Stalin and the Origins of the Terror in Russia, 1932–1936«, in: *The Historical Journal*, Vol. 29/2 (June 1986), S. 395; Die Frage, ob Stalins Macht jemals ernsthaft bedroht war, wird widersprüchlich beantwortet. Während Robert W. Thurston (*Life and Terror in Stalin's Russia, 1934–1941*, New Haven 1996, S. 52–57, 135), von ernsten Verschwörungsplänen spricht, hält Evan Mawdsley (*The Stalin Years: The Soviet Union 1929–1953*, Manchester 2003, S. 100 ff.) nichts von solchen Annahmen. Die Kontroverse ist in gewissem Sinne gegenstandslos, weil Stalin Gefahren schlichtweg für gegeben hielt – an der Zahl seiner Gegner und Feinde gemessen nicht zu Unrecht und keineswegs auf eine nur allzu gern angenommene »Paranoia« zurückzuführen – eher auf Beobachtung und Erfahrung.

47 Woroschilow auf einer Festveranstaltung am 8. November 1938, dem Revolutionsfeiertag, zit. n. Jörg Baberowski, *Verbrannte Erde*, a. a. O., S. 365.

48 Albert Resis (Hg.), *Molotow remembers. Inside Kremlin Politics. Conversations with Felix Ivanovich Chuev*, Chicago 1993, S. 254 (18. Decembre 1970).

49 Churchill, *Der Zweite Weltkrieg*, a. a. O., S. 150.

50 Ebd.

51 Ebd., S. 151.

52 Karl Marx bezeichnet in der Vorarbeit *Grundrisse der Kritik der politischen Ökonomie* zu seinem Hauptwerk *Das Kapital* (Karl Marx, »Grundrisse der Kritik der politischen Ökonomie«, in: Karl Marx, Friedrich Engels, *Werke*, Band 42, Berlin 1983, S. 592) die Arbeit als eine einfache und in ihrer Allgemeinheit uralte Kategorie, die aber erst in der modernsten bürgerlichen Gesellschaft (so bezeichnet werden die Vereinigten Staaten) verwirklicht werde. Die Voraussetzung einer bürgerlichen Periode als Entstehungszeit fehlte in Russland. Über die auf ihre Umwelt geöffnete *Maschine*, »die alle Arten von Beziehungen zu sozialen Komponenten und individuellen Subjektivitäten unterhält« (Félix Guattari), schreibt Gerald Raunig in seiner Vorarbeit »Einige Fragmente über Maschinen«, in: *grundrisse, Zeitschrift für linke theorie & debatte*, 17 (Frühling 2006), S. 41–49 zu seinem Buch: Gerald Raunig, *Tausend Maschinen. Eine kleine Philosophie der Maschine als soziale Bewegung*, Wien 2008.

53 Robert W. Thursten, »The Stakhanovite Movement (nach dem Musterarbei-

ter Stachanow, H. K.): The Background to the Great Terror in the Factories, 1935–1938«, in: J. Arch Getty and Roberta T. Manning (eds.), *Stalinist Terror: New Perspectives*, New York 1993, S. 142–160.

54 Wadim S. Rogowin, *1937 – Jahr des Terrors*, Essen 1998, S. 345 ff.

55 Resis, a. a. O., S. 254.

56 Plaggenborg, *Experiment Moderne*, a. a. O., S. 153.

57 Ebd., S. 160 ff.

58 Luks, »Großer Terror«, a. a. O., S. 289.

59 Dmitri Wolkogonow, *Stalin: Triumph und Tragödie*, Düsseldorf 1989, S. 22.

60 S. Stichwort: *Stalins Artel*, S. 628.

61 *Die Geheimrede Chruschtschows. Über den Personenkult und seine Folgen. Rede des Ersten Sekretärs des ZK der KPdSU, Gen. N. S. Chruschtschow, auf dem XX. Parteitag der Kommunistischen Partei der Sowjetunion, 25. Februar 1956*, Berlin 1990, S. 28; s. Stichwort: *Chruschtschow*, S. 648; Zum Kirow-Mord: Hildermeier, a. a. O., S. 444–460; Michael Voslensky, *Sterbliche Götter. Die Lehrmeister der Nomenklatura*, Erlangen, Bonn, Wien 1989, S. 116–136; Baberowski, *Verbrannte Erde*, S. 237.

62 Aus dem Protokoll der Chruschtschow-Rede: »Man muss feststellen, dass die Ermordung des Gen. Kirow bislang in sich viele unverständliche und rätselhafte Fragen birgt und gründlichste Untersuchungen verlangt. Es gibt Anhaltspunkte für die Ansicht, dass dem Mörder Kirows, Nikolajew, irgendjemand aus dem Personenschutz Kirows geholfen hat. Eineinhalb Monate vor dem Mord war Nikolajew wegen verdächtigen Verhaltens verhaftet worden, doch man hat ihn auf freien Fuß gesetzt und nicht einmal eine Untersuchung durchgeführt. Äußerst verdächtig ist der Umstand, dass ein am 2. Dezember zum Verhör transportierter Tschekist, der Kirow zugeteilt worden war – sein Leibwächter, ein gewisser Borrisow, (H. K.) – bei einem ›Verkehrsunfall‹ umkam, während keine der ihn begleitenden Personen verletzt wurde. Nach der Ermordung Kirows wurden leitende Mitarbeiter des Leningrader NKWD ihrer Funktionen enthoben und zu sehr milden Strafen verurteilt, aber 1937 erschossen (u. a. der Leningrader NKWD-Chef Medwed, H. K.). Man darf vermuten, dass sie beseitigt wurden, um die Spuren der Organisatoren des Mordes an Kirow zu verwischen (Bewegung im Saal).« Dass mehrere Untersuchungskommissionen zwischen 1960 und 1989 für die insinuierte Tatbeteiligung Stalins keine Bestätigung fanden, besagt bei der widersprüchlichen innenpolitischen Entwicklung der Sowjetunion jener Zeit nicht viel (Getty, Manning, *Stalinist Terror*, S. 46 f.).

63 Die Darstellung stützt sich auf Montefiore, *Stalin*, a. a. O., S. 154–168. Von Rezensenten gelegentlich als »boulevardeske Geschichtsschreibung« bezeichnet; Abweichungen bei Michael Voslensky, a. a. O, S. 116–126; Getty, Manning, *Stalinist Terror*, a. a. O., a. a. O., S. 49, merkt an, niemand habe Kirow am betreffenden Tag im Smolny-Institut, dem Sitz der Leningrader KPdSU erwartet, er sei ebenso zufällig erschienen wie Nikolajew, was auf eine Art okkasioneller tödlicher Begegnung schließen ließe; dazu auch Robert Conquest, *Am Anfang starb Genosse Kirow. Säuberungen unter Stalin*, Düsseldorf 1970.

64 S. Stichwort: *Graben im Gehirn*, S. 652.

65 Hildermeier, a. a. O., S. 448.

66 Ebd., S. 447.

67 Interpretation des für alle Verfolgungsmaßnahmen grundlegenden Befehls Nr. 00447 bei Schlögel, *Terror und Traum*, a. a. O., S. 626–639.

68 Hermann Weber und Andreas Herbst, *Deutsche Kommunisten. Biographisches Handbuch 1918 bis 1945*, Berlin 2008, S. 46.

69 Ausführlich: Rolf Binner, Marc Junge, »Wie der Terror ›groß‹ wurde: Massenmord und Lagerhaft nach Befehl 00447«, in: *Cahiers du monde russe*. Vol. 42/2-4 (2001) S. 557–613. In der Einleitung heißt es: »Mehr als 750 000 Menschen wurden getötet oder in Lager eingewiesen. Dennoch gab es über diese monströse Operation, die vom höchsten Gremium der Kommunistischen Partei der Sowjetunion, dem Politbüro, befohlen und unter seiner Kontrolle durchgeführt wurde, bis zur Archivrevolution in Russland nur rudimentäre und fragmentarische Informationen. Der Entscheidungsprozess im Politbüro, die Planung der Aktion durch die Geheimpolizei und ihre flächendeckende Durchführung geschahen unter strikter Beachtung aller Regeln der Geheimhaltung, so daß kein offizielles Schriftstück bekannt wurde, in dem auch nur Spuren der Aktion zu finden waren. Das blieb so bis zum Ende der Sowjetunion.« Rolf Binner, Bernd Bonwetsch, Marc Junge, *Massenmord und Lagerhaft. Die andere Geschichte des Großen Terrors*, Berlin 2009; Rolf Binner, Bernd Bonwetsch, Marc Junge (Hg.), *Stalinismus in der sowjetischen Provinz 1937–1938. Die Massenaktion aufgrund des operativen Befehls No. 00447*, Berlin 2010. (In dieser Arbeit werden auch die Motive für die territorial unterschiedlichen Quoten der Verurteilungen behandelt); Bernd Bonwetsch, »Der ›Große Terror‹ – 70 Jahre danach«, in: *Zeitschrift für Weltgeschichte*, 9. Jg., 2008, H. 1, S. 123–145; Schlögel (*Terror und Traum*, a. a. O., S. 21) geht ebenfalls von zwei Millionen Verhafteten aus, zählt aber 700 000 Hinrichtungen und 1,3 Millionen Verschickungen in Lager und Arbeitskolonien; Aus der umfangreichen Literatur: Hermann Weber, Ulrich Mählert (Hg.): *Verbrechen im Namen der Idee. Terror im Kommunismus 1936–1938*, Berlin 2007; J. Arch Getty, Oleg V. Naumov, *The Road to Terror. Stalin and the Self-Destruction of the Bolsheviks, 1932–1939*, New Haven 1999; Nicolas Werth, »Ein Staat gegen sein Volk. Gewalt, Unterdrückung und Terror in der Sowjetunion«, in: Stéphane Courtois (Hg.), *Das Schwarzbuch des Kommuismus. Unterdrückung, Verbrechen und Terror*, München 1998, S. 51–298; Robert W. Thurston, *Life and Terror in Stalin's Russia, 1934–1941*, New Haven 1996; J. Arch Getty, *Origins of the Great Purges. The Soviet Communist Party reconsidered, 1933–1938*, New York 1985; Getty, Manning, *Stalinist Terror*, a. a. O., passim.

70 Rittersporn, *Stalinist simplifications*, a. a. O., S. 160.

71 Binner et. al., *Stalinismus in der sowjetischen Provinz*, a. a. O., S. 299.

72 Jörg Baberowski, Anselm Doering-Manteuffel, *Ordnung durch Terror. Gewaltexzesse und Vernichtung im nationalsozialistischen und stalinistischen Imperium*, Bonn 2006, S. 75–90.

73 Gerd Koenen, *Utopie der Säuberung. Was war der Kommunismus?*, Berlin 1998; »Aus der Utopie der besseren, sozialeren, gerechteren sozialistischen Gesellschaft war die Praxis der permanenten Säuberung geworden, die sich gegen jede Form politischer, nationaler, sozialer und geistiger Devianz richtete.« Helmut Altrichter, Walther L. Bernecker, *Geschichte Europas im 20. Jahrhundert*, Stuttgart 2004, S. 151.

74 Michael Heller, *Stacheldraht der Revolution. Die Welt der Konzentrationslager in der russischen Literatur*, Stuttgart 1975, S. 46.

75 Applebaum, a. a. O., S. 12.

76 S. Stichwort: *Solschenizyn*, S. 653.

77 Steven G. Rosefielde, »Stalinisnm in post-communist perspective: New evidence on killings, forced labor and economic growth in the 1930s«, in: *Europe Asia Studies*, Vol. 48, Nr. 6 (1996), S. 959–987; Ralf Stettner, »*Archipel GULag*« *Stalins Zwangslager – Terrorinstrument und Wirtschaftsgigant: Entstehung, Organisation und Funktion des sowjetischen Lagersystems 1928–1956*, Paderborn 1996.

78 Ferguson, *Krieg der Welt*, a. a. O., S. 292.

79 Golfo Alexopoulos, *Illnes and Inhumanity in Stalin's Gulag*, New Haven 2017, S. 50.

80 Auch hier taucht das Problem der Todeszahlen auf (s. Stichwort: *Opfergruppen und Zahlenschätzungen*, S. 652): Die Lebenserwartung in Kolyma war allein aus klimatischen, ernährungs- und krankheitsbedingten Gründen kurz. Alexander Solschenizyn lässt im »Archipel GULag« einen Lagerkommandanten (Naphtaly Frenken) sagen, man »brauche« einen Häftling nach drei Monaten nicht mehr. Statistisches Material über das bis 1952 auf 200 000 gleichzeitig gehaltene Insassen ausgeweitete Lager liegt nicht vor. Was vorhanden war, wurde vernichtet. Für rückhaltlose Nachforschungen fehlt in Russland, von einigen Menschenrechtsorganisationen und Forschern abgesehen, die »nationale Energie«, vor allem der politische Wille des Putin-Regimes. Autoren wie Robert Conquest (*The Arctic Death Camps*, New York 1978) und Martin J. Bollinger (*Stalin's slave ships: Kolyma, the Gulag fleet, and the role of the West*, Westport/CT 2003) kommen zu unterschiedlichen, wie im Falle von Conquest nach unten korrigierten Opferzahlen. Bollinger gibt einen wichtigen Anhaltspunkt: Da Kolyma nur über See zu erreichen war und die Schiffe der GULag-Flotte zum großen Teil auf US-Werften gebaut und von der amerikanischen Regierung (teilweise im Rahmen des Lend-Lease-Programms Roosevelts) geliefert, auch repariert wurden, kann auf eine Million Häftlinge geschlossen werden, von denen ein Drittel bis die Hälfte das Leben verloren haben sollen.

81 Steven G. Rosefielde, »Documented Homocides and Excess Death: New Insight into the Scale of Killing in the USSR during the 1930s«, in: *Communist and Post-Communist Studies*, Vol. 30/3 (1997), S. 321–331, hier: S. 330.

82 Applebaum, a. a. O., S. 442 ff.; Gerd Koenen arbeitet in seinem Vergleich zwischen Nationalsozialismus und Stalinismus historische und ideologische Unterschiede bei der Begründung des Terrorismus heraus. Es handle sich um »zwei äußerste Möglichkeiten einer Politik der Gewalt nach innen und außen ... unter vollständig unterschiedlichen Bedingungen« (Koenen, *Utopie der Säuberung*, a. a. O., S. 271–300).

83 Nicolas Werth, *Die Insel der Kannibalen. Stalins vergessener GULag*, München 2006; Wadim S. Rogowin, *Weltrevolution und Weltkrieg*, Essen 2002.

84 Applebaum, a. a. O., S. 36.

85 Auf den rassistischen, dominant antisemitischen Beweggrund Hitlers verweist Applebaum mit einem Zitat aus »*Mein Kampf*«: »Gab es denn je eine Untat, eine Schamlosigkeit in irgendeiner Form, vor allem des kulturellen Lebens, an der nicht

wenigstens ein Jude beteiligt gewesen wäre? Sowie man nur vorsichtig in die Geschwulst hineinschnitt, fand man, wie die Made im faulen Leibe, oft ganz geblendet vom frischen Lichte, ein Jüdlein.« Hitler, *Mein Kampf*, a. a. O. (1933), S. 60 f.

86 Die terroristische Zerstörung, die Stalin zur Bekämpfung der Staats- und Parteifeinde, respektive der von ihm initiierten »Erneuerung« unternahm, war nach dieser Differenzierung kein Genozid, sondern ein Soziozid. Was von der korrekten Wortbedeutung her einsichtig ist, führt in der Beurteilung des Terrors jedoch zur Verzerrung, man könnte auch sagen, in eine unredliche Bewertung der Tatbestände. Unter »Genozid«, einer Wortschöpfung des polnischen Juristen Raphael Lemkin aus dem Jahr 1944 mit Blick auf die Armenier-Frage, wird der Superlativ aller Verbrechen gegen Menschheit, Menschlichkeit und Menschenrechte verstanden. Der Begriff gilt exklusiv für die physische Eliminierung von Rassen und ganzen Völkern, während die Verfolgung (unterschiedlicher Intensität) von politischen Gruppen, ihrer »Verbrechen« oder ihrer »Schädlichkeit« wegen einer anderen Beurteilung unterliegt. Zurückzuführen ist diese Verengung auf den Druck kommunistischer Staaten, die 1948 unter Androhung des Boykotts die Streichung »sozialer Kollektive« aus der Gesetzgebung der UNO durchsetzten. Dies begünstigt die These der Singularität beispielsweise der systematischen Ausrottung der Juden. Die Verfolgung »gewöhnlicher« politischer Gegner besitzt danach eine mindere kriminelle Qualität, gehört indes nicht zu den »höchsten« aller Verbrechen, ist »pile« anstatt »pike«, Haufen anstatt Spitze. Hierzu: Norman M. Naimark, *Stalin und der Genozid*, Frankfurt am Main 2010.

87 Schlögel, *Terror und Traum*, a. a. O., S. 618–626 (Soziologie des Massengrabs).

88 Koenen, a. a. O., S. 275–277; Das gesellschaftliche Umfeld der stalinistischen und nationalsozialistischen Massenverbrechen vergleichend zu betrachten, bereitet Schwierigkeiten, da die Morde des NS-Regimes vor allem im Ausland und dort von der Vernichtung der deutschen Juden abgesehen gegen Ausländer, die des Stalinismus in erster Linie gegen die eigenen Staatsbürger im – wenn auch riesigen und ethnisch gemischten – Russland verübt wurden. Dazu die methodisch aufschlussreiche Studie von Dieter Pohl, »Nationalsozialistische und stalinistische Massenverbrechen: Überlegungen zum wissenschaftlichen Vergleich«, in: Zarusky, Jürgen (Hg.), *Stalin und die Deutschen. Neue Beiträge der Forschung*, Schriftenreihe der Vierteljahreshefte für Zeitgeschichte (VfZ), München 2006, S. 262.

89 Eric D. Weitz, »Racial Politics without the Concept of Race. Reevaluating Soviet, Ethnik and National Purges«, in: *Slavic Review*, Vol. 61, No. 1, Spring 2002, S. 1–29.

90 Molotows Frau, Polina Schemtschuschina, seit 1942 Mitglied des Zentralkomitees, wurde im Januar 1949 verhaftet, weil sie als Jüdin »aufgefallen« war. Sie hatte 1945 an einer Feier der Moskauer Synagoge teilgenommen, wohnte der Trauerfeier für den ermordeten jüdischen Schauspieler Solomon Michoels bei und unterhielt persönlichen Kontakt zur ersten israelischen Botschafterin in der Sowjetunion, Golda Meir. Sie wurde in das »Spezobjekt« (Sonderobjekt) Suchanowa bei Moskau eingewiesen, ein ehemaliges Kloster der Heiligen Katharina in NKWD-Regie für prominente Häftlinge. In dieser »Datscha für Folter« saßen auch der Tschistka-Betreiber Jeschow (erschossen), der langjährige Moskauer NKWD-Chef Stanislaw Redens (erschossen) und der Schriftsteller Isaak Babel (erschossen). Alexander Solschenizyn schrieb, aus denen, »die drinnen sind (...)

kriegst du später nichts raus. Sie lallen nur mehr zusammenhangloses Zeug, und die übrigen sind tot.« Das Spezialgefängnis war mit dem Kreml per direkter Telefonleitung verbunden. Zur Beseitigung der Toten war in der Kirche ein Krematorium errichtet worden. Aufseher schossen in der Freizeit auf die Fresken der Kirchenkuppel. Reinhard Krumm, *Isaak Babel*, Norderstedt 2005, S. 191; Schlögel, *Terror und Traum*, a.a.O., S. 610.

91   Jakowlew, *Die Abgründe*, a.a.O., S. 260.

92   Jörg Baberowski in einem Interview zu der zusammen mit Anselm Doering-Manteuffel vorgelegten Vergleichsstudie: *Ordnung durch Terror*, a.a.O., *Frankfurter Allgemeine Zeitung*, 16. März 2007.

93   Applebaum, a.a.O., S. 16. Zu der »merkwürdigen Asymmetrie« in der Beurteilung von Bolschewismus und Nationalsozialismus schreibt Steffen Dietzsch in seinem aufschlussreichen Essay zur Genealogie des roten Terrors: »Der Grund ist leicht einzusehen: er liegt in der Einbettung des Stalinismus in eine weltweite sozialrevolutionäre Bewegung, die sich als Erbin europäischer Rationalität verstand.« Steffen Dietzsch, »Zur Genealogie des Schreckens. Moskau 1936–1938«, in: Wladislaw Hedeler, *Chronik der Moskauer Schauprozesse 1936, 1937 und 1938. Planung, Inszenierung und Wirkung*, Berlin 2003, S. VIII; s. auch Claudia Weber, »Verstörende Erinnerung. Der Stalinismus im Gedächtnis Europas«, in: *Jahrbuch für Historische Kommunismusforschung*, Berlin 2012, S. 341–356.

94   Applebaum, a.a.O., S. 33.

95   Wadim S. Rogowin, *Gab es eine Alternative?*, Bd. 1 *Trotzkismus*, Berlin 2010, 7. Kapitel: *Das politische Regime: die Partei*.

96   Furet, *Ende der Illusion*, a.a.O., S. 432.

97   Musial, *Kampfplatz*, a.a.O., S. 275.

98   Jung Chang, Jon Halliday, *Mao – das Leben eines Mannes, das Schicksal eines Volkes*, Berlin 2005; Allein der Große Sprung nach vorn 1958–1961, der darauf abzielte, die »kapitalistischen« Staaten in kürzester Zeit zu überholen, kostete nach Changs Angaben 38 Millionen Menschenleben infolge Hungers und Überarbeitung (S. 557–575). Während der Kulturrevolution, dem Kampf Maos um die Machterhaltung gegenüber den »Technokraten« der Partei von 1966 an, starben nach Berechnungen der Autoren mindestens drei Millionen Menschen eines gewaltsamen Todes, während selbst nach chinesischen Angaben einhundert Millionen als verfolgt gelten (S. 668–710).

99   Schlögel, *Terror und Traum*, a.a.O., S. 18.

100   J.W. Stalin, »Unterredungen mit dem englischen Schriftsteller H.G. Wells, 23. Juli 1934«, in: J.W. Stalin, *Werke*, Bd. 14, Ausgabe Dortmund 1976, S. 16f.

101   Jaques Sémelin, *Säubern und vernichten. Die politische Dimension von Massakern und Völkermorden*, Hamburg 2007, S. 45. Der stalinistische Terror wird nicht herangezogen, doch gilt auch für die Tschistka Sémelins Hauptbegriff der Vernichtungsmacht. Zugrunde liegt ihr die Überzeugung: Der Andere ist überflüssig.

102   S. Stichwort: *Stalin redivivus*, S. 656.

103   Hildermeier, a.a.O., S. 434; Der Begriff *Woschd* (Führer) stammt von Chruschtschow. Im Januar 1932 erklärte er auf der Moskauer Parteikonferenz: »Die Moskauer Bolschewiki, die sich um das leninsche Zentralkomitee und um den ›Woschd‹ unserer Partei, den Genossen Stalin, fest wie nie zuvor zusammen-

geschlossen haben, marschieren freudig und selbstbewusst neuen Siegen in den Schlachten für den Sozialismus, für die proletarische Weltrevolution entgegen.« Rabotschaja Maskwa, 26. Januar 1932, zit. n. Lazar Pistrak, *Der große Taktiker: Chruschtschows Aufstieg zur Macht*, London 1961, S. 159.

104 Friedrich Engels, »Die Rolle der Gewalt in der Geschichte«, in: Karl Marx, Friedrich Engels, *Werke*, Band 21, Berlin 1962, S. 405–461; Rolf Hosfeld, *Die Geister, die er rief. Eine neue Karl-Marx-Biographie*, München 2010; Hélène Carrère d'Encausse, *Lenin*, München 2000, vor allem Kapitel XI: *Die Macht um jeden Preis behaupten*, S. 302–343.

VI. DIE DEZIMIERUNG DER ARMEE – ENTHAUPTUNG ODER ERNEUERUNG?

1 Die meisten Historiker vertreten den Standpunkt, die Rote Armee sei infolge der Säuberungen zu Beginn des Kriegs im Juni 1941 »enthauptet und kampfunfähig« gewesen (Jakowlew, *Die Abgründe*, a. a. O. S. 245). Einschränkungen macht Richard Overy: Unter dem Strich seien 45 Prozent der ranghöchsten Offiziere und Kommissare »ausgeschaltet« worden, darunter 720 von 837 Truppenkommandeuren der Dienstgrade Oberst bis Marschall, die ihre Kommandos seit Inkrafttreten der neuen Dienstrangliste 1935 angetreten hätten. »Was den Rest des Offizierskorps betrifft, so nimmt sich das Los, das ihn traf, nicht ganz so dramatisch aus wie früher angenommen.« Von den 34 501 entlassenen Offizieren seien bis 1940 11 596 wieder in die Reihen der Armee aufgenommen worden, verweist Overy auf seinen Kollegen Roger R. Reese, sodass bei einem Gesamtumfang des Offizierskorps von ca. 144 000 (1937) und 197 000 (1938) ein Nettoverlust von 22 905 Offizieren geblieben sei. Insgesamt seien also 5,4 Prozent aller Offiziere in die Fänge des NKWD geraten. 1940 seien nur noch 3,7 Prozent der Offiziere von 1938 aus Gründen der Säuberung aus der Armee verbannt gewesen (Overy, *Die Diktatoren*, a. a. O., S. 629). Die These von der »gezielten Enthauptung der Streitkräfte« ist danach mit Zurückhaltung zu betrachten. Hierzu: Manfred Zeidler, »›Eine moderne Armee ist eine offensive Armee‹. Die Sowjetstreitkräfte im Zeichen des Stalinismus«, in: Stefan Plaggenborg (Hg.), *Stalinismus. Neue Forschungen und Konzepte*, Berlin 1998, S. 429–436; Baberowski, *Verbrannte Erde*, a. a. O., S. 294–304; Besymenski, *Stalin und Hitler*, a. a. O., S. 95–98; Hildermeier, a. a. O, S. 444–476; Jakowlew, *Die Abgründe*, a. a. O., S. 233–245; Koenen, a. a. O., S. 226 f.; Overy, *Die Diktatoren*, a. a. O., S. 625–630; Reese, *Stalin's Reluctant Soldiers*, a. a. O., S. 132–146.

2 Andreas Langenohl, *Erinnerung und Modernisierung. Die Rekonstruktion politischer Kollektivität am Beispiel des Neuen Russland*, Göttingen 2000, S. 286.

3 Besymenski, *Stalin und Hitler*, a. a. O., S. 93.

4 Overy, *Die Diktatoren*, a. a. O., S. 626 f.; Langenohl, a. a. O, S. 285.

5 Jakowlew, *Die Abgründe*, a. a. O., S. 234 ff.

6 Montefiore, *Stalin*, a. a. O, S. 260.

7 Rogowin, *1937*, a. a. O., S. 543.

8 Stalin – ein Agent der zaristischen Geheimpolizei Ochrana? Die Vermutung ist alt im doppelten Sinne des Wortes. Auf die Jahre 1902/03 lässt sich der Ver-

dacht zurückdatieren – Stalin war damals 24 Jahre alt. Zuerst sind Gerüchte im Umlauf, dann tauchten Dokumente auf. Ob es sich um Original oder Fälschung handelt, um wahrheitsgemäße oder erfundene Zeugnisse, bleibt bis heute eine Frage, von der Wissenschaft ohne Leidenschaft verfolgt, in Russland verpönt. Belege, die zählen, sind knapp. Die Memoiren des 1938 in die USA desertierten NKWD-Agenten *Alexander M. Orlow* und ein sensationell aufgemachter Artikel in der amerikanischen Zeitschrift Life vom 23. April 1956, drei Jahre nach Stalins Tod und zwei Monate nach Chruschtschows Stalin-Kritik auf dem XX. Parteitag, enthielten zusammen mit der Publikation eines Schreibens des Chefs der Sonderabteilung des Polizeidepartemens der Ochrana in Petersburg, Alexander Michailowitsch Jeremin, in dem von einer »wertvollen« Agententätigkeit »*Dschugaschwili – Stalins*« die Rede ist, massive Hinweise auf die Ochrana-Verstrickungen des sowjetischen *Woschd* in seinen jungen Jahren. (Wortlaut des Briefs: Michael S. Voslensky, a.a.O., S. 96 f., 102 f.; Eric Lee, »The Eremin letter: Documentary proof that Stalin was an Okhrana spy?«, in: *Revolutionary Russia*, Vol. 6, Nr. 1, June 1993, S. 55–96; Isaak Don Levine, *Stalin's Great Secret*, New York 1956. Trug er auf zwei Schultern? Hat ein gewisser Oberst *Sassypkin* Stalin 1906 in Tiflis angeboten, in die Dienste der Ochrana zu treten? Ein Mitarbeiter der Abteilung Agitation und Propaganda des ZK der KPR, ein Georgier, fand einen entsprechenden Vermerk in Stalins Polizeiakte, überstellte die Unterlage Beria und wurde erschossen. Stalin arbeitete »unter der Maske der Ergebenheit gegenüber der Partei«, urteilt Voslensky (a.a.O., S. 117). Auch wenn in der Ochrana-Geschichte Gerüchte rumoren und Evidenzen fehlen, meinte *George F. Kennan*: »Wenn das Dokument (Jeremins, H.K.) eine Fälschung ist, dann ist es in der Tat eine interessante Fälschung«, sie verrate nämlich eine genaue Kenntnis der revolutionären Szene und der zaristischen Polizei. (George Kennan, Russia and the West, Boston 1961, S. 233; Ders., *Memoiren eines Diplomaten 1925–1950*, München 1982; Ders., »The Historiography of the Early Political Career of Stalin«, in: *Proceedings of the American Philosophical Society*, vol. 115, Nr. 3 (June 17, 1971), S. 165–169.

9   Rogowin, *1937*, a.a.O. S. 523.

10 Ebd., S. 466.

11 Für das internationalistische, revolutionäre Rollenverständnis Tuchatschewskis spricht u.a. die Beteiligung an dem Komintern-Leitfaden »Der bewaffnete Aufstand« von 1928/29, in dem der Autor seine kreative Fantasie städtischen Aufständen (der Proletariate) in Guerilla-Manier mit Schwerpunktbesetzungen und flexiblen Kämpfen widmete. Ganz modern – es kam nur nicht dazu. Für den Ruhraufstand im März 1920, der aus Anlass des Kapp-Putsches ausbrach, stand die detaillierte Kampfanleitung noch nicht zur Verfügung. Freikorps und Reichswehr rangen das kommunistisch inspirierte Bündnis aus KPD, USPD und SPD zur Errichtung der »Diktatur des Proletariats« in schweren Kämpfen nieder.

12 Eberhard Kolb, *Die Weimarer Republik*, München 2002; hierzu Kapitel: Deutsche Außenpolitik im europäischen Beziehungsgeflecht, S. 57–73.

13 Lew Besymenski, »Geheimmission in Stalins Auftrag? David Kandelaki und die sowjetisch-deutschen Beziehungen Mitte der dreißiger Jahre«, in: *Vierteljahreshefte für Zeitgeschichte* (VfZ), Jg. 40 (1992), Heft 3, S. 339–357; Slutsch; »*Stalin und Hitler*«, a.a.O., S. 66 ff.

14 Reichsaußenminister v. Neurath an Hjalmar Schacht, 11. Februar 1937, in:
    ADAP, Serie C, Bd. IV.1, S. 426 f.

15 Dem widerspricht entschieden Igor Lukes in seinem Artikel »Stalin, Benesch und
    der Fall Tuchatschewski«, in: *Vierteljahreshefte für Zeitgeschichte* (VfZ), Jg. 44
    (1996), Heft 4, S. 527–547: Gesichert sei lediglich, dass Moskau am 16. März
    1937 vom sowjetischen Botschafter in Paris, Potjomkin, nach dessen Unterre-
    dung mit Daladier über eine angebliche Verschwörung der sowjetischen Armee-
    führung unterrichtet wurde. Vgl. auch Tucker, a. a. O., S. 381–384, 432–440;
    Walter Laqueur, *Stalin. The Glasnost Revelations*, New York 1990, S. 85–100.

16 Der trotzkistische Autor Wadim S. Rogowin zitiert ein Buch über Tuchatschew-
    ski, das 1950 in der russischen Emigrantenpresse Furore machte: Lydia Nord,
    Marschall M. N. Tuchatschewski. Danach soll der Marschall »im Kreis enger
    Freunde« erklärt haben: »Jetzt sehe ich, dass Stalin ein versteckter, aber fanati-
    scher Verehrer (Hitlers) ist … Hitler braucht nur einen Schritt auf Stalin zuzuge-
    hen, und unser Führer wird sich mit Freude in die offenen Arme des Faschismus
    stürzen …« Die Judenverfolgung stoße auf Stalins Billigung, er fühle sich an-
    gesprochen: Hitler räume aus dem Weg, was ihn hindere, sein Ziel zu erreichen,
    und aus seiner Sicht habe er recht.« Wenn man aufmerksam hinsehe, heißt es
    weiter, stelle man fest, dass Stalin viel beim »*Führer*« kopiere. Rogowin äußert
    Zweifel an der Authentizität der Äußerungen; man wisse nicht, wer sich hinter
    dem Pseudonym Lydia Nord verborgen habe. Rogowin, 1937, a. a. O., S. 462.

17 Hildermeier, a. a. O., S. 473 ff.

18 Jakowlew, *Die Abgründe*, a. a. O., S. 240.

19 Leo Trotzki, *Denkzettel. Politische Erfahrungen im Zeitalter der permanenten
    Revolution*, Frankfurt am Main 1982, S. 307.

20 Im Wikipedia-Eintrag zu Tuschatschewski findet sich das erhalten gebliebene, an
    Jeschow adressierte handschriftliche »Geständnisschreiben« Tuchatschewskis,
    ein »trotzkistischer Verschwörer«, zu sein, mit seinen Blutspritzern auf dem Blatt
    nach der Folter.

21 Roger R. Reese, »The Red Army and the Great Purges«, in: Getty, Manning,
    Stalinist Terror, a. a. O., S. 213.

22 Catherine Marridale, *Iwans Krieg. Die Rote Armee 1939–1945*, Frankfurt am
    Main 2006, S. 85.

23 Sein Schicksal ist nicht untypisch. 1937 wurde Rokossowski, ein gebürtiger Pole,
    der sich von Anfang an den Bolschewisten angeschlossen hatte, der Spionage-
    tätigkeit für den polnischen und japanischen Nachrichtendienst beschuldigt.
    Nach schweren Misshandlungen und Scheinerschießungen wurde er degradiert
    und zu GULag-Haft verurteilt. Im März 1940 begnadigt und wieder mit sei-
    nem alten Dienstgrad in die Armee aufgenommen avancierte er zu Beginn des
    Kriegs 1941 zum Befehlshaber der 16. Armee. Er verteidigte Moskau. Im März
    1942 wurde er schwer verwundet. Zwei Monate später kehrte er in den Armee-
    dienst zurück und wurde Kommandeur der Zentralfront (später 1. Weißrussi-
    sche Front). 1945 übernahm er die 2. Weißrussische Front mit Marschrichtung
    Ost- und Westpreußen.

24 Geringfügig abweichende Zahlen bei Hildermeier, a. a. O., S. 474. Hildermeier
    und Catherine Merridale (a. a. O., S. 85) sprechen von rund 45 000 »entfernten«
    Offizieren bis 1940, von denen aber über 10 000 reaktiviert wurden.

25 Montefiore, *Stalin*, a.a.O., S. 259.

26 Hildermeier unter Berufung auf Aufzeichnungen des Leiters der Kaderabteilung im sowjetischen Militärkommissariat; Reese, *Stalin's Reluctant Soldiers*, a.a.O., S. 133–141; Getty, Manning, *Stalinist Terror*, a.a.O., S. 474.

27 Georgi K. Schukow ist ein ganz anderer Fall als Rokossowsski. Er fiel erst nach dem Krieg in Ungnade, weil Stalin die Popularität und den Eigensinn des erfolgreichen Marschalls fürchtete und bei einer geheimem Untersuchung seiner Wohnungen eine Menge wertvolles Raubgut aus Deutschland gefunden wurde (Baberowski, *Verbrannte Erde*, a.a.O., S. 478). Zum zweiten Mal verlor Schukow wegen Insubordination gegenüber Chruschtschow seine herausragende Position (Verteidigungsminister). Er zeigte sich in der Frage der Anwendung von Nuklearwaffen und einer damit verbundenen Armee-Reform renitent und überschätzte offenbar seine Macht. Dabei musste Chruschtschow dem »Helden von Stalingrad« eigentlich ein Leben lang dankbar sein. Schukow verhaftete 1953 den mächtigen Geheimdienstchef Beria und bahnte dem ehrgeizigen Politiker damit den Weg zum beherrschenden Generalsekretär.

28 Overy, *Die Wurzeln des Sieges*, a.a.O., 629. Zitat Jakowlew: Die Abgründe, a.a.O., S. 254; Einzelangaben zu dem oft unterschiedlichen und stellenweise widersprüchlichen Zahlenwerk s. Anm. 1 dieses Kapitels und: Robert Conquest, *The Great Terror: A Reassessment*, London 1973, revised edition, London 1990. Robert Conquest, *Kolyma: The Arctic Death Camps*, London 1978; Robert Conquest, *The Dragons of Expectation. Reality and Delusion in the Course of History*, New York 2006; Jakowlew, *Die Abgründe*, a.a.O., S. 233–245; Nicolas Werth, »Gulag. Die wahren Zahlen«, in: *L'Histoire*, 193 (1993), S. 38–51.

29 Eine Selbstkritik wie die Baberowskis kommt im Wissenschaftsbetrieb selten vor. Die beiden »entgegengesetzten« Bücher erschienen in unterschiedlichen Verlagen – das erste: *Der Rote Terror. Die Geschichte des Stalinismus*, in der Deutschen Verlagsanstalt, München 2003; das zweite, viel umfangreichere: *Verbrannte Erde*, a.a.O. bei C.H. Beck, München 2012. Baberowski erklärt in der zweiten Arbeit, es sei für ihn eine »Qual« gewesen, »das eigene Buch zu lesen, dessen Sätze und Diktion mir nicht mehr gefielen«. Dies gelte aber vor allem für die »Struktur« der Thesen, bei denen er sich 2003 noch von dem polnischen Soziologen Zygmunt Bauman leiten ließ, der die Politik Stalins als das »Streben nach Eindeutigkeit ... Überwindung von Ambivalenz und ... Ordnungswut des modernen Gärtnerstaats« beschrieben habe. Nun sei er zu der Erkenntnis gekommen, dass ein paranoider Stalin Urheber und Regisseur des millionenfachen Massenmords gewesen sei. Baberowski gelangt sogar zur Annahme der Singularität: »Es gab kein Land, in dem die Klassengegensätze schlimmer, die Privilegien der herrschenden Klasse größer gewesen wären, kein Land, in dem Menschen in einer solchen Angst leben mussten wie in der Sowjetunion« (*Verbrannte Erde*, S. 10f.).

30 Gellately (a.a.O., S. 42 u. 73) erinnert an die Voraussage Stalins auf dem 17. Parteitag am 26. Januar 1934, der nächste große Krieg werde auf die Eroberung und Teilung der Sowjetunion zielen, daher müsse sich das Land entsprechend vorbereiten. Er verwies sogar auf den Terror und die kommenden Säuberungen, die angeblich erforderlich wären, um mögliche Verräter auszumerzen. Vor dem Zentralkomitee am 3. März 1937 wurde er, was den Massen-

terror betraf, noch deutlicher: »Ist es nicht offensichtlich, dass wir, solange die kapitalistische Einkreisung besteht, von Geschäftemachern, Spionen, Spaltern und Attentätern infiltriert werden?« s. auch Kapitel V. Stalin befand sich dabei keineswegs im medizinischen Zustand der Paranoia, sondern beurteilte die politischen Unsicherheiten im eigenen Lande durchaus treffend, bevor er zu extremen Taten schritt.

VII. KEINE BAGATELLE: DER SOWJETISCH-FINNISCHE WINTERKRIEG 1939/40

1 Gene Kayes, »Stalin's Finland Fiasco: The Kuusinen Government Reconsidered«, in: *Crossroads*, no. 17 (1985), S. 35 Keyes schreibt: »It is he (Otto Wille Kuusinen, Sekretär des Exekutivkomitees der Komintern, H.K.) together with Zhdanov and the self-deluded Soviet minister to Finland, Vladimir Derevyansky, who are generally credited with having given Stalin the crazy advice that Finnish workers would rally within days to the Red cause.«

2 Max Jakobson, *Diplomatie im finnischen Winterkrieg 1939/40*, Düsseldorf 1970, S. 26.

3 Wolfgang Thomale, Chef des Stabes des 1944 zum Generalsinspekteur der deutschen Panzertruppe ernannten Guderian, nach dessen Tod am 14. Mai 1954 gegenüber dem Autor.

4 Hillgruber, *Hitlers Strategie*, a.a.O., S. 226.

5 Fabry, a.a.O., S. 335.

6 Hierzu (S. 198) und z.F. Carl van Dyke, *The Soviet invasion of Finland, 1939–40*, Abingdon 2004.

7 Dazu ausführlich: Anthony F. Upton, *The Finnish Revolution, 1917–1918*, Minneapolis 1988.

8 David Kirby, *A Concise History of Finland*, New York 2006, S. 228.

9 Jonathan Clements, *Mannerheim. President, Soldier, Spy,* London 2009, S. 242.

10 Zu den Kampftaktiken ausführlich: William R. Trotter, A Frozen Hell: *The Russo-Finnish Winter War of 1939–1940*, New York 1991 S. 72–92.

11 Andreas Doepfner, *Finnlands Winterkrieg. Dokumente aus neutraler Sicht*, Zürich 1990, S. 132; Berichte von Korrespondenten der *Neuen Zürcher Zeitung.*

12 Van Dyke, *The Soviet invasion of Finland*, a.a.O., S. 224.

13 James R. M. Butler, *Grand Strategy*, vol. 2, Sept. 1939–June 1941, History of the Second World War, London HMSO 1957.

14 Cadogan, *Diaries*, a.a.O., S. 175, (18 April 1939), bis S. 196 (16. August 1939) (»The talks broke down on this point«).

15 Juho Kusti Paasikivi, *Meine Moskauer Mission 1939–1941*, Hamburg 1966, S. 56; zu Grafencu: Grigore Grafencu, *Vorspiel zum Krieg im Osten – vom Moskauer Abkommen (21. August 1939) bis zum Ausbruch der Feindseligkeiten (22. Juni 1941)*, Zürich 1944.

16 Molotow lieferte auf der 5. außerordentlichen Sitzung des Obersten Sowjets im Oktober 1939 eine hochideelle, verlockende Definition der Institution des Beistandspakts: »... die Unverletzlichkeit der Souveränität der unterzeichnenden Staaten und das Prinzip der gegenseitigen Nichteinmischung in die Angelegenhei-

ten des anderen. (Beistandspakte) gründen auf der gegenseitigen Respektierung der politischen, sozialen, und wirtschaftlichen Struktur der vertragschließenden Parteien und sind geeignet, die Grundlagen für eine friedliche nachbarschaftliche Kooperation zwischen unseren Völkern zu stärken ...« Zit. n. Fabry, a. a. O., S. 134.

17 Fabry, a. a. O., S. 126.
18 Jakobson, *Diplomatie im finnischen Winterkrieg*, a. a. O., S. 21.
19 Ebd., S. 22.
20 Paasikivi, *Meine Moskauer Mission*, a. a. O., S. 60–72.
21 Jakobson, *Diplomatie im finnischen Winterkrieg*, a. a. O., S. 229.
22 Paasikivi, *Meine Moskauer Mission*, a. a. O., S. 60–116.
23 Zit. n. Clements, a. a. O., S. 409.
24 Fabry, a. a. O., S. 136.
25 Paasikivi, *Meine Moskauer Mission*, a. a. O., S. 55.
26 Ebd., S. 110.
27 Van Dyke, *The Soviet invasion of Finland*, a. a. O., S. 222.
28 Eino Jutikkala, *Geschichte Finnlands*, Stuttgart 1964, S. 374.
29 Jakobson, *Diplomatie im finnischen Winterkrieg*, a. a. O., S. 77–122.
30 S. Kapitel III. 3.
31 Andreas Hillgruber (Hg.), Staatsmänner und Diplomaten bei Hitler, München 1969, S. 185; Über die Brüchigkeit der deutsch-sowjetischen Verträge und die Forderungen der Sowjets unterrichten der Wortlaut der Gesprächsprotokolle (S. 165–194).
32 Gorodetsky, *Die große Täuschung*, a. a. O., S. 162, 165.
33 Van Dyke, *The Soviet invasion of Finland*, a. a. O., S. 205.
34 S. Kapitel VII. 2. *Timoschenkos und Schukows »Überlegungen«*.
35 Gorodetsky, *Die große Täuschung*, a. a. O., S. 172.
36 David M. Glantz, *The Soviet Conduct of Tactical Manoeuvre. Spearhaed of the Offensive*, London, Portland/OR 1991, S. 86 f.
37 Raymond L. Garthoff, *Soviet Military Doctrine*, Glencoe/Il 1953, S. 299, 302 f., 344, 351–354, allgemein zu den »Soviet Principles of War« s. Part II.
38 Zur Kritik an Gorodetsky und Bonwetsch: Evan Mawdsley, »Crossing the Rubicon: Soviet Plans for Offensive War in 1940–1941«, in: *The International History Review*, 25/4 (2003), S. 836.
39 Kershaw, *Wendepunkte*, a. a. O., S. 336.
40 David M. Glantz, *Stumbling Colossus: The Red Army on the Eve of World War*, Kansas 1998.
41 Reese, *Stalin's Reluctant Soldiers*, a. a. O., S. 163.
42 S. Kapitel VIII. 2.
43 Musial, *Kampfplatz*, a. a. O., S. 572.
44 Scott Dunn, *Soviet Economy and the Red Army, 1930–1945*, Westport/CT, London 1995, S. 42.
45 Harald Moldenhauer, »Die Reorganisation der Roten Armee von der »Großen Säuberung« bis zum deutschen Angriff auf die UdSSR (1938–1951)«, in: *Militärgeschichtliche Mitteilungen* (MGM), 55/1 (1996), S. 152–157.
46 Hans Mommsen spricht von »kumulativer Radikalisierung« des NS-Regimes in seinen Stufen und Institutionen, während Raul Hilberg in seiner 1962 zunächst

auf englisch erschienenen Detailrecherche *Die Vernichtung der europäischen Juden* (3 Bde., Frankfurt am Main 1999) nicht auf einen Befehl Hitlers, auch nicht auf »Hauptschuldige« wie Himmler und Heydrich zurückführt, sondern auf eine von vielen Institutionen vorangetriebene mörderische Dynamik. Die Darlegung der Breite der Verantwortung gilt, wie manche historische These als »längst anerkannt«, sozusagen unhinterfragbar und abgeschlossen akzeptiert, ein methodisch ungewöhnliches Verfahren zum höheren Zweck pädagogischer Verinnerlichung. Hilberg führt in seiner groß angelegten Studie zahlreiche Indizien für eine in die Breite weisende Verantwortlichkeit an, doch verleitet die kanonische Akzeptanz den Historiker dazu, die Frage der speziellen Verantwortlichkeit Hitlers zu umgehen und den Fall für »geklärt« zu halten, obwohl er es nicht ist. Wider die Wucht des pädagogischen Willens könnte Eberhard Jäckel seine These, die Verantwortung für die Judenvernichtung bei Hitler zu zentralisieren – gegen einen gewissen Widerstand sogar Himmlers, ein solches Verfahren sei »ungermanisch« – nicht mehr ruhig-wissenschaftlich vertreten: Eberhard Jäckel, *Das deutsche Jahrhundert*, Stuttgart 1996, S. 205–212.

47 Alexander Jakowlews 900-Seiten Opus basiert auf überwältigendem Quellenmaterial. Danach begann die Säuberung der Roten Armee schrittweise bereits seit der Ermordung Kirows 1934, deren Ursachen in Dunkel gehüllt wurden. Die Konspiration, zu der auch die Planung eines Terroranschlags auf Stalin gehört haben soll, wurde zunächst mit den Machenschaften »trotzkistisch-sinowjewscher Elemente« in Zusammenhang gebracht; sie reichten bis in die höchsten Ränge der Armee. Die gesamte Militärelite wurde als »rechtslastig« und »verräterisch« eingestuft. Erzwungene Aussagen, durch »Spielmaterial« des deutschen Nachrichtendienstes angereichert, sprachen von einer Militärpartei, die einen Umsturz und die Beseitigung des *Woschd* vorbereite. Die Militär-Tschistka erstreckte sich bis in den Krieg mit Deutschland hinein und führte selbst Anfang der 50er-Jahre noch zu Verurteilungen. Jakowlew vertritt mit größter Entschiedenheit die problematische Ansicht, die Dezimierung habe das Land »enthauptet« und »kampfunfähig« gemacht – und genau dies sei Stalins Absicht gewesen: »Stalin hat die Armee auf mustergültige Weise für ihre Niederlage (1941) präpariert. Er trägt die persönliche Verantwortung für diesen Verrat. Nur ein abgrundtief bösartiger Feind Russlands konnte solch ein Verbrechen verüben. Ich würde mich nicht wundern, sollten einmal Dokumente auftauchen, dass Stalin vorsätzlich handelte.« Jakowlew, Die Abgründe, a.a.O., S. 233–252; Jakowlew liefert für seine kühne These keine einleuchtende Begründung.

48 Moldenhauer, »Reorganisation«, a.a.O., S. 133–138.

49 Zu den »war games«: Roberts, »Planning for War«, a.a.O., S. 1313; Pawlow wurde nach der vernichtenden Niederlage der ihm unterstellten Truppen bei der Kesselschlacht von Białystok und Minsk abberufen, von Stalin am 30. Juni 1941 nach Moskau beordert und durch Erlass des Staatsverteidigungskomitees von 16. Juli am 22. Juli 1941 vor ein Kriegsgericht gestellt und wegen Verrates erschossen.

50 Montefiore, *Stalin*, a.a.O., S. 389.

51 Zeidler, »›Eine moderne Armee ist eine offensive Armee‹«, a.a.O., S. 439.

52 Moldenhauer, »Reorganisation«, a.a.O., S. 142.

53 Ebd.; Keegan, *Der Zweite Weltkrieg*, a.a.O., S. 261; Porträts zu Konew, Rokos-

sowski, Schukow, Watutin und weiteren Generälen der Roten Armee in: Harold Shukman (Hg.), *Stalin's Generals*, London 1993.

54 Hierzu und z. F. Mawdsley, »Crossing the Rubicon«, a. a. O., S. 821 f. Mawdsley's aufschlussreiche Studie stützt sich auf eine ebenso kenntnisreiche wie akribische Auswertung russischer Quellen.

55 S. Kapitel VIII. 1. »*Tiefe Operation*«.

56 S. Kapitel VIII. 2. *Timoschenkos und Schukows »Überlegungen«*.

57 S. Kapitel VIII. 2.

58 Nikolaj M. Romanićev (Romanitschew), »Militärische Pläne eines Gegenschlages der UdSSR«, in: Ueberschär, Bezymenskij, *Der deutsche Angriff*, a. a. O., S. 93.

59 Hildermeier, a. a. O., S. 602.

60 Bernd Martin, »Deutsch-sowjetische Sondierungen über einen separaten Friedensschluß im Zweiten Weltkrieg. Bericht und Dokumentation«, in: Inge Auerbach (Hg.), *Felder und Vorfelder russischer Geschichte: Studien zu Ehren von Peter Scheibert*, Freiburg 1985, S. 280–308, hier: S. 282.

61 Vortrag von Prof. Bernd Bonwetsch auf der Jahrestagung des deutschen Komitees für die Geschichte des Zweiten Weltkriegs »Verlauf und Ausgang des Zweiten Weltkriegs im Spiegel struktur- und handelsorientierter Erklärungen«, am 23. und 24. Juni 2000, Hamburg.

62 Moldenhauer, »Reorganisation«, a. a. O., S. 163 f.; s. Kapitel VIII.2.

63 »Bearing in mind that Germany at the present time is holding its army in a mobilized state with its rear echelon deployed [razvemutymi tylami], it has the possibility to pre-empt [predupredit'] us in deployment and to deliver a sudden blow.« Zit. n. Mawdsley, »Crossing the Rubicon«, a. a. O., S. 838.

64 Noch einmal sei Bogdan Musial zitiert, der aufgrund einer Fülle von Indizien zu folgender Schlussfolgerung kommt: »Spätestens ab Anfang 1941 bereiteten sich die sowjetischen Streitkräfte bereits explizit auf den Angriffskrieg gegen Deutschland vor. Der deutsche Überfall am 22. Juni 1941 überraschte Stalin und die Rote Armee inmitten dieser Vorbereitungen, ohne dass Hitler von den auf Hochtouren laufenden Kriegsvorbereitungen der anderen Seite eine gesicherte Erkenntnis gehabt hätte. Die sowjetischen Niederlagen vom Sommer 1941 resultieren aus der sowjetischen militärisch-strategischen Konzeption des Angriffskriegs und den noch nicht abgeschlossenen Vorbereitungen dazu. Zugleich jedoch verdanken die Sowjetunion und die Rote Armee ihren so teuer erkauften Sieg über Deutschland dem massiven Ausbau der Kriegsindustrie in den dreißiger und vierziger Jahren.« Musial, *Kampfplatz*, a. a. O., S. 465 f.

ZWEITER TEIL
KRIEG

VIII. KRIEGSERWÄGUNGEN

1 Einer Intervention im Orient standen Franz von Papen, letzte Reichskanzler der Weimarer Republik, Vizekanzler unter Hitler und von 1939 bis 1944 Botschaf-

ter in Ankara, und Außenminister Joachim v. Ribbentrop zumindest wohlwollend gegenüber. Bernd Lemke, *Phersed Rosbeiani, Unternehmen Mammut. Ein Kommandoeinsatz der Wehrmacht im Nordirak 1943*, Bremen 2018, S. 10.

2   S. Kapitel III. 3. *Eurasische Skizzen und ihr Scheitern.*

3   Gorodetsky, *Die grosse Täuschung*, a. a. O., S. 123.

4   S. Kapitel IX. 3. *Das Parallelogramm der sittlichen Kräfte*, Anm. 58.

5   Zit. n. Kershaw, *Hitler 1936–1945*, a. a. O., S. 512; Mussolini (und sein Außenminister Graf Ciano) waren erbitterte Gegner des deutsch-sowjetischen Pakts, aber auch nicht gerade begeistert vom 1941 ausbrechenden Russland-Krieg. Für Mussolini verschob sich die gesamte Kriegsszenerie nach Osten und raubte dem italienischen Verbündeten den Vorteil höchster Aufmerksamkeit. Hitler unterrichtete den Partner knapp vor Beginn des Feldzuges »überfallartig«. »Zuerst absolutes Schweigen«, schreibt Ciano in sein Tagebuch, »dann ein nächtlicher Besuch (des deutschen Botschafters, H. K.), um ihn (Mussolini) über die vollzogene Tatsache zu orientieren«. Mussolinis Kommentar: »Ich störe nachts nicht einmal meinen Diener, aber die Deutschen lassen mich rücksichtslos aus dem Bett springen.« Ciano, a. a. O., S. 340 (30. 6. 1941).

6   Gerd R. Ueberschär, »Hitlers Entschluß zum ›Lebensraum‹-Krieg im Osten. Programmatisches Ziel oder militärstrategisches Kalkül?«, in: Gerd Ueberschär, Wolfram Wette (Hg.), *Der deutsche Überfall auf die Sowjetunion. »Unternehmen Barbarossa 1941«*, Frankfurt am Main 2011, S. 32 ff.

7   Jürgen Förster, »Das Unternehmen ›Barbarossa‹ als Eroberungs- und Vernichtungskrieg«, in: Horst Boog et.al., *Das Deutsche Reich und der Zweite Weltkrieg*, Bd. 4, Der Angriff auf die Sowjetunion, Stuttgart 1983, S. 444.

8   Joachim Hoffmann, »Die Kriegführung aus Sicht der Sowjetunion«, in: *Das Deutsche Reich und der Zweite Weltkrieg*, Bd. 4., a. a. O., S. 715.

9   Wassili D. Sokolowski, *Militär-Strategie*, Köln 1969, S. 100 f.

10 Siegfried Lautsch, Zum operativ-strategischen Denken in den Vereinten Streitkräften der Warschauer Vertragsorganisation, in: Österreichische Militärische Zeitschrift (ÖMZ), 1/2016, www.oemz-online.at/pages/viewpage.action?pageId=11405432

11 Sokolowski, *Militär-Strategie*, a. a. O., S. 206.

12 W. I. Lenin, »Bericht des Zentralkomitees, 18. März 1919«, in: Lenin, *Werke*, Bd. 29, Berlin, 1984, S. 138 f.

13 In seinem Hauptwerk Mosg Armii (dt. »Das Gehirn der Armee« – gemeint ist der Generalstab), eine dreibändige Studie zur Militärtheorie, schreibt Boris M. Schaposchnikow, über Jahrzehnte einer der engsten militärischen Berater Stalins: »We are interested in the question whether preventive war can be justified ... Such a war, provided it is of a progressive and revolutionary type ... will be a just ... war. There will be a moment when the revolutionary masses ... must resort to arms. The fact that, in such struggle, it may be valid to enter into a preventive war needs no further explanation. The initiation of war does not deprive such a war of its inherently defensive character.« Boris M. Schaposchnikow, Mosg Armii (Мозг армии / Das Gehirn der Armee), Bd. 3, Moskau 1928, S. 251, Zit. n. Khruschev's Strategy and its Meaning for America, A Study presented by the Subcommittee on the Judiciary United States Senate, Washington/D. C. 1960, S. 26.

14 Auch Michail Wassiljewitsch Frunse (1885–1925), Heerführer im Bürgerkrieg, Nachfolger Trotzkis als Volkskommissar für Armee und Marine und Begründer der sowjetischen Militärwissenschaft, meinte noch im März 1922, ein Jahr nach dem Ende des polnisch-sowjetischen Kriegs, dass die Rote Armee »im Krieg zwischen Kapitalismus und Kommunismus« mit den Werktätigen anderer Länder im gemeinsamen Kampf vorrücken werde. »The Red Army might need to go on the offensive and take the initiative, if its help to another external force of workers might prove decisive.« Zit. n. Walter Darnell Jacobs, *Mikhail Vasilyevich Frunze and the Unified Military Doctrine*, (Diss.) New York 1961, S. 57.

15 Roberts, »Planning for War«, a. a. O., passim.

16 Joseph D. Douglas Jr., *Sowjetische Militärstrategie in Europa*, München 1983, passim.

17 Zit. n. Stefan Voß, *Stalins Kriegsvorbereitung 1941 – erforscht, gedeutet und instrumentalisiert – Eine Analyse postsowjetischer Geschichtsschreibung*, Hamburg 1998, S. 109.

18 Diese Taktik wurde auch 1916 von dem russischen General Alexei Alexejewitsch Brussilow in der Brussilow-Offensive aus rein materieller Not erfolgreich gegen die Österreicher angewandt, s. Wikipedia-Eintrag zu »Stoßtrupp«. Zu Tuchatschewski, Isserson und Triandafillow: Roberts, »Planning for War«, a. a. O., S. 1301–1311.

19 S. Kapitel VI.5 *Hochrüstung und Angriffsdoktrin*, Anm. 160.

20 Hierzu ausführlich: Scott Boston, *Through the Furnace of War. The Evolution of Soviet Tank and Mechanized Forces in the Second World War*, o. O., 2003; http://generalstab.org/academy/essays/through-the-furnace-of-war/

21 Roberts, »Planning for War«, a. a. O., S. 1294, 1301, 1307; Eine der wenigen Ausnahmen, der für die Anerkennung defensiver Strategien argumentierte, war der Militärgelehrte und Offizier Alexander Andrejewitsch Swetschin (1878–1938). Sohn eines Generals der kaiserlichen Armee, ausgewiesener Theoretiker klassischer Militärstrategie und Verfasser des Standardwerks »Strategie« wurde Swetschin für seine Bemühungen von seinen Kollegen, darunter prominente Neuerer wie Michail Tuchatschewski, hart und öffentlich diskreditiert. Swetschin war Teilnehmer am Russisch-Japanischen Krieg von 1904–1905 und im Ersten Weltkrieg Generalmajor und Stabschef der 5. russischen Armee. Nach der Oktoberrevolution wurde er kurzzeitig Generalstabschef der Roten Armee und danach Professor an der Generalstabsakademie. Am 26. Juli 1938 setzten ihn Stalin und Molotow (als Unterzeichnende) auf die Todesliste Nr. 107. Er wurde in Kommunarka, der zu einer Hinrichtungsstätte umfunktionierten Sommerresidenz des Geheimdienstchefs Jagoda südlich von Moskau, am 29. Juli 1938 erschossen. Zu Swetschin und seinen Thesen: Ebd., S. 1304–1307.

22 Zu den Auswirkungen dieses »Glaubens« im russisch-polnischen Krieg 1920, s. Kapitel V.2. *Die gescheiterte Levée*.

23 Mawdsley, »Crossing the Rubicon«, S. 849; Dass Stalin den Plan gesehen hat, kann inzwischen als gesichert gelten, hierzu: Ebd., S. 846–849.

24 Georgi K. Schukow, *Erinnerungen und Gedanken*, Stuttgart 1969, S. 209.

25 Zit. n. Mawdsley, »Crossing the Rubicon«, S. 849. Zu Anfilows Reputation und Glaubwürdigkeit: Ebd., S. 848.

26 »Natürlich ist alles ein Trick, um zu sehen, wer wen zum Narren halten kann«, zitiert Kershaw (*Wendepunkte*, a. a. O., S. 327) Stalin aus Chruschtschows Erinnerungen. »Ich weiß, was Hitler im Schilde führt. Er glaubt, er ist schlauer als ich, aber in Wirklichkeit habe ich ihn überlistet!« Durch diesen Vertrag bleibe die Sowjetunion etwas länger vom Krieg verschont. Sie könne neutral bleiben und ihre Kräfte sammeln.

27 Alexander Werth, *Russland im Krieg 1941–1945*, München, Zürich 1965, S. 106 f.; Gustav Hilger, *Wir und der Kreml. Deutsch-sowjetische Beziehungen 1918–1941. Erinnerungen eines deutschen Diplomaten*, Frankfurt am Main, Bonn 1964, S. 307 f.

28 Lev A. Bezymenskij, »Die Rede Stalins am 5. Mai 1941 – dokumentiert und interpretiert«, in: *Osteuropa*, 42/3 (1992), S. 242–264; Lev A. Bezymenskij, »Stalins Rede vom Mai 1941 – neu dokumentiert« in: Ueberschär, Bezymenskij, *Der deutsche Angriff*, a. a. O., S. 136–140; »Kurzfassung der Rede des Genossen Stalin vor den Absolventen der Akademie der Roten Armee im Kreml am 5. Mai 1941«, in: www.1000dokumente.de/index.html?c=dokument_ru&dokument=0028_kre&object=translation&st=&l=de; Einführung der Rede in: www.1000dokumente.de/index.html?c=dokument_ru&dokument=0028_kre&object=context&st=&l=de

29 Ebd.

30 Ebd.

31 »Kurzfassung der Rede des Genossen Stalin«, a. a. O.; ebenso in: Bezymenskij, »Die Rede Stalins am 5. Mai 1941«, a. a. O, S. 248–252.

32 Mawdsley, »Crossing the Rubicon«, S. 852; Gorodetsky, *Die große Täuschung*, a. a. O., S. 310.

33 Ebd.; Mawdsley, »Crossing the Rubicon«, S. 833.

34 V. A. Nevezhin, »The Pact with Germany and the Idea of an Offensive War (1939–1941)«, in: *The Journal of Slavic Military Studies* 8/4 (1995), S. 809–843; Zum Treffen Schdanows mit Schukow und Timoschenko und den neuen Propagandadirektiven vgl. Mawdsley, »Crossing the Rubicon«, S. 850 f., der zugleich hervorhebt, dass es sich um Entwürfe handelte, die bis zum 22. Juni, dem Tag des deutschen Angriffs, noch nicht verabschiedet waren. Zu Nevezhin: Voß, *Stalins Kriegsvorbereitungen*, a. a. O., S. 105 ff.

35 Zit. n. »Überlegungen des Generalstabs der Roten Armee zum Plan eines strategischen Aufmarschs der Streitkräfte der UdSSR für den Fall eines Kriegs gegen Deutschland und seine Verbündete«, in: www.1000dokumente.de/index.html?c=dokument_ru&dokument=0024_zuk&object=translation&l=de (Unterstreichungen im Originaltext); vgl. Wolfgang Strauss, *Unternehmen Barbarossa und der russische Historikerstreit*, München 2001, S. 192 f.

36 »Überlegungen des Generalstabs«, a. a. O.

37 »Tatsächlich setzte die Rote Armee ihre besten Truppen und Ausrüstungen in den Grenz-Militärbezirken ein (20 von 29 mechanisierten Korps, fast 80 % aller neuen Panzer, über 50 % der modernsten Flugzeuge), und diese Kräfte erlitten horrende Verluste, als die Wehrmacht immer wieder in die sowjetische Verteidigungslinie stieß. Der Kommandeur des westlichen Sondermilitärbezirks im Juni 1941, Dmitri G. Pawlow, sollte später bei seinem Prozess vor dem Militärkollegium des Obersten Gerichtshofs der UdSSR aussagen, dass sowjetische Flug-

zeuge ohne Rücksicht auf Verteidigungsoperationen in Grenznähe positioniert worden waren.« Roberts, »Planning for War«, a.a.O., S. 1307.

38   »Überlegungen des Generalstabs«, a.a.O.

39   Mawdsley, »Crossing the Rubicon«, a.a.O., S. 823; Heinz Magenheimer, *Entscheidungskampf 1941. Sowjetische Kriegsvorbereitungen, Aufmarsch, Zusammenstoß*, Bielefeld 2000, S. 52f.

40   Zit.n. Mawdsley, »Crossing the Rubicon«, a.a.O., S. 831.

41   Zu den Kriegsspielen im Dezember/Januar 1940/41: Ebd., S. 826f.

42   Ebd., S. 851.

43   Ebd., S. 854.

44   Maser, *Wortbruch*, a.a.O., S. 327; Maser liefert hierfür aber keinen Beleg.

45   Zit.n. Mawdsley, »Crossing the Rubicon«, S. 852f.

46   Lev A. Bezymenskij, »Stalins Rede vom 5. Mai 1941«, in: Ueberschär, Bezymenskij, *Der deutsche Angriff*, a.a.O., S. 142; Mawdsley, »Crossing the Rubicon«, S. 853.

47   Zu einer detaillierten, überzeugenden Analyse aller Hinweise auf Stalins Kenntnis des Operationsplans: Mawdsley, »Crossing the Rubicon«, a.a.O., S. 846–849.

48   Ebd., S. 840, 842, Tafel I und II; Mawdsley schränkt die Aussagekraft der Angaben Watutins für den 13. Juni 1941 ein, wenn er schreibt: »Nach dem Mai-Plan sollte die konzentrierte Kraft der gesamten Roten Armee im Westen 196 Divisionen umfassen. Am 22. Juni zählten die sowjetischen Kräfte in der ersten und zweiten strategischen Staffel nur 108 Divisionen: 56 Infanterie- und Kavalleriedivisionen an der Westgrenze und 52 Divisionen (darunter 24 Panzer- und 12 motorisierte Divisionen) in einer Entfernung von 60 bis 250 Meilen von der Grenze. Viele dieser Divisionen waren personell und materiell unterbesetzt. Ein weiterer Hinweis auf das Defizit ist, dass die westlichen Wehrbereiche gemäß Mobilmachungsplan MP-41 über 6,5 Millionen Mann verfügen sollten; am 22. Juni zählten sie etwa drei Millionen.« Ebd., S. 855. Er beruft sich dabei auf V. A. Zolotarev et. al. (ed.), *Velikaia Otechestvennaia voina, 1941-5: Voenno-istoricheskie ocherkiy*, Moscow, 1998. S. 122 und M. A. Gareev, *Neodnoznachnye stranitsy voiny*, Moscow, 1995, S. 127.

49   Roberts, »Planning for War«, a.a.O., S. 1307.

50   Gorodetsky (Die große Täuschung, a.a.O., S. 359) spricht von 303 mobilisierten Divisionen: 186 längs der Westfront, darunter 120 Divisionen der Infanterie, 40 der Panzertruppen, 20 mechanisierte und sechs Kavalleriedivisionen.

51   Mawdsley, »Crossing the Rubicon«, a.a.O., S. 820f.; Roberts, »Planning for War«, a.a.O., S. 1317.

52   Keegan, *Der Zweite Weltkrieg*, a.a.O., S. 262.

53   Ebd., S. 262f.

54   Gorodetsky, *Die große Täuschung*, a.a.O., S. 360.

55   S. Kapitel VII. 3. *Unfähig, nicht kriegsunfähig*.

56   »Schukow, Timoschenko und andere militärische Führer«, urteilt Cynthia Roberts, »waren verständlicherweise beunruhigt, dass Stalin, der befürchtete, dass ungewöhnliche Bewegungen der Roten Armee Hitler zu einem Angriff provozieren könnten, die schnelle Mobilisierung der Roten Armee untersagte. Doch dieses unnachgiebige politische Mobilisierungshindernis veranlasste die militärische Führung nicht, die Notwendigkeit einer strategischen Verteidigung zu begreifen

und langjährige Annahmen über die Fähigkeit der Roten Armee zu unmittelbaren Gegenoffensiven zu verwerfen. Stattdessen war Schukows Antwort fest in dem dominanten Paradigma verankert, das von Tuchatschewski und anderen Erneuerern vertreten wurde, das implizit die Präemption favorisierte und explizit forderte, dass die Rote Armee den Kampf auf das Territorium des Feindes verlagern sollte.« Roberts, »Planning for War«, a. a. O., S. 1319.

57 Geheimrede Chruschtschows, a. a. O., S. 45 f., 48 f.

58 Hierzu bes. Suworow, *Eisbrecher*, a. a. O., S. 337–340.

59 Geheimrede Chruschtschow, a. a. O., S. 54.

60 Ebd., S. 49 f.

61 Hitler auf der Gauleitertagung am 29. Februar 1940, Zit. n. Rolf-Dieter Müller, »Das ›Unternehmen Barbarossa‹ als wirtschaftlicher Raubkrieg«, in: Gerd Ueberschär, Wolfram Wette (Hg.), *Der deutsche Überfall auf die Sowjetunion. »Unternehmen Barbarossa 1941«*, Frankfurt am Main 2011, S. 131.

62 S. Kapitel II., Anm. 15.

63 Am 29. Oktober 1940 legte General Friedrich Paulus, Stellvertreter des Generalstabschefs Franz Halder, diesem seine Denkschrift über die »Grundlagen der russischen Operation« vor. In dem 9 Schreibmaschinenseiten umfassenden Plan heißt es: »Alle von den Herren Oberbefehlshabern auf Grund dieser Weisung zu treffenden Anordnungen müssen eindeutig dahin abgestimmt sein, daß es sich um Vorsichtsmaßnahmen handelt für den Fall, daß Russland seine bisherige Haltung gegen uns ändern sollte.« Die »Aufmarschanweisung OKH vom 31. 1. 1941« beginnt mit der Feststellung: »Für den Fall, daß Russland seine bisherige Haltung gegen Deutschland ändern sollte, sind als Vorsichtsmaßnahmen alle Vorbereitungen zu treffen, die es ermöglichen, auch vor Beendigung des Kriegs gegen England Sowjet-Russland in einem schnellen Feldzug niederzuwerfen.« Halder, *KTB* Bd. 2, a. a. O., S. 464 (31. 1. 1941).

64 Müller, Der Feind steht im Osten, a. a. O., S. 222; Andreas Hillgruber, »Das Russland-Bild der führenden deutschen Militärs vor Beginn des Angriffs auf die Sowjetunion«, in: Wegner, *Zwei Wege*, a. a. O., S. 170; Ingo Lachnit, Friedhelm Klein, »Der Operationsentwurf Ost des Generalmajors Marcks vom 5. August 1940«. in: *Wehrforschung* Heft 4/1972, S. 116.

65 Percy Ernst Schramm (Hg.), *Kriegstagebuch des Oberkommandos der Wehrmacht*, KTB OKW, Bd. I: 1940/41, Frankfurt am Main 1965, S. 71E (Einführung).

66 Halder, *KTB*, Bd. 2, a. a. O., S. 158 (1. 11. 1940).

67 Weisung Nr. 21 des Führers und Obersten Befehlshabers der Wehrmacht (Fall Barbarossa) vom 18. Dezember 1940, in: Hubatsch, *Hitlers Weisungen für die Kriegführung*, a. a. O., S. 96–101.

68 S. Kapitel III.4 *Eurasische Skizzen und ihr Scheitern*, Anm. 165.

69 Halder, *KTB*, Bd. 2, a. a. O., S. 353.

70 Manstein, *Verlorene Siege*, a. a. O., S. 179 f.

71 Volker Detlef Heydorn, *Der sowjetische Aufmarsch im Bialystoker Balkon bis zum Juni 1941 und der Kessel von Wolkowysk*, München 1989, S. 113 f.

72 Seaton, *Der russisch-deutsche Krieg*, a. a. O., S. 62.

73 Geheime Kommandosache. Oberkommando der Wehrmacht. Berlin, d. 11. Juni 1941, Ausl. Nr. 212/41 g. Kdos. Chefs, Zit. n. Hans-Günther Seraphim, *Die*

deutsch-russischen Beziehungen 1939–1941, Hamburg 1949, S. 57–61; Seraphim zitiert das Dokument ohne Quellenangabe.

74   Albert Kesselring, *Soldat bis zum letzten Tag*, Bonn 1953, S. 113.

75   Zit. n. Peter Longerich, *Hitler*, München 2015, S. 778.

76   »Hitlers Aufruf an die ›Soldaten der Ostfront‹ vom 22. 6. 1941«, in: Gerd Ueberschär, Wolfram Wette (Hg.), *Der deutsche Überfall auf die Sowjetunion. »Unternehmen Barbarossa 1941«*, Frankfurt am Main 2011, S. 269.

77   Wassilewski bestätigte nach dem Krieg, dass sich die Führung der Roten Armee über die Gefahr im Klaren war: »Es gab mehr als genug Beweise, dass Deutschland einen militärischen Angriff auf unser Land plante. In unserer Zeit sind aggressive Vorbereitungen sehr schwer [oder] praktisch unmöglich zu verbergen.« Zit. n. Mawdsley, »Crossing the Rubicon«, a. a. O., S. 838.

78   Vladimir Nevezhin (hier: Nevežin): »Überlegungen des Generalstabs der Roten Armee zum Plan eines strategischen Aufmarschs der Streitkräfte der UdSSR für den Fall eines Kriegs gegen Deutschland und seine Verbündete, nicht vor dem 15. Mai 1941. Einführung.«, in: www.1000dokumente.de/index.html?c=dokument_ru&dokument=0024_zuk&object=context&st=&l=de)

79   Waleri Danilow, »Hat der Generalstab der Roten Armee einen Präventivschlag gegen Deutschland vorbereitet?«, in: *Österreichische Militärische Zeitschrift* 1993/1, S. 41–51; Voß, *Stalins Kriegsvorbereitungen*, a. a. O., passim.

80   Bianka Pietrow-Ennker, »Radioansprache des Vorsitzenden des Staatlichen Verteidigungskomitees J. V. Stalin, 3. Juli 1941. Einführung«, in: https://www.1000dokumente.de/index.html?c=dokument_ru&dokument=0029_stj&object=context&st=&l=de

81   Ebd.

82   Bernd Bonwetsch, »Vom Hitler-Stalin-Pakt zum ›Unternehmen Barbarossa‹: Die deutsch-russischen Beziehungen 1939–1941 in der Kontroverse«, in: *Osteuropa*, 41/6 (1991), S. 576; Hierzu und auch zu Gorodetsky: Mawdsley, »Crossing the Rubicon«, a. a. O., S. 836.

83   Ebd.; Bezymenskij, »Stalins Rede«, a. a. O., S. 141.

84   Besymenski, *Stalin und Hitler*, a. a. O., S. 510.

85   Juri Gorkow, »22. Juni 1941: Verteidigung oder Angriff? Recherchen in russischen Zentralarchiven«, in: Pietrow-Ennker, *Präventivkrieg? Der deutsche Angriff auf die Sowjetunion*, Frankfurt am Main 2011, S. 193–211; Oberst a. D. Prof. Waleri Danilow, »Zum Angriff bereit. Die sowjetischen Militärplanungen waren 1941 eindeutig offensiv«, in: *Ostpreußenblatt*, 4. Juli 1998; Alexander I. Boroznjak, »Ein russischer Historikerstreit? Zur sowjetischen und russischen Historiographie über den deutschen Angriff auf die Sowjetunion«, in: Ueberschär, Bezymenski, *Der deutsche Angriff*, a. a. O., S. 120 f.; Glantz, Stumbling Colossus, a. a. O., passim.

86   In einem Fazit seiner eingehenden Auswertung der zugänglichen russischen Quellen und Literatur kommt Evan Mawdsley, Professor an der Universität Glasgow und ausgewiesener Kenner der russischen Kriegs- und Zeitgeschichte, zu dem Schluss: »Der Kriegsplan vom Mai 1941 war inadäquat, weil er den deutschen Angriff, der am 22. Juni tatsächlich erfolgte, nicht vorwegnahm … Darüber hinaus hatte auch die Vorbereitung auf die Offensive, die in den Kriegsplänen vom September 1940, März 1941 und Mai 1941 vorgesehen war, einen

äußerst schädlichen Effekt auf die Position der Roten Armee am 22. Juni. Sie führte zu einer Denkweise, die dazu beitrug, dass die Rote Armee den tatsächlichen deutschen Angriff nicht vorhersehen konnte. Sie spiegelte die Konzentration des operativen Denkens und der Ausbildung auf den Angriff und nicht auf die Verteidigung wider ... Zwei Aspekte sind hier wichtig. Erstens bedeutete die offensive Haltung der Roten Armee, Kräfte und Nachschub so weit wie möglich nach Westen zu verlegen: Mechanisierte Einheiten, Flugplätze und Nachschubbasen mussten in vorderen Einsatzorten befinden, um bei einem Angriff eingesetzt werden zu können, waren aber auch höchst verwundbar für einen feindlichen Erstschlag. Bei einer defensiven Aufstellung hätte man dagegen sukzessive Verteidigungslinien und eine sichere Nachschubbasis im Herzen des Landes bevorzugt. Zweitens – und das ist ein Punkt, der von vielen Historikern übersehen wird – war die offensive Ausrichtung einer der Hauptfaktoren, die zu dem verhängnisvollen Einsatz eines Großteils der Roten Armee in der Ukraine führten, die für einen Angriff auf Südpolen bereit war, anstatt in Weißrussland« (Mawdsley, »Crossing the Rubicon«, a. a. O., S. 862 f.).

Und Mawdsley fügt hinzu: »Hatte die Rote Armee 1940/41 Kriegspläne, die auf offensiven Operationen beruhten? Das war zweifellos der Fall, und der Einsatz der Roten Armee basierte auf solchen Operationen. Aus der Rückschau, im Lichte der Katastrophe vom Juni 1941, lassen diese Pläne Zweifel am strategischen Gespür der sowjetischen politischen Führung und an der damaligen fachlichen Kompetenz von Timoschenko, dem Volkskommissar für Verteidigung, und von Schaposchnikow, Merezkow und Schukow, den aufeinanderfolgenden Chefs des Generalstabs, aufkommen ... Schlugen Timoschenko und Schukow im Mai 1941 vor, diesen offensiven Kriegsplan präventiv anzuwenden, ohne auf einen Angriff des Feindes zu warten? Das taten sie, und dieser detaillierte Vorschlag für einen ›plötzlichen Schlag aus der Luft und zu Lande‹, der einer versteckten Mobilisierung folgte, wirft ein noch schlechteres Licht auf ihre fachliche Kompetenz. Der Vorschlag entwickelte sich jedoch aus früheren Kriegsplänen, er war mit einer Reihe von militärischen und politischen Schritten verbunden, die in jenem Mai unternommen wurden, und es ist möglich, dass er von Stalin ernsthaft erwogen wurde. Könnte ein solcher Angriff plausiblerweise bereits im Juni-Juli 1941 durchgeführt worden sein, wie Revisionisten wie Bobylew, Meljtjuchow, Rezun-Suworow und andere behaupten? Mit ziemlicher Sicherheit nicht. Selbst die sofortige Durchführung der Vorbereitungen für einen Präventivangriff hätte Monate gedauert, obwohl die ersten Schritte bereits im Hochsommer 1941 hätten beginnen können. Der Kriegsplan erforderte die Mobilisierung und Aufstellung sehr großer Streitkräfte. Hatten Stalin, Molotow und die anderen politischen Führer tatsächlich die Absicht, diesen offensiven Kriegsplan im Jahr 1941 schrittweise in die Tat umzusetzen? Sie wussten von dem Mai-Plan, aber die Antwort auf diese Frage scheint nach den derzeit verfügbaren Informationen nein zu lauten. Stalin war nicht bereit, die Spannungen mit Deutschland zu eskalieren, indem er eine militärische und politische Mobilisierung anordnete. Er war bereit, am Rubikon zu stehen, ihn aber nicht zu überschreiten, und diese zweideutige Haltung sollte katastrophale Konsequenzen haben« (Ebd., S. 864 f.).

87 Kershaw, *Hitler 1936–1945*, a. a. O., S. 518.
88 Zit. n. Wolfgang Strauss, *Unternehmen Barbarossa*, a. a. O., S. 138 f.

89 Nevezhin, »Überlegungen«, a.a.O.

90 Suworow, *Eisbrecher*, a.a.O., S. 407 ff., 429; Suworow datiert den (sowjetischen) Angriffstermin auf den 6. Juli 1941; Nach Boris V. Sokolov, Historiker und Professor an der Akademie für Slawische Kultur, hat die Annahme Suworows »for beginning the Soviet invasion, ... a real foundation«. Die zugänglichen Unterlagen (»available data«) begründeten Sonntag, den 6. Juli 1941, als den von Stalin geplanten Angriffstermin: Boris V. Sokolov, »Did Stalin intend to attack Hitler?«, in: *The Journal of Slavic Military Studies* (JSMS), Vol. 11/2 (June 1998) S. 123–141. Von 303 an der Westfront zusammengezogenen Divisionen, waren 172 für die erste Angriffswelle bestimmt. Für die Totalmobilisierung war ein Monat eingeplant, der Zeitraum 15. Juni–15. Juli. Michail Meljtjuchow: »Davon ausgehend, erscheint es glaubhaft, daß die Kriegshandlungen gegen Deutschland im Juli beginnen mußten.« Zit. n. Strauss, *Unternehmen Barbarossa*, a.a.O., S. 44.

91 Viktor Suworow, *Der Tag M: Stalin mobilisiert zum Angriff auf Deutschland*, Stuttgart 1995; ders., *Stalins verhinderter Erstschlag: Hitler erstickt die Weltrevolution*, Selent 2000; Hoffmann, *Stalins Vernichtungskrieg 1941–45*, München 1995; Walter Post, *Die Ursachen des Zweiten Weltkrieges – Ein Grundriss der internationalen Diplomatie von Versailles bis Pearl Habor*, Tübingen 2003; ders., *Unternehmen Barbarossa. Deutsche und sowjetische Angriffspläne 1940/41*, Hamburg 1995; Ernst Topitsch, *Stalins Krieg. Moskaus Griff nach der Weltherrschaft*, Herford 1985; Stefan Scheil, *Die Eskalation des Zweiten Weltkriegs von 1940 bis zum Unternehmen Barbarossa 1941*, Berlin 2011; ders., *Präventivkrieg Barbarossa. Fragen Fakten Antworten*, Steigra 2011; ders., *Fünf plus Zwei*, a.a.O.; Magenheimer, *Entscheidungskampf 1941*, a.a.O.

92 Zit. n. Strauss, *Unternehmen Barbarossa*, a.a.O., S. 105.

93 Pietrow-Ennker, Radioansprache, a.a.O.

94 Valentin Falin, *Zweite Front. Die Interessenkonflikte in der Anti-Hitler-Koalition*, München 1995, S. 197.

95 Schukow spricht von einem »präventiven Schlag«: Zit. n. Mawdsley, »Crossing the Rubicon« a.a.O., S. 837, 861.

96 Zit. n. Prof. Dr. sc. Horst Schützler, Der »Große Vaterländische« – im heutigen Russland. Der »Große Vaterländische« oder ein »anderer Krieg« – konträre Sichten (Über »alte und neue Wahrheiten«, »rostige Legenden« und »neues Herangehen«), Vortrag am 25. 1. 2005 in der Arbeitsgruppe Mittel- und Osteuropa im Rahmen einer Diskussion zum Thema 60. Jahrestag der Befreiung, S. 9.

97 Roberts, »Planning for War«, a.a.O., S. 1313.

98 Ebd., S. 1319.

99 Sergej Slutsch (Sluč), »Warum brauchte Hitler einen Nichtangriffspakt mit Stalin?« in: Roland G. Foerster (Hg.), »*Unternehmen Barbarossa*« – *Zum historischen Ort der deutsch-sowjetischen Beziehungen von 1933 bis Herbst 1941*, München 1993, S. 69–87; Ders., »Deutschland und die UdSSR 1918–1939. Motive und Folgen außenpolitischer Entscheidungen«, in: Hans-Adolf Jacobsen et. al. (Hg.), *Deutsch-russische Zeitenwende 1941–1995*, Baden-Baden 1995, S. 28–90; Ders., »17. September 1939: Der Eintritt der Sowjetunion in den Zweiten Weltkrieg. Eine historische und völkerrechtliche Bewertung«, in: *Vierteljahreshefte für Zeitgeschichte* (VfZ) 48/2 (2000), S. 219–254; Ders., »Der

Weg in die Sackgasse. Die UdSSR und der Molotov-Ribbentropp-Pakt«, in: *Osteuropa* 59/7-8 (2009) (= Themenheft Der Hitler-Stalin-Pakt. Der Krieg und die europäische Erinnerung), S. 249–256.

100   David E. Murphy, *What Stalin Knew: The Enigma of Barbarossa*, New Haven and London 2005; Lev A. Bezymenskij, »Der sowjetische Nachrichtendienst und der Kriegsbeginn von 1941«, in: Ueberschär, Bezymenskij, *Der deutsche Angriff*, a. a. O., S. 106 f.; Uwe Klußmann, »Stalin hatte alle Informationen«, in: *Der Spiegel*, 5. 8. 2011; Elf Tage (!) nach Hitlers Weisung Nr. 21 »Barbarossa«, lag die Meldung einer Quelle mit Kontakt zu »bestens informierten Militärkreisen Deutschlands« im Kreml auf dem Tisch, »dass Hitler den Befehl erteilte, den Krieg gegen die UdSSR vorzubereiten«. Jakowlew, *Die Abgründe*, a. a. O., S. 246.

101   Die »Quelle Lucy« in der Schweiz war Prinz Anton Turkul, einer der wenigen Überlebenden des sowjetischen Spionagerings »Rote Kapelle«. Zu »Lucys« Identität: John Loftus and Mark Aarons, *The Secret War against the Jews*, New York 1997, Kapitel 6: The Trap is Sprung; Stephen Dorril, *MI6: Inside the Covert World of her Majesty's Secret Intelligence Service*, Touchstone 2000, S. 419.

102   Keegan, *Der Zweite Weltkrieg*, a. a. O., S. 264.

103   Evan Mawdsley gibt in diesem Zusammenhang zu bedenken: »Meine Arbeitshypothese, und es kann nicht mehr als eine Hypothese sein, ist, dass Stalin im Sommer 1941 keinen Krieg mit Deutschland wollte, ihn nicht als das wahrscheinlichste Ereignis ansah (oder ihn zumindest nicht als unvermeidlich betrachtete), ihn aber auch nicht unbedingt fürchtete. Er erwartete ihn nicht, aber nicht, weil er Nazi-Deutschland naiv vertraute, nicht, weil er ein Ultimatum erwartete, und nicht, weil er die deutschen militärischen Vorbereitungen mit diplomatischem Druck verwechselte. Vor allem ging Stalin davon aus, dass Deutschland erst dann handeln würde, wenn das Britische Empire besiegt oder zum Friedensschluss gezwungen worden war. Dies stand im Einklang mit Stalins Verständnis der Geschichte des Ersten Weltkriegs, mit den Geheimdienstberichten, die er über die deutschen Absichten erhielt, und mit dem, was diese Berichte ihm über den Einsatz der Wehrmacht sagten. Er wollte keinen Krieg im Sommer 1941, weil die sowjetischen Streitkräfte mitten in riesigen Umrüstungs-, Befestigungs- und Trainingsprogrammen steckten und 1942 viel besser auf einen Krieg vorbereitet sein würden als 1941. Die Zeit war auf Seiten der Sowjetunion. Stalin fürchtete im Sommer 1941 keinen Krieg, weil die Sowjetunion über sehr starke, wenn auch unvollkommene Streitkräfte verfügte. Aus Stalins Sicht wäre ein Krieg im Jahr 1941 zwar schwieriger als ein Krieg im Jahr 1942, aber keine Katastrophe.« Mawdsley, »Crossing the Rubicon«, a. a. O., 855 f.

104   Montefiore, *Stalin*, a. a. O., S. 14.

105   Das TASS-Kommuniqué vollständig zu zitieren, lohnt sich, weil es ein Meisterwerk der Problemverhüllung darstellt – es jedenfalls verbietet, den *Woschd* als einen psychisch Behinderten darzustellen: »TASS erklärt, dass 1. Deutschland an die Sowjetunion keinerlei Forderungen gerichtet hat und ihr kein neues engeres Übereinkommen vorgeschlagen hat (damit konnte nur der Kontinentalpakt gemeint sein, H. K.) und dass infolgedessen Verhandlungen hierüber nicht stattfinden konnten. 2. Nach den Unterlagen, die der Sowjetunion vorliegen, erfüllt Deutschland ebenso wie die Sowjetunion die Bedingungen des sowjetisch-deutschen Nichtangriffspaktes: Infolgedessen sind nach Ansicht sowjetischer Kreise

die Gerüchte über die Absicht Deutschlands, den Pakt zu brechen und einen Angriff gegen die Sowjetunion zu unternehmen, völlig grundlos ... 3. Die Sowjetunion, wie dies aus ihrer Friedenspolitik resultiert, erfüllt die Bedingungen des sowjetisch-deutschen Nichtangriffspaktes und beabsichtigt, dies weiterhin zu tun; infolgedessen sind alle Gerüchte darüber, dass die Sowjetunion sich auf einen Krieg mit Deutschland vorbereitet, erlogen und provokativ.« TASS-Erklärung, veröffentlicht in der *Iswestija* am 14.6.1941, in: Dokumenty vnešnej politiki (DVP), (Dokumente der Außenpolitik), Ministerium für Auswärtige Angelegenheiten der UdSSR (Hg.), *Moskau 1992–2000*, S. 734–735; Jochen Laufer, *Pax Sovietica. Stalin, die Westmächte und die deutsche Frage 1941–1945*, Köln 2009, S. 52f.

106 Jakowlew, *Die Abgründe*, a.a.O., S. 246f.; s. Kapitel VII., Anm. 47.

107 Hermann Schreyer, »Archivbericht Russland, 1998–1999«, in: *Der Archivar. Mitteilungsblatt für deutsches Archivwesen*, (i.F. DArch), 54/2 (2001), S. 128–145; ders., »Reformprozess und Vergangenheitsbewältigung: Betrachtungen zur Russischen/Sowjetischen Archivgeschichte«, in: *DArch*, 55/2 (2002), S. 123–128.

108 *DArch*, 55/2 (2002), S. 17–21.

109 Sonja Margolina, »Die Wiederverheimlichung. Der Zugang zu den Archiven wird immer mehr eingeschränkt«, in: *Neue Zürcher Zeitung*, 16. März 2006.

110 Tatjana I. Horhodina, *Die Geschichte des Vaterlands und der Archive – 1917 bis in die achtziger Jahre*, Moskau 1994 (ru.), Zit. n. Schreyer, »Reformprozess«, a.a.O., S. 126.

111 V. V. Caplin, langjähriger leitender Mitarbeiter der sowjetischen Archivhauptverwaltung und 1977–1990 Direktor des Zentralen Staatsarchivs der Volkswirtschaft der UdSSR, zit. n. Schreyer, »Reformprozess«, a.a.O., S. 126.

112 Ebd., S. 127.

113 Hermann Schreyer führt in mehreren Ausgaben der Zeitschrift *Der Archivar* eine dem Augenschein nach beeindruckende Liste von Aktenpublikationen unterschiedlicher Thematik an, u.a. in: *Der Archivar* 54/2 (2001); 57/2 (2004); Zum Beispiel: Jochen Laufer, G. P. Kynin, Viktor Knoll (Hg.), *Die UdSSR und die deutsche Frage, 1941–1948: Dokumente aus dem Archiv für Aussenpolitik der Russischen Föderation*, Berlin 2004.

114 Hierzu: Stefan Creuzberger, Rainer Lindner (Hg.), *Russische Archive und Geschichtswissenschaft. Rechtsgrundlagen – Arbeitsbedingungen – Forschungsperspektiven*, Frankfurt am Main 2003.

115 Georgij Ramazašvili, »Geschichtsreinigung als Beruf. Das Zentralarchiv des Verteidigungsministeriums«, in: *Osteuropa* , 55/4–6 (2005), S. 407.

116 Ebd., S. 415.

117 Bezymenski, *Stalin und Hitler*, a.a.O., hier: Anstelle eines Vorworts – Stalins Archiv im Kreml, S. 7–19.

118 Während der Konferenz der »Großen Drei« (Roosevelt, Churchill, Stalin) von Teheran erlaubte sich Stalin den groben Scherz: »Komm her, Molotow«, peinigte er seinen Außenminister, »und erzähl uns über deinen Pakt mit Hitler.« Montefiore, *Stalin*, a.a.O., S. 536.

119 Bezymenski: a.a.O., S. 14–18.

120 Boroznjak, »Ein russischer Historikerstreit?«, a.a.O., S. 116–128.

121 S. Kapitel IV. 3.

122 Zit. n. Liddell Hart, a. a. O., S. 196.

123 Ebd., S. 171.

124 Gabriel Gorodetsky, »Churchill's Warning to Stalin: A Reappraisal«, in: *Historical Journal* 29/4 (1986), S. 979–990.

125 Stalin erschien bei der Abreise des japanischen Außenministers auf dem Bahnhof und legte vor dem anwesenden Diplomatischen Korps Schulenburg die Hand auf die Schultern und forderte ihn auf, dafür Sorge zu tragen, daß Deutschland und die Sowjetunion weiter Freunde bleiben. Mit den gleichen Worten wandte er sich an den stellvertretenden Militärattaché, Oberst Krebs. Hilger, *Wir und der Kreml*, a. a. O., S. 304 f.

126 Rainer F. Schmidt, »›Appeasement‹ oder Angriff. Eine kritische Bestandsaufnahme der sog. ›Präventivkriegsdebatte‹ über den 22. Juni 1941«, in: Jürgen Elvert, Susanne Krauß (Hg.), *Historische Debatten und Kontroversen im 19. und 20. Jahrhundert*, Essen 2001, S. 225.

127 Rainer F. Schmidt, »Der Hess-Flug und das Kabinett Churchill. Hitlers Stellvertreter im Kalkül der britischen Kriegsdiplomatie Mai-Juni 1941«, in: *Vierteljahreshefte für Zeitgeschichte* (VfZ), 42/1 (1994), S. 2; Gabriel Gorodetsky, »Stalin und Hitlers Angriff auf die Sowjetunion. Eine Auseinandersetzung mit der Legende vom deutschen Präventivschlag«, in: *Vierteljahreshefte für Zeitgeschichte* (VfZ), 37/4 (1989), S. 661.

128 S. Kapitel IV.2. Arnold J. Toynbee gegenüber dem Autor.

IX. HITLERS NIEDERLAGE IM OSTEN

1 Hoffmann, »Die Kriegführung«, a. a. O., S. 719 ff.

2 Merriddale, a. a. O., S. 118.

3 Musial, »Abrechnung«, a. a. O. Divisionsweise galten zwei Drittel der Soldaten als »vermisst«.

4 Hoffmann, »Die Kriegführung«, a. a. O., S. 723.

5 Merridale, a. a. O., S. 132.

6 Musial, »Abrechnung«, a. a. O.; Merridale, a. a. O., S. 118–134.

7 Musial, »Abrechnung«, a. a. O.

8 Merridale, a. a. O., S. 112.

9 Ebd., S. 124.

10 Musial, »Abrechnung«, a. a. O.

11 Hoffmann, »Die Kriegführung«, a. a. O., S. 722.

12 J. Erickson, »The Soviet Response to Surprise Attack: Three Directives, June 22, 1941«, in: *Soviet Studies*, Vol. 23/4 (1972), S. 519–553.

13 Montefiore, *Stalin*, a. a. O., S. 414–41.

14 Geheimrede Chruschtschows, a. a. O., S. 45 f., 48 f.

15 Kershaw, *Wendepunkte*, a. a. O., S. 343 ff., 356 ff.; Kershaw zitiert in diesem Zusammenhang Besymenski, *Stalin und Hitler*, a. a. O., S. 421 und Gorodetsky, Die große Täuschung, a. a. O., S. 387 f.; Ausschlaggebend für das Scheitern der Wehrmacht in der Winterschlacht vor Moskau 1941/42 und damit dem Wendepunkt im Russlandkrieg war die von dem Spion Richard Sorge übermittelte Kenntnis der deutschen Botschaft in Tokio aus höchster japanischer Quelle, Japan werde

im Winter 1941 nicht an deutscher Seite in den Krieg eingreifen – was Schukow die Möglichkeit eröffnete, sowjetische Fernosttruppen zur Verteidigung Moskaus an die russische Westfront zu werfen. Es ist das vielleicht einzige Beispiel, wo ein Geheimagent tatsächlich »Weltgeschichte« schrieb.

16 Hierzu und z. F. Montefiore, Stalin, a. a. O., S. 421–424; zu den Molotow-Zitaten: Resis, a. a. O., S. 39, 239.

17 Geheimrede Chruschtschows, a. a. O., S. 50.

18 Strobe Talbott (Hg.), *Chruschtschow erinnert sich*, Hamburg 1971, S. 175–195, hier: S. 180; Auf mehrere Versionen der Reaktion Stalins auf den deutschen Angriff macht auch Geoffrey Roberts aufmerksam: er zitiert Anastas Mikojan, der in seinen Erinnerungen Tak Byla – »So war es« – als Augenzeuge das Verschwinden Stalins schildert; dazu das knallharte Dementi des Stalin-Getreuen Kaganowitsch, der, mehr noch als Molotow, keinen Schatten auf Stalin fallen ließ. Geoffrey Roberts, *Stalins Kriege. Vom Zweiten Weltkrieg zum Kalten Krieg*, Düsseldorf 2008 S. 110–116.

19 Edvard Radzinski, The first In-depth Biography based on explosive new Documents from Russia's Secret Archives, New York 1997, S. 472–473. Der Autor des 1993 in New York publizierten Bestsellers: *The Last Zar: The Life and Death of Nicholas II.*, New York 1992 recherchierte für den Stalin-Titel nach eigenen Angaben im Archiv des Präsidenten der Russischen Föderation, im früheren Zentralen Parteiarchiv und an zahlreichen anderen Fundstellen.

20 Der Stuhl des Patriarchen war von 1925 bis 1943 aus politischen Gründen verwaist. Sein letzter Inhaber hieß Patriarch Tichon (1917–1925). Von 1926 bis 1943 amtierte als Interims-Patriarch Sergius von Nischni Nowgorod, von Moskau et Kolomna.

21 Steven Merrit Miner, *Stalin's Holy War. Religion, Nationalism and Alliance Politics 1941–1945*, Chapel Hill, London 2003, S. 6–10, S. 78–83, passim.

22 S. Kapitel V. 2.

23 Miner, a. a. O., S. 43.

24 Dallek, *Franklin D. Roosevel*t, a. a. O., S. 296–297.

25 Ebd., S. 297; Die Frage der Religionsfreiheit musste auch für die feierliche »Declaration by United Nations«, einer Kriegsallianz von 27 Staaten, am 1. Januar 1942 mit der Sowjetunion abgeglichen werden. Roosevelt und der auf dem Schlachtschiff HMS Prince of Wales herbeigeeilte Winston Churchill hatten die Proklamation im späten Dezember 1941 im Weißen Haus ausführlich besprochen und formuliert (Arcadia Conference). Maßgeblich war die gemeinsame Überzeugung der Staaten, »dass ein vollständiger Sieg über ihre Feinde unerlässlich ist, damit Leben, Freiheit, Unabhängigkeit und Religionsfreiheit, Menschenrechte und Gerechtigkeit in eigenen wie auch in anderen Ländern gewahrt bleibe, weshalb sie die barbarischen und brutalen Kräfte, welche die ganze Welt zu unterjochen suchen, gemeinsam bekämpfen ...« Ebd., S. 320.

26 Ebd., S. 319.

27 Isaac Deutscher, *Stalin. Eine politische Biographie*, Stuttgart 1962, S. 493.

28 Man lässt sich auf schiefe Vergleiche ein, wenn man Stalin für eine späte Ablichtung des Zaren Iwan IV. (1549–1580/81) hält, wie es gelegentlich geschieht. Einige Ähnlichkeiten jedoch verblüffen, man darf sie nur nicht »pressen«. Der Zar bekämpfte in den fürstlichen Bojaren das oligarchische Machtsystem der

Vergangenheit, aber auch Kräfte, die sich ihm ebenbürtig fühlten, ja, die Macht an sich zu reißen suchten. Dieses kooperative Problem hatte auch Stalin in Form der zaristischen Reaktion und der leninistischen Elite vor sich. Im Falle Iwans, eines ausgemachten Autokraten und Imperialisten (Expansion in die Khanate Kasan, Astrachan und in die sibirischen Weiten), war es allerdings nicht der Einbruch eines äußeren Feindes, der ihn veranlasste, am 3. Dezember 1564 mit Hof und Schätzen »spurlos« zu verschwinden, sondern die innere Opposition. Aber wie Stalin im Dunkeln der Datscha, hinterließ er Verzweiflung und Ratlosigkeit in Moskau, oben wie unten. Aus dem Rückzugsort, der Alexandrow-Slobode, einem Ort nahe Moskau, richtete er bittere Beschwerdebriefe an den Metropoliten über die »Verräter«. Die Idee hinter der Flucht war, vom »Volk«, also nicht nur vom ratlosen Adel per Delegation zurückgeholt, aber nicht nur das – in einer Art renovatio imperii im Zarenamt bestätigt zu werden. Dieser Herrschafts-Trick allein rechtfertigt den Vergleich mit Stalin. Womöglich ahmte dieser in der Not der ersten Kriegstage 1941 nur nach, was er als hochbelesener Mann über Iwan in Erfahrung gebracht hatte. Zurückgekehrt, hielt der Zar über seine Feinde ein Schreckensgericht, das dem »Großen Terror« Stalins von 1936 bis 1938 in anderer Zeitfolge in vielen Zügen glich: Hinrichtungen, Deportationen, Verfahren auf der Grundlage erfolterter Selbstbezichtigungen. Iwan gründete ein Polizeikorps, das sich über die russische Gesellschaft erhob: die »Opritschniki«, eine ordensartige GPU/NKWD mit den bedrohlichen Symbolen des Hundekopfs und des Besens. Die Pogrome (russ. zerschlagen, verwüsten) schlossen, wie bei Stalin, auch Massenverfolgungen ein, weil die Feinde sich in der Fantasie des Herrschers stetig vermehrten. Wie Stalin *erregten* Iwan angebliche Mordpläne aus der dunklen Umgebung. »Der Blutbecher stillte nicht seinen Durst, sondern mehrte ihn.« (Nikolai Michailowitsch Karamsin) Zur Sicherung des Landes formierte sich aus dem Kreis der Opritschniki ein neuer Dienstadel, der dem Zaren bedingungslos ergeben war. Er erinnert an Stalins neue Partei- und Funktionärsgeneration nach dem Ausmerzen der leninistischen Garde, die er providentiell vor der Kriegskatastrophe dezimierte, was ihn von der Angst vor 5. Kolonnen, Verrat und Desertion allerdings nicht befreite. Die revolutionäre Neuordnung des Bodens gehört zur Politik beider Regime. Die Dörfer entvölkerten sich, den neuen Gütern, bei Stalin den Kolchosen, fehlten Arbeitskräfte und technische Mittel, die Bodenerträge nahmen ab. Im alten Russland begann rechtlose Leibeigenschaft, im neuen Russland heilloser Zwang und heilloser Hunger. Zar Iwan IV. verschwand, um seinen ungetreuen Dienstadel, die Bojaren, und das getreue Volk in Ratlosigkeit zu stürzen. Oder wie Alexander der Große, der sich immer wieder rufen ließ, erzählt Simon Sabag Montefiore (*Stalin*, a.a.O., S. 424) über den hellenistischen Fürsten. Wir bewegen uns in machttechnischen Parallelen.

29 S. Kapitel VIII. 2.

30 Werth, *Russland im Krieg*, a.a.O., S. 107; Stalin ging laut Werth von der Annahme aus, dass England noch nicht am Ende und mit einem Angriff Japans auf die Sowjetunion nicht zu rechnen sei, das amerikanische Kriegspotenzial andererseits immer stärker ins Gewicht falle.

31 Montefiore, *Stalin*, a.a.O., S 428.

32 Die gesamte »Rundfunkrede am 3. JULI 1941« in: J. W. Stalin, *Werke*, Bd. 14,

Dortmund 1976, S. 132–135. Am selben Tag notierte der Generalstabschef des Heeres, Franz Halder, in seinem Kriegstagebuch: »Es ist wohl nicht zu viel gesagt, wenn ich behaupte, dass der Feldzug gegen Russland innerhalb 14 Tagen gewonnen wurde.« Halder, *KTB*, Bd. 3, a. a. O., S. 38 (3. 7. 1941); Gut einen Monat später revidierte Halder die kolossale Fehleinschätzung. Im Eintrag vom 11. 8. 1941 schreibt er: »In der gesamten Lage hebt sich immer deutlicher ab, daß der Koloß Russland, der sich bewußt auf den Krieg vorbereitet hat, mit der ganzen Hemmungslosigkeit, die totalitären Staaten eigen ist, von uns unterschätzt worden ist. Diese Feststellung bezieht sich ebenso auf die organisatorischen wie auf die wirtschaftlichen Kräfte, auf das Verkehrswesen, vor allem aber auf rein militärische Leistungsfähigkeit. Wir haben bei Kriegsbeginn mit etwa 200 feindlichen Div. gerechnet. Jetzt zählen wir bereits 360. Diese Div. sind sicherlich nicht in unserem Sinne bewaffnet und ausgerüstet, sie sind taktisch vielfach ungenügend geführt. Aber sie sind da. Und wenn ein Dutzend davon zerschlagen wird, dann stellt der Russe ein neues Dutzend hin.« Ebd., S. 170.

33   Deutlicher noch der Appell Stalins an seine Soldaten bei der Parade der Roten Armee in Moskau aus Anlass des 24. Jahrestages der Oktoberrevolution am 7. November 1941, mitten im Anmarsch der deutschen Armeen auf Moskau: »Der Krieg, den ihr führt, ist ein Befreiungskrieg, ein gerechter Krieg. Möge euch in diesem Krieg das heldenmütige Vorbild eurer großen Vorfahren beseelen – Alexander Newskis, Dmitri Donskois, Kusma Minins, Dmitri Poscharskis, Alexander Suworows, Michael Kutusows!« Stalin, *Werke*, Bd. 14, a. a. O., S. 146; Die auf dem Roten Platz angetretenen Soldaten marschierten von dort direkt an die Front. Ein Denkmal (3 riesige Panzersperren, 23 Kilometer vom Stadtzentrum entfernt) an der Leningrader Chaussee vom Flughafen Scheremetjewo in die Stadt erinnert an das weiteste Vordringen der Deutschen im Dezember 1941.

34   S. Stichwort: *Partisanen*, S. 657.

35   Deutscher, a. a. O., S. 483.

36   Hoffmann, »Die Kriegführung«, a. a. O., S. 783.

37   Merridale, a. a. O., S. 115; Creuzberger, *Stalin*, a. a. O., S. 153.

38   Montefiore, *Stalin*, a. a. O., S. 429.

39   Merridale, a. a. O., S. 131 ff.; Pavel Polian, »Stalin und die Opfer des nationalsozialistischen Vernichtungskriegs«, in: Zarusky, Jürgen (Hg.), *Stalin und die Deutschen. Neue Beiträge der Forschung, Schriftenreihe der Vierteljahreshefte für Zeitgeschichte* (VfZ), München 2006, S. 89–109, hier S. 94; Creuzberger, *Stalin*, a. a. O., Kapitel: Krieg gegen die eigene Armee, S. 144–149.

40   Befehl Nr. 270, in: https://en.wikipedia.org/wiki/Order_No._270

41   Hoffmann, »Die Kriegführung«, a. a. O., S. 720, 726–729 .

42   Montefiore, *Stalin*, a. a. O., S. 430 f.

43   Befehl Nr. 227, in: https://web.archive.org/web/20140304002328/http://achtelpetit.de/keinen_schritt_zurueck.html

44   Merridale, a. a. O., S. 179.

45   Jakowlew, *Die Abgründe*, a. a. O., S. 248.

46   Creuzberger, *Stalin*, a. a. O., S. 146–149, 163 f., Zitat Andrei Sacharow: S. 166; Gemäß einem Befehl Stalins vom 11. Mai 1945 wurde in Mitteleuropa ein Netz von 45 Lagern eingerichtet (wenige Monate später waren es schon 65), in denen jeweils 10 000 Heimkehrer peinlich auf ihre Tätigkeit vor und während der Ge-

fangennahme untersucht wurden. Anzeichen des Verrats, der Spionage und persönlichen Feigheit zogen harte Bestrafung oder gar den Verlust des Lebens nach
sich (Merridale, a. a. O., S. 383–394).

47 Einen, wenn auch schwachen Gegenwartsbezug manifestiert die Neigung Präsident Wladimir Putins zur renovatio imperii, zu Wiederherstellung einer Weltmacht von Lissabon bis Wladiwostok, nach dem Untergang der Sowjetunion, die
der Präsident für die »größte geopolitische Katastrophe des 20. Jahrhunderts«
hält. Sozusagen akademisch wird die geopolitische Ambition altrussisch-ortho-
doxer Herkunft von dem Philosophen und Schriftsteller Alexander Geljewitsch
Dugin vorgetragen. Danach soll das neu-eurasische Gebilde unter russischer
Führung den »dekadenten« und »rassistischen« Westen mit den USA und der
Europäischen Union an der Spitze »überwinden« (gewaltsam oder nicht). Dugin
gründete eine »Eurasische Partei«, findet in Russland und bei rechten Parteien
außerhalb des Landes mäßigen Anklang, doch ist der Einfluss der Extremposi-
tion auf Putin zweifelhaft. Auch der Philosoph steht unter dem nach wie vor verbreiteten »Kolonnenkomplex«. Es gebe eine Fünfte, in der breiten Öffentlichkeit
rumorende und eine die Elite und die Regierung infizierende »sechste« Kolonne.
Misstrauen zernichtet die Lehre des Heidegger-Übersetzers Dugin.

48 Theodor Plievier, *Moskau*, München 1952, S. 532.

49 Hillgruber, *Hitlers Strategie*, a. a. O., S. 518.

50 »Über die Aufgaben der Wirtschaftler«, Rede auf der ersten Unionskonferenz
der Funktionäre der sozialistischen Industrie, 4. Februar 1931, in: J. W. Stalin,
Werke, Bd. 13, Berlin 1955, S. 30.

51 Hillgruber, *Hitlers Strategie*, a. a. O., S. 378, 536 ff.; Hans Roos, »Deutschland,
Polen und die Sowjetunion im Zweiten Weltkrieg«, in: Werner Markert (Hg.),
Deutsch-russische Beziehungen von Bismarck bis zur Gegenwart, Stuttgart
1964, S. 141–166.

52 Henry Picker, *Hitlers Tischgespräche im Führerhauptquartier*, Berlin 1997, S. 93
(8.–10. 9. 1941).

53 Die als »Volksfront« gedachte Sammlung gefangener Offiziere und Soldaten gegen
Hitler im Nationalkomitee Freies Deutschland stand kurioserweise unter der
Schwarz-Weiß-Roten Fahne des Kaiserreichs. Die Aufklärungsarbeit an den Fronten
per Flugblatt, Broschüre, Funk hatte mäßige Wirkung. Gegründet Mitte Juli 1943
in Krasnogorsk, lösten sich das NKFD und der zwischenzeitlich fusionierte Offi-
ziersbund nach dem Kriege auf. Die meisten höheren Funktionäre verschrieben ihre
Dienste der späteren DDR. Gert R. Ueberschär (Hg.), *Das Nationalkomitee »Freies
Deutschland« und der »Bund der Offiziere«*, Frankfurt am Main 1996, passim.

54 Der Rang des europäischen Völkerrechts sei – so die Kernthese Carl Schmitts –
davon gekennzeichnet, daß es ihm an der Wende vom 15. zum 16. Jahrhundert
gelungen sei, den Krieg zu hegen: »Das Wesen des europäischen Völkerrechts
war die Hegung des Kriegs. Das Wesen solcher Kriege war ein geordnetes, in
einem gehegten Raum vor Zeugen sich abspielendes Messen der Kräfte. Solche
Kriege sind das Gegenteil von Unordnung. In ihnen liegt die höchste Form der
Ordnung, deren menschliche Kraft fähig ist ... Die Beseitigung oder Vermeidung
des Vernichtungskriegs ist nur dadurch möglich, daß eine Form für das Messen
der Kräfte gefunden wird. Dieses wiederum ist nur dadurch möglich, daß der
Gegner als Feind auf gleicher Ebene, als justus hostis anerkannt wird. Damit ist

die Grundlage einer Hegung gegeben ... Eine Einhegung, nicht die Abschaffung des Kriegs war bisher der eigentliche Erfolg des Rechts, war bisher die einzige Leistung des Völkerrechts.« Carl Schmitt, *Der Nomos der Erde im Völkerrecht des Jus Publicum Europaeum*, Köln 1950, S. 158 f.

55 »Bericht in der Festsitzung des Moskauer Sowjets der Deputierten der Werktätigen gemeinsam mit den Partei- und Gesellschaftlichen Organisationen der Stadt Moskau, 6. November 1941«, in: J. W. Stalin, *Werke*, Bd. 14, Dortmund 1976, S. 136–144.

56 Zit. n. Halder, *KTB*, Bd. 2, a. a. O., S. 336 f. (30. 3. 1941).

57 Ebd., S. 320 (17. 3. 1941).

58 Vgl. Hillgruber, *Hitlers Strategie*, a. a. O., S. 526; Die Hinnahme der Thesen Hitlers durch die Wehrmachtsführung und später die Indifferenz (z. T. sogar die Zustimmung) bei der physischen Vernichtung der bolschewistischen Führungsschicht seien, so Hillgruber, »vor dem Hintergrund des bekannten, in seinen Ausmaßen infolge der rigorosen Geheimhaltung des Umfangs der bolschewistischen Vernichtungsaktionen (z. B. im Offizierkorps der Roten Armee) eher noch unter- als überschätzten Terrors der Bolschewisten in Russland seit der Oktober-Revolution 1917 und der Opferung ganzer sozialer Schichten und Volksgruppen aus ›ideologischen‹ Gründen historisch zu ›verstehen‹« Ebd., S. 527, Anm. 49.

59 Furet, *Ende der Illusion*, a. a. O., S. 407.

60 Rede Adolf Hitlers zur Eröffnung des 3. Kriegs-Winterhilfswerkes im Berliner Sportpalast am 3. Oktober 1941, Berlin 1941, in: www.archive.org/details/AdolfHitlerRedeSportpalastWinterhilfswerk1941-10-03

61 Ernst Klink, »Der Krieg gegen die Sowjetunion bis zur Jahreswende 1941/42«, in: *Das Deutsche Reich und der Zweite Weltkrieg*, Bd. 4, a. a. O., S. 604.

62 Peter Gosztonyi, *Die Rote Armee. Geschichte und Aufbau der sowjetischen Streitkräfte seit 1917*, Wien, München, Zürich, New York 1980, S. 225 f., 232 ff., 242, 300.

63 Ebd., S. 240.

64 Merridale, a. a. O., S. 216.

65 Klink, a. a. O., S. 602, Anm. 571.

66 Ebd., S. 600–652.

67 Ebd., S. 650; »900 000 Gesamtverluste, davon 326 000 Gefechtstote«. Seaton, *Der russisch-deutsche Krieg*, a. a. O., S. 178; Boris V. Sokolov bezifferte in einem Vortrag während einer internationalen Fachtagung in Dresden am 6./7. Juli 2010 die Gesamtverluste der sowjetischen Streitkräfte während des Kriegs an Gefallenen, einschließlich der in Kriegsgefangenschaft Verstorbenen, auf 26,9 Millionen Menschen. Bei einer Genauigkeit von plus-minus 5 Millionen, so Sokolov, übersteige das in jedem Fall die 20-Millionen-Grenze und wäre damit rund 10,3 Mal so viel wie die Verluste der Wehrmacht an der Ostfront (2,6 Millionen Tote): Boris V. Sokolov, »Unwiederbringliche Verluste der Roten Armee und der Wehrmacht 1939–1945«, in: Dokumentarstelle Dresden (Hg.), *Gefallen – Gefangen – Begraben*; Zahlen und Fakten zu sowjetischen und deutschen Opfern des Zweiten Weltkriegs, Dresden 2010, S. 26.

68 Ebd., S. 7.

69 Zu Verlustzahlen der Parteien bis Februar 1942: Richard Overy, *Russlands Krieg 1941–1945*, Hamburg 2003, S. 188.

70 Hoffmann, »Die Kriegführung«, a.a.O., S. 733 f.; Keegan, *Der Zweite Welt-krieg*, a.a.O., S. 305 f.

71 Den dritten konzentrierten, folgenreichen Schlag nach der Winterschlacht vor Moskau und der Katastrophe in Stalingrad erhielt die Wehrmacht während der Operation »Bagration« im Sommer 1944, die zum Zusammenbruch der Heeres-gruppe Mitte führte. Der Vorstoß wurde auf einer Frontbreite von 1100 Kilo-metern vorgetragen, er zerriss innerhalb von zwei Wochen die deutsche Front auf einer Breite von 400 Kilometern und erreichte eine Tiefe von bis zu 600 Kilometern. Der Weg nach Warschau und Berlin war damit frei.

72 Müller, *Der Feind steht im Osten*, a.a.O., S. 243 f.

73 Thamer, a.a.O., S. 662.

74 Zit.n. »Bormann Abschrift einer Besprechung im Führerhauptquartier (16. Juli 1941)«, in: Der Prozeß gegen die Hauptkriegsverbrecher vor dem Internationa-len Militärgerichtshof, Nürnberg 14. November 1945–1. Oktober 1946, Bd. 38, Nürnberg 1949, S. 86–94; Gegen den Vorsatz Hitlers verwandelte sich das Ost-heer schon bald in eine Koalitions- und Legionärsarmee von höchst unterschied-lichem Herkommen und Unterschieden in Regelausbildung und Taktik. S. *Stich-wort: Neue Rekrutierungsquellen*, S. 660.

75 Halder, *KTB*, Bd. 2, a.a.O., S. 336 (30.3.1941).

76 Franz Halder, Generalstabschef des Heeres, notierte am 3. Juli 1941 in sein Tage-buch, der Sieg werde in 14 Tagen errungen sein, s. Anm. 32 dieses Kapitels.

77 »Weisung vom 14. Juli 1941, Dokument Nr. 98«, in: Martin Moll (Hg.), »*Füh-rer-Erlasse*« 1939–1945, Stuttgart 1997, S. 183–185.

78 Zur Debatte über Hitlers Stufenplan: Hillgruber, Hitlers Strategie, a.a.O., Nach-wort zur 2. Auflage, S. 717–734; s. Kapitel III.2 *Im Ziel festgefroren*, Anm. 30.

DRITTER TEIL
DIE SCHICHTUNG DES KONFLIKTS

X. HITLERS FIEBRIGES AMERIKABILD

1 Franklin D. Roosevelt, Fireside Chat 14, »On the European War«, September 3, 1939, in: University of Virginia (UVA), Miller Center (Hg.), https://millercenter. org/the-presidency/presidential-speeches/september-3-1939-fireside-chat-14-eu ropean-war

2 Telegram by President Roosevelt to the Chancellor of Germany Adolf Hitler 14 April 1939, in: https://usa.usembassy.de/etexts/ga3-390414.htm

3 Redetext: Domarus, *Hitler. Reden*, Bd. 3, a.a.O., S. 1148–1179.

4 Philipp Gassert, *Amerika im Dritten Reich. Ideologie, Propaganda und Volks-meinung 1933–1945*, Stuttgart 1997, S. 39; Vgl. auch Detlev Junker, *Kampf um die Weltmacht: Die USA und das Dritte Reich 1933–1945*, Düsseldorf 1988.

5 Hitler am 17. Dezember 1940 gegenüber dem Chef des Wehrmachtführungsta-bes, Alfred Jodl: »Führer erörtert dann noch mögliche zeitliche Entwicklung im Großen. Hierbei betont er, daß wir 1941 alle kontinentaleuropäischen Probleme

lösen müßten, da ab 1942 USA in der Lage wäre, einzugreifen.« Schramm, *KTB OKW*, Bd. I, a. a. O., S. 996.

6   *Hitlers Zweites Buch*, a. a. O., S. 123–132; Hitler, *Mein Kampf*, a. a. O., S. 475; Jochmann (Hg.), *Monologe*, a. a. O., S. 255 (2. 2. 1942).

7   »Ich bekenne mich tief überzeugt, dass das deutsche Volk die politische Demokratie niemals wird lieben können, aus dem einfachen Grunde, weil es die Politik selbst nicht lieben kann, und daß der vielverschriene ›Obrigkeitsstaat‹ die dem deutschen Volke angemessene, zukömmliche und von ihm im Grunde gewollte Staatsform ist und bleibt.« Thomas Mann, *Betrachtungen eines Unpolitischen*, Frankfurt am Main 1983, S. 30.

8   Manfred Görtemaker, *Thomas Mann und die Politik*, Frankfurt am Main 2005, S. 119.

9   Thomas Mann an James Gutheim Heller, 14. November 1938, zit. in: ebd., S. 119 u. Anm. 57.

10   Thomas Mann, *Tagebücher 1940–1943*, Frankfurt am Main 1982, S. 98. Der Eintrag stammt von einem Zeitpunkt tiefster Depression Thomas Manns, als die Niederlage Frankreichs besiegelt war. Viereinhalb Monate später, am 6. November 1940, dem Tag nach der Wiederwahl Präsident Roosevelts, schrieb Thomas Mann: »Es ist die erste Freude, der erste Sieg seit mehr als 7 Jahren, die nichts als Enttäuschung u. Gram brachten. Das Ereignis mag den Krieg entscheiden …« Ebd., S. 175.

11   Thomas Mann, »Bruder Hitler«, in: Thomas Mann, *Gesammelte Werke*, Bd. 12, Berlin 1956, S. 772–779.

12   In Tischgesprächen hielt sich Hitler über »die Kulturlosigkeit dieses Landes« und die »ausgeprägte Sensationshascherei« auf, die »selbst vor den ekelhaftesten Darbietungen wie Frauenboxen, vor Ringkämpfen in Schmutz und Schlamm, vor öffentlichen Vorführungen von Missgeburten, vor Zurschaustellung von Angehörigen besonders niederträchtiger Verbrecher und dergleichen nicht zurückschreckt«. Picker, Hitlers Tischgespräche, a. a. O., S. 215 (28. 3. 1942); Der Ästhetizismus und die Ekelanfälligkeit Hitlers sind bekannte Erscheinungen, wie das zwanghafte Händewaschen.

13   *Hitlers Zweites Buch*, a. a. O., S. 218; Hitler spricht von »Waffenlosigkeit und damit praktisch Wehrlosigkeit«.

14   Hildegard von Kotze (Hg.), *Heeresadjutant bei Hitler 1938–1943. Aufzeichnungen des Majors Engel*, Stuttgart 1974, S. 35 f. (15. 9. 1938)

15   Max Domarus, *Hitler. Reden*, Bd. 4, a. a. O., S. 1797

16   Picker, *Hitlers Tischgespräche*, a. a. O., S. 216 (28.3.1942).

17   *Hitlers Zweites Buch*, a. a. O., S. 125–127; Hildebrand, *Das vergangene Reich*, a. a. O. S. 566 ff.

18   Gerhard L. Weinberg, »Schachts Besuch in den USA im Jahre 1933«, in: *Vierteljahreshefte für Zeitgeschichte* VfZ 11/2 (1963) S. 166–180.

19   John Maynard Keynes, Dorothea Hauser, *Krieg und Frieden: die wirtschaftlichen Folgen des Vertrags von Versailles*, Berlin 2006, S. 9 f.

20   *Hitlers Zweites Buch*, a. a. O., S. 168 ff.

21   S. Kapitel II. 1.

22   Hildebrand, *Das vergangene Reich*, a. a. O., S. 674; 687 f.

23   *ADAP*, Serie D, Bd. VII, S. 233 ff., Erklärung des Führers an Henderson, 25. August 1939.

24 Zu Hitlers Meinungsbild: Geoffrey T. Waddington, »Hitler, Ribbentrop, die NSDAP und der Niedergang des Britischen Empire 1935–1938«, in: *Vierteljahreshefte für Zeitgeschichte* (VfZ), 40/2 (1992), S. 273–306.

25 *Hitlers Zweites Buch*, a.a.O., S. 218; ähnliche Urteile über die USA ebd., S. 127f., 130f., 140, bes. 173.

26 S. Hoßbach-Niederschrift, Kapitel I.2 *Nachtwandler und Pläneschmied*, Anm. 26.

27 »Letter from Franklin D. Roosevelt to Roger B. Merriman, 15 February 1939«, in: Massachusetts Historical Society (MHS), From the Merriman family papers, https://www.masshist.org/database/viewer.php?item_id=1842

28 Eckart Teichert, *Autarkie und Großraumwirtschaft in Deutschland 1933–1939. Außenwirtschaftliche Konzeptionen zwischen Wirtschaftskrise und Zweitem Weltkrieg*, München 1984, S. 7.

29 Wolfgang Reinhard, *Geschichte der europäischen Expansion. Die alte Welt seit 1818*, 4 Bde., Stuttgart 1983–1990, Bd. 3, S. 7–9, 3–88, 84–86, 92–126.

30 Hildegard von Kotze und Helmut Krausnick (Hg.), *Es spricht der Führer. 7 exemplarische Hitler-Reden*, Gütersloh 1966, S. 351 (26.6.1944).

31 *Hitlers Zweites Buch*, a.a.O., S. 114.

32 Jochmann (Hg.), *Monologe*, a.a.O., S. 110 (26./27.10.1941).

33 Reinhard, *Geschichte der europäischen Expansion*, a.a.O., S. 98f.

XI. DIE USA AUF DEM KRIEGSPFAD

1 Winston S. Churchill, »Letter from Winston Churchill to President Roosevelt«, 8 December 1940, in: Churchill Archive for Schools, http://www.churchillarchiveforschools.com/themes/the-themes/anglo-american-relations/just-how-special-was-the-special-relationship-in-the-Second-World-War-Part-1-1939-41/the-sources/source-2

2 David G. Haglund, »George C. Marshall and the Question of Military Aid to England, May–June 1940«, in: *Journal of Contemporary History*, Vol. 15, No. 4 (Oct., 1980), S. 758; Forrest C. Pogue beschreibt in seiner Biografie Marshall als einen Führer »torn between sympathy for Great Britain and the necessity of meeting his own defense obligations.« Forrest C. Pogue, *George C. Marshall. Ordeal and Hope, 1939–1942*, New York 1966, S. 49.

3 Franklin D. Roosevelt, *The Public Papers and Adresses of Franklin D. Roosevelt*, New York 1938–1950, Vol. 6, S. 400–411 (»Quarantine Speech«); Wortlaut der Rede in: https://usa.usembassy.de/etexts/speeches/rhetoric/fdrquara.htm

4 The Public Papers and Adresses of Franklin D. Roosevelt, Vol. 10, New York 1938–1950, S. 384ff. (»Welteroberung«, »USA selbst verteidigen«); Vol. 9, S. 302f., (»Zivilisation«); Vol. 9, S. 633–644 (»Arsenal«).

5 Overy, *Die Wurzeln des Sieges*, a.a.O., S. 231–237.

6 Bernd Martin, »Amerikas Durchbruch zur politischen Weltmacht. Die interventionistische Globalstrategie der Regierung Roosevelt 1933–1941«, in: *Militärgeschichtliche Zeitschrift* (MGZ), 30/2 (1981), S. 57–98.

7 S. Anm. 3.

8 Enrico Syring, »Hitlers Kriegserklärung an Amerika vom 11. Dezember 1941«,

in: Wolfgang Michalka (Hg.), *Der Zweite Weltkrieg. Analysen, Grundzüge, Forschungsbilanz*, München 1989, S. 686.

9 Schwarz, *Das Gesicht des Jahrhunderts*, a. a. O., S. 426.

10 Robert Dallek, *John F. Kennedy. Ein unvollendetes Leben*, München 2003, S. 53 f.

11 Alfred Thayer Mahan, *The Influence of Sea Power upon History 1660–1783*, Boston 1890, und ders., *The Interest of America in Sea Power, Present and Future*, Boston 1897.

12 Bereits im März 1913 war Roosevelt von Präsident Wilson zum (bis dato jüngsten) Assistant Secretary of the Navy ernannt worden – ein entscheidender Posten für seine Laufbahn. Auch Theodore Roosevelt hatte vor seiner Präsidentschaft dieses Amt innegehabt; und auch Franklin übernahm danach das Amt des Gouverneurs von New York. Roosevelt ging in seiner Position auf, knüpfte wichtige Kontakte zu Militärs, Schiffbau-Unternehmen und Gewerkschaften. Er war von der Bedeutung der Marine für die Verteidigung des Landes, aber auch für die Kontrolle der Wirtschaftswege überzeugt und war schon damals ein entschiedener Befürworter des Ausbaus der Marine.

XII. WILSONS FOLGENREICHE NIEDERLAGE – EIN LEHRSTÜCK FÜR ROOSEVELT

1 John H. Maurer, »The Influence of Thinkers and Ideas on History: The Case of Alfred Thayer Mahan«, in: Foreign Policy Research Instuitute (Hg.), *The American Review of Books, Blogs, And Bull*, Issue 7 (August 11, 2016); Bei Kriegsausbruch drängte Mahan Franklin D. Roosevelt »that the fleet should be brought into immediate readiness, and so disposed as to permit of very rapid concentration.« Mahan to Roosevelt, August 3, 1914, Assistant Secretary of the Navy Collection, Box 137, Franklin D. Roosevelt Library, Hyde Park, New York. Zur selben Zeit äußerte Mahan in einem Interview mit der »New York Evening Post«: »If Germany succeeds in downing both France and Russia, she gains a respite by land, which may enable her to build up her sea power equal, or superior to that of Great Britain. In that case the world will be confronted by the naval power of a state, not, like Great Britain, sated with territory, but one eager and ambitious for expansion, eager also for influence. This consideration may well affect American sympathies.«

2 Herbert Sirois, *Zwischen Illusion und Krieg. Deutschland und die USA 1933–1941*, Paderborn 2001, S. 137, 249, 270f. auch Brief Mahans v. 13. 8. 1914. Im längsten seiner legendären »Kamingespräche« erklärte Präsident Roosevelt in der Radioansprache vom 27. Mai 1941, die USA akzeptierten keine Hitler-dominierte Welt, auch keine wie in den zwanziger Jahren, in der die Saat des Hitlerismus erneut gepflanzt werde und wachsen könnte: Fireside Chat 17, May 27, 1941 »On An Unlimited National Emergency«, in: University of Virginia (UVA), Miller Center (Hg.), www.millercenter.org/the-presidency/presidential-speeches/may-27-1941-fireside-chat-17-unlimited-national-emergency

3 Arthur S. Link, *Wilson*, 5 Vols., New York 1947–1966, Vol. 2, S. 104.; Ernst Rudolf Huber (Hg.), *Dokumente zur Deutschen Verfassungsgeschichte*, 5 Bd.,

Stuttgart, Berlin, Köln 1978–1997, hier: Bd. 3, *Deutsche Verfassungsdokumente 1900–1918*, dritte neu bearbeitete Auflage, Nr. 161: Wilsons Vier Grundsätze für Friedensverhandlungen, S. 223; Vierpunkte-Rede vor dem Kongress vom 11. Februar 1918, in: documentArchiv.de (Hg.). http:// www.documentArchiv. de/in/1918/4-Punkte-Wilsons-kongress.html; Vier-Punkte-Rede Wilsons vom 4. Juli 1918 in Mount Vernon, in: dokumentArchiv.de (Hg.),http://www.docu mentArchiv.de/in/1918/4-punkt-wilsons-mont-vernon.html; Fünf-Punkte-Rede vom 27. September 1918 in New York, in: documentArchiv.de (Hg.), http:// www.documentArchiv.de/in/1918/5-punkte-wilsons-new-york.html; Die Prinzipien Wilsons (1856–1924) kommen im Sonntagsgewand des »Wahren, Schönen, Guten« gekleidet daher, das der Staatsrechts- und Ökonomieprofessor aus der Universität Princeton mitgebracht hatte. Die Tragödie lag schon in der Sprache und gewiss auch am Ort, dem Sitz George Washingtons in Mount Vernon, wo die Belligerenz und der Universalismus der amerikanischen Revolution der Befreiung nach den Worten des Präsidenten den Weg »auf die große Bühne der Welt« antraten. Wilson verkörpert die amerikanische Mission, »voller Hoffnung« spricht er von der »Vernichtung jeder Macht allerorts, die für sich allein, heimlich und aus eigenem Entschluss den Frieden der Welt stören oder ihn zur Ohnmacht verurteilen kann«. Namentlich erwähnt er »die blinden Herrscher« Preußens, die wenig von der Kraft dieser Mission wüssten, die ihrerseits unsterblich sei und alles Zeug für einen Triumph in sich trage, bezog dies jedoch in Wirklichkeit auf alle »alten Mächte«, auf die »nunmehr für immer diskreditierten Spiele des Mächtegleichgewichts«, zu denen es gehörte, dass Völker und Provinzen von einer Souveränität zur anderen verschachert wurden, »gerade als ob sie bloße Gegenstände oder Steine in einem Spiele wären.« (Kongressrede, 11. Februar 1918). Wer fühlte sich da angesprochen? War es nicht zu natürlich, dass die drei Europäer unter den »Großen Vier« von Versailles, Clemenceau, Lloyd George und der Italiener Orlando, denen das Blut des Kriegs bis zum Halse stand, sich einbezogen sahen in die Kritik der Wilson'schen Mission? Zielte sie nicht auf jene »besonderen Bündnisse« sowie wirtschaftliche Rivalitäten und Feindschaften, »die in der modernen Welt eine ergiebige Quelle für Pläne und Leidenschaften gewesen (sind), die Kriege erzeugen«? Ein Friede, so die Belehrung, »der sie nicht in bestimmten und bindenden Ausdrücken ausschlösse, würde sowohl ein unaufrichtiger wie auch ungewisser Friede sein« (Aus den fünf Punkten der Rede in New York, 27. September 1918). Der Frieden, den die europäischen Sieger anstrebten, hatte mit »unparteiischer Gerechtigkeit aufgrund gleichen Rechts aller beteiligten Völker«, wie Wilson am 27. September 1918 forderte, nicht eben viel zu tun. Die entschiedene Schwächung Deutschlands auf Dauer vertrug sich damit nicht. Land und Volk konnten nicht aus dem amerikanischen Universalismus ausgenommen werden, der immerhin gebot, dass »Regelungen aller Fragen des Staatsgebiets, der Souveränität, wirtschaftlichen Vereinbarungen oder politischen Beziehungen (...) seitens des betroffenen Volkes frei angenommen« würden »und nicht auf der Grundlage des materiellen Interesses oder Vorteils irgendeiner anderen Nation oder irgendeines anderen Volkes, das um seines äußeren Einflusses oder seiner Vorherrschaft willen eine andere Regelung wünschen könnte«. Alle Nationen müssten einwilligen, sich in ihrem Verhalten zueinander von denselben Grundsätzen der Ehre und der

Achtung vor dem Recht der zivilisierten Gesellschaft leiten zu lassen. (Mont Vernon, 4. Juli 1918). Hier ging es um das Selbstbestimmungsrecht – »not a mere phrase«. Institutionell mündeten diese Gedanken in der Errichtung einer »Friedensorganisation« (Völkerbund), mit deren Hilfe »die Gesamtmacht der freien Nationen« jede Rechtsverletzung verhüten, Frieden und Gerechtigkeit sicherer machen und ein »Tribunal der Meinungen« schaffen sollte, »dem alle sich beugen müssen und durch das jede internationale Readjustierung, über die sich die direkt beteiligten Völker nicht freundschaftlich einigen können, sanktioniert werden soll.« (Mont Vernon, 4. Juli 1918). Innerhalb des Völkerbundes könne es keine Bünde oder Bündnisse, keine speziellen Verträge und Vereinbarungen, weder wirtschaftlichen Boykott noch Ausschließungen geben, es sei denn, die wirtschaftliche Strafgewalt mittels Ausschließung von den Weltmärkten werde dem Völkerbund selbst als Mittel der Disziplin und Kontrolle erteilt (New York, 27. September 1918). Die Völkerbundsatzung fungiert als Teil I des Versailler Vertrags und der vier anderen Pariser Vorortverträge: Saint-Germain-en-Laye (Deutschösterreich), Neuilly-sur-Seine (Bulgarien), Trianon (Ungarn), Sèvres (Osmanisches Reich); Lausanne (mit der neu gegründeten Türkei), sämtliche unterzeichnet zwischen 28. Juni 1919 und 24. Juli 1923. Den »Grundsatz« schließlich, wonach alle internationalen Abmachungen und Verträge jeder Art »in ihrem vollständigen Umfang dem Rest der Welt bekannt gegeben werden«, übernahm Wilson in New York, 29. September 1918, aus der Kongressrede über die Vierzehn Punkten vom 8. Januar 1918: »Offene, öffentlich abgeschlossene Friedensverträge. Danach sollen keinerlei geheime internationale Abmachungen mehr bestehen, sondern die Diplomatie soll immer aufrichtig und vor aller Welt getrieben werden.« (Punkt 1 der Vierzehn Punkte).

4 Hans-Jürgen Schröder, »Demokratie und Hegemonie. Woodrow Wilsons Konzept einer neuen Weltordnung«, in: Wolfgang Michalka (Hg.), *Der Erste Weltkrieg. Wirklichkeit, Wahrnehmung, Analysen*, München 1994, S. 170–180, bes. 171,174; Lloyd C. Gardner, Wilson and revolutions, 1913–1921, Washington/D.C. 1976, S. 104–108, bes. 106.

5 Martin, *Friedensinitiativen*, a.a.O., hier: Einleitung, S. 19.

6 Zit. n. Margaret MacMillan, *Paris 1919. Six Month That Changed the World*, New York 2001, S. 5.

7 Ebd. Im Vorwort zu MacMillans Studie über die Friedenskonferenz beschäftigt sich der amerikanische Diplomat Richard Holbrooke mit der Person Wilsons, dem »Gründer der intellektuellen Schule der amerikanischen Außenpolitik.«

8 Dazu spannend zu lesen, aber einseitig negativ: Thomas Fleming, *The Illusion of Victory: America in World War I*, New York 2003, passim; Das Buch gehört zur sogenannten revisionistischen Literatur, zu der man angesichts des überaus kritischen Urteils über den »liberalen« Wilson auch Henry Kissingers *Die Vernunft der Nationen*, a.a.O., S. 40–52 zählen kann. Revisionismus ist ein Schlagwort, um Zweifel an Geschichtsinterpretationen abzuwehren, zu denen sich Historikerschulen, oft in Kooperation mit politischen Interessengruppen, entschieden haben. Verstöße gegen den verordneten »Konsens« können ruf- und berufsbedrohend sein. Massive Kritik aus unmittelbarer Beobachtung und bitterer Erfahrung mit Wilson zieht sich durch die persönlichen Erinnerungen von Robert Lansing: *Die Versailler Friedensverhandlungen. Persönliche Erinnerungen*, Ber-

lin 1921 (Orig.: *The Peace Negotiations: a personal narrative*, Boston 1921), passim. Secretary of State Lansing war einer der fünf amerikanischen Delegierten bei der Pariser Friedenskonferenz und leitete als Jurist das Expertenteam. Das Buch ist eine persönliche Abrechnung mit Wilson, der seinen Außenminister per Schreiben vom 11. Februar 1920 zum Rücktritt aufforderte: »... ich muss Ihnen jetzt, Herr Staatssekretär, erklären, dass Sie mich vom peinlichen Gefühl Ihres Widerstrebens und ihrer dauernden Meinungsverschiedenheiten mit mir befreien würden, wenn Sie aus Ihrem gegenwärtigen Staatsamt ausscheiden und mir Gelegenheit geben würden, mir jemanden anderes zu suchen, dessen Gedankengänge sich den meinigen besser und williger anpassen« (Lansing a.a.O., S. 1). Gewiss ist Lansings Darstellung von der persönlichen Fehde geprägt, doch weisen ihn die dokumentierten Standpunkte als hervorragenden Staatsrechtler aus, der die Tragödie der Ablehnung des Versailler Vertrags samt Völkerbundsatzung mit scharfen, teils sarkastischen Argumenten voraussagt.

9 Charles R. Kesler, »Separation of Powers and the Administrative State«, in: Gordon S. Jones, John A. Marini (eds.), *The Imperial Congress*, New York 1988, S. 36 f.

10 Ronald J. Pestritto, *Woodrow Wilson and the Roots of Modern Liberalism*, Oxford 2005, S. 240–259. Die praktischen staatsphilosophischen Thesen zur Verfassungsreform sind in Wilsons Arbeit: Constitutional Government in the United States, New Brunswick/NJ 2002 (1908) enthalten. Die Originalausgabe von 1908 war das letzte akademische Werk Wilsons vor seiner Wahl zum Präsidenten 1912. Die geistige Heredität der Reformschrift ist umstritten. Ein Teil der Interpreten nominiert den deutschen Idealismus und Georg Wilhelm Friedrich Hegel (1770–1831), ein anderer den englischen Philosophen John Locke (1632–1704) sowie den Bankier und Essayisten Walter Bagehot (1826–1877), der in seinem renommierten Buch: *The English Constitution*, Oxford 2001 (Orig.: London 1867) den Unterschied zwischen dem englischen und dem amerikanischen Regierungssystem ausführlich herausstellte. Wilson war ein begeisterter Leser Bagehots, was die englische Inspiration nahelegt. Bagehot gehörte überdies zur darwinistischen Schule und ging dem Gedanken der Rassendifferenz nach (Physics and Politics, or Thoughts on the Application of Principles of »Natural Selection« and »Inheritance« to Political Society, New York, 1873). Wilson dürfte auch dieser Ansicht Bagehots nicht widersprochen haben. Zu der hier aufgeworfenen Sklaven- und Rassenfrage mit besonderem Blick auf die angloamerikanische Welt: Jürgen Osterhammel, *Die Verwandlung der Welt. Eine Geschichte des 19. Jahrhunderts*, München 2009, Kapitel: Zivilisierung und Ausgrenzung, S. 1173–1239.

11 Fred Anderson und Andrew Cayton beschreiben sehr direkt die Problemseite des Wilson'schen Idealismus: Seine Verehrung für die Freiheit, wie die Amerikaner sie verstanden, machte aus ihm einen Imperialisten, der sich selbst als Demokrat verstand – diese Kombination von Merkmalen habe ihn »zum Künder des amerikanischen Empire im Zeitalter der Interventionen gemacht«. In der Naval Academy von Annapolis erklärte er am 5. Juni 1914, kurz vor Ausbruch des Kriegs, die Vereinigten Staaten benutzten ihre Streitkräfte als »Instrumente der Zivilisation, nicht als solche der Aggression«. Es sei die Idee Amerikas, der Humanität zu dienen, ein Weg, den andere vergessen hätten. »Wenn ich auf unsere Flagge schaue, kommt es mir vor, als seien auf die weißen Streifen wie auf Perga-

ment die Menschenrechte eingeschrieben, und auf den roten das Blut, das für sie vergossen wurde.« Fred Anderson, Andrew Cayton, *The Dominion of War*, New York 2005, S. 346.

12 Herbert George Wells, *The War That Ends War*, New York 1914. Pazifistische Streitschrift zur Unterstützung der Kriegsgegner. Im selben Jahr erschien in London der Ausblick auf einen ruinösen, hochtechnologischen Weltkrieg: *The World Set Free, A Story of Mankind*, der das Ende der Zivilisation durch die »atomic bomb« voraussagt: »Nothing could be more obvious to the people of the twentieth century than the rapidity with which war was becoming impossible. And as certainly they did not see it. They did not see it until the atomic bomb bursts in their fumbling hand.« (Nichts war im 20. Jahrhundert offenkundiger als das Tempo, in dem Krieg unmöglich wurde. Die Menschen erkannten das nicht. Sie bemerkten es erst, als die Atombombe in ihren linkischen Händen detonierte). Wells sprach schon von »Kettenreaktion« (»they continue to explode«) – sie geisterte als Befürchtung auch vor der Zündung der ersten »realen« Atombombe am 16. Juli 1945 in der Wüste von New Mexico durch die Köpfe. Den modernen Luftkrieg gegen Städte thematisierte Wells' »*fiction*«: *The War in the Air*, London bereits 1908, (dt:. *Der Luftkrieg*, Frankfurt am Main, Berlin, Wien 1983). *In The Shape of Things to Come: The Ultimate Revolution*, London 1933, prophezeit Wells den Ausbruch des europäischen Kriegs mit dem Konflikt zwischen Deutschland und Polen für 1940. Die Invasion von Marsbewohnern, als Buch schon 1898 unter dem Titel: *The War of the Worlds* erschienen, verursachte in der von Orson Welles inszenierten Hörspielform 1938 (Columbia Broadcasting in New Jersey) an Halloween eine Massenpanik in New York – für Hitler ein Beweis für die »Macht der Medien«. Die Invasion endet mit der tödlichen Infizierung der Marsianer durch irdische Bakterien. Nach Angaben von Charles R. Keller (H. G. Wells Society) schrieb Wells (1866–1946) mehr als Charles Dickens und Shakespeare zusammen. Sein Leben endete in Erbitterung über die menschliche Unvernunft, die zwei Weltkriege heraufbeschwor. Der Völkerbund erschien ihm nach einer Kette von Versagen als »Unkrautloch für alle Schwächen des europäischen Liberalismus«. Im Vorwort der überarbeiteten Ausgabe *The War in The Air*, von 1941 kündigte er zornig an, sein Grabstein werde die Inschrift tragen: »I told you so. You damned fools« (S. 9).

13 Robert Lansing, am Beginn seiner Karriere Rechtsberater des State Departments, danach Chef der Behörde, im übrigen Schöpfer des amerikanischen Geheimdienstes, wandte sich gegen die Idealisierung der Monroe-Doktrin durch Wilson. Die Doktrin, so erklärte er, sei ausschließlich ein Stück nationaler Politik der USA, Bestandteil seiner Sicherheit und vitalen Interessen. Macmillan, a. a. O., S. 9, zitiert Arthur S. Link, *Wilson*, Vol. II, *The new Freedom*, New York 1956, S. 324–327; Department of State, *Lansing Papers*, Vol. 2, S. 461.

14 »There must be, not a balance of power, but a community of power (gemeint: Völkerbund, H. K.); not organised rivalries, but an organised common peace... it must be a peace without victory.« Wilsons Jahresbotschaft an den Senat am 22. Januar 1917, in: University of Virginia (UVA), Miller Center (Hg.), January 22, 1917, »A World League for Peace« Speech, www.millercenter.org/the-presidency /presidential-speeches/january-22-1917-world-league-peace-speech

15 Godfrey Hodgson, *Woodrow Wilsons Right Hand. The Life of Colonel Edward*

M. *House*, New Haven 2006, S. 13; Zum Begriff Covenant: Georg Dahm, Jost Delbrück, Rüdiger Wolfrum, *Völkerrecht*, Bd. I/3, Die Formen des völkerrechtlichen Handelns; *Die inhaltliche Ordnung der internationalen Gemeinschaft*, Berlin 2002, S. 541; Die völkerrechtliche Praxis zeigt eine Vielzahl von Bezeichnungen für internationale Abkommen: Vertrag, Vereinbarung, Konvention, Erklärung, Protokoll, Statut, Satzung, Generalakte, Charta, Pakt (covenant, pact). Die Gründerstaaten des Völkerbunds wählten die elegant wirkende Bezeichnung Covenant, die Vereinten Nationen die Bezeichnung Charter.

16 John Reinertson, *Colonel House, Woodrow Wilson and European Socialism*, Madison/WI 1971, S. 78.

17 Johannes Reiling, *Deutschland: Safe for Democracy?*, Wiesbaden 1997, S. 50.

18 Hodgson, *Woodrow Wilsons Right Hand*, a.a.O., S. 104.

19 Klaus Schwabe, *Weltmacht und Weltordnung. Amerikanische Außenpolitik von 1889 bis zur Gegenwart. Eine Jahrhundertgeschichte*, Paderborn 2006, S. 58.

20 https://millercenter.org/the-presidency/presidential-speeches/april-2-1917-address-congress-requesting-declaration-war; https://millercenter.org/the-presiden cy/presidential-speeches/december-4-1917-fifth-annual-message; Roman Puff, Uncle Sam und der Doppeladler. Die Beziehungen der USA zu Österreich-Ungarn zwischen Sarajewo 1914 und Kriegserklärung 1917, (ungedr. Dipl. Arb.) Wien 2004, S. 157–164, 205–213.

21 Arthur S. Link, *Woodrow Wilson – Revolution, War, and Peace*, Arlington Heights/IL 1979, S. 6f.

22 Puff, *Uncle Sam*, a.a.O., S. 209, Anm. 4.

23 Woodrow Wilson, April 2, 1917 Address to Congress Requesting a Declaration of War Against Germany, in: University of Virginia (UVA), Miller Center (Hg.), www.millercenter.org/the-presidency/presidential-speeches/april-2-1917-address-congress-requesting-declaration-war

24 David Stevenson, *Der Erste Weltkrieg 1914–1918*, Düsseldorf 2006, S. 595.

25 Die »Spinnefeindschaft« zwischen den politischen Gruppen der Dritten Republik (1870–1940), ausgelöst unter anderem durch die Laizismus-Debatte (Trennung von Kirche und Staat) und den Fall Dreyfus, Boulanger-Krise und Panamaskandal, in unserem Fall infolge Postengerangels und persönlicher Animositäten, trug zu einer politischen Schwächung bei, von der Frankreich bis 1940 nicht erlöst wurde. Dennoch – die Dritte Republik war das politische Regime der französischen Gesellschaft schlechthin und im Positiven ein freies Regime. Das Verfassungsgesetz vom 16. Juli 1875 über die Beziehungen der französischen Staatsgewalten untereinander zeichnete sich durch eine überlegene Position der Nationalversammlung, der direkt gewählten Deputiertenkammer (Chambre des Députés) und des indirekt gewählten Senats aus, letzterer eine Art Pairskammer aus Vertretern provinzieller Notabeln, Klerus und Adel, des ländlichen, älteren Frankreich, wie Léon Gambetta es 1870/71 angetroffen hatte. In diesem System wurde der Staatspräsident von den beiden Kammern der Assemblée national, mit absoluter Mehrheit gewählt, war aber nach der Löschung des Kammerauflösungsrechts im Mai 1877 auf repräsentative Funktionen beschränkt. Weitreichende Aktivitäten ohne Beteiligung des Parlaments und der Minister waren ihm versagt. Die Feindschaft zwischen Raymond Poincaré (1960–1934) und George Clemenceau (1860–1934) war von außen betrachtet darin begründet, dass der

kühle, professionelle Finanzexperte den »Feuerkopf« in keinem seiner insgesamt vier Kabinette haben wollte. Hintergründig war sie eher auf die konträren Naturen der Protagonisten als auf richtungsweisende Meinungsverschiedenheiten zurückzuführen. Beide waren Nationalisten und Laizisten, der Lothringer Poincaré aus liberal-bürgerlicher, Clemenceau, der Arzt aus der Vendée jedoch aus jakobinischer Tradition, als Radikalsozialist ganz der französischen Revolution verhaftet, unbedingter Feind der alten Eliten, der katholischen Kirche, zugleich auch der Sozialisten, denen er Unverständnis für Fortschritt und Individualismus vorwarf (Rudolf von Albertini, *Frankreich und Demokratie in Frankreich. Die Diskussion von der Restauration bis zur Résistance*, Freiburg-München 1957, S. 251–254). Das deutsche Trauma bewegte beide, ohne sie zu versöhnen. Fleißig arbeitete Poincaré an der Entente, suchte enge Beziehungen zu Großbritannien und trat in der Juli-Krise 1914 eine dramatische Reise nach Sankt Petersburg an, um den Zar zu einer raschen Mobilmachung Russlands zu veranlassen (Hierzu: Sean McMeekin, *The Russian Origins of the First World War*, Cambridge/MA, London 2011, S. 44–46, 52, 239, 263, 106 mit interessanten Hinweisen auf das Verschwinden aller einschlägigen Akten in Moskau und Paris über die Unterredungen zwischen Zar Nikolaus II. und Poincaré). In der Not Frankreichs 1917 entschloss sich der Präsident wider alle Bedenken, Clemenceau zum Regierungschef zu berufen. Dieser vergalt es ihm schlecht. So streute er die Bemerkung: »Tatsächlich gibt es nur zwei unnütze Organe: Die Prostata und den Präsidenten der Republik.« (Hans-Peter Schwarz aus französischen Quellen, *Das Gesicht*, a. a. O., S. 402).

26 Knappe Zusammenstellung der Gesamtauflagen des Versailler Vertrags: Hagen Schulze, *Weimar. Deutschland 1917–1933*, Berlin 1982, S. 192–196. Durch Gebietsabtrennungen gingen 50 Prozent der Eisenerzversorgung, 25 Prozent der Steinkohlenförderung, 17 Prozent der Kartoffel- und 13 Prozent der Weizenernte verloren. Sofort abzuliefern waren 90 Prozent der deutschen Handelsflotte, 50 Prozent aller Binnenschiffe, 60 Prozent der Kohleförderung (für zehn Jahre), die modernen Eisenbahnausrüstungen, 50 Prozent des Milchviehbestands u. a. mehr. Dazu siehe Wortlaut des Versailler Vertrags, abgedruckt im Reichs-Gesetzblatt Jahrgang 1919, Nr. 140, ausgegeben zu Berlin, den 12. August 1919, http://www.documentarchiv.de/wr/vv.html

27 Als Deutschland im Dezember 1914 andeutete, es werde sich im Austausch gegen Belgisch-Kongo aus Belgien zurückziehen, widersprach der britische Außenminister Sir Edward Grey, noch mit dem »traditionellen« Argument, die Alliierten müssten sich »gegen zukünftige Angriffe Deutschland absichern«. Schon zwei Jahre später erklärte er in einer Stellungnahme zum deutschen Verhandlungsvorschlag vom Dezember 1916, der Krieg könne nicht aufhören, bis der preußische Militarismus ausgemerzt sei. (Kissinger, *Die Vernunft der Nationen*, a. a. O., S. 235, zitiert Alan John Percivale Taylor, *The Struggle for Mastery in Europe, 1848–1818*, Oxford 1954, S. 535). Ideologie erhob sich gegen den alten Begriff der integren Legitimität, der vorangehende Friedensschlüsse erträglich und, soweit man das sagen kann, »sicher« gemacht hatte. Die Einschleusung Lenins nach Russland verstieß gegen dieses Prinzip, was aber nur deutlich macht, dass die dafür verantwortliche Oberste Heeresleitung mit der politischen Zentralfigur Ludendorffs im revolutionären Sinne »moderner« agierte als die Reichsleitung.

Der verbreiteten Behauptung, Reichskanzler v. Bethmann-Hollweg und der ihm in der Friedensfrage von 1916 geneigte Kaiser hätten die Beendigung des Kriegs unter Aufopferung der territorial-wirtschaftlicher Ziele gegen den Widerstand der nationalistischen Verbände, Militärs und Unternehmer nicht durchsetzen können, setzt Michael Salewski die »moralische« Ansicht Wilhelms II. entgegen. Er zitiert dessen Kommentar zum deutschen Friedensangebots am 31 Oktober 1916: »Den Vorschlag zum Frieden zu machen, ist eine sittliche Tat, die notwendig ist, um die Welt von dem auf allen lastenden Druck zu befreien«. Über diese Anmerkung, so der Autor, sollte man nicht nonchalant hinweggehen. Michael Salewski, *Der Erste Weltkrieg*, Paderborn 2003, S. 220.

28 Schwarz, *Das Gesicht des Jahrhunderts*, a.a.O., S. 362.

29 Gardner, *Wilson and revolutions*, a.a.O., S. 34.

30 Schwabe, *Weltmacht und Weltordnung*, a.a.O., S. 44.

31 Ebd., S. 54f.

32 Zit.n. Link, a.a.O., S. 100; Kissinger, *Die Vernunft der Nationen*, a.a.O., S. 241.

33 Elias Canetti, *Masse und Macht*, Hamburg 1960, S. 11.

34 Stevenson, a.a.O., S. 606.

35 Die anglo-irischen Religions- und Nationalkriege, die in ihren Resten (Ulster-Unruhen) erst durch das Karfreitagsabkommen im April 1998 und den verfassungsnotorischen Verzicht der irischen Republik auf Nordirland beendet werden konnten, gehören in den Rahmen »europäischer Kolonialpolitik«, die man heute in der Regel den Diktaturen des 20. Jahrhunderts als Skandal oder Verbrechen zuschreibt. Man kann den Konflikt auf das 12. Jahrhundert zurückdatieren, allerdings erreichte er erst im 16./17. Jahrhundert mit der direkten Unterstellung des katholischen Irlands unter die englische Krone (Heinrich VIII.) und mit dem »puritanischen Kreuzzug« Oliver Cromwells seine typisch religionspolitische Aufladung. Die konsequente Unterdrückung der rebellischen Iren, begleitet von englischer Ansiedlung (Plantation) entsprang freilich der Gefahr, katholische Machtpolitik in Europa könnte die Insellage Irlands im Westen Englands für ein Umzingelungsmanöver nutzen: Irland als Rammbock gegen die von Rom abständige Krone und die puritanische Republik unter Oliver Cromwell. Die Repression unter Cromwell und Wilhelm III. von Oranien siegte, doch verwandelte sich die offene Feldschlacht in einen zähen Guerillakrieg. Der zweite Schub außenpolitischer Implikationen fällt in die Zeit der Weltkriege im 20. Jahrhundert. Die Briten stornierten mit Kriegsausbruch die 1912 verabschiedete Home Rule Bill, die den Weg zur Unabhängigkeit Irlands freigeben sollte. 1916, mitten im Krieg, kam es zum sogenannten Osteraufstand, der in bewährter Weise niedergeschlagen wurde und wieder in einem Guerillakrieg mündete. Erst 1922 garantierte ein anglo-irischer Vertrag die Unabhängigkeit von 26 der 32 irischen Countys. Der irische »Freestate« (1922–1937) blieb Mitglied des Commonwealth, sechs Ulster-Grafschaften gehörten zum Vereinigten Königreich Großbritannien und wurden zum Streitpunkt mit bürgerkriegsähnlichen Unruhen und Terroraktionen der IRA (Irish Republican Army) bis in die hohen 90er Jahre, als Irland schon (seit 1973) profitierendes Mitglied der Europäischen Gemeinschaft war. Der dritte Schub setzte mit der Neutralität Irlands im Zweiten Weltkrieg ein. Es gab Sympathien »über die Bande«, die in Deutschland propagandistisch genutzt wurden (u.a. in Filmen, die den irischen Unabhängigkeitskampf heroisierten)

und einen militärischen »Plan Grün« für die Besetzung der Insel im Falle der Invasion Englands. Briten und Amerikaner unterbreiteten Dublin Lockangebote, auf ihrer Seite in den Krieg einzutreten, sicherten sich jedenfalls Militärpräsenz im Lande. Die irische Regierung de Valera hinderte ihre Bürger nicht, auf einer Seite ihrer Wahl mitzukämpfen, wobei die Optanten für die Westalliierten wesentlich überwogen, nach dem Krieg aber schlecht behandelt wurden. De Valera hielt an der Neutralität fest und sandte zum Tode Hitlers eine Beileidsadresse.

36 Stevenson, a. a. O., S. 576.

37 Herfried Münkler, *Der Wandel des Kriegs. Von der Symmetrie zur Asymmetrie*, Weilerswist 2006, S. 35; zur Parallelität Lenins und Wilsons als Gegner des europäischen Staatensystems: Peter Krüger, »Der Erste Weltkrieg als Epochenschwelle«, in: Hans Meier (Hg.), *Wege in die Gewalt. Die modernen politischen Religionen*, Frankfurt am Main, S. 70–76.

38 Stevenson, a. a. O., S. 595.

39 Eberhard Kolb, *Der Frieden von Versailles*, München 2005, S. 64; Das Versprechen einer militärischen Unterstützung für Frankreich, wurde durch die Ablehnung der Verhandlungsergebnisse durch den US-Senat in Washington hinfällig.

40 Am 19. November 1919 verweigerte der US-Senat Wilson die Zustimmung und lehnte es ab, den Versailler Vertrag zu ratifizieren. Norman Graebner, The Versailles Treaty and its legacy : the failure of the Wilsonian vision, Cambridge/MA, 2011.

41 Herbert Hoover, *Memoiren*, Bd. 1, Jahre der Abenteuer 1874–1920, Mainz 1953, S. 413.

42 Stevenson a. a. O., S. 606.

43 Kissinger, *Die Vernunft der Nationen*, a. a. O., S. 235.

44 Zit. n. Valeriu Marcu, Machiavelli – die Schule der Macht, München 1994, S. 144.

45 Friedrich Kießling, *Gegen den »großen Krieg«. Entspannung in den internationalen Beziehungen 1911–1914*, München 2002, S. 41–57.

46 Joachim Radkau, *Das Zeitalter der Nervosität. Deutschland zwischen Bismarck und Hitler*, München Wien 1998. Aufschlussreich die Anekdote (S. 471), mit der Radkau eine Erzählung seines akademischen Lehrers Fritz Fischer überliefert. Nach der Schule berichtete er zu Hause aus der Religionsstunde vom Jüngsten Gericht: »Und Jesus sprach zu den Bösen: Ihr kommt in die Hölle, ihr macht mich nervös.«

47 George Kennan, *Die schicksalhafte Allianz. Frankreich und Russland am Vorabend des Ersten Weltkriegs*, Köln 1990, S. 16.

48 Churchill, *Der Zweite Weltkrieg*, a. a. O., S. 20.

49 Titel des Buches von Bernard Lewis: *Der Untergang des Morgenlandes. Warum die islamische Welt ihre Vormacht verlor*, Bergisch Gladbach 2002.

50 Jung Chang, Jon Halliday, *Mao: The Unknown Story*, London 2005, S. 3.

51 Michael Brecher, *Nehru. Eine politische Biographie*, Stuttgart 1963, S. 131 ff.

52 Die Militärkonvention verpflichtete den russischen und den französischen Generalstab, mobil zu machen, falls ein einziges Mitglied des Dreibundes (Deutschland, Österreich-Ungarn, Italien) sich zu diesem Schritt entschließt. Zudem würde Russland Frankreich zu Hilfe zu kommen, falls es von Deutschland oder von Deutschland und Italien zusammen angegriffen werden sollte. Umgekehrt würde

Frankreich Russland militärisch beistehen, wenn dieses von Deutschland oder von Deutschland und Österreich zusammen angegriffen werden sollte. Kennan, *Die schicksalhafte Allianz*, a.a.O., S. 314–318; zur kriegsauslösenden Wirkung der Mobilisierung S. 248f.

53 Stevenson, a.a.O., S. 600.

54 John W. Wheeler-Bennett, *Die Nemesis der Macht. Die deutsche Armee in der Politik 1918–1945*, Düsseldorf 1954, S. 61, zitiert Jacques Bainville, *L'Allemagne, articles rassemblés par Madame Jacques Bainville, préface de Albert Rivaud membre de l'Institut, Librairie Plon, Editions d'histoire et d'art*, Paris 1939 (posthum), S. 34. Der Historiker und Journalist (1879–1936) hatte die Beseitigung des »demütigenden« Versailler Vertrags gefordert (*Les Conséquences politiques de la Paixe, Nouvelle Librairie nationale*, 1920, réédition Gallimard 2003) und in diesem Zusammenhang den Anschluss Österreichs, die Sudeten- und tschechische Krise sowie ein deutsch-russisches Bündnis gegen Polen vorausgesagt.

55 Zu einem umfassenden nationalen Generalstreik kam es nicht, weil Zechen auf Halde produzierten. Die deutschen Arbeiter verließen in der Regel das Betriebsgelände, wenn die Franzosen mit eigenem Personal die Kohle abtransportierten. Arthur Rosenberg bezeichnet den passiven deutschen Widerstand daher als »Legende«. Die deutschen Arbeiter seien zu jedem Opfer bereit gewesen, schreibt der marxistische Historiker, aber die Großindustriellen wollten auf ihre Profite nicht verzichten. Der damalige amtierende Reichskanzler Cuno sei eben »kein Robesspierre« gewesen. Rosenberg, Geschichte der Weimarer Republik, a.a.O., S. 127ff.

56 Münkler, *Kriegssplitter*, a.a.O., S. 106.

57 S. Kapitel IV.2. Arnold J. Toybnee gegenüber dem Autor.

58 »Return to normalcy« war der zentrale Slogan des republikanischen Kandidaten Warren G. Hardings in dessen (erfolgreichen) Wahlkampf um die Präsidentschaft 1920.

59 »Cäsar – Franklin D. Roosevelt«, Titel des Porträts in: Schwarz, *Das Gesicht des Jahrhunderts*, a.a.O., S. 440–459.

XIII. USA. DER WEG AUS DER KRISE

1 Voltaire gab in der Verkleidung des Romans »Candide ou l'optimisme« (1759) die philosophische Antwort auf das Erdbeben, indem er seine Gestalt Candide das Übermaß des Gegenteils von Leibniz' Behauptung erleben lässt, die existierende Welt sei die beste aller Welten. Bei der Abkehr von dieser »Meta-physico-theologo-cosmologo-nigolosie« des romanhaften Maître Pangloss bleibt es jedoch nicht. Recht lutherisch heißt es nämlich, »wir müssen unseren Garten bebauen«, die Welt mit Würde überstehen. Der Stoff bewegte die Generationen: Paul Klee, Leonard Bernstein, Ernst Bloch, Theodor W. Adorno. Voltaire, *Candide oder der Optimismus. Aus dem Deutschen übersetzt von Dr. Ralph und mit Anmerkungen versehen, die man in der Tasche des Doktors fand, als er im Jahre des Heils 1759 zu Minden starb, aus dem Französischen von Ilse Lehmann, mit Zeichnungen von Paul Klee*, Frankfurt am Main 1972.

2 Deutungsbegriff des französischen Philosophen Alain Badiou für das 20. Jahrhundert, eine geschichtsphilosophische Kategorie, um den inneren Zusammenhang zwischen Anspruch auf unbedingte Wahrheit und unbedingter Macht zu erhellen: Alain Badiou, *Das Jahrhundert*, Zürich 2006.

3 John Kenneth Galbraith, *Der große Crash 1929: Ursachen, Verlauf, Folgen*, München 2009, S. 44.

4 Besonders Götz Aly, *Volkes Stimme. Skepsis und Führervertrauen im Nationalsozialismus*, Frankfurt am Main, 2006; Aly versucht sich in einem heroischen Akt »historischer Demoskopie« daran, den Zuspruch für Hitler zu bemessen, obwohl die Ergebnisse in den Wahlen für eine Alleinregierung der NSDAP nun einmal nicht ausreichten und bei späteren Plebisziten aus keineswegs verwunderlichen Gründen in die Höhe schossen, sich somit auch ohne riskante Erhebungsmethoden, sozusagen schnörkelfrei, ablesen lassen.

5 Englisch: »seinen Nachbarn zum Bettler zu machen«; wörtlich: ruiniere deinen Nachbarn. Der Terminus geht zurück auf Adam Smith, *An Inquiry into the Nature and Causes of the Wealth of Nations*, London 1784, S. 16, 209.

6 Ernst Jünger, Das abenteuerliche Herz, in: Ernst Jünger, *Sämtliche Werke*, Bd. 9, Stuttgart 1979, S. 36.

7 Sirois, *Zwischen Illusion und Krieg*, a.a.O., S. 88 ff.

8 Schivelbusch, *Entfernte Verwandtschaft*, a.a.O., S. 23. Das Quellenmaterial des Autors, auf das deutsche Gesamtdarstellungen der amerikanischen Geschichte selten Bezug nehmen, enthält zahlreiche Belege für die Verwandtschafts-These. Mit mühsamer »Huld« sprechen Rezensenten von »Entdeckungen« in einem Ton, als liefen diese den historizistischen Reinheitsgeboten ein wenig contre cœr. Interesse verdienen Schivelbuschs Anmerkungen, die nicht allein als Textbelege, sondern als Ausweitung der Argumentation gelten dürfen, wenn nicht, dann zumindest als Würzung.

9 Der Begriff ist dem Titel des Buches von Lothar Gall über Bismarck entnommen: *Bismarck, der Weisse Revolutionär*, Frankfurt am Main, Berlin, Wien 1980; Bismarck hatte seit 1881 unter ganz anderen Umständen mit der Kranken-, Unfall- und gesetzlichen Rentenversicherung soziale Standards des »rational-bürokratischen Anstaltsstaates« (Werner Conze) gesetzt. Bei allen politischen Motiven – Sozialversicherungsgesetze und das Sozialistengesetz von 1879 wurden als Doppelstrategie zur Bekämpfung der erstarkenden Sozialdemokratie gedeutet – entfaltete sich das soziale Netz in Deutschland bis 1930 nahezu vollständig, wovon in den USA nicht die Rede sein kann. Zur deutschen Sozialgesetzgebung: Gabriele Metzler, Der deutsche Sozialstaat. Vom bismarckschen Erfolgsmodell zum Pflegefall, Stuttgart München 2003, S. 11 f.

10 Franklin D. Roosevelt, Fireside Chat 9, »On Court-Packing«, March 9. 1937, in: University of Virginia (UVA), Miller Center (Hg.), https://millercenter.org/the-presidency/presidential-speeches/march-9-1937-fireside-chat-9-court-packing

11 Franklin D. Roosevelt, »One Third of a Nation: FDR's Second Inaugural Address«, Januar 20, 1937, in: Roy Rosenzweig Center for History and New Media (George Mason University), http://historymatters.gmu.edu/d/5105/

12 Roosevelt, *Fireside Chat 9*, a.a.O.

13 William E. Leuchtenburg, »Franklin D. Roosevelt: domestic affairs«, in: Uni-

versity of Virginia (UVA), Miller Center (Hg.), https://millercenter.org/president/fdroosevelt/domestic-affairs

14 Bernd Martin, »Das ›Dritte Reich‹ und die ›Friedens‹-Frage im Zweiten Weltkrieg«, in: Wolfgang Michalka (Hg.), *Nationalsozialistische Außenpolitik*, Darmstadt 1978, S. 526–549.

15 Schivelbusch, *Entfernte Verwandtschaft*, a.a.O., S. 23–42, bes. 34 f.

16 Ebd., S. 129–168.

17 Ernst Feder, *Heute sprach ich mit: Tagebücher eines Berliner Publizisten 1926–1933*, Stuttgart 1971, S. 259, Zit. n. Schulze, Weimar, a.a.O., S. 322.

18 Götz Aly, *Hitlers Volksstaat. Raub, Rassenkrieg und nationaler Sozialismus*, Frankfurt am Main 2005.

19 »All of this helps us in planning, even though our methods are of the democratic variety.« FDR to Wilson, 3 September 1938, in NARA/HP, President's Sevretary Files (PSF), Box 32, zit. n. Norbert Götz, Kiran Klaus Patel, »Facing the Fascist Model: Discourse and the Construction of Labour Services in the USA and Sweden in the 1930s and 1940s«, in: *Journal of Contemporary History*, 41/1 (2006), S. 63; zu »Strength through Joy«: http://docs.fdrlibrary.marist.edu/psf/box32/folo301.html

20 Schivelbusch, *Entfernte Verwandtschaft*, a.a.O., S. 181, Anm. 29.

21 Ebd., S. 38.

22 Schivelbusch in: *Die Welt*, 22. Juli 2008, im Gespräch mit Eckard Fuhr.

23 Waldo Frank, »Will Fascism come to America?«, in: *Modern Monthly*, Bd. 8 (1934), S. 465 f., Zit. n. Schivelbusch, a.a.O., S. 40.

24 David S. Wyman, *Das unerwünschte Volk. Amerika und die Vernichtung der europäischen Juden*, München 1986, bezeichnet die erstmalige und anhaltende Drosselung der Einwanderungsquoten aufgrund der Fremdenfeindlichkeit nach dem Ersten Weltkrieg, die Angst um Arbeitsplätze nach 1933 und mit Blick auf das Ende des Rüstungsbooms 1945 sowie in den Kriegsjahren zunehmenden Antisemitismus als Hauptgründe für die Weigerung der Roosevelt-Regierung und des Kongresses, energisch Versuche zur Rettung der europäischen Juden zu unternehmen. S. 10–27, 455–469; Aufschlussreich die Darstellung der Gründe für Roosevelts politisches Handeln bei Shlomo Aronson (»Die dreifache Falle«, a.a.O., S. 61–63) und Henry L. Feingold (*The Politics of Rescue. The Roosevelt Administration and the Holocaust, 1938–1945*, New Brunswick/NJ 1970); vgl. auch John P. Fox, »The Jewish factor in British war crimes policy in 1942«, in: *The English Historical Review*, Vol. 92, No. 362 (Jan. 1977), S. 82–106 und Stephen Tyas, »Allied Intelligence Agencies and the Holocaust: Information Acquired from German Prisoners of War«, in: *Holocaust and Genocide Studies*, 22/1 (Spring 2008), S. 1–24.

25 Franklin D. Roosevelt, »President Roosevelt's Broadcast of July 18«, in: Royal Institute of International Affairs (Hg.), *Bulletin of International News*, Vol. 17, No. 15, Jul. 27, 1940, S. 933–935.

26 Herbert Croly (1869–1930), *The Promise of American Life*, New York 1964 (1909), S. 174 f.

27 Schwabe, *Weltmacht und Weltordnung*, a.a.O., S. 44, 66–77.

28 Ebd., S. 54.

29 Junker, *Von der Weltmacht zur Supermacht*, a.a.O., S. 14

30 Sirois, *Zwischen Illusion und Krieg*, a. a. O., S. 271.

31 Schwabe, *Weltmacht und Weltordnung*, a. a. O., S. 85–89.

32 Zur Hoßbach-Niederschrift: s. KapitelL I. 2. *Nachtwandler und Pläneschmied*, Anm. 23.

33 Schwabe, *Weltmacht und Weltordnung*, S. 102 ff.; Sirois, *Zwischen Illusion und Krieg*, a. a. O., S. 88–99.

34 Zu den Rainbow-Plänen: Mark E. Grotelueschen, »Joint Planning For Global Warfare: The Development of the Rainbow Plans in the United States, 1938–1941«, in: *Army History*, No. 97 (Fall 2015), S. 8–27; Text der Pläne in: https://history.army.mil/books/wwii/Sp1941-42/chapter1.htm

35 1936 bezogen lateinamerikanische Staaten 14 Prozent der Importe aus Deutschland (steigend), 1938 kamen 14,9 Prozent der deutschen Gesamteinfuhr aus Lateinamerika: Hans-Jürgen Schröder, *Deutschland und die Vereinigten Staaten 1933–1939. Wirtschaft und Politik in der Entwicklung des deutsch-amerikanischen Gegensatzes*, Wiesbaden 1970, S. 235, 257.

36 Schwabe, *Weltmacht und Weltordnung*, a. a. O., S. 104 ff.

37 Sirois, *Zwischen Illusion und Krieg*, a. a. O., S. 201; Schwabe, *Weltmacht und Weltordnung*, a. a. O., S. 104–106; Otwin Massing, »Asymmetrische Herrschaftsstrukturen im Nato-Bündnis – Anmerkungen zu ihrer schleichenden Militarisierung«, in: Hartmut Aden, Otwin Massing, *Herrschaftstheorie und Herrschaftsphänomene*, Wiesbaden 2004, S. 268.

38 Zu dieser Episode: William R. Rock, *Chamberlain and Roosevelt: British Foreign Policy and the United States, 1937–1940*, Columbus/OH 1988, S. 51–77; Zu Sumner Welles, den einflussreichen Undersecretary of State, engen Berater Präsident Roosevelts und Initiator des Konferenzplans: Chris O'Sullivan, *Sumner Welles, Postwar Planning and the Quest for a New World Order, 1937–1943*, (Diss.) Ann Arbor/MI 2014, S. 42–50.

39 Text der Konferenz-Idee: »Memorandum by the Under Secretary of State (Welles) to President Roosevelt, January 10, 1938«, in: *Foreign Relations of the United States Diplomatic Papers (FRUS), 1938, General*, Vol. I, Washington 1955, Document 75.

40 »Message From the Prime Minister to the President, January 14, 1938«, in: *FRUS, 1938, General*, Vol. I, S. 118.

41 Schwabe, *Weltmacht und Weltordnung*, a. a. O., S. 104 ff.

42 Sirois, *Zwischen Illusion und Krieg*, a. a. O., S. 211; Martin, »Das ›Dritte Reich‹ und die ›Friedens‹-Frage«, a. a. O., S. 533; Raul Reynaud, *Memoires 1936–1940*, Paris 1963, S. 395.

43 Die internationale Garantie der »neuen Grenzen des tschechoslowakischen Staates gegen einen unprovozierten Angriff« ist in einem Zusatzabkommen zum Abkommen zwischen Deutschland, dem Vereinigten Königreich, Frankreich und Italien, getroffen in München am 29. September 1938, enthalten. Darin heißt es: »Sobald die Frage der polnischen und ungarischen Minderheiten in der Tschechoslowakei geregelt ist, werden Deutschland und Italien ihrerseits der Tschechoslowakei eine Garantie geben.« (https://www.ns-archiv.de/krieg/1938/tschechoslowakei/muenchener-abkommen-29-09-1938.php); Als der französische Botschafter in Berlin, Robert Coulondre, im Dezember 1938 in einem Gespräch mit dem Staatssekretär im Auswärtigen Amt, Ernst Freiherr von Weizsäcker, die

deutsche Garantie anmahnte, erklärte dieser »mit einem Lächeln«: »Könnte man diese Sache nicht vergessen?« M. Coulondre, französischer Botschafter in Berlin an den Außenminister M. Georges Bonnet. Berlin, December 22, 1938 (No. 35), in: Yale Law School. Lillian Goldman Law Library. The Avalon Project Documents in Law, History and Dipiomacy in memory of Sol Goldman, in: https:// avalon.law.yale.edu/wwii/ylbko35.asp

44 Text der Rede: Der *Führer* Antwortet Roosevelt – Reichstagsrede vom 28. April 1939, in: https://de.scribd.com/document/102736160/Der-Fuehrer-Antwortet-Roosevelt-Reichstagsrede-Vom-28-April-1939-44-S-Text; Hitlers Antwort wurde noch am gleichen Tag dem amerikanischen Geschäftsträger in Berlin ohne weitere Bemerkungen übergeben: Günter Moltmann, »Franklin D. Roosevelts Friedensappell vom 14. April 1939: Ein fehlgeschlagener Versuch zur Friedenssicherung«, in: *Jahrbuch für Amerikastudien*, Bd. 9 (1964), S. 93.

45 S. Kapitel XI, Anm. 4.

46 S. Kapitel XI, Anm. 4.

47 Martin, »Das ›Dritte Reich‹ und die ›Friedens‹-Frage«, a.a.O., S. 531.

XIV. DER KONSEKUTIVE ZWANG DES KRIEGS

1 Colville, *Downingstreet Tagebücher* 1939–1945, a.a.O., passim.

2 »Brief Thomas Manns an Bruno Frank vom 4.2.1941«, in: Hans Bürgin, Hans-Otto Mayer, *Die Briefe Thomas Manns 1934–1943 Regesten und Register*, Bd. 2, Frankfurt am Main 1980, S. 497.

3 S. Kapitel II, Anm. 15.

4 S. KAPITEL II.3. *Hitlers Unsicherheit – Churchills Stehvermögen.*

5 Bernard W. Poirier, Taped interview of W. Averell Harriman at Governor Harriman's home in Georgetown, Washington/D.C. on Thursday, January 10, 1980, in: https://www.trumanlibrary.gov/library/oral-histories/harrima1

6 S. Kapitel VIII.2. *Die Deutschen sehen die Gefahr.*

7 S. Kapitel IX.1.

8 S. Kapitel II, Anm. 15.

9 Walter Warlimont, *Im Hauptquartier der deutschen Wehrmacht 1939–1945*, Frankfurt am Main 1963, S. 126 ff.; Hillgruber, *Hitlers Strategie*, a.a.O., S. 222.

10 Halder, *KTB* Bd. 2, a.a.O., S. 49 (31.7.1940).

11 Hitler, *Mein Kampf*, a.a.O., S. 751.

12 Ebd., S. 742.

13 Ebd., S. 750.

14 Ernst Nolte, »Die Vergangenheit, die nicht vergehen will. Eine Rede, die geschrieben, aber nicht gehalten werden konnte«, in: *Frankfurter Allgemeine Zeitung*, 6. Juni 1986.

15 Jürgen Förster, »Hitlers Entscheidung für den Krieg gegen die Sowjetunion«, in: *Das Deutsche Reich und der Zweite Weltkrieg*, Bd. 4, a.a.O., S. 18 ff. Hitler hatte nach dem Nichtangriffspakt mit Russland die vollständige und schnelle Rückführung von Hunderttausenden Deutschen ins Deutsche Reich angeordnet, die als Minderheit in der neuen sowjetischen Interessensphäre, vor allem in Estland und Lettland und später in Bessarabien verblieben waren. »Es

mag bezeichnend sein«, schreibt John Lukacs, »dass Hitler bei der Eroberung
dieser Gebiete durch die deutsche Armee 1941–1942 wenig über die Rückkehr
dieser Deutschen in ihre angestammten Gebiete sprach und nichts dergleichen
veranlasste: ein weiterer Hinweis darauf, dass *Lebensraum* damals nicht seine
oberste Priorität war.« (Hervorhebung v. V.) John Lukacs, *June 1941. Hitler and
Stalin*, New Haven, London, 2006, S. 24.

16 Vor seiner Hinrichtung in Nürnberg verfasste Generaloberst Alfred Jodl, nächster militärischer Mitarbeiter Hitlers während des Kriegs gegen Russland, eine
Niederschrift, in der er hervorhob: »Früher als irgendein Mensch in der Welt
ahnte oder wusste Hitler, daß der Krieg verloren war (…) Insbesondere wurde
dem Führer … klar, als die Katastrophe des Winters 41/42 hereinbrach …, daß
von diesem Kulminationspunkt des beginnenden Jahres 1942 an kein Sieg mehr
errungen werden konnte.« (»Aufzeichnungen des Generalobersten Jodl, Chef
Wehrmachtführungsstab, über Hitlers Einwirken auf die Kriegführung, diktiert
1946 im Nürnberger Gefängnis«, in: Percy E. Schramm (Hg.), *Kriegstagebuch
des Oberkommandos der Wehrmacht*, KTB OKW, Bd. 4, Zweiter Halbband,
1944/1945, Bonn o. J., S. 1721, 1503.

HISTORISCHE SKIZZEN IN STICHWORTEN

STICHWORT: Józef Piłsudski

Józef Klemens Piłsudski (1867–1935) versuchte, das Polen-Litauen vor den 1772 beginnenden Teilungen zwischen Preußen, Russland und Österreich wiederherzustellen. Nach einem temporären Rückzug 1923 schwang er sich 1926 per Putsch zum Diktator auf, zunächst in der Staatsfunktion des Verteidigungsministers, und regierte bis 1935. Neben der Internierung politischer Gegner kam es zu Ausschreitungen gegen die vier Millionen in Polen lebenden Ukrainer und gegen Deutsche. Die Wahlen von 1930 wurden manipuliert, sehr zum Missfallen der westlichen Staaten. Vertragspolitisch zeigte sich Piłsudski beweglich. 1932 vereinbarte er einen Nichtangriffspakt mit der Sowjetunion. Frankreich lehnte im März und November 1933 sowie im März 1936 seine Pläne eines Präventivkriegs gegen Deutschland ab, wobei die territorialen Pfänder Ostpreußen und Schlesien Berlin zum Respekt gegenüber den Bestimmungen des Versailler Vertrags zwingen sollten. Um relative Sicherheit zu erreichen, wandte er sich Hitler zu und ging 1934 einen Nichtangriffspakt mit seinem »gesuchtesten Opfer« ein, dem Deutschen Reich – wie sich ja auch die Westmächte bereitfanden, »mit Deutschland zu handeln«. (Golo Mann, Deutsche Geschichte im 19. und 20. Jahrhundert, Frankfurt am Main 1958, S. 849; Waclaw Jedrzejewicz, »The Polish Plan for a »Prevention War« against Germany in 1933«, in: *The Polish Review* 11/1 (1966), S. 62 ff.; Roos, »Die ›Präventivkriegspläne‹«, a.a.O., S. 344–363; Marian Wojciechowski, *Die polnisch-deutschen Beziehungen 1933–1938*, Leiden 1971, bes. Kapitel: Präventivkrieg?, S. 15–20; zum präventiven Selbstverteidigungsrecht in diesem Zusammenhang: Bernd Wegner, »Präventivkrieg 1941? Zur Kontroverse um ein militärhistorisches Scheinproblem«, in: Jürgen Elvert, Susanne Kruß (Hg.), *Historische Debatten und Kontroversen im 19. und 20. Jahrhundert*, Wiesbaden 2003, S. 212. Hitler erkannte in Piłsudski instinktsicher den unerbittlichen Gegner Russlands, der sich in die Richtung deutscher Interessen bewegen lassen würde. Hans-Ulrich Wehler ordnet den Politiker, der sich am liebsten als »Marschall« präsentierte, dem seinerzeit großen Kreis der faschistischen und autoritären Führer zu. (Wehler, *Deutsche Gesellschaftsgeschichte*, a.a.O., S. 550) Hans-Peter Schwarz bezeichnet ihn in seiner Porträt-Galerie *Das Gesicht des Jahrhunderts* (a.a.O., S. 154, Kapitel: Der Revolutionär als Marschall: Józef Piłsudski), als »Staatsgründer ohne Augenmaß«, Freiheitsheld und Guerillaführer (S. 156), Repräsentant »prätorianischer Regime« (S. 162) mit einer veralteten Armee, die 1939 rasch unterging.

STICHWORT: Stalins Artel

Nicht einmal die handverlesene Garnitur seiner engeren Umgebung ließ Stalins Misstrauen schwinden. Musste er unter seinen Vertrauten etwa sogar Sergej M. Kirow fürchten, den Ersten Parteisekretär des Traditionsbezirks Leningrad, mit dem er vertraut verkehrte, Urlaube teilte, der sich im Süden des Reichs bewährt hatte, im Kaukasus, in Aserbaidschan, danach in der leuchtenden nördlichen Stadt die Reste der Bourgeoisie verfolgte, linientreu die Kronprinzen Lenins, Sinowjew und Kamenew, bekämpfte; der die Straflager mit Arbeitssklaven füllte – per annum 15 Prozent Sterblichkeit –, um sie die 227 Kilometer Weißmeer-Ostsee-Kanal mit der Schaufel graben zu lassen? Wirklich fürchten? Es gibt, das wusste er, in der Sphäre der Macht keinen gleichmäßigen, gehorsamen Wuchs, mancher Halm sieht nie die Sonne, andere werfen Schatten über das Feld. An der großen Begabung Kirows, auch an seiner gehegten Popularität war nicht zu zweifeln. Er konnte aufbegehren, vielleicht zum Konkurrenten aufwachsen.

Die Mutmaßung stützte sich auf zwei Vorgänge. Der erste betrifft die Todesstrafe: Als Stalin 1932 im Politbüro ihre Einführung für Bolschewisten beantragte, stand die Verurteilung des ehemaligen Moskauer Parteibezirkssekretärs, Kandidaten des ZK und bewährten Militärbefehlshabers von Irkutsk, Martemjan N. Rjutin, auf der Tagesordnung. Rjutin hatte in einem maschinengeschriebenen Appell »An alle Mitglieder der WKP (b)« – Allunionskommunistische Partei (der Bolschewiki) – Stalin der Deformation des Leninismus, Usurpation der Macht, parteischädigender Verbrechen beschuldigt und zu seinem Sturz aufgefordert. »Stalin und die Krise der proletarischen Diktatur« hieß ein Manifest, das eine von Rjutin initiierte Versammlung, »Bund der Marxisten und Leninisten«, am 21. August 1932 in der Nähe von Moskau beschloss. Auslöser war die grassierende Unzufriedenheit mit Zwangskollektivierung, überstürzter Industrialisierung und vor allem mit der diktatorischen Führung. Zu den zentralen Forderungen zählten Demokratisierung von Partei und Staat, was immer dies heißen mochte, Wiederherstellung der Lenin'schen »Normen und Prinzipien« in allen Lebensbereichen. Rjutin war ein Repräsentant der sogenannten »Rechtsopposition«, die seit 1928 die halsbrecherischen Veränderungen der Politik Stalin als Person anlastete, während der schon 1923 entstandenen »Linksopposition« Trotzkis und Sinowjews radikaler Sozialismus, Kampf gegen Bürokratie und NEP sowie das Festhalten an den weltrevolutionären Zielen zugeschrieben wurde. Rjutins Initiative löste zwar keine organisierte Bewegung mit Stoßkraft aus, doch wurde das Manifest mit der Empfehlung »Lesen und weitergeben« als Samisdat verbreitet. Diesen Fall zum Anlass zu nehmen, die Todesstrafe für hohe Parteiränge einzuführen, hätte dem Generalsekretär die Existenz der Führungskräfte in die Hand gegeben.

Nach einer verbreiteten, wenn auch nicht gesicherten Version legten Sergej M. Kirow, Grigori K. Ordschonikidse und Walerian W. Kuibyschew, Letzterer ein beinharter Bolschewist und enger Gefolgsmann Stalins, Widerspruch dagegen ein – ausgerechnet unter Berufung auf Lenin, der seine Gefolgsleute vor der Todesstrafe gegen Mitglieder der bolschewistischen Partei gewarnt hatte, weil dieses Blut zu teuer sei. Zweifel daran, dass Kirow sich Rjutins Exekution widersetzt habe, äußert J. Arch Getty (»The Politics of Repression Revisted«, in: J. Arch Getty and R. T. Mannings (eds.), *Stalinist Terror: New Perspectives*, New York 1993, S. 40–65, bes. p. 44 f.).

Auch dass Bucharin an seiner Seite für das Leben Rjutins eingetreten sei, wird in mehreren quellennahen Darstellungen nicht bestätigt. Demgegenüber zitiert Wolkogonow Kirow mit den Worten: »Das können wir nicht tun.« (Wolkogonow, *Stalin: Triumph und Tragödie*, a.a.O., S. 58) Manfred Hildermeier (a.a.O., S. 405) beschränkt sich in einer Passage über den Fall Rjutin und die Todesstrafe auf die Erwähnung von »Mitstreitern« – Mitglieder des Politbüros –, die sich Stalins Plänen versagt hätten. Erwähnt wird allerdings, dass Stalin in seinem Zorn über oppositionelle Kritik hohe Funktionäre als »letzte Vertreter der sterbenden Klasse« bezeichnet habe, die in die Partei »eingedrungen« seien. Gegen sie sei der Klassenkampf zu intensivieren und die Repression zu verschärfen. (Ronald Grigo Suny, »Stalin and his Stalinism: Power and Authority in the Soviet Union, 1930–1953«, in: David L. Hoffmann, *Stalinism: The Essential Readings*, Malden/MA 2003, S. 9–34.)

Beachtung verdient, dass die drei prominenten Genossen wenig später auf undurchsichtige Weise ums Leben kamen – Kirow durch Mord, vielleicht sogar Auftragsmord, für den allerdings keine »Beweise« vorliegen. Ordschonikidse, mächtiger Volkskommissar für Schwerindustrie, kurz vor Beginn des Februar-März-Plenums des ZK 1937 durch Selbstmord, der auf Befehl Stalins – unter Drohungen gegen Familie und Freunde – als Herzversagen dargestellt wurde, und Walerian W. Kuibyschew, von 1927 bis zu seinem Todestag am 25. Januar 1935 Chef der Staatsplanungsbehörde Gosplan, die für das gesamte industrielle Entwicklungsprogramm zuständig war. Während der in Ungnade gefallene Chef des NKWD, Genrich Jagoda, als Angeklagter im III. großen Schauprozess im März 1938 das »Geständnis« ablegte, er habe aus Gründen der »Staats- und Systemfeindschaft« Kuibyschew und den regimekritisch gewordenen Dichter Maxim Gorki getötet, wurde »Sergo« Ordschonikidse erkennbar die Opposition zu Stalins radikaler Säuberungspolitik zum Schicksal, deren Schädlichkeit er nicht verschwieg. Im Grunde, meinte Stalin, sei Ordschonokidse schon seit dem Schlüsseljahr der Opposition, 1933, »infiziert«.

Ordschonikidse verfügte über genügend ökonomischen Sachverstand, um zu erkennen, welchen Schaden die Terrorisierung der Wirtschaftselite anrichtete. Die Erfolge in der Industrialisierung und Produktivitätssteigerung während des zweiten Fünfjahresplans von 1933 bis 1937 – und, wie sich nach seinem Tode erweisen sollte, auch der dritte Fünfjahresplan von 1938 bis 1942 – wurden wie von einem Riesenrachen verschluckt. Den natürlich übertriebenen offiziellen Angaben über das Wachstum des Nationaleinkommens zufolge gehörte die Sowjetunion mit Deutschland »zur Gruppe der auffallend dynamischen Volkswirtschaften« (Hildermeier, a.a.O., S. 485), was allerdings nicht allzu viel aussagt, da diese Betrachtungsweise weder die gewaltigen Mängel, die horrende Verschwendung noch Fehlallokation der Kommandowirtschaft berücksichtigt. Darüber war Ordschonikodse besser informiert als jeder seiner Kollegen im Politbüro. Deshalb weigerte er sich, Stalins Methoden der Investigation und Bestrafung in den Wirtschaftszweigen des schwerindustriellen Ministeriums zu befolgen. Dies galt besonders für die Jagd auf Georgi L. Pjatakow, seinen Stellvertreter.

Der *Woschd* allerdings ließ primär betriebswirtschaftliche Gründe für die Schonung nicht gelten. Wir dürfen, klärte er Sergo auf, nicht liberal sein, da wir doch wissen, dass die Jahre bis zum Krieg gezählt sind. Trotz Zuredens weigerte sich Ordschonikidse, auf dem Februar-März-Plenum 1937 über »Schädlingsarbeit« in der Schwerindustrie zu referieren, denn die Verfolgungskampagne überschrite jedes Maß. Es kam zu einer schweren Auseinandersetzung. Sie war der Höhepunkt einer psychologischen Kriegführung gegen den unbequemen Fachmann, der in der Partei großes Ansehen als »Musterbolschewik« genoss und somit eine »gefährliche« Größe darstellte. Ordschonikidse nahm sich sogar heraus, Pjatakow im Gefängnis zu besuchen und Stalin förmlich zu bitten, dessen Leben zu schonen. Am 1. Februar 1937 wurde Pjatakow »rechtskräftig« wegen Verrat, alten Beziehungen zu Trotzki und Produktionssabotage verurteilt und hingerichtet.

Ordschonikidse wusste, dass der Schlag ihm galt. Sein Verdacht richtete sich auf Lawrenti Beria, seinen ehemaligen Zögling in Georgien, durch gemeinsame Zwangsaktionen vertraut. Zum 50. Geburtstag, am 24. Oktober 1936 gratulierte Beria seinem Förderer aus Transkaukasien »von Herzen«, während er gleichzeitig von Verhafteten Aussagen gegen ihn erpresste. Beria ließ den Bruder Sergos, Papuli, unter Vorwänden, aber nicht ohne Kenntnis Stalins festnehmen. Sergo bat Stalin um Hilfe: Der Bruder sei unschuldig – der *Woschd* gab die ruppige Antwort, ihn in Ruhe zu lassen. Berias Einflüsterungen wirkten. In Moskau ging das Gerücht um, Ordschonikidse wolle Stalin im bevorstehenden Plenum frontal angreifen, zumindest aber zur Rede stellen. Eine nicht ganz sichere Information – die aber das weitere Gerücht erzeugte, Stalin habe Ordschonikidse in seinem Haus durch einen Geheimagenten ermorden lassen. Was auch immer geschehen war: Das Politbüro sprach von einer Herzkrankheit, Angehörige und Freunde glaubten an Verzweiflung und Selbstmord. Sergos Nachfolger im Kommissariat, schreibt Wladislaw Hedeler, habe Selbstständigkeit und Entscheidungsfreiheit als Unterordnung unter den Willen des Generalsekretärs Stalin verstanden – die typische Verbeugung der Ersatzpersonen und Hauptmerkmal der gewaltsamen Kaderwechsel (Hedeler, *Die Szenarien*, a.a.O., S. 73; Heiko Zänker, *Stalin. Tod oder Sozialismus*, München 2002, S. 189 f.). Die Nomenklatura behielt ihre leninistische Lebensversicherungspolice, dem Generalsekretär blieben nur der Rückzug und der nagende Verdacht, sich auf den mächtigen Leningrader Parteigenossen Kirow und andere »Getreue« nicht verlassen zu können. Im Fall Rjutin musste er sich, wenn diese Darstellungen zutreffen, mit einer zehnjährigen Gefängnisstrafe begnügen. Den Delinquenten 1937 hinrichten zu lassen bereitete ihm indes keine Mühe – in der großen Tschistka fraß die Revolution schließlich auch den »bolschewistischen Ehrenkodex«, die Immunität der inneren Gruppe. Vater Rjutin folgten wenig später die Söhne Wissarion und Wassili.

Nur zeitweilig war Stalin also eine scharfe Waffe gegen die vielfältige, wenn auch organisatorisch schwache höhere Opposition aus der Hand geschlagen. Die Kritik an der bürokratischen Wagenburg des Kreml, an der konsequenten Zentralisierung und dem Terror, der »Augenwischerei« bei der Industrialisierung, mangelhafter Produktivität, sinkender Kaufkraft und dem staatsfeudalen Umgang mit den Bauern, wurde nach wie vor von aktiven und ehemaligen Parteichargen verbreitet, die sich im Schatten Lenins zumindest für den Augenblick geschützt fühlen durften. Solche Menschen waren gefährlich. Ihr Ungehorsam, allein die Meinung, die sie streuten, könnte in der Krise zur Gegenfront aufwachsen, darin hatte Molotow nicht unrecht. Dazu würden Leute wie dieser Rjutin zählen, der freiweg spottete, es wäre ein Hohn für Marx, Engels und Lenin, Stalins Namen neben die ihren zu stellen; Stalins theoretische Schriften seien ein »Misthaufen« im Vergleich zum »Elbrus«, dem Hochgebirge der Werke von Marx, Engels und Lenin; »Leierkasten-Gequietsche« im Vergleich zu großen Kompositionen von Beethoven, Mozart und Wagner. Stalin wurde lächerlich gemacht, als untauglich charakterisiert, zum Sturz empfohlen. Der *Chosjain* war außer sich, die ihm zeit-partnerschaftlich verbundene Nomenklatura beunruhigt. Durch die Risse drang Panik in die Seelen. Um die Kritik niederzuhalten, mussten nach dem Gesetz dogmatischer Inquisition alle diese Engel mitsamt ihrem Gefolge zur Hölle fahren.

Den im Wortlaut vorliegenden Aufruf Rjutins gegen Stalin: »Destroy Stalins's dictatorship« behandelt J. Arch Getty: »Afraid of Their Shadows. The Bolshevic Resource to Terror 1932–1938«, in: Manfred Hildermeier, Elisabeth Müller-Lückner (Hg.), *Stalinismus vor dem Zweiten Weltkrieg. Neue Wege der Forschung*, München 1998, S. 176. Ebenso Krivitzky, *Ich war Stalins Agent*, a. a. O., S. 158. Der Leiter des Militärischen Nachrichtendienstes der Sowjetunion in Westeuropa mit Sitz in Den Haag hatte 1939 nach seiner Abkehr von Moskau – »von Stalin«, wie er sagte – seine Erfahrungen ausgebreitet und dabei die Vorteile des Insider-Wissens mit der Würze der Kolportage verbunden. Wie sehr man in Moskau seine in der Geheimsphäre gesammelten Kenntnisse über Personen und Aufbau der Agentennetze fürchtete, zeigte seine Ermordung zwei Jahre nach der Flucht, am 10. Februar 1941 im Washingtoner Bellevue Hotel, room 532. Das Tat-Arrangement sollte auf Selbstmord schließen lassen, wurde jedoch dem sowjetischen Geheimdienst OGPU zugeordnet. Die Journalistin Flora Lewis schrieb darüber in der Washington Post vom 13. Februar 1966 einen viel beachteten Artikel (»Who killed Krivitzky?«, nachgedruckt in: Krivitzky, *Ich war Stalins Agent*, a. a. O. S. 239, Annex). Der Einwand, Krivitzky könne infolge seiner langen Abwesenheit von der Moskauer Zentrale keine genauen Kenntnisse über die inneren Vorgänge und die Tschistka gehabt haben, trifft nur bedingt zu. Als wichtiger Agent des militärischen Geheimdienstes unterhielt er vor allem an den Drehkreuzen Paris und Berlin vertrauliche Informationskontakte zu prominenten Kollegen. Aus Krivitzkys Text geht hervor, wie sehr sich die antistalinistische Opposition – »rechts« und »links« – gerade durch ihre angeblich authentische Interpretation Lenins an die Parteitradition anlehnte, was einerseits den Kampf gegen den anmaßenden Generalsekretär legitimierte, andererseits den dabei geführten Waffen die letzte Schärfe nahm.

Der zweite Vorgang, zur Zeit des XVII. Parteitags im Januar 1934, lastete Stalin nicht minder auf dem Gemüt und verstärkte seine Entschlossenheit, der alten Funktionärsgarde physisch den Garaus zu machen, indem er sie jedes gesetzlichen und politischen Schutzes entkleidete. Wieder stand Kirow im Mittelpunkt, diesmal womöglich wider Willen. Der »Parteitag des Sieges«, nach vollzogener Zwangskollektivierung und dem Scheitelpunkt der Hungersnot, sah Stalin im Scheinwerfer der Macht. Jubelnde Zustimmung erfuhr sein Resümee, dass der Sozialismus im eigenen Land trotz aller Mängel und entgegen aller Kritik doch möglich sei. In drei Jahren habe sich die Produktion verdoppelt, glänzende neue Produkte verließen die Werkhallen. Stalin sah sich in prometheischen Dampf und kultischen Rauch gehüllt. Die Opposition, Kamenew, Sinowjew, Radek – die wichtigsten Gegner mit Ausnahme Trotzkis, der längst außer Landes war –, kroch zu Kreuze, demütigte sich in beispielloser Lobrede und wurde wieder in die Partei aufgenommen. Trog das Bild? Gab es eine Unterströmung gegen Stalin, die paradoxerweise darauf beruhen konnte, dass der *Woschd* sich für eine Sekunde versöhnlich gab und der Luftstrom der Angst, der ihn in die Höhe trieb, abriss?

Es ist bezeichnend, dass Stalin seit 1923 siebenmal seinen Rücktritt vom Posten des Generalsekretärs angeboten hat – nicht um die Festigkeit seiner Position zu testen, wie es in der Vertrauensfrage des demokratischen Parlamentarismus geschieht, sondern um das Maß der Ergebenheit zu überprüfen, Opposition zu orten, Kampagnen vorzubereiten (Voslensky, *Sterbliche Götter*, a. a. O., S. 129). Man weiß es nicht genau. Dass Kirow, Politbüromitglied seit 1930, der Weg ins Zentralsekretariat der Allunionskommunistischen Partei (WKP, Bolschewiki) mit der Funktion Schwerindustrie und Forstwirtschaft gebahnt wurde, war durchaus erwünscht, weil er damit in den Moskauer Kontrollkreis gelangen würde, der »verderblichen« Leningrader Atmosphäre mit ihren trotzkistischen Luftpartikeln entzogen.

Die Tragödie scheint jedoch damit begonnen zu haben, dass Delegierte im Hintergrund des Kongresses Kirow aufforderten, bei den Wahlen gegen Stalin zu kandidieren, diesen vom Posten des Generalsekretärs zu verdrängen, und der Beifall für Kirows offiziellen Redebeitrag keine Grenzen zu kennen schien, wobei auch er nicht versäumte, Stalin in den Himmel zu preisen. Bei der Wahl zum neuen Zentralkomitee schließlich erhielt Kirow kaum Nein-Stimmen, während der *Woschd*, neben Molotow und Woroschilow, mit »über 100 Gegenstimmen« (Hildermeier) bestraft wurde. Der Stalin-Biograf Wolkogonow spricht aufgrund von Zeugenaussagen sogar von 300 Stimmen, einem Viertel der über 1225 Delegierten – für bolschewistische Verhältnisse eine Katastrophe.

Das Ergebnis wurde zwar unverzüglich zugunsten Stalins manipuliert und Kirow selbst versicherte seinem Herrn, dass er sich nicht gegen ihn in Position bringen lasse. Doch blieb unweigerlich der Eindruck zurück, ein unberechenbarer Teil der Parteigarde aus der Lenin-Zeit neige dazu, den übermächtigen *Führer* loszuwerden. Dass dieser seine Alleinherrschaft gefährdet sah und sein Absturz das Ende des Sozialismus in einem Lande bedeuten würde, kann man nicht als reine Einbildung abtun. Die Enttäuschung Stalins muss man sich als ebenso grenzenlos vorstellen wie seine Wut. Für Minuten schien sich der Kongress dem wahren Thermidor der Französischen Revolution, dem Ende des neuen Robespierre, zu nähern. Er war sich nicht mehr sicher, ob Kirow ins Moskauer Machtzentrum passte, obwohl dessen neue Aufgaben im ZK-Sekretariat Präsenz geboten. Kirow selbst wollte in Leningrad bleiben – die beiden hatten sich im Grunde nichts mehr zu sagen. War damit das Todesurteil über den Konkurrenten und die Phalanx der Altleninisten unabwendbar? (Montefiore, *Stalin*, a. a. O., S. 151 f.)

J. Arch Getty hält die Darstellung des Parteitags für gefärbt und konstruiert. Es gebe Hinweise, dass der enorme Beifall für Kirow dessen Lobeshymne auf Stalin galt und die Story der Abstimmung zuungunsten des Generalsekretärs und seiner Magnaten auf einem unsicheren Zeugnis aus späterer Zeit (1960) beruhe. Erwiesenermaßen hätten im Abstimmungsresultat ungewöhnlich viele Stimmen gefehlt (die späteren Untersuchungen sprechen von 166), doch lasse sich daraus nicht schließen, dass dies auf eine manipulative Beseitigung der Gegen-Voten zurückzuführen sei. Dass Stalin in Kirow einen Rivalen erblickt habe, schließt jedoch auch Getty nicht aus (Getty, »The Politics of Repression«, a. a. O., S. 45 f.). Im Übrigen traf die Züchtigung Stalins den Korpus des gesamten Parteitags: Im Zuge des Terrors wurden von den 1966 Delegierten in den folgenden vier Jahren 1108 verhaftet und größtenteils hingerichtet; von den 139 Mitgliedern des ZK, die nach dem Parteitag gewählt wurden, ereilte nach Angaben Chruschtschows 98 (70 Prozent) das gleiche Schicksal. Von den Leningrader Delegierten beim XVII. Parteitag wurden lediglich zwei zum XVIII. Parteitag wiedergewählt. Nach den schlechten Erfahrungen mit den Genossen ließ Stalin zwischen 1934 und 1953 nur zwei Parteitage zu, eine Parteikonferenz und 22 ZK-Plenartagungen. Auch das Politbüro tagte nach dem XVII. Parteitag im Zeichen des bürokratischen

Absolutismus nicht mehr als Plenum, sondern jeweils im ausgesuchten kleinen Kreis. Der »Diskurs« im Reich erstarb.

Der Unterschied war bezeichnend: Während die Oppositionellen diskutierten, sprengte Stalin das Tor zur Terrorisierung der Nomenklatura entschlossen auf, gleichsam den Tresor, den innersten Bereich der bolschewistischen Organisation. Nutzte er nur die Gelegenheit oder initiierte er gar den tödlichen Anschlag vom 1. Dezember 1934 auf seinen alten Freund und vermuteten Feind, Sergej M. Kirow, den Star im sowjetischen Männerbund? Darüber gibt es keine Dokumente, keine bezeugten Befehle, weder die Enthüllung eines konspirativen Plans noch Zeugen. Auch von dem vorangegangenen Zwischenfall in Kasachstan, der sich wie ein Mordanschlag auf Kirow ausnahm, sprach niemand. Nichts als Indizien umranken das Attentat in Leningrad, lassen allerdings den Anschein einer intensiven Vorbereitung und einer sorgsamen Präparierung des Mörders entstehen – kurz: eines konsequenten politischen Drehbuchs. Die Schüsse in den Kopf sollen, so wähnte Stalin, eine Parteiverschwörung mit tiefem Hintergrund dokumentieren, ein besonders schändliches Unternehmen Trotzkis und seiner Gefolgsleute in der Sowjetunion. Die juristischen und terroristischen Maßnahmen folgen nicht der Tat, sondern werden im Augenblick der Tat in vorbereiteter, durchdachter Form präsentiert, ausschließlich gemünzt auf eine Verschwörung, ein Konsortium politischer Mörder, das mit dem Konsortium der tatsächlich oder angeblich oppositionellen Lenin'schen Veteranen identisch ist. Wenn Stalin die Entstehung eines zweiten konkurrierenden Parteizentrums in Leningrad, der Stadt der Revolution, gewaltsam unterbinden wollte, konnte er kein besseres Arrangement treffen. Man müsste die Gesetze der Logik missachten, hielte man den Kirow-Mord für einen unpolitischen Anschlag, eine mehr oder weniger banale Skandalstory, und den Schützen für einen einsamen Killer. Aber was heißt Logik in der Politik?

STICHWORT: Legitimität der Gewalt

Die Legitimität der Gewalt erstreckte sich auch auf die Demokratien der damaligen Zeit, besonders auf deren Kolonialpolitik – gut erkennbar am Fall der Harmonie zwischen Kriegs- und Luftfahrtminister Winston S. Churchill und Aylmer Haldane, dem Oberbefehlshaber der britischen Streitkräfte im Irak. Der amerikanische Schriftsteller Nicholson Baker zitiert in seinem Buch: *Menschenrauch – wie der Zweite Weltkrieg begann und die Zivilsation endete*, Hamburg 2009, die folgende quellengesicherte Darstellung (S. 13 ff.):
»Aylmer Haldane forderte bei Winston Churchill per Telegramm mehr Truppen und Flugzeuge an. Es war der 26. August 1920: ›Von zahlreichen Abgesandten aus den heiligen Städten Nadschaf und Karbala wurde der Dschihad mit fanatischer Inbrunst gepredigt‹, schrieb Haldane. Churchill (...) schickte ihm eine aufmunternde Nachricht: ›Das Kabinett hat beschlossen, dass die Rebellion wirksam niedergeworfen werden muss, und ich werde mich bemühen, all Ihren Forderungen gerecht zu werden.‹ Einige Tage später schrieb Churchill ein Memorandum an Hugh Trenchard, den Oberkommandierenden der Royal Air Force. Churchill und Trenchard entwickelten die Idee, das britische Weltreich von oben zu überwachen und dadurch Kosten für die Bodentruppen einzusparen – eine Vorgehensweise, die als ›Luftkontrolle‹ bekannt wurde.

›Meiner Meinung nach sollten Sie unbedingt mit den Gasbomben-Versuchen fort-
fahren, vor allem mit Senfgas, um aufsässige Einheimische bestrafen zu können, ohne
ihnen schwere Verluste zuzufügen‹, schrieb Churchill an Trenchard. Churchill war
Experte in Sachen Senfgas – er wusste, dass es blind machen und töten konnte, besonders Kinder und Säuglinge. Gas verbreite einen heilsamen Schrecken‹, hatte er in
einem früheren Memorandum ausgeführt; die vorherrschende Antipathie dieser Waffe
gegenüber verstand er nicht: ›Ich spreche mich ausdrücklich für den Einsatz von Giftgas gegen unzivilisierte Volksstämme aus.‹ In den meisten Fällen hinterlasse das Gas
keine dauerhaften Schäden, versicherte er.

Haldanes Truppen bombardierten und beschossen rebellische Volksstämme, feuer-
ten auf sie mit Gasgranaten und reparierten gleichzeitig die Eisenbahnlinie. Die offizielle Zahl der Gefallenen auf britischer Seite betrug 47 englische Offiziere und 250 in-
dische Gurkas. ›Es ist unmöglich, die Verluste aufseiten der Araber genau anzugeben‹,
schrieb Haldane, ›aber sie werden auf 8450 Tote und Verwundete geschätzt.‹ Haldane
legte dar, wie Dörfer zu bestrafen seien. ›Es sollen getrennte Kommandos gebildet
werden, um die Häuser anzuzünden, Getreide und Erdnusspflanzen auszureißen und
zu verbrennen, zu plündern etc.‹, schlug er vor. ›Ein Dorf ordentlich niederzubrennen
braucht eine ganze Weile, eine Stunde oder mehr, entsprechend seiner Größe, ab dem
Moment, in dem es die dafür zuständigen Truppen betreten.‹

Churchill sandte Haldane ein Glückwunschtelegramm: ›Während dieser schwie-
rigen Mission waren Ihre Geduld und Standhaftigkeit höchst schätzenswert, und
ich gratuliere Ihnen zu der von Ihnen bewirkten Verbesserung der Lage.‹ Es war der
18. Oktober 1920.«

Bakers »Human Smoke« war bei seinem Erscheinen sehr umstritten. Die Kritik bezog sich auf die Stoffauswahl, in keinem Fall jedoch auf die herangezogenen Quellen.
Die Texte sind aus Tagebüchern, Briefen, Protokollen, Gesprächen und Zeitungsarti-
keln kompiliert. Nicholson Baker ist Pazifist, an diesem Maßstab misst er alle Seiten
und Ereignisse der Kriegsgeschichte. Erstaunlicherweise spart er die Aktionen Stalins
bis auf die ukrainische Hungersnot 1933 und die Deportation der Wolgadeutschen
nach Sibirien aus. Weder die Besetzung des östlichen Teils Polens im Rahmen des
deutsch-sowjetischen Nichtangriffs- und Freundschaftspaktes von 1939 noch der finnische Winterkrieg 1939/40, noch Katyn im Frühjahr 1940 finden Erwähnung.

STICHWORT: William Donovan – Presidential Secret Agent

Wer das Hauptquartier der Central Intelligence Agency (CIA) in Langley nahe Wa-
shington betritt, begegnet im Foyer der Statue eines Mannes namens William J.
Donovan, mit gutem Grund »Wild Bill« genannt. Er war ein Kriegsheld des Ersten
Weltkriegs und, was für ihn noch wichtiger wurde, Studienfreund Franklin Delano
Roosevelts. Dieser wäre selbst gern ein Held geworden – einem Hang, nicht einer
Dienstpflicht folgend, drängelte er bei Frontbesuchen in Frankreich in die Todes-
zonen, verbrachte aber den großen Orlog doch als Unterstaatssekretär im Marinemi-
nisterium in Washington, fiebernd und engagiert, denn die Belligerenz des hoffnungs-
vollen Mannes war nicht zu bezweifeln.

Donovan war also mehr als ein Freund, er war ein Kriegskamerad und noch einmal mehr als das: kreativer, vielleicht auch gelenkter Kopist der zentralisierten briti-

schen Intelligence (Special Operations Executive, SOE) unter Hugh Dalton, der Kunst des verdeckten Kriegs in cinemaskopischer Dimension.

Roosevelt engagierte ihn. Dass der eine ein Demokrat, der andere, Donovan, ein glühender Republikaner war, störte die Verbindung nicht. Das Vertrauen reichte tief, weil beide überzeugt waren, dass aus den Folgen des Weltkriegs, den Fehlern des Friedens und der Natur der neuen Machtfiguren in Deutschland und Japan ein zweiter großer Krieg entstehen würde, dem sich die USA nicht entziehen könnten. Dieser Krieg müsste anders geführt werden als die bisherigen, systematischer, einfallsreicher, auch skrupelloser, wenn man so will. Zu den erstrangigen Mitteln gehörten Information, Spionage, Gegenspionage, geheime Intervention, irreguläre Operation; Psychologie, Verwirrung, Desinformation und die Fähigkeit, Willen zu brechen. Roosevelt sollte auch innenpolitisch davon profitieren. Aus einem »zivilen Mix« all dieser Künste ließen sich Instrumente formen, um den amerikanischen Isolationismus zurückzudrängen. Donovan, der etwas vom alten Fouché, Herzog von Otranto, besaß, wurde »Presidential Secret Agent«, »Chief Spy Master« (Frank Costigliola, *Roosevelt's Lost Alliances*, a. a. O., S. 281).

»Wild Bill« führte ein einflussreiches Doppelleben. Als Wallstreet-Jurist machte er Front gegen die Monopole, betrieb das Anti-Trust-Geschäft mit kriminalistischem Gespür. In »zweiter Person« reiste er durch die Welt – nach Sibirien schon 1920, um die japanischen Aktivitäten in der Region zu erforschen, 1935 nach Abessinien der italienischen Invasion wegen, 1936 in die Wirbel des spanischen Bürgerkriegs, 1940 u. a. nach England, wo er sich, neben Harry Hopkins und dem welterfahrenen Averell Harriman, zu überzeugen suchte, ob Churchills »We shall never surrender« ernst oder nur rhetorisch gemeint war. Diese Mission war von größter Wichtigkeit. Sie entschied darüber, ob sich die Vereinigten Staaten nach dem Fall Frankreichs für den einsamen Kampf Großbritanniens engagieren sollten. Die Meinungen waren geteilt. Zu den notorischen Pessimisten zählte US-Botschafter Joseph P. Kennedy, Vater des 35. Präsidenten der Vereinigten Staaten, John F. Kennedy, der Englands Sache »verloren« gab. Er war nicht der Einzige, auch nicht der Wichtigste (Lukacs, *Churchill und Hitler*, a. a. O., S. 265 f.).

Das Misstrauen und der Aufwand der Recherchen hatten allerdings einen triftigen, zugleich bizarren Grund: Churchill galt, das war natürlich in Washington bekannt, als erratischer Krieger und schwerer Alkoholiker, der zwischen Begeisterung und Depression hin- und herkrängte (Costigliola, *Roosevelt's Lost Alliances*, a. a. O., S. 98). Kennedy stellte ihn als »always sicking on a Whisky bottle« dar, während Roosevelts Berater (und stellvertretender Außenminister) Sumner Welles bei seinen europäischen Sondierungen einen »dritt- oder viertklassigen Mann« in ihm wähnte. Dass Churchills strategische Gedankenblitze ins Fantastische zuckten, zum Schrecken der professionellen Militärs und zum Staunen der Historiker – Gallipoli 1915, Griechenland 1941 als Beispiele –, bemerkte auch sein Sekretär John Colville, dem in der Bunkerenge von Downingstreet No. 10 kaum eine Lebensregung des Premiers entging (Colville, *Downingstreet Tagebücher*, a. a. O., passim).

Den Zuschlag bekam Churchill schließlich infolge des Vernichtungsfeuers auf die französische Flotte im Juli 1940 in Oran, das den Deutschen den Sprung in die Flottenweltklasse verwehren sollte. Es stecke, berichteten Donovan und Hopkins übereinstimmend in Washington, in dem neu gewählten Premier doch mehr als vermutet. Roosevelt hielt Churchill nun für den »wahrscheinlich« besten Mann, den Großbri-

tannien zu bieten habe, selbst wenn er die halbe Zeit betrunken sei, zitiert Costigliola
Lynne Olson, *Citizens of London*, New York 2010, S. 10.

Was Donovan auch tat, Roosevelt lieh ihm seine Aufmerksamkeit. Der Ratschlag,
den arrivierten Studienfreund mit der Gründung des »Office of the Coordinationen
of Information« (COI, Juli 1941), des ersten Auslandsnachrichtendienstes der USA,
zu betrauen, hatte große Folgen. Die Initiative war eine Revolution. Bis dahin frönten
die institutionell verstreuten Geheimdienste – FBI, State Department, US Military and
Naval Intelligence – dem Eigenleben der Hydra mit 1000 Testikeln. Nun wurden
Information und Analyse, psychologischer und Kommandokrieg zentralisiert. 1942
gliederte sich der Dienst in »Office of War Information« und »Office of Strategic Services« (OSS), einen Tat-Cluster. Kein Wunder, dass Donovan viele Feinde hatte; der
gefährlichste und verbissenste war J. Edgar Hoover, Präsident des FBI, der Vielwisser
mit einer Myriade Dossiers über alle, die in den USA einen Namen hatten.

Zu Donovans Beobachtungsfeldern gehörte im Krieg selbstredend auch der Balkan
mit dem komplizierten Staatengeflecht bis zum Mittleren Osten, das der Staatssekretär des Auswärtigen Amtes, Ernst von Weizsäcker, mit einem »Sack Flöhe« verglich.
Die Hilfsversprechen Roosevelts an den griechischen König George II. vom 5. Dezember 1940 und parallele Zusicherungen an die mit dem prodeutschen Kurs des Prinzregenten Paul und seiner Regierung Cvetković unzufriedenen jugoslawischen Offiziere
sind auf Donovans Aktivitäten vor Ort und Ratschläge an den Präsidenten zurückzuführen. Der Vorgänger Roosevelts im Weißen Haus, Herbert Hoover, insinuiert sogar,
Roosevelt habe Churchill wider seinen Willen zur bewaffneten Intervention gedrängt
und sei auch für den Putsch in Jugoslawien mit allen verhängnisvollen Folgen verantwortlich (Georg H. Nash, (ed.), *Freedom Betrayed. Herbert Hoover's Secret History
of the Second World War und Its Aftermath*, Stanford 2011, S. 180–82).

Hoover berief sich dabei auf einen Brief aus der Feder von Colonel John C.
O'Laughlin, Editor des »Army-Navy-Journal« vom Mai 1941. O'Laughlin war in
der langen Zeit zwischen 1933 und 1949 Hoovers hauptsächliche Insider-Quelle über
Ereignisse in Washington (ebd., S. 848). In dem Schreiben stellte er die Behauptung
auf: »Mr. Roosevelt war allein verantwortlich für die erfolglose britische Expedition
in Griechenland.« Seine Zusage militärischer Hilfe habe den Putsch in Belgrad ausgelöst. Marineminister Knox und Donovan hätten zum einen wegen der stimulierenden
Wirkung auf die überwältigten Völker in Europa, zum anderen in der Hoffnung auf
die Errichtung einer neuen Front gegen die Achse zu den Hilfsversprechen geraten.

Kriegsminister Stimson und Generalstabschef Marshall wandten dagegen ein, das
britische Kontingent reiche nicht aus, dem deutschen Angriff zu widerstehen; zudem
schwäche der Abzug britischer Truppen aus Nordafrika die zum Vorteil gewendete
Position von General Wavell. Deutsche und Italiener würden diese Gelegenheit nutzen, erneut in Richtung Alexandria und Suezkanal vorzustoßen. Roosevelt, so der
weitere Vorwurf O'Laughlins, hätte die Einwände überhört und seine Botschafter in
Belgrad und Athen veranlasst, die amerikanische Garantie für ihre Länder zu be-
kräftigen. Die Regierungen hätten mit Waffen, Truppen und Schiffen gerechnet und
»ahnten als arme, irregeleitete Patrioten nicht, dass wir gänzlich unfähig waren, solche Versprechungen einzuhalten«.

Als der Präsident schließlich erkennen musste, schreibt der Konfident weiter, dass
wir weder Truppen noch Ausrüstungen stellen könnten, drängte er Churchill zur Entsendung eines Expeditionskorps. Der Premier hätte sich zunächst gewehrt; nach sei-

ner Darstellung wäre es ein Fehler, eine Aktion zu unternehmen, die zum Scheitern verurteilt sei. Schließlich habe er sich aber dem Druck gebeugt – mit den Konsequenzen, die Stimson und General Marshall vorausgesagt hätten. Hitler aber erteilte den Völkern eine Lehre, die sie so schnell nicht vergessen würden. Sein Stiefel lastete nun noch schwerer auf ihnen als bisher.

Man muss dazu sagen, dass die Darstellung O'Laughlys in wichtigen Teilen vom tatsächlichen Verhalten Churchills abweicht. Der Krieger im Premier wollte von sich aus und sehr früh das italienische Fiasko in Griechenland für die Bildung eines britischen Brückenkopfes nutzen, am liebsten im Rahmen eines Balkanblocks, um den er sich intensiv und vergeblich mühte. Es ist aber zutreffend, dass er am Ende aller diplomatischen Bemühungen den Deutschen allein gegenüberstand und in Nordafrika die Initiative verlor. Und es war auch so, dass Roosevelt, der zu diesem Zeitpunkt angesichts der Neutralitätsgesetze an »Auslandseinsätze« überhaupt nicht denken konnte, Expeditionen und diplomatische Kunst der Briten mit großen Erwartungen verfolgte. Churchill fühlte sich also streng beobachtet und durchaus unter Druck gesetzt – die Unterstützung, um die er die Amerikaner angesichts des verheerenden U-Boot-Kriegs der Deutschen 1940/41 im Atlantik inständig bat, hatte ihren Preis. Der Einsatz war gewissermaßen »alternativlos«; das gab es damals schon.

Für den involvierten Donovan war die Niederlage der Briten auf dem Balkan und in Nordafrika das ziemlich genaue Spiegelbild des italienischen Desasters, ein Rückschlag, der seinen Feinden zugutekam. Die Wolken verzogen sich mit dem Eintritt der USA in den Krieg und der neuen Verbindung zur Sowjetunion zwischen Allianz und Mesalliance, besonders der Lieferung von Waffen und Ausrüstungen gemäß dem Leih- und Pachtgesetz – »Lend-Lease Act« – per Zusage vom 2. August 1941 an die kämpfenden Russen. Durch diese Öffnung schlängelten sich sowjetische Spione in alle Strukturen der amerikanischen Wirtschaft und des Staates. Roosevelt veranlasste das Bureau, die deutschen und japanischen Spionageringe mit aller Energie zu verfolgen, die sowjetischen lediglich mit der verbleibenden geringeren Kraft. Würde die Untergrundtätigkeit zum öffentlichen Skandal, könnte, so dachte der Präsident, der Aufschrei die fragile amerikanisch-sowjetische Allianz gefährden (Costigliola, *Roosevelt's Lost Alliances*, a.a.O., S. 278–284). Donovan verfolgte die Absicht, die sowjetische Spionage durch eine Art Allianz der Geheimdienste, dem amerikanischen OSS, der britischen SOE und der sowjetischen NKWD, unter Kontrolle zu bringen. Er schlug den Austausch von Residenturen des Strategic Service und der NKWD in Moskau und Washington vor, »da die Russen ja sowieso schon in der US-Hauptstadt tätig sind«, meinte er – sogar in seinem eigenen OSS: Donovans Stellvertreter, Duncan Lee, gehörte zu den sowjetischen Spionen in den »amerikanischen Strukturen« und berichtete unter anderem, sein Chef halte Stalin für den »klügsten Mann an der Spitze aller heutigen Regierungen«. Der Plan scheiterte am hartnäckigen Widerstand von FBI-Chef Hoover (Costigliola, *Roosevelt's Lost Alliances*, a.a.O., S. 283). Einige Geschäfte und Gegengeschäfte kamen jedoch zustande. Bei einem Besuch in Moskau im Dezember 1943 bot Donovan seine Unterstützung beim Einschleusen sowjetischer Agenten in Deutschland und Frankreich an, erklärte, warum künftig Amerikaner anstelle von Briten im balkanischen Untergrund tätig sein würden, demonstrierte den staunenden Russen eine Plastikbombe in Form einer Brotscheibe und lieferte zu guter Letzt die Zähneanordnung des Hitler'schen Gebisses, die der OSS dem Dentisten des Führers abgeluchst hatte. Sie sollte die Identifizierung der verbrannten Leiche unweit des Führerbunkers erleichtern.

STICHWORT: Putsch und Krieg

General v. Witzleben, als Kommandeur des Berliner Wehrbezirks für die September-verschwörung der Wehrmacht an entscheidender Stelle, urteilte aus der unmittelbaren Truppenerfahrung, dass sich zahlreiche junge Offiziere einem Putsch entgegenstellen würden. Der Generationenkonflikt war offensichtlich, er bestimmte das Zögern der Älteren. Der britische Außenminister Halifax war u.a. von dem wohlinformierten Theo Kordt, Botschaftsrat in London – einem Bruder des Kabinettschefs des Aus-wärtigen Amtes in Berlin, Erich Kordt – davon unterrichtet worden, dass Hitler am 1. September 1938 die Tschechoslowakei angreifen und die Fronde der deutschen Generäle ihm zum Zeitpunkt der Mobilmachung in den Arm fallen werde. Kordt beschwor Halifax und andere englische Gesprächspartner, fest zu bleiben, jede Kon-zession gegenüber Hitler zu vermeiden. Dies sei der archimedische Punkt der Ver-schwörung.

Tatsächlich spielten die Reisen Chamberlains zu Hitler, zuerst nach Berchtesgaden, dann nach Godesberg, die sich als Anbahnungen des Münchner Abkommens erwie-sen, für die Absage des Putsches eine Rolle; eine größere, vielleicht noch die Rück-nahme der Drohung Hitlers am 27. September 1938, militärische Gewalt gegen die Tschechoslowakei anzuwenden. Mit diesem Teilerfolg Chamberlains in Godesberg wich die Kriegsgefahr und erübrigte sich die Mobilmachung, der »Zünder« für den Staatsstreich. John W. Wheeler-Bennet sieht das anders. In seinem Werk *Die Neme-sis der Macht*, a.a.O., S. 428–448, macht er, wie viele nach ihm, die Unentschlos-senheit der Generalität für das Ausbleiben des Staatsstreichs verantwortlich: »Die Ursachen des Versagens waren ... Unzulänglichkeiten des Planens, die den politischen Generalverschwörungen schon immer, vom Kapp-Putsch an, eigentümlich waren.« (S. 445) Immerhin leugnet er so wenig wie der pragmatischere Niall Ferguson Motive und Vorbereitung des Putsches, wobei Ferguson der mangelnden Kriegsbereitschaft Deutschlands das ausschlaggebende Gewicht beimisst (Ferguson, *Krieg der Welt*, a.a.O., S. 486–482).

Zu den Frondeuren gehörten u.a. Generalstabschef Franz Halder, Nachfolger von Ludwig Beck, der bereits am 18. August 1938 wegen der tschechoslowakischen Frage demissioniert war, der erwähnte General von Witzleben, Erich Hoepner, Komman-dierender General des XVI. Armeekorps, Walter Graf Brockdorff-Ahlefeld, Komman-deur der Garnison Potsdam, der frühere Chef der Heeresleitung Kurt von Hammer-stein-Equord, Wilhelm Canaris, Leiter des Amtes Ausland/Abwehr im OKW, und sein rühriger Adlatus Hans Oster. Insgesamt eine Minderheit, aber eine von Rang, mit erheblicher Kommandomacht und Information ausgestattet, die freilich in Waffen-gewalt hätten umgesetzt werden müssen. Die Zivilisten standen nicht nach: Reichs-bankdirektor und Reichsminister a.D. Hjalmar Schacht, Carl Friedrich Goerdeler, bis 1936 Oberbürgermeister von Leipzig, der Jurist Johannes Popitz, Wolf-Heinrich von Helldorff, Polizeipräsident in Berlin, und Fritz-Dietlof Graf von der Schulenburg, stellvertretender Polizeipräsident in Berlin. Schacht hob die gute Vorbereitung des Putsches hervor. Welche weiteren Militärs im »Ernstfall« mit Hand angelegt hätten, ist schwer zu sagen.

Einen Hinweis auf den Einfluss der Militär-Opposition gaben turbulente Bespre-chungen zwischen Hitler und führenden Generälen am 3. September 1938 auf dem

Berghof. Die Bedenken der Generäle gegen eine militärische Intervention in der Tsche-choslowakei (»Fall Grün«) waren ihnen von ihren Truppenkommandeuren signali-siert worden. Das Bild, das sich daraus ergab, zeigt, dass die Wehrmacht zu diesem Zeitpunkt keineswegs »bis an die Zähne bewaffnet« war und dieses Übermaß an Kraft auch 1939 nicht erreichte, wie immer wieder behauptet wird.

Den militärischen Defiziten gesellten sich die wirtschaftlichen hinzu, die Ferguson in seinem Buch: *Krieg der Welt* knapp, aber ausreichend beschreibt (S. 477–482). Im Hintergrund stand freilich die Furcht vor dem Eingreifen der westlichen Mächte. Für einen größeren Krieg, gar einen Rundumkonflikt, das wussten die Befehlshaber und trugen es auch vor, war Deutschland keinesfalls gerüstet. Eine Katastrophe zeichne sich ab, lautete der Tenor der Vorträge.

Das Reich verfügte über 75 Divisionen. Ein Drittel konnte gegen die rund 35 gut ausgebildeten, auf schwere (»uneinnehmbare«) Festungswerke gestützten tschecho-slowakische Divisionsverbände eingesetzt werden, die anderen mussten zurückgehal-ten werden. Unklar war, ob Polen sich an der Zerschlagung der Tschechoslowakei be-teiligen oder mit Frankreich und England gegen Deutschland antreten würde. Unklar war die Haltung der Sowjetunion. Dass Stalin zu dem Bündnis mit Prag stehen würde, falls Frankreich zu dem seinen stünde, dass in den Militärbezirken Kiew und Weiß-russland Truppen in Bereitschaft gesetzt wurden, war im Einzelnen nicht bekannt, doch wogen schon die Vermutungen. Der Westwall war im Bau, nicht verteidigungs-bereit. Fünf aktive und sieben Reservedivisionen standen im Westen 100 französi-schen gegenüber. Die Marine war nicht einsatzbereit (drei Kreuzer, sieben Zerstörer, sieben hochseetüchtige U-Boote). Die Luftwaffe besaß keine Langstreckenbomber, Italien und Japan waren keine aktivierbaren Verbündeten (Ferguson, *Krieg der Welt*, a. a. O., S. 469–472). Die militärischen Bedenken, die der Oberbefehlshaber des Hee-res Walther von Brauchitsch vortrug, wollte Hitler nicht gelten lassen. Er führte keine Statistik, für ihn galt die Tat-Schwäche der Mächte um ihn herum als Maßstab.

Oder doch nicht? Hitler verließ die Besprechung durchaus beeindruckt. Die Kern-frage, die er nicht beantworten konnte, war, ob sich der Krieg lokalisieren ließe. Wich-tiger noch erschien, ob er beendet werden könnte, bevor die langsame Zwiesprache der Westmächte und Russlands zu einem Ergebnis gekommen wäre. An einen Welt-krieg dachte er nicht, weigerte er sich zu denken. Er wusste nicht, dass Daladier und Gamelin in Frankreich, Chamberlain und die Stabschefs in England fürchteten, von einem militärischen Konflikt (zu diesem Zeitpunkt), wie Alexander Cadogan meinte, »zerquetscht« oder angesichts zu geringer Mittel, »um uns zu verteidigen«, nach dem Urteil von Edmond Ironside, Chef des Eastern Command, in den Selbstmord getrieben würden (David Dilks, »The Unnecessary War? Military Advice and Foreign Policy in Great Britain, 1931–1939«, in: Adrian Preston, (ed.), *General Staffs and Diplomacy before the Second World War*, London, 1978, S. 103–123).

Franzosen und Briten rechneten mit zerstörerischen Luftangriffen und einer Blitz-mobilisierung der Deutschen (Ferguson, *Krieg der Welt*, a. a. O., 473 ff.). Zwei über-triebene Vorstellungen, unter anderem darauf beruhend, dass die Westmächte zur Zeit der Sudetenkrise noch keine gemeinsamen Stabsgespräche führten; dies geschah erst im Frühjahr 1939. Hitler sah die westliche Kriegsträgheit weniger in unzureichender Rüstung als in politischer Schwäche begründet, was tatsächlich zutraf. Sicher war er sich allerdings nicht. Richard Overy erinnert an Hitlers Bemerkung gegenüber Alfred Jodl, dem Chef des Wehrmachtführungsamtes im Oberkommando der Wehrmacht, er könne die Tschechoslowakei »nicht aus heiterem Himmel angreifen«, wenn er nicht »die ganze Welt auf dem Hals« haben wollte. Er würde gegen Frankreich und England Krieg führen müssen, und das könne er nicht (Richard Overy, »Germany and the Munich Crisis, A mutilated Victory«, in: Igor Lukas, Eric Goldstein, *The Munich Crisis, 1938: Prelude to World War II*, London 1999, S. 204–210).

In die gleiche Richtung weist eine Bemerkung Hitlers gegenüber dem Oberkommissar des Völkerbundes für die Freie Stadt Danzig, Carl Jacob Burckhardt: »Als wir nach München die militärische Stärke der Tschechoslowakei von innen prüfen konnten, da waren wir äußerst betroffen: Wir hätten uns in einer wirklichen Gefahr befunden. Die von den tschechischen Generalen getroffenen Vorbereitungen waren gewaltig. Da habe ich verstanden, weshalb meine Generale auf Vorsicht gedrungen haben.« (Zit. n. Wheeler-Bennett, *Die Nemesis der Macht*, a. a. O., S. 442, Anm. 3)

STICHWORT: Trotzki – der Fliegende Holländer der Weltrevolution

Der Streit über Form, Fortsetzung und Schwerpunkt der Revolution spaltete nach dem Scheitern des kommunistischen Umsturzes in Deutschland 1923 die Partei. Während Trotzki und seine Anhänger behaupteten, die Ersatzkonzeption des Sozialismus im eigenen Lande, genauer: »die Diktatur des Proletariats in einem Land« könne sich nicht »gegen das konservative Europa behaupten«, wenn der Sieg in anderen Ländern ausbleibe, meinte Stalin in Kapitel 6 seiner Schrift *Zu den Fragen des Leninismus* vom 25. Januar 1926, die UdSSR besitze »alles Notwendige zur Errichtung der vollendeten sozialistischen Gesellschaft«, doch hänge »die volle Garantie gegen die Wiederherstellung der alten Ordnung« von den »gemeinsamen Anstrengungen der Proletarier mehrerer Länder« ab. (Zit. n. Ausgabe gleichen Titels, Frankfurt am Main 1970)

Dies zu bewerkstelligen war die Aufgabe der im März 1919 gegründeten Komintern, die als Moskauer Agentur zur Einweisung der kommunistischen Parteien in aller Welt auf den Kurs und die Kursänderungen der Zentrale tätig war. (Hierzu: Hermann Weber, Bernhard H. Bayerlein, Jakov Drabin, Aleksandr Golkin, *Deutschland, Russland, Komintern: I. Überblicke, Analysen, Diskussionen: Neue Perspektiven auf die Geschichte der KPD und die deutsch-russischen Beziehungen (1918–1943)*, Berlin, Boston 2014, S. 229, passim; II. Dokumentarischer Überblick)

Stalins Diktatur über die Komintern war vollkommen. Die »Linie« der örtlichen Kommunistischen Parteien bestand bis in die 30er-Jahre in der radikalen Bekämpfung des kapitalistischen Systems und der Regierungen; danach in antifaschistischer, zugleich nationalistischer Volksfrontpolitik mit linken und linksbürgerlichen Formationen; nach dem Abschluss des Neutralitäts- und Freundschaftsvertrags mit dem Deutschen Reich 1939 erneut in der Radikalopposition gegen die westlichen kapitalistischen Regierungen und ihre Kriegspolitik. Musterbeispiel dieser Pendelbewegung: Frankreich. Widerspruch säuberte Stalin weg.

Die Abkehr vom Credo der Weltrevolution wurde zum fundamentalen Streitgegenstand. Leo Trotzki (1879–1940), der sich für die Nachfolge Lenins in der Führung der Sowjetunion wappnete, fühlte sich als Lordsiegelbewahrer der Revolution, die mit der puren Konzentration auf die Sowjetunion unvereinbar schien. Da nun aber der Ausbruchsversuch der Revolution zwischen 1918 und 1923 gescheitert war und Lenin selbst, entgegen Instinkt, Willen und dogmatischer Lehre, den Sozialismus im eigenen

Lande nicht völlig ausschloss, geriet Trotzki gegenüber dem Triumvirat Sinowjew, Kamenew und Stalin von 1923 an, erst recht nach dem Tode Lenins 1924, in eine Isolation, die ihn nach Amtsverlust als Kriegskommissar, Ausschluss aus Politbüro und Partei 1925/27 zuerst in die Verbannung nach Alma-Ata, dann ins Exil in die Türkei, nach Frankreich, Norwegen, schließlich nach Mexiko führte.

Der sowjetischen Staatsbürgerschaft beraubt und vom Geheimdienst verfolgt, setzte er von jedem Ort aus seinen Kampf fort. Glänzender Schriftsteller, der er war, hatte seine Agitation eine hallende Wirkung im »Weltkommunismus«, praktisch aber einen stetig abnehmenden Einfluss auf die Geschehnisse in der Sowjetunion. Stalin nutzte Leo Trotzkis Namen zur Bezeichnung einer gefährlichen, popanzartigen Verrats- und Umsturzbewegung und erklärte alle seine tatsächlichen und vermuteten Feinde für »trotzkistisch« infiziert. Die Ermordung Trotzkis im August 1940 ging im Donner des europäischen Kriegs unter, die von ihm gegründete IV. Internationale gelangte über marginale Bedeutung nicht hinaus.

Wie es die Art gestürzter Revolutionäre ist, äußerte sich Trotzki bei jeder Gelegenheit, besonders ausdrucksstark in seiner 1929 erschienenen Autobiografie, über den Mann, der ihn von der Macht vertrieben hat. Zunächst bestritt er dessen revolutionäre Legitimität: Auf den Posten des Generalsekretärs sei Stalin 1922 wider den Willen Lenins gewählt worden. Lediglich »für die zweite und dritte Rolle geschaffen«, habe er in einer »unterdrückten, aber umso gereizteren Opposition gegen Lenin gestanden«, dessen Kontrolle er als »unerträglich« empfand. Bei großen, neiderfüllten Ambitionen habe er seine intellektuelle und moralische Minderwertigkeit auf Schritt und Tritt gespürt: die »Enge der Interessen, den Empirismus, die psychologische Plumpheit und jenen besonderen Zynismus des Kleinstädters, den der Marxismus von vielen Vorurteilen befreit hat, jedoch ohne diese durch eine voll erfasste und in Psychologie übergegangene Weltanschauung zu ersetzen«. Stalin, fuhr Trotzki fort, besitze durchaus praktischen Sinn, Ausdauer und Beharrlichkeit bei der Verfolgung seiner Ziele. Sein politischer Horizont jedoch sei »äußerst beschränkt, sein theoretisches Niveau vollkommen primitiv« – ihm fehle jede schöpferische Einbildungskraft (Trotzki, *Mein Leben*, a.a.O., S. 437 ff., 464 f.).

Stalin seinerseits rechnete Trotzki zu den »Linken«, die basisdemokratischen Entscheidungsformen den Vorzug gaben. Im Politischen Rechenschaftsbericht des ZK auf dem XVI. Kongress der KPdSU (B) 1930 versah Stalin den »Trotzkismus« mit folgenden Kennzeichnungen: 1. Er leugne die Möglichkeit, den Sozialismus in der UdSSR mit den Kräften der Arbeiterklasse und der Bauernschaft zu errichten. 2. Er leugne die Möglichkeit, die Hauptmassen der Bauernschaft für den sozialistischen Aufbau im Dorf zu gewinnen. 3. Er leugne die Notwendigkeit eiserner Parteidisziplin. Die KPdSU (B) solle keine einheitliche und fest zusammengefügte Kampfpartei sein, sondern ein Sammelsurium von Gruppen und Fraktionen mit eigenen Zentralen, eigener Disziplin und Presse (s. Gustav A. Wetter, *Der dialektische Materialismus. Seine Geschichte und sein System in der Sowjetunion*, Freiburg 1958, S. 196 u. Anm. 50 über die Quellen).

Charakterlich neigte Trotzki zu Eitelkeit – was Lenin missfiel –, Unberechenbarkeit und einer Rechthaberei, die alle seine Schriften durchzieht. Mit Lenin war er in einigen großen politischen Fragen, wie dem Friedensschluss von Brest-Litowsk 1918, uneins. Den Krieg wollte zwar auch er beenden, aber einen Friedensvertrag wegen der sich abzeichnenden schweren territorialen Auflagen umgehen. Demgegenüber hielt Lenin ohne Vertrag die Existenz des Sowjetsystems für bedroht.

Als Machtpragmatiker scheute Stalin bekanntermaßen keine temporären Annähe-rungen, die bei dem emphatischen Trotzki prompt zu der irrigen Meinung führten, Stalin sei »bündnisfähig«. So pries er 1925 »die herrliche Musik in dem wachsenden Sozialismus«, um sich 1926/27 schon wieder den »Linksoppositionellen« Kamenew und Sinowjew anzuschließen. Zum Konflikt Trotzki-Stalin aufschlussreich: Boris Sou-varine, *Stalin. Anmerkungen zur Geschichte des Bolschewismus* (1935), München 1980; Leon Trotsky, *The Stalin School of Falsification*, New York 1937, mit einer Einführung von Max Shachtman über die Rolle der komplett aufgezählten »Alten Garde« Lenins im Konflikt mit dem diktatorischen Bürokratismus Stalins.

STICHWORT: Voyage à Moscou

Henri Barbusse war der eifrigste und unentwegteste Stalin-Sänger unter den fran-zösischen Literaten. Bereits 1918 zog es ihn nach Sowjetrussland, er heiratete dort und trat der KPdSU wie auch der KPF bei. Die sozialistische Neuheit des Landes erschien ihm als das »größte und schönste Phänomen der Welt«, als ein exzellentes Ereignis der Menschheitsentwicklung. Bei wiederholten Aufenthalten schrieb er eine Reihe propagandistisch anmutende Bücher, unter anderem über das »wunderbare« Georgien (*Voici ce que l'on a fait de la Géorgie*, 1928), das wenige Jahre vorher von Stalin und Ordschonikidse blutig gesäubert worden war; über Lenin 1934 – der Plan einer großen autorisierten Biografie gedieh nicht; schließlich die erste offiziöse Stalin-Biografie aus nicht russischer Feder. Barbusses Essay aus dem Jahr 1935 trug den hagiografischen – russischen – Titel: Stalin, der Mensch, durch den sich eine neue Welt öffnet, in der deutschsprachigen Ausgabe etwas nüchterner: *Stalin – eine neue Welt*, Basel 1937. Barbusse erhielt die Lizenz zum Schreiben, nachdem klar geworden war, dass Maxim Gorki dafür nicht mehr infrage kam. Das Buch, auf »exklusives Mate-rial« gestützt, in Eile verfasst, in hoher Auflage gedruckt – 200000 Exemplare – und schnell vergriffen, wurde kurz nach dem Tod von Barbusse 1935 in der Sowjetunion indiziert, weil der Autor zu viele Personen herausgestellt hatte, die inzwischen von der Woge der Säuberungen erfasst worden waren, darunter Karl Radek, Bela Kun, der Schriftsteller Nikolai G. Grinko (Wadim S. Rogowin, *Gab es eine Alternative?*, Bd. 3 *Vor dem Grossen Terror: Stalins Neo-NÖP*, Essen 2000, S. 340f.).

Hartnäckiger als Romain Rolland, Lion Feuchtwanger und Heinrich Mann beharrte Barbusse auf seiner Zustimmung zu den Säuberungsprozessen 1936–1938. Er meinte, das Problem der Repression laufe darauf hinaus, »jenes Minimum zu fin-den, das für die allgemeine Bewegung nach vorn notwendig« sei. Die Auskunft Stalins bei seiner dreistündigen Kreml-Visite am 8. Januar 1937, »einige Leute unschädlich zu machen«, sei »aus Achtung vor dem Menschenleben notwendig« (Zit. n. Anto-now-Owsejenko, *Stalin*, a.a.O., S. 265), leuchtete ihm ein. In welchem Maße sich Barbusse dem Stalin-Personenkult inmitten der Zeit entfalteten Terrors hingab, zeigt der Schlusssatz aus der russischen Originalausgabe der Biografie: »Ihr habt ihn nicht gekannt, aber er hat euch gekannt, hat an euch gedacht. Wer immer ihr seid, ihr braucht diesen Freund. Wer immer ihr seid, das Beste eurer Zukunft liegt in den Hän-den jenes Menschen, der auch für alle wacht und arbeitet – jenes Menschen mit dem Kopf eines Gelehrten, dem Gesicht eines Arbeiters und der Kleidung eines einfachen Soldaten.« (Ebd., S. 311)

Einer solchen Eloge wurde Adolf Hitler von keiner britischen politischen und intellektuellen Größe teilhaftig, nicht einmal vom Cliveden- und Millner-Set, der Avantgarde der englischen Appeasement-Politik unter der berühmten Astor-Familie wie Lady Nancy, dem ersten weiblichen Mitglied des Unterhauses, oder Alfred Viscount Millner, einst treibende Kraft im Burenkrieg, der unter dem heranwachsenden Führungspersonal Circle bildete – »Millners Kindergarten«. Sie alle waren vor und nach dem ersten Weltkrieg erbitterte Feinde Deutschlands, mit der Secret Society von Cecil Rhodes verbunden, indes klug genug, die Folgen des verfehlten Versailler Vertrags zu erkennen, und zudem voll begründeter Furcht vor der Westexpansion der Bolschewisten.

Zu den Appeasern zählte auch Lord Londonderry, angloirischer Peer, Nachfahre des Außenministers Castlereagh der napoleonischen Zeit und Cousin Winston Churchills, zur fraglichen Zeit Secretary of State for Air in der bürgerlichen Allparteienregierung James Ramsey MacDonald. Ihn ereilte das posthume Todesurteil in Ian Kershaws Hitlers Freunde in England, a.a.O., obwohl der Protagonist als Luftfahrtminister den Grundstein für die britischen Abwehrwaffen »Spitfire« und »Hurricane« legte, deshalb von den Pazifisten als »warmonger« angegriffen wurde und für den Umgang mit Hitler einen Mix aus Rüstung und Verhandlungen empfahl, der verwandte Züge mit dem Doppelbeschluss der Nato vom Dezember 1972 aufwies.

Demgegenüber bestand die Garnitur der französischen Stalin-Pilger aus Sozialisten und Gegnern des »Faschismus«, jener Antifaschisten, die voll in die Beelzebub-Falle getappt waren. Barbusse war mit Rolland und später Heinrich Mann in der friedensbewegten Gruppe »Clarté« vereint, die wie andere Engagements von der Komintern inspiriert war. Rolland pries Stalin nach einem Besuch 1935 für sein »Augenmaß« und seinen »Humanismus«. Heinrich Mann sollte in der Exilzeitschrift »Weltbühne« die Schauprozesse mit den Worten kommentieren, Verschwörer müssten zum Nutzen der Revolution »schnell verschwinden«. André Gide kam von der Totenrede auf Maxim Gorki ernüchtert aus Moskau zurück (*Au retour de lUdSSR*, Paris 1937) und distanzierte sich unter Angriffen der Kommunisten von der KPF (André Gide, *Retouchen zu meinem Russlandbuch*, Zürich 1937).

Lion Feuchtwanger war gläubiger, aber auch unsicher. Sein Buch: *Moskau 1937. Ein Reisebericht für meine Freunde*, Amsterdam 1937, Neuausgabe Berlin 1993, wollte Gides Skepsis widerlegen – er bezichtigte den Kollegen eines »Schlags gegen den Fortschritt der ganzen Welt«. Trotz solcher Bekenntnisse kämpfte er ständig mit sich selbst, unterhielt zur Sowjetunion eine Art manisch-depressiver Beziehung. Einerseits steckt sein Bericht voller Schönfärberei: »Die ganze Stadt Moskau atmet Zufriedenheit und Einverstandensein, mehr als das: Glück.« Es gebe für jedermann reichlich zu essen und die Wohnungsnot werde bald überwunden sein. Auf der anderen Seite unterliefen ihm »Fehler« wie die Kritik am Stalin-Kult, die er nach Ermahnungen des Stalin-Vertrauten Mechlis aus einem für die Prawda bestimmten Manuskript herausstrich – knurrend, aber es lockte ein hohes Honorar. Der Schriftsteller lobte 1937 (!) Stalin, dieser sei bescheiden, er wolle nicht vergöttert werden und sei »sanftmütig«. Er verzeihe seinen Gegnern, nur Trotzki nicht, der zänkisch, schillernd, zweideutig und hochfahrend aufgetreten, aber auch »nicht mehr zu gebrauchen« gewesen sei. »Als ... die Zeit gekommen war, dass die Ideen des Nur-Kämpfers Trotzki anfingen, falsch zu werden, zu verfaulen, war es Stalin, der das als Erster aussprach«.

Feuchtwanger wollte, wie Karl Schlögel in einem einfühlsamen Porträt schreibt (*Terror und Traum*, a.a.O., S. 119–135), nicht der großen sowjetischen Illusion ver-

fallen, nicht unfreiwilliger Mitspieler in einer Inszenierung werden, deren Regie in
fremden Händen lag, und doch verbeugte er sich vor Stalin, weil er in ihm die »Gegenmacht« zum Faschismus zu spüren wähnte – vier Jahre vor dem Stalin-Hitler-Bünd-
nis. So verteidigt er die Sowjetunion, schreibt dann aber an Arnold Zweig, er sei »bei
aller Neigung doch auch skeptisch gegenüber Moskau«. Während er sich von Stalin
über den Sinn der Schauprozesse aufklären lässt, verzichtet er auf ein Gespräch mit
Bucharin, der schon unter Hausarrest steht, und verabschiedet sich vor der Abreise
vom Weißrussischen Bahnhof von lauter Freunden, die Wochen später verhaftet, hingerichtet oder in Lagern verschwunden sein werden. (Hierzu auch: Volker Skierka,
Lion Feuchtwanger. *Eine Biografie*, hg. von Stefan Jäger, Berlin 1984)

George Bernard Shaw sah 1931 bei einem neuntägigen Besuch die schaufeln-
den Arbeitermassen am Moskau-Wolga-Kanal und verglich das imposante Bild mit
der Weltwirtschaftskrise des marode wirkenden Kapitalismus mit seinen untätigen
Arbeitslosenheeren. Für sein Alter – 74-jährig – war er außer sich vor Begeisterung
und vom Sarkasmus wie verlassen. In Leningrad erklärte er, wenn sich »dieses Experiment« in der Welt ausbreite, würden wir eine neue Ära der Geschichte erleben, und
wenn die Zukunft diejenige sein sollte, die Lenin vorausgesehen habe, dann würden
wir alle lächeln und ohne Furcht nach vorne blicken.

Wieder zu Hause, schrieb er nach Expertenart über das kurze Erlebnis ein schnelles
Buch: *The Renationalization of Russia*, Bloomington/IN 1964, dessen Titel etwas
Richtiges erwarten lässt, was der Inhalt dann aber nicht bietet. Niall Ferguson zitiert
daraus den bemerkenswerten Satz: »Stalin hat in einem Ausmaß Gutes getan, wie es
vor zehn Jahren noch unmöglich zu sein schien. Jesus Christus ist auf die Erde nieder-
gestiegen. Er ist kein Götzenbild mehr. Die Menschen bekommen eine gewisse Vorstellung davon, wie es wäre, wenn Er jetzt leben würde.« (Ferguson, *Krieg der Welt*,
a.a.O., S. 282, 296f.)

Stalin dankte den Intellektuellen die Verehrung nicht. Er misstraute ihnen, weil sie
sich so leicht beeindrucken ließen. Als Mann der Tat verachtete er sie sogar, hielt sie
für unwürdig, sich Kommunisten zu nennen (Leonid Luks, *Zwei Gesichter des Totalitarismus*, a.a.O., S. 279).

STICHWORT: Lenin und Stalin

Alexander Jakowlew (1923–2005, ZK der KPdSU, Politbüro, Berater Gorbatschows
seit 1987 und Jelzins seit 1990) vertritt in seiner Autobiografie die These von der Kontinuität des sowjetischen Terrorismus mit aller Entschiedenheit und schwerwiegenden
Argumenten. Wadim Rogowin vertritt die entgegengesetzte Auffassung: Er unter-
scheidet bis in Einzelheiten zwischen Lenin und Nachfolger Stalin, den er aus dem
Blickwinkel des Trotzkisten kritisiert. Der Schriftsteller und Historiker H.G. Wells
wiederum bezeichnet Lenin als einen »Träumer im Kreml«, womit er den Widerspruch zwischen Ideal- und Realfaktoren im Leben des Gründers anvisiert, während
David Shub (*Lenin*, New York 1949) bereits ohne eingehende Kenntnis der damals
streng gehüteten sowjetischen Quellen zu dem Urteil gelangt, die Politik des sowjetischen Führers habe »um die Achse der Gewalt rotiert«. Um die charakterologische
Dominante Lenins zu erfassen, zitiert Robert Payne (*Lenin und sein Tod*, München
1965) die Figur Schigalows aus Dostojewskis Dämonen: »Meine schließliche Folge-

rung steht in geradem Widerspruch zu der anfänglichen Idee. Nachdem ich von unbeschränkter Freiheit ausgegangen bin, komme ich zum Schluss zu unbeschränktem Despotismus.«

Lenin institutionalisierte den staatlichen Terror der zur Macht gekommenen Bolschewiki (Wolfgang Ruge, *Lenin, Vorgänger Stalins*, a.a.O., Kapitel: Lenin und der Terror, S. 215–251, hier S. 217). Die Kontinuität dieser Einrichtung bis zum Tode Stalins und Berias – mit Abschwächungen während der Zeit der NEP, dem Versuch der Erholung von Bürgerkrieg und Kriegskommunismus mit vorwiegend ökonomischen Mitteln, und unter Stalin Mitte der 30er-Jahre während der kurzen Hinwendung zum Westen und der Vorbereitung der Verfassung von 1936 – ist erwiesen, so sehr sich die Ideen, Charaktere und spezifischen Begabungen der beiden sowjetischen Führer im Übrigen auch unterscheiden mögen.

Der Intellektuelle Lenin aus der privilegierten Oberschicht, behaftet mit dem »urrussischen« (Ruge, S. 392) Widerspruch zwischen dem Glauben an den abstrakten Menschen und der Missachtung von Millionen Einzelleben bei der Realisierung seiner mythischen kommunistischen Doktrin, wies keine Verwandtschaft mit dem aus der Unterschicht stammenden »asiatischen« Kaukasier auf, der im Zuge seines Aufstiegs nur willenlose Kreaturen oder Feinde kannte, sich auch nur unter Mühen mit ideologischen Künsten herumschlug, stattdessen Staat und geformte Gesellschaft als Gegenstände persönlicher Macht betrachtete. Dieser »byzantinische« Zug (Ruge, S. 393) führte zu Exzessen, bewirkte andererseits jedoch die Entstehung der Schwerindustrie in megalomanisch anmutenden Fünfjahresplänen und eines militärischen Produktionskomplexes, der zur Voraussetzung für den Sieg im Zweiten Weltkrieg und der temporären Weltmachtrolle wurde. Stalin war der gesündere und erfolgreichere von beiden Führern, auch klug genug, die Legitimation in Wort und Schrift bei seinem Vorgänger zu suchen, den er in der ideologischen Kunstfigur des »Leninismus« erstarren ließ – der Begriff stammt aus dem Jahr 1923 –, sozusagen mumifizierte. Er beanspruchte ihn wie ein persönliches Eigentum gegen alle Konkurrenten mit Gewalt.

Obwohl bei näherem Hinsehen Abstriche an der von Jakowlew hervorgehobenen Aussage Stalins zu machen sind, er sei »ein treuer Schüler Lenins«, bestanden zwischen beiden keine schwerwiegenden Differenzen über die strategischen Fragen des Bolschewismus wie beispielsweise zwischen Stalin und Trotzki, letzten Endes auch nicht in der Nationalitätenfrage, der Staatsorganisation der Sowjetunion und der NEP. Auch der Umgang mit widrigen Gegebenheiten, wie der mehrheitlichen Ablehnung des Bolschewismus vor allem in den breiten bäuerlichen Schichten, bei den alten Kräften des Bürgertums und der Kirche wies große Ähnlichkeit auf. Beide verachteten die einst sanktionierten Räte (Sowjets) als bestimmende Glieder des revolutionären Aufbaus.

Lenin »erlitt« mit dem Desaster des polnischen Kriegs und des Verlustfriedens von Riga 1920/21 das Scheitern der Weltrevolution; Stalin schaltete ihr die neue Doktrin des »Sozialismus in einem Lande« fortschrittsdogmatisch vor – nicht ohne Lenins Eingeständnisse von 1922. Entgegen den Behauptungen Chruschtschows und schließlich Gorbatschows in der späten Perestroika, zwischen Lenin und Stalin habe sich eine unüberbrückbare Kluft aufgetan – Stalin sei »böse«, Lenin »gut« gewesen, »but hijackt by Stalin« (Pipes, *The Unknown Lenin*, a.a.O., Nachwort 1998, S. 180) –, ein reiner, kaum fehlbarer Pilgervater der Sowjetgründung, zu dem man zurückkehren müsse, hält selbst einfachen Beobachtungen und erreichbaren Dokumenten nicht stand. (Hierzu: Gellately, *Lenin, Stalin und Hitler*, a.a.O., S. 20f.)

Auch wenn man bei Machtbeziehungen nie von »einem Herz und einer Seele«
sprechen kann, war Stalin doch Lenins engster Vertrauter. Lenin schätzte ihn offenbar
sehr und gab ihm letztlich trotz aller »Grobheit« und »ungeheuren Macht« – als Generalsekretär seit 1922 – den Vorzug vor den Rivalen Sinowjew, Kamenew, Pjatakow
und Bucharin, selbst vor Trotzki, dem verdienten Kriegskommissar des Bürgerkriegs,
der als Feldherr, Gourmet und Würger der Geiseln und Deserteure im Panzerzug Russland durchkreuzt hatte und bei aller Brillanz nach Ansicht seines Chefs zu »bürokratisch« veranlagt war, während er von Politik keine Ahnung hatte (»hasn't got a clue«,
wie Richard Pipes formuliert).

Ob der Gründer Stalin wirklich schätzte und nicht einfach nur benutzte, ist eine Frage
für sich. In den ersten zehn Bänden seiner Werke hat er Stalin nicht erwähnt, in den folgenden nur selten. Dass es in den Beziehungen intrigant zuging, verwundert beim pyra-
midalen Aufbau der Macht, der sich nicht ändern sollte, und den fehlenden Regeln für
die Machtnachfolge niemanden. Während Stalin nichts unterließ, den schwerkranken
Führer – Schlaganfälle seit 1921 – von Informationen und Einflüssen abzuschirmen,
und bei dieser Kontrollarbeit nicht zimperlich sein durfte, suchte Lenin in mürrisch-
verzweifelten Endmonologen, denen man »testamentarischen« Charakter beimaß wie
dem im Dezember/Januar 1922/23 diktierten »Brief an den Parteitag« (W. I. Lenin,
Werke, Bd. 36, Berlin 1962, S. 577–582 u. 588–589), nachdrängende Kräfte niederzuhalten. Er wittert, die während seiner Erkrankung als Führung amtierende Troika
Stalin, Sinowjew und Kamenew wolle ihn von der Macht ausschließen und gefährde
durch ihre Frontstellung gegenüber Trotzki den Zusammenhalt der Partei.

Hätte ihm jedoch jedes Vertrauen zu Stalin gefehlt, würde er ausgerechnet den
Generalsekretär nicht ersucht haben, ihm Gift zu beschaffen, was dieser klugerweise
ablehnte (Gellately, a.a.O., S. 208). Die Aufforderung, Stalin »abzusetzen«, bedeutete realistischerweise, ihn »einzugrenzen«, Trotzki eine Mindestposition zu sichern
und mit der personellen Erweiterung des ZK die Arbeit des Politbüros zu verstärken.
Nichts gelang. Gellately kommt zu dem Schluss: Nach Ausschluss aller anderen Möglichkeiten war Stalin »der logische Nachfolger Lenins« (S. 20).

Mit der Flucht aller Stalin-Gegner zum »edelmütigen« Lenin sollte natürlich auch
die These von der Terror-Kontinuität entkräftet werden. Tatsächlich aber gab es, was
den umfassenden und rücksichtslosen Einsatz von Verfolgungsmitteln angeht, zwischen den Führern vollendete Harmonie. Es war nun einmal der musterhafte Lenin,
der das neue Regime mit den Morgengaben der Geheimpolizei, Konzentrationslager,
Säuberung und Zwangsexilierung der Intelligenz, Wissenschaftler, Schriftsteller und
Verleger – 224 allein 1922/23 in Richtung Deutschland – eben mit der Despotie aus-
stattete, die in Russland freilich eine reiche Tradition besaß. Auch der Personenkult
stand sozusagen wie ein Handschuh in der Luft – Stalin brauchte nur hineinzuschlüp-
fen. »Ohne Lenin kein Stalinismus, ohne Stalin kein Leninismus«, beschreibt Wolfgang Ruge den Nexus (Ruge, *Lenin, Vorgänger Stalins*, a.a.O., S. 182).

Lenin, so der linke Herold Dietmar Dath, war »der Intellektuelle, der ernst macht«
(Oktober 1917: »Lenins Coup«, in: *Frankfurter Allgemeine Zeitung*, 1. August 2007).
Man braucht nicht in den Konjunktiv zu setzen, dass Revolutionen grausam sind
oder keine sind. Bei den Verhältnissen in Russland von 1917 bis 1921, während der
zweiten Revolution, während Bürgerkrieg, Chaos und Hunger, musste die unbedingte
Machtpolitik auf terroristische Methoden rekurrieren, die auch von anderen Seiten
angewandt wurden und so ein Parallelogramm der sittlichen Kräfte (Theodor Plievier,

s. Kapitel IX. 3. Das Parallelogramm der sittlichen Kräfte) ergaben. Bei revisionistischen Historikern entsteht daraus ein wolkiges Geschichtsbild, das die »gesellschaftlichen Antriebsmomente« in den Mittelpunkt der Zweiten russischen Revolution stellt, die in Wirklichkeit aber die Machtergreifung einer Minderheit mit der diktatorischen Zentralfigur Lenins und ihrer höchstpersönlichen Entschlossenheit zu Gewaltlösungen war.

Dass es sich dabei nicht allein um »Not«, sondern um Neigung, extremen Machtwillen, um Zynismus besonderen Tiefgangs handelte, schien einer durchaus verbreiteten, auch in der Wissenschaft vertretenen Ansicht oder gar Überzeugung zu missfallen, die den Denkansatz des Sozialismus im Humanismus platziert und in Lenin die große intellektuelle Chimäre des 20. Jahrhunderts zu erkennen glaubt, obwohl der Idealismus leider auf mannigfache Weise verunglückte. Die Verteidigung Lenins verfehlt mühsam das Ziel, gibt sich jedoch immer wieder sprungbereit. Wer das Gegenteil behauptet und nachzuweisen sucht, stößt selbst bei der Vorlage dokumentierter Quellen auf Skepsis, viel mehr aber noch wegen ihrer »tendenziösen« Auslegung (die es natürlich auch gibt).

Musterfall ist der zitierte Richard Pipes: *The Unknown Lenin*. Die Arbeit enthält 123 Dokumente, die wegen der negativen Wirkung auf das Lenin-Bild sowie aus außenpolitischen Rücksichten 70 Jahre unter Verschluss gehalten wurden. Pipes erhielt Zugang zu den teilweise brutal rhetorischen Memoranden, Telegrammen und Befehlen an die verantwortliche Entourage durch das »Zentrum zur Aufbewahrung historisch-dokumentarischer Sammlungen« (auch »Sonderarchiv Moskau«), heute: »Russisches Staatsarchiv für sozial-politische Geschichte«. Da zumindest am dokumentarischen Teil der Veröffentlichung nichts auszusetzen war – abgesehen von der üblichen Anmerkung aller Missgelaunten, »viel Neues und Wichtiges« enthalte er nicht –, stürzten sich die Kritiker umso entschlossener auf die Interpretationen Pipes', auf die angebliche »Dämonisierung« Lenins.

Für authentisch, ja »unentbehrlich« beim Studium halten aber selbst Pipes-Verächter vier Dokumente: Erstens. Die ausführliche Rede Lenins über das militärische Desaster in Polen 1920/21 vor der IX. Kommunistischen Parteikonferenz im September 1922. Polen bedeutete einen »turning point for the World«, nämlich das Stopp-Signal für die Weltrevolution. Zweitens. Das Schreiben an Molotow vom März des Jahres über den rücksichtslosen Kampf gegen die Orthodoxe Kirche in Form von totaler Enteignung und der Exekution der Priester. Drittens. Die bisher unbekannte Billigung der alliierten Landung in Murmansk im Frühjahr 1918 durch Lenin und Stalin, um die noch vorhandene russische Militärausrüstung vor dem Zugriff der Deutschen zu schützen. Viertens. Die womöglich zufällige Bestätigung vom August 1918, die Bolschewisten hätten auch nach 1917 noch Geld von der deutschen Seite angenommen: »The Berliners will send some more money …«

Es gehört zum Bild Lenins, dass die Bewunderung und Verehrung, die ihm entgegengebracht wurden, quasireligiöse Züge aufwiesen. Übertreibend merkt Pipes an, die Vergöttlichung der römischen Kaiser verblasse gegenüber der Art, wie Lenin den Menschen aufgezwungen wurde (S. 181). Schon im Mai 1918 wurde er mit der Bezeichnung »Woschd« (Führer) beehrt, nach dem Attentat auf ihn im August 1918 ernannte Grigori J. Sinowjew, einer der engsten Gefolgsleute und mit Stalin und Kamenew Mitglied des Triumvirats zur Blockierung Trotzkis, Lenin zum »Führer von Gottes Gnaden«. Nach dem Tod 1924 sakralisierte Stalin, der Schüler des Tifliser

Priesterseminars, den in Kirchenrecht promovierten Lenin in »Litaneien mit kirchen-slawischer Harmonie« (Boris Souvarine, *Stalin. Anmerkungen zur Geschichte des Bolschewismus (1935)*, München 1980, S. 328 f.). Dahinter stand Stalins eigener er-habener Herrschaftsanspruch, der den Zeitzauber der Mumie und ihrer Dauerpräsen-tation im Mausoleum auf dem Roten Platz für sich zu nutzen suchte. Klaus-Georg Rie-gel (»Der Marxismus als ›politische Religion‹«, in: Gerhard Besier, Hermann Lübbe (Hg.), *Politische Religion und Religionspolitik. Zwischen Totalitarismus und Bürger-freiheit*, Göttingen 2005, S. 15–48) betrachtet den Bolschewismus als »politische Re-ligion« – als Methode der totalitären Demokratie, wie sie Max Weber in seiner Schrift »Protestantische Ethik und der Geist des Kapitalismus« (in: *Gesammelte Aufsätze zur Religionssoziologie*, Bd. 1, Tübingen 1972, S. 17–206, hier 116 f.) beschrieben hat.

In einigen Punkten, so Weber, haben die innerweltlichen Erlösungsdoktrinen phä-nomenologische Ähnlichkeiten mit monotheistisch-dogmatischen Hochreligionen, bei denen zu einem gewissen historischen Zeitpunkt immer auch Dogmatik und In-quisition aufmarschieren. Die Virtuosengemeinschaften – zu ihnen gehörte auch der französischen Jakobinismus – sind hierarchisch organisiert, beanspruchen exklusive Identifikation, Deutungsmonopol und »Reinheit«, bekämpfen Häresie, Zweifel und Zweifler, vernichten Glaubensfeinde. Menschen werden geformt, allerdings ohne Aspekte über das Leben hinaus, ohne Demut, ohne Liebe respektive Gerechtigkeit Gottes, ausschließlich in der Form der Unterwerfung und (temporär) der innerwelt-lichen Askese. Tscheka-Chef Dzierżyński wurde wegen einschlägiger Leistungen ohne jede Ironie als »Heiliger Henker« bezeichnet. Maxim Gorki verglich in seiner un-angepassten Zeit Lenin mit einem Metallurgen, der anstelle des Erzes die russische Arbeiterklasse einem »erbarmungslosen Experiment« unterziehe (zit. n. Rieger, S. 16) – als Lieblingsschriftsteller Lenins konnte er sich das herausnehmen, verlor aber unter Stalin das Leben. Parteisäuberungen, Verfolgungen von Feinden, Ketzerverfahren und eliminatorische Praktiken kennzeichnen den übergreifenden Entwicklungszug der Le-nin-Stalin-Zeit (s. auch Kapitel V. 2. Voyage à Moscou und das Gekröse des Terrors).

STICHWORT: Ukraine

Ein prominentes Beispiel des Kriegs gegen die Bauern bietet die Hungerkatastrophe – der Holodomor – in der Ukraine. Wie ein Riss geht es durch die Darstellungen, ob es sich dabei um einen Genozid handelte oder nicht. Die Orange Revolution von 2004 bemühte sich nach Kräften um eine internationale Anerkennung des Völkermords, weil die Zugehörigkeit zur Opfergesellschaft in gespaltenen Ländern integrierend wirkt – die Ukraine ist in den russischen orthodoxen Osten und den national-ukrai-nischen katholischen Westen geteilt – und damit die Legitimation der Unabhängigkeit von Russland stärken kann. Auf der Gegenseite stellte man sich den historischen An-klagen entschieden in den Weg. Seit die Wahrheit nicht mehr zu leugnen war – genauso wenig wie der Massenmord von Katyn –, verweigerte man dem Tod in der Ukraine die Exklusivität, indem man auf die geografische Breite der Not verwies – sicher nicht zu Unrecht, denn die Kasachen, Kaukasier und Bauern der Schwarzerdesteppen erlitten ein ähnliches Schicksal, suchen und zählen noch heute die Gräber, wenn es überhaupt welche gibt. So argumentierte auch der 2010 gewählte Nachfolger Präsident Juscht-schenkos, Wiktor Janukowytsch. Im Übrigen fehlt dem Begriff Genozid in Russland die authentische Klarheit. Noch wirkt nach, dass die sowjetische Propaganda in eingeübter Sprach- und Vorstellungsmanipulation darin etwas »Westliches« erkennen wollte, nämlich einen »Auswuchs des untergehenden Kapitalismus«.

Es war allerdings ausgerechnet der Generalsekretär der KPdSU, Nikita Chruschtschow, selbst Ukrainer, der die alte Verschleierung zerriss. In der berühmten Geheimrede vor dem XX. Parteikongress 1956 erklärte er, Stalin sei nicht in der Lage gewesen, 30 Millionen Ukrainer zu töten; er habe aber auch keine Gebiete gefunden, in die er sie hätte deportieren können. In der Drastik der Darlegung kommt zum Ausdruck, wie tief in Stalin und Molotow der Hass gegen die »separatistischen« Ukrainer bohrte. Erinnerungen an Weltkrieg und Bürgerkrieg schwärzten das Bild ein und die Moskauer Parteigrößen kopierten gehorsam den Abscheu des *Woschd*. Stalin war »urkainophob«. Das heißt nicht, dass er jeden einzelnen Ukrainer umbringen wollte. Es ging ihm nicht um rassische Reinheit, die das Individuum fokussiert, stattdessen um die Eliminierung des ukrainischen Nationalismus mit der kostengünstigen Methode des Hungers. Ziel war die Auslöschung der kulturellen und spirituellen Elite, der Autokephalen orthodoxen Kirche, die mit der bäuerlichen Welt eng verflochten war, selbst der kommunistischen Partei, also der Ukraine als politischer Faktor und sozialer Organismus (James E. Mace, »Soviet Man-Made Famine in Ukraine«, in: Samuel Totten, William S. Parsons, Israel W. Charny (Hg.), *Century of Genocide. Eyewitness Accounts and Critical Views*, New York NY u. a. 1997, S. 78–112; James E. Mace, »Famine and Nationalism in Soviet Ukraine«, in: *Problems of Communism* 33 (May–June 1984). Excerpts, S. 44–49; Manfred Sapper, Volker Weichsel, Agathe Gebert (Hg.), »Vernichtung durch Hunger. Der Holodomor in der Ukraine und der UdSSR«, in: *Osteuropa* 12 (2004), Themenheft).

Die Opferzahlen schwanken stark, fallen und steigen nach politischer Interessenlage, Ausrichtung und Zuverlässigkeitsgrad der Dokumentation. Begrenzt auf die Hungersnot 1931–1934 wird in seriösen Publikationen die Zahl von 3,5 Millionen Sterbefällen in der Ukraine, einer Million im Nordkaukasus, 500 000 im Wolgagebiet, 1,5 Millionen in Kasachstan genannt, in der Sowjetunion insgesamt sechs bis acht Millionen, gelegentlich weniger (Stefan Merl, »›Ausrottung‹ der Bourgeoisie und der Kulaken in Sowjetrussland«, in: *Geschichte und Gesellschaft*, 13 (1987), S. 368–381; Hildermeier, a. a. O., S. 400 f.). Der erste frei gewählte Präsident der Ukraine, Leonid Krawtschuk (1991–1994), sprach von fünf Millionen Opfern der Zwangskollektivierung und des Holodomor in seinem Land; Präsident Wiktor Juschtschenko (Orange Revolution) von zehn. Sein Argument: Bei der Volkszählung von 1937 hätten, verglichen mit der von 1926, zehn Millionen »gefehlt«. Die Ukrainische Akademie der Wissenschaften berichtet sogar von 13,5 Millionen, wobei, wie bei Juschtschenko, sogenannte demografische Verluste, d. h. Geburtenausfälle, veranschlagt wurden. Gunnar Heinsohn kommt in seinem *Lexikon der Völkermorde*, Hamburg 1998, auf sechs bis sieben Millionen Tote in der Ukraine: Hungeropfer zuzüglich Verluste durch Exekutionen, Deportationen, Vernachlässigung, vor allem medizinische, im GULag. (Hierzu: Robert W. Davies, Stephen G. Wheatcroft, *The Industrialisation of Soviet Russia*, Vol. 5: *The Years of Hunger: Soviet Agriculture 1931–1933*, London 2004; Robert Conquest, *The Harvest of Sorrow. Soviet Collectivization and the Terror-Famine*, New York 1986; als frühes Standardwerk: Jurij Borys, *The Sovietization of Ukraine 1917–1923. The Communist Doctrine and Practice of National Self-Determination*, Edmonton 1980.)

STICHWORT: Chruschtschow

Niktita Sergejewitsch Chruschtschow war in der Stalin-Ära nicht nur verwurzelt, sondern zutiefst in sie verstrickt, was er lange und kunstgerecht zu verhüllen verstand, nicht allein durch die »Geheimrede«, die sehr schnell bekannt wurde. Im Grunde war sie ein Schachzug zur Festigung seiner Macht. Man darf nicht vergessen, dass der »kleine Pinja«, wie Chruschtschow sich nannte – nach dem armseligen jüdischen Druckereiarbeiter aus der Erzählung »Der Talisman« des ukrainischen Prosaikers Wolodymyr Wynnytschenko, der wie ein Held starb –, auf dem Höhepunkt des Terrors als Erster Sekretär des Moskauer Parteikomitees die Prozesse und Erschießungen »frenetisch« unterstützt hat (Montefiore, Stalin, a.a.O., S. 221). Während des Ersten Schauprozesses bezeichnete er in der *Prawda* vom 23. August 1936 die Hauptangeklagten Kamenew und Sinowjew öffentlich als »elende Zwerge, die ihre Hände gegen den größten aller Männer, unseren weisen Führer, Genossen Stalin«, erhoben hätten. Der Stalin zuerkannte Begriff »Führer« (*Woschd*), den wir oft zitieren, stammt ebenfalls aus Chruschtschows Mund – wie erwähnt erstmals auf der Moskauer Parteikonferenz im Januar 1932 – nicht anders der Begriff »Stalinismus«. Auf dem Allunionskongress der Sowjets im November 1936 schlug er vor, die neue Konstitution »stalinistische Verfassung« zu nennen, denn sie sei der »Marxismus-Leninismus-Stalinismus« eines Sechstels der Erde.

Bereits beim XVII. Parteitag 1934, auf dem Stalins Karriere bedroht worden sein soll, meldete er dem »großen Führer des Sowjetvolkes« in einer Rede gehorsamst die Säuberung Moskaus von allerlei »unstalinistischem Gesindel«, womit nicht nur Kriminelle gemeint waren. Sein Wohlverhalten verhalf ihm ins ZK. 1937 plädierte er im Fall Tuchatschewski für die »Ausrottung der Verräterbande«, ihre »spurlose Vernichtung«. Von 36 Spitzenbeamten der Stadt Moskau überlebten drei, von 146 Parteisekretären zehn, von 63 Mitgliedern des Moskauer Parteiausschusses acht die Verfolgung. Anstatt der 35 000 »Volksfeinde«, die das Politbüro in Moskau kategorisierte, ließ Chruschtschow die Überquote von 41 000 festnehmen, von denen 8500 anstatt 5000 hingerichtet und 32 500 in Lager verbannt wurden. Als der Terror sich ein Jahr später zu erschöpfen begann, stand er an der Schwelle des Politbüros. Dort löste er Pawel Postyschew ab (erschossen) und wurde 1938 anstelle von Stanislaw Kossior (ebenfalls erschossen) Parteichef der Ukraine, wo unter seiner Ägide nur drei von 200 Mitgliedern des Zentralkomitees mit dem Leben davonkamen.

Um sein Engagement für das Terror-Regime zu verwischen, ließ er in die amtliche Parteigeschichte von 1959 einfügen, auf dem XVII. Parteitag habe es keinerlei oppositionelle Regungen gegen Stalin gegeben. Dies entsprach so wenig der Wahrheit wie seine Behauptung vom März 1963, er und seine Genossen hätten von dem Missbrauch, den Stalin mit der Macht getrieben habe, erst nach dessen Tod erfahren. Während seiner Zeit als Generalsekretär verschwieg er jedes Wissen über den breiten Massenterror von 1937/38, unterschlug auch seine führende Rolle in der Moskauer Troika, dem Dreiergericht zur Erfüllung der Erschießungsquoten, die er als Gebietssekretär »von Amts wegen« zu spielen hatte. In einem Gedenkartikel zum 30. Jahrestag des Parteitags von 1934 verbreitete der Parteihistoriker Lew Schaumjan, Sohn des Alt-Bolschewisten Stepan Schaumjan (1918 von den Briten erschossen), in der Prawda eine peinliche Gegendarstellung. Aus seiner persönlichen Erinnerung als Teilnehmer des XVII. Parteitags bestätigte er die Bemühungen oppositioneller Gruppen, Stalin vom Posten des Generalsekretärs abzulösen, an die sich Chruschtschow nicht erinnern wollte. Kirow, von dem man eine weniger brutale Politik erwartete, habe sich den Frondeuren verweigert, schrieb Schaumjan. Die »Enthüllung« steckte voller Hinweise, wie eng sich Chruschtschow seinerzeit an Stalin angelehnt hat. »Blut an den Händen« räumte er erst in seinen Memoiren ein. Zum wahren Grund der Stalin-Treue schreibt William Taubman in seiner exzellenten Biografie (*Khrushchev: The Man and his Era*, New York 2003), für den überaus schlauen Mann habe wie für andere Top-Funktionäre gegolten: Bis 1935, vielleicht 1936, sei es möglich gewesen, an Stalin zu glauben; danach zu spät, die Meinung zu ändern.

Die übergroße Mehrzahl der Delegierten des XX. Parteitag wusste wohl, dass Chruschtschow während der Kollektivierung seit 1928, in der Terror-Phase von 1936 bis 1938 und bei den Hinrichtungen und Deportationen nach der Teilung Polens 1939 zu den Exekutoren der Stalin-Politik zählte. Vorwürfe aus dem Plenum des Parteitags oder den Parteiorganisationen wurden ihm deswegen, soweit bekannt, nicht gemacht. Stattdessen herrschte eine Art Lähmung, die sich verstärkte, als er auf dem ZK-Plenum im Juni 1957 noch mehr Details über Stalins Terror preisgab, im Übrigen nachzuweisen suchte, die Großoperation gegen Kulaken und Kriminelle sei von Kaganowitsch, Molotow und Malenkow initiiert worden (Binner, Junge, »Wie der Terror ›groß‹ wurde«, a. a. O., S. 562). Seine Erwartung indes, das Sowjetsystem ließe sich durch die Verbreitung der Wahrheit über Stalin und das Verschweigen der eigenen Rolle »reinigen«, trog – die Gewalt gehörte nun einmal zur Konstitution aller Sowjetführer jener Zeit (Taubman). Anstatt aber für die eigenen Sünden kritisiert zu werden, erhielt der Generalsekretär Feuer von der anderen Seite. »Er bewarf uns mit Schmutz und steinigte uns«, lautete der Vorwurf der Stalin-Anhänger, die sich durch die »Geheimrede« desavouiert sahen. Ähnlich hatten sich schon Politbüromitglieder ausgelassen, als sie den Generalsekretär vor einem Referat über Stalin warnten. Da nützte es ihm nichts, dass er die »Wiederherstellung der leninschen Normen« beschließen ließ (Keine Genickschüsse mehr, Tod den »wirklichen Klassenfeinden«), am Fraktionsverbot Lenins vom X. Parteitag festhielt, Kritik am Terror gegen Sozialdemokraten und Sozialrevolutionäre vermied und 1957 schließlich erklärte, der Glaube an Stalin, das »Weinen« und die »Tränen« bei seinem Tod seien »aufrichtig« gewesen (Georg Scheuer, *Von Lenin bis …? Die Geschichte einer Konterrevolution*, Berlin 1957, S. 313 ff., 322, 345, Anm. 11).

Churchill, der sich kurz nach dem XX. Parteitag mit dem sowjetischen Führer in London traf, empfahl diesem, die Entstalinisierungskampagne aufzuhalten. »Man muss das Volk verdauen lassen, was Sie berichtet haben, sonst wird es sich gegen Sie wenden.« (Zit. n. Rogowin, 1937, a. a. O., S. 537) Der Brite war nicht der Einzige im Westen, den die Angst vor einem Machtwechsel in der Sowjetunion packte. Die Aufstände in Polen und Ungarn im Frühjahr respektive Herbst 1956 erschütterten Chruschtschows Machtposition. Tatsächlich haben sich die Sowjetunion und ihr reformistischer Führer von dem Schock der Enthüllungen über Stalin nie mehr erholt – sie wirkten delegitimierend. Von allen »Schachpartien im Dunkeln« (Taubman), die Chruschtschow liebte, war dies die riskanteste – nicht der Mauerbau 1961, den Präsident John F. Kennedy als vereinbar mit den amerikanischen Interessen ansah, und auch nicht die Kuba-Krise im Jahr darauf, in der Moskau gegen das Linsengericht von ein paar US-Raketen in der Türkei eine weltpolitische Bataille beendete.

Es gibt wenige Zeitgenossen, die Chruschtschows politischen Charakter genauer erkannt hätten als Mao Zedong. Dem chinesischen Führer ging es weder um die Terroropfer in der Sowjetunion noch um die Nebelschwaden in der Moskauer Partei, als er den bereits schwächelnden Chruschtschow im Februar 1964 vom Thron des Weltkommunismus stieß. Wütend über die Einstellung der sowjetischen Hilfe für die Atomrüstung und Industrieausrüstung 1959/60, über das Peitschen der Leiche Stalins und die Koexistenzpolitik gegenüber dem Westen bezeichnete Mao Chruschtschow als den »größten Sektierer, Krakeeler und Schurken« der Geschichte und stieß dann das Messer in dessen Seele: »Chruschtschow gibt sich abwechselnd hart und weich, bläst warm und kalt, redet einmal so, einmal so und besteht doch darauf, dass die Bruderparteien bei jeder Melodie nach seiner Pfeife tanzen, ohne zu wissen, warum und wieso.« Auch Stalin hatte, wie wir sahen, in den 20er-Jahren mit China und den Chinesen kein Glück gehabt, doch Chruschtschow verlor als »Revisionist« jeden Einfluss und zudem die asiatische Perspektive. Dies wäre Stalin vermutlich nicht passiert. Am 14. Oktober 1964 wurde Chruschtschow als Parteichef und Ministerpräsident von den Stalinisten gestürzt. (Hierzu auch: Helmut Altrichter, »Vom Karrieristen zum Kritiker des Stalinismus«, in: Helmut Altrichter (Hg.): *Persönlichkeit und Geschichte*, Erlangen, Jena 1997, S. 193–229; Donald Filtzer, *Die Chruschtschow-Ära: Entstalinisierung und die Grenzen der Reform in der UdSSR*, 1953–1954, Mainz 1995.)

Chruschtschow amtierte und »reformierte« in einer Zeit, in der einerseits die Verwüstungen zutage lagen, die der Terrorismus in Russland angerichtet hatte, andererseits der Sieg über die Deutschen Stalin wie ein Denkmalspanzer umgab. Der Weg von Stalin zurück zu den »Idealen« Lenins, den alle folgenden Führer von Chruschtschow bis Gorbatschow suchten, galt der Erhaltung des Sozialismus, der Rückkehr zum Licht, zur Legitimität der Revolution. Die Leugnung, dass es sich von 1917 bis 1938 um eine geschlossene, im Wesentlichen kontinuierliche Epoche handelte, erschien als rettender und zugleich schlauer Gedanke und wurde in zahlreichen westlichen Betrachtungen erleichtert übernommen.

STICHWORT: Graben im Gehirn

Gerd Koenen berichtet zu dem seltsamen Verfahren, der russische Neuroanatom und Neurophysiologe Semjon A. Sarkissow, Leiter des Moskauer Hirnforschungsinstituts, habe dem Politbüro respektive Stalin im Mai 1936 einen Abschlussbericht über die mehr als zehnjährige Untersuchung des Lenin-Hirns vorgelegt. Das Institut hatte zu Vergleichszwecken noch weitere »geniale« Sowjethirne gesammelt, in mikroskopische Präperate – im Falle Lenins in 30 000 Segmente – zerschnitten und analysiert, darunter die Gehirne von Majakowski, Lunatscharski, Bogdanow, Clara Zetkin und Henri Barbusse. Gemäß vergrößerter Pyramidenzellen, der Dicke der Zwischenhirnschichten und Anzahl der Hirnfurchen – Merkmale der Genialität – wurden Genialitätskoeffizienten zugeteilt. Lenin nahm die Spitzenposition ein – allein schon aus politischen Gründen. Durch den Nachweis höherer Gehirnqualität, so folgert Koenen, sollten die herrschende Partei und Klasse auch naturwissenschaftlich legitimiert werden – sozusagen als rechtmäßig herrschende Rasse-Klasse, wobei Lenin-Uljanow allerdings bürgerlicher Herkunft war. Der Autor spricht von Lenin als stilisiertem »Übermenschen« Russlands und als »Blaupause des neuen Menschen«. Auf diese Weise entstand auch eine Basis für die Höherzüchtung der Volksgehirne (Koenen, *Utopie der Säuberung*, a.a.O., S. 135, 137).

Später wurden die Gehirne Kirows, Kalinins, Gorkis und Stalins in die zerebrale Sammlung aufgenommen, doch trat nach dem Ende der Sowjetunion alsbald Ernüchterung ein. Nach der letzten Autopsie des Gehirninstituts aus dem Jahr 1994 besaß Lenin ein »vollkommen durchschnittliches Gehirn« (Figes, *Tragödie*, a. a. O., S. 851 f.). Der wissenschaftliche Anspruch des Untersuchungsverfahrens stellte sich als Polit-Flop heraus. Abgesehen davon wurde 2011 auch dringlich erwogen, das Lenin-Mausoleum am Roten Platz zu schließen. Die Anregung ging immerhin von der Kreml-Partei »Einheitliches Russland«, der Partei Putins aus. Danach soll nun auch der im letzten Willen Lenins enthaltene Wunsch in Erfüllung gehen, neben seiner Mutter in Petrograd (heute wieder Sankt Petersburg) begraben zu werden. Die noch lebenden Angehörigen äußerten sich im gleichen Sinne. Es sei unchristlich, heißt es, einen Verstorbenen öffentlich auszustellen. Ein christliches Begräbnis sei für einen großen Sünder wie Lenin wichtig. Es verbessere seine Chancen vor dem Jüngsten Gericht (Kerstin Holm, »Goodby Lenin«, in: Frankfurter Allgemeine Zeitung, 8. März 2011). Stalin hatte 1924 den letzten Willen Lenins übergangen, um mit der Einbalsamierung und Ausstellung der Leiche vorzuzeigen, dass der »Leninismus« lebe – und er ihn verwalte. Trotzki, Bucharin und Kamenew widersprachen seinerzeit, Trotzki sah in der Ausstellung – zunächst in einer Holz-Krypta, dann in einem Mausoleum aus Labradorstein und dunkelrotem Granit – eine Rückwendung zu christlichen Kulten, andere Kritiker Stalins eine Imitation »assyrischer Kulte« (Orlando Figes).

STICHWORT: Solschenizyn

Alexander I. Solschenizyn (1918–2008) hatte sich im Krieg – er diente als Artillerie-Offizier – abfällig über Stalin geäußert und war deswegen zu acht Jahren Lagerhaft verurteilt worden: von 1945 bis 1953, anschließend Verbannung in Kasachstan. »Ein Tag im Leben des Iwan Denissowitsch« schildert die Erniedrigung und Monotonie des Lagerlebens, nicht Folter und Grausamkeiten, von denen der GULag durchdrungen war, sondern die »Systemlüge«, wie der Autor hervorhebt. Diese Botschaft aus der Lagerwelt wurde nach der Rehabilitierung Solchenizyns in der Tauwetterperiode von 1962 mit Genehmigung des damaligen Partei- und Regierungschefs Nikita Chruschtschow in der Zeitschrift »Nowy Mir« publiziert und anschließend zum literarischen Welterfolg. 1964 jedoch drehte sich in der Sowjetunion schon wieder der Wind. Unter Breschnew wurde Solschenizyn 1969 wegen »antigesellschaftlichen Verhaltens« aus dem Schriftstellerverband ausgeschlossen. 1970 verzichtete er von sich aus auf die persönliche Entgegennahme des Literaturnobelpreises in Stockholm, weil er befürchtete, die sowjetischen Behörden würden ihm die Rückkehr verweigern, was tatsächlich einem Beschluss des Politbüros entsprach. Als dem KGB unter Juri Andropow 1973 Teile des noch unveröffentlichten Hauptwerks »Der Archipel Gulag« in die Hände fielen, erwog die sowjetische Führung, den Schriftsteller in den unerreichbaren arktischen Norden zu verbannen, entschloss sich dann aber zur Ausbürgerung und Ausweisung wegen »antisowjetischer Tätigkeit« und »Landesverrats«. Solschenizyn wurde am 14. Februar 1974 nach diplomatischer Vorbereitung ins Exil in die Bundesrepublik Deutschland ausgeflogen. Den größten Teil der Zeit bis zur Rückkehr nach Russland unter Putin 1994 verbrachte er in den USA.

Obwohl er zu den hochrangigen, geradezu symbolischen Opfern des Stalin-Regimes zählte, umranken Widersprüche seinen Ruf. Während *Ein Tag im Leben des Iwan Denissowitsch* in der Sowjetunion zur großen Sensation wurde, verursacht die Erzählung zusammen mit dem im Dezember 1973 in Paris erschienenen *Archipel Gulag* Verwüstungen in der westeuropäischen, vor allem französischen und italienischen linksintellektuellen Szene mit Auswirkungen auf die Wahlen und die Stärke der kommunistischen Parteien.

Ob Chruschtschow bewusst war, dass er den kommunistenfreundlichen westlich-mystischen Gott namens »Zeitgeist« schwer schädigte, indem er mit dem gefährlichsten Mann aus den eigenen Reihen, dem unerbittlichen Sowjetgegner Solschenizyn, einen Handel abschloss, überlebte ihn als Frage. Kurz zuvor hatte er dem Schriftsteller Boris Pasternak – Doktor Schiwago, 1957 erschienen in Mailand, 1958 Nobelpreis, 1988 erschienen in der Sowjetunion – unter dem Druck der Genossen jede Gunst verweigert. Breschnew ging nach dem Ende Chruschtschows 1964 dazu über, misstönende Literaten wegzuschließen oder in die Psychiatrie zu überweisen. Auch unter den westlichen Intellektuellen verstärkte sich der Eindruck, dass man mit dem konservativ-autoritären, orthodoxen, slawophilen, antisemitischen Sittenprediger Solschenizyn, der Menschenrechte für »nebensächlich«, Demokratie für gefährlich und den »freien Westen« für permissiv hielt, vielleicht doch auf den falschen Gegner Stalins gesetzt hatte. Solschenizyns Ruhm wird nicht so schnell vergehen – sein Werk und sein Geist sind indes schon halbwegs verweht.

STICHWORT: Opfergruppen und Zahlenschätzungen

Relativ stabil liegt die Zahl der Verhungerten in der Lenin-Zeit bei fünf Millionen (Orlando Figes, Barbara Green, Alexander Jakowlew, Bogdan Musial, Richard Pipes, Rudolph Joseph Rummel). Das Gleiche gilt für zwei Millionen Emigranten und für Geburtendefizite in den Verfolgungszeiten: 10 bis 14 Millionen, feststellbar anhand des Zensus von 1926 und 1937; zudem 100 000 bis 200 000 Juden. Gunnar Heinsohn rechnet dem Terror unter Lenin vier Millionen Todesopfer zu. Michael S. Voslensky geht davon aus, dass die Sowjetbevölkerung zwischen 1917 und 1923 um 13 Millionen zurückgegangen ist. Da der Geburtenzuwachs in dieser Zeitspanne 16 Millionen betrug, von denen infolge Emigration und Verlusten während des Bürgerkriegs 2,8 Millionen abzuziehen sind, betrug der Überschuss 13,2 Millionen. Mit der Abnahme der Bevölkerung um 13 Millionen starben in den sechs Jahren der Revolution, des Bürgerkriegs und des Terrors demnach insgesamt 26,2 Millionen Menschen. Die Rechnung ist nicht zufriedenstellend, da sie keine spezifischen Todesursachen ausweist, auch nicht die fünf bis sechs Millionen Hungeropfer von 1920–1922 als gesonderten Posten aufführt, obwohl sie zu einem hohen Anteil der Systempolitik zuzurechnen sind (Voslensky, *Sterbliche Götter*, a.a.O., S. 63 f.).

Die 20 Millionen Stalin-Opfer sind ein Mittelwert aus besonders hohen und niedrigen Schätzungen und einer Mehrzahl von 17 Berechnungen, auch russischen, nach Ende der Sowjetunion. So gehen beispielsweise Alexander Jakowlew, Roi Medwedew, Rudolph Joseph Rummel und Norman Davies für die Zeit von 1924 bis 1953, dem Todesjahr Stalins, von 35 bis 66 Millionen Säuberungstoten aus. Robert Conquest reduzierte die Zahl für 1930 bis 1953 von 30 auf 20 Millionen. Zbigniew Brzeziński,

Anton Antonow-Owsejenko, Roi Medwedew, John Heidenreich, Adam Hochschild, Tina Rosenberg, Stephane Courtois bleiben für die Jahre 1924 bis 1953 stabil bei 20 bis 25 Millionen, der Stalin-Biograf Dmitri Wolkogonow spricht für die Zeit zwischen 1929 und 1953 von 19,5 bis 22 Millionen, Gunnar Heinsohn von mindestens 20 Millionen. Die niedrigste Schätzzahl von Toten per Exekution und GULag (allerdings beschränkt auf die 30er-Jahre) bietet die NKWD-Dokumentation im Zentralen Staatsarchiv der Oktoberrevolution der USSR (TsGAOR), neuerdings Teil des Staatsarchivs der Russischen Föderation (GFRF). Dies stößt sogar auf Kritik von Forschern wie Steven Rosefielde, Wheatcroft und Davies, die für diesen Zeitraum von mindestens zehn Millionen und mehr Opfern ausgehen. Für die Jahre der Massenoperationen Ende der 30er-Jahre gibt es große Unterschiede bei der Schätzung der Festnahmen: Chruschtschow 19,8 Millionen (1935–1941), Owssejenko: 18,8; Conquest: 7; Medwedew 5-7; Wolkogonow 3,5-4,5; Dokumentation des NKWD 2,5; S. Plaggenborg 1,5 Mio., J. Arch Getty »einige Tausend«. Ähnlich schwankt die Zahl der Lagerhäftlinge: von 17 Millionen (Chruschtschow, 1935–41); 16 Millionen Lager- und Gefängnishäftlinge (Antonow-Ossejenko, Stichjahr 1938;) 7-8 (Conquest, 1937/38); 2,0 (NKWD) bis 1,3 Millionen (Schlögel 1937/38). Manfred Hildermeier weist darauf hin, dass trotz einer deutlichen Zunahme der Lagerinsassen 1938–42 die Zahl der »Eingänge« nach 1948 auf über 2,7 Millionen hochschnellte und sich bis 1953 dort hielt. Zwischen 1934 bis 1947 kam nach der NKWD-Rechnung laut Hildermeier die Addition aller Ab- und Zugänge in den Lagern auf 25 Millionen, während von 1929 bis 1953 gerechnet 18 Millionen Häftlinge die Tore passierten. Die Zahl der Zwangsarbeiter wird auf insgesamt 28,7 Millionen veranschlagt (Heller, Stacheldraht der Revolution, a.a.O., S. 617). In den Lagern starben pro Jahr 15 Prozent. Auf eine Million Häftlinge gerechnet wären dies in der Zeit zwischen 1937 und 1953: 150000 multipliziert mit 16 Jahren: 2,4 Millionen. Die Zahl der Exekutionen für die Terror-Jahre 1937/38 hat sich auf 680000 bis eine Million eingependelt (Conquest, R. Medwedew, NKWD, Plaggenborg, Schlögel). In diesen Jahren nähert sich der Anteil der Verurteilten (Tod oder Lager) der Gesamtzahl der Verhafteten (Pohl, »Nationalsozialistische und stalinistische Massenverbrechen«, a.a.O., S. 253 f.; Youngsok Kang-Bohr, *Stalinismus in der ländlichen Provinz. Das Gebiet Voronež 1934–1941*, (Diss.) Bochum-Essen 2005, S. 169 f.). Bei der von anderen Autoren gewählten Berechnungszeit von 1921 bis 1953 gehen die Ergebnisse weit auseinander. Auf die 19,8 Mio Festnahmen (1935 bis 1941) kommen bei Chruschtschow sieben Millionen Exekutionen. Die vorsichtig geschätzten 20 Millionen Säuberungstoten unter Stalin setzen sich aus Exekutionen, Opfer in den Lagern (politische und kriminelle), nicht registrierten Todesfällen, Verlusten bei Deportationen bzw. Transporten, unbehandelten Krankheiten, irgendwo ausgesetzten und vergessenen Häftlingen, Hunger-Opfern (soweit sie politisch zu verantworten sind) und fehlenden Angaben zum Beispiel bei ethnischen Deportationen zusammen.

LITERATUR: Dittmar Dahlmann, Gerhard Hirschfeld, *Lager, Zwangsarbeit, Vertreibung, Deportation 1935–1945*, Essen 1999; I. W. Dobrowolski, *Schwarzbuch GULAG. Die sowjetischen Konzentrationslager*, Graz 2002; J. Arch Getty, Gábor T. Rittersporn, Viktor N. Zemskov, »Victims of the Soviet Penal System in Pre-war Years: A first Approach on the Basis of Archival Evidence«, in: *American Historical Review*, 98/4 (October 1994), S. 1017–1049; Steven Rosefielde, »Documented Homicides«, a.a.O., S. 321–331; Steven G. Wheatcroft, »More Light on the Scale of Repression and excess Mortality in the Soviet Union in the 1930s«, in: *Soviet Studies*

42/2 (1990), S. 355–367; R. W. Davies, Mark Harrison, S. G. Wheatcroft, *The Economic transformation of the Soviet Union 1913–1945*, Cambridge, New York 1994, hier: S. G. Wheatcroft, R. W. Davies, *Population*, pp. 57–80; Wladislaw Hedeler, *Chronik der modernen Schauprozesse 1936, 1937 und 1938: Planung, Inszenierung und Wirkung*, Berlin 2003; Joël Kotek und Pierre Rigoulot, *Das Jahrhundert der Lager. Gefangenschaft, Zwangsarbeit, Vernichtung*, Berlin, München 2001; Catherine Merridale, *Night of Stone: Death and Memory in Twentieth-Century Russia*, New York, London 2002; Stephan Merl, »Das System der Zwangsarbeit und die Opferzahl im Stalinismus«, in: *Geschichte in Wissenschaft und Unterricht* 46/5-6 (1995), S. 277–305; Stefan Plaggenborg, »Gewalt im Stalinismus. Skizzen zu einer Tätergeschichte«, in: Manfred Hildermeier (Hg.), *Stalinismus vor dem Zweiten Weltkrieg: Neue Wege der Forschung*, München 1998, S. 193–208; Ralf Stettner, »Archipel GULag«, a. a. O.; Wehner, »Stalinistischer Terror«, a. a. O., S. 15–28.

STICHWORT: Stalin redivivus

Noch gibt es keine offiziöse Biografie über Stalin. Der Verlag Russische Politische Enzyklopädie bereitet eine einhundertbändige Reihe quellengestützter Publikationen namhafter russischer Historiker und übersetzter Standardwerke zur westlichen Stalinismusforschung vor. Dazu gehören auch Quelleneditionen, die in den vergangenen Jahren bereits erschienen sind, zum Beispiel eine siebenbändige Dokumentation zum stalinistischen GULag. Bei einer internationalen Konferenz über die Geschichte des Stalinismus im Dezember 2008 in Moskau, die russische und ausländische Wissenschaftler vereinte, beklagte der Direktor des Staatlichen Archives der Russischen Föderation, Sergey Mironenko, jedoch Restriktionen bei der Freigabe von Quellen und die Fülle der Sperrvermerke »geheim« (*Neue Zürcher Zeitung*, 15. Dezember 2008 unter dem Titel: »Fakten statt Mythen über den Stalinismus«). Daran hat sich bis heute nichts geändert.

Ein wichtiges Thema der Konferenz war die mythologisierende Behandlung Stalins als Nationalhelden, die in Schulbücher Eingang findet. Der Sieg im »Großen Vaterländischen Krieg«, die Weltmachtrolle der Sowjetunion und die Erfolge der Industrialisierung blenden den immensen menschlichen Preis aus, den Stalins Herrschaft gefordert hat – eine trotzige Reaktion auf die ruhmlose Implosion der sowjetischen Weltmacht 1989–1991, die das Opfer von Millionen russischer Soldaten ins Zwielicht setzt.

Tatsächlich ist es ziemlich unwahrscheinlich, dass Russland ohne Stalin und seine »harte Hand«, die Catherine Merridale in *Iwans Krieg*, a. a. O., beschreibt, den Krieg gewonnen hätte. Wenn Terror, Verfolgungen, in Listen festgehaltene Mordopfer des Kremlherrn demgegenüber zurücktreten, gibt das zwar zu denken, gehört aber zu den Reflexen ehemaliger Sieger, die nach der kurz bemessenen Weltmachtära nach dem Krieg glauben mögen, es habe sich um verlorene Siege gehandelt. Die Russen haben unter diesem Aspekt betrachtet nicht viel, woran sie sich festhalten können. Wie tief sich das unglückliche Geschick der Sowjetunion in das Denken eingegraben hat, zeigte die merkwürdige Aktion »Historische Wahl«, veranstaltet vom russischen Staatsfernsehen Rossija im Dezember 2008. Alle interessierten Bürger waren eingeladen, die wichtigste Person der russischen Geschichte zu ermitteln. So dubios das

Verfahren anmutet – es ist schon beachtlich, dass Stalin bei den Vorrunden unter den 4,5 Millionen abgegebenen Stimmen an erster Stelle lag und erst im Finale von Großfürst Alexander Newski, dem Nationalhelden und Heiligen des 13. Jahrhunderts, und Pjotr Stolypin, dem Premierminister und Reformer in der Zarenzeit, knapp überholt wurde. Ursprünglich waren 500 Kandidaten im Rennen. Von ihnen glänzte Stalin mit »Bronze«.

Opfer des Stalinismus haben in Russland keinen Platz, auch keinen historischen. Wladimir Putin besuchte 2007 zum ersten Mal die Erschießungsstätte von Butowo im Süden Moskaus. Auf dem Schießplatz wurden nach gesicherten Angaben vom 8. August 1937 bis zum 19. Oktober 1938 20761 Menschen getötet (Schlögel, *Terror und Traum*, a. a. O. S. 606). Am schlimmsten Tag, dem 28. Februar 1938, waren es 562, am ruhigsten Tag, dem 2. Juli 1938, war es ein Mensch. An den meisten Tagen gab es in Butowo 100 bis 160 Hinrichtungen. Im April 2010 ehrte Putin zusammen mit dem polnischen Ministerpräsidenten Tusk auch die Toten von Katyn. Von Gesten abgesehen, vertritt Putin, stellvertretend für den Großteil der gegenwärtigen Staatselite, die Meinung, Russland brauche sich für seine Vergangenheit »nicht zu entschuldigen«.

Im Dauerdisput darüber meldete sich bereits vor Jahren, aber unvergessen, ein russischer Philosophieprofessor namens Leonid Poljakow zu Wort. Mit pädagogischen Aufgaben betraut, äußerte er die bemerkenswerte These, es komme darauf an, »den Menschen eine glückliche Vergangenheit zu schaffen«. Er sagte dies in einem Gespräch mit Putin, der ihm beipflichtete und sich verbat, »unsere nationalen, unsere historischen Besonderheiten anzutasten«.

Geschichtsschöpfung im Dienst eines solchen Glücks ist reif, aus dem Geiste George Orwells oder H. G. Wells interpretiert zu werden. Im Grunde siegt politisches Interesse über die historische Wahrheit, auch um das Bemühen darum, mauert das Bewusstsein ein, verleiht der einmal festgezurrten Interpretation der Vergangenheit unrevidierbare, durch Strafandrohung geschützte Geltung. Überall, wo dies geschieht, ereignet sich zunächst nichts – bis das Zwangsgebäude eines Tages zu wanken beginnt und zusammenbricht. In Russland, das auf seine alten Grenzen zurückgegangen ist, mag eine Mehrheit Erleichterung darüber empfinden, dass Stalin virtuell wiederkehrt. Ein Schlächter, ja, aber auch ein Retter der entfernten Wirklichkeit und der Träume. Die Sehnsucht nach »glücklicher Vergangenheit« nimmt jeden Pfad, der sich auftut, und scheut die Selbsttäuschung nicht. Nach den Feiern allerdings kommt der graue Alltag. Die Gegenwart frisst die Requisiten der Geschichte auf, mit denen man die Illusionsbühne drapierte.

STICHWORT: Partisanen

Der leidenschaftliche Rundfunkaufruf des *Woschd* am 3. Juli 1941 zur Bildung von Partisanengruppen im Rücken des Feindes war militärisch gesehen durchaus vernünftig, angesichts einer besonderen Vorgeschichte jedoch nicht vollständig glaubwürdig. Denn erst 1937 hatte er ein seit den 20er-Jahren für den Fall neuer Konflikte mit Polen sorgfältig ausgebautes System der Partisanenbewegung im Westteil der UdSSR mit scheinbarer Willkür zerstört. Um den seltsamen Vorgang zu erklären, reicht der Hinweis auf den radikalen Wandel der sowjetischen Militärstrategie in den 30er-Jahren nicht aus. Es trifft zwar zu, dass die sowjetische Strategie unter der Inspiration Tuchatschewskis den Gedanken an Verteidigung und temporären Rückzug in die Tiefe des eigenen Landes nach dem Muster von 1812 zugunsten einer Offensive à outrance ins Feindesland (bei möglichst geringen eigenen Verlusten) aufgegeben hatte (s. Kapitel VIII. 1.).

Für Stalin selbst war jedoch nur ein Grund für die Auflösung der irregulären Streitmacht, ihrer Schulen und Depots maßgebend: Er roch förmlich die penetrante Zugluft der Freiheit des rhapsodischen Kriegerlebens, fürchtete Ungehorsam im verlorenen Hinterland, politische Sonderambitionen einer parallel operierenden Militärorganisation, anarchistische Impulse. Sie wollte er weder kreditieren noch akkreditieren. Dass der Instinkt Stalin nicht trog, zeigten die Partisanenbewegungen in der Ukraine, Weißrussland und dem Baltikum, die sich nach dem epochalen Sieg von 1945 über neun Jahre hinweg erbittert gegen das stalinistische Regime zur Wehr setzten.

Die Art der Kriegführung hatte also »böse Schule« gemacht und musste von den Roten Armee mit brachialer Gewalt niedergeschlagen werden. Dabei wurden, wie Stefan Creuzberger darlegt, 150 000 Partisanen getötet, 130 000 in Lager geschickt und 200 000 in die zentralasiatischen Sowjetrepubliken deportiert. Ein Strom von Blut und Elend, der sich regellos ergoss und vor allem die baltischen Staaten und den Westen der Ukraine für die Sowjetunion zu einem unsicheren Gelände machte (Creuzberger, *Stalin*, a. a. O., S. 164 f.).

Der fatale Fehler Stalins flackert in der Literatur nur gelegentlich auf (Alexander Hill, *Soviet Partisan vs German Security Soldier: Eastern Front 1941–44*, London 2019, Einleitung), so atemberaubend die militärischen Konsequenzen der partisanenmilitärischen Entblößung der Westrepubliken auch waren. Von den Regionen fielen nicht nur in Blitzesschnelle die Ketten der revolutionären Partei-Disziplin, Katastrophe und Todsünde in einem; man vergaß förmlich den Widerstand – der deutsche Aufprall riss das gesamte Sicherheitsglacis des Imperiums weg. Es lohnt daher zu fragen, was Stalin wirklich bewog, den seit den 20er-Jahren mit großem Aufwand errichteten Untergrundwall zu schleifen. Bogdan Musial findet in seiner detaillierten Darstellung über Mythos und Wirklichkeit der sowjetischen Partisanen darauf keine eindeutige Antwort (Bogdan Musial, *Sowjetische Partisanen. Mythos und Wirklichkeit, 1941–1944*, Paderborn 2009, S. 36 f.; Alexander Hill, *The War Behind the Eastern Front: The Soviet Partisan Movement in North-West Russia 1941–1944*, London, New York 2005). Eine naheliegende Erklärung bietet der Blick auf das rauchende polnische Schlachtfeld, das die Russen 1920 mit eingezogenem Kopf verließen. Für Stalin war es der Beginn einer dramatischen Wende in der Revolutionskonzeption. Damals wurde der Sozialismus in einem Land geboren. Zunächst ging es darum, das Bürgerkriegsmilieu aufzulösen, das in der engeren Umgebung Lenins, unter den »Kriegern«, ein romantisches Sediment gebildet hatte. Über 30 Jahre Krise und Ausnahmezustand, eingefleischtes Freund-Feind-Denken und ausgeprägte Partisanenmentalität hatten ein vermintes öffentliches Gelände geschaffen. Die Dauerkrise Russlands seit 1904, Kriegsverlust, Revolution, Zarenmord, Bürgerkrieg von 1918–1921, gescheitertes Polen-Abenteuer und Kronstadtrevolte (s. Kapitel V., Anm. 18) hatten eine ruchlose anarchische Freiheit hervorgebracht, in der der junge Stalin einst schwelgte und die er jetzt fürchtete. Während Koba – »Der Unbeugsame«, Dschugaschwilis erster nom de guerre in der Heimat in Anlehnung an die romantische Verbrecherfigur aus dem historischen Roman »Der Vatermord« von Aleksandre Qasbegi über die Zeit der Besatzung Georgiens unter den Zaren – im Kaukasus mit einer Fülle von Anschlägen und Banküberfällen Rache an den

Zaristen übte, sich in Tiflis und Baku als eine Art Verbindungsoffizier zwischen dem Kaukasischen Bolschewistischen Büro und den terroristischen Kolonnen, den Partisanen in den südlichen Gefilden, engagierte, die vor allem in der Revolution von 1905 zerstörerische Aktivität entfalteten, erwies sich der reüssierende Stalin nach der Oktoberrevolution als der größere Realist. Das Land befand sich, was Machtausübung, Bildung und Umgänglichkeit betraf, gewissermaßen auf »Kolonnen-Niveau«, außerhalb gefestigter politischer Ordnung. Stalin sah unter diesen Bedingungen keine Alternative zu Zwang, terroristischem Generationenwechsel und Liquidation all derer, die ihm unrettbar verdorben schienen. Er handelte vorausschauend, nicht paranoid, wie wir mehrfach betonten. Die Geschwindigkeit des Wandels setzte sich in hunderttausendfachen Tod um. Eine Partisanenarmee, geprägt vom Geiste altleninistischen Gründerpersonals, vertrug sich in keiner Hinsicht mit dem neuen Entwicklungsprogramm, sie war tödliches Gift für das moderne Russland. Esse delendam.

Bis die Organisation der Untergrundkämpfer wieder stand, verging nach Stalins Rede am 3. Juli 1941 fast ein Jahr und auch danach schwelten Konflikte zwischen Roter Armee und Partei um die Führung der Aktionen. Erst im Mai 1942 wurde der Zentralstab der Partisanenbewegung (CŠPD) gegründet, erst im Juli rückte die Partisanentaktik als Kapitel in die Felddienstordnung der Roten Armee auf, erst im September legte Stalin im Befehl Nr. 289 die Aufgaben der Partisanen fest, die so selbstverständlich klangen, dass sie an vielen Ohren vorbeigingen: Desorganisation des feindlichen Hinterlandes, Zerstörung der Nachschublinien, in erster Linie Schienenlogistik, Feindaufklärung für die Rote Armee.

Die Parolen fanden fruchtbaren Boden, als sich 1942/43 in den Besatzungsgebieten die Erkenntnis verbreitete, dass man die Stärke der Deutschen und die Verträglichkeit ihres Besatzungsregimes überschätzt hatte. Nach der Niederlage in Stalingrad Anfang 1943 erhielten die Partisanen merklichen Zustrom. Fest steht, dass die schon seit 1942 besser organisierten und ausgerüsteten Kämpfer dem deutschen Nachschub schwere Verluste zufügten. Hunderte von Kilometern Schienenstränge wurden gesprengt, der Transportverkehr für Tausende von Stunden unterbrochen, viele Hunderte wertvoller Lokomotiven und Waggons zerstört oder beschädigt. Am schwersten betroffen war der Heeresabschnitt Mitte um den Bezirk Minsk. Aber auch Aktionen gegen kollaborierende Landsleute nahmen mörderische Formen an.

Nicht nur in den Partisanengebieten, die allmählich zusammenwuchsen, wurde die unbeteiligte Bevölkerung zu Hilfs-, Spionage- und Waffendienst gepresst, im Weigerungsfall ermordet oder verschleppt. Bei allem Einsatz, allem Wagemut und jeder Form von Grausamkeit – zur übermächtigen Hydra entwickelte sich der Partisanenkrieg dennoch nicht. Der Krieg entschied sich an den Fronten. Hitler zeigte sich zeitweise besorgt, Stalin ließ das letzte Engagement vermissen. Sein Interesse an der Guerilla ging bis 1944, also bis zur Ziellinie des Sieges, über ein »gemäßigtes Interesse« (Musial, *Partisanen. Mythos und Wirklichkeit*, a. a. O., S. 175) nicht hinaus. Bei Großaktionen der Partisanen fehlte zudem immer irgendetwas – der Spezialist, die nötige Menge Sprengstoff, Zünder- und Funktechnik –, während die deutsche Seite immer raffiniertere und grausamere Taktiken und Techniken erfand, dem Feind den Erfolg zu verwehren. Würden die Zahlen der deutschen Verluste zutreffen, die von sowjetischer Seite nach dem Krieg publiziert wurden, hätte der Krieg spätestens 1943 enden müssen. Nach russischen Angaben hätten die Partisanen insgesamt 1,6 Millionen deutsche Soldaten, Offiziere usw. getötet.

»Die westliche Forschung«, schreibt Musial, hat diese Zahlen »zu keiner Zeit ernst genommen.« Demgegenüber geht man bei den Verlusten der deutschen Seite von 54 000 bis 57 000 aus. Die deutsche Seite gab 39 563 Tote an. Begrenzt auf Weißrussland waren nach deutschen Berichten 6000 bis 7000 Tote zu verzeichnen, nach sowjetischen 469 347, »ein Verhältnis von mindestens 1:67 bis 1:78. (Ebd., S. 290 ff.; Bogdan Musial, *Sowjetische Partisanen in Weißrussland. Innenansichten aus dem Gebiet Baranovici 1941–1944*, München 2004; Klaus Jochen Arnold, *Die Wehrmacht und die Besatzungspolitik in den besetzten Gebieten der Sowjetunion. Kriegführung und Radikalisierung im »Unternehmen Barbarossa«*, Berlin 2005, S. 477–480; Christian Gerlach, *Kalkulierte Morde. Die deutsche Wirtschafts- und Vernichtungspolitik in Weißrussland 1941–1944*, Hamburg 1999, S. 865 f.) Die Verluste im Partisanenkrieg lägen danach bei fast der Hälfte der Zahl der Deutschen, die sich zu Beginn des Kriegs in der Sowjetunion aufgehalten haben. Eine andere Angabe – wiederum aus nicht ausreichend verifizierter Quelle – klingt womöglich wirklichkeitsnäher: Die sowjetischen Partisanen töteten angeblich mehr eigene Landsleute als deutsche Soldaten (Rolf-Dieter Müller, *An der Seite der Wehrmacht. Hitlers ausländische Helfer beim »Kreuzzug gegen den Bolschewismus« 1941–1945*, Berlin 2010, S. 187).

STICHWORT: Neue Rekrutierungsquellen

Das deutsche Invasionsheer von ursprünglich drei Millionen Mann, auf den Sieg über Russland 1941 eingestellt, erwies sich für das Rekrutierungspotenzial, die natürliche, zähe Defensivqualität des Raumes und für die Schleusung des Nachschubs durch ein rasch größer werdendes Etappenland, in dem sich Partisanen ausbreiteten, als zu klein. Die Wehrmacht war auf zwei Drittel des im Osten eingesetzten Heeres geschrumpft, nach Kategorien der Kampfkraft ein Rückgang von 136 auf 83 Verbände (Schramm, *KTB OKW*, Bd. I., a. a. O., S. 1074).

Hitler begann, sich auf eine gewisse »Korrektur« seiner Ostpolitik einzulassen, vollzog aber keine entschlossene Wende. Die Gründe lagen auf der Hand und sie offenbarten samt und sonders Schwächen. Er bedurfte dringend neuer Rekrutierungsquellen. In der Folge wuchsen die deutschen Streitkräfte nur noch quantitativ. Gegen Hitlers ursprüngliche Absicht verwandelte sich die Wehrmacht in eine Koalitions- und Legionärsarmee von höchst unterschiedlichem Herkommen und Unterschieden in Regelausbildung und Taktik. Auf dem Höhepunkt des Kriegs war an der Ostfront schließlich jeder dritte Uniformträger auf deutscher Seite ein Ausländer, insgesamt bestand das, was Wehrmacht hieß, zusammengenommen aus 6,5 Millionen Mann. Mit der ersten Rekrutierungswelle kamen 2,5 Millionen Verbündete, unter anderem aus Italien, Finnland, Kroatien, Rumänien, Bulgarien und der Slowakei; Freiwillige aus Spanien, Vichy-Frankreich, Belgien, den Niederlanden und – seltsamerweise – wenige aus den »germanisch« genannten Ländern Dänemark, Norwegen und Schweden.

Die Truppen vermittelten zwar den Anschein des erwünschten europäischen Engagements, wurden von Hitler aber »eher lustlos und ohne große Erwartungen« begutachtet. Er gewährte den Staaten weder Spielraum, Mitbestimmung noch die Ehre von Bündnis- oder Koalitionsverträgen, aus denen besondere Hochachtung gesprochen hätte. »Hitler wollte im Osten freie Hand haben; er gab sich arrogant, übertrieben selbstsicher, misstraute allen ›Nicht-Germanen‹« (Gallately, *Lenin, Stalin und Hitler*,

a. a. O., S. 570). Der Nachteil der Koalition bestand darin, dass ein Teil der Kämpfer, beispielsweise Italiener und Vichy-Franzosen, nach einem Anmarsch mit Getöse und schweren Verlusten an der Front ihre Kontingente wieder zurückzogen und, was Italien, Rumänien, Bulgarien, sogar Finnland betraf, schließlich sogar die Fahne wechselten.

Der zweite Rekrutierungsfaktor war aus der Warte Hitlers unerwünscht, in den Augen Stalins indes hochgefährlich – wie eben alles, was die strengen Linien der Feindschafts-Parallele verließ: Gefangene und Freiwillige mit der Mentalität des Überläufers vor allem aus den sowjetischen Grenzrepubliken und den okkupierten baltischen Staaten, aber auch aus dem tiefen Russland machten sich als Frontkämpfer, Partisanenjäger, Sicherungstruppen für Schienenwege und Straßen, Orts- und Gemeindepolizisten, Wachmannschaften für Depots, Hilfspersonal für lokale Verwaltungen, Dolmetscher, Bau- und Arbeitskräfte bei den Militärkommandanturen, im Postdienst, last not least als Panjewagenfahrer für Transporte von Munition und Furage durch die Unwegsamkeit nützlich. Der russische Generalleutnant Andrej Andrejewitsch Wlassow, sowjetischer Heerführer mit Heldenprofil, stellte 1944 eine antibolschewistische »russische Befreiungsarmee« auf (Planvorgabe: Zehn Grenadierdivisionen, ein Panzerverband, Luftwaffe). Einsatz und Erfolg waren bescheiden. Immerhin fanden sich im Fortlauf des Kriegs anderthalb Millionen Sowjetbürger bereit, auf deutscher Seite gegen den Bolschewismus und Stalin zu kämpfen respektive den deutschen Krieg als Hilfskräfte zu unterstützen: 800 000 Russen, 250 000 Ukrainer (hierzu: Olesya Khromeychuk, »Ukrainians in the German Armed Forces During the Second World War«, in: *History. The Journal of the Historical Association*, Vol. 100, Issue 343 (2016), S. 704–724), 47 000 Weißrussen, 280 000 Kaukasier, 180 000 Letten, Esten, Litauer. Stalins Kolonnentrauma ging also voll in Erfüllung, während die ursprüngliche Mannschaftsstärke der deutschen Wehrmacht auf zweieinhalb Millionen sank und Hitler vom Germanenprinzip Schritt für Schritt Abstand nehmen musste (Müller, *Auf der Seite der Wehrmacht*, a. a. O., S. 242 f.). Festzuhalten bleibt: Ohne diese Millionensammlung von Soldaten, Deutschen wie Ausländern verschiedener Herkunft, ohne anderthalb Millionen verbündete Hilfswillige (Hiwis) wäre die Wehrmacht 1942 nicht bis zur Wolga und in den Kaukasus gelangt. Auch wäre es ihr nicht gelungen, nach Stalingrad die aufgeweichte Ostfront zu stabilisieren und den Krieg bis 1944 auf russischem Boden fortzusetzen. (Ebd., S. 225, 243 f.). Müller spricht sogar von 19 000 russischen Kombattanten auf deutscher Seite in der Wolgazentrale (S. 215).

BIBLIOGRAFIE

DOKUMENTE UND QUELLENSAMMLUNGEN

Akten zur deutschen auswärtigen Politik (ADAP), Serie D, Bd. I, VI, VII, XIII, XI.

Akten zur deutschen auswärtigen Politik (ADAP), Serie C, Bd. II.

Anger, Walter, *Das Dritte Reich in Dokumenten. Sammlung Res publica.* Band 7, Frankfurt am Main 1957.

Bund-Verlag (Hg.), *Chruschtschow rechnet mit Stalin ab. Wortlaut der Rede Chruschtschows auf der Geheimsitzung des XX. Moskauer Parteitags am 25. Februar 1956,* Frankfurt am Main 1956.

Bürgin, Hans, Mayer, Hans-Otto, *Die Briefe Thomas Manns 1934–1943 Regesten und Register,* Bd. 2, Frankfurt am Main 1980.

Churchill Archive for Schools, London 2020, http://www.churchillarchiveforschools.com

Der Prozeß gegen die Hauptkriegsverbrecher vor dem Internationalen Militärgerichtshof, Nürnberg 14. November 1945–1. Oktober 1946, Bd. 38, Nürnberg 1949.

Die Geheimakten des französischen Generalstabs, Auswärtiges Amt, (Nr. 6), Berlin 1941 (auch: Archiv Edition 1995).

Die Geheimrede Chruschtschows. Über den Personenkult und seine Folgen. Rede des Ersten Sekretärs des ZK der KPdSU, Gen. N. S. Chruschtschow, auf dem XX. Parteitag der Kommunistischen Partei der Sowjetunion, 25. Februar 1956, Berlin 1990.

Die Beziehungen zwischen Deutschland und der Sowjetunion 1939–1941. Dokumente des Auswärtigen Amtes, Tübingen 1949.

Diplomatic Documents (1938–1939), (Also known as *The French Yellow Book), Papers relative to the events and negotiations which preceded the opening of hostilities be-tween Germany on the one hand, and Poland, Great Britain and France on the other hand. Electronic version by permission of the French Government,* in: http://www.ibiblio.org/pha/fyb/fyb-preface.html

Domarus, Max, *Hitler. Reden und Proklamationen 1932–1945,* Bd. 3, Leonberg 1988.

Domarus, Max, *Hitler. Reden und Proklamationen 1932–1945,* Bd. 4, Leonberg 1988.

Fabry, Philipp W., *Die Sowjetunion und das Dritte Reich. Eine dokumentierte Geschichte der deutsch-sowjetischen Beziehungen 1933–1941,* Stuttgart 1971.

Foreign Relations of the United States Diplomatic Papers (FRUS), 1938, General, Vol. I, Washington 1955.

Fröhlich, Elke (Hg.), *Die Tagebücher von Joseph Goebbels, Teil I, Bd. 7* (Juli 1939– März 1940), München 1998.

Halder, Franz, *Kriegstagebuch, Tägliche Aufzeichnungen des Chefs des Generalstabs des Heeres, 1939–1942, Bearbeitet von Hans-Adolf Jacobsen,* KTB Bd. 1, Stuttgart 1962.

Halder, Franz, *Kriegstagebuch, Tägliche Aufzeichnungen des Chefs des Generalstabs des Heeres, 1939–1942, Bearbeitet von Hans-Adolf Jacobsen*, KTB Bd. 2, Stuttgart 1963.

Halder, Franz, *Kriegstagebuch, Tägliche Aufzeichnungen des Chefs des Generalstabs des Heeres, 1939–1942, Bearbeitet von Hans-Adolf Jacobsen*, KTB Bd. 3, Stuttgart 1964.

Hill, Leonidas E. (Hg.), *Die Weizsäcker-Papiere 1933–1950*, Frankfurt am Main, Berlin 1974.

Hitlers politisches Testament. Die Bormann-Diktate vom Februar und April 1945, Hamburg 1981.

»Hitlers Aufruf an die ›Soldaten der Ostfront‹ vom 22. 6. 1941«, in: Ueberschär, Gerd, Wette, Wolfram (Hg.), *Der deutsche Überfall auf die Sowjetunion. »Unternehmen Barbarossa 1941«*, Frankfurt am Main 2011, S. 265–269.

Hofer, Walther, *Die Entfesselung des Zweiten Weltkrieges*, Berlin 2007.

Hubatsch, Walther (Hg.), *Hitlers Weisungen für die Kriegführung 1939–1945*, München 1965.

Huber, Ernst Rudolf (Hg.), *Dokumente zur Deutschen Verfassungsgeschichte*, 5 Bde., Stuttgart, Berlin, Köln 1978–1997.

Jochmann, Werner (Hg.), *Adolf Hitler, Monologe im Führerhauptquartier 1941–1944. Die Aufzeichnungen von Heinrich Heims*, Hamburg 1980.

Khruschev's Strategy and its Meaning for America, A Study presented by the Subcommittee on the Judiciary United States Senate, Washington/D.C. 1960.

Kotze, Hildegard von (Hg.), *Heeresadjutant bei Hitler 1938–1943. Aufzeichnungen des Majors Engel*, Stuttgart 1974.

Kotze, Hildegard von, Krausnick, Helmut (Hg.), *Es spricht der Führer. 7 exemplarische Hitler-Reden*, Gütersloh 1966.

Laufer, Jochen, Kynin, G. P., Knoll, Viktor (Hg.), *Die UdSSR und die deutsche Frage, 1941–1948: Dokumente aus dem Archiv für Aussenpolitik der Russischen Föderation*, Berlin 2004.

Moll, Martin (Hg.), *»Führer-Erlasse« 1939–1945*, Stuttgart 1997.

Michaelis, Herbert, Schraepler, Ernst (Hg.), *Ursachen und Folgen. Vom deutschen Zusammenbruch 1918 und 1945 bis zur staatlichen Neuordnung Deutschlands in der Gegenwart. Eine Urkunden- und Dokumentensammlung zur Zeitgeschichte. Bd. 6, Die Weimarer Republik. Die Wende der Nachkriegspolitik 1924–1928*, Berlin 1961.

Picker, Henry, *Hitlers Tischgespräche im Führerhauptquartier*, Berlin 1997.

Reichstagsrede vom 28. April 1939 – *Der Führer Antwortet Roosevelt*, in: https://de.scribd.com/document/102736160/Der-Fuehrer-Antwortet-Roosevelt-Reichstagsrede-Vom-28-April-1939-44-S-Text;

Roosevelt, Elliot (ed.), *F.D.R. His personal letters*, New York 1947.

Roosevelt, Franklin D., *The Public Papers and Adresses of Franklin D. Roosevelt*, Vol. 10, New York 1938–1950.

Roosevelt, Franklin D., Fireside Chat 9, On *»Court-Packing«*, March 9. 1937, in: University of Virginia (UVA), Miller Center (Hg.), https://millercenter.org/the-presidency/presidential-speeches/march-9-1937-fireside-chat-9-court-packing

Roosevelt, Franklin D., *»Letter from Franklin D. Roosevelt to Roger B. Merriman, 15 February 1939«*, in: Massachusetts Historical Society (MHS), From the Merriman family papers, https://www.masshist.org/database/viewer.php?item_id=1842

Roosevelt, Franklin D., Fireside Chat 14, September 3, 1939, *»On the European War«*, in: University of Virginia (UVA), Miller Center (Hg.), https://millercenter.org/the-presidency/presidential-speeches/september-3-1939-fireside-chat-14-european-war

Roosevelt, Franklin D., *»President Roosevelt's Broadcast of July 18«*, in: Royal Institute of International Affairs (Hg.), *Bulletin of International News*, Vol. 17, No. 15, Jul. 27, 1940, S. 933–935.

Roosevelt, Franklin D., Fireside Chat 17, *»On An Unlimited National Emergency«*, May 27, 1941, in: University of Virginia (UVA, Miller Center (Hg.), https://millercenter.org/the-presidency/presidential-speeches/may-27-1941-fireside-chat-17-unlimited-national-emergency

Russisches Zentrum für die Archivierung und Erforschung von Dokumenten zur Neuesten Geschichte/Ostasiatisches Seminar der Freien Universität Berlin/Institut für den Fernen Osten der Russischen Akademie der Wissenschaft (Hg.): RKP (b), *Komintern und national-revolutionäre Bewegung in China*, Dokumente, Band I, 1920–1925, Paderborn 1996.

Schramm, Percy Ernst (Hg.), *Kriegstagebuch des Oberkommandos der Wehrmacht*, KTB OKW, Bd. I: 1940/41, Frankfurt am Main 1965.

Schramm, Percy E. (Hg.), *Kriegstagebuch des Oberkommandos der Wehrmacht*, KTB OKW, Bd. 4, Zweiter Halbband, 1944/1945, Bonn o.J.

Stalin, J.W., *»Kurzfassung der Rede des Genossen Stalin vor den Absolventen der Akademie der Roten Armee im Kreml am 5. Mai 1941«*, in: www.1000dokumente.de/index.html?c=dokument_ru&dokument=0028_kre&object=translation&st=&l=de

Steitz, Walter (Hg.), *Quellen der deutschen Wirtschafts- und Sozialgeschichte in der Zeit des Nationalsozialismus*, Teilband 2: *Kriegswirtschaft*, Darmstadt 2000.

»Überlegungen des Generalstabs der Roten Armee zum Plan eines strategischen Aufmarschs der Streitkräfte der UdSSR für den Fall eines Kriegs gegen Deutschland und seine Verbündete«, in: www.1000dokumente.de/index.html?c=dokument_ru&dokument=0024_zuk&object=translation&l=de (Unterstreichungen im Originaltext).

University of Virginia (UVA), Miller Center (Hg.), *Presidential Speeches*, https://millercenter.org/the-presidency/presidential-speeches

U.S., Department of State, Publication 1983, *Peace and War: United States Foreign Policy, 1931–1941*, Washington/D.C. 1943.

Versailler Vertrag, abgedruckt im Reichs-Gesetzblatt Jg. 1919, Nr. 140, ausgegeben zu Berlin, den 12. August 1919; http://www.documentarchiv.de/wr/vv.html

Weinberg, Gerhard L. (Hg.), *Hitlers Zweites Buch. Ein Dokument aus dem Jahr 1928*, Stuttgart 1961.

MONOGRAFIEN UND TAGEBÜCHER

Afflerbach, Holger, *Falkenhayn. Politisches Denken und Handeln im Kaiserreich*, München 1996.

Albertini, Rudolf von, *Frankreich und Demokratie in Frankreich. Die Diskussion von der Restauration bis zur Résistance*, Freiburg, München 1957.

Alexander, Martin S., *The Republic in Danger: General Maurice Gamelin and the Politics of French Defence, 1933–1940*, New York 1992.

Alexopoulos, Golfo, *Illnes and Inhumanity in Stalin's Gulag*, New Haven 2017.

Altrichter, Helmut, Bernecker, Walther L., *Geschichte Europas im 20. Jahrhundert*, Stuttgart 2004.

Aly, Götz, *Hitlers Volksstaat. Raub, Rassenkrieg und nationaler Sozialismus*, Frankfurt am Main 2005.

Aly, Götz, *Volkes Stimme. Skepsis und Führervertrauen im Nationalsozialismus*, Frankfurt am Main 2006.

Anderson, Fred/Cayton, Andrew, *The Dominion of War*, New York 2005.

Antonow-Owsejenko, Anton, *Stalin. Porträt einer Tyrannei*, München 1983.

Applebaum, Anne, *Der GULag*, München 2003.

Arnold, Klaus Jochen, *Die Wehrmacht und die Besatzungspolitik in den besetzten Gebieten der Sowjetunion. Kriegführung und Radikalisierung im »Unternehmen Barbarossa«*, Berlin 2005.

Avrich, Paul, *Kronstadt 1921*, Princeton 1991.

Baberowski, Jörg, *Der Rote Terror – Geschichte des Stalinismus*, München 2003.

Baberowski, Jörg, *Verbrannte Erde. Stalins Herrschaft der Gewalt*, München 2012.

Baberowski, Jörg/Doering-Manteuffel, Anselm, *Ordnung durch Terror. Gewaltexzesse und Vernichtung im nationalsozialistischen und stalinistischen Imperium*, Bonn 2006.

Badiou, Alain, *Das Jahrhundert*, Zürich 2006.

Bagehot, Walter, *The English Constitution*, Oxford 2001 (1867).

Bagnall, Nigel, *Rom und Karthago: Der Kampf ums Mittelmeer*, Berlin 1995.

Baker, Nicholson, *Menschenrauch – wie der Zweite Weltkrieg begann und die Zivilsation endete*, Reinbek 2009.

Barker, Elisabeth, *British Policy in South-East Europe in the Second World War*, London 1976.

Bauman, Zygmunt, *Moderne und Ambivalenz. Das Ende der Eindeutigkeit*, Hamburg 2005.

Bayerlein, Bernhard H. (Hg.), Georgi Dimitroff, *Tagebücher 1933–1943*. Bd. I, Berlin 2000.

Beevor, Antony, *Der spanische Bürgerkrieg*, München 2006.

Bender, Peter, *Weltmacht Amerika und das neue Rom*, Stuttgart 2003.

Benoist-Méchin, Jaques, *Der Himmel stürzt ein. Frankreichs Tragödie 1940*, Düsseldorf 1958.

Berber, Friedrich, *Zwischen Macht und Gewissen*, München 1986.

Berida, François (Hg.), *La stratégie secrète de la drôle de guerre, Sept. 39 – avril 40*, Paris 1979.

Besymenski, Lew, *Stalin und Hitler. Das Pokerspiel der Diktatoren*, Berlin 2002.

Bieber, Hans-Joachim, *SS und Samurai: Deutsch-japanische Kulturbeziehungen 1933–1945*, Monographien aus dem Deutschen Institut für Japanstudien, München 2014.

Bierschenk, Theodor, *Die deutsche Volksgruppe in Polen 1934–1939*, Kitzingen 1954

Blair, Clay, *Der U-Boot-Krieg: Die Jäger 1939–1942*, München 1998.

Blair, Clay, *Die Gejagten 1942–1945*, München 1999.

Bloch, Marc, *Die seltsame Niederlage: Frankreich 1940. Der Historiker als Zeuge*, Frankfurt am Main 1995.

Böhme, Hermann, *Der deutsch-französische Waffenstillstand im Zweiten Weltkrieg: Entstehung und Grundlagen des Waffenstillstandes von 1940*. (Veröffentlichungen des Instituts für Zeitgeschichte. Quellen und Darstellungen zur Zeitgeschichte. Nr. 12.), Stuttgart 1966.

Bollinger, Martin J., *Stalin's slave ships: Kolyma, the Gulag fleet, and the role of the West*, Westport/CT 2003.

Borys, Jurij, *The Sovietization of Ukraine 1917–1923. The Communist Doctrine and Practice of National Self-Determination*, Edmonton 1980.

Boston, Scott, *Through the Furnace of War. The Evolution of Soviet Tank and Mechanized Forces in the Second World War*, o. O., 2003.

Brecher, Michael, *Nehru. Eine politische Biographie*, Stuttgart 1963.

Bullock, Alan, *Hitler. Eine Studie über Tyrannei*, Düsseldorf 1957.

Burckhardt, Carl J., *Meine Danziger Mission*, München 1960.

Burckhardt, Jacob, *Weltgeschichtliche Betrachtungen*, Stuttgart 1978.

Butler, James R. M., *Grand Strategy*, vol. 2, Sept. 1939–June 1941, *History of the Second World War*, London HMSO 1957.

Campion, Nicholas, *The Great Year: Astrology, Millenarianism, and history in the Western Tradition*, Harmondsworth 1994.

Cannadine, David, *Winston Churchill. Abenteurer, Monarchist, Staatsmann*, Berlin 2005.

Canetti, Elias, *Masse und Macht*, Hamburg 1960.

Carrère d'Encausse, Hélène, *Lenin*, München 2000.

Cartier, Raimond, *Der Zweite Weltkrieg*, Bd. 1 1939–1942, München 1967.

Castello, John/Hughes, Terry, *Atlantikschlacht. Der Krieg zur See 1939–1945*, Augsburg 2000.

Cave, Nigel, *Battleground Europa Series*, Barnsley, South Yorkshire 1990.

Chang, Jung/Halliday, Jon, *Mao – das Leben eines Mannes, das Schicksal eines Volkes*, Berlin 2005.

Chang, Jung/Halliday, Jon, *Mao: The Unknown Story*, London 2005.

Charmley, John, *Churchill. The End of Glory: A Political Biography*, London 1993.

Chlewnjuk, Oleg W., *Das Politbüro. Mechanismus der politischen Macht in der Sowjetunion der dreißiger Jahre*, Hamburg 1998.

Chlewnjug, Oleg W., *Stalin. Eine Biographie*, München 2015.

Churchill, Winston S., *The Second World War*, Vol. I, *The Gathering Storm*, London 2005.

Churchill, Winston S., *The Second World War*, Vol. II, *Their Finest Hour*. London 1949.

Churchill, Winston S., *Der Zweite Weltkrieg*, Bern, München, Zürich 1960.

Ciano, Graf Galeazzo, *Tagebücher 1939–1943*, Bern 1947.

Clements, Jonathan, *Mannerheim. President, Soldier, Spy*, London 2009.

Cohn, Rufus Colin, *Das Ringen um das Tausendjährige Reich – Revolutionärer Messianismus im Mittelalter und seine Fortsetzung in den modernen totalitären Bewegungen*, München/Bern 1961.

Colville, John, *Downingstreet Tagebücher 1939–1945*, Berlin 1988.

Conquest, Robert, *The Arctic Death Camps*, New York 1978.

Conquest, Robert, *The Harvest of Sorrow. Soviet Collectivization and the Terror-Famine*, New York 1986.

Conquest, Robert, *The Great Terror: A Reassessment*, London 1973, revised edition, London 1990.

Conquest, Robert, *Kolyma: The Arctic Death Camps*, London 1978.

Conquest, Robert, *The Dragons of Expectation. Reality and Delusion in the Course of History*, New York 2006.

Coox, Alvin D. and Conroy, Hilary (Hg.): *China and Japan: search for balance since World War I.*, Santa Barbara/CA and Oxford 1978.

Coox, Alvin D./Conroy, Hilary (Hg.), *China and Japan: search for balance since World War I.*, Santa Barbara/CA, Oxford 1978.

Costigliola, Frank, *Roosevelt's Lost Alliances. How Personal Politics helped start the Cold War*, Princeton 2012.

Coulondre, Robert, *Von Moskau nach Berlin 1936–1939. Erinnerungen des französischen Botschafters*, Bonn 1950.

Cramb, J. A., *The Origines and Destiny of Imperial Britain*, London – New York 1900, Reprint 2010.

Crémieux-Brilhac, Jean-Louis, *Les Français de l'an 40, Tome I. La Guerre Oui ou Non?*, Bd. II. *Ouvriers et Soldats*, Paris 1990.

Creuzberger, Stefan, *Stalin. Machtpolitiker und Ideologe*, Stuttgart 2009.

Creuzberger, Stefan, Lindner, Rainer (Hg.), *Russische Archive und Geschichtswissenschaft. Rechtsgrundlagen – Arbeitsbedingungen – Forschungsperspektiven*, Frankfurt am Main 2003.

Creveld, Martin van, *Kampfkraft – Militärische Organisation und Leistung 1939–1945*, Graz 2005.

Croly, Herbert, *The Promise of American Life*, New York 1964 (1909).

Crowe III, Fletcher Standever, *The Soviet Union and the Turkish Straits, 1933–1945*, (Diss.) Ann Arbor/MI 1974.

Dahlmann, Dittmar/Hirschfeld, Gerhard, *Lager, Zwangsarbeit, Vertreibung, Deportation 1935–1945*, Essen 1999.

Dahm, Georg/Delbrück, Jost/Wolfrum, Rüdiger, *Völkerrecht*, Bd. I/3, *Die Formen des völkerrechtlichen Handelns; Die inhaltliche Ordnung der internationalen Gemeinschaft*, Berlin 2002.

Dahms, Hellmuth Günther, *Geschichte des Zweiten Weltkriegs*, München – Berlin 1983.

Dallek, Robert, *Franklin D. Roosevelt and American Foreign Policy 1932–1945*, New York, Oxford 1995.

Dallek, Robert, *John F. Kennedy. Ein unvollendetes Leben*, München 2003.

Dallin, David J./Nikolaevsky, Boris, *Arbeiter oder Ausgebeutete? Das System der Arbeitslager in Sowjet-Russland*, München 1948.

Daniels, Robert V., *Das Gewissen der Revolution – Kommunistische Opposition in Sowjetrussland*, Köln 1962.

D'Aveni, Richard A., *Hypercompetition: Managing the Dynamics of Strategic Maneuvering*, New York 1994.

Davies, Norman, *White Eagle, Red Star. The Polish-Soviet War 1919–20 and the »miracle on the Vistula«*, London 2003.

Davies, Joseph E., *Als US-Botschafter in Moskau. Authentische und vertrauliche Berichte über die Sowjetunion bis Oktober 1941*, Zürich 1941.

Davies, Robert W./Wheatcroft, Stephen G., *The Industrialisation of Soviet Russia*, Vol. 5: *The Years of Hunger: Soviet Agriculture 1931–1933*, London 2004.

Davies, R. W./Harrison, Mark/Wheatcroft, S. G., *The Economic transformation of the Soviet Union 1913–1945*, Cambridge, New York 1994.

Deroc, Milan, *British Special Operations Explored: Yugoslavia in Turmoil 1941–1943 and the British Response*, New York 1988.

Deutscher, Isaac, *Stalin. Eine politische Biographie*, Stuttgart 1962.

Diehl, Günter, *Zwischen Politik und Presse*, Frankfurt am Main 1994.

Diggins, John, *Mussolini and Fascism: The View From America*, Princeton 1972.

Dilks, David (Hg.), *The Diaries of Sir Alexander Cadogan 1938–1945*, London 2010

Dobrowolski, I. W. (Hg.), *Schwarzbuch GULAG. Die sowjetischen Konzentrationslager*, Graz 2002.

Doepfner, Andreas, *Finnlands Winterkrieg. Dokumente aus neutraler Sicht*, Zürich 1990.

Donnelly, Christopher, *Red Banner – The Sovjet Military System in Peace and War*, Coulsdon 1988.

Dorril, Stephen, MI6: *Inside the Covert World of her Majesty's Secret Intelligence Service*, Touchstone 2000.

Dostojewski, Fjodor M., *Die Dämonen*, Berlin 1924.

Douglas Jr., Joseph D., *Sowjetische Militärstrategie in Europa*, München 1983.

Dunn, Scott, *Soviet Economy and the Red Army, 1930–1945*, Westport/CT, London 1995.

Dyke, Carl van, *The Soviet invasion of Finland, 1939–40*, Abingdon 2004.

Eggleston, George T., *Roosevelt, Churchill and the World War II Opposition: A Revisionist Autobiographie*, Old Greenwich/CT 1980.

Eichholtz, Dietrich, *Krieg um Öl: Ein Erdölimperium als deutsches Kriegsziel 1938–1943*, Leipzig 2006.

Engeli, Jaques, *Frankreich 1940. Wege in die Niederlage*, Baden 2005.

Erren, Lorenz, »*Selbstkritik« und Schuldbekenntnis. Kommunikation und Herrschaft unter Stalin*, München 2008.

Evans, Richard J., *Das Dritte Reich – Krieg*, München 2008.

Fabry, Philipp W., *Die Sowjetunion und das Dritte Reich. Eine dokumentierte Geschichte der deutsch-sowjetischen Beziehungen 1933–1941*, Stuttgart 1971.

Falin, Valentin, *Zweite Front. Die Interessenkonflikte in der Anti-Hitler-Koalition*, München 1995.

Feder, Ernst, *Heute sprach ich mit … Tagebücher eines Berliner Publizisten 1926–1933*, Stuttgart 1971.

Feingold, Henry L., *The Politics of Rescue. The Roosevelt Administration and the Holocaust, 1938–1945*, New Brunswick/NJ 1970.

Felice, Renzo De, *Der Faschismus. Ein Interview*, Stuttgart 1977.

Ferguson, Niall, *Krieg der Welt. Was ging im 20. Jahrhundert schief?*, Berlin 2006.

Fest, Joachim C., *Hitler. Eine Biographie*, Frankfurt am Main, Berlin, Wien 1973.

Feuchtwanger, Lion, *Moskau 1937. Ein Reisebericht für meine Freunde*, Amsterdam 1937, Neuausgabe Berlin 1993.

Figes, Orlando, *Die Tragödie eines Volkes. Die Epoche der russischen Revolution 1891–1924*, Berlin 1998.

Figes, Orlando, *Die Flüsterer. Leben in Stalins Russland*, Berlin 2008.

Filtzer, Donald, *Die Chruschtschow-Ära: Entstalinisierung und die Grenzen der Reform in der UdSSR, 1953–1954*, Mainz 1995.

Fisch, Jörg, *Das Selbstbestimmungsrecht der Völker. Die Domestizierung einer Illusion*, München 2010.

Fitzpatrick, Sheila, *The Russian Revolution*, New York 2008.

Fitzpatrick, Sheila, *Everyday Stalinism, Ordinary Life in Extraordinary Times: Soviet Russia in the 1930s*, New York 1999.

Förster, Jürgen, *Die Wehrmacht im NS-Staat. Eine strukturgeschichtliche Analyse*, München 2007.

Fleischhauer, Ingeborg, *Die Chance des Sonderfriedens. Deutsch-sowjetische Geheimgespräche 1941–1945*, Berlin 1986.

Fleming, Thomas, *The Illusion of Victory: America in World War I*, New York 2003

Food, M.R.D., *S.O.E. An Outline History oft the Special Operations Executive 1940–1946*, London 1999.

Frahne, Gerd, *Berichte über Chinas Reformperiode – die Peking-Reporte des WELT-Korrespondenten Herbert Kremp 1977–1981*, Bochum 1989.

Frey, Mark, *Die Dekolonisation in Südostasien. Die Vereinigten Staaten und die Auflösung des europäischen Kolonialreichs*, München 2006.

Friedrich, Jörg, *Der Brand. Deutschland im Bombenkrieg 1940–1945*, Berlin 2002.

Frieser, Karl-Heinz, *Blitzkrieg-Legende – Der Westfeldzug 1940*, München 2005.

Furet, François (Hg.), *Kritisches Wörterbuch der Französischen Revolution*, Frankfurt am Main 1996.

Furet, François, *Das Ende der Illusion – Der Kommunismus im 20. Jahrhundert*, München 1996.

Galbraith, John Kenneth, *Der große Crash 1929: Ursachen, Verlauf, Folgen*, München 2009.

Gall, Lothar, *Bismarck, der Weisse Revolutionär*, Frankfurt am Main, Berlin, Wien 1980.

Garthoff, Raymond L., *Soviet Military Doctrine*, Glencoe/Il 1953.

Gellately, Robert, *Lenin, Stalin und Hitler. Drei Diktatoren, die Europa in den Abgrund führten*, Bergisch Gladbach 2009.

Gamelin, Maurice, *Servir*, Bd. III, Paris 1947.

Gannon, Robert I. S. J., *The Cardinal Spellman Story*, New York 1962.

Gardner, Lloyd C., *Wilson and revolutions, 1913–1921*, Washington/D.C. 1976.

Gassert, Philipp, *Amerika im Dritten Reich. Ideologie, Propaganda und Volksmeinung 1933–1945*, Stuttgart 1997.

Gaulle, Charles de, *Memoiren. Der Ruf, 1940–1942*, Frankfurt am Main 1955

Gerlach, Christian, *Kalkulierte Morde. Die deutsche Wirtschafts- und Vernichtungspolitik in Weißrussland 1941–1944*, Hamburg 1999

Gerson, Leonard D., *The Secret Police in Lenin's Russia*, Philadelphia 1976

Getty, J. Arch, *Origins of the Great Purges. The Soviet Communist Party reconsidered, 1933–1938*, New York 1985.

Getty, J. Arch/Manning, Roberta T. (eds.), *Stalinist Terror: New Perspectives*, New York 1993.

Geyer, Michael, *Aufrüstung oder Sicherheit – die Reichswehr in der Krise der Machtpolitik 1924–1936*, Wiesbaden 1980.

Gide, André, *Retouchen zu meinem Russlandbuch*, Zürich 1937.

Gisevius, Hans Bernd, *Adolf Hitler. Versuch einer Deutung*, München 1963.

Glantz, David M., *The Soviet Conduct of Tactical Manoeuvre. Spearhaed of the Offensive*, London, Portland/OR 1991.

Glantz, David M., *Stumbling Colossus: The Red Army on the Eve of World War*, Kansas 1998.

Goebbels, Josef, *Tagebücher 1924–1945*, Bd. 4 1940–1942, hg. von Ralf Georg Reuth, München, Zürich 2008.

Gorodetsky, Gabriel, *Die große Täuschung. Hitler, Stalin und das Unternehmen »Barbarossa«*, Berlin 2001.

Gorodetsky Gabriel, *Stafford Cripps in Moscow 1940–1942. Diaries and Papers*, London and Portland/OR 2007.

Görtemaker, Manfred, *Thomas Mann und die Politik*, Frankfurt am Main 2005.

Gosztonyi, Péter, *Die Rote Armee. Geschichte und Aufbau der sowjetischen Streitkräfte seit 1917*, Wien, München, Zürich, New York 1980.

Graebner, Norman, *The Versailles Treaty and its legacy: the failure of the Wilsonian vision*, Cambridge/MA, 2011.

Grafencu, Grigore, *Vorspiel zum Krieg im Osten – vom Moskauer Abkommen (21. August 1939) bis zum Ausbruch der Feindseligkeiten (22. Juni 1941)*, Zürich 1944.

Gross, Jan T., *Revolution from Abroad, The Soviet Conquest of Poland's Western Ukraine and Western Belorussia*, Princeton 1988.

Gruchmann, Lothar, *Nationalsozialistische Großraumordnung. Die Konstruktion einer »deutschen Monroe-Doktrin«*, Stuttgart 1962.

Gruner, Stefan, *Paul Reynaud (1878–1966). Biographische Studien zum Liberalismus in Frankreich*, München 2001.

Haffner, Sebastian, *Anmerkungen zu Hitler*, München 1978.

Haffner, Sebastian, *Der Teufelspakt. Die deutsch-russischen Beziehungen vom Ersten zum Zweiten Weltkrieg*, Zürich 1994.

Hahlweg, Werner (Hg.), *Carl von Clausewitz: Schriften, Aufsätze, Studien, Briefe*, Göttingen 1966.

Harrison, Mark, *The Economics of World War II: Six Great Powers in International Comparison*, Cambridge/MA 2000.

Hassel, Ulrich v., *Vom anderen Deutschland. Aus den nachgelassenen Tagebüchern 1938–1944*, Freiburg 1946.

Hedeler, Wladislaw, *Chronik der modernen Schauprozesse 1936, 1937 und 1938: Planung, Inszenierung und Wirkung*, Berlin 2003.

Hegel, Georg Wilhelm Friedrich, *Phänomenologie des Geistes*, Berlin 2013.

Heiden, Konrad, *Adolf Hitler. Das Zeitalter der Verantwortungslosigkeit. Ein Mann gegen Europa*, Zürich 2011 (1936).

Heinsohn, Gunnar, *Lexikon der Völkermorde*, Hamburg 1998.

Heller, Michael, *Stacheldraht der Revolution. Die Welt der Konzentrationslager in der russischen Literatur*, Stuttgart 1975.

Heller, Michail, Nekrich, Alexander, *Geschichte der Sowjetunion – Erster Band: 1914–1939*, Königstein 1981.

Herwarth, Hans von, *Zwischen Hitler und Stalin. Erlebte Zeitgeschichte 1931–1945*, Frankfurt am Main 1982.

Heydorn, Volker Detlef, *Der sowjetische Aufmarsch im Bialystoker Balkon bis zum Juni 1941 und der Kessel von Wolkowysk*, München 1989.

Hilberg, Raul, *Die Vernichtung der europäischen Juden* (3 Bde), Frankfurt am Main 2010.

Hildebrand, Klaus, *Das vergangene Reich. Deutsche Außenpolitik von Bismarck bis Hitler*, Stuttgart 1995.

Hildermeier, Manfred, *Geschichte der Sowjetunion 1917–1991 – Entstehung und Niedergang des ersten sozialistischen Staates*, München 1998.

Hilger, Gustav, *Wir und der Kreml. Deutsch-sowjetische Beziehungen 1918–1941. Erinnerungen eines deutschen Diplomaten*, Frankfurt am Main, Bonn 1964.

Hill, Alexander, *The War Behind the Eastern Front: The Soviet Partisan Movement in North-West Russia 1941–1944*, London, New York 2005.

Hill, Alexander, *Soviet Partisan vs German Security Soldier: Eastern Front 1941–44*, London 2019.

Hillgruber, Andreas (Hg.), *Staatsmänner und Diplomaten bei Hitler*, München 1969.

Hillgruber, Andreas, *Hitlers Strategie, Politik und Kriegführung 1940–1941*, München 1982.

Hillgruber, Andreas, *Deutschlands Rolle in der Vorgeschichte der beiden Weltkriege*, Göttingen 1986.

Hillgruber, Andreas, *Der Zweite Weltkrieg 1939–1945: Kriegsziele und Strategie der großen Mächte*, Stuttgart 1992.

Hitler, Adolf, *Die Südtiroler Frage und das deutsche Bündnissystem*, München 1926.

Hitler, Adolf, *Mein Kampf*, München 1942.

Hitler, Adolf, *Mein Kampf*, hg. von Thomas Vorermayer, Otmar Plöckinger, Roman Töppel im Auftrag des Instituts für Zeitgeschichte, München, Berlin 2016.

Hodgson, Godfrey, *Woodrow Wilsons Right Hand. The Life of Colonel Edward M. House*, New Haven 2006.

Hoffman, Joachim, *Stalins Vernichtungskrieg 1941–1945*, München 1995.

Hoisington, William A. Jr., *The Assassination of Jacques Lemaigre Dubreuil. A Frenchmen Between France and North Africa*, London, New York 2005.

Hoover, Herbert, *Memoiren*, Bd. 1, *Jahre der Abenteuer 1874–1920*, Mainz 1953.

Hubatsch, Walther, *Weserübung. Die deutsche Besetzung von Dänemark und Norwegen*, Göttingen 1960.

Hosfeld, Rolf, *Die Geister, die er rief. Eine neue Karl-Marx-Biographie*, München 2010.

Jacobs, Walter Darnell, *Mikhail Vasilyevich Frunze and the Unified Military Doctrine*, (Diss.) New York 1961.

Jacobsen, Hans-Adolf, *Fall Gelb. Der Kampf um den deutschen Operationsplan zur Westoffensive*, Wiesbaden 1957.

Jacobsen, Hans-Adolf, *Der Zweite Weltkrieg. Grundzüge der Politik und Strategien in Dokumenten*, Frankfurt am Main, Hamburg 1964.

Jacobsen, Hans-Adolf, *Der Weg zur Teilung der Welt. Politik und Strategie 1939–1945*, Koblenz, Bonn 1977.

Jäckel, Eberhard, *Das deutsche Jahrhundert*, Stuttgart 1996.

Jakobson, Max, *Diplomatie im finnischen Winterkrieg 1939/40*, Düsseldorf 1970.

Jakowlew, Alexander, *Die Abgründe meines Jahrhunderts. Eine Autobiographie*, Leipzig 2003.

Jarausch, Konrad Hugo, *The Four Power Pact, 1933*, University of Wisconsin 1965.

Jenkins, Roy, *Churchill*, London 2001.

Jennings, Ivor, *The Approach to Self-Governance*, Cambridge 1956.

Jordan, Nicole, *The Popular Front and Central Europe: The Dilemmas of French Impotence, 1918–1940*, New York 1992.

Jünger, Ernst, »*Das abenteuerliche Herz*«, in: Jünger, Ernst, *Sämtliche Werke*, Bd. 9, Stuttgart 1979, S. 31–176.

Jünger, Ernst, »*Die Totale Mobilmachung*«, in: Jünger, Ernst, *Sämtliche Werke*, Bd. 7, Essays I. *Betrachtungen zur Zeit*, Stuttgart 1980, S. 119–141 (1930 in: »Krieg und Krieger«).

Jünger, Ernst, *Siebzig Verweht III*, Stuttgart 1993.

Junker, Detlev, *Kampf um die Weltmacht: Die USA und das Dritte Reich 1933–1945*, Düsseldorf 1988.

Junker, Detlef, *Von der Weltmacht zur Supermacht. Amerikanische Außenpolitik im 20. Jahrhundert*, Mannheim 1995.

Jutikkala, Eino, *Geschichte Finnlands*, Stuttgart 1964.

Kahle, Günter, *Das Kaukasusprojekt der Alliierten vom Jahre 1940*, Wiesbaden 1973

Kang-Bohr, Youngsok, *Stalinismus in der ländlichen Provinz. Das Gebiet Voronež 1934–1941*, (Diss.) Bochum-Essen 2005.

Keegan, John, *Churchill*, London 2002.

Keegan, John, *Der Zweite Weltkrieg*, Berlin 2004.

Kennan, George, *Russia and the West*, Boston 1961.

Kennan, George, *Memoiren eines Diplomaten 1925–1950*, München 1982.

Kennan, George, *Die schicksalhafte Allianz. Frankreich und Russland am Vorabend des Ersten Weltkriegs*, Köln 1990.

Kershaw, Ian, *Hitler 1889–1936*, Stuttgart 1998.

Kershaw, Ian, *Hitler 1936–1945*, Stuttgart 2002.

Kershaw, Ian, *Hitlers Freunde in England – Lord Londonderry und der Weg in den Krieg*, München 2005.

Kershaw, Ian, *Wendepunkte. Schlüsselentscheidungen im Zweiten Weltkrieg 1940/41*, München 2008.

Kesselring, Albert, *Soldat bis zum letzten Tag*, Bonn 1953.

Keynes, John Maynard/Hauser, Dorothea, *Krieg und Frieden: die wirtschaftlichen Folgen des Vertrags von Versailles*, Berlin 2006.

Kielinger, Thomas, *Winston Churchill. Der späte Held*, München 2014.

Kießling, Friedrich, *Gegen den »großen Krieg«. Entspannung in den internationalen Beziehungen 1911–1914*, München 2002.

Kindermann, Gottfried Karl, *Der Aufstieg Ostasiens in der Weltpolitik 1840–2000*, Stuttgart 2001.

Kindermann, Gottfried-Karl, *Konfuzianismus, Sunyatsenismus und chinesischer Kommunismus. Dokumente zur Begründung der Selbstdarstellung des chinesischen Nationalismus*, Freiburg 1963.

Kippenhahn, Rudolf, *Verschlüsselte Botschaften, Geheimschrift, Enigma und Chipkarte*, Reinbek bei Hamburg 1999.

Kirby, David, *A Concise History of Finland*, New York 2006.

Kirillis, Henri de, *Français, voici la vérité*, Paris 1942.

Kissinger, Henry, *Die Vernunft der Nationen. Über das Wesen der Außenpolitik*, Berlin 1994.

Koenen, Gerd, *Utopie der Säuberung – Was war der Kommunismus?*, Berlin 1998.

Kolb, Eberhard, *Der Frieden von Versailles*, München 2005.

Kotek, Joël/Rigoulot, Pierre, *Das Jahrhundert der Lager. Gefangenschaft, Zwangsarbeit, Vernichtung*, Berlin, München 2001.

Kremp, Herbert, *Die Überwindung der Kulturzyklentheorie Spenglers durch die Welt-alterlehre der Heidelberger Schule und die Toynbee'sche Lehre von der Filiation der Kulturen*, (Diss.) München 1954.

Krivitzky, Walter G., *Ich war Stalins Agents Agent*, Grafenau-Döffingen 1990.

Krumm, Reinhard, *Isaak Babel*, Norderstedt 2005.

Kuo, Heng-yü, *Die Komintern und die chinesische Revolution: Die Einheitsfront zwischen der KP Chinas und der Guomindang*, Paderborn 1979.

Kupferman, Fred, *Mata Hari. Träume und Lügen*, Berlin 1999.

Lansing, Robert, *Die Versailler Friedensverhandlungen. Persönliche Erinnerungen*, Berlin 1921.

Laufer, Jochen, *Pax Sovietica. Stalin, die Westmächte und die deutsche Frage 1941–1945*, Köln 2009.

Lemke, Bernd/Rosbeiani, Phersed, *Unternehmen Mammut. Ein Kommandoeinsatz der Wehrmacht im Nordirak 1943*, Bremen 2018.

Lewis, Bernard, *Der Untergang des Morgenlandes. Warum die islamische Welt ihre Vormacht verlor*, Bergisch Gladbach 2002.

Liddell Hart, Basil Henry, *Geschichte des Zweiten Weltkriegs*, 2 Bde., Düsseldorf, Wien 1972.

Lih, Lars T./Naumow, Oleg/Chlewnjuk, Oleg, *Stalin – Briefe an Molotow 1925–1936*, Berlin 1996.

Link, Arthur S., *Wilson*, 5 Vols., New York 1947–1966.

Link, Arthur S., *Wilson*, The new Freedom, Princeton, New York 1956.

Link, Arthur S., *Woodrow Wilson – Revolution, War, and Peace*, Arlington Heights/IL 1979.

Lipinsky, Jan, *Das Geheime Zusatzprotokoll zum deutsch-sowjetischen Nicht-angriffsvertrag vom 23. August 1939 und seine Entstehungs- und Rezeptionsgeschichte von 1939 bis 1999*, Frankfurt am Main 2004.

Littell, Robert, *Das Stalin-Epigramm*, Zürich 2009.

Loftus, John/Aarons, Mark, *The Secret War against the Jews*, New York 1997.

Long, Gavin M. (Hg.), *Australia in the War of 1939–1945*, Series 1 – Army, Adelaide 1953.

Long, Gavin M., *To Benghazi and Greece, Crete and Syria*, Vol. I/II, Canberra 1952–53.

Longerich, Peter, *Die braunen Bataillone. Geschichte der SA*, München 2003.

Longerich, Peter, *Hitler*, München 2015.

Ludendorff, Erich, *Der totale Krieg*, München 1934.

Lukacs, John, *Churchill und Hitler. Der Zweikampf*, Stuttgart 1992.

Lukacs, John, *Fünf Tage in London. England und Deutschland im Mai 1940*, Berlin 2000.

Lukacs, John, *June 1941. Hitler and Stalin*, New Haven, London 2006.

Lukas, Igor/Goldstein, Eric, *The Munich Crisis, 1938: Prelude to World War II*, London 1999.

Luks, Leonid, *Zwei Gesichter des Totalitarismus: Bolschewismus und Nationalsozialismus im Vergleich*, Köln, Weimar, Wien 2007.

Mackiewicz, Jozef, *Katyn – ungesühntes Verbrechen*, Bremen 1985 (Nachdruck von 1949).

MacMillan, Margaret, *Paris 1919. Six Month That Changed the World*, New York 2001.

Magenheimer, Heinz, *Entscheidungskampf 1941. Sowjetische Kriegsvorbereitungen, Aufmarsch, Zusammenstoß*, Bielefeld 2000.

Mahan, Alfred Thayer, *The Influence of Sea Power upon History 1660–1783*, Boston 1890.

Mahan, Alfred Thayer, *The Interest of America in Sea Power, Present and Future*, Boston 1897.

Mann, Golo, *Deutsche Geschichte im 19. und 20. Jahrhundert*, Frankfurt am Main 1958.

Mann, Thomas, *Tagebücher 1940–1943*, Frankfurt am Main 1982.

Mann, Thomas, *Betrachtungen eines Unpolitischen*, Frankfurt am Main 1983.

Manstein, Erich von, *Verlorene Siege*, München 1976.

Mao Tse-tung, *Theorie des GuerillaKriegs oder Strategie der Dritten Welt*, Einleitender Essay von Sebastian Haffner, Hamburg 1966.

Marcu, Valeriu, *Machiavelli – die Schule der Macht*, München 1994.

Martin, Bernd, *Friedensinititiativen und Machtpolitik im Zweiten Weltkrieg 1939–1942*, Düsseldorf 1976.

Martin, Helmut (Hg.), *Mao intern. Unveröffentlichte Schriften, Reden und Gespräche Mao Tse-tungs 1949–1971*, München 1974.

Marx, Karl, *Grundrisse der Kritik der politischen Ökonomie, Marx, Engels, Werke*, Band 42, Berlin 1983.

Maser, Werner, *Der Wortbruch. Hitler, Stalin und der Zweite Weltkrieg*, München 1994.

Mawdsley, Evan, *The Stalin Years: The Soviet Union 1929–1953*, Manchester 2003.

McLeod, Roderick/Kelly, Dennis (Hg.), *Time Unguarded: The Ironside Diaries, 1937–1940*, London 1962.

McMeekin, Sean, *The Russian Origins of the First World War*, Cambridge/MA, London 2011.

Megargee, Geoffrey P., *Hitler und die Generäle: Das Ringen um die Führung der Wehrmacht 1933–1945*, Paderborn 2006.

Merridale, Catherine, *Night of Stone: Death and Memory in Twentieth-Century Russia*, New York, London 2002.

Merridale, Catherine, *Iwans Krieg – Die Rote Armee 1939–1945*, Frankfurt am Main 2006.

Metzler, Gabriele, *Der deutsche Sozialstaat. Vom bismarckschen Erfolgsmodell zum Pflegefall*, Stuttgart München 2003.

Middelmas, Keith/Barnes, John, *Baldwin: A biography*, London 1970.

Miner, Steven Merrit, *Stalin's Holy War. Religion, Nationalism and Alliance Politics 1941–1945*, Chapel Hill, London 2003.

Montefiore, Simon Sebag, *Stalin. Am Hof des roten Zaren*, Frankfurt am Main 2005.

Müller, Rolf-Dieter, *An der Seite der Wehrmacht. Hitlers ausländische Helfer beim »Kreuzzug gegen den Bolschewismus« 1941–1945*, Berlin 2010.

Müller, Rolf-Dieter, *Der Feind steht im Osten: Hitlers geheime Pläne für einen Krieg gegen die Sowjetunion im Jahre 1939*, Berlin 2011.

Münchhausen, Klaus von, *Geheime Reichssache Auschwitz. Die NS-Maßnahmen zur Tarnung des Völkermordes an den osteuropäischen Juden*, Hamburg 2014 (Diss.).

Münkler, Herfried, *Der Wandel des Kriegs. Von der Symmetrie zur Asymmetrie*, Weilerswist 2006.

Münkler, Herfried, *Kriegssplitter. Die Evolution der Gewalt im 20. und 21. Jahrhundert*, Berlin 2015.

Murphy, David E., *What Stalin Knew: The Enigma of Barbarossa*, New Haven and London 2005.

Musial, Bogdan, *Sowjetische Partisanen in Weißrussland. Innenansichten aus dem Gebiet Baranovici 1941–1944*, München 2004.

Musial, Bogdan, *Kampfplatz Deutschland. Stalins Kriegspläne gegen den Westen*, Berlin 2008.

Musial, Bogdan, *Sowjetische Partisanen. Mythos und Wirklichkeit, 1941–1944*, Paderborn 2009.

Naimark, Norman M., *Stalin und der Genozid*, Frankfurt am Main 2010.

Nash, Georg H. (ed.), *Freedom Betrayed. Herbert Hoover's Secret History of the Second World War und Its Aftermath*, Stanford 2011.

Nehring, Walter K., *Die Geschichte der deutschen Panzerwaffe*, Berlin 1969.

Neitzel, Sönke, *Der Einsatz der deutschen Luftwaffe über dem Atlantik und der Nordsee 1939–1945*, Bonn 1995.

Nicolson, Harold, *Tagebücher, Briefe*, Bd. 1, hg. von Nigel Nicolson, Stuttgart 1970.

Olivier, Michel, *La Gauche bolshevique et le pouvoir ouvriere 1919–1927*, Übers. in: http://gis.blogsport.de/2010/08/01/die-bolschewistische-linke-und-die-arbeitermacht/

Olson, Lynne, *Citizens of London*, New York 2010.

Osborn, Patrick R., *Operation Pike. Britain versus the Soviet Union 1939–1941*, Westport, Connecticut, London, 2000.

Osterhammel, Jürgen, *China und die Weltgesellschaft: Vom 18. Jahrhundert bis in unsere Zeit*, München 1989.

Osterhammel, Jürgen, *Die Verwandlung der Welt. Eine Geschichte des 19. Jahrhunderts*, München 2009.

O'Sullivan, Chris/Sumner Welles, *Postwar Planning and the Quest for a New World Order, 1937–1943*, (Diss.) Ann Arbor/MI 2014.

Overy, Richard, *Die Wurzeln des Sieges*, Stuttgart 2000.

Overy, Richard, *Russlands Krieg 1941–1945*, Hamburg 2003.

Overy, Richard, *Die Diktatoren. Hitlers Deutschland – Stalins Russland*, München 2005.

Paasikivi, Juho Kusti, *Meine Moskauer Mission 1939–1941*, Hamburg 1966.

Payne, Robert, *The Life and Death of Lenin*, London 1964.

Pels, Dick, *The Intellectual as a Stranger*, London 2000.

Pestritto, Ronald J., *Woodrow Wilson and the Roots of Modern Liberalism*, Oxford 2005.

Pietrow-Ennker, Bianka (Hg.), *Präventivkrieg? Der deutsche Angriff auf die Sowjetunion*, Frankfurt am Main 2011.

Pipes, Richard, *The Unknown Lenin: From the Secret Archive*, Yale/New Haven, 1996.

Pistrak, Lazar, *Der große Taktiker: Chruschtschows Aufstieg zur Macht*, London 1961.

Plaggenborg, Stefan (Hg.), *Stalinismus. Neue Forschungen und Konzepte*, Berlin 1998.

Plaggenborg, Stefan, *Experiment Moderne: Der sowjetische Weg*, Frankfurt am Main 2006.

Plievier, Theodor, Stalingrad, München, Wien, Basel 1948.

Pogue, Forrest C./George C. Marshall. Ordeal and Hope, 1939–1942, New York 1966.

Possony, Stefan T., *Jahrhundert des Aufruhrs. Die kommunistische Technik der Weltrevolution*, München 1956.

Post, Walter, *Unternehmen Barbarossa. Deutsche und sowjetische Angriffspläne 1940/41*, Hamburg 1995.

Post, Walter, *Die Ursachen des Zweiten Weltkrieges – Ein Grundriss der internationalen Diplomatie von Versailles bis Pearl Habor*, Tübingen 2003.

Postan, Michael M., *British War Production, Chapter II: Early Replacement, 1934–1938*, London HMSO 1952, British Official Histories (History of the Second World War).

Puff, Roman, *Uncle Sam und der Doppeladler. Die Beziehungen der USA zu Österreich-Ungarn zwischen Sarajewo 1914 und Kriegserklärung 1917*, (ungedr. Dipl. Arb.) Wien 2004.

Rabenau, Friedrich von, *Seeckt. Aus seinem Leben 1918–1936*, Leipzig 1941.

Radkau, Joachim, *Das Zeitalter der Nervosität. Deutschland zwischen Bismarck und Hitler*, München Wien 1998.

Radkau, Joachim, *Max Weber – die Leidenschaft des Denkens*, München 2005.

Radzinski, Edvard, *The first Indepth Biography based on explosive new Documents from Russia's Secret Archives*, New York 1997.

Raeder, Erich, *Mein Leben*, Bd. I, Tübingen 1956.

Rathenau, Walther, *Der Kaiser*, Berlin 1919.

Raths, Ralf, *Vom Massensturm zur Stoßtrupptaktik. Die deutsche Landkriegtaktik im Spiegel von Dienstvorschriften und Publizistik 1906 bis 1918*, Freiburg, Berlin, Wien 2009.

Rauch, Basil, *Roosevelt. From Munich to Pearl Harbor. A Study in Creation of a Foreign Policy*, New York 1950.

Raunig, Gerald, *Tausend Maschinen. Eine kleine Philosophie der Maschine als soziale Bewegung*, Wien 2008.

Rayfield, Donald, *Stalin und seine Henker*, München 2004.

Reese, Roger R., *Stalin's Reluctand Soldiers – a Social History of the Red Army 1925–1941*, Kansas 1996.

Reiling, Johannes, *Deutschland: Safe for Democracy?*, Wiesbaden 1997.

Reimann, Günter, *Berlin-Moskau 1932. Das Jahr der Entscheidung*, Hamburg 1993.

Reinertson, John, *Colonel House, Woodrow Wilson and European Socialism*, Madison/WI 1971.

Reinhard, Wolfgang, *Geschichte der europäischen Expansion. Die alte Welt seit 1818*, 4 Bde., Stuttgart 1983–1990.

Rémond, René, *Geschichte Frankreichs – Frankreich im 20. Jahrhundert, Erster Teil 1918–1958*, Stuttgart 1994.

Resis, Albert (Hg.), *Molotow remembers. Inside Kremlin Politics. Conversations with Felix Ivanovich Chuev*, Chicago 1993.

Reuth, Ralf Georg, *Hitlers Judenhass – Klischee und Wirklichkeit*, München 2009.

Reynaud, Paul, *Au Coeur De La Melee 1930–1945*, Paris 1951.

Riezler, Kurt, *Tagebücher, Aufsätze, Dokumente*, Göttingen 2008.

Rittersporn, Gábor Támas, *Stalinist Simplifications and Soviet Complications: Social Tensions and Political Conflicts in the UdSSR 1933–1953*, Harwood Academic Publishers, Chur 1991.

Roberts, Andrew, *The Holy Fox. The Life of Lord Halifax*, London 1991.

Roberts, Andrew, *The Storm of War. A New History of the Second World War*, London 2009.

Roberts, Geoffrey, *Stalins Kriege. Vom Zweiten Weltkrieg zum Kalten Krieg*. Düsseldorf 2008.

Rock, William R., *Chamberlain and Roosevelt: British Foreign Policy and the United States, 1937–1940*, Columbus/OH 1988.

Rogowin, Wadim S., *1937 – Jahr des Terrors*, Essen 1998.

Rogowin, Wadim S., *Vor dem großen Terror: Stalins Neo-NÖP*, Essen 2000.

Rogowin, Wadim S., *Weltrevolution und Weltkrieg*, Essen 2002.

Rogowin, Wadim S., *Gab es eine Alternative?*, Bd. 1 *Trotzkismus*, Essen 2010.

Rogowin, Wadim S., *Gab es eine Alternative?*, Bd. 3 *Vor dem Grossen Terror: Stalins Neo-NÖP*, Essen 2000.

Roos, Hans, *Polen und Europa. Studien zur polnischen Außenpolitik 1931–1939*, Tübingen 1957.

Rosenberg, Arthur, *Geschichte der Weimarer Republik*, Frankfurt am Main 1961.

Ruge, Wolfgang, *Lenin, Vorgänger Stalins*, Berlin 2010.

Rühl, Lothar, *Russlands Weg zur Weltmacht*, Düsseldorf und Wien 1981.

Rummel, Rudolph Joseph, *Death by Government: Genocide and Mass Murder in the Twentieth Century*, New Jersey 1994.

Salewski, Michael, *Der Erste Weltkrieg*, Paderborn 2003.

Scheible, Hartmut, *Giacomo Casanova. Ein Venezianer in Europa*, Würzburg 2009.

Scheil, Stefan, *Fünf plus Zwei. Die europäischen Nationalstaaten, die Weltmächte und die vereinte Entfesselung des Zweiten Weltkriegs*, Berlin 2003.

Scheil, Stefan, *Die Eskalation des Zweiten Weltkriegs von 1940 bis zum Unternehmen Barbarossa 1941*, Berlin 2011.

Scheil, Stefan, *Präventivkrieg Barbarossa. Fragen, Fakten, Antworten*, Steigra 2011.

Schieder Wolfgang/Dipper, Cristian (Hg.), *Der spanische Bürgerkrieg in der internationalen Politik 1936–1939*, München 1976.

Schivelbusch, Wolfgang, *Entfernte Verwandtschaft. Faschismus, Nationalsozialismus, New Deal 1933–1939*, München, Wien 2005.

Scheuer, Georg, *Von Lenin bis ...? Die Geschichte einer Konterrevolution*, Berlin 1957.

Schlögel, Karl, *Terror und Traum. Moskau 1937*, München 2008.

Schmidt, Gustav, *England in der Krise. Grundzüge und Grundlagen der britischen Appeasement-Politik (1930–1930)*, Opladen 1981.

Schmidt, Paul, *Statist auf diplomatischer Bühne 1923–1945*, Bonn 1949.

Schmidt-Glintzer, Helwig, *Kleine Geschichte Chinas*, München 2008.

Schmitt, Carl, *Der Nomos der Erde im Völkerrecht des Jus Publicum Europaeum*, Köln 1950.

Schmitz, David F., *The United States and Fascist Italy 1922–1940*, Chapel Hill/NC 1988.

Schröder, Hans-Jürgen, *Deutschland und die Vereinigten Staaten 1933–1939. Wirtschaft und Politik in der Entwicklung des deutsch-amerikanischen Gegensatzes*, Wiesbaden 1970.

Schukow, Georgi K., *Erinnerungen und Gedanken*, Stuttgart 1969.

Schulze, Hagen, *Weimar. Deutschland 1917–1923*, Berlin 1982.

Schwabe, Klaus, *Weltmacht und Weltordnung. Amerikanische Außenpolitik von 1889 bis zur Gegenwart. Eine Jahrhundertgeschichte*, Paderborn 2006.

Schwarz, Hans-Peter, *Das Gesicht des Jahrhunderts*, Berlin 1998.

Schwarz, Hans-Peter, *Die neue Völkerwanderung nach Europa. Über den Verlust politischer Kontrolle und moralischer Gewissheiten*, Stuttgart 2017.

Scott, John, *Jenseits des Ural. Die Kraftquellen der Sowjetunion*, Stockholm 1944.

Seaton, Albert, *Der russisch-deutsche Krieg 1941–1945*, Frankfurt am Main 1973.

Seeckt, Hans von, *Deutschland zwischen West und Ost*, Hamburg 1933.

Sémelin, Jaques, *Säubern und vernichten. Die politische Dimension von Massakern und Völkermorden*, Hamburg 2007.

Senger, Harro von, *Strategeme*, Bern, München, Wien 1988.

Seraphim, Hans-Günther, *Die deutsch-russischen Beziehungen 1939–1941*, Hamburg 1949.

Service, Robert, *Stalin. A Biography*, Harvard University Press 2005.

Shub, David, *Lenin*, Wiesbaden 1952.

Shukman, Harold (Hg.), *Stalin's Generals*, London 1993.

Siewert, Curt, *Schuldig? Die Generale unter Hitler*, Bad Nauheim 1968.

Singh, Simon, *Geheime Botschaften*, München 2000.

Sirois, Herbert, *Zwischen Illusion und Krieg. Deutschland und die USA 1933–1941*, Paderborn 2001.

Skidelsky, Robert, *John Maynard Keynes. Hopes Betrayed 1883–1920*, London 1983.

Skierka, Volker, *Lion Feuchtwanger. Eine Biographie*, hg. von Stefan Jäger, Berlin 1984.

Smith, Adam, *An Inquiry into the Nature and Causes of the Wealth of Nations*, London 1784.

Sokolowski, Wassili D., *Militär-Strategie*, Köln 1969.

Sombart, Werner, *Die deutsche Volkswirtschaft im Neunzehnten Jahrhundert*, Berlin 1903.

Sorel, George E., *Über die Gewalt*, Frankfurt am Main 1969.

Souvarine, Boris, *Stalin. Anmerkungen zur Geschichte des Bolschewismus (1935)*, München 1980.

Spence, Jonathan D., *Chinas Weg in die Moderne*, München/Wien 1995.

Stalin., J. W., *Zu den Fragen des Leninismus*, Frankfurt am Main 1970.

Steinberg, Jonathan, *Deutsche Italiener und Juden. Der italienische Widerstand gegen den Holocaust*, Göttingen 1992.

Stettner, Ralf, *»Archipel GULag« Stalins Zwangslager – Terrorinstrument und Wirtschaftsgigant: Entstehung, Organisation und Funktion des sowjetischen Lagersystems 1928–1956*, Paderborn 1996.

Stevenson, David, *Der Erste Weltkrieg 1914–1918*, Düsseldorf 2006.

Strauss, Wolfgang, *Unternehmen Barbarossa und der russische Historikerstreit*, München 2001.

Sunzi, *Die Kunst des Kriegs*, Frankfurt am Main, Leipzig 2009.

Suworow, Viktor, *Der Eisbrecher – Hitler in Stalins Kalkül*, Stuttgart 1989.

Suworow, Viktor, *Der Tag M: Stalin mobilisiert zum Angriff auf Deutschland*, Stuttgart 1995.

Suworow, Viktor, *Stalins verhinderter Erstschlag: Hitler erstickt die Weltrevolution*, Selent 2000.

Talbott, Strobe (Hg.) *Chruschtschow erinnert sich. Die authentischen Memoiren*, Hamburg 1992.

Taleb, Nassim Nicholas, *Der Schwarze Schwan. Die Macht höchst unwahrschein-licher Ereignisse*, München 2010.

Tamkin, Nicholas, *Britain, Turkey and the Soviet Union, 1940–45. Strategy, Diplom-acy and Intelligence in the Eastern Mediterranean*, London 2009.

Tarrant, V. E., *The U-Boat Offensive*, Annapolis 1989.

Taubman, William, *Khrushchev: The Man and His Era*, New York 2003.

Taylor, Alan John Percivale, *The Struggle for Mastery in Europe, 1848–1818*, Oxford 1954.

Taylor, A. J. P., *The Origins of the Second World War*, London 1963.

Teichert, Eckart, *Autarkie und Großraumwirtschaft in Deutschland 1933–1939. Außenwirtschaftliche Konzeptionen zwischen Wirtschaftskrise und Zweitem Weltkrieg*, München 1984.

Thamer, Hans-Ulrich, *Die Deutschen und ihre Nation – Verführung und Gewalt – Deutschland 1933–1945*, Berlin 1986.

Thompson, Damian, *Das Ende der Zeiten – Apokalyptik und Jahrtausendwende*, Hildesheim 1997.

Thurston, Robert W., *Life and Terror in Stalin's Russia, 1934–1941*, New Haven 1996.

Tocqueville, Alexis de, *Über die Demokratie in Amerika*, Teil I und Teil II in einem Band, München 1976.

Topitsch, Ernst, *Stalins Krieg. Moskaus Griff nach der Weltherrschaft*, Herford 1985

Toynbee, Arnold J., *A Study of History*, Vol I-XII., London 1934–1961.

Trotter, William R., *A Frozen Hell: The Russo-Finnish Winter War of 1939–1940*, New York 1991.

Trotski, Leon, *The Stalin School of Falsification*, New York 1937; https://www.mar-xists.org/archive/trotsky/1937/ssf/

Trotzki, Leo, *Terrorismus und Kommunismus. Anti-Kautsky*, Hamburg 1921.

Trotzki, Leo, *Mein Leben, Versuch einer Autobiographie*, Frankfurt 1981.

Trotzki, Leo, *Geschichte der russischen Revolution*, Zweiter Teil: *Oktoberrevolution*, Frankfurt am Main 1982.

Trotzki, Leo, Schriften. *Sowjetgesellschaft und stalinistische Diktatur, 1929–1936*, Frankfurt am Main 1988.

Trotzki, Leo, *Schriften. Sowjetgesellschaft und stalinistische Diktatur, 1936–1940*, Bd. 1.2, Hamburg 1988.

Trotzki, Leo, *Die permanente Revolution. Ergebnisse und Perspektiven*, Essen 2016 (1930).

Tschukowskaja, *Lidija, Ein leeres Haus*, Zürich 1967.

Tyrell, Albrecht, *Großbritannien und die Deutschlandplanung der Alliierten 1941–1945*, Frankfurt am Main 1987.

Ueberschär, Gerd/Wette, Wolfram (Hg.), *Der deutsche Überfall auf die Sowjetunion. »Unternehmen Barbarossa 1941«*, Frankfurt am Main 1991.

Ueberschär, Gert R. (Hg.), *Das Nationalkomitee »Freies Deutschland« und der »Bund der Offiziere«*, Frankfurt am Main 1996.

Ueberschär, Gerd R., Bezymenskij, Lev A. (Hg.), *Der deutsche Angriff auf die Sow-jetunion 1941. Die Kontroverse um die Präventivkriegsthethese*, Darmstadt 1998.

Ulam, Adam B., *Russlands gescheiterte Revolution*, München 1985.

Upton, Anthony F., *The Finnish Revolution, 1917–1918*, Minneapolis 1988.

Valéry, Paul, *Die Krise des Geistes*, Wiesbaden 1956 (1919).

Vansittart, Robert Gilbert, *Lessons of My Life*, New York 1943.

Volin, *Der Aufstand von Kronstadt*, Münster 1999.

Voltaire, *Candide oder der Optimismus*. Aus dem Deutschen übersetzt von Dr. Ralph und mit Anmerkungen versehen, die man in der Tasche des Doktors fand, als er im Jahre des Heils 1759 zu Minden starb, aus dem Französischen von Ilse Lehmann, mit Zeichnungen von Paul Klee, Frankfurt am Main 1972.

Voslensky, Michael S., *Sterbliche Götter: Lehrmeister der Nomenklatura*, Erlangen, Bonn, Wien 1989.

Voß, Stefan, *Stalins Kriegsvorbereitung 1941 – erforscht, gedeutet und instrumentalisiert – Eine Analyse postsowjetischer Geschichtsschreibung*, Hamburg 1998.

Wagner, Wilfried, *Belgien in der deutschen Politik während des Zweiten Weltkriegs*, Boppard 1974.

Walde, Karl J., *Guderian*, Frankfurt am Main, Berlin, Wien 1976.

Warlimont, Walter, *Im Hauptquartier der deutschen Wehrmacht 1939–1945*, Frankfurt am Main 1963.

Wat, Aleksander, *Jenseits von Wahrheit und Lüge: Mein Jahrhundert. Gesprochene Erinnerungen 1926–1945*, Frankfurt am Main 2000.

Webb, Beatrice/Webb, Sidney, *Soviet Communism. A New Civilization?*, London 1935, S. 31.

Weber, Hermann/Mählert, Ulrich (Hg.), *Terror. Stalinistische Parteisäuberungen 1936–1953*, Paderborn 1998.

Weber, Hermann/Mählert, Ulrich (Hg.): *Verbrechen im Namen der Idee. Terror im Kommunismus 1936–1938*, Berlin 2007.

Weber, Hermann/Herbst, Andreas, *Deutsche Kommunisten. Biographisches Handbuch 1918 bis 1945*, Berlin 2008.

Weber, Hermann/Bayerlein, Bernhard H./Drabin, Jakov/Golkin, Aleksandr, *Deutschland, Russland, Komintern: I. Überblicke, Analysen, Diskussionen: Neue Perspektiven auf die Geschichte der KPD und die deutsch-russischen Beziehungen (1918–1943)*, Berlin, Boston 2014, II. Dokumentarischer Überblick.

Weber, Thomas, *Hitlers erster Krieg. Der Gefreite Hitler im Weltkrieg – Mythos und Wirklichkeit*, Berlin 2011.

Weber, Thomas, *Wie Adolf Hitler zum Nazi wurde*, Berlin 2016.

Wehler, Hans-Ulrich, *Deutsche Gesellschaftsgeschichte 1914–1949*, München 2003.

Wehner, Markus, *Bauernpolitik im proletarischen Staat*, (Diss.), Berlin 1995, S. 50.

Weinberg, Gerhard L., *Welt in Waffen: Die globale Geschichte des Zweiten Weltkriegs*, Hamburg 2002.

Wells, Herbert George, *The War in the Air*, London 1941 (1908).

Wells, Herbert George, *The War That Ends War*, New York 1914.

Wells, Herbert George, *The World Set Free, A Story of Mankind*, London 1914.

Wells, Herbert George, *The Shape of Things to Come: The Ultimate Revolution*, London 1933.

Wells, Herbert George, *The War of the Worlds*, London 1993 (1898).

Werth, Alexander, *Russland im Krieg 1941–1945*, München, Zürich 1965.

Werth, Nicolas, *Die Insel der Kannibalen. Stalins vergessener GULag*, München 2006.

Wetter, Gustav A., *Der dialektische Materialismus. Seine Geschichte und sein System in der Sowjetunion*, Freiburg 1958.

Wheeler-Bennett, John W., *Die Nemesis der Macht. Die deutsche Armee in der Politik 1918–1945*, Düsseldorf 1954.

Wiggershaus, Norbert Theodor, *Der deutsch-englische Flottenvertrag vom 18. Juni 1935 und die geheime deutsche Aufrüstung 1933–1935*, (Diss.), Bonn 1972.

Wilson, Woodrow, *Constitutional Government in the United States*, New Brunswick/ NJ 2002 (1908).

Wirsching, Andreas, *Vom Weltkrieg zum Bürgerkrieg? – Politischer Extremismus in Deutschland und Frankreich 1918–1933/39 – Berlin und Paris im Vergleich*, München 1999.

Wittek, Thomas, *Auf ewig Feind? Das Deutschlandbild in den britischen Massenmedien nach dem Ersten Weltkrieg*, München 2005.

Wojciechowski, Marian, *Die polnisch-deutschen Beziehungen 1933–1938*, Leiden 1971.

Wolkogonow, Dmitri, *Stalin. Triumph und Tragödie. Ein politisches Porträt*, Berlin 1990.

Woodward, Llevellyn, *British Foreign Policy in the Second World War*, 5 Bd., London 1970–1976.

Wyman, David S., *Das unerwünschte Volk. Amerika und die Vernichtung der europäischen Juden*, München 1986.

Zänker, Heiko, *Stalin. Tod oder Sozialismus*, München 2002.

Zarusky, Jürgen, *Die stalinistische und die nationalsozialistische »Justiz«. Eine Problemskizze unter diktaturvergleichender Perspektive*. Überarbeiteter Vortrag im Rahmen der Ringvorlesung »Russland und Deutschland im 19. und 20. Jahrhundert: Zwei Sonderwege im Vergleich« an der katholischen Universität Eichstätt, 13.7.1999.

Zehnpfennig, Barbara, *Hitlers Mein Kampf. Eine Interpretation*, München 2000.

Zeidler, Manfred, *Reichswehr und Rote Armee 1920–1933 – Wege und Stationen einer ungewöhnlichen Zusammenarbeit*, München 1993.

Zitelmann, Rainer, *Hitler. Selbstverständnis eines Revolutionärs*, Stuttgart 1991.

ARTIKEL UND AUFSÄTZE

Altrichter, Helmut, »Vom Karrieristen zum Kritiker des Stalinismus«, in: Altrichter, Helmut (Hg.): *Persönlichkeit und Geschichte*, Erlangen, Jena 1997, S. 193–229.

Aronson, Shlomo, »Die Dreifache Falle. Hitlers Judenpolitik, die Alliierten und die Juden«, in: *Vierteljahreshefte für Zeitgeschichte* (VfZ), 32/1 (1984), S. 29–65.

Baberowski, Jörg, »Die Kollektivierung der Landwirtschaft und der Terror gegen die Kulaken«, in: *Themenportal Europäische Geschichte* (2007), https://www.europa. clio-online.de/essay/id/fdae-1311

Bahners, Patrick, »Warum wir nicht in der Provinz bleiben«, in: *Frankfurter Allgemeine Zeitung*, 4. Oktober 2010.

Barlas, Dilek, »Friends or Foes? Diplomatic Relations Between Italy and Turkey, 1923–36«, in: *International Journal fof Middle East Studies*, 36 (2004), S. 231–252.

Bayerlein, Bernhard H., »*Der Verräter, Stalin, bist Du!« Vom Ende der linken Solidarität Komintern und kommunistische Parteien im Zweiten Weltkrieg 1939–1941*, Berlin 2008.

Bilinski, Jaroslaw, »Was the Ukrainian Famine of 1932–1933 genocide?«, in: *Journal of Genocide Research*, 1/2 (1999), S. 147–156.

Bilinski, Jaroslaw, »Famine and Nationalism in Soviet Ukraine«, in: *Problems of Communism*, vol. 33, Nr. 3 (May/June 1984), S. 37–50.

Bellon, Jacques, »Das sowjetische Strafrecht«, in: Kernig, C.D., *Marxismus im Systemvergleich: Recht. Arbeits- und Sozialversicherungsrecht bis Wirtschaftsrecht*, Frankfurt am Main/New York 1973, S. 248.

Bezymenski, Lev A., »Der sowjetische Nachrichtendienst und der Kriegsbeginn von 1941«, in: Ueberschär, Gerd R., Bezymenskij, Lev A. (Hg.), *Der deutsche Angriff auf die Sowjetunion 1941*, Darmstadt 1998, S. 103–115.

Bezymenskij, Lev A., »Die Rede Stalins am 5. Mai 1941 – dokumentiert und interpretiert«, in: *Osteuropa*, 42/3 (1992), S. 248–252.

Bezymenskij, Lev A., »Stalins Rede vom Mai 1941 – neu dokumentiert«, in: Ueberschär, Gerd R./Bezymenskij, Lev A. (Hg.), *Der deutsche Angriff auf die Sowjetunion 1941*, Darmstadt 1998, S. 131–144.

Besymenskij, Lew A., »Ausgewählte sowjetische Dokumente«, in: Ueberschär, Gerd R./Bezymenskij, Lev A. (Hg.), Der deutsche Angriff auf die Sowjetunion 1941, Darmstadt 1998, S. 217–280.

Bezymenskij, Lev A., »Der Berlin-Besuch von V.M. Molotov im November 1940 im Lichte neuer Dokumente aus sowjetischen Geheimarchiven«, in: *Militärgeschichtliche Zeitschrift* (MGZ), 57/1 (1998), S. 199–215.

Bilinski, Yaroslav, »Was the Ukrainian Famine of 1932–1933 genocide?«, in: *Journal of Genocide Research*, 1/2 (1999), S. 147–156.

Bilinski, Yaroslav, »Famine and Nationalism in Soviet Ukraine«, in: *Problems of Communism*, vol. 33, Nr. 3 (May/June 1984), S. 37–50.

Binner, Rolf /Junge, Marc, »›S etoj publikoj ceremonit'sia ne sleduet‹ Die Zielgruppen des Befehls Nr. 00447 und der Große Terror aus der Sicht des Befehls Nr. 00447«, in: *Cahiers Du Monde Russe*, Vol. 43/1 (2002), S. 181–228.

Binner, Rolf, Junge, Marc, »Wie der Terror ›groß‹ wurde: Massenmord und Lagerhaft nach Befehl 00447«, in: *Cahiers Du Monde Russe*, Vol. 42/2-4 (2001) S. 557–613.

Bondy, François, »Das internationale Thema: Was ist Faschismus?« in: *Die Zeit* vom 5. September 1975.

Bonwetsch, Bernd, »Vom Hitler-Stalin-Pakt zum ›Unternehmen Barbarossa‹: Die deutsch-russischen Beziehungen 1939–1941 in der Kontroverse«, in: *Osteuropa*, 41/6 (1991), S. 562–579.

Bonwetsch, Bernd, »Stalins Äußerungen zur Politik gegenüber Deutschland 1939–1941«, in: Ueberschär, Gerd R./Bezymenskij, Lev A. (Hg.), *Der deutsche Angriff auf die Sowjetunion 1941. Die Kontroverse um die Präventivkriegsthethese*, Darmstadt 1998. S. 145–154.

Boroznjak, Alexander I., »Ein russischer Historikerstreit? Zur sowjetischen und russischen Historiographie über den deutschen Angriff auf die Sowjetunion«, in: Ueberschär, Gerd R./Bezymenskij, Lev A. (Hg.), *Der deutsche Angriff auf die Sowjetunion 1941. Die Kontroverse um die Präventivkriegsthethese*, Darmstadt 1998, S. 116–128.

Bussmann, Walter, »Zur Entstehung und Überlieferung der ›Hossbach-Niederschrift‹«, in: *Vierteljahreshefte für Zeitgeschichte* (VfZ), 16/4 (1968), S. 573–584.

Chu, Pao-Chin, »From the Peace Conference to the Manchurian Incident. The Beginning of China's Diplomacy of Resistance against Japan«, in: Coox, Alvin D. and

Conroy, Hilary (ed.): *China and Japan: search for balance since World War I.*, Santa Barbara/CA and Oxford 1978, S. 61–82.

Churchill, Winston, »The Russian Counterpoise«, in: *Daily Telegraph*, 4 May 1939, repr. in: Churchill, Winston S., *Step by Step 1936–1939*, London, 1947, S. 344.

Cienciala, Anna M., »Reviewed Work: Pakt Czterech (Four Power Pact 1933) by Zbigniew Mazur« in: *The American Historical Review*, Vol 86, No 4 (Oct, 1981), S. 880.

Daladier, Édouard »De Munich au Pacte germano-russe«, in: *Minerve*, Paris, n° 31, 19 avril 1946.

Danilow, Waleri, »Hat der Generalstab der Roten Armee einen Präventivschlag gegen Deutschland vorbereitet?«, in: *Österreichische Militärische Zeitschrift* (ÖMZ) 1993/1, S. 41–51.

Danilow, Oberst a. D. Prof. Waleri, »Zum Angriff bereit. Die sowjetischen Militärplanungen waren 1941 eindeutig offensiv«, in: *Ostpreußenblatt*, 4. Juli 1998.

Dębski, Sławomir, »Poland, the Soviet Union, and the Crisis of the Versailles System«, in: Rotfeld, Adam D. & Torkunov, Anatoly V., *White Spots – Black Spots. Difficult Matters in Polish-Russian Relations 1918–2008*, Pittsburg/Pa. 2015, S. 105–158.

Deist, Wilhelm, »Die Aufrüstung der Wehrmacht«, in: Deist, Wilhelm et. al, *Das Deutsche Reich und der Zweite Weltkrieg, Bd. 1, Ursachen und Voraussetzungen der deutschen Kriegspolitik*, Stuttgart 1979, S. 371–532.

Deist, Wilhelm, »Die Reichswehr und der Krieg der Zukunft«, in: *Militärgeschichtliche Mitteilungen* (MGM), 45/1 (1989), S. 81–92.

Deist, Wilhelm, »Von der Reichswehr zur Wehrmacht. Stufen der Aufrüstung«, in: Hillmann, Jörg (Hg.), »*Der Fall Weiß*«. *Der Weg in das Jahr 1939, Kleine Schriftreihe zur Militär- und Marinegeschichte*, Bd. 1, Bochum 2001, S. 53–65.

Deist, Wilhelm, »Die Aufrüstung der Wehrmacht«, in: Deist, Wilhelm et.al., *Das Deutsche Reich und der Zweite Weltkrieg, Bd. 1, Ursachen und Voraussetzungen der deutschen Kriegspolitik*, Stuttgart 1979, S. 500–516.

Dietzsch, Steffen, »Zur Genealogie des Schreckens«, in: Hedeler, Wladislaw, *Chronik der Moskauer Schauprozesse 1936, 1937 und 1938. Planung, Inszenierung und Wirkung*, Berlin 2003.

Dilks, David, »The Unnecessary War? Military Advice and Foreign Policy in Great Britain, 1931–1939«, in: Preston, Adrian, (ed.)., *General Staffs and Diplomacy before the Second World War*, London, 1978, S. 98–132.

Döpmann, Hans-Dieter, »Stalin und die Russische Orthodoxe Kirche«, in: *Jahrbuch für Historische Kommunismusforschung* (JHK), Berlin 2003, S. 113–130.

Engels, Friedrich, »Preußische Franktireurs«, in: *Karl Marx, Friedrich Engels, Werke*, Bd. 17, Berlin 1973, S. 203–207.

Engels, Friedrich, »Die Rolle der Gewalt in der Geschichte«, in: *Karl Marx, Friedrich Engels, Werke*, Band 21, Berlin 1962, S. 405–461.

Erickson, J., »The Soviet Response to Surprise Attack: Three Directives, June 22, 1941«, in: *Soviet Studies*, 23/4 (1972), S. 519–553.

Förster, Jürgen, »Das Unternehmen ›Barbarossa‹ als Eroberungs- und Vernichtungskrieg«, in: Boog, Horst et. al., *Das Deutsche Reich und der Zweite Weltkrieg, Bd. 4, Der Angriff auf die Sowjetunion*, Stuttgart 1983, S. 413–447.

Fox, John P., »The Jewish factor in British war crimes policy in 1942«, in: *The English Historical Review*, Vol. 92, No. 362 (Jan. 1977), S. 82–106.

Getty, J. Arch, »The Politics of Repression Revisted«, in: Getty, J. Arch and Mannings, R. T. (eds.), *Stalinist Terror: New Perspectives*, New York 1993, S. 40–65.

Getty, J. Arch, Rittersporn, Gábor T., Zemskov, Viktor N., »Victims of the Soviet Penal System in Pre-war Years: A first Approach on the Basis of Archival Evidence«, in: *American Historical Review*, 98/4 (October 1994), S. 1017–1049.

Getty, J. Arch, »Afraid of Their Shadows. The Bolshevic Resource to Terror 1932–1938«, in: Hildermeier, Manfred/Müller-Lückner, Elisabeth (Hg.), *Stalinismus vor dem Zweiten Weltkrieg. Neue Wege der Forschung*, München 1998, S. 169–192.

Görtemaker, Manfred, »Der Flug des Paladins«, in: *Der Spiegel*, 1.6.2001.

Götz, Norbert/Patel, Kiran Klaus, »Facing the Fascist Model: Discourse and the Construction of Labour Services in the USA and Sweden in the 1930s and 1940s«, in: *Journal of Contemporary History*, 41/1 (2006), S. 57–73.

Gorkow, Juri, »22. Juni 1941: Angriff oder Verteidigung«, in: Pietrow-Ennker, Bianka (Hg.), *Präventivkrieg? Der deutsche Angriff auf die Sowjetunion*, Frankfurt am Main 2011, S. 193–211.

Gorodetsky, Gabriel, »Churchill's Warning to Stalin: A Reappraisal«, in: *Historical Journal* 29/4 (1986), S. 979–990.

Gorodetsky, Gabriel, »Stalin und Hitlers Angriff auf die Sowjetunion. Eine Auseinandersetzung mit der Legende vom deutschen Präventivschlag«, in: *Vierteljahreshefte für Zeitgeschichte* (VfZ), 37/4 (1989), S. 645–672.

Große Kracht, Klaus, »George Sorel und der Mythos der Gewalt«, in: *Zeithistorische Forschungen/Studies in Contemporary History*, 5 (2008) H 1, S. 166–171.

Grotelueschen, Mark E., »Joint Planning For Global Warfare: The Development of the Rainbow Plans in the United States, 1938–1941«, in: *Army History*, No. 97 (Fall 2015), S. 8–27.

Haglund, David G., »George C. Marshall and the Question of Military Aid to England, May-June 1940«, in: *Journal of Contemporary History*, Vol. 15, No. 4 (Oct., 1980), S. 745–760.

Haiger, Ernst, »Fiction, Facts, and Forgeries: The ›Revelations‹ of Peter and Martin Allen about the History of the Second World War«, in: *Journal of Intelligence History*, Vol. 6/1 (2006), S. 105–118.

Haslam, Jonathan, »Political Opposition to Stalin and the Origins of Terror, 1932–1936« in: *The Historical Journal*, Vol. 29/2 (June 1986), Cambridge, S. 395–418.

Hedeler, Wladislaw, »Das Beispiel Rjutin und die Polemik der Revisionisten gegen das Totalitarismusmodell. Anmerkungen zu einer Debatte«, in: *UTOPIE kreativ*, Heft 81/82 (Juli/August), 1997, S. 63–65.

Hedeler, Wladislaw, »Die Szenarien der Moskauer Schauprozesse 1936 bis 1938«, in: *UTOPIE kreativ*, Heft 81/82 (Juli/August) 1997, S. 58–75.

Hiden, John, »British Policy Towards the Baltic States 1939–1945«, in: *Lithuanian Historical Studies*, 9 (2004), S. 75–87.

Hildebrand, Klaus, »Die Entfesselung des Zweiten WeltKriegs und das internationale System: Probleme und Perspektiven der Forschung«, in: Hildebrand, Klaus/Schmädeke, Jürgen/Zernack, Klaus (Hg.), *1939. An der Schwelle zum Weltkrieg. Die Entfesselung des Zweiten Weltkriegs und das internationale System*, Berlin, New York, 1990, S. 3–20.

Hoffmann, Joachim, »Die Kriegführung aus Sicht der Sowjetunion«, in: *Das Deutsche Reich und der Zweite Weltkrieg, Bd. 4, Der Angriff auf die Sowjetunion*, Stuttgart 1983, S. 713–809.

Holm, Kerstin, »Goodby Lenin«, in: *Frankfurter Allgemeine Zeitung*, 8. März 2011.

Ikei, Masaru, »Ugaki Kuzushige's View of China and his China Policy, 1915–1930«, in: Iriye, Akira (ed.): *The Chinese and the Japanese Essays in Political and Cultural Interactions*, Princeton 1980, S. 199–219.

Imlay, Talbot Charles, »A Reassessment of Anglo-French Strategy during the Phony War, 1939–1940«. in: *The English Historical Review*, Vol. 119, No. 481 (Apr. 2004), S. 333–372.

Jäckel, Eberhard, »Über eine angebliche Rede Stalins vom 19. August 1939«, in: *Vierteljahreshefte für Zeitgeschichte* (VfZ), 6/4 (1958), S. 380–389.

Jedrzejewicz, Waclaw, »The Polish Plan for a »Prevention War« against Germany in 1933«, in: *The Polish Review* 11/1 (1966), S. 62–91.

Kayes, Gene, »Stalin's Finland Fiasco: The Kuusinen Government Reconsidered«, in: *Crossroads*, no. 17 (1985), S. 27–58.

Kennan, George F., »The Historiography of the Early Political Career of Stalin«, in: *Proceedings of the American Philosophical Society*, vol. 115, Nr. 3 (June 17, 1971), S. 165–169.

Kesler, Charles R., »Separation of Powers and the Administrative State«, in: Jones, Gordon S./Marini, John A. (eds.), *The Imperial Congress*, New York 1988, S. 20–40.

Khlevniuk, Oleg V., »Stalin as dictator: the personalisation of power«, in: Davies, Sarah/Harris, James (eds.), *Stalin, A New History*, Cambridge, New York 2005, S. 108–120.

Khromeychuk, Olesya, »Ukrainians in the German Armed Forces During the Second World War«, in: *History. The Journal of the Historical Association*, Vol. 100, Issue 343 (2016), S. 704–724.

Klink, Ernst, »Der Krieg gegen die Sowjetunion bis zur Jahreswende 1941/42«, in: *Das Deutsche Reich und der Zweite Weltkrieg*, Bd. 4, Der Angriff auf die Sowjetunion, Stuttgart 1983, S. 451–652.

Klußmann, Uwe, »Stalin hatte alle Informationen«, in: *Der Spiegel*, 5. 8. 2011.

Knipping, Franz, »Die Deutsch-Französische Erklärung vom 6. Dezember 1938«, in: Hildebrand, Klaus/Werner, Karl Ferdinand (Hg.), *Deutschland und Frankreich 1936–1939: 15. Deutsch-französisches Historikerkolloquium des Deutschen Historischen Instituts*, Paris, München 1981, S. 523–551. Kocho-Williams, Alastair, »The Soviet Diplomatic Corps and Stalin's Purges«, in: *The Slavonic and East European Review*, 86/1 (2008), S. 90–110.

Koenen, Gerd, »Zweierlei Projekte. Nationalsozialismus und Stalinismus im historischen Vergleich«, in: Freie Universität Berlin (Hg.), *Zeitschrift des Forschungsverbundes SED-Staat* (ZdF), Nr. 8/2000, S. 58–67.

König, Helmut, »Das deutsch-russische Vertragswerk von 1939 und seine Geheimen Zusatzprotokolle. Eine Dokumentation«, in: *Osteuropa*, 39/5 (1989), S. 413–458.

Krüger, Peter, »Der Erste Weltkrieg als Epochenschwelle«, in: Meier, Hans (Hg.), *Wege in die Gewalt. Die modernen politischen Religionen*, Frankfurt a. Main, S. 70–91.

Krüger, Ulrich, »In der Rechtsnot schluckt der Teufel Kröten – Spurensuche eines Enkels: Zu einem Debattenbegriff der Weimarer Republik«, in: *Frankfurter Allgemeine Zeitung*, 4. August 2007.

Lachnit, Ingo/Klein, Friedhelm, »Der Operationsentwurf Ost des Generalmajors Marcks vom 5. August 1940«. in: *Wehrforschung* Heft 4/1972, S. 114–123.

Lautsch, Siegfried, »Zum operativ-strategischen Denken in den Vereinten Streitkräften der Warschauer Vertragsorganisation«, in: *Österreichische Militärische Zeitschrift* (ÖMZ), 1/2016; www.oemz-online.at/pages/viewpage.action?pageId=11405432

Lee, Eric, »The Eremin letter: Documentary proof that Stalin was an Okhrana spy?«, in: *Revolutionary Russia*, Vol. 6, Nr. 1, June 1993, S. 55–96.

Lenin, W. I., »Über die Losung der Vereinigten Staaten von Europa«, in: *Lenin, Werke*, Bd. 21, Berlin 1972, S. 342–346.

Lenin, W. I., »Bericht des Zentralkomitees, 18.März 1919«, in: *Lenin, Werke*, Bd. 29, Berlin, 1984, S. 138f.

Lenin, W. I., »Rede auf der IX. Gesamtrussischen Konferenz der KPR(B). 22. September 1920«, in: *Lenin, Werke*, Bd. 31, S. 264–268.

Lenin, W. I., »Rede zum 3. Jahrestag der Oktoberrevolution in der Festsitzung des Moskauer Sowjets der Arbeiter-, Bauern- und Rotarmistendeputierten, des Moskauer Komitees Der KPR(B) und des Gewerkschaftsrats des Moskauer Gouvernements. 6. November 1920«, in: *Lenin, Werke*, Bd. 31, S. 391–396.

Lenin, W. I., »Über die Neue ökonomische Politik«, in: *Lenin, Werke*, Bd. 33, S. 63–82.

Lenin, W. I., »Brief an den Parteitag«, in: *Lenin, Werke*, Bd. 36, Berlin 1962, S. 577–582, 588–589.

Luks, Leonid, »Großer Terror und Stalin-Kult. Anmerkungen zur Durchsetzung der Stalinschen Herrschaft«, in: *Jahrbuch für historische Kommunismusforschung*, Berlin 2006, S 267–289.

Lüthy, Herbert, »Wozu Geschichte? (1967)«, in: Lüthy, Herbert, *Werkausgabe, Werke IV, Essays II, 1963–1990*, Zürich 2004, S. 138–153.

Mace, James E., »Soviet Man-Made Famine in Ukraine«, in: Totten, Samuel/Parsons, William S./Charny, Israel W. (Hg.), *Century of Genocide. Eyewitness Accounts and Critical Views*, New York NY u. a. 1997, S. 78–112.

Mace, James E., »Famine and Nationalism in Soviet Ukraine«, in: *Problems of Communism* 33 (May–June 1984). Excerpts, S. 44–49.

Maier, Klaus A., Stegemann, Bernd, »Die Sicherung der europäischen Nordflanke«, in: Maier, Klaus A. et.al., *Das Deutsche Reich und der Zweite Weltkrieg, Bd. 2, Die Errichtung der Hegemonie auf dem europäischen Kontinent*, Stuttgart 1979, S. 189–225.

Mann, Thomas, »Bruder Hitler«, in: Mann, Thomas, *Gesammelte Werke*, Bd. 12, Berlin 1956, S. 772–779.

Margolina, Sonja, »Die Wiederverheimlichung. Der Zugang zu den Archiven wird immer mehr eingeschränkt«, in: *Neue Zürcher Zeitung*, 16. März 2006.

Martin, Bernd, »Das ›Dritte Reich‹ und die ›Friedens‹-Frage im Zweiten Weltkrieg«, in: Michalka, Wolfgang (Hg.), *Nationalsozialistische Außenpolitik*, Darmstadt 1978, S. 526–549.

Martin, Bernd, »Amerikas Durchbruch zur politischen Weltmacht. Die interventionistische Globalstrategie der Regierung Roosevelt 1933–1941«, in: *Militärgeschichtliche Zeitschrift* (MGZ), 30/2 (1981), S. 57–98.

Martin, Bernd, »Deutsch-sowjetische Sondierungen über einen separaten Friedensschluß im Zweiten Weltkrieg. Bericht und Dokumentation«, in: Auerbach, Inge (Hg.), *Felder und Vorfelder russischer Geschichte: Studien zu Ehren von Peter Scheibert*, Freiburg 1985, S. 280–308.

Massing, Otwin, »Asymmetrische Herrschaftsstrukturen im Nato-Bündnis – Anmerkungen zu ihrer schleichenden Militarisierung«, in: Aden, Hartmut (Hg.), *Herrschaftstheorie und Herrschaftsphänomene*, Wiesbaden 2004, S. 265–285.

Maurer, John H., »The Influence of Thinkers and Ideas on History: The Case of Alfred Thayer Mahan«, in: Foreign Policy Research Institute (Hg.), *The American Review of Books, Blogs, And Bull*, Issue 7 (August 11, 2016); https://www.fpri.org/article/2016/08/influence-thinkers-ideas-history-case-alfred-thayer-mahan/

Mawdsley, Evan, »Crossing the Rubicon: Soviet Plans for Offensive War in 1940–1941«, in: *The International History Review*, 25/4 (2003), S. 818–865.

Meissner, Boris, »Die Grossmächte und die Baltische Frage (I)«, in: *Osteuropa*, 2/4 (1952), S. 241–250.

Merl, Stefan, »›Ausrottung‹ der Bourgeoisie und der Kulaken in Sowjetrußland? Anmerkungen zu einem fragwürdigen Vergleich mit Hitlers Judenvernichtung«, in: *Geschichte und Gesellschaft*, 13 (1987), S. 368–381.

Merl, Stephan, »Das System der Zwangsarbeit und die Opferzahl im Stalinismus«, in: *Geschichte in Wissenschaft und Unterricht* 46/5-6 (1995), S. 277–305.

Messerschmidt, Manfred, »Die Wehrmacht im NS-Staat«, in: Bracher, Karl Dietrich et. al. (Hg.), *Deutschland 1933–1945. Neue Studien zur nationalsozialistischen Herrschaft*, Bonn 1993, S. 377–402.

Metzmacher, Helmut, Deutsch-Englische Ausgleichsbemühungen im Sommer 1939, in: *Vierteljahreshefte für Zeitgeschichte* (VfZ), 14/4 (1966), S. 369–412.

Moldenhauer, Harald, »Die Reorganisation der Roten Armee von der »Großen Säuberung« bis zum deutschen Angriff auf die UdSSR (1938–1951)«, in: *Militärgeschichtliche Mitteilungen* (MGM), 55/1 (1996), S. 131–164.

Moltmann, Günter, »Franklin D. Roosevelts Friedensappell vom 14. April 1939: Ein fehlgeschlagener Versuch zur Friedenssicherung«, in: *Jahrbuch für Amerikastudien*, Bd. 9 (1964), S. 91–109.

Müller, Rolf-Dieter, »Das ›Unternehmen Barbarossa‹ als wirtschaftlicher Raubkrieg«, in: Ueberschär, Gerd/Wette, Wolfram (Hg.), *Der deutsche Überfall auf die Sowjetunion. »Unternehmen Barbarossa 1941«*, Frankfurt am Main 2011, S. 125–157.

Musial, Bogdan, »Erbarmungslose Abrechnung mit Deserteuren. Im Sommer 1941 wurde auch den eigenen Leuten kein Pardon gegeben: Stalin und die Rote Armee«, in: *Frankfurter Allgemeine Zeitung*, 11. August 2003.

Musial, Bogdan, »Wir werden den ganzen Kapitalismus am Kragen packen – Sowjetische Vorbereitungen zum Angriffskrieg in den dreißiger und vierziger Jahren«, in: *Zeitschrift für Geschichtswissenschaft* (ZfG), 54. Jg., H. 1 (2006).

Narinski, Michael, »Le Komintern et le Parti communiste français, 1939–1942«, in: *Communisme*, n°32-33-34, 1993, S. 12.

Naumov, Vladimir, »Zur Geschichte der Geheimrede N. S. Chrushchevs auf dem XX. Parteitag der KPdSU«, in: *Forum für Osteuropäische Ideen- und Zeitgeschichte* 1 (1/1997), S. 137–177.

Nevezhin, V. A., »The Pact with Germany and the Idea of an »Offensive War (1939–1941)«. in: *The Journal of Slavic Military Studies* 8/4 (1995), S. 809–843.

Nevezhin, Vladimir (hier: Nevežin), »Überlegungen des Generalstabs der Roten Armee zum Plan eines strategischen Aufmarschs der Streitkräfte der UdSSR für den Fall eines Kriegs gegen Deutschland und seine Verbündete, nicht vor dem 15. Mai

1941. Einführung.«, in: www.1000dokumente.de/index.html?c=dokument_ru&
dokument=0024_zuk&object=context&st=&l=de

Nolte, Ernst, »Die Vergangenheit, die nicht vergehen will. Eine Rede, die geschrieben,
aber nicht gehalten werden konnte«, in: Frankfurter Allgemeine Zeitung, 6. Juni
1986.

Osten, Manfred, »›Alles veloziferisch‹ – Goethes Ottilie und die beschleunigte Zeit«,
in: Hinderer, Walter (Hg.), Goethe und das Zeitalter der Romantik, Würzburg
2002, S. 213–229.

Overy, Richard, Germany and the Munich Crisis, A mutilated Victory, in: Lukas,
Igor, Goldstein, Eric, The Munich Crisis, 1938: Prelude to World War II, London
1999, S. 191–215.

Pavlov, V. N. »Avtobiografičeskie zametki« [»Autobiografische Notizen«], in: Novaja
i novejšaja istorija, Moskau 2000, S. 105.

Pietrow-Ennker, Bianka, »Radioansprache des Vorsitzenden des Staatlichen Verteidigungskomitees J. V. Stalin, 3. Juli 1941. Einführung«, in: https://www.1000do
kumente.de/index.html?c=dokument_ru&dokument=0029_stj&object=con
text&st=&l=de

Plaggenborg, Stefan, »Gewalt im Stalinismus. Skizzen zu einer Tätergeschichte«, in:
Hildermeier, Manfred (Hg.), Stalinismus vor dem Zweiten Weltkrieg: Neue Wege
der Forschung, München 1998, S. 193–208.

Pohl, Dieter, »Nationalsozialistische und stalinistische Massenverbrechen: Überlegun-
gen zum wissenschaftlichen Vergleich«, in: Zarusky, Jürgen (Hg.), Stalin und die
Deutschen. Neue Beiträge der Forschung, Schriftenreihe der Vierteljahreshefte für
Zeitgeschichte (VfZ), München 2006, S. 253–263.

Polian, Pavel, »Stalin und die Opfer des nationalsozialistischen Vernichtungskriegs«,
in: Zarusky, Jürgen (Hg.), Stalin und die Deutschen. Neue Beiträge der Forschung,
München 2006, S. 89–109.

Pusylewitsch, Teresa, »Die Aufarbeitung der seit dem Zweiten Weltkrieg offenen Fragen in den polnisch-sowjetischen Beziehungen«, in: Die Friedens-Warte, Vol. 68,
No. 1/2 (1988), S. 110–124.

Ramazašvili, Georgij, »Geschichtsreinigung als Beruf. Das Zentralarchiv des Verteidigungsministeriums«, in: Osteuropa, 55/4–6 (2005), S. 407–418.

Raunig, Gerald, »Einige Fragmente über Maschinen«, in: grundrisse, Zeitschrift für
linke theorie & debatte, 17 (Frühling 2006), S. 41–49.

Reynolds, David, »Churchill the Appeaser? Between Hitler, Roosevelt and Stalin in
World War Two«, in: Dockrill, Michael L./McKercher, Brian J. C., Diplomacy
and World Power. Studies in Britain Foreign Policy, New York 2002, S. 197–220

Reynolds, David, »1940: Fulcrum of the Twentieth Century?«, in: International Affairs, Vol. 66, Issue 2, April 1990, S. 325–350.

Richardson, Charles O., »French Plans for Allies Attacks in the Caucasus Oil Fields
January-April 1940«, in: French Historical Studies, Vol. 8, Nr. 1, Durham/NC
1973, S. 130–156.

Rieber, Alfred J., »Stalin, Man of the Borderlands«, in: The American Historical Review, Vol. 106 (2010), No. 5, S. 1651–1691.

Riegel, Klaus-Georg »Der Marxismus als ›politische Religion‹«, in: Besier, Gerhard,
Lübbe, Hermann (Hg.), Politische Religion und Religionspolitik. Zwischen Totalitarismus und Bürgerfreiheit, Göttingen 2005, S. 15–48.

Roberts, Cynthia A., »Planning for War: The Red Army and the Catastrophe of 1941«, in: *Europe-Asia Studies*, 47/8 (1995), S. 1293–1326.

Romanićev (Romanitschew), Nikolaj M., »Militärische Pläne eines Gegenschlages der UdSSR«, in: Ueberschär, Gerd R./Bezymenskij, Lev A. (Hg.), *Der deutsche Angriff auf die Sowjetunion 1941. Die Kontroverse um die Präventivkriegsthese*, Darmstadt 1998, S. 90–102.

Roos, Hans, »Die ›Präventivkriegspläne‹ Pilsudskis von 1933«, in: *Vierteljahreshefte für Zeitgeschichte* (VfZ), 3/4 (1955), S. 344–363.

Roos, Hans, »Deutschland, Polen und die Sowjetunion im Zweiten Weltkrieg«, in: Markert, Werner (Hg.), *Deutsch-russische Beziehungen von Bismarck bis zur Gegenwart*, Stuttgart 1964, S. 141–166.

Rosefielde, Steven G., »Stalinisnm in post-communist perspective: New evidence on killings, forced labor and economic growth in the 1930s«, in: *Europe Asia Studies*, Vol. 48, Nr. 6 (1996), S. 959–987.

Rosefielde, Steven G., »Documented Homocides and Excess Death: New Insight into the Scale of Killing in the USSR during the 1930s«, in: *Communist and Post-Communist Studies*, Vol. 30/3 (1997), S. 321–331.

Sapper, Manfred, Weichsel, Volker, Gebert, Agathe (Hg.), »Vernichtung durch Hunger. Der Holodomor in der Ukraine und der UdSSR«, in: *Osteuropa* 12 (2004), (Themenheft).

Schmidt, Gustav, »Politisches System und Appeasement-Politik 1930–1937. Zur Scharnierfunktion der Rüstungspolitik für die britische Innen- und Außenpolitik«, in: *Militärgeschichtliche Mitteilungen* (MGM), 2/1979., S. 37–53.

Schmidt, Rainer F., »›Appeasement‹ oder Angriff. Eine kritische Bestandsaufnahme der sog. ›Präventivkriegsdebatte‹ über den 22. Juni 1941«, in: Elvert, Jürgen, Krauß, Susanne (Hg.), *Historische Debatten und Kontroversen im 19. und 20. Jahrhundert*, Essen 2001, S. 220–233.

Schmidt, Rainer F., »Der Hess-Flug und das Kabinett Churchill. Hitlers Stellvertreter im Kalkül der britischen Kriegsdiplomatie Mai–Juni 1941«, in: *Vierteljahreshefte für Zeitgeschichte* (VfZ), 42/1 (1994), S. 1–38.

Schneider, Laurence A. »National Essence and the New Intelligentsia«, in: Furth, Charlotte (ed.), *The Limits of China*, Cambridge/MA 1976.

Schreyer, Hermann, »Archivbericht Russland, 1998–1999«, in: *Der Archivar. Mitteilungsblatt für deutsches Archivwesen* (DArch), 54/2 (2001), S. 253–242.

Schreyer, Hermann, »Reformprozess und Vergangenheitsbewältigung: Betrachtungen zur Russischen / Sowjetischen Archivgeschichte«, in: *Der Archivar. Mitteilungsblatt für deutsches Archivwesen* (DArch), 55/2 (2002), S. 123–128.

Schröder, Hans-Jürgen, »Demokratie und Hegemonie. Woodrow Wilsons Konzept einer neuen Weltordnung«, in: Michalka, Wolfgang (Hg.), *Der Erste Weltkrieg. Wirklichkeit, Wahrnehmung, Analysen*, München 1994, S. 170–180.

Schützler, Prof. Dr. sc. Horst, Der »Große Vaterländische« – im heutigen Russland. Der »Große Vaterländische« oder ein »anderer Krieg« – konträre Sichten (Über »alte und neue Wahrheiten«, »rostige Legenden« und »neues Herangehen«), Vortrag am 25. 1. 2005 in der Arbeitsgruppe Mittel- und Osteuropa im Rahmen einer Diskussion zum Thema 60. Jahrestag der Befreiung.

Serebrjakowa, Sorja, Die Heldentat von Martimjan Nikitisch Rjutin, in: *Utopie Kreativ Sonderheft* 1997, S. 59–65.

Slutsch (Sluč), Sergej, »Warum brauchte Hitler einen Nichtangriffspakt mit Stalin?«

in: Foerster, Roland G. (Hg.), »Unternehmen Barbarossa« – Zum historischen Ort der deutsch-sowjetischen 1939 und Herbst 1941, München 1993, S. 69–87.

Slutsch (Sluč), Sergej, »Deutschland und die UdSSR 1918–1939. Motive und Folgen außenpolitischer Entscheidungen«, in: Jacobsen, Hans-Adolf et.al. (Hg.), Deutsch-russische Zeitenwende 1941–1995, Baden-Baden 1995, S. 28–90.

Slutsch (Sluč), Sergej, »17. September 1939: Der Eintritt der Sowjetunion in den Zweiten Weltkrieg. Eine historische und völkerrechtliche Bewertung«, in: Vierteljahrshefte für Zeitgeschichte (VfZ) 48/2 (2000), S. 219–254.

Slutsch (Sluč), Sergej, »Stalins ›Kriegsszenario 1939‹. Eine Rede, die es nie gab. Die Geschichte einer Fälschung«, in: Vierteljahreshefte für Zeitgeschichte (VfZ), 52/4 (2004), S. 597–636.

Slutsch (Sluč), Sergej, »Stalin und Hitler 1933–1945: Kalküle und Fehlkalkulationen des Kremls«, in: Zarusky, Jürgen (Hg.), Stalin und die Deutschen. Neue Beiträge der Forschung, München 2006 (Schriftenreihe der Vierteljahreshefte für Zeitgeschichte, Sonderband), S. 59–88.

Slutsch (Sluč), Sergej, »Die Motive der Einladung Molotows nach Berlin im November 1940: Fakten, Vermutungen, vorläufige Schlussfolgerungen«, in: Geschichtswissenschaft und Zeiterkenntnis von der Aufklärung bis zur Gegenwart. Festschrift für Horst Möller, hg. von Klaus Hildebrand, Udo Wengst und Andreas Wirsching, München 2008, S. 253–276.

Slutsch (Sluč), Sergej, »Der Weg in die Sackgasse. Die UdSSR und der Molotov-Ribbentropp-Pakt«, in: Osteuropa 59/7-8 (2009), S. 249–256, (Themenheft Der Hitler-Stalin-Pakt. Der Krieg und die europäische Erinnerung).

Smith, Bradley F., »Die Überlieferung der Hoßbach-Niederschrift im Lichte neuer Quellen«, in: Vierteljahreshefte für Zeitgeschichte (VfZ), 38/2 (1990), S. 329–336

Sokolov, Boris V., »Did Stalin intend to attack Hitler?«, in: The Journal of Slavic Military Studies (JSMS), Vol. 11/2 (June 1998) S. 123–141.

Sokolov, Boris V., »Unwiederbringliche Verluste der Roten Armee und der Wehrmacht 1939–1945«, in: Dokumentarstelle Dresden (Hg.), Gefallen – Gefangen – Begraben; Zahlen und Fakten zu sowjetischen und deutschen Opfern des Zweiten Weltkriegs, Dresden 2010, S. 1–28.

Stalin, J. W., »Über die Aufgaben der Wirtschaftler«, Rede auf der ersten Unionskonferenz der Funktionäre der sozialistischen Industrie, 4. Februar 1931, in: J. W. Stalin, Werke, Bd. 13, Berlin 1955, S. 26–32.

Stalin, J. W., »Unterredungen mit dem englischen Schriftsteller H. G. Wells, 23. Juli 1934«, in: J. W. Stalin, Werke, Bd. 14, Dortmund 1976, S. 16f.

Stalin, J. W., »Rundfunkrede am 3. Juli 1941« in: J. W. Stalin, Werke, Bd. 14, Dortmund 1976, S. 132–135.

Stalin, J. W., »Bericht in der Festsitzung des Moskauer Sowjets der Deputierten der Werktätigen gemeinsam mit den Partei- und Gesellschaftlichen Organisationen der Stadt Moskau, 6. November 1941«, in: J. W. Stalin, Werke, Bd. 14, Dortmund 1976, S. 136–144.

Stegemann, Bernd, »Das Unternehmen ›Weserübung‹«, in: Maier, Klaus A. et.al., Das Deutsche Reich und der Zweite Weltkrieg, Bd. 2, Die Errichtung der Hegemonie auf dem europäischen Kontinent, Stuttgart 1979, S. 212–225.

Stegemann, Bernd, »Hitlers Ziele im ersten Kriegsjahr 1939/1940«, in: Militärgeschichtliche Mitteilungen (MGM), 1/1980, S. 93–106.

Stülpnagel, Joachim von, »Gedanken über den Krieg der Zukunft«. Bundesarchiv-Militärarchiv (BA-MA), 5/10, Auszug in: *Das Krisenjahr 1923. Militär und Innenpolitik 1922–1924*. Bearb. von H. Hürten, Düsseldorf 1980 (Quellen zur Geschichte des Parlamentarismus und der politischen Parteien. Zweite Reihe: Militär und Politik. 4.), Nr. 184, S. 266–272.

Suny, Ronald Grigor, »Stalin and his Stalinism: Power and Authority in the Soviet Union, 1930–1953«, in: Hoffmann, David L., *Stalinism: The Essential Readings*, Malden/MA 2003, S. 9–34.

Syring Enrico, »Hitlers Kriegserklärung an Amerika vom 11. Dezember 1941«, in: Michalka, Wolfgang (Hg.), *Der Zweite Weltkrieg. Analysen, Grundzüge, Forschungsbilanz*, München 1989, S. 683–696.

Tam, Yueh-Him, »An Intellectual Response to Western Intrusion: Naito Konan's View of Republic China«, in: Iriye, Akira (ed.): *The Chinese and the Japanese Essays in Political and Cultural Interactions*, Princeton 1980, S. 161–183.

Taylor, John, »A Reevaluation of Cockburn's Cliveden Set«, San Francisco State University 1999 (Essay) https://history.sfsu.edu/sites/default/files/EPF/1999_John%20Taylor-ilovepdf-compressed.pdf

Thun-Hohenstein, Romedio Galeazzo Graf von, »Wehrmacht und Widerstand«, in: Poeppel, Hans/Prinz von Preußen, Wilhelm-Karl/Haase, Karl-Günther v., (Hg.), *Die Soldaten der Wehrmacht*, München 1998, S. 62–123.

Thursten, Robert W., »The Stakhanovite Movement: The Background to the Great Terror in the Factories, 1935–1938, in: Getty, John Arch/Manning, Roberta T. (eds.), *Stalinist Terror: New Perspectives*, New York 1993, S. 142–160.

Topitsch, Ernst, »Bankrott der Konformisten«, in: *Junge Freiheit* vom 2. Juli 1999.

Treue, Wilhelm, »Hitlers Denkschrift zum Vierjahresplan 1936«, in: *Vierteljahreshefte für Zeitgeschichte* (VfZ), 3/2 (1955), S. 184–210.

Trotzki, Leo, »Das Zwillingsgestirn Hitler-Stalin«, 4. Dezember 1939, in: Trotzki, Leo, *Schriften 1 (Sowjetgesellschaft und stalinistische Diktatur), Bd. 1.2 (1936–1940)*, Hamburg 1988, S. 1309–1325. Zuerst veröffentlicht in englischer Sprache in: *Liberty*, 27. Januar 1940, https://www.marxists.org/deutsch/archiv/trotzki/1939/12/zwilling.htm

Tyas, Stephen, »Allied Intelligence Agencies and the Holocaust: Information Acquired from German Prisoners of War«, in: *Holocaust and Genocide Studies*, 22/1 (Spring 2008), S. 1–24

Ueberschär, Gerd R., »Hitlers Entschluß zum ›Lebensraum‹-Krieg im Osten. Programmatisches Ziel oder militärstrategisches Kalkül?«, in: Ueberschär, Gerd/Wette, Wolfram (Hg.), *Der deutsche Überfall auf die Sowjetunion. »Unternehmen Barbarossa 1941«*, Frankfurt am Main 2011, S. 13–43.

Umbreit, Hans, »Der Kampf um die Vormachtstellung in Westeuropa«, in: Maier, Klaus A. et.al., *Die Errichtung der Hegemonie auf dem europäischen Kontinent*, Stuttgart 1979, S. 235–326.

Vogelsang, Thilo, »Neue Dokumente zur Geschichte der Reichswehr 1930–1933«, in: *Vierteljahreshefte für Zeitgeschichte* (VfZ), 2/4 (1954), S. 397–436.

Waddington, Geoffrey T., »Hitler, Ribbentrop, die NSDAP und der Niedergang des Britischen Empire 1935–1938«, in: *Vierteljahreshefte für Zeitgeschichte* (VfZ), 40/2 (1992, S. 273–306.

Walf, Knut, »… daß man alle Willkür, alles Machen meidet«, in: *Orientierung*, Nr. 24, 73. Jg., Zürich, 31. Dezember 2009, S. 267–272.

Warner, Geoffrey, »France and Non-Intervention in Spain July-August 1936«, in: *International Affairs*, 38/2, April 1962, S. 203–220.

Weber, Claudia, »Verstörende Erinnerung. Der Stalinismus im Gedächtnis Europas«, in: *Jahrbuch für Historische Kommunismusforschung*, Berlin 2012, S. 341–356

Weber, Claudia, »Die Massenerschießungen von Katyń in der Geschichte des Zweiten Weltkriegs und des Kalten Krieges«, in: Anna Kaminsky (Hg.), *Erinnerungsorte für die Opfer von Katyń*, Leipzig 2013, S. 41–60.

Weber, Max, »Politik als Beruf, Vortrag Oktober 1919«, in: *Gesammelte Politische Schriften*, Tübingen 1958, S. 505–560.

Weber, Max, »Protestantische Ethik und der Geist des Kapitalismus«, in: Weber, Max, *Gesammelte Aufsätze zur Religionssoziologie*, Bd. 1, Tübingen 1972, S. 17–206.

Wegner, Bernd, »Präventivkrieg 1941? Zur Kontroverse um ein militärhistorisches Scheinproblem«, in: Elvert, Jürgen, Kruß, Susanne (Hg.), *Historische Debatten und Kontroversen im 19. und 20. Jahrhundert*, Wiesbaden 2003, S. 206–219.

Wehner, Markus, »Stalinistischer Terror. Genese und Praxis der kommunistischen Gewaltherrschaft in der Sowjetunion, 1917–1953«, in: *Aus Politik und Zeitgeschichte* (APuZ), 37/38 (1996), S. 15–28

Weinberg, Gerhard L., »Schachts Besuch in den USA im Jahre 1933«, in: *Vierteljahreshefte für Zeitgeschichte* VfZ 11/2 (1963) S. 166–180.

Weitz, Eric D., »Racial Politics without the Concept of Race. Reevaluating Soviet, Ethnik and National Purges«, in: *Slavic Review*, Vol. 61, No. 1 (Spring 2002), S. 1–29.

Werth, Nicolas, »Gulag. Die wahren Zahlen«, in: *L'Histoire*, 193 (1993), S. 38–51.

Werth, Nikolas, »Ein Staat gegen sein Volk. Gewalt, Unterdrückung und Terror in der Sowjetunion«, in: Courtois, Stéphane u. a. (Hg.), *Das Schwarzbuch des Kommunismus. Unterdrückung, Verbrechen und Terror*, München 1998, S. 140f.

Wette, Wolfram, »Ideologien, »Propaganda und Innenpolitik als Voraussetzungen der Kriegspolitik des Dritten Reiches«, in: Deist, Wilhelm et. al., *Ursachen und Voraussetzungen der deutschen Kriegspolitik*, Stuttgart 1979, S. 100–173.

Wheatcroft, Steven G., »More Light on the Scale of Repression and excess Mortality in the Soviet Union in the 1930s«, in: *Soviet Studies* 42/2 (1990), S. 355–367.

Woller, Hans, »Churchill und Mussolini. Offene Konfrontation und geheime Kooperation?«, in: *Vierteljahreshefte für Zeitgeschichte* (VfZ), 49/4 (2001), S. 563–594

Wright, Jonathan, Stafford, Paul, »Hitler, Britain and the Hoßbach Memorandum«, in: *Militärgeschichtliche Mitteilungen* (MGM), 42/2 (1987), S. 77–123.

Yuan, Tsing, »The Japanese Intervention in Shantung during World War I«, in: Cox, Alvin D./Conroy, Hillary (ed.), *China and Japan*, Oxford 1978, S. 21–33.

Zeidler, Manfred, »Deutsch-sowjetische Wirtschaftsbeziehungen im Zeichen des Hitler-Stalin-Paktes«, in: Wegner, Bernd (Hg.), *Zwei Wege nach Moskau. Vom Hitler-Stalin-Pakt bis zum* »*Unternehmen Barbarossa*«, München 1991, S. 93–110.

Zeidler, Manfred, »›Eine moderne Armee ist eine offensive Armee‹. Die Sowjetstreitkräfte im Zeichen des Stalinismus«, in: Plaggenborg, Stefan (Hg.), *Stalinismus. Neue Forschungen und Konzepte*, Berlin 1998, S. 419–440.

PERSONENREGISTER

EDITORISCHE NOTIZ

Die von Dr. Herbert Kremp hinterlassene Studie zu den Anfängen des Zweiten Weltkriegs wurde auf Wunsch und mit Unterstützung der Familie veröffentlicht. Das Buch selbst reflektiert gleichsam die Summe der Erfahrung und Spurensuche eines langen, bewegten Lebens, in seiner Quintessenz unendlich produktiv durch enormen Fleiß, eine umfassende, wissenschaftlich fundierte Bildung und ein stupendes Gedächtnis, das Herbert Kremp bis in seine letzten Tage befähigte, jedes Detail noch so fern liegender Zusammenhänge abzurufen. Die Herausgabe des vorliegenden Beitrags zur Kriegsgeschichte aus neuer, für ein Verständnis der behandelten historischen Prozesse fundamentaler strategischer Perspektive, worüber wir uns seit 2016 ständig ausgetauscht haben, setzte zunächst eine Sichtung der vom Autor computer-gespeicherten Texte im Umfang von über 2900 DIN-A4-Seiten voraus. Da die einzelnen Abschnitte und Kapitel gesondert für sich standen und eine Gliederung fehlte, wurden sie in zeitlich, inhaltlich und sachlich logischer Reihenfolge zu einem neuen, in sich schlüssigen Aufbau im Sinne des Autors zusammenfügt, Doubletten eliminiert, wobei Titel und Untertitel sowie Überschriften und Zwischenüberschriften beibehalten wurden. Des Weiteren wurden die zugehörigen Anmerkungen des Autors ermittelt und der Anhang erstellt: Anmerkungen-Interpretationen, Bibliografie (untergliedert in Dokumente und Quellensammlungen, Monografien und Tagebücher, Artikel und Aufsätze), Personenregister. Eingefügt wurde hier der vom Autor verfasste, erläuternde Teil Historische Skizzen in Stichworten. Anmerkungen, Belege, Fußnoten wurden auf Richtigkeit der Angaben überprüft und neu formatiert. Fehlende Belege wurden anhand der privaten Bibliothek Herbert Kremps sowie der Bestände der Staats- und Universitätsbibliothek Hamburg nachrecherchiert. Artikel und Aufsätze wurden mittels der im Internet zugänglichen Online-Archive wissenschaftlicher Fachzeitschriften und Quellensammlungen überprüft oder beschafft. Am Text selbst wurde, abgesehen von der Korrektur von Rechtschreibfehlern und der Berichtigung von Namen, Daten- und Zeitangaben, nichts geändert. Dies gilt auch für den Schluss: Der Text bricht nicht ab. Mit Blick auf das Scheitern der deutschen Offensive vor Moskau im Winter 1941/42 war der Kreis der Untersuchung abgeschlossen, das Ende des Manuskripts wurde von Herbert Kremp auch als solches gekennzeichnet. Eine brillant formulierte, souverän durchdachte und minutiös belegte strategische Analyse über die Anfänge des Zweiten Weltkriegs einem interessierten Leserkreis zugänglich zu machen: In dieser Verpflichtung gegenüber dem Autor sahen Lektor und Verlag ihre Aufgabe. Nicht die Fakten, auf die Herbert Kremp sich stützt, sind neu – ihre Interpretation ist essenziell, weil hier die hinter dem Drama des äußeren Geschehens verborgene, dem Krieg inhärente, zwingende Logik plausibel wird, der die Hauptakteure unterworfen waren.

Rainer Poeschl

Dr. Rainer Poeschl lebt als freier Autor in Hamburg. Nach Studium der Geschichte in Marburg und Ankara Redakteur, Publizist, seit Anfang der 90er-Jahre Projektmanagement in einem Architekturbüro. Sein Roman »Goldfinsternis« über das klandestine Leben eines US-amerikanischen Geheimdienstoffiziers erscheint 2022 im Lau-Verlag unter dem Pseudonym Leon Stauffer.

Joachim Paschen
Die Weltenlenker
Zur Vorgeschichte des
Zweiten Weltkriegs
Gebunden mit Schutzumschlag.
732 Seiten mit 106 s/w Abbildungen.
Format 15 x 22,7 cm.
€ 39,95 [D] | € 41,10 [A]
ISBN 978-3-95768-201-7
Sofort lieferbar

»Sehr gut recherchiert und lesenswert: Es wird ungeheuer spannend geschildert, wie die fünf Jahre von 1935 bis 1939 genau verliefen. Das war kein geradliniger Weg in die Katastrophe, sondern ein von vielen Zufällen abhängiges weltpolitisches Drama.«
Michael Kloft, SPIEGEL TV, stellvertr. Chefredakteur und Leitung History

»Es ist beeindruckend, wie Joachim Paschen die Vorgeschichte des Zweiten Weltkriegs in einen globalen Zusammenhang stellt. Er versteht es, die Leser mit neuen Entdeckungen und einer spannungsreichen Darstellung zu packen. Ein Buch, das man lesen sollte – es ist mit interessanten Auseinandersetzungen zu rechnen …«
Prof. Dr. Michael Epkenhans

Ist es zulässig, Chamberlain, Hitler, Roosevelt und Stalin in eine Reihe zu stellen? Ja, sagt der Hamburger Historiker Joachim Paschen. Es ist sogar notwendig, um aus dem Zusammenspiel der vier »Weltenlenker« überraschende Erkenntnisse zur Vorgeschichte des Zweiten Weltkriegs zu gewinnen. 80 Jahre danach schildert der Autor, wie sich die Großen der Weltpolitik zwischen 1935 und 1939 in Position bringen und sich auf Krieg einstellen. Zum ersten Mal wird eine Gesamtschau gewagt und an zentralen Ereignissen vorgeführt, welche Interessen in London, Berlin, Washington und Moskau verfolgt wurden. Es ist eine Geschichte der Machtdiplomatie, bei der deutlich wird, was Egomanen und Selbstdarsteller in der Weltpolitik anrichten können. Aber auch jene Menschen bleiben im Blick, die damals mitmachen wollten oder mitmachen mussten: Wie sie das kommende Verhängnis erlebten, offenbart sich in den vielen Zitaten aus Zeitungen, Tagebüchern und Erinnerungen. Indem der Autor vor allem die zeitgenössischen Quellen sprechen lässt, gelingen ihm sehr anschauliche und spannende Schilderungen, die durch zahlreiche Bilder ergänzt werden. Schon jetzt zeigt sich, dass »Die Weltenlenker« eine der wichtigsten Neuerscheinungen zum 80. Jahrestag des Ausbruchs des Zweiten Weltkriegs sein wird.

Aus dem Verlagsprogramm

Rolf Steininger
Die USA, Israel und der Nahe Osten
Von 1945 bis zur Gegenwart
Gebunden mit Schutzumschlag.
448 Seiten mit 43 s/w Fotos und
einer Karte.
Format 15 x 22,7 cm.
€ 34,00 [D] | € 35,00 [A]
ISBN 978-3-95768-234-5
Erscheint am 25. März 2022

»Wir werden jedes Land gegen eine vom internationalen Kommunismus gesteuerte Aggression eines Nachbarlandes im Nahen Osten mit allen zur Verfügung stehenden Mitteln verteidigen.« *US-Präsident Dwight D. Eisenhower am 5. Januar 1957*

»Dies ist mein Land, mein Sinai, und ich werde es mir früher oder später zurückholen.« *Ägyptens Präsident Anwar as-Sadat 1978 zu US-Botschafter Hermann Eilts*

Im globalen Spiel der Mächte seit 1945 war der Nahe Osten eines der Hauptfelder der amerikanischen Politik. Die USA waren von Anfang an die entscheidende Macht in dieser Region, die von strategischer Bedeutung war: Dort gab es Öl, das für den Westen gesichert werden musste. In den Jahren des Kalten Krieges bis 1990/91 hieß der Gegner Sowjetunion. Und es gab den neuen Staat Israel, den die arabischen Staaten vernichten wollten. Ein Krieg folgte dem anderen: Israels Unabhängigkeitskrieg 1948/49, Suezkrieg, Sechstagekrieg, Yom Kippur-Krieg, Libanonkrieg, zwei Golfkriege. Es gab Bürgerkriege im Libanon, im Jemen und in Syrien, Revolutionen im Irak und im Iran, die sowjetische Invasion Afghanistans und nach 9/11 den »Krieg gegen den Terror«.

In dem Spannungsfeld Öl, Israel, Palästinenser, panarabischer Nationalismus, Kalter Krieg, islamistischer Terror und Mullah-Regime im Iran bewegte sich die amerikanische Politik in einer Region, die von Extremismus und Instabilität geprägt war.

Der renommierte Zeithistoriker Rolf Steininger legt hier auf der Basis umfangreicher Akten die erste deutschsprachige Gesamtdarstellung dieser unglaublich spannenden Geschichte vor. Dabei liefert er zahlreiche neue Erkenntnisse, u. a. zur US-Intervention im Libanon, zur israelischen Atombombe, zum Bürgerkrieg im Jemen, zum Frieden zwischen Israel und Ägypten, zur gescheiterten Geiselbefreiung im Iran und zum längsten Krieg in der Geschichte der USA – dem Krieg in Afghanistan. 43 Fotos und eine Karte ergänzen den Band.

www.lau-verlag.de

Armin Fuhrer
Emil Ludwig
Verehrt, verfemt, verbrannt
Eine Biografie
Gebunden mit Schutzumschlag.
624 Seiten mit 6 s/w Fotos.
Format 13,9 x 21,7 cm.
€ 28,00 [D] | € 28,80 [A]
ISBN 978-3-95768-225-3
Sofort lieferbar

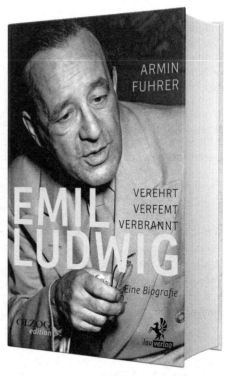

Emil Ludwig gehörte in den Zwanziger- und Dreißigerjahren zu den bekanntesten und erfolgreichsten deutschen Schriftstellern und Autoren weltweit. Geboren 1881 in Breslau als Sohn eines renommierten jüdischen Augenarztes, floh er schon zu Beginn des 20. Jahrhunderts mit seiner südafrikanischen Frau vor dem militaristischen Wesen in die Schweiz. Obwohl sein Onkel der zweitreichste Mann Preußens war, entschied sich Ludwig für das unstete Leben als Schriftsteller und Journalist. Sein weltweiter Erfolg – seine Bücher wurden in 28 Sprachen übersetzt – kam 1921 mit seiner Biografie über Goethe. In den folgenden Jahren legte er in schneller Folge Bücher über Bismarck, Napoleon, Wilhelm II. und über den Kriegsausbruch von 1914 vor. Ursprünglich ein unpolitischer Bohemien, entwickelte er sich zu einem scharfen Kritiker der Rechten. Als bekanntester Vertreter der »Historischen Belletristik«, als liberaler Jude aus dem Bildungsbürgertum, als Autor der »Weltbühne« und als Kämpfer für Demokratie und internationale Verständigung avancierte er zum Lieblingsfeind der Rechten.

Ludwig kannte viele Persönlichkeiten aus Kultur und Politik und lud viele Berühmtheiten in sein Haus am Lago Maggiore ein. Zu seinen Freunden und Bekannten zählten Walther Rathenau, Maximilian Harden, Erich Maria Remarque, Thomas Mann und vor allem auch Gerhart Hauptmann, von dem er sich später enttäuscht abwandte. Seit 1931 reiste er aus Furcht vor Mordanschlägen nicht mehr nach Deutschland. In anderen Ländern, allen voran den USA, wo er als der bekannteste Vertreter eines neuen, demokratischen Deutschland galt, wurde er zu dieser Zeit gefeiert wie ein moderner Popstar. Eine Reihe von Staatsmännern, darunter auch Josef Stalin, ließen bei ihm anfragen, ob er eine Biografie über sie schreiben wolle.

1940 emigrierte er in die USA und durfte als einziger deutscher Publizist in offizieller Mission die US-Regierung unter Präsident Franklin D. Roosevelt, den er persönlich kannte, beraten. In den fünf Jahren in den USA legte er sich mit vielen anderen Emigranten an, weil er sich für eine harte Behandlung der Deutschen nach der Niederlage des Dritten Reiches aussprach. 1945 kehrte er in seine geliebte Schweizer Heimat zurück, wurde aber von vielen deutschen Kollegen und Journalisten nun geschnitten. 1948 verstarb Emil Ludwig.

www.lau-verlag.de